추 리 논 증 핵 심 이 론 및 기 출 문 제 유 형 별 학 습 서

조성우
추리논증

기본 개정 10판

조성우
추리논증 기본

지은이 조성우
발행일 초판 1쇄 2008년 5월 23일 개정 10판 2쇄 2023년 12월 29일
펴낸곳 메가로스쿨
출판등록 2007년 12월 12일 제 322-2007-000308호
주소 서울특별시 서초구 반포대로 81, 2층
주문전화 070-4014-5139 **팩스** 031-754-5145

조성우 추리논증

논증영역

조성우 지음

메가로스쿨

개정10판 저자 서문

이 책은 'LEET 추리논증 핵심이론 정리 및 기출문제 유형별 학습'을 목적으로 만들어진 '기본강의' 교재로 추리논증 시험을 위한 두 번째 단계의 학습서이다. 기출문제의 중요성은 이제 강조하지 않아도 LEET를 준비하는 수험생이면 누구나 인식하고 있는 데 반하여, 기출문제를 어떻게 활용하여야 하는지는 모르는 수험생이 여전히 많은 것으로 파악된다.

일례로, 수험생 중에는 기출문제가 최상급 모의고사로서의 가치가 있기 때문에 아껴두었다가 시험 직전에 최종모의고사 문제로 풀어보는 것이 어떻겠냐는 질문을 하는 경우가 적지 않은데, 이는 매우 위험한 접근이다. 기출문제는 시험 직전에 모의고사로 한 번 풀어볼 정도의 자료가 아니라, 수험생활을 하는 동안 내내 곱씹어 가며 분석하고 학습에 활용해야 할 자료이기 때문이다. 또한 시험 직전에 기출문제를 풀어보고 자신이 제대로 방향을 잡고 학습하지 못했음을 그때 깨닫게 된다면 이때는 만회할 시간이 없고, 설령 점수가 좋게 나왔다 하더라도 시험을 준비하면서 학습서와 강의 등을 통해 이미 직간접적으로 기출문제를 접한 후에 나온 점수라는 점에서 자신의 실력을 제대로 보여주는 점수라고도 할 수도 없기 때문이다. 따라서 LEET 강의 등을 통해 기출문제를 직간접적으로 접하기 전에, 실전과 동일한 상황에서 풀어봄으로써 자신의 현 주소를 파악하고, 이를 학습에 적극적으로 활용하는 것이 현명한 접근이다.

하지만 추리논증 입문자의 경우, LEET 기출문제를 실전처럼 바로 풀어본다는 것이 매우 부담스러울 수도 있고, 몇 회분 정도 풀어봤는데 계속 풀어보는 게 의미가 있나 싶을 정도로 커다란 벽을 느낄 수도 있다. 이러한 측면을 고려하여 기출문제를 풀어보기 전에, 추리논증의 핵심이론을 밀도 있게 학습하고 이를 LEET 예시문항 및 PSAT 기출문제와 연결시켜 학습하는 첫 번째 단계의 강의 및 교재가 '기초입문강의'이고 '추리논증 기초' 교재이다. 대부분의 수강생들이, 심지어 고득점을 획득한 합격생들도 매우 큰 도움이 된 필수강좌라고 적극적으로 추천하고 있는 만큼, 너무 늦게 시험 준비를 시작한 것이 아니라면, 그리고 제대로 학습하고자 한다면, 기초입문교재를 먼저 학습하거나 병행할 것을 권한다.

두 번째 단계의 학습서인 본 교재는 시험을 준비하는 수험생들이 가장 많이 수강하고 있는 필자의 대표강의인 '기본강의'의 교재로, 제한된 지면에 시험에 필요한 내용을 빠짐없이 최대한 담아 왔다. 그러다 보니 강의 도움을 받지 않고 혼자 추리논증 학습을 처음 시작하는 수험생에게는 이 책보다는 기초입문교재가 더 적합하다. 기초입문교재의 경우에는 독습이 가능하도록 최대한 친절하게 그리고 수험적합성 있게, 문제 설명 및 학습가이드를 제공하였기 때문이다.

그럼 이제 본 교재의 특징과 개정된 내용들을 소개하도록 하겠다.

첫째, 가장 효과적인 학습 틀인 '추리논증 핵심이론 및 기출문제 유형별·소재별 학습서'로서의 틀을 유지하면서, 수험적합성을 1순위 기준으로 하여 최신기출을 업데이트하며 완성도를 높이는 쪽으로 개정작업을 진행하였다.

이 책은 크게 3권으로 구성되어 있고 각권 해설집까지 고려하면 총 5권으로 구성되어 있다. 제1권은 '추리논증의 이해와 학습전략'으로 수험에 필요한 학습가이드를 담았고, 제2권은 '추리영역'을, 제3권은 '논증영역'을 담아 구성하였다.

둘째, 개정7판(2018년 출간)까지는, 가능한 중요 기출문제를 모두 유형별로 분류하여 한 권의 책에 담고자 하였기에, 법학전문대학원협의회가 출제를 맡기 시작한 2012 LEET부터 2018 LEET까지의 전체 문항과 추리

논증 체계를 파악하는 데 필요한 필수문항들을 유형별·소재별로 모두 분류해서 핵심이론과 함께 기본교재에 실었다. 그러나 개정8판(2019년 출간)부터는 제한된 기본강의시간을 고려할 때 더 이상 한 권의 책에 모든 기출문제를 담을 수 없어, 최대한 기출유형별 분석 및 반복학습의 효과를 극대화할 수 있도록 책을 구성함과 동시에 추가적으로 보충교재제작 및 특강을 진행하였다. 결과적으로 이번 개정10판은 핵심이론과 함께 283문항으로 구성하였다.

참고로, 2021년 모든 기출문제를 함께 학습할 수 있는 훈련용 교재(전체기출문항의 유형별 훈련서 - 훈련편1, 훈련편2)를 출간하였고, 기출 전체 법률형 문제의 학습을 원하는 수험생들의 요구에 부응하여 법률특강1(2014년 진행)에 이어 개정10판 출간 직전인 2022년 10월에 법률특강2를 진행하였다. 따라서 전체 기출문제를 유형별로 학습하고자 하는 수험생의 경우에는 교재 마지막 장에 소개된 훈련용 교재와 강의를 참조하여 학습할 것을 권한다.

셋째, 기본강의 중 가장 최신 시험문제(2023 LEET)는 건드리지 않고 강의가 끝난 후 특강 형태로 실제시험처럼 풀어보고 분석하고자 하는 의도에서, 이번 개정10판에서도 2023 LEET 기출문제는 교재에 싣지 않았다. 따라서 기출특강 수강을 함께 할 수 없는 수험생들은 2023 LEET 기출문제를 법학적성시험 홈페이지(http://www.leet.or.kr)에서 다운받아 풀어보고 법학전문대학원 해설집(또는 메가로스쿨 해설집)을 참고할 것을 권한다.

모쪼록 수험생에게 보다 도움이 되는 교재나 강의가 되도록 나름 최선을 다하고 있는 만큼 본서나 강의를 잘 활용하여 차별화된 결과가 있기를 바란다. 성공하는 사람은 '생각'이 다르고, '생각'이 다른 만큼 다르게 '행동'한다. 이 책을 펼쳐든 여러분이 성공하는 사람의 생각방식과 행동으로 목표한 바를 꼭 성취하고 훌륭한 법조인이 되길 바라면서 글을 맺는다.

2022년 12월

조성우

개정7판 서문 중 일부발췌

(앞부분 생략)

수험생 중에는 기출문제를 풀고 한 문제 한 문제 꼼꼼히 분석하였다고 하지만, 판단기준을 구체화하지 못하고 각각의 문제들을 유기적으로 연결시키지 못하여 실력 향상으로 이어지지 않는 사례가 적지 않다. 이러한 측면과 다양한 학습 시 애로사항을 수렴하여 구성한 교재가 바로 'LEET 추리논증 핵심이론 및 기출문제 유형별 학습서'인 이 책이다.

기타 이 책의 특징은 뒤에 이어지는 개정6판 서문을 참조하고, 지난 개정6판과 달라진 본 교재(개정7판)의 특징을 끝으로 언급한다면, 첫째, 2016년 12월 확정되고 2019 LEET부터 전격 반영된 개선안을 고려하여 교재편제에 변화를 주었고, 지난 개정6판에 비해 완성도와 가독성을 높이고자 하였다.

(뒷부분 생략)

2018년 12월

조성우

이 책은 'LEET 추리논증 핵심이론 정리와 기출문제 유형별 학습'을 목적으로 만들어진 '기본강의' 교재이다. 이 책에서는 LEET 추리논증 시험을 위해 반드시 학습해야 할 내용들과 문제들을 다루고 있고 적성평가시험인 추리논증의 학습방법을 구체적으로 제시하고 있다.

필자의 책과 강의는 제1회 법학적성시험(LEET) 이후로 수석합격자를 비롯한 대다수의 합격자로부터 수험적합성이 가장 높은 것으로 평가받아 왔다. 그 이유는 출제기관의 지침을 하나도 빠짐없이 철저히 분석하고 이를 구체화하여 책을 구성하였고 실전을 항상 염두에 두고 강의를 진행하였기 때문일 것이다. 그 결과로 책과 강의를 통해 몸에 익힌 문제유형들이 시험에 다수 출제되어 필자와 함께 추리논증 학습을 제대로 한 학생들은 추리논증 영역에서 기대 이상의 결실을 거두어 왔다.

LEET와 같은 적성시험 내지 능력평가시험은 어떤 특정 지식을 알고 있는지를 확인하는 시험이 아니라 문제를 해결하는 능력을 평가하는 시험이기 때문에 "좋은 문제"를 가지고 "제대로" 학습하는 것이 매우 중요하다. 단순히 논리학, 수학 등을 학습하는 것으로 충분치 않고 그것을 왜 배우는지, 어떻게 문제 해결에 활용할 수 있는지를 문제를 통해 습득하는 것이 중요하다. 특히 언어적 자료인 논증(論證)문제의 경우에는 주관성이 개입될 여지가 많으므로 충분히 객관성이 확보된 문제로 답안 선택의 기준을 익히는 것이 더더욱 중요하다고 할 수 있다.

따라서 개정 6판에서도 여전히 가장 효과적인 학습 틀인 '추리논증 핵심이론 및 기출문제 유형별 학습서'로서의 틀을 유지하면서 좀 더 수험적합성을 높이는 쪽으로 집필의 방향을 설정하고 개정작업을 진행하였다.

LEET 추리논증 학습에 있어 가장 중요한 자료는 "기출문제"이다. 기출문제는 추리논증 학습의 '보고(寶庫)'이자 일종의 '판례(判例)'와 같다. 그래서 필자의 대표강의인 기본강의에서는 "추리논증 핵심이론 및 기출문제 유형별 분석"을 목표로 교재를 구성하여 강의를 진행해 왔다. 그런데 LEET가 시행된 지 벌써 9년이 되다 보니 기본강의에서 다루어야 할 기출문제의 양이 많아져, 2년 전부터는 기본강의에서 자세히 설명하던 기초 이론과 문제의 상당 부분을 입문강의로 내리고 기본강의에서는 "추리논증 핵심이론과 LEET 기출문제"를 보다 집중적으로 다루어 왔다.

이러한 점을 고려할 때 강의의 도움을 받지 않고 혼자 추리논증 학습을 처음 시작하는 수험생에게 이 책은 적절치 않다. 추리논증 입문자의 경우에는 이 책을 보기 전에 〈조성우 추리논증 기초〉를 먼저 학습할 것을 권한다. 입문교재는 독습이 가능하도록 최대한 친절하게 그리고 수험적합성 있게, 문제 설명 및 학습가이드를 제공하였다.

따라서 입문서를 학습한 후에 또는 입문서와 함께 이 책으로 학습한다면 학습의 효과는 배가(倍加)될 것이다. 본서에 수록된 핵심이론 및 문제는 추리논증 문제해결을 위해 꼭 필요한 내용과 LEET 기출문제를 포함한 공인된 시험을 통해 객관적으로 충분히 검증된 좋은 문제들로만 구성되었으므로 한 문제 한 문제 제대로 학습하고 여러 번에 걸쳐 반복적으로 학습하면서 효율적인 문제해결방법 및 객관적인 판단기준을 확립해 갈 것을 권한다.

마지막으로 수험생에게 보다 도움이 되는 교재를 제작하기 위해 나름 고민 고민하며 작업에 임한 만큼 본서와 인연을 맺은 이들에게 차별화된 결과가 있기를 기대해 본다. 성공하는 사람은 '생각'이 다르고, '생각'이 다른 만큼 다르게 '행동'한다. 이 책을 펼쳐든 여러분은 성공하는 사람의 생각방식과 행동으로 목표한 바를 꼭 성취하기 바란다.

2017년 1월

조성우

CONTENTS

CHAPTER 1
논증 분석 및 재구성

CHAPTER 2
논증에 대한 평가 및 문제해결

CHAPTER 3
논쟁 및 반론

CHAPTER 4
법적 추론 및 논증

Ⅰ. 법률형 문제 개요

Ⅱ. 규범 이해 및 적용(법적 추론) 문제의 유형별 학습

Ⅲ. 법적 논증 문제의 유형별 학습

Legal
Education
Eligibility
Test

논증

출제기관은 확정된 개선안에서 논증영역을 논증분석, 논쟁 및 반론, 평가 및 문제해결로 나누고 각각의 세부 문제 유형을 다음과 같이 제시하였다.

문항 유형 / 내용 영역	논증분석			논쟁 및 반론			평가 및 문제해결		
	명시적 요소 분석	암묵적 요소 분석	구조 분석	논쟁 분석 및 평가	반론 구성	오류	논증 평가	강화 또는 약화	문제 해결
인문									
사회									
과학기술									
법·규범									

논증분석은 논증의 요소와 구조를 분석하는 능력을 측정하기 위한 문항으로 명시적 요소 분석, 암묵적 요소 분석, 구조 분석문항으로 세분하였고, 논쟁 및 반론은 논쟁을 분석하고 평가하는 능력과 더불어 상대방의 오류를 지적하는 것을 포함한 반론을 구성하는 능력을 측정하기 위한 문항으로 논쟁 분석 및 평가, 반론 구성, 오류문항으로 세분하였으며, 평가 및 문제해결은 논증을 평가하는 능력, 증거가 가설을 입증하는 강도를 평가하는 능력, 합리적인 선택과 문제해결 능력을 측정하기 위한 문항으로 논증 평가, 강화 또는 약화, 문제해결문항으로 세분하였다.

개선안 이전의 논증영역의 내용 변화는 사실상 없다고 할 수 있고 단지 부분적으로 유형의 통합과 재분류가 있었다고 할 수 있다. 따라서 본 교재에서는 '논증이론'과의 연계성과 설명의 체계를 고려하여 제1장에서 논증분석을, 제2장에서는 위 분류와 순서를 달리하여 평가 및 문제해결을 살펴보고, 제3장에서 논쟁 및 반론을 살펴보도록 한다.

CHAPTER 1
논증 분석 및 재구성

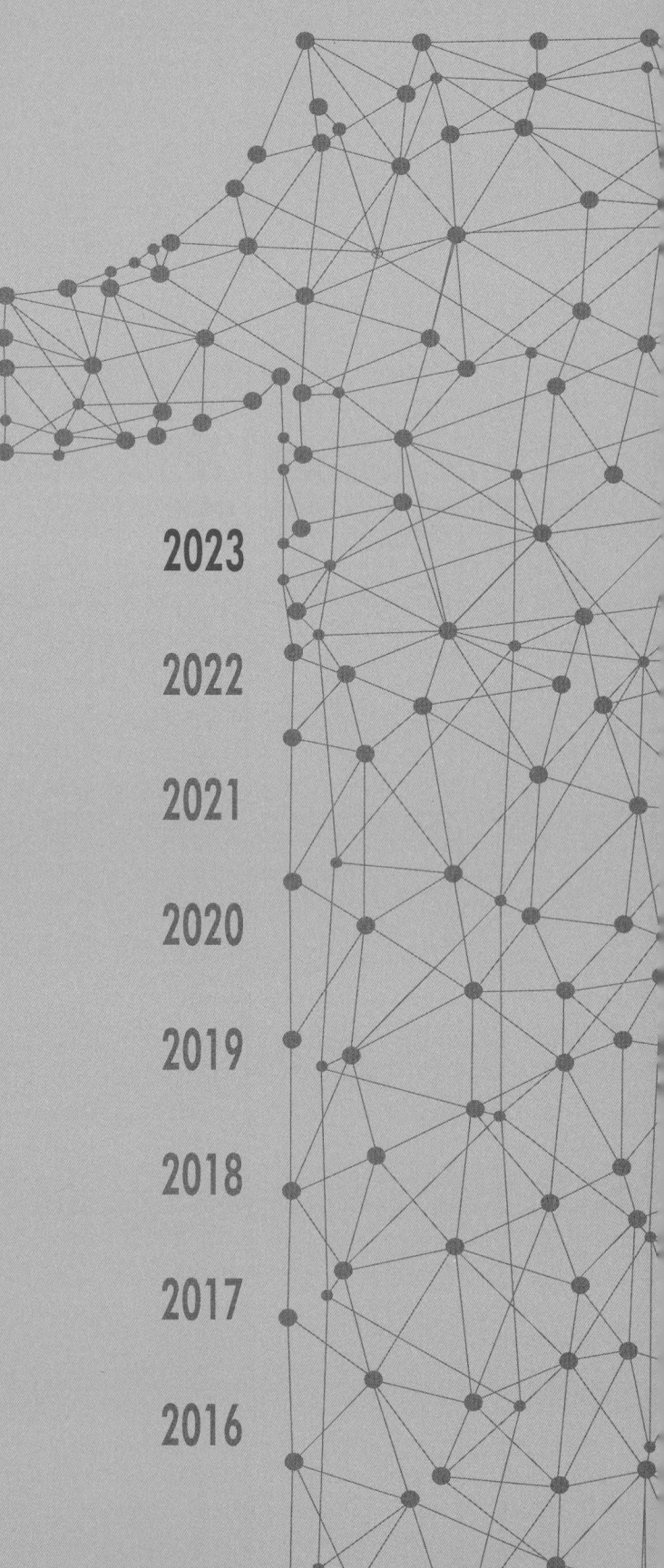

본 장에서는 논증 분석 내지 논증의 분석 및 재구성에 대한 핵심이론들을 살펴보고 기출문제를 유형별로 묶어 학습하도록 한다. 논증을 재구성하고 분석하는 것은 논증을 제대로 이해하기 위함이다. 따라서 논증 분석 및 재구성으로 분류된 문제들은 제시된 논증에 대한 제대로 된 이해를 묻고 있다고 할 수 있다.

	인지활동영역 및 하위 범주	
2016년 확정 개선안	명시적 요소 분석	논증에 명시적으로 제시되어 있는 문장들 중에서 전제들과 결론을 찾아내고, 전제들이 결론을 어떻게 뒷받침하고 있는지 파악하는 능력을 측정
	암묵적 요소 분석	논증이나 추리과정에서 의식적 또는 무의식적으로 생략된 전제들을 찾아내어 완전한 논증이나 완전한 추리과정을 재구성할 수 있는 능력을 측정
	구조 분석	논증 전체의 구조를 분석할 수 있는 능력을 측정함
과거 출제 지침	1. 논증의 주장을 파악하고 제시된 근거를 파악하기 2. 논증이 기반하고 있는 원리나 가정 파악하기 3. 논증에서 생략된 전제 찾기 4. 논증의 구조 분석 및 논증 유형 비교하기	

2023
2022
2021
2020
2019
2018
2017
2016

Ⅰ. 논증의 분석 및 재구성 개요

1 논증과 비(非) 논증 [1)]

(1) 논증의 개념 및 요건

① 추리(inference) 와 논증(argument)

추리를 논리학에서는 일반적으로 추론(inference)이라고 부르는데, 추론이란 주어진 사실로부터 새로운 사실을 이끌어내는 사고의 과정이라고 정의할 수 있다.

논증(argument)이란 주장과 근거가 포함된 말 묶음으로 논리적으로 이치를 따질 수 있는 말의 단위이다. 즉, 논증에는 주장이 포함되어야 하고, 그 주장을 뒷받침하는 근거가 포함되어야 한다.

사고의 과정인 추론을 언어로 표현했을 때, 추론의 주어진 사실은 논증의 근거가 되고, 추론의 새로운 사실은 논증의 주장이 된다. 논증의 근거를 논거 또는 논증의 전제라고 하고, 논증의 주장을 논지 또는 논증의 결론이라고 한다.

② 논증의 요건

논증에는 주장(=논지, 결론)이 포함되어야 하고, 그 주장을 뒷받침하는 근거(= 논거, 전제)가 포함되어야 한다. 전제는 결론을 '지지한다' 또는 '뒷받침한다' 또는 '정당화한다'라고 표현한다. 요컨대 제시된 전제들을 근거로 해서 결론이 참이라고 또는 받아들일 만한 것이라고 합리적으로 설득하는 것이 논증이다.[2)]

(2) 논증이 아닌 글

논증은 주장과 근거가 포함된 말 묶음이라는 점에서 관찰된 사실을 있는 그대로 보고하는 말 묶음인 기술(description)이나 이미 발생한 사실에 대한 원인을 제시하고 왜 그런 사실이 발생했는지 설명하는 인과적 설명(causal explanation)과는 구분된다.

---

1) 송하석, 전게서, pp. 14~16.

2) 최훈, 논리는 나의 힘, 2007, p. 169.

논증이 아닌 글에는 그 밖에도 믿음(의견), 보고(report), 해설(expository statements), 예시(illustration), 설명(explanation) 등이 있다.[3)]

● **확인문제**

다음 글이 논증인지 아니면 인과적 설명인지 판단하시오.

(가) 석이는 영이를 좋아한다. 왜냐하면 영이는 마음씨가 곱기 때문이다.

(나) 석이는 영이를 좋아한다. 왜냐하면 석이는 영이 주위를 떠나지 않고, 자주 선물하기 때문이다.

확인문제 해설 논증과 인과적 설명을 혼동하는 경우가 많다. 이러한 혼동에는 두 가지의 말 묶음에 자주 등장하는 '왜냐하면 ~이기 때문이다'라는 표현 때문이다. 일반적으로 논증은 그 전제에 그것이 그 논증의 전제임을 알려주는 전제 지시사(premise indicator)가 붙고, 결론 앞에는 그것이 그 논증의 결론임을 알려주는 결론 지시사(conclusion indicator)가 자주 붙는다. 대표적인 전제 지시사로 '왜냐하면', '~이기 때문이다' 등이 있고, 결론 지시사로는 '그러므로', '따라서' 등이 있는데, '왜냐하면~ 이기 때문이다'라는 표현은 인과적 설명에도 사용되기 때문에 논증과 혼동하는 경우가 많다. (가)는 석이가 영이를 좋아한다는 사실에 대한 인과적 설명이고, (나)는 석이가 영이를 좋아한다고 그 근거와 함께 주장하고 있는 논증이다.

(3) 문장, 명제, 진술

다 비슷한 말 같은 문장과 명제와 진술을 엄격하게 구분해서 쓰는 학자들도 있다.[4)] 이들에 따르면 문장이란 문법에 맞춰 낱말들을 배열한 덩어리이며, 명제는 문장들이 말하고 있는 내용, 즉 참이거나 거짓인 문장의 내용을 말하고, 진술은 씌어진 낱말이나 의미만으로 구분되지 않고 화자가 문장을 통해 말하려는 바가 무엇이냐를 기준으로 구분된다. 즉, 같은 문장을 누가 언제 어디서 말했느냐에 따라 다른 진술이 될 수 있다.[5)]

---

3) ① 믿음(의견) : 자신의 믿음이나 생각을 표현하는 믿음(belief)이나 의견(opinion)에 관한 진술 ② 기술(description) : 마치 단어로 어떤 장면을 묘사하는 것처럼 어떤 상황을 있는 그대로 잘 보여주는 경우의 진술 ③ 보고(report) : 보고는 여러 가지 점에서 기술과 유사한 측면이 있으나, 그것은 어떤 상황이나 사건에 관한 정보를 전달하는 진술들로 구성되어 있을 뿐 증명하기 위한 주장이 없기 때문에 논증이라 할 수 없다. ④ 해설(expository statements) : 상술적 혹은 해설적 진술에서 화제가 되는 문장과 함께 시작한 다음, 그것을 계속 전개시켜 나간다. ⑤ 예시(illustration) : 하나의 진술이 그 진술의 예를 나열하는 언급과 연결될 경우, 이런 진술들의 모임을 예시라고 한다. ⑥ 설명(explanation) : 설명은 두 요소로 구성되어 있다. 설명되어야 할 사건 혹은 현상을 기술하는 진술인 피설명항과 설명할 것을 의도하는 진술인 설명항이 그것이다. 설명은 '왜냐하면' '… 때문에'란 전제 지시어를 사용하기 때문에, 논증과 혼동하기가 쉽다(박은진 외, pp. 76~84).

4) 문장(sentence)이란 진술될 수 있도록 언어의 규칙에 맞춰 낱말을 나열한 것을 말하고, 진술(statement)이란 구체적인 상황에서 사용된 참이거나 거짓인 문장을 말하고, 명제(proposition)란 문장이 주장하는 내용, 혹은 참이거나 거짓인 문장을 의미한다(박은진 외, 전게서, pp. 61~66).

5) 최훈, 논리는 나의 힘, pp. 164~166.

● 확인문제

다음 글 중 문장, 명제, 진술은 각각 몇 개인지 판단하시오.

① 나는 학생이다.

② 나는 학생이다.

③ I am a student.

④ Ich bin Student.

확인문제 해설 문장은 3개 또는 4개(①과 ②는 같은 유형이니까 같은 문장이라고 보기도 하고, 씌여진 위치와 시간이 다르므로 다른 문장이라고 보기도 한다), 명제는 1개(위 보기들은 모두 같은 내용을 말하고 있으므로)이며, 진술은 이 문장들이 말해지는 상황이 고정되지 않으면 몇 개인지 말할 수 없다.

2 논증의 재구성[6)]

논증의 재구성이란 주어진 글을 논증의 표준틀에 맞도록 전제와 결론의 순서를 배열하는 것으로, 생략된 전제나 결론을 채우는 작업을 가리킨다.

말이나 글에서 논증을 파악할 때, 논증의 논리적 구조를 보여주는 표준틀은 다음과 같다.[7)]

▶ 논증의 표준틀

전제 1
전제 2
전제 3
⋮
그러므로 결론

6) 박은진 외, 전게서, pp. 112~124.

7) 이처럼 명확한 형태의 논증을 접하기는 어렵지만, 어떤 논증이든 전제와 결론을 분리해서 정돈해 보면, 이런 방식으로 재구성할 수 있다. 전제의 수는 하나일 수도 있지만, 경우에 따라서는 결론이 참임을 확립하는 데 필요한 만큼 더 늘어날 수도 있다. 또 명백하게 표현되어 있는 것은 아니라 할지라도, 전제들 중 일부를 문맥에서 파악해 낼 수도 있다. 따라서 이처럼 생략된 전제는 논증을 표준틀로 재구성할 때 세심하게 보충해야 한다(박은진, 전게서, p. 113).

3 논증의 분석

논증의 분석이란 주어진 글을 치밀하고 호의적으로 재구성한 다음, 전제와 결론의 관계를 구조적으로 파악하는 작업이다. 즉 주어진 글 속에서 논증을 구성하고 있는 명제들의 역할을 분석하는 작업을 말한다.[8]

(1) 논증의 구조 유형[9]

❙ 전제가 각각 부분적으로 결론을 지지하는 구조 ❙

▶ **논증구조도**

①　②　③
↘　↓　↙
④

1번 까마귀는 검다.(①) 2번 까마귀는 검다.(②)
3번 까마귀는 검다.(③)
따라서 모든 까마귀는 검다.(④)

❙ 전제가 결합하여 결론을 지지하는 구조 ❙

▶ **논증구조도**

① + ②
↓
③

그녀가 미녀라면 그녀는 잠꾸러기이다.(①)
그녀는 미녀이다.(②)
따라서 그녀는 잠꾸러기이다.(③)

(2) 논증 분석의 순서

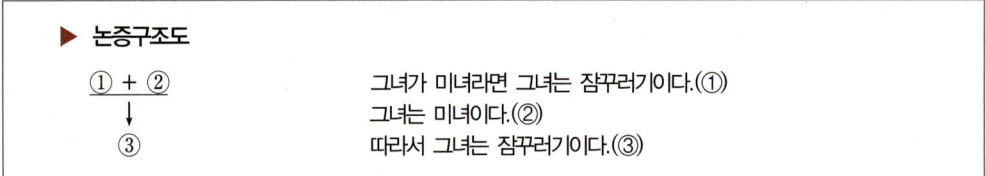

① 주어진 글이 논증인지 아닌지 따진다.
② 논증이라면, 그 글의 주장에 해당하는 결론을 찾아낸다.
③ 논증에서 불필요한 문장들을 제거하고, 전제들을 찾아낸다.
④ 전제와 결론의 관계를 따져 논증구조도를 작성한다.

---

8) 논증이 간단할 경우, 논증의 분석은 아주 수월하다. 그러나 여러 개의 근거들이 복잡하게 얽혀 있는 논증의 경우, 근거들을 가려내고 또 그 근거들이 서로 어떻게 얽혀서 주장을 뒷받침하고 있는가를 알아내기가 쉽지 않다. 이렇게 근거들을 가려내고, 그 구조를 파악해내는 일이 논증의 구조 분석이다. 논증을 분석한다는 것은 논증에 등장한 모든 문장이 전체 논증에서 어떤 역할을 하고 있는가를 알아내는 것이다.(박은진 외, pp. 118~119).

9) 「피셔의 비판적 사고」에서는 전제가 각각 부분적으로 결론을 지지하는 구조를 '합류구조'라고 부르며, 전제가 결합하여 결론을 지지하는 구조를 '결합구조'라고 부른다. 더불어 하나의 전제가 하나의 결론을 지지하고 이 결론이 전제로서 또 다른 결론을 지지하는 구조를 '연쇄구조'라는 이름으로 소개하고 있다.

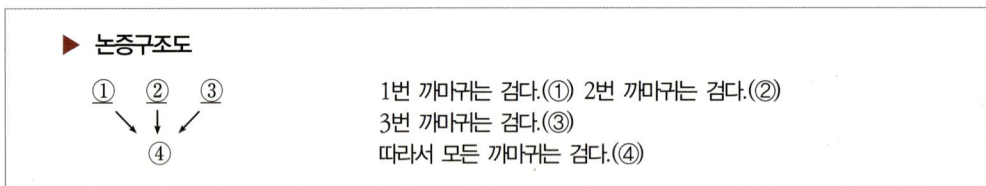

Ⅱ. 주장 및 근거 파악 문제의 유형별 학습

1 주장 및 근거의 파악 개요 [10)]

(1) 문장의 위치를 통해 전제와 결론을 판단할 수는 없다.

> 논증에서 전제가 결론보다 먼저 나올 수도 있고, 결론이 전제보다 먼저 나올 수도 있다. 그리고 전제와 결론이 한 문장에 다 들어 있을 수도 있으며, 서로 다른 문장으로 되어 있을 수도 있다.

(2) 전제는 한 개 이상 얼마든지 있을 수 있으나 결론은 한 논증에 한 개뿐이다.

> 어떤 논증에서 결론이 두 개 있다고 생각될 때는 실제로는 연쇄적이거나 독립적인 두 논증이 있는 것이라고 생각해야 한다. 결국 결론의 개수는 논증이 몇 개냐를 판단하기 위해 필요하므로 중요하지만 전제의 개수는 별로 중요하지 않다.

(3) 논증을 봤을 때 가장 먼저 할 일은 그 논증이 말하고자 하는 바를 이해하는 것이다.

> 논증을 펼친 이가 이 논증으로서 무슨 주장을 하고자 했고, 그 주장의 근거로서 어떤 이유들을 제시했는지 찾아내야 한다. 이 말은 곧 논증의 전제와 결론을 찾아야 한다는 뜻이다.

(4) 지시어가 있는 경우 지시어를 활용하여 전제와 결론을 찾는다면 도움이 될 것이다. 하지만 전제나 결론을 나타내는 지시어를 전혀 쓰지 않고서도 얼마든지 논증을 할 수 있기 때문에 결국에는 논증의 내용과 앞뒤 맥락에 의존해서 찾아내는 훈련을 많이 해야 한다.

> ① 전제 지시어 : 왜냐하면, … 이기 때문에, … 라는 점을 생각해 보면, 그 이유로는, … 를 보건대, 첫째, 둘째, 셋째…
> ② 결론 지시어 : 따라서, 그러므로, 결국, 결론적으로, 사실, 이에 따라, … 임을 보여준다. … 라고 생각할 수 있게 되었다.

10) 최훈, 전게서, pp. 169~182.

2 주장 및 근거의 파악

01

유비논증

다음 논증에 대한 분석으로 옳지 않은 것은? 제4회 2012 LEET 문18 [명시적 요소 분석 예시문항]

정의가 없는 왕국이란 거대한 강도떼가 아니고 무엇인가? 강도떼도 나름대로는 작은 왕국이 아닌가? 강도떼도 사람들로 구성되어 있다. 그 집단도 두목 한 사람의 지배를 받고, 공동체의 규약에 의해 조직되며, 약탈물을 일정한 원칙에 따라 분배한다. 만약 어느 악당이 무뢰한들을 거두어 모아 거대한 무리를 이루어서 일정한 지역을 확보하고 거주지를 정하거나, 도성을 장악하고 국민을 굴복시킬 지경이 된다면 아주 간편하게 왕국이라는 이름을 얻게 된다. 그런 집단은 야욕을 억제해서가 아니라 야욕을 부리고서도 아무런 처벌을 받지 않는다는 사실만으로도 당당하게 왕국이라는 명칭과 실체를 얻는 것이다. 사실 알렉산드로스 대왕의 손에 사로잡힌 어느 해적이 대왕에게 한 답변에서 이런 현실이 적나라하게 드러났다. 해적에게 무슨 생각으로 바다에서 남을 괴롭히는 짓을 저지르고 다니느냐고 문초하자, 해적은 알렉산드로스 대왕에게 거침없이 이렇게 대꾸했다고 한다. "그것은 폐하께서 전 세계를 괴롭히시는 생각과 똑같습니다. 단지 저는 작은 배 한 척으로 그 일을 하는 까닭에 해적이라 불리고, 폐하께서는 대함대를 거느리고 다니면서 그 일을 하시는 까닭에 대왕이라고 불리시는 점이 다를 뿐입니다!"

- 아우구스티누스, 『신국론』 -

① 정의가 없는 왕국과 강도떼의 차이를 명칭과 규모의 관점에서 설명하고 있다.
② 정의가 없는 왕국과 강도떼가 야욕과 처벌의 측면에서 동일하다고 설명하고 있다.
③ 정의가 없는 왕국과 강도떼의 공통점을 지배 체제와 공동체의 조직 원리에서 찾고 있다.
④ 강도떼가 발전하여 정의가 없는 왕국이 될 가능성을 제시하여 둘의 차이를 좁히는 전략을 쓰고 있다.
⑤ 알렉산드로스 대왕과 해적의 대화를 통해 정의가 없는 왕국과 강도떼의 유비(類比)의 설득력을 높이는 전략을 쓰고 있다.

02
근거 추론 문제

㉠에 대한 근거로 적절한 것만을 [보기]에서 있는 대로 고른 것은? 제10회 2018 LEET 문24

화재가 발생하여 화재의 기전에 의해 사망하는 것을 화재사라고 한다. 화재 현장에서 불완전연소의 결과로 발생한 매연(煤煙)을 들이키면 폐 기관지 등 호흡기 점막에 새까맣게 매(煤)가 부착된다. 화재 현장에서 생성되는 다양한 유독가스 중 일산화탄소는 피해자의 호흡에 의해 혈류로 들어가 헤모글로빈에 산소보다 더 강하게 결합하여 산소와 헤모글로빈의 결합을 방해한다. 생체의 피부에 고열이 작용하면 화상이 일어나는데 그중 가장 경미한 정도인 1도 화상에서는 손상에 대한 생체의 반응으로 피부로의 혈액공급이 많아져 발적과 종창이 나타난다. 더 깊이 침범된 2, 3도 화상에서는 피부의 물집, 피하조직의 괴사 등이 나타난다. 불길에 의해 고열이 가해지면 근육은 근육 단백질의 형태와 성질이 변하여 위축되는 모양을 띤다. 근육의 위축은 그 근육에 의해 가동되는 관절 부위의 변화를 가져오게 되는데 관절을 펴는 근육보다는 굽히는 근육의 양이 더 많으므로 불길에 휩싸여 열변성이 일어난 시신은 대부분의 관절이 약간씩 굽은 모습으로 탄화된다.

한편, 화재 현장에서 변사체가 발견되어 부검이 시행되었다. 부검을 마친 법의학자는 ㉠ 희생자가 생존해 있을 때에 화재가 발생하여 화재의 기전에 의해 사망하였다고 판단하였다.

[보기]

ㄱ. 불에 탄 시체의 관절이 약간씩 굽어 있다.
ㄴ. 얼굴에 빨간 발적이나 종창이 일어난 화상이 있다.
ㄷ. 혈액 내에 일산화탄소와 결합한 헤모글로빈 농도가 높다.

① ㄱ ② ㄴ ③ ㄱ, ㄷ
④ ㄴ, ㄷ ⑤ ㄱ, ㄴ, ㄷ

Ⅲ. 논증의 기반 원리 및 가정 파악 문제의 유형별 학습

1 암묵적 가정 내지 전제 파악

03
암묵적 전제

갑의 추론이 설득력을 갖기 위해 전제되어야 하는 것만을 보기 에서 있는 대로 고른 것은?

제6회 2014 LEET 문28

A국 범죄학자 갑은 형사 사법 기관이 작성한 공식 범죄 통계를 이용하여 전체 범죄 및 범죄 유형별 발생 건수의 추이를 분석하였다. 그는 범죄 유형별 범죄 신고율을 과학적으로 밝혀내기가 매우 어렵다고 판단하여, 그 비율을 이용하여 공식 범죄 통계로부터 실제 범죄 발생 건수를 계산하지는 않았다. 대신 공식 범죄 통계의 추이로부터 직접적으로 전체 범죄 건수와 범죄 유형별 범죄 건수의 추이를 추정하였다. 공식 범죄 통계를 분석한 결과, 2009년 대비 2010년의 성폭력 범죄 발생 건수는 2% 증가했으나 2010년 대비 2011년의 성폭력 발생 건수는 30% 증가한 것으로 나타났다. 갑은 이런 분석 결과를 기초로 2010년과 2011년 사이에 A국의 성폭력 범죄가 폭발적으로 증가했다고 주장하였다.

하지만 이런 갑의 주장에는 문제가 있다. 일반적으로 공식범죄 통계는 경찰 혹은 검찰이 직접 인지하거나 범죄 피해자 혹은 목격자가 신고한 사건을 기초로 하여 작성된다. 그렇지만 공식 범죄 통계는 암수(暗數) 범죄, 즉 실제 발생하기는 했지만 통계의 집계에서 누락된 범죄를 포착하지 못한다. 사람들이 사건을 신고하지 않거나, 신고하더라도 이를 경찰이 통계에 포함하지 않는다면 암수 범죄의 문제가 발생한다. 이 문제를 고려하지 않은 갑의 주장을 신뢰하기는 어렵다.

보기

ㄱ. 암수 범죄의 전년 대비 증가율은 매년 일정하다.
ㄴ. 발생한 범죄 사건 중 신고된 사건의 비율은 범죄 유형별로 매년 일정하다.
ㄷ. 형사 사법 기관이 신고를 받거나 인지한 사건들을 범죄 통계에 반영하는 기준과 방식에 일관성이 있다.

① ㄴ ② ㄷ ③ ㄱ, ㄴ
④ ㄱ, ㄷ ⑤ ㄴ, ㄷ

04

암묵적
전제 추론

아래 글의 저자가 암묵적으로 전제하는 것으로 옳지 <u>않은</u> 것은?

제8회 2016 LEET 문12

육식을 정당화하는 사람들은 동물들이 서로 잡아먹는 것을 근거로 들 때가 있다. '그래, 너희들이 서로 먹는다면, 내가 너희들을 먹어서는 안 될 이유가 없지'라고 생각하는 것이다. 그러나 이런 주장에 대해 제기될 수 있는 반박은 명백하다. 먹기 위해 다른 동물을 죽이지 않으면 살아남을 수 없는 많은 동물들과 달리, 사람은 생존을 위해 반드시 고기를 먹을 필요가 없다. 나아가 동물은 여러 대안을 고려할 능력이나 식사의 윤리성을 반성할 능력이 없다. 그러므로 동물에게 그들이 하는 일에 대한 책임을 지우거나, 그들이 다른 동물을 죽인다고 해서 죽임을 당해도 괜찮다고 판정하는 것은 타당하지 않다. 반면에 인간은 자신들의 식사습관을 정당화하는 일이 가능한지를 고려하지 않으면 안 된다.

한편 어떤 사람들은 동물들이 서로 잡아먹는다는 사실은 일종의 자연법칙이 있다는 것을 의미하는 것으로 간주하곤 한다. 그것은 더 강한 동물이 더 약한 동물을 먹고 산다는 일종의 '적자생존'의 법칙을 말한다. 그들에 따르면, 우리가 동물을 먹는 것은 이러한 법칙 내에서 우리의 역할을 하는 것일 뿐이다. 그러나 이런 견해는 두 가지 기본적인 잘못을 범하고 있다. 첫째로, 인간이 동물을 먹는 것이 자연적인 진화 과정의 한 부분이라는 주장은 더 이상 설득력이 없다. 이는 음식을 구하기 위해 사냥을 하던 원시문화에 대해서는 참일 수 있지만, 오늘날처럼 공장식 농장에서 가축을 대규모로 길러내는 것에 대해서는 참일 수 없다. 둘째로, 가임여성들이 매년 혹은 2년마다 아기를 낳는 것은 의심할 여지없이 '자연스러운' 것이지만, 그렇다고 해서 그 과정에 간섭하는 것이 그릇된 것임을 의미하지는 않는다. 우리가 하는 일의 결과를 평가하기 위해서 우리에게 영향을 미치는 자연법칙을 알 필요가 있음을 부정할 필요는 없다. 그러나 이로부터 어떤 일을 하는 자연적인 방식이 개선될 수 없음이 따라 나오지는 않는다.

① 반성 능력이 없는 존재에게는 책임을 물을 수 없다.
② 자신의 생존에 위협이 되는 행위는 의무로 부과할 수 없다.
③ 어떤 행위의 대안을 고려할 수 있는 존재는 윤리적 대안이 있는데도 그 행위를 하는 경우라면 그것을 정당화해야 한다.
④ 공장식 농장의 대규모 사육은 자연스러운 진화의 과정이 아니다.
⑤ 자연적인 방식이 개선되면 기존의 자연법칙은 더 이상 유효하지 않다.

05

암묵적 근거 추론

㉠으로 적절한 것만을 [보기] 에서 있는 대로 고른 것은? 제10회 2018 LEET 문17

어떤 논리학 교수가 한 농부와 대화를 나누었다.

교수 : 자, 독일에 낙타가 없다고 합시다. 그리고 B라는 도시가 독일에 있다는 건 잘 아시죠? 그럼 B에 낙타가 있을까요, 없을까요?

농부 : 글쎄요, 잘 모르겠습니다. 독일에는 가본 적이 없어서요.

교수 : 다시 생각해 보시죠. 그냥 독일에 낙타가 없다고 치자는 겁니다.

농부 : 음, 다시 생각해 보니 B에 낙타가 있을 것도 같군요.

교수 : 그래요? 어째서 그렇게 생각하시죠? 제 질문을 제대로 기억하시나요?

농부 : 독일에는 낙타가 없는데, 그럴 때 B에 낙타가 있느냐, 없느냐, 물으시는 거 아닌가요? 그런데 B가 꽤 큰 도시라고 알고 있거든요. 그래서 거기에 낙타가 있을 것 같다는 생각이 드는 겁니다.

교수 : 그러지 말고 제 질문을 다시 잘 생각해 보시죠.

농부 : 아무래도 그 도시에는 확실히 낙타가 있을 것 같습니다. 왜냐하면 세상에는 큰 도시들이 있는데, 그런 곳에는 꼭 낙타들이 있는 법이니까요. B가 큰 도시라는 건 당신도 아실 테고요.

교수 : 그렇지만, 독일 안에 그 어디에도 낙타라고는 단 한 마리도 없다고 치자고 했는데 그건 어떻게 되나요?

농부 : 그건 모르겠고 하여튼 B가 큰 도시잖아요. 그러면 카자크스나 크리기즈(둘 다 낙타의 종들이다)가 거기에 있을 것입니다.

대화를 마친 직후 교수는 이 농부가 논리적 추론을 전혀 할 줄 모른다고 판단했다. 하지만 얼마 후 교수는 ㉠이 대화의 녹취록에서 찾아낸 근거를 고려하여 자신의 판단이 너무 성급했다고 생각하게 되었다.

보기

ㄱ. 실제로 농부는 대화 중에 올바른 논증을 사용한 적이 있다.
ㄴ. 큰 도시에 낙타가 있고 B가 큰 도시라는 농부의 말은 거짓이 아니었다.
ㄷ. 농부는 순전히 가정적인 전제에서 시작하는 추론을 굳이 할 필요가 없다고 여긴 것 같다.

① ㄱ ② ㄴ ③ ㄱ, ㄷ
④ ㄴ, ㄷ ⑤ ㄱ, ㄴ, ㄷ

2 필요조건의 추론

06

기업의 재고
운영 전략

기업이 (나)의 전략을 택하기 위한 조건만을 [보기] 에서 있는 대로 고른 것은? 제 1회 2009 LEET 문36

기업이 자사 상품의 재고량을 어느 수준으로 유지해야 하는가는 각 기업이 처한 상황에 따라 달라진다. 우선 그림 (가)에서는 기업이 생산량 수준을 일정하게 유지하면서 재고를 보유하는 경우를 나타낸다. 수요량에 맞추어 생산량을 변동하려면 노동자와 기계가 쉬거나 초과 근무를 하는 경우가 발생할 수 있으며, 이 경우 생산 비용이 상승할 수 있다. 따라서 기업은 생산량을 일정하게 유지하는 것을 선호하며, 이때 생산량과 수요량의 차이가 재고량을 결정한다. 즉 판매가 저조할 때에는 재고량이 늘고 판매가 활발할 때에는 재고량이 줄게 된다.

그런데 기업에 따라 그림 (나)와 같은 경우도 발견된다. 이러한 기업들의 생산량과 수요량의 관계를 분석해 보면, 수요량이 증가할 때 생산량이 증가하고 수요량이 감소할 때 생산량도 감소하는 경향을 보이며, 생산량의 변동이 수요량의 변동에 비해 오히려 더 크다.

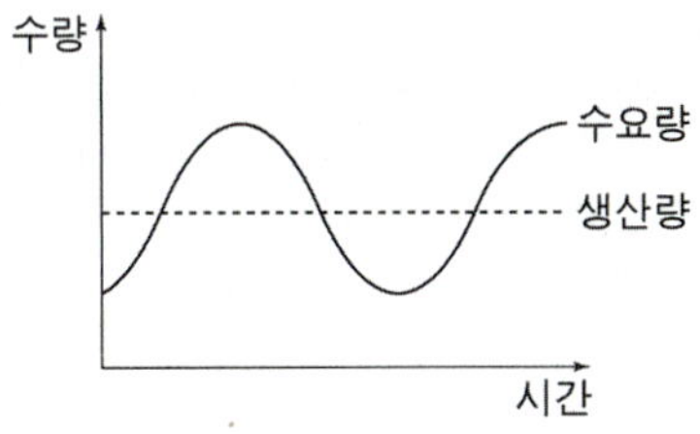

(가)

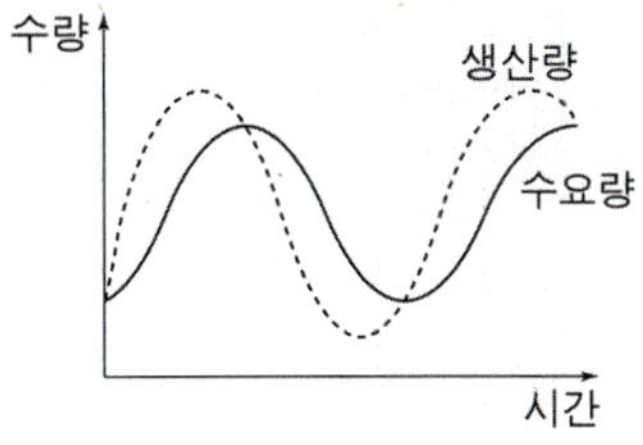

(나)

[보기]

ㄱ. (가)의 전략을 택하는 기업에 비해, 기업의 제품당 생산 비용이 생산량에 의해 크게 영향을 받지 않는다.

ㄴ. (가)의 전략을 택하는 기업에 비해, 수요가 상승하는 추세에서 생산량 및 재고량이 수요량을 충족시키지 못하는 경우 시장 점유 측면에서 상대적으로 불리하다.

ㄷ. 가격과 품질 등 다른 조건이 동일한 상품에 대하여, 수요가 줄어드는 추세에서 발생한 재고에 따르는 추가적인 재고 관리 비용이 (가)의 전략을 택하는 기업에 비해 더 크다.

① ㄱ ② ㄷ ③ ㄱ, ㄴ
④ ㄴ, ㄷ ⑤ ㄱ, ㄴ, ㄷ

Ⅳ. 생략된 전제 찾기 문제의 유형별 학습

1 생략된 전제 찾기 개요

논증을 표준틀로 재구성할 때, 명백히 제시되어 있지 않은 부분이 있다면 그 생략된 부분을 보충해야 한다. 생략된 부분이 전제이거나 결론이거나 그것은 마찬가지이다. 논증을 재구성하려는 이유는 주어진 논의를 가장 합리적으로 받아들여야하기 때문이다. 생략된 전제와 결론을 숨은 전제 또는 숨은 결론이라고도 한다.

(1) 특정 전제나 결론은 논증을 펼치는 이나 논증을 듣는 이 모두 알고 있을 때는 흔히 생략된다.

> "이 비디오는 미성년자 관람불가야. 너는 볼 수 없어." 이 논증은 "너는 미성년자이다"라는 전제가 하나 생략되어 있다. 그 전제는 논증을 하는 사람이나 듣는 사람 모두 알고 있는 뻔한 것이기 때문이다. 이렇게 생략된 전제를 숨은 전제라고 부른다.

(2) 때로는 실수로, 때로는 의도적으로 전제나 결론을 생략하기도 한다.

> 가끔은 꼭 필요한 전제를 실수로 빼먹기도 하고, 상대방이 자신의 논증을 얼른 받아들이게 하기 위해서 민감한 전제나 결론은 의도적으로 빼먹기도 한다.

(3) 논증을 듣고 해석하는 원리 | 자비로운 해석의 원리 |

> 남의 논증을 듣고 해석해야 하는 입장이라면 숨은 전제와 숨은 결론을 찾으려고 애써야 한다. 효과적인 의사소통을 위해서는 자비로운 해석의 원리를 적용해야 한다. 즉, 논증을 가능한 한 가장 좋은 논증이 되도록 해석해야 한다는 뜻이다.

(4) 효과적인 논쟁을 위해 숨은 전제 및 숨은 결론은 중요하다.

> 상대편의 논지가 담고 있는 드러나지 않는 가정들을 밝혀내서, 그 가정들에 기초한 사실과 논리에 대해서 이의를 제기한다면 효과적인 논박이 될 수 있다.

2 보충되어야 할 전제의 추론

07
생략된 전제의 추론

다음 추론에서 결론을 도출하기 위해 보충해야 할 전제는? 제 1회 2009 LEET 문4

X가 변호사가 아니라면 그는 아나운서이다. 그런데 모든 아나운서는 붉은색 넥타이를 착용한다. 그러나 X는 푸른색 넥타이를 착용한다. 만일 X가 변호사라면, 그는 미국인이거나 영국인이다. 그런데 어느 영국인도 한국 생활을 경험해 본 적이 없다면, 김치를 먹을 줄 모른다. 그리고 한국 생활을 경험한 변호사들은 모두 붉은색 넥타이를 착용한다. 따라서 X는 미국인 변호사이다.

① X는 김치를 먹을 줄 안다.
② X는 한국 생활을 경험하지 않았다.
③ 어떤 아나운서는 변호사가 될 수 있다.
④ 미국인의 일부는 김치를 먹을 줄 안다.
⑤ 김치를 먹을 수 있는 사람은 영국인이 아니거나 한국 생활을 경험했다.

3 생략된 기준의 추론

08

생략된 기준의 추론

(가)~(라)의 유형 구분에 사용되었을 두 가지 기준을 보기 에서 고른 것으로 가장 적절한 것은?

제2회 2010 LEET 문24

한 범죄학자가 미성년자 대상 성범죄자의 프로파일을 작성하기 위해서 성범죄자를 A기준과 B기준에 따라 네 유형으로 분류하였다.

	B 기준	
A 기준	(가) 유형	(나) 유형
	(다) 유형	(라) 유형

(가) 유형은 퇴행성 성범죄자로, 평소에는 정상적으로 성인과 성적 교류를 하지만 실직이나 이혼 등과 같은 실패를 경험하는 경우에 어려움을 극복하는 기술이 부족하여 일시적으로 미성년 여자를 대상으로 성매매 등의 성적 접촉을 시도한다. 이들은 흔히 내향적이며 정상적인 결혼생활을 하고 있고 거주지가 일정하다.

(나) 유형은 미성숙 성범죄자로, 피해자의 성별에 대한 선호를 보이지 않는다. 정신적, 심리적 문제를 가진 경우가 많고 주위 사람들로부터 따돌림을 당해서 대부분 홀로 생활한다. 이들의 범행은 주로 성폭행과 성추행의 형태로 나타나는데, 일시적이고 충동적인 면이 있다.

(다) 유형은 고착성 성범죄자로, 선물이나 금전 등으로 미성년자의 환심을 사기 위해 장기간에 걸쳐 노력을 기울인다. 발달 과정의 한 시점에 고착되었기 때문에 10대 후반부터 미성년자를 성적 대상으로 삼는 행동을 보인다. 성인과의 대인관계를 어려워하며, 생활과 행동에서 유아적인 요소를 보이는 경우가 많다.

(라) 유형은 가학성 성범죄자로, 공격적이고 반사회적인 성격을 가진다. 전과를 가진 경우가 많고, 피해자를 해치는 경우가 많으며, 공격적 행동을 통하여 성적 쾌감을 경험한다. 어린 미성년남자를 반복적으로 범죄 대상으로 선택하는 경우가 많다.

보기

ㄱ. 미성년자 선호 지속성
ㄴ. 내향성
ㄷ. 공격성
ㄹ. 성별 선호

① ㄱ, ㄴ
② ㄱ, ㄷ
③ ㄴ, ㄷ
④ ㄴ, ㄹ
⑤ ㄷ, ㄹ

09

업무
분류 기준

다음 글로부터 추론한 것으로 옳은 것만을 보기 에서 있는 대로 고른 것은? 제4회 2012 LEET 문17

업무는 분석 가능성과 다양성을 기준으로 구분할 수 있다. 분석 가능성이란 업무를 표준화된 절차에 따라 과정별로 나누어 수행을 용이하게 할 수 있는 정도를 뜻한다. 다양성이란 업무 중에 예측하지 못한 새로운 일이 생기는 정도를 뜻한다. 이에 따라 아래의 표를 만들고, 여러 가지 직업의 특성을 고려하여 P1~P4에 몇 가지 직업을 채워 보았다.

		B	
		(다)	(라)
A	(가)	P1	P2
	(나)	P3	P4

○ P1에는 많은 정보에 대한 분석 기술을 가지고 일정한 절차와 기법 등에 따라 예외 상황을 해결할 수 있는 직업군으로 회계사, 토목기사 등이 속하였다.
○ P2에는 업무 예외 상황의 발생 가능성이 낮고 단순 정보에 대한 분석 기술로 업무를 처리할 수 있는 직업군으로 은행 창구 직원, 생산직 근로자 등이 속하였다.
○ P3에는 새로운 상황이 많이 발생하며 업무와 관련된 정보가 복잡하여 경험과 넓은 시각 및 통찰력과 직관력이 필요한 직업군이 속하였다.

보기

ㄱ. (가)는 분석 가능성이 낮은 유형이다.
ㄴ. (다)는 다양성이 낮은 유형이다.
ㄷ. 작곡가, 피아니스트와 같은 직업은 P4에 속할 것이다.

① ㄱ ② ㄷ ③ ㄱ, ㄴ
④ ㄴ, ㄷ ⑤ ㄱ, ㄴ, ㄷ

Ⅴ. 논증의 구조 분석 및 유형 비교 문제의 유형별 학습

1 논증 구조 분석 개요

(1) 논증 평가의 전 단계로서의 논증 분석

일반적으로 논증을 평가하기 위해서 거쳐야 하는 과정은 다음과 같다.

① 가장 먼저 주어진 구절이 논증인지, 인과 관계인지 아니면 단순한 서술인지 판단한다.
② 만약 논증이면 그 논증에서 애매하거나 모호하게 쓰이는 언어들이 있는지 찾아본다. 있는 경우에는 혼동의 여지가 없도록 명확하게 고친다.
③ 다음은 전제와 결론, 그리고 필요하면 숨은 전제와 결론을 찾아 논증의 구조를 다이어그램으로 그린다. 이 단계가 논증 분석 단계이다.
④ 논증 분석이 끝나면 평가를 시작한다. 논증 평가는 세 가지 기준에 의해 이루어진다.
⑤ 논증 평가의 결과에 따라 좋은 논증인지 나쁜 논증인지를 결정하게 된다.

논증 분석은 ③에 해당되는 것으로 본격적인 평가를 위한 전(前)단계 작업이라 할 수 있다.

(2) 논증 분석의 중요성

다른 사람의 논증을 듣고 받아들일 만한 충분한 이유가 있는지 판단하기 위해서는 논증을 정확하게 이해하여야 한다. 이렇게 논증을 정확히 이해하는 과정을 논증의 분석이라고 한다.

❙ 논증 분석의 1차적인 목표는 반박이 아니라 이해이다. ❙

① 우선 논증을 펼치는 이가 주장하고자 하는 결론이 무엇인지 찾고, 그 다음에 그 결론을 지지하기 위해 제시한 전제를 찾아 상대방의 주장을 최대한 합리적으로 만들어 놓아야 한다.
② 논증 분석에서는 문장을 하나하나 나누거나 때로는 문장 하나도 더 잘게 나누어 그것들 사이의 구조를 보여준다.
③ 논증을 제대로 분석해 놓으면 어떤 전제들이 있고 그 전제들에서 어떤 경로를 통해 결론을 지지하는지 그 구조가 한 눈에 들어오므로 논증을 평가하는 것은 그리 어렵지 않을 것이다.
④ 요리 조리법처럼 정해진 순서대로 따라서만 하면 되는 논증 분석 방법은 없다. 앞뒤 맥락과 논증을 펼친 이의 의도를 파악하는 것이 최선의 방법이다.

(3) 논증 분석의 실제

논증의 전체 구조를 정확하게 파악해야 비로소 논증의 연결이 적절한지 평가할 수 있다.

| 단계별 논증 분석의 요령 |

1. 결론을 찾아라. 결론 지시어가 있으면 도움이 될 것이다.
2. 명백한 전제를 찾아라. 전제 지시어가 있으면 도움이 될 것이다.
3. 필요하면 숨은 전제를 찾아라.
4. 군더더기, 정의, 부연 설명 등이 있는지 살펴보라.
5. 전제와 결론 사이의 지지 관계를 다이어그램으로 그린다.[11)]

논증 분석을 위해 많이 쓰이는 방법은 다이어그램을 이용하는 것이다. 여러 전제들과 결론에 각각 번호를 붙여 지지 관계를 화살표로 나타내는 것이다.

▶ 사례 1

① 나는 생각한다. ② 그러므로 나는 존재한다.

▶ 사례 2

① 한자 혼용을 주장하는 사람들은 한자어는 한자로 표기돼야 그 뜻이 얼른 들어온다고 말한다. ② 이런 주장이 터무니없는 것은 아니다. ③ 낱말에 따라서, 맥락에 따라서, 한자어의 표의성이 크게 효과를 발휘하는 경우가 있기는 하다. ④ 또 한자 혼용문에 익숙한 나이든 세대의 경우, 한자어가 한글로 표기됐을 때보다는 한자로 표기됐을 때 더 뜻이 쉽게 파악될 수도 있다.[12)]

〈사례 1〉

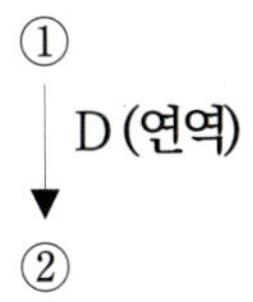

〈사례 2〉

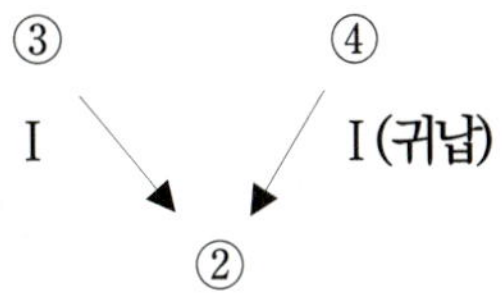

---

11) 체계적이지 못한 논증은 체계적이지 못한 상태를 그대로 보여주면 된다. 우리가 할 수 있는 일은 위에서 말한 논증 분석 요령을 기본적으로 숙지하고 상대방의 논증에 대해 자비심과 인내심을 가지고 부단하게 연습을 하는 수밖에 없다. 많은 논증을 보고 다루는 연습을 하면 틀림없이 논증을 이해하는 능력이 향상 될 것이다(최훈, 전게서, pp. 214~215).

12) ①이 결론일까? ①은 한자 혼용을 주장하는 사람들의 견해로서 소개한 것이고, 논증을 펼치는 이의 주장은 그런 생각이 터무니없는 것은 아니라는 ②일 것이다. 따라서 ①은 다이어그램을 그릴 때 빼도 상관없다. 이 논증은 귀납논증이다. (전제가 참이어도 결론이 거짓일 수 있기 때문이다.)

▶ **사례 3**

① 자연선택이 없다면 진화는 멈출 것이다. ② 그런데 자연선택은 이제 인간에게는 적용되지 않는다. ③ 자연선택이 이루어지려면 강한 개체보다 훨씬 많은 수의 약한 개체들이 번식하기 전에 죽어야 하는데, 현대의 의학은 약한 자들도 강한 자들에 못지않게 살아남고 또 번식할 수 있도록 만들어 놓았기 때문이다. ④ 따라서 인간은 더이상 진화하지 않는다.[13]

▶ **사례 4**

① 지난 30년간의 주식 시장이 보여주듯이, ② 주식은 경기 침체 후 회복되는 첫 번째 해에 채권보단 대체로 수익성이 높다. ③ 올해가 그 해이기 때문에, ④ 주식은 채권보다 수익성이 높아야 한다.[14]

〈사례 3〉

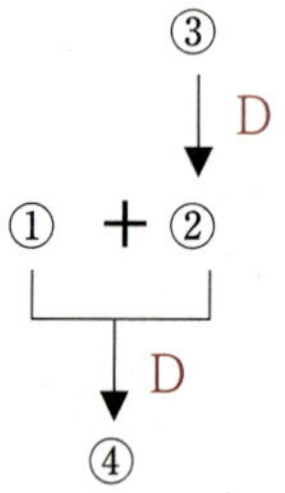

〈사례 4〉

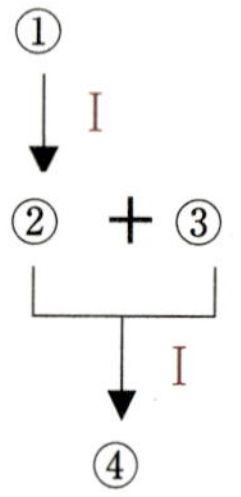

▶ **사례 5**

① 당신이 정말로 날 사랑한다면 내가 원하는 것을 해 줬을 거야.

이 논증은 숨은 전제와 숨은 결론을 보충해 주면 분석이 될 것이다. 숨은 전제는 ⓐ, ⓑ, …같은 기호로 나타내기로 하자.

ⓐ 당신은 내가 원하는 것을 해 주지 않았다.
ⓑ 당신은 날 사랑하지 않는다.

〈사례 5〉

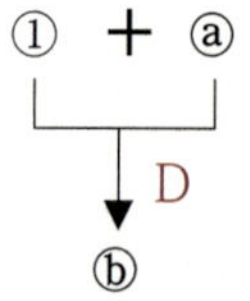

---

13) 결론 지시어가 있는 ④가 결론이다. 왜 인간이 더 이상 진화하지 않는지 ①과 ②에서 그 근거를 말하고 있다. 그런데 ①과 ②는 따로따로 ④를 지지하지 않고 결합하여 지지한다.

14) 필요하다면 한 문장을 더 잘게 쪼개서 분석한다. 첫 번째 문장과 두 번째 문장은 지지 구조를 더 잘 잘 보여주기 위해 각각 두 개의 진술로 나누었다. ①에 의해 귀납적으로 ②가 나온다. 결론④는 ②와 ③이 합해져서 따라 나온다. ②와 ③은 홀로 ④를 지지할 수 없다. 그런데 ②와 ③이 옳더라도 ④는 얼마든지 거짓일 수 있다. 따라서 이 논증은 귀납논증이다.

2 논증 유형 비교 개요

(1) 논증의 종류

모든 논증에서 전제가 하는 일은 결론을 지지하는 것이다. 그런데 그 지지하는 정도가 얼마나 강한가에 따라 논증은 세 가지 종류로 나뉜다.

❙ 연역논증 ❙

어떤 논증에서 전제들이 모두 참인데 그 결론이 반드시 참이라고 한다면 그 논증은 연역논증이다.

❙ 귀납논증 ❙

전제들이 모두 참인데도 그 결론이 참이라는 것이 그럴듯할 뿐 반드시 참은 아니라면 그 논증은 귀납논증(induction)이다.

❙ 오류논증 ❙

전제가 결론을 아주 약하게 지지하거나 아예 관련이 없으면 그 논증은 오류논증이다.

(2) 연역과 귀납에 대한 오해

연역논증은 보편적인 진술에서 구체적인 진술을 추론하는 논증이고, 귀납논증은 거꾸로 구체적인 진술에서 보편적인 진술을 추론하는 논증이라고 생각하는 경향이 있다. 그러나 이것은 오해의 소지가 있다. 연역논증에도 구체적인 문장에서 일반적인 문장을 추론하는 경우가 있고 귀납논증에도 일반적인 문장에서 구체적인 문장을 추론하는 경우가 얼마든지 있기 때문이다.

▶ 사례 1 – 전제에도 구체적인 진술이 들어 있지만 연역논증이다.

모든 사람은 죽는다.
소크라테스는 사람이다.
따라서 소크라테스는 죽는다.

▶ 사례 2 – 보편적인 진술에서 구체적인 진술을 끌어냈지만 귀납논증이다.

지금까지 아침이면 언제나 해가 동쪽에서 떴다.
그러므로 내일도 해가 동쪽에서 뜰 것이다.

> ▶ **사례 3 – 고전적인 연역논증을 패러디한 오류논증이다.**
>
> 모든 사람은 죽는다.
> 소크라테스는 죽는다.
> 따라서 모든 사람은 소크라테스이다.

(3) 타당성과 개연성

전제가 참이면 결론이 거짓일 논리적 가능성이 전혀 없는 논증을 타당하다(valid)고 말한다. 연역논증은 타당한 논증이고, 타당한 논증은 연역논증이다.

'그럴듯함'을 전문 용어로 개연성(plausibility)이라 부른다. 곧 귀납논증에서 전제가 옳을 때 결론은 개연적으로 참일 뿐이며, 반드시 참이라고 말할 수는 없다.

연역논증이 전제가 참이면 결론이 반드시 참인 이유는 연역논증의 결론에서 말하고 있는 정보나 내용이 모두 전제들 속에 이미 들어 있거나 적어도 암암리에 숨어 있기 때문이다.

(4) 논리적 불가능성과 법칙적 불가능성

연역과 귀납은 법칙적 가능성이 아닌 논리적 가능성을 통해 정의내리는 것이다. 법칙적으로 불가능해도 논리적으로 가능한 일은 많다. 전제가 참인데 결론이 거짓일 가능성이 조금이라도 있다면 귀납논증이라고 정의했는데 이때 결론이 거짓일 가능성을 판단하는 기준은 바로 논리적 가능성이다.

① 연역논증은 전제가 참이면 결론이 반드시 참인 논증이다.

> 연역논증은 전제가 참일 때 결론이 거짓이 되는 가능성을 인간의 머리로는 도저히 상상할 수 없는 논증이다.

② 거짓이 되는 가능성을 판단하는 기준으로 논리적 가능성 개념을 사용한다. 전제가 참일 때 결론이 거짓이 되는 것이 논리적으로 가능하다면 귀납 또는 오류논증이고, 논리적으로도 불가능하다면 연역논증이다.

> 상상할 수는 있지만 자연 법칙에 어긋나기 때문에 일어날 수 없는 일을 법칙적으로 불가능하다고 말하고, 일어난다는 것을 아예 상상조차 할 수 없는 일은 논리적 또는 개념적으로 불가능하다고 말한다. 전제가 참일 때 결론이 거짓이 되는 것을 논리적으로도 가능성을 찾을 수 없을 때(불가능할 때)만 연역논증이다. 이것이 법칙적으로 불가능하지만 논리적으로는 가능하다면 연역논증이라 할 수 없고, 결과적으로 귀납논증 내지 오류논증이 된다.

③ 논리적 불가능성과 법칙적 불가능성 사례

▶ (자연)법칙적으로 불가능하지만 논리적으로는 가능한 예

- 내가 63빌딩 꼭대기에서 떨어졌는데 제비가 되어 하늘을 난다.
- 모래알에 싹이 튼다.
- 돼지가 알을 낳는다.

▶ 논리적 불가능성의 예

- 나는 꿈에서 동그란 네모를 봤다.
- 저기 보이는 섬들은 5개이면서 6개이다.
- 브라질과의 경기에서 한국팀이 자책골이 아닌 골을 더 많이 넣고 부정행위가 없었는데도 한국팀이 진다.

3 논증구조도 문제

10

인구와 식량

다음 논증의 구조를 가장 잘 표현한 것은? (단, 기호'↓'는 글쓴이가 위 진술을 바로 아래 진술을 주장하는 근거로 사용하고 있다는 것을 의미하며, 기호'+'는 앞뒤의 진술들이 합쳐짐으로써 그 진술들이 지지하는 진술에 대한 근거를 구성한다는 것을 의미한다.)

제1회 2009 LEET 문18

> ⓐ 인구는, 제한되지 않으면, 기하급수적으로 증가한다. ⓑ 식량은 기껏해야 산술급수적으로 증가한다. ⓒ 인구의 증가율과 식량의 증산율의 차이를 피할 수 없다. ⓓ 사람이 사는 데 식량이 필요하다는 것은 자연의 법칙이다. ⓔ 따라서 우리는 어떻게 해서든지 인구의 증가율과 식량의 증산율을 같게 해야 한다. ⓕ 결과적으로 인구는 식량 부족 때문에 지속적으로 강력하게 제한될 수밖에 없다. ⓖ 인구가 제한될 수밖에 없다면 이것은 대부분의 사람들에게 심각한 위협이 될 수밖에 없다. ⓗ 많은 사람들에게 심각한 위협이 있는 사회는 모든 구성원이 편안하고 행복하게 사는 완전한 사회가 아니다. ⓘ 그러므로 모든 구성원이 편안하고 행복하게 사는 완전한 사회란 있을 수 없다.

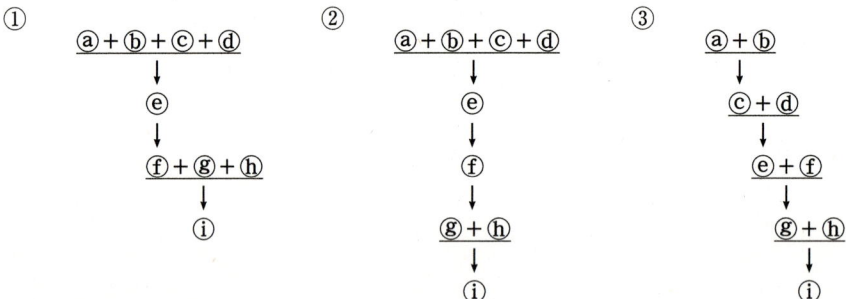

①
ⓐ+ⓑ+ⓒ+ⓓ
↓
ⓔ
↓
ⓕ+ⓖ+ⓗ
↓
ⓘ

②
ⓐ+ⓑ+ⓒ+ⓓ
↓
ⓔ
↓
ⓕ
↓
ⓖ+ⓗ
↓
ⓘ

③
ⓐ+ⓑ
↓
ⓒ+ⓓ
↓
ⓔ+ⓕ
↓
ⓖ+ⓗ
↓
ⓘ

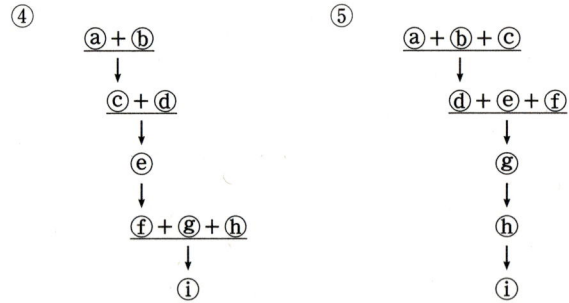

④
ⓐ+ⓑ
↓
ⓒ+ⓓ
↓
ⓔ
↓
ⓕ+ⓖ+ⓗ
↓
ⓘ

⑤
ⓐ+ⓑ+ⓒ
↓
ⓓ+ⓔ+ⓕ
↓
ⓖ
↓
ⓗ
↓
ⓘ

11

행위 책임의
전제조건으로서의
동일성

다음 논증의 구조를 분석한 것으로 가장 적절한 것은? (단, '↓'는 글쓴이가 위 진술을 아래 진술의 근거로 사용하고 있음을 의미하며, '+'는 앞뒤의 진술들이 합쳐짐으로써 아래 진술에 대한 근거를 구성함을 의미한다.)

제2회 2010 LEET 문16

ⓐ 영혼의 동일성을 확인할 길은 없다. 예를 들어 나의 영혼과 소크라테스의 영혼이 같은지 다른지 확인할 길이 없다. ⓑ 영혼은 물질적인 것이 아닌 신비로운 것이기 때문이다. ⓒ 이것이 행위의 책임 소재를 영혼의 동일성에서 찾을 수 없는 이유이다. 그런데 ⓓ 행위주체와 책임주체가 동일한 육체를 가지고 있는지 여부는 경험적으로 확인할 수 있다. 그렇다면 ⓔ 주체의 동일성을 육체의 동일성에서 찾을 수 있는 것처럼 보인다. ⓕ 육체의 동일성이 유지된다 하더라도 기억상실증 환자처럼 의식이 동일하지 않을 수 있는데, 의식이 전혀 다른 주체의 행위에 대해 책임을 지는 것은 부당하다. 따라서 ⓖ 단지 행위주체와 육체가 동일하다는 이유만으로 과거 행위에 대해 책임을 져야 한다고 말할 수 없다. ⓗ 의식의 동일성이 유지되지 않으면 주체의 동일성이 유지된다고 말할 수 없기 때문이다. ⓘ 의식의 동일성은 경험적으로 확인할 수 있다. 그러므로 ⓙ 영혼의 동일성이나 육체의 동일성이 아니라 의식의 동일성이 유지되어야 행위에 대한 책임을 물을 수 있다.

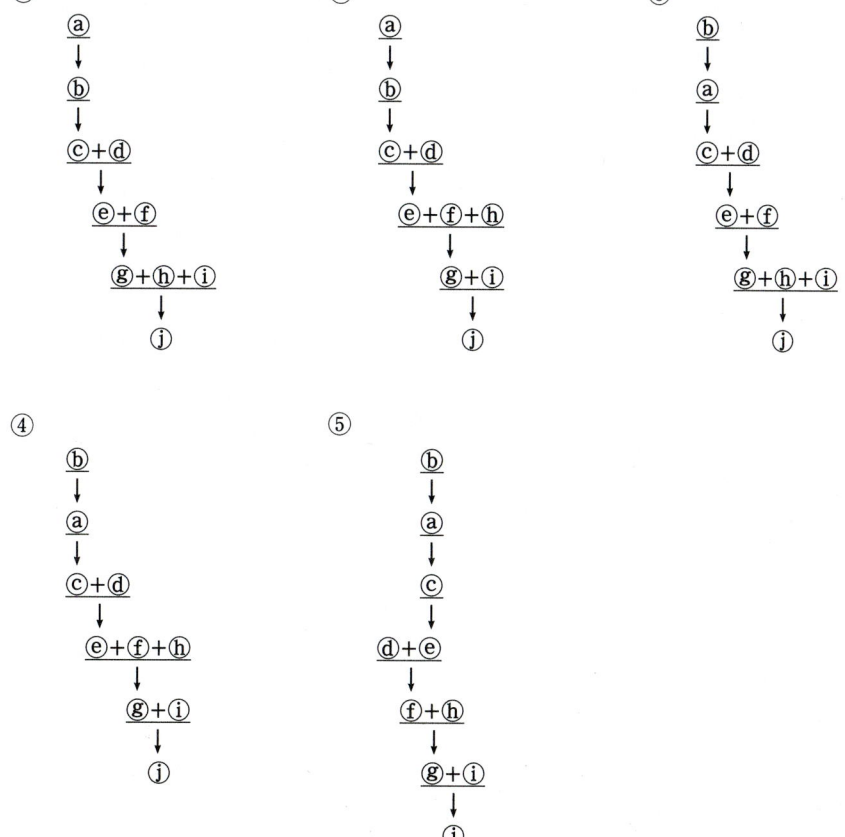

①
ⓐ
↓
ⓑ
↓
ⓒ+ⓓ
↓
ⓔ+ⓕ
↓
ⓖ+ⓗ+ⓘ
↓
ⓙ

②
ⓐ
↓
ⓑ
↓
ⓒ+ⓓ
↓
ⓔ+ⓕ+ⓗ
↓
ⓖ+ⓘ
↓
ⓙ

③
ⓑ
↓
ⓐ
↓
ⓒ+ⓓ
↓
ⓔ+ⓕ
↓
ⓖ+ⓗ+ⓘ
↓
ⓙ

④
ⓑ
↓
ⓐ
↓
ⓒ+ⓓ
↓
ⓔ+ⓕ+ⓗ
↓
ⓖ+ⓘ
↓
ⓙ

⑤
ⓑ
↓
ⓐ
↓
ⓒ
↓
ⓓ+ⓔ
↓
ⓕ+ⓗ
↓
ⓖ+ⓘ
↓
ⓙ

12

보편적 윤리의 토대

다음 논증의 구조를 가장 적절하게 분석한 것은? 제11회 2019 LEET 문20

ⓐ 행복을 추구하는 인간의 성향도, 자비심과 같은 도덕적 감정도 보편적 윤리의 토대가 될 수 없다. ⓑ 행복 추구의 동기가 올바른 삶을 살아야 하는 당위의 근거가 될 수는 없다. ⓒ 우선 윤리적으로 살면 언제나 행복해진다는 것은 참이 아니다. ⓓ 더욱이 행복한 삶을 산다는 것과 올바른 삶, 선한 삶을 산다는 것은 완전히 다른 것이기에, ⓔ 옳고 그름의 근거를 구할 때 자기 행복의 원칙이 기여할 부분은 없다. ⓕ 가장 중요한 점은 행복 추구의 동기가 오히려 도덕성을 훼손하고 윤리의 숭고함을 파괴해 버린다는 것이다. ⓖ 자기 행복의 원칙에 따라 행하라는 명법은 이해타산에 밝아지는 법을 가르칠 뿐 옳고 그름의 기준과 그것의 보편성을 완전히 없애버리니 말이다. ⓗ 인간 특유의 도덕적 감정은 자기 행복의 원칙보다는 윤리의 존엄성에 더 가까이 있긴 하지만 여전히 도덕의 기초로서 미흡하다. ⓘ 개인에 따라 무한한 차이가 있는 인간의 감정을 옳고 그름의 보편적 잣대로 삼을 수는 없다.

①

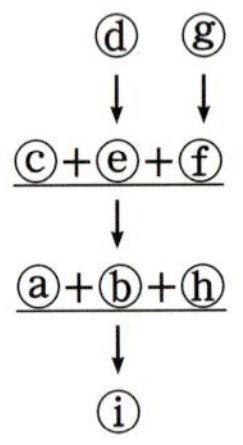

②

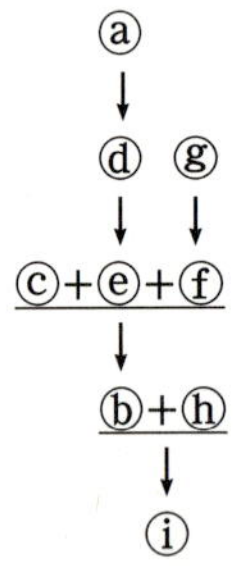

③

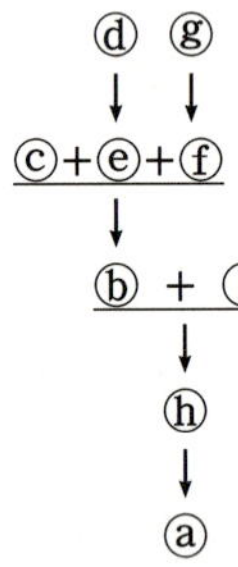

④

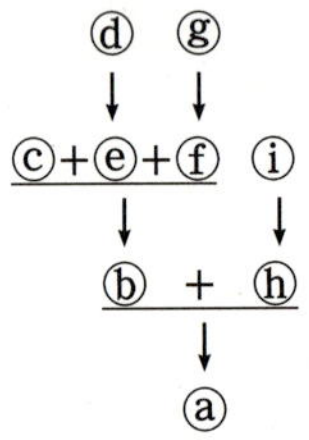

⑤

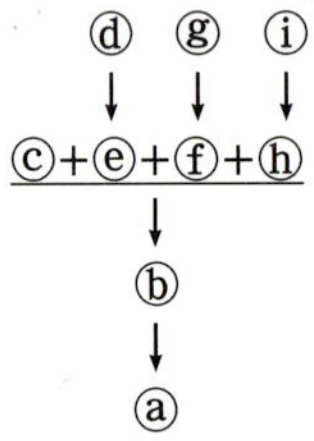

13

선(善)의 정의

다음 논증의 구조를 가장 적절하게 파악한 것은? 제12회 2020 LEET 문20

㉠ 선(善)을 정의하려는 시도는 성공할 수 없다. ㉡ 선을 정의할 수 있으려면 그것을 자연적 속성과 동일시하거나, 아니면 형이상학적 속성과 동일시해야 한다. ㉢ 선을 쾌락이라는 자연적 속성과 동일시하여 "선은 쾌락이다"라고 정의를 내릴 수 있다고 한다면, "선은 쾌락인가?"라는 물음은 "선은 선인가?"라는 물음과 마찬가지로 동어반복으로서 무의미한 것이 되어야 한다. ㉣ 그러나 "선은 쾌락인가?"라는 물음은 무의미하지 않다. ㉤ 쾌락 대신에 어떠한 자연적 속성을 대입하더라도 결과는 마찬가지이므로, ㉥ 선을 자연적 속성과 동일시하는 모든 정의는 오류이다. ㉦ 선을 형이상학적 속성과 동일시하는 정의들은 사실 명제로부터 당위 명제를 추론한다. ㉧ 즉 어떠한 형이상학적 질서가 존재한다는 사실로부터 "선은 무엇이다"라는 정의를 이끌어 낸다. ㉨ 그런데 당위는 당위로부터만 도출되기 때문에 사실로부터 당위를 끌어내는 것은 가능하지 않다. ㉩ 따라서 선을 형이상학적 속성과 동일시하는 정의들은 모두 오류이다.

①

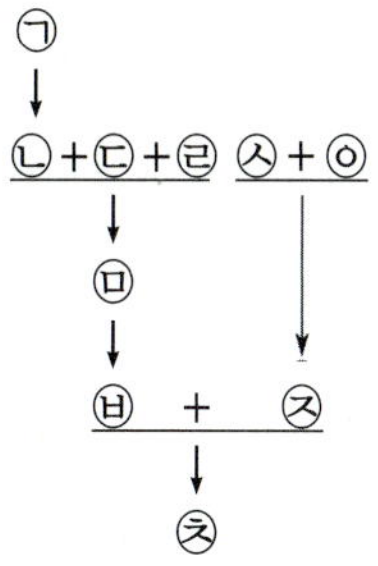

②

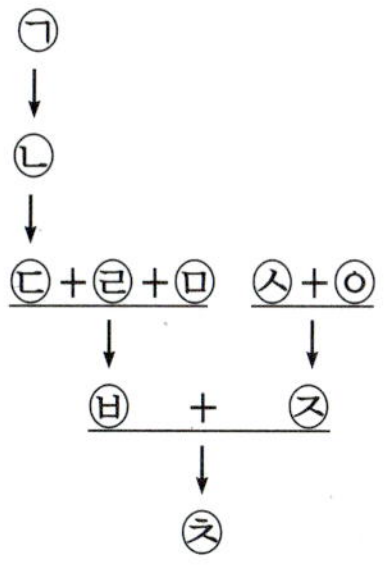

③

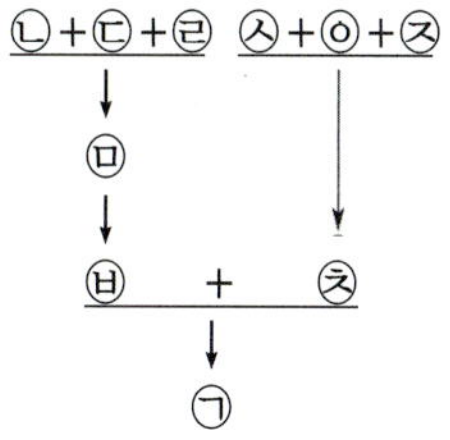

④

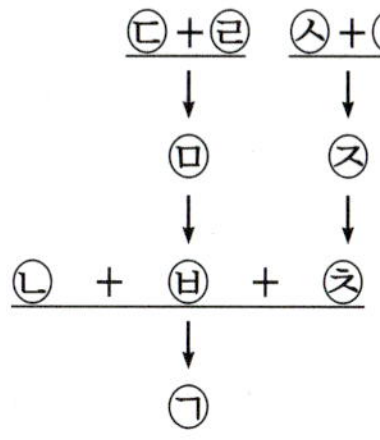

⑤

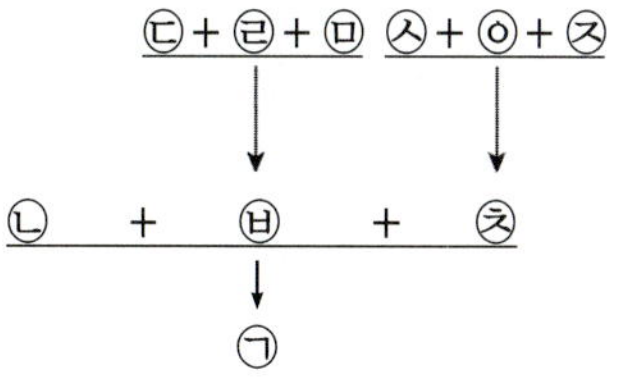

14

논증구조도 / 병렬적 관계와 지지관계

다음 논증의 구조를 가장 적절하게 분석한 것은? 제14회 2022 LEET 문36

㉠ 사람들은 종종 마치 로봇이 사람인 것처럼 대하는데, 이와 같은 현상에는 동서양의 차이가 존재하며 그러한 차이는 문화 또는 문화적 요인을 통해 이루어지는 진화, 즉 문화선택에 의한 것으로 보인다. ㉡ 한 연구 결과에 따르면, 사람의 행동에 반응하여 로봇 개 아이보가 꼬리를 살랑거리며 빙글빙글 도는 모습을 피실험자에게 보여 주었을 때, 서양인 피실험자보다 한국인 피실험자가 더 강한 정도로 사람과 로봇이 친구가 될 수 있다고 답하였다. ㉢ 어린이가 아이보의 꼬리를 부러뜨리려는 장면을 피실험자에게 보여 주고 그 어린이에게 아이보를 괴롭히지 말라는 도덕 명령을 내릴 것이냐고 물었을 때에도, 서양인 피실험자보다 한국인 피실험자가 더 강한 긍정적인 답을 내놓았다. ㉣ 이는 로봇을 마치 사람처럼 대하는 현상이 서양인보다 한국인에게서 더 강하게 나타난다는 것을 보여 준다. ㉤ 묵가에 의하면, 우정같은 감정은 대상이 나에게 실질적인 이득을 가져다 줄 것이라는 판단을 내렸을 때에만 발생할 수 있다. ㉥ 유가에 의하면, 도덕 판단의 근거는 판단 주체에게 내재한 모종의 원칙이 아닌 대상과의 감정적 관계에 있다. ㉦ 묵가와 유가 이론을 사람과 로봇 관계에 적용한다면, 사람들은 아이보가 자신에게 즐거움을 준다고 판단할 때 아이보를 친구로 여길 수 있게 되고 아이보를 불쌍하다고 느낄 때 아이보를 도덕 판단의 대상으로 여길 수 있게 된다. ㉧ 한국 사회 전반에서 묵가와 유가 전통을 통한 문화선택이 발생했으며, 그에 따라 한국인 일반의 감정과 도덕성에 관한 사회적 측면이 부분적으로 결정되었다는 연구 결과가 있다.

①

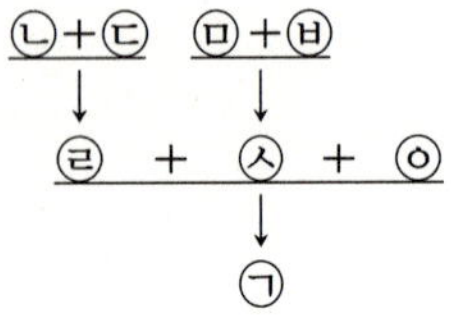

②

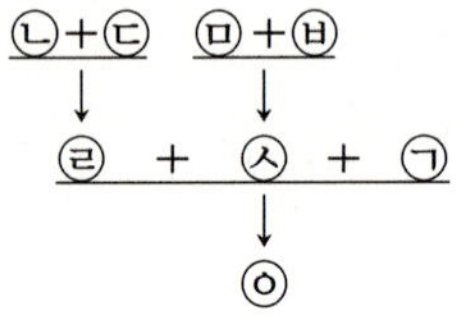

③

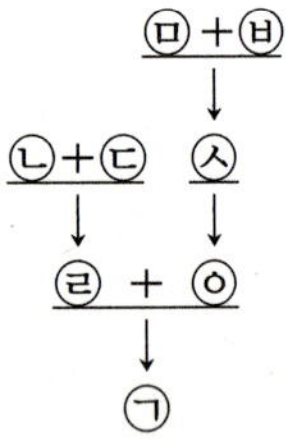

④

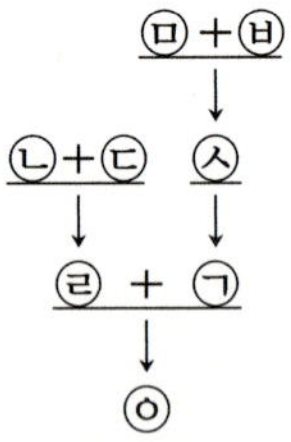

⑤

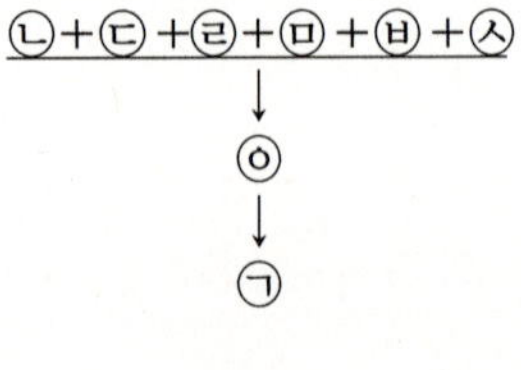

4 논증 구조 분석 문제

15
논증 분석 문제의
효과적 해결

다음 논증에 대한 분석으로 옳지 않은 것은? 제2회 2010 LEET 문18

ⓐ 행복한 사람에게는 친구가 필요하지 않다는 주장이 있다. ⓑ 그는 이미 좋은 것들을 가지고 있으며 자족적인 만큼 그 어떤 것도 추가적으로 필요하지 않다. ⓒ 친구는 본인 스스로 할 수 없는 것을 제공해 주는 사람이니 말이다. 그런데 ⓓ 신이 행복한 사람에게 모든 좋은 것을 다 나눠주면서 친구를 주지 않는다는 것은 이상한 일이다. ⓔ 친구가 하는 일이 서로 잘해주는 것이면서 서로의 선행을 받아주는 것이라면, 또 선행을 베푸는 것이 좋은 사람, 탁월한 사람이 하는 일이라면, 그런 사람은 자신의 선행을 잘 받아줄 사람을 필요로 하게 될 것이다. 그렇다면 ⓕ 행복한 사람에게 친구가 필요하지 않다는 것이 주장하는 바는 무엇인가? ⓖ 대중은 자신에게 이로운 사람을 친구로 간주한다. ⓗ 행복한 사람은 좋은 것들을 가지고 있기 때문에 자신에게 이로운 친구를 필요로 하지 않는다. ⓘ 그러한 친구를 필요로 하지 않기에 친구를 필요로 하지 않는 것처럼 보이는 것이다.

① 이 논증은 ⓐ의 '주장'을 반박하는 부분과 ⓐ의 '주장'을 사람들이 받아들이는 이유를 설명하는 부분으로 되어 있다.
② 행복한 사람에게 이로운 친구는 없어도 되지만 자신의 선행을 받아 줄 친구는 필요하다는 점에서 ⓐ의 '주장'이 부정된다.
③ ⓑ와 ⓒ가 결합하여 ⓐ의 '주장'을 뒷받침한다.
④ ⓔ는 ⓓ를 뒷받침한다.
⑤ ⓖ와 ⓗ가 결합하여 ⓐ의 '주장'을 반박하는 근거가 된다.

16

논증의
구조 분석

다음 논증의 구조를 분석한 것으로 적절하지 않은 것은?

제3회 2011 LEET 문32

ⓐ공간에 대한 인간의 요구와 반응이 각 환경에서 어떤 형태로 나타나는지를 알기 위해서는 동물과의 비교 연구가 도움이 된다. ⓑ이용 가능한 공간의 크기에 따른 행동의 변화를 동물을 대상으로 관찰할 경우 인간 행동의 관찰에서는 기대하기 어려운 것까지도 발견할 수 있기 때문이다. ⓒ동물의 세대간격은 비교적 짧기 때문에 동물을 이용하면 시간을 가속화할 수 있다. ⓓ예컨대 한 과학자가 40년 동안 관찰할 수 있는 생쥐는 440세대에 이르지만 인간은 고작 2세대에 그친다. ⓔ그리고 동물의 생명에 대해서는 비교적 냉정한 태도를 취할 수 있다. ⓕ게다가 동물 관찰에서는 변덕과 자기합리화로 뒤범벅인 행동을 해석하느라 골치를 썩일 필요도 없다. ⓖ동물은 자연스러운 상태에서 놀라우리만큼 일관적인 태도로 반응하고, 따라서 동물에게서는 반복적인 행위, 사실상 동일한 행위가 관찰된다.

ⓗ특히 동물이 공간을 다루는 방식을 관찰한 결과를 인간의 상황에 적용함으로써 얻을 수 있는 지식은 자못 크다. ⓘ동물의 행동을 연구하는 데 기본 개념이 되는 것 중의 하나가 영토권이다. ⓙ영토권이란 동물 개체가 특징적으로 설정하고 있는 영역을 일컫는 것으로, 개체는 동일 종의 다른 구성원이 그 영역을 침범하면 방어 행동을 보인다. ⓚ동물의 영토권에 대한 연구는 인간의 생활에 대한 기존 관념들을 많이 바꾸어 놓고 있다. ⓛ흔히 자신은 사회에 감금되어 있지만 동물은 그렇지 않다고 생각해서 "새처럼 자유롭다."는 표현을 우리는 쓴다. ⓜ그러나 우리는 영토권 연구를 통하여 오히려 그 역이 진실에 가깝다는 것을 알게 된다. 다시 말해 동물은 자신의 영토에 갇혀 있는 경우가 많으며 그에 비한다면 인간은 매우 자유로운 존재인 셈이다.

① 최종 결론인 ⓐ가 ⓑ와 ⓗ로부터 도출되는 것이 이 논증의 큰 줄기이다.
② ⓑ를 지지하는 근거로 ⓒ, ⓔ, ⓕ가 사용되고 있다.
③ ⓓ는 ⓒ를, ⓖ는 ⓕ를 지지하는 근거로 사용되고 있다.
④ ⓚ는 ⓙ를, ⓙ는 ⓘ를, ⓘ는 ⓗ를 지지하는 근거로 사용되고 있다.
⑤ ⓛ과 ⓜ은 ⓚ를 지지하는 근거로 사용되고 있다.

17

논증의
구조 분석

다음 논증의 구조를 분석한 것으로 옳지 않은 것은?

제6회 2014 LEET 문11

아담 스미스는 자본이 증가하면 자본의 경쟁도 심화되기 때문에 이윤은 낮아진다고 주장하였다. 『국부론』의 「자본의 이윤」에서 그는 이렇게 말한다. "ⓐ많은 부유한 상인들이 한 업종에 투자하게 되면 그들 간의 상호 경쟁 때문에 이윤은 자연스럽게 낮아지는 경향이 있다. ⓑ한 사회 안에서 모든 업종에 걸쳐 투자액이 증가한다면, 그 모든 업종에서 같은 경쟁 때문에 동일한 효과가 발생할 수밖에 없다." 이 대목에서 아담 스미스는 ⓒ자본의 경쟁이 이윤을 낮추는 것은 가격을 낮추기 때문이라고 생각하는 것 같다. 어떤 특정업종에서 자본 투자가 증가하기 때문에 그 업종에서 이윤율이 낮아지는 것은 보통 가격의 하락에 기인하기 때문이다. 그러나 이것이 그가 뜻한 바라면, ⓓ가격 하락이 한 상품에만 국한되는 경우에는 실제로 생산자의 이윤을 축소시키지만 모든 상품에 함께 일어나는 경우에는 그런 효과가 없어진다는 점을 그는 놓친 것이다. ⓔ모든 물건의 가격이 내린다면 실질적으로는 어떤 물건도 가격이 내리지 않는 것과 마찬가지이기 때문이다. 화폐로 계산해 보아도 모든 생산자에게 매출이 줄어든 만큼 생산비도 줄어든다. ⓕ모든 다른 물건들은 가격이 하락하는데 노동만이 가격이 하락하지 않는 유일한 상품이라면 실질 이윤은 감소할 것이지만, 그런 경우에 실제로 일어난 일은 임금 상승이다. 이 경우에 자본의 이윤을 낮춘 것은 가격하락이 아니라 임금 상승이라고 해야 맞다.

- 존 스튜어트 밀, 『정치경제학 원리』 -

① 글쓴이는 ⓐ의 타당성을 인정하고 있다.
② ⓓ는 ⓑ를 비판하고 있다.
③ ⓔ는 ⓓ의 근거이다.
④ ⓕ는 ⓒ를 비판하고 있다.
⑤ ⓕ는 ⓔ의 근거이다.

18 논증의 지지관계 분석

다음 논증의 지지 관계를 분석한 것으로 적절하지 않은 것은?

제9회 2017 LEET 문19

㉠자연권이란 개개인이 자신의 생명을 보존하기 위해 원할 때는 언제나 자신의 힘을 사용할 수 있는 자유를 의미하는 것으로, 모든 사람에게 동등하게 보장된 것이다. 반면 ㉡자연법이란 이성에 의해 발견된 계율 또는 일반규칙으로서, 그러한 규칙의 하나에 따르면 인간은 자신의 생명을 보존하는 수단을 박탈하거나, 자신의 생명 보존에 가장 적합하다고 생각되는 행위를 포기하는 것이 금지된다. 권리는 자유를 주는 반면, 법은 자유를 구속한다.

㉢인간의 자연 상태는 만인에 대한 만인의 전쟁 상태이며, ㉣이 상태에서 모든 이성적 인간은 적에 맞서 자신의 생명을 보존하는 데 도움이 되는 것은 어떤 것이든 사용할 수 있다. 따라서 ㉤그런 상태에서는 모든 사람은 모든 것에 대해, 심지어는 상대의 신체에 대해서도 권리를 갖게 된다. ㉥상대의 신체에 대한 권리는 그 신체를 훼손할 권리까지 포함하므로, ㉦모든 것에 대한 이러한 자연적 권리가 유지되는 한 인간은 누구도 안전할 수 없다. 그런데 자연법은 생명의 안전한 보존에 가장 적합하다고 생각되는 행위를 결코 포기해서는 안 된다고 명하고 있으므로, ㉧모든 사람은 평화를 이룰 희망이 있는 한 그것을 얻기 위해 노력하지 않으면 안 된다. 그렇다면 이성이 우리에게 명하는 또 하나의 계율은 이렇게 요약될 수 있다. ㉨평화와 자기 방어에 필요하다고 생각하는 한 우리는 모든 사물에 대한 자연적 권리를 기꺼이 포기하고, 우리가 다른 사람에게 허용한 만큼의 자유에 스스로도 만족해야 한다.

① ㉠이 ㉣의 근거로 제시되고 있다.
② ㉢과 ㉣이 ㉤의 근거로 제시되고 있다.
③ ㉤이 ㉥의 근거로, 그리고 이 ㉥이 다시 ㉦의 근거로 제시되고 있다.
④ ㉡이 ㉧의 근거로 제시되고 있다.
⑤ ㉦과 ㉧이 ㉨의 근거로 제시되고 있다.

5 논증 분석 및 재구성 종합 문제

19
지식의 정당화

다음 논증에 대한 분석으로 옳지 않은 것은? 제5회 2013 LEET 문10

ⓐ 다른 지식에서 추론됨으로써 정당화되는 지식이 있다.
ⓑ 이러한 지식을 '추론적 지식'이라고 하고, 추론적 지식이 아닌 지식을 '비추론적 지식'이라고 하자.
ⓒ 모든 지식이 추론적 지식이라고 가정해 보자.
ⓓ 어떤 추론적 지식을 G_1이라고 하면, G_1을 추론적으로 정당화하는 다른 지식이 있다.
ⓔ 그중 어떤 것을 G_2라고 하면, G_2는 추론적 지식이다.
ⓕ G_2를 추론적으로 정당화하는 다른 지식이 있고, 그중 하나를 G_3이라고 하면 G_3도 추론적 지식이다.
ⓖ 이런 과정은 무한히 계속될 것이다.
ⓗ 정당화의 과정이 무한히 이어질 수는 없다.
ⓘ 정당화의 과정이 끝나려면 다른 지식을 정당화하는 어떤 지식은 비추론적 지식이어야 한다.
ⓙ 그러므로 비추론적 지식이 존재한다.

① ⓔ는 ⓒ와 ⓓ로부터 도출된다.
② ⓒ~ⓖ는, ⓒ의 '가정'이 주어지는 한, 지식을 정당화하는 과정이 끝나지 않는다는 것을 보여준다.
③ ⓖ의 '과정'이 순환적일 가능성을 배제할 수 없으므로, ⓖ가 참이기 위해 무한히 많은 추론적 지식이 존재할 필요는 없다.
④ ⓖ와 ⓗ가 충돌하므로 ⓐ도 부정되고 ⓒ의 '가정'도 부정된다.
⑤ 이 논증이 타당하다면 '비추론적 지식이 없으면 추론적 지식도 있을 수 없다'는 것이 증명된다.

20

수단-목적 관계와 인과관계

(가)~(바)의 분석으로 옳지 <u>않은</u> 것은?

제5회 2013 LEET 문22

(가)
그대가 다음 실수를 피하기를 나는 진심으로 바라노라.
즉 우리 눈은 보기 위해 창조된 것이며
또 우리 다리는 직립보행을 하도록
그렇게 생긴 것이라고 그대가 생각하지 말기를.

(나)
사람들이 내세우는 이런 주장들은
모두가 뒤집힌 추론으로 인해 앞뒤가 뒤바뀌어 있다.
왜냐하면 우리 몸에서 사용을 목적으로 생겨난 것은
아무것도 없고, 생겨난 그것이 용도를 창출하기 때문이다.

(다)
눈이 생겨나기 전에는 본다는 것은 없었고,
혀가 생기기 전에는 단어로써 말한다는 것은 없었다.
오히려 혀의 시초가 말보다 훨씬 앞서 있으며,
소리가 들리기 오래 전에 귀가 생겨났고,
내 생각으로는 우리의 모든 신체적 지체가 그 사용보다 먼저 있었도다.
따라서 이것들은 사용되기 위해 생겨난 것일 수 없다.

(라)
빛나는 창들이 날아가기 오래 전에 이미 전투에서 맨손으로 싸웠으며,
또 잔이 생기기 훨씬 전부터 갈증을 해소해 오지 않았던가.
따라서 삶과 사용의 필요로부터 나온 것들은 모두
사용을 위해 발명된 것으로 믿을 수 있다.

(마)
그러나 자신이 홀로 먼저 생겨나고
나중에 사용에 관한 개념을 낳은 것들은
이것들과는 완전히 다른 부류에 속한다.

(바)
따라서 반복하노니, 우리의 감각기관들과 지체들이
그 사용을 위해서 창조되었다고
그대가 믿을 만한 이유가 전혀 없도다.

- 루크레티우스, 『사물의 본성에 관하여』 -

① (가)는 논증이 비판하고자 하는 견해를 제시하고 있다.
② (나)는 논증이 비판하고자 하는 견해가 인과 관계를 잘못 파악하고 있음을 지적하고 자신이 논증할 견해를 제시하고 있다.
③ (다)는 발생과 사용의 시간적 선후 관계를 이용해서 논증하고 있다.
④ (라)는 논증이 비판하고자 하는 견해가 설득력을 갖는 대상 영역을 제시하고 있다.
⑤ (마)는 (다)와 (라)가 양립할 수 없음을 지적함으로써 (바)가 옳음을 논증하고 있다.

21
사회계약론

다음 글을 분석한 것으로 옳지 않은 것은? 제7회 2015 LEET 문13

가장 강한 자라고 하더라도 자기의 힘을 권리로, 복종을 의무로 바꾸지 않고서는 언제나 지배자 노릇을 할 수 있을 만큼 강하지는 않다. 따라서 '강자의 권리'라는 구절이 언뜻 반어적인 의미를 가진 것으로 보이면서도 실제로 하나의 근본 원리인 것처럼 여겨지는 것에 대하여 뭔가 설명이 필요하다. ⓐ힘이란 물리력인데, 물리력이 어떻게 도덕적 결과를 가져올 수 있는지 나는 이해할 수 없다. ⓑ힘에 굴복하는 것은 어쩔 수 없어서 하는 행동이요 기껏해야 분별심에서 나온 행동이지 의무에서 나온 행동은 아니다.

ⓒ만일 강자의 권리라는 것이 있어서, 힘이 권리를 만들어낸다고 해보자. 그렇다면, 원인이 바뀜에 따라 결과도 달라지므로, 최초의 힘보다 더 강한 힘은 최초의 힘에서 생긴 권리까지도 차지해 버릴 것이다. 힘이 있어서 불복한다면 그 불복종은 정당한 것이 되며 강자는 언제나 정당할 터이므로 오직 중요한 점은 강자가 되는 것뿐이다. ⓓ힘이 없어질 때 더불어 없어지고 마는 권리란 도대체 무엇인가? ⓔ강도가 덮쳤을 때 내가 강제로 지갑을 내주어야 할 뿐만 아니라 지갑을 잘 감출 수 있을 때에도 강도의 권총이 권력이랍시고 양심에 따라 지갑을 내줄 의무가 있는 것은 아니다. ⓕ어쩔 수 없어서 복종해야 한다면 의무 때문에 복종할 필요는 없으며 복종을 강요받지 않을 경우에는 복종할 의무도 없다. 권리에 복종하라는 말이 만약 힘에 복종하라는 말이라면, 이는 좋은 교훈일지는 몰라도 하나마나한 말로서, ⓖ나는 그러한 교훈이 지켜지지 않는 일은 결코 없으리라고 장담할 수 있다. ⓗ'강자의 권리'라는 말에서 '권리'는 '힘'에 덧붙이는 것이 없으며, 따라서 공허한 말이다.

- 루소, 『사회계약론』 -

① ⓑ가 ⓐ를 뒷받침하려면 '물리적인 것'과 '도덕적인 것'의 구별이 전제되어야 한다.
② ⓒ~ⓗ에서 글쓴이는 '강자의 권리'라는 구절로부터 불합리한 귀결이 나옴을 보임으로써 '강자의 권리'를 부정하는 논증을 펴고 있다.
③ ⓔ는 ⓑ의 예시이다.
④ ⓖ에서 글쓴이가 '장담'하는 근거는 ⓕ이다.
⑤ ⓓ와 ⓗ는 둘 다 힘에서 나오는 '권리'라는 것은 무의미한 말임을 지적하고 있다.

22

약리효과의 검증기준

다음을 분석한 것으로 옳지 않은 것은?

제8회 2016 LEET 문19

ⓐ A국 식약청은 특정 질환에 대한 신약을 출시하려는 제약 회사에게 위약시험을 통해 신약의 효능을 입증하도록 요구한다. 즉, 치료약인 것처럼 제시되지만 실제 약효가 전혀 없는 가짜 약품(위약)으로 치료받은 환자들과 비교하여 신약으로 치료받은 환자들의 치료 효과가 우월해야 신약의 출시가 허용된다. 이미 해당 질환에 대한 치료 효능이 입증되어 신약과 비교 가능한 약품이 존재하더라도, 신약 제조사는 신약에 대한 위약시험을 거쳐야 한다.

반면 ⓑ H선언은 기존 약품 중 효능이 가장 좋은 것과 신약의 효능을 비교하는 동등성 시험으로 신약의 효능 입증 시험을 해야 한다고 요구한다. H선언의 윤리적 기준에 따르면, 효과적인 치료법이 있는 경우 의사는 환자에게 그것을 제공할 윤리적·법적 의무를 갖는다. 동등성시험으로 신약의 효능을 검증하는 것은 환자에게는 치료를 제공하고 의사에게는 안전성과 효능에 대한 비교 가능한 정보를 제공한다.

이러한 윤리적 원칙들에도 불구하고 ⓒ 몇몇 의사들은 향정신성 의약품에 대한 임상 시험에는 다른 기준이 적용되어야만 한다고 주장한다. 이들에 따르면, 향정신성 의약품의 효능을 검증하는 것은 어려운데, 특히 우울증의 경우, 치료의 성패는 대개 환자 개인의 주관에 따라 결정된다. 때문에 동등성시험으로 신약 효과를 평가하는 방법은 부적절하다는 것이다. 이런 주장은 만약 위약이 약리 효과를 검증하는 항상적 기준을 제공하는 것으로 가정할 수 있다면 타당할 수도 있다. 하지만 ⓓ 시험 참가자들이 평가하는 위약의 효과는 일정치 않고 상당히 가변적인 것으로 알려지고 있다. 정신과 치료의 경우에 위약 효과는 특히 가변적이고 예측 불가능할 수 있는데, 신약의 약리적 평가에 상대적으로 큰 영향력을 미치는 개인의 주관이 위약에 대한 효과의 평가에도 동일하게 개입하기 때문이다. 이러한 결과는 약품의 실질적 효능을 측정할 수 있다고 가정되는 확고한 준거점으로서의 위약 개념에 의문을 제기한다.

① 기존 시판 약품과 비교해서 신약의 효능이 더 우월하다고 입증되었을 경우에도, ⓐ는 이 신약의 출시를 불허할 수 있다.

② 동등성시험 대신 위약시험에 참여하는 환자들이 그 기간 동안 효과적인 약품으로 치료받을 수 있는 기회를 박탈당한다는 점은 ⓑ가 위약시험으로 신약의 효능을 검증하는 방식을 비판하는 논거가 된다.

③ 알레르기 치료제로 속인 위약을 먹은 환자 집단의 알레르기 증상이 실제 완화되었다면, 이는 ⓑ가 주장하는 동등성시험의 필요성을 약화하는 근거가 된다.

④ ⓒ는 향정신성 의약품의 경우 위약시험이 동등성시험보다 환자의 주관적 판단이 초래하는 오류로부터 상대적으로 자유롭다고 전제하고 있다.

⑤ 무작위로 선정된 대상자가 치료 효과를 주관적으로 평가하는 50차례 위약시험 결과, 50개 신약 치료 집단 간 응답의 분포 및 평균값에는 유의미한 차이가 없었고 50개 위약 치료 집단 간 응답의 분포 및 평균값에는 유의미한 차이가 있었다면, 이는 ⓓ를 지지하는 근거가 된다.

23

자유의지와
도덕적 책임

다음 글에 대한 분석으로 옳은 것만을 보기 에서 있는 대로 고른 것은? 제9회 2017 LEET 문14

우리 행위가 우리 자신의 자유로운 선택의 결과일 때에만 우리는 그 행위에 도덕적 책임을 진다. 그러나 만약 인간 행위가 결정론적 인과 법칙에 의해 전적으로 지배된다면, 어떻게 내 행위가 자유로운 행위였다 할 수 있는지의 질문이 제기될 수 있다. 이에 대해 "우리가 자유 의지를 가지고 있고 자유롭게 행위한다는 것을 우리는 누구보다 잘 알고 있습니다. 여기에는 아무 문제가 없습니다."라고 주장하는 것은 문제의 해결이 아니다. 만약 우리가 우리의 의지가 자유롭다는 것을 정말로 안다면, 우리의 의지가 자유롭다는 것은 참일 수밖에 없다. 사실이 아닌 어떤 것을 알 수는 없기 때문이다. 그러나 "우리의 의지는 자유롭지 않으므로 어느 누구도 우리 의지가 자유롭다는 것을 알지 못한다."는 주장 역시 가능하다. 사람들이 자신들이 자유롭게 행위한다고 믿는다는 것은 분명한 사실이다. 그러나 자유롭게 행위한다고 느낀다는 것이 우리가 실제로 자유롭다는 점을 입증하지는 못한다. 그것은 단지 우리가 행위의 원인에 대해 인식하고 있지 못함을 보여줄 뿐이다.

보기

ㄱ. 이 글에 따르면, 자유로운 선택에 의한 것이지만 도덕적 책임을 지지 않는 행위는 있을 수 없다.
ㄴ. 이 글에 따르면, 우리가 무언가를 안다는 것은 그것이 참임을 함축한다.
ㄷ. 우리가 자유롭게 행했다고 여기는 많은 행위들을 인과 법칙적으로 설명할 수 있다면, 이 글의 논지는 약화된다.

① ㄴ ② ㄷ ③ ㄱ, ㄴ
④ ㄱ, ㄷ ⑤ ㄱ, ㄴ, ㄷ

24

다음 글에 대한 분석으로 옳은 것만을 보기 에서 있는 대로 고른 것은? 제9회 2017 LEET 문15

㉠ 내가 이전에 먹었던 빵은 나에게 영양분을 제공하였다. 과거에 경험한 이런 한결같은 사실을 근거로, ㉡ 미래에 먹을 빵도 반드시 나에게 영양분을 제공할 것이라고 결론 내릴 수 있을까?

어떤 사람들은 미래에 관한 이런 명제가 과거에 관한 명제로부터 올바르게 추리된다고 주장한다. 즉 전제가 참이면 결론도 반드시 참이라는 의미에서, 미래에 관한 명제가 과거에 관한 명제로부터 추리된다고 말한다. 하지만 그들이 말하는 그 추리가 연역적으로 타당하게 이끌어진 추리가 아니라는 점은 명백하다. 왜냐하면 그 경우 전제가 참이더라도 결론이 거짓일 수 있기 때문이다. 그렇다면 그 추리는 어떤 성질을 지닌 추리인가?

만약 어떤 사람이 그 추리가 경험에 근거해서 결론이 필연적으로 따라나오는 추리라고 주장한다면, 그 사람은 논점 선취의 오류를 범하는 것이다. 왜냐하면 경험에 근거해서 결론이 필연적으로 따라나오는 추리가 되려면, ㉢ 미래가 과거와 똑같다는 것을 기본 전제로 가정해야 하기 때문이다. 만일 자연의 진행 과정이 변할 수도 있다고 생각할 수 있다면, 모든 경험은 소용이 없게 될 것이며 아무런 추리도 할 수 없게 되거나 아무런 결론도 내릴 수 없게 될 것이다. 따라서 경험을 근거로 하는 어떠한 논증도 미래가 과거와 똑같을 것이라는 점을 증명할 수는 없다. 왜냐하면 그런 논증은 모두 미래가 과거와 똑같을 것이라는 그 가정에 근거해 있기 때문이다.

보기

ㄱ. ㉢을 참이라고 가정하면 ㉠으로부터 ㉡을 추리할 수 있다.
ㄴ. ㉢이 거짓이라면 ㉡의 참을 확신할 수 없다.
ㄷ. ㉢을 정당화할 수 있는, 경험에 근거한 추리란 없다.

① ㄱ　② ㄷ　③ ㄱ, ㄴ
④ ㄴ, ㄷ　⑤ ㄱ, ㄴ, ㄷ

25

함축의 의미 / 귀류법의 논리사용

다음 글에 대한 분석으로 옳은 것만을 보기 에서 있는 대로 고른 것은? 제12회 2020 LEET 문21

명제가 다른 명제를 필연적으로 함축한다면 전자가 참일 가능성은 후자가 참일 가능성을 필연적으로 함축한다. 예를 들어 지구에 행성이 충돌하는 것이 인간이 멸종하는 것을 필연적으로 함축한다면, 지구에 행성이 충돌할 가능성은 인간이 멸종할 가능성을 필연적으로 함축한다. 왜 그럴까?

㉠ 지구에 행성이 충돌한다는 것이 인간 멸종을 필연적으로 함축하지만, 그런 충돌 가능성이 있는데도 인간 멸종의 가능성은 없다고 가정해 보자. 사람들은 지구에 행성이 충돌하는 일이 실제로 일어나겠느냐고 의심할지 모르지만, 그런 충돌이 가능하다고 가정했기 때문에, 그런 일이 실제로 일어나는 상황이 있다고 해도 아무런 모순이 없다. 그리고 그런 일이 실제로 일어난다는 것은 인간 멸종을 필연적으로 함축하므로, 그 상황에서는 인간이 멸종한다. 그런데 인간이 멸종하는 상황은 없다고 가정했으므로 모순이 발생한다. 그러므로 ㉡ 지구에 행성이 충돌한다는 것이 인간 멸종을 필연적으로 함축한다면, 행성 충돌의 가능성은 인간 멸종의 가능성을 필연적으로 함축한다.

보기

ㄱ. ㉡을 도출하는 과정에서 인간 멸종이 가능하지 않다는 것과 인간이 멸종하는 상황이 없다는 것을 동일한 의미로 간주하고 있다.

ㄴ. 지구에 행성이 충돌할 가능성이 실제로는 없다고 밝혀지더라도, ㉠으로부터 ㉡을 추론하는 과정에 아무런 문제가 없다.

ㄷ. ㉠으로부터 ㉡으로의 추론은, 어떤 가정으로부터 모순이 도출된다면 그 가정의 부정은 참이라는 원리를 이용한다.

① ㄱ　② ㄴ　③ ㄱ, ㄷ
④ ㄴ, ㄷ　⑤ ㄱ, ㄴ, ㄷ

26

생략된 결론 / 인과적 의존과 원인의 정리

다음 글에 대한 분석으로 옳은 것만을 보기 에서 있는 대로 고른 것은? 제13회 2021 LEET 문33

다음 두 정의를 받아들여 보자.

(정의 1) '사건 Y가 사건 X에 인과적으로 의존한다'는, X와 Y가 모두 실제로 일어났고 만약 X가 일어나지 않았더라면 Y도 일어나지 않았을 것이라는 것이다.

(정의 2) '사건 X가 사건 Y의 원인이다'는, X로부터 Y까지 이르는 인과적 의존의 연쇄가 있다는 것이다.

갑이 치사량의 독약을 마시자마자 건물 10층에서 떨어졌고 땅바닥에 부딪쳐 죽었다. 사건 A~E는 다음과 같다.

A : 갑이 독약을 마시는 사건
B : 독약이 온몸에 퍼지는 사건
C : 갑이 건물 10층에서 떨어지는 사건
D : 갑이 땅바닥에 부딪치는 사건
E : 갑의 죽음

C로부터 D를 거쳐 E까지 모두 실제로 일어났다. 하지만 ㉠ B는 실제로 일어나지 않았다. 즉, 독약이 온몸에 퍼지기 전에 갑은 이미 죽었다. 반면에 ㉡ '만약 C가 일어나지 않았더라면 E는 일어나지 않았을 것이다'는 거짓이다. C가 일어나지 않은 경우에는, A로부터 B를 거쳐 E까지 이르는 인과적 의존의 연쇄가 실현되었을 것이기 때문이다. 그래서 ㉢ C는 E의 원인이 아니라는 귀결이 도출되는 듯 보인다. 하지만 Z가 X에 인과적으로 의존하지 않더라도, Y가 X에, Z가 Y에 인과적으로 의존할 수 있다. C가 일어나지 않았더라면 D가 일어나지 않았을 것이고, D가 일어나지 않았더라면 E가 일어나지 않았을 것이다.

보기

ㄱ. 위 글로부터 '갑이 건물 10층에서 떨어진 것이 갑의 죽음의 원인이다'가 따라 나온다.
ㄴ. (정의1)과 ㉠으로부터 '어떠한 사건도 B에 인과적으로 의존하지 않는다'가 따라 나온다.
ㄷ. (정의1), ㉡, 그리고 'C가 E의 원인이라면 E는 C에 인과적으로 의존한다'로부터, ㉢이 따라 나온다.

① ㄱ ② ㄷ ③ ㄱ, ㄴ
④ ㄴ, ㄷ ⑤ ㄱ, ㄴ, ㄷ

27

언어철학 / 의미와 지시체

다음 글에 대한 분석으로 옳은 것만을 보기 에서 있는 대로 고른 것은? 제14회 2022 LEET 문21

일상에서 역사적 인물의 이름인 '나폴레옹'을 사용할 때, 이 이름은 실존 인물 나폴레옹을 지칭한다. 그런데 나폴레옹이 등장인물로 나오는 소설『전쟁과 평화』와 같은 허구 작품에서 사용된 이름 '나폴레옹' 역시 실존 인물 나폴레옹을 지칭하는가? 우리는 그렇다는 자연스러운 직관을 갖는다.

하지만 나폴레옹이 아메리카노로 등장하여, 커피 친구들과 모험을 하는 극단적인 허구 작품을 상상해 보자. 여기에 등장하는 나폴레옹은 실존 인물 나폴레옹과 전혀 유사하지 않으므로 이 작품에서 사용되는 '나폴레옹'은 단지 허구 속에 나타나는 등장인물을 지칭하는 것이지, 실존 인물을 지칭하는 것은 아니라고 결론 내릴 수 있다.

이처럼 적어도 어떤 허구 작품들에서 사용되는 '나폴레옹'은 실존 인물을 지칭하지 않는다는 주장을 받아들인다면, 우리는 다음 둘 중 하나를 받아들여야 한다.

(1) 어떤 허구 작품들에서 사용되는 '나폴레옹'은 실존 인물을 지칭하지 않지만, 어떤 다른 허구 작품들에서 사용되는 '나폴레옹'은 실존 인물을 지칭한다.
(2) 모든 허구 작품들에서 사용되는 '나폴레옹'은 실존 인물을 지칭하지 않는다.

여기에서 이론의 단순성과 통일성을 고려한다면 (2)의 견해에 어떤 심각한 문제점이 나타나지 않는 이상 우리는 (1) 대신 (2)를 취해야만 할 것이다.『전쟁과 평화』에서 사용되는 '나폴레옹'이 실존 인물 나폴레옹을 지칭한다는 직관이 (2)와 상충하여 문제된다고 생각할 수 있겠지만, 이는 다음과 같이 설명할 수 있다.『전쟁과 평화』에서 사용되는 '나폴레옹' 역시 허구 속의 등장인물 나폴레옹을 지칭하며, 이 허구 속의 등장인물 나폴레옹이 실존 인물 나폴레옹과 유사한 특징을 가졌기에, 우리는 그 이름이 실존 인물을 지칭하는 것이라는 잘못된 직관을 갖는 것이다.

보기

ㄱ. 이 글에 따르면, 만일 누군가의 글 속에서 사용된 어떤 이름 'N'이 실존 인물을 지칭하는 경우, 그 글은 허구 작품이 아니다.
ㄴ. 만일 모든 허구 작품들에서 사용되는 '나폴레옹'이 실존 인물을 지칭한다는 견해에 어떤 문제점도 없다면, 이 글의 논증은 약화된다.
ㄷ. 이 글의 논증은, "허구 작품에서 사용되는 등장인물의 이름이 실존 인물을 지칭하지 않는다면, 그 등장인물과 실존 인물은 어떤 유사성도 갖지 않는다."가 참이라 가정하고 있다.

① ㄱ ② ㄷ ③ ㄱ, ㄴ
④ ㄴ, ㄷ ⑤ ㄱ, ㄴ, ㄷ

CHAPTER 2

논증에 대한 평가 및 문제해결

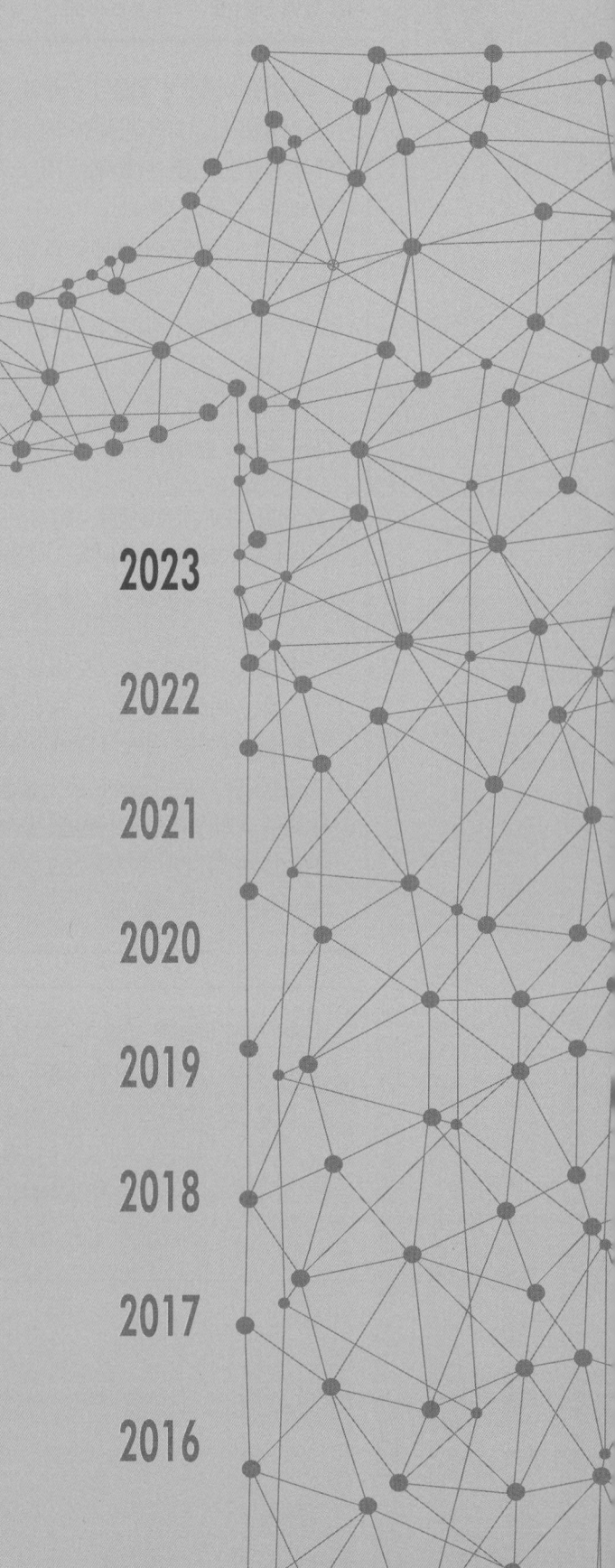

출제기관은 논증 평가 및 문제 해결 영역은 비판 활동의 완결과 새로운 대안의 제시 또는 더 깊이 있는 문제의 발견 단계에 해당한다고 소개하고, 세부 문항 유형으로 '논증 평가', '강화 또는 약화', '문제해결'을 제시하였다. 그리고 오류찾기 유형은 논증 평가 문항 유형에 포함될 수도 있지만, 상대방의 논증을 비판하는 하나의 활동으로도 볼 수 있어 논쟁 및 반론의 한 유형으로 정하였다고 밝히고 있다. 따라서 오류찾기 문항은 논증 평가에서 살펴보아도 어색하지 않고, 논쟁 및 반론에서 살펴보아도 어색하지 않으나, 본서에서는 논증 평가를 먼저 다루는 만큼 제2장에서 오류찾기 문항들을 평가이론과 함께 살펴보도록 하겠다. 그럼 출제기관에서 제시한 평가 및 문제해결의 하위 범주와 오류찾기 유형을 관련 이론과 함께 살펴보도록 한다.

	인지활동영역 및 하위 범주	
2016년 확정 개선안	논증 평가	주어진 논증의 적절성과 설득력을 평가할 수 있는 능력을 측정
	강화 또는 약화	새로운 정보나 증거의 추가가 기존의 논증을 강화 또는 약화하는지 판단할 수 있는 능력을 측정
	문제 해결	옳다고 믿는 가설과 배경지식을 동원하여 어떤 상황을 예측하였으나 현실적으로 그러한 예측이 틀린 역설적 상황에서 문제를 해결할 수 있는 방안을 찾을 수 있는 능력을 측정
과거 출제 지침	1. 논증이 범하고 있는 오류를 파악하기 2. 귀납논증에서 결론의 정당성을 강화하거나 약화하는 사례(조건) 파악하기 3. 논증에 대하여 종합적으로 평가하기 4. 평가의 원리 내지 가정 파악하기	

2023

2022

2021

2020

2019

2018

2017

2016

Ⅰ. 논증에 대한 판단 및 평가의 이론적 틀[15)]

1 논증 평가 체계

(1) 논증 평가의 제 단계

논증을 평가한다는 것은 상대방 논증의 전제를 받아들일 수 있는지, 그 전제와 결론들 사이의 관계는 올바른지 따져 보는 것이다.[16)]

❙ 논증의 종합적 평가과정 ❙

가장 먼저 주어진 구절이 논증인지, 인과 관계인지 아니면 단순한 서술인지 판단한다. 만약 논증이면 그 논증에서 애매하거나 모호하게 쓰이는 언어들이 있는지 찾아본다. 만약 있다면 혼동의 여지가 없도록 명확하게 고쳐준다.

그 다음에 전제와 결론 그리고 필요하면 숨은 전제와 숨은 결론을 찾아 논증의 구조를 다이어그램으로 그린다. 꽤 긴 논증의 경우 문장 하나하나를 다 분석하기가 힘들다면 중요한 전제와 결론만으로 논증의 뼈대를 세우면 쉬울 것이다. 나중에 필요하면 그 뼈대에 하위 논증들을 입히면 된다.

논증 분석이 끝나면 평가를 시작한다. 이 책에서 설명하는 순서대로 하자면 첫 번째 평가기준인 전제들이 받아들일만한 것인지를 확인하는 작업부터 해야 한다. 그러나 논리적으로 볼 때는 두 번째 평가기준, 곧 전제들이 결론과 관련성이 있는지 없는지를 먼저 따지는 게 낫다. 전제들이 받아들일 만한지 확인하는 과정은 사실 확인의 작업으로서 쉽지가 않은 일이다. 기껏 힘들게 전제들이 받아들일 만하다고 확인했어도 그 전제들이 결론과 관련이 없으면 그만이다. 허탈하게도 그 논증은 설득력이 없다. 따라서 아예 전제들이 받아들일 만하다고 가정해 놓고서 그 전제들이 결론과 관련이 있는지 없는지를 먼저 조사하는 게 효율적인 순서인 것이다. 전제가 아무리 참이더라도 결론과 관련이 없으면, 결론을 지지하지 못한다. 따라서 전제들 중 결론과 무관한 것들이 있는지 확인해서 있으면 버려라.

---

15) 김광수, 논리와 비판적 사고, pp.275~352. 송하석, 리더를 위한 논리훈련, pp. 136-179. 박은진 외, 비판적 사고를 위한 논리, 2007, pp. 156-196. 최훈, 논리는 나의힘, 2007, pp. 223-381.

16) 상대방의 논증에서 결론에 대해 바로 공격하거나 찬성하는 것은 결코 그 사람의 논증을 평가하는 것이 아니다. 다시 말하면 결론 그 자체를 받아들이느냐 받아들이지 않느냐는 논증을 평가하는 기준이 아니라 논증 평가의 결과라 할 수 있다.

그 다음에 전제들이 받아들일 만한 것인지를 확인하라. 전제들이 아무리 결론을 강하게 지지해도 거짓이거나 의심스러우면 과감하게 버려라. 논증의 진정한 힘은 받아들일 만한 전제에서 생긴다. 이제 거짓인 전제와 관련 없는 전제는 버렸고, 남은 전제들만 가지고 이것들이 결론을 얼마나 강하게 지지하는지 즉, 세 번째 평가기준에 따른 평가할 준비가 되었다.

이때 논증이 연역논증이라면 전제에서 결론이 필연적으로 따라 나오는가 보라. 그리고 논증이 귀납논증이라면 전제가 결론을 얼마나 강하게 지지하는지 평가하라. 귀납추리영역에서 소개한 오류들을 저지른다면 아주 약한 논증일 것이다. 이상과 같은 과정을 거쳐 연역논증일 때는 전제에서 결론이 필연적으로 따라 나오거나 귀납논증의 경우에는 전제가 결론을 강하게 지지하면 우리는 그 논증을 좋은 논증, 설득력이 있는 논증으로 받아들이는 것이다.

주의할 것은 위 세 가지 평가기준을 만족하지 못한다고 해서 그 논증을 바로 거부하는 것은 성급하다. 여러 번 강조한 것처럼 그 논증을 최대한 자비롭게 해석할 여지가 있는지 다시 한 번 살펴보아야 한다. 아무리 자비를 베풀어 해석해도 위 평가기준 중 하나라도 만족하지 못하면 그 논증은 물리쳐야 하는 것이다.

(2) 논증 평가의 세 가지 기준

다음의 세 가지 논증 평가기준은 논증을 평가할 때뿐만 아니라 타인의 논증을 비판하고 반론을 제기할 때도 활용할 수 있는 기준이라고 할 수 있다.[17)]

▶ **논증 평가 과정의 세 가지 기준**[18)]

1. 논증의 전제들이 받아들일 만한가?
2. 논증의 전제들이 결론들과 관련성이 있는가?
3. 논증의 전제들이 결론의 충분히 강한 증거가 되는가?

---

17) 논증 평가의 기준은 다른 사람의 논증을 평가할 때도 중요하지만 스스로 논증을 펼칠 때도 유용하다. 우리는 논증을 통해서, 곧 근거가 제시된 주장을 함으로써 다른 사람을 합리적으로 설득하려고 한다. 그 과정을 자세히 들여다보면 다음과 같다. 1. 너 내가 말한 전제들을 받아들이지? 2. 그 전제들에서 내가 말하는 결론이 따라 나온다는 것을 인정하지? 3. 그러면 내 결론을 받아들여야 하겠지? 이런 과정이 모두 성공하면 다른 사람들은 내 논증에 합리적으로 설득을 당한 것이고, 그렇지 않고 내 결론을 받아들일 수 없다고 한다면 내 논증의 어느 한 부분, 즉 전제들 중에 받아들일 수 없는 것이 있다든지 또는 전제들에서 결론이 따라 나온다는 것을 인정하지 않는다는 것이다. (1, 2를 인정하면서도 3을 받아들이지 않는 사람은 합리적인 대화 상대가 아니다.) 그러므로 우리는 다른 사람의 논증을 평가할 때 뿐 만 아니라 스스로 논증을 할 때도 논증 평가의 세 가지 기준을 만족하고 있는지 스스로 물어보아야 설득력 있는 논증을 펼칠 수 있을 것이다. 그리고 다른 사람의 논증을 비판할 때도 비판으로 끝내는 것이 아니라 같은 주장에 대해서 더 좋은 근거가 있는지 또는 대안이 가능한지 생각한다면 그것이 곧 논증을 스스로 구성하는 작업이 될 것이다. 논증 평가와 논증 구성은 별개가 아니다(최훈, 전게서, 233~234).

18) 논증 평가의 두(세) 가지 기준을 만족하는 논증이 좋은 논증이다. 논증이 좋다, 논증이 나쁘다고 말하면 너무 소박해 보이므로 논리학자들은 연역논증의 경우에는 좋은 논증을 타당하다고 부르고 귀납논증의 경우에는 개연성이 높다고 말한다. 그러나 이 말들은 일상에서 쓰일 때보다 꽤 제한되어 엄격하게 쓰인다. 따라서 논증 평가의 기준을 모두 만족하는 논증은 좋다, 설득력이 있다, 그럴 듯하다, 타당하다, 적절하다, 강하다 등으로 여러 가지 말로 바꾸어 부르도록 하며, 나쁜 논증은 설득력이 없는 논증 또는 오류논증이라 부르도록 한다(최훈, 전게서, 223~234).

〈그림〉 논증 평가의 제 단계

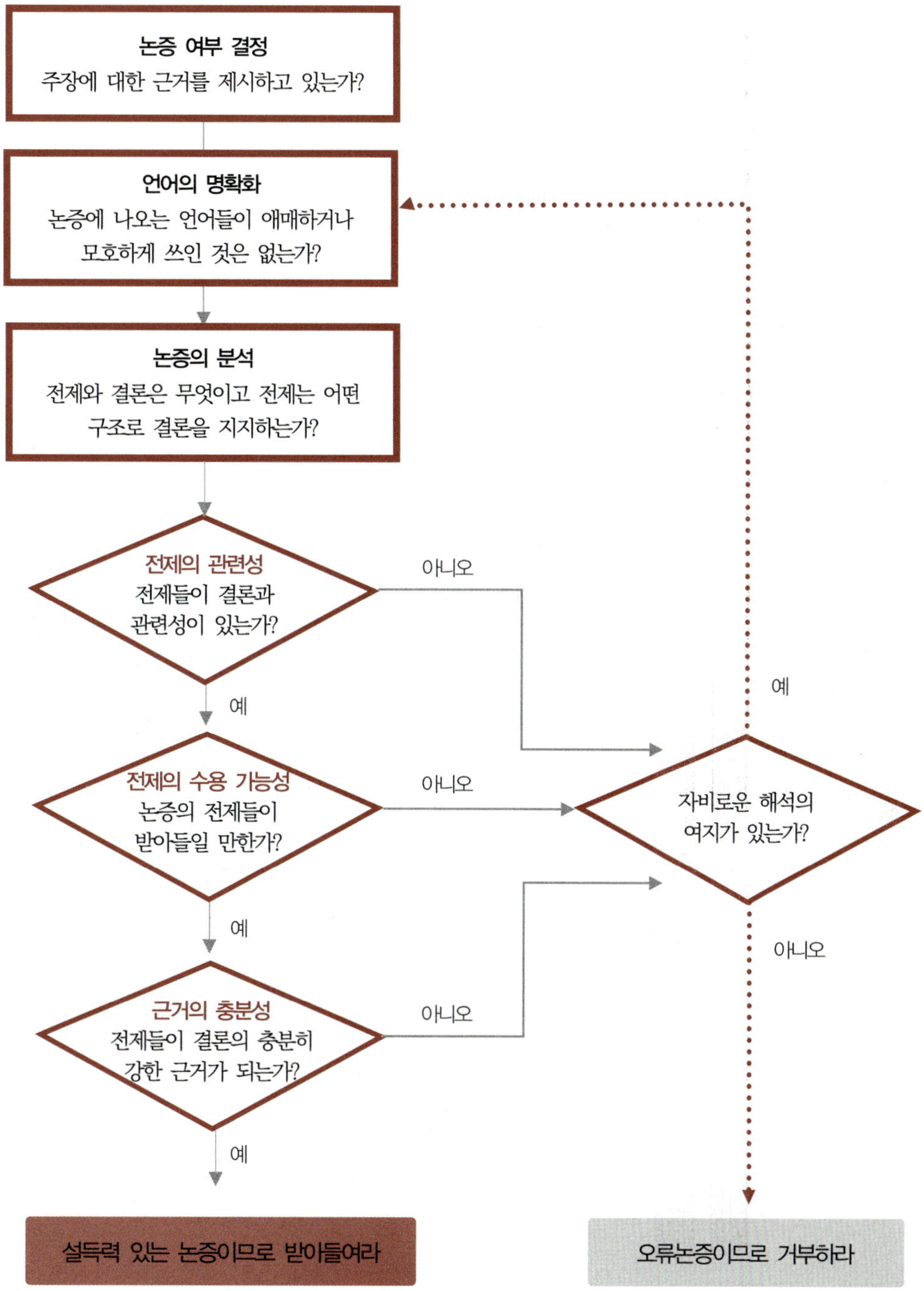
논증 여부 결정
주장에 대한 근거를 제시하고 있는가?
언어의 명확화
논증에 나오는 언어들이 애매하거나
모호하게 쓰인 것은 없는가?
논증의 분석
전제와 결론은 무엇이고 전제는 어떤
구조로 결론을 지지하는가?
전제의 관련성
전제들이 결론과
관련성이 있는가?
아니오
예
전제의 수용 가능성
논증의 전제들이
받아들일 만한가?
아니오
예
근거의 충분성
전제들이 결론의 충분히
강한 근거가 되는가?
아니오
예
자비로운 해석의
여지가 있는가?
예
아니오
설득력 있는 논증이므로 받아들여라
오류논증이므로 거부하라

<table>
<tr><th colspan="3">연역논증</th><th>비연역논증</th></tr>
<tr><td colspan="3">논증 평가의 두 가지 기준</td><td>논증 평가의 세 가지 기준</td></tr>
<tr><td colspan="2">1. 전제들이 받아들일 만한가?</td><td rowspan="3">건전성</td><td>1. 전제들이 받아들일 만한가?</td></tr>
<tr><td rowspan="2">2. 전제들이 정말로 결론을 지지하는가?</td><td rowspan="2">타당성</td><td>2. 전제들이 결론들과 관련성이 있는가?</td></tr>
<tr><td>3. 전제들이 결론의 충분히 강한 증거가 되는가?</td></tr>
</table>

연역논증에서는 전제가 결론과 관련이 있느냐, 그리고 관련이 있다면 충분히 있느냐 하는 기준은 이미 만족되었고, 또 두 기준을 구분할 필요도 없다. 연역논증에서는 첫 번째 기준, 곧 전제가 받아들일 만한가만 문제가 될 뿐이다. 그래서 연역논증의 전제가 참이기까지 하다면 그 논증은 '건전한 논증'이라고 말한다.

건전한 논증은 논증 평가의 세 가지 기준을 다 만족하고 있으므로 당연히 '설득력이 있는 논증'이다. 그러나 설득력이 있는 논증이라고 해서 모두 건전한 논증인 것은 아니다.

연역 이외의 논증에서는 전제가 받아들일 만해도 두 번째 기준과 세 번째 기준을 구분하고 그것들을 만족하는가 묻는 것이 아주 중요하다. 그리고 그 기준들을 얼마나 잘 만족했느냐에 따라서 설득력의 정도가 다양하게 나타날 수 있다.

2 오류 논증

(1) 오류논증

논증 평가의 세 가지 기준을 만족시키지 못하는 논증을 나쁜 논증 또는 오류논증이라고 한다. 즉, 오류논증은 전제가 받아들일 만하지 못하다든가, 전제가 결론과 관련이 없다든가, 전제가 결론을 충분히 지지해 주지 못할 때 생긴다. 논증의 오류는 비판의 근거가 된다.

(2) 논증 평가 및 비판의 일환으로 오류논증 활용하기

▶ **논증 평가기준별 오류 분류**

① 수용가능성의 오류 : 전제가 받아들일 만하지 못할 때 생기는 오류들
② 관련성의 오류 : 전제가 결론과 관련이 없을 때 생기는 오류들
③ 불충분성의 오류 : 전제가 결론을 충분히 지지해 주지 못할 때 생기는 오류들

첫 번째 평가기준[19] (수용가능성의 오류)	**두 번째 평가기준** (관련성의 오류)	**세 번째 평가기준** (불충분성의 오류)
① 부적합한 권위에의 호소 ② 선결 문제 요구의 오류 ③ 거짓 딜레마(=흑백논리)	① 논점일탈의 오류 ② 사람에의 호소 - 인신공격성 사람에의 호소 (발생적 오류) - 정황적 논증 (피장파장의 오류, 우물에 독풀기) ③ 대중에의 호소 ④ 감정(힘)에의 호소 ⑤ 허수아비 공격의 오류 ⑥ 무지에의 호소	① 전건부정의 오류, 후건긍정의 오류 ② 성급한 일반화의 오류 ③ 편향된 통계의 오류 ④ 선후 관계와 인과 관계를 혼동하는 오류 ⑤ 원인과 결과를 혼동하는 오류 ⑥ 공통 원인의 무시 오류

(3) 오류의 올바른 학습 방법

① 오류는 반드시 논증 평가의 일환으로서 학습하여야 한다.
② 어떤 논증이 오류가 되는 형식만 봐서는 안 되고 그 논증이 제기되는 구체적인 상황에 주목해야 한다.

19) 부적합한 권위에의 호소는 관련성의 오류로도 볼 수 있다. 하지만 최훈 교수는 전제 수용 조건의 하나로 '전문가의 견해'를 설명하면서 수용가능성의 오류로 분류하여 설명하고 있다(최훈, 전게서, p. 257).

3 평가의 첫 번째 측면 : 전제의 수용가능성 판단

전제들은 믿을 만해야 한다. 전제가 설사 확실하게 참이라고 알려지지 않았다고 할지라도 받아들일 만한 합당한 이유가 있어야 한다. 그리고 전제들이 거짓이거나 의심스럽다고 생각할 만한 증거가 없어야 한다. 그렇지 않다면 받아들이기 어려운 전제라 할 수 있다.

(1) 전제의 수용가능성

▶ **논증 평가의 첫 번째 기준 – 전제의 수용가능성**

- 맨 처음의 전제를 도저히 받아들일 수 없다면 그 전제로부터 시작하는 논증이 아무리 훌륭해도 그 논증의 결론을 받아들일 수 없다.
- 전제를 받아들인다고 해서 꼭 그 전제가 참임을 믿는다고 말할 수 없다.
  ⇒ 논증의 전제가 꼭 참이라고 생각하지는 않더라도 받아들이는 경우가 발생하기에 전제의 참보다 전제의 수용가능성이 논증 평가의 첫 번째 기준으로 적합하다.

(2) 초기 전제로 수용될 수 있는 5가지 진술[20)]

아래 해당하는 5가지 진술들은 다른 전제들의 지지를 받지 않았더라도 좋은 논증의 맨 처음 전제로 받아들일 수 있다.

① 우리 자신의 경험

▶ **아무 저항 없이 받아들일 수 있는 대표적인 진술들은 내가 직접 경험한 것이다.**

① 저 토마토는 빨갛구나. ② 잘 익었네.

위 논증을 분석하면 오른쪽 그림과 같다. ⓐ 빨간 토마토는 잘 익었다. 이 논증을 내가 했다면 ①은 당연히 나 자신의 경험에 의한 진술이고 다른 사람이 했다고 하더라도 내가 확인할 수 있다면 역시 나 자신의 경험에 의한 진술이다. 철학자들 중에는 경험에 대해 의심하는 사람들(회의론자)이 있기도 하지만 내가 보고 듣고 느낀 것만큼 확실한 것이 없기에 ①과 같이 경험에 의한 진술은 전제로서 받아들일 수 있다.

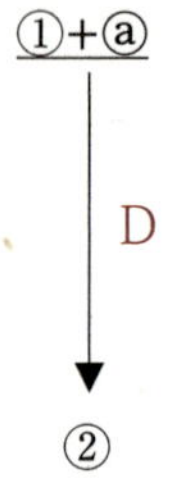

20) 논리학자들은 전제들과 결론 사이의 관계를 설명하는 규칙들은 만들었지만, 어떨 때 전제들을 받아들여야 하는지 결정하는 규칙은 만들지 못했다. 사실 그 규칙이나 조건을 만든다는 것은 논증의 논리적인 관계를 따지는 이 책의 주제와 범위를 넘어서는 일이기에 여기서는 아주 대강의 조건밖에 말할 수 없다.

② 선험적으로 참인 진술

▶ **그 진술이 참인지 거짓인지 알기 위해서 감각 경험에 의존할 필요가 없는 진술을 선험적(a priori)이라고 부르고 경험에 의해 그것의 참을 확인해야 하는 진술은 경험적 또는 후험적(a posteriori)이라고 한다.**

"최수종의 매형은 남자이다." 이 진술은 내가 최수종의 매형을 한 번도 본 적이 없다고 하더라도 받아들일 수 있다. '매형'이라는 말에 '남자'라는 의미가 이미 들어 있기 때문에 '매형'이라는 말만 듣고도 남자라는 것을 추론해낼 수 있다. 경험에 의존하지 않고 낱말의 의미와 논리적 추론에 의존해서 바로 알게 되는 선험적으로 참인 진술들이 전제에 나오면 언제나 받아들일 만하다.

▶ **사례**

- 저 총각은 결혼하지 않았다.
- 지금 밖에는 비가 오거나 오지 않을 것이다.
- 저 빨간색 공은 색깔이 있다.
- 마름모는 네모다.
- 모든 고양이는 쥐만 보면 못살게 구는데 고양이인 톰은 쥐인 제리를 못살게 군다.

③ 상식

▶ **한 사회의 모든 사람들이 또는 대부분의 사람들이 받아들이는 지식을 상식이라고 한다. 상식에서 생긴 진술은 그것을 받아들이기 위해서 더 이상의 근거를 찾을 필요가 없다.**

- 이순신 장군은 조선시대 사람이다.
- 우리나라 대통령은 청와대에 산다.
- 정당한 이유 없이 남을 괴롭히는 것은 옳지 않은 일이다.
- 머리를 감고 말리지 않은 채 찬바람을 쐬면 감기에 걸린다.
- 미국은 세계에서 힘이 가장 센 나라이다.

▶ **하위 논증이 필요한 경우의 상식 – 어느 시대에 사느냐 어디에 사느냐에 따라 누구에게는 상식인 것이 누구에게는 상식이 아닐 수 있다는 것 자체가 하나의 상식이다.**

만약 한 사람은 상식으로 간주하고 그 전제에서 논증을 시작했는데 다른 사람이 그 전제에 동의하지 못하고 의문을 제기 했는데 그 의문 제기가 정당하다면, 당연히 그 전제에 대한 하위 논증이 필요하다.

④ 증언

▶ **다른 사람 또는 매체(신문 · 방송 · 인터넷 · 잡지 등)에서 들은 말을 증언이라고 하고 증언이 전제로 나오면 그 전제는 받아들일 만하다고 본다. 하지만 다른 사람 또는 매체의 말이 언제나 신뢰성이 있지는 않기 때문에 다음과 같이 몇 가지 기준이 필요하다.**

첫째, 관찰이 정상적인 조건에서 이루어졌는가?
둘째, 믿을 만한 사람인가?(증언하는 사람이 신용이 있다면 그 사람의 말이 참말이라는 근거를 또 다시 찾을 필요 없이 그냥 받아들일 것이다.)
셋째, 편견이 없는가?
넷째, 내가 가지고 있는 다른 지식과 어긋나지 않는가?

⑤ 전문가의 의견

▶ **전문가의 의견을 더 이상의 근거 없이 받아들일 수 있기 위해서는 증언에서 말한 네 가지 기준은 기본으로 만족해야 한다.**

〈전문가의 의견과 증언의 차이점〉

전문가의 의견은 전문 지식의 영역에 있다. 전문 지식이란 전문가가 공동의 패러다임을 사용하여 확립한 지식의 체계로 전문 지식의 영역에 관한 전문가의 의견이 전제로 나왔다면 그 전제는 받아들일 만한 것으로 간주한다. 반면에 증언은 전문 지식이 아니어도 얼마든지 할 수 있다.

(3) 전제의 수용과 관련된 오류들

▶ 부적합한 권위에의 호소
▶ 선결 문제 요구의 오류
▶ 거짓 딜레마(=흑백논리)

① 부적합한 권위에의 호소

- 어떤 특정한 분야에 대한 전문가나 권위자를 다른 분야에 대한 전문가나 권위자로 착각하는 데서 발생하는 오류를 말한다.
- 정당한 권위에 호소하는 것 자체는 오류가 아니다. 그러나 첫째, 전혀 전문가가 아닌 사람의 전문 영역에 대한 진술을 그대로 받아들인다든가 둘째, 전문가는 맞지만 자신의 전문 영역이 아닌 곳에 대한 진술을 받아들이는 것은 잘못이다.

▶ **부적합한 권위에의 호소 사례**

UFO가 있어. 우리 삼촌이 있다고 했어. 우리 삼촌은 대학생이야.

② 선결 문제 요구의 오류(= 순환논증)

- 결론의 근거, 즉 전제를 물어 보았는데 주장하려고 하는 바, 즉 결론을 전제로 내세운다든가 아니면 전제 자체가 결론과 비슷한 말이어서 전제를 받아들이지 못할 때의 오류를 말한다. 즉, 전제로부터 어떤 새로운 결론이 도출된 것이 아니라, 전제와 결론이 동어반복으로 이루어진 경우의 오류를 말한다.[21)]
- 전제가 결론을 지지한다는 것을 입증하기 전에 그것이 참이라는 것이 다른 무엇보다 먼저 해결되어야 한다는 뜻에서 선결문제가 요구되는 오류라고 불린다. 또한 의심스럽거나 쟁점이 되고 있는 결론을 다시 전제로 내세워 문제를 피해가고 있으므로 질문을 회피하는 논증 오류라는 표현을 쓰기도 한다.

▶ **순환논증의 사례**[22)]

목사 : 성경 말씀에 따르면 하느님은 계십니다. 출애굽기에 보면 모세 앞에 나타나셔서 "내가 하느님 야훼"라고 말씀하십니다.
불신자 : 그 성경 말씀이 옳다고 볼 수 있는 이유는 무엇입니까?
목사 : ① 성경은 하느님의 말씀입니다. 그러니까 ② 성경 말씀은 옳습니다. ③ 하느님께서 거짓말할 리가 있습니까?

21) 우리가 논증을 하는 이유는 당연하게 받아들이는 것을 전제로 해서 당연하다고 생각하지 않는 다소 놀라운 결론을 남에게 설득하려는 것이다. 그런데 결론의 근거, 곧 전제를 물어 보았는데 주장하려는 바로 그 결론을 전제로 내세운다든가 아니면 전제 자체가 결론과 비슷한 말이어서 전제를 받아들이지 못할 때가 있다. 그러면 그 논증은 전제가 받아들일 만해야 한다는 논증 평가의 첫 번째 기준을 어겼으므로 잘못된 논증이 된다(최훈, 전게서, pp. 266~267).

22) 이 논증은 형식적으로 봐서는 전혀 문제가 없다. 전제가 참이면 결론이 틀림없이 참이므로 전문 용어로 타당한 논증이다. 또 전제도 받아들일 만하다. 목사의 권위를 인정할 때 ③과 ①은 받아들일 수 있다. 그러면 무엇이 문제인가? 지금 목사는 성경의 말씀이 옳다는 것을 불신자에게 설득하고 있다. 불신자는 바로 그것을, 곧 성경의 말씀이 옳다는 것에 의심을 품고 있는 사람이다. 그런데 의심하고 있는 바로 그것을 전제로 해서 불신자를 설득할 수 있겠는가? ③과 ①을 합하면 바로 ②와 똑같은 말이 된다. 입증하려고 하는 바로 그 결론을 다시 전제로 내세우고 있는 것이다. 따라서 이 논증은 형식적으로 잘못은 없지만, 전제를 통해 결론을 설득한다는 논증의 본연의 목표를 전혀 달성하고 있지 못하므로 오류로 봐야 한다. 위 목사의 논증은 지지 관계가 빙빙 돌고 있기 때문이다. 결론의 참은 전제의 참에 의존하고, 전제의 참은 다시 결론의 참에 의존하는 식이다(최훈, 전게서 pp. 268~269).

③ 거짓 딜레마 (=흑백논리) 23)

선언적 삼단논법이나 딜레마 논증에서 첫 번째 전제가 거짓이 되는 논증을 거짓 딜레마 24) 라고 한다.

▶ **선언적 삼단논법 & 딜레마 논증의 형식** 25)

(사례 1) "너는 서울대공원 또는 롯데월드에 갈 수 있다. 그런데 너는 서울대공원에는 가고 싶어하지 않는다. 따라서 너는 롯데월드에 가야 한다."	[선언적 삼단논법] P 또는 Q이다. P가 아니다. 따라서 Q이다.
(사례 2) "너는 서울대공원 또는 롯데월드에 갈 수 있다. 롯데월드는 사람이 너무 많아 갈 수가 없다. 서울대공원은 가는 길이 막힐 것 같아 갈 수가 없다. 따라서 우리는 아무데도 갈 수가 없다."	[딜레마 논증] P 또는 Q이다. P이면 R이다. Q이면 S이다. 따라서 R 또는 S이다 26)

▶ **거짓 딜레마의 구조**

① P 또는 Q이다.(=P를 선택하지 않았으면 Q이다.)
ⓐ P와 Q 외에 다른 선택지가 없다고 가정한다.
ⓑ 그러나 위 가정은 거짓이다.

⇒ 오류를 피하기 위해서는 ⓐ가 정말로 거짓인지 따져보면 될 것이다. ⓐ가 참인지 거짓인지 따져보기 위해서는 P와 Q 중 하나가 거짓이면 다른 하나는 반드시 참인지, 아니면 둘 중 하나가 거짓이어도 다른 것도 역시 거짓일 수 있는지 살펴보면 된다.

23) 거짓 딜레마는 일상에서 흑백 논리, 이분법적인 논리, 모 아니면 도라는 말로 더 많이 쓰인다.

24) 선언적 삼단논법이나 딜레마 논증(=양도논법)은 모두 전제가 참이면 결론이 반드시 참이 되는 연역적으로 타당한 논증이다. 그런데 첫 번째 전제(P 또는 Q이다)에서 P와 Q를 모두 거짓으로 만들 수 있는 제 3의 가능성이 있어 첫 번째 전제가 거짓이 된다면 두 논증의 설득력은 매우 떨어지게 되고, 이렇게 되었을 때의 첫 번째 전제는 실제로 딜레마 상황이 아니라 거짓 딜레마 상황이었음을 알 수 있다. 따라서 이와 같은 이유로 첫 번째 전제를 수용할 수 없는 경우를 거짓 딜레마(의 오류)라고 한다. 참고로 진짜 딜레마라는 것은 두 가지 중 하나를 선택해야 하는데 둘 다 곤란한 선택이기 때문에 이러지도 저러지도 못하는 상황을 가리킨다. 그런데 이와 같이 제3의 가능성이 제시된다면 딜레마 상황이라 할 수 없다. 즉, 거짓 딜레마 상황이다.

25) 위의 사례-1 논증은 논리학자들이 선언적 삼단논법이라고 부르는 것이고 사례-2 논증은 딜레마 논증이라고 부르는 것이다. 두 논증 모두 연역적으로 타당한 논증이다. 그런데 두 논증이 모두 타당하기 위해서는 첫 번째 전제(P또는 Q이다)에서 P와 Q외에 다른 선택지가 없다는 가정이 숨어 있어야 한다. 오직 P와 Q 중에서 하나만 선택하는 상황이어야 한다. 위에선 서울대공원과 롯데월드라는 두 가지 선택지만 염두에 두고 논증을 했지만, "왜 서울대공원하고 롯데월드에만 가야 해? 다른 데 가면 왜 안 돼?"라고 이의를 제기한다면 두 논증의 설득력은 떨어질 것이다. 이렇게 선언적 삼단논법이나 딜레마 논증에서 첫 번째 전제가 거짓이 되는 논증을 거짓 딜레마라고 부른다.

26) R과 S는 같은 것일 수도 있고 다른 것일 수도 있다. 위 예문에서는 R과 S가 같다(최훈, 전게서 p. 275).

4 평가의 두 번째 측면 : 전제와 결론의 관련성 판단

전제들이 결론과 관련성이 있어야 한다는 말은 결론의 참을 옹호하는 증거를 적어도 약간이나마 제시해야 한다는 뜻이다. 다시 말해서 전제들은 결론을 증명한다고 간주되는 증거나 이유 등을 말해야 한다. 전제들은 논증이 다루고 있는 주제와 상관없거나 벗어나 있는 측면을 기술해서는 안 된다는 것이다. 논증 평가기준에서 전제들이 결론과 관련성이 있는가는 다른 기준들과 견주어 볼 때 가장 중요한 기준이라 할 수 있다. 전제들의 관련성이 없다면 아무리 전제들이 받아들일 만하다고 하더라도 그 전제들은 소용없는 것이 되고, 결론의 충분히 강한 근거가 되기는커녕 아예 근거 자체가 되지 못한다. 따라서 상대방의 논증에서 전제가 결론과 관련이 없다고 공격한다면 그것은 완벽하게 반박하는 셈이 된다.27)

(1) 전제의 결론 관련성 판단 방법

① 먼저 이슈가 되는 결론이 무엇인지 정확하게 파악하여야 한다.

> 전제의 관련성을 판단하기 전에 먼저 도대체 무엇을 증명하려고 하는지, 지금 이슈가 되고 있는 결론이 무엇인지, 정확하게 해 두어야 할 필요가 있다. 따라서 논증을 분석하고 평가할 때 먼저 결론이 무엇인지 정확하게 해야 전제의 관련성을 제대로 밝힐 수 있다.

② 다음과 같은 질문을 통해 전제가 결론과 정말로 관련이 있는지 따져 본다.

> 이 전제의 참이 결론이 참일 가능성을 더 높여주는가? 이 전제의 거짓이 결론이 거짓일 가능성을 더 높여주는가? 이 질문들에 "예"라고 대답이 되면 전제는 결론과 관련이 있다. 그러나 어느 질문에도 "아니오"라는 대답이 나온다면 전제는 무관하다.

(2) 전제의 결론 관련성과 관련된 오류들

- ▶ 논점일탈의 오류
- ▶ 사람에의 호소 – 인신공격성 사람에의 호소, 정황적 논증 (피장파장의 오류, 우물에 독풀기)
- ▶ 대중에의 호소
- ▶ 감정(힘)에의 호소
- ▶ 허수아비 공격의 오류
- ▶ 무지에의 호소

---

27) 전제가 결론과 관련이 있는지를 평가하는 것은 사실에 대한 지식보다는 논리적인 고려가 우선시 된다고 할 수 있으나, 전제들이 받아들일 만한가와 전제들이 결론을 충분히 지지하는가를 결정하기 위해서는 논리적인 고려보다는 사실에 대한 지식이 많이 필요하다(최훈, 전게서, pp. 304~305).

① 논점 일탈의 오류

상대방이 관련 없는 전제를 내세워서 지금 문제되고 있는 이슈에서 벗어난 이야기를 하는 것을 보고 논점을 일탈했다고 한다. 또한 전제와 결론의 관련성이 없어서 생기는 논증의 잘못 중 특별히 붙일 오류의 이름이 없다면 모두 논점 일탈의 오류라고 분류해도 무방하다.

▶ 사례

"왜 당신은 끝까지 아들을 고집하십니까?"
"저도 딸을 사랑하지만 어쨌든 아들은 필요합니다. 사실 성차별이란 건 여자를 보호하기 위한 차별 아닙니까?"

② 사람에의 호소(인신공격성 사람에의 호소, 정황적 논증)

사람이 내세우는 주장이나 이론을 향해 논증하는 것이 아니라 바로 그 사람을 향해 공격할 때 사람에의 호소 오류를 저지르고 있다고 한다.

▶ 오류 구조

① x는 P라고 주장한다.
② x는 F라는 특성을 지닌 사람이다.
③ 따라서 P는 틀렸다.

▶ 인신공격성 사람에의 호소

사람의 개인적인 특성, 즉 나이 · 성별 · 국적 · 직위 · 신용도 · 과거의 행적 등에 의존해서 그 사람의 주장을 공격하는 것을 말한다.
예) '나이가 어리므로', '여자이므로', '~출신이므로', '~한 적이 있으므로', 네 주장은 틀렸다.

▶ 정황적 논증

상대방이 처한 정황 또는 상황에 의존해서 공격한다.
① 피장파장의 오류 - 상대방의 정황과 주장 사이의 불일치를 지적함으로써 이루어지는 것으로, 거리에 침 뱉는다고 야단치는 노인에게 "할아버지는 거리에 침 뱉은 적 없어요?"라고 대꾸하는 것이 한 예이다.
② 우물에 독 풀기 - 상대방의 특별한 사정 때문에 그렇게 주장할 수밖에 없다고 공격하는 것으로, 급여 동결을 주장하는 사장에게 사장은 돈을 많이 벌기 때문에 그러는 것이라고 반박하는 것이 하나의 사례이다. 즉, 주장의 근원(우물)에 독을 풂으로써 사장이 하는 무슨 말이든 의심스럽게 만드는 것이다.

③ 대중에의 호소 (→ 전통에의 호소)

많은 사람의 지지를 받는다는 것은 분명히 어떤 주장의 설득력이 높아 보이는 증거이다. 그러나 많은 사람의 지지를 받는다는 것 말고 그 주장이 설득력 있는 독립적인 근거를 대지 못한다면 그 주장은 대중에 호소하는 오류라고 할 수 있다.

▶ 대중에의 호소

① 많은 사람들이 P라고 믿거나 또는 P를 한다.
② P는 대중의 인기도를 나타내는 표현이나 상품이 아니다.
③ 따라서 P는 참이거나 P를 해도 된다(해야 한다).

예) 길을 막고 물어봐라. 한전이 삼성보다 경영을 잘한다고 대답할 사람은 한 사람도 없을 것이다.

▶ 전통에의 호소

- 군중에의 호소의 한 형태
- 군중에의 호소에서 많은 사람들이 지지한다는 것이 그 주장을 받아들일 근거라고 생각하는 것처럼, 전통에의 호소에서도 오랜 시간 동안의 지지가 그 주장을 받아들일 근거가 된다고 생각한다.

예) 호주제는 "우리의 전통과 문화에 바탕을 둔 것"이기 때문에 "우리의 문화와 국민 정서가 변화하지 않는 한 큰 줄기가 유지돼야 할 것으로 본다."

④ 감정에의 호소(→ 동정심, 공포 등)

어떤 주장을 하면서 특정 감정을 불러일으키는 경우가 있다. 그러나 감정은 사람의 특성이나 인기도와 마찬가지로 어떤 주장을 받아들이는 문제와는 관련이 없다. 이를 감정에 호소하는 오류라고 한다.

⑤ 허수아비 공격의 오류

상대방의 주장을 이해할 때 반박하기 쉽게 해석해서 공격하는 것을 허수아비 공격의 오류라고도 한다. 이 오류는 상대방의 주장을 왜곡해서 원래의 주장보다 약하게 만들어 놓고 반박할 때 생긴다. 그러나 자기가 공격하고 있는 그 허수아비는 상대방의 진짜 주장과 관련이 없고, 따라서 허수아비 이론이 잘못됐다고 반박한 근거는 원래 주장이 거짓임을 보여주는 것과 관련이 없다.

▶ **사례**

A : 학력(學歷)란을 철폐하자.
B : 학력(學力)을 높일 필요가 없다.
B는 A와 관련이 없으며, A보다 훨씬 공격하기가 쉽다.

상대방의 반박에서 허수아비 공격의 오류를 찾아내는 방법은 그가 반박하는 입장이 원래 입장 그대로인가 혹은 그게 아니더라도 요지를 제대로 반영한 것인가 확인하는 것이다.

⑥ 무지에의 호소와 입증의 부담

어떤 주장이 참 또는 거짓임을 모른다는 사실을 전제로 그 주장의 참 또는 거짓을 추론하는 것을 무지에의 호소라고 한다.

▶ **오류구조**

① P가 아니라는 것이 알려지지 (증명되지) 않았다. ② 따라서 P이다.	전제인 ①은 우리가 P와 관련해서 현재 아느냐 모르느냐 하는 사실이고 ②는 P 자체이므로 ①은 ②와 아무런 관련이 없다. 어떤 것이 참이라는 것을 모른다고 해서 바로 거짓이 되는 것이 아니라 참인지 거짓인지가 결정 안 되는 것뿐이다.
	무지에 호소하고 있다고 해서 항상 오류라고 볼 수는 없다. 입증의 부담이 있는 쪽에서 무지에 호소할 때만 오류라고 봐야 할 것이다.[28]

5 평가의 세 번째 측면 : 전제의 증거력 강약 판단

전제들은 결론을 받아들이는 것이 합리적이라고 생각할 만한 충분한 이유를 제시해야 한다. 이 말은 전제가 관련성이 있어야 한다는 것 이상의 의미이다. 전제들은 결론에 대한 증거로 간주되는 정도에 그쳐서는 안 되고 결론을 받아들이는 것이 합당하다고 생각할 만한 충분한 증거 또는 이유를 제시해야 한다는 것이다.

---

28) 일반적으로 민사소송법에서는 소송을 먼저 제기한 원고쪽에 입증의 부담이 있다고 규정하고 있다. 꼭 법정이 아니더라도 논쟁을 할 때 대체로 주장을 먼저 제기한 쪽에서 입증의 부담을 진다. 예를 들어 북한에 핵무기가 있다고 주장한 사람, 외계인이 있다고 주장한 사람, 도청 의혹이 있다고 주장한 사람이 그것이 있음을 적극적으로 보여줘야 존재 증명이 된다(최훈, 전게서, p. 330~333).

(1) 전제의 증거력 관련 오류들

여기서 논의되는 오류들은 이미 언어추리 영역에서 연역추리의 오류와 귀납추리의 오류라는 이름으로 살펴본 내용들이다.

- 전건부정의 오류, 후건긍정의 오류
- 성급한 일반화의 오류
- 편향된 통계의 오류
- 선후 관계와 인과 관계를 혼동하는 오류
- 원인과 결과를 혼동하는 오류
- 공통 원인의 무시 오류

(2) 연역논증과 귀납논증

연역논증(추리)은 타당성에 근거한 추론으로 전제가 참이면 결론이 반드시 참인 논증이므로 형식적으로 올바르면 그것 자체로 전제들이 결론의 충분히 강력한 증거라고 말할 수 있다. 반면에 귀납논증은 개연성에 근거한 추론으로 전제가 참이어도 결론이 반드시 참이라고 말할 수 없고 단지 개연성이 높을 뿐이기 때문에 전제가 결론을 얼마나 강하게 지지하나에 따라 다양한 강도의 논증이 나올 수 있다.

(3) 연역논증과 관련된 오류

① 전제의 강한 증거력 - 타당한 추론의 형식(=함축 규칙), 대치 규칙(=동치)

② 오류 - 전건부정의 오류, 후건긍정의 오류, 선언지긍정의 오류 등

(4) 귀납논증과 관련된 오류

논증의 종류	판단 기준	강한 논증 vs 약한 논증
귀납적 일반화 통계적 일반화	① 관찰된 사례수 ② 관찰된 사례의 다양성 ③ 결론의 범위	① 성급한 일반화의 오류 ② 편향된 통계의 오류 ③ 결론의 범위가 좁을수록 강한 논증
유비논증	비교되는 두 집단의 유사성	잘못된 유비추론의 오류
인과논증	① 선후관계 vs 인과 관계 ② 시간적 선행성 ③ 공통원인 (허위 변수)	① 선후관계와 인과 관계 혼동의 오류 ② 원인과 결과를 혼동하는 오류 ③ 공통 원인의 무시 오류

6 강화 약화 중립 판단

연역 논증이나 귀납 논증의 적절성과 설득력을 평가하는 문항이 논증 평가 문항이다. 실험이나 관찰의 결과로부터 가설의 진위에 대한 판단을 추론하는 것은 대표적인 귀납논증으로서, 실험이나 관찰의 결과가 가설이 참일 가능성을 높일 경우 가설을 '강화'한다고 하고, 실험이나 관찰의 결과가 가설이 참일 가능성을 낮출 경우 가설을 '약화'한다고 일컬어진다. 어떤 새로운 정보가 주어진 가설을 강화하거나 약화한다고 평가하는 것은 대표적인 논증 평가라고 말할 수 있다. 그러나 그 중요성 때문에 강화하거나 약화한다는 판단에 대해 평가하는 문항을 강화 또는 약화라는 독립적인 문항 유형으로 분류하였다. [29]

(1) 강화 약화의 의미 [30]

문항 유형의 명칭으로 사용하는 '강화'라는 표현은 서로 밀접한 관계에 있는 두 가지 의미를 지닌다. 첫째 의미는 증거가 가설이나 주장을 확증한다(confirm)는 의미이다. 둘째 의미는 새로운 증거가 논증을 강화한다(strengthen)는 의미이다.

귀납추론 과정에서 경험적 증거가 가설을 잘 뒷받침(지지)하면, "경험적 증거가 가설을 확증한다(confirm)"라고 한다. 경험적 증거가 가설의 거짓을 뒷받침(지지)하면, "경험적 증거가 가설을 반확증한다(disconfirm)"라고 한다. 법학적성시험에서는 전자의 확증을 '강화'로, 후자의 반확증을 '약화'라고 표현한다. 또한 법학적성시험에서는 새로운 경험적 증거의 추가가 기존의 귀납논증의 강도를 더 세게 만드는지, 아니면 더 약하게 만드는 지를 평가할 것을 요구할 때에도 '강화' 또는 '약화'라는 표현을 사용한다.

(2) 강화 약화 중립의 판단기준

① 강화 약화 중립 판단기준 [2017 LEET 문31] [31]

> 증거는 가설을 입증하기도 하고 반증하기도 한다. 물론, 어떤 증거는 가설에 중립적이기도 하다. 이렇게 <u>증거와 가설 사이에는 입증·반증·중립이라는 세 가지 관계만이 성립</u>하며, 이 외의 다른 관계는 성립하지 않는다. 그럼 이런 세 관계는 어떻게 규정될 수 있을까? 몇몇 학자들은 이 관계들을 <u>엄격한 논리적인 방식으로 규정</u>한다. 이 방식에 따르면, 어떤 가설 H가 증거 E를 논리적으로 함축한다면 E는 H를 입증한다. 또한 H가 E의 부정을 논리적으로 함축한다면 E는 H를 반증한다. 물론 H가 E를 함축하지 않고 E의 부정도 함축하지 않는다면, E는 H에 대해서 중립적이다. 이런 증거와 가설 사이의 관계는 <u>'논리적 입증·반증·중립'</u>이라고 불린다.
>
> 그러나 <u>증거와 가설 사이의 관계는 확률을 이용해 규정될 수도</u> 있다. 가령 우리는 "E가 가설 H의 확률을 증가시킨다면 E는 H를 입증한다."고 말하기도 한다. 이와 비슷하게 우리는 "E가 H의 확

29) 「법학적성시험안내서(개정판)」, 법학전문대학협의회 지음, 2020. 5. p.165.

30) 조성우 추리논증 기본 [추리논증이해와 학습전략,p.28], 법학적성시험안내서 pp.226~234

31) 기본교재 제2부 언어추리 제1장 귀납추리 참고

률을 감소시킨다면 E는 H를 반증한다."고 말한다. 물론 E가 H의 확률을 변화시키지 않는다면 E는 H에 중립적이라고 하는 것이 자연스럽다. 이런 증거와 가설 사이의 관계에 대한 규정은 '확률적 입증·반증·중립'이라고 불린다. (후략)

② 강화 약화 판단기준[32)]

이 문항 유형은 하나 혹은 둘 이상의 주장이나 가설을 제시하고 새로운 경험적 증거나 가정적으로 새롭게 도입된 정보에 의해 이들 주장이나 가설의 설득력이 어떤 영향을 받는지를 평가하도록 요구한다. 특히 이 유형에는 동일한 현상을 설명하는 서로 경쟁하는 가설들이 있을 때 추가적인 증거나 정보가 각각의 가설에 대해 차별적으로 갖는 지지 관계를 판단할 수 있는 지를 묻는 문항이 포함된다.

- **▶ H가 참인 경우 E가 참이라는 것이 충분히 예상된다(달리 말하면, H가 참인 경우 E가 참일 확률이 높아진다) ⇔ E는 H를 강화한다.**
- **▶ H가 참인 경우 E가 거짓이라는 것이 충분히 예상된다(달리 말하면, H가 참인 경우 E가 거짓일 확률이 높아진다) ⇔ E는 H를 약화한다.**

(3) 논증평가[강화 약화 중립] 정리

① 연역 논증 vs. 귀납 논증

전제1 [참↑ 〈= 경험적 증거, 가정적으로 새롭게 도입된 정보] (강화)
전제2 [거짓↑ 〈= 경험적 증거, 가정적으로 새롭게 도입된 정보] (약화)
==========
∴ 결론

I) 전제에 부합하는 사례(구체적 사례) =〉 강화사례
ii) 오류(결함), 양립불가 사실 및 사례 =〉 약화사례
iii) 전제와 직접 관련이 없는 추가적인 언급이, 결론의 설득력을 높이거나 낮춘다면, 강화 또는 약화
iv) 암묵적 전제(생략된 전제)와 관련된 언급

② 귀납논증[33)]

i) 유비추리(논증)의 평가 요소 =〉 강화, 약화, 중립
ii) 귀납적일반화 평가 요소 =〉 강화, 약화, 중립
iii) 통계적 삼단논법
iv) 가설추리(인과논증) : 가설입증, 반증의 논리 =〉 강화, 약화, 중립

32) 「법학적성시험안내서(개정판)」, 법학전문대학협의회 지음, 2020. 5. pp.175~184.

33) 자세한 내용은 추리영역 귀납추리 참조.

Ⅱ. 논증이 범하고 있는 오류 파악 문제의 유형별 학습

01
논증 오류 찾기

다음 논증의 결함을 가장 적절하게 지적한 것은?

제5회 2013 LEET 문11

우리 눈앞에 서 있는 이 피고인이 얼마 전 일어난 여성 살해사건의 진범이라는 점은 물증과 정황을 통해서 명백히 드러났습니다. 하지만 과연 이 사람이 죽인 사람이 그 여성 한 명뿐일까요? 이 피고인이 우리가 찾던 바로 그 연쇄살인범은 아닐까요? 비록 피고인은 살인을 한 적이 단 한 번뿐이라고 말하고 있지만 말이죠. 우리 모두가 목격했듯이 피고인은 자기가 연쇄적으로 살인을 했다는 것을 아무런 감정적 동요 없이 단호하게 부인하고 있습니다. 거짓말 탐지기 앞에서도 그는 다른 피해자들을 알지 못한다고 말하면서 아무런 감정적 동요를 보이지 않았지만, ㉠ 거짓말 탐지기는 그가 거짓말을 하고 있다는 반응을 보였습니다. ㉡ 거짓말 탐지기의 결과에 전적으로 의존할 수는 없습니다. 하지만 피고인이 거짓말을 하고 있다고 거짓말 탐지기가 반응한다면 실제로 거짓말을 하고 있을 가능성이 있지요. 만약 피고인이 연쇄적으로 살인을 저지른 것이 확실한데도 자기가 연쇄살인범이라는 것을 아무런 감정적 동요 없이 단호하게 부인한다면, ㉢ 그는 극단적 유형의 사이코패스에 속한다고 보아야 합니다. 사이코패스는 일반적인 살인자와 달리 살인을 저지르는 동안에 오히려 심리적으로 안정되고 심장 박동이 느려지기까지 한다는 점이 여러 사례에서 밝혀진 바 있습니다. 살인을 경험한 극단적 유형의 사이코패스는 전혀 죄책감을 느끼지 않죠. ㉣ 피고인처럼 당연히 감정적 동요도 느끼지 않습니다. 살인을 경험한 극단적 유형의 사이코패스는 연쇄적으로 살인을 저지르기 마련입니다. 그러므로 ㉤ 피고인은 연쇄적으로 살인을 저지른 것이 분명합니다.

① ㉠과 모순되는 전제를 포함하고 있다.
② ㉡을 불충분한 수의 사례들로부터 일반화하여 도출하고 있다.
③ ㉢에 인신공격적 내용을 포함하고 있다.
④ ㉣을 입증하지 못한 채 전제로 받아들이고 있다.
⑤ ㉤을 암묵적 전제로 요구하는 동시에 결론으로 도출하고 있다.

다음 논증에 대한 비판으로 가장 적절한 것은?

제8회 2016 LEET 문17

로크는 자연에 있는 사물들이 "적어도 다른 사람들도 좋은 상태로 사용할 만큼 충분히 남아있는 한" 그 사물을 노동을 통해 소유할 수 있다고 주장한다. 이러한 로크의 제한조건이 의미하는 바는 "다른 사람들의 상황을 더 나쁘게 하지 않는 한에서만" 소유권이 인정된다는 것이다. 그러나 로크의 이 제한조건이 현재에는 더 이상 만족될 수 없다고 한다면 어떻게 될까? 만약 그렇다면 우리는 "이전에 우리가 인정했던 소유권을 포함해서 그 어떤 소유권도 성립할 수 없다."라는 놀라운 결론을 이끌어낼 수 있다.

우선 "로크의 제한조건에 위배된다."를 곧 "다른 사람들의 상황을 더 나쁘게 한다."라는 것으로 정의하자. 그리고 ⓐ<u>어떤 종류의 사물 t가 여러 사람들에 의해 소유되어 이제 그것이 충분히 남아 있지 않아, Z는 그 사물을 사용할 수 없게 되었다고 가정하자</u>. 즉, Z가 사용할 수 있는 좋은 상태의 충분한 사물 t가 세상에 존재하지 않는다고 가정해 보자. 그렇다면 Z 바로 전에 t를 소유한 Y의 행위는, Z가 t를 사용할 자유를 갖지 못하게 하여 Z의 상황을 더 나쁘게 하였으므로 로크의 제한조건에 위배된다. 그런데 더 거슬러 올라가, ⓑ<u>Y가 t를 소유하기 바로 전에 t를 소유한 X 역시 Y를 더 나쁜 상황에 빠뜨린 셈이다</u>. 왜냐하면 ⓒ<u>X가 t를 소유함으로써 Y는 로크의 제한조건에 위배되지 않고서는 t를 소유하지 못하게 되었고, X의 소유는 결국 Y의 소유가 로크의 제한조건에 위배되게끔 만들었기 때문이다</u>. 따라서 ⓓ<u>X의 소유 역시 로크의 제한조건에 위배된다</u>. 이와 같은 방식으로, X 전에 t를 소유한 W에 대해서도, W는 X를 더 나쁜 상황에 빠뜨렸으므로, W의 소유는 로크의 제한 조건에 위배된다고 말할 수 있다. ⓔ<u>같은 방식으로 계속 추론하다보면, t를 최초로 소유한 A의 소유 역시 로크의 제한조건에 위배된다고 말하지 않을 수 없다.</u>

① ⓐ의 가정은 현실에 부합하지 않는다. 자연에는 아직 모든 사람들이 사용하기에 충분할 정도로 많은 자원이 남아 있다.

② ⓑ는 ⓒ로부터 도출되지 않는다. 만약 Y 바로 전에, X가 아니라 W가 t를 소유했다면 W가 Y를 나쁜 상황에 빠뜨렸을 것이므로, X가 Y를 더 나쁜 상황에 빠뜨렸다고 볼 수 없다.

③ ⓒ의 주장은 받아들일 수 없다. X가 t를 소유해도, Y가 로크의 제한조건에 위배되지 않고 t를 소유할 여지가 여전히 남아 있다.

④ ⓓ는 ⓑ로부터 도출되지 않는다. X가 Y를 더 나쁘게 한 방식은 Y가 Z를 그렇게 한 방식과 차이가 있음을 간과하고 있다.

⑤ ⓔ의 진술은 의심스럽다. 어떤 사물을 최초로 소유한 자를 확정하기란 거의 불가능하므로 우리는 한 사물의 소유에 대해 누가 최초로 로크의 제한조건을 위반하는지를 판단할 수 없다.

03

오류의 유형

다음 글에 대한 분석으로 옳은 것만을 보기 에서 있는 대로 고른 것은?

제9회 2017 LEET 문24

일반적으로 과학적 탐구는 관찰과 관찰한 것(자료)의 해석으로 압축된다. 특히 자료의 해석은 객관적이고 올바르며 엄밀해야 한다. 그런데 간혹 훈련받은 연구자들조차 사회 현상을 해석할 때 분석 단위를 혼동하거나 고정관념, 속단 등으로 인해 오류를 범하기도 한다. 예를 들어 집단, 무리, 체제 등 개인보다 큰 생태학적 단위의 속성에 대한 판단으로부터 그 단위를 구성하는 개인들의 속성에 대한 판단을 도출하는 경우(A 오류), 편견이나 선입견에 사로잡혀 특정 집단에 특정 성향을 섣불리 연결하는 경우(B 오류), 집단의 규모를 고려하지 않고, 어떤 집단이 다른 집단보다 특정 행위의 발생 건수가 많다는 점으로부터 그 집단은 다른 집단보다 그 행위 성향이 강할 것이라고 속단하는 경우(C 오류) 등이 이에 해당한다. 이와 같은 오류들로 인해 과학적 탐구 결과가 왜곡될 수 있으므로 주의가 필요하다.

보기

ㄱ. 상대적으로 젊은 유권자가 많은 선거구가 나이 든 유권자가 많은 선거구보다 여성 후보에게 더 많은 비율로 투표했다는 사실로부터 젊은 사람이 나이 든 사람보다 여성 후보를 더 지지한다고 결론을 내린다면, A 오류를 범하게 된다.

ㄴ. 외국인과 내국인 사이에 발생한 범죄가 증가하고 있다는 자료로부터 가해자가 외국인이고 피해자가 내국인인 범죄가 증가한다고 결론을 내린다면, B 오류를 범하게 된다.

ㄷ. 자살자 수가 가장 많은 연령대는 1,490명을 기록한 50~54세라는 통계로부터 50~54세의 중년층은 다른 연령대보다 자살 위험성이 가장 크다고 결론을 내린다면, C 오류를 범하게 된다.

① ㄴ ② ㄷ ③ ㄱ, ㄴ

④ ㄱ, ㄷ ⑤ ㄱ, ㄴ, ㄷ

Ⅲ. 결론의 정당성 강화 및 약화 문제의 유형별 학습

1 강화하는 논거 및 사례 찾기

04
딱따구리의
생태환경

다음 글에 제시된 가설을 지지하는 조사 결과만을 보기 에서 있는 대로 고른 것은?

제 1회 2009 LEET 문 23

딱따구리는 나무에 구멍을 파 둥지를 짓는다. 평소 암수는 각자 잠을 자는 둥지를 짓지만, 번식기(4월~5월)가 되면 짝을 만나 새끼를 키울 둥지를 짓는다. 번식기에도 암컷은 밤이 되면 잠을 자는 둥지로 돌아가며 수컷만 새끼들과 함께 번식 둥지에서 잠을 잔다.

조사자는 딱따구리의 번식기에 우리나라 어떤 지역의 A구역과 B구역을 대상으로 딱따구리의 둥지를 조사하였다. A구역에는 울창한 숲 사이에 남북으로 곧게 뻗은 약 10m 폭의 산책로가 있으며, 산책로 동쪽에는 높은 산이 인접하여 오전에는 산책로에 그늘이 진다. B구역은 주위에 산이 없이 편평한 곳으로 나무들이 띄엄띄엄 서 있다. 조사가 끝난 뒤 이 지역의 기상 자료를 분석한 결과 비가 온 날에는 언제나 남풍이 불었던 것으로 나타났다.

조사 결과와 기상 자료를 기초로 조사자는 딱따구리의 둥지에 대해 다음의 가설을 세웠다. 첫째, 딱따구리의 둥지는 어떠한 것이든 비가 들이칠 수 있는 방향은 우선적으로 피한다. 둘째, 잠을 자는 둥지는 둥지 안으로 들어오는 빛의 양은 상관하지 않으며 그 입구는 다른 나무로 인한 걸림이 많은 쪽을 향한다. 셋째, 번식 둥지는 가능한 한 오랜 시간 빛이 들어오고, 다른 나무로 인한 걸림이 적어 수시로 드나들기 쉬운 방향을 선택한다.

보기

ㄱ. A구역의 경우 번식 둥지는 주로 산책로의 서쪽 가장자리 나무에 있었으며 그 입구는 대부분 동쪽을 향하고 있었다.
ㄴ. A구역의 산책로를 벗어난 울창한 숲 속에는 잠을 자는 둥지만 있었고, 잠을 자는 둥지의 입구는 동쪽, 서쪽, 북쪽을 향하고 있었으며 그 빈도는 세 방향이 비슷하였다.
ㄷ. B구역의 경우 번식 둥지의 입구는 동쪽 또는 서쪽을 향하고 있었으며 그 빈도는 동쪽과 서쪽이 비슷하였다.

① ㄱ ② ㄴ ③ ㄱ, ㄷ
④ ㄴ, ㄷ ⑤ ㄱ, ㄴ, ㄷ

05
인지심리학

〈가설〉을 강화하는 것은?

제6회 2014 LEET 문29

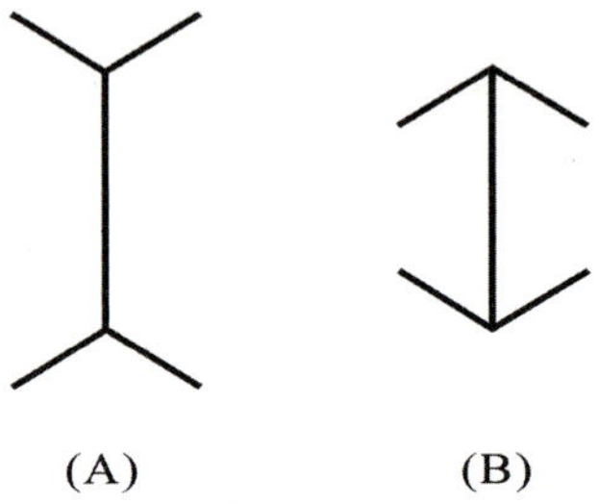

〈그림 1〉

〈그림 2〉

〈그림 1〉에서 수직으로 그어진 두 선분의 길이는 서로 같다. 그러나 (A)의 선분이 (B)의 선분보다 길어 보이는데, 이러한 현상을 '뮐러-라이어(Muller-Lyer)착시'라고 부른다.

〈가설〉

뮐러-라이어 착시는 입체적 시각 경험이 배경 지식으로 작용하여 평면적 형태의 지각에 영향을 끼치기 때문에 발생한다. 〈그림 1〉의 (A)는 〈그림 2〉의 벽면에서 안으로 오목하게 들어간 모서리에 해당하고, (B)는 벽면에서 앞으로 볼록하게 나온 모서리에 해당한다. 우리는 일상에서 입체적 모서리를 자주 경험하게 되고 이러한 경험이 누적되면, 우리의 인지체계는 〈그림 1〉의 두 선분을 볼 때에 볼록한 모서리를 닮은 (B)가 오목한 모서리를 닮은 (A)보다 우리에게 더 가까이 있다고 가정하게 된다. 그런데 우리의 망막에 맺힌 두 선분의 상의 길이는 같다. 그래서 우리의 인지체계는 더 멀리 있는 (A)의 선분 길이가 실제로는 더 길다고 판단하게 되며, 그 영향 때문에 우리는 같은 길이의 두 선분을 다른 길이의 선분으로 경험한다.

① 3차원 형태를 지각하는 방식이 우리와 다른 꿀벌에게도 뮐러-라이어 착시가 발생한다는 것이 알려졌다.

② 선분의 양 끝에 있는 화살표 모양을 둥근 곡선 모양으로 대체하여도 뮐러-라이어 착시는 똑같이 나타난다.

③ 자로 두 선분의 길이를 재서 서로 같음을 확인하고 난 뒤에도 뮐러-라이어 착시는 여전히 사라지지 않는다.

④ 모서리를 가진 직선형 건물이나 사물에 대한 경험이 없는 원주민 부족은 뮐러-라이어 착시를 거의 경험하지 않는다.

⑤ 비슷한 크기의 두 정육면체가 서로 다른 거리에 놓여 있는 경우 우리는 두 입체의 실제 크기를 쉽게 판단하지 못한다.

06

인문학 / 철학/인식론

다음 글에 대한 평가로 옳은 것만을 보기 에서 있는 대로 고른 것은? 제14회 2022 LEET 문19

연구팀은 철학자 집단과 일반인 집단을 대상으로 다음 세 문장에 대한 동의 여부를 조사하였다.

(가) 어떤 주장이 누군가에게 참이라면, 그것은 모든 사람에게 참이다.
(나) 모든 사람이 어떤 주장에 동의한다면, 그 주장은 참이다.
(다) 어떤 주장이 참이라면, 그것은 사실을 나타낸다.

두 집단 모두에서 (다)에 대해 '동의함'의 비율이 80%를 웃돌았다. (나)에 대해서는 두 집단 모두에서 '동의하지 않음'의 비율이 훨씬 우세했고 '동의함'의 비율은 철학자에서 더 높았다. 흥미로운 것은 (가)이다. 철학자는 83%가 (가)에 동의한 반면, 일반인은 그 비율이 40%를 약간 넘었고 동의하지 않는다는 응답의 비율이 오히려 더 높았다. (가)를 둘러싼 이 차이는 어디서 비롯되었을까? 연구팀에 따르면, (가)는 다음 둘 중 하나로 읽힌다.

[독해 1] 어떤 주장이 참임이 결정되었다면, 그것의 참임은 객관적이다.
[독해 2] 만약 누군가가 어떤 주장이 참이라고 생각한다면, 모두가 그에게 동의할 것이다.

주장의 참임이 객관적이라는 것은, 그것의 참이 각자의 관점에 상대적이지 않다는 뜻이다. 연구팀은 "㉠ 일반인에게서 (가)에 동의하는 의견의 비율이 철학자에 비해 현격히 낮았던 이유는, 철학자는 (가)를 [독해 1]로, 일반인은 [독해 2]로 읽는 경향이 있기 때문이다."라고 말한다. 연구팀은 이 차이에도 불구하고 ㉡ 참임의 객관성에 대해서는 일반인과 철학자의 의견이 일치한다고 생각한다. 왜냐하면 (가)와 (다)는 참임의 객관성을 긍정, (나)는 부정하는 문장인데, (다)에 대해 일반인과 철학자의 '동의함' 의견의 비율이 비슷하게 높았고, (나)에 동의하지 않는 비율도 철학자와 일반인이 비슷하게 높았기 때문이다.

보기

ㄱ. 추가 조사 결과 철학자 대다수가 [독해 2]에 대해 '동의하지 않음'으로 응답했다면, ㉠은 강화된다.
ㄴ. 추가 조사 결과 일반인 대다수가 [독해 1]에 대해 '동의함'으로 응답했다면, ㉡은 강화된다.
ㄷ. (나)에 대해 동의하는 응답의 비율에서 일반인과 철학자 사이에 차이가 있는 것으로 나타난 이유가, '동의하지 않음' 의견을 지닌 일부 철학자가 '동의함'으로 잘못 응답한 실수 때문이었음이 밝혀진다면, ㉡은 강화된다.

① ㄱ　　② ㄴ　　③ ㄱ, ㄷ
④ ㄴ, ㄷ　　⑤ ㄱ, ㄴ, ㄷ

2 약화하는 논거 및 사례 찾기

07
눈의 크기와 이동 속도의 관계

다음 글의 논지를 약화하는 것으로 가장 적절한 것은? 제5회 2013 LEET 문33

> 큰 눈은 긴 초점거리를 가지고 있기 때문에 망막에 상이 크게 맺힌다. 큰 상이 작은 상보다 더 많은 시각세포에 의해 처리되므로 눈이 클수록 예민한 시력을 가진다. 예민한 시력을 가지면 보다 짧은 시간에 장애물을 발견하고 회피할 수 있다. 장애물을 회피하지 못하면 치명적인 충돌사고로 이어진다. 따라서 최대 속도가 빠른 동물일수록 각종 장애물을 보다 짧은 시간에 효과적으로 회피하기 위해 큰 눈을 가진다.

① 먹이를 찾을 때는 다른 새들에 비해 느리게 날지만 먹이를 사냥하는 순간에는 장애물이 많은 곳이라도 순간적으로 아주 빠르게 나는 매의 경우, 비슷한 몸 크기를 가진 다른 새들에 비해 눈이 크다.

② 일반적으로 새를 포함하는 척추동물의 경우 몸이 클수록 더 큰 눈을 가지고 또한 이동속도도 빠르지만, 성장의 법칙에 따라 몸이 큰 척추동물일수록 눈의 크기는 몸 크기에 비해 상대적으로 작다.

③ 눈이 작으면 몸의 크기도 작아서 먼 거리를 이동할 때 에너지가 적게 들고, 이 때문에 눈의 크기가 작은 철새들이 눈의 크기가 큰 철새들보다 더 빠른 평균 이동속도로 먼 거리를 이동한다.

④ 날지 못하는 쪽으로 진화한 새들은 비슷한 몸 크기의 다른 새들에 비해 눈 크기가 작지만, 장애물이 많은 곳에서 빨리 달릴 수 있는 타조 같이 큰 눈을 가진 새들도 있다.

⑤ 매보다 최대 속도가 느린 새들 중에 눈이 매보다 더 큰 새들이 있지만, 상이 맺히는 망막 부분에 존재하는 시각세포는 이 새들보다 매가 더 많다.

08

반박 사례 판단

〈이론〉을 반박하는 관찰 결과만을 보기 에서 있는 대로 고른 것은? 제7회 2015 LEET 문24

증후군 A는 손가락이 굳는 증상에서 시작하여 피부가 딱딱해져서 끝내는 몸 전체가 굳는 증상을 보이는 희귀 질환이다. 이 질환은 대개 45세에서 55세 사이에 발병하는데, 심한 경우 혈관과 폐까지 경화가 진행되어 사망한다. 이 질환의 정확한 발병 원인이 알려져 있지 않다. 최근 한 연구팀은 증후군 A에 걸린 여성의 혈액을 조사하였다. 이 여성은 27년 전 출산한 적이 있는데, 임신 당시 태아에서 유래한 세포('태아 유래 세포')가 27년이 지난 시점에도 이 여성의 혈액에 잔존하고 있었다. 이를 발견한 연구 팀은 다음 〈이론〉을 제시하였다.

〈이론〉

여성이 임신을 하게 되면 면역 체계가 태아 유래 세포를 외부 침입자로 인식하여 제거하지만, 산모의 세포와 태아 유래 세포가 유사할 경우 태아 유래 세포 중 일부가 면역 체계에 의하여 제거되지 않고 남아 있을 수 있다. 이 경우 이 세포들은 산모의 혈액 속을 떠돌다가 다양한 세포로 분화하는데 이 과정에서 면역 체계는 더 이상 이 태아 유래 세포를 외부 침입자로 여기지 않는다. 시간이 흘러 원인 불명의 계기로 산모의 면역 체계에 특정한 변화가 생기는 경우가 있을 수 있는데, 이 경우 면역 체계가 이 세포들을 외부 침입자로 인식하여 공격하게 되면 증후군 A가 발병한다. 현재까지 알려진 증거로 볼 때 증후군 A는 이와 같은 경로 이외로는 발병할 수 없다.

보기

ㄱ. 임신 경험이 있는 증후군 A 환자의 혈액에서 태아 유래 세포가 발견되지 않았다.
ㄴ. 임신 경험은 있지만 증후군 A의 증상은 없는 여성의 혈액에서 태아 유래 세포가 발견되었다.
ㄷ. 임신 경험이 있고 면역 체계에 문제가 있는 여성에게서 증후군 A의 증상이 나타나지 않았다.

① ㄱ ② ㄴ ③ ㄱ, ㄷ
④ ㄴ, ㄷ ⑤ ㄱ, ㄴ, ㄷ

09

다윈주장의 약화논거

다음에서 제시된 논증의 설득력을 약화하는 것만을 보기 에서 있는 대로 고른 것은?

제8회 2016 LEET 문26

지금껏 지구에 존재했던 다양한 생물종들이 모두 하나의 원시 조상으로부터 유래했다는 다윈의 주장은 합리적인 근거를 가지고 있다. 그것은 바로 지구의 모든 생물들이 DNA라는 공통 유전물질을 가지고 있다는 것이다. 이 DNA는 네 가지 뉴클레오티드로 구성되어 있으며, 이들에 담긴 생명체의 유전 정보가 세대 간 전달된다. 수천만 개를 훨씬 상회하는 분자들 중, DNA만이 유전 정보의 보존과 복제를 가능하게 하는 구조를 가지고 있다는 점은 무척 놀라운 일이다. 왜냐하면 생명체가 유전 정보를 후대에 전달하기 위하여 DNA를 사용해야 할 어떤 필연적인 이유도 없기 때문이다. 그럼에도 불구하고 지구에 현존하는 모든 생물종은 DNA를 통해 그 정체성을 유지하고 있다. 이것이 바로 다윈의 주장이 설득력을 갖는 이유다.

보기

ㄱ. 남극에서 화석의 형태로 발견된 어느 고생물을 조사한 결과 그것의 유전물질은 DNA와 다른 구조를 지녔던 것임이 밝혀졌다.

ㄴ. 생물학적으로 가능한 모든 형태의 생명체들은 유전물질로 DNA를 사용할 수밖에 없다는 사실이 밝혀졌다.

ㄷ. 지구에 존재하는 생명체들은 DNA가 유전물질의 역할을 하는 여러 외계 생명체들로부터 기원했다는 사실이 밝혀졌는데, 그중 하나는 다른 모든 것들의 조상이었다.

① ㄴ ② ㄷ ③ ㄱ, ㄴ

④ ㄱ, ㄷ ⑤ ㄱ, ㄴ, ㄷ

3-1 개별 논거 및 사례의 논지 강화, 약화, 중립 판단

10

경찰의 하위문화 수용에 영향을 주는 요인

〈관찰〉을 토대로 〈이론〉을 평가한 것으로 옳은 것은? 제4회 2012 LEET 문15

〈이론〉

미국의 '경찰 하위문화(subculture)'는 '업무 수행 및 구성원들과의 인간관계와 관련하여 경찰관 사이에 공유되는 비공식적 규범'으로, 경찰관들의 고립적이고 위험한 생활방식에 대한 반응으로서 발전한 것이다. 남성중심주의와 남자다움의 숭배, 범죄에 대한 강경 대응을 강조하는 통제 지향적 태도, '우리'와 '그들'을 구분하는 배타주의, 변화에 대한 저항 등이 경찰 하위문화의 대표적 속성들이다. 경찰 하위문화의 속성들은 서로 밀접한 관련이 있어, 한 속성을 받아들이면 나머지 속성들도 모두 받아들이는 특징이 있다. 경찰 하위문화를 많이 받아들일수록 업무로부터 야기되는 직무 스트레스나 심리적 소진(과업 수행과 관련된 동기와 헌신의 상실)은 더 많이 감소한다.

〈관찰〉

- 경찰 하위문화의 수용 정도는 남자는 중간계급이 가장 높고, 여자는 계급이 높을수록 높다.
- 경찰 하위문화 수용 정도가 상위계급에서는 여자가 남자보다 높지만, 하위계급에서는 성별에 따른 차이가 없다.
- 성별과 계급이 동일할 경우, 수사부서 경찰관이 대민부서 경찰관보다 범죄에 대한 통제 지향적인 태도를 더 많이 보인다.

* 경찰 하위문화를 고려하지 않을 때의 직무 스트레스나 심리적 소진의 정도는 모든 경찰관이 동일하다고 가정한다.

① 대민부서에 근무하는 상위계급 여자 경찰관이 수사부서에 근무하는 중간계급 남자 경찰관보다 심리적 소진의 정도가 높다면 〈이론〉은 약화될 것이다.

② 수사부서에 근무하는 중간계급 여자 경찰관이 대민부서에 근무하는 하위계급 남자 경찰관보다 직무 스트레스가 낮다면 〈이론〉은 약화될 것이다.

③ 수사부서에 근무하는 중간계급 남자 경찰관이 대민부서에 근무하는 상위계급 남자 경찰관보다 직무 스트레스가 낮다면 〈이론〉은 약화될 것이다.

④ 중간계급 남자 경찰관이 같은 부서의 하위계급 여자 경찰관보다 심리적 소진의 정도가 높다면 〈이론〉은 약화될 것이다.

⑤ 하위계급 남자 경찰관이 같은 부서의 상위계급 여자 경찰관보다 직무 스트레스가 높다면 〈이론〉은 약화될 것이다.

11

지구 온난화

다음 논증에 대한 평가로 옳지 않은 것은?

제4회 2012 LEET 문27

사람들은 기후의 불순한 변화를 경험할 때마다 지구온난화 때문이라고 쉽게 말하지만, 지구온난화가 실제로 발생하고 있는지 여부조차 판단하기 어렵다. 지구온난화의 발생 여부를 판단하려면 우선 지구의 평균 기온과 그것의 장기적 추세를 판단해야 하는데, 이는 대단히 어려운 문제이다.

(가) 기상관측소의 대부분이 북반구의 선진국에 집중되어 있고, 해상, 사막 등 관측소가 없는 지역이 많다. 이렇게 제한된 관측 자료로는 지구의 평균 기온을 제대로 파악할 수 없다.

(나) 기온 관측이 이루어진 것은 150년에 불과하다. 이 자료를 근거로 해서 불규칙한 주기로 일어나는 기후의 변화를 판단하는 것은 불가능하다. 그것은 마치 항해 중인 배의 사진 한 장을 보고 긴 항로를 예측하는 것만큼 무리한 일이다.

(다) 지구 역사상 대기 중 온실가스 농도는 증감을 되풀이하였고, 그에 상응하여 기온의 상승과 하강(1천 년에 약 0.1℃ 정도)이 있었다. 지구온난화론 지지자들은 이러한 자료에 근거하여, 온실가스 농도 증가가 기온 상승을 초래한다고 주장한다. 하지만 어떤 원인으로 기온과 해수온도가 먼저 상승하고 그 결과로 해수의 온실가스 용해도가 낮아져서 해수에서 대기로 온실가스가 유출되어 온실가스 농도가 높아진 것인지, 아니면 대기 중 온실가스 농도가 상승하고 그 결과로 온도 상승이 유발된 것인지 불명확하다.

(라) 지구온난화는 온실가스가 장파복사에너지를 흡수한 결과로 나타난 온도 상승만을 의미하기 때문에, 지상 기온의 상승을 근거로 지구온난화를 주장할 수는 없다. 왜냐하면 지상 기온은 지표면 변화의 영향을 크게 받기 때문이다.

① 위성 관측 기술의 발달로 전 지구의 온도 분포를 파악할 수 있게 되었다는 사실은 (가)의 주장을 약화한다.

② 기상 관측 기술의 발달로 오늘날 기상 자료의 신뢰도가 매우 높아졌다는 사실은 (나)의 주장을 약화한다.

③ 오늘날의 기온 상승 속도가 지구 역사에서 전례 없이 매우 빠르다는 사실은 (다)의 주장을 약화한다.

④ 산업혁명 이래 대기로 배출된 온실가스 중 절반 가까이가 해수로 녹아들고 있다는 사실은 (다)의 주장을 약화한다.

⑤ 장파복사에너지 흡수 효과가 지상 기온 상승에 크게 기여한다는 것이 컴퓨터 수치 실험의 발달로 입증되었다는 사실은 (라)의 주장을 약화한다.

12

뇌의 인식방법

㉠~㉢에 대한 평가로 적절한 것만을 보기 에서 있는 대로 고른 것은? 제10회 2018 LEET 문32

대뇌피질에는 운동을 전담하는 영역, 시각을 전담하는 영역 등이 있다. 그럼 대뇌피질 속 이런 전담 영역들을 결정하는 것은 무엇인가? 최근 연구 결과에 따르면, 각 영역의 겉모습이나 구조에 의해 그 전담 영역이 결정되는 것이 아니다. 그보다 대뇌피질 영역들 사이의 연결 방식과 대뇌피질 영역과 중추신경계의 다른 영역 사이의 연결 방식에 따라 각 대뇌피질의 전담 영역이 결정된다. 즉 ㉠ 대뇌피질의 전담 영역은 각 영역이 가진 고유한 물리적 특징에 의해 결정되는 것이 아니라 다른 영역들과의 연결 양상에 의해 결정된다.

㉡ 대뇌피질로 들어오는 입력의 유형은 근본적으로 똑같다. 물론 청각과 시각은 그 성질이 다르다. 소리는 파동의 형태로 공기를 통해 전달되고, 시각은 빛의 형태로 전달된다. 그리고 시각은 색깔 · 결 · 형태를, 청각은 음조 · 리듬 · 음색을 지닌다. 이런 점들 때문에, 각 감각기관들은 서로 근본적으로 분리된 상이한 실체로 생각되곤 한다. 그러나 그런 상이한 감각이 관련 기관에서 활동전위로 전환되고 나면, 각 기관이 뇌로 전달한 신호는 모두 똑같은 종류의 활동전위 패턴에 불과해진다. 우리 뇌가 아는 것이라곤 이들 패턴들뿐이며, 우리 자신을 비롯하여 우리가 인식한 외부 세계의 모습은 모두 그런 패턴들로부터 구축된다.

결국, ㉢ 뇌에 의해 파악된 외부 세계와 몸 사이의 경계는 바뀔 수 있다. 활동전위의 패턴이 전달되면, 뇌는 전달된 패턴들에 정합성을 주는 방식으로 몸의 경계를 파악한다. 이때 패턴이 흔히 몸의 일부라고 여겨지는 것에서 유래되었는지 그렇지 않은 지는 중요하지 않다. 패턴이 정합적으로 전달되기만 하면, 뇌는 그 패턴만을 이용해서 그것이 유래된 것을 몸의 일부로 통합하게 된다. 외부 세계와 우리 몸에 대한 지식은 모두 패턴들로부터 구축된 하나의 모형일 뿐이다.

보기

ㄱ. 대뇌피질 전체가 겉모습이나 구조 면에서 놀라울 정도로 균일하다는 사실은 ㉠을 강화한다.

ㄴ. 뇌기능 영상촬영 기법들을 이용하여 특정 과제가 수행될 때 평소보다 더 활성화되는 부위를 검출함으로써 얼굴인식 영역, 수학 영역 등과 같은 특화된 영역들을 확인하였다는 사실은 ㉡을 약화한다.

ㄷ. 다른 감각을 차단한 채, 작은 갈퀴를 손에 쥐고 무엇인가를 건드리도록 한다면 뇌는 작은 갈퀴를 우리 몸의 일부로 여긴다는 사실은 ㉢을 강화한다.

① ㄱ ② ㄴ ③ ㄱ, ㄷ
④ ㄴ, ㄷ ⑤ ㄱ, ㄴ, ㄷ

13

p53 단백질의 암 발생 억제기능

㉠을 평가한 것으로 적절한 것만을 보기 에서 있는 대로 고른 것은? 제10회 2018 LEET 문34

종양억제유전자는 정상세포가 암세포로 전환되는 것을 억제한다. 대표적인 종양억제유전자인 p53 유전자는 평상시에는 소량 발현되지만, DNA 손상 등의 외부 자극에 반응하여 발현량이 증가한다. p53 유전자의 발현에 의해 생성되는 p53 단백질은 세포 내에서 세포자살 유도, 세포분열 정지, 물질대사 억제 등의 기능을 수행한다. ㉠발현량이 증가된 p53 단백질의 물질대사 억제 기능이 암 발생을 억제한다는 가설을 검증하려 한다.

〈실험〉

A, B, C 형태의 p53 돌연변이 단백질을 각각 발현하는 생쥐 실험군 a, b, c와 함께, 대조군으로 정상 생쥐와 p53 유전자가 제거된 생쥐 x를 준비하였다. 모든 실험 대상 생쥐에 대해 DNA를 손상시키는 조작을 가하였고 실험 대상 생쥐에서 p53 단백질의 발현량을 측정하고, 발현된 p53 단백질의 세포 내 기능을 확인하였다. 이후 일정 기간 동안의 암 발생률을 확인하였다.

〈실험 결과〉

○ DNA를 손상시키는 자극에 반응하여 정상 생쥐의 p53 단백질과 생쥐 실험군 a, b의 A, B 돌연변이 p53 단백질의 발현량은 증가한 반면, 생쥐 실험군 c의 C 돌연변이 p53 단백질의 발현량은 변화가 없었다.

○ 생쥐 실험군 a는 암 발생률이 정상 생쥐와 동일하였고, 생쥐 실험군 b, c와 x는 정상 생쥐에 비해 암 발생률이 높았다.

보기

ㄱ. 실험군 a의 p53 단백질에서 세포자살 유도 기능은 사라졌지만 세포분열 정지, 물질대사 억제 기능은 여전히 남아 있다면 가설은 약화된다.

ㄴ. 실험군 b의 p53 단백질에서 물질대사 억제 기능은 사라졌지만 세포자살 유도, 세포분열 정지 기능은 여전히 남아 있다면 가설은 강화된다.

ㄷ. 실험군 c의 p53 단백질에서 세포자살 유도, 물질대사 억제 기능은 사라졌지만 세포분열 정지 기능은 여전히 남아 있다면 가설은 강화된다.

① ㄱ ② ㄴ ③ ㄱ, ㄷ
④ ㄴ, ㄷ ⑤ ㄱ, ㄴ, ㄷ

14

활성산소의
병독균 성장 저해
가설의 평가

㉠에 대한 평가로 옳은 것만을 [보기]에서 있는 대로 고른 것은?

제11회 2019 LEET 문39

초파리의 장에는 많은 종류의 세균이 존재하는데, 이들 세균은 초파리를 죽이는 병독균, 병독균의 성장을 저해하여 초파리에게 도움을 주는 유익균, 그 외의 일반균으로 구분된다. 이들 세균의 성장은 초파리의 장세포가 분비하는 활성산소에 의해 조절되며, 활성산소의 분비는 세균이 분비하는 물질에 의해 조절된다. 활성산소가 적정량 분비될 때는 초파리에게 해를 끼치지 않지만 다량 분비될 때는 초파리의 장세포에 염증을 일으킨다. 초파리 장내세균의 종류와 이를 조절하는 메커니즘을 알기 위해 장내세균이 전혀 없는 무균 초파리에 4종류의 세균 A~D 혹은 이들 세균이 분비하는 물질 X를 주입하여 다음과 같은 실험 결과를 얻었다. 단, 세균 B와 D는 물질 X를 분비한다.

장내 주입물	활성산소 분비	초파리 생존
물질 X	분비됨	건강하게 생존
세균 A	분비되지 않음	건강하게 생존
세균 B	적정량 분비됨	건강하게 생존
세균 C	분비되지 않음	죽음
세균 D	다량 분비됨	생존했으나 만성 염증
세균 A + 세균 C	분비되지 않음	죽음
세균 B + 세균 C	적정량 분비됨	건강하게 생존

이 실험 결과로부터 ㉠ '초파리의 장세포가 분비하는 활성산소는 병독균의 성장을 저해한다'는 가설을 도출하고 추가 실험을 실시하였다.

보기

ㄱ. 세균 A와 세균 B를 주입했을 때 활성산소가 적정량 분비되고 초파리는 건강하게 생존했다는 추가 실험 결과는 ㉠을 강화한다.

ㄴ. 물질 X와 세균 C를 주입했을 때 활성산소가 적정량 분비되고 초파리는 건강하게 생존했다는 추가 실험 결과는 ㉠을 강화한다.

ㄷ. 세균 C와 세균 D를 주입했을 때 활성산소가 다량 분비되고 초파리는 생존했지만 만성 염증이 발생했다는 추가 실험 결과는 ㉠을 강화한다.

① ㄱ　② ㄴ　③ ㄱ, ㄷ
④ ㄴ, ㄷ　⑤ ㄱ, ㄴ, ㄷ

15

생명과학/
자폐증 시험/
가설평가

다음 글을 평가한 것으로 적절한 것만을 보기 에서 있는 대로 고른 것은? 제14회 2022 LEET 문38

아이에게 생기는 자폐증의 주요한 원인 중 하나는 임신 중 엄마의 비정상적인 면역 활성화로 여겨지고 있다. 엄마의 장에 존재하는 수지상 세포(dendritic cell, DC)는 체내에 바이러스가 감염되면 활성화된다. 이 DC는 장에 존재하는 T_H17 면역 세포를 활성화시키는데, 이때 T_H17에서 분비되는 IL-17 단백질이 태아에 전달되어 뇌 발달을 저해한다는 것이다. 최근 ㉠ 엄마의 장에 공생하는 특정 장내 세균의 존재 유무가 이러한 비정상적 면역 활성화에 중요하다는 가설이 제기되었다. 장내 세균의 명확한 역할은 알 수 없지만, 엄마에게 특정 장내 세균이 없을 때에는 위와 같은 면역 활성화가 일어나지 않는다는 것이다. 이를 검증하기 위해 다음 실험을 계획하였다.

〈실험〉

○ 다음과 같이 네 종류의 임신한 생쥐 군(X1, X2, Y1, Y2)을 준비하였다.

생쥐 군	장내 특정 공생 세균	바이러스 감염 여부
X1	있음	감염됨
X2	있음	감염되지 않음
Y1	없음	감염됨
Y2	없음	감염되지 않음

○ 일정 시간 후 각 생쥐의 장에서 DC와 T_H17 세포를 분리하였다. 각 세포에는 바이러스나 세균이 섞이지 않도록 하였다. 분리된 각 DC와 T_H17을 섞어 배양한 후 IL-17의 분비량을 측정하였다.

○ 각 생쥐에서 태어난 새끼들의 자폐 성향을 분석하였다.

보기

ㄱ. X1의 DC를 X2의 T_H17과 배양했을 때 IL-17이 생산되고 X1의 DC를 Y2의 T_H17과 배양했을 때 IL-17이 생산되지 않는다면, ㉠이 강화된다.

ㄴ. X1의 DC를 Y2의 T_H17과 배양했을 때 IL-17이 생산되고 Y1 의 DC를 Y2의 T_H17과 배양했을 때 IL-17이 생산되지 않는다면, ㉠이 강화된다.

ㄷ. X1에서 태어난 새끼들은 자폐 성향을 보이고 Y2에서 태어난 새끼들은 자폐 성향을 보이지 않는다면, ㉠이 강화된다.

① ㄱ ② ㄷ ③ ㄱ, ㄴ

④ ㄴ, ㄷ ⑤ ㄱ, ㄴ, ㄷ

16

물리주의 논증에 대한 평가

다음 논증에 대한 평가로 옳은 것만을 보기 에서 있는 대로 고른 것은? 제12회 2020 LEET 문22

인간의 마음을 연구하는 많은 학자들은 정신적인 현상이 물리적인 현상에 다름 아니라는 물리주의의 입장을 받아들인다. 물리주의는 다음과 같은 원리들을 받아들일 때 자연스럽게 따라 나온다고 생각된다. 첫 번째 원리는 모든 정신적인 현상은 물리적 결과를 야기한다는 원리이다. 이는 지극히 상식적이며 우리 자신에 대한 이해의 근간을 이루는 생각이다. 가령 내가 고통을 느끼는 정신적인 현상은 내가 "아야!"라고 외치는 물리적 사건을 야기한다. 두 번째 원리는 만약 어떤 물리적 사건이 원인을 갖는다면 그것은 반드시 물리적인 원인을 갖는다는 원리이다. 다시 말해 물리적인 현상을 설명하기 위해서 물리 세계 밖으로 나갈 필요가 없다는 것이다. 세 번째 원리는 한 가지 현상에 대한 두 가지 다른 원인이 있을 수 없다는 원리이다.

이제 이 세 가지 원리가 어떻게 물리주의를 지지하는지 다음과 같은 예를 통해서 살펴보자. 내가 TV 뉴스를 봐야겠다고 생각한다고 하자. 첫 번째 원리에 의해 이는 물리적인 결과를 갖는다. 가령 나는 TV 리모컨을 들고 전원 버튼을 누를 것이다. 이 물리적 결과는 원인을 가지고 있으므로, 두 번째 원리에 의해 이에 대한 물리적 원인 또한 있다는 것이 따라 나온다. 결국 내가 리모컨 버튼을 누른 데에는 정신적 원인과 물리적 원인이 모두 있게 되는 것이다. 정신적 원인과 물리적 원인이 서로 다른 것이라면, 세 번째 원리에 의해 이는 불가능한 상황이 된다. 따라서 정신적인 원인은 물리적인 원인에 다름 아니라는 결론이 따라 나온다.

보기

ㄱ. 어떤 물리적 결과도 야기하지 않는 정신적인 현상이 존재한다면, 이 논증은 이런 정신적 현상이 물리적 현상에 다름 아니라는 것을 보여 주지 못한다.
ㄴ. 아무 원인 없이 일어나는 물리적 사건이 있다면, 위의 세 원리 중 하나는 부정된다.
ㄷ. 행동과 같은 물리적인 결과와 결심이나 의도와 같은 정신적인 현상을 동시에 야기하는 정신적 현상이 존재한다면, 이 논증이 의도한 결론은 따라 나오지 않는다.

① ㄱ　② ㄷ　③ ㄱ, ㄴ
④ ㄴ, ㄷ　⑤ ㄱ, ㄴ, ㄷ

17

과학개념에 대한 본질주의적 견해 비판 논증

다음으로부터 평가한 것으로 옳은 것만을 [보기]에서 있는 대로 고른 것은?

제12회 2020 LEET 문34

A 이론은 과학적 연구가 가능하기 위해서는 '중력'과 같은 과학 용어의 정확한 의미, 즉 개념이 먼저 정의되어야 한다고 주장한다. "개념부터 정의해야 한다"가 이들의 핵심 구호이다. 그러나 甲은 다음 두 가지 이유에서 A 이론은 과학의 실제 모습과 충돌한다고 비판한다.

첫째, A 이론이 참이라면 과학자들은 과학 연구에 앞서 과학 용어의 완벽한 정의를 먼저 추구할 것이다. 하지만 실제 과학자들은 세계를 연구하기 전에 어떤 용어를 어떻게 정의할 것인지 거의 논쟁하지 않는다. 예를 들어 대학의 생물학과나 생물학 연구소에서는 '생명'의 정의를 논의하지 않으며, 생물학자들은 자신들의 연구가 정확한 정의의 부재 때문에 방해받는다고 생각하지 않는다. 과학 용어의 의미는 용어의 정의에 의해 주어지는 것이 아니라 자료와 이론의 상호 작용에 의해 주어지기 때문이다.

둘째, 실제 과학에서 용어의 정의는 연구가 진행됨에 따라 끊임없이 변화한다. 뉴턴 역학에서 중력은 질량을 가진 두 물체 사이의 잡아당기는 힘으로 정의되었으나, 아인슈타인의 일반상대성 이론에서 중력 개념은 뒤틀려 있는 시공간의 기하학적 구조의 발현으로 사용된다. A 이론은 과학의 발전에 따른 이러한 변화를 제대로 해명하지 못한다.

보기

ㄱ. 과학의 역사에서 결정적인 실험은 그 실험의 배경 이론에 포함된 용어의 정의보다 앞서 실행된 경우가 많다는 사실은 A 이론을 약화한다.

ㄴ. 개념에 대한 정의를 내리는 활동과 그 개념에 관련된 과학 연구 활동은 원칙적으로 구별될 수 없다는 사실은 A 이론을 강화한다.

ㄷ. 과학자들이 '중력'의 개념을 뉴턴 역학뿐만 아니라 일반상대성 이론에서의 개념과도 다르게 사용한다면 甲의 주장은 약화된다.

① ㄱ　② ㄴ　③ ㄱ, ㄷ　④ ㄴ, ㄷ　⑤ ㄱ, ㄴ, ㄷ

18

비특이성 질환

다음으로부터 평가한 것으로 옳은 것만을 보기 에서 있는 대로 고른 것은? 제12회 2020 LEET 문36

특정 병인에 의하여 발생하고 원인과 결과가 명확히 대응하는 '특이성 질환'과 달리, '비특이성 질환'은 그 질환의 발생 원인과 기전이 복잡하고 다양하며, 유전·체질 등 선천적 요인 및 개인의 생활 습관, 직업적·환경적 요인 등 후천적 요인이 복합적으로 작용하여 발생하는 질환이다.

역학조사를 통해 어떤 사람에게서 특정 위험인자와 비특이성 질환 사이에 역학적 상관관계가 인정된다고 하자. 이러한 경우 비특이성 질환의 원인을 밝히기 위해서는 추가적으로 그 위험인자에 노출된 집단과 노출되지 않은 다른 일반 집단을 대조하여 역학조사를 해야 한다. 그뿐만 아니라, 그 집단에 속한 개인이 위험인자에 노출된 시기와 정도, 발병 시기, 그 위험인자에 노출되기 전의 건강 상태, 생활 습관 등을 면밀히 살펴 특정 위험인자에 의하여 그 비특이성 질환이 유발되었을 개연성을 확실히 증명하여야 한다.

폐암은 비특이성 질환이다. 폐암은 조직형에 따라 크게 소세포암과 비소세포암으로 나뉜다. 비소세포암은 특정한 유형의 암을 지칭하는 것이 아니라 소세포암이 아닌 모든 유형의 암을 통틀어 지칭하는 것이다. 여기에는 흡연과 관련성이 전혀 없거나 현저하게 낮은 유형의 폐암도 포함되어 있다. 의학계에서는 일반적으로 흡연과 관련성이 높은 폐암은 소세포암이고, 비소세포암 중에서는 편평세포암과 선암이 흡연과 관련성이 높다고 보고하고 있다. 세기관지 폐포세포암은 선암의 일종이지만 결핵, 폐렴, 바이러스, 대기 오염 물질 등에 의해 발생한다는 보고가 있으며 흡연과의 관련성이 현저히 낮다고 알려져 있다.

〈사례〉

甲은 30년의 흡연력을 가지고 있으며 최근 폐암 진단을 받았다. 甲은 하루에 한 갑씩 담배를 피웠고, 이 때문에 폐암이 발생하였다고 주장하며 자신이 피우던 담배의 제조사 P를 상대로 소송을 제기하였다. 하지만 P는 甲의 폐암은 흡연에 의해 유발되었을 개연성이 낮다고 주장하였다.

보기

ㄱ. 흡연에 노출되지 않은 집단에서 폐암이 발병할 확률이 甲이 포함된 흡연자 집단에서 폐암이 발병할 확률보다 낮은 것으로 확인되었다면 P의 주장이 강화된다.

ㄴ. 甲의 부친은 만성 폐렴으로 오랫동안 고생한 후 폐암으로 사망하였으며 甲 또한 청년기부터 폐렴을 앓아 왔고 조직검사 결과 甲의 폐암은 비소세포암으로 판명되었다면 P의 주장이 약화된다.

ㄷ. 조직검사 결과 甲의 폐암이 소세포암으로 판명되었다면 甲의 주장이 강화된다.

① ㄱ　　② ㄷ　　③ ㄱ, ㄴ
④ ㄴ, ㄷ　　⑤ ㄱ, ㄴ, ㄷ

논증 영역

19

베이츠 의태에 대한 두 가설 평가

㉠과 ㉡에 대한 판단으로 옳은 것만을 보기 에서 있는 대로 고른 것은? 제12회 2020 LEET 문37

의태란 한 종의 생물이 다른 종의 생물과 유사한 형태를 띠는 것이다. 의태 중에서 가장 잘 알려진 것 중 하나는 베이츠 의태로, 이는 독이 없는 의태자가 독이 있는 모델과 유사한 경고색 혹은 형태를 가짐으로써 포식자에게 잡아먹히는 것을 피하는 것이다. 서로 형태가 유사하지만 독성이 서로 다른 2종의 모델, 즉 약한 독성을 가진 모델 A와 강한 독성을 가진 모델 B가 동시에 존재하는 경우에 의태자 C가 어떻게 의태할지에 대해서는 여러 가지 가설이 제시되었다. 그중 ㉠ C가 A보다 B의 형태로 진화하는 것이 생존에 유리하다는 가설이 지배적이었다.

하지만 최근에 '자극의 일반화'라는 현상을 기반으로 ㉡ C가 B보다 A의 형태로 진화하는 것이 생존에 유리할 것이라는 가설이 제시되었다. 자극의 일반화란 자신에게 좋지 않은 약한 자극에 노출된 경우에는 포식자가 이후에 이와 동일한 자극만 회피하려고 하지만, 자신에게 좋지 않은 강력한 자극에 노출된 경우에는 포식자가 이후에 이 자극과 동일 종류의 자극뿐 아니라 유사한 종류의 자극도 회피하려고 한다는 것이다. 이로 인해 C가 A를 의태할 경우에는 A 또는 B에 대한 학습 경험이 있는 포식자 모두로부터 잡아먹히지 않지만, B를 의태할 경우에는 B에 대한 학습 경험만 있는 포식자로부터만 잡아먹히지 않는다는 것이다.

보기

ㄱ. 독에 대한 경험이 없던 닭들이 개구리의 형태로 독성을 판단하여 강한 독을 가진 개구리는 잡아먹으려고 시도하지 않지만 약한 독을 가진 개구리는 잡아먹으려고 시도한다는 사실은 ㉠을 강화하고, ㉡을 약화한다.

ㄴ. 독에 대한 경험이 없던 닭들 중 강한 독이 있는 나방을 잡아먹은 닭들은 모두 죽었으나, 약한 독이 있는 나방을 잡아먹은 닭들은 죽지 않고 이후에 약한 독이 있는 나방과 동일하게 생긴 독이 없는 나방을 잡아먹지 않으려고 한다는 사실은 ㉠과 ㉡ 모두를 약화한다.

ㄷ. 독에 대한 경험이 없던 닭들이 아주 강력한 독이 있는 나방을 잡아먹은 이후에 이와 유사하게 생긴 독이 없는 나방은 잡아먹으려 하지 않지만, 전혀 다르게 생긴 독이 있는 개구리는 잡아먹으려고 시도한다는 사실은 ㉡을 약화한다.

① ㄱ ② ㄷ ③ ㄱ, ㄴ
④ ㄴ, ㄷ ⑤ ㄱ, ㄴ, ㄷ

3-2 두 개 이상의 가설에 대한 강화 약화 중립 판단

20

과학적 가설의 강화 중립 판단

갑과 을의 견해에 대한 진술로 옳은 것만을 [보기] 에서 있는 대로 고른 것은? 제2회 2010 LEET 문25

갑 : 열매의 성숙도에 따라 나타나는 색깔의 변화는 동식물 상호진화의 산물이다. 덜 익은 열매는 주로 식물의 잎 색깔과 비슷한 푸른색이어서 동물의 눈에 잘 띄지 않다가 열매가 익어감에 따라 눈에 잘 띄는 색으로 변한다. 이러한 변화는 식물이 열매 속의 씨를 산포할 준비를 하고 있다는 의미다. 익은 열매 중 빨간색이 가장 많은 것은 우연이 아니라 씨를 잘 산포하기 위한 선택이라 할 수 있다. 주로 씨를 손상시키기만 하는 곤충은 푸른색 잎과 섞여있는 빨간색 열매를 잘 구분하지 못한다. 반면 척추동물은 빨간색 열매를 쉽게 찾아먹을 수 있다. 척추동물도 좋은 먹이를 제공한 식물에게 보상을 해준다. 척추동물은 씨를 손상시키지 않고 소화관을 통해 배설물과 함께 몸 밖으로 배출하며, 척추동물이 이동함에 따라 씨는 넓은 지역으로 산포되었다가 발아한다.

을 : 식물은 자신의 씨를 발아 가능한 상태로 산포해 줄 동물에게만 먹히고 그렇지 않은 동물에게는 먹히지 않기 위한 수단으로 화학물질을 합성한다. 고추의 매운 맛을 내는 성분인 캡사이신이 그 예다. 고추의 씨를 발아 가능한 상태로 산포할 수 없는 동물 A는 캡사이신의 매운 맛 때문에 고추를 먹지 못 한다.

보기

ㄱ. 씨가 성공적으로 산포되는 것을 효과로 볼 때, 열매의 색깔 변화와 캡사이신의 합성이 나타내는 효과는 유사하다.

ㄴ. 식물이 자신의 씨를 발아 가능한 상태로 산포하기에 적합한 대상을 선택하는 방향으로 진화했다고 보는 점에서 갑과 을의 견해는 일치한다.

ㄷ. 캡사이신을 합성하지 못하는 돌연변이 고추를 동물 A가 먹고 그 씨를 산포하기는 했으나 발아하지 않았다는 실험결과는 을의 견해를 강화한다.

① ㄴ ② ㄱ, ㄴ ③ ㄱ, ㄷ
④ ㄴ, ㄷ ⑤ ㄱ, ㄴ, ㄷ

21

증거와 예시

〈사실〉에 대한 A와 B의 주장을 분석한 것으로 옳은 것은?

제3회 2011 LEET 문17

〈사실〉

찰스 다윈은 1872년 『인간과 동물의 감정 표현』을 출간했다. 이 책에서 다윈은 기쁨, 슬픔, 놀람, 분노 같은 기본적인 감정의 표현이 다양한 문화권의 사람들과 영장류에서 유사하게 나타난다고 주장했다. 이 책은 또한 사진을 과학적 논의에 사용한 최초의 사례 중 하나였다. 그런데 1998년, 이 책에 사용된 사진 일부가 인위적인 방식으로 크게 수정되었다는 사실이 명백하게 밝혀졌다.

A : 다윈은 인간과 영장류가 문화와 종의 차이에도 불구하고 기본적 감정 표현 방식을 공유한다는 자신의 주장을 지지하기 위해, 감정을 표현하는 사진들의 유사성을 결정적인 증거로 제시했다. 그런데 이후 이 사진들이 의도적으로 조작되었음이 분명히 밝혀졌으므로, 다윈은 '변조'에 해당되는 연구 부정행위를 저지른 셈이 된다.

B : 다윈이 사진 일부를 의도적으로 변형한 것은 사실이지만 그의 행위를 연구 부정행위로 보기는 어렵다. 관련 정황을 고려할 때, 다윈이 사진을 증거가 아니라 자신의 주장을 생생하게 설명하는 '예시'로 사용했다고 보는 것이 옳기 때문이다. 지금도 책 내용의 이해를 돕기 위해 예시로 사용하는 사진을 변형하는 경우가 있지만 아무도 이것을 '변조'라 보지 않는다. 마찬가지로 다윈의 사진 변형도 문제되지 않는다.

① 찰나적 감정을 제대로 담지 못하는 당시 사진 기술의 한계를 극복하기 위해 일부 사진을 보정했다고 다윈이 책에서 밝혔다면, A의 설득력은 낮아지고 B의 설득력은 높아진다.

② 다윈의 책에 사진이 전혀 등장하지 않았더라도 책에 제시된 다른 증거가 다윈의 주장을 충분히 입증한다고 판단된다면, A의 설득력은 영향을 받지 않고 B의 설득력은 낮아진다.

③ 다윈의 책 출간 이후 이루어진 관련 과학 연구결과에 의해 감정 표현의 보편성에 대한 다윈의 주장이 충분히 옹호될 수 있다면, A의 설득력은 높아지고 B의 설득력은 낮아진다.

④ 피부에 전기 자극을 주어 원하는 얼굴 표정을 인공적으로 만드는 당시 최신 기술을 다윈이 책에 실린 사진 일부를 얻는 데 사용했다면, A의 설득력은 높아지고 B의 설득력은 낮아진다.

⑤ 다윈의 책 출간 당시 과학 연구에서 사진을 증거로 사용하는 것과 '예시'로 사용하는 것의 구별 기준이 미처 확립되지 않았다면, A의 설득력은 높아지고 B의 설득력은 영향을 받지 않는다.

22
시청각 정보의 인식과 감정 반응 체계

〈사실 및 추정〉에 비추어 두 가설을 평가한 것으로 옳은 것은? 제4회 2012 LEET 문25

〈사실 및 추정〉

얼굴이나 음성의 인식 및 감정과 관련한 신경 체계는 다음처럼 작동한다. 대뇌 측두엽에는 얼굴과 사물의 인식에 특화된 영역이 존재한다. 이 영역에 손상을 입은 환자는 친밀한 사람의 얼굴을 알아보지 못한다. 측두엽에서 인식된 얼굴 정보는 감정 반응을 만드는 변연계로 보내진다. 변연계 입구인 편도가 인식된 정보의 감정적 의미를 먼저 분별하고, 이를 감정 반응을 일으키는 변연계의 감정중추로 중계한다. 음성 인식 영역에서 인식된 정보는 시각 정보와는 다른 경로로 편도에 도달하지만 편도 이후의 경로는 동일하다. 변연계 감정중추의 작용에 의해서 우리는 비로소 분별된 감정 정보에 어울리는 친숙함, 사랑, 두려움 등의 감정을 느끼게 된다. 손바닥에 나는 땀을 이용하여 변연계에서 일어나는 감정적 반응을 측정하는 GSR(피부전도반응) 시험에서, 정상인은 가족사진을 보면 높은 GSR을 보이지만 낯선 얼굴을 보면 아무 반응도 보이지 않는다.

자동차 사고를 당한 A가 사고 전과 달리 자신과 가까운 인물들을 가짜라고 여기는 망상증을 보였다. 그는 아버지를 보고, "저 남자는 내 아버지와 똑같이 생겼지만, 진짜가 아닌 가짜입니다."라고 말한다. 이러한 현상은 A가 부모 얼굴은 알아보지만 부모와 연관된 정서적 감정을 느끼지 못하기 때문에 일어나는 것으로 추정된다. 이런 추정과 관련하여 두 가지 가설을 세우고 몇 가지 사례를 통하여 이들을 각각 평가해 보았다.

〈가설 1〉 A의 증상은 시각 인식 영역과 편도 사이의 연결 경로가 손상되었기 때문이다.
〈가설 2〉 A의 증상은 변연계 감정중추가 손상되어 감정 능력에 혼란이 생겼기 때문이다.

① A가 오바마나 아인슈타인 같은 유명인의 얼굴을 알아본다는 사실은 〈가설 1〉은 강화하고 〈가설 2〉는 약화한다.
② A가 부모 얼굴에 대한 GSR 시험에 아무 반응을 보이지 않는다는 사실은 〈가설 1〉은 약화하고 〈가설 2〉는 강화한다.
③ A가 농담에 웃고 자신의 처지에 대한 좌절이나 두려움 등의 정상적 감정을 보인다는 사실은 〈가설 1〉과 〈가설 2〉 모두를 약화한다.
④ A가 낯은 익지만 별다른 감정을 느낄 이유가 없는 사람에 대해서는 가짜라고 말하지 않는다는 사실은 〈가설 1〉은 약화하고 〈가설 2〉는 강화한다.
⑤ A가 부모와 전화로 이야기하는 동안에는 부모를 가짜라고 주장하지 않고 정상적인 친근감을 보인다는 사실은 〈가설 1〉은 강화하고 〈가설 2〉는 약화한다.

23

조류의 군집 생활

가설 A, B를 평가한 것으로 옳은 것은?

제7회 2015 LEET 문22

조류가 군집을 이루어 생활하는 경우가 많다는 사실은 큰 집단을 이루어 살기 위해 치러야 하는 비용이 많다는 점을 고려할 때 설명하기 쉽지 않다. 집단 내의 개체수가 많을수록 둥지를 마련하고 짝을 쟁취하기 위한 경쟁이 치열해진다. 게다가 모여 사는 새떼에는 전염성 질병과 기생충이 퍼질 가능성도 높다. 이러한 잠재적 비용에도 불구하고 새들이 군집 생활을 하는 현상을 설명하기 위해 다음 두 가설이 제안되었다.

A : 새들이 군집을 형성하는 이유는 집단에 합류함으로써 개체가 얻는 이익이 홀로 생활할 때에 비해 크기 때문이다. 예를 들어, 포식자에 공동으로 대응해서 잡아먹힐 위험을 줄일 수 있고, 먹이를 찾거나 환경에 효율적으로 대응하기 위한 정보를 보다 쉽게 얻을 수 있다.

B : 새들의 군집 생활은 단지 모든 개체가 서식지와 배우자를 선택할 때 본능적으로 동일한 '규칙'을 적용하기 때문에 나타나는 부산물에 불과하다. 예를 들어, 각 개체는 먹이가 풍부하고 포식자가 적은 서식지를 선호하며, 일반적으로 암컷은 강하거나 새끼에게 헌신적인 수컷을 선호한다.

① 네브래스카의 벼랑제비 둥지에서 제비벌레 등을 제거하기 위해 순한 살충제로 훈증하면 그러지 않았을 경우에 비해 새끼들의 생존율이 증가한다는 사실은 A의 설득력을 높인다.

② 아이오와의 둑방제비는 먹이를 얻기 위해 군집을 떠날 때 많은 먹이를 물고 온 다른 제비를 따라가지 않고 사방으로 흩어져 날아간다는 사실은 A의 설득력을 높인다.

③ 뉴질랜드의 동박새 수컷들은 새벽에 경쟁적으로 노래를 부르는데, 영양 상태가 좋을수록 더 오랫동안 복잡한 노래를 부르고 대다수의 암컷들이 복잡한 노래를 길게 부른 수컷을 선호한다는 사실은 B의 설득력을 높인다.

④ 혹독한 추위를 견뎌야 하는 남극의 수컷 펭귄은 암컷이 먹이를 구하러 간 사이에 서로 몸을 붙여 체온을 유지하며 바깥쪽과 안쪽 자리를 서로 번갈아 바꾼다는 사실은 B의 설득력을 높인다.

⑤ 1950년대 영국의 군집 생활을 하는 푸른박새들 사이에서 문간에 놓아둔 우유병 뚜껑에 구멍을 내고 크림을 마시는 새로운 행동이 순식간에 퍼졌다는 사실은 B의 설득력을 높인다.

24

두 가설에 대한 강화 약화 판단

A, B에 대한 평가로 옳은 것만을 보기 에서 있는 대로 고른 것은? 제8회 2016 LEET 문27

다음은 모기가 인간의 혈액을 섭취하는 과정에서 섭취한 혈액 속의 액체성분을 꽁무니로 분비하는 이유에 대한 가설들이다.

A : 인간의 혈액은 적혈구 등의 세포성분과 혈장으로 불리는 액체성분으로 구성되어 있다. 모기가 인간의 혈액을 섭취할 때 단백질 성분이 풍부한 세포성분을 더 많이 몸속에 저장할수록 알을 더 많이 생산한다. 따라서 모기가 인간의 혈액을 섭취하는 과정에서 액체성분을 분비하는 것은 더 많은 세포성분을 몸속에 저장하기 위한 행동이다.

B : 급격한 온도 변화는 곤충의 생리에 좋지 않은 영향을 미친다. 평소 인간보다 낮은 체온을 가진 모기는 인간의 혈액을 섭취할 때 고온 스트레스의 위험에 직면하게 된다. 따라서 모기가 인간의 혈액을 섭취하는 과정에서 액체성분을 분비하는 것은 증발 현상을 이용하여 체온 상승을 조절하기 위한 행동이다.

보기

ㄱ. 세포성분이 정상이고 모기의 체온과 같은 온도의 혈액을 섭취한 모기로부터 분비되는 액체성분의 양보다, 세포성분이 정상보다 적고 모기의 체온과 같은 온도의 혈액을 섭취한 모기로부터 분비되는 액체성분의 양이 많다면, A는 강화된다.

ㄴ. 세포성분이 없고 인간의 체온과 같은 온도의 혈액을 섭취한 모기로부터는 액체성분이 분비되지만, 세포성분이 없고 모기의 체온과 같은 온도의 혈액을 섭취한 모기로부터는 액체성분이 분비되지 않는다면, B는 강화된다.

ㄷ. 세포성분이 정상이고 모기의 체온과 같은 온도의 혈액을 섭취한 모기로부터 분비되는 액체성분의 양보다, 세포성분이 정상보다 적고 인간의 체온과 같은 온도의 혈액을 섭취한 모기로부터 분비되는 액체성분의 양이 많다면, A와 B 모두 강화된다.

① ㄱ　② ㄷ　③ ㄱ, ㄴ

④ ㄴ, ㄷ　⑤ ㄱ, ㄴ, ㄷ

25

세 주장에 대한 강화 약화 판단

〈자료〉를 토대로 다음 주장들을 옳게 평가한 것은?

제8회 2016 LEET 문18

갑 : 자살의 원인은 존재의 어려움으로 인한 절망이다. 삶의 짐이 버거울 때 사람들은 자살을 생각하게 되는 것이다. 통계에 따르면 1873~1878년 동안 16,264명의 기혼자들이 자살한 데 비해, 미혼자의 자살자 수는 11,709명에 불과하다. 따라서 결혼과 가족은 자살의 가능성을 높인다. 미혼자는 기혼자보다 쉬운 삶을 산다고 할 수 있다. 결혼은 여러 종류의 부담과 책임을 부과하기 때문이다.

을 : 그 통계 자료를 자세히 보면 미혼자의 상당수는 16세 미만이고, 기혼자는 모두 16세 이상이다. 그리고 16세까지는 자살 경향이 매우 낮다. 미혼자들이 낮은 자살 경향을 보이는 것은 미혼이기 때문이 아니라 대다수가 미성년자이기 때문이다. 결혼이 자살에 미치는 영향을 알기 위해서는 기혼자와 16세 이상 미혼자만 비교해야 한다. 16세 이상인 기혼자와 미혼자의 인구 백만 명당 자살 건수를 비교하면, 미혼자는 173이나 기혼자는 154.5이다. 따라서 결혼은 자살을 막는 효과가 있다.

병 : 결혼이 최소한 자살 가능성을 높이지 않는다는 점에 동의한다. 하지만 미혼자의 자살률은 기혼자의 자살률의 고작 1.12배로, 둘 사이의 차이는 미미하다. 결혼의 자살 예방 효과를 확신하기 어렵다.

자료

ㄱ. 1848~1857년의 통계를 보면, 미혼자의 평균 연령은 27~28세, 기혼자의 평균 연령은 40~45세이다. 이 기간의 연령별 자살률은 연령대가 높아질수록 증가한다. 만약 연령이 자살에 영향을 미치는 유일한 요소라면, 기혼자의 인구 백만 명당 자살률은 140 이상이고 미혼자의 인구 백만 명당 자살률은 97.9 이하여야한다. 하지만 실제 자살률은 기혼자보다 미혼자가 더 높다.

ㄴ. 1889~1891년 통계에 의하면, 미혼 여성의 자살률은 기혼 여성 자살률의 1.56배이고 미혼 남성의 자살률은 기혼 남성자살률의 2.73배이다.

ㄷ. 1889~1891년 통계는 미혼 여성의 자살률이 배우자와 사별한 여성의 자살률의 0.84배이고 미혼 남성의 자살률은 배우자와 사별한 남성의 자살률의 1.32배임을 보여 준다.

ㄹ. 인구 대비 혼인 건수는 수십 년 동안 큰 변화가 없었으나, 자살률은 3배로 증가하였다.

① ㄱ은 을이 병의 주장을 반박하는 근거가 된다.
② ㄴ은 병이 을의 주장을 반박하는 근거가 된다.
③ ㄷ은 갑을 강화한다.
④ ㄹ은 을을 강화한다.
⑤ ㄹ은 병을 약화한다.

26

실험결과의
가설지지
여부판단

〈가설〉과 〈실험〉의 관계에 대한 진술로 옳은 것만을 [보기] 에서 있는 대로 고른 것은?

제8회 2016 LEET 문20

〈가설〉

인적 자본 가설은 기업에 채용될 남녀의 확률이 다르게 나타나는 현상을 생산성을 나타내는 인적 자본의 성별 차이로써 설명한다. 인적 자본은 교육 수준, 직무 경험, 직무에 대한 능력 및 헌신 등 업무 수행에 필요한 인적 특성을 뜻하는데, 이 가설은 여성이 남성에 비해 이러한 인적 자본이 부족하다는 점을 강조한다. 기업의 입장에서 낮은 인적 자본은 낮은 생산성으로 이어지기 때문에 여성 대신 남성을 선호한다는 것이다.

이에 반해 차별 가설은 교육 수준이 동일하고 직무 경험도 비슷하며 유사한 능력을 갖췄다고 하더라도 같은 직무에 지원할 경우 여성이 남성보다 채용될 확률이 낮은 현상에 주목한다. 차별 가설은 여성이 특정 업무에 적합하지 않으며 업무 수행 능력 등이 남성보다 뒤떨어진다는 고용주의 편견과 고정 관념으로 인해 채용상의 불이익을 받는다고 설명한다.

〈실험〉

갑은 오케스트라 단원 채용에 관한 자료를 가지고 두 가설을 검증해 보았다. 채용 시험은 서류 심사와 연주 심사라는 두 단계로 이루어진다. 우선 서류 심사로 일정 배수의 지원자를 뽑는다. 서류 심사를 통과한 지원자들은 연주 능력 등 오케스트라 단원으로서 요구되는 최소한의 인적 자본을 갖추고 있는 것으로 간주된다. 최종 합격 여부는 서류 심사를 통과한 지원자를 대상으로 한 연주 심사 점수에 의해 결정된다.

갑이 모은 자료를 보면 연주 심사는 두 가지 형태가 있었는데, 하나는 평가자들이 지원자의 성별을 파악할 수 있는 공개 평가방식이었고, 다른 하나는 연주자를 커튼으로 가려 성별을 알 수 없게 하는 방식이었다. 자료 검토 결과, 지원자들은 두 방식에 무작위로 배정되었다고 간주할 수 있었다. 갑은 각 방식에 따라 연주 심사에 응한 남성과 여성의 수를 파악한 후 채용된 남성과 여성의 수를 분석하였다.

* 서류 심사에서는 지원자의 성별이 노출되지 않으며, 연주 심사의 평가는 지원자의 인적 자본 변인들이나 성별에 의해서만 이루어진다고 가정한다.

** 남성 합격률=(남성 합격자 수/ 연주 심사에 응한 남성 지원자 수) × 100
여성 합격률=(여성 합격자 수/ 연주 심사에 응한 여성 지원자 수) × 100

보기

ㄱ. 공개 연주 심사의 여성 합격률이 커튼으로 가린 연주 심사의 여성 합격률보다 유의미하게 높다는 결과는 인적 자본 가설을 지지한다.
ㄴ. 공개 연주 심사에서 여성 합격률이 남성 합격률보다 유의미하게 낮다는 결과는 차별 가설을 지지한다.
ㄷ. 커튼으로 가린 연주 심사에서 여성의 합격률이 남성의 합격률보다 유의미하게 낮다는 결과는 인적 자본 가설을 지지한다.

① ㄱ ② ㄴ ③ ㄷ
④ ㄴ, ㄷ ⑤ ㄱ, ㄴ, ㄷ

27

두 가설에 대한 강화 약화 판단

가설 A~C에 대한 평가로 옳은 것만을 [보기]에서 있는 대로 고른 것은? 제9회 2017 LEET 문23

A : 기온과 공격성 사이에는 정(+)의 상관관계가 있다. 기온이 높아지면 공격적인 행동이 증가한다.

B : 기온과 공격성의 관계는 역 U자 형태를 나타낸다. 집단과 개인의 공격성은 매우 덥거나 매우 추울 때보다도 중간 정도의 기온에서 두드러진다.

C : 기온과 공격 행동 간에 유의미한 관계가 나타난다고 하더라도 기온이 공격 행동을 유발한다고 볼 수는 없다. 기온과 공격성 간의 관계는 단지 공격 행동의 기회가 기온에 따라 달라지기 때문에 나타나는 효과일 뿐이다.

보기

ㄱ. 섭씨 30도가 넘는 무더운 여름 날 신호등이 주행 신호로 바뀌어도 계속 정지해 있는 차량이 있을 때, 운전자들이 신경질적으로 경적을 누르는 횟수와 경적을 계속 누르고 있는 시간이 증가했고 이런 행동은 에어컨이 없는 차량의 운전자들에게서 특히 강하게 나타났다는 실험 연구 결과는 A를 강화한다.

ㄴ. 한여름 낮 시간에 실내 온도가 섭씨 30도 이상으로 올라갈 때 냉방 장치가 없는 장소보다 냉방 장치가 가동되는 장소에서 폭력 범죄가 더 많이 발생한다는 연구 결과는 B를 약화한다.

ㄷ. 한여름에 같은 심야 시간대일지라도 유흥가가 한적해지는 주중보다 유흥가가 북적거리는 주말에 폭력 범죄가 훨씬 더 많이 발생한다는 사실은 C를 약화한다.

① ㄱ　② ㄴ　③ ㄱ, ㄷ
④ ㄴ, ㄷ　⑤ ㄱ, ㄴ, ㄷ

28

두 주장에 대한 강화 약화 판단

다음 글에 대한 평가로 옳은 것만을 보기 에서 있는 대로 고른 것은?

제9회 2017 LEET 문25

특정 학생이 공부를 잘할 것이라거나 못할 것이라는 교사의 기대와 그 학생의 실제 성적 간에는 유의미한 관계가 나타난다. A와 B는 그 관계를 설명하는 견해이다.

A : 교사가 공부를 잘할 것이라 믿는 학생의 성적은 향상되지만 공부를 못할 것이라 믿는 학생의 성적은 떨어진다. 교사의 기대 효과는 교사와 학생 간 상호작용을 통해 실현된다. 예를 들어 성적이 좋아질 것이라고 생각되는 학생에게 질문 기회를 더 많이 주고 칭찬과 격려를 아끼지 않는 등 긍정적으로 반응하는 것은 그 기대에 부응하고자 하는 학생의 노력을 유도함으로써 성적 향상으로 이어진다. 반대로 성적이 좋지 않을 것이라고 생각되는 학생에게는 긍정적인 반응을 적게 하고 부정적인 반응을 많이 함으로써 해당 학생의 학업에 대한 관심은 낮아지고 이는 성적 하락으로 귀결된다.

B : 교사의 기대가 높은 학생의 성적이 높게 나타나는 것은 교사의 예측 능력이 뛰어나기 때문이다. 교사는 특정 학생에 대한 정보나 상징적 상호작용을 통해 학업에 대한 기대를 형성하는데, 과거의 교육 경험에 기반을 둔 이러한 기대는 매우 예측력이 높다. 따라서 교사의 기대 효과는 존재하지 않으며, 교사의 기대가 높은 학생의 성적이 높고 기대가 낮은 학생의 성적이 낮은 것은 학생의 지적 능력에 대한 교사의 정확한 예측을 반영하는 것일 뿐이다.

보기

ㄱ. 질병으로 휴직한 담임교사 후임으로 새로운 교사가 부임해옴에 따라 이전만큼 담임교사로부터 높은 기대와 관심을 받지 못하게 된 학생들의 성적이 크게 하락했다면, A는 강화된다.

ㄴ. 학생에 대한 교사의 기대 수준과 학생의 실제 성적을 비교하였을 때 그 값의 편차가 교육 경험이 없는 새내기 교사보다 경험이 매우 많은 교사에게서 더 크게 나타났다면, B는 강화된다.

ㄷ. 교사가 학생들에 대해 가지고 있는 기대치와 학생들의 실제 성적을 동일 시점에서 측정하여 비교하였을 때 기대치가 높은 학생들의 성적은 높았고 기대치가 낮은 학생들의 성적은 낮았다면, A는 강화되고 B는 약화된다.

① ㄱ　② ㄴ　③ ㄱ, ㄷ
④ ㄴ, ㄷ　⑤ ㄱ, ㄴ, ㄷ

29

두 주장에 대한
강화 약화 판단

(A)와 (B)에 대한 평가로 옳은 것만을 보기 에서 있는 대로 고른 것은?

제9회 2017 LEET 문34

대부분의 포유동물은 다섯 가지 기본적인 맛인 단맛, 쓴맛, 신맛, 짠맛 그리고 감칠맛을 느낄 수 있으며, 이 맛들은 미각세포에 존재하는 맛 수용체에 의해 감지된다. 많은 포유동물들은 단맛과 감칠맛을 선호하는데, 일반적으로 단맛은 과일을 포함한 식물성 먹이에 대한 정보를 제공하고, 감칠맛은 단백질 성분의 먹이에 대한 정보를 제공한다. 단맛과 감칠맛과는 달리, 쓴맛은 몸에 좋지 않은 먹이에 대한 정보를 제공한다.

사람과 달리 고양이는 단맛을 가진 음식을 선호하지 않는데, 고양이의 유전자 분석 결과 단맛 수용체 유전자에 돌연변이가 일어나 기능을 할 수 없다는 사실이 밝혀졌다. 육식동물로 진화한 고양이는 단맛 수용체 유전자가 작동하지 않아도 사는 데 지장이 없기 때문이라는 진화론적 설명이 가능하다. 즉, (A) 생명체는 게놈의 경제학을 통해 유전자가 필요 없을 경우 미련 없이 버린다는 것이다.

이후 연구자들이 진화적으로 가깝지 않은 서로 다른 종에 속하는 육식 포유동물들의 단맛 수용체 유전자를 연구한 결과, 단맛 수용체 유전자에 돌연변이가 일어나 단맛 수용체가 정상적으로 기능을 할 수 없음을 확인하였다. 단맛 수용체 유전자의 돌연변이가 일어난 자리는 종마다 달랐는데, 이는 서로 다른 종의 동물들이 육식에만 전적으로 의지하는 동물로 진화해 가는 과정에서 독립적으로 유전자 변이가 일어났음을 의미한다. 즉, 단맛 수용체 유전자의 고장은 수렴진화의 예로서, (B) 진화적으로 가깝지 않은 서로 다른 종의 생물이 적응의 결과, 유사한 형질이나 형태를 보이는 모습으로 진화했다는 것이다.

보기

ㄱ. 진화적으로 서로 가깝지 않은 다른 종의 잡식동물인 집돼지와 불곰은 쓴맛 수용체 유전자의 개수가 줄어든 결과로 보다 강한 비위와 왕성한 식욕을 가지게 되었다는 사실이 밝혀졌다. 이는 (A)를 약화하고 (B)를 강화한다.

ㄴ. 진화적으로 서로 가깝지 않은 다른 종의 육식동물인 큰돌고래와 바다사자는 먹이를 씹지 않고 통째로 삼키는 형태로 진화한 결과로 단맛 수용체 유전자뿐 아니라 감칠맛 수용체 유전자에도 돌연변이가 일어나 기능을 할 수 없게 되었다는 사실이 밝혀졌다. 이는 (A)와 (B) 모두를 강화한다.

ㄷ. 사람과 오랑우탄의 공동조상은 과일 등을 통해 충분한 양의 비타민C를 섭취할 수 있도록 진화한 결과로 비타민C 합성 유전자에 돌연변이가 일어나 기능을 할 수 없게 되었으며, 이로 인해 진화적으로 서로 가까운 사람과 오랑우탄이 비타민C를 합성하지 못한다는 사실이 밝혀졌다. 이는 (A)를 강화하고 (B)를 약화한다.

① ㄱ ② ㄴ ③ ㄱ, ㄷ
④ ㄴ, ㄷ ⑤ ㄱ, ㄴ, ㄷ

30

가설과 실험에 대한 평가

다음의 가설과 실험에 대한 평가로 옳은 것만을 보기 에서 있는 대로 고른 것은? 제10회 2018 LEET 문33

교통사고로 뇌 손상을 입은 어떤 환자는 사고 후 의사나 가족들, 친구들에게 자신의 아내가 가짜라고 말하지만 여전히 아내와 함께 식사를 하고 같은 집에 살면서 일상을 함께 보낸다. 이 환자는 자신의 아내가 가짜라고 믿고 있는가? 사람들이 이 질문에 답하는 데에 무엇을 고려하는지 알기 위해, 실험으로 다음 가설들을 평가하였다.

〈가설 1〉

사람들은 다른 사람이 어떤 믿음을 갖는지 판단할 때, 그 사람의 언어적 행동과 일치하는 믿음을 갖는다고 판단한다.

〈가설 2〉

사람들은 다른 사람이 어떤 믿음을 갖는지 판단할 때, 그 사람의 비언어적 행동과 일치하는 믿음을 갖는다고 판단한다.

〈실험 1〉과 〈실험 2〉에서 실험 참가자들에게 교통사고로 뇌 손상을 입은 K에 관한 이야기를 해 주고 "K는 그의 아내가 가짜라고 믿고 있는가?"라고 질문하였다.

〈실험 1〉

실험 참가자 120명을 무작위로 A 그룹과 B 그룹으로 나누었다. A 그룹에게는 K가 아내를 가짜라고 말하지만 사고 전과 동일하게 아내와 일상을 보내고 있다고 이야기해 주었다. B 그룹에게는 K가 아내를 가짜라고 말하면서 사고 전과 달리 아내와 일상을 보내기를 거부한다고 이야기해 주었다.

〈실험 2〉

실험 참가자 90명을 무작위로 A 그룹과 B 그룹으로 나누었다. A 그룹에게는 K가 사고 후 단 한 번 아내에게 "당신은 가짜다."라고 말했지만 사고 전과 동일하게 아내와 일상을 보내고 있다고 이야기해 주었다. B 그룹에게는 사고 후 아내에게 "당신은 가짜다."라는 말을 매일 한다는 점에서만 A 그룹에게 해 준 것과 다른 K의 이야기를 해 주었다.

보기

ㄱ. 〈실험 1〉의 결과 A 그룹과 B 그룹 모두에서 질문에 '예'라고 답한 사람의 비율이 95% 이상이라면, 〈가설 2〉는 약화된다.

ㄴ. 〈실험 1〉의 결과 A 그룹에서 질문에 '예'라고 답한 사람의 비율은 20% 이하지만 B 그룹에서 '예'라고 답한 사람의 비율은 90% 이상이라면, 〈가설 2〉는 강화된다.

ㄷ. 〈실험 2〉의 결과 A 그룹에서 질문에 '예'라고 답한 사람의 비율은 10% 이하지만 B 그룹에서 '예'라고 답한 사람의 비율은 90% 이상이라면, 〈가설 1〉은 약화된다.

① ㄴ ② ㄷ ③ ㄱ, ㄴ ④ ㄱ, ㄷ ⑤ ㄱ, ㄴ, ㄷ

31

사람들의 행위 동기 연구 실험

다음으로부터 평가한 것으로 옳은 것만을 보기 에서 있는 대로 고른 것은?

제12회 2020 LEET 문17

사람들의 행위 동기를 연구하기 위해 다음 실험이 수행되었다.

〈실험〉

보상이 기대되는 긍정적인 업무와 아무런 보상도 기대할 수 없는 중립적 업무가 참가자에게 각각 하나씩 제시된다. 참가자에게 참가자가 아닌 익명의 타인이 한 명씩 배정되고, 참가자는 두 개의 업무를 그 타인과 본인에게 하나씩 할당해야 한다. 할당 방식에는 두 가지가 있다. A 방식은 참가자 본인의 임의적 결정으로 업무를 할당하는 것이며, B 방식은 참가자가 동전 던지기를 통해 업무를 할당하는 것이다. 참가자는 둘 중 하나의 방식을 공개적으로 선택하지만, 선택이 끝난 후 업무를 할당하기까지의 전 과정은 공개되지 않는다.

〈결과〉

40명의 참가자를 대상으로 실험한 결과, 20명의 참가자가 A방식을 선택하였고 이들 중 17명이 긍정적 업무를 자신에게 할당하였다. 긍정적 업무를 타인에게 할당한 참가자는 3명이었다. 한편 나머지 20명의 참가자는 B방식을 선택했는데, 이들 중 18명이 자신에게 긍정적 업무를 할당하였고 타인에게 긍정적 업무를 할당한 참가자는 2명이었다.

동전 던지기에서 통상적으로 기대되는 결과와 비교할 때 B방식에 따른 이런 할당 결과는 매우 이례적인 것이어서 이를 설명하기 위해 다음 가설들이 제시되었다.

가설 1 : B 방식을 택한 대부분의 사람들은 원래는 공정하게 업무를 할당할 의도가 있었지만, 실제로 동전을 던져서 자신에게 불리한 결과가 나왔을 때 이기적인 동기가 원래의 공정한 의도를 압도하면서 결과를 조작한 것이다.

가설 2 : B 방식을 택한 대부분의 사람들은 원래부터 공정하게 업무를 할당할 의도가 없었으며, 단지 결과 조작을 통해 업무 할당의 이득을 안전하게 확보할 수 있고 사람들에게 공정한 사람처럼 보일 수 있는 추가 이득까지 얻을 수 있기 때문에 이 방식을 택한 것뿐이다.

보기

ㄱ. B 방식을 택한 참가자들 대부분이 A 방식도 B 방식만큼 공정하다고 사람들이 생각하리라 믿었다면, 가설 2는 약화된다.

ㄴ. B 방식을 택한 참가자들 중 결과를 조작한 사람들 대부분이 자신의 업무 할당이 공정하지 않았음을 인정한다면, 가설1은 약화되고 가설 2는 강화된다.

ㄷ. B 방식에서 동전 던지기를 통한 업무 할당 과정이 공개되도록 실험 내용을 수정하여 동일한 수의 새로운 참가자들을 대상으로 실험한 후에도 B 방식을 선택하는 참가자의 수에 큰 변화가 없다면, 가설 1은 강화되고 가설 2는 약화된다.

① ㄱ ② ㄴ ③ ㄱ, ㄷ ④ ㄴ, ㄷ ⑤ ㄱ, ㄴ, ㄷ

32

제도 / 연구결과의 해석

다음 글에 대한 평가로 옳은 것만을 보기 에서 있는 대로 고른 것은? 제14회 2022 LEET 문28

피해자 영향 진술(VIS) 제도는 재판의 양형 단계에서 피해자에게 범죄로부터 받은 영향을 표현할 수 있도록 기회를 제공한다. 그런데 VIS가 없는 경우보다 있는 경우에 형량이 더 무거운 경향이 있는데, 그 이유와 관련하여 두 가지 견해가 제시된다. A 견해에서는 VIS의 유무가 아니라 피해의 심각성이 무거운 형량을 유도한다고 본다. 이에 따르면, 피해가 심각할수록 형량이 무거워지는데, 주로 심각한 피해를 입은 피해자들이 공소장에 적시된 피해 내용을 부각하기 위해 VIS를 제시하고 피해가 심각하지 않은 피해자들은 VIS를 제시하지 않으므로, VIS와 양형 간에 유의미한 관계가 있는 것처럼 보인다는 것이다. B 견해에서는 판사나 배심원들이 피해자가 VIS를 통해 부각하고자 하는 피해 내용에 의해 영향을 받을 뿐만 아니라 피해자가 VIS를 통해 표출하는 강한 감정으로부터도 영향을 받기 때문에, VIS가 무거운 형량을 유도한다고 주장한다. 각 견해의 타당성을 검증하기 위해 연구방법 P, Q를 구상하였다.

P: 무작위로 추출된 모의 배심원을 세 집단으로 구분한 뒤 사건에 대한 객관적 정보를 제공한다. [집단 1]에는 일반적인 기대를 뛰어넘는 심각한 내용의 정서적 상해가 기술된 VIS를 제공하고, [집단 2]에는 일반적인 기대에 미치지 않는 정서적 상해가 기술된 VIS를 제공하며, [집단 3]에는 VIS를 제공하지 않는다. 이후 각 집단이 제시한 평균 형량을 비교한다.

Q: 무작위로 추출된 모의 배심원을 세 집단으로 구분한 뒤 사건에 대한 객관적 정보를 제공한다. [집단 1]에는 피해자가 감정적으로 매우 고조된 상태로 심각한 내용의 VIS를 낭독하는 재판 영상을 제공하고, [집단 2]에는 동일한 내용의 VIS를 피해자가 차분하게 낭독하는 재판 영상을 제공하며, [집단 3]에는 앞의 경우보다 덜 심각한 내용의 VIS를 피해자가 차분하게 낭독하는 재판 영상을 제공한다. 이후 각 집단이 제시한 평균 형량을 비교한다.

보기

ㄱ. P에서 [집단 1]의 평균 형량이 [집단 2]의 평균 형량보다 유의미하게 높고 [집단 2]의 평균 형량이 [집단 3]의 평균 형량보다 유의미하게 높으면, A 견해는 강화된다.

ㄴ. Q에서 [집단 1]의 평균 형량이 [집단 2]의 평균 형량보다 유의미하게 높고 [집단 2]의 평균 형량이 [집단 3]의 평균 형량보다 유의미하게 높으면, B의 견해는 강화된다.

ㄷ. Q에서 연구 방법을 수정하여 [집단 1]과 [집단 2]만을 비교할 경우, 두 집단의 평균 형량에 유의미한 차이가 없다면, A 견해는 약화된다.

① ㄱ ② ㄴ ③ ㄱ, ㄷ
④ ㄴ, ㄷ ⑤ ㄱ, ㄴ, ㄷ

Ⅳ. 논증의 종합적 평가 문제의 유형별 학습

1 인과논증에 대한 종합적 판단 및 평가

33 청소년 비행의 원인

(가)~(라)에 대한 평가로 옳은 것만을 보기 에서 있는 대로 고른 것은? 제4회 2012 LEET 문20

(가) 중퇴는 미래의 성공 기회를 제약하는 요인이다. 중퇴로 인해 발생하는 좌절 경험이 청소년의 비행을 유발한다.

(나) 부모와의 유대는 비행의 발생을 통제하는 사회적 끈이다. 유대가 약해질 때 청소년은 비행을 저지르게 되며, 유대가 약할수록 비행을 많이 저지른다. 중퇴는 부모와의 유대를 점점 더 약화시키는 원인으로 작용한다.

(다) 청소년이 학교에서 경험하는 학교 부적응, 낮은 학업 성적 등의 요인이 청소년으로 하여금 비행을 저지르게 하는데, 중퇴는 이러한 요인의 영향에서 벗어나게 한다.

(라) 중퇴와 비행 사이에는 높은 상관관계가 있는데, 이는 어떤 공통 원인이 비행도 저지르게 하고 중퇴도 하게 하기 때문이다. 이것이 중퇴가 비행의 원인인 것처럼 보이는 이유이다.

보기

ㄱ. 중퇴 이후의 비행률이 중퇴 이유에 따라서 상반된 방향으로 변화했다면, 이는 (가), (다) 중 어느 한 주장만으로는 설명할 수 없을 것이다.

ㄴ. 중퇴 전에 비행을 하지 않던 청소년이 중퇴 이후에도 비행을 하지 않았다면, 이는 (가)를 약화하고 (라)를 강화할 것이다.

ㄷ. 중퇴생의 비행이 중퇴 이후 시간이 지남에 따라 점차 증가하였다면, 이는 (나)를 강화하고 (다)를 약화할 것이다.

① ㄱ　② ㄴ　③ ㄱ, ㄷ
④ ㄴ, ㄷ　⑤ ㄱ, ㄴ, ㄷ

34

인과관계와
조건적 관계

다음 글에 대한 분석으로 옳은 것만을 보기 에서 있는 대로 고른 것은? 제4회 2012 LEET 문24

영민은 아래의 〈설명〉을 보고 처음에는 ⓐ"S_1의 낙하가 S_2 낙하의 원인이다."라는 직관적 판단을 했지만, 〈인과 이론〉을 배운 후에는 ⓑ"S_2의 낙하가 S_1 낙하의 원인이다." 라는 판단도 가능하다고 생각하게 되었다.

〈설명〉

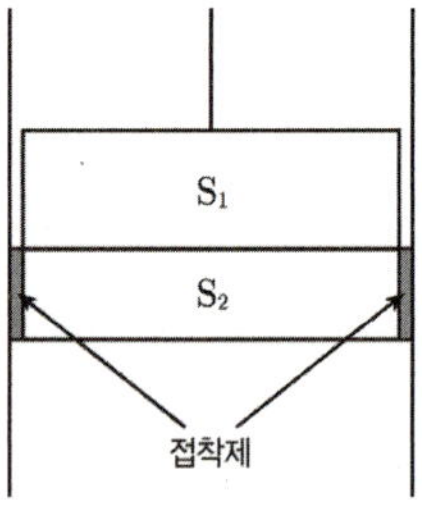

실린더 속에 금속판 S_1과 S_2가 접해 있다. 위쪽의 S_1은 줄에 매달려 있고, 아래쪽의 S_2는 양 옆에 칠한 강한 접착제에 의해서 지탱되고 있다. 만약 접착제에 의하여 S_2가 지탱되지 않는다면, S_2는 중력에 의해서 낙하할 것이다.

〈인과 이론〉

집중호우가 산사태의 원인이라는 것은 "만약 집중호우가 발생하지 않는다면 산사태가 발생하지 않았을 것이다."로 분석할 수 있다. 즉 사건 A가 B의 원인이라는 것은 A가 발생하지 않으면 B도 발생하지 않는다는 의미이다.

이 이론에 따라 영민은 〈설명〉을 다음과 같이 분석했다. 어떤 시점에 S_1이 매달려 있던 줄이 끊어지고, 그에 따라 자유낙하를 하고자 하는 S_1이 아래 방향의 힘을 S_2에 가하여 접착제가 부서지고, S_2와 S_1이 낙하하게 된다. 영민은 S_2가 S_1보다 먼저 떨어진다고 생각했다. 그래서 영민은 만약 S_2가 낙하하지 않으면 S_1 역시 낙하하지 않을 것이므로, "S_2의 낙하가 S_1의 낙하의 원인이다."라고 판단했다.

보기

ㄱ. "S_1이 낙하하지 않았다면 S_2 역시 낙하하지 않았을 것이다."라는 판단이 참이라면, 판단 ⓐ는 〈인과 이론〉에 의해서 지지될 수 있다.

ㄴ. 원인은 결과보다 시간적으로 앞선다고 할 때, 영민이 생각한 대로 S_2의 낙하가 S_1의 낙하에 시간적으로 앞선다면 판단 ⓑ는 설득력을 갖는다.

ㄷ. S_1이 아래 방향으로 힘을 가하는 사건과 S_1이 낙하하는 사건을 구분해서, S_1이 아래 방향으로 힘을 가하여 S_2가 낙하하고, 그래서 S_1이 낙하한다고 생각하면, 판단 ⓐ는 옳지만 판단 ⓑ는 옳지 않다.

① ㄴ ② ㄷ ③ ㄱ, ㄴ
④ ㄱ, ㄷ ⑤ ㄱ, ㄴ, ㄷ

2 사회과학논증에 대한 종합적 판단 및 평가

35

교육
정책논변

다음 글로부터 바르게 판단한 것만을 보기 에서 있는 대로 고른 것은? 제5회 2013 LEET 문3

> Z국은 A, B, C 세 인종으로 구성되어 있는데 전체 인구의 절반 가까이를 차지하여 온 A인종이 사회의 주류 세력으로서 타 인종들에 대한 배타적인 정책을 실시해 왔다. 교육에서도 A인종만의 입학을 허용하는 교육기관, 그 외의 인종만의 입학을 허용하는 교육기관, 그리고 모든 인종의 입학이 허용되는 교육기관을 분리하여 설치·운영하였다. 이후 인종 간의 통합이 강조되면서 재학생 중 A인종의 비율이 60%를 초과하는 교육기관을 대상으로 A인종의 비율이 60%를 넘지 못하도록 하는 정책을 시행하였다. 이러한 정책이 지나치게 일률적이라는 반발이 거세지자 정부는 교육기관마다 선별적으로 정책을 집행하기로 하고, 그 정책 적용의 제한기준에 대하여 법률가 갑, 을, 병에게 자문을 구하였다. 이들은 각각 아래와 같은 원칙을 제시하였다.
>
> 갑 : 이 정책은 특정 인종에 유리하도록 학생을 선발해 온 교육기관에 적용되어야 한다.
> 을 : 이 정책은 교육기관에 재학 중인 각 인종 학생들 모두의 학업성취도를 향상시키는 데 이바지하여야 한다.
> 병 : 이 정책은 교육기관에 보다 다양한 인종의 학생들이 다니는 결과를 낳아야 한다.

보기

ㄱ. 교육기관 P의 입학생 중 A인종의 비율이 매년 평균 78%로 유지되고 있었다. 교육기관 P가 A인종이 다른 인종에 비하여 언어능력시험성적이 높다는 사실을 발견하고 이를 학생선발에 적극적으로 활용해 왔다면, 갑의 원칙에 따를 때 교육기관 P에 위 정책이 적용된다.

ㄴ. 교육기관 Q에는 A인종만이 재학하고 있는데 B, C인종의 학생들이 전학해 올 경우 그 학생들의 학업성취도는 이전 학교에서보다 상당히 상승할 것으로 예측된다. 을의 원칙에 따르면 교육기관 Q에 위 정책이 적용된다.

ㄷ. 교육기관 R은 B, C인종의 낙후된 교육수준을 높이기 위하여 설립되어 나름대로 훌륭한 교사진과 시설을 갖추고 인종을 기준으로 B, C인종의 학생들만 선발하여 왔다. 병의 원칙에도 불구하고 교육기관 R에는 위 정책이 적용되지 않는다.

① ㄱ ② ㄴ ③ ㄱ, ㄷ
④ ㄴ, ㄷ ⑤ ㄱ, ㄴ, ㄷ

36

물가와 통화정책

다음 글에 비추어 판단한 것으로 적절하지 않은 것은? 제5회 2013 LEET 문28

과거 영국은 파운드화의 가치를 금에 고정시키는 금본위제를 운영했다. 원하는 사람에게 은행권을 금화로 교환해주어야 할 의무가 있었던 잉글랜드은행은 파운드화 가치의 안정을 위해 은행권의 발행량을 금보유량에 원칙적으로 연계시켰다. 그런데 1797년 가뜩이나 어려운 경제상황에 프랑스 군대의 본토 침공이 임박했다는 소문까지 겹치면서 은행권을 금화로 바꿔줄 것을 요구하는 사람들이 늘어났고, 중앙은행인 잉글랜드은행은 결국 ㉠ 금태환의 한시적 정지를 선언하였다.

이후 금화가 아닌 순수한 금, 곧 지금(地金)의 시장가격과 물가가 상승함에 따라 영국 의회는 조사위원회를 구성해 그 원인을 규명하려 했다. 이때 물가상승의 원인을 금태환의 정지에서 찾았던 '지금파'는 '금보유량에 비례하는 은행권 발행'이라는 규율원리가 깨짐으로써 잉글랜드은행이 은행권을 초과발행하게 되었고 이로 인해 물가가 올라갔다는 주장을 펼쳤다. 그러나 '반지금파'는 은행권의 경우 상거래 과정에서 사용된 우량어음을 매입해 주거나 이들 어음을 담보로 대출해 주는 방식으로 발행되므로 모든 은행권 발행의 배후에는 상거래와 실물경제활동이 대응된다며, 은행권의 초과발행이란 있을 수 없다고 반박했다.

그런데 논쟁 과정에서 가장 돋보였던 사람은 헨리 손턴이었다. 그는 통화정책의 우선순위를 어디에 둘 것이며, 정책목표를 어떻게 달성할 것인가에 대한 체계적인 인식을 제공함으로써 물가상승의 원인을 놓고 벌어졌던 이 논쟁을 한 차원 높게 발전시켰다. 그는 파운드화 가치 안정에만 초점을 맞춘 정책에 비판적이었고 물가상승의 원인이 통화량 증가가 아닌 다른 것일 수 있음을 인정했던 점에서는 반지금파와 입장을 같이 했다. 하지만 그는 은행에 제시된 어음의 경우 과거 생산활동의 결과는 물론 미래의 수익성에 대한 사업가들의 기대에도 좌우되므로, 호황으로 기대가 낙관적인 상황에서 모든 우량어음에 대해 은행권을 제공하는 것은 미래의 추가적인 물가상승과 경기의 팽창으로 이어질 수 있다며 규율원리의 필요성을 인정했는데, 이 점에서는 지금파로 분류될 수도 있다. 하지만 그는 불황일 때는 중앙은행이 재량권을 가지고 경기 악화에 능동적으로 대응할 수 있어야 한다는 점도 함께 강조함으로써 지금파의 일면적 인식을 뛰어넘을 수 있었다.

① ㉠에 대한 손턴의 입장은 '지금파'보다 '반지금파'에 가까웠을 것이다.
② 당시에 극심한 흉년으로 곡물가가 상승했다면, '지금파'의 논지는 약화되고 '반지금파'와 손턴의 논지는 강화될 것이다.
③ 재산을 금융자산으로 보유한 사람들은 '지금파'를, 농산물을 판매해야 할 사람들은 '반지금파'의 주장을 지지했을 것이다.
④ 은행권 발행에 관한 중앙은행의 결정을 엄격한 원리에 의해 제약할 필요성은 '지금파'가 가장 강하게 인정하고, 다음으로 손턴, '반지금파'의 순서일 것이다.
⑤ 실물경제 활동이 부진한 상황에서 불황의 심화를 우려해 은행권을 사용하지 않고 보관하는 사업가들이 늘어났다면, 손턴의 논지는 약화되고 '지금파'의 논지는 강화될 것이다.

37 A ~ D에 대한 평가로 옳은 것만을 보기 에서 있는 대로 고른 것은? 제12회 2020 LEET 문25

〈연구목적〉

X국에서 차량 과속 단속에 걸린 운전자 중 특정 인종의 비율이 높은 것으로 나타났다. 甲은 그러한 현상이 특정 인종이 실제 과속을 많이 하기 때문인지 아니면 경찰이 과속한 차량을 모두 단속하지 않고 인종적 편견에 따라 차별적으로 일부 차량만 단속했기 때문인지 궁금해졌다. 이에 甲은 "경찰이 과속하는 차량들 중 어떤 차는 세워 단속하고 어떤 차는 무시할지를 결정하는 데 운전자의 인종이 중요한 요인으로 작용한다"라는 ㉠ 가설을 세우고 이를 검증하고자 한다.

〈연구설계〉

甲은 경찰의 과속 단속에서 어떤 인종 차별도 개입하지 않을 때 기대되는 특정 인종 집단에 대한 단속률과 경찰에 의해 실제 단속이 행해진 특정 인종 집단에 대한 단속률을 비교한다. 구체적인 연구 설계는 다음과 같다.

A : 고속도로 요금소를 통과하는 운전자 모집단 중 특정 인종 비율과 고속도로에서 과속으로 경찰에 의해 단속된 운전자들 중 특정 인종의 비율을 비교한다.
B : 주간과 야간의 과속 단속 결과에서 단속된 운전자의 인종별 비율을 비교한다.
C : 경찰의 6개월간 과속 운전자 단속 자료의 인종 분포를 같은 기간 동일한 조건(시간대, 장소 등)에서 甲이 객관적으로 직접 관찰한 과속 운전자의 인종 분포와 비교한다.
D : 관할 구역 거주민 모집단에서 특정 인종이 차지하는 비율과 경찰에 의해 단속된 운전자들 중에서 특정 인종이 차지하는 비율을 비교한다.

보기

ㄱ. A는 ㉠의 타당성을 검증하지 못한다.
ㄴ. B를 통해 ㉠의 타당성을 검증하려면, 운전자의 인종을 구별할 수 있는 외양적 특징이 주야간에 다르게 드러난다는 조건이 충족되어야 한다.
ㄷ. C에서 경찰 단속 결과에 나타난 과속 운전자의 인종 비율과 甲의 관찰 결과에 나타난 과속 운전자의 인종 비율이 유사하다면, 이는 ㉠을 약화한다.
ㄹ. D에서 만약 관할 구역 거주민 모집단 중 특정 인종 비율이 15%이고 단속된 운전자들 가운데 특정 인종 비율이 25%였다면, 이는 ㉠의 타당성을 뒷받침하는 논거가 된다.

① ㄱ, ㄹ ② ㄴ, ㄷ ③ ㄴ, ㄹ
④ ㄱ, ㄴ, ㄷ ⑤ ㄱ, ㄷ, ㄹ

38

사회현상의 이유(주장)에 대한 평가

다음 글에 대한 평가로 옳은 것만을 [보기]에서 있는 대로 고른 것은? 제14회 2022 LEET 문29

미국에서 1960년대 이래 폭발적으로 증가해 왔던 폭력 범죄와 재산 범죄는 1990년대 초반 이후로 급격한 감소 추세에 들어섰다. 1991년부터 2012년 사이에 폭력 범죄는 49%, 재산 범죄는 44% 감소하였다. 더욱이 이런 감소 현상은 모든 지역과 모든 인구 집단에서 나타났으며, 그 추이는 2020년 현재까지 지속되고 있다. 이와 관련하여 ㉠ 미국의 범죄 감소가 납과 밀접한 관련이 있다는 주장이 있다. 이에 따르면, 제2차 세계대전 후부터 1970년대 초반까지 자동차의 납 배출이 증가하면서 폭력 범죄가 뒤따랐다. 하지만 1970년대에 휘발유에서 납이 제거되기 시작하면서 이후 폭력 범죄는 감소하였다. 사에틸납(tetraethyl lead)은 가솔린 기관의 노킹 방지를 위해 1920년대에 개발되었는데, 전후 시기부터 자동차 열풍과 함께 그 사용이 폭발적으로 증가하였다. 폭력과 재산 범죄율은 10대 후반에서 20대 초반에 가장 높은데, 청소년이나 성인과 달리 아동의 경우에는 납에 노출되는 것이 뇌 발달과 미래의 범죄 가능성에 영향을 미친다. 특히 납은 공격성과 충동성 등의 증가를 유발하는 것으로 알려져 있다.

보기

ㄱ. 미국의 1~5세 아동의 2000년 평균 혈중 납 농도가 1990년의 절반 수준으로 낮아졌다는 사실은 ㉠을 강화한다.

ㄴ. 미국의 폭력 범죄가 급격하게 감소하기 시작하는 시기가 1970년대가 아닌 1990년대라는 사실은 ㉠을 약화한다.

ㄷ. 미국에서 범죄를 저지른 청소년이 그렇지 않은 청소년보다 뼈 안의 납 농도가 4배 높다는 연구 결과는 ㉠을 강화한다.

① ㄱ　② ㄴ　③ ㄱ, ㄷ　④ ㄴ, ㄷ　⑤ ㄱ, ㄴ, ㄷ

39

사회 / 행동경제학 / 이타주의가설

다음 글에 대한 평가로 옳은 것만을 [보기] 에서 있는 대로 고른 것은? 제14회 2022 LEET 문31

이기적 인간은 자신의 소비를 통한 효용만을 고려한다. 그렇다면 기부 행위는 왜 존재하는가? 자신의 기부를 받을 수혜자의 효용까지도 함께 고려하는 이타심 때문이다. 인간은 자신의 소비를 통한 효용뿐 아니라 수혜자의 효용까지 고려한다는 주장을 ㉠순수이타주의 가설이라 한다. 이 가설 하에서 기부자는 수혜자가 필요한 총 기부액을 우선 결정한다. 만약 수혜자가 다른 기부자로부터 일정 금액의 기부를 받는 것을 알게 되면, 기부자는 정확히 그 금액만큼 기부액을 줄이게 된다. 한편, 기부 행위 자체를 통해 얻는 감정적 효용도 기부 행위에서 중요한 역할을 한다는 주장이 있다. 이를 ㉡비순수이타주의 가설이라 한다. 비순수이타주의 가설에서는 순수이타주의 가설에서 고려하는 기부자의 효용과 수혜자의 효용에 더하여 기부자 자신의 감정적 효용까지도 모두 고려한다.

위 두 가설을 검증하기 위해 다음과 같은 실험을 다수의 참가자에게 독립적으로 실시한다.

〈실험〉

각 참가자는 아래 표를 제공받아 a~f를 모두 결정한다. 이후, 각 참가자는 A~F 중 임의로 선택된 한 상황에서 해당하는 소득을 실제로 제공받고 결정했던 만큼의 기부를 한다.

상황	참가자의 소득	참가자의 기부액	자선 단체의 기부액
A	40	a	4
B	40	b	10
C	40	c	28
D	40	d	34
E	46	e	4
F	46	f	28

보기

ㄱ. 참가자 대부분에서 b= e-6이면, ㉡을 강화한다.
ㄴ. 참가자 대부분에서 $e-a < f-c$이면, ㉠을 강화한다.
ㄷ. 참가자 대부분에서 $0 < a-30 < b-24 < c-6 < d$이면, ㉡을 강화한다.

① ㄱ ② ㄷ ③ ㄱ, ㄴ
④ ㄴ, ㄷ ⑤ ㄱ, ㄴ, ㄷ

3 자연과학논증에 대한 종합적 판단 및 평가

40 과학과 사회의 관계

다음 논증에 대한 분석으로 가장 적절한 것은? 제5회 2013 LEET 문29

"'과학의 힘'이란 사실상 '주술의 효력'과 비슷한 수준에서 평가될 수 있는 표현"이라고 주장하는 이들이 있다. 주술도 과학도 모두 특정 사회와 문화의 산물이라는 이유에서다. 그들은 아리스토텔레스의 운동이론보다 뉴턴의 운동이론을, 또는 창조론보다 다윈의 이론을 선호해야 할 이유를 자연 자체에서는 찾을 수 없다고 본다. 중세 유럽인이나 오스트레일리아 원주민의 자연관과 마찬가지로 과학이 제공하는 이론들도 특정 사회의 정치적, 경제적 목적과 결부된 문화적 산물일 뿐만 아니라 과학이론에 대한 평가 역시 특정한 사회적 배경의 제약을 벗어날 수 없다는 것이다. 그러나 과학과 사회의 관계에 관한 이런 주장은 두 가지 점에서 타당하지 않다. 먼저, 문학이나 예술과 마찬가지로 과학 역시 특정한 사회적 환경 속에 존재하는 개인이나 집단에 의해 산출되지만, 과학은 그런 개인의 특성이나 사회 환경에 의해 속박되지 않는다. 『햄릿』이나 「B단조 미사」는 셰익스피어와 바흐가 없었더라면 영원히 존재하지 않았겠지만 과학은 이와 다르다. 뉴턴이 어려서 죽는 바람에 1687년에 『프린키피아』가 저술되지 않았다고 해도 필시 다른 누군가가 몇 년 혹은 늦어도 몇 십 년 뒤에 그 책에 담긴 역학의 핵심 내용, 즉 보편중력의 법칙과 운동 3법칙에 해당하는 것을 발표했을 것이다. 여러 명의 과학자가 같은 시기에 서로 독립적으로 동일한 과학적 발견에 도달하는 동시발견의 사례들이 이를 간접적으로 입증한다. 또 과학적 발견을 성취해 낸 과학자가 지닌 고유한 품성은 설령 그것이 그 발견에 중요한 역할을 한 경우라 해도 그 성과물이 일단 그의 손을 떠나고 난 뒤에는 과학자들의 연구 활동에 아무런 영향도 미치지 않는다. 둘째로, 근대 이후 과학이 확산된 모습을 보라. 16세기 이후 최근에 이르기까지 실질적으로 모든 과학적 발견은 유럽 문명의 울타리 안에서 이루어졌지만 그 열매인 과학 이론은 전 세계에 확산되어 활용되고 있다. 모든 문화권이 이렇게 과학을 수용한 것과 대조적으로 유럽의 정치체제나 종교나 예술이 그처럼 보편적으로 수용된 것은 아니다. 과학은 특정한 개인들이 특정한 문화 속에서 만든 것이지만 이처럼 개인과 문화를 초월하는 보편적인 것이다. 과학 이외에 이런 특성을 지니는 것은 없는 듯하다.

① 뉴턴의 과학적 성과가 역학의 몇몇 핵심 법칙에 국한되지 않고 『프린키피아』에 나타난 문체와 탐구정신 같은 요소들까지 포함한다고 보면 논증의 설득력은 커진다.

② 글쓴이는 과학과 사회적 배경의 관계를 평가할 때 과학 이론이 탄생하는 과정보다 그 이론이 수용되고 사용되는 맥락이 더 중요하다고 전제하고 있다.

③ 유럽의 정치체제나 사회사상이 유럽의 과학보다 먼저 세계의 다른 지역에 전파된 경우가 확인된다면 논증의 설득력은 약화된다.

④ 글쓴이는 과학적 업적의 탄생 과정에 과학자의 개인적 특성이나 문화적 환경은 영향을 미치지 않는다고 전제하고 있다.

⑤ 과학에서 동시발견이 이루어진 사례들이 특정 문화권에 국한되어 있음이 입증되는 경우 논증의 설득력은 커진다.

41

생물학 / 강화약화판단

㉠과 ㉡에 대한 평가로 적절한 것만을 보기 에서 있는 대로 고른 것은? 제13회 2021 LEET 문36

서인도양의 세이셸 제도에는 '호랑이 카멜레온'이라는 토착종이 살고 있다. 그런데 세이셸 제도는 아프리카 남동쪽의 큰 섬인 마다가스카르로부터 북동쪽으로 약 1,100㎞, 인도로부터는 서쪽으로 약 2,800㎞ 떨어진 외딴 곳이다. 날지도 못하고 수영도 능숙하지 않은 이 작은 동물이 어떻게 이곳에 살게 되었을까?

이에 대해 다음의 두 설명이 제시되었다. 하나는 ㉠ 호랑이 카멜레온의 조상은 원래 장소에 계속 살고 있었으나 대륙의 분리 및 이동으로 인해 외딴 섬들에 살게 되었다는 것이다. 세이셸 제도는 원래 아프리카, 인도, 마다가스카르 등과 함께 곤드와나 초대륙의 일부였으나 인도-마다가스카르와 아프리카가 분리되고, 이후 인도와 마다가스카르가 분리된 다음, 최종적으로 인도와 세이셸 제도가 분리되어 지금에 이르렀다. 위 설명에 따르면, 호랑이 카멜레온의 조상은 세이셸 제도가 다른 지역과 분리된 후 독립적으로 진화했다.

다른 하나는 ㉡ 호랑이 카멜레온의 조상이 마다가스카르 또는 아프리카의 강이나 해안가로부터 표류하는 나뭇가지 등의 '뗏목'을 타고 세이셸 제도에 도착했다는 것이다. 이에 따르면 호랑이 카멜레온의 조상은 본래 아프리카나 마다가스카르에 살고 있었는데, 서식지 근처 강의 범람과 같은 사건의 결과로 표류물을 타고 세이셸 제도로 이주한 후 독립적으로 진화했다.

보기

ㄱ. 해저 화산의 분화로 형성된 후 대륙과 연결된 적이 없는 외딴 섬인 코모로 제도에만 서식하는 카멜레온 종이 있다는 사실은 ㉠을 강화한다.

ㄴ. 세이셸 제도가 인도에서 분리된 후 최근까지 서인도양의 해류가 서쪽에서 동쪽으로 흘렀다는 연구 결과가 있다면 이는 ㉡을 약화한다.

ㄷ. 아프리카 동부의 카멜레온과 호랑이 카멜레온의 가장 가까운 공동조상이 마다가스카르의 카멜레온과 호랑이 카멜레온의 가장 가까운 공동조상보다 더 나중에 출현했다는 연구 결과가 있다면 이는 ㉠을 약화하나 ㉡은 약화하지 않는다.

① ㄱ　② ㄷ　③ ㄱ, ㄴ
④ ㄴ, ㄷ　⑤ ㄱ, ㄴ, ㄷ

42

화학 / 라부아지에의 연소설

㉠에 대한 평가로 적절한 것만을 〈보기〉에서 있는 대로 고른 것은?

제13회 2021 LEET 문37

18세기 말 프랑스의 화학자 라부아지에는 물질의 연소는 물질이 그가 '산소'라고 명명한 물질과 결합하는 과정이라 주장했다. 그러나 이 주장은 물질이 산소와 결합할 때 왜 열이 발생하는지 설명할 수 없다는 반론에 부딪혔다.

그는 이에 대응하여 다음을 가정했다. 첫째, 열은 사실 '열소'라는 질량이 없는 물질로, 열의 발생은 물질과 결합했던 열소가 방출되는 과정이다. 둘째, 기체는 고체나 액체에 비해 훨씬 많은 열소를 포함하고 있다. 액체 상태의 물에 막대한 양의 열을 공급하면 수증기가 되는 이유는 물과 다량의 열소가 서로 결합했기 때문이다. 마찬가지로 기체 산소 역시 산소와 열소가 결합한 화합물이다. 이 두 가지 가정을 바탕으로 라부아지에는 ㉠ <u>물질이 연소하는 과정에서 기체 산소 내의 산소는 타는 물질과 결합하여 화합물을 생성하나, 기체 산소 내 열소는 물질과 결합하지 않고 공기 중으로 빠져나가기 때문에 열이 발생</u>한다고 주장했다

〈보기〉

ㄱ. 많은 고체 물질이 연소할 때 열이 발생함과 동시에 기체가 생성된다는 사실은 ㉠을 강화한다.

ㄴ. 산소화합물을 포함한 화약은 기체 산소가 없어도 폭발적으로 연소하면서 엄청난 양의 열을 방출한다는 사실은 ㉠을 약화한다.

ㄷ. 물질이 연소하는 과정에서 발생한 열이 아무리 많이 공기 중으로 방출되더라도 공기의 질량은 증가하지 않는다는 사실은 ㉠을 약화한다.

① ㄱ　② ㄴ　③ ㄱ, ㄷ

④ ㄴ, ㄷ　⑤ ㄱ, ㄴ, ㄷ

4 갈등 및 역설의 해소방안 찾기(문제해결)

43
역설 해소 방안 찾기

사형 찬성론자들이 〈표〉의 결과를 자신들의 입장에 불리하지 않게 해석한 것으로 옳은 것만을 보기 에서 있는 대로 고른 것은?

제6회 2014 LEET 문26

사형을 지지하는 사람들은 사형 집행의 위협이 잠재적 살인자의 살인 행위를 억제할 수 있다고 주장한다. 사형을 반대하는 사람들은 이러한 효과가 없다고 주장한다. 사형 제도가 실제로 살인을 억제하는 효과가 있다면, 사형 제도가 있는 지역이 그렇지 않은 지역보다 낮은 살인 범죄율을 보일 것이라고 기대된다. 〈표〉는 연방 국가인 A국의 사형 제도가 있는 지역과 사형 제도가 없는 지역 간 1급 및 2급 살인 범죄율을 제시한 것이다. 이 〈표〉에 근거하여 사형 제도가 살인과 같은 중범죄를 억제할 수 있는가에 대한 논쟁이 제기되고 있다.

〈표〉 사형 제도가 없는 주(州)와 사형 제도가 있는 주의 살인 범죄율

구 분	사형 제도가 없는 주		사형 제도가 있는 주	
	1967년	1968년	1967년	1968년
1급 살인	0.18	0.21	0.47	0.59
2급 살인	0.30	0.43	0.92	0.99
계	0.48	0.64	1.39	1.58

※ 살인 범죄율 = (살인 범죄 발생 건수 / 인구수) × 100,000

보기

ㄱ. 〈표〉는 제도적으로는 사형 제도를 도입했지만 실제로는 사형을 집행하지 않았기 때문에 나타난 결과일 수 있다.
ㄴ. 〈표〉는 사형 제도 이외의 다른 사회적 요소가 각 지역별 살인 범죄율의 차이를 만들었으며 사형 제도의 억제 효과를 압도했기 때문에 나타난 결과일 수 있다.
ㄷ. 사형 제도가 폐지되었다고 하더라도 그 효과는 당분간 지속될 수 있으므로, 〈표〉의 사형 제도가 없는 주의 경우 1967년 이전까지 사형 제도가 있었는지 살펴보아야 한다.

① ㄱ ② ㄴ ③ ㄱ, ㄷ
④ ㄴ, ㄷ ⑤ ㄱ, ㄴ, ㄷ

44

역설 해소 방안 찾기

㉠에 대한 대답으로 적절한 것만을 [보기]에서 있는 대로 고른 것은?

제7회 2015 LEET 문33

타인에 대한 신뢰의 형태는 크게 두 가지로 구분된다. 좁은 범위의 친숙하고 가까운 타인들에 대한 특수한 신뢰와 넓은 범위의 잘 알지 못하는 타인들에 대한 일반적 신뢰가 그것이다. 통상적으로 신뢰는 후자인 일반적 신뢰를 지칭한다. 사회학자들은 일반적 신뢰를 조사를 통해 측정해 왔다. 일반적 신뢰를 묻는 질문의 의도는 가깝고 익숙한 사람들이 아닌 멀고 낯선 사람들에 대한 신뢰를 측정하는 것이다. 기존 설문조사는 일반적 신뢰를 측정하기 위해 "귀하는 일반적으로 대부분의 사람들을 신뢰할 수 있다고 생각하십니까, 아니면 조심해야 한다고 생각하십니까?"라는 질문을 사용한다.

한편, 사회학자 A는 한 사회의 지배적 문화에서 나타나는 신뢰의 범위가 저신뢰 사회와 고신뢰 사회를 구분하는 기준이라고 주장한다. 그에 따르면, 신뢰의 범위가 가족이나 잘 아는 친구에 머무는지 아니면 잘 모르는 사람에게까지 확장되는지가 중요하다. 그는 아시아에 위치한 Z국처럼 연줄을 중시하고 특수한 관계에 기초한 좁은 범위의 신뢰만을 허용하는 문화는 저신뢰 사회로 흐를 가능성이 높고, 서구 선진국들처럼 보편주의의 원칙에 입각한 넓은 범위의 신뢰가 지배적인 문화는 고신뢰 사회가 될 가능성이 높다고 주장한다. 그럼에도 불구하고, 다수의 국제 비교 조사는 Z국의 일반적 신뢰 수준이 최상위권에 위치하고 있음을 보여준다. ㉠ <u>Z국의 일반적 신뢰 수준이 최상위권이라는 조사 결과와 Z국이 저신뢰 사회라는 주장을 어떻게 동시에 받아들일 수 있을까?</u>

보기

ㄱ. Z국 사람들은 이동이 어려웠던 국토의 특성상 지역 단위 경제권을 발달시켜 살았던 역사가 있기 때문에 같은 지역 출신 지인들만을 신뢰하는 경향이 강하기 때문이다.

ㄴ. Z국 사람들은 타인에 대한 불신을 다른 사람에게 밝히는 것을 꺼려하는 경향이 강하기 때문이다.

ㄷ. Z국 사람들은 '대부분의 사람들'에 해당하는 사람을 떠올릴 때 자신의 신뢰 범위 내에 있는 사람들 중에서 찾는 경향이 강하기 때문이다.

① ㄱ　　② ㄷ　　③ ㄱ, ㄴ
④ ㄱ, ㄷ　　⑤ ㄴ, ㄷ

CHAPTER 3
논쟁 및 반론

2023

2022

2021

2020

2019

2018

2017

2016

논쟁 및 반론은 두 사람 이상이 논쟁을 벌이고 있는 상황에서 그들이 제시하고 있는 논증을 분석하고 비판하는 능력을 검사하는 문항이다. 세부 문항 유형으로는 '논쟁 분석 및 평가', '반론 구성', '오류'가 있다. 논쟁 및 반론 영역은 제1장의 논증 분석과 제2장의 논증 평가를 논쟁 상황에 적용한 것이라 할 수 있다. 따라서 논증 분석 및 평가 이론을 논쟁 및 반론의 이론적 틀로서 활용하여, 기출문제들을 유형별로 묶어 학습하도록 한다. 다만, 오류유형은 이미 제2장에서 살핀 만큼 2장의 내용을 참조하도록 한다.

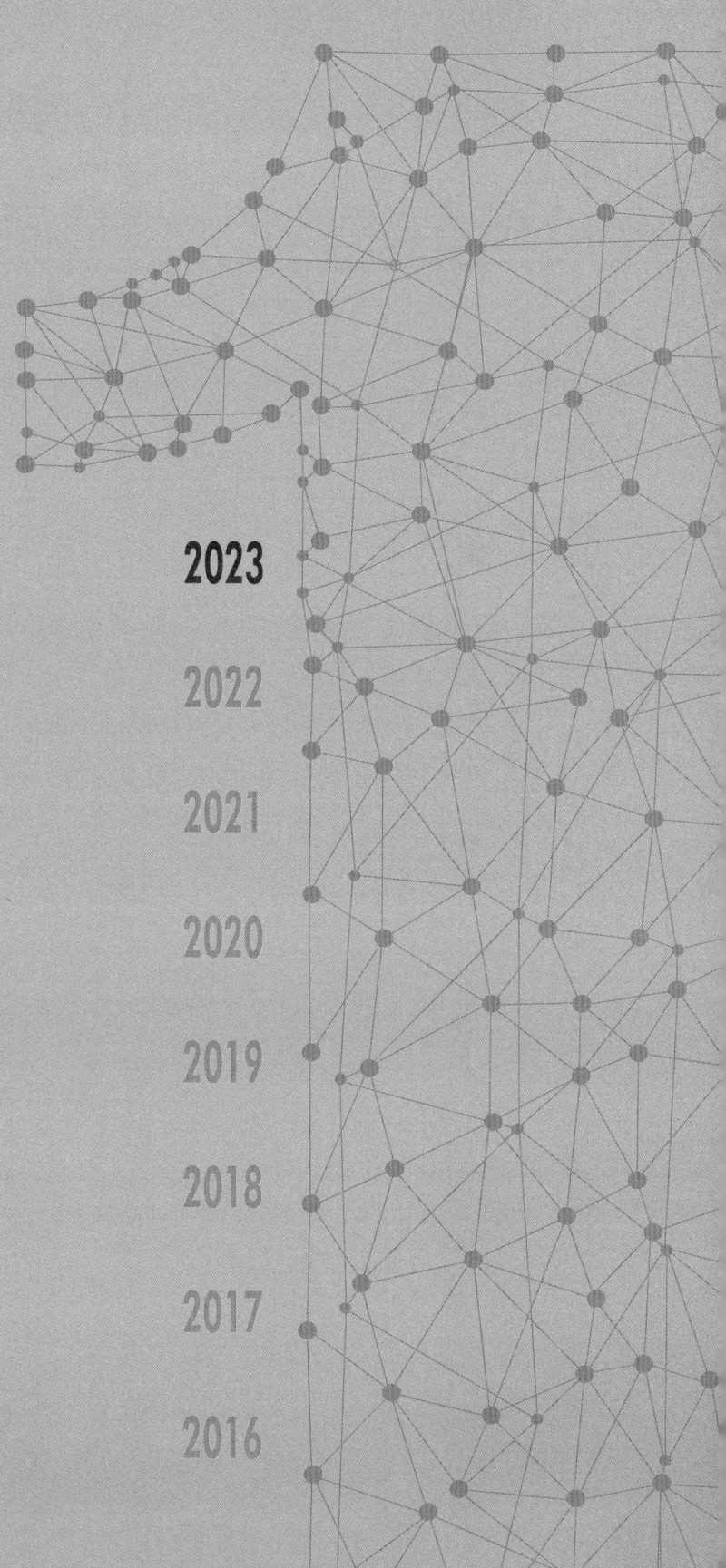

	인지활동영역 및 하위 범주	
2016년 확정 개선안	논쟁 분석 및 평가	논쟁의 쟁점을 파악하거나 공통의 가정 내지 전제를 파악하며, 논쟁을 평가할 수 있는 능력을 측정
	반론 구성	주어진 논쟁의 상황에 참여하여 한쪽 입장에서 상대방의 주장을 반박할 수 있는 능력을 측정
	오류	잘못된 논증을 분석하여 논증이 어떤 잘못을 범하고 있는지 파악할 수 있는 능력을 측정
과거 출제 지침	1. 논쟁의 쟁점을 파악하거나 공통의 가정 내지 전제를 파악하기 2. 주어진 논증에 대하여 반론을 제기하기 3. 비판이나 반론에 대하여 논증을 수정 보완하거나 재구성할 방안을 찾기 4. 갈등이나 역설의 논리적 기반을 파악하거나 그 해소 방안 찾기	

Ⅰ. 논증 비판 및 반론의 이론적 틀

1 논증 비판 및 반론의 이론적 틀로서의 논증 평가 이론

논증에 대한 비판(批判)이란 상대방의 논증에 대해 옳고 그름을 가리어 판단하거나 밝히는 것을 말하고, 반론(反論)이란 남의 논설이나 비난, 논평 따위에 대하여 반박하는 것을 말한다. 즉, 상대방의 논증이 타당하지 않거나 설득력이 없음을 논리적으로 밝히는 것을 비판이라고 할 수 있으며, 자신의 논증이 부당하다거나 설득력이 없다고 공격 받을 때 이를 논리적으로 반박하는 것을 반론이라고 할 수 있다.

결국 비판이나 반론은 논쟁의 맥락 하에서 파악되는 논증 평가의 또 다른 표현이라고 할 수 있다. 따라서 논증 평가 이론을 논증의 비판 및 반론의 방법의 이론적 틀로서 활용할 수 있을 것이다.

2 논증 비판 및 반론 방법으로 오류논증 활용하기

▶ **논증 평가기준별 오류 분류**

① 수용가능성의 오류 : 전제가 받아들일 만하지 못할 때 생기는 오류들
② 관련성의 오류 : 전제가 결론과 관련이 없을 때 생기는 오류들
③ 불충분성의 오류 : 전제가 결론을 충분히 지지해 주지 못할 때 생기는 오류들

첫 번째 평가기준 (수용가능성의 오류)	두 번째 평가기준 (관련성의 오류)	세 번째 평가기준 (불충분성의 오류)
① 부적합한 권위에의 호소 ② 선결 문제 요구의 오류 ③ 거짓 딜레마(=흑백논리)	① 논점일탈의 오류 ② 사람에의 호소 - 인신공격성 사람에의 호소 (발생적 오류) - 정황적 논증 (피장파장의 오류, 우물에 독풀기) ③ 대중에의 호소 ④ 감정(힘)에의 호소 ⑤ 허수아비 공격의 오류 ⑥ 무지에의 호소	① 전건부정의 오류, 후건긍정의 오류 ② 성급한 일반화의 오류 ③ 편향된 통계의 오류 ④ 선후 관계와 인과 관계를 혼동하는 오류 ⑤ 원인과 결과를 혼동하는 오류 ⑥ 공통 원인의 무시 오류

〈그림〉 논증 평가의 단계

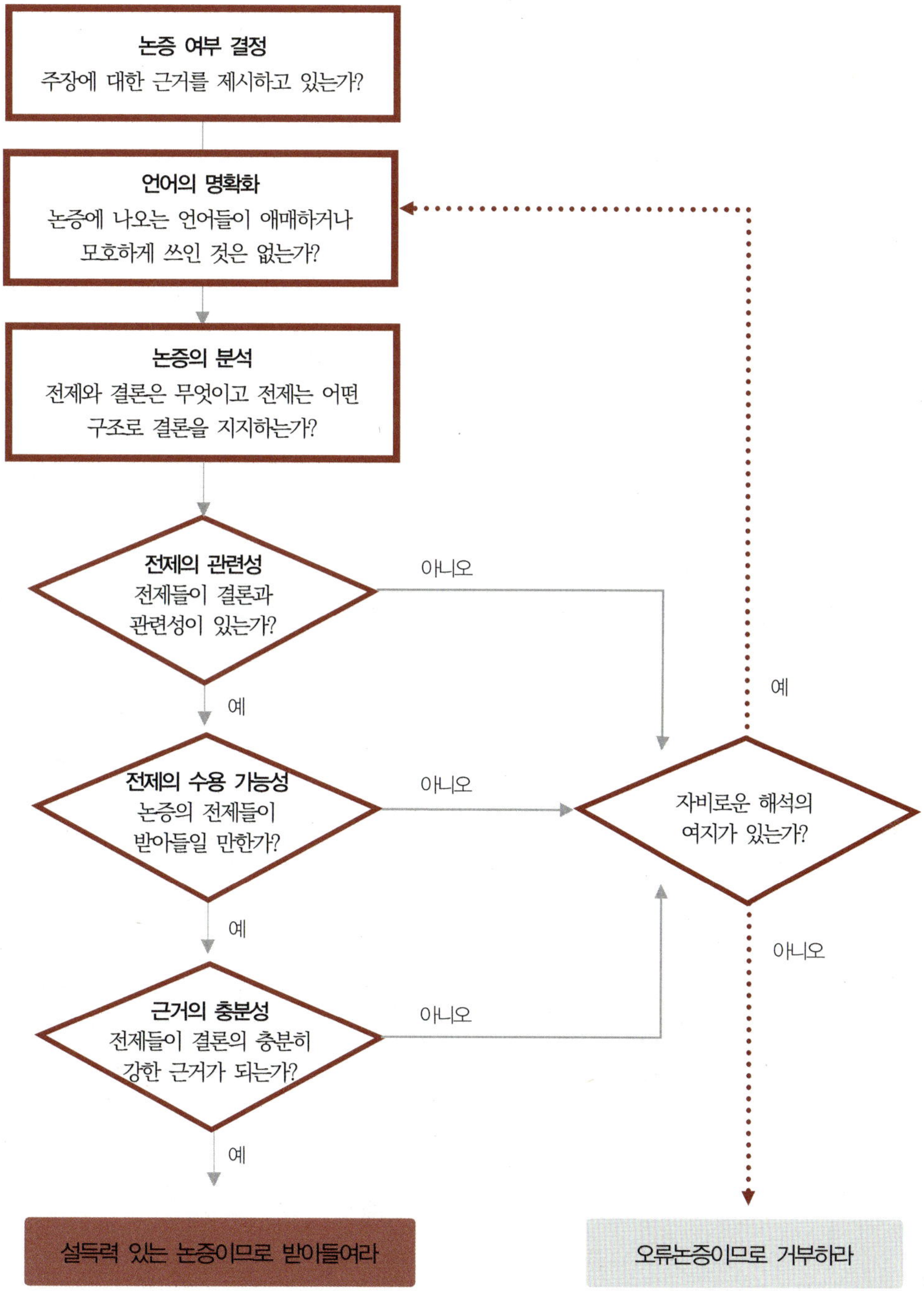
논증 여부 결정
주장에 대한 근거를 제시하고 있는가?
언어의 명확화
논증에 나오는 언어들이 애매하거나
모호하게 쓰인 것은 없는가?
논증의 분석
전제와 결론은 무엇이고 전제는 어떤
구조로 결론을 지지하는가?
전제의 관련성
전제들이 결론과
관련성이 있는가?
아니오
예
전제의 수용 가능성
논증의 전제들이
받아들일 만한가?
아니오
예
근거의 충분성
전제들이 결론의 충분히
강한 근거가 되는가?
아니오
예
자비로운 해석의
여지가 있는가?
예
아니오
설득력 있는 논증이므로 받아들여라
오류논증이므로 거부하라

Ⅱ. 논쟁 분석 및 평가 문제의 유형별 학습

1 사안 및 주장에 대한 동의 여부 판단

01
동의 가능성 판단

'도덕적으로 훌륭하지만 미적으로는 열등한 예술 작품이 있을 수 있다'는 주장에 동의할 사람만을 있는 대로 고른 것은? 제6회 2014 LEET 문22

갑 : 예술 작품은 모두 도덕적 성질을 갖고 있을 뿐 아니라, 예술 작품의 미적 성질과 도덕적 성질 사이에는 내재적인 관계가 있다. 도덕적으로 나쁜 작품은 바로 그 이유 때문에 미적으로도 열등하며, 도덕적으로 훌륭한 작품은 바로 그 이유 때문에 미적으로 뛰어나다. 나아가 두 작품 중에서 도덕적으로 더 나쁜 작품은 바로 그 이유 때문에 다른 작품보다 미적으로 더 열등하다.

을 : 예술 작품에 대해서 도덕적 평가를 할 수는 있지만 그 작품의 미적 성질은 도덕적 성질과 내재적인 관계를 갖지 않는다. 예를 들어, 수치심을 불러일으키기 때문에 어떤 작품을 도덕적으로 나쁘다고 평가하는 것이 정당하더라도, 그런 도덕적 평가가 그 작품에 대한 미적 평가는 아니다.

병 : 도덕적 평가를 내리는 것이 적절한 예술 작품들이 있고, 도덕적 평가를 내리는 것이 부적절한 예술 작품들이 있다. 순수한 형식미를 추구하는 음악을 듣고 도덕적 평가를 내리는 것은 적절치 않다. 도덕적 평가를 내리는 것이 적절한 예술 작품의 경우에도 도덕적 성질이 그 작품의 미적인 성질에 영향을 주는 경우는 부정적인 사례에만 국한된다. 즉 도덕적으로 나쁜 작품은 바로 그 이유 때문에 미적으로도 열등하다. 긍정적인 사례에는 이와 같은 영향 관계가 없다.

정 : 도덕적으로 나쁜 작품이 있을 수 있을 뿐 아니라 도덕적으로 나쁘다는 점이 바로 미적 장점이 되는 예술 작품이 있다. 다시 말해서 어떤 작품의 경우, 그 작품이 도덕적으로 부정적인 성질을 갖는다는 것이 그 작품을 미적으로 뛰어나게 만들 수 있다. 반대로 도덕적으로 훌륭한 가치를 드러낸다는 점은 인정할 수 있지만 바로 그 도덕적 메시지 때문에 미적으로는 형편없게 되는 예술 작품도 있다.

① 갑, 을　② 갑, 병　③ 을, 정
④ 갑, 병, 정　⑤ 을, 병, 정

02

주장에 대한 동의 여부 판단

A와 B에 대한 판단으로 적절하지 않은 것은?

제7회 2015 LEET 문28

A : 어떤 사람이 자기가 한 일에 따르는 기쁨 때문에 자선행위를 한다면, 비록 그것이 나쁘다고 말할 수는 없어도 그 행위에 도덕적 가치는 없다. 왜냐하면 이 행위는 옳은 일을 해야 한다는 '의무감' 때문에 행해진 것은 아니기 때문이다. 의무란 보편타당한 도덕적 명령으로서 감정이 아니라 이성에 의해 파악된다.

B : 하지만 어떻게 의무에 따라 행위하는 인간으로 성장시킬 것인가의 문제는 별도로 고려해야 한다. 습관을 통해 선행을 기뻐하도록 미리 준비되어 있어야만 의무도 잘 받아들일 수 있다. 선행을 기뻐하지 않는 사람은 의무를 말해 주어도 잘 실천하지 못할 것이다. 마땅히 기뻐해야 할 것에 기뻐하고 마땅히 괴로워해야 할 것에 괴로워하도록 훈련시키는 것이 올바른 도덕 교육이다.

A : 도덕 교육에서 더 중요한 것은 기쁨이 동반되지 않더라도 자신이 옳다고 생각하는 원칙에 따라 행위하는 것에 능숙해지도록 가르치는 것이다. 이는 모든 사람에게 보편적으로 적용될 수 있는 행위 원칙이 무엇인가에 대해 생각하기를 배우는 과정이다.

B : 하지만 도덕적으로 행위하는 것에서 고통만을 계속 느낀다면 그 누구도 감당할 수 없을 것이다. 어린이를 도덕적 인간으로 키우려면 '상이 주는 기쁨에 대한 기대'나 '벌이 주는 고통에 대한 두려움'에 의존해야 한다.

A : 벌을 통한 교육은 악행에 대한 벌이라는 행위의 결과를 염두에 두고 행위하는 인간을 양성할 뿐이다. 이러한 인간은 상황에 따라 얼마든지 악해질 수 있다. 악행을 했을 때 도덕 교육의 수단은 존중받고 싶은 아이의 바람을 거부함으로써 수치심을 유발하는 냉담한 태도이어야 한다.

① A는 '도덕 교육의 수단으로 감정을 활용할 수 있다'는 주장에 동의할 것이다.

② A는 '타인을 돕는 데서 그 어떤 기쁨을 느끼지 못하는 사람도 도덕적 인간일 수 있다'는 주장에 동의할 것이다.

③ A는 '어떤 일을 올바른 일이라 스스로 생각하고 판단할 수 없는 인간은 도덕적 인간일 수 없다'는 주장에 동의할 것이다.

④ B는 '어떤 행위에 따르는 결과의 좋고 나쁨에 의해서 그 행위의 올바름 여부가 결정된다'는 주장에 동의할 것이다.

⑤ B는 '도덕 교육에서 옳은 행위를 잘 실천하도록 만드는 것이 왜 그 행위가 옳은지의 이유를 가르치는 것보다 더 중요하다'는 주장에 동의할 것이다.

03

의견의 일치 여부 판단

다음 논쟁에 대한 분석으로 옳은 것만을 보기 에서 있는 대로 고른 것은?

제9회 2017 LEET 문10

남성 우월주의를 표방하는 단체에 소속된 회원 백여 명이 도심에 모여 나체로 행진하는 시위를 하겠다는 계획을 밝혔다. 이를 두고 다음과 같은 논쟁이 벌어졌다.

갑 : 다른 사람에게 직접적인 물리적 위해를 줄 것이 분명히 예상되는 경우를 제외한다면, 어떤 행위도 할 수 있는 권리가 보장되어야 해. 자신의 의사를 밝히는 행위 자체가 다른 사람에게 물리적 위해를 준다고는 볼 수 없지.

을 : 그렇다면 예를 들어 인종차별을 옹호하는 단체가 시위를 하겠다는 것도 허용해야 할까? 공동체 구성원의 다수가 비도덕적이라고 여기는 가치를 떠받드는 행위를 금지하는 것은 당연해.

병 : 인종차별이 정당하다고 주장하면서 시위를 하면 많은 사람들로부터 공격을 받기 쉽지 않을까?

갑 : 그런 경우라면 시위자를 공격하는 사람의 행위를 막아야지, 시위 자체를 막아서는 안 되지.

을 : 물리적 충돌이 생기는 건 불행한 일이지만 문제의 핵심은 아니야. 왜 그런 일이 생겨나겠어? 결국 대다수 사람들이 보기에 비도덕적인 견해를 공공연하게 지지하니까 직접적인 물리적 위해를 서로 주고받게 되는 거지.

병 : 직접적인 물리적 위해가 중요한 게 아니란 점에는 동의해. 하지만 내가 보기에 한 사람의 행동이 다른 사람들에게 불쾌하게 받아들여지는지가 중요하지. 그들의 주장이 옳다 해도 이 시위를 막아야 하는 것은 그 행위가 충분히 불쾌하게 받아들여지기 때문이야. 만약 사람들의 눈에 잘 띄지 않는 장소와 시간에 시위를 한다면 다른 이야기가 되겠지.

보기

ㄱ. 시위대가 시민들로부터 물리적 위해를 받을 가능성이 시위 허용 여부를 결정하는 데 중요한 요소인지에 대해서 갑과 을은 의견을 달리한다.

ㄴ. 시위대의 주장이 대다수 시민의 윤리적 판단에 부합하는지가 시위 허용 여부를 결정하는 데 중요한 요소인지에 대해서 을과 병은 의견을 달리한다.

ㄷ. 나체 시위를 불쾌하게 여길 사람이 시위를 회피할 수 있을 가능성이 시위 허용 여부를 결정하는 데 중요한 요소인지에 대해서 갑과 병은 의견을 달리한다.

① ㄱ　② ㄴ　③ ㄱ, ㄷ

④ ㄴ, ㄷ　⑤ ㄱ, ㄴ, ㄷ

2 공통 가정 내지 전제의 파악

04 공통전제의 추론

A, B에 공통으로 필요한 전제만을 보기 에서 있는 대로 고른 것은? 제5회 2013 LEET 문24

A : 많은 범죄예방 프로그램은 구체적인 목적을 가지고 특정한 대상(지역, 범죄유형, 시간대 등)에 한정하여 시행되며, 그 대상의 범죄감소를 목표로 한다. 하지만 범죄예방 프로그램들은 의도한 효과와 더불어 의도하지 않은 결과를 초래하기도 한다. 예를 들어, 어떤 지역에 적용된 범죄예방 프로그램으로 인해 그 지역의 범죄는 줄어들지만 동시에 그로 인해 다른 지역의 범죄가 증가하기도 한다. 야간 주거침입절도를 줄이기 위한 프로그램이 시행됨에 따라 낮 시간의 주거침입절도가 증가하기도 하며, 침입경보기를 설치하는 주택이 늘어나면 이를 설치하지 않은 주택의 범죄피해가 증가하기도 한다. 이처럼 특정 범죄예방 프로그램의 시행은 다른 지역이나 다른 표적, 혹은 다른 시간에 의도하지 않게 범죄의 증가를 가져오기도 한다. 범죄 발생이 범죄예방 활동에 반응하여 단순히 이동할 뿐이라면 전체적인 수준에서의 범죄율의 변화는 나타나지 않을 것이다.

B : 범죄자를 교도소에 구금하는 정책이 범죄자의 출소 후 재범을 막기는 어려울 수도 있지만, 적어도 교도소에 구금되어 있는 동안 그가 사회를 대상으로 범죄를 저지르는 것을 제한할 수는 있다. 나이가 많아지면 범죄를 더 이상 저지르지 않는 경우가 많기 때문에 대부분의 사람들의 범죄경력 기간은 제한된다. 따라서 한창 때의 범죄자를 교도소에 가둬 둘 경우 범죄기회를 줄일 수 있다. 범죄기회가 주어지는 기간이 짧을수록 그 기간만큼 범죄를 덜 저지르게 되고, 따라서 전체적인 범죄는 그들이 구금되지 않았다면 발생했을 만큼 감소할 것이다. 예를 들어 마약 남용자 200명이 1년 동안 교도소에 구금된다면 그들이 상당수의 범죄를 저지를 수 없어 1천 건의 노상강도, 4천 건의 주거침입절도, 1만 건의 상점절도, 3천 건 이상의 다른 범죄가 감소할 것이다.

보기

ㄱ. 범죄자는 필요한 정보를 사용하여 자유의지에 의해 범죄행동을 선택할 수 있는 합리적 행위자이다.
ㄴ. 어떤 범죄자의 범행이 좌절되거나 억제되었을 때 다른 범죄자가 그 자리를 채워 범행을 하지 않는다.
ㄷ. 범죄자의 범행욕구는 비탄력적이어서 범죄자는 일정 기간 동안 일정한 정도의 범죄를 저지르도록 동기부여되어 있다.

① ㄱ ② ㄷ ③ ㄱ, ㄴ
④ ㄴ, ㄷ ⑤ ㄱ, ㄴ, ㄷ

05

암묵적 전제 판단

ⓐ~ⓒ에 관한 진술로 옳은 것만을 [보기]에서 있는 대로 고른 것은? 제6회 2014 LEET 문23

필로누스 : 우리가 감각을 통해 뜨거움이나 차가움을 지각할 때, 그 뜨거움이나 차가움은 우리 마음 바깥의 사물에 있는 것일까, 아니면 그것들은 우리의 마음에 의해 지각되는 것으로만 존재하는 것일까? 자네는 뜨거움이나 차가움에 관해서 어떻게 생각하는가?

하일라스 : 강렬한 뜨거움이나 차가움은 통증으로 지각되네. 통증이란 지독한 불쾌감의 일종이므로, 강렬한 뜨거움과 강렬한 차가움은 지독한 불쾌감에 불과하네. ⓐ그러므로 강렬한 뜨거움과 강렬한 차가움은 사물에 있는 것이 아니네. 그러나 그보다 덜한 정도의 뜨거움이나 차가움은 통증과는 무관한 것이네. 우리는 그것들을 뜨거움이나 차가움으로 지각할 뿐 아니라 '더 뜨거운 것'과 '덜 뜨거운 것' 등을 구별하여 지각하네. ⓑ그러므로 이런 정도의 뜨거움은 사물에 있다고 여겨지네.

필로누스 : 우리 모두가 인정하듯이, 어떤 것이 동시에 차기도 하고 뜨겁기도 할 수는 없네. 그러면 이제 자네의 한 손은 뜨겁고 다른 한 손은 차다고 가정해 보세. 그리고 두 손을 모두 한꺼번에 미지근한 물에 넣었다고 해 보세. 그러면 뜨겁던 손에는 그 물이 차갑게 느껴지고 차갑던 다른 한쪽 손에는 뜨겁게 느껴질 것이야. 그 물에서 자네의 한 손은 뜨거움을 느끼고 다른 한 손은 차가움을 느끼는 것이네. ⓒ그러므로 자네의 손이 느끼는 뜨거움과 차가움이 그 물에 있다고 말할 수는 없네.

보기

ㄱ. ⓐ의 추리는 "쾌감이나 불쾌감은 그것들을 지각하는 주체에만 존재하는 것이다."라는 것을 전제하고 있다.

ㄴ. ⓑ의 추리는 "사물의 성질 중에 인간이 지각할 수 없는 것이 있다."라는 것을 전제하고 있다.

ㄷ. ⓒ의 추리는 "어떤 주장이 불합리한 귀결을 갖는다면 그 주장은 참일 수 없다."는 원리를 이용하고 있다.

① ㄴ　② ㄷ　③ ㄱ, ㄴ

④ ㄱ, ㄷ　⑤ ㄱ, ㄴ, ㄷ

3-1 논쟁 분석 및 종합적 판단

06
선호 최대 충족의 원칙 논쟁

다음 논쟁의 A_1 ~ B_3을 분석한 것으로 옳지 않은 것은? 제2회 2010 LEET 문10

A_1 : 어떤 행위가 옳은지 그른지를 판정하는 원칙은, 그 행위가 관련된 개인들의 선호를 최대로 충족시키는 행위인가 아닌가이다. 어떤 행위가 그 행위와 관련된 당사자들의 선호를 최대로 충족시키면 그 행위는 옳다.

B_1 : 선호 최대 충족의 원칙은 종종 도덕적 직관에 배치되는 행위를 정당화한다. 이 원칙에 따를 경우, 만일 낙태하려는 부모의 선호가 있다면 낙태는 정당화될 것이다. 자기의식을 가지고 있지 않은 태아는 선호가 없기 때문이다. 그렇지만 "태아는 선호가 없기 때문에 낙태되어도 좋다."라는 것은 일상의 도덕적 직관에 배치된다.

A_2 : 낙태 문제의 경우, 부모의 선호뿐만 아니라 '낙태 반대 시위를 벌이는 사람들의 선호'도 선호 계산에 포함시키면 된다. 그 결과 낙태 반대의 선호가 다수의 선호라면 낙태 금지는 선호 최대 충족의 원칙에 의해서도 정당화된다.

B_2 : 다수의 선호라고 해서 도덕과 일치한다는 보장은 없다. 소수 노예 검투사들의 희생을 통해 다수 로마시민들이 오락적 선호를 충족했던 경우가 그렇다.

A_3 : 우리는 우리가 갖는 선호들이 일시적 분노, 착오 등에 기인한 것은 아닌지 스스로 검증해 볼 수 있다. 그 결과 '계몽된 선호'를 가지게 된다면 도덕에 배치되는 선호는 사라질 것이다. 요컨대 '계몽된 선호의 최대충족'이 행위의 옳음을 판정하는 원칙이다.

B_3 : 계몽된 선호라 하더라도 도덕과 일치한다는 보장은 없다. '일시적 기분, 착오에 기인하지 않으면서도 도덕에 배치되는 선호'가 있을 수 있다. 예를 들어 "내가 노예 검투사라 할지라도 나의 희생으로 인해 로마시민들이 얻을 선호 충족이 더 크므로 죽음을 감수하겠다."라고 확신에 차서 결단하는 사람이 있을 수 있는 것이다.

① B_1은 일상의 도덕적 직관에 호소하면서 A_1의 원칙을 반박하고, A_2는 원칙 적용에 있어 관련 당사자들의 범위를 넓힘으로써 이에 대처한다.

② A_2처럼 관련 당사자들의 범위를 넓혀도 도덕적 직관에 어긋나는 행위가 A_1의 원칙에 의해 정당화될 수 있다고 B_2는 반박한다.

③ B_2는 A_2를 반박하기 위해 "하나의 반례만으로도 원칙은 반증된다."라는 전략을 구사한다.

④ A_2와 A_3은 선호를 최대로 충족시키는 행위가 일상의 도덕에 배치될 가능성을 배제하려 한다.

⑤ A_3은 A_1의 선호개념의 외연을 확대함으로써 B_2의 반박에 대처하고, B_3은 이에 대해 반례를 제시한다.

07

자유의지와 양자역학

A와 B 두 사람의 토론을 분석한 것으로 적절하지 않은 것은?

제3회 2011 LEET 문18

A_1 : 최근 과학 연구 결과에 따르면, 자유의지가 있다면 그에 해당하는 신경생물학적 실체가 반드시 있어야 한다. 하지만 현재까지의 과학적 증거에 비추어 볼 때 특정 시점의 뇌 상태는 바로 이전의 뇌 상태에 의해 완전히 결정되는 것 같다. 그렇다면 우리가 일상 경험에서 아무리 생생하게 느끼더라도 자유의지는 착각에 불과하다.

B_1 : 그것은 좀 성급하다. 왜냐하면 뇌 상태가 결정론적이지 않은 방식으로 작동할 수도 있기 때문이다. 양자역학에 따르면, 특정 시점의 물리계 상태는 이전 시점의 상태에 의해 완전히 결정되지 않는다. 이러한 양자적 특징은 자유의지를 해명하는 데 도움을 줄 수 있다.

A_2 : 그 주장은 양자역학의 비결정성과 자유의지의 비결정성 사이의 중대한 차이를 간과하고 있다. 우리에게 진정한 자유의지가 있다면, 여러 선택지 중 주체의 의지로 하나를 택할 수 있어야 하고 행동의 마지막 순간까지도 그 선택을 번복할 수 있어야 한다. 하지만 미시세계에서 주로 발견되는 양자역학의 비결정성은 이런 특징을 보이지 않는다.

B_2 : 미시적 요소가 모여 복합체를 이룰 때 구성 요소의 특징과 복합체의 특징이 반드시 일치하지는 않는다. 탁자는 원자로 구성되어 있지만 표면의 매끄러움에 대응되는 원자적 속성은 없다. 그럼에도 불구하고 매끄러움은 엄연히 존재하는 탁자의 속성이다. 그러므로 복합체인 인간에게 자유의지가 나타날 가능성은 양자역학을 따르더라도 여전히 남아 있다.

A_3 : 양자역학이 자유의지가 정말로 존재한다는 것을 보여 준 것은 아니지 않는가? 그러므로 자유의지 논의에 양자역학을 끌어들이는 것은 문제 해결에 도움이 되지 않는다.

B_3 : 양자역학은 적어도 비결정론적 특징이 우리 세계에 존재할 수도 있음을 확인해 준다. 만약 어떤 비결정성도 없다면 자유의지는 논리적으로 불가능할 것이다. 양자역학은 미시적 비결정성으로부터 자유의지의 비결정성을 얻어 내는 일이 우리가 해결해야 할 문제의 핵심임을 시사한다.

① B_1은 A_1의 자유의지의 신경생물학적 실체에 대한 주장은 문제 삼지 않고 뇌 상태가 결정되는 방식에 대한 주장을 문제 삼으며 A_1의 결론에 이의를 제기하고 있다.

② A_2는 B_1이 A_1을 논박하기 위해 사용한 과학 이론이 거짓이라고 주장하고 있다.

③ A_2는 B_1이 제시한 과학 이론의 비결정성과 일상 경험에서 발견되는 비결정성 사이의 불일치를 지적하며 A_1이 지적한 문제가 B_1에 의해 해결되지 않는다고 주장하고 있다.

④ B_2는 A_2의 주장과 모순되지 않으면서도 자유의지가 진정으로 존재할 수 있는 가능성을 제시함으로써 A_1의 결론이 틀릴 수 있는 가능성을 보여 주고 있다.

⑤ A_3에 대해 B_3은 앞으로 탐구할 과제를 제시함으로써 자신의 입장을 좀 더 분명하게 해명하고 있다.

08 종과 변종의 구분기준

(가)와 (나)에 대한 분석으로 적절한 것은? 제6회 2014 LEET 문30

(가) 분류학자들은 생물 종을 분류하기 위해, 종을 규정하는 형태가 종을 구성하는 개체들 사이에서 충분히 일정하게 유지되고 다른 종의 형태와 분명히 확인될 수 있을 만한 차이를 보이는지 여부와, 만약 그런 차이가 있다면 새로운 종으로 이름을 부여할 만큼 그 차이가 충분히 중요한 것인지 여부만을 결정하면 된다. 후자의 결정은 현재 받아들여지고 있는 것보다 종 지위 결정에 있어서 훨씬 더 본질적인 사안이 될 것이다. 왜냐하면 그 둘을 연결해 주는 중간 형태가 없다면, 두 형태 사이의 차이가 아무리 사소하더라도 대부분의 분류학자들은 두 형태 각각에 종의 지위를 부여하는 것이 마땅하다고 생각할 것이기 때문이다. 그러므로 우리는 한 종과 그 종과는 뚜렷이 구별되는 변종을 식별하는 유일한 기준은, 변종은 현 상태에서 중간 형태를 통해 특정 종과 연결된다고 알려져 있거나 믿어지는 데 반해, 서로 다른 종들 사이에는 그러한 방식의 연결이 오직 과거에만 있었다는 점임을 인정해야만 한다.

(나) 종이라는 용어가 서로 닮은 개체들의 집합에 대해 편의상 임의적으로 붙인 것이라는 점, 그리고 종이라는 용어가 변종이라는 용어와 본질적으로 다른 것이 아니라는 점은 이제 분명하다. 단지 변종에 속하는 개체는 같은 종에 속한다고 보기에는 다른 개체와의 차이가 큰 형태이면서도, 종으로 분류하기에는 그 차이의 정도가 좀 덜 분명한 것일 뿐이다. 그런 점에서 종과 변종을 구별하는 차이는 같은 종에 속하는 개체들 사이의 차이와 비교할 때 편의상 임의적으로 구별한 것에 불과하다. 이런 생각은 분류학자들에게 기분 좋은 소식이 아닐 것이다. 하지만 우리는 이 견해를 따름으로써, 적어도 아직 발견되지 않은 그리고 발견될 수 없을 종의 본질을 헛되이 찾는 일로부터는 자유롭게 될 것이다.

- 찰스 다윈, 『종의 기원』 -

① (가)는 종이란 분류의 편리함을 위해 임의적으로 이름 붙인 것에 불과하다고 주장하고 있다.
② (나)는 종과 변종의 차이는 그 둘 사이의 연결 고리가 현재 존재하는지의 여부라고 주장하고 있다.
③ (가)와 (나)는 종의 본질을 찾는 노력이 헛된 일이라는 견해를 받아들이지 않을 것이다.
④ (가)와 (나)는 종이 다른 종들과 구별될 수 있는 불변하는 속성을 가지고 있다는 견해를 받아들이지 않을 것이다.
⑤ (가)와 (나)는 종과 변종 사이의 차이가 개체들 사이의 차이보다 그 정도가 큰 것일 뿐이라는 견해를 받아들이지 않을 것이다.

09 소크라테스의 문답법

다음 대화를 분석한 것으로 옳지 않은 것은? 제7회 2015 LEET 문12

소크라테스 : 자네 생각으로는 어떤 이는 좋은 것을 원하지만 Ⓐ어떤 이는 나쁜 것을 원한다는 건가?

메논 : 네.

소크라테스 : 나쁜 것을 원하는 자는 ㉠나쁜 것을 좋은 것인 줄로 여기고서 원하는 자인가, 아니면 나쁜 것인 줄 알면서도 원하는 자인가?

메논 : 양쪽 다 있습니다.

소크라테스 : 나쁜 것인 줄 알면서도 원하는 자는 ㉡그 나쁜 것이 자신에게 이로울 줄로 여기고서 원하는 자인가, 아니면 해로울 줄 알고서 원하는 자인가?

메논 : 두 부류 다 있습니다.

소크라테스 : 또한 그 나쁜 것이 자신에게 이로울 것으로 여기는 자들은 그 나쁜 것이 나쁜 줄을 아는 자일까?

메논 : 적어도 그건 전혀 아닐 것입니다.

소크라테스 : 그렇다면 그는 나쁜 것을 원하는 자는 아니네. 나쁜 줄 몰라서 그게 좋은 줄로 여긴 거니까 실상 그런 사람은 ㉢좋은 것을 원하는 자임이 명백하네.

메논 : 적어도 그들은 그런 것 같습니다.

소크라테스 : 한편 자네 주장처럼, ㉣나쁜 것이 해로울 줄로 여기면서도 그 나쁜 것을 원하는 자는, 그것으로 해서 자신이 해로움을 당할 것임을 알고 있을까?

메논 : 그야 물론입니다.

소크라테스 : 그러나 이들은 해로움을 당하는 자를 비참한 자로 간주하겠지?

메논 : 그것 또한 필연적입니다.

소크라테스 : 하지만 ㉤비참하기를 원하는 자가 있을까?

메논 : 없을 것으로 생각됩니다.

소크라테스 : 그렇다면 Ⓑ아무도 나쁜 것을 원하지는 않네.

메논 : 참으로 맞는 말씀입니다.

- 플라톤, 『메논』 -

① 메논은 Ⓐ에 대한 견해를 바꾸었다.

② 메논은 나쁜 것이 나쁜 줄을 아는 자에 ㉠이 포함되지 않는다고 인정하였다.

③ 소크라테스는 ㉠과 ㉡을 모두 ㉢에 포함시켰다.

④ 메논은 ㉣이 있을 수 있다는 견해를 유지하였다.

⑤ ㉤이 있다면 메논은 Ⓑ에 동의할 필요가 없다.

10

이기적 유전자 논쟁

A와 B의 논쟁에 대한 판단으로 옳지 않은 것은?

제7회 2015 LEET 문30

A_1 : 유기체란 특정 유전자가 더 많은 복제본을 만들어 내는 영속적인 과업을 위해 이용하고 버리는 꼭두각시이다. 유기체는 유전자로 알려진 '이기적'분자들을 보존하기 위해 프로그램된 생존 기계에 불과하기 때문이다.

B_1 : 우리는 누구나 '이기적'이라는 말이 부정적인 의미의 용어임을 잘 알고 있다. 바이러스도 유전자와 마찬가지로 자기 복제의 경향을 강하게 지니고 있다. 그러면 바이러스도 이기적인가? 유전자가 이기적이라는 것은 바이러스가 부끄러움을 많이 탄다고 말하는 것과 같은 말장난에 지나지 않는다.

A_2 : 유전자가 심성을 지닌 목적 지향적 존재라는 것은 아니다. 내가 의도한 바는, 유기체란 유전자가 자기 복제본의 수를 늘리는 과정의 한 부분으로서 기획, 구축, 조작하는 수단이자 도구라는 것이다. 만약 개코원숭이의 어떤 행동이 자신의 생존 및 번식 가능성을 낮추고 다른 존재의 생존 기회를 증진하는 결과를 낳았다면, 그 행동을 이타적이라 말할 수 있을 것이다. '이기적인'이라는 말도 마찬가지 방식으로 이해될 수 있다.

B_2 : 이기적이라는 말을 그렇게 이해한다고 하자. 그런데 과학자인 내가 나 자신의 복제본을 만들어 냈다고 가정해 보자. 이때 내 복제본은 '내 이기심'이 귀속되는 대상이 아니다. 그것은 나에게 만족감은 줄지 모르지만, 자기 복제를 하는 주체인 나의 수명은 단 1초도 늘려주지 못한다.

A_3 : 여기서 내가 말하는 이기적 유전자란 DNA의 한 특수한 물리적 조각이 아니라 그것의 '모든 복제'를 통칭한다. 특정의 물리적 DNA 분자는 생명이 매우 짧지만, 자신의 복사본 형태로는 1억 년을 생존하는 것도 가능하다.

B_3 : 그렇다면 같은 논리로, 예컨대 마이클 잭슨과 똑같은 복제 마이클 잭슨을 만들 수 있다면, 마이클 잭슨이 지금도 생존하고 있다고 말할 수 있는가? 만약 그렇다면, 우리는 자신을 복제한 존재를 계속 만들어 냄으로써 영생을 누릴 수 있을 것인가? 이는 '생존'이라는 말의 의미 또한 바꾸자는 소리이다.

① B_1은 유전자와 바이러스의 유비를 통하여 유기체가 유전자의 꼭두각시라는 주장을 비판하고 있다.
② A_2는 '이기적'의 개념을 재정의함으로써 B_1에 대응하고 있다.
③ B_2는 A_1이 특정 유전자와 그것의 복제 유전자는 서로 구분되는 독립적인 존재라는 사실을 무시하고 있음을 비판하고 있다.
④ A_3은 '이기적임'의 성질이 적용되는 대상의 수준이 유기체의 경우와 유전자의 경우에 서로 다름을 들어서 B_2에 대응하고 있다.
⑤ B_3은 A_1의 주장과 반대로 유전자가 유기체의 꼭두각시일 수 있음을 주장하고 있다.

11

유용성의 원리

A~C에 대한 분석으로 옳은 것만을 보기 에서 있는 대로 고른 것은?

제9회 2017 LEET 문11

A : 유용성의 원리가 의미하는 바는, 한 행위가 그것과 관련되는 사람들의 행복을 증가시키느냐 아니면 감소시키느냐에 따라서 그 행위를 용인하거나 부인한다는 점이다. 오직 유용성의 원리만이 구체적이고, 관찰 가능하며, 검증 가능한 옳은 행위의 개념을 산출할 수 있다. 어떤 범위와 기간까지 고려하여 유용성을 평가할 것인지도 각 행위가 행해지는 상황을 통해 충분히 결정 가능하다. 따라서 행위자의 개별 행위에 직접 적용되는 유용성의 원리만이 도덕적 고려의 대상이 되어야 한다.

B : 유용성의 원리는 개별 행위보다는 행위 규칙과 연관되어야 한다. 한 행위가 아니라, “거짓말을 하지 말라.”와 같은 행위 규칙이 유용한지 아닌지를 물어야 한다. 거짓말을 허용하는 것보다 허용하지 않는 규칙이 장기적인 관점에서 더 많은 유용성을 산출한다면, 당장 거짓말하는 행위가 유용하다 할지라도 이를 금하고 그 규칙을 따르도록 해야 한다. 유용성이 입증된 행위 규칙들이 마련되면, 행위자는 매 행위의 유용성을 일일이 계산할 필요 없이 그 규칙에 부합하는 행위를 하는 것만으로 옳은 행위를 수행할 수 있다.

C : 유용성의 원리는 하나의 통일적 삶, 즉 하나의 전체로서 파악하고 평가할 수 있는 삶 속에서만 판단되고 적용되어야 한다. 인간은 그가 만들어내는 허구 속에서 뿐만 아니라 자신의 행위와 실천에 있어서도 ‘이야기하는 존재’이다. “나는 무엇을 해야만 하는가?”라는 물음은 이에 선행하는 물음, 즉 “나는 어떤 이야기의 부분인가?”라는 물음에 답할 수 있을 때에만 제대로 답변될 수 있다. 나는 나의 가족, 나의 도시, 나의 부족, 나의 민족으로부터 다양한 부채와 유산, 기대와 책무들을 물려받는다. 이런 것들은 나의 삶에 주어진 사실일 뿐만 아니라, 나의 행위가 도덕적이기 위해 부응해야 할 요소이기도 하다.

보기

ㄱ. A와 B에 따르면, 한 명의 전우를 적진에서 구하기 위해 두 명의 전우가 죽음을 무릅쓰는 행위가 도덕적일 수 있다.
ㄴ. A와 C에 따르면, 거짓말을 하는 것이 상황에 따라 옳을 수 있다.
ㄷ. A, B, C 모두 유용성의 원리를 도덕적 판단의 기준으로 고려한다.

① ㄱ ② ㄷ ③ ㄱ, ㄴ
④ ㄴ, ㄷ ⑤ ㄱ, ㄴ, ㄷ

12
인과 개념

다음 논쟁에 비추어 〈사례〉를 평가한 것으로 옳은 것만을 보기 에서 있는 대로 고른 것은?

제10회 2018 LEET 문14

갑 : 어떤 것이 없다거나 어떤 것을 행하지 않았다는 것은 원인이 될 수 없어. 예를 들어, 철수가 화초에 물을 주지 않았다는 것이 그 화초가 죽게 된 원인이라고는 할 수 없지. 다른 것의 원인이 되기 위해서는 일단 존재하는 것이어야 하니까. 만약 철수가 화초에 뜨거운 물을 주어 화초가 죽었다면, 철수가 준 뜨거운 물이 화초가 죽게 된 원인이라고 할 수 있지. 철수가 준 뜨거운 물은 존재하는 것이니까 말이야.

을 : 원인이 되는 사건이 일어나지 않았더라면 결과도 일어나지 않았을 것이라고 판단할 수 있는지가 원인과 결과를 찾는 데 중요해. 철수가 화초에 물을 주었더라면 화초가 죽는 사건은 일어나지 않았을 거야. 그런 점에서 철수가 화초에 물을 주지 않았다는 것이 화초가 죽게 된 원인이라고 해야겠지.

병 : 이미 일어난 사건이 일어나지 않았을 상황을 상상하라는 것은 지나친 요구가 아닐까? 어떤 사건이 다른 사건의 원인인지 여부는 경험할 수 있는 것을 토대로 밝혀져야 한다고 생각해. 어떤 사건이 일어난 시점 이후에 다른 사건이 일어나는 경우에만 앞선 사건이 뒤이은 사건의 원인일 수 있어. 물론 그것만 가지고 그 사건을 원인이라고 단정할 수는 없지만 말이야.

〈사례〉

탐험가 A는 홀로 사막으로 탐험을 떠날 예정이다. 그런데 그의 목숨을 노리는 두 사람 B와 C가 있다. A는 사막에서 생존하는 데 필수적인 물을 물통에 가득 담아 챙겨 두었다. B는 몰래 이 물통을 비우고 물 대신 소금을 넣었다. 이후 이를 모르는 C는 A가 탐험을 떠나기 직전 물통을 훔쳤다. 탐험을 떠난 A는 주변에 마실 물이 없었기 때문에 갈증 끝에 죽고 말았다.

보기

ㄱ. 갑은 A 주변에 오아시스가 없다는 것이 A가 사망한 사건의 원인이라고 보지 않을 것이다.
ㄴ. 을은 B의 행위와 C의 행위가 각각 A가 사망한 사건의 원인이라고 볼 것이다.
ㄷ. 병은 B의 행위가 A가 사망한 사건의 원인이라고 볼 것이다.

① ㄱ　② ㄴ　③ ㄱ, ㄷ
④ ㄴ, ㄷ　⑤ ㄱ, ㄴ, ㄷ

13

사실판단과 당위판단

A~C에 대한 분석으로 적절한 것만을 보기 에서 있는 대로 고른 것은? 제10회 2018 LEET 문16

대개 우리는 사실 판단과 당위 판단을 엄격히 구분한다. 예컨대 '약속한다'거나 '선언한다'고 할 때 '~한다'는 행위는 누군가가 어떤 시점에 어떤 것을 말한다는 사실의 문제인 반면, 그 말을 한 사람이 이후에 무언가를 '해야 한다'는 것은 사실의 문제와는 다른 당위의 문제라고 생각한다. 그런데 다음 논증을 보자.

(1) 존은 다음과 같이 말한다. "나는 스미스에게 5달러를 지불하기로 약속한다."
(2) 따라서 존은 스미스에게 5달러를 지불하기로 약속한 것이다.
(3) 따라서 존은 스미스에게 5달러를 지불해야 한다.

사실로부터 시작해 당위를 최종 결론으로 이끌어내는 이 논증에 대해 세 사람 A, B, C는 각각 아래와 같이 평가하였다.

A : 이 논증은 (2)에서 (3)으로 나아가는 과정은 문제가 없지만, (1)에서 (2)로 나아가는 과정에 논리적 결함이 있다. 단순히 연극의 대사나 문법책의 예문을 읊은 경우라면 (1)로부터 (2)가 도출되지 않는다. 이런 예외적인 경우가 아니라면 (1)로부터 (2)가 도출되며, 이때는 존이 (3)과 같은 의무를 지닌다고 할 수 있다.

B : 이 논증은 존이 보통의 상황에서 약속을 했다고 할 때 (1)에서 (2)로 나아가는 과정은 문제가 없지만, (2)에서 (3)으로 나아가는 과정에 논리적 결함이 있다. (2)로부터 (3)이 바로 도출되는 것은 아니다. 그것이 도출되려면 사실과 당위를 연결해주는 암묵적 전제를 새로 추가해야 한다.

C : 이 논증은 (2)에서 (3)으로 나아가는 과정에 논리적 결함이 있다. '약속한다'는 말은 때로 당위를 의미하기도 하지만 때로 누구와 어떤 약속을 한다는 객관적 사실을 표현하기도 한다. 이처럼 '약속한다'는 말은 다의적이며, (2)에서 그것이 당위를 의미한다는 보장이 없는 한 (3)으로 나아가는 과정은 문제가 된다.

보기

ㄱ. A가 (2)를 당위 판단으로 여기는지 여부는 알 수 없다.
ㄴ. B는 (2)를 사실 판단으로 여기는 반면 C는 (2)를 당위 판단으로 여긴다.
ㄷ. A는 사실 판단에서 당위 판단이 도출될 수 있다고 보지만 C는 그렇지 않다.

① ㄴ ② ㄷ ③ ㄱ, ㄴ
④ ㄱ, ㄷ ⑤ ㄱ, ㄴ, ㄷ

14 미적 취향의 기준

A, B에 대한 평가로 옳은 것만을 [보기]에서 있는 대로 고른 것은? 제11회 2019 LEET 문22

사람들의 미적 감각이 결코 우열을 가릴 대상이 아님을 당연시하는 오늘날의 상식은 흔히 ㉠미적 취향의 보편적 기준을 부정하고 모든 이의 미적 취향을 동등하게 인정하는 태도로 이어지곤 한다. 하지만 때로는 상식이 정반대의 견해를 옹호하는 것처럼 보이기도 한다. 우리는 흔히 예술가의 우열 구분에 쉽게 동의하곤 하는데, 미켈란젤로가 위대한 예술가라는 믿음은 실제로 상식이 아닌가. 이럴 때는 마치 상식이 미적 취향의 보편적 기준을 인정하는 것처럼 보인다. 그렇다면 상식은 한편으로는 미적 취향의 보편적 기준은 없다고 판단하면서 다른 한편으로는 그런 보편적 기준이 있다고 판단하는 셈이다.

A : 인간의 자연 본성에는 미적 취향과 관련하여 고정된 공통 감정이란 것이 있다. 편견이나 선입견 때문에 나쁜 작품이 일정 기간 명성을 얻을 수 있으나 그런 현상이 결코 지속될 수 없는 것도 바로 이 공통 감정 때문이다. 편견이나 선입견은 결국 인간의 올바른 감정의 힘에 굴복하게 되어 있다.

B : 사회 지배층이 자신들의 탁월성을 드러내고 피지배자들과의 차별성을 부각하는 과정에서 미적 취향의 기준이 생성된다. 미적 취향은 이런 사회적 관계가 체화된 것일 뿐 인간의 자연 본성에 근거한 것이 아니다. 사회적 관계가 늘 변할 수 있듯이 그런 미적 취향의 기준도 항상 변화할 수 있다.

보기

ㄱ. A는 ㉠을 거부한다.
ㄴ. B는 '사회를 구성하는 모든 이의 미적 취향을 동등하게 인정해야 한다'는 주장에 동의한다.
ㄷ. A도 B도 '피카소가 위대한 예술가라는 현재의 평가가 미래에는 달라질 수 있다'는 주장과 모순되지 않는다.

① ㄱ ② ㄴ ③ ㄱ, ㄷ
④ ㄴ, ㄷ ⑤ ㄱ, ㄴ, ㄷ

15

신의 속성에 대한 논쟁

다음으로부터 추론한 것으로 옳은 것만을 보기 에서 있는 대로 고른 것은?

제12회 2020 LEET 문18

甲 : 신은 완전한 존재이다. 이는 첫째로 신이 전능함을 함축한다. 따라서 신은 자신이 원한다면 무슨 일이든지 할 수 있을 것이다. 기적을 일으켜 자연법칙을 거스를 수도 있고 이미 지나가 버린 과거를 바꿀 수도 있다. 둘째로 신의 완전함은, 신이 이 세상을 완벽하게 창조했으며 자신이 계획한 그대로 역사를 진행시킨다는 것을 함축한다. 신의 이러한 계획에 개입할 수 있는 존재는 없다.

乙 : 甲의 주장에는 문제가 있다. 우선 甲의 두 주장은 서로 상충한다. 신이 완벽하게 과거 현재 미래를 이미 결정한 채 역사를 진행시키고 있다는 것이 사실이라면, 신이 그렇게 진행되어 온 과거를 결코 바꾸지 않을 것이다. 게다가 각 주장도 거짓이라 볼 이유가 있다. 첫째, 신은 엄청난 능력을 가지고 있기는 하나 무엇이든지 다 할 수 있다고 보는 것은 문제가 있다. 신은 아직 결정되지 않은, 장차 벌어질 사건들에서는 무한한 능력을 발휘할 수 있다. 하지만 신조차도 시간의 흐름만은 통제할 수 없기에, 과거로 거슬러 올라가 이미 벌어진 사건을 바꿀 수는 없다. 둘째, 만일 신이 자신이 계획한 대로 역사를 진행시킨다면, 우리가 신에게 기도하는 현상을 설명할 수 없다. 우리는 기도를 통해 우리가 신의 계획에 영향을 줄 수 있다고 믿는다. 이 믿음이 옳다면, 신이 세상을 계획에 따라 창조했더라도 신의 계획은 변경될 수 있을 것이다.

보기

ㄱ. 甲과 乙은 둘 다 기적이 있을 수 있다고 믿는다.
ㄴ. 甲과 乙은 신이 역사를 진행시키는 방식에 대한 견해가 다르다.
ㄷ. 乙은 신이 과거를 바꾼다는 것은 신의 계획이 완전하지 않음을 의미한다고 여긴다.

① ㄱ　② ㄴ　③ ㄱ, ㄷ
④ ㄴ, ㄷ　⑤ ㄱ, ㄴ, ㄷ

16

인식론 / 필요전제 여부판단

다음 글에 대한 분석으로 옳은 것만을 보기 에서 있는 대로 고른 것은? 제13회 2021 LEET 문17

A: 내가 불충분한 증거에 근거해서 믿음을 갖게 된다면, 그 믿음 자체로는 큰 해가 되지 않을지도 모른다. 그 믿음이 궁극적으로 사실일 수도 있고, 결코 외부적인 행동으로 나타나지 않을지도 모른다. 그러나 나 자신을 쉽게 믿는 자로 만드는, 인류를 향한 범죄를 저지르는 것은 피할 수 없다. 한 사회가 잘못된 믿음을 가졌다는 것 자체도 큰 문제이나, 더 큰 문제는 사회가 속기 쉬운 상태가 되고, 증거들을 검토하고 자세히 조사하는 습관을 잃어서 야만의 상태로 돌아간다는 것이다. ㉠불충분한 증거에서 어떤 것을 믿는 것은 언제나 어디서나 누구에게나 옳지 않다.

-윌리엄 클리포드, 『믿음의 윤리학』-

B: "진리를 믿어라!", "오류를 피하라!" 이는 인식자에게 가장 중요한 명령입니다. 그러나 이 둘은 별개의 법칙입니다. 그리고 이들 사이에서 어떤 선택을 하느냐에 따라서 우리의 지적인 삶 전체가 달라질 수 있습니다. 진리의 추구를 가장 중요한 것으로 여기고 오류를 피하는 것을 부차적인 것으로 여길 수도 있고, 반대로 오류를 피하는 것을 가장 중대한 것으로 보고 진리를 얻는 것을 부차적인 것으로 여길 수도 있습니다. 클리포드는 우리에게 후자를 선택하도록 권고하고 있습니다. 그는 불충분한 증거에 기초해서 거짓을 믿게 되는 끔찍한 위험을 초래하기보다는, 아무것도 믿지 말고 마음을 보류 상태에 두라고 말하고 있는 것입니다. 나 자신은 클리포드 편을 들지 못할 것 같습니다. 어떤 경우든 우리가 잊지 말아야 할 것은, 진리 또는 오류에 관련된 의무에 대해서 우리가 갖고 있는 이런 태도는 증거에 기초한 것이 아니라 정념에 기초한 것이라는 점입니다. "거짓을 믿기보다는 영원히 믿지 않는 편이 낫다!"라고 말하는 클리포드 같은 사람은 순진하게 속는 것에 대한 두려움을 표현하고 있을 뿐입니다.

-윌리엄 제임스, 『믿음에의 의지』-

보기

ㄱ. A는 A의 결론대로 행하지 않을 경우에 발생하게 될 바람직하지 않은 결과를 지적함으로써 그 결론을 뒷받침하고 있다.
ㄴ. B에 따르면, ㉠에 대한 클리포드의 믿음은 충분한 증거에 기초하고 있지 않다.
ㄷ. B의 논증은 '충분한 증거에 기초한 믿음이라도 오류일 수 있다'는 전제를 필요로 한다.

① ㄱ ② ㄷ ③ ㄱ, ㄴ
④ ㄴ, ㄷ ⑤ ㄱ, ㄴ, ㄷ

17

동일판단 / 동일전제

다음 글을 분석한 것으로 옳은 것만을 보기 에서 있는 대로 고른 것은? 제13회 2021 LEET 문18

A : '인식적 객관성'은 어떤 주장의 참 거짓 여부보다 그 주장을 어떤 방식으로 정당화했느냐 하는 측면과 관계가 있다. 주장을 제기하는 과정에서 자신을 포함해 그 누구의 것이든 편향성, 선입견, 동조심리, 개인적인 희망사항 등 주관적인 요소들의 개입으로 인해 이성의 건전한 상식과 합리성이 굴절되는 일이 없도록 해야 한다는 것이다. 이런 의미에서 인식적 객관성을 확보한 판단은 일반적인 설득력을 지닌다.

B : 예술작품이 의도된 효과를 발휘하기 위해서는 어떤 특정한 관점에서 감상되어야 한다. 비평가의 상황이 작품이 요구하는 상황에 적합하지 않으면 그 비평가는 작품에 대해 적절하게 판단할 수 없다. 가령 변론가는 특정한 청중을 향해 연설하기에, 그 청중에게 고유한 특질, 관심, 견해, 정념, 선입견을 고려해야 한다. 만일 다른 시대 혹은 다른 나라의 비평가가 이 변론을 접한다면, 이 변론에 대해 올바른 판단을 내리기 위해 이러한 모든 상황을 고려하여 자기 자신을 당시의 청중과 동일한 상황에 대입해야 한다. 예술작품의 경우도 마찬가지이다. 설사 비평가 자신이 예술가와 친구라 할지라도, 혹은 적대하고 있다고 해도, 그는 이러한 특수한 상황에서 벗어나 이 작품이 전제로 하는 관점을 취할 필요가 있다.

보기

ㄱ. 두 사람이 어떠한 주장에 대해 동일한 판단을 내렸다면, A에 따를 때 그들의 판단은 인식적 객관성을 가진다.

ㄴ. A에 따를 때, B의 비평가가 예술작품에 대해 내리는 판단은 인식적 객관성을 갖지 않는다.

ㄷ. 서로 다른 시대나 나라에 살았던 어떤 두 비평가가 동일한 예술작품에 대해 동일한 판단을 내렸다면, B에 따를 때 그들의 판단은 그 작품이 전제로 하는 관점에서 이루어진 것이다.

① ㄱ　② ㄴ　③ ㄱ, ㄷ
④ ㄴ, ㄷ　⑤ ㄱ, ㄴ, ㄷ

18

과학이론 변화의 성격

다음 논쟁에 대한 분석으로 옳은 것만을 보기 에서 있는 대로 고른 것은? 제13회 2021 LEET 문20

갑: 과학 이론의 변화가 '진정한 진보'인지는 분명치 않다. 물론 과학의 역사를 보면, 후속 이론이 더 많은 수의 사실을 설명하고 예측함으로써 선행 이론을 대체한 경우들도 있다. 그러나 이는 후속 이론이 '진정으로 진보적'이라는 주장의 근거는 되지 못한다. 그 사례들은 후속 이론이 단지 더 많은 사회적 지원을 받았다거나 더 많은 과학자들이 연구에 참여했다는 것만을 보여줄 뿐이다.

을: 이론의 과거 성취에 그러한 외재적 요소의 영향이 있었더라도, 진보에 대한 판단이 불가능한 것은 아니다. 왜냐하면 진보 여부에 대한 판단은 과거 성취와 더불어 미래에 달성할 수 있는 성취에도 달려있기 때문이다. 그리고 이론이 미래에 달성할 수 있는 성취는 그런 외재적 요소의 영향을 받지 않는다.

갑: 이론의 과거 실적을 비교하는 것은 가능하다. 그러나 이론이 미래에 달성할 설명과 예측의 범위, 즉 이론의 장래성을 비교하는 것은 어렵다. 우리는 한 이론이 미래에 가지게 될 모든 귀결을 알 수는 없기 때문이다.

을: 우리는 종종 두 이론의 장래성을 비교할 수 있다. 두 이론 T1과 T2에 대해, T2를 구성하는 진술들로부터 T1을 구성하는 진술들을 연역적으로 도출할 수 있지만 그 역은 성립하지 않는다고 하자. 그러면 T2는 T1의 모든 예측에 덧붙여 새로운 예측을 할 것이다. 이 경우, T2는 T1보다 '더 일반적'이므로 더 장래성이 있다.

보기

ㄱ. 과학 이론의 변화가 '진정한 진보'이려면 어떤 이론의 성공이 사회적 요소로만 해명되어서는 안 된다는 데 갑과 을은 동의한다.

ㄴ. 과학 이론의 변화는 과거 이론의 설명과 예측을 보존하고 그에 더하여 새로운 설명과 예측을 제공하는 방식으로 이루어져 왔다는 데 갑과 을은 동의한다.

ㄷ. 뉴턴 이론이 잘못 예측했던 부분에 대해 상대성 이론이 옳게 예측했다면, 상대성 이론이 뉴턴 이론보다 '더 일반적'인 이론이라는 데 을은 동의한다.

① ㄱ ② ㄴ ③ ㄱ, ㄷ
④ ㄴ, ㄷ ⑤ ㄱ, ㄴ, ㄷ

19

언어철학 / 취향술어

다음 논쟁에 대한 분석으로 옳은 것만을 보기 에서 있는 대로 고른 것은? 제14회 2022 LEET 문22

'맛있다' 혹은 '재밌다'와 같은 사람들의 취향과 관련된 술어를 취향 술어라고 한다. 취향 술어를 포함한 문장에 관하여 갑과 을이 다음과 같이 논쟁하였다.

갑: "곱창은 맛있다."라는 문장은 사실 'x에게'라는 숨겨진 표현을 언제나 문법적으로 포함한다. 이때 'x'는 변항으로서, 특정 맥락의 발화자가 그 값으로 채워진다. 예를 들어, 곱창을 맛있어 하는 지우가 "곱창은 맛있다."라고 말한다면, 지우의 진술은 〈곱창은 지우에게 맛있다〉라는 명제를 표현하는 참인 진술이 된다. 반면, 곱창을 맛없어 하는 영호가 동일한 문장을 말한다면, 영호의 진술은 〈곱창은 영호에게 맛있다〉라는 다른 명제를 표현하는 거짓인 진술이 된다.

을: 지우가 "곱창은 맛있다."라고 말하는 경우, 영호는 "아니, 곱창은 맛이 없어!"라고 반박할 수 있고, 그렇다면 둘은 이에 대해 논쟁하기 시작할 것이다. 하지만 만일 갑의 견해가 맞는다면, 지우는 단지 〈곱창은 지우에게 맛있다〉라는 명제를 표현하고, 영호는 그와는 다른 명제의 부정을 표현하는 것이므로, 이 둘은 진정한 논쟁을 하는 것이 아니다. 그러나 분명히 두 사람은 이러한 상황에서 진정한 논쟁을 할 수 있으며, 이는 갑의 견해에 심각한 문제가 있음을 보여 주는 것이다. 이를 해결하기 위해서는, "곱창은 맛있다."라는 문장은, 누가 말하든지 〈곱창은 맛있다〉라는 명제를 표현한다고 간주해야 한다.

보기

ㄱ. 갑에 따르면, 곱창을 맛있어 하는 사람들의 진술 "곱창은 맛있다."는 모두 같은 명제를 표현하지만, 이는 곱창을 맛없어 하는 사람들의 진술 "곱창은 맛있다."가 표현하는 명제와는 다르다.

ㄴ. 영호가 곱창을 맛없어 하는 경우, 영호의 진술 "곱창은 맛있다."는 갑에 따르면 참이 될 수 없지만 을에 따르면 참이 될 수 있다.

ㄷ. 을의 논증은, 같은 명제에 대해 두 사람의 견해가 불일치한다는 사실이 그들의 논쟁이 진정한 논쟁이 되기 위한 필요조건임을 가정하고 있다.

① ㄱ　② ㄴ　③ ㄱ, ㄷ
④ ㄴ, ㄷ　⑤ ㄱ, ㄴ, ㄷ

3-2 논쟁 분석 및 강화 약화 판단

20
논쟁 분석 및 평가

다음 견해들에 대한 분석으로 옳은 것만을 보기 에서 있는 대로 고른 것은? 제8회 2016 LEET 문13

온실가스의 배출이 국제적으로 기후변화와 자연재해를 일으킨다고 알려져 있다. 다음은 기후변화에 대응하기 위해 온실가스의 배출을 제한하는 경우 그 부담을 각국에 공정하게 분배하기 위한 견해들이다.

A : 지구상의 모든 사람들은 평등한 대기 이용 권리를 가지므로 각 개인이 배출할 권리를 갖는 온실가스의 양은 동등해야 한다. 따라서 각 국가가 가지는 온실가스 배출권은 그 국가의 인구에 비례해서 주어져야 한다.

B : 과거에 온실가스를 많이 배출한 국가들은 온실가스를 저장할 수 있는 대기의 능력 중 자신의 몫의 일부를 이미 사용한 것이므로 그만큼 장래 온실가스를 배출할 권리를 적게 가져야 한다.

C : 국제적으로 온실가스 배출량을 제한함으로써 얻을 이익이 더 큰 국가들, 즉 온실가스로 인한 자연재해의 피해가 배출제한 이후 더 많이 경감되는 국가들이 그 이익의 양에 비례해서 국제적 비용을 더 많이 지불하도록 해야 한다.

※ 각 국가는 자기 이익을 극대화하려는 성향을 가진다고 가정한다.

보기

ㄱ. 사치성 소비를 위한 온실가스 배출 권리와 필수 수요 충족을 위한 온실가스 배출 권리에 차별을 두는 것이 합당하다면 A는 약화된다.

ㄴ. 과거 세대의 행위에 대해 현재 세대에게 책임을 지울 수 없다는 이유로 B를 비판한다면, B는 과거 화석 연료를 이용한 산업화 과정을 거친 국가들이 현재 1인당 국민총생산도 일반적으로 높다는 사실을 들어 이 비판을 약화할 수 있다.

ㄷ. 온실가스로 인해 자연재해의 피해를 크게 입은 국가와 온실가스를 많이 배출한 국가가 일치하지 않고, 현재 인구가 많은 국가일수록 과거에 온실가스를 더 많이 배출했다면, 현재 인구가 많은 국가는 A보다는 C에 더 동의할 것이다.

① ㄴ ② ㄷ ③ ㄱ, ㄴ
④ ㄱ, ㄷ ⑤ ㄱ, ㄴ, ㄷ

21

논쟁 분석
및 평가

다음 논쟁에 대한 분석으로 옳은 것만을 보기 에서 있는 대로 고른 것은?

제9회 2017 LEET 문16

설거지를 하던 철수는 수지로부터의 전화벨 소리에 깜짝 놀라고 접시를 깨뜨린다. 접시를 깬 이유가 무언지 생각해본 철수는 '수지가 자신에게 전화를 건 사건'이 '자신이 깜짝 놀란 사건'의 원인이며, '자신이 깜짝 놀란 사건'이 '자신이 접시를 깬 사건'의 원인이라고 추론한다. 왜냐하면 철수는 다음의 원리를 받아들이기 때문이다.

원리 A : 임의의 사건 a, b에 대하여, a가 b의 원인이라는 것은 a가 발생하지 않았더라면 b가 발생하지 않았다는 것이다.

이어서 철수는 다음의 원리를 통해 '수지가 전화를 건 사건'이 '자신이 접시를 깬 사건'의 원인이라고 결론 내린다.

원리 B : 임의의 사건 a, b, c에 대하여, a가 b의 원인이고 b가 c의 원인이라면, a는 c의 원인이다.

철수는 자신이 접시를 깬 것은 수지 때문이라며 수지를 원망한다. 이에 수지는 다음의 사례를 들어 반박한다. 사실 어젯밤 철수의 집에 누군가 몰래 침입하여 폭탄을 설치하였다. 오늘 아침 수지가 다행히 폭탄을 발견하였고 이를 제거하였다. 철수는 무사히 출근할 수 있었다. 수지는 다음과 같이 말한다.

"'만약 누군가가 폭탄을 설치하지 않았더라면, 내가 폭탄을 제거할 일이 없었을 것'이라는 점은 당연하지. 그렇다면 원리A에 의해 '누군가 폭탄을 설치한 사건'이 '내가 그 폭탄을 제거한 사건'의 원인이라 해야 할 거야. 마찬가지 방식으로 '내가 폭탄을 제거한 사건'이 '네가 출근한 사건'의 원인이라고 해야 하겠지. 그런데 원리B에 의하면, '누군가 폭탄을 설치한 사건'이 '네가 출근한 사건'의 원인이라고 말해야 할 거야. 누군가 폭탄을 설치했기 때문에 네가 출근할 수 있었다는 게 말이 된다고 생각하니?"

보기

ㄱ. '철수가 접시를 구입하지 않았더라면, 철수는 접시를 깨지 않았을 것'이라는 것은 당연하다. 하지만 '철수가 접시를 구입한 것'이 '철수가 접시를 깬 사건'의 원인이라고 말하는 것은 부적절해 보인다. 그렇다면 이는 원리A를 약화한다.

ㄴ. 철수의 추론은 '수지가 자신에게 전화 걸지 않았더라면, 자신은 접시를 깨지 않았을 것'이라는 전제를 사용한다.

ㄷ. 수지의 추론은 '자신이 폭탄을 제거하지 않았더라면, 철수는 출근하지 못했을 것'이라는 전제를 사용한다.

① ㄱ　② ㄴ　③ ㄱ, ㄷ
④ ㄴ, ㄷ　⑤ ㄱ, ㄴ, ㄷ

22 논쟁 분석 및 평가

다음 논쟁에 대한 평가로 옳은 것만을 보기 에서 있는 대로 고른 것은? 제9회 2017 LEET 문27

A : 인간은 이기적인 존재다. 인간은 주어진 상황에서 자신의 이익을 극대화하려고 노력한다. 다음과 같은 가상적 상황을 생각해 보자. 1천 원을 갑과 을이 나눠 가져야 한다. 먼저 갑이 각자의 몫을 정해 을에게 제안한다. 을이 이 제안을 받아들이면 그 제안대로 상황은 종료된다. 하지만 만약 을이 이 제안을 받아들이지 않으면 갑과 을 모두 한 푼도 받지 못하고 상황은 종료된다. 인간이 이기적이라면, 을은 제안을 거절해서 한 푼도 받지 못하는 것보다 돈을 조금이라도 받는 것을 선호할 것이므로 갑이 아무리 적은 돈을 제안해도 받아들일 것이다. 이를 예상한 갑은 당연히 을에게 최소한의 돈만 제안할 것이다. 따라서 갑은 허용되는 최소한의 액수, 예를 들어 10원만을 을에게 주고 나머지 990원을 자신이 가질 것이다.

B : 인간은 이기적인 존재만은 아니다. 위와 같은 이기적인 결과를 실제 실험에서는 거의 찾아보기 힘들다. 갑의 역할을 하는 사람이 돈을 거의 전부 차지하겠다고 제안하는 사례는 극히 드물었다. 많은 경우 상대방에게 40% 이상의 몫을 제안하는 관대함을 보였다.

C : 이제 조금 ㉠변형된 실험을 고려해 보자. 위와 같이 갑이 먼저 제안하지만 을은 이 제안을 거부할 수 없으며 이를 갑이 알고 있다. 이때 갑의 제안 금액이 달라지는지를 관찰하였다.

보기

ㄱ. 만약 ㉠에서 갑이 10원만을 제안한다면 B의 주장이 약화된다.
ㄴ. 만약 갑이 을을 이기적인 사람이라고 확신한다면 ㉠에서 10원만을 제안할 것이다.
ㄷ. ㉠의 결과를 통해 B에서 갑의 관대한 행동의 원인이 을의 거부 가능성에 영향을 받는지 알아볼 수 있다.

① ㄱ ② ㄴ ③ ㄱ, ㄷ
④ ㄴ, ㄷ ⑤ ㄱ, ㄴ, ㄷ

23

생명과학

다음 논쟁에 대한 분석으로 옳은 것만을 [보기] 에서 있는 대로 고른 것은? 제11회 2019 LEET 문34

(가) 저탄수화물 식단은 저지방 식단보다 체중 감량 효과가 뛰어나다. W 연구팀은 과체중이지만 건강한 지원자 51명을 대상으로 실험을 실시했다. 피실험자들은 원하는 만큼 음식을 섭취할 수 있었다. 하지만 그 음식에 포함된 탄수화물은 극도로 제한되었다. 실험 결과, 6개월 뒤 피실험자들의 체중은 약 10% 감소했다. W 연구팀은 후속 연구를 통해서 과체중 환자들을 저지방 식단 그룹과 저탄수화물 식단 그룹으로 나누고 비교했다. 이 연구에 따르면 저지방 식단 그룹의 체중은 6개월 동안 평균 6.7% 감소한 반면, 저탄수화물 식단 그룹의 체중은 평균 12.9% 감소했다.

(나) (가)의 주장은 저탄수화물 다이어트에 대한 오해를 야기한다. 그 주장은 음식 섭취량에 상관없이 탄수화물만 적게 먹으면 살을 뺄 수 있다는 것처럼 들린다. 하지만 이는 잘못이다. W 연구팀의 논문에서도 언급되었듯이 체중이 감소한 것은 근본적으로 피실험자들의 섭취 칼로리가 적었기 때문이다. 즉 저탄수화물 식단이 식욕을 억제함으로써 피실험자들의 음식 섭취량을 줄였다고 볼 수 있다.

(다) L 연구팀은 W 연구팀과 비슷한 방식으로 저탄수화물 식단과 저지방 식단이 피실험자에게 미치는 영향을 12개월 동안 추적했지만, 두 그룹 간 체중 감소량에 큰 차이를 발견하지 못했다. 하지만 첫 6개월 동안의 체중 감소량에는 큰 차이가 있었다. 저탄수화물 식단 그룹은 첫 6개월 동안 체중이 감소한 뒤 그 체중을 유지한 반면 저지방 식단 그룹은 12개월에 걸쳐 체중이 계속 감소했다. 따라서 저탄수화물 식단에 식욕 억제 효과가 있다고 하더라도 그 효과가 나타나는 기간은 제한적일 것이다.

[보기]

ㄱ. (가), (나), (다)는 모두 저탄수화물 식단이 체중을 감소시키는 효과가 있다는 것에 동의한다.

ㄴ. (다)가 언급한 실험 결과는 W 연구팀의 실험 데이터에 오류가 있었음을 증명한다.

ㄷ. W 연구팀의 실험에서 저탄수화물 식단 그룹과 저지방 식단 그룹에 속한 피실험자들이 섭취한 칼로리가 동일하게 감소했다면, (가)에 대한 (나)의 비판은 약화된다.

① ㄱ ② ㄴ ③ ㄱ, ㄷ
④ ㄴ, ㄷ ⑤ ㄱ, ㄴ, ㄷ

24

이동통신 / 보조금 상한제와 요금 인하 간 관계

다음 글에 대한 분석으로 옳은 것만을 보기 에서 있는 대로 고른 것은? 제12회 2020 LEET 문30

이동통신 사업자들이 서로 경쟁하는 수단에는 단말기 보조금(이하 보조금이라 한다)과 통신 서비스 요금(이하 요금이라 한다)이 있다. 현재 정부는 이동통신 사업자들이 설정된 상한을 넘겨 보조금을 지급하지 못하도록 보조금상한제를 실시하고 있다. 보조금상한제가 요금 인하에 미치는 영향에 대해 다음과 같은 논쟁이 있다.

甲 : 사업자들은 통신 서비스 가입자를 유치하는 경쟁에서 높은 보조금을 이용한다. 보조금이 높으면 소비자가 더 쉽게 사업자를 전환할 수 있기 때문이다. 그런데 높은 보조금에 끌려 소비자가 통신 사업자를 전환할지 고려하다 보면 요금에 대한 소비자의 반응도 더 민감해질 수 있다. 그 결과 사업자 간 요금 경쟁이 더욱 활발해질 것이다.

乙 : 경쟁이 보조금과 요금 중 어느 하나에 집중되면 다른 하나의 경쟁은 약화된다. 또한 한 영역의 경쟁을 제한하면 경쟁은 다른 쪽으로 옮겨 간다. 보조금 경쟁이 과열될수록 요금 경쟁이 약화될 것이므로, 정부가 법으로써 보조금 수준을 제한하면 요금 경쟁이 활성화되어 요금이 낮아질 것이다.

丙 : 더 많은 가입자를 유치하기 위해 높은 보조금을 지급하는 것이 사업자에게는 전반적인 비용 상승 요인이 된다. 이를 보전하기 위해 요금은 높아질 것이다.

보기

ㄱ. 보조금상한제 시행 후 소비자가 통신 사업자를 전환하는 비율이 증가했다는 사실은 甲의 주장을 강화한다.

ㄴ. 乙의 주장은 정부가 요금 인하를 위해 보조금상한을 낮추는 정책의 근거가 될 수 있다.

ㄷ. 요금 인하 효과의 측면에서 甲은 보조금상한제를 반대하고 丙은 찬성할 것이다.

① ㄱ　② ㄴ　③ ㄱ, ㄷ
④ ㄴ, ㄷ　⑤ ㄱ, ㄴ, ㄷ

25

구간별 누진요금제

〈논쟁〉에 대한 평가로 적절한 것만을 보기 에서 있는 대로 고른 것은?

제13회 2021 LEET 문28

X국은 월별 가정용 전기 요금으로 다음과 같은 누진 요금제를 적용하고 있다.

구간별 사용량 (kWh)	기본 요금 (원)	단가 (kWh당 요금, 원)
1구간 : 200 이하	900	90
2구간 : 200 초과 400 이하	1,600	180
3구간 : 400 초과	7,300	280

일례로 한 달에 300 kWh의 전력을 소비한 가정은 기본 요금 1,600원에, 단가는 1구간에 90원, 2구간에는 180원이 적용되어 총 37,600원(= 1,600 + 200 × 90 + 100 × 180)의 전기 요금을 부담하게 된다.

최근 X국은 여름철에 사용한 전기에 대해서는 사용량의 각 구간을 '300 이하', '300 초과 450 이하', '450 초과'로 변경하되, 구간별 요금 체계는 이전과 동일하게 하는 '쿨섬머 제도'를 도입하였다.

〈논쟁〉

A : 안정적인 전력 공급을 위해서는 시간당 전력 소비가 가장 클 때의 전력을 발전 설비가 감당할 수 있어야 한다. 쿨섬머 제도 도입으로 전력 공급의 안정성은 낮아질 것이다.

B : 냉방은 선택이 아닌 필수이다. 대부분 가정의 여름철 전기 요금 부담을 낮춰 주기 위해 쿨섬머 제도보다는 1,600원의 기본 요금에 단가를 180원으로 하는 단일 요금제로 변경하는 것이 낫다.

C : 모든 가정보다는 취약 계층 복지에 초점을 맞추는 것이 낫다. 쿨섬머 제도를 취약 계층에 한해 적용하도록 변경할 필요가 있다

보기

ㄱ. X국의 시간당 전력 소비가 여름철에 가장 크게 나타난다는 자료는 A를 약화한다.
ㄴ. 대부분의 가정이 월 400~450 kWh의 전력을 소비한다는 자료는 B를 약화한다.
ㄷ. 취약 계층의 대다수를 차지하는 독거노인들은 월 200 kWh 이하의 전력만 사용한다는 자료는 C를 약화한다.

① ㄱ　② ㄴ　③ ㄱ, ㄷ
④ ㄴ, ㄷ　⑤ ㄱ, ㄴ, ㄷ

26

윤리학 / 행위선택의 기준

다음 논쟁에 대한 분석으로 옳은 것만을 보기 에서 있는 대로 고른 것은? 제14회 2022 LEET 문18

갑: 얘야. 내일이 시험인데 왜 공부를 하지 않니?

을: 어머니, 좋은 질문이네요. 저는 공부를 하지 않기로 선택했어요.

갑: 왜 그런 놀라운 선택을 했는지 납득이 되도록 설명해 주지 않으련?

을: 제가 볼 시험은 1등부터 꼴등까지 응시생들의 순위를 매기도록 고안되어 있습니다. 다른 응시생들은 조금이라도 등수가 오르면 기뻐한다는 사실을 저는 발견했어요. 하지만 저는 등수가 오르는 것이 전혀 기쁘지 않습니다. 그리고 저는 더 많은 사람들이 기쁨을 누릴 수 있기를 원합니다. 그러니 제가 공부를 하지 않는 것이 다른 응시생을 기쁘게 만들지 않겠습니까? 제가 공부를 하지 않으면 더 많은 응시생들의 등수가 오르거든요. 따라서 저는 공부를 하지 않는 것이 정당합니다.

갑: 넌 공부를 하지 않을 뿐인데 그게 어떻게 다른 사람들의 기쁨의 원인이 될 수 있다는 말이냐? 내가 보기에 너는 아무것도 안 하면서 남들을 기쁘게 할 수 있다는 놀라운 주장을 하는구나. 다른 사람들이 자신의 등수 때문에 기뻐한다면 그건 그들이 공부를 했기 때문이 아니겠니? 네가 뭘 하지 않는 것과는 상관이 없어.

을: 아니죠, 어머니. 제가 만일 공부를 한다면 제가 공부를 하지 않았을 때보다 더 많은 사람들이 저보다 낮은 점수를 받게 되겠죠. 그 경우 저의 노력으로 인해 사람들이 기쁨을 느낄 기회를 잃게 되지 않겠어요?

보기

ㄱ. 무언가를 원한다고 해서 그것을 획득하는 모든 수단이 정당화되지는 않는다면, 을의 논증은 약화된다.

ㄴ. 을이 공부를 할 경우 공부를 하지 않을 경우에 비해서 을의 점수가 오른다는 것이 참이라면, 을이 공부를 하지 않을 경우 더 많은 응시생들의 등수가 오른다는 을의 전제도 참이다.

ㄷ. 공부를 하지 않는 것이 타인으로 하여금 기쁨을 누리게 하는 원인이 될 수 없다는 갑의 주장이 참이려면, 무언가를 하지 않는 것이 다른 것의 원인이 될 수 없다는 가정이 참이어야 한다.

① ㄱ　② ㄴ　③ ㄱ, ㄷ
④ ㄴ, ㄷ　⑤ ㄱ, ㄴ, ㄷ

Ⅲ. 비판 및 반론하기 문제의 유형별 학습

1 가장 적절한 비판 및 반박 찾기

27
가설의 신뢰도 판단 요소

다음 글에 나타난 입장을 비판하는 논거로 적절하지 않은 것은? 제4회 2012 LEET 문23

가설 A는 D_1을 증거로 확보한 후 D_2를 성공적으로 예측했다. 반면 가설 B는 D_1과 D_2 모두를 증거로 확보한 후에 구성했다. B는 D_1과 D_2에 대한 사후 설명을 제시한 것이다. 이제 두 가설 모두 증거 D_1과 D_2를 근거로 하고 있어, 확보된 증거는 동등하다. 이 경우 사람들은 가설 A가 더 좋다는 입장을 취한다. 즉 같은 증거라도 그 증거가 사전에 성공적으로 예측된 경우가 사후에 설명되는 경우보다 가설을 지지하는 힘이 더 크다는 것이다. 다음 과학사의 사례는 이 입장을 뒷받침한다.

멘델레예프는 60개의 화학원소들을 원자의 무게에 따라 배열할 때 원자가 등의 성질이 주기적으로 반복된다는 점을 알아내 주기율표를 창안하고, 그 표의 빈 칸을 채우는 세 원소의 존재를 예측했다. 당시 학계는 주기율표가 단지 사후 설명을 제시하는 것으로 보고 평가를 보류하고 있다가 그의 예측대로 두 원소가 발견되자 놀라움을 표하며 세 번째 원소가 발견되기도 전에 데비 메달을 수여하였다.

① 예측에 성공한 주체는 과학자이지 가설이 아니며, 예측의 성공이 과학자들에게 끼치는 심리적 효과는 가설을 지지하는 증거의 힘과는 무관한 문제이다.

② 멘델레예프의 예측은 우연의 결과일 수도 있고, 과학사에서 보면 그러한 예측의 우연적 성공마저도 더 좋은 다른 이론에 의해 적절히 설명되는 경우가 많다.

③ 예측에 성공했다는 것 자체가 그 가설의 구성 과정이 과학적으로 신뢰할 만하다는 좋은 증거인 반면, 사후 설명은 가설 구성 과정의 신뢰성에 대한 적절한 증거가 아니다.

④ 증거가 가설을 지지하는 힘은 오직 가설과 증거 사이에 성립하는 논리적 관계에 따라 평가되어야 하며, 가설을 창안한 과학자가 그 증거를 알게 된 시점과는 무관한 문제이다.

⑤ 과학의 실제 현장에서는 방대하고 다양한 증거들을 적절히 설명하는 가설을 찾는 일 자체가 어렵고, 예측에 성공했다는 사실이 가설이 옳다는 결정적 증거가 되지 못하는 경우가 많다.

28
비판논거의 적절성 판단

다음 글에 나타난 견해를 비판하는 논거로 가장 적절한 것은? 제8회 2016 LEET 문23

음모론은 기존에 알려진 사실들을 그 이면에 숨겨진 원인으로 설명하는데, 음모론에 등장하는 가설들은 상식에 비춰볼 때 너무 예외적이어서 많은 경우 터무니없다는 반응을 불러일으킨다. 그렇지만, 어떤 사람들은 음모론 속 가설들이 기존 사실들을 무척 잘 설명한다는 것을 근거로 그 가설이 참이라고 생각하기도 한다. 그럼, 그런 높은 설명력을 가진다는 것이 음모론에 등장하는 가설에 대한 과학적 근거라고 할 수 있는가?

사실, 과학적 추론들 중에도 가설의 뛰어난 설명력을 근거로 가설의 채택 여부를 결정하는 것이 있다. 그런 추론은 흔히 '최선의 설명으로의 추론'이라고 부른다. 이 추론은 기존 증거를 고려하여 가장 그럴듯한 가설, 즉 해당 증거에 대해서 가장 개연적인 설명을 제공하는 가설을 골라낸다. 이와 더불어 그 추론은 가설의 이론적 아름다움, 즉 단순성과 정합성 등을 파악하여 미래 증거에 대해서도 가장 좋은 설명을 제공할 것 같은 가설을 찾아낸다. 이렇듯 최선의 설명으로의 추론은 기존 증거와 미래 증거를 모두 고려하여 가장 그럴듯하면서도 아름다운 가설을 채택하는 과정이다.

이런 점을 생각해볼 때, 음모론 속 가설의 설명력이 그 가설에 대한 과학적 근거를 제공하지 못한다는 것은 분명하다. 왜냐하면 그런 가설들은 예외적인 원인을 이용하여 기존 증거에 대해서는 놀라운 설명을 제공하지만, 그 예외적인 원인의 뛰어난 설명력을 유지하기 위해서 복잡하고 비정합적일 수밖에 없게 되어 미래증거에 대한 올바른 설명을 제공할 수 없기 때문이다.

① 기존 증거를 잘 설명하는 음모론의 가설들은 미래에 대한 예측의 부정확성이 높을 뿐 예측 자체를 못하는 것은 아니다.
② 과학사에 등장했던 이론적으로 아름다운 가설들은 대개 기존 증거들에 대해 충분히 개연적인 설명을 제공하는 가설들이었다.
③ 몇몇 놀라운 과학적 성취는 그 초기에 기존 증거들을 제대로 설명하지 못했지만 그것의 뛰어난 이론적 아름다움 때문에 일부 과학자들에게 채택되기도 했다.
④ 기존 증거들을 잘 설명하지만 복잡한 형태로 제시된 가설들이 후속 연구에 의해서 설명력을 훼손하지 않은 채 이론적으로 단순하고 아름다워지는 경우가 많다.
⑤ 음모론에 등장하는 가설에 대한 사람들의 믿음은 그 가설이 갖추고 있는 과학적 근거보다는 그것을 믿게 되었을 때 얻을 수 있는 정신적 혹은 사회적인 이익에 의해서 결정된다.

29

표준사회과학 모형

다음 주장에 대한 반론이 될 수 있는 것만을 [보기]에서 있는 대로 고른 것은? 제11회 2019 LEET 문25

모든 인간은 인류 진화의 결과로 고착된 일체의 생물학적 특성과 자질이 동일한 상태로 태어난다. 그래서 아기들은 어디에서 태어나든 기본적인 특성과 자질 면에서 모두 같다. 하지만 성인들은 행동적·정신적 조직화(패턴화된 행동, 지식 등) 면에서 상당히 다르다는 사실이 일관되게 관찰된다. 성인에게서 발견되는 행동적·정신적 조직화의 내용은 유아에게 결여되어 있으므로, 유아는 성장 과정에서 그것을 외부로부터 획득할 수밖에 없다. 그 외부 원천은 사회문화적 환경이다. 인간 생활의 내용을 복잡하게 조직화하고 풍부하게 형성하는 것은 바로 이 사회문화적 환경인 것이다. 복잡한 사회질서를 만드는 것은 인간 본성이나 진화된 심리처럼 선천적으로 주어진 그 무엇이 아니라 개인의 외부에 있는 사회 세계이다. 결국 인간 본성과 같이 선천적으로 주어진 생물학적 특성과 자질은 인간 생활의 조직화에 아무런 중요한 역할을 못하는 빈 그릇과 같다. 인간 정신은 사회문화적 환경에 따라 거의 무한정하게 늘어나는 신축적인 특성을 지니기 때문이다.

[보기]

ㄱ. 갓 태어났을 때는 치아가 없지만 성숙하면서 사람마다 다른 형태로 생겨나는 것처럼, 진화된 심리적 기제가 동일 사회문화적 환경에서도 각자 복잡하고 다양한 형태의 행동적·정신적 조직화로 발현된다.

ㄴ. 사회현상의 원인으로서 생물학적 요인과 사회환경적 요인은 서로 배타적이지 않다. 인간의 진화된 심리적 구조를 고려하지 않고 사회현상을 설명하려고 할 때 오류에 빠질 가능성이 늘 존재한다.

ㄷ. 태어나자마자 떨어져 서로 다른 문화권에서 자란 일란성 쌍둥이가 성인이 된 이후에도 매우 유사한 행동적·정신적 특성을 갖는 경우가 많은데, 그 이유는 태어날 때부터 동일한 생물학적 특성과 자질을 공유하기 때문이다.

① ㄱ　② ㄷ　③ ㄱ, ㄴ
④ ㄴ, ㄷ　⑤ ㄱ, ㄴ, ㄷ

2 비판 및 반론 내용의 적절성 판단

30 실험결과 해석에 대한 비판

A는 〈B의 보고〉가 자신의 견해를 입증한다고 주장한다. 이 주장에 대한 비판으로 적절한 것만을 보기 에서 있는 대로 고른 것은? 제2회 2010 LEET 문17

〈A의 견해〉

재료가 같고 크기도 거의 같은 정육면체와 구를 손으로 만져서 구별해내던 선천적 시각 장애인이 시력을 얻게 되었다고 하자. 이 순간 그는 만져보기 전에 바라만 보고도 어느 것이 정육면체이고 구인지 구별할 수 있을까? 아닐 것이다. 만약 모난 면에 대한 촉각 관념과 시각 관념이 질적으로 같은 부류라면, 그는 모난 면을 보자마자 정육면체임을 확실히 알아볼 것이다. 그것은 그가 이미 잘 알고 있던 한 관념을 새로운 통로로 받아들인 것에 불과하기 때문이다. 그러나 매끈함이나 거칠거칠함 같은 촉각 관념과 곡선이나 기다란 변 같은 시각 관념은 전혀 다른 부류의 것이다. 따라서 정육면체와 구의 생김새에 관한 촉각 관념과 시각 관념의 관계는 곧바로 드러나는 것이 아니라 경험을 통해 배워야 하는 것이다. 그런데 13세 가량의 선천적 시각장애인이 백내장 수술 후 새로운 시각 경험에 어떻게 반응했는지에 대한 외과의사 B의 보고에 따른다면 나의 견해는 실제로도 입증된 셈이다.

〈B의 보고〉

수술 후 환자가 최초로 보게 되었을 때 그는 거리 판단을 전혀 하지 못해서 눈에 와 닿는 모든 대상이 피부에 닿는 느낌이었으며, 어떤 대상도 매끄러운 대상만큼 느낌이 좋지는 않다고 생각했다. 그렇지만 그는 대상의 생김새를 전혀 판단할 수 없었고, 좋은 느낌을 주는 대상의 내부에 무엇이 있는지 추측할 수 없었다. 그는 어떤 사물에 대해서도 그 생김새를 알지 못했고, 아무리 형태나 크기가 서로 달라도 한 사물이 또 하나의 사물과 다르다는 것을 눈으로는 알지 못했다.

보기

ㄱ. 〈B의 보고〉는 환자의 시각 장애 정도나 지적 수준 등이 환자의 첫 시각 경험에 영향을 줄 가능성을 충분히 고려하고 있지 않다.
ㄴ. 〈B의 보고〉는 환자가 첫 시각 경험에서 주어진 것들을 촉각 관념으로 해석하고 있으며, 시각 관념은 경험을 통하여 새로 배워야 한다는 것을 보여준다.
ㄷ. 〈B의 보고〉는 환자가 구별하는 것과 환자가 말하는 것을 구분하지 않는데, 환자는 시각 경험을 언어로 표현해내는 데 시간이 필요할 뿐 시각에 주어진 대상들을 구별하지 못한 것은 아닐 수 있다.

① ㄱ ② ㄴ ③ ㄱ, ㄷ
④ ㄴ, ㄷ ⑤ ㄱ, ㄴ, ㄷ

31

비판 근거 추론

을이 갑을 비판하는 근거로 적절한 것만을 [보기] 에서 있는 대로 고른 것은? 제7회 2015 LEET 문31

X시는 A, B 두 인종으로 이루어져 있으며, A인종의 비율이 더 높다. 갑과 을은 X시 성인들을 대상으로 시민권에 대한 태도를 묻는 설문조사를 실시한 후 그 자료를 분석하여 다음과 같이 주장하였다.(분석에 사용된 X시 설문조사 자료는 대표성이 있으며, 자료의 인종 및 계급 분포는 X시 성인 전체의 인종 및 계급 분포와 동일하다.)

갑 : 설문조사 자료를 분석하면 〈표 1〉을 얻을 수 있는데, 〈표 1〉은 X시의 경우 하층계급이 중간계급보다 시민권에 대해 더 긍정적인 태도를 가진다는 것을 보여준다.

을 : 동일한 자료를 분석하면 〈표 2〉를 얻을 수 있으므로 〈표 1〉만 놓고 갑과 같은 결론을 내려서는 안 된다. 〈표 2〉는 중간계급이 하층계급보다 시민권에 대해 더 긍정적인 태도를 가진다는 것을 보여준다.

〈표 1〉 사회계급에 따른 시민권에 대한 태도

시민권에 대한 태도	긍정적	부정적	계
중간계급	37%	63%	100%
하층계급	45%	55%	100%

〈표 2〉 사회계급과 인종에 따른 시민권에 대한 태도

시민권에 대한 태도		긍정적	부정적	계
중간계급	A인종	70%	30%	100%
	B인종	30%	70%	100%
하층계급	A인종	50%	50%	100%
	B인종	20%	80%	100%

[보기]

ㄱ. 중간계급 중 A인종이 더 많기 때문에 〈표 1〉은 X시 성인들의 시민권에 대한 태도를 제대로 드러내지 않는다.

ㄴ. 하층계급 중 A인종이 더 많기 때문에 〈표 1〉은 X시 성인들의 시민권에 대한 태도를 제대로 드러내지 않는다.

ㄷ. B인종 중 하층계급이 더 많기 때문에 〈표 1〉은 X시 성인들의 시민권에 대한 태도를 제대로 드러내지 않는다.

① ㄱ　② ㄴ　③ ㄷ

④ ㄱ, ㄴ　⑤ ㄱ, ㄷ

32

신경과학과 규범

다음 논증에 대한 반론이 될 수 있는 것만을 보기 에서 있는 대로 고른 것은? 제7회 2015 LEET 문29

신경학적 불균형이나 외상 때문에 뇌 기능이 잘못될 수 있고, 이것이 폭력 행위나 범죄 행위의 원인이라고 설명할 수도 있다. 이 경우 사람들은 그러한 원인 때문에 특정 행동을 한 사람에게 책임을 지울 수 없게 될지 우려한다. 그런데 이러한 우려는 보통 사람들의 경우에도 마찬가지로 적용된다. 신경 과학은 우리가 어떤 결정을 내리는 것을 의식적으로 자각할 때, 그때는 이미 뇌가 그것이 발생하도록 만든 후라는 사실을 알려준다. 이는 다음의 질문을 제기하도록 만든다. 내 스스로의 의도적인 선택에 의해 자유롭게 행동한다는 것은 환상이며, 우리는 개인적 책임이라는 개념을 포기해야 하는가? 나는 그렇지 않다고 생각한다. 사람과 뇌는 구분될 수 있다. 뇌는 결정되어 있지만, 책임 개념은 뇌에 적용될 수 있는 것이 아니다. 뇌와 달리 사람들은 자유롭고, 따라서 그들의 행위에 책임이 있다.

신경 과학을 통해서 어떤 행동의 원인을 궁극적으로 뇌 기능의 차원에서 설명할 수 있게 될 것이다. 그렇다고 하더라도, 어떤 행동을 한 사람의 책임이 면제되는 것은 아니다. 나는 최신의 신경 과학적 지식과 법적 개념이 갖고 있는 가정들에 기반을 두고서 다음의 원칙을 믿는다. 뇌는 자동적이고 법칙 종속적이며 결정론적 도구인 반면, 사람들은 자유롭게 행동하는 행위자들이다. 교통 상황이 물리적으로 결정된 자동차들이 상호작용을 할 때에 발생하는 것처럼, 책임은 사람들이 상호작용을 할 때에 비로소 발생한다. 책임이란 사회적 차원에서 존재하는 것이지 개인 안에 존재하는 것이 아니다. 만약 당신이 지구에 존재하는 유일한 사람이라면 책임이라는 개념은 존재하지 않을 것이다. 책임이란 당신이 타인의 행동에 대해 그리고 타인이 당신의 행동에 대해 부과하는 개념이다. 사람들이 함께 생활할 때 규칙을 따르도록 만드는 상호작용으로부터 행동의 자유라는 개념이 발생한다.

보기

ㄱ. 우리의 선택이나 그에 따른 행위는 미시적인 차원에 속하는 뇌의 작용에서 비롯된다. 미시적 요소들을 완전히 이해하더라도, 그것으로부터 거시적인 차원에서 어떤 행동이 발생할지 아는 것은 원리적으로 불가능하다.

ㄴ. 나는 나의 육체와 구별되지 않는다. 뇌가 결정론적으로 작동한다면 나의 행동 역시 결정되어 있다고 보아야 한다. 만약 모든 이의 행동이 각기 결정되어 있다면, 물리적 세계 속에서 일어나는 그것들의 상호작용 또한 결정되어 있을 것이므로, 우리 모두는 달리 행동할 여지를 갖지 않는다.

ㄷ. 사람들의 행동에 책임을 부과하는 것은 관행에 불과하며, 그런 사회적 관행은 인간이 자유롭다는 것을 전제하고 있을 뿐, 인간이 실제로 자유롭다는 것을 보여주지는 않는다.

① ㄱ　② ㄷ　③ ㄱ, ㄴ
④ ㄴ, ㄷ　⑤ ㄱ, ㄴ, ㄷ

논증 영역

33

반론의 적절성 판단

㉠에 대한 반론으로 적절한 것만을 보기 에서 있는 대로 고른 것은? 제9회 2017 LEET 문12

인간은 생각하고, 대화하는 등의 '인지 기능'도 하고, 음식을 소화시키고, 이리저리 움직이는 등의 '신체 기능'도 한다. 이 두 기능 모두 인간의 몸이 하는 기능이다. 인간에게 죽음이란 인간의 몸이 하는 기능이 멈추는 사건이다. 그런데 사람에 따라서는 인지 기능은 멈추었지만 신체 기능은 멈추지 않은 시점을 맞기도 한다. 이 시점의 인간은 죽은 것인가? 인간의 몸이 가진 두 기능 중 죽음의 시점을 정하는 데 결정적인 기능은 무엇인가?

죽음의 시점을 정하는 데 결정적인 요소는 인지 기능이라는 견해를 취해 보자. 이 견해에 따르면 죽음은 인지 기능의 정지이다. 하지만 예를 들어 어젯밤 당신은 아무런 인지 작용도 없는 상태에서 꿈도 꾸지 않는 깊은 잠에 빠져 있었다고 해보자. 죽음이 인지 기능의 정지라면, 당신은 어젯밤에 죽어 있었다고 해야 한다. 하지만 당신은 오늘 여전히 살아 있다. 이런 반례를 피하기 위해서 이 견해를 수정할 필요가 있다. 즉, 죽음은 인지 기능이 일시적으로 정지하는 것이 아니라 영구히 정지하는 것이다. 이 ㉠<u>수정된 견해</u>에 따르면 당신은 어젯밤 죽은 상태에 있지 않았다. 왜냐하면 오늘 당신은 살아 있기 때문이다.

보기

ㄱ. 철수는 어제 새벽 2시부터 3시까지 꿈 없는 잠을 자고 있다가, 3시에 심장마비로 사망했다. 3시부터 철수는 인지 기능과 함께 신체 기능도 멈추게 된 것이다. ㉠에 따르면 철수는 어제 새벽 2시부터 이미 죽어 있었다. 하지만 이때 철수는 분명 살아 있었다고 해야 한다. 그때 철수를 깨웠다면 그는 일어났을 것이기 때문이다.

ㄴ. '부활'은 모순적인 개념이 아니다. 죽었던 철수가 부활했다고 상상해 보자. 부활한 철수는 다시 인지 기능을 갖게 될 것이다. ㉠에 따르면, 철수는 부활 이전에도 죽어 있던 것이 아니라고 해야 한다. 하지만 철수는 부활 이전에 죽어 있었다. 그렇지 않았다면 철수가 '죽음에서 부활했다'고 말할 수조차 없고 '부활'은 모순적인 개념이 되고 만다.

ㄷ. 철수가 주문에 걸려서 인지 기능이 작동하지 않은 상태로 잠을 자게 되었다고 해보자. 그런데 이 주문은 영희가 철수에게 입맞춤을 하면서 풀려 버렸다. ㉠에 따르면, 철수는 주문에 걸려 있던 동안 죽은 것이다. 하지만 잠에 빠져든 후에도 철수는 분명 살아 있다고 해야 한다. 영희의 입맞춤으로 철수는 깨어났기 때문이다.

① ㄱ ② ㄷ ③ ㄱ, ㄴ
④ ㄴ, ㄷ ⑤ ㄱ, ㄴ, ㄷ

CHAPTER 4

법적 추론 및 논증

2023

2022

2021

2020

2019

2018

2017

2016

본 장에서는 2016년 확정 개선안 이후 추리논증 시험에서 그 비중이 대폭 확대된 법률형 문제를 좀 더 체계적으로 학습하도록 한다.

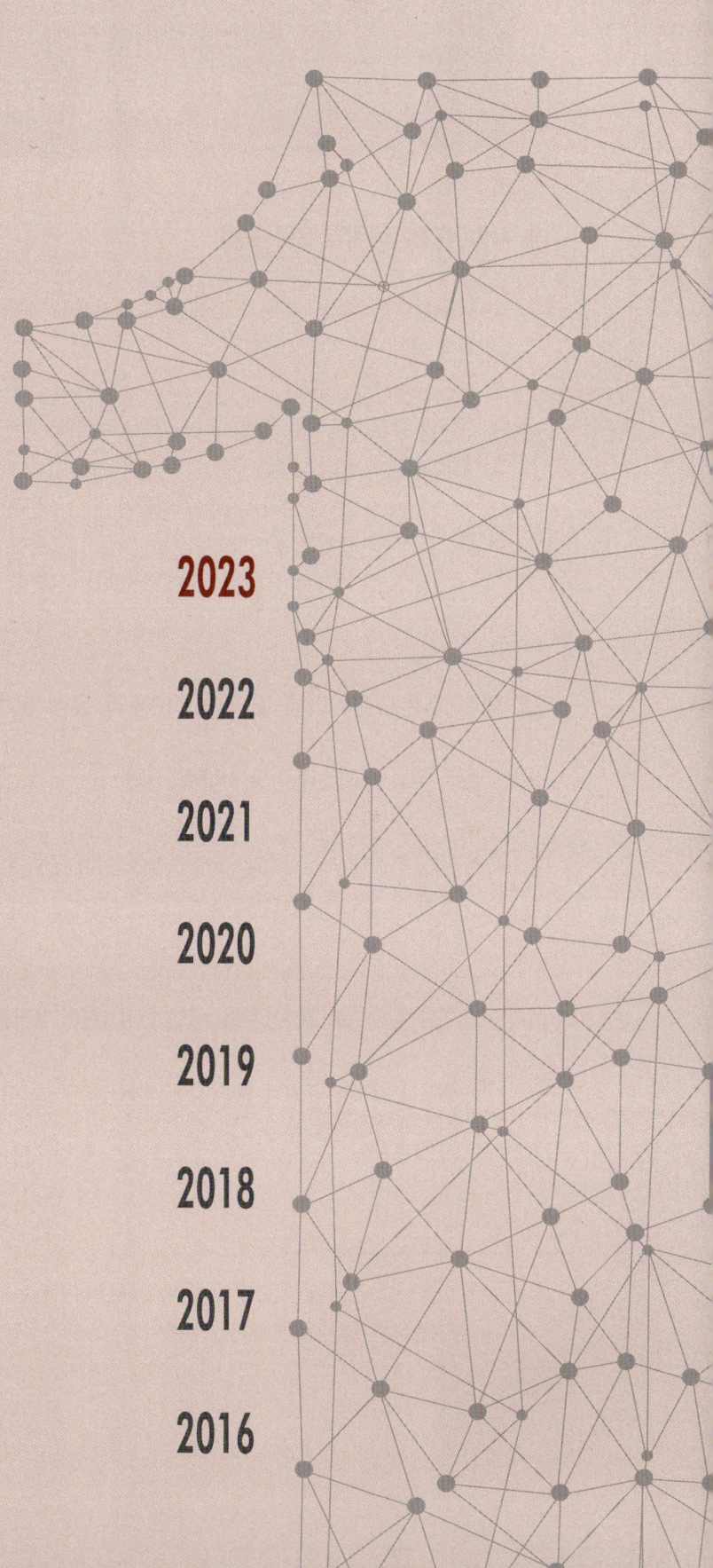

Ⅰ. 법률형 문제 개요

1 사법(司法) 행위와 3단 논법

① 법규(행위법) 발견 : 추론의 근거(논거, 대전제)를 찾는 작업
② 사실 확정(←증거) : 소전제
③ 요건 해석(학설, 판례)
④ 사례의 요건포섭 여부 결정 : 타당성(형식적, 내용적)
⑤ 효과 결정(→판결) : 결론(추론)

| 예 | 살인한 자는 사형에 처한다. (법규, 대전제)
영철은 살인자이다. (사실, 소전제)
따라서 영철은 사형에 처한다. (판결, 결론)

2 법적 추론(규범 이해 및 적용) 문제의 유형 분류

(1) 원리 적용(법규의 해석 및 사례에의 적용)

- 어떤 특정한 사실관계나 개별 사례에 여러 규범적인 규칙이나 일반 원리 중 어떤 것이 적용될 수 있는지 판단하는 문제

- 여러 사례 중 규범적 규칙이나 일반 원리가 적용될 수 있는 사례를 확인하고, 규범적 규칙이나 일반 원리를 해당되는 사례에 적용하여 올바로 추리하는 문제

- 주어진 사례의 규범적 판단이 제시되었을 때 그 판단의 배후에 어떤 규범적 원칙이 적용되었는지 추리하는 문제

(2) 사례의 요건포섭여부 판단

법률 규정은 내용상 요건과 효과로 구성되어 있는데 개별 사례들이 제시된 법률 규정의 요건을 충족시키는지를 판단하는 문제이다.

▎법률규정이 제시문으로 사용된 문제 ▎

- **제시문** : 법규정 (법조문 형식)
- **선택지** : 개별사례
- **문제요구사항** : 개별 사례의 요건 포섭 여부 판단
- **문제해결 POINT** : 법조문에 제시된 요건 꼼꼼히 검토 ⇒ 조문 "끊어 읽기"

▎설명형 문장이 제시문으로 사용된 문제 ▎

- **특징** : 제목이 없고 제시문의 길이가 길다.
- **문제해결 POINT** : 제시문의 개괄적 파악, 〈보기〉의 사례에 해당되는 구성요건의 구체적 검토

(3) 사례 제시형

현실적으로 발생될 수 있는 수준의 복합적인 내용을 담고 있는 사례를 제시하고 이에 적용될 해당 법규를 찾아 결론을 추론하는 문제로 3단 논법을 구체화한 문제유형이라 할 수 있다.

- **제시문** : 사례와 관련된 법규 제시
- **선택지** : 결론(판단) 내용
- **문제요구사항** : 사례(소전제)와 관련 법규(대전제)를 통한 결론 추론 (삼단논법, 연역추리)
- **문제해결 POINT** : 사례와 관련 법규의 종합적 이해 및 해당 요건의 구체적 검토

(4) 진술에 함축된 정보의 파악 및 추론된 정보의 적절성 판단

제시된 문장에 함축된 정보를 상황과 맥락을 고려하여 추론하거나 이렇게 추론된 정보의 적절성을 판단하는 문제이다.

(5) 응용 문제

법률 규정 등 법적 소재를 활용하여 언어추리, 수리추리, 논리게임 등에서 묻는 다양한 추론 능력을 물을 수 있도록 만들어진 문제이다.

3 법적 논증 문제의 유형 분류

앞서 논증 영역에서 자세히 살펴본 바와 같이 논증 영역은 크게 논증의 분석 및 재구성, 논증에 대한 비판 및 반론, 논증의 판단 및 평가로 나누어지고, 이들은 각각 4개의 세부 범주들로 또 다시 나누어져서 총 12개의 세부 범주로 구성되어 있다. 그러나 여기서는 현재까지 출제된 법적 논증 문제들을 중심으로 다음과 같이 6개의 문제 유형으로 재분류하였다.

(1) 주장 및 근거 찾기

논증을 구성하는 핵심요소인 주장과 근거, 논지와 논거, 결론과 전제를 묻는 문제로 논증에 대한 이해의 정도를 평가하는 문제이다.

(2) 암묵적 가정 및 생략된 전제의 추론

논증이 기반하고 있는 암묵적 가정을 추론하거나 결론을 도출하는 데에 꼭 필요하나 생략되어 있는 기준 및 전제를 추론하는 문제이다. 비교적 까다로운 문제 유형에 속한다.

(3) 논증 구조 분석 및 재구성 종합

제시된 논증에 대한 이해를 종합적으로 묻는 문제이다.

(4) 논쟁 분석 및 종합적인 이해

논쟁에 대한 쟁점을 파악하는 등 종합적인 이해를 묻는 문제이다.

(5) 갈등 기반의 파악 및 그 해소 방안 찾기

논쟁의 갈등 기반을 파악하고 이를 해소하는 방안을 모색하는 문제이다.

(6) 개별 논거 및 사례의 논지 강화, 약화, 중립 판단

논증의 판단 및 평가의 핵심을 이루는 문제유형으로 개별 논거 및 사례가 논지를 강화하는지, 약화하는지 또는 무관한지를 판단하는 문제이다.

Ⅱ. 규범 이해 및 적용(법적추론) 문제의 유형별 학습

1 원리 적용 (법규의 해석 및 사례에의 적용)

01

증명책임의 주체

〈원칙〉을 적용한 것으로 옳은 것을 보기 에서 고른 것은? 제6회 2014 LEET 문3 [원리 적용 예시문항]

〈원칙〉

자신의 권리를 주장하는 자는 그 권리의 발생에 필요한 사실을 증명할 책임이 있다. 권리가 발생하였으나 사후에 소멸하였다고 주장하는 자는 권리의 소멸에 관한 사실을 증명할 책임이 있다. 분쟁 당사자 사이에 이러한 권리 발생의 주장이나 그 사후 소멸에 관한 주장에 관한 다툼이 없으면 권리의 발생이나 그 소멸을 주장하는 자는 그 주장이 진실하다는 것을 증명할 필요가 없다.

보기

ㄱ. 갑이 을에게 "당신이 빌려 간 100만원을 돌려 달라."라고 주장하였다. 을은 "돈이 생기면 갚겠다."라고 주장하였다. 이 경우에 갑이 을에게 100만원을 빌려 주었다는 사실을 증명할 책임이 갑에게 없다.

ㄴ. 갑이 을에게 "당신이 빌려 간 100만원을 돌려 달라."라고 주장하였다. 을은 "빌렸지만 그 후에 갚았다."라고 주장하였다. 이 경우에 갑으로부터 빌린 돈을 을이 갚았다는 사실을 증명할 책임이 을에게 있다.

ㄷ. 갑이 을에게 "당신이 빌려 간 100만원을 돌려 달라."라고 주장하였다. 을은 "당신으로부터 100만원을 빌린 적이 없다."라고 주장하였다. 이 경우에 갑이 을에게 100만원을 빌려 주었다는 사실을 증명할 책임이 갑에게 없다.

ㄹ. 갑이 을에게 "당신이 빌려 간 100만원을 돌려 달라."라고 주장하였다. 을은 "100만원을 받기는 하였지만 그것은 당신이 빌려 준 게 아니라 그냥 준 것이다."라고 주장하였다. 이 경우에 갑이 을에게 100만원을 빌려 주었다는 사실을 증명할 책임이 갑에게 없다.

① ㄱ, ㄴ ② ㄱ, ㄷ ③ ㄱ, ㄹ
④ ㄴ, ㄹ ⑤ ㄷ, ㄹ

02

변호사의 비밀유지 의무

조직폭력단의 일원으로 알려진 갑이 소년 K를 차에 태우고 간 것이 목격되었고 이후 K가 실종되었다. K를 납치한 혐의를 받고 있는 갑은 친구 을을 변호사로 선임하였다. 〈규정〉에 근거한 판단으로 옳은 것만을 보기 에서 있는 대로 고른 것은? 제3회 2011 LEET 문7 [규범 이해 및 적용 예시문항]

〈규정〉

제3조【변호사 비밀유지의무】

변호사 또는 변호사이었던 자(이하 '변호사')는 의뢰인이 법적 자문을 구하기 위해 변호사에게 알려준 비밀을 누설하여서는 아니 된다. 다만, 타인의 생명이나 신체에 대한 중대하고 임박한 위해를 방지하기 위한 경우에는 그러하지 아니하다.

제4조【비밀유지의무의 대상】

비밀유지 대상은 변호사와 의뢰인 간 직무상 나눈 비밀 대화 및 문서를 포함한다.

제5조【비밀유지의 기간】

비밀유지의무는 의뢰인이 포기하지 않는 한 '변호사-의뢰인 관계'가 종료된 후에도 지속된다.

보기

ㄱ. 갑이 납치사실을 인정하고 비밀을 지켜 달라고 부탁하면서 K의 소재를 알려주었다면, 을은 이 사실을 경찰에 알려주어서는 안 된다.

ㄴ. 갑의 소송 진행 중, 갑의 사무실을 청소하던 직원이 갑 몰래 을에게만 갑이 살해한 K의 소재를 알려주었다면, 을은 이 사실을 경찰에 알려줄 수 있다.

ㄷ. 갑의 소송 진행 중, 갑과 을이 친구들과 함께 한 술자리에서 자신이 K를 납치했다고 갑이 공개적으로 실토하여 을이 K의 소재를 알게 되었다면, 을은 이 사실을 경찰에 알려주어서는 안 된다.

ㄹ. 갑으로부터 K를 잔혹하게 살해하였다는 것을 듣게 된 을이 변호사의 양심상 더 이상 갑의 변호사가 될 수 없어 사임하였더라도, 을은 K의 소재를 경찰에 알려주어서는 안 된다.

① ㄱ, ㄴ ② ㄴ, ㄹ ③ ㄷ, ㄹ

④ ㄱ, ㄴ, ㄷ ⑤ ㄱ, ㄷ, ㄹ

<규정>으로부터 추론한 것으로 옳은 것만을 보기 에서 있는 대로 고른 것은?

제7회 2015 LEET 문6

〈규정〉

(가) A법은 상시 사용하는 근로자 수가 5명 이상인 모든 사업장에 적용한다. 다만, 사용자가 그와 동거하는 친족만을 사용하는 사업장에 대하여는 적용하지 아니한다.

(나) (가)에서의 '상시 사용하는 근로자 수'는, 해당 사업장에서 법 적용 사유 발생일 전 1개월 동안 사용한 근로자의 '연인원'을 같은 기간 중의 '가동일수'로 나누어 산정한다. 여기서 '연인원'이라 함은 특정 업무를 위해 일정한 기간 동안 동원된 총 인원수를 말하는데, 예를 들면 열흘 동안 매일 다섯 사람이 근로하여 완성한 일의 연인원은 50명이다. 그리고 '가동일수'는 실제 사업장이 운영된 일수를 말한다.

(다) 위 (나)에 따라 해당 사업장에서 상시 사용하는 근로자 수를 산정한 결과 법 적용 사업장에 해당하는 경우에도, 가동일수의 일별로 근로자 수를 파악하였을 때 법 적용 기준에 미달한 일수가 가동일수의 2분의 1 이상인 경우, A법이 적용되지 않는다.

(라) 연인원의 산정 시, 사용자에게 고용되어 있지 않은 파견 근로자는 제외되지만 해당 사업장의 사용자에 고용된 단시간 근로자(하루 중 일부 시간만 근무하는 근로자)는 포함된다.

보기

ㄱ. 법 적용 사유 발생일 전 1개월 동안, 가동일수가 20일이며, 처음 10일은 6명, 나중 10일은 4명이 사용자에게 고용되어 근무하였다면 당해 사업장에 A법은 적용된다.

ㄴ. 법 적용 사유 발생일 전 1개월 동안, 사용자에게 고용된 4명의 근로자가 오전 중 3시간을 매일 근무하고, 사용자에게 고용된 또 다른 4명의 근로자가 오후 중 3시간을 매일 근무한 사업장에 A법은 적용된다.

ㄷ. 법 적용 사유 발생일 전 1개월 동안, 동거하는 친족 3명과 단시간 근로자 2명이 당해 사업장에서 사용자에게 고용되어 고정적으로 매일 근무하였고 이에 더하여 사용자에게 고용되어 있지 않은 파견근로자 2명이 함께 매일 근무하였다면 당해 사업장에 A법은 적용되지 않는다.

① ㄱ ② ㄴ ③ ㄱ, ㄷ
④ ㄴ, ㄷ ⑤ ㄱ, ㄴ, ㄷ

다음 글로부터 추론한 것으로 옳지 않은 것은? 제10회 2018 LEET 문6

X국은 중소기업을 보호하기 위하여 2010년부터 중소기업 판단 규정을 적용하고 있다. 이 규정에 의하면, 1년간 매출액이 1,000억 원 이하이면 중소기업, 1,000억 원 초과이면 대기업에 해당한다. 그런데 중소기업의 매출액이 증가하여 대기업의 기준에 해당하게 되더라도 바로 그 해와 그 다음 해부터 3년간은 계속하여 중소기업으로 인정한다(이를 '중소기업보호기간'이라고 한다). 다만, 다음의 경우에는 중소기업보호기간을 인정하지 않는다.

○ 중소기업(중소기업보호기간 중인 기업 포함)이 아닌 기업과 합병한 경우
○ 중소기업보호기간을 적용받았던 기업이 매출액 감소로 원래 의미의 중소기업이 되었다가 매출액 증가로 다시 중소기업에 해당하지 않게 된 경우

기업별 매출액은 다음과 같다.

(단위 : 억 원)

기업 \ 연도	2010	2011	2012	2013	2014	2015	2016
A	900	900	900	900	900	900	2,000
B	900	900	900	900	900	2,000	3,000
C	900	900	900	900	900	900	3,000
D	900	2,000	2,000	2,000	2,000	900	2,000
E	900	900	900	2,000	2,000	2,000	2,000
갑	900	900	900	900	900	900	
을	2,000	2,000	2,000	2,000	2,000	2,000	
병	900	900	2,000	2,000	2,000	2,000	

① 2015년 A가 갑을 합병한 경우, 2016년 기준 A는 중소기업이다.
② 2015년 B가 을을 합병한 경우, 2016년 기준 B는 대기업이다.
③ 2015년 C가 병을 합병한 경우, 2016년 기준 C는 중소기업이다.
④ 2015년 D가 어떤 중소기업을 합병한 경우, 2016년 기준 D는 중소기업이다.
⑤ 2015년 E가 어떤 중소기업을 합병한 경우, 2016년 기준 E는 중소기업이다.

05

법원칙에 대한 이해 및 적용

다음으로부터 추론한 것으로 옳은 것만을 보기 에서 있는 대로 고른 것은? 제11회 2019 LEET 문14

X국의 보험약관법에는 다음과 같이 보험사의 손해배상책임을 면제하는 약관조항을 금지하는 규정이 있다. (1) 보험사의 고의 또는 중대한 과실로 인한 손해배상책임을 면제하는 약관조항은 금지된다. (2) 보험사나 보험계약자의 잘못이 아닌 제3자의 잘못으로 보험계약자에게 발생한 손해에 대한 보험사의 책임을 타당한 이유 없이 면제하는 약관조항은 금지된다. 이러한 손해를 제3자 대신 보험사가 배상하는 것이 보험계약의 핵심이기 때문이다. 이들 금지규정에 위반되는 약관은 무효이다.

위 규정 (1)과 관련하여, ㉠ 보험사의 고의, 중대한 과실, 경미한 과실 여하에 대한 아무런 언급이 없이 보험사의 모든 책임을 면제하는 내용의 약관조항을 생각해 보자. 이 조항은 경우에 따라 무효가 될 수도 있고 유효가 될 수도 있다. 이러한 약관조항 전체를 무효로 보게 되면 이를 다시 만들어야 하므로, 무효인 경우를 제거하고 유효가 될 수 있는 경우에만 약관이 적용되도록 함으로써 그 약관조항을 유지할 수 있다. 이를 약관의 효력 유지적 축소 해석이라고 한다.

이런 축소 해석의 방법을 위 규정 (2)와 관련되는 약관조항에 적용해 보자. 예를 들어 ㉡ "무면허운전은 누가 운전을 하더라도 보험사는 아무런 책임이 없습니다."라는 자동차보험 약관조항은 무효가 될 수 있다. 무면허인 차량 절도범이 사고를 냈다면 차량 주인인 ㉢ 보험계약자의 지배와 관리가 불가능하였으므로, 보험사의 책임을 면제하는 것은 타당한 이유가 없기 때문이다. 그러나 차량 주인의 자녀가 운전면허 없이 운전하다 사고를 냈다면 보험계약자의 지배와 관리가 가능하였으므로 보험사의 책임을 면제하는 것이 약관의 효력을 유지하는 축소 해석이다.

보기

ㄱ. ㉠에 대해 효력을 유지하면서 축소 해석을 하면, 보험사의 경미한 과실로 인한 손해배상책임은 면제될 것이다.

ㄴ. ㉢의 경우에 ㉡이 보험사의 책임을 면제한다면, ㉡은 보험약관법에 위반될 것이다.

ㄷ. 약관조항 전체를 무효로 하는 경우에 비하여 약관조항의 효력을 유지하는 방향으로 축소 해석을 하면, 보험사로 하여금 규정 (1), (2)에 부합하는 약관조항을 만들게 하는 유인이 약해질 것이다.

① ㄴ ② ㄷ ③ ㄱ, ㄴ
④ ㄱ, ㄷ ⑤ ㄱ, ㄴ, ㄷ

06

금지 규칙/ 개념 이해 및 사례에의 적용

다음으로부터 추론한 것으로 옳은 것만을 보기 에서 있는 대로 고른 것은? 제12회 2020 LEET 문13

규칙을 제정할 때는 항상 그 규칙을 정당화하는 목적이 있어야 한다. 그런데 규칙의 적용이 그 목적의 관점에서 정당화되지 않는 경우들이 존재한다. 규칙이 그 목적의 관점에서 볼 때 어떤 사례를 포함하지 않아도 되는데도 포함하는 경우 이 사례를 '과다포함'한다고 하고, 어떤 사례를 포함해야 하는데도 포함하지 않는 경우 이 사례를 '과소포함'한다고 한다. 예를 들어 '시속 80km 초과 금지'라는 규칙이 있다고 하면, 그 목적은 '운전의 안전성 확보'가 된다. 하지만 운전자들이 시속 80km 초과의 속도로 운전하지 않아야 안전하다는 것이 대부분의 경우 사실이라 하더라도, 시속 80km 초과로 달려도 안전한 경우가 있다. 이때 이 규칙은 시속 80km 초과로 달려도 안전한 사례를 '과다포함'한다고 한다. 반면 '시속 80km 초과 금지'라는 규칙은 안개가 심한 날 위험한데도 시속 80km로 달리는 차량을 금지하지 않게 되어 그 목적을 달성하지 못할 수 있다. 이 경우 규칙이 해당 사례를 '과소포함'한다고 한다.

〈사례〉

X동물원에서는 동물원 내 차량 진입 금지 규칙의 도입을 검토하고 있다. 이 규칙의 목적은 ㉠동물원 이용자의 안전 확보, ㉡차량으로 인한 동물원 내의 불필요한 소음 방지의 두 가지이다. 도입될 규칙의 후보로 다음의 세 가지가 제시되었다.

규칙1 : 동물원 내에는 어떠한 경우에도 차량이 진입할 수 없다.

규칙2 : 동물원 내에는 동물원에 의해 사전 허가를 받은 차량 외에 다른 차량은 진입할 수 없다.

규칙3 : 동물원 내에는 긴급사태로 인해 소방차, 구급차가 진입하는 경우 외에 다른 차량은 진입할 수 없다.

보기

ㄱ. 목적 ㉠의 관점에서 본다면, 규칙1은 '동물원 내 무단 진입한 차량이 질주하여 이용자의 안전을 위협하자 이를 막기 위해 경찰차가 사전 허가 없이 진입하는 경우'를 '과다포함'한다.

ㄴ. 목적 ㉡의 관점에서 본다면, 규칙2는 '불필요한 소음을 발생시키는 핫도그 판매 차량이 사전 허가를 받아 동물원에 진입하는 경우'를 '과소포함'한다.

ㄷ. 목적 ㉠, ㉡ 모두의 관점에서 본다면, 규칙3은 '불필요한 소음을 발생시키지 않는 구급차가 동물원 이용자를 구조하기 위해 동물원 내로 진입하는 경우'를 '과다포함'하지도 않고 '과소포함'하지도 않는다.

① ㄱ　② ㄴ　③ ㄱ, ㄷ

④ ㄴ, ㄷ　⑤ ㄱ, ㄴ, ㄷ

07

행복극대화기준 /
원리이해 및
사례에의 적용

다음으로부터 추론한 것으로 옳은 것만을 보기 에서 있는 대로 고른 것은? 제12회 2020 LEET 문14

〈이론〉

각 사람의 행복을 극대화하는 행동이 올바른 행동이다. 이를 판단하기 위해서 다음의 네 가지 원리가 있다. 단, X와 Y는 가능한 상황을, p와 q는 사람을 나타낸다.

원리1 : p가 상황 X에서 누리는 행복보다 더 많은 행복을 누리게 될 다른 가능한 상황이 없다면, p는 X에서 나쁘게 대우받는 것은 아니다.

원리2 : p가 X에서 존재하고 X에서보다 더 많은 행복을 누리게 되는 가능한 상황 Y가 존재하는 경우, Y에서 존재하는 사람 중에 Y보다 X에서 더 많은 행복을 누리게 되는 q가 존재하지 않는다면 p는 X에서 나쁘게 대우받는 것이고, 그러한 q가 존재한다면 p는 X에서 나쁘게 대우받는 것이 아니다.

원리3 : p가 X에서 존재하지 않는다면, p가 존재하여 더 많은 행복을 누리게 될 가능한 상황이 있더라도 p가 X에서 나쁘게 대우받는 것은 아니다.

원리4 : 원리1~3에 따라 X에서 누구도 나쁘게 대우받지 않는 경우에만 X는 도덕적으로 허용될 수 있다.

〈사례〉

남편인 甲과 아내인 乙에게 자녀 丙이 있다. 이 부부가 둘째 아이를 낳으면 甲의 행복도는 그대로인 반면 乙은 건강이 나빠져 행복도가 떨어지지만, 丙의 행복도는 알려져 있지 않다. A는 이 부부가 둘째 아이를 낳지 않는 상황이고, B는 이 부부가 둘째 아이 丁을 낳는 상황이다. 아래 표는 각각의 상황에서 甲, 乙, 丙, 丁의 행복도를 나타낸다. 단, 가능한 상황은 A와 B뿐이며, 甲, 乙, 丙, 丁 외에 다른 사람은 존재하지 않고, 상황 A에서 丁은 존재하지 않으므로 행복도는 0이라고 가정한다.

사람	A	B
甲	5	5
乙	5	3
丙	5	α
丁	0	5

보기

ㄱ. A에서 甲~丁 중 누군가 나쁘게 대우받는 것이 가능하다.

ㄴ. B에서 甲~丁 중 한 사람만 나쁘게 대우받고 있다면 α는 5보다 작다.

ㄷ. A, B가 모두 도덕적으로 허용 가능하다면 α는 5보다 크다.

① ㄱ ② ㄷ ③ ㄱ, ㄴ
④ ㄴ, ㄷ ⑤ ㄱ, ㄴ, ㄷ

2 법률 요건에 포섭되는 사례 찾기

08

선의의 제3자 보호 요건

다음의 '병'에 해당되는 C를 언급한 것만을 보기 에서 있는 대로 고른 것은? 제1회 2009 LEET 문34

우리 법에서는 거래할 때에는 진정한 의사를 가지고 행하여야 하고, 서로 짜고 허위로 거래한 경우 그 거래를 원칙적으로 무효로 하고 있으며, 이 무효가 된 거래를 몰랐던 제3자에게 피해가 가지 않도록 하고 있다. 구체적인 설명은 아래와 같다.

- 갑과 을이 서로 짜고 실제로 거래할 생각이 전혀 없음에도 불구하고 가짜로 거래가 있었던 것처럼 한 경우에는 그 거래는 원칙적으로 무효이다.
- 제3자인 병이 이러한 허위 거래가 있었다는 사실 자체를 몰랐고 갑과 을의 허위 거래를 통하여 형성된 것을 토대로 다른 거래를 한 경우, 누구도 병에게 갑과 을의 거래가 무효라고 주장할 수 없다.
- 이렇게 병을 보호하는 이유는 병이 이 거래를 기초로 해서 새로운 이해관계를 가지게 되었기 때문이다.
- 병과 같이 보호를 받기 위해서는 새로운 거래를 했느냐 하는 형식적 판단이 아니라, 서로 짜고 가짜로 한 거래를 기초로 해서 새로운 이해관계가 생겼는지 여부를 실질적으로 판단해야 한다.

보기

ㄱ. A는 B에게 자신의 아파트를 허위로 양도하였고, C는 B가 진짜 소유자인 줄 알고 B와 아파트에 관한 매매 계약을 체결하여 아파트를 취득하게 된 경우의 C.

ㄴ. A는 B로부터 허위로 돈을 빌린 것처럼 하여 이 사실을 모르는 C에게 보증인이 될 것을 요청했다. C는 A의 보증인으로서 B에게 돈을 갚았고, 그 돈을 A에게 달라고 한 경우의 C.

ㄷ. A는 B에게 자신의 토지를 허위로 양도하였다. B가 이 사실을 모르는 D에게 이 토지를 양도하였다. 소유권을 상실한 A는 B에게 손해 배상을 청구하였는데, B에 대한 손해 배상 청구권을 양도받은 C.

① ㄱ　② ㄷ　③ ㄱ, ㄴ

④ ㄴ, ㄷ　⑤ ㄱ, ㄴ, ㄷ

09
재판채택진술

원님 갑이 재판에서 채택할 진술을 〈사례〉에서 있는 대로 고른 것은? 제 11회 2019 LEET 문 7

원님 갑은 고을에서 일어나는 범죄에 대한 모든 재판을 담당하였다. 재판에서 증거로 받아들이기 어려운 진술들이 많이 제출되어 재판이 지연되자, 갑은 일정한 요건을 갖춘 증거들만 제출할 수 있도록 제한하였다. 그리하여 갑은 용의자의 평소 행실에 관한 진술은 재판에서 채택하지 않기로 하였다.

그러나 갑은 증인의 평소 언행의 진실성에 대한 진술은 들을 필요가 있다고 생각하였고, 이러한 진술의 채택 요건을 아래와 같이 제한하여 예외적으로 받아들였다.

첫째, 증인의 평소 언행의 진실성에 대해서 진술하는 것은 평소 고을에서의 평판에만 한정하고, 과거에 특정한 행위를 한 적이 있다는 진술은 채택하지 않는다.

둘째, 증인이 예전에 재판에서 허위 진술을 하여 처벌을 받은 적이 있다는 것은 중요하기 때문에 이에 대한 진술은 채택하기로 한다.

셋째, 증인의 평소 언행의 진실성을 모든 사건에서 다 확인할 필요는 없기 때문에 '증인이 진실하다'는 진술은 다른 사람이 '증인이 진실하지 못하다'고 진술하거나 '증인이 예전에 재판에서 허위 진술을 하여 처벌을 받은 적이 있다'고 진술을 한 때에 비로소 채택한다.

〈사례〉

현재 갑이 담당하고 있는 재판에서 갑돌이는 〈혐의 1〉 갑순이 집 앞에서 담배를 피우다 버려 갑순이 집의 외양간을 태웠고, 〈혐의 2〉 그 사실이 소문나면 주인마님에게 혼날까 봐 무서워 불이 나던 날 밤 '을돌이가 갑순이 집 앞에서 담배를 피우는 것을 보았다'는 거짓 소문을 냈다는 두 가지 혐의를 받고 있다.

〈혐의 1〉과 관련하여 갑이 갑돌이에게 그날의 행적에 대하여 묻자, 갑돌이는 ㉠"저는 주변에서 매우 조심성 있는 사람이라는 평을 듣습니다."라고 진술하였다. 다음으로 〈혐의 2〉와 관련하여 갑돌이의 친구 마당쇠가 증인으로 나와 "갑돌이는 거짓말을 안 하는 진실한 놈이라는 평판이 자자합니다."라고 진술하였다. 그러자 대장장이가 증인으로 나와 ㉡"예전에 마당쇠가 을순이에게 거짓말을 해서 을순이 아버지에게 크게 혼난 일이 있었지요."라고 진술하였다. 갑이 을돌이를 증인으로 불러 그날의 행적에 대하여 진술하게 하자 을돌이는 "그날 저는 집에 있었습니다."라고 진술하였다. 이에 다음 증인 병돌이는 ㉢"예전에 을돌이가 아랫동네 살인 사건 재판에서 거짓말을 하여 곤장 다섯 대를 맞은 적이 있습니다."라고 진술하였다. 이에 다른 증인 방물장수는 ㉣"을돌이가 매우 진실하다는 소문이 윗마을까지 나 있습니다."라고 진술하였다.

① ㉠, ㉡
② ㉠, ㉣
③ ㉢, ㉣
④ ㉠, ㉡, ㉢
⑤ ㉡, ㉢, ㉣

논증 영역

10

사이버몰판매 / 규정이해 및 사례에의 적용

다음으로부터 추론한 것으로 옳은 것만을 [보기]에서 있는 대로 고른 것은?

제12회 2020 LEET 문10

인터넷이나 모바일 등에서 거래를 중개하는 사업 모델 중 포털사이트나 가격비교사이트는 판매 정보를 제공하고 판매자의 사이트로 연결하는 통로의 역할만 한다. 이에 비해 오픈마켓 형태의 모델은 사이버몰을 열어 놓고 다수의 판매자가 그 사이버공간에서 물건을 판매하도록 한다. 후자의 모델은 중개자가 거래 공간을 제공할 뿐만 아니라 계약 체결이나 대금 결제의 일부에 참여하기도 하여 소비자가 중개자를 거래 당사자로 오인할 가능성이 크다. 이러한 판매 중개와 관련하여 X국의 법률은 다음과 같이 규정하고 있다.

(1) '사이버몰판매'란 판매자가 소비자와 직접 대면하지 않고 사이버몰(컴퓨터, 모바일을 이용하여 재화를 거래할 수 있도록 설정된 가상의 영업장을 말한다)을 이용하고 계좌이체 등을 이용하는 방법으로 소비자의 청약을 받아 재화를 판매하는 것이다.
(2) '사이버몰판매중개'란 사이버몰의 이용을 허락하거나 중개자 자신의 명의로 사이버몰판매를 위한 광고수단을 제공하거나 청약의 접수 등 사이버몰판매의 일부를 수행하는 방법으로 거래 당사자 간의 사이버몰판매를 알선하는 행위이다.
(3) 사이버몰판매중개자는 사이버몰 웹페이지의 첫 화면에 자신이 사이버몰판매의 당사자가 아니라는 사실을 고지하면 판매자가 판매하는 상품에 관한 손해배상책임을 지지 않는다. 다만, 사이버몰판매중개자가 청약의 접수를 받거나 상품의 대금을 지급받는 경우 사이버몰판매자가 거래상 의무를 이행하지 않을 때에는 이를 대신하여 이행해야 한다.

보기

ㄱ. P는 인터넷에서 주문을 받아 배달하는 전문 업체로서, 유명 식당에 P의 직원이 직접 가서 주문자 대신 특정 메뉴를 주문하고 결제하여 주문자가 원하는 곳으로 배달까지 해 주는 서비스를 제공한다. 이 경우 P는 사이버몰판매중개자가 아니다.
ㄴ. Q는 모바일 어플리케이션을 이용하여 원룸과 오피스텔의 임대차를 전문적으로 중개하는 사업자이다. 이 경우 Q는 사이버몰판매중개자이다.
ㄷ. R는 인터넷에서 테마파크의 할인쿠폰을 판매하는 업체이다. R는 인터넷 쇼핑몰 웹페이지에 자신이 사이버몰판매의 당사자가 아니라고 고지한 경우 상품에 관한 손해배상책임에서 면제된다.

① ㄱ　　② ㄷ　　③ ㄱ, ㄴ
④ ㄴ, ㄷ　　⑤ ㄱ, ㄴ, ㄷ

11

요건 포섭여부 판단

〈규정〉에 따라 X국 감독당국에 신고의무가 있는 경우만을 보기 에서 있는 대로 고른 것은?

제13회 2021 LEET 문7

X국은 X국 회사가 외국에서 증권을 발행하는 경우뿐만 아니라 외국 회사가 외국에서 증권을 발행하는 경우에도 다음 〈규정〉에 따라 X국 감독당국에 대한 신고의무를 부과하고 있다.

〈규정〉

제1조 X국 회사가 외국에서 증권을 발행하는 경우 X국 감독당국에 신고하여야 한다. 다만, 그 증권이 X국 거주자가 발행일부터 2년 이내에 그 증권을 취득하는 것을 허용하지 않는 때에는 그러하지 아니하다.

제2조 외국에서 증권을 발행하는 외국 회사가 X국 주식시장에 상장되어 있거나 X국 거주자의 주식보유비율이 20% 이상인 경우 제1조를 준용한다.

제3조 제2조의 외국 회사가 외국에서 외국 통화로 표시한 증권을 발행하는 경우 그 증권이 X국 거주자가 발행일부터 1년 이내에 그 증권을 취득하는 것을 허용하지 않는 때에는 제1조의 신고의무가 없다.

보기

ㄱ. X국 주식시장에 상장된 Y국 회사(X국 거주자의 주식보유비율 10%)가 '발행일로부터 2년이 경과하지 않으면 X국 거주자가 취득할 수 없다'는 조건이 포함된 증권(X국 통화로 표시)을 Y국에서 발행하는 경우

ㄴ. Y국 주식시장에 상장된 Z국 회사(X국 거주자의 주식보유비율 15%)가 '발행일로부터 1년이 경과하면 X국 거주자가 취득할 수 있다'는 조건이 포함된 증권(X국 통화로 표시)을 Y국에서 발행하는 경우

ㄷ. Y국 주식시장에 상장된 Z국 회사(X국 거주자의 주식보유비율 20%)가 '발행일로부터 6개월이 경과하면 X국 거주자가 취득할 수 있다'는 조건이 포함된 증권(Z국 통화로 표시)을 Y국에서 발행하는 경우

① ㄱ ② ㄷ ③ ㄱ, ㄴ
④ ㄴ, ㄷ ⑤ ㄱ, ㄴ, ㄷ

3 사례형 문제

12

국제형사재판소 관할권 행사

다음 〈규정〉과 〈사실관계〉를 근거로 판단할 때 국제형사재판소의 관할권 행사가 가능한 경우를 보기 에서 고른 것은?

제2회 2010 LEET 문4

〈규정〉

제12조 【관할권 행사의 전제조건】

제13조 (가)와 (나)의 경우, 집단살해죄 혐의 행위가 발생한 영역국이나 그 범죄혐의자의 국적국 중, 어떤 국가가 이 규정의 회원국이거나 국제형사재판소의 관할권을 수락한 경우에만 국제형사재판소는 관할권을 행사할 수 있다.

제13조 【관할권의 행사】

국제형사재판소는 다음 어느 하나에 해당하는 경우, 집단살해죄에 대하여 관할권을 행사할 수 있다.

(가) 회원국이 집단살해죄 혐의사건을 국제형사재판소의 검사에게 회부한 경우

(나) 국제형사재판소의 검사가 집단살해죄 혐의사건에 대하여 수집한 정보를 근거로 독자적으로 수사를 개시한 경우

(다) 국제연합 안전보장이사회가 집단살해죄 혐의사건을 국제형사재판소의 검사에게 회부한 경우

〈사실관계〉

국제형사재판소의 검사는 A국의 대통령 갑이 집단살해죄의 혐의가 있다는 정보를 수집하였다. 대통령 갑의 집단살해의 대상은 A국에 거주하고 있는 B국 국적의 사람들이고, 그 행위가 발생한 영역국은 A국이었다. A국은 위 규정의 회원국이 아니었으나 B국과 C국은 회원국이었다.

보기

ㄱ. A국이 국제형사재판소의 관할권을 수락한 후 C국이 이 사건을 국제형사재판소의 검사에게 회부하였다.

ㄴ. B국이 이 사건을 국제형사재판소의 검사에게 회부하였다.

ㄷ. 국제형사재판소의 검사가 이 사건에 대하여 수집한 정보를 근거로 독자적으로 수사를 개시하였다.

ㄹ. 국제연합 안전보장이사회가 이 사건을 국제형사재판소의 검사에게 회부하였다.

① ㄱ, ㄷ　② ㄱ, ㄹ　③ ㄴ, ㄷ　④ ㄴ, ㄹ　⑤ ㄷ, ㄹ

13

규정과 판례를 통한 형벌의 추론

옛날 어떤 나라에 살던 노비 '흉'은 동료 셋과 함께 양민인 주인의 숙부를 구타하여 손가락 3개를 부러뜨리고 도망하였다가 동료 한 명을 붙잡아 자수하였다. 당시의 〈형벌 규정〉과 이를 적용한 〈처벌 사례〉를 근거로 판단할 때, '흉'이 받았을 처벌은?

제2회 2010 LEET 문22 [규범 이해 및 적용 예시문항]

〈형벌 규정〉

- 장형에는 60대, 70대, 80대, 90대, 100대의 다섯 등급이 있다. 그 위로는 도형에 처해지는데, 도형에는 1년, 1년 반, 2년, 2년 반, 3년의 다섯 등급이 있다.
- 양민이 양민을 물건으로 구타하면 장형 60대에 처한다. …… 물건으로 상해하면 장형 80대에 처한다. …… 치아나 손가락을 1개 부러뜨리면 도형 1년에 처한다. 치아나 손가락을 2개 이상 부러뜨리면 도형 1년 반에 처한다. 칼날로 상해하거나 늑골을 부러뜨리면 도형 2년에 처한다. 팔이나 다리를 부러뜨리거나 한쪽 눈을 실명케 하면 도형 3년에 처한다.
- 여럿이 함께 사람을 구타하여 상해하였다면 1등급씩 감한다. 범인이 자수를 하면 2등급을 감하고, 같이 범행을 저지른 범인을 붙잡아 자수할 경우 다시 1등급을 감하고, 반수 이상을 붙잡아 자수할 경우 다시 1등급을 감한다.
- 가해자와 피해자 신분이 양민, 상급 천민인 부곡, 하급 천민인 노비로 서로 다른 경우, 신분의 고하에 따라 1등급을 차등적으로 가감하고, 가해자나 피해자에 주인의 친족이 포함된 경우 다시 1등급을 차등적으로 가감한다.

〈처벌 사례〉

- 양민 갑의 노비 을은 양민 병과 싸우다 병의 치아를 하나 부러뜨려 도형 2년에 처해졌고, 병의 부곡 정은 갑과 싸우다 갑의 치아를 2개 부러뜨려 도형 2년에 처해졌다.
- 갑의 노비 을은 갑의 숙부 무와 싸우다 무를 벽돌로 쳐서 상해를 입혀 도형 1년에 처해졌고, 무는 을의 늑골을 부러뜨려 장형 100대에 처해졌다.

① 도형 2년 반　　② 도형 2년　　③ 도형 1년 반
④ 도형 1년　　⑤ 장형 100대

14

규정에 따른 사례의 형벌 추론

〈규정〉에 따라 〈사례〉의 병이 받을 형벌은? 제13회 2021 LEET 문8

〈규정〉

(1) 형벌 중 중형에는 다음 여섯 등급이 있다.

1등급	사형
2등급	노역 5년 후 3천 리 밖으로 유배
3등급	3천 리 밖으로 유배
4등급	2천 리 밖으로 유배
5등급	노역 3년 6개월
6등급	노역 3년

(2) 사람을 때려 재물을 빼앗은 자는 3천 리 밖으로 유배한다.

(3) 다른 사람의 범죄를 도운 자는 범죄를 저지른 자보다 한 등급을 감경하여 처벌한다.

(4) 자신을 체포하려는 포졸을 때려 상해를 입힌 자의 형벌은 네 등급을 가중한다.

(5) 탈옥한 자의 형벌은 세 등급을 가중한다.

(6) 자수한 자의 형벌은 세 등급을 감경한다.

(7) 1~3등급에서 형을 감경하는 경우 3등급, 4등급은 하나의 등급으로 취급한다. 가령 2등급에서 두 등급을 감경하면 5등급이다.

(8) 3~6등급에서 형을 가중하는 경우 2등급이 상한이다.

(9) (3)~(6)의 형벌 가중·감경 사유 중 두 개 이상에 해당하면, 해당 사유 모두를 (3), (4), (5), (6)의 순서대로 적용한다.

〈사례〉

갑이 을을 때려 재물을 빼앗는 동안 병은 갑을 위하여 망을 보아주었다. 도망쳐 숨어 지내던 병은 포졸 정의 눈에 띄어 체포될 위기에 처하자 그를 때려 상해를 입히고 달아났다. 이후 병은 관아에 자수하고 갇혀 있던 중 탈옥하였다.

① 노역 5년 후 3천 리 밖으로 유배
② 3천 리 밖으로 유배
③ 2천 리 밖으로 유배
④ 노역 3년 6개월
⑤ 노역 3년

15

군무원의 이중배상 금지

X국 Z법률의 〈규정〉과 〈사실관계〉로부터 추론한 것으로 옳은 것을 보기 에서 고른 것은?

제6회 2014 LEET 문4

〈규정〉

군인·경찰관 기타 공무원의 직무상 불법행위로 손해를 받은 사람은 국가에 손해배상을 청구할 수 있다. 다만 군인·경찰관이 전투·훈련과 관련된 직무집행과 관련하여 받은 손해에 대하여 다른 법률에 따라 보상금을 지급 받을 수 있는 경우에는 국가에 대해 손해배상을 청구할 수 없다.

〈사실관계〉

회사원 A는 동료인 B를 태우고 자기 아버지 C 소유의 승용차를 운전하던 중, 육군 하사인 D가 운전하던 오토바이와 충돌하였다. 당시 그 오토바이 뒷좌석에는 육군 중사인 E가 타고 있었고 D와 E는 직무를 집행하던 중이었다. 위 교통사고는 D가 운전 중 졸음을 이기지 못하고 전방을 제대로 주시하지 못하여 발생한 것이었다. 이 사고로 인하여 B와 E는 각각 약 8주간의 치료를 필요로 하는 우슬관절내측부인대파열 및 전방십자인대파열 등의 상해를 입었다.

보기

ㄱ. D의 직무상 불법행위가 인정되고 A도 상해를 입었다면 A는 국가에 대해 손해배상을 청구할 수 있을 것이다.

ㄴ. D의 직무상 불법행위가 인정되더라도 사고 당시 D의 직무집행행위가 전투·훈련과 무관한 것이라면 B는 국가에 대해 손해배상을 청구할 수 없을 것이다.

ㄷ. D의 직무상 불법행위가 인정되고 그로 인해 C의 자동차가 파손되었더라도 C는 그 피해의 배상을 국가에 청구할 수 없을 것이다.

ㄹ. D의 직무상 불법행위가 인정되고 사고 당시 D와 E의 직무가 전투·훈련과 무관한 것이라면 E는 국가에 대해 손해배상을 청구할 수 있을 것이다.

① ㄱ, ㄴ　② ㄱ, ㄹ　③ ㄴ, ㄷ
④ ㄴ, ㄹ　⑤ ㄷ, ㄹ

16

소유권 취득 특례

Y의 소유권자에 대하여 A와 B의 판단이 일치하지 않는 경우는?

제7회 2015 LEET 문8 [규범 이해 및 적용 예시문항]

〈사건 개요〉

갑은 을 소유의 소 X를 훔쳐 병에게 팔았다. 갑은 이러한 사실을 병에게 말하지 않았기 때문에 병은 매수할 당시 X가 도둑맞은 소임을 알지 못했다. X는 병의 농장에서 송아지 Y를 출산하였다. 그 후 을은 병의 농장에서 X를 찾게 되었고, 병에게 X와 Y를 모두 자기에게 반환하라고 요구하고 있다.

〈법률〉

원래의 소유권자는 도둑맞은 물건(도품)을 매수한 사람에게 자신의 소유물을 반환하라고 요구할 수 있다. 그러나 매수자가 그 물건을 매수하였을 당시에 도품인 것을 알지 못한 상태에서 2년 동안 보유하였을 때에는 도품에 대한 소유권을 갖게 된다.

〈논쟁〉

A : Y는 X의 일부로 보아 판단해야 해. 〈법률〉에 따라 아직 일정한 기간이 지나지 않았기 때문에 병이 X를 소유할 수 없다고 판단된다면 그 경우에 Y도 을의 것이어야 해. 이 경우 X가 Y를 을의 농장에서 수태하였든 병의 농장에서 수태하였든 그것은 고려할 필요가 없어. 또한 〈법률〉이 정한 기간이 지나 병이 X의 소유권을 갖게 되면 병은 Y도 소유하게 돼.

B : 항상 Y를 X의 일부로 판단할 수는 없어. 물론 병이 X를 소유할 수 있을 정도로 〈법률〉이 정한 기간이 지났다면 Y도 병의 소유가 된다는 점은 당연해. 하지만 그러한 기간이 지나지 않은 경우에도 병이 X를 매수한 다음에 Y가 수태되었고, Y가 태어날 때까지 X가 도품인 줄 병이 몰랐다면, 병은 Y를 가질 자격이 있어. 이 경우만은 X와 Y의 소유를 별개로 생각해야 해.

① X가 Y를 수태한 것이 도난되기 전이었고, Y의 출산 이후 X가 도품임을 병이 알았는데 그 시점이 매수 이후 2년이 지나기 전인 경우
② X가 Y를 수태한 것이 도난되기 전이었고, Y의 출산 이후 X가 도품임을 병이 알았는데 그 시점이 매수 이후 2년이 지난 뒤인 경우
③ X가 Y를 수태한 것이 매수 이후이었고, Y의 출산 이후 X가 도품임을 병이 알았는데 그 시점이 매수 이후 2년이 지나기 전인 경우
④ X가 Y를 수태한 것이 매수 이후이었고, Y의 출산 이후 X가 도품임을 병이 알았는데 그 시점이 매수 이후 2년이 지난 뒤인 경우
⑤ X가 Y를 수태한 것이 매수 이후이었고, Y의 출산 이전에 X가 도품임을 병이 알았는데 그 시점이 매수 이후 2년이 지나기 전인 경우

17
정당의 합당
절차 및 요건

〈규정〉에 따라 〈사례〉를 판단한 것으로 옳은 것만을 보기 에서 있는 대로 고른 것은? (단, 기간을 계산할 때 초일(初日)은 산입하지 않고, 공휴일 여부는 무시한다.)

제10회 2018 LEET 문2

〈규정〉

제1조(합당) ① 정당이 새로운 당명으로 합당(이하 '신설합당'이라 한다)할 때에는 합당을 하는 정당들의 대의기관의 합동회의의 결의로써 합당할 수 있다.

② 정당의 합당은 제2조 제1항의 규정에 의하여 선거관리위원회에 등록함으로써 성립한다.

③ 본조 제1항 및 제2항의 규정에 의하여 정당의 합당이 성립한 경우에는 그 소속 시·도당도 합당한 것으로 본다. 다만, 신설합당의 경우 합당등록신청일로부터 3개월 이내에 시·도당개편대회를 거쳐 변경등록신청을 해야 한다.

④ 신설합당된 정당이 제3항 단서의 규정에 의한 기간 이내에 변경등록신청을 하지 아니한 경우에는 그 기간만료일의 다음날에 당해 시·도당은 소멸된다.

제2조(합당된 경우의 등록신청) ① 신설합당의 경우 정당의 대표자는 제1조 제1항의 규정에 의한 합동회의의 결의가 있은 날로부터 14일 이내에 선거관리위원회에 합당등록신청을 해야 한다.

② 제1항의 경우에 시·도당의 소재지와 명칭, 대표자의 성명 및 주소는 합당등록신청일로부터 120일 이내에 보완해야 한다.

③ 제2항의 경우에 그 기간 이내에 보완이 없는 때에는 선거관리위원회는 시·도당의 등록을 취소할 수 있다.

〈사례〉

A당과 B당은 국회의원 선거를 앞두고 2017년 5월 1일 대의기관 합동회의에서 합당 결의를 하고 C당으로 당명을 변경하였다.

보기

ㄱ. C당으로의 합당이 성립하려면 그 대표자에 의한 합당등록신청 외에 그 소속 시·도당의 합당이 전제되어야 한다.

ㄴ. C당 소속 시·도당이 개편대회를 통해 변경등록신청을 하지 않은 경우 당해 시·도당이 소멸되는 시점은 2017년 8월 16일이다.

ㄷ. C당의 대표자가 2017년 5월 10일 합당등록신청을 한 경우 늦어도 2017년 9월 7일까지 그 소속 시·도당의 대표자의 성명을 보완하지 않으면 당해 시·도당의 등록이 취소될 수 있다.

① ㄴ
② ㄷ
③ ㄱ, ㄴ
④ ㄱ, ㄷ
⑤ ㄱ, ㄴ, ㄷ

18

특별이해관계 주주의 의결권 제한

〈규정〉에 따라 〈사례〉를 판단한 것으로 옳은 것만을 보기 에서 있는 대로 고른 것은?

제10회 2018 LEET 문4

〈규정〉

(1) 주주가 소유하는 주식 1주 당 의결권 1개가 인정된다. 다만, 어떤 안건에 특별한 이해관계가 있는 주주는 주주총회에서 그 안건에 의결권을 행사하지 못한다.

(2) 이사는 주주총회의 특별결의로 해임될 수 있다.

(3) 주주총회의 특별결의는 출석 주주의 소유 주식 수가 회사발행주식 총수의 3분의 1 이상이고, 출석 주주 중에서 의결권을 행사할 수 있는 주주의 의결권 수의 3분의 2 이상 찬성이라는 두 가지 요건을 모두 충족하는 결의를 말한다.

〈사례〉

X주식회사의 발행주식 총수는 1,000주인데 모두 의결권이 있는 주식이다. 갑은 발행주식 총수의 34%, 을은 26%, 병은 40%를 갖고 있다. 병은 이 회사의 이사이다. 한편, 병의 이사해임 안건이 주주총회에 상정되었다. 병이 자신의 해임 안건에 대하여 특별한 이해관계가 있는 주주인지 여부가 다투어지고 있다.

보기

ㄱ. 병이 해임 안건에 특별한 이해관계가 있다면, 갑, 을, 병이 모두 출석한 경우 갑과 을이 모두 해임에 찬성해야만 병의 해임 안건이 가결된다.

ㄴ. 병이 해임 안건에 특별한 이해관계가 없다면, 갑과 을은 불참하고 병만 출석한 경우 해임에 대한 가부의 결의를 할 수 없다.

ㄷ. 병이 해임 안건에 특별한 이해관계가 있다면, 을은 불참하고 갑과 병은 참석한 경우 갑의 찬성만으로 병의 해임을 가결할 수 없다.

① ㄱ ② ㄴ ③ ㄱ, ㄷ

④ ㄴ, ㄷ ⑤ ㄱ, ㄴ, ㄷ

19
특허보상규정

〈규정〉을 근거로 〈사실관계〉에 대하여 옳은 판단을 하는 변호사는? 제 11회 2019 LEET 문8

〈규정〉

종업원은 직무와 관련하여 한 발명에 대하여 기여도에 따라 다음과 같이 보상을 받을 권리를 가진다.

(1) 회사가 직무발명에 대한 특허출원을 할 경우 출원보상을 한다. 보상금은 그 중요도에 따라 건당 10만 원에서 30만 원을 지급하며, 나머지는 회사 내에 설치된 직무발명심의 위원회의 결정 심사 후에 지급한다.

(2) 회사 명의로 등록된 특허권을 매도 또는 임대하였을 때 처분보상을 한다. 특허권을 타인에게 유상으로 임대한 경우에는 특허임대수익의 5 ~ 10%에 해당하는 금액을 발명자에게 보상금으로 지급한다.

(3) 단, 특허임대수익의 산정은 수령하였거나 수령할 총 임대료에서 개발비용, 영업비용을 제외한다.

〈사실관계〉

X는 Y사에 직무발명에 대한 정당한 보상금의 지급을 요청하는 소송을 하기 위해 법무법인에 찾아갔다. X는 Y사에서 2007년부터 4년 4개월 동안 연구원으로 근무하였다. X는 Y사의 다른 연구원들과 함께 A사가 독점하고 있는 의약품과 동등하면서도 제조원가 대비 38%로 생산 가능한 방법을 48억 원의 비용을 들여 발명하였다. 해당 발명에 관여한 연구원들은 Y사에게 직무발명에 관한 특허 받을 권리를 이전하였고, Y사는 자사명의로 특허출원을 하였다. 이와 관련된 특허발명에서 X의 기여도는 1/3로 인정받았고 출원보상은 상여금 명목으로 5천만 원을 지급받았다.

한편 Y사는 2010년도에 A사와 특허권 임대계약을 체결하기 위해 42억 원의 비용을 소요하였다. 그 계약에 의해 A사로부터 초회 대금 45억 원, 중간 정산대금 23억 원을 지급받음과 동시에 40개월 간의 임대료로 요율 3~5%에 의해 산정된 금액 24억 원을 수령하였다. 계약기간인 2030년까지 추가적으로 수령할 Y사의 임대료는 약 28억 원으로 추정된다.

① 갑 : 특허임대수익의 5 ~ 10%에 해당하는 금액이 이미 지급받은 출원보상금 5천만 원을 넘지는 않을 것 같습니다.

② 을 : 회사가 타인에게 특허권을 유상으로 임대했기 때문에 임대료 수익을 받을 수 있겠군요. 최대 1억 원은 청구 가능할 것 같아요.

③ 병 : Y사가 해당 특허로 수령할 총 임대료는 120억 원이군요. 따라서 당신은 최대 4억 원의 보상금을 받을 수 있습니다.

④ 정 : 본 특허로 얻을 Y사의 임대료 수익은 임대료 명목으로 지급 받은 52억 원입니다. 따라서 최소 2억 6천만 원의 보상금을 청구할 수 있어요.

⑤ 무 : 임대료 수익은 실제 발생한 금액만 가지고 산정하여야 합니다. 미래의 시장 상황까지는 고려할 수 없어요. 따라서 92억 원을 특허 임대수익으로 봐야 해요.

20

공직선거법 / 지방의회

다음으로부터 〈사례〉를 판단한 것으로 옳은 것은?

제11회 2019 LEET 문9

지방자치단체의 구역변경이나 설치·폐지·분할 또는 합병이 있는 때에는 다음과 같이 당해 지방의회의 의원정수를 조정하고 의원의 소속을 정한다.

첫째, 지방자치단체의 구역변경으로 선거구에 해당하는 구역의 전부가 다른 지방자치단체에 편입된 때에는 그 편입된 선거구에서 선출된 의원은 종전의 지방의회의원의 자격을 상실하고 새로운 지방의회의원의 자격을 취득하되, 그 임기는 종전의 지방의회의원의 잔임기간으로 하며, 해당 의회의 의원정수는 재직하고 있는 의원수로 한다.

둘째, 선거구에 해당하는 구역의 일부가 다른 지방자치단체에 편입된 때에는 그 편입된 구역이 속해 있던 선거구에서 선출되었던 의원은 자신이 속할 지방의회를 선택한다. 그 선택한 지방의회가 종전의 지방의회가 아닌 때에는 종전의 지방의회의원의 자격을 상실하고 새로운 지방의회의원의 자격을 취득하되, 그 임기는 종전의 지방의회의원의 잔임기간으로 하며, 해당되는 의회 각각의 의원정수는 재직하고 있는 의원수로 한다.

셋째, 두 개 이상의 지방자치단체가 합병하여 새로운 지방자치단체가 설치된 때에는 종전의 지방의회의원은 새로운 지방자치단체의 지방의회의원으로 되어 잔임기간 재임하며, 그 잔임기간의 합병된 의회의 의원정수는 재직하고 있는 의원수로 한다.

넷째, 하나의 지방자치단체가 분할되어 두 개 이상의 지방자치단체가 설치된 때에는 종전의 지방의회의원은 후보자등록 당시의 선거구를 관할하게 되는 지방자치단체의 지방의회의원으로 되어 잔임기간 재임하며, 그 잔임기간의 분할된 의회의 의원정수는 재직하고 있는 의원수로 한다. 이 경우 비례대표의원은 자신이 속할 지방의회를 선택한다.

〈사례〉

◦ 지방자치단체인 A구 의회의 선거구는 a1, a2, a3, a4로 구성되어 있다. 각 선거구에서 2명의 지역구의원이 선출되며, 비례대표의원은 2명으로 의원 정수는 10명이다.
◦ 지방자치단체인 B구 의회의 선거구는 b1, b2, b3으로 구성되어 있다. 각 선거구에서 2명의 지역구의원이 선출되며, 비례대표의원은 2명으로 의원 정수는 8명이다.

① A구와 B구가 합병된다면, 합병된 지방의회의 잔임기간 의원정수는 16명이다.
② A구 선거구 a1이 B구로 편입된다면, a1에서 선출된 A구 의회의원은 A구 의회 소속을 유지한다.
③ A구 선거구 a2의 일부 구역이 B구로 편입된다면, a2에서 선출된 A구 의회의원은 B구 의회로 소속이 변경된다.
④ B구가 2개의 지방자치단체 B1(b1)구와 B2(b2+b3)구로 분할된다면, B1구 지방의회의 잔임기간 최대 의원정수는 4명이다.
⑤ 지방자치단체의 구역변경 · 합병 · 분할 중, 지방의회의원의 잔임기간이 경과한 후 해당 지방의회 의원정수가 조정될 가능성이 있는 것은 구역변경과 분할이다.

21

규정에 따른
사례의
주차대수추론

〈규정〉에 따라 〈사례〉의 갑이 추가로 갖추어야 할 최소 주차대수는?

제13회 2021 LEET 문10

〈규정〉

제1조 주차수요를 유발하는 건축물 등('시설물')을 건축하거나 설치하려는 자는 〈표〉의 용도별 설치기준에 따라 부설주차장을 설치하여야 한다.

제2조 ① 부설주차장에 설치된 기계식주차장치가 노후·고장 등의 이유로 작동이 불가능하거나 안전상 철거가 불가피한 경우 이를 철거할 수 있다.

② 시설물의 소유자는 제1항에 따라 기계식주차장치를 철거함으로써 제1조에 따른 부설주차장의 설치기준에 미달하게 되는 경우에는 부설주차장을 추가로 설치하여야 한다.

③ 구청장은 제1항에 따라 기계식주차장치를 철거하는 경우 〈표〉의 부설주차장 설치기준을 2분의 1로 완화하여야 한다.

④ 제3항에 의해 완화된 설치기준에 따라 부설주차장을 설치한 이후 해당 시설물이 증축되거나 부설주차장 설치기준이 강화되는 용도로 변경될 때에는 그 증축 또는 용도변경하는 부분에 대해서만 〈표〉의 부설주차장 설치기준을 적용한다.

제3조 시설물의 용도를 변경하는 경우 용도변경 시점의 부설주차장 설치기준에 따라 변경 후 용도의 최소 주차대수를 갖추도록 부설주차장을 설치하여야 한다.

〈표〉

시설물의 용도	설치기준(최소 주차대수)
위락시설	시설면적 100 ㎡당 1대
판매시설	시설면적 150 ㎡당 1대

〈사례〉

갑은 판매시설로 사용되는 시설면적 6,000 ㎡의 시설물의 소유자이다. 40대를 수용하는 기존 기계식주차장치가 고장으로 작동이 불가능하자 갑은 이 기계식주차장치를 전부 철거하고, 구청장으로부터 부설주차장 주차기준을 2분의 1로 완화 적용받아 20대를 수용하는 부설주차장을 설치하였다. 갑은 이 시설물의 시설면적 중 3,000 ㎡를 위락시설로 용도변경하려 한다.

① 0대
② 5대
③ 10대
④ 15대
⑤ 20대

22

미술품 저작권/규정에 따른 사례 판단

〈규정〉을 〈사례〉에 적용한 것으로 옳지 않은 것은?

제13회 2021 LEET 문12

X국은 〈규정〉과 같이 미술품에 대한 저작자의 권리를 인정한다.

〈규정〉

제1조 '미술상'은 저작권협회 회원으로서 미술품을 영업으로 매도·매수·중개하는 자이다.

제2조 미술저작물의 원본이 최초로 매도된 후에 계속해서 거래되고, 각 후속거래에서 미술상이 매도·매수·중개한 경우, 저작자는 매도인을 상대로 ㉠ 거래가액의 일정 비율의 금액을 청구할 수 있다. 거래가액이 40만 원 미만이면 그러하지 아니하다.

제3조 제2조에 의하여 청구할 수 있는 금액은 다음과 같이 거래가액을 기준으로 산정한다.

(1) 5천만 원 이하: 거래가액의 1%

(2) 5천만 원 초과 2억 원 이하: 거래가액의 2%

(3) 2억 원 초과: 거래가액의 3%. 단, 상한은 1천만 원으로 한다.

제4조 저작자는 미술상에게 최근 3년간 미술상이 관여한 자기 저작물의 거래 여부에 관한 정보를 요구할 수 있고, 미술상은 이에 응하여야 한다.

제5조 저작자는 제2조의 권리를 행사하기 위해, 거래에 관여한 미술상에게 매도인의 이름, 주소, 거래가액에 관한 정보를 요구할 수 있고, 미술상은 이에 응하여야 한다.

〈사례〉

화가 갑은 자신이 그린 그림 A를 40만 원에 미술상 을에게 판매하였다. 한 달 후 을은 친구 병에게 A를 20만 원에 판매하였다. 5년이 지나 병은 을의 중개로 미술상 정에게 A를 2억 원에 판매하였다. 그로부터 1년 후 사업가 무가 정에게서 A를 3억 원에 구입하였고, 다시 3년이 지나 무는 기에게 A를 선물하였다.

① 갑이 청구할 수 있는 ㉠은 총 1천3백만 원이다.

② 을은 갑에게 ㉠으로 4천 원을 지급할 의무가 없다.

③ 병은 갑에게 ㉠을 지급할 의무가 있다.

④ 갑은 을을 상대로 병의 이름과 주소, 병이 정에게 매도한 금액에 관한 정보의 제공을 요구할 수 있다.

⑤ 갑이 정에게 A의 거래 여부에 관한 정보를 요구할 경우, 기가 현재 A를 보유하고 있다는 사실을 알고 있는 정은 그 정보를 제공할 의무가 있다.

23

규정에 따른
사실관계 판단

[규정]에 따라 〈사실관계〉를 판단할 때 갑의 운전면허는 최종적으로 언제까지 정지되는가?

제14회 2022 LEET 문4

[규정]

제1조(정의) ① '벌점'은 교통법규위반에 대하여 그 위반의 경중에 따라 위반행위자에게 배점되는 점수를 말한다.

② '처분벌점'은 교통법규위반시 배점된 벌점을 누적하여 합산한 점수에서 기간경과로 소멸한 벌점 점수와 운전면허정지처분으로 집행된 벌점을 뺀 점수를 말한다.

제2조(벌점의 배점 등) ① 속도위반을 제외한 교통법규위반에 대하여 배점되는 벌점은 아래 표와 같다.

사유	벌 점	사유	벌 점
신호위반	15점	정지선위반	18점
앞지르기금지위반	20점	갓길통행	25점

② 속도위반에 대하여 배점되는 벌점은 아래 표와 같다.

초과된 속도	20km/h 초과 40km/h 이하	40km/h 초과
벌 점	15점	40점

③ 벌점은 해당 교통법규위반일로부터 3년이 지나면 소멸하고, 30점 미만인 처분벌점은 최종 교통법규위반일로부터 교통법규위반 없이 1년이 지나면 소멸한다.

제3조(운전면허정지처분 등) ① 처분벌점이 40점 이상이 되면 운전면허정지처분을 하되, 최종 교통법규위반일 다음날부터 운전면허가 정지되며 처분벌점 1점을 정지일수 1일로 계산하여 집행한다.

② 운전면허 정지 중에 범한 교통법규위반행위에 대해서는 벌점을 2배로 배점한다.

③ 운전면허 정지 중에 새로운 운전면허정지처분을 추가로 받는 경우, 추가된 운전면허정지처분은 집행 중인 운전면허정지처분의 기간이 종료한 다음날부터 집행한다.

〈사실관계〉

갑은 그 이전까지는 교통법규위반 전력이 없었는데, 2017. 5. 1.에 신호위반을 하고, 2020. 7. 1.에 정지선위반을 하고, 2021. 3. 1.에 갓길통행을 하고, 2021. 4. 1.에 규정속도를 45km/h 초과하여 속도위반을 하였다. 갑은 위 모든 교통법규위반행위들에 대해 위반일자에 [규정]에 따른 벌점 또는 운전면허정지처분을 받았다.

① 2021. 5. 23　　② 2021. 6. 7　　③ 2021. 6. 14
④ 2021. 7. 2　　⑤ 2021. 7. 17

24

처벌방법 / 규정에 따른 사례 판단

X국, Y국 법원이 자국 규정에 따라 재판할 때 〈사례〉의 갑, 을, 병에게 선고되는 형 중 최저 형량과 최고 형량을 옳게 짝지은 것은? 제14회 2022 LEET 문11

[X국 규정]

제1조 ① 강간한 사람은 징역 7년형에 처한다.
② 전항은 X국 영역 내에서 죄를 범한 내국인과 외국인에게 적용한다.

제2조 ① 해상에서 강도한 사람은 징역 8년형에 처한다.
② 전항은 X국 영역 내에서 죄를 범한 내국인과 외국인 및 X국 영역 외에서 죄를 범한 내국인에게 적용한다.

제3조 X국의 국적만 가진 사람을 내국인으로 본다.

제4조 처벌대상이 되는 동종 또는 이종의 범죄가 수회 범해진 경우, 개별 범죄에서 정한 형을 전부 합산하여 하나의 형을 선고한다. 이때 한 행위자가 동종의 범죄를 범한 경우, 1회의 범죄를 1개의 범죄로 본다.

[Y국 규정]

제1조 ① 강간한 사람은 징역 6년형에 처한다.
② 전항은 Y국 영역 내에서 죄를 범한 내국인과 외국인 및 Y국 영역 외에서 죄를 범한 내국인에게 적용한다.

제2조 ① 해상에서 강도한 사람은 징역 9년형에 처한다.
② 전항은 Y국 영역 내·외에서 죄를 범한 내국인과 외국인에게 적용한다.

제3조 Y국의 국적을 가진 사람을 내국인으로 본다.

제4조 ① 처벌대상이 되는 동종 또는 이종의 범죄가 2회 범해진 경우에는 개별 범죄에서 정한 형 중 중한 형을 선택하여 그 형에 그 2분의 1을 더한 형만 선고하고, 3회 이상 범해진 경우에는 개별 범죄에서 정한 형 중 가장 중한 형을 선택하여 그 형에 그 3분의 2를 더한 형만 선고한다.
② 전항에서 한 행위자가 동종의 범죄를 범한 경우, 1회의 범죄를 1개의 범죄로 본다.

〈사례〉

- X국 국적의 갑이 X국에서 1회 강간을 하고 1회 해상강도를 한 후 Y국에서 다시 1회 해상강도를 하였다. 갑은 Y국에서 재판을 받는다.
- Y국 국적의 을이 Y국에서 2회 강간을 하고 X국에 가서 1회 강간을 하였다. 본국으로 강제송환된 을은 Y국에서 재판을 받는다.
- X국과 Y국의 국적을 모두 가진 병이 Y국에서 1회 해상강도를 한 후 X국에서 2회 강간을 하였다. 병은 X국에서 재판을 받는다.

① 10년 — 13년 6개월 ② 10년 — 14년 ③ 10년 — 15년
④ 12년 — 13년 6개월 ⑤ 12년 — 14년

25

지분보유제한 / 규정에 따른 사례판단

[규정]에 따라 〈사례〉를 판단한 것으로 옳지 않은 것은?   제14회 2022 LEET 문14

X국에서 유행성 독감이 급격히 확산하자 마스크 품귀 현상이 발생하였고 마스크 판매가격이 급등하였다. 이에 마스크 생산회사를 인수하여 마스크 공급을 독점하려는 동태가 감지되자 X국 정부는 [규정]을 제정하였다.

[규정]

제1조(지분 보유 제한) 자연인 또는 법인(회사를 포함한다)은 단독으로 또는 제2조에 규정된 '사실상 동일인'과 합하여 마스크 생산회사 지분을 50%까지만 보유할 수 있다.

제2조(사실상 동일인) '사실상 동일인'이란 다음 각호 중 어느 하나에 해당하는 자를 말한다.

1. 해당 자연인의 부모, 배우자, 자녀
2. 해당 자연인이 50% 이상 지분을 보유하고 있는 법인
3. 해당 자연인이 제1호에 규정된 자와 합하여 50% 이상 지분을 보유하고 있는 법인

〈사례〉

X국에서 마스크를 생산하는 P회사 지분은 갑이 15%, 마스크 생산과 무관한 Q회사가 20%를 보유하고 있고, 나머지는 제3자들이 나누어 보유하고 있다. Q회사 지분은 을, 병, 정이 각각 10%, 40%, 50%를 보유하고 있다. 병은 을의 남편이다.

① 병은 제3자들로부터 P회사 지분 30%를 취득할 수 있다.
② 을이 갑의 딸인 경우, 갑은 제3자들로부터 P회사 지분 35%를 취득할 수 있다.
③ 정이 갑의 딸인 경우, 정은 제3자들로부터 P회사 지분 15%를 취득할 수 있다.
④ 정이 병으로부터 Q회사 지분 10%를 취득하는 경우, 병은 제3자들로부터 P회사 지분 50%를 취득할 수 있다.
⑤ 갑이 정으로부터 Q회사 지분 50%를 취득하는 경우, 갑은 제3자들로부터 P회사 지분 35%를 취득할 수 있다.

4 진술에 함축된 정보의 파악 및 추론된 정보의 적절성 판단

26 외국인에 대한 대우

견해 (가), (나)와 〈전제〉에 기초한 판단으로 옳은 것만을 보기 에서 있는 대로 고른 것은?

제3회 2011 LEET 문6

(가) 외국인은 내국인과 동일한 대우를 받으며, 외국인에 대한 대우는 이것으로 충분하다. 일단 자발적으로 입국한 외국인은 현지의 조건에 자신을 맡겨야 하며, 그가 외국인이란 이유로 부당한 차별을 받지 않는 한, 외국인의 국적 국가는 이 문제에 개입할 수 없다.

(나) 외국인과 내국인의 동일한 대우는 외국인에 대한 대우의 적정성을 보장하는 주요 기준은 되지만 절대적 기준은 될 수 없으며, 외국인에 대한 대우 수준은 국제사회가 합의한 최소한의 수준에 합치되게 결정되어야 한다.

〈전제〉

○ (가)와 (나)는 사적 영역에서의 논의이고 공적 영역에서의 외국인에 대한 대우는 배제한다. 또한 내란 또는 전쟁 등 국가위기 상황이 아닌 평시를 기준으로 한다.

○ 자국민에 대해서는 선진국이 개발도상국보다 더 높은 수준으로 대우한다.

○ 외국인에 대한 대우 수준은 (가)보다 (나)를 따를 때 더 낮아지지는 않는다.

보기

ㄱ. (가)는 개발도상국이 선진국의 과도한 요구로부터 스스로를 방어하기 위한 하나의 논거로 활용될 수 있다.

ㄴ. (나)는 결과적으로 개발도상국이 선진국에 있는 자국민에 대한 특별대우를 선진국에 요구하는 것으로 인식될 수 있다.

ㄷ. '외국인을 부당하게 대우하는 자는 그 외국인의 국적 국가를 간접적으로 침해하는 것'이라는 주장은 (가)와 (나) 모두에 적용 가능한 배경 진술이 될 수 있다.

ㄹ. 만약 (가)를 지지하는 어떤 국가가 다른 상황이나 조건의 변화 없이 (나)를 따르는 것으로 정책을 변경하였다면 자국민에 대한 역차별 문제가 나타날 수 있다.

① ㄱ, ㄴ ② ㄱ, ㄹ ③ ㄴ, ㄷ

④ ㄱ, ㄷ, ㄹ ⑤ ㄴ, ㄷ, ㄹ

27

추론된
사실에 대한
종합적 판단

〈사실 관계〉에 대한 〈추리 내용〉을 평가한 것으로 적절하지 <u>않은</u> 것은? 제4회 2012 LEET 문3 [사실관계 추리]

〈사실 관계〉

병마영 밖에 사는 김 소사는 콩죽을 팔아 겨우 살아갔다. 어느 날 장에 가면서 열 살 난 아들에게 집을 보라 하였는데, 돌아와 보니 아들이 죽어 있었다. 목에 죔을 당한 자국이 있고, 아이 곁에 목을 조를 때 쓰인 줄이 끌러져 놓여 있었다. 세간을 점검해 보니 잃어버린 것이 호미 등 사소한 물건 몇 가지뿐이었다. ㉠<u>이 일이 있기 전에 이웃 사는 백 소사가 이잣돈 두 꾸러미를 김 소사에게 꾸어 주었는데, 김 소사는 본전만 갚고 이자는 갚지 않았다.</u> ㉡<u>아이가 죽기 전날 백 소사가 김 소사의 집을 샅샅이 뒤져 집 안에 얼마 남지 않은 쌀을 모두 찾아내 가져 간 일</u>이 있었으니, 혐의를 받을 자는 이 한 사람뿐이었다.

이에 김 소사는 백 소사를 고소하면서 "㉢<u>백 소사의 딸이 코에 병을 얻어 보기에도 더럽다. 죽은 아이가 살았을 때 그 딸을 보고 비웃은 일이 있다</u>. 이 사실도 원한을 맺을 꼬투리이다."라고 하였다.

〈추리 내용〉

백 소사가 진범이라면 원한이나 재물과 같은 범행 동기가 있었을 것이다. (A) 백 소사가 ㉠ 때문에 분함을 가지게 되었을 수는 있다. 그러나 그런 정도의 분함이라면 ㉡에 의해 해소되었을 것이다. (B) 재물을 동기로 볼 경우, 백 소사가 ㉡과 같은 행동을 한 일이 있으므로 백 소사가 김 소사 집에 재차 침입하여 호미 등을 가져가지는 않았을 것이다. (C) ㉢이 사실이라 해도 아이를 죽일 원한이 되지 못할 것이다. (D) 줄로 아이를 목 졸라 죽이려 한 범인이 그 줄을 끌러 아이 옆에 놓았다면, 그것은 범인이 재물을 목적으로 침입하여 줄로 아이의 목을 감아 죄어 놓고 재물을 뒤지다가 특별히 값나가는 물건이 없자 일이 맹랑하게 되었음을 깨닫고 뒤늦게 아이가 불쌍해져 죽지 않기를 바라고 목에 감긴 줄을 끌러 놓았기 때문일 것이다. (E) 범인은 아이가 살아날 경우 자신이 범인으로 지목되지 않게 할 대응책도 가진 자일 것이다.

- 정약용, 『흠흠신서』 -

① (A)가 타당한지 확인하려면 김 소사와 백 소사 사이의 평소 인간관계나 금전 거래 관계를 조사해 볼 필요가 있을 것이다.

② (B)는 "누구든 가져갈 것이 없음을 알고 있는 집에 도둑질하러 들어가지는 않을 것이다."라는 취지의 암묵적인 전제에 의존하고 있다.

③ (C)의 숨은 전제를 "비웃음을 당하였다고 살인까지 하지는 않을 것이다."로 볼 경우, 이것은 백 소사가 관대한 사람이었다는 평판에 의해 반박될 수 있다.

④ 김 소사가 남몰래 집 안에 귀중품을 감추어 두고 있었다는 사실이 사건 후에 새로 밝혀졌다 해도 범인이 그 사실을 알지 못하였다면 (D)는 약화되지 않는다.

⑤ (E)로부터 백 소사가 범인이 아님을 단정할 수 없지만, 죽은 아이가 모르는 사람이 범인일 가능성이 있다고 추리할 수 있다.

28

제척기간의
예외 적용

다음 대화로부터 추론한 것으로 적절하지 않은 것은?

제5회 2013 LEET 문4 [함축 및 귀결 예시문항]

> 갑 : 아무리 권리자라고 하더라도 몇 십 년의 시간이 흐른 후에야 비로소 권리를 행사하는 것까지 허용할 수는 없어.
>
> 을 : 하지만 어쩔 수 없이 권리를 행사하지 못한 사람들도 있는데, 이러한 경우에도 오랜 시간이 지났다는 이유만으로 권리를 행사할 수 없게 하는 것은 부당하지 않아?
>
> 갑 : 물론 권리를 행사하는 것이 법률상 불가능했던 사람들에게까지 권리행사를 못하도록 하여서는 안 되겠지. 하지만 권리행사가 법률상 가능했던 사람들에게는 오랜 시간 동안 권리를 행사하지 않았고, 그동안 이러한 상황을 토대로 많은 사람들이 관련되어 우리의 사회생활이 형성되어 왔다는 점을 고려하면, 그 권리행사를 제한할 수 있다고 봐.
>
> 을 : 권리를 행사하는 것이 법률상 가능했던 경우라도 마찬가지야. 권리가 존재한다는 것 자체를 알지 못했다거나, 권리가 존재한다는 것을 알았더라도 그것을 행사하는 것이 사실상 불가능한 상태에 놓여 있었던 사람들의 권리는 보호할 필요가 있다고.

① 갑의 주장에 따르면, 인접 지역에 고층빌딩이 건축됨으로써 일조권을 침해당하게 된 사람은 아무런 권리주장 없이 일정 기간이 지나면 고층빌딩 소유자를 상대로 손해배상청구권을 행사할 수 없을 것이다.

② 을의 주장에 따르면, 불법구금상태에서 고문을 당한 후 정치·사회적 상황상 수십 년간 국가를 상대로 손해배상을 청구하지 않던 사람이 과거사정리위원회의 진실규명결정을 받은 후에 비로소 손해배상을 청구하는 경우 이를 인정할 수 있을 것이다.

③ 을의 주장에 따르면, 교통사고로 인해 혼수상태에 빠진 사람은, 스스로 손해배상청구권을 행사할 수 없고 법정대리인도 없었던 경우 자신을 대신하여 손해배상청구권을 행사해 줄 법정대리인을 선임해 달라고 청구할 수도 없으므로, 실제로 법정대리인이 선임되기까지 오랜 시간이 지났더라도 그 권리를 행사할 수 있도록 해야 할 것이다.

④ 갑의 주장에 따르더라도, 국가에 의해 자신의 재산권이 침해당하였으나 오랜 시간 동안 보상에 관한 법규정이 없어 보상을 받지 못한 사람은 이러한 법규정의 흠결이 재산권을 보장하고 있는 헌법에 합치되지 않는다는 헌법재판소의 결정이 있은 이후에는 보상청구권을 행사할 수 있을 것이다.

⑤ 을의 주장에 따르더라도, AIDS가 발병한 후 자신의 병이 20년 전 투여받은 HIV 감염 혈액제제 때문이라는 것을 알게 된 사람은 위 혈액제제를 투여한 의사 또는 위 혈액제제를 제조·공급한 자를 상대로 손해배상청구권을 행사할 수 없을 것이다.

29 다음에서 추론한 것으로 옳은 것만을 보기 에서 있는 대로 고른 것은? 제8회 2016 LEET 문6

혼인 중 일정 금액을 납입하여 장래 퇴직한 후에 받을 것으로 기대되는 연금의 경우, 이혼 상대방이 연금 수령자에게 재산분할을 청구할 수 있는지, 청구할 수 있다면 어떻게 분할할지에 대해 의견이 대립되고 있다.

A : 이혼 전 퇴직하여 이미 받은 연금만이 분할 대상이 된다. 이혼 후 받게 될 연금은 장래 발생 여부가 불확실하기 때문에 재산분할의 대상이 될 수 없다.

B : 이혼일에는 퇴직 후 받게 될 연금총액을 현재 가치로 산정한 후 그 금액에 대해서만 이혼 상대방의 연금형성 기여율만큼 미리 지급하고, 연금 수령자는 퇴직 시에 연금총액을 지급받도록 해야 한다.

C : 이혼일에는 이혼 상대방의 연금형성 기여율만을 정하여 둔 후, 퇴직일에는 실제 받게 될 연금총액 중 이혼일에 정했던 기여율만큼 이혼 상대방에게 지급해야 한다.

D : 이혼일에는 연금 수령자가 그날에 사퇴한다면 받게 될 연금액 중 이혼 상대방의 연금형성 기여율에 해당하는 금액만을 결정한 후, 실제 퇴직 시에는 그 금액에 물가상승률을 반영하여 이혼 상대방에게 지급해야 한다.

보기

ㄱ. 이혼 상대방이 연금형성에 기여했음에도 불구하고 연금분할여부가 이혼절차의 종결시점에 따라 결정되는 것은 불합리하다면, A는 약화된다.

ㄴ. 만약 이혼 후 회사의 퇴직연한이 65세에서 60세로 바뀌었기 때문에 연금 수령자가 연금 전액을 수령하기 위한 최소한의 근속연수를 채우지 못하는 경우가 발생한다면, 연금 수령자에게는 B보다 D가 더 유리하다.

ㄷ. 만약 이혼 후 연금 자산운용의 수익률 증가로 인하여 연금수령자가 이혼 시 예상했던 것보다 더 많은 연금을 받게 된다면, 이혼 상대방에게는 C보다 B가 더 유리하다.

① ㄱ ② ㄴ ③ ㄱ, ㄴ
④ ㄱ, ㄷ ⑤ ㄴ, ㄷ

5 응용 문제

30

각국 저작권법의 공통점과 차이점 추론

다음에 나타난 축하곡, 강의 내용, 강연 내용의 보호에 관한 A국과 B국의 저작권법의 차이점을 지적한 것으로 가장 적절한 것은? (단, 판단은 연주와 강의와 강연이 완료된 시점을 기준으로 한다.)

제2회 2010 LEET 문7 [규범 이해 및 적용 예시문항]

- 작곡가 겸 가수 갑은 을의 콘서트에 초대 가수로 초청되었다. 콘서트에서 을은 갑에게 콘서트를 축하하는 곡을 즉석에서 작곡해 달라고 요청하였고, 갑은 머릿속에 떠오른 리듬을 기타로 연주하였다. 을의 콘서트에서는 녹음이나 녹화가 금지되었다. 갑이 연주한 축하곡은 A국에서는 보호되지만 B국에서는 보호되지 않는다.
- 교수 갑은 자신이 작성한 강의노트를 수업 시간에 첨삭 없이 읽어 내려가는 방법으로 강의하였다. 갑은 강의노트 내용이 공개되는 것을 꺼려 수업 중 녹음이나 녹화를 금지하였다. 갑의 강의 내용은 A국과 B국 모두에서 보호된다.
- 사회적 쟁점에 대한 시민토론회가 개최되었다. 주제의 민감성 때문에 녹음이나 녹화는 금지되었다. 저명한 학자 갑은 초청을 받지는 않았지만 앞으로 연구하고 싶은 주제여서 토론회에 참석하였다. 갑이 온 것을 안 사회자는 강연을 부탁하였고 갑은 생각난 것을 즉석에서 강연하였다. 갑의 강연내용은 A국에서는 보호되지만 B국에서는 보호되지 않는다.

① A국에서는 노동력이 투여되면 보호되지만 B국에서는 전문성이 있어야 보호된다.
② A국에서는 등록, 허가가 없어도 보호되지만 B국에서는 등록, 허가가 있어야 보호된다.
③ A국에서는 예술성이나 학술성이 없어도 보호되지만 B국에서는 예술성이나 학술성이 있어야 보호된다.
④ A국에서는 남의 것을 베끼지 않는 정도의 창작성이 있으면 보호되지만 B국에서는 독창성이 있어야 보호된다.
⑤ A국에서는 사상이나 감정을 표현한 것이면 보호되지만 B국에서는 사상이나 감정이 유형의 표현 매체에 고정되어야 보호된다.

31

피고인
인정 요소와
해당 국가
연결하기

다음으로부터 추론한 것으로 옳지 않은 것은?

제5회 2013 LEET 문7

형사소송절차에서 특정인을 피고인으로 인식한 검사의 의사 이외에 그 특정인이 제3자의 이름을 도용해 공소장에 기재토록 하거나 특정인을 대신해 제3자가 법정에 위장 출석하는 경우 등 피고인을 정할 요소가 복수로 발생하는 경우가 있다. 이런 경우 A, B, C국은 다음 원칙에 의해 한 명만을 피고인으로 인정한다.

〈A, B, C국 법원의 피고인 인정 절차의 원칙〉

(가) A, B, C 각국은 세 가지의 피고인 인정 요소(특정인을 피고인으로 인식한 검사의 의사, 공소장에 기재된 이름, 실제 소송에서 법정에 출석한 자) 중 두 가지 요소만을 고려하며, 두 가지 요소 중 우선순위가 높은 요소 한 가지만을 사용하여 피고인으로 인정한다.

(나) A, B, C 각국은 우선순위가 높은 요소에 해당하는 자가 복수이거나 없을 경우, 차순위 요소에 해당하는 자를 피고인으로 인정한다.

(다) A, B, C 각국이 고려하지 않는 한 가지 요소는 세 나라가 모두 다르다.

〈A, B, C국 법원의 처리 결과〉

(1) 검사가 갑을 피고인으로 인식하였으나 공소장에는 을의 이름이 기재되어 있고 법정에는 병만 출석한 경우, A국에서는 병을 피고인으로 인정하였다.

(2) 검사가 갑을 피고인으로 인식하였으나 공소장에는 을의 이름이 기재되어 있고 법정에는 아무도 출석하지 않은 경우, A국과 B국에서는 을을 피고인으로 인정하였다.

(3) 검사가 갑을 피고인으로 인식하고 공소장에도 갑의 이름이 기재되었으나 법정에는 을만 출석한 경우, C국에서는 갑을 피고인으로 인정하였다.

① B국에서는 '법정에 출석한 자'를 피고인 인정 요소로 삼지 않을 것이다.

② 검사가 피고인으로 인식한 갑과 공소장에 기재된 을이 모두 법정에 출석한 경우, A국에서는 을을 피고인으로 인정할 것이다.

③ 검사가 피고인으로 인식한 갑과 공소장에 기재된 을이 모두 법정에 출석하지 않고 대신 병이 출석한 경우, C국에서는 갑을 피고인으로 인정할 것이다.

④ 검사가 피고인으로 인식한 갑과 공소장에 기재된 을이 모두 법정에 출석한 경우, C국에서는 을을 피고인으로 인정할 것이다.

⑤ 검사가 갑을 피고인으로 인식하였으나 공소장에는 을의 이름이 기재되었고 법정에는 을만 출석한 경우, A국에서는 을을 피고인으로 인정할 것이다.

Ⅲ. 법적 논증 문제의 유형별 학습

1 주장 및 근거 찾기

32
추론된 내용의 근거나 이유 찾기

다음 글에서 그 근거나 이유를 찾기 어려운 것은? 제3회 2011 LEET 문8

○ 직장은, 근로자는 물론 그 가족에 있어 생계유지의 수단이라는 전통적 의미 이외에도, 근로자가 자신의 인격을 실현하는 장이라는 현대적 의미도 갖는다.
○ 근로계약은 단순히 노동력의 제공과 임금의 지급만을 내용으로 하는 것처럼 보이지만, 실은 인간 대 인간으로서 하나의 인적 공동체를 형성시킨다. 그러므로 근로계약 관계의 형성과 지속에 있어 업무능력보다는 상호 인간적 신뢰가 더 중요하다. 또한 그 공동체는 고유한 질서를 가진 또 다른 작은 사회에 다름 아니다.
○ 노동법은 해고를 엄격히 제한함으로써 근로자의 고용안정을 도모한다. 해고의 정당한 사유는 크게 세 가지 유형이 있다. 첫째, 근로자가 근로계약상의 의무를 심대하게 위반하는 경우이다. 둘째, 근로자가 업무수행의 적격성을 상실한 경우이다. 적격성을 상실하였다는 것은, 근로자가 업무를 수행하고 싶어도 상당 기간 수행할 수 없게 되었다는 것을 말한다. 셋째, 회사의 경영 사정이 매우 좋지 않게 되어 이를 이유로 해고를 하는 경우이다. 이를 흔히 정리해고라고 하는데, 정리해고는 근로자가 아니라 사용자에게 해고 사유가 존재한다는 점에서 앞의 두 해고 유형과 구별된다.

① 정리해고의 경우, 해고 사유가 발생하면 이후 일정한 기준을 통해 해고 대상자를 선정하는 과정이 필요하다.
② 요즘은 정년퇴임하여 연금도 넉넉히 받는 노인들이 동네 아파트 경비원으로 일을 계속하는 경우가 많아지고 있다.
③ 흡연 행위는 비록 형법에서 금지된 행위는 아니지만, 회사는 사내 규칙을 통해 근로자의 사내 흡연 행위를 징계사유로 삼을 수 있다.
④ 근로자인 택시 운전자가 원인 불명으로 눈이 보이지 않게 되었더라도 해고하기 전에 그것이 일시적인 증상인지 여부가 검토되어야 한다.
⑤ 신입사원 채용 면접에서 사용자가 구직자에게 취미가 무엇인지 물어보았지만 이에 대해 구직자가 사생활이라며 대답을 거부하였다면, 사용자는 이러한 사실을 이유로 면접 점수를 낮게 주는 등 불이익을 주어서는 안 된다.

2 암묵적 가정 및 생략된 전제의 추론

33
생략된
전제 추론

〈C국 법원의 판단〉의 근거로 가장 적절한 것은? 제5회 2013 LEET 문5

〈사안〉

A국의 국민 X는 배우자 Y와 B국에 주소를 두고 생활하던 중 사망하였다. X의 상속재산으로는 C국 소재 부동산이 있었다. Z는 자신도 X의 상속인임을 주장하면서 C국 법원에 Y를 상대로 상속인 지위의 확인을 구하는 취지의 소를 제기하였다.

A, B, C국 모두에서 고려되어야 할 법률은 〈당해 재판에 적용할 법률〉과 상속법이며, 〈당해 재판에 적용할 법률〉은 상속법에 우선하여 적용된다.

각국의 〈당해 재판에 적용할 법률〉 규정

○ A국 : 상속에 관하여는 사망자의 최후 주소지의 법률에 따른다.
○ B국 : 상속에 관하여는 상속재산 소재지의 법률에 따른다.
○ C국 : 상속에 관하여는 사망자의 본국의 법률에 따른다.

〈C국 법원의 판단〉

이 사건 재판에 A국의 상속법이 적용되어야 한다.

① C국의 〈당해 재판에 적용할 법률〉이 다른 나라의 〈당해 재판에 적용할 법률〉에 따르도록 하는 경우 그 다른 나라는 자국의 법률을 따라야 한다.
② C국은 자국의 〈당해 재판에 적용할 법률〉은 물론 A국, B국의 〈당해 재판에 적용할 법률〉에 따라 적용할 법률을 결정해야 한다.
③ C국의 〈당해 재판에 적용할 법률〉에서 언급되고 있는 법률에는 다른 나라의 〈당해 재판에 적용할 법률〉 자체는 포함되지 않는다고 해석해야 한다.
④ C국의 〈당해 재판에 적용할 법률〉이 다른 나라의 〈당해 재판에 적용할 법률〉에 따르도록 하는 경우 재판을 하는 C국 법원은 그 다른 나라의 〈당해 재판에 적용할 법률〉을 따라야 한다.
⑤ C국의 〈당해 재판에 적용할 법률〉에 따른 결과가 다시 C국의 법률을 적용하도록 명하는 경우 C국의 〈당해 재판에 적용할 법률〉은 적용하지 않는 것이 타당하다.

3 논증 분석 및 평가

34

법률의 위헌여부판단 / 헌법재판소판례

A 조항은 자동차 운전자에게 좌석안전띠를 매도록 하고 위반 시 범칙금을 부과하도록 규정하고 있다. 다음은 A 조항의 위헌 여부에 관한 갑의 판단 내용이다. 관련 헌법조항은 〈규정〉과 같다. 갑의 판단에 관한 진술로 옳지 않은 것은?

제3회 2011 LEET 문2

1. 국민의 자유와 권리는 헌법 제37조 제2항에 따라 제한할 수 있다.
2. (a) 헌법 제10조의 행복추구권에서 나오는 일반적 행동자유권은 모든 행위를 할 자유와 행위를 하지 않을 자유로서 가치 있는 행동만 보호하는 것은 아닌 것으로, 그 보호영역에는 개인의 생활방식과 취미에 관한 사항도 포함된다.
   (b) 좌석안전띠를 매지 않을 자유는 일반적 행동자유권의 보호영역에 속한다.
3. 좌석안전띠를 매지 않을 자유는 공공복리를 위하여 필요한 경우에 제한할 수 있다.
4. 운전자는 약간의 답답함이라는 경미한 부담을 지는 데 비해, 좌석안전띠 착용으로 인하여 달성되는 공익은 운전자뿐 아니라 동승자의 생명과 신체의 보호, 교통사고로 인한 사회적 비용 감소 등 사회공동체 전체의 이익이므로 국가의 개입이 정당화된다.
5. 좌석안전띠 착용 의무 위반에 대한 제재방법으로 형벌인 벌금보다는 정도가 약한 범칙금을 선택한 입법자의 판단이 잘못된 것이라고 보기 어렵다.
6. A 조항은 헌법에 위반되지 않는다.

〈규정〉

◦ 헌법 제10조 "모든 국민은 인간으로서의 존엄과 가치를 가지며, 행복을 추구할 권리를 가진다." (후략)

◦ 헌법 제37조 제2항 "국민의 모든 자유와 권리는 국가안전보장, 질서유지 또는 공공복리를 위하여 필요한 경우에 한하여 법률로써 제한할 수 있다." (후략)

① 2(a)가 규범의 적용범위에 관한 일반적 명제의 설정이라면, 2(b)는 여기에 구체적 행동유형을 포섭시키고 있다.

② 결론에 이르는 판단의 순서상 2는 1에 앞설 수 없으나, 5는 4에 앞설 수 있다.

③ 좌석안전띠를 매지 않을 자유는 일반적 행동자유권의 보호영역에 속하지 않는다고 판단하였다면, 갑은 3과 4의 판단을 생략할 수 있다.

④ 갑은 A 조항에 의한 규제가 헌법 제37조 제2항에서 말하는 '법률로써' 하는 제한에 해당한다는 판단을 하였을 것이다.

⑤ 갑이 5와 달리, 범칙금이 과중한 처벌이어서 입법의 한계를 벗어난 것이라고 판단한다면 6이 달라진다.

35

배아의
법적 지위 관련
견해 및
헌법재판소판례

A국의 생명윤리법 규정 및 관련 논의에 대한 설명으로 옳지 않은 것은?

제4회 2012 LEET 문8

> 인간 배아의 법적 지위와 관련하여, 제1견해는 인간의 생명은 수정된 때부터 시작되므로 배아를 완전한 인간으로 인정해야 한다고 본다. 제2견해는 배아는 단순한 세포덩어리로서 인간성을 인정할 수 없으며, 물질로서 소유자의 이용과 처분에 따르게 된다고 본다. 제3견해는 배아는 성장하면서 점차 도덕적 지위를 얻게 되며, 배아를 인간과 완전히 동등한 존재 내지 생명권의 주체로서 인격을 지니는 존재라고 볼 수 없다고 본다. 이처럼 배아의 법적 지위에 대해 다양한 견해가 존재하고 있는 상황에서, A국의 생명윤리법 규정은 "임신 목적으로 생성된 배아의 보존기간은 5년으로 하고, 보존기간이 경과한 잔여 배아는 폐기하여야 한다. 다만 잔여 배아는 발생학적으로 원시선이 나타나기 전까지에 한하여 체외에서 동의권자의 동의를 전제로 연구 목적으로 이용할 수 있다."라고 규정하고 있다. 위 규정이 정자 및 난자 제공자인 배아생성자의 권리를 침해하여 헌법을 위반하는지의 여부에 대해, A국의 헌법재판소는 다음과 같은 취지로 결정하였다.
>
> 배아에 대한 배아생성자의 결정권은 명문으로 규정되어 있지는 않지만 헌법으로부터 도출되는 권리이다. 다만 출생 전 형성 중에 있는 생명인 배아의 법적 보호를 위하여, 공공복리 및 사회윤리라는 측면에서 배아생성자의 권리는 그 본질적 내용을 침해하지 않는 범위에서 법률로 제한하는 것이 가능하다. 배아에 대한 부적절한 이용가능성을 방지하여야 할 공익적 필요성의 정도가 배아생성자의 자기결정권이 제한됨으로 인한 불이익의 정도에 비해 작다고 볼 수 없으므로, 생명윤리법 규정이 헌법에 위반된다고 볼 수 없다.

① A국의 헌법재판소는 배아에 대한 배아생성자의 권리와 배아가 부적절한 연구 목적으로 부당하게 사용되는 것을 방지해야 할 공익을 서로 비교하고 있다.

② A국의 생명윤리법에 따르면, 발생학적으로 원시선이 나타나기 전까지의 잔여 배아는 연구자가 임의로 처분할 수 있는 연구의 대상이 아니다.

③ A국의 헌법재판소는 배아생성자의 권리보다 배아의 권리가 보호할 만한 가치가 크다는 것을 전제로 판단하고 있다.

④ 착상 전 배아에 손상을 주는 연구는 제1견해에 따르면 원칙적으로 금지된다.

⑤ A국의 헌법재판소 결정은 제3견해와 부합한다.

36

법률상책임 / 강화약화판단

다음 글에 대한 평가로 옳은 것만을 보기 에서 있는 대로 고른 것은?

제14회 2022 LEET 문1

머지않은 미래에 신경과학이 모든 행동의 원인을 뇌 안에서 찾아내게 된다면 법적 책임을 묻고 처벌하는 관행이 근본적으로 달라질 것이라고 생각하는 사람들이 있다. 어떤 사람의 범죄 행동이 두뇌에 있는 원인에 의해 결정된 것이어서 자유의지에서 비롯된 것이 아니라면, 그 사람에게 죄를 묻고 처벌할 수 없다는 것이 이들의 생각이다. 그러나 이는 법에 대한 오해에서 비롯된 착각이다. 법은 사람들이 일반적으로 합리적 선택을 할 수 있는 능력을 가지고 있다고 가정한다. 법률상 책임이 면제되려면 '피고인에게 합리적 행위 능력이 결여되어 있다는 사실'이 입증되어야 한다는 점에 대해서는 일반적으로 동의한다. 여기서 말하는 합리적 행위 능력 이란 자신의 믿음에 입각해서 자신의 욕구를 달성하는 행동을 수행할 수 있는 능력을 의미한다. 범행을 저지른 사람이 범행 당시에 합리적이었는지 아닌지를 결정하는 데 신경과학 이 도움을 줄 수는 있다. 그러나 사람들이 이러한 최소한의 합리성 기준을 일반적으로 충족하지 못한다는 것을 신경과학이 보여 주지 않는 한, 그것은 책임에 관한 법의 접근 방식의 근본적인 변화를 정당화하지 못한다. 법은 형이상학적 의미의 자유의지를 사람들이 갖고 있는지 그렇지 않은지에 대해서는 관심을 두지 않는다. 법이 관심을 두는 것은 오직 사람들이 최소한의 합리성 기준을 충족하는가이다.

보기

ㄱ. 인간의 믿음이나 욕구 같은 것이 행동을 발생시키는 데 아무런 역할을 하지 못한다는 것을 신경과학이 밝혀낸다면, 이 글의 논지는 약화된다.

ㄴ. 인간이 가진 합리적 행위 능력 자체가 특정 방식으로 진화한 두뇌의 생물학적 특성에서 기인한다는 것을 신경과학이 밝혀낸다면, 이 글의 논지는 약화된다.

ㄷ. 범죄를 저지른 사람들 중 상당수가 범죄 유발의 신경적 기제를 공통적으로 지니고 있다는 것을 신경과학이 밝혀낸다면, 이 글의 논지는 강화된다.

① ㄱ　② ㄷ　③ ㄱ, ㄴ

④ ㄴ, ㄷ　⑤ ㄱ, ㄴ, ㄷ

4-1 논쟁 분석 및 종합적 평가

37

행정소송에서의 확인소송 / 보충성의 원칙

을의 입장에 대한 분석으로 옳은 것만을 보기 에서 있는 대로 고른 것은? 제6회 2014 LEET 문5

갑 : 민사소송에서의 확인소송은 원고의 법적 지위가 불안하거나 위험할 때 확인판결을 받는 것이 그러한 불안이나 위험을 제거하기 위하여 실효적인 경우에만 인정되고, 다른 소송 방법에 의하여 효과적인 권리구제가 가능한 경우에는 인정되지 않는다는 보충성의 원칙이 요구된다. 예컨대, 특정한 의무의 이행을 직접적으로 청구하는 소송을 할 수 있는데도 불구하고 그러한 방법에 의하지 않고, 단지 확인만을 구하는 소송을 하는 것은 분쟁의 종국적인 해결방법이 아니어서 소송을 할 이익이 없다. 행정소송에서의 무효확인소송도 확인소송의 성질을 가지므로, 민사소송에서처럼 보충성의 원칙이 요구된다.

을 : 행정소송은 행정청의 위법한 처분 등을 취소하거나 그 효력 유무 등을 확인함으로써 국민의 권리 또는 이익의 침해를 구제하는 것을 목적으로 하므로, 대등한 주체 사이의 사법상(私法上) 생활관계에 관한 분쟁을 심판대상으로 하는 민사소송과는 목적, 취지 및 기능 등을 달리한다. 또한 행정소송법은 무효확인소송의 판결의 효력에 있어서 그 자체만으로도 권리구제의 실효성을 담보할 수 있는 여러 특수한 효력을 추가적으로 인정하고 있기 때문에 권리구제방법으로서 효과적인 다른 소송수단이 있다 하더라도 무효확인소송을 제기할 수 있다.

보기

ㄱ. 을은 민사소송에서의 확인소송은 보충성의 원칙이 요구되지 않는다는 것을 전제하고 있다.
ㄴ. 을은 행정소송에서의 무효확인소송의 성질이 확인소송임을 부인하고 있다.
ㄷ. 을은 확인소송의 보충성의 원칙을 민사소송에만 한정하고자 한다.

① ㄱ　② ㄴ　③ ㄷ
④ ㄴ, ㄷ　⑤ ㄱ, ㄴ, ㄷ

38

헌법규정에
대한 해석

다음 견해들에 대한 평가로 옳지 <u>않은</u> 것은?

제8회 2016 LEET 문2

X국 헌법 제34조는 "모든 국민은 인간다운 생활을 할 권리를 가진다."라고 정하고 있는데, 이 조항의 해석으로 여러 견해가 제시되고 있다.

A : 법적 권리는 그 내용이 구체적이고 의미가 명확해야 한다. 그런데 '인간다운 생활'이라는 말은 매우 추상적이고, 사람마다 그 의미를 다르게 해석할 수 있는 여지를 광범위하게 제공한다. 따라서 위 조항은 국민에게 법적 권리를 부여하는 것이 아니라 모든 국민이 인간다운 생활을 할 수 있도록 노력하라고 하는 법률 제정의 방침을 제시하고 있을 뿐이며, 그것을 재판의 기준으로 삼을 수는 없다.

B : 위 조항은 국민에게 법적 권리를 부여하고 있다. 하지만 그 자체로는 아직 추상적인 권리에 불과하기 때문에 그에 근거하여 국가기관을 상대로 구체적인 요구를 할 수는 없고, 입법부가 그 권리의 내용을 법률로 구체화한 다음에라야 비로소 국민은 국가기관에 주장하여 실현할 수 있는 구체적인 법적 권리를 가지게 된다.

C : 위 조항은 국민에게 법적 권리를 부여하지만, 그 권리의 구체적인 내용은 잠정적이다. 그 권리의 확정적인 내용은 국민이나 국가기관이 구체적인 사태에서 다른 권리나 의무와 충돌하지는 않는지, 충돌할 경우 어느 것이 우선하는지, 그 권리를 실현하는 데 재정상황 등 사실적인 장애는 없는지 등 여러 요소를 고려하여 판단한다. 국민은 이렇게 확정된 권리를 국가기관에 주장하여 실현할 수 있다.

D : 위 조항에 규정된 '인간다운 생활'의 수준은 최소한의 물질적인 생존 조건에서부터 문화생활에 이르기까지 여러 층위로 나누어 생각할 수 있다. 위 조항은 그중에서 적어도 최소한의 물질적인 생존 조건이 충족되는 상태에 대하여는 어떤 경우에도 구체적인 법적 권리를 인정하는 것이며, 사회의 여건에 따라서는 이를 넘어서는 상태에 대한 구체적인 법적 권리도 바로 인정할 수 있다.

① A에 대하여는, 헌법 제34조의 문언에 반하는 해석을 하고 있다는 비판을 할 수 있다.
② B에 의하면, 국가가 그 권리의 구체적인 내용을 법률로 정하지 않을 경우 국민은 자신의 권리를 실현할 수 없다.
③ C에 대하여는, 헌법 제34조의 구체적인 내용을 사람마다 달리 이해할 수 있어서 권리의 내용이 불안정하게 된다고 비판할 수 있다.
④ D가 인정하는 구체적인 법적 권리가 실현될 수 있을지는 사회여건에 따라 다를 수 있다.
⑤ A, B, C는 국가의 다른 조치가 없다면 헌법 제34조를 근거로 법원에 구체적인 권리 주장을 할 수 없다는 점에 견해를 같이한다.

39

무죄추정원칙 / 견해 이해 및 사례에의 적용

다음으로부터 추론한 것으로 옳은 것만을 보기 에서 있는 대로 고른 것은? 제12회 2020 LEET 문6

P회사에 근무하던 甲은 상습절도를 한 혐의로 수사를 받게 되었다. 甲은 혐의를 완강하게 부인하였고 명확한 증거는 없었다. 불구속수사가 원칙임에도 불구하고 검사는 甲의 혐의를 인정하고 구속기소하였다. 그러자 P회사는 이를 이유로 甲을 해고하였다. 이에 P회사의 직원들은 甲의 구속기소와 해고를 둘러싸고 논쟁을 하게 되었다.

乙 : 평소에 甲의 행동이 수상하다고 생각했어. 우리 급여 수준에 비해 씀씀이가 지나치게 컸어. 우리 물건이 없어질 수도 있었는데 회사의 적절한 대응이었다고 생각해.

丙 : 법에는 "누구든지 유죄의 판결이 확정될 때까지는 무죄로 추정된다"는 원칙이 있다고 들었어. 甲이 절도를 했다는 명확한 증거가 없는 상태에서 구속기소까지 한 것은 무죄추정의 원칙에 위배돼.

丁 : 무죄추정의 원칙은 재판 과정에서 검사가 피고인의 유죄를 증명하지 못하는 한 피고인을 처벌할 수 없다는 의미일 뿐이고 다른 의미는 없어. 그러니까 수사 과정에서 유죄가 의심되면 구속기소해도 무방해.

乙 : 무죄추정의 원칙은 수사 절차에서 재판 절차에 이르기까지 형사 절차의 전 과정에서 구속 등 어떠한 형사 절차상 불이익도 입지 않아야 한다는 것만을 말해. 회사에서 직원을 해고하는 것은 무죄추정의 원칙과 상관없어.

丙 : 무죄추정의 원칙은 이를 실현하는 구체적인 규정이 있을 때 오직 그 경우에만 인정되는 거야. 형사 절차와 관련해서는 무죄추정에 관한 구체적인 규정이 있지만, 회사의 해고와 관련해서는 규정이 없어.

보기

ㄱ. 丙은 甲의 해고가 무죄추정의 원칙에 위배되는지 여부에 대하여 乙과 결론을 같이한다.

ㄴ. 丁은 수사기관이 수사를 행하면서 알게 된 피의 사실을 재판 전에 공개하여 마치 유죄인 것처럼 여론을 형성하는 것이 무죄추정의 원칙에 위배되지 않는다고 주장할 것이다.

ㄷ. 상습절도의 재판에서 절도하지 않았음을 스스로 증명하지 못하는 피고인은 처벌을 받도록 하는 특별법이 무죄추정의 원칙에 위배된다는 주장에 대해 乙과 丁은 입장을 달리한다.

① ㄱ ② ㄷ ③ ㄱ, ㄴ
④ ㄴ, ㄷ ⑤ ㄱ, ㄴ, ㄷ

40

전제여부판단

〈논쟁〉에 대한 분석으로 옳은 것만을 보기 에서 있는 대로 고른 것은?

제13회 2021 LEET 문2

〈논쟁〉

X국의 「형법」은 음란물의 제작·배포를 금지하는 한편, 「저작권법」은 문화 및 관련 산업의 향상과 발전을 위해 인간의 사상 또는 감정을 표현하는 창작물을 저작물로 보호하고 있다. 음란물을 「저작권법」상 저작물로 보호해야 하는지를 두고 논쟁이 있다.

갑 : 「저작권법」은 저작물의 요건으로 창의성만 제시할 뿐 도덕성까지 요구하지는 않는다. 창작의 장려와 문화의 다양성을 위해서는 저작물로 인정함에 있어 가치중립적일 필요가 있다.

을 : 「형법」에서는 음란물 제작·배포를 금지하면서, 그 결과물인 음란물은 저작물로 보호하는 것은 법이 '불법을 저지른 더러운 손'에 권리를 부여하고, 불법행위의 결과물에 재산적 가치를 인정하여 보호할 가치가 없는 재산권의 실현을 돕는 꼴이 된다. 이는 법의 통일성 및 형평의 원칙에 반한다.

병 : 아동포르노나 실제 강간을 촬영한 동영상 등 사회적 해악성이 명백히 확인되는 음란물은 저작물로 인정하지 않고, 그 외의 음란물에 대해서는 저작물로 인정함으로써 음란물 규제로 인한 표현의 자유와 재산권의 침해를 최소화할 필요가 있다.

보기

ㄱ. 갑은 음란한 표현물에 대해서는 창의성을 인정할 수 없다는 것을 전제로 한다.

ㄴ. 을은 법적으로 금지된 장소에 그려진 벽화나 국가보안법에 위반하여 대중을 선동하는 작품을 저작권법의 보호대상으로 보지 않는다.

ㄷ. 병은 같은 시대, 같은 지역에서도 배포의 목적, 방법, 대상에 따라 음란성에 대한 법적 평가가 달라질 수 있다는 것을 전제로 한다.

① ㄱ　　② ㄴ　　③ ㄱ, ㄷ

④ ㄴ, ㄷ　　⑤ ㄱ, ㄴ, ㄷ

41

국가배상 / 원리와 사실 구분

다음 논쟁에 대한 분석으로 옳은 것만을 보기 에서 있는 대로 고른 것은? 제14회 2022 LEET 문5

80년 전 K섬이 국가에 의해 무단으로 점유되어 원주민 A가 K섬에서 강제로 쫓겨나 타지에서 어렵게 살게 되었다. A가 살아있다면 국가가 저지른 잘못에 대해서 A에게 배상이 이루어져야 하겠지만 A는 이미 사망하였다. A의 현재 살아 있는 자녀 B에게 배상이 이루어져야 할지에 대해서 다음과 같은 논쟁이 벌어졌다.

갑: 배상은 어떤 잘못에 의해서 영향받은 사람에게 이루어져야 하는데, ㉠잘못된 것 X에 대해 사람 S에게 배상을 한다는 것은, X가 일어나지 않았더라면 S가 누렸을 만한 삶의 수준이 되도록 S에게 혜택을 제공하는 것이다. 피해자의 삶의 수준을 악화시킨 경우 그리고 그런 경우에만 배상이 이루어져야 한다. 따라서 80년 전 K섬의 무단 점유가 없었더라면 B가 누렸을 삶의 수준이 되도록 B에게 혜택을 제공하는 배상이 이루어져야 한다.

을: 갑의 주장에는 심각한 문제가 있다. K섬의 무단 점유가 없었더라면 B의 아버지는 B의 어머니가 아니라 다른 여인을 만나 다른 아이가 태어났을 것이고 B는 아예 존재하지 않았을 것이다. 따라서 그 섬의 무단 점유가 없었더라면 B가 더 높은 수준의 삶을 누렸을 것이라고 말하는 것은 옳지 않으며, 그런 상황에서 B가 누렸을 삶의 수준이 어느 정도인지의 질문에 대해 애초에 어떤 답도 없다.

병: B의 배상 원인이 되는 잘못은 80년 전 발생한 K섬의 무단 점유가 아니라, B가 태어난 후 어느 시점에서 K섬의 무단 점유에 대해 A에게 배상이 이루어지지 않았다는 사실이다. 만약 그런 사실이 없었더라면, 다시 말해 B가 태어난 후 K섬의 무단 점유에 대해 A에게 배상이 이루어졌더라면, A는 B에게 더 나은 교육 기회와 자원을 제공하였을 것이고 B는 더 나은 삶을 살았을 것이다. 그러나 과거에 그런 배상이 이루어지지 않았기 때문에 B에게 배상이 이루어져야 하는 것이다.

보기

ㄱ. 갑이 "80년 전 K섬의 무단 점유가 없었더라면, A는 그가 실제로 누렸던 것보다 훨씬 더 높은 수준의 삶을 누렸겠지만 B는 오히려 더 낮은 수준의 삶을 누렸을 것이다."라는 것을 받아들이게 된다면, 갑은 B에게 배상이 이루어져야 한다는 주장에 동의하지 않을 것이다.

ㄴ. 을이 ㉠의 원리를 받아들인다면, 그는 80년 전 K섬의 무단 점유에 대해 B에게 배상이 이루어져야 한다는 주장에 동의할 것이다.

ㄷ. 병은 ㉠의 원리에 동의하지 않지만, B에게 배상이 이루어져야한다는 것에 대해서는 갑과 의견을 같이한다.

① ㄱ ② ㄴ ③ ㄱ, ㄷ
④ ㄴ, ㄷ ⑤ ㄱ, ㄴ, ㄷ

42

디지털 성범죄 처벌법 / 입법안 비교분석

입법안 ⟨1안⟩, ⟨2안⟩, ⟨3안⟩에 대한 분석으로 옳지 않은 것은?

제14회 2022 LEET 문 10

⟨1안⟩

① 성적 의도로 다른 사람의 신체를 그 의사에 반하여 촬영한 자는 4년 이하의 징역에 처한다.

② 제1항에 따른 촬영물 또는 그 복제물을 유포한 자는 6년 이하의 징역에 처한다.

③ 영리를 목적으로 제1항의 촬영물 또는 그 복제물을 정보통신망을 이용하여 유포한 자는 10년 이하의 징역에 처한다.

⟨2안⟩

① 성적 의도로 다른 사람의 신체를 그 의사에 반하여 촬영하거나 그 촬영물 또는 그 복제물을 유포한 자는 5년 이하의 징역에 처한다.

② 제1항의 촬영이 촬영 당시에는 촬영대상자의 의사에 반하지 아니한 경우에도 촬영 후에 그 의사에 반하여 촬영물 또는 그 복제물을 유포한 자는 3년 이하의 징역에 처한다.

③ 영리를 목적으로 제1항 또는 제2항의 촬영물 또는 그 복제물을 정보통신망을 이용하여 유포한 자는 7년 이하의 징역에 처한다.

⟨3안⟩

① 성적 의도로 사람의 신체를 촬영대상자의 의사에 반하여 촬영한 자는 5년 이하의 징역에 처한다.

② 제1항에 따른 촬영물 또는 그 복제물을 유포한 자는 7년 이하의 징역에 처한다. 제1항의 촬영이 촬영 당시에는 촬영대상자의 의사에 반하지 아니한 경우에도 그 촬영물 또는 그 복제물을 촬영대상자의 의사에 반하여 유포한 자는 7년 이하의 징역에 처한다.

③ 영리를 목적으로 정보통신망을 이용하여 제2항의 죄를 범한 자는 8년 이하의 징역에 처한다.

④ 제1항 또는 제2항의 촬영물 또는 그 복제물을 소지·구입·저장 또는 시청한 자는 1년 이하의 징역에 처한다.

※ 유포 : 1인 이상의 타인에게 반포·판매·임대·제공하거나 타인이 볼 수 있는 방법으로 전시·상영하는 행위를 포함하여 촬영물이나 그 복제물을 퍼뜨리는 행위

① ⟨1안⟩과 ⟨3안⟩은 성적 의도로 타인의 신체를 그의 의사에 반하여 촬영하는 행위보다 그 촬영물을 유포하는 행위가 더 중한 범죄인 것으로 보고 있다.

② 성적 의도로 타인의 신체를 그의 의사에 반하여 촬영한 동영상을 인터넷에서 다운로드 받아 개인 PC에 저장하는 행위는 ⟨3안⟩에서만 처벌대상이다.

③ 성적 의도로 촬영대상자의 허락을 받아 촬영한 나체사진을 그의 의사에 반하여 다른 사람에게 이메일로 전송하는 행위는 ⟨2안⟩과 ⟨3안⟩에서만 처벌대상이다.

④ ⟨3안⟩에 의하면 촬영자가 성적 의도로 촬영자 자신의 나체를 촬영하여 SNS로 보내온 사진을 그 촬영자의 의사에 반하여 다른 사람들에게 SNS로 보낸 행위도 처벌대상이다.

⑤ 타인의 의사에 반하여 그의 신체를 성적 의도로 촬영한 사진을 한적한 도로변 가판대에서 유상 판매하는 행위에 대해 가장 중한 처벌을 규정한 입법안은 ⟨1안⟩이다.

4-2 논쟁 분석 및 강화 약화 판단

43
특별검사제
도입 논쟁

다음 글에 비추어 바르게 판단한 것만을 보기 에서 있는 대로 고른 것은? 제5회 2013 LEET 문2

P국에서는 권력형 비리에 대한 검찰수사의 정치적 중립성에 관한 국민들의 불신이 팽배해짐에 따라, 검찰과는 별도로 정치적으로 민감한 사건, 권력형 범죄·비리사건에 대해 위법 혐의가 드러났을 때, 기소하기까지 독자적인 수사를 할 수 있는 독립 수사기구를 두는 제도로서 특별검사제도(특검)를 도입하여 대처하기 위한 논의가 진행되고 있다. P국에서 고려되고 있는 특검에는 특별검사의 임명방식과 특검의 대상 등을 미리 법정해 놓고 이에 해당하면 자동적으로 특검이 작동하는 상설특검과 사안별로 법률을 제정해야 하는 사안별 개별특검이 있다.

A : 특검을 도입해야 한다. 상설특검을 도입하면 정치적 의혹이 있는 사건이 있을 때 사안별로 특검법을 제정하지 않고 간편한 절차에 의해 신속하게 특검이 작동될 수 있다. 이에 반해 개별특검은 매번 특별한 법안을 만들어 실시해야 하므로 더 많은 비용과 시간이 소요된다. 상설특검이 도입되면 사안의 규모가 작아도 특검이 작동될 수 있다.

B : 특검의 필요성은 인정하지만, 특검은 검찰에 대해 정치적 중립성을 기대하기 어려운 경우에 한정하여 사안별로 실시하여야 한다. 따라서 특검의 본질상 이를 상설화하는 것은 제도의 취지에 어긋난다. 구성절차나 운영에서 상설특검이 개별특검에 비해 상대적으로 비용이 적게 들고 신속하게 이루어질 수 있음은 인정한다. 하지만 정치인이 연루된 작은 사건에 대하여 검찰이 수사를 개시하는 경우 특정 정파가 수사의 불공정성을 주장하며 검찰을 압박하기 위하여 수시로 상설특검을 사용하게 되면 중립적이어야 할 특검이 정치적으로 변질될 우려가 있다.

보기

ㄱ. 특별검사의 권한남용에 대한 적절한 통제수단이 없다면 A와 B는 모두 약화된다.
ㄴ. 특검이 쉽게 작동되는 경우 오히려 정치적 투쟁의 도구로 남용될 가능성이 있다면 A는 강화되고 B는 약화된다.
ㄷ. 기존의 검찰이 권력형 범죄·비리를 제대로 수사하지 못하여 발생하는 사회적 비용이 개별특검에 소요되는 비용보다 크다면 A는 약화되고 B는 강화된다.

① ㄱ ② ㄴ ③ ㄱ, ㄷ
④ ㄴ, ㄷ ⑤ ㄱ, ㄴ, ㄷ

44

사형제도 찬반 논쟁

다음 논쟁에 대한 평가로 적절하지 않은 것은?

제5회 2013 LEET 문19

갑 : 법은 사회계약의 산물이다. 그런데 누가 자신의 생명을 빼앗을 수 있는 법에 동의하겠는가? 그 누구도 사형 받기를 의도하지 않는다. 사회계약은 각자가 자유의 최소한을 양도하여 법적 강제력을 형성하는 것인데, 사형은 자유의 최대한을 내놓으라고 강제하는 것이다. 그런 이유로 사회계약에 사형을 포함하는 것은 모순이다. 따라서 사형은 법에 의해 정당화될 수 없다.

을 : 사형 받기를 의도했기 때문이 아니라 의도적으로 사형 당할 만한 행위를 실행했기 때문에 사형을 당하는 것이다. 법을 규정하는 공동입법자로서의 나는 그 법에 따라 처벌받는 나와 구별되어야 한다. 그래서 범죄자로서의 개별적 나는 비록 처벌받기를 원치 않는다 하더라도 공동입법자로서의 나, 즉 보편적 인간성으로서의 나는 처벌을 명해야 한다. 처벌은 범죄자가 갖고 있는 보편적 인간성에 대한 존중이기 때문이다.

병 : 사형을 통해 죽는 것은 범죄자 개인뿐만 아니라 범죄자 안에서 처벌을 명하는 범죄자의 보편적 인간성이기도 하다. 보편적 인간성을 존중하는 일이 동시에 그것을 죽이는 것이라면 이는 모순이다. 범죄자의 보편적 인간성은 희생되어서는 안 되고 오히려 도덕적 자기반성을 위해 유지되어야 한다.

① "사회계약에 참여하는 사람들은 자신이 사형당할 만한 죄를 저지를 가능성을 염두에 두지 않는다."라는 주장은 갑의 논지를 강화한다.

② "살인범이 살인을 통해 자신의 인격도 침해되었다는 것을 깨닫는다면 그는 명예롭게 사형을 택할 것이다."라는 주장은 갑의 논지를 약화한다.

③ "살인을 함으로써 보편적 인간성을 희생시킨 범죄자는 자신의 보편적 인간성도 이미 죽인 것이다."라는 주장은 병의 논지를 약화한다.

④ "신체의 소멸을 통해서 보편적 인간성을 회복할 수 있다."라는 주장은 을의 논지를 강화하고 병의 논지를 약화한다.

⑤ "개별적 인간들에 공통적으로 귀속되는 것으로 여겨지는 보편적 인간성이란 허구일 뿐이다."라는 주장은 을과 병의 논지를 모두 약화한다.

45

민사소송의
당사자 자격

A, B 주장에 대한 분석으로 옳은 것만을 보기 에서 있는 대로 고른 것은? 제8회 2016 LEET 문3

P국의 민사소송에서 당사자란 자기의 이름으로 국가의 권리보호를 요구하는 자와 그 상대방을 말한다. 당사자가 적법하게 소송을 수행할 수 있으려면 당사자능력, 당사자적격, 소송능력 등의 당사자자격을 갖추어야 한다. 당사자능력은 소송의 주체가 될 수 있는 일반적인 능력을 말한다. 대표적으로 살아있는 사람이라면 누구나 민사소송의 주체가 될 수 있다. 당사자적격이란 특정한 소송사건에서 정당한 당사자로서 소송을 수행하고 판결을 받기에 적합한 자격이다. 이는 무의미한 소송을 막고 남의 권리에 대하여 아무나 나서서 소송하는 것을 막는 장치이기도 하다. 소송능력이란 당사자로서 유효하게 소송상의 행위를 하거나 받기 위해 갖추어야 할 능력을 말한다.

A : 인간이 아닌 자연물인 올빼미는 적법하게 소송을 수행할 수 없다. 왜냐하면 소송의 주체가 될 수 있는 당사자능력을 현행법은 사람이나 일정한 단체에만 인정하고 있기 때문이다. 그리고 어떤 존재에게 당사자능력을 인정할지는 소송사건의 성질이나 내용과는 관계없이 일반적으로 정해져야 법과 재판의 안정성을 확보할 수 있다. 따라서 법에서 명시적으로 인정하는 자 이외에는 당사자능력을 추가로 인정할 수 없다.

B : 적법하게 소송을 수행할 수 있는 자격을 누군가에게 인정할 지 여부는 그에게 법으로 보호할 이익이 있는지에 따라서 판단해야 한다. 만약 어떤 사람이 살고 있는 곳의 환경이 대규모 공사로 심각하게 훼손될 위험에 처하였다면, 우리는 그 사람에게 이익침해가 있다고 보아 법으로 보호받을 수 있는 자격과 기회를 인정하여야 한다. 민사소송의 당사자가 갖추어야 할 여러 가지 자격이란 이를 구체화한 것일 뿐이다. 그렇다면 자기가 살고 있는 숲이 파괴될 위험에 처한 올빼미에게 법으로 보호받을 자격과 기회를 부정할 이유는 없다. 다만 원활한 소송 진행을 위하여 시민단체가 올빼미를 대리하여 소송을 수행할 수 있을 것이다.

보기

ㄱ. A, B는 모두, 소송에서 당사자능력을 인정받기 위해서는 침해되는 이익이 있어야 한다는 점을 전제하고 있다.
ㄴ. A에 따르면, 올빼미가 현실적으로 이익을 침해당하더라도 법 개정이 없이는 소송을 수행할 수 없다.
ㄷ. 법규정의 명문에 반하는 해석이 허용된다면 B는 강화된다.

① ㄱ　② ㄴ　③ ㄱ, ㄷ
④ ㄴ, ㄷ　⑤ ㄱ, ㄴ, ㄷ

46

마약류 처벌 논쟁

다음 논쟁에 대한 평가로 적절한 것만을 보기 에서 있는 대로 고른 것은?

제11회 2019 LEET 문2

A국은 마약류(마약·향정신성의약품 및 대마를 통칭함)로 인한 사회적 폐해를 방지하기 위하여 마약류의 제조 및 판매에 관한 '유통범죄'뿐 아니라 마약류의 단순 '사용범죄'까지도 형벌을 부과하는 정책을 시행하고 있다.

갑과 을은 이러한 자국의 마약류 정책에 대하여 다음과 같은 논쟁을 벌였다.

갑1 : B국을 여행했는데 B국은 대마초 흡연이 합법이라 깜짝 놀랐어. 대마초의 성분은 중추신경에 영향을 주어 기분을 좋게 하고, 일단 이를 접한 사람은 끊을 수 없게 만드는 중독성이 있잖아. 이러한 폐해를 야기하는 대마초 흡연은 처벌하는 것이 맞아.

을1 : 어떤 개인이 자신에게만 피해를 주는 행위를 했다는 이유로 처벌을 받아야 한다는 것이 이해가 되지 않아. 인간은 타인에게 피해를 주지 않는 한 자신의 생명과 신체, 건강에 대해서 스스로 결정할 자기 결정권을 가지고 있는데 그 권리 행사를 처벌하는 것은 최후의 수단이 되어야 할 형벌의 역할에 맞지 않아.

갑2 : 그건 아니지. 마약을 사용하는 것은 스스로를 해치는 행위이기도 하지만, 마약을 사용한 상태에서는 살인, 강간 등의 다른 범죄를 저지를 가능성이 높아져. 타인에게 위해를 가할 위험성을 방지하기 위한 형벌은 필요해.

을2 : 그 위험성을 인정하더라도 그런 행위는 타인을 위해할 목적으로 일어난 것이 아니라 중독 상태에서 발생하는 것이잖아. 중독은 치료와 예방의 대상이지 처벌의 대상이어서는 안 된다고 생각해.

갑3 : 중독은 사회 전체의 건전한 근로 의식을 저해하기 때문에 공공복리를 위해서라도 형벌로 예방할 필요가 있어.

보기

ㄱ. 전쟁 중 병역 기피 목적으로 자신의 신체를 손상한 사람을 병역법 위반으로 형사처벌하는 A국 정책이 타당성을 인정받는다면 을1의 주장은 약화된다.

ㄴ. 자해행위에 대한 형사처벌은 그 행위가 타인에게 직접 위해를 가하는 경우에만 정당화될 수 있고 위해의 가능성만으로 정당화되어서는 안 된다는 견해가 타당성을 인정받는다면 갑2의 주장은 약화된다.

ㄷ. 인터넷 중독과 관련하여 예방교육과 홍보활동을 강조하며 형벌을 가하지 않는 A국 정책이 타당성을 인정받는다면 을2의 주장은 약화된다.

① ㄴ ② ㄷ ③ ㄱ, ㄴ
④ ㄱ, ㄷ ⑤ ㄱ, ㄴ, ㄷ

47

논쟁 이해 및
종합적 판단

〈논쟁〉에 대한 분석으로 옳은 것만을 [보기]에서 있는 대로 고른 것은? 제11회 2019 LEET 문3

〈X법〉

제1조(형벌) 형벌은 경중(輕重)에 따라 태형, 장형, 유배형, 교형, 참형의 5등급으로 한다.

제2조(속죄금) 70세 이상이거나 15세 이하인 자가 유배형 이하에 해당하는 죄를 지으면 속죄금만을 징수한다.

제3조(감경) 형벌에 대한 감경의 횟수는 제한하지 않는다.

제4조(밀매) 외국에 금지 물품을 몰래 판매한 자는 장형에 처하고, 금지 물품이 금, 은, 기타 보석 및 무기 등인 경우에는 교형에 처한다.

〈논쟁〉

신하 A : 중국 사신과 동행하던 71세 장사신이 은 10냥을 소지하고 있다가 압록강을 건너기 직전에 적발되었습니다. 최근 중국에 은을 팔면 몇 배의 시세 차익을 얻을 수 있기 때문에 이러한 행위가 만연하고 있습니다. 몰래 소지한 것은 몰래 판매한 것과 다르지 않습니다. ㉠<u>장사신을 교형으로 처벌해야 합니다.</u>

신하 B : 은 10냥을 몰래 소지하고 강을 건너는 것은 판매를 위해 준비하는 것일 뿐입니다. 역적을 처벌하는 모반죄(謀叛罪)는 모반을 준비하는 자에 대해서 형벌을 감경하여 처벌하는 규정을 두고 있기 때문에 모반의 준비행위를 처벌할 수 있지만, 밀매죄는 이러한 규정을 두고 있지 않습니다. 법이 이와 같다면 장사신을 교형에 처할 수는 없습니다. 다만 사안에 대한 규정이 없더라도, ㉡<u>사안에 들어맞는 유사한 사례를 다룬 판결</u>이 있다면 그 판결을 유추해서 적용해야 할 것입니다.

신하 C : 이전 판결을 유추해서 적용하는 것은 유사한지 여부를 판단해야 하는 문제가 발생하니, 차라리 '금지물품을 몰래 소지하고 외국으로 가다가 국경을 넘기 전에 적발된 자는 밀매죄의 형에서 1단계 감경한다'는 규정을 신설하여 처벌하는 것이 옳습니다.

국 왕 : 신하 C가 말한 대로 규정을 추가로 신설하여 이를 장사신에게 적용하라.

[보기]

ㄱ. '범죄를 준비한 자를 처벌하기 위해서는 법에 정한 바가 있어야 한다'는 논거에 의하면, ㉠은 약화된다.

ㄴ. 모반을 도운 자를 모반을 행한 자와 같이 모반죄로 처벌한 판결은 ㉡에 해당된다.

ㄷ. 국왕의 명령에 의하면, 장사신은 유배형에 처해진다.

① ㄱ ② ㄴ ③ ㄱ, ㄷ
④ ㄴ, ㄷ ⑤ ㄱ, ㄴ, ㄷ

5 갈등 기반의 파악 및 그 해소 방안 찾기

48
헌법재판기관의 민주적 정당성

다음 글에 비추어 판단한 것으로 옳지 않은 것은? 제5회 2013 LEET 문1

〈상황〉

민주주의를 채택하고 있는 A국은 다수결 원칙에 따른 직접 선거로 입법부, 행정부(대통령), 사법부를 구성한다. 문서화된 헌법을 보유하고 있으며 입법부에 대한 견제의 일환으로 사법부 외에 별도의 헌법재판기관을 두어 법률이 헌법에 합치하는 지를 심사하도록 하고 있다. 헌법재판기관의 구성원은 국민에 의하여 직접 선출되지 않으며 대통령의 결정에 따라 임명되는 데 종신직위를 보장받는다. 최근 A국에서는 선거를 통하여 입법부와 행정부에 있어 정권교체가 이루어졌고 이후 새로운 입법부가 다수의 개혁 법안을 통과시켰다. 하지만 구(舊)정권에 의하여 임명된 헌법재판기관의 구성원들은 이러한 법률들이 위헌이라는 결정들을 내렸다. 이에 다음과 같은 비판이 헌법재판기관에 제기되었다.

〈비판〉

(가) A국의 헌법재판기관의 구성은 민주주의 체제에 부합하지 않는다. 헌법재판기관이 민주적 정당성을 갖추려면 그 구성에 있어 국민의 의사가 반영되어야 한다. 정기적인 선거를 통하여 국민이 직접 헌법재판기관을 구성하고 그 구성원에 정치적 책임을 추궁할 수 있어야 헌법재판기관은 민주적 정당성을 갖출 수 있다.

(나) A국의 헌법재판기관은 구성뿐만 아니라 활동도 민주주의체제에 부합하지 않는다. 헌법재판기관의 심사대상은 국민이 직접 선출한 입법부의 결정인 법률이다. 국민들이 선출한 대표들의 결정이기 때문에 법률은 당연히 국민 의사의 반영이다. 이에 대하여 위헌결정을 내리는 경우 헌법재판기관은 입법부에 반영된 국민의 의사에 반대하게 되어 민주적 정당성을 갖추지 못한다.

① 헌법재판기관 구성원의 선출 방식을 직선제로 변경하는 것으로 (가)는 해소된다.
② 헌법재판기관이 법률들에 대하여 합헌 결정을 내렸더라도 (가)는 해소되지 않는다.
③ (나)에 따라 헌법재판 제도 자체가 입법부에 대한 견제 수단으로 적절하지 않다고 주장할 수 있다.
④ (나)에서는 헌법재판기관 구성과 관련된 대통령의 결정이 국민의사의 반영이라고 이해하지 않는다.
⑤ (가), (나) 모두 '국민의 의사'라는 용어를 다수결로 정해진 국민의 의사라는 의미로 사용하고 있다.

49

다음으로부터 추론한 것으로 옳은 것만을 보기 에서 있는 대로 고른 것은? 제10회 2018 LEET 문10

계약 위반을 두고 갑과 을이 다투는 소송에서 판사가 판결을 내리는 상황을 생각해 보자. 둘 사이의 계약에서 계약 위반이 발생하는 조건은, 첫째, 계약이 특정한 행위 X를 금지하고, 둘째, 계약당사자가 그 금지된 행위를 하는 것이다. 갑은 을이 계약을 위반했다고 주장하는 반면, 을은 위반하지 않았다고 주장한다. 을이 계약을 위반했는지를 따지는 쟁점은 다음 두 쟁점에 달려 있다. 하나는 이 계약이 을로 하여금 행위 X를 하지 못하도록 금지하는지 여부이고, 다른 하나는 을이 실제로 행위 X를 했는지 여부이다.

세 명의 판사가 내린 판단은 각각 달랐다. 판사1은 이 계약이 행위 X를 금지하고 을이 행위 X를 했다고 본다. 판사2는 이 계약이 행위 X를 금지하는 것은 맞지만 을이 행위 X를 한 것은 아니라고 본다. 판사3은 을이 행위 X를 한 것은 맞지만 이 계약이 행위 X를 금지하는 것은 아니라고 본다. 이 경우 우리는 어떤 결론을 내리는 것이 옳을까?

각 쟁점에 대해서 다수의 판사들이 내리는 판단을 따른다는 원칙을 받아들이기로 하자. 만약 각 쟁점에 대해서 서로 다른 판단을 내리는 판사의 수가 같다면, 가장 경력이 오래된 판사의 판단에 따르기로 한다. 세 명의 판사 중 가장 경력이 오래된 판사는 판사1이다. 그렇다면 우리는 이 계약이 행위 X를 금지하고 있다고 받아들여야 하고 을이 행위 X를 한 것도 받아들여야 한다. 그럼에도 불구하고 을이 계약 위반을 한 것은 아니라고 판단해야 하는 ㉠곤란한 상황에 도달한다. 왜냐하면 이 다툼에서 을이 계약을 위반했다고 판단하는 판사는 한 명뿐이기 때문이다.

보기

ㄱ. 을은 자신이 행위 X를 하지 않았다고 주장하였을 것이다.

ㄴ. 만약 다른 조건은 동일한데 판사3이 '이 계약은 행위 X를 금지하는 것도 아니고 을이 행위 X를 한 것도 아니다'라고 판단했더라면, ㉠은 발생하지 않았을 것이다.

ㄷ. 만약 다른 조건은 동일한데 판사 한 명을 추가하여 네 명이 판단하도록 했다면, ㉠은 발생하지 않았을 것이다.

① ㄱ ② ㄴ ③ ㄱ, ㄷ
④ ㄴ, ㄷ ⑤ ㄱ, ㄴ, ㄷ

LEET 추리논증 고득점을 위한 학습전략

고득점을 가로막는 주요 원인 TOP 5	원인별 해결 방안
기본적인 독해 속도가 **느리다**	평소 문제를 풀 때마다 **스톱워치**를 이용, **시간에 대한 인식**을 갖고 학습하라
어렵지 않게 풀었는데 **실수가 많다**	반복해서 틀리는 유형의 문제들을 중심으로 **오답노트**를 만들어라
정답을 봐도 **이해가 되지 않는** 문제가 많다	기출문제 심층 분석을 통해 **정오답 판단 기준**을 **발견**하고 **정리**하라
특정 패턴(수리추리/논리퀴즈 등)에 취약하다	쉬운 문제, **자주 출제되는 문제 중심**으로 초점을 맞춰 차근차근 학습하라
배경지식 부족으로 지문독해가 어렵다	기출문제나 쉬운 개념서를 이용, **영역별**로 **중요개념**들을 **정리**해 나가라

시간 부족
특정 유형 반복해서 틀림
지문 독해에 어려움

정오답 구성의 논리와 판단기준 점검
반복되어 출제되는 기출패턴 분석
취약분야 배경지식 학습을 통한 이해력 제고

Legal
Education
Eligibility
Test

LEET 추리논증

현강·인강 수강생 수

11년 연속

압도적 1위

2023 LEET에서도 압도적인 결과로 입증한

조성우

추리논증

기본 개정10판

논증영역 정답 및 해설

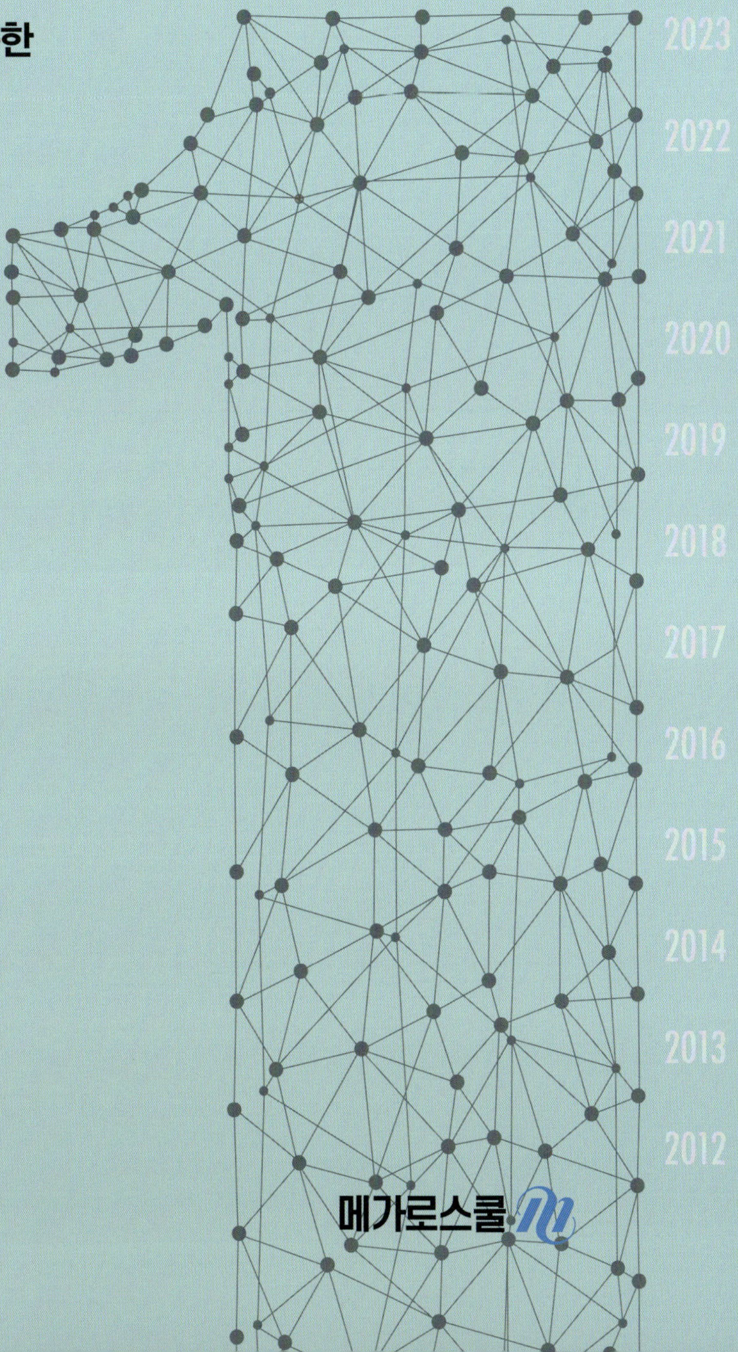

전국 수석 배출 !

성적향상 우수자 최다 배출 !

합격 선배들이 가장 많이 추천하는 강의 !

메가로스쿨

수강생들이 말하는 조성우 추리논증 기본강의

"유형별 학습으로 기본기를 다지기에 좋은 강의입니다"

유형별 개념 및 학습법 설명과 기출문제 풀이를 통해 리트 공부의 방향을 잡을 수 있어 좋았습니다. 여러 유형들 중 어느 부분이 취약한지 파악할 수 있었고 기출문제를 풀며 이해가 되지 않았던 부분들에 대한 내용을 강의를 통해 확인할 수 있었습니다. 특히 논리학 부분과 강화, 약화, 중립 부분에서의 교수님의 체계적인 설명이 큰 도움이 되었습니다.

"추리논증을 체계적으로 정리할 수 있게 도와주는 최고 강의"

처음 기출문제를 풀었을 때는 막연하고 어렵기만 했었는데, 선생님 강의를 듣고, 추리논증에 어떤 문제들이 나오는지 유형별로 꼼꼼하게 접근하고, 정리하는 연습을 했더니, 점점 추리논증이 어떤 시험인지 명확해지면서 정리가 잘 됨을 깨달았습니다. 게다가 선생님이 수업을 항상 꼼꼼하고 체계적으로 해주셔서, 그 태도를 배우려고 하다 보니 추리논증이라는 객관적 판단을 요구하는 시험에 더 잘 적응하게 되는 것 같습니다.

"원리와 응용력이 동시에 함양되는 수업입니다"

선생님 강의로부터 제가 얻을 수 있었던 가장 유익했던 점은 '헤매는 시간의 최소화'라는 것입니다. 기초 원리를 익히기 위해 투자해야 하는 시간, 배운 원리를 문제풀이에 적용하는 과정에서 발생하는 오류를 찾아내는 시간, 어디서부터 다시 시작해야 제대로 된 것인지 알게 되는 시간, 수험생들이 겪어야 할 그 모든 시행착오를 미리 알려주셔서 짧은 수험기간 동안 낭비될 수 있는 노력과 시간들을 지켜주셨습니다. 자만하거나 (너무 쉽게 풀릴 때), 의기소침해질 때(뭐가 뭔지 하나도 모르겠을 때), 교재 페이지 하나하나 놓여있는 선생님의 말씀들은 문제가 뭔지 해결책이 뭔지 넌지시 알려주는 역할을 하십니다. 선생님의 강의도 교재도 정말 좋아서 흔들림 없이 수험기간을 준비할 수 있으리라고 기분좋은 믿음을 가져봅니다.

· 책에서 발견되는 오류 및 개선사항을 적극 알려주십시오.
책을 보시면서 오류라고 생각되는 것이나 개선사항은 jsw97@hanmail.net 으로 메일 주시거나 학원 홈페이지 **'오류문의 및 신고' 게시판**에 올려주시기 바랍니다.

· 수정된 정오사항은 학원 홈페이지 '오류문의 및 신고' 게시판에 올려놓겠습니다.

조성우 추리논증

논증영역

정답 및 해설

메가로스쿨

chapter 1 **논증 분석 및 재구성** 정답 및 해설 ▶▶▶ 3~10쪽

01 ②	02 ④	03 ⑤	04 ⑤	05 ③	06 ⑤	07 ①	08 ②	09 ②	10 ④
11 ④	12 ④	13 ⑤	14 ①	15 ⑤	16 ④	17 ⑤	18 ③	19 ④	20 ⑤
21 ④	22 ③	23 ①	24 ⑤	25 ⑤	26 ⑤	27 ③			

chapter 2 **논증에 대한 평가 및 문제해결** 정답 및 해설 ▶▶▶ 11~26쪽

01 ⑤	02 ④	03 ⑤	04 ④	05 ④	06 ⑤	07 ⑤	08 ①	09 ③	10 ④
11 ②	12 ③	13 ②	14 ④	15 ③	16 ①	17 ①	18 ②	19 ①	20 ⑤
21 ①	22 ⑤	23 ③	24 ③	25 ①	26 ③	27 ①	28 ①	29 ②	30 ③
31 ③	32 ②	33 ③	34 ③	35 ③	36 ⑤	37 ④	38 ③	39 ②	40 ②
41 ②	42 ②	43 ⑤	44 ⑤						

chapter 3 **논쟁 및 반론** 정답 및 해설 ▶▶▶ 26~38쪽

01 ⑤	02 ④	03 ④	04 ②	05 ④	06 ⑤	07 ②	08 ④	09 ④	10 ⑤
11 ⑤	12 ①	13 ④	14 ③	15 ⑤	16 ③	17 ②	18 ①	19 ④	20 ③
21 ③	22 ③	23 ③	24 ④	25 ④	26 ①	27 ③	28 ④	29 ⑤	30 ③
31 ②	32 ④	33 ③							

chapter 4 **법적 추론 및 논증** 정답 및 해설 ▶▶▶ 38~54쪽

01 ①	02 ②	03 ②	04 ④	05 ⑤	06 ⑤	07 ②	08 ③	09 ③	10 ①
11 ②	12 ②	13 ④	14 ④	15 ②	16 ③	17 ②	18 ①	19 ②	20 ④
21 ⑤	22 ⑤	23 ④	24 ②	25 ⑤	26 ④	27 ③	28 ⑤	29 ③	30 ⑤
31 ④	32 ⑤	33 ③	34 ②	35 ③	36 ①	37 ③	38 ⑤	39 ③	40 ②
41 ①	42 ⑤	43 ①	44 ①	45 ④	46 ①	47 ①	48 ①	49 ②	

chapter 1 논증 분석 및 재구성

01 유비논증 정답 ②

① (○) 제시문 맨 하단부의 해적의 대답을 통해 정의가 없는 왕국과 강도떼의 차이를 명칭과 규모의 관점에서 설명하고 있음을 명확히 알 수 있다.

② (×) 제시문 내 「그런 집단은 야욕을 억제해서가 아니라 야욕을 부리고서도 아무런 처벌을 받지 않는다는 사실만으로도 당당하게 왕국이라는 명칭과 실체를 얻는 것이다.」는 내용을 통해 정의가 없는 왕국과 강도떼가 야욕 측면에서는 동일하나 처벌 측면에서는 차이가 있다고 설명하고 있다. 즉, 처벌의 주체가 있을 수 있는가 없는가 사이에만 차이가 있는 뿐 그 밖에 무슨 차이가 있는가 하는 것이다.

③ (○) 제시문 내 「강도떼도 나름대로는 작은 왕국이 아닌가? 강도떼도 사람들로 구성되어 있다. 그 집단도 두목 한 사람의 지배를 받고, 공동체의 규약에 의해 조직되며, 약탈물을 일정한 원칙에 따라 분배한다.」는 내용을 통해 정의가 없는 왕국과 강도떼의 공통점을 지배 체제와 공동체의 조직 원리에서 찾고 있음을 알 수 있다.

④ (○) 제시문에서 강도떼와 정의가 없는 왕국의 차이는 단지 규모에 따른 차이만 있을 뿐 다르지 않다는 내용을 통해 '강도떼가 발전하여 정의가 없는 왕국이 될 가능성을 제시하여 둘의 차이를 좁히는 전략을 쓰고 있다'고 말할 수 있다.

⑤ (○) 정의가 없는 왕국과 강도떼의 하나의 사례로 알렉산드로스 대왕과 해적의 예를 들고 있다. 따라서 이를 통해 유비(類比)의 설득력을 높이는 전략을 쓰고 있다고 할 수 있다.

02 근거 추론 문제 정답 ④

법의학자는 환자가 살아있을 때에 화재가 발생했다고 결론 내렸다는 점에 착안하여 보기를 검토한다.

ㄱ. (×) 불에 탄 시체가 굽어있는 것은, 환자가 살아있을 때에 화재가 발생했다는 점을 뒷받침하지 못한다. 환자가 화재가 아닌 원인으로 사망한 후에 불이 났어도 시체가 굽어있을 수 있기 때문이다.

ㄴ. (○) 얼굴에 빨간 발적이나 종창이 일어난 화상이 있다는 것은 생체(生體)의 피부에 고열이 작용하여 발생하는 1도 화상을 의미하는 것으로 화재의 기전에 의해 사망하였다는 판단의 근거로 적절하다.

ㄷ. (○) 혈액 내에 일산화탄소와 결합한 헤모글로빈 농도가 높다는 것은 피해자의 호흡에 의해 일산화탄소가 혈류로 들어갔음을 의미하는 것으로 살아있을 때 화재가 발행하여 화재의 기전에 의해 사망하였다는 판단의 근거가 된다.

03 암묵적 전제 정답 ⑤

문제에서 요구하고 있는 것은 갑의 추론이 설득력을 갖기 위해 전제되어야 할 조건들을 고르라는 것이다. 갑의 추론이 갖는 문제점으로 제시된 것은 암수 범죄의 문제를 고려하지 않고 있다는 것이다. 따라서 이에 대한 해결이 문제에서 요구하고 있는 전제조건이 될 수 있다.

ㄱ. (×) 갑의 추론이 설득력을 갖기 위해 "암수 범죄의 전년 대비 증가율은 매년 일정하다."라는 내용이 반드시 전제되어야 하는 것은 아니다. 암수 범죄의 전년 대비 증가율이 매년 일정하지 않다고 하여도 전체 범죄 중 암수 범죄가 차지하는 비중이 동일하게 유지된다면 갑의 추론은 설득력을 얻을 수 있기 때문이다.

ㄴ. (○) "발생한 범죄 사건 중 신고된 사건의 비율은 범죄 유형별로 매년 일정하다."라는 것은 '발생한 범죄 사건 중 암수 범죄 사건의 비율 또한 범죄 유형별로 매년 일정하다'라는 것을 의미한다. 만일 신고된 사건의 비율이나 암수 범죄 사건의 비율이 달라진다면 갑의 추론의 문제점으로 제시한 암수 범죄의 문제를 해결하지 못하게 된다. 따라서 갑의 추론이 설득력을 갖기 위해 필요한 전제이다.

ㄷ. (○) "형사 사법 기관이 신고를 받거나 인지한 사건들을 범죄 통계에 반영하는 기준과 방식에 일관성이 있다."는 암수 범죄의 발생에 영향을 주는 요인이 고정적이라는 것으로 암수 범죄의 비율은 매년 일정하게 유지된다는 추론을 가능하게 한다. 따라서 갑의 추론이 설득력을 갖기 위해 필요한 전제이다.

04 암묵적 전제 추론 정답 ⑤

① (○) 제시문 첫 번째 문단의 '나아가 동물은 여러 대안을 고려할 능력이나 식사의 윤리성을 반성할 능력이 없다. 그

러므로 동물에게 그들이 하는 일에 대한 책임을 지우거나, 그들이 다른 동물을 죽인다고 해서 죽임을 당해도 괜찮다고 판정하는 것은 타당하지 않다.'는 진술을 통해 저자는 '반성 능력이 없는 존재에게는 책임을 물을 수 없다.'를 암묵적으로 전제하고 있음을 추론할 수 있다.

② (○) 제시문 첫 번째 문단의 '먹기 위해 다른 동물을 죽이지 않으면 살아남을 수 없는 많은 동물들과 달리, 사람은 생존을 위해 반드시 고기를 먹을 필요가 없다. 그러므로 동물에게 그들이 하는 일에 대한 책임을 지우는 것은 타당하지 않다'는 진술을 통해 저자는 '자신의 생존에 위협이 되는 행위는 의무로 부과할 수 없다.'는 것을 암묵적으로 전제하고 있음을 추론할 수 있다. 암묵적으로 전제하기 때문에 위와 같은 논리를 전개할 수 있는 것이며, 만약 그렇지 않다면 위와 같은 논리를 전개할 수 없기 때문이다.

③ (○) 제시문 첫 번째 문단의 '먹기 위해 다른 동물을 죽이지 않으면 살아남을 수 없는 많은 동물들과 달리, 사람은 생존을 위해 반드시 고기를 먹을 필요가 없다. 나아가 동물은 여러 대안을 고려할 능력이나 식사의 윤리성을 반성할 능력이 없다. … 반면에 인간은 자신들의 식사습관을 정당화하는 일이 가능한지를 고려하지 않으면 안 된다.'는 진술을 통해 저자는 '어떤 행위의 대안을 고려할 수 있는 존재는 윤리적 대안이 있는데도 그 행위를 하는 경우라면 그것을 정당화해야 한다.'는 것을 암묵적으로 전제하고 있음을 추론할 수 있다.

④ (○) 제시문 두 번째 문단의 '첫째로, 인간이 동물을 먹는 것이 자연적인 진화 과정의 한 부분이라는 주장은 더 이상 설득력이 없다. … 오늘날처럼 공장식 농장에서 가축을 대규모로 길러내는 것에 대해서는 참일 수 없다.'는 진술을 통해 저자는 '공장식 농장의 대규모 사육은 자연스러운 진화의 과정이 아니다.'는 것을 암묵적으로 전제하고 있음을 추론할 수 있다.

⑤ (×) 제시문 마지막 부분의 '그러나 이로부터 어떤 일을 하는 자연적인 방식이 개선될 수 없음이 따라 나오지는 않는다.'라는 내용 즉 '자연법칙이 있다(또는 안다)는 것이 어떤 일을 하는 자연적인 방식이 개선될 수 없음'을 필연적으로 결정짓는 것이 아니라는 내용으로부터 '자연법칙과 자연적인 방식'은 필연적 관계를 갖는 것이 아니라는 것을 추론할 수 있다. 따라서 저자는 '자연적인 방식이 개선되면 기존의 자연법칙은 더 이상 유효하지 않다.'는 것을 암묵적으로 전제하고 있는 것은 아니다. 다시 말해 '자연적인 방식이 개선되더라도 기존의 자연법칙은 유효할 수 있다.'

05 암묵적 근거 추론 정답 ③

ㄱ. (○) 농부의 4번째 진술을 보면 다음과 같은 타당한 추론을 하고 있다.

큰 도시들에는 꼭 낙타들이 있다.
B는 큰 도시이다.
―――――――――――――
B에는 낙타가 있다.

ㄴ. (×) 둘의 대화만으로, 큰 도시에 낙타가 있고 B가 큰 도시라는 농부의 말이 참인지 거짓인지 여부는 확인할 수 없다.

ㄷ. (○) 교수의 추론은 다음과 같은 형식이다.

독일에 낙타가 없다. (가정)
B는 독일에 있는 도시이다. (사실)
―――――――――――――
B에는 낙타가 있다.

농부의 추론(ㄱ해설 참조)과 비교하면 교수의 추론은 가정적 전제를 포함하지만 농부의 추론은 '큰 도시들에는 꼭 낙타들이 있다'라던가 'B는 큰 도시이다'와 같이 적어도 농부가 참이라고 믿는 전제들로 이뤄진다. 타당한 추론을 할 수 있는 농부가 마찬가지로 타당한 교수의 추론을 받아들이지 않은 점을 보면, 자신과 달리 교수의 추론이 가정적 전제에서 시작한다는 점을 문제 삼았음을 알 수 있다.

06 기업의 재고 운영 전략 정답 ⑤

ㄱ. (○) 생산비용이 생산량에 의해 크게 영향을 받지 않을 때 (나)와 같이 수요량에 따라 생산량을 변동시키는 전략을 택할 수 있다.

ㄴ. (○) 생산량에 따라 생산비용이 상승한다하더라도 수요량을 충족시키지 못할 때 고객을 잃어버리게 되고 다시 고객을 만들기가 어려워진다면 (나)전략을 택할 가능성이 높다.

ㄷ. (○) 재고 유지비용이 많이 들어간다면 수요량을 고려하며 재고운영을 하게 될 것이므로 (나)전략을 선택할 가능성이 높아진다.

07 생략된 전제의 추론 정답 ①

1. 제시문 분석

- 전제1 : ~변호사 → 아나운서 ⇔ ~아나운서 → 변호사
- 전제2 : 아나운서 → 붉은 넥타이
  ⇔ ~붉은 넥타이 → ~아나운서
- 전제3 : X는 푸른색 넥타이 착용

☞ 소결론1 : X는 변호사이다. (∵ 전제3 + 전제2 + 전제1)

- 전제4 : 변호사 → 미국인 ∨ 영국인
- 전제5 : 영국인 ∧ ~ 한국 경험 → ~ 김치
  ⇔ 김치 → ~ 영국인 ∨ 한국경험
- 전제6 : 한국 경험 → 붉은 넥타이
  ⇔ ~붉은 넥타이 → ~ 한국 경험

☞ 소결론2 : X는 ~한국 경험 (∵전제3 + 전제6)

- 결론 : X는 미국인 ∧ 변호사

2. 보충해야 할 전제 추론

전제 1 + 2 + 3을 통해 X가 변호사라는 소결론1이 도출된다. 따라서 X가 미국인 변호사라는 결론을 도출하기 위해 필요한 전제는 X가 미국인(= ~영국인)이라는 내용이다. "X가 김치를 먹는다"는 전제가 보충된다면 X는 한국경험이 없기(∵소결론2) 때문에 X는 ~영국인(=미국인)이 된다.

08 생략된 기준의 추론 정답 ②

ㄱ. (○) 미성년자 선호 지속성은 A 기준으로 적절하다. (가)와 (나)는 일시적 선호를 (다)와 (라)는 지속적인 선호를 보이고 있음을 통해 추론할 수 있다.

ㄴ. (×) (가)와 (다)는 내향성을 보인다고 할 수 있으나, (나)와 (라)는 외향성이라고 보기보다는 공격성이라고 보아야 할 것이다.

ㄷ. (○) 공격성은 B 기준으로 적절하다. (가)와 (다)는 성매매나 환심들을 통한 비공격적 방법을 사용하는데 반해 (나)와 (라)는 성폭행 또는 공격적 행동과 같은 공격성을 보이고 있음을 통해 추론할 수 있다.

ㄹ. (×) 성별 선호는 (가)와 (라)를 구분하여 주기는 하지만 (나)와 (다)를 구분하기에는 적절치 않다.

09 업무 분류 기준 정답 ②

제시문의 주요 내용을 표에 정리해 보면 아래와 같다.

		B	
		(다)	(라)
A	(가)	P1 일정한 절차와 기법 예외 상황	P2 단순 정보에 대한 분석 기술 예외 상황 낮음
	(나)	P3 업무와 관련된 정보 복잡 새로운 상황	P4 업무와 관련된 정보 복잡 예외 상황 낮음

따라서 A에는 업무를 표준화된 절차에 따라 과정별로 나누어 수행을 용이하게 할 수 있는 정도인 분석가능성이 들어가야 할 것이고, B에는 업무 중에 예측하지 못한 새로운 일이 생기는 정도인 다양성이 들어가야 할 것이다.

ㄱ. (×) (가)는 분석 가능성이 높은 유형이다.

ㄴ. (×) (다)는 다양성이 높은 유형이다.

ㄷ. (○) 작곡가, 피아니스트와 같은 직업은 표준화된 절차에 따라 업무를 나누어 수행하는 것이 용이하지 않고, 업무 중에 예측하지 못한 새로운 일이 생기는 정도는 낮으므로 P4에 속한다고 할 수 있다.

10 인구와 식량 정답 ④

1. 결론 ⓘ(모든 구성원이 편안하고 행복하게 사는 완전한 사회란 있을 수 없다.)를 지지하는 전제들의 구조를 파악해 보면 ⓕ+ⓖ+ⓗ가 합쳐져 결론을 지지하고 있음을 알 수 있다.
   (→ 선택지 ①④)

   전제 ⓖ + ⓗ : 인구제한 → 심각한 위협 → ~완전한 사회
   전제 ⓕ : 인구제한

   결론 ⓘ : ~완전한 사회

2. ⓐ, ⓑ, ⓒ, ⓓ와 ⓔ간의 관계를 파악해 보면, ⓐ+ⓑ가 합쳐져 연역적으로 ⓒ를 지지하고 있음을 알 수 있다.
   전제 ⓐ : 인구 기하 급수적 증가
   전제 ⓑ : 식량 산술 급수적 증가

   소결론 ⓒ : 인구의 증가율과 식량의 증가율의 차이 발생

11 행위 책임의 전제 조건으로서의 동일성 정답 ④

비교적 판단이 용이한 전제들을 중심으로 정답을 찾아갈 필요가 있다. ⓔ+ⓕ+ⓗ 가 ⓖ의 근거가 되고 있음은 쉽게 판단할 수 있다. 그러면 선택지는 ②와 ④로 압축되고 ⓐ ⓑ ⓒ 의 관계를 판단해 보면, ⓑ가 ⓐ의 근거가 되고 ⓐ는 ⓒ의 근거가 되고 있음을 알 수 있다. 따라서 정답은 ④이다.

12 보편적 윤리의 토대 정답 ④

5개의 선지들을 분석해보면, ⓓ→ⓔ, ⓖ→ⓕ, ⓒ+ⓔ+ⓕ→ⓑ는 공통적으로 나타나며, ⓐ, ⓑ, ⓗ, ⓘ의 관계에서 차이가 발생한다. 따라서 이들 4개의 문장을 중심으로 구조를 파악해 본다.

4개 문장 모두 옳고 그름, 보편적 윤리, 올바른 삶 등에 대한 판단의 근거에 대한 언급이다.

ⓐ : 행복 추구, 도덕적 감정은 보편적 윤리의 토대가 아님
ⓑ : 행복 추구는 올바른 삶의 당위의 근거가 아님
ⓗ : 인간의 도덕적 감정은 도덕의 기초로서 미흡함
ⓘ : 인간의 감정은 옳고 그름의 보편적 잣대로 삼을 수 없음

ⓗ와 ⓘ는 인간의 (도덕적) 감정, ⓑ는 인간의 행복 추구 성향을 언급하고 있고, ⓐ는 도덕적 감정과 행복 추구 성향 모두를 언급하고 있으므로 ⓐ를 결론으로 보아야 한다.

따라서, ⓑ와 ⓗ로부터 ⓐ 결론을 이끌어내는 선지 4번이 정답이 된다.

13 선(善)의 정의 정답 ⑤

- ㅂ+ㅈ → ㅊ 의 구조인지, (ㄴ+)ㅂ+ㅊ → ㄱ 의 구조인지를 먼저 확인한다.

ㅂ 선을 자연적 속성과 동일시하는 정의는 오류이다.
ㅈ 사실로부터 당위를 끌어내는 것은 가능하지 않다.
ㅊ 선을 형이상학적 속성과 동일시하는 정의는 오류이다.

ㅂ에서 ㅊ이 도출되기 위해서는 '자연적 속성'과 '형이상학적 속성'의 관계가 언급되어야 한다. ㅈ에는 그러한 언급이 없으므로, ㅂ+ㅈ → ㅊ으로 보기는 어렵다.

- ㅂ+ㅊ → ㄱ 의 구조인지, ㄴ+ㅂ+ㅊ → ㄱ 의 구조인지를 확인한다.

ㄴ 선을 정의하려면, 선을 자연적 속성과 동일시하거나, 형이상학적 속성과 동일시해야 한다.
ㅂ 선을 자연적 속성과 동일시하는 정의는 오류이다.
ㅊ 선을 형이상학적 속성과 동일시하는 정의는 오류이다.
ㄱ 선을 정의하려는 시도는 성공할 수 없다.

ㄴ에 의하면, 선을 정의하기 위해서는 선을 자연적 속성과 동일시하거나, 선을 형이상학적 속성과 동일시해야 한다. 그런데 ㅂ과 ㅊ에 의해서 이 둘은 모두 오류이다. 따라서, ㄱ 선을 정의하려는 시도는 성공할 수 없다는 결론이 도출된다.

- 따라서, 정답은 ④와 ⑤로 압축된다.

- ㄷ+ㄹ+ㅁ → ㅂ 의 구조인지, ㄷ+ㄹ → ㅁ → ㅂ 의 구조인지를 확인한다.

ㄷ 선은 쾌락이라고 정의한다면, "선은 쾌락인가?"라는 물음은 무의미하다.
ㄹ "선은 쾌락인가?"라는 물음은 무의미하지 않다.
ㅁ 쾌락 대신 어떤 자연적 속성을 대입하더라도 결과는 같다.
ㅂ 선을 자연적 속성과 동일시하는 정의는 오류이다.

ㄷ, ㄹ에서 ㅁ이라는 결론이 바로 도출되지 않는다. ㄷ, ㄹ에 의하면 선을 쾌락이라고 정의할 수 없음이 도출되고, 여기에 ㅁ이 결합되면 선을 어떠한 자연적 속성이라고도 정의할 수 없게 되어 ㅂ이 도출된다. 따라서, 정답은 ⑤가 된다.

- ㅅ, ㅇ, ㅈ, ㅊ의 관계도 마찬가지로 분석해볼 수 있다.

ㅅ 선을 형이상학적 속성과 동일시하는 정의들은 사실명제로부터 당위명제를 추론한다.
ㅇ 형이상학적 질서가 존재한다는 사실로부터 "선은 무엇이다"라는 정의를 이끌어낸다.
ㅈ 사실로부터 당위를 끌어내는 것은 가능하지 않다.
ㅊ 선을 형이상학적 속성과 동일시하는 정의는 오류이다.

ㅅ, ㅇ에서 ㅈ이라는 결론이 바로 도출되지 않는다. ㅅ, ㅇ에 ㅈ이 결합되어 ㅊ이 도출되는 구조이다.

14 논증구조도 / 병렬적 관계와 지지관계 정답 ①

ㄱ 로봇을 대하는 태도에서 동서양 존재 + 문화선택
ㄴ 실험에서 한국인이 서양인보다 더 강하게 로봇과 친구가 될

수 있다고 답함.
㉢ 실험에서 한국인이 서양인보다 로봇에 대한 도덕 명령에도 긍정적
㉣ 한국인이 서양인보다 로봇을 사람처럼 대함
㉤ 묵가의 도덕 판단 근거
㉥ 유가의 도덕 판단 근거
㉦ 묵가와 유가에 의한 실험 결과 설명
㉧ 묵가와 유가에 의한 문화선택이 한국인의 감정과 도덕성에 영향

(설명)
㉠이 결론이다. ㉧은 동서양 차이에 대해 논하고 있는 ㉠을 포괄할 수 없으므로 결론일 수 없다. 다음으로 ㉡과 ㉢은 모두 동서양의 차이에 대한 연구다. 둘은 병렬적으로 이어져 동서양 차이가 있다는 소결론 ㉣을 수식한다. 이때 ㉣은 ㉠의 전반부 논지(로봇을 대하는 태도에서 동서양 존재)와 이어진다. ㉤과 ㉥은 각각 묵가와 유가에 대한 설명으로 둘을 이용하여 실험 결과를 설명하는 ㉦을 병렬적으로 합쳐서 수식한다. 마지막으로 ㉧은 한국인에게 묵가와 유가식 사고가 문화선택을 통해 영향을 끼쳤다고 보므로 ㉠의 후반부 논지(문화선택)과 이어진다. 이에 ㉣과 ㉦과 ㉧이 합쳐져 결론 ㉠을 수식한다고 보는 것이 옳다.

15 논증 분석 문제의 효과적 해결 정답 ⑤

① (○) ⓓ와 ⓔ는 ⓐ의 '주장'을 반박하는 부분이라 할 수 있고 ⓖ ⓗ ⓘ는 ⓐ의 '주장'을 사람들이 받아들이는 이유를 설명하는 부분이라 할 수 있다.
② (○) ⓐ의 '친구'를 이로운 친구로 한정짓지 않는다면 행복한 사람에게 자신의 선행을 받아줄 친구는 필요하다는 점에서 ⓐ의 '주장'이 부정된다.
③ (○) 친구는 스스로 할 수 없는 것을 제공해 주는 사람인데(ⓑ), 행복한 사람은 어떤 것도 추가적으로 필요치 않는다(ⓒ)는 점에서 친구가 필요없다(ⓐ)라고 말하고 있다.
④ (○) ⓓ는 ⓐ의 '주장'에 문제를 제기하고 있고 ⓔ는 ⓓ가 설득력을 갖도록 친구의 개념과 행복한 사람이 하는 일을 한정적으로 제시하고 있다.
⑤ (×) ⓖ와 ⓗ가 결합하여 ⓐ의 '주장'을 반박하는 근거가 되는 것이 아니라 지지하는 근거가 된다.

16 논증의 구조 분석 정답 ④

제시된 논증을 논증구조도로 표현해 보면 다음과 같다.

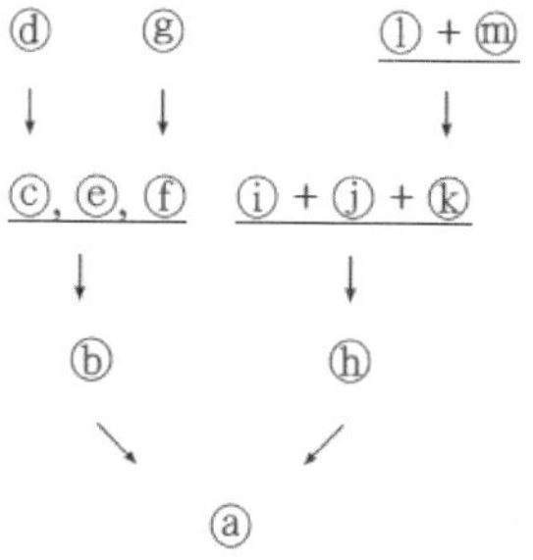

④ (×) ⓘ, ⓙ, ⓚ는 서로 간을 지지하는 근거로 사용되고 있지 않다.

17 논증의 구조 분석 정답 ⑤

① (○) 글쓴이는 ⓓ에서 '가격 하락이 한 상품에만 국한되는 경우에는 실제로 생산자의 이윤을 축소시키지만'이라는 언급을 통해 ⓐ의 타당성을 인정하고 있다.
② (○) ⓓ는 '가격 하락이 모든 상품에 함께 일어나는 경우에는 그런 효과가 없어진다'라는 주장을 통해 ⓑ를 비판하고 있다
③ (○) 글쓴이는 ⓓ와 같이 생각하는 이유를 ⓔ에서 제시하고 있다. ⓔ는 ⓓ의 근거로 사용되고 있다.
④ (○) 글쓴이는 ⓕ에서 자본의 경쟁이 이윤을 낮추는 것은 가격 하락에 기인하는 것이 아니라 임금 상승에 기인한 것임을 언급함으로써 ⓒ를 비판하고 있다.
⑤ (×) ⓕ는 ⓔ의 근거라기보다는 추가적인 언급이라 할 수 있다. 글쓴이는 아담 스미스의 주장 ⓑ를 반박하면서 반박의 근거로 ⓔ의 실질적인 가격하락 없음과 ⓕ의 실질 임금상승을 제시하고 있다.

18 논증의 지지관계 분석 정답 ③

㉠ 자연권 = 생명 보존을 위해 힘을 사용할 수 있는 자유, 모든 사람에게 동등하게 보장
㉡ 자연법 = 자신의 생명 보존에 가장 적합한 행위를 포기하는 것이 금지됨
㉢ 인간의 자연 상태는 만인에 대한 만인의 전쟁 상태
㉣ 모든 인간은 자신의 생명을 보존하기 위해 어떤 것이든 사용할 수 있다.
㉤ 모든 것, 심지어 상대의 신체에 대한 권리도 가진다.
㉥ 상대의 신체에 대한 권리는 그 신체를 훼손할 권리까지 포함한다.

ⓢ 모든 것에 대한 이러한 자연적 권리가 유지되는 한 인간은 누구도 안전할 수 없다.
ⓞ 모든 사람은 평화를 이룰 희망이 있는 한 그것을 얻기 위해 노력하지 않으면 안 된다.
ⓩ 평화와 자기 방어를 위해 우리는 모든 사물에 대한 자연적 권리를 포기하고, 우리가 다른 사람에게 허용한 만큼의 자유에 만족해야 한다.

① (○) 만인의 만인에 대한 전쟁상태에서 모든 인간이 자신의 생명을 보존하는 데 도움이 되는 어떤 것이든 사용할 수 있는 권리는 ㉠에서 설명된 자연권에 기인한다.
② (○) 모든 사람이 상대의 신체에 대한 권리까지 가질 수 있는 이유는, ㉢인간의 자연 상태가 자신의 생명의 안전을 담보할 수 없는 만인에 대한 만인의 전쟁 상태이며, ㉣에서 인간은 적에 맞서 자신의 생명을 보존하는 데 도움이 되는 것은 어떤 것이든 사용할 수 있다고 하였기 때문이다.
③ (×) ㉤ 상대의 신체에 대한 권리를 가진다는 것이 ㉥ 그 신체를 훼손할 권리까지 가진다는 것의 근거가 되지는 못한다.
④ (○) ㉡ 자연법에 따라 인간은 자신의 생명 보존에 가장 적합한 행위를 포기하는 것이 금지되므로, ⓞ 모든 사람은 (만인의 만인에 대한 전쟁상태에서 벗어나 자신의 생명을 보존하기 위해) 평화를 이룰 희망이 있는 한 그것을 얻기 위해 노력하지 않으면 안 된다.
⑤ (○) 만인의 만인에 대한 전쟁상태에서 ⓢ 모든 것에 대한 이러한 자연적 권리가 유지되는 한 인간은 누구도 안전할 수 없고, ⓞ 모든 사람은 이 전쟁상태에서 벗어나 평화를 이루기 위해 노력해야 하므로, ⓩ 평화를 위해 우리는 모든 사물에 대한 자연적 권리를 기꺼이 포기하고, 우리가 다른 사람에게 허용한 만큼의 자유에 스스로도 만족해야 한다.

19 지식의 정당화 정답 ④

①(○) 어떤 추론적 지식인 G_1은 추론적 지식의 정의상 이를 정당화하는 지식이 있고, ⓒ에서 모든 지식이 추론적 지식이라고 가정하고 있으므로 ⓔ와 같이 그 중 어떤 것을 G_2라고 하면, G_2는 추론적 지식이라는 결론이 도출된다.
② (○) ⓒ에서 모든 지식이 추론적 지식이라고 가정하고 있으므로, 어떤 지식은 추론적 지식일 것이고, 이 추론적 지식은 추론적 지식의 정의에 따라 이를 정당화하는 지식을 갖게 되고, 이를 정당화하는 지식은 ⓒ의 '가정'에 의해 추론적 지식이 되고, 이는 추론적 지식의 정의상 이를 정당화하는 지식이 있고……하는 식의 정당화과정이 끝나지 않는다는 것을 보여준다.
③(○) ⓖ의 '과정'이 순환적이라면 2개의 추론적 지식만 있어도 ⓖ의 과정은 무한히 계속될 수 있다.
④(×) ⓖ와 ⓗ가 충돌하기는 하므로 ⓒ의 '가정'은 부정되나 ⓐ가 부정되는 것은 아니다.
⑤(○) ⓐ와 같이 추론적 지식이 있기 위해서는 ⓙ와 같이 비추론적 지식이 존재하여야 한다. 즉, 비추론적 지식이 존재하지 않으면 추론적 지식은 있을 수 없다. 따라서 이 논증이 타당하다면 '비추론적 지식이 없으면 추론적 지식도 있을 수 없다'는 것이 증명된다고 할 수 있다.

20 수단-목적 관계와 인과관계 정답 ⑤

①(○) (가)는 논증이 비판하고자 하는 견해인 '우리의 감각기관들과 지체들이 그 사용을 위해 창조되었다'는 내용을 제시하고 있다.
②(○) (나)는 (가)에서 제시한 견해가 시간적 선후 개념을 포함하고 있는 인과 관계를 잘못 파악하고 있음을 지적하고 오히려 '생겨난 그것이 용도를 창출한다'는 견해를 제시하고 있다.
③(○) (다)는 우리 몸의 여러 신체적 지체들의 발생과 사용의 시간적 선후 관계를 이용하여 논증하고 있다.
④(○) (라)에서는 논증이 비판하고자 하는 견해인 '사용을 위해 발명된 것'들을 제시하고 있는데, 그 대상 영역은 '삶과 사용의 필요로부터 나온 것들'이다.
⑤(×) (마)에서는 (다)의 영역은 (라)의 영역과 완전히 다른 부류로서 구분된다는 것을 지적함으로써 (바)가 옳음을 논증하고 있는 것이지 (다)와 (라)가 양립할 수 없음을 지적하고 있는 것은 아니다. (다)와 (라)는 별개의 영역으로서 양립가능하다.

21 사회계약론 정답 ④

① (○) 문맥상 ⓑ는 ⓐ의 근거로 제시되어 있는데, ⓐ의 근거로 제시된 ⓑ가 실질적으로 ⓐ를 뒷받침하려면 ⓑ에서 언급한 '어쩔 수 없어서 하는 행동'인 '물리적인 것'으로부터의 행동과 '의무에서 나온 행동'인 '도적적인 것'으로부

독을 가진 A보다 강한 독을 가진 B의 형태로 진화하는 것이 생존에 유리하다. 따라서 ㉠을 강화하며, ㉡을 약화한다.

ㄴ. (×) 강한 독이 있는 나방을 잡아먹은 닭은 죽어버렸고, 약한 독이 있는 나방을 잡아먹은 닭만 살아있을 것이다. 이런 닭들은 A의 형태로 진화한 나방은 잡아먹지 않지만 B의 형태로 진화한 나방은 잡아먹을 수도 있다. 따라서 B의 형태로 진화하는 것이 생존에 불리하므로 ㉠을 약화한다고 볼 수 있다.
약한 독이 있는 나방을 잡아먹은 닭은 죽지 않고 이후 약한 독이 있는 나방과 독일하게 생긴 독이 없는 나방을 잡아먹지 않으려고 한다면 A의 형태로 진화하는 것이 유리한 결과를 가져온다. 따라서 ㉡을 강화한다.

ㄷ. (×) 독에 대한 경험이 없던 닭들이 아주 강력한 독이 있는 나방을 잡아먹은 이후에도 유사하게 생긴 독이 없는 나방을 잡아먹지 않았다면 '자극의 일반화'에 부합하는 사례로서 ㉡ 가설을 강화할 수 있다. 그러나 전혀 다르게 생긴 독이 있는 개구리를 잡아먹는다는 내용은 ㉡ 가설과는 무관한 내용이다. 따라서 ㉡을 약화한다는 선지의 표현은 옳지 않다.

20 과학적 가설의 강화 중립 판단 정답 ⑤

ㄱ. (○) 열매의 색깔 변화는 성공적 산포를 가능하게 하는 진화의 산물이고 캡사이신의 합성 또한 성공적 산포를 가능하게 하는 진화의 산물로서 씨의 성공적 산포라는 측면에서 그 효과는 유사하다고 할 수 있다.

ㄴ. (○) 갑은 열매의 색깔 변화를 통해, 을은 화학물질의 합성을 통해, 식물이 자신의 씨를 발아 가능한 상태로 산포하기에 적합한 대상을 선택하는 방향으로 진화했다고 보고 있다.

ㄷ. (○) 판단의 편의를 위해 을의 견해를 논리적 연결사를 이용해 정리해 보면 ['식물은 산포해 줄 동물에게만 먹힘' ∧'산포해 주지 못할 동물에게는 먹히지 않음' → 화학물질 합성] 라 할 수 있다. 제시된 실험결과는 을의 견해의 후건부정식에 해당되므로 을의 견해를 강화한다고 할 수 있다.

21 증거와 예시 정답 ①

① (○) A는 다윈이 사진 일부를 의도적으로 변형한 것은 '변조'에 해당되는 연구 부정행위를 저지른 것이라고 주장하며 그 논거로 사진이 다윈의 주장을 지지하는 결정적인 증거로 사용되었다는 점을 제시하고 있다. 반면에 B는 다윈이 사진 일부를 의도적으로 변형한 것은 사실이지만 이것은 주장의 이해를 돕기 위한 예시로 사용되었다는 측면에서 '변조'라 볼 수 없으며 별 문제가 되지 않는다고 보고 있다. 그런데 다윈이 찰나적 감정을 제대로 담지 못하는 당시 사진 기술의 한계를 극복하기 위해 일부 사진을 보정했다고 책에서 밝혔다면, 이것은 보정된 사진이 주장을 지지하는 결정적인 증거로 사용되었다기보다는 이해를 돕기 위한 예시로 사용되었다고 보기에 적절하므로 A의 설득력은 낮아지고 B의 설득력은 높아진다고 할 수 있다.

② (×) 다윈의 책에 사진이 전혀 등장하지 않았더라도 책에 제시된 다른 증거가 다윈의 주장을 충분히 입증한다고 판단된다면, 이것은 다윈 책의 사진이 다윈의 주장을 입증하는 결정적인 증거로 사용된 것이 아니라는 것을 의미하므로 A의 논거를 직접적으로 반박하고 B의 논거를 지지하게 되므로 A의 설득력을 낮추고 B의 설득력을 높인다고 할 수 있다.

③ (×) 다윈의 책 출간 이후 이루어진 관련 과학 연구 결과에 의해 감정 표현의 보편성에 대한 다윈의 주장이 충분히 옹호될 수 있다고 하더라도 이것은 A나 B의 주장과 무관한 내용으로 A, B의 설득력에 영향을 미치지 아니한다.

④ (×) A와 B 논쟁의 쟁점은 사진 일부의 의도적 변형이 주장의 결정적인 증거로 사용되었느냐 아니면 이해를 돕기 위한 예시로 사용되었느냐 하는 것이다. 따라서 피부에 전기 자극을 주어 원하는 얼굴 표정을 인공적으로 만드는 당시 최신 기술을 다윈이 책에 실린 사진 일부를 얻는 데 사용했다고 하더라도 이 사실만 가지고서는 A, B의 설득력에는 영향을 주지 못한다.

⑤ (×) 다윈의 책 출간 당시 과학 연구에서 사진을 증거로 사용하는 것과 '예시'로 사용하는 것의 구별 기준이 미처 확립되지 않았다면, A와 B의 논거 모두를 직접적으로 반박하게 되므로 A와 B의 설득력을 모두 낮추게 된다.

22 시청각 정보의 인식과 감정 반응 체계 정답 ⑤

① (×) 주어진 사실에 따를 때 A는 시각 인식 영역에는 문제가 없고 정서적 감정에 문제가 있는 것이며, 가설은 이와 관련된 것이다. 따라서 A가 오바마나 아인슈타인 같은

터의 행동이 구별되어야 한다. 그렇지 않다면 즉 물리적인 것과 도덕적인 것이 구별되지 않거나 동일한 것이라면 ⓑ에서 힘에 굴복하여 어쩔 수 없어서 하는 것과 도덕적인 이유에서 하는 것을 구별할 수 없거나 이들이 동일한 것이 되어 ⓐ의 진술[=힘이란 물리력인데, 물리력이 어떻게 도덕적 결과를 가져올 수 있는지 나는 이해할 수 없다.]을 뒷받침하지 못하게 된다.

② (○) ⓒ[= 만일 강자의 권리라는 것이 있어서, 힘이 권리를 만들어낸다고 해보자.]에서 '강자의 권리'가 있다고 가정하고 논리를 전개하여 ⓗ[= '강자의 권리'라는 말에서 '권리'는 '힘'에 덧붙이는 것이 없으며, 따라서 공허한 말이다.]에서 불합리한 귀결에 이른다는 것을 보임으로써 '강자의 권리'를 부정하는 논증을 펴고 있다.

③ (○) ⓓ에서 힘에서 나오는 '권리'라는 것은 무의미하다는 말임을 지적한 후 ⓔ에서는 힘에 굴복하는 것이 '의무'에서 비롯된 것이 아니라는 말을 강도의 사례를 통해 하고 있음을 알 수 있다. 즉 ⓔ는 ⓑ[= 힘에 굴복하는 것은 어쩔 수 없어서 하는 행동이요 기껏해야 분별심에서 나온 행동이지 의무에서 나온 행동은 아니다.]의 예시라 할 수 있다.

④ (×) ⓖ에서 글쓴이가 '장담'할 수 있는 이유는 분별력이 있는 사람이라면 힘에 복종하지 말라고 해도 어쩔 수 없이 복종할 것이기 때문이라는 ⓑ에서 찾을 수 있다. ⓕ는 힘에 어쩔 수 없이 복종해야 하는 상황이라면 의무가 개입될 필요가 없고, 복종을 강요받지 않으면 의무도 없다는 것으로 '의무가 개입될 여지가 없음'을 말하는 것으로 '힘에 복종할 것을 장담'하는 근거라고 할 수 없다.

⑤ (○) ⓓ에서는 '힘과 운명을 같이 하는 권리가 권리로서 무슨 의미가 있는가'라고 반문하고 있고, ⓗ에서는 '의무가 개입될 여지가 없어 사실상 권리라는 것이 아무런 기능을 하지 못함'을 지적함으로써 둘 다 힘에서 나오는 '권리'라는 것은 무의미한 말임을 지적하고 있다.

22 약리효과의 검증기준 정답 ③

① (○) ⓐ(A국 식약청)는 위약 실험을 필수적으로 요구하고 있기 때문에 동등성 요건을 갖췄다 하더라도 신약의 출시를 불허할 수 있다.

② (○) ⓑ(H선언)의 윤리적 기준에 따르면 효과적인 치료법이 있는 경우 의사는 환자에게 그것을 제공할 윤리적 · 법적 의무를 갖는다. 하지만 위약 시험은 위약시험에 참여한 환자에게 효과적인 약품으로 치료받을 수 있는 기회를 박탈하는 상황을 초래하므로 이는 H선언이 위약시험을 비판하는 논거가 된다.

③ (×) ⓑ(H선언)가 동등성시험의 필요성을 주장하는 이유는 H선언의 윤리적 기준(효과적인 치료법이 있는 경우 의사는 환자에게 그것을 제공할 윤리적 · 법적 의무를 갖는다)과 이에 따른 치료의 제공이다. 따라서 설령 위약이 실제 증상을 완화시켰다고 하더라도 ⓑ(H선언)가 주장하는 동등성시험의 필요성을 약화하는 근거가 되지 못한다. 심리적 측면 등과 같은 주관적 요인에 따른 위약의 효과가 언제나 동등성시험의 효과를 대체할 수 있는 것은 아니기 때문이다.

④ (○) ⓒ(몇몇 의사들)는 향정신성 의약품의 경우 위약시험이 동등성시험보다 환자의 주관적 판단이 초래하는 오류로부터 상대적으로 자유롭다고 전제하고 있다. 그렇기 때문에 동등성시험으로 신약 효과를 평가하는 방법이 부적절하다고 ⓒ(몇몇 의사들)는 주장하는 것이다. 즉 위약이 약리 효과를 검증하는 항상적 기준을 제공하는 것으로 가정하고 있기 때문에 이들은 다른 기준(위약시험)이 적용되어야만 한다고 주장하는 것이다.

⑤ (○) 50개 신약 치료 집단 간 응답의 분포 및 평균값에는 유의미한 차이가 없었다는 것은 치료 효과의 주관적 평가가 가변적이지 않음을 의미하고, 50개 위약 치료 집단 간 응답의 분포 및 평균값에 유의미한 차이가 있었다는 것은 치료 효과의 주관적 평가가 상당히 가변적임을 의미하므로, 이는 ⓓ를 지지하는 근거가 된다.

23 자유의지와 도덕적 책임 정답 ①

ㄱ. (×) 제시문의 첫 문장에서 "우리 행위가 우리 자신의 자유로운 선택의 결과일 때에만 우리는 그 행위에 도덕적 책임을 진다."(= 도덕적 책임 → 자유로운 선택)라고 하였다. 이에 따르면 "자유로운 선택에 의한 것이 아니면서도 도덕적 책임을 지는 행위"(도덕적 책임 ∧ ~자유로운 선택)는 있을 수 없지만, "자유로운 선택에 의한 것이지만 도덕적 책임을 지지 않는 행위"(~도덕적 책임 ∧ 자유로운 선택)는 존재할 수 있다.

ㄴ. (○) 제시문 여덟 번째 줄에서 "만약 우리가 우리의 의지가 자유롭다는 것을 정말로 안다면, 우리의 의지가 자유롭다는 것은 참일 수밖에 없다."(= 안다 → 참이다)라고

하였다. 따라서 제시문에 의하면 무언가를 안다는 것은 그것이 참임을 함축하는 것이다.

ㄷ. (×) 우리가 자유롭게 행했다고 여기는 많은 행위들을 인과법칙적으로 설명할 수 있다면, 우리의 행위가 자유로운 선택의 결과가 아닐 가능성이 높아진다. 이는 "우리의 행위가 자유로운 선택의 결과에 의한 것인지 아닌지 아직 입증하지 못하였다"라는 제시문의 주장과 양립 가능하므로, 이 글의 논지를 약화시키지 않는다.

24 연역논증과 귀납논증 정답 ⑤

제시문에 따르면, 경험에 근거한 추리는 연역적 타당성(=전제가 참이면 결론이 반드시 참인 성질)을 담보할 수 없으므로, '㉢ 미래가 과거와 똑같다'는 것을 기본 전제로 가정하지 않는 이상 과거(경험)를 가지고 필연적인 미래(결론)를 도출할 수는 없다.

ㄱ. (○) "미래가 과거와 똑같다"고 가정한다면, 과거의 경험으로부터 미래에 관한 명제를 추리할 수 있다.

ㄴ. (○) "미래가 과거와 똑같지 않다"면 과거의 경험으로부터 미래의 모습을 확신할 수 없다.

ㄷ. (○) 제시문의 밑에서 두 번째 문장에서 "경험을 근거로 하는 어떠한 논증도 미래가 과거와 똑같을 것이라는 점을 증명할 수는 없다."라고 직접적으로 얘기해주고 있다.

25 함축의 의미 / 귀류법의 논리사용 정답 ⑤

ㄱ. (○) 제시문의 중반부에서 '인간 멸종의 가능성이 없다고 가정하면, 인간이 멸종한다'는 명제를 이끌어낼 수 있다. (2번째 단락 1번째 문장 + 3번째 문장) 그리고, '인간이 멸종하는 상황은 없다고 가정했으므로 모순이 발생한다'고 말하고 있다. (2번째 단락 4번째 문장) 즉, 인간 멸종의 가능성이 없다는 것과 인간이 멸종하는 상황이 없다는 것을 동일한 의미로 간주하고 있음을 알 수 있다.

ㄴ. (○)

P : 지구에 행성이 충돌한다는 것이 인간 멸종을 필연적으로 함축한다.

Q : 행성 충돌의 가능성이 있다.

R : 인간 멸종의 가능성이 있다.

㉠은 $P \land Q \land \sim R$, ㉡은 $P \rightarrow (Q \rightarrow R)$의 형태이다. 즉, ㉠은 ㉡의 부정이다.

제시문은 ㉡의 부정인 ㉠을 가정하고 이때 모순이 발생함을 보임으로써 ㉡이 참임을 증명하는 과정(귀류법)으로 구성되어 있다. 따라서 실제로 ㉠이 가능한지 여부는 이 논증에 영향을 주지 않는다.

ㄷ. (○) 제시문의 구조는 ㉠을 가정하면 모순이 발생함을 보임으로써, ㉠의 부정인 ㉡이 옳음을 도출하는 형태이다. 즉, 가정으로부터 모순이 도출된다면 가정의 부정은 참이라는 원리에 따라 논증하고 있다.

26 생략된 결론 / 인과적 의존과 원인의 정의 정답 ⑤

사건 A~E의 관계는 다음과 같다.

A → B → E
C → D → E

ㄱ. (○) 갑이 건물 10층에서 떨어지는 사건(C)이 없었다면 갑이 땅바닥에 부딪치는 사건(D)이 없었을 것이고, 갑의 죽음(E)은 없었을 것이다. (정의 1)에 따르면 D는 C에 인과적으로 의존하고, E는 D에 인과적으로 의존한다. (정의 2)에 따르면 C는 E의 원인이다.

ㄴ. (○) ㉠에 따르면 B는 실제로 일어나지 않은 사건이다. (정의 1)에 따를 때 어떤 사건이 B에 인과적으로 의존하려면 B가 실제로 일어나야만 한다. 따라서 어떠한 사건도 B에 인과적으로 의존하지 않는다.

ㄷ. (○) ㉡에 따르면 'C가 일어나지 않았다면 E는 일어나지 않았을 것이다'는 거짓이다. 따라서 (정의 1)에 따라 E는 C에 인과적으로 의존하지 않는다. 그러므로 (정의 2)에 따라 C는 E의 원인도 아니다.

27 언어철학 / 의미와 지시체 정답 ③

ㄱ. (○) (ㄱ)은 (2)의 대우명제에 해당한다. 따라서 옳은 주장이다.

ㄴ. (○) (ㄴ)은 (2)의 반례에 해당한다. 반례에 문제가 없다면 주장은 약화된다.

ㄷ. (×) (ㄷ)의 대우명제는 "허구 작품의 등장인물과 실존 인물의 유사성이 있다면, 등장인물의 이름이 실존 인물을 지칭한다."이다. 그런데, 제시문에 따르면 허구 속의 등장인물이 실존 인물과 유사성이 있기 때문에, 그 이름이 실존 인물을 지칭하는 것이라는 '잘못된 직관'을 갖는다고 한다. 즉, 허구 속의 등장인물과 실존 인물의 유사성이 있다고 하더라도, 등장인물의 이름은 실존 인물을 지칭하는 것은 아니다. 따라서 ㄷ은 옳지 않다.

chapter 2 논증에 대한 평가 및 문제해결

01 논증오류 찾기 정답 ⑤

① (×) ㉠과 모순되는 전제란 양립할 수 없는 전제를 말하는 것이다. 예를 들어 '거짓말 탐지기가 그거 거짓말을 하고 있지 않다는 반응을 보였다'는 내용은 ㉠과 양립 불가능하다. 그러나, 제시문의 논증에는 ㉠과 양립할 수 없는 전제는 포함되어 있지 않다.

② (×) "거짓말 탐지기의 결과에 전적으로 의존할 수 있다"는 내용이었다면 불충분한 사례들로부터 일반화하여 도출된 진술이라 볼 수 있으나, ㉡은 '전적으로 의존할 수는 없다'는 것이므로 오히려 일반화를 하지 않은 경우에 해당된다.

③ (×) ㉢에서 말하는 '극단적 유형의 사이코패스'는 그 앞의 문장("만약 피고인이 연쇄적으로 살인을 저지른 것이 확실한데도 자기가 연쇄살인범이라는 것을 아무런 감정적 없이 부인한다면")을 전제로 하는 표현으로서, 근거 없이 규정하고 있는 것이 아니다. 따라서 인신공격이라고 보기는 어렵다.

④ (×) ㉣ 문장의 주어는 '싸이코패스'이지 '피고인'이 아니다. '싸이코패스는 (피고인처럼) 감정적 동요를 느끼지 않는다'는 것이 주된 의미이며, 이는 앞 부분에서 근거가 제시되고 있다. ("사이코패스는 일반적인 살인자와 달리 살인을 저지르는 동안에 오히려 심리적으로 안정되고 심작 박동이 느려지기까지 한다는 점이 여러 사례에서 밝혀진 바 있습니다.") 또한, 피고인이 감정적 동요를 느끼지 않는다는 사실 역시 앞부분에서 근거가 제시되고 있다. ("피고인은 자기가 연쇄적으로 살인을 했다는 것을 아무런 감정적 동요 없이 단호하게 부인하고 있습니다.")

⑤ (○) 제시문은 '피고인이 연쇄적으로 살인을 저질렀다'는 가정 하에서 피고인이 극단적 유형의 사이코패스에 속한다는 추론을 이끌어낸 후, 이로부터 피고인이 연쇄적으로 살인을 저질렀다는 결론을 도출하는 구조이다. 즉, 피고인이 연쇄적 살인을 했다는 것을 암묵적 전제로 요구하는 동시에 이를 결론으로 도출하고 있다고 할 수 있다.

02 논증 결함지적의 적절성 판단 정답 ④

① (×) 가정 ⓐ의 현실 부합 여부는 제시된 논증에서 문제가 되지 않는다. 이 논증은 ⓐ와 같은 가정 하에서 ⓔ와 같은 놀라운 결론에 이르는 것을 보이는 데 목적이 있기 때문이다.

② (×) "로크의 제한조건에 위배된다."를 "다른 사람들의 상황을 더 나쁘게 한다."가 아닌 "좋은 상태로 사용할 만큼 충분히 남아있지 않다."는 의미로 해석 적용한다면, ⓑ는 ⓒ로부터 도출되지 않는다는 비판은 가능하나, 이에 대한 논거로 제시된 내용이 적절치 못하다. X냐 W냐는 쟁점이 아니다. "로크의 제한조건에 위배된다."를 "좋은 상태로 사용할 만큼 충분히 남아있지 않다."가 아닌 "다른 사람들의 상황을 더 나쁘게 한다."의 의미로 해석할 경우에는 ⓑ는 ⓒ로부터 도출될 수 있다.

③ (×) 만약에 Y가 로크의 제한조건에 위배되지 않고 t를 소유할 여지가 여전히 남아 있다면, 적절한 비판이 되겠지만, 그렇지 않기 때문에 적절한 비판이 될 수 없다. ⓒ의 주장은 별 문제 없는 주장이다.

④ (○) 적절한 비판이다. 시험 후 이의 제기에 대한 출제기관의 상세답변을 인용하여 제시하면 다음과 같다.

> 이의 제기의 내용은 다음 세 가지로 요약할 수 있습니다.
> 답지 ④와 관련하여,
> 첫째, X가 Y를 더 나쁘게 한 방식은 Y가 Z를 그렇게 한 방식과 차이가 없거나, 있어도 정도의 차이에 지나지 않는다.
> 둘째, "ⓓ는 ⓑ로부터 도출되지 않는다."는 진술이 잘못되었다.
> 그리고 답지 ③과 관련하여,
> 셋째, Y가 로크의 제한 조건에 위배되지 않고 t를 소유할 여지가 남아 있다고 볼 수 있다.
>
> 첫째, 제시문의 내용에 따르면 X가 Y를 더 나쁘게 한 방식과 Y가 Z를 더 나쁘게 한 방식에는 질적인 차이가 있습니다. Y에 의해 나빠진 Z의 상황이란, 제시문에서 명시적으로 밝히고 있듯이, 'Z가 사용할 수 있는 사물 t가 더 이상 존재하지 않는 상황'을 가리킵니다. 반면 X에 의해 나빠진 Y의 상황이란, 'Y가 사물 t를 소유하면 로크의 제한 조건을 위배하는 상황'을 가리킵니다. 제시문의 논증은 '상황을 더 나쁘게 한다'는 표현의 이러한 애매성에 의존하고 있고, 답지 ④는 이 점을 지적하고 있으므로 적절한 비판입니다.
> 둘째, 논증을 제시한 자는 ⓑ로부터 ⓓ를 도출하는 데에, "로크의 제한조건에 위배된다."의 정의로 본래 의미인 '다른 사람들도 좋은 상태로 사용할 만큼 (사물들이) 충분히 남아있지 않게

한다.'보다 확대된 "다른 사람들의 상황을 더 나쁘게 한다."라는 매우 느슨한 정의를 이용하고 있습니다. 이와 같은 느슨한 정의 대신 로크의 원래 정의를 사용할 경우 ⓑ로부터 ⓓ가 도출되지 않습니다. ④번 선택지는 바로 이 점을 문제 삼고 있는 것입니다.

셋째, 이 논증을 제시한 자는 Y가 로크의 제한 조건에 위배되지 않고 t를 소유할 여지가 없는 상황을 상정하고 있습니다. 즉, Y는 로크의 제한 조건을 위배하지 않고는 t를 소유할 여지가 없는 사람으로 규정되고 있습니다. 이의 제기자들은 공통되게, X의 소유 후에도 Y가 소유할 수 있는 사물 t가 여러 개 남아 있는 상황을 가정하고 있습니다. 하지만 이러한 가정은 제시문의 내용을 오해한 것입니다. 왜냐하면 제시문은 더 이상 사물 t를 소유할 수 없는 자로 Z를 가정하고, 그 "Z 바로 전에 t를 소유한" 자가 "Y"라고 정의하고 있기 때문입니다. "Z가 t를 사용할 자유를 갖지 못하게 하여 Z의 상황을 더 나쁘게 한" 자로 제시문에 명시된 Y의 규정은 이 제시문 전체에 걸쳐 일관된 의미로 사용되고 있습니다. 이의 제기자가 가정한 것처럼 만약 Y가 소유할 수 있는 사물 t가 여러 개 있어서 그 중 일부만 Y가 소유하고 Z가 사용할 만큼 나머지를 남겨놓았다면, 그 순간 그 Y는 제시문에서 정의한 Y가 아니라 X나 W가 되어야 합니다. 따라서 제시문에서 규정한 대로 Y가 Z 바로 전에 t를 소유한 자인 한, Y가 로크의 제한 조건에 위배되지 않고 t를 소유할 여지는 없습니다.

⑤ (×) ⓔ의 진술의 비판 논거로 제시한 내용이 적절치 못하다. 어떤 사물을 최초로 소유한 자를 불특정 'A'로 지칭하는 것으로 족하고 확정되어야 할 필요는 없다. 논리전개를 위해 불필요한 내용으로 ⓔ의 진술의 비판 논거로 부적절하다.

03 오류의 유형 정답 ⑤

- A : 집단의 속성으로부터 그 구성원 개인들의 속성을 도출 (=분할의 오류)
- B : 편견이나 선입견에 사로잡혀 특정 집단에 특정 성향을 섣불리 연결
- C : 집단의 규모 차이를 고려하지 않고, 특정 행위의 절대적 발생 건수를 단순비교

ㄱ. (○) 집단에 해당하는 선거구의 속성으로부터 유권자 개인의 속성을 도출하려 하였으므로, 이는 A 오류에 해당한다.

ㄴ. (○) 외국인과 내국인 사이에 발생한 범죄가 증가하고 있다는 자료를 가지고는, 예컨대 누가 피해자이고 누가 가해자인지 혹은 둘 다 가해자인지 등, 범죄의 양상을 전혀 알 수 없음에도 가해자가 외국인이고 피해자가 내국인일 것이라 단정 지었다. 이는 특정 집단에 특정 성향을 섣불리 연결하는 B 오류를 범한 것이다.

ㄷ. (○) 50~54세의 중년층 인구가 다른 연령대보다 많기 때문에 그 인구에 비례하여 자살자 수도 많은 것일 수도 있음에도, 집단의 규모에 대한 고려 없이 50~54세의 중년층 인구가 자살 위험성이 가장 크다고 결론을 내린다면 이는 C 오류에 해당한다.

04 딱따구리의 생태환경 정답 ④

ㄱ. (×) 번식 둥지에 관한 조건은 1)가능한 한 오랜 시간 빛이 들어오고 2)다른 나무로 인한 걸림이 적어 수시로 드나들기 쉬운 방향이며 3)비가 들이칠 수 있는 방향은 우선적으로 피한다의 세 가지다. A구역과 B구역은 우리나라의 어떤 지역이라고 한정하였으므로 북반구임을 알 수 있으며, 해는 동쪽에서 떠서 남쪽을 지나 서쪽으로 진다. A구역은 오전에 그늘이 지므로 산책로에 해가 비치는 것은 정오 무렵부터 해가 질 때까지이다. 산책로는 남북으로 곧게 뻗어있으므로 둥지는 산책로 동쪽 가장자리 나무에 있으면서 입구가 서쪽 방향을 향해야 오후의 햇빛이 둥지 안을 비출 것이다. ㄱ에서 진술된 둥지는 그 입구가 반대로 되어 있다.

ㄴ. (○) A구역의 산책로를 벗어나 울창한 숲 속에 잠을 자는 둥지만 있었다는 것은 번식 둥지는 빛을 조건으로 고려함에 반해 잠을 자는 둥지는 빛을 고려하지 않는다는 가설을 지지하며, 잠을 자는 둥지의 입구는 비가 들이칠 수 있는 남쪽을 피하여야 하고 다른 나무로 인한 걸림이 많은 쪽을 향하여야 하므로 동쪽, 서쪽, 북쪽을 향하여 있었고 그 빈도가 세 방향이 비슷하다는 조사결과는 가설을 지지한다.

ㄷ. (○) B구역은 주위에 산이 없이 편평한 곳으로 나무들이 띄엄띄엄 서 있는 구역이기 때문에 동서남북 어느 방향이든 다른 나무의 걸림이 없이 수시로 드나들 수 있다. 그러나 남쪽은 비가 들이쳐 향할 수 없으며 북쪽은 둥지 안으로 들어오는 해가 너무 적어 피한다. 이제 남은 방향은 동쪽과 서쪽이며, 동쪽과 서쪽으로 들어오는 해의 양은 비슷하므로 보기 ㄷ은 가설을 만족한다.

05 인지심리학 정답 ④

〈가설〉의 핵심 내용은 '길이가 같은 두 선분이 길이가 달라 보이는 현상인 뮐러-라이어 착시는 모서리에 관한 입체적 시각 경험이 배경 지식으로 작용하여 평면적 형태의 지각에 영향을 끼치기 때문에 발생한다.'는 것이다.

① (×) 3차원 형태의 지각 방식이 우리와 같을 때에는 똑같이 착시 현상이 발생하고 그렇지 않을 때에는 착시 현상이 발생하지 않는다고 하여야 〈가설〉을 강화하는 것이 된다. 따라서 '3차원 형태를 지각하는 방식이 우리와 다른 꿀벌에게도 뮐러-라이어 착시가 발생한다는 것'은 〈가설〉을 강화하지 않는다.

② (×) 가설을 강화하기 위해서는 둥근 곡선 모양의 모서리가 존재하고 이에 대한 입체적 시각 경험이 배경지식으로 작동하여 평면적 형태의 지각에 영향을 미쳐야 한다. 그런데 우리가 일상에서 경험하게 되는 입체적 모서리는 둥근 곡선 모양이 아니므로 가설을 강화하는 사례라 할 수 없다.

③ (×) 본 사례는 '자로 두 선분의 길이를 재서 서로 같음을 확인하고 난 뒤에도 뮐러-라이어 착시는 여전히 유지된다'는 것으로 '착시 현상'의 지속을 언급하고 있는 것이지 '착시 현상의 원인'에 대한 〈가설〉인 '모서리의 입체적 시각 경험이 배경지식으로 작용하여 평면적 형태의 지각에 영향을 끼치기 때문에 발생한다.'는 것과는 구별된다. 〈가설〉을 강화하지도 약화하지도 않는다.

④ (○) 입체적 시각 경험에 따라 착시 현상이 나타난다는 〈가설〉을 지지하는 사례이다. 사례의 경우 모서리에 대한 입체적 시각 경험이 없었기 때문에 배경지식으로 작용할 수 없어 착시 현상이 나타나지 않는 것으로 〈가설〉을 강화한다.

⑤ (×) 본 사례는 '입체적 시각 경험'에만 국한된 것으로 '입체적 시각 경험과 평면적 형태의 지각'에 대한 내용인 〈가설〉을 강화하지도 약화하지도 않는다.

06 인문학 / 철학 / 인식론 정답 ⑤

	철학자	일반인
(가) 어떤 주장이 누군가에게 참 ↓ 그것은 모든 사람에게 참	'동의함' 83%	'동의함' 40%↑ + '동의하지 않음'이 우세
(나) 모든 사람이 어떤 주장에 동의 ↓ 그 주장은 참	'동의하지 않음'이 훨씬 우세 + '동의함' 비율 일반인보다 높음	'동의하지 않음'이 훨씬 우세 + '동의함' 비율 철학자보다 낮음
(다) 어떤 주장이 참 ↓ 그것은 사실	'동의함' 80%↑	'동의함' 80%↑

[독해 1] : 어떤 주장이 참임이 결정 → 그것이 참임은 객관적
[독해 2] : 누군가가 어떤 주장이 참이라고 생각 → 모두가 그에게 동의할 것
㉠ : (가)를 철학자는 [독해 1]로, 일반인은 [독해 2]로 독해
㉡ : 참임의 객관성에 대해 일반인과 철학자 의견 동일

ㄱ. (○) [독해 1]은 참임의 객관성을, [독해 2]는 참임의 상대성을 긍정하는 독해법이다. ㉠은 철학자들이 (가)를 [독해 1]로 읽어서 동의함의 비율이 높았다고 주장한다. 이는 철학자들이 참임의 객관성에 동의한다는 것을 의미한다. 따라서 참임의 객관성과 상충하는 [독해 2]에 철학자들이 동의하지 않는다는 것은 ㉠의 주장을 강화시켜주는 사례가 된다.

ㄴ. (○) ㉡에서 일반인과 철학자의 의견이 일치한다는 것은 둘 모두 참임의 객관성에 대해 동의한다는 것을 의미한다. 이는 참임의 객관성을 긍정하는 (다)에 둘 다 동의하고 있다는 점을 통해 추론할 수 있다. 따라서 일반인 대다수가 참임의 객관성을 긍정하는 [독해 1]에 동의한다는 것은 이러한 추론을 강화시켜주는 사례가 된다.

ㄷ. (○) ㉡은 일반인과 철학자의 의견이 일치한다고 주장하나 (나)에 대한 동의함 응답 비율에는 차이가 있다. 양자는 모순된다. 하지만 후자의 응답 비율에 착오가 있었음이 밝혀지면 양자 간에 의견 일치가 일어날 수 있고 반례가 사라진 만큼 ㉡의 주장은 강화된다.

07 눈의 크기와 이동 속도의 관계 정답 ⑤

① (×) 장애물이 많은 곳을 빠르게 나는, 즉 최대 속도가 빠른 동물인 매가 다른 새들에 비해 눈이 크다는 것은 논거 2와 논거 3을 지지하는 논거이다.

② (×) 큰 눈을 가진 것과 이동속도가 빠른 것의 공통적인 원인은 몸의 크기라는 주장은 제시문의 약화 논거로 볼 여지

도 없지 않으나, 제시된 논증의 큰 눈과 이동속도간의 관계를 완전히 부정하는 것은 아니다. 이와 같은 측면에서 이 보기를 가장 적절한 약화논거로 선택하는 것은 적절치 않다.

③ (×) 눈이 작은 철새들이 눈의 크기가 큰 철새들보다 더 빠른 평균 이동속도로 이동한다는 것은 위 논증과 무관하다. 위 논증에서 언급하고 있는 것은 최대 속도가 빠른 동물과 눈과의 관계이다.

④ (×) 위 논증은 몸 크기에 따른 눈의 상대적 크기와 이에 따른 특성을 논하고 있지 않다. 더불어 날고 날지 못하는 것도 논의의 대상이 되지 않는다. 따라서 날지 못하는 쪽으로 진화한 새들이 타조 같이 큰 눈을 가진 경우도 있다는 사례는 위 논증과 무관한 논거이다.

⑤ (○) 매보다 최대 속도가 느린 새들 중에 눈이 매보다 더 큰 새들이 있다는 것은 최대 속도가 빠른 동물일수록 큰 눈을 가진다는 논지를 직접적으로 반박하는 사례이고, 눈이 작은 매가 눈이 큰 새보다도 상이 맺히는 망막 부분에 존재하는 시각세포가 많다는 것은 논거 2를 반박하는 논거가 된다. 따라서 선택지 5번이 가장 직접적으로 위 논증을 약화하는 사례이다.

08 반박 사례 판단 정답 ①

이론에 따르면 증후군 A는 임신 경험이 있는 여성 중에서 태아 유래 세포가 여성의 면역체계에 의해 파괴되지 않고 남아 있다가, 이후 태아 유래 세포가 여성의 신체에서 다양한 세포로 분화하고 원인 불명의 계기에 의해 면역 체계가 이 세포들을 공격함으로써 발병한다.

ㄱ. (○) 이론에 따르면 증후군 A는 여성의 면역 체계가 태아 유래 세포를 공격함으로써 발생하는 질환이기 때문에 증후군 A에 걸린 여성의 체내에는 태아 유래 세포가 반드시 있어야 한다. 따라서 선택지의 내용은 이론을 반박하는 관찰이다.

ㄴ. (×) 증후군 A의 증상이 없는 여성의 체내에서 태아 유래 세포가 발견되더라도 이론을 반박하는 관찰이라 할 수는 없다. 이론에 따르면 증후군 A는 태아 유래 세포만 있다고 발병하는 것이 아니라, 태아 유래 세포와 면역 체계 간에 특수한 관계가 설정되는 경우에 발생하기 때문에 이론에 따르더라도 증후군 A의 증상이 없는 여성의 체내에서 태아 유래 세포가 발견될 수 있다.

ㄷ. (×) 면역 체계에 문제가 있는 여성에게서 증후군 A의 증상이 나타나지 않았다고 하더라도 이론을 반박하는 관찰이라 할 수는 없다. 이론에 따르면 증후군 A가 발병하기 위해서는 태아 유래 세포가 반드시 필요하고 태아 유래 세포와 면역 체계 간 특수한 관계가 있어야 하므로, 이론에 따르더라도 임신 경험이 있고 면역 체계에 문제가 있는 여성에게서 증후군 A의 증상이 나타나지 않을 수 있다.

09 다원주장의 약화논거 정답 ③

이 논증은 다음의 구조를 가지고 있다.

(1) 생명체가 DNA를 사용해야 할 필연적 이유는 없다.
　(=생명체가 DNA를 사용하는 것은 우연적 결과이다)

(2) 지구상 모든 생물들이 DNA라는 공통유전물질을 가지고 있다 ⇒ (1)과 (2)를 동시에 설명할 수 있을까?

(3) 순수한 우연에 의해 (1)과 (2)가 모두 충족되기란 불가능하다. (가능성이 0에 가까움)

(4) 그러므로 다양한 생물종들은 모두 하나의 원시 조상으로부터 유래했을 것이다.

ㄱ. (○) 지구의 모든 생물들이 DNA라는 공통유전물질을 가지고 있다는 전제를 공격하여 논증의 설득력을 약화한다.

ㄴ. (○) 생명체가 DNA를 사용할 수밖에 없다면(=위 (1)번 충족×), 현존하는 생물들이 유전정보 전달을 위해 모두 DNA구조를 사용하고 있다는 사실(=위 (2)번)은 지구상 모든 다양한 생물종들이 하나의 원시조상으로부터 유래하였다는 주장의 근거가 되지 못한다.

ㄷ. (×) 제시문 주장과 양립 가능하다. [보기] (ㄷ)은 결국 어떤 한 생명체로부터 모든 다른 생명체들이 유래했다는 내용이기 때문이다.

10 경찰의 하위문화 수용에 영향을 주는 요인 정답 ④

① (×) 수사부서와 대민부서를 비교하려면 성별과 계급이 동일하여야 하는데, 선택지에서는 상위계급 여자 경찰관과 중간계급 남자 경찰관을 제시하고 있으므로 비교 판단할 수 없어 약화한다고 말할 수 없다.

② (×) 관찰에 따를 때 중간계급 여자 경찰관이 하위계급 남자 경찰관보다 수용성이 높게 되므로 수사부서에 근무하는 중간계급 여자 경찰관이 대민부서에 근무하는 하위계급 남자 경찰관보다 직무 스트레스가 낮다면 〈이론〉은 강

화된다.

③ (×) 관찰에 따를 때 중간계급 남자 경찰관이 상위계급 남자 경찰관보다 수용성이 높게 되므로 수사부서에 근무하는 중간계급 남자 경찰관이 대민부서에 근무하는 상위계급 남자 경찰관보다 직무 스트레스가 낮다면 〈이론〉은 강화된다.

④ (○) 중간계급 남자 경찰관은 남자 경찰관 중 수용 정도가 가장 높고, 하위 계급에서는 성별에 따른 차이가 없으므로 중간 계급 남자 경찰관은 하위 계급 여자 경찰관보다 수용정도가 높기 때문에 이론에 따르면 심리적 소진의 정도가 더 많이 감소하여야 할 것이다. 따라서 심리적 소진의 정도가 높다면 〈이론〉은 약화된다.

⑤ (×) 관찰에 따를 때 하위계급 남자 경찰관이 상위계급 여자 경찰관보다 수용성이 낮으므로 하위계급 남자 경찰관이 같은 부서의 상위계급 여자 경찰관보다 직무 스트레스가 높다면 〈이론〉은 강화된다.

11 지구 온난화 정답 ②

① (○) 위성 관측 기술의 발달로 전 지구의 온도 분포를 파악할 수 있게 되었다는 사실은 지구의 평균 기온을 제대로 파악할 수 있게 되었다는 것을 의미하므로 (가)의 주장을 약화한다.

② (×) (나)의 주장은 기온 변화의 기준 내지 전제가 되는 기온 관측의 역사가 150년에 불과하기 때문에 최근 기후의 변화를 제대로 판단하는 것은 불가능하다는 것이다. 즉, 오늘날 기상 자료의 신뢰도와는 무관한 주장이다. 따라서 기상 관측 기술의 발달로 오늘날 기상 자료의 신뢰도가 매우 높아졌다는 사실은 (나)의 주장을 약화한다고 할 수 없다.

③ (○) (다)는 기온의 상승과 하강은 되풀이 되었다고 말하고 있다. 따라서 오늘날의 기온 상승 속도가 지구 역사에서 전례 없이 매우 빠르다는 사실은 이전의 기온변화와는 차이가 있다는 것을 의미하므로 (다)의 주장을 약화한다고 할 수 있다.

④ (○) 산업혁명 이래 대기로 배출된 온실가스 중 절반 가까이가 해수로 녹아들고 있다는 사실은 (다)의 주장 중 해수의 온실가스 용해도가 낮아져서 온실가스가 유출되어 온실가스 농도가 높아졌을 가능성을 배제하는 것으로 어느 것이 원인인지 불분명하다는 (다)의 주장을 약화한다.

⑤ (○) 장파복사에너지 흡수 효과가 지상 기온 상승에 크게 기여한다는 것이 컴퓨터 수치 실험의 발달로 입증되었다는 사실은 지상 기온 상승이 지구온난화와 무관하지 않다는 것으로 (라)의 주장을 약화한다.

12 뇌의 인식방법 정답 ③

ㄱ. (○) 대뇌피질 전체가 겉모습이나 구조면에서 균일하다는 것은 대뇌피질의 전담 영역이 각 영역이 가진 물리적 특징에 의해 결정되지 않는다는 사실을 뒷받침하므로 ㉠을 강화한다.

ㄴ. (×) 보기 ㄴ에서 제시하고 있는 사실은 '대뇌피질에는 전담영역이 있다'는 것이고, ㉡은 '대뇌피질로 들어오는 입력 유형'에 대한 진술이다. 따라서 ㉡과 논리적 관계가 없다. 즉. ㉡을 약화하지 않는, 중립적 내용이다.

ㄷ. (○) 뇌가 작은 갈퀴를 외부 세계가 아닌 우리 몸의 일부로 여긴다는 사실은 뇌에 의해 파악된 외부 세계와 몸 사이의 경계가 바뀔 수 있다는 ㉢의 구체적인 사례에 해당하므로 ㉢을 강화한다.

13 p53 단백질의 암 발생 억제기능 정답 ②

가설(㉠) : 발현량이 증가된 p53 단백질의 물질대사 억제 기능이 암 발생을 억제한다.

〈실험〉	실험군			대조군	
	p53 돌연변이			정상	비정상
	a	b	c	정상	p53 유전자제거
p53단백질 발현량	증가	증가	변화無	증가	발현 안됨
정상생쥐 대비 암발생률	동일	높음	높음		높음

p53 단백질은 세포자살 유도, 세포분열 정지, 물질대사 억제 등의 기능을 갖는데, 가설(㉠)은 이 중에서 "물질대사 억제 기능"이 "암 발생을 억제"한다는 것이다. 이 문제는 2016 LEET 문27(모기문제)과 같은 논리로 구성된 문제로 "중립"판단에 유의한다.

ㄱ. (×) a는 세포분열 정지, 물질대사 억제 기능이 그대로 남아있고, a의 암발생률이 정상생쥐와 동일하게 억제되었다. 그런데 이렇게 암 발생이 억제된 이유가 물질대사

억제 기능에 따른 것인지, 세포분열 정지에 따른 것인지 명확히 알 수 없으므로, 본 사례는 가설을 약화하지도 강화하지도 않는다. 다시 말해 물질대상 억제 기능이 원인일수도 있지만 아닐 수도 있기 때문에 중립적 사례이다.

ㄴ. (○) b는 세포자살 유도, 세포분열 정지 기능은 그대로 남아 있고, 물질대사 억제 기능만 사라졌다. 따라서 b에서 p53단백질 발현량이 증가했음에도 암발생률은 정상생쥐보다 높았던 것은, 물질대사 억제 기능의 부재 때문이라고 할 수 있으므로, 본 사례는 물질대사 억제 기능이 암을 억제한다는 가설을 강화한다.

ㄷ. (×) c는 세포분열 정지 기능만 남아 있고, 세포자살 유도 기능과 물질대사 억제 기능은 사라졌다. 또한 c는 p53 단백질의 발현량이 증가되지 않았다. 따라서 c에 대해 암발생을 억제하지 못한 것이, p53 단백질의 발현량이 증가되지 않아서인지, 물질대사 억제 기능이 사라져서인지, 아니면 세포자살유도기능이 사라져서 인지 알 수 없으므로, 본 사례는 가설을 강화하지도 약화하지도 않는, 중립적인 사례이다.

14 활성산소의 병독균 성장 저해 가설의 평가 정답 ④

기존 실험 결과를 살펴보면

- 활성산소가 분비되었을 때 초파리는 건강하게 생존하였고(물질 X, 세균 B, 세균 B+C)
- 활성산소가 다량 분비되었을 때 초파리는 생존했으나 만성 염증을 일으켰으며 (세균 D)
- 활성산소가 분비되지 않았을 때는 초파리가 죽는 경우(세균 C, 세균 A+세균 C)와 건강하게 생존한 경우(세균 A)가 있었다.

활성산소가 병독균의 성장을 저해한다는 가설을 강화하려면 기존 실험 결과에 의하면 초파리가 죽는 경우이지만, 활성산소가 분비되는 물질 또는 세균을 추가로 주입했을 때 초파리가 건강해지는 사례를 찾으면 된다.

ㄱ. (×) 기존 실험 결과에서 세균 A만 주입했을 때, 세균 B만 주입했을 때 모두 초파리가 건강하게 생존했으므로, 세균 A와 세균 B를 함께 주입했을 때 초파리가 건강하게 생존한 사례는 기존 실험 결과 외에 새로운 정보를 제공해주지 않는다. 따라서 가설을 강화하지 않는다.

ㄴ. (○) 기존 실험 결과에서 세균 C만 주입했을 때는 활성산소가 분비되지 않았고 초파리가 죽었다. 그러나 세균 C와 물질 X를 같이 주입할 경우 초파리가 건강하게 생존했으므로 물질 X에 의한 효과가 세균 C에 의한 효과를 상쇄한 것으로 볼 수 있다. 즉, 활성산소가 병독균의 성장을 저해한다는 가설을 강화한다.

ㄷ. (○) 기존 실험 결과에서 세균 C만 주입했을 때는 활성산소가 분비되지 않았고 초파리가 죽었다. 그러나 세균 C와 세균 D를 같이 주입할 경우 초파리가 생존했으므로 세균 D에 의한 효과가 세균 C에 의한 효과를 상쇄한 것으로 볼 수 있다. 즉, 활성산소가 병독균의 성장을 저해한다는 가설을 강화한다.

15 생명과학 / 자폐증시험 / 가설평가 정답 ③

[수지상세포(이하 'DC')] → [T_H17 면역 세포] → [IL-17 단백질] → [태아 뇌 발달 저해]

↑

[바이러스 감염]

DC가 바이러스에 감염되어 면역이 활성화되면, T_H17 세포에서 IL-17 단백질이 분비된다. 단 가설에 의하면, 이 과정은 특정 장내 세균이 있어야만 진행된다. 특정 장내 세균이 DC를 면역 활성화하는 과정에서 영향을 미치는지, T_H17 면역 세포가 IL-17 단백질을 분비하는 과정에서 영향을 미치는지는 알 수 없다.

ㄱ. (○) X2의 T_H17과 Y2의 T_H17은 장내 특정 공생 세균의 여부만 다르다. 장내 특정 공생 세균이 T_H17 면역 세포가 IL-17 단백질을 분비하는 과정에서 영향을 미치는 것이라면, X2의 T_H17에서 IL-17이 분비되고, Y2의 T_H17에서 IL-17이 분비되지 않는 현상을 설명할 수 있다. 따라서 ㄱ의 결과는 가설을 강화한다.

ㄴ. (○) X1의 DC와 Y1의 DC는 장내 특정 공생 세균의 여부만 다르다. 장내 특정 공생 세균이 DC가 바이러스에 감염되어 활성화되는 과정에서 영향을 미치는 것이라면, X1의 DC와 배양한 Y2의 T_H17에서 IL-17이 분비되고, Y1의 DC와 배양한 Y2의 T_H17에서 IL-17이 분비되지 않는 현상을 설명할 수 있다. 따라서 ㄴ의 결과는 가설을 강화한다.

ㄷ. (×) X1과 Y2는 장내 특정 공생 세균의 여부도 다르고, 바이러스 감염 여부도 다르다. 따라서 X1과 Y2의 차이가 장내 특정 공생 세균 때문에 발생한 것인지, 바이러스

감염 여부 때문에 발생한 것인지 알 수 없다. 가설을 강화하지 못한다.

16 물리주의 논증에 대한 평가 정답 ①

ㄱ. (○) 만약 어떤 물리적 결과도 야기하지 않는 정신 현상이 존재한다면, 모든 정신적인 현상은 물리적 결과를 야기한다는 첫 번째 원리가 부정된다. 따라서 첫 번째 원리를 활용하는 제시문의 논증은 올바른 추론이 될 수 없다. 따라서 정신적인 현상(원인)은 물리적인 현상(원인)에 다름 아니라는 결론은 도출되지 않는다.

ㄴ. (×) 아무 원인 없이 일어나는 물리적 사건이 존재하더라도 세 원리 중 어느 것도 부정되지 않는다. 첫 번째 원리는 정신적 현상이 물리적 결과를 야기한다는 원리이고, 세 번째 원리는 한 가지 현상에 대한 두 가지 다른 원인이 있을 수 없다는 원리이므로 원인 없는 물리적 사건과는 무관하다. 두 번째 원리는 어떤 물리적 사건이 원인을 가질 때 적용되는 원리인데, 이는 아무 원인 없이 일어나는 물리적인 사건이 있다는 것을 부정할 수 없다.

ㄷ. (×) 물리적 결과와 정신적 현상을 동시에 야기하는 정신적 현상이 존재한다 하더라도 논증이 의도한 결론이 나올 수 있다. 이 역시 논증에서 사용되는 첫 번째 원리, 두 번째 원리, 세 번째 원리와 무관하다. 따라서 논증이 의도한 결론에는 영향을 받지 않는다.

17 과학개념에 대한 본질주의적 견해 비판 논증 정답 ①

ㄱ. (○) 만약 과학의 역사에서 결정적인 실험이 용어의 정의보다 앞서 실행된 경우가 많다면, 과학적 연구를 위해서는 개념의 정의가 선행되어야 한다는 A 이론에 위배되는 경우에 해당한다. 따라서 이는 A 이론을 약화한다.

ㄴ. (×) A 이론은 용어의 정의가 과학 연구에서 선행되어야 한다고 본다. 개념에 대한 정의를 내리는 활동과 개념과 관련된 과학 연구 활동이 구분될 수 없다면 용어 정의가 과학 연구 활동에 선행될 수도 없을 것이다. 따라서 A 이론이 강화된다고 볼 수 없다.

ㄷ. (×) 甲은 용어의 정의가 끊임없이 변화한다는 점을 들어 A 이론을 비판하고 있다. 과학자들이 중력의 개념을 일반상대성이론에서의 개념과도 다르게 사용한다는 사실은 용어의 정의가 끊임없이 변화한다는 甲의 논지에 더 부합하는 사례이다. 따라서 甲의 주장이 강화될 여지는 있어도 약화되지는 않는다.

18 비특이성 질환 정답 ②

제시문에 따르면 폐암은 다음과 같이 분류된다.

폐암 분류			흡연과 관련성
소세포암			높음
비소세포암	편평세포암		높음
	선암	세기관지 폐포세포암	현저히 낮음
		~세기관지 폐포세포암	높음

ㄱ. (×) 흡연에 노출되지 않은 집단에서 폐암이 발병할 확률이 甲이 포함된 흡연자 집단에서 폐암이 발병할 확률보다 낮은 것으로 확인되었다면, 흡연자 집단에서 폐암이 발명할 확률이 더 높은 것이다. 이는 흡연과 폐암의 상관관계가 높음을 보여준다. 이것이 甲의 폐암이 흡연에 의해 유발되었다는 개연성을 증명한다고 볼 수는 없지만 적어도 개연성을 낮추지는 않는다. 따라서 P의 주장을 약화할 여지는 있어도 최소한 강화하지는 않는다.

ㄴ. (×) 甲의 부친과 甲 모두 폐렴을 앓고 폐암으로 발전된 것으로 보아 유전·체질 등 선천적 요인이 폐암 발생에 영향을 미쳤을 가능성이 있다. 또한 甲의 폐암이 비소세포암으로 판명되었는데 이 유형의 암 중에는 흡연과 관련성이 현저히 낮은 유형도 있다. 따라서 폐암이 흡연에 의해 유발되었을 개연성이 낮다는 P의 주장이 강화될 여지는 있어도 최소한 약화하지는 않는다.

ㄷ. (○) 소세포암은 일반적으로 흡연과 관련성이 높은 것으로 보고되고 있다. 조직검사 결과 甲의 폐암이 소세포암으로 판명되었다면, 흡연에 의해 폐암이 발생했다는 甲의 주장이 강화된다.

19 베이츠 의태에 대한 두 가설 평가 정답 ①

㉠ 가설 : 강한 독성을 가진 모델(B)의 형태로 진화하는 것이 생존에 유리

㉡ 가설 : 약한 독성을 가진 모델(A)의 형태로 진화하는 것이 생존에 유리

ㄱ. (○) 만약 독에 대한 경험이 없는 닭들이 강한 독을 가진 개구리는 잡아먹으려고 시도하지 않지만 약한 독을 가진 개구리는 잡아먹으려고 시도한다면, 의태자 C는 약한

유명인의 얼굴을 알아본다는 사실은 〈가설 1〉을 강화하지도 않고 〈가설 2〉를 약화하지도 않는다.

② (×) A가 부모 얼굴에 대한 GSR 시험에 아무 반응을 보이지 않는다는 사실은 시각 인식 영역에 문제가 있어 감정 반응이 안 일어나는 것일 수도 있고 시각 인식 영역은 문제가 없는데 감정 중추에 문제가 있어 감정반응이 안 일어나는 것일 수도 있다. 따라서 단순히 이 사실만 가지고 〈가설 1〉은 약화하고 〈가설 2〉는 강화한다고 말할 수는 없다.

③ (×) A가 농담에 웃고 자신의 처지에 대한 좌절이나 두려움 등의 정상적 감정을 보인다는 사실은 시각인식에는 문제가 있지만 감정중추에는 문제가 없음을 의미하므로 〈가설 1〉은 강화하고 〈가설 2〉는 약화한다.

④ (×) A가 낯은 익지만 별다른 감정을 느낄 이유가 없는 사람에 대해서는 가짜라고 말하지 않는다는 사실은 시각정보인식에 대한 단서가 없으므로 〈가설 1〉과 무관하며, 가짜라고 말하지 않는 이유가 감정반응이 느낄 수 없어서인지 불필요해서인지를 판단할 수 없으므로 〈가설 2〉는 강화한다고 말하기 어렵다.

⑤ (○) A가 부모와 전화로 이야기하는 동안에는 부모를 가짜라고 주장하지 않고 정상적인 친근감을 보인다는 사실은 시각인식에는 문제가 있지만 감정중추에는 문제가 없음을 의미하므로 〈가설 1〉은 강화, 〈가설 2〉는 약화한다.

23 조류의 군집 생활 정답 ③

① (×) 제비벌레 등 집단생활의 잠재적 비용에도 불구하고 새들이 군집 생활을 하고 있는 현상을 지지하는 사실로서 A의 설득력은 달라지지 않는다. A와 B는 이러한 현상이 왜 있느냐를 설명하고 있는 가설이다. 전형적인 오답유형이다.

② (×) 가설 A에 따르면 새들이 군집을 형성하는 이유는 홀로 생활할 때보다 집단에 합류함으로써 얻는 이익이 크기 때문이고, 한 예로 먹이를 찾거나 환경에 효율적으로 대응하기 위한 정보를 보다 쉽게 얻을 수 있다는 것인데, 선택지의 사례와 같이, 먹이를 많이 물고 온 개체를 따라가지 않고 사방으로 퍼진다면 이는 집단 내 개체들이 정보를 공유하지 않고 독자적으로 행동한다는 것을 의미하므로 A의 설득력을 높이지 않는다.

③ (○) 가설 B에 따르면 새들의 군집생활은 단지 모든 개체가 서식지와 배우자를 선택할 때 본능적으로 동일한 '규칙'을 적용하기 때문에 나타나는 부산물일 뿐이고, 한 예로 일반적으로 암컷은 강하거나 새끼에게 헌신적인 수컷을 선호한다고 하고 있다. 그래서 군집생활이 이루어진다는 것인데, 대다수의 암컷들이 복잡한 노래를 길게 부른 영양 상태가 좋은 수컷을 선호한다는 사실은 B가 제시한 사례에 해당되는 것으로 가설B의 설득력을 높인다.

④ (×) 제시된 사실은 환경에 공동 대응하는 사례로 본능에 따른 부산물이라는 가설 B와 관련 없는 내용으로 가설 B의 설득력을 높이지 않고 오히려 가설 A의 설득력을 높인다.

⑤ (×) 제시된 사실은 군집 생활을 통해 먹이를 찾기 위한 정보를 쉽게 얻을 수 있는 사례에 해당되는 것으로 가설 B와 무관하고 오히려 가설 A의 설득력을 높인다.

24 두 가설에 대한 강화 약화 판단 정답 ③

보기	(세포성분, 혈액온도)	판단
(ㄱ) (○)	(정상, 낮음)	A : 혈액온도가 통제되어 있고 A가 주장하는 실험변수인 '세포성분'에 차이가 있는 상황에서 세포성분이 적을 때 액체분비량이 많다면 A는 강화된다. B : 혈액 온도가 모기의 체온과 같으므로, B에 따를 경우 두 경우 액체성분 분비량이 같아야 한다. 상대적으로 B는 설득력을 잃는다.
	(적음, 낮음)	
(ㄴ) (○)	(없음, 높음)	A : 둘 다 세포성분이 없으므로, A에 따를 경우 두 경우 액체성분 분비량이 같아야 한다. 상대적으로 A는 설득력을 잃는다. B : 세포성분이 통제되어 있고 B가 주장하는 실험변수인 '혈액온도'에 차이가 있는 상황에서 혈액온도가 모기 체온보다 높아야 액체가 분비된다면 B는 강화된다.
	(없음, 낮음)	
(ㄷ) (×)	(정상, 낮음)	A(B) : '혈액온도'가(B:'세포성분'이) 모기의 액체성분 분비와 전혀 관련이 없는 변수라는 것이 기정사실이라면, 설령 혈액온도(B:'세포성분'이)라는 변수가 통제되지 않았더라도 해당 실험결과가 A(B)를 강화시킬 수 있다. 그러나 이 경우, 혈액온도차는(B:세포성분은) A(B)의 경쟁가설에 해당하므로, 경쟁가설을 통해 혈액온도(B:'세포성분'이)라는 변수에 대한 논란이 있는 이상 통제되지 않은 실험결과가 A(B)를 강화시킬 수는 없다.
	(적음, 높음)	

25 세 주장에 대한 강화 약화 판단 정답 ①

갑 : 결혼과 가족이 자살의 가능성을 높인다.
을 : 결혼은 자살을 막는 효과가 있다.
병 : 결혼이 최소한 자살 가능성을 높이지는 않는다. 하지만 자살 예방 효과에 대해서는 확신하기 어렵다.

① (○) ㄱ은 결혼의 자살예방효과를 인정하는 자료로서, 결혼은 자살을 막는 효과가 있다고 보는 '을'이 결혼의 자살 예방 효과를 확신하기 어렵다고 보는 '병의 주장'을 반박하는 근거로 사용될 수 있다.

② (×) ㄴ은 결혼의 자살예방효과를 인정하고 여성보다 남성에게서 그 효과가 크다는 것을 보이는 자료로서, 을이 병이나 갑을 반박하는 근거로 사용할 수 있는 것이지, 병이 을의 주장을 반박하는 근거로 사용할 수 있는 것은 아니다.

③ (×) ㄷ은 사별한 배우자와 미혼 남녀의 자살률을 비교한 자료로서 기혼(결혼)과 미혼의 자살률을 비교하고 있지 않으므로 갑과 직접적인 관련이 없는 중립적인 자료로 보는 것이 적절하다. 달리 보면, 갑에 따를 경우, 결혼이 자살가능성을 높인다고 하고 있으므로 사별할 경우에는 자살가능성을 낮출 것이다. 그런데 ㄷ의 통계는 결혼남녀와 기혼 사별 남녀를 비교하고 있지 않으므로 직접적인 관련이 없다. 따라서 ㄷ은 갑을 강화하지 않는다.

④ (×) ㄹ은 결혼과 자살률 간에는 상관성이 없다고 해석될 수도 있고, 결혼과 자살률과의 관계는 알 수 없고 결혼 이외의 다른 요인이 자살에 영향을 미쳤다고 해석될 수도 있다. 전자에 따르면 '을'의 주장을 강화하지 않고 약화하게 된다. 반면에 출제기관의 취지인 후자에 따르면 ㄹ은 강화하지도 않고 약화하지도 않는 중립적인 자료가 된다.

⑤ (×) ④번 선지와 마찬가지 논리로, 전자에 따르면 ㄹ은 '병'의 주장을 약화하지 않고 강화하게 된다. 반면에 출제기관의 취지인 후자에 따르면 ㄹ은 '병'을 약화하지도 않고 강화하지도 않는 중립적인 자료가 된다.

26 실험결과의 가설지지 여부판단 정답 ③

ㄱ. (×) 공개 연주 심사는 인적자본변인과 성별이 모두 영향을 줄 수 있는 상황에서의 심사이고, 커튼으로 가린 연주 심사는 인적자본변인만 영향을 줄 수 있는 상황에서의 심사이다. 따라서 ㄱ의 공개 연주 심사의 여성 합격률이 커튼으로 가린 연주 심사의 여성 합격률보다 유의미하게 높다는 실험결과는 인적자본변인에 의해서만 합격률이 결정되는 것이 아니라 성별요인에 의해서도 영향을 받는다는 것으로 인적자본가설을 지지한다고 볼 수 없다. 또한 남성 합격률과 여성 합격률에 대한 비교자료 없이 여성에 대한 언급만을 하고 있다는 점에서도 인적자본가설을 지지한다고 보기 어렵다. 한편 ㄱ의 실험결과는 여성의 실제 실력보다 오히려 여성임을 알고서 평가할 때 보다 높은 합격률을 나타낸다는 것을 의미하므로 차별 가설 또한 지지하지 않는다. 오히려 약화한다.

ㄴ. (×) 공개 연주 심사라는 것은 성별요인과 인적자본변인 모두 영향을 줄 수 있는 상황으로, 이러한 상황에서 여성 합격률이 남성 합격률보다 유의미하게 낮다는 실험결과는 성별 요인에서 비롯된 것인지, 인적자본변인에서 비롯된 것인지, 두 요인 모두에서 비롯된 것인지 판단할 수 없으므로 차별가설을 지지한다고 볼 수 없다. 다시 말해 이 실험결과는 강화도 약화도 아닌 중립적 자료이다.

ㄷ. (○) 커튼으로 가린 연주 심사라는 것은 성별을 모르기 때문에 인적 자본 변인에 의해서만 영향을 받았음을 의미한다. 따라서 커튼으로 가린 연주 심사에서 여성의 합격률이 남성의 합격률보다 유의미하게 낮다는 결과는 실제로 여성의 인적 자본이 남성의 인적 자본보다 낮다는 것을 의미하므로, 인적 자본 가설을 지지한다.

27 두 가설에 대한 강화 약화 판단 정답 ①

- A : 기온과 공격성은 정(+)의 상관관계
- B : 기온과 공격성은 ∩ 형태 (공격성은 중간 기온에서 가장 두드러짐)
- C : 기온과 공격 행동 간 유의미한 상관관계는 있을 수 있으나, 기온이 공격행동을 유발하는 것은 아님.

ㄱ. (○) 섭씨 30도가 넘는 무더운 여름 날 운전자들이 신경질적으로 경적을 누르는 횟수와 시간이 증가했고 이런 행동은 에어컨이 없는 차량의 운전자들에게서 특히 강하게 나타났다는 실험 연구 결과는, 기온이 높을수록 경적을 누르는 행동으로 표현되는 운전자들의 공격성이 강해진다는 것을 의미하므로, 가설 A를 강화한다.

ㄴ. (×) B의 주장은, '집단과 개인의 공격성은 '날씨가 매우 덥

거나 매우 추울 때'보다 '날씨가 매우 덥거나 매우 춥지 않을 때'의 경우에 훨씬 더 높다'는 입장이다. 보기 ㄴ의 상황, 즉 '매우 더운 장소'보다 '냉방 장치가 가동되고 있는 장소(=매우 덥지 않은 장소)'에서 공격성이 더 높아졌다는 연구 결과는 그러한 B의 주장에 부합하므로 B를 강화한다.

ㄷ. (×) 다른 조건이 동일할 때 유흥가가 한적해지는 주중보다 유흥가가 북적거리는 주말에 폭력 범죄가 훨씬 더 많이 발생한다는 사실은 C와 무관한 내용으로 C를 약화하지 않는다. 만약 유흥가의 사람이 많을수록 공격행동의 기회가 증가해서 폭력범죄가 더 많이 발생한 것으로 해석한다면 "기온 등을 비롯한 다른 변수가 공격 행동의 기회 증감에 영향을 주고, 그 기회의 증감이 공격 행동의 증감에 영향을 준다."라는 가설 C의 전제와 부합하여 가설C를 강화한다고 판단할 수 있다.

28 두 주장에 대한 강화 약화 판단 정답 ①

A와 B 모두 '교사의 기대'와 '실제 성적' 간에는 정적 상관관계(기대↑=> 성적↑)가 있음을 인정하면서, 그 이유에 대해 달리 설명하고 있다.

- A : 특정 학생에 대한 교사의 기대 ⇒ "교사와 학생 간 상호작용" ⇒ 성적 향상(하락)
- B : 특정 학생에 대한 교사의 기대는 "학생의 지적 능력에 대한 정확한 예측을 반영"할 뿐, 기대에 따른 상호작용 효과(A견해, 기대효과)는 없음.

ㄱ. (○) 예전에 비해 담임교사로부터 높은 기대와 관심을 받지 못하게 된 학생들의 성적이 하락했다는 것은, 교사와 학생 간 "긍정적 상호작용"이 줄어들어 성적이 하락했다는 것이므로, 상호작용을 통한 설명을 하는 A의 견해를 강화한다.

ㄴ. (×) '교육 경험에 기초한 예측력'으로 설명하는 B에 따르면, 경험이 많은 교사는 새내기 교사보다 높은 예측력을 갖게 될 것이므로, 학생에 대한 교사의 기대수준과 학생의 실제 성적 간 편차는 적게 나타날 것이다. 그런데 보기 ㄴ의 사례는 이와 상반된 결과를 나타내고 있으므로, B를 강화하지 않고 약화한다.

ㄷ. (×) 교사가 학생들에 대해 가지고 있는 기대치와 학생들의 실제 성적을 동일 시점에서 측정하여 비교하였을 때 기대치가 높은 학생들의 성적은 높았고 기대치가 낮은 학생들의 성적이 낮았다는 것은, '교사의 기대와 그 학생들의 실제 성적 간에는 유의미한 관계가 있다'는 것을 말하고 있을 뿐이므로, A가 주장하는 '상호작용'에 따른 것인지, B가 주장하는 교사의 예측력을 반영할 뿐인지에 대해 어떠한 언급도 하고 있지 않다. 따라서 A, B 모두의 주장을 강화하지도 않고 약화하지도 않는다. '동일 시점'이라는 표현이 다소 오해의 소지가 있기는 하나, '기대 시점'과 '실제 성적 측정 시점'이 동일하다는 것이 아니라, 학생들 간의 측정시점이 다르지 않고 동일하다는 것을 의미한다.

29 두 주장에 대한 강화 약화 판단 정답 ②

ㄱ. (×) (A)는 '불필요'하면 '버린다'는 것으로, '버림'의 이유(원인)가 '불필요'라는 것인데, 보기 ㄱ의 사실은, 버림의 '결과'로 '강한 비위와 왕성한 식욕'을 가지게 되었다는 것으로서, (A)와 직접적인 관련이 없으므로, (A)를 약화하지도 강화하지도 않는다. 한편, 보기 ㄱ의 사실은, 진화적으로 서로 가깝지 않은 다른 종의 잡식동물인 집돼지와 불곰이 적응(쓴맛 수용체 유전자 개수 줄어듦)의 결과, 유사한 형질(강한 비위와 왕성한 식욕)을 보이는 모습으로 진화한 것을 의미하므로, (B)를 강화한다.

ㄴ. (○) 큰돌고래와 바다사자가 먹이를 씹지 않고 통째로 삼키는 형태로 진화했다는 것은 '단맛 수용체 유전자와 감칠맛 수용체 유전자가 불필요함'을 의미한다. 따라서 '불필요함(원인)'의 결과, 유전자 기능하지 않음('버림')이라는 (A)의 주장에 부합하는 사례로, (A)를 강화한다. 한편, 진화적으로 서로 가깝지 않은 다른 종의 육식동물인 큰돌고래와 바다사자가 적응(불필요해짐)의 결과 '단맛 수용체와 감칠맛 수용체 둘 다 기능을 하지 않는' 유사한 형질의 모습으로 진화하였다는 사실은 (B)를 강화한다.

ㄷ. (×) 사람과 오랑우탄의 공동조상이 비타민C를 섭취할 수 있도록 진화했다는 것은 '비타민C 합성 유전자가 불필요함'을 의미한다. 따라서 '불필요함(원인)'의 결과, 유전자 기능하지 않음('버림')이라는 (A)의 주장에 부합하는 사례로 (A)를 강화한다. 반면, 사람과 오랑우탄은 진화적으로 서로 가까운 종이라는 점에서 (B)가 말하는 진화적으로 가깝지 않은 서로 다른 종에 해당되지

않고, (B)가 가깝지 않은 종만 유사한 형질이나 형태를 보인다고 주장한 것은 아니라는 점에서, 보기 ㄷ의 사실은 (B)를 약화하지도 않고 강화하지도 않는다.

30 가설과 실험에 대한 평가 정답 ③

ㄱ. (○) 〈실험1〉에서 A, B그룹은 K의 언어적 행동 면에서는 같으나 비언어적 행동 면에서는 차이를 보이고 있다. 그런데 '예'라고 답한 사람의 똑같이 95% 이상이다. 즉, 사람들은 K의 비언어적 행동에는 영향을 받지 않았음을 알 수 있다. 따라서 〈가설2〉는 약화된다.

ㄴ. (○) 〈실험1〉에서 A그룹에서 '예'라고 답한 사람보다 B그룹에서 K가 아내를 가짜라고 믿는지에 대한 질문에 '예'라고 답한 사람의 비율이 A그룹보다 B에서 월등히 높다는 것은 사람들이 K의 언어적 행동이 아니라 비언어적 행동에 따라 그의 믿음을 판단한다는 것이므로 〈가설 2〉가 강화된다.

ㄷ. (×) 〈실험 2〉의 A그룹 결과만 보면 〈가설1〉은 약화되며 B그룹의 결과는 〈가설 1〉을 강화하는 것으로 보인다. 그러나 언어적 행동의 빈도 또한 언어적 행동의 양태에 해당한다. 가짜라고 한 번 말한 사람보다 여러 번 말한 사람이 '가짜라는 언어적 행동'에 더 부합하는 것이라고 볼 수 있다. B그룹은 A그룹보다 'K가 아내에게 "당신은 가짜다"라는 말을 더 많이 했다'는 정보를 갖고 있다. 〈가설1〉이 맞다면, 가짜라는 언어적 행동에 더 부합하는 정보를 가진 B그룹이 가짜라는 믿음 또한 더 높아져야 한다. ㄷ은 이러한 예측에 부합하는 사례이므로 〈가설1〉을 강화한다.

31 사람들의 행위 동기 연구 실험 정답 ③

ㄱ. (○) 〈가설 2〉는 B 방식을 채택함으로써 남들에게 공정한 것처럼 보일 수 있기 때문에 B 방식을 채택했다고 주장한다. 그런데 참가자들이 A 방식도 B 방식만큼 공정하다고 믿었다면, 굳이 B 방식을 채택할 이유가 없다. 따라서 〈가설 2〉가 주장하는 B 방식 채택 이유가 약화된다.

ㄴ. (×) 〈가설 1〉은 B 방식을 채택한 이들은 애초에 공정하게 업무를 분배하고자 하였으나 막상 원하는 결과가 나오지 않자 결과를 조작했다고 보고 있고, 〈가설 2〉는 처음부터 공정하게 업무를 분배할 생각이 없었으나, 단지 남들에게 공정한 것처럼 보이게 하려고 B 방식을 채택했다고 본다. 최초의 의도는 달랐을지 모르나, 최종적으로 자신의 의도에 따라 결과를 조작했다는 점에서는 〈가설 1〉과 〈가설 2〉가 다르지 않다. 따라서 자신의 업무 할당이 공정하지 않았다는 것을 인정했다는 사실은 〈가설 1〉을 약화하거나 〈가설 2〉를 강화하지 않는다.

ㄷ. (○) (○) 동전 던지기를 통한 업무 할당 과정이 공개되도록 실험 내용을 수정한다면, 더이상 자신에게 유리한 방향으로 결과 조작은 불가능하다. 이 경우에도 B 방식을 선택하는 사람들은 공정하게 업무를 할당할 의도가 있는 사람들일 것이다. 따라서, B 방식을 선택하는 사람들의 수에 큰 변화가 없다면, 이들이 원래는 공정하게 업무를 할당할 의도가 있었다고 보는 〈가설 1〉은 강화된다. 〈가설 2〉는 B 방식을 선택한 사람들이 처음부터 결과를 조작하려고 마음먹었다고 보는 것이므로 실험 내용이 수정된다면 B 방식 선택자 수가 줄어들 것이다. 따라서 B 방식 선택자 수에 변화가 없다면 〈가설 2〉는 약화된다.

32 제도 / 연구결과의 해석 정답 ②

- A 견해 : 피해의 심각성이 무거운 형량 유도
  + 피해가 심각하지 않은 피해자는 VIS 제시 ×
- B 견해 : 피해의 심각성이 무거운 형량 유도
  + VIS에서 표출되는 강한 감정이 무거운 형량 유도
- P 실험
  [집단 1] : 일반적 기대에 비춰 심각한 내용의 정서적 상해 내용 제공
  [집단 2] : 일반적 기대에 비춰 심각하지 않은 정서적 상해 내용 제공
  [집단 3] : VIS 제공 ×
- Q 실험
  [집단 1] : 매우 고조된 상태로 심각한 내용 낭독
  [집단 2] : 차분하게 심각한 내용 낭독
  [집단 3] : 차분하게 덜 심각한 내용 낭독

ㄱ. (×) A 견해에 따르면 피해의 내용이 심각할 때 형량이 올라간다. P의 [집단 1]과 [집단 2] 간의 격차는 A 견해와 일치하나, [집단 2]와 [집단 3] 사이의 격차는 A 견해로는 설명되지 않는다. 따라서 A 견해가 강화된다고 볼 수 없다.

ㄴ. (○) B 견해는 피해의 심각성과 피해자의 감정 표출이 모두 형량에 영향을 미친다는 것이다. Q의 [집단 1]는 내용

과 감정 모두가 심각했고 [집단 2]는 내용만 심각했고 [집단 3] 내용과 감정 모두 심각하지 않았다. [집단 1], [집단 2], [집단 3] 순서로 형량이 낮아지는 것은 B 견해와 일치하는 결과다. 따라서 B 견해는 강화된다.

ㄷ. (×) Q의 [집단 1]과 [집단 2]의 차이는 감정의 심각성 여부다. 양 집단 사이에 평균 형량 차이가 없다는 것은 감정의 심각성이 형량에 영향을 주지 못한다는 것이다. 피해의 심각성이 문제라고 주장하는 A 견해와는 관련이 없다. 따라서 A 견해는 약화되지 않는다.

33 청소년 비행의 원인 정답 ③

ㄱ. (○) 중퇴와 비행과의 상관성은 인정되지만, 보다 직접적인 요인은 중퇴 이유라는 것으로 (가), (다) 중 어느 한 주장만으로는 설명할 수 없다.

ㄴ. (×) 중퇴 전에 비행을 하지 않던 청소년이 중퇴 이후에도 비행을 하지 않았다는 것은 중퇴여부에 따라 비행이 변호하지 않는다는 것으로 중퇴와 비행 간의 인과관계뿐 아니라 상관관계까지도 부정하는 사례가 된다. 따라서 이는 (가)와 (라) 모두를 약화한다.

ㄷ. (○) 중퇴생의 비행이 중퇴 이후 시간이 지남에 따라 점차 증가하였다는 것은 중퇴가 청소년 비행의 원인으로 작용한다는 사례로서 이는 (나)를 강화하고 (다)를 약화한다.

34 인과관계와 조건적 관계 정답 ③

본 문제는 1권 추리 앞부분 「추리논증 학습의 실제」에서 자세히 다룬 문제이다. [보기]에 대한 주요 내용을 검토하면 다음과 같다.

ㄱ. (○) if, "~S_1 낙하 → ~S_2 낙하" (참)
〈인과이론〉에 따라 "∴ S1 낙하가 S2 낙하의 원인이다." 라고 말할 수 있다.
따라서 〈인과이론〉에 따라 판단 ⓐ는 지지된다.

ㄴ. (○) 〈인과 이론〉의 조건을 충족시킴과 더불어 원인의 추가 조건인 '시간적 선행'을 S2가 충족시킨다면 ⓑ [S2의 낙하가 S1 낙하의 원인이다.]는 보다 설득력을 갖는다.

ㄷ. (×) 판단 ⓐ와 판단 ⓑ에 대한 진술 모두 틀리다.
if, S1 힘 → S2 낙하 → S1 낙하 [시간적 순서]
ⓐ [~S1낙하 → ~S2낙하] ?
NO [S1 낙하가 없어도 S1 힘이 주어지면 S2 낙하 가능]
즉, ⓐ "S1의 낙하가 S2 낙하의 원인이다."가 옳기 위해서는 ~S1 낙하→ ~S2를 충족해야 한다. 그러나 ~S1 낙하라고 하여도 S1 힘을 가하는 사건에 의해 S2 낙하가 발생할 수 있으므로 판단 ⓐ는 옳지 않다.
ⓑ [~S2 낙하 → ~S1 낙하] ?
→ YES [순서가 앞서는 S2 낙하 없이 S1 낙하 불가]
즉, ⓑ "S2의 낙하가 S1 낙하의 원인이다."가 옳기 위해서는 ~S2의 낙하→~S1 낙하를 충족시켜야 한다. 그런데 ~S2의 낙하→~S1 낙하이므로 판단 ⓑ는 옳다.

35 교육 정책논변 정답 ③

ㄱ. (○) 갑의 원칙에 따른 적용여부를 묻고 있다. 교육기관 P는 1차적으로 A인종의 비율이 60%를 초과하고 있어 정책대상 집단에 해당되고, A인종이 유리하도록 선발해 왔음을 확인할 수 있다. 따라서 위 정책은 교육기관 P에 적용된다.

ㄴ. (×) 을의 원칙에 따른 정책의 적용여부를 묻고 있다. 교육기관 Q는 1차적으로 A인종의 비율이 60%를 초과하고 있어 정책대상 집단에 해당된다. 을은 "재학 중인 각 인종 학생들 모두의 학업성취도를 향상시키는 데 이바지하여야 한다."는 원칙을 제시했다. 다시 말하면, 모든 인종의 학업성취도 향상으로 이어지지 않을 때에는 이 정책을 적용할 수 없다는 것이다. B, C 인종의 학생들이 전학해 올 경우 이들의 학업성취도는 상승할 것으로 예상되나, A인종의 학업성취도에 대한 언급은 없다. 즉, '달라지지 않는다' 또는 '모른다'로 해석될 수 있어 을의 조건을 충족하지 못한다. 따라서 위 정책은 교육기관 Q에 적용된다고 말할 수 없다.

ㄷ. (○) 병의 원칙에 따른 정책의 적용여부를 묻고 있다. 교육기관 R은 B, C 인종의 학생들만 선발하여 왔으므로 1차적으로 A인종의 비율이 60%를 초과하고 있지 않아 정책대상 집단에 해당되지 않는다. 따라서 병의 원칙에 따른 판단이 무의미하다.

36 물가와 통화정책 정답 ⑤

①(○) 손턴은 물가상승의 원인은 통화량 증가가 아닐 수 있다고 보는 측면에서뿐만이 아니라 ㉠이 등장한 상황이 '불황'이라는 점에서도 ㉠에 대한 손턴의 입장은 통화량 증가를 물가상승의 원인으로 보는 지금파보다는 반지금파에 가깝다고 할 수 있다.

②(○) 당시에 극심한 흉년으로 곡물가가 상승했다면, 이는 통

화량의 증가가 아닌 다른 원인에 따른 물가 상승이 있었음을 의미하므로 '지금파'의 논지는 약화되고 '반지금파'와 손턴의 논지는 강화될 것이다.

③(○) 재산을 금융자산으로 보유한 사람들은 물가상승의 원인을 은행권의 초과발행으로 보는 '지금파'를 지지함으로써 은행권 조정에 따른 자신의 금융자산의 가치 회복을 주장할 수 있을 것이며, 농산물을 판매해야 할 사람들은 물가상승의 원인을 통화량 증가에서 찾지 않는 '반지금파'의 주장을 지지함으로써 통화 조정에 따른 실물 가치의 하락을 막을 수 있을 것이다.

④(○) 은행권 발행에 관한 중앙은행의 결정을 엄격한 원리에 의해 제약할 필요성에 대해 '지금파'는 호불황을 가리지 않고 언제나 필요하다고 보며, 손턴은 호황시에 필요하다고 보는 반면, '반지금파'는 은행권의 초과발행은 논리적으로 있을 수 없다는 입장이므로 제약의 필요성을 인정하지 않는다. 따라서 제약의 필요성의 인정 순서는 '지금파', 손턴, '반지금파'의 순서라 할 수 있다.

⑤(×) 실물경제 활동이 부진한 상황에서 불황의 심화를 우려해 은행권을 사용하지 않고 보관하는 사업가들이 늘어났다면, 중앙은행이 경기 악화에 능동적으로 대응할 필요가 있다는 손턴의 논지는 강화되고, 은행권 발행의 규율원리를 강조하는 '지금파'의 논지는 약화될 것이다.

37 연구설계의 타당성 평가 정답 ④

ㄱ. (○) A만으로는 가설의 타당성을 검증할 수 없다. 실제로 특정 인종이 과속을 많이 하기 때문에 단속에 걸린 비율도 높을 가능성을 배제할 수 없기 때문이다.

ㄴ. (○) ㉠ 가설에 따르면 경찰은 의도적으로 특정 인종을 더 많이 단속하려 할 것이다. 즉, 차를 세우기 전에 어떤 인종이 운전을 하고 있는지를 확인할 수 있어야 한다. ㉠ 가설이 옳고 주간/야간 여부가 운전자의 인종 식별에 영향을 준다면, 주간과 야간 단속에서 단속된 운전자의 인종별 비율이 달라졌을 것이다. 그러나 주간/야간 여부가 인종 식별에 영향을 주지 못한다면 ㉠ 가설이 옳다고 하더라도 주간과 야간의 단속 결과가 다르게 나타날 이유가 없다. 즉 주간과 야간의 단속 결과를 비교한다고 하더라도 ㉠ 가설의 타당성을 검증할 수 없다.

ㄷ. (○) 甲이 직접 관찰한 과속 운전자의 인종 분포는 인종 차별이 개입되지 않은 상태에서의 결과이다. 이 결과와 실제 단속 결과가 유사하다면, 실제 단속 역시 인종 차별이 개입되지 않았을 가능성이 높을 것이다. 이는 인종차별의 결과로 특정 인종에 대하여 단속이 집중적으로 이루어진다는 가설을 약화한다.

ㄹ. (×) 관할구역 모집단 중 특정 인종 비율이 15%인데 단속된 사람 중 특정 인종 비율이 25%라는 것만으로는 가설의 타당성이 입증된다고 볼 수 없다. 관할 구역 거주민 모집단의 인종 분포와 실제 운전자의 인종 분포는 다를 수 있으며, 설령 이 비율이 같다고 하더라도, 실제로 특정 인종이 과속을 많이 하기 때문에 이런 결과가 나왔을 가능성을 배제할 수 없다.

38 사회현상의 이유(주장)에 대한 평가 정답 ③

ㄱ. (○) 납 노출과 범죄 감소가 연관성이 있고 미국의 범죄 감소 추세가 2020년까지 지속되고 있다는 것이 ㉠의 주장이다. 따라서 2020년에 10대 후반에서 20대 초반이 되는 2000년 1 ~ 5세 아동이 1990년의 아동보다 평균 혈중 납 농도가 낮다는 것은 ㉠의 주장과 일치하는 지표다. 따라서 ㉠은 강화된다.

ㄴ. (×) 납 노출은 아동일 때 심각하게 영향을 끼치며 그 결과는 범죄율이 가장 높은 10대 후반에서 20대 초반 때에 가장 크게 발현된다. 1970년대에 휘발유에서 납이 제거되기 시작하였다는 것은 그 당시 아동의 납 노출이 감소하기 시작했음을 의미한다. 그들이 10대 후반에서 20대 초반이 되는 1990년대에 범죄율의 감소가 가장 급격하게 나타났다는 사실은 오히려 ㉠의 주장과 일치하는 것이다. 따라서 ㉠은 약화되지 않는다.

ㄷ. (○) 범죄를 저지른 청소년이 그렇지 않은 청소년보다 뼈 안의 납 농도가 더 높다는 것은 납과 범죄 사이의 연관성이 있음을 의미하며 이는 ㉠의 주장과 일치한다. 따라서 ㉠은 강화된다.

39 사회 / 행동경제학 / 이타주의가설 정답 ②

ㄱ. (×) 'b = e – 6'가 참이라면, 자선 단체의 기부액이 늘어난 만큼(6) 참가자의 기부액을 줄인(6) 것이다. ㉠ 가설, 즉 자신의 소비와 수혜자의 효용을 통한 계산과 일치하므로 감정적 효용이 고려될 여지가 없다. 감정적 효용을 고려하는 ㉡은 강화되지 않는다.

ㄴ. (×) 'e–a' 값과 'f–c' 값을 통해 자선 단체의 기부액이 동일하고, 참가자의 소득이 늘었을 때 참가자의 기부액이 얼마나 늘었는지를 볼 수 있다. 만약 ㉠ 가설이 참이라

면 이 값은 동일해야 한다. 그런데 양자 간에는 등호 대신 부등호가 표시되어 있다. ㉠ 가설에서 주장하는 '자신의 소비를 통한 효용', '수혜자의 효용' 외의 다른 요소가 고려된 것이다. 따라서 ㉠은 강화되지 않는다.

ㄷ. (○) A, B, C, D 상황에서, 참가자의 소득에서 자선 단체의 기부액을 뺀 금액은 각각 36, 30, 12, 6이다. 'a-30', 'b-24', 'c-6', 'd'는 위 상황에서 뺄셈으로 균형을 맞춘 식이다. 그러므로 기부액이 자신의 소비와 수혜자의 효용을 통한 계산을 통해서만 이루어진다면 네 계산의 값이 모두 동일해야 한다. 하지만 식 간에는 등호 대신 부등호가 표시되어 있다. 이는 그 외의 고려사항이 포함되었음을 의미한다. 따라서 감정적 효용을 고려한 ㉡이 강화된다.

40 과학과 사회의 관계 정답 ②

① (×) 제시문에서 글쓴이는 뉴턴이 아니었다고 하더라도 다른 누군가가 뉴턴의 책에 담긴 역학의 핵심 내용을 발표했을 것이라고 주장의 논거로서 제시하고 있는데, 뉴턴 책의 문체와 탐구정신 같은 요소들까지 포함한다고 보면 논증의 설득력은 약화된다.

② (○) 글쓴이는 과학과 사회의 관계에 대해 두 가지 점에서 비판하고 있다. 먼저, 문학이나 예술과 마찬가지로 과학 역시 특정한 사회적 환경 속에 존재하는 개인이나 집단에 의해 산출되지만, 과학은 그런 개인의 특성이나 사회 환경에 의해 속박되지 않는다고 주장하며, 둘째로, 근대 이후 과학이 확산된 모습을 통해 과학은 특정한 개인들이 특정한 문화 속에서 만든 것이지만 개인과 문화를 초월하는 보편적인 것이라고 주장하고 있다. 따라서 글쓴이는 과학과 사회적 배경의 관계를 평가할 때 과학 이론이 탄생하는 과정보다 그 이론이 수용되고 사용되는 맥락이 더 중요하다고 전제하고 있다고 할 수 있다.

③ (×) 글쓴이는 제시문에서 '모든 문화권이 이렇게 과학을 수용한 것과 대조적으로 유럽의 정치체제나 종교나 예술이 그처럼 보편적으로 수용된 것은 아니다'라고 하고 있는데, 유럽의 정치체제나 사회사상이 유럽의 과학보다 먼저 세계의 다른 지역에 전파된 경우가 확인된다고 하더라도 이것이 유럽의 정치체제나 사회사상이 보편적으로 수용되었음을 의미하는 것은 아니므로 논증의 설득력은 약화되지는 않는다.

④ (×) 글쓴이는 제시문에서 '과학적 발견을 성취해 낸 과학자가 지닌 고유한 품성은 설령 그것이 그 발견에 중요한 역할을 한 경우라 해도 그 성과물이 일단 그의 손을 떠나고 난 뒤에는 과학자들의 연구 활동에 아무런 영향도 미치지 않는다'라든지 '과학은 특정한 개인들이 특정한 문화 속에서 만든 것이지만 이처럼 개인과 문화를 초월하는 보편적인 것이다.'라고 밝히고 있다. 이러한 주장을 통해 볼 때, 글쓴이는 과학적 업적의 탄생 과정에 과학자의 개인적 특성이나 문화적 환경이 영향을 미치고 있음을 인정한다.

⑤ (×) 과학에서 동시발견이 이루어진 사례들이 특정 문화권에 국한되어 있음이 입증되는 경우 이는 글쓴이의 첫 번째 논거에 대한 반박사례로 작용하여 논증의 설득력을 낮추게 된다.

41 생물학 / 강화약화판단 정답 ②

ㄱ. (×) 다른 대륙과 연결된 적이 없는 섬에 카멜레온 종이 있다면 그 종은 다른 곳에서 이주한 것으로 보아야 한다. 따라서 카멜레온이 바다를 건너 이주했다는 사실을 포함하는 ㉡을 강화할 수는 있으나, ㉠과는 관련이 없다.

ㄴ. (×) 제시문에 따르면 서쪽에서 동쪽 방향으로 아프리카-마다가스카르-세이셸-인도의 순으로 위치한다. 해류가 서쪽에서 동쪽으로 흘렀다면 카멜레온의 조상이 아프리카나 마다가스카르에서 해류를 타고 동쪽으로 이동하여 세이셸로 이동했을 가능성이 있다. 따라서 ㉡을 강화한다.

ㄷ. (○) 제시문에 따르면 곤드와나 초대륙에서 아프리카, 마다가스카르 순으로 분리되고, 세이셸과 인도는 제일 마지막에 분리되었다. ㉠이 맞다면 아프리카 동부의 카멜레온보다 마다가스카르 카멜레온이 호랑이 카멜레온과 더 가까워야 한다. 마다가스카르 카멜레온과 호랑이 카멜레온의 공동조상이 더 나중에 출현해야 한다. 따라서 ㉠은 약화된다.

㉡에 따르면 아프리카나 마다가스카르 중 어디에서 이주해 온 카멜레온이 호랑이 카멜레온의 조상이 된 것인지 정확히 알 수 없으므로 아프리카 카멜레온과의 공동조상, 마다가스카르 카멜레온과의 공동조상 중 어느 쪽이 더 먼저 등장했는지도 알 수 없다. 아프리카 카멜레온과의 공동조상이 더 나중에 등장했다고 하더라도 ㉡ 가설과 양립 가능하다. 따라서 ㉡이 약화된다고 할 수 없다.

42 화학 / 라부아지에의 연소설 정답 ②

ㄱ. (×) 라부아지에의 가정에 따르면 기체는 고체보다 많은 열소를 포함하고 있다. 고체가 연소하면서 열을 발생시키고 결과물로서 기체를 발생시켰다면, 연소 과정에서 열소가 결합해야 한다. 즉 외부의 열소를 결합시켜야 한다. 그런데 보기에 의하면 열이 발생한다고 하였으므로 내부의 열소를 외부로 방출해야 한다. 따라서 보기의 내용은 ㉠을 약화한다.

ㄴ. (○) 화약은 고체이고 산소화합물이므로 열소를 많이 포함하고 있지 않다. 그런데 기체 산소와의 결합 없이도 열을 발생시킬 수 있다면(열소를 많이 방출할 수 있다면) ㉠을 약화한다.

ㄷ. (×) 열소는 질량이 없는 물질이라고 가정하였으므로, 열이 공기 중으로 방출되더라도 공기의 질량은 증가하지 않는다. 보기의 내용은 ㉠을 약화하지 않는다.

43 역설 해소 방안 찾기 정답 ⑤

사형을 지지하는 사람들은 사형 집행의 위협이 잠재적 살인자의 살인 행위를 억제할 수 있다고 주장한다. 하지만 〈표〉의 결과들은 오히려 사형제도가 있는 주의 살인 범죄율이 높게 나타나 있다. 따라서 〈표〉를 액면 그대로 해석할 경우 사형 찬성론자들에게 불리하게 해석될 수 있는데 그렇게 해석되지 않게끔 하는 것들을 고르라는 것이 문제의 요구사항이다.

ㄱ. (○) "〈표〉는 제도적으로는 사형 제도를 도입했지만 실제로는 사형을 집행하지 않았기 때문에 나타난 결과일 수 있다."는 해석은 〈표〉의 결과도 부정하지 않으면서 사형 찬성론자들의 입장도 유지시켜줄 수 있는 해석이다.

ㄴ. (○) "〈표〉는 사형 제도 이외의 다른 사회적 요소가 각 지역별 살인 범죄율의 차이를 만들었으며 사형 제도의 억제 효과를 압도했기 때문에 나타난 결과일 수 있다."는 해석은 〈표〉의 결과도 부정하지 않으면서 사형 찬성론자들의 입장도 유지시켜줄 수 있다.

ㄷ. (○) "사형 제도가 폐지되었다고 하더라도 그 효과는 당분간 지속될 수 있으므로, 〈표〉의 사형 제도가 없는 주의 경우 1967년 이전까지 사형 제도가 있었는지 살펴보아야 한다."는 해석 또한 〈표〉의 결과도 부정하지 않으면서 사형 찬성론자들의 입장도 유지시켜 줄 수 있다.

44 역설 해소 방안 찾기 정답 ⑤

ㄱ. (×) 'Z국 사람들은 같은 지역 출신 지인들만을 신뢰하는 경향이 강하기 때문이다'라는 대답은 특수한 신뢰 수준이 높다는 것으로 ㉠의 'Z국의 일반적 신뢰 수준이 최상위권이라는 조사 결과'를 설명하지 못한다. 따라서 적절한 대답이라 할 수 없다.

ㄴ. (○) 'Z국 사람들은 타인에 대한 불신을 다른 사람에게 밝히는 것을 꺼려하는 경향이 강하기 때문이다.'라는 대답은 사실은 특수한 신뢰의 형태를 갖고 있음에도 일반적 신뢰의 형태를 가지고 있는 것처럼 답한다는 것으로 ㉠의 'Z국의 일반적 신뢰 수준이 최상위권이라는 조사 결과'를 설명할 수 있고, Z국은 연줄을 중시하고 특수한 관계에 기초한 좁은 범위의 신뢰만을 허용하는 문화이므로 ㉠의 'Z국이 저신뢰 사회라는 주장' 또한 설명할 수 있다.

ㄷ. (○) 'Z국 사람들은 '대부분의 사람들'에 해당하는 사람을 떠올릴 때 자신의 신뢰 범위 내에 있는 사람들 중에서 찾는 경향이 강하기 때문이다.'라는 대답은 특수한 신뢰의 형태를 갖고 있음에도 일반적 신뢰의 형태를 가지고 있는 것으로 잘못된 답변을 한다는 것으로 ㉠의 'Z국의 일반적 신뢰 수준이 최상위권이라는 조사 결과'를 설명할 수 있고, Z국은 연줄을 중시하고 특수한 관계에 기초한 좁은 범위의 신뢰만을 허용하는 문화이므로 ㉠의 'Z국이 저신뢰 사회라는 주장' 또한 설명할 수 있다.

chapter 3 논쟁 및 반론

01 동의 가능성 판단 정답 ⑤

갑(×) : 갑은 "도덕적으로 나쁜 작품은 바로 그 이유 때문에 미적으로도 열등하며, 도덕적으로 훌륭한 작품은 바로 그 이유 때문에 미적으로 뛰어나다"라고 말하고 있으므로 '도덕적으로 훌륭하지만 미적으로는 열등한 예술 작품이 있을 수 있다'는 주장에 동의하지 않을 것이다.

을(○) : 을은 "예술 작품에 대해서 도덕적 평가를 할 수는 있지만 그 작품의 미적 성질은 도덕적 성질과 내재적인 관계를 갖지 않는다"라고 말하고 있으므로 '도덕적으로 훌륭하지만 미적으로는 열등한 예술 작품이 있을 수 있다'는 주장에 동의할 것이다.

병(○) : 병은 "도덕적으로 나쁜 작품은 바로 그 이유 때문에 미적으로도 열등하다. 긍정적인 사례에는 이와 같은 영향 관계가 없다"라고 말하고 있으므로 '도덕적으로 훌륭하지만 미적으로는 열등한 예술 작품이 있을 수 있다'는 주장에 동의할 것이다.

정(○) : 정은 "반대로 도덕적으로 훌륭한 가치를 드러낸다는 점은 인정할 수 있지만 바로 그 도덕적 메시지 때문에 미적으로는 형편없게 되는 예술 작품도 있다"라고 말하고 있으므로 '도덕적으로 훌륭하지만 미적으로는 열등한 예술 작품이 있을 수 있다'는 주장에 동의할 것이다.

02 주장에 대한 동의 여부 판단 정답 ④

① (○) A의 마지막 진술 중 "악행을 했을 때 도덕 교육의 수단은 존중받고 싶은 아이의 바람을 거부함으로써 수치심을 유발하는 냉담한 태도이어야 한다."는 내용을 통해 A가 도덕 교육의 수단으로 감정을 활용할 수 있다는 주장에 동의할 것임을 추론할 수 있다.

② (○) A의 첫 번째 진술 중 "의무란 보편타당한 도덕적 명령으로서 감정이 아니라 이성에 의해 파악된다."는 부분과 두 번째 대화 중 "도덕 교육에서 더 중요한 것은 기쁨이 동반되지 않더라도 자신이 옳다고 생각하는 원칙에 따라 행위하는 것에 능숙해지도록 가르치는 것"이라는 내용을 통해 A는 '타인을 돕는 데서 그 어떤 기쁨을 느끼지 못하는 사람도 도덕적 인간일 수 있다'는 주장에 동의할 것임을 추론할 수 있다.

③ (○) A의 두 번째 진술인 "도덕 교육에서 더 중요한 것은 기쁨이 동반되지 않더라도 자신이 옳다고 생각하는 원칙에 따라 행위하는 것에 능숙해지도록 가르치는 것이다. 이는 모든 사람에게 보편적으로 적용될 수 있는 행위 원칙이 무엇인가에 대해 생각하기를 배우는 과정이다."라는 내용을 통해 A는 '어떤 일을 올바른 일이라 스스로 생각하고 판단할 수 없는 인간은 도덕적 인간일 수 없다'는 주장에 동의할 것임을 추론할 수 있다.

④ (×) B의 첫 번째 진술 중 "하지만 어떻게 의무에 따라 행위하는 인간으로 성장시킬 것인가의 문제는 별도로 고려해야 한다. 습관을 통해 선행을 기뻐하도록 미리 준비되어 있어야만 의무도 잘 받아들일 수 있다."라는 내용을 통해 B 또한 의무에 따른 행위가 올바른 행위임을 전제하고 있음을 알 수 있다. 따라서 B는 '어떤 행위에 따르는 결과의 좋고 나쁨에 의해서 그 행위의 올바름 여부가 결정된다'는 주장에 동의한다고 보기 어렵다.

⑤ (○) B의 첫 번째 진술 중 "선행을 기뻐하지 않는 사람은 의무를 말해 주어도 잘 실천하지 못할 것이다. 마땅히 기뻐해야 할 것에 기뻐하고 마땅히 괴로워해야 할 것에 괴로워하도록 훈련시키는 것이 올바른 도덕 교육이다."라는 부분과 A의 두 번째 진술 중 "이는 모든 사람에게 보편적으로 적용될 수 있는 행위 원칙이 무엇인가에 대해 생각하기를 배우는 과정이다."에 대해 B가 진술하는 "하지만 도덕적으로 행위 하는 것에서 고통만을 계속 느낀다면 그 누구도 감당할 수 없을 것이다."를 통해 B는 '도덕 교육에서 옳은 행위를 잘 실천하도록 만드는 것이 왜 그 행위가 옳은지의 이유를 가르치는 것보다 더 중요하다'는 주장에 동의할 것임을 추론할 수 있다.

03 의견의 일치 여부 판단 정답 ④

아래는 (1)시위대의 주장과 (2)시위 허용여부에 대한 갑 을 병의 각 주장 내용이다.

갑 : (1)판단 ×. (2)다른 사람에게 직접적인 물리적 위해를 줄 것이 분명한 행위가 아니라면 어떤 행위도 할 수 있는 권리가 보장되어야 하므로, 자신의 의사를 밝히는 행위에 불과한 시위는 그 주장 내용과 관계없이 허용되어야 한다.

을 : (1)남성우월주의를 표방하는 것은 대다수 사람들이 보기에 비도덕적이다. (2)공동체구성원의 다수가 비도덕적이라고 여기는 가치를 떠받드는 행위(=시위)는 금지해야 한다.

병 : (1)판단 ×. (2)시위대의 주장이 옳은가 여부와 관계없이, 그 행위(=시위)가 많은 사람들에게 충분히 불쾌하게 받아들여질 수 있으므로, 공공장소에서의 시위는 막아야 한다. (사람들의 눈에 잘 띄지 않는 장소와 시간에 시위를 할 경우 허용)

ㄱ. (×) 갑과 을은 모두 자신들의 두 번째 발언에서 "시위대가 시민들로부터 물리적 위해를 받을 가능성"은 시위 허용 여부를 결정하는 데 중요한 요소가 아니라고 판단하고 있다.

ㄴ. (○) 을은 "시위대의 주장이 대다수 시민의 윤리적 판단에 부합하는지"가 시위 허용 여부를 결정하는 데 중요한 요소라고 생각하는 반면, 병은 그렇지 않다. 을의 생각

은 첫 번째, 두 번째 발언 모두에 드러나 있으며, 병의 생각은 병의 두 번째 발언 중 '그들의 주장이 옳다 해도 시위를 막아야 하는 것은…' 이라는 부분에서 추론할 수 있다.

ㄷ. (○) "나체 시위를 불쾌하게 여길 사람이 시위를 회피할 수 있을 가능성"이 시위 허용 여부를 결정하는 데 중요한 요소인지에 대해서 갑은 중요하지 않다고, 병은 중요한 요소라고 생각하고 있다. 갑의 생각은 첫 번째 발언 중 다른 사람에게 물리적 위해를 주는 경우를 제외한다면 어떤 행위도 할 수 있는 권리가 보장되어야 한다는 부분에서, 병의 생각은 두 번째 발언 마지막 문장을 통해 추론할 수 있다.

04 공통전제의 추론 정답 ②

ㄱ. (×) A(○), B(×)

자유의지에 의해 범죄행동을 선택할 수 있는 합리적 행위자라는 것은 범죄행동을 반드시 할 수밖에 없는 것이 아니라, 때로는 할 수도 있고 하지 않을 수도 있으며 때와 장소를 가릴 수도 있다는 것을 뜻한다. 따라서 A는 이러한 전제를 필요로 하나, B는 한창 때의 범죄자는 반드시 범죄를 저지른다는 것을 전제로 하고 있으므로 위의 전제는 공통으로 필요한 전제로 보기 어렵다.

ㄴ. (×) A(×), B(○)

어떤 범죄자의 범행이 좌절되거나 억제되었을 때 다른 범죄자가 그 자리를 채워 범행을 하지 않는다는 전제는 B와 밀접한 관련을 가지고 있는 필요 전제이나, A와의 관련성은 떨어지면 꼭 필요한 전제는 아니다. 위 전제가 부정되거나 없다고 하더라도 논리전개에 큰 문제가 되지 않는다. 즉, 어떤 범죄자의 범행이 범죄예방 프로그램에 의해 좌절되거나 억제되었을 때 다른 범죄자가 그 자리를 채워 범행을 한다고 하더라도 범죄예방 프로그램의 의도하지 않은 결과를 초래할 수도 있다.

ㄷ. (○) A(○), B(○)

A에서는 '범죄 발생이 범죄예방 활동에 반응하여 단순히 이동하는 측면이 있다'는 것을 주장하고 있는데, 이는 '범죄자의 범행욕구는 비탄력적이어서 범죄자는 일정 기간 동안 일정한 정도의 범죄를 저지르도록 동기부여되어 있다.'는 전제를 필요로 한다. B는 '한창 때의 범죄자를 교도소에 가둬 둘 경우 범죄기회를 줄일 수 있다'고 주장하고 있는데, 이 또한 '범죄자의 범행욕구는 비탄력적이어서 범죄자는 일정 기간 동안 일정한 정도의 범죄를 저지르도록 동기부여되어 있다.'는 전제를 필요로 한다.

05 암묵적 전제 판단 정답 ④

ㄱ. (○) ⓐ [=강렬한 뜨거움과 강렬한 차가움은 사물에 있는 것이 아니네]추리의 직접적인 근거는 '강렬한 뜨거움과 강렬한 차가움은 지독한 불쾌감에 불과하다'는 것이다. 즉 강렬한 뜨거움과 강렬한 차가움은 불쾌감이기 때문에 사물에 있지 않고 우리 마음에 의해 지각되는 것으로만 존재한다는 것이다. 따라서 ⓐ의 추리는 "쾌감이나 불쾌감은 그것들을 지각하는 주체에만 존재하는 것이다."라는 것을 전제하고 있다. 만일 그렇지 않다면 불쾌감이라는 이유로 사물에 있지 않다는 추론을 할 수 없다.

ㄴ. (×) ⓑ [= 그러므로 이런 정도의 뜨거움은 사물에 있다고 여겨지네]의 추리는 '통증과는 무관한 것이기에 즉 뜨거움이나 차가움으로 지각할 뿐이므로 사물에 있다'는 것을 직접적인 근거로 삼고 있다. 하지만 ⓑ의 추리는 "사물의 성질 중에 인간이 지각할 수 없는 것이 있다."라는 것을 전제하고 있는 것은 아니다. 만일 "사물의 성질 중에 인간이 지각할 수 없는 것이 있다."를 전제로 하지 않거나 부정한다고 하더라도 즉 "사물의 성질 중에 인간이 지각할 수 없는 것이 존재하지 않는다." "모든 사물의 성질은 인간이 지각할 수 있다"고 하여도 ⓑ의 추리를 도출해내는 무리가 없다.

ㄷ. (○) 필로누스의 추리 ⓒ는 하일라스의 주장인 ⓑ를 반박하는 것으로 논증을 재구성해보면 다음과 같다. 1) 동시에 차기도 하고 뜨겁기도 할 수는 없다. 2) 서로 다른 온도에 있던 양 손을 동일한 온도의 물에 동시에 넣는 경우 다르게 느껴진다. 3) 생략된 전제 : 하일라스의 주장 ⓑ가 옳다면 즉 만일 뜨거움이 사물에 있다면, 뜨거움과 차가움이 모두 사물에 있어야 한다. 그러나 어떤 것이 동시에 차기도 하고 뜨겁기도 할 수는 없다. 4)결론 : ⓒ 자네의 손이 느끼는 뜨거움과 차가움이 그 물에 있다고 말할 수는 없네. 생략된 전제를 통해 확인할 수 있듯이 ⓒ의 추리는 "어떤 주장이 불합리한 귀결을 갖는다면 그 주장은 참일 수 없다."는 원리를 이용하고 있다.

06 선호 최대 충족의 원칙 논쟁 정답 ⑤

A가 A_1에서 선호 최대 충족 원칙을 행위 판정의 원칙으로 제시하자 B는 B_1에서 선호 최대 충족의 원칙을 행위 판정의 원칙으로 볼 수 없음을 낙태의 경우를 반례로 들어 반박하고 있다. 그 논거는 선호 최대 충족 원칙에 따라 옳은 것이 종종 도덕적 직관에 배치될 수 있다는 것이다. B가 B_1에서 A_1의 원칙을 반박하자 A는 A_2에서 낙태 반대 시위를 벌이는 사람까지 선호계산에 포함시킨다면 도덕적 직관에 배치되지 않을 수 있다고 언급함으로써 반박에 대처하고 있다(선택지 ① ④). 그러자 B는 B_2에서 소수 노예 검투사와 다수 로마 시민의 경우를 들어 여전히 선호 최대 충족 원칙은 도덕적 직관에 어긋나는 행위를 정당화시키는 문제가 있다고 재반박한다(선택지 ② ③). 이러한 B_2의 재반박에 A는 A_3에서 일시적 착각 등에 기인하지 않은 '계몽된 선호'라는 선호개념을 통해 도덕적 직관에 배치되는 선호는 배제된다고 대응하고 있다(선택지 ④). 이와 같이 A는 처음에는 단순하게 선호를 제시했으나 B의 반박이 이어짐에 따라 초기 선호 개념에 관련 당사자의 범위를 확대시키고 계몽된 선호라는 조건을 추가함으로써 선호의 속성(즉, 내포)은 늘어나고 선호의 외형(즉, 외연)은 축소시키고 있다(선택지 ⑤).

⑤ (×) A_3은 A_1의 선호 개념의 외연을 확대가 아닌 축소를 통해 B_2의 반박에 대처하고 있다.

07 자유의지와 양자역학 정답 ②

① (○) A_1의 주장은 1) 자유의지有 → 신경생물학적 실체 2) 특정시점의 뇌상태는 바로 이전의 뇌 상태에 의해 결정 3) 따라서 자유의지無 로 정리할 수 있는데 B_1은 A_1의 1)에 대해서는 문제 삼지 않고 2)의 주장에 문제를 삼으며 3)에 이의를 제기하고 있다.

② (×) B_1이 A_1을 논박하기 위해 사용한 과학 이론은 양자역학의 비결정성이다. A_2는 B_1이 사용한 양자역학이 거짓이라고 주장하고 있는 것이 아니라 양자역학의 비결정성과 자유의지의 비결정성 사이에는 중대한 차이가 있음을 지적하고 있다.

③ (○) B_1의 핵심주장은 양자역학의 비결정성을 통해 자유의지의 비결정성을 설명할 수 있을 것이라는 점인데 A_2는 이 둘 간의 차이점을 언급함으로써 B_1을 직접 반박하고 있다.

④ (○) B_2는 A_2에서 지적한 「미시세계의 특징이 인간의 자유의지의 특징과 다르다」는 것이 전혀 무관한 것을 의미하는 것은 아니라는 것을 사례를 통해 언급함으로써 여전히 양자역학에 따른 자유의지의 설명 가능성을 제시하고 있다.

⑤ (○) B_3은 A_3가 지적한 「양자역학에 따른 자유의지의 설명 가능성이 양자역학이 자유의지의 존재를 실제로 설명해 주고 있는 것은 아니고 양자역학은 문제해결에 별 도움을 주지 못한다.」는 내용에 대해 앞으로 탐구할 과제가 바로 「양자역학의 비결정성에서 자유의지의 비결정성을 도출하는 것」이라고 제시함으로써 자신의 입장을 좀 더 분명하게 해명하고 있다.

08 종과 변종의 구분기준 정답 ④

① (×) (가)의 주장 중 "두 형태 사이의 차이가 아무리 사소하더라도 대부분의 분류학자들은 두 형태 각각에 종의 지위를 부여하는 것이 마땅하다고 생각할 것이기 때문이다."라는 내용을 통해 (가)는 종이란 형태 사이의 차이에 근거해서 부여된 것이지 단지 분류의 편리함을 위해 임의적으로 이름 붙인 것에 불과하다고 주장하지 않는다. 이 주장은 (나)의 주장에 해당된다.

② (×) 이 또한 (가)의 주장으로, (나)는 "그런 점에서 종과 변종을 구별하는 차이는 같은 종에 속하는 개체들 사이의 차이와 비교할 때 편의상 임의적으로 구별한 것에 불과"하고 "변종에 속하는 개체는 같은 종에 속한다고 보기에는 다른 개체와의 차이가 큰 형태이면서도, 종으로 분류하기에는 그 차이의 정도가 좀 덜 분명한 것일 뿐"이라고 주장한다.

③ (×) (나)의 주장 중 "우리는 이 견해를 따름으로써, 적어도 아직 발견되지 않은 그리고 발견될 수 없을 종의 본질을 헛되이 찾는 일로부터는 자유롭게 될 것이다."라는 내용을 통해 (나)는 '종의 본질을 찾는 노력이 헛된 일이라는 견해'를 받아들일 것임을 추론할 수 있다.

④ (○) (가)의 주장 중 "우리는 한 종과 그 종과는 뚜렷이 구별되는 변종을 식별하는 유일한 기준은, 변종은 현 상태에서 중간형태를 통해 특정 종과 연결된다고 알려져 있거나 믿어지는 데 반해, 서로 다른 종들 사이에는 그러한 방식의 연결이 오직 과거에만 있었다는 점임을 인정해야만 한다."를 통해 (가)는 종이 다른 종들과 구별될 수 있는 불변하는 속성을 가지고 있다는 견해를 받아들이지 않을 것임을 추론할 수 있고, (나) 또한 "단지 변종에 속하는 개체는 같은 종에 속한다고 보기에는 다른 개체와의 차이가 큰 형태이면서도, 종으로 분류하기에

는 그 차이의 정도가 좀 덜 분명한 것일 뿐이다."라는 주장과 "적어도 아직 발견되지 않은 그리고 발견될 수 없을 종의 본질을 헛되이 찾는 일로부터는 자유롭게 될 것이다."라는 내용을 통해 '종이 다른 종들과 구별될 수 있는 불변하는 속성을 가지고 있다는 견해'를 받아들이지 않을 것임을 추론할 수 있다.

⑤ (×) (나)의 주장 중 "종이라는 용어가 변종이라는 용어와 본질적으로 다른 것이 아니라는 점은 이제 분명하다. 단지 변종에 속하는 개체는 같은 종에 속한다고 보기에는 다른 개체와의 차이가 큰 형태이면서도, 종으로 분류하기에는 그 차이의 정도가 좀 덜 분명한 것일 뿐이다."라는 내용을 통해 (나)는 '종과 변종 사이의 차이가 개체들 사이의 차이보다 그 정도가 큰 것일 뿐이라는 견해'를 받아들일 것임을 추론할 수 있다.

09 소크라테스의 문답법 정답 ④

① (○) 메논은 처음에는 Ⓐ[= 어떤 이는 나쁜 것을 원한다는 것]를 인정하였지만, 대화 마지막에 가서 Ⓑ[= 아무도 나쁜 것을 원하지는 않네]를 인정함으로써 Ⓐ에 대한 견해를 바꾸었다.

② (○) 소크라테스의 네 번째 질문인 "또한 그 나쁜 것이 자신에게 이로울 것으로 여기는 자들은 그 나쁜 것이 나쁜 줄을 아는 자일까?"에 메논은 "적어도 그건 전혀 아닐 것입니다."라고 답함으로써 나쁜 것이 나쁜 줄을 아는 자에 그 나쁜 것이 자신에게 이로울 것으로 여기는 자, 즉 ㉠[= 나쁜 것을 좋은 것인 줄로 여기고서 원하는 재]이 포함되지 않는다고 인정하였다.

③ (○) 소크라테스의 네 번째 진술과 다섯 번째 진술을 통해 소크라테스가 ㉡[= 나쁜 것이 자신에게 이로운 줄로 여기고서 원하는 재]을 ㉢[= 좋은 것을 원하는 재]에 포함시키고 있는 것을 바로 확인할 수 있고, 다섯 번째 진술 중 "나쁜 줄 몰라서 그게 좋은 줄로 여긴 거니까. 실상 그런 사람은 좋은 것을 원하는 자임이 명백하네."라는 것을 통해 소크라테스는 ㉠[= 나쁜 것을 좋은 것인 줄로 여기고서 원하는 재]은 실상은 ㉢[= 좋은 것을 원하는 재]으로 보고 있음을 추론할 수 있다.

④ (×) 메논은 소크라테스의 여덟 번째 질문인 "하지만 ㉤비참하기를 원하는 자가 있을까?"라는 질문에 "없을 것으로 생각됩니다."라고 답변함으로써 ㉣[= 나쁜 것이 해로울 줄로 여기면서도 그 나쁜 것을 원하는 재]이 있을 수 있다는 견해를 변경하고 있다. 따라서 틀린 진술이다.

⑤ (○) ㉤[= 비참하기를 원하는 재]이 있다는 것은 ㉣[= 나쁜 것이 해로울 줄로 여기면서도 그 나쁜 것을 원하는 재]이 있을 수 있다는 것으로 Ⓑ[= 아무도 나쁜 것을 원하지는 않네.]에 동의할 필요가 없다.

10 이기적 유전자 논쟁 정답 ⑤

① (○) A_1은 유기체는 '이기적' 분자인 유전자를 위한 꼭두각시에 불과하다는 주장을 하고 있고, 이에 대해 B_1은 "바이러스 역시 유전자와 마찬가지로 자기 복제 성향이 강하므로 이기적이라고 할 수 있는가? 그럴 수 없듯이 유전자 또한 이기적이라 할 수 없다"라는 유전자와 바이러스의 유비를 통하여 결과적으로 '유기체가 유전자의 꼭두각시'라는 A_1의 주장을 비판하고 있다.

② (○) A_2는 '이기적'의 개념이 '심성을 지닌 목적 지향적 존재'라는 것이 아니라, 다른 존재의 생존 기회를 증진하는 결과를 낳았다면 '이타적'이라고 말할 수 있듯이 '자신의 존재'의 생존 기회를 증진하는 결과를 낳았다면 이를 '이기적'이라고 말할 수 있다고 '이기적'의 개념을 재정의함으로써 B_1에 대응하고 있다.

③ (○) B_2는 나와 내 자신의 복제본의 사례를 들어 내 복제본은 복제의 주체인 나의 수명을 1초도 늘려주지 못하기 때문에 복제본은 내 이기심의 귀속대상이 아니라고 하면서 A_1이 특정 유전자와 그것의 복제 유전자는 서로 구분되는 독립적인 존재라는 사실을 무시하고 있음을 비판하고 있다. 다시 말해 유전자가 더 많은 복제본을 만들더라도 결국 복제된 유전자는 원본의 유전자와는 독립적으로 존재하므로 복제본 유전자의 존재는 원본 유전자의 이익이 될 수 없어 유전자가 '이기적'이라는 말은 적절치 않다고 비판하고 있는 것이다.

④ (○) A3은 "여기서 내가 말하는 이기적 유전자란 DNA의 한 특수한 물리적 조각이 아니라 그것의 모든 복제를 통칭한다."라는 말을 통해 B_2가 언급한 사례의 유기체와 A가 말하는 유전자의 경우 이기적임'의 성질이 적용되는 대상의 수준이 서로 다름을 들어서 B_2에 대응하고 있다.

⑤ (×) B_3은 단지 A_3을 반박하고 있는 것이지, A_1의 주장과 반대로 유전자가 유기체의 꼭두각시일 수 있음을 주장하고 있는 것은 아니다. A_3의 주장인 "특정의 물리적 DNA 분자는…복사본 형태로는 1억 년을 생존하는 것

도 가능하다."는 것에 대한 반론으로서 마이클 잭슨의 사례를 들어 "원본은 복사본과는 다른 존재이기 때문에 특정의 DNA가 생존하는 기간은 극히 짧다"라고 주장하고 있는 것이다.

11 유용성의 원리 정답 ⑤

아래는 유용성의 원리의 적용 대상에 대한 A B C의 각 주장 내용이다.

A : 유용성의 원리는 행위자의 "개별 행위에" 직접 적용되어야 한다.

B : 유용성의 원리는 개별 행위가 아닌 "행위규칙"의 유용성을 판단할 때 쓰이는 것이다. 행위자는 그 규칙에 부합하는 행위를 하는 것만으로 옳은 행위를 수행할 수 있다.

C : 유용성의 원리는 "하나의 통일적 삶" 속에서만 판단되고 적용되어야 한다.

ㄱ. (○) 행위 규칙의 유용성을 판단하는 데에 유용성의 원리를 적용하는 B의 주장에 따르면, 예컨대 "사람의 생명은 그 숫자에 관계없이 고귀하다"라는 행위 규칙에 의해 행동할 경우 보기 의 행위는 충분히 도덕적일 수 있다.

유용성의 원리를 개별 행위에 직접 적용하는 A에 따르더라도 "한 명의 전우를 적진에서 구하기 위해 두 명의 전우가 죽음을 무릅쓰는 행위"는 도덕적일 수 있다. 그 한 명의 전우를 살리는 것이 그 개별 행위와 관련된 사람들의 행복을 증가시킬 수 있는 가능성은 얼마든지 있다. ('라이언 일병 구하기' 영화에서 미국이 왜 고작 일병 한 명을 구하려고 그렇게 애를 썼는지 생각해 보면 쉽다.) 단지 두 명의 목숨과 한 명의 목숨이라는 양적 비교로 사람들의 행복의 크기를 판단할 수 있는 것은 아니다. 보기의 서술어가 "도덕적일 수 있다"라는 가능성의 제시인 점도 고려해야 한다.

ㄴ. (○) A에 따르면 "거짓말을 하는 것이 만약 그 행위와 관련되는 사람들의 행복을 증가시킨다면", C에 따르면 "거짓말을 하는 것이 예컨대 나의 가족, 도시, 부족, 민족 등이 내게 부여한 기대와 책무 등에 부응한다면" 옳은 행위일 수 있다.

ㄷ. (○) A제시문 마지막 줄의 "도덕적 고려의 대상", B제시문 마지막 줄의 "옳은 행위", C제시문 마지막 줄의 "나의 행위가 도덕적이기 위해" 등의 부분을 통해, 세 주장이 모두 유용성의 원리를 도덕적 판단의 기준으로 고려하고 있음을 추론할 수 있다.

12 인과개념 정답 ①

갑 : 어떤 것이 없다거나 행하지 않았다는 것은 원인이 될 수 없다.

을 : 그 사건이 일어나지 않았더라면 결과도 일어나지 않았을 경우, 그 사건은 원인이 될 수 있다.

병 : 시간적으로 결과에 선행하는 사건만이 원인일 수 있다.

ㄱ. (○) 갑은 어떤 것이 없었다는 것은 원인이 될 수 없다고 주장한다. 따라서 오아시스가 없어서 A가 사망했더라도 그것은 A 사망의 원인이 될 수 없다. 존재가 원인의 1차적 요건이다.

ㄴ. (×) B의 행위가 없었더라도 C의 행위에 의해서 A의 죽음이란 결과는 일어났을 것이고, C의 행위가 없었더라도 B의 행위에 의해 A의 죽음이 일어났을 것이다. 따라서 을은 B, C의 행위를 각각 A 사망의 원인이라고 보지 않을 것이고, 다만 B, C의 행위가 합쳐진 것이 원인이라고 볼 것이다.

ㄷ. (×) 병은 결과에 선행하는 것을 원인이 되기 위한 여러 조건 중 하나로 보고 있다. 조건 하나만으로 원인이라고 단정할 수 없다고 본다. 따라서 B의 행위가 A의 사망에 선행한다는 이유만으로 그것을 원인으로 단정할 수는 없다.

13 사실판단과 당위판단 정답 ④

(1) 존은 다음과 같이 말한다. "나는 스미스에게 5달러를 지불하기로 약속한다."(사실)

(2) 따라서 존은 스미스에게 5달러를 지불하기로 약속한 것이다.

(3) 따라서 존은 스미스에게 5달러를 지불해야 한다.(당위)

사실로부터 당위를 이끌어내는 위 논증과 그에 대한 A, B, C 세 사람의 평가를 분석하는 문제이다. 위 논증에서 (1)은 사실 판단, (3)은 당위 판단인데 (2)를 어떤 판단으로 볼지에 대해서는 B, C의 견해가 다르고, A는 이와 관련한 언급은 하지 않는다.

ㄱ. (○) A는 (2)에서 (3)으로 나아가는 과정은 문제가 없지만

(1)에서 (2)가 도출되는 과정은 문제가 있다고 지적할 뿐, (2)를 사실 판단으로 여기는지 당위판단으로 여기는지에 대해서는 언급하지 않았다.

ㄴ. (×) B는 "(2)로부터 (3)이 바로 도출되는 것은 아니다"라고 하면서 그 이유를 사실과 당위를 연결해주는 암묵적 전제가 없기 때문이라고 한다. 이를 볼 때 B는 (2)를 사실 판단으로 여긴다는 것을 알 수 있다. 반면 C는 "약속한다"가 때로는 사실을 때로는 당위를 의미하며 (2)가 사실 판단인지 당위 판단인지는 알 수 없다고 한다. 따라서 C가 그것을 당위 판단으로 여긴다는 진술은 옳지 않다.

ㄷ. (○) A가 (2)의 성격을 어떻게 보는지는 알 수 없지만 예외적인 경우를 제외하면 사실 판단인 (1)에서 (2)가 도출되고 그로부터 당위 판단인 (3)이 도출된다고 본다. 따라서 A는 사실판단에서 당위 판단이 도출될 수 있다고 본다. 한편 C는 (2)로부터 당위 판단인 (3)이 도출되려면 (2)가 당위 판단이어야 한다고 말한다. 이를 볼 때 C는 당위 판단은 오직 당위 판단으로부터만 도출된다고 전제함을 알 수 있다. 따라서 C가 사실 판단에서 당위 판단이 도출될 수 없다고 본다는 진술 역시 옳다.

14 미적취향의 기준 정답 ③

ㄱ. (○) A는 '인간의 자연 본성에는 미적 취향과 관련된 고정된 공통 감정'이 있다고 본다. 즉 편견과 선입견을 극복하는 자연 본성에 보편적 기준이 있다는 것이다. 따라서, A는 '미적 취향의 보편적 기준을 부정하고 모든 이의 미적 취향을 동등하게 인정하는 태도인 ㉠'을 거부한다.

ㄴ. (×) B는 '사회 지배층에 의해서 미적 취향의 기준이 생성되고, 이는 인간 본성에 근거한 것이 아니며, 사회적 관계의 변화에 따라 미적 취향의 기준도 변화할 수 있다'고 본다. 하지만 '사회적 관계의 변화에 따라 미적 취향의 기준이 변화'할 수 있다고 보았다고 하여, '모든 이의 미적 취향을 동등하게 인정해야 한다'는 것이 추론되지는 않는다. 다른 측면에서 출제기관의 취지를 살펴본다면, B는 미적 취향의 기준에 대한 가치판단은 내리지 않고 '사실적 측면'만을 진술하고 있으므로, 이로부터 보기 ㄴ의 '당위적 판단'에 동의할지 여부는 알 수 없다.

ㄷ. (○) '현재의 미적 취향의 기준이 미래에 변화할 수 있는지'에 대한 것이다. A는 '편견이나 선입견 때문에 나쁜 작품도 일정 기간 명성을 얻을 수 있음'을 인정하고 있으므로, 현재의 미적 취향의 기준이 이에 따른 것이라면 변할 수 있다. B는 사회적 관계가 변하면 미적 취향의 기준도 변화할 수 있다고 보고 있으므로, 현재의 미적 취향의 기준이 변할 수 있다고 본다. 따라서 A, B 모두와 모순되지 않는다.

15 신의 속성에 대한 논쟁 정답 ⑤

ㄱ. (○) 甲은 신이 전능한 존재이기에 무슨 일이든 할 수 있다고 본다. "기적을 일으켜 자연법칙을 거스를 수도 있고..." 등의 표현에서 알 수 있다. 乙 역시 아직 결정되지 않은 사건에 대해서는 신이 무한한 능력을 발휘할 수 있다고 보므로, 아직 일어나지 않은 일에 대한 기적은 존재할 수 있다고 볼 것이다.

ㄴ. (○) 甲은 신이 과거를 바꿀 수 있으며, 자신이 계획한 그대로 역사를 진행시킨다고 본다. 반면 乙은 신조차도 과거로 거슬러 올라가 이미 벌어진 사건을 바꿀 수는 없으며, 기도를 통해 신의 계획에 영향을 줄 수 있다고 본다. 따라서 신이 역사를 진행시키는 방식에 대하여 甲과 乙의 견해는 다르다.

ㄷ. (○) 乙은 신이 역사를 완벽히 결정하여 진행시킨다면(계획이 완전하다면), 과거를 바꾸지 않을 것이라고 본다. 따라서 만약 신이 과거를 바꾼다면, 신이 역사에 대해 세운 계획은 완전하지 않다는 것을 의미한다.

16 인식론 / 필요전제여부판단 정답 ③

ㄱ. (○) A는 불충분한 증거에서 어떤 것을 믿는 것은 옳지 않다고 말한다. 그리고 그렇게 하지 않을 경우 사회가 야만의 상태에 빠질 것이라고 경고하고 있다.

ㄴ. (○) B는 "진리를 믿어라!", "오류를 피하라!" 두 명령 중에서 A가 후자만을 권고하고 있다고 지적한다. 또한 이러한 태도는 증거에 기초한 것이 아니라 정념에 기초한 것이라고 말한다. 따라서 ㉠에 대한 클리포드의 믿음은 충분한 증거에 기초하고 있는 것이 아니다.

ㄷ. (×) 충분한 증거에 기초한 믿음이 오류가 아니라 하더라도 B의 논증에는 영향이 없다. B는 충분한 증거에 기초해서만 믿음을 갖고자 하는 A의 입장이 증거가 아닌 정념에 기초한 것임을 지적하고 있을 뿐이다.

17 동일판단 / 동일전제 정답 ②

ㄱ. (×) A의 입장에 의하면, 어떤 판단이 인식적 객관성을 가지기 위해서는 주관적인 요소가 판단에 개입하지 않아야 한다. 그러나 두 사람이 동일한 판단을 내렸다는 사실이 주관적인 요소가 개입되지 않았음을 함축하는 것은 아니다. 주관적인 요소가 개입되었더라도 우연히 두 사람이 같은 결론에 이르렀을 가능성을 배제할 수는 없다.

ㄴ. (○) B는 작품이 요구하는 특정한 관점에서 예술작품이 감상되어야 적절한 판단이 가능하다고 말한다. 이러한 관점은 다른 사람의 주관적 요소를 포함한다. 변론가가 특정한 청중을 향해 연설할 때 그 청중의 고유한 특질, 관심, 견해, 정념, 선입견을 고려해야 하는 것과 마찬가지이다. 따라서, B의 입장에 따르면 비평가가 예술작품에 대해 내리는 판단은 인식적 객관성을 갖지 않는다.

ㄷ. (×) B의 주장에 의하면, 그 작품이 전제하는 특정한 관점에서 예술작품이 감상된다면 적절한 판단이 가능하다. 그러나 두 비평가가 동일한 판단을 내렸다는 사실이, 그 작품이 전제하는 특정한 관점에서 판단이 이뤄졌음을 함축하는 것은 아니다.

18 과학이론 변화의 성격 정답 ①

ㄱ. (○) 갑은 더 많은 사실을 설명하고 예측한 이론이라 하더라도 단지 더 많은 사회적 지원을 받았다는 것만을 보여줄 뿐이라는 이유로 진보성을 부정한다. 이는 진보의 판단이 사회적 요소로만 해명되어서는 안 된다는 것을 전제하는 것이다. 을은 갑의 이러한 주장에 대해, 성공한 이론의 과거 성취와 더불어 미래의 성취 가능성에 의해서도 진보성 판단이 가능하다고 말한다. 이는 갑의 주장 자체를 부정하는 것이 아니라, 갑의 주장을 인정하는 전제 하에서 추가적인 요건을 제시한 것이다. 따라서 과학 이론의 성공이 사회적 요소로만 해명되어서는 안 된다는 데 갑과 을은 모두 동의한다.

ㄴ. (×) 갑은 후속 이론이 기존 이론보다 더 많은 사실을 설명하고 예측한 경우도 있었다는 것은 인정한다. 그러나 과학 이론의 변화가 일반적으로 이러한 방식으로 이뤄졌다는 것까지 동의한 것으로 볼 수는 없다. 이론의 장래성을 비교하는 것은 어렵다는 표현을 통해서 이를 알 수 있다.

ㄷ. (×) 보기의 사례를 통해 상대성 이론이 뉴턴 이론이 예측하지 못했던 새로운 예측을 했다는 사실은 알 수 있다. 그러나 상대성 이론이 뉴턴 이론의 모든 예측을 포함하고 있는지 여부는 알 수 없다. 상대성 이론이 뉴턴 이론의 모든 예측을 포함하지 않는다면 '더 일반적'인 이론이라고 말할 수는 없다.

19 언어철학 / 취향술어 정답 ④

ㄱ. (×) 갑에 따르면 "곱창은 맛있다."라는 진술은 '화자에게'라는 조건이 숨겨진 진술이다. 따라서 화자에 따라 표현하는 명제가 다르다.

ㄴ. (○) 갑에 따르면 영호가 진술한 "곱창은 맛있다."는 "곱창은 영호에게 맛있다."를 의미한다. 따라서 영호가 곱창을 맛없어 한다는 사실은 갑에게는 "곱창은 영호에게 맛있다."라는 명제와 모순된다. 을에 따르면 "곱창은 맛있다."는 .〈곱창이 맛있다〉는 명제 자체를 의미한다. 영호가 개인의 취향과 관계 없이 곱창 자체의 성질에 대해 진술할 수 있으므로 "곱창은 맛있다."라는 진술은 참이 될 수 있다.

ㄷ. (○) 을은 서로 다른 명제의 부정을 표현하는 것은 진정한 논쟁이 아니라고 주장한다. 여기서 진정한 논쟁이 되기 위해서는 같은 명제에 대한 부정이 전제되어야함을 알 수 있다. 따라서 같은 명제에 대한 견해 불일치는 진정한 논쟁을 위한 필요조건이라고 볼 수 있다.

20 논쟁 분석 및 평가 정답 ③

ㄱ. (○) A는 '지구상의 모든 사람들은 평등한 대기 이용 권리를 가지므로 각 개인이 배출할 권리를 갖는 온실가스의 양은 동등해야 한다.'고 주장하고 있다. 따라서 '사치성 소비를 위한 온실가스 배출 권리와 필수 수요 충족을 위한 온실가스 배출 권리에 차별을 두는 것이 합당'하다면, 각 개인이 배출할 권리를 갖는 온실가스의 양이 달라질 수 있으므로, 즉 A의 견해에 반하므로, A는 약화된다.

ㄴ. (○) 과거 세대의 행위에 대해 현재 세대에게 책임을 지울 수 없다는 이유로 B를 비판한다면, 이는 과거 세대의 행위와 현재 세대의 책임은 관련이 없는 것으로 이를 연결시키는 것은 부당하다는 것인데, 이러한 비판을 B가 재비판하려면 관련성을 부각시키면서 부당한 결부가 아님을 보여야 할 것이다. 따라서 B가 과거 화석 연료를 이용한 산업화 과정을 거친 국가들이 현재 1인당 국민총생산도 일반적으로 높다는 사실을 들어 과거 세

대와 현재 세대가 무관하지 않음을 보임으로써 B에 대한 비판을 약화할 수 있다.

ㄷ. (×) 제시된 견해는 온실가스의 배출을 제한하는 경우 그 부담을 공정하게 분배하기 위한 견해이다. 그리고 A는 배출권의 권리에 대한 것이고, C는 배출량 제한으로 인한 비용 분담에 관한 것이다. 현재 인구가 많은 국가는 A에 따르면 온실가스 배출권이 많이 주어지므로 유리한 입장에 처하게 된다. C는 온실가스 제한에 따른 국제적 비용을 제한으로 인한 피해감소 이익의 크기에 따라 부담시키자는 것인데, 현재 인구가 많은 국가는 과거에 온실가스를 더 많이 배출했고, 온실가스를 많이 배출한 국가와 온실가스로 인해 자연재해의 피해를 크게 입은 국가가 일치하지 않는다고 했으므로, 현재 인구가 많은 국가는 그렇게 자연재해의 피해를 크게 입은 국가로서 비용을 크게 부담하지 않게 된다. 따라서 현재 인구가 많은 국가에게 C 또한 불리하지 않다. 그러나 A에 따른 이익과 C에 따른 이익을 비교하기 어렵기 때문에 A보다는 C에 더 동의할 것이라는 분석은 적절치 않다.

21 논쟁 분석 및 평가 정답 ③

- (원리 A) ~a → ~b ⇔ a는 b의 원인
- (원리 B) ~a → ~b 이고 ~b → ~c 이면 ~a → ~c
  ⇔ a가 b의 원인이고 b가 c의 원인이면, a는 c의 원인

ㄱ. (○) '철수가 접시를 구입하지 않았더라면, 철수는 접시를 깨지 않았을 것'(~철수 접시 구입 → ~철수 접시 깸)이 맞다면 원리A에 의해 철수가 접시를 구입한 것이 철수가 접시를 깬 사건의 원인이어야 한다. 그러나 '철수가 접시를 구입한 것'이 '철수가 접시를 깬 사건'의 원인이라고 말하는 것이 부적절하다고 판단한다면, 이는 원리A에 의문을 제기하는 것으로 원리 A를 약화한다.

ㄴ. (×) '수지가 자신에게 전화 걸지 않았더라면, 자신은 접시를 깨지 않았을 것'(~수지 전화 → ~철수 접시 깸)이라는 내용은 철수가 원리 A B의 인과법칙을 통해 도출한 결론이지, 전제가 아니다.

ㄷ. (○) 수지는 "'마찬가지 방식으로 '내가 폭탄을 제거한 사건'이 '네가 출근한 사건'의 원인이라고 해야 하겠지."라는 결론을 도출하였다. 이는 '자신이 폭탄을 제거하지 않았더라면, 철수는 출근하지 못했을 것'(~수지 폭탄제거 → ~철수 출근)이라는 전제를 사용한 것이다.

22 논쟁 분석 및 평가 정답 ③

- A : if 모든 인간은 이기적 → 갑은 을에게 최소한의 액수만 제시하고 을은 그 제안을 받아들임.
- B : 많은 경우 상대방에게 40% 이상의 몫을 제안(= ~최소한의 액수). ∴인간은 이기적 존재만은 아니다.

ㄱ. (○) '㉠ 변형된 실험'에서는 갑이 무슨 제안을 하든 을은 갑의 제안을 거부할 수 없다. B의 주장대로 인간이 이기적 존재가 아니라면, 을이 갑의 제안을 거부할 수 없는 상황에서도 갑은 을에게 충분한 몫의 돈을 제안할 것이다. 그러나 갑이 10원만을 제안한다면 이러한 B의 주장은 약화되고, 인간은 이기적 존재라는 A주장이 설득력을 얻는다.

ㄴ. (×) ㉠(변형된 실험)의 상황은 을이 갑의 제안을 거부할 수 없으며 갑이 이를 알고 있다는 것이고, 을이 이기적인 사람이라고 갑이 확신한다는 것은, 갑이 최소한의 액수(10원)만을 제안해도 을이 받아들인다는 것을 갑이 확신한다는 것인데, 이것은 ㉠(변형된 실험)조건에 어떠한 내용도 추가되지 않는 상황이다. 따라서 갑이 이기적(A견해)이냐 그렇지 않느냐(B견해)에 따라, 10원만을 제안할지 그렇지 않을지가 결정된다.

ㄷ. (○) 만약 '많은 경우 상대방에게 40% 이상의 몫을 제안하는 관대함을 보였다'는 B의 관찰 결과가, 갑이 을의 '거부가능성'을 우려하여 (을이 제안을 거절할 경우 한 푼도 받지 못하게 되므로) 안전한 액수를 제시한 것에 불과하다면, 을의 거부가능성이 원천 봉쇄된 '㉠ 변형된 실험'에서의 갑은 을에게 최소한의 액수만큼을 제시할 것이므로, 옳은 진술이다.

23 생명과학 정답 ③

(가) : 저탄수화물 식단은 저지방 식단보다 체중 감량 효과가 뛰어남

(나) : 저탄수화물 식단 → 식욕 억제 → 칼로리 섭취↓ → 체중 감소

(다) : 저탄수화물 식단의 식욕 억제 효과가 나타나는 기간은 첫 6개월 정도인 반면, 저지방 식단은 12개월에 걸쳐 체중이 감소

ㄱ. (○) (가), (나), (다) 모두 저탄수화물 식단이 체중을 감소시키는 효과가 있다고 본다. (가)는 직접적으로 '저탄수화물 식단은 저지방 식단보다 체중 감량 효과가 뛰어나다'고 주장하고 있고, (나)는 저탄수화물 식단 자체가 체중을 감량한 것이 아니라 식욕을 억제하고 음식 섭취량을 줄여서 체중을 감소시켰다고 주장하지만 결과적으로 체중 감소 효과는 인정하고 있다. (다)는 효과가 나타나는 기간이 제한적이라고 주장하고 있지만 체중 감소 효과는 인정하고 있다.

ㄴ. (×) (다)가 언급한 실험 결과(L 연구팀)는 W 연구팀의 6개월간의 데이터로 내린 결론과 L 연구팀의 12개월간의 데이터로 내린 결론이 다르다는 것이지, W 연구팀의 실험 데이터가 오류가 있었다는 것을 의미하지 않는다. L 연구팀의 6개월간의 데이터는 W 연구팀의 6개월간의 데이터와 유사한 결과를 나타냈다.

ㄷ. (○) (나)는 '음식 섭취량(섭취 칼로리)'을 고려하지 않은 (가)에 대해 문제를 제기하고 있다. 즉, 저탄수화물 식단 자체가 체중을 감량한 것이 아니라 저탄수화물 식단이 식욕을 억제하였고 이는 '음식량(칼로리) 섭취 감소'로 이어져 체중이 감소되었다고 주장한다. 그런데 ㄷ에서와 같이 저지방 식단에서도 동일하게 '섭취한 칼로리(음식량)가 감소'하였다면, (나)의 주장(비판)으로는 저탄수화물 식단이 저지방 식단보다 체중 감량 효과가 뛰어나다는 실험결과를 설명할 수 없다. 따라서 ㄷ에서의 실험결과는 (가)에 대한 (나)의 비판을 약화한다.

24 이동통신 보조금 상한제와 요금 인하 간 관계 정답 ④

ㄱ. (×) 甲은 보조금이 높을수록 소비자가 사업자를 더 쉽게 바꿀 수 있다고 본다. 그런데 보조금상한제를 시행한 후 통신 사업자 전환 비율이 증가했다는 것은 甲의 주장에 부합하지 않는다.

ㄴ. (○) 乙의 주장에 따를 경우, 보조금상한을 낮추면 보조금 영역에서의 경쟁이 제한되고, 이는 곧 경쟁이 이용 요금으로 옮겨가 요금이 낮아지게 됨을 의미한다. 따라서 요금 인하를 위해 보조금 상한을 낮추는 정책의 근거가 될 수 있다.

ㄷ. (○) 甲은 보조금이 높으면 사업자를 쉽게 전환할 수 있게 되고 그 결과 요금 경쟁이 치열해질 것이라고 본다. 따라서 보조금상한제를 반대할 것이다. 반면 丙은 보조금을 많이 지급하면 그 비용을 메우기 위해 요금이 높아질 것이라고 본다. 따라서 丙은 요금 인하를 위해 보조금을 많이 지급하지 못하게 하는 보조금상한제에 찬성할 것이다.

25 구간별 누진요금제 정답 ④

ㄱ. (×) 쿨섬머 제도를 도입하면 전력사용량이 늘어날 가능성이 높다. X국에서 여름철에 전력 소비가 가장 크다면 쿨섬머 제도 도입으로 전력 소비는 더욱 늘어날 것이다. 전력 공급의 안정성은 낮아질 것이라는 A의 주장은 강화된다.

ㄴ. (○) 월 400~450kWh를 사용하는 가정의 요금은 다음과 같다.

	쿨섬머 제도	B 제안 방식
기본요금	1600	1600
300kWh까지의 요금	1kWh당 90	1kWh당 180
300~450kWh까지의 요금	1kWh당 180	1kWh당 180

B 제안 방식이 쿨섬머 제도 적용시보다 비싸진다. 대부분의 가정에서 전기요금이 비싸진다면 B의 주장은 약화된다.

ㄷ. (○) 쿨섬머 제도가 도입되어도 200kWh 이하를 사용하는 가정에서는 요금 인하 효과가 없다. 취약계층의 대다수를 차지하는 독거노인들에게 전기요금 인하 효과가 없다면 쿨섬머 제도를 취약계층에 한해 적용한다고 하더라도 효과가 크지 않다. C의 주장은 약화된다.

26 윤리학 / 행위선택의 기준 정답 ①

ㄱ. (○) 을이 원하는 것은 더 많은 사람들이 기쁨을 누릴 수 있는 것이다. 그리고 그것을 획득하는 수단은 공부하지 않는 것이다. 을은 더 많은 사람들이 기쁨을 누린다는 결과가 긍정적이기 때문에 수단 역시 정당하다고 주장한다. 긍정적 결과에서 수단의 정당성이 도출되지 않는다면 을의 논증은 약화될 수밖에 없다.

ㄴ. (×) 을이 공부를 하면 점수가 오르는 것이 참이라고 할지라도 을의 바로 위 등수의 학생과의 점수차가 을이 공부해서 오르는 점수보다 클 경우 등수가 바뀌지 않는다. 이는 을의 전제의 반례가 된다. 따라서 을의 전제는 참이 아니다.

ㄷ. (×) 갑은 다른 사람들이 자신의 등수 때문에 기뻐하는 이유가 그들이 공부를 했기 때문이라고 주장한다. 그리고 을이 공부하지 않는 것과는 관련이 없다고 한다. 무언가를 하지 않는 것이 다른 것의 원인이 될 수 있다고 해도 갑의 주장대로 공부하지 않는 것과 기뻐하는 것이 관련이 없다면 갑의 주장은 참이 될 수 있다. 따라서 〈보기〉 ㄷ의 가정은 꼭 필요한 것은 아니다.

27 가설의 신뢰도 판단 요소 정답 ③

③ (×) 제시문은 '같은 증거라도 그 증거가 사전에 성공적으로 예측된 경우가 사후에 설명되는 경우보다 가설을 지지하는 힘이 더 크다'는 입장이므로, 성공적인 사전 예측이 그 가설이 지닌 과학적 신뢰성의 좋은 증거가 됨을 주장하는 내용은 오히려 제시문의 지지논거가 될 수 있음이 명백하다.

반면에 ①과 ②, ⑤는 과학적 예측에 대해 이와 상반되는 입장을 취하여 제시문의 입장에 대한 비판 논거가 될 수 있으며, ④는 '시점'과 '논리적 관계'의 구분을 들어 제시문의 주장을 정면으로 반박하고 있다.

28 비판논거의 적절성 판단 정답 ④

제시문에 따르면, 최선의 설명으로의 추론이란 "기존 증거와 미래 증거를 모두 고려하여 가장 그럴듯하면서도 아름다운 가설을 채택하는 과정"이다. 이를 도식화하면 아래와 같다.

- 가설의 설명력이 과학적 근거를 제공
  → 과거설명 ∧ 미래설명 ∧ 이론적 아름다움

그런데, 음모론 속 가설의 경우 (과거설명 ∧ 미래설명 ∧ ~이론적 아름다움)이어서, 음모론 속 가설의 설명력이 그 가설에 대한 과학적 근거를 제공하지 못한다는 것이 제시문의 견해이다.

① (×) 제시문의 견해와 부합한다. 제시문에 따르더라도 음모론 속 가설을 통한 미래예측이 가능하다. 단지 복잡하고 비정합적이어서 이론적으로 아름답지 않으므로 '올바른' 설명이라고 생각하지 않을 뿐이다.

② (×) 제시문의 견해와 부합한다.

③ (×) 제시문과 무관하다. 기존 증거들조차 제대로 설명하지 못하는 가설은 애초에 논의의 대상이 아니다.

④ (○) 현재는 복잡하고 비정합적인 가설도 시간이 지나면 이론적으로 단순하고 아름다워지는 경우가 많다면, 음모론 속 가설도 이론적 아름다움을 갖추어 과학적 근거를 가질 수 있을 것이다.

⑤ (×) 선지의 내용은 '음모론 속 가설에 대한 사람들의 믿음'을 얘기하는 것으로, '음모론 속 가설이 과학적 근거를 제공하지 못한다'는 것을 얘기하는 제시문과 직접적인 관련성이 없다. 제시문은 가설이 '과학적 근거'를 가질 수 있는 요건에 대해 이야기 하고 있으므로, "과학적 근거보다는 정신적 혹은 사회적 이익이 중요하다"라는 주장은 논점을 일탈한 것이다. (허수아비 비판)

29 표준사회과학모형 정답 ⑤

ㄱ. (○) 제시문에서는 '동일한 상태의 생물학적 특성과 자질(인간 본성, 진화된 심리)'이 개인 외부의 '사회문화적 환경'의 영향으로 매우 다양한 '행동적·정신적 조직화'로 발현된다고 주장한다. 그런데 ㄱ에서는 '사회문화적 환경'이 동일하다고 하더라도 '행동적·정신적 조직화' 양상이 달라질 수 있다고 진술하고 있으므로, 제시문과 상반된 견해로서, 주장에 대한 반론이 될 수 있다.

ㄴ. (○) 제시문은 '진화된 심리' 자체는 '복잡한 사회 질서 형성' 내지 '인간 생활의 조직화'에 아무런 역할을 하지 못한다고 본다. 그런데 ㄴ에서는 사회현상(복잡한 사회 질서 형성)을 설명할 때 진화된 심리적 구조를 고려하지 않으면 오류에 빠질 수 있다고 하므로, 제시문에 대한 반론으로 적절하다.

ㄷ. (○) 제시문에서는 '동일한 상태의 생물학적 특성과 자질(인간 본성, 진화된 심리)'은 다양한 '행동적·정신적 조직화'로 발현되는데 아무런 역할을 하지 못한다고 주장한다. 그런데, ㄷ에서 다른 문화권에서 성장한 쌍둥이가 태어날 때부터 동일한 생물학적 특성과 자질을 공유하기 때문에 매우 유사한 행동적·정신적 특성을 갖는 경우가 많다고 비판적 주장을 하고 있으므로, 반론으로 적절하다.

30 실험결과 해석에 대한 비판 정답 ③

ㄱ. (○) 〈B의 보고〉는 시각 장애 정도나 지적 수준 등에 대한 어떠한 통제도 하고 있지 않아 이러한 것들이 영향을 줄 수도 있다는 것을 배제할 수 없다. 따라서 A주장에 대한 적절한 비판이 될 수 있다.

ㄴ. (×) 이 내용은 A의 주장에 동의하는 내용으로 적절한 비판이라 할 수 없다.

ㄷ. (○) A는 〈B의 보고〉가 자신의 견해를 입증한다고 주장하는데, 〈B의 보고〉에 대한 해석을 잘못하였을 수 있다고 지적함으로써 A를 비판할 수 있다. 즉, 〈B의 보고〉는 환자가 구별하는 것과 환자가 말하는 것을 구분하지 않는데, 환자는 시각 경험을 언어로 표현해내는 데 시간이 필요할 뿐 시각에 주어진 대상들을 구별하지 못한 것은 아닐 수 있다는 것이다. 적절한 비판이라 할 수 있다.

31 비판 근거 추론 정답 ②

갑은 〈표 1〉을 근거로 하층계급이 중간계급보다 시민권에 대해 더 긍정적인 태도를 가진다고 주장한다. 〈표 1〉에 의하면 하층계급은 전체(100%) 중 45%가 긍정적인 태도를 가지고 있고, 중간계급은 전체(100%) 중 37%가 긍정적인 태도를 갖고 있는 만큼 적절한 주장이라 할 수 있다.

하지만, 을은 동일한 자료를 분석한 〈표 2〉를 통해 중간계급이 하층계급보다 시민권에 대해 더 긍정적인 태도를 갖는다고 주장하며 갑의 결론을 비판하고 있다. 을이 〈표 2〉를 통해 이와 같은 주장을 할 수 있는 것은 A인종의 경우 중간계급의 70%가 긍정적인 태도를 가지고 있고 하층계급의 50%가 긍정적인 태도를 가지고 있으므로 중간계급이 하층계급보다 시민권에 대해 더 긍정적인 태도를 가지고 있다고 할 수 있고, B인종의 경우 또한 중간계급의 30%가 긍정적인 태도를 가지고 있고 하층계급의 20%가 긍정적인 태도를 가지고 있으므로 중간계급이 하층계급보다 시민권에 대해 더 긍정적인 태도를 가지고 있다고 할 수 있기 때문이다. 다시 말하면 A인종의 경우도 B인종의 경우도 모두 중간계급이 하층계급보다 시민권에 대해 더 긍정적인 태도를 가지고 있으므로 중간계급이 하층계급보다 시민권에 대해 더 긍정적인 태도를 가진다고 주장할 수 있다는 것이다.

'왜 갑과 을의 결론이 달라졌을까'를 파악하는 것이 사실상 문제에서 요구한 '을이 갑을 비판하는 근거'를 찾는 것이 된다. 갑과 을의 결론이 달라진 이유는 갑은 인종 간 구분을 하지 않고 전체적으로 중간계급과 하층계급을 비교했기 때문이고, 을은 인종별로 나누어 중간계급과 하층계급을 비교하였기 때문이다. 따라서 인종 간 구분 시 어떤 이유로 이렇게 다른 결론에 이르게 되었는지 추론해 보면, 중간계급의 B인종이 A인종보다 많기 때문에, 그리고 하층계급의 A인종이 B인종보다 많기 때문임을 알 수 있다. 구체적으로 중간계급의 A인종과 B인종의 비율은 7 : 33으로 약 1 : 5이고, 하층계급의 A인종과 B인종의 비율은 5 : 1 임을 추론할 수 있다.

ㄱ. (×) 중간계급 중 A인종이 더 많기 때문이 아니라 B인종이 더 많기 때문이다.

ㄴ. (○) 갑은 을을 비판하는 근거로 '하층계급 중 A인종이 더 많기 때문에 〈표 1〉은 X시 성인들의 시민권에 대한 태도를 제대로 드러내지 않는다.'고 제시할 수 있다.

ㄷ. (×) ㄷ은 관련 없는 근거이다. B인종 중 하급계급이 더 많든 그렇지 않든 갑과 을의 결론이 달라지는 직접적인 이유가 되지 못한다.

32 신경과학과 규범 정답 ④

제시된 논증에 따르면, 뇌와 사람은 구분될 수 있고, 뇌는 자동적이고 법칙 종속적이며 결정론적 도구인 반면, 사람들은 뇌와 달리 자유롭게 행동하는 행위자들이므로 행위에 책임이 있다고 한다. 또한 각 사람의 책임은 타인과의 상호작용을 통해서 비로소 발생하고, 이러한 상호작용으로부터 행동의 자유라는 개념이 발생한다고 주장한다.

ㄱ. (×) 제시된 논증은 '우리의 선택이나 그에 따른 행위가 뇌의 작용에서 비롯된다'는 것을 부정하지 않고 있으며, '사람과 뇌는 구분될 수 있고, 사람들은 뇌와 달리 자유롭다'고 보고 있으므로 '뇌를 포함한 미시적 요소로부터 거시적인 차원의 행동을 예측할 수 없다'는 주장은 이에 대한 반론으로 보기 어렵다. 즉 양립 가능한 주장이다.

ㄴ. (○) 보기의 주장은 '뇌와 사람의 행동은 구별되지 않고 뇌가 결정적으로 작용하므로 사람의 행동이나 사람들의 상호작용 또한 결정되어 있다'는 것으로 '뇌와 사람은 구분될 수 있고 사람들은 뇌와 달리 자유롭다'는 제시된 논증에 대한 반론이 된다.

ㄷ. (○) 보기의 주장은 '사람이 실제로 자유롭기 때문에 책임을 부과하는 것이 아니라 사람들의 행동에 책임을 부과하는 관행 때문에 사람을 자유롭다고 보고 있다'는 것으로 '사람들은 뇌와 달리 자유롭게 행동하는 행위자이므로 행위에 대한 책임을 묻는다'는 논증에 대한 반론이 된다.

33 반론의 적절성 판단 정답 ③

ㄱ. (○) 인지 기능은 새벽 2시부터, 신체기능은 새벽 3시부터

영구 정지한 경우, ㉠에 따르면 '죽음은 인지기능의 영구적 정지'이므로 철수는 새벽 2시부터 사망한 것이 된다. 그러나 한편으로는 잠들어있었을 뿐인 새벽 3시 이전에는 깨우면 일어날 수 있었으므로 ㉠에 의하더라도 살아있었던 것이다. 결국 ㉠에 따르면 새벽 2시~3시 사이의 철수는 죽은 동시에 살아있는 것이 되므로 모순이 발생한다. 따라서 보기 ㄱ의 서술은 '㉠수정된 견해'에 대한 반론이 될 수 있다.

ㄴ. (○) '부활'이란 죽었다가 살아나는 것이다. 만약 철수가 '인지기능의 영구적 정지'상태인 죽음에서 '부활'하여 인지기능을 회복하였다고 가정해보자. 이 경우 '부활'은 모순적이지 않다. 그러나 철수가 인지기능을 회복한 이상 이는 인지기능의 영구적인 정지가 아니므로 결국 철수는 애초에 죽었다고 말할 수가 없어서 '부활'은 모순적인 개념이 된다. 결국 ㉠에 따르면 '부활'은 모순적인 동시에 모순적이지 않은 개념이 되므로 보기 ㄴ의 서술은 '㉠수정된 견해'에 대한 반론이 될 수 있다.

ㄷ. (×) 주문에 걸려서 인지 기능이 작동하지 않은 상태로 잠을 자다가 주문이 풀려 다시 잠에서 깨어난 경우, ㉠에 따르더라도 철수는 '인지기능의 영구적 정지'를 겪은 적이 없으므로 죽었던 적이 없다.

chapter 4 법적 추론 및 논증

01 증명책임의 주체 정답 ①

ㄱ. (○) '분쟁 당사자 사이에 권리 발생의 주장이나 그 사후 소멸에 관한 주장에 관한 다툼이 없으면 권리의 발생이나 그 소멸을 주장하는 자는 그 주장이 진실하다는 것을 증명할 필요가 없다'는 원칙에 따라 갑은 자신의 주장이 진실하다는 것을 증명할 필요가 없다.

ㄴ. (○) '권리가 발생하였으나 사후에 소멸하였다고 주장하는 자는 권리의 소멸에 관한 사실을 증명할 책임이 있다'는 원칙에 따라 권리의 소멸을 주장하는 을은 갑으로부터 빌린 돈을 갚았다는 사실을 증명할 책임이 있다.

ㄷ. (×) '갑의 권리 주장에 대한 다툼이 있는 경우'이므로 '자신의 권리를 주장하는 자는 그 권리의 발생에 필요한 사실을 증명할 책임이 있다'는 원칙에 따라 갑은 자신이 을에게 100만원을 빌려 주었다는 사실을 증명할 책임이 있다.

ㄹ. (×) '갑의 권리 주장에 대한 다툼이 있는 경우'이므로 '자신의 권리를 주장하는 자는 그 권리의 발생에 필요한 사실을 증명할 책임이 있다'는 원칙에 따라 갑은 자신이 을에게 100만원을 빌려 주었다는 사실을 증명할 책임이 있다.

02 변호사의 비밀유지의무 정답 ②

ㄱ. (×) 제3조 단서에 따르면 타인의 생명이나 신체에 대한 중대하고 임박한 위해를 방지하기 위한 경우에는 그러하지 아니하다고 하고 있으므로 을은 이 사실을 경찰에 알릴 수 있다.

ㄴ. (○) 제3조와 제4조에서 언급하고 있는 비밀은 변호사와 의뢰인 간의 대화나 문서가 이에 해당된다. 따라서 청소하던 직원으로부터 알게 된 정보에 대해서는 경찰에 알려줄 수 있다.

ㄷ. (×) 제3조와 제4조에서 언급하고 있는 것은 변호사와 의뢰인 간의 비밀 대화나 문서이다. 갑의 공개적으로 실토했다는 것이라든지 명시적으로 비밀임을 언급하지 않음을 통해 변호사의 비밀유지의무의 대상이라고 보기 어렵다. 따라서 을은 경찰에 알릴 수 있다.

ㄹ. (○) 제5조 비밀유지기간에 따르면 의뢰인이 포기하지 않는 한 '변호사-의뢰인' 관계가 종료된 후에도 지속된다고 하고 있으므로 을이 변호사의 양심상 더 이상 갑의 변호사가 될 수 없어 사임하였더라도, 을은 K의 소재를 경찰에 알려주어서는 안 된다.

03 근로기준법 및 시행령 정답 ②

ㄱ. (×) 법 적용 사유 발생일 전 1개월 동안의 가동일수가 20일이고 처음 10일은 6명, 나중 10일은 4명이 사용자에게 고용되어 근무하였다면 (가)와 (나)에 따라 연인원은 100명, 상시 사용하는 근로자 수는 5명이 되어 원칙적으로 A법이 적용되지만, (다)의 규정에 따라 법 적용 기준에 미달한 일수(4명이 일한 시기)가 가동일수(20일)의 2분의 1 이상(10일)이 되어 A법이 적용되지 않는다.

ㄴ. (○) (라)의 규정에 따라 하루 중 일부 시간만 근무하는 근로자 역시 포함되므로 해당 사업장의 상시 사용하는 근로자수는 8명이 되어 A법이 적용된다.

ㄷ. (×) 만약 사업장 근로자가 모두 친족으로 구성된 경우에는

(가)규정 단서에 의해 A법이 적용되지 않지만, 해당 사업장에는 친족 3명과 단시간 근로자 2명, 파견 근로자 2명이 근무하고 있고, (라) 규정에 따라 친족 3명과 단시간 근로자 2명이 연인원 산정 시 근로자로 인정되므로 당해 사업장의 상시 사용하는 근로자는 5명이 되므로 A법 적용대상이 된다.

04 판단규정의 사례에의 적용 정답 ④

① (○) "2015년 A가 갑을 합병한 경우, 2016년 기준 A는 중소기업이다."

- 2015년 A는 중소기업, 갑도 중소기업이다. 2015년 기준으로 A와 갑은 모두 매출액이 줄곧 1,000억 원 이하였으므로 중소기업이다. '중소기업이 아닌 기업과 합병한 중소기업'에 대해서는 중소기업으로 인정되지 않는다는 단서규정 1이 적용되지 않으므로, 원칙에 따라 옳은 보기이다.

② (○) "2015년 B가 을을 합병한 경우, 2016년 기준 B는 대기업이다."

- 2015년 B는 중소기업, 을은 대기업이다. 2015년 기준으로 B는 매출액이 1,000억 원을 초과하였으나, '매출액이 증가하여 대기업의 기준에 해당하더라도 바로 그 해와 그 다음 해부터 3년간은 중소기업으로 인정'한다는 원칙에 따라 여전히 B는 중소기업에 해당한다. 그러나 을의 경우 줄곧 대기업이었으므로, '중소기업이 아닌 기업과 합병한 중소기업'에 대해서는 중소기업으로 인정되지 않는다는 단서규정 1에 따라 대기업이다.

③ (○) "2015년 C가 병을 합병한 경우, 2016년 기준 C는 중소기업이다."

- 2015년 C는 중소기업, 병도 중소기업이다. 2015년 기준으로 C는 내내 매출액이 1,000억 원 이하였으므로 중소기업이다. 병의 경우, 2012년에 매출액이 증가하였으나 '바로 그 해와 그 다음 해부터 3년간은 중소기업으로 인정'되므로, 2015년까지는 중소기업으로 인정된다. 따라서 병을 합병한 C는 중소기업이다.

④ (×) "2015년 D가 어떤 중소기업을 합병한 경우, 2016년 기준 D는 중소기업이다."

- 2015년 D는 단서규정에 해당하는 중소기업이다. 2015년 기준으로 D는 '중소기업이었던 기업(2010~2014)이 매출액 감소로 중소기업이 된 후(2015), 다시 매출액 증가로 대기업이 된 경우(2016)'인 단서규정 2에 해당한다. 이 경우 D는 중소기업보호기간의 적용을 받지 않는다. 틀린 추론이다.

⑤ (○) "2015년 E가 어떤 중소기업을 합병한 경우, 2016년 기준 E는 중소기업이다."

- 2015년 E는 중소기업이다. E는 2013년에 매출액이 증가하였으나 '바로 그 해와 그 다음 해부터 3년간은 중소기업으로 인정'되므로, 2015년까지는 중소기업으로 인정된다.

05 법원칙에 대한 이해와 적용 정답 ⑤

ㄱ. (○) 제시문 첫 번째 문단에서 "(1) '보험사의 고의 또는 중대한 과실'로 인한 손해배상책임을 면제하는 약관조항은 금지된다. … 이들 금지규정에 위반되는 약관은 무효이다."라고 말하고 있다. 그런데, ㉠약관은 '보험사의 고의 또는 중대한 과실, 경미한 과실' 모두에 대해 손해배상책임을 면제한다. 따라서 첫 번째 문단에 따르면 ㉠약관은 금지규정 위반으로 무효인 약관이지만, 두 번째 문단에 따라, 효력 유지적 축소해석을 한다면 '고의 또는 중대한 과실'에 대해서만 한정하여 책임면제를 금지하고 '경미한 과실'에 대해서는 책임면제금지를 인정하지 않게 된다. 즉 '경미한 과실'에 대해서는 보험사의 손해배상책임면제를 인정하게 된다.

ㄴ. (○) 제시문 두 번째 문단에서도 언급하고 있듯이, ㉢은 '타당한 이유 없이' 제3자의 잘못으로 인한 손해에 대해 보험사의 책임을 면제하는 것이다. 따라서, 제시문 첫 번째 문단의 "(2) 보험사나 보험계약자의 잘못이 아닌 제3자의 잘못으로 보험계약자에게 발생한 손해에 대한 보험사의 책임을 '타당한 이유 없이 면제'하는 약관조항은 금지된다."는 보험약관법 내용에 위반된다.

ㄷ. (○) 보험약관법 금지규정에 위반하는 약관조항 전체를 무효로 할 경우 다시 만들어야 한다. 그렇게 되면, 보험약관법에 의해 허용되는 책임면제(혜택)까지도 받지 못하게 된다. 반면에 약관의 효력 유지적 축소해석을 하게 되면, 보험약관법에 의해 금지되는 것은 배제되지만 허용되는 책임면제(혜택)는 효력이 인정된다. 따라서 약관의 효력 유지적 축소 해석을 하면, 규정 (1), (2)에 부합하는 약관조항을 만드는 것이나 그렇지 않은 것이나 차이가 없기 때문에, 보험사로 하여금 규정 (1)과 (2)에 부합하는 약관조항을 만들 유인이 약해진다.

06 금지 규칙 / 개념 이해 및 사례에의 적용 정답 ⑤

규칙이 사례를 '과대포함'한다는 것은 규칙에 포함하지 않아도 될 사례를 포함하는 것(금지하지 않아도 되는 사례를 금지하는 것), '과소포함'한다는 것은 규칙에 포함해야 할 사례를 포함하지 않는 것(금지해야 하는 사례를 금지하지 않는 것)을 의미한다.

ㄱ. (○) 동물원 이용자의 안전 확보의 목적이라면, 이용자의 안전을 위협하는 차량을 막기 위하여 경찰차의 진입이 허용되어야 한다. 그러나, 〈규칙 1〉에 따르면 어떠한 경우에도 차량이 진입해서는 안 된다. 진입할 필요가 있는 차량(규칙에 포함하지 않아도 될 사례, 금지하지 않아도 될 사례)을 진입하지 못하도록(규칙에 포함, 금지) 하므로 규칙이 사례를 과다포함한다.

ㄴ. (○) 불필요한 소음 방지의 목적이라면, 핫도그 판매 차량은 동물원에 진입해서는 안 된다. 그러나, 〈규칙 2〉에 따르면 사전 허가를 받은 핫도그 판매 차량은 진입이 가능하다. 진입을 막아야 할 차량(규칙에 포함해야 할 사례, 금지해야 할 사례)을 진입하도록 허용(규칙에 포함하지 않음, 금지하지 않음)하므로 규칙이 사례를 과소포함한다.

ㄷ. (○) 불필요한 소음을 발생시키지 않는 구급차가 동물원 이용자를 구호하는 경우는 ㉠, ㉡ 어떠한 관점에서 보더라도 진입이 허용(규칙에 포함하지 않음, 금지하지 않음) 될 수 있다. 따라서 구급차 진입을 허용하는 〈규칙 3〉은 규칙에 포함하지 않아도 될 사례를 포함한 것이 아니므로 사례를 과다포함하지 않으며, 규칙에 포함해야 할 사례를 포함하지 않은 것도 아니므로 과소포함하지도 않는다.

07 행복극대화기준 / 원리이해 및 사례에의 적용 정답 ②

ㄱ. (×) 〈원리 1〉에 의해 A에서 누리는 행복보다 더 큰 행복을 누리는 다른 상황이 없다면 A에서 나쁘게 대우받는 것이 아니다. 사례에서 甲은 상황 A에서 5, B에서 5의 행복을 누리며, 乙은 상황 A에서 5, B에서 3의 행복을 누린다. 따라서 甲, 乙은 A보다 더 많은 행복을 누리는 다른 상황이 존재할 수 없기에 나쁘게 대우받는 것이 아니다.

丁의 경우 상황 A에서 존재하지 않는다. 〈원리 3〉에 의할 때, 어떤 상황에서 존재하지 않을 경우 존재하여 더 큰 행복을 누리는 다른 상황이 있더라도 존재하지 않는 상황에서 나쁘게 대우받는 것은 아니다. 따라서 丁이 B에서 5의 행복을 누릴 수 있다 하더라도 丁이 존재하지 않는 상황 A에서 나쁘게 대우받는 것은 아니다.

丙은 상황 B에서 5보다 큰 행복을 누리는 경우, 5보다 같거나 작은 행복을 누리는 경우로 나누어 볼 수 있다. 丙이 B에서 5보다 같거나 작은 행복을 누리는 경우 〈원칙 1〉에 의해 A에서 나쁘게 대우받지 않는다. 丙이 B에서 5보다 큰 행복을 누리는 경우, 〈원칙 2〉에 따라 B보다 A에서 더 많은 행복을 누리는 사람이 존재하는지 여부를 살펴보아야 한다. 乙은 A에서 5, B에서 3의 행복을 누리므로 이에 해당한다. 따라서 〈원칙 2〉에 의해 丙은 나쁘게 대우받지 않는다.

결국 甲, 乙, 丙, 丁 모두 상황 A에서 나쁘게 대우받지 않는다.

ㄴ. (×) 선지 ㄴ의 대우명제인 "α가 5보다 같거나 크다면, 甲~丁 중 두 사람 이상이 나쁘게 대우받고 있거나 아무도 나쁘게 대우받고 있지 않다."를 검증한다.

甲과 丙은 B에서 5 이상, A에서 5의 행복을 누린다. 따라서 〈원칙 1〉에 따라 나쁘게 대우받지 않는다. 丁은 B에서 5, A에서 0의 행복을 누리므로 〈원칙 1〉에 따라 나쁘게 대우받지 않는다.

乙은 B에서 3, A에서 5의 행복을 누린다. 따라서 〈원칙 2〉 따라 A에서 존재하는 사람 중에 A보다 B에서 더 많은 행복을 누리는 사람이 존재하는지 여부를 살펴보아야 한다. α가 5인 경우에는 그런 사람이 존재하지 않는 것이므로, 〈원칙 2〉에 따라 乙은 B에서 나쁘게 대우받는 것이다.

즉, α가 5인 경우에 甲~丁 중 한 사람(乙)만 나쁘게 대우받는다. ㄴ의 대우명제가 틀렸으므로 ㄴ 역시 틀린 표현이다.

ㄷ. (○) 선지 ㄷ의 대우명제인 "α가 5보다 같거나 작다면, A, B 중 도덕적으로 허용가능하지 않은 상황이 존재한다."를 검증한다.

상황 A는 甲, 乙, 丙, 丁, 누구도 나쁘게 대우받지 않으므로 도덕적으로 허용된다. (선지 ㄱ 해설 참고) 따라서 상황 B가 도덕적으로 허용되는지 살펴본다.

甲과 丁은 〈원칙 1〉에 따라 나쁘게 대우받지 않는다.

乙은 B에서 3, A에서 5의 행복을 누리므로 〈원칙 2〉에 따라 A에서 존재하는 사람 중 A보다 B에서 더 많은 행복을 누리는 사람이 존재하는지 여부를 살펴보아야 한다. 甲, 乙, 丙, 丁 모두 이에 해당하지 않는다. 따라서 乙도 나쁘게 대우받지 않는다.

丙이 B에서 5의 행복을 누리는 경우, <원칙 1>에 따라 나쁘게 대우받지 않는다.

丙이 B에서 5보다 작은 행복을 누리는 경우, <원칙 2>에 따라 A에서 존재하는 사람 중 A보다 B에서 더 많은 행복을 누리는 사람이 존재하는지 여부를 살펴보아야 한다. 乙의 경우에서 살펴보았듯이 甲, 乙, 丙, 丁 모두 이에 해당하지 않는다. 따라서 丙도 나쁘게 대우받지 않는다.

甲, 乙, 丙, 丁 모두 상황 B에서 나쁘게 대우받지 않으므로, 상황 B는 도덕적으로 허용된다. 선지 ㄷ의 대우명제가 옳으므로 선지 ㄷ 역시 옳다.

08 선의의 제3자 보호 요건 정답 ③

ㄱ. (○) A와 B의 허위 거래 사실을 모르고 C는 이를 기초로 하여 B와 매매계약을 체결하여 아파트를 취득하였고, 이를 통해 새로운 이해관계를 형성되었으므로 이 경우의 C는 보호되어야 한다.

ㄴ. (○) A와 B의 허위 거래 사실을 모르고 C는 이를 기초로 하여 A의 보증인으로 B에게 돈을 갚았고, 이로써 새로운 이해관계가 형성되었으므로 이러한 경우의 C는 보호되어야 한다.

ㄷ. (×) A와 B의 허위 거래를 기초로 새로운 이해관계가 형성된 경우의 병은 D가 해당된다. C의 경우는 A와 B의 허위 양도를 기초로 형성된 새로운 이해관계라기보다 B가 D에게 실제 양도함으로써 형성된 이해관계를 기초로 한 손배배상청구권을 양도받은 것으로 제시문의 병으로 보기 어렵다.

09 재판채택진술 정답 ③

㉠ (×) 용의자(갑돌)의 평소 행실에 대한 진술이므로 채택할 수 없다.

㉡ (×) 증인(마당쇠)의 과거 특정한 행위에 대한 진술이므로 첫 번째 요건에 따라 원칙적으로 채택할 수 없다. 그리고 두 번째 채택요건인 '재판에서의 허위진술'과 무관하기 때문에 예외적으로도 채택될 수 없어, 결국 첫 번째 요건에 따라 채택할 수 없는 진술이다.

㉢ (○) 증인(을돌)이 과거 재판에서 허위 진술로 처벌받은 적 있다는 진술이므로 두 번째 요건에 따라 채택한다.

㉣ (○) 증인(을돌)이 매우 진실하다는 소문은, 첫 번째 요건의 '증인의 평소 언행의 진실성'에 대한 고을에서의 평판에 해당될 뿐 아니라, 세 번째 요건의 '증인이 진실하다'라는 진술에 해당된다. 또한 다른 사람(대장장이)이 '증인(을돌)이 예전에 재판에서 허위 진술로 처벌받은 적이 있다'는 진술을 한 상태이므로 첫 번째 요건과 세 번째 요건을 모두 충족한다. 따라서 이 진술은 채택될 수 있다.

10 사이버몰판매 / 규정이해 및 사례에의 적용 정답 ①

ㄱ. (○) '사이버몰판매'는 사이버몰을 이용하여 '재화를 판매하는 것'이며, '사이버몰판매중개'는 거래 당사자간의 사이버몰판매를 알선하는 행위이다. 선지 ㄱ의 사례에서 P는 배달 서비스를 제공하는 것이며, P가 직접 식당에 가서 주문을 하는 방식이므로 식당의 입장에서는 '사이버몰을 이용하여 재화를 판매'하는 것이 아니다. 따라서, P가 제공하는 서비스는 '사이버몰판매중개'가 아니며, P 역시 사이버몰판매중개자가 아니다.

ㄴ. (×) 선지 ㄴ의 사례는 '임대차'를 중개하는 것으로서 '재화의 판매'를 중개하는 것이 아니다. Q 역시 사이버몰판매중개자가 아니다.

ㄷ. (×) 할인쿠폰은 재화로 볼 수 있으므로, R은 '사이버몰을 이용하여 재화를 판매'하는 사이버몰판매자에 해당한다. 거래 당사자 간의 사이버몰판매를 알선하는 행위가 아니므로 사이버몰판매중개자는 아니다. 따라서, 사이버몰 판매의 당사자가 아니라고 고지한다 하더라도 상품에 관한 손해배상책임에서 면제되지 않는다.

11 요건 포섭여부 판단 정답 ②

ㄱ. (×) X국 주식시장에 상장된 Y국 회사가 Y국에서 증권을 발행하는 것은 <규정> 제2조의 '외국에서 증권을 발행하는 외국 회사가 X국 주식시장에 상장된 상황'에 해당한다. 따라서 제2조가 적용되고 제1조를 준용한다. 제1조에 따르면 증권이 X국 거주자가 발행일부터 2년 이내에 그 증권을 취득하는 것을 허용하지 않는 때에는 신고의무가 없다. '발행일로부터 2년이 경과하지 않으면 X국 거주자가 취득할 수 없다'는 조건이 포함되었으므로 신고의무가 없는 경우에 해당한다.

ㄴ. (×) Y국 주식시장에 상장된 Z국 회사가 Y국에서 증권을 발행하는 경우는 <규정> 제1조에 해당하지 않는다. 또

한 제2조 'X국 주식시장에 상장된 외국회사가 외국에 증권을 발행하는 경우'에도 해당하지 않고, Z국 회사의 X국 거주자의 주식보유율도 15%로서 'X국 거주자의 주식비유보율이 20% 이상'인 경우에도 해당되지 않는다. 따라서 제2조의 적용 대상이 아니며 제1조를 준용하지도 않으므로 신고의무가 없다.

ㄷ. (○) X국 거주자의 주식보유비율이 20%이므로 〈규정〉 제2조의 'X국 거주자의 주식보유비율이 20% 이상인 경우'에 해당한다. 제2조의 적용대상이 되고 제1조를 준용하여 신고의무가 발생한다. 단, 제3조에 해당하는지 여부를 살펴보아야 한다. 외국 회사가 외국 통화로 표시된 증권을 발행하는 경우이기는 하나, X국 거주가가 발행일로부터 6개월만 경과하면 증권 취득이 가능하므로, 제3조의 적용대상이 되지 않는다. 따라서, 제1조에 따라 당국에 신고할 의무가 있다.

제2조의 적용 대상 여부를 파악해야 한다.

12 국제형사재판소 관할권 행사 정답 ②

ㄱ. (○) C국은 회원국이므로 제13조 (가)의 경우에 해당되며, A국은 협의행위가 발생한 영역국이자 범죄혐의자의 국적국이기도 하므로 제12조의 전제조건 중 어떤 국가가 국제형사재판소의 관할권을 수락한 경우에 해당되어 국제형사재판소의 관할권 행사가 가능하다.

ㄴ. (×) B국은 회원국이므로 제13조 (가)의 경우에 해당되나, A국은 회원국도 아니고 관할권을 수락하지도 않았으므로 제12조의 전제조건을 충족시키지 못하여 국제형사재판소의 관할권 행사가 가능하다고 할 수 없다.

ㄷ. (×) 검사가 독자적으로 수사를 개시한 것은 제13조의 (나)의 경우에 해당되나 A국은 회원국도 아니고 관할권을 수락하지도 않았으므로 제12조의 전제조건을 충족시키지 못하여 국제형사재판소의 관할권 행사가 가능하다고 할 수 없다.

ㄹ. (○) 제13조 (다)의 경우에 해당되고 이는 제12조의 전제조건과 무관하므로 국제형사재판소의 관할권 행사가 가능하다.

13 규정과 판례를 통한 형벌의 추론 정답 ④

- 사례 : 노비 '흥'은 동료 셋과 함께 양민인 주인의 숙부를 구타하여 손가락 3개를 부러뜨리고 도망하였다가 동료 한 명을 붙잡아 자수
- 손가락 3개 부러뜨림 : 도형 1년 반
- 노비가 양민인 주인의 숙부 구타 (3단계 상향)
  : 신분 차이 2단계 상향, 주인의 친족 1단계 추가 상향
- 여럿이 구타 : 1등급 하향
- 범인이 다른 범인 잡아 자수 (3등급 하향)
  : 자수 2등급 하향, 같이 범행 저지른 범인 잡아 자수 1등급 하향

결국 기본형인 도형 1년 반에서 1등급을 감한 형을 받게 되므로 도형 1년에 처하게 된다.

14 규정에 따른 사례의 형벌 추론 정답 ④

병의 가중요소와 감경요소를 파악하면 다음과 같다.
- 가중요소 : 자신을 체포하려는 포졸을 때려 상해를 입힘(4), 탈옥(5)
- 감경요소 : 갑의 범죄를 도와줌(3), 자수(6)

(9)에 따라서 (3), (4), (5), (6)을 순서대로 적용해야 한다.

1. 병은 사람을 때려 재물을 빼앗은 갑을 도왔으므로 (3)에 따라 (2)의 3등급에서 한 등급 감경해야 한다. 3등급에서 감경하는 것이므로 (7)을 적용해야 한다. 따라서 5등급에 해당한다.
2. (4)에 따라 네 등급을 가중해야 하는데 5등급에서 가중하는 것이므로 (8)을 적용해야 하므로 2등급까지만 가중할 수 있다. 따라서 2등급에 해당한다.
3. (5)에 따라 세 등급을 가중한다. 2등급에서 가중하므로 (8)을 적용하지 않는다. 따라서 1등급에 해당한다.
4. (6)에 따라 세 등급을 감경한다. 1등급에서 감경하므로 (7)을 적용해야 한다. 따라서 5등급에 해당한다.

병이 받을 형벌은 5등급인 노역 3년 6개월에 해당한다.

3.에서 2등급에서 가중하므로 (8)을 적용하지 않는 것에 주의한다.

15 군무원의 이중배상금지 정답 ②

ㄱ. (○) '군인·경찰관 기타 공무원의 직무상 불법행위로 손해를 받은 사람은 국가에 손해배상을 청구할 수 있다'는 〈규정〉에 따라 군인 D의 직무상 불법행위로 손해를 받은 회사원 A는 국가에 손해배상을 청구할 수 있다.

ㄴ. (×) 〈규정〉의 단서는 군인이나 경찰관이 받은 손해에 대한

규정으로 회사원인 B와 무관한 단서 규정이다. 따라서 '군인·경찰관 기타 공무원의 직무상 불법행위로 손해를 받은 사람은 국가에 손해배상을 청구할 수 있다'는 〈규정〉에 따라 군인 D의 직무상 불법행위로 손해를 받은 회사원 B는 국가에 손해배상을 청구할 수 있다.

ㄷ. (×) '군인·경찰관 기타 공무원의 직무상 불법행위로 손해를 받은 사람은 국가에 손해배상을 청구할 수 있다'는 〈규정〉에서 손해를 신체적 손해에 한정하고 있지 않으므로 〈규정〉에 따라 C는 그 피해의 배상을 국가에 청구할 수 있다.

ㄹ. (○) E는 군인이므로 '다만 군인·경찰관이 전투·훈련과 관련된 직무집행과 관련하여 받은 손해에 대하여 다른 법률에 따라 보상금을 지급받을 수 있는 경우에는 국가에 대해 손해배상을 청구할 수 없다'는 〈규정〉의 단서 또한 검토하여야 하는데, '사고 당시 D와 E의 직무가 전투·훈련과 무관한 것'이라면 이에 저촉되지 않으므로 '군인·경찰관 기타 공무원의 직무상 불법행위로 손해를 받은 사람은 국가에 손해배상을 청구할 수 있다'는 〈규정〉에 따라 E는 국가에 대해 손해배상을 청구할 수 있다.

16 소유권 취득 특례 정답 ③

A와 B 모두 매수 후 도품임을 모르고 2년이 지났다면 X뿐 아니라 Y도 병의 소유로 본다. 그러나 매수 후 2년이 지나지 않아 도품임을 알았다면 A는 X와 Y 모두 을의 것이라고 보나 B는 2년이 지나지 않았다하더라도 일정 조건(X 매수 후 Y가 수태되었고, Y가 태어날 때까지 X가 도품인 줄 모름)을 갖췄을 경우에는 X는 을의 것이 되지만, Y는 병의 것이 된다고 본다. 따라서 A와 B의 판단이 일치하지 않는 경우는 매수 후 2년이 지나지 않아 도품임을 알았고 일정 조건(X 매수 후 Y가 수태되었고, Y가 태어날 때까지 X가 도품인 줄 몰랐어야 함)을 갖췄을 경우로 3번 선택지가 이에 해당된다.

① (×) A : Y(을) vs. B : Y(을)
매수 후 2년이 지나지 않아 도품임을 알았다면 A는 X와 Y 모두 을의 것이라고 보나 B는 2년이 지나지 않았다하더라도 일정 조건(X매수 후 Y가 수태되었고, Y가 태어날 때까지 X가 도품인 줄 모름)을 갖췄을 경우에는 X는 을의 것이 되지만, Y는 병의 것이 된다고 본다. 하지만 Y 수태 후 X를 매수한 것이므로 X뿐 아니라 Y 또한 을의 소유가 된다.

② (×), ④ (×) A : Y(병) vs. B : Y(병)
병이 X가 도품이라는 것을 알았던 시점이 매수 이후 2년이 지난 시점이므로 A와 B 모두 X뿐 아니라 Y도 병에게 귀속된다고 본다.

③ (○) A : Y(을) vs. B : Y(병)
병이 X가 도품인 것을 알았던 시점이 매수 이후 2년이 지나기 전이었으므로 A에 따르면 X와 Y모두 을에게 귀속된다. 반면 B의 경우 매수 이후 2년이 지나기 전이더라도 Y가 매수 시점 이후에 수태되었고, Y가 태어날 때까지 병이 X가 도품인 것을 몰랐다면 Y는 병의 소유가 된다고 주장하므로 B는 X는 을, Y는 병에게 각각 귀속된다고 판단할 것이다.

⑤ (×) A : Y(을) vs. B : Y(을)
X의 매수 이후 2년이 지나지 않은 시점에 X가 도품임을 병이 알았으므로 A는 X와 Y 모두 을에게 귀속된다고 주장할 것이다. 그리고 병이 X가 도품인 것을 알았던 시점이 Y의 출산 이전이므로 B역시 X와 Y 모두 을에게 귀속된다고 주장할 것이다.

17 정당의 합당 절차 및 요건 정답 ②

ㄱ. (×) C당으로의 합당(이때의 합당은 새로운 당명으로 합당한 것으로서, '신설합당'에 해당한다)이 성립하려면 〈규정〉의 제1조 제2항에 따라, 제2조 제1항의 '선거관리위원회에 합당등록'이 필요하다. 제1조 제3항에 의하면 정당의 합당이 성립한 경우에는 그 소속 시·도 당도 합당된 것으로 간주한다. 보기 에서 시·도 당의 합당이 전제되어야 한다는 말의 의미는 시·도 당의 합당이 선행되어야 한다는 것을 의미하는데, 조문에 따르면 그럴 필요가 없으므로 ㄱ은 틀린 보기이다.

ㄴ. (×) '신설합당'의 경우, 〈규정〉 제1조 제3항 및 제4항에 따라 '합당등록신청일로부터 3개월 이내'에 '시·도 당 개편대회를 거쳐 변경등록신청'을 하지 않을 경우, 그 기간만료일의 다음날에 당해 시·도 당은 소멸된다. 〈사례〉에서는 '합동회의 결의'가 있었던 날이 2017. 5. 1. 이므로, 그로부터 14일 이내에 합당등록신청을 해야 한다. 그런데 〈사례〉에서 C당이 '합당등록신청'을 어느 날짜에 했는지는 주어져 있지 않으므로, '변경등록신청일'의 기산점이 언제인지는 명확하지 않다. 따라서 변경등록신청을 하지 않아서 소멸되는 시점이 반드시

2017. 8. 16. 이라고 단정할 수는 없다.

ㄷ. (○) 〈규정〉 제2조 제2항 및 제3항에 따라, 시, 도당의 대표자의 성명이 '합당등록신청일로부터 120일 이내'에 보완되지 않을 경우에는 당해 시·도 당의 등록이 취소될 수 있다. 이때 C당의 대표자가 '합당등록신청'을 2017. 5. 10. 하였다면, 초일불산입의 원칙에 따라 그로부터 120일이 지난 날짜는 2017. 9. 7. 이 되므로 옳은 보기이다. 이때 120일을 4개월로 계산할 수 없다는 점에 유의해야 할 것이다.

18 특별이해관계주주의 의결권 제한 정답 ①

ㄱ. (○) 병의 이사해임 안건이 가결되기 위해서는 규정 (3)에 따라 1) 출석 주주의 소유 주식 수가 발행주식총수의 1/3 이상이고 2) 출석주주 중 의결권을 행사할 수 있는 주주의 의결권 수의 2/3 이상 찬성이라는 2가지 요건을 모두 충족해야 한다. 병이 자신의 해임 안건에 특별이해관계가 있다면, 규정 (1)에 따라 그 안건에 대해 의결권을 행사할 수 없다. 갑, 을, 병 모두가 출석한 경우, 1)의 출석요건은 충족하였다. 2)의 요건을 충족하기 위해서는 '출석주주 중 의결권을 행사할 수 있는 주주의 의결권 수', 즉 갑과 을의 의결권 수인 600개의 2/3 이상인 400개 이상이 찬성으로 되어야 한다. 이때 갑과 을의 의결권은 각 340개, 260개이므로, 갑과 을 모두가 찬성해야만 본 안건이 가결될 수 있다.

ㄴ. (×) 병이 자신의 해임 안건에 특별이해관계가 없다면, 그 안건에 대해 의결권을 행사할 수 있다. 따라서 병만 출석한 경우, 1)의 출석요건은 충족하였으며, 2)의 요건 역시 충족할 수 있다. 병만 찬성한다고 하더라도 출석한 주주 중 의결권을 행사할 수 있는 주주의 2/3 이상 찬성이 가능해지기 때문이다. 따라서 틀린 보기이다.

ㄷ. (×) 병이 자신의 해임 안건에 특별이해관계가 있다면, 규정 (1)에 따라 그 안건에 대해 의결권을 행사할 수 없다. 을이 불참하고 갑과 병이 참석했다면, 1)의 출석요건은 충족한다. 이때 출석한 주주인 갑과 병의 의결권은 각 34개, 0개이므로, 갑의 찬성만으로도 '출석주주 중 의결권을 행사할 수 있는 주주의 의결권 수'의 60%는 충족 가능하다. 따라서 틀린 보기이다.

19 특허보상규정 정답 ②

〈규정〉에 따라 X가 받을 수 있는 처분보상금 규모는 다음과 같다.

1) 특허임대수익 : 30억 원
[총임대료(120억) - 개발비용(48억) - 영업비용(42억) = 30억]

2) 처분보상금 : 5천만 원~1억 원
[특허임대수익(30억)의 5~10% × 기여도(1/3)]

처분보상금 전체규모는 1.5~3억 원이지만, 이 중 X의 기여도가 1/3이므로 0.5~1억 원을 받을 수 있다.

① (×) 특허임대수익(30억)의 5~10%에 해당하는 금액은 1.5억 원~3억 원이고, 기여도(1/3)를 고려할 때의 금액은 5천만 원~1억 원이다. 따라서 어떻게 해석하더라도 틀린 판단이다. 또한 출원보상과 처분보상이 별개라는 측면에서도 갑의 진술은 논리적으로 적절치 않다.

② (○) X의 기여도(1/3)를 고려한 처분보상금은 5천만 원~1억 원이므로 옳은 판단이다.

③ (×) 보상금은 최대 1억 원까지 받을 수 있으므로 틀린 판단이다. 총 임대료가 120억 원인 것은 맞으나, 특허임대수익 계산 시 개발비용과 영업비용을 제외하여야 한다. 그렇지 않으면 보상금을 최대 4억 원으로 계산하는 오류를 범하게 된다.

④ (×) 임대료 수익은 30억 원이고, 보상금은 최대 1억 원까지 받을 수 있으므로 틀린 판단이다. 임대료 수익을 52억 원으로 본 것은 초회 대금, 중간 정산대금을 임대료에 포함시키지 않고 개발비용과 영업비용을 제하지 않아서 나온 결과로 잘못된 판단을 하고 있다. 임대료 수익이 52억 원이라고 하여도, X의 기여도(1/3)를 고려하여 계산해 보면, 최소금액은 2억 6천만 원의 1/3로서 최소 보상금 청구 또한 잘못되어 있다.

⑤ (×) 규정 (3)에 의하면 '수령할 임대료'도 특허임대수익 산정에 포함된다. 총 임대료는 120억이고, 특허임대수익은 30억 원이므로 틀린 판단이다.

20 공직선거법 / 지방의회 정답 ④

① (×) 세 번째 경우에 해당된다. 이 경우 '종전의 의원은 새로운 지자체의 의원으로 되어 잔여기간 재임'하고, '합병된 의회의 의원정수는 재직하고 있는 의원수'이므로, 합병된 지방의회의 잔임기간 의원정수는 A구 10명, B구 8명을 합한 18명이 된다.

② (×) a1 선거구 전부가 다른 지자체(B구)에 편입되는 경우로서 첫 번째 경우에 해당된다. 이 경우 '편입된 선거구에

서 선출된 의원은 종전의 의원 자격을 상실하고 새로운 지방의회의원의 자격을 취득'하므로 A구가 아닌 B구 의회 소속이 된다.

③ (×) a2 선거구의 일부가 다른 지자체(B구)에 편입되는 경우로서 두 번째 경우에 해당된다. 이 경우 '편입된 구역이 속해 있던 선거구에서 선출된 의원은 자신이 속할 지방의회를 선택'하므로 B구 의회로 반드시 소속이 변경되는 것은 아니다. A구 의회나 B구 의회를 선택할 수 있다.

④ (○) B구가 2개의 지방자치단체(B1, B2)로 분할되는 경우로서 네 번째 경우에 해당된다. 이 경우 '후보자등록 당시의 선거구 관할 지자체의 의원으로 되어 잔여기간 재임'하므로 b1에서 선출된 2명은 B1구 소속이 된다. 비례대표의 경우, '자신이 속할 지방의회를 선택'하므로 기존 비례대표 2명이 모두 B1구를 선택할 경우, B1구 의원정수는 최대 4명이 될 수 있다.

⑤ (×) 합병의 경우에도 잔임 기간 경과 후 해당 지방의회 의원정수가 조정될 가능성이 있고, 구역 변경의 경우에는 의원정수의 조정 가능성이 없으므로 틀린 판단이다. 구역 변경의 경우에는 '해당 의회의 의원정수'에 대해 규정하고 있어 '잔임 기간 이후'에도 변함없이 적용이 되는 반면, 합병의 경우와 분할의 경우에는 '그 잔임 기간의 합병된 의회의 의원정수'에 대해 규정하고 있을 뿐이므로 '잔임 기간 이후'에 대해서는 조정 가능성이 있다.

21 규정에 따른 사례의 주차대수추론 정답 ⑤

- 시설 중에서 판매시설에 해당하는 3000㎡는 기존의 기계식주차장치를 철거하고 새로운 부설주차장을 설치한 것이다. 이는 제2조 제3항의 적용 대상이므로 〈표〉의 판매시설 설치기준을 2분의 1로 완화해서 적용해야 한다.

- 판매시설에서 위락시설로 변경된 3000㎡는 설치기준이 강화되는 용도로 변경된 것이다. 따라서 위락시설에 해당하는 3000㎡에는 제2조 제4항에 따라 〈표〉의 위락시설 설치기준을 적용해야 한다.

이를 그림으로 나타내면 다음과 같다.

3000㎡ 판매시설 최소 주차대수 : 10대 (3000÷150÷2=10)	3000㎡ 위락시설 최소 주차대수 : 30대 (3000÷ 100=30)

따라서 제3조에 따라 필요한 총 최소 주차대수는 40대이다. 현재 시설의 주차대수는 20대이므로 추가로 갑이 갖추어야 할 최소 주차대수는 20대이다.

시설면적 6000㎡을 판매시설 3000㎡과 위락시설 3000㎡로 나누어 각각의 면적에 필요한 최소 주차대수를 계산해야 한다.

22 미술품 저작권 / 규정에 따른 사례 판단 정답 ⑤

- 저작자가 ㉠을 청구할 수 있는 요건
  : (1) 원본 최초 매도 이후 후속거래 + (2) 미술상이 매도·매수·중개 + (3) 거래가액 40만 원 이상
  : 매도인에게 청구해야 함
- 저작자가 거래정보 및 매도인의 정보를 요구할 수 있는 요건
  : (1) 미술상이 관여 + (2) 자기 저작물의 거래 + (3) 최근 3년간 거래

- 갑 - 을의 거래 : 최초 매도이므로(1-×) 요건 불충족
- 을 - 병의 거래 : 후속거래이고(1), 미술상이 매도했으나(2), 40만 원 미만이므로(3-×) 요건 불충족
- 병 - 정의 거래 : 후속거래이고(1), 미술상이 중개했으며(2), 40만 원 이상이므로(3) 요건 충족
  → 매도인 병에게 거래가액 2억 원의 2%인 400만 원을 청구할 수 있음 (제3조 제2호)
- 정 - 무의 거래 : 후속거래이고(1), 미술상이 매도했으며(2), 40만 원 이상이므로(3) 요건 충족
  → 매도인 정에게 거래가액 3억 원의 3%인 900만 원을 청구할 수 있음 (제3조 제3호)
- 무 - 기의 거래 : 후속거래이지만(1), 미술상이 매도·매수·중개한 거래가 아니므로(2-×) 요건 불충족

①,③ (○) 갑은 병에게 400만 원, 정에게 900만 원을 청구할 수 있다.

② (○) 갑은 을에게 ㉠을 청구할 권리가 없다.

④ (○) 병 - 정의 거래에서 중개인은 을, 매도인은 병이므로, 갑은 을에게 병의 정보를 요구할 수 있다(제5조).

⑤ (×) 무 - 기의 거래는 중개인 정이 관여한 거래가 아니다. 따라서 제4조에 의하더라도 갑이 정에게 정보를 요구할 권리는 없다.

요건을 모두 충족하는지 꼼꼼히 따져보아야 하며, 특히 미술상이 매도·매수·중개한 거래인지를 확인해야 한다.

23 규정에 따른 사실관계 판단 정답 ④

날짜	사유	근거 규정	벌점 배점	벌점 소멸	처분 벌점	처분
2017. 5. 1.	신호위반	제2조 제1항	15		15	
2018. 4. 30.	벌점 소멸	제2조 제3항		-15	0	
2020. 7. 1.	정지선위반	제2조 제1항	18		18	
2021. 3. 1.	갓길통행	제2조 제1항	25		43	
		제3조 제1항		-43	0	43일간 운전면허 정지 (~2021.4.13.)
2021. 4. 1.	속도위반 (45km/h 초과)	제2조 제2항 제3조 제2항	80		80	
		제3조 제1항 제3조 제3항		-80	0	80일간 운전면허 정지 (~2021.7.2.)

- 2021. 3. 1.에 처분벌점이 43점이 된다. 3 2.부터 43일간 면허가 정지된다.
- 2021. 4. 1.은 면허정지기간 중이므로 벌점이 2배가 된다. 벌점이 80점이 되면서 80일간 운전면허가 정지된다.
- 제3조 제3항에 따라 기존 정지처분 기간 종료 후(4. 14. 부터) 80일간이므로 7월 2일이 된다.

24 처벌방법 / 규정에 따른 사례 판단 정답 ②

갑 : [Y국 규정]에 따르면 강간죄는 내국인의 경우 Y국 영역 내외를 가리지 않으나 외국인의 경우에는 Y국 내에서 강간이 행해져야 처벌할 수 있다. 이에 반해 해상강도의 경우는 그 영역과 국적을 가리지 않는다. 이에 따라 X국 국적인 갑이 X국에서 저지른 강간은 처벌대상이 아니나 해상강도는 2회 모두 처벌의 대상이 된다. [Y국 규정] 제4조 제1항에 따르면 동종의 범죄가 2회 범해진 경우 가장 중한 형을 선택하여 그 형에 그 형의 1/2를 가산한다. 따라서 해상강도 죄의 형량 9년에 4년 6개월을 가산한 13년 6개월이 갑의 형량이 된다.

을 : [Y국 규정]에 따르면 강간죄는 내국인의 경우 Y국 영역 내외를 가리지 않고 처벌할 수 있다. 이에 따라 Y국 국적인 을은 X국에서 한 강간도 처벌받게 된다. [Y국 규정] 제4조 제2항에 따르면 동종의 범죄는 1회의 범죄를 1개의 범죄로 본다. 따라서 을의 강간 범죄는 총 3회가 된다. [Y국 규정] 제4조 제1항에 따르면 동종의 범죄가 3회 범해진 경우 가장 중한 형을 선택하여 그 형에 그 형의 2/3를 가산한다. 따라서 강간죄의 형량 6년에 4년을 가산한 10년이 을의 형량이 된다.

정 : [X국 규정]에 따르면 강간죄는 X국 내에서 일어난 경우 국적을 불문하여 처벌하고 해상강도죄는 외국인의 경우 X국 내에서 범죄를 저지를 경우 처벌한다. 단, [X국 규정] 제3조에 따르면 X국은 X국 국적만을 가진 이를 내국인으로 본다는 것이다. 이에 따라 병은 X국 국적이 있지만 X국 내국인이 아니다. 따라서 병은 X국에서 한 2회의 강간만을 처벌받는다. X국은 [X국 규정] 제4조에 따라 수회 범해진 범죄의 형량을 합산하므로 정에게는 강간죄의 형량 7년을 두 번 더한 14년이 선고된다.

따라서 최저 형량은 10년이고 최고 형량은 14년이 된다.

25 지분보유제한 / 규정에 따른 사례 판단 정답 ⑤

① (○) 병은 배우자 을과 함께 Q회사의 지분 50%를 확보하고 있으므로 제2조 제3호에 해당한다. 따라서 병은 Q회사와 사실상 동일인이다. 따라서 제1조에 따라 병이 마스크 생산회사인 P회사의 지분을 취득할 때, 병과 Q회사의 지분을 합쳐 50%까지 가능하다. Q회사의 지분이 20%이므로 30%를 더 취득할 수 있다.

② (○) 을이 갑의 딸이라 할지라도 Q회사와 갑은 사실상 동일인 관계가 아니다. 따라서 갑은 Q회사의 지분에 구애받지 않고 35퍼센트의 지분을 추가로 취득할 수 있다.

③ (○) 정이 갑의 딸이라면 정과 갑은 사실상 동일인이며, Q회사 역시 정이 50%를 보유하고 있으므로 사실상 동일인이다. 따라서, 정은 갑의 지분 15%, Q회사의 지분 20%를 합쳐서 50%까지만 P회사의 지분을 취득할 수 있다. P회사 지분 15% 취득 가능하다.

④ (○) 병이 정에게 Q회사 지분 10%를 판다면, 병의 지분은 30%로 줄고 배우자인 을과 지분을 합하더라도 그 합이 40%가 되어 병과 Q회사는 사실상 동일인 관계가 성립하지 않는다. 따라서 병은 Q회사의 P회사 지분에 구애받지 않고 50%의 지분을 취득할 수 있다.

⑤ (×) 갑이 정으로부터 Q회사 지분 50%를 매입할 경우 갑은 Q회사와 사실상 동일인 관계가 성립한다. 이에 따라 갑

은 기존 P회사 지분 15% 및 Q회사의 P회사 지분 20%를 합쳐서 50%까지만 확보할 수 있다. 따라서 P회사 지분 15%만 취득 가능하다.

26 외국인에 대한 대우 정답 ④

ㄱ. (○) 〈전제〉에서 「자국민에 대해 선진국이 개발도상국보다 더 높은 수준으로 대우한다」고 하고 있으므로 선진국이 개발도상국에게 자신이 자국민을 대우하는 만큼 또는 (나)와 같이 국제사회가 합의한 최소한의 수준만큼 대우하라고 요구할 수 있는데 이때 (가)는 개발도상국이 취할 수 있는 하나의 논거가 될 수 있다.

ㄴ. (×) (나)는 선진국이 개발도상국에 있는 자국민에 대한 대우를 개발도상국에 요구하는 것으로 파악할 수 있다.

ㄷ. (○) 「배경 진술」이라는 표현에 주의할 필요가 있다. 외국에서 자국민을 부당하게 대우하였고 이것이 문제로 인식될 경우 (가) 또는 (나)와 같은 주장이 나올 수 있다. 따라서 '외국인을 부당하게 대우하는 자는 그 외국인의 국적 국가를 간접적으로 침해하는 것'이라는 주장은 (가)와 (나) 모두에 「반드시」 적용되는 배경 진술이라고는 할 수 없으나, 적용 가능한 배경 진술이라고는 할 수 있다.

ㄹ. (○) (가)를 지지하는 어떤 국가가 개발도상국일 경우 다른 상황이나 조건의 변화 없이 (나)를 따른다는 것은 외국인을 자국민에 비해 보다 높은 수준의 대우를 한다는 것을 의미하므로 결과적으로 자국민에 대한 역차별 문제가 나타난다고 할 수 있다.

27 추론된 사실에 대한 종합적 판단 정답 ③

① (○) 백 소사가 분함을 가지게 되었을 수 있다든지 그러한 분함은 남은 쌀을 가져감으로써 해소되었을 것이라든지 하는 추정은 사람에 따라 다를 수 있다. 따라서 (A)가 타당한지 확인하려면 김 소사와 백 소사 사이의 평소 인간관계나 금전 거래 관계를 조사해 볼 필요가 있을 것이다.

② (○) (B)는 재물을 동기로 볼 경우, 백 소사는 김 소사 집에 재차 침입하지 않았을 것이라는 결론을 내리고 있고, 그러한 추론의 근거로는 이미 백 소사는 이미 김 소사의 집을 샅샅이 뒤져 가져갈 것이 없음을 알고 있었다는 것이다. 따라서 B는 "누구든 가져갈 것이 없음을 알고 있는 집에 도둑질하러 들어가지는 않을 것이다."라는 취지의 암묵적인 전제에 의존하고 있음을 알 수 있다.

③ (×) '반박'되는 것이 아니라 지지된다고 할 수 있다.

④ (○) (D)의 내용은 범인의 입장에서의 행동의 논리를 추정한 것이므로 김 소사가 남몰래 집 안에 귀중품을 감추어 두고 있었다는 사실이 사건 후에 새로 밝혀졌다 해도 범인이 그 사실을 알지 못하였다면 (D)는 약화되지 않는다.

⑤ (○) 아이가 살아나도 큰 문제가 되지 않을 사람이라는 것은 아이가 모르는 사람이거나 안다고 하더라도 아이의 진술을 방어할 수 있는 사람일 것이다. 따라서 백 소사가 범인이 아님을 단정할 수 없지만, 죽은 아이가 모르는 사람이 범인일 가능성이 있다고 추리할 수 있다.

28 제척기간의 예외 적용 정답 ⑤

대화에서 견해의 차이를 빚는 구분기준으로서의 중심개념에 대한 빠르고 정확한 파악이 중요하다. 법률상 권리행사 가능성과 사실상 권리행사 가능성이 견해를 구분짓는 중요개념이다.

① (○) 일조권을 침해당하게 된 사람은 권리행사가 법률상 가능했던 자이므로 갑의 주장에 따르면 아무런 권리주장 없이 일정 기간이 지나면 권리행사를 할 수 없을 것이다.

② (○) 정치·사회적 상황상 수십 년간 국가를 상대로 손해배상을 청구하지 않던 사람이 과거사정리위원회의 진실규명 결정을 받은 후에 비로소 손해배상을 청구하였다는 것은 이전까지는 법률상 권리행사가 가능했다 하더라도 사실상 불가능한 상태에 놓였다고 판단할 수 있으므로 을의 주장에 따르면 손해배상 청구를 인정할 수 있을 것이다.

③ (○) 이 경우는 권리행사가 사실상 불가능한 경우에 해당되므로 을의 주장에 따르면 오랜 시간이 지났더라도 그 권리를 행사할 수 있도록 해야 할 것이다.

④ (○) 보상에 관한 법규정이 없어 청구하지 못했다는 것은 법률상 행사가 불가능했었음을 의미하므로 갑의 주장에 따르더라도 헌법재판소의 결정이 있은 이후에 보상청구권을 행사할 수 있을 것이다.

⑤ (×) 20년이 지났다 하더라도 그 동안 AIDS가 발병하지 않아 피해사실뿐 아니라 피해의 원인 또한 알 수 없었던 사례로 권리행사가 사실상 불가능한 경우에 해당되므로 을의 주장에 따를 경우 손해배상청구권을 행사할 수 있을 것이다.

29 상황에 따른 유불리 판단 정답 ③

ㄱ. (○) '이혼 상대방이 연금형성에 기여했음에도 불구하고 연금분할여부가 이혼절차의 종결시점에 따라 결정되는 것은 불합리하다'라는 것은 'A의 의견이 불합리하다'라는 것이므로, A는 약화된다.

ㄴ. (○) 이혼 후 퇴직연한이 65세에서 60세로 바뀌어 연금 전액을 수령하기 위한 최소한의 근속연수를 채우지 못하였다는 것은 퇴직 후 받게 되는 연금 총액이 줄었음을 의미한다. 하지만 D는 B와 달리 퇴직 후 받게 될 연금 총액을 기준으로 지급 금액을 결정하는 것이 아니라 이혼일에 사퇴한다고 가정할 때 받게 될 연금액을 기준으로 지급 금액을 결정한다. 따라서 이혼 상대방에게 지급하는 금액이 B의 경우가 D의 경우보다 클 것이므로 연금 수령자에게는 B보다 D가 더 유리하다. 설령 퇴직 시 실제 수령하는 금액은 적어지더라도 이러한 관계는 변하지 않는다.

ㄷ. (×) 주의해야 할 것은 '연금수령자'의 유불리를 묻고 있는 것이 아니라, '이혼 상대방'의 유불리를 묻고 있다는 것이다. B는 이혼 시 지급하는 것이고, C는 퇴직 시 지급하는 것이므로, 만약 이혼 후 연금 자산운용의 수익률 증가로 인하여 연금수령자가 이혼 시 예상했던 것보다 더 많은 연금을 받게 된다면, 이혼 상대방에게는 B보다 C가 더 유리하다.

30 각국 저작권법의 공통점과 차이점 추론 정답 ⑤

① (×) 사례 1과 3 모두 전문성의 요건을 충족하고 있다고 볼 수 있으므로 B국의 경우 저작권에 의한 보호여부가 전문성에 있다고 보기 어렵다.

② (×) 사례 2의 경우 등록, 허가가 없음에도 B국에서는 저작권에 의해 보호된다.

③ (×) 사례 1의 경우 축하곡으로 예술성과 관련이 있으나 B국에서 보호되지 않고, 사례 3의 경우 학술성과 관련이 있으나 B국에서는 보호되지 않는다. 사례 2와 비교할 때 예술성과 학술성의 수준을 구분할 수 있는 단서는 제시되어 있지 않다.

④ (×) 제시된 정보만으로 독창성 여부를 판단하기 어렵다. 따라서 B국에서의 보호여부가 독창성에 달려 있다고 보기 어렵다.

⑤ (○) B국을 중심으로 판단해 보면 사상이나 감정이 유형의 표현매체에 고정되어 있는지의 여부에 따라 저작권법에 의해 보호되거나 보호되지 않음을 알 수 있다.

31 피고인 인정 요소와 해당 국가 연결하기 정답 ④

① (○) '검사의 의사'는 A국의 고려요소가 아니고, '공소장'은 C국의 고려요소가 아니므로 '법정 출석자'는 B국의 고려요소가 아니다.

② (○) A국은 '법정에 출석한 자'와 '공소장'을 고려하되, '법정 출석자'를 우선순위에 두고 있으므로 검사가 피고인으로 인식한 갑과 공소장에 기재된 을이 모두 법정에 출석한 경우, A국에서는 을을 피고인으로 인정할 것이다.

③ (○) C국은 '검사의 의사'와 '법정 출석자'를 고려하되, '검사의 의사'를 우선순위에 두고 있으므로 검사가 피고인으로 인식한 갑과 공소장에 기재된 을이 모두 법정에 출석하지 않고 대신 병이 출석한 경우, C국에서는 갑을 피고인으로 인정할 것이다.

④ (×) C국은 '검사의 의사'와 '법정 출석자'를 고려하되, '검사의 의사'를 우선순위에 두고 있으므로 C국에서는 을이 아니라 갑을 피고인으로 인정할 것이다.

⑤ (○) A국은 '법정에 출석한 자'와 '공소장'을 고려하되, '법정 출석자'를 우선순위에 두고 있으므로 을을 피고인으로 인정할 것이다.

32 추론된 내용의 근거나 이유 찾기 정답 ⑤

① (○) 정리해고는 해고사유가 사용자에게 있는 것이므로 해고사유가 발생하면 이후 일정한 기준을 통해 해고대상자를 선정하는 과정이 필요하다고 할 수 있다.

② (○) 제시문 첫 번째 문단의 「직장의 의미가 자신의 인격을 실현하는 장이라는 현대적 의미도 갖는다」는 내용에서 그 근거를 찾을 수 있다.

③ (○) 제시문 두 번째 문단 하단부의 「근로계약관계에 의해 형성되는 공동체는 고유한 질서를 가진 또 다른 작은 사회에 다름 아니다」라는 내용에서 그 근거를 찾을 수 있다.

④ (○) 제시문 세 번째 문단의 두 번째 해고 유형의 「적격성을 상실하였다는 것은, 근로자가 업무를 수행하고 싶어도 상당 기간 수행할 수 없게 되었다는 것」라는 내용에서 그 근거를 찾을 수 있다.

⑤ (×) 이에 대한 직접적인 근거를 제시문에서 찾을 수 없다.

33 생략된 전제 추론 정답 ③

①(×) C국의 〈당해 재판에 적용할 법률〉이 사망자의 본국의 법률에 따르도록 하고 있으므로 그 사망자의 본국인 A국은 A국의 법률을 따라야 한다. 따라서 A국의 법률은 상속에 관하여는 사망자의 최후 주소지의 법률에 따른다고 하고 있으므로 상속에 관하여는 B국의 법률에 따라야 한다. 순환구조가 계속해서 이어짐에 따라 'A국의 상속법이 적용되어야 한다'는 C국 법원의 판단이 도출되기 어렵다.

②(×) 1번 선택지와 같은 결론에 이르게 되어 적용 법률을 판단할 수 없게 된다.

③(○) C국의 〈당해 재판에 적용할 법률〉에서 언급되고 있는 법률 즉, 「C국 : 상속에 관하여는 사망자의 본국의 법률에 따른다.」에서의 A국의 법률에는 A국이든 B국이든 그 나라의 〈당해 재판에 적용할 법률〉 자체는 포함되지 않는다고 해석한다면 결국 A국의 법률 즉, A국의 상속법이 적용된다는 결론이 도출될 수 있다. 결국 본 문제가 요구하는 정답은 모순처럼 보이는 역설적 상황을 해소하는 방안으로서의 암묵적 가정 내지 전제를 묻고 있다.

④(×) 이 또한 계속된 순환 고리를 끊을 수 없어 〈C국 법원의 판단〉과 같은 결론에 도달하기 어렵다.

⑤(×) 본 사례는 C국의 〈당해 재판에 적용할 법률〉에 따른 결과가 다시 C국의 법률을 적용하도록 명하는 경우로서 이 경우 C국의 〈당해 재판에 적용할 법률〉은 적용하지 않는 다면 결국 B국의 〈당해 재판에 적용할 법률〉에 따라 상속재산 소재지인 C국의 상속법이 적용되어야 한다는 결론에 이르게 된다.

34 법률의 위헌여부 판단 정답 ②

② (×) 제시된 논증의 구조를 분석해 보면 다음과 같다.

$$\underline{1 + 2}$$
$$\downarrow$$
$$\underline{3 + 4 + 5}$$
$$\downarrow$$
$$6$$

1, 2, 그리고 3만을 놓고 볼 때, 1은 헌법 제37조 2항을 다시 정리해 준 것으로 일종의 대전제에 해당되며, 2는 헌법 제10조에 대한 요건해석과 A조항이 이 요건에 포섭되는 지를 판단하고 있는 것으로 소전제에 해당되고, 3은 결론에 해당된다. 일반적으로 논리전개의 순서는 대전제 - 소전제 - 결론 순이나 대전제와 소전제가 바뀐다 하여도 그리 큰 문제가 되지 않는다. 따라서 결론에 이르는 판단의 순서에 있어 1과 2는 바뀔 수 있다.

③ (○) 좌석안전띠를 매지 않을 자유가 일반적 행동자유권의 보호영역에 속하지 않는다고 판단되었다면 이는 헌법 제37조 제2항에서 보호하고 있는 국민의 자유와 권리에 해당되지 않기 때문에 위반 여부를 굳이 판단할 필요가 없다.

35 배아의 법적 지위 관련 견해 및 판례 정답 ③

① (○) 제시문 마지막 문단의 「배아에 대한 부적절한 이용가능성을 방지하여야 할 공익적 필요성의 정도가 배아생성자의 자기결정권이 제한됨으로 인한 불이익의 정도에 비해 작다고 볼 수 없으므로, 생명윤리법 규정이 헌법에 위반된다고 볼 수 없다.」는 내용을 통해 확인할 수 있다.

② (○) '임의로'라는 부분에 주의할 필요가 있다. 제시문「다만 잔여 배아는 발생학적으로 원시선이 나타나기 전까지에 한하여 체외에서 동의권자의 동의를 전제로 연구 목적으로 이용할 수 있다.」에 따르면 동의권자의 동의를 전제로 하고 있으므로 임의로 처분할 수 있는 연구의 대상이 아니라고 할 수 있다.

③ (×) A국의 헌법재판소가 합헌결정을 하였다고 하여 배아의 권리를 배아생성자의 권리보다 무조건 크다는 것을 전제하고 있는 것은 아니다. 단지 이 사안의 경우에 이익의 비교형량을 통해 배아의 부적절한 이용가능성 방지라는 공익적 필요성을 크게 판단한 것이라 할 수 있다.

④ (○) 인간 배아의 법적 지위와 관련하여, 제1견해는 인간의 생명은 수정된 때부터 시작되므로 배아를 완전한 인간으로 인정해야 한다고 보고 있다. 따라서 착상 전 배아에 손상을 주는 연구는 인간에게 손상을 주는 연구를 의미하므로 제1견해에 따르면 원칙적으로 금지된다고 할 수 있다.

⑤ (○) A국의 헌법재판소 결정은 A국의 생명윤리법이 합헌이라는 결론을 내리고 있다. 따라서 A국의 생명윤리법 규정을 통해 제3견해와 부합하는지를 판단할 수 있다. 규정 단서에 따르면, 「다만 잔여 배아는 발생학적으로 원시선이 나타나기 전까지에 한하여 체외에서 동의권자의 동의를 전제로 연구 목적으로 이용할 수 있다.」고 하고 있으므로 원시선을 기준으로 생명권의 주체여부를 판단하고 있다. 따라서 A국의 헌법재판소 결정은 제3견해와 부합한다.

36 법률상책임 / 강화약화판단 정답 ①

ㄱ. (○) 제시문에 따르면 합리적 행위 능력은 '자신의 믿음에 입각하여 자신의 욕구를 달성하는 행동을 수행할 수 있는 능력'이다. 이것이 법률상 책임을 판단하는 기준이 된다. 만약 신경과학이 믿음과 욕구의 역할을 부정한다면 이는 제시문에서 말하는 '합리적 행위 능력'의 정의에 대한 반박이 되며 글의 논지 역시 약화된다.

ㄴ. (×) 제시문에 따르면 법은 형이상학적 의미의 자유의지 유무에는 관심이 없고, 사람들이 최소한의 합리성 기준을 충족하는지에만 관심이 있다. 합리적 행위 능력이 두뇌의 생물학적 특성에 불과하다는 사실은 제시문의 주장과는 무관한 내용이며, 글의 논지를 약화할 수 없다.

ㄷ. (×) 범죄를 저지른 사람 중 상당수가 공통된 신경적 기제를 지니고 있다는 사실은 뇌 안의 신경적 요인이 범죄 행위의 이유가 될 수 있음을 의미한다. 필자가 비판하는 견해를 지지하는 연구 결과에 해당하므로 글의 논지를 강화하는 주장이 될 수 없다.

37 행정소송에서의 확인소송 정답 ③

ㄱ. (×) 을은 '행정소송은 민사소송과 목적, 취지 및 기능을 달리하기 때문에 보충성의 원칙이 요구되지 않는다'는 주장을 하고 있다. 직접적으로 민사소송에서의 확인소송이 보충성의 원칙이 요구되는지 그렇지 않은지를 언급하고 있지는 않지만, 민사소송과의 차이점을 언급하여 보충성의 원칙이 요구되지 않는다는 주장을 하고 있는 만큼 '민사소송에서의 확인소송은 보충성의 원칙이 요구되는 것'을 전제로 하여 논리를 전개하고 있다고 할 수 있다.

ㄴ. (×) 을은 행정소송에서의 무효확인소송의 성질이 '확인소송'임을 부인하는 것이 아니라, 민사소송에서의 무효확인소송과 같이 '소의 이익이 없다'는 것을 부인하고 있다. 즉 행정소송에서의 무효확인소송은 그 자체만으로도 소의 실익이 있기 때문에 민사소송에서의 확인소송과 달리 보충성의 원칙이 요구되지 않음을 주장하고 있다.

ㄷ. (○) 을의 "행정소송법은 무효확인소송의 판결의 효력에 있어서 그 자체만으로도 권리구제의 실효성을 담보할 수 있는 여러 특수한 효력을 추가적으로 인정하고 있기 때문에 권리구제방법으로서 효과적인 다른 소송수단이 있다 하더라도 무효확인소송을 제기할 수 있다."는 주장을 통해 을은 확인소송의 보충성의 원칙을 행정소송에서는 배제하고 결과적으로 민사소송에만 한정하고자 하는 것을 확인할 수 있다.

38 헌법규정에 대한 해석 정답 ⑤

① (○) 헌법 제34조의 규정에서 "인간다운 생활을 할 권리"를 가진다고 명시적으로 표현하고 있음에도 불구하고 A는 '법적 권리를 부여하는 것이 아니라 법률제정의 방침을 제시하고 있을 뿐'이라고 견해를 제시하고 있으므로, A에 대하여는, 헌법 제34조의 문언에 반하는 해석을 하고 있다는 비판을 할 수 있다.

② (○) B는 법적 권리를 추상적 권리와 구체적인 권리로 구분하여, 국가기관에 주장하여 실현할 수 있는 구체적인 법적 권리는 입법부가 권리의 내용을 법률로 구체화한 다음에라야 비로소 가능하다는 견해를 제시하고 있으므로, B에 의하면, 국가가 그 권리의 구체적인 내용을 법률로 정하지 않을 경우 국민은 자신의 권리를 실현할 수 없다.

③ (○) C는 '권리의 확정적인 내용은 국민이나 국가기관이 구체적인 사태에서 … 여러 요소를 고려하여 판단한다.'는 견해를 제시하고 있으므로, C에 대하여는, 헌법 제34조의 구체적인 내용을 사람마다 달리 이해할 수 있어서 권리의 내용이 불안정하게 된다고 비판할 수 있다.

④ (○) D는 '인간다운 생활'의 수준을 최소한의 물질적인 생존 조건과 이를 넘어서는 상태로 나누어 접근하고 있다. 구체적으로, 최소한의 물질적인 생존 조건은 어떤 경우에도 구체적인 법적 권리가 인정되지만, 이를 넘어서는 상태에 대해서는 '사회의 여건에 따라서는 이를 넘어서는 상태에 대한 구체적인 법적 권리도 바로 인정할 수 있다'라고 진술하고 있으므로, D가 인정하는 구체적인 법적 권리 특히 최소한의 물질적인 생존 조건을 넘어서는 구체적인 법적 권리의 실현 여부는 사회여건에 따라 다를 수 있다.

⑤ (×) A와 B의 경우에는 국가의 다른 조치 없이는 법원에 구체적인 권리 주장을 할 수 없지만, C는 '위 조항은 국민에게 법적 권리를 부여'한다는 서술로부터 판단해볼 때 국가의 다른 조치가 없이도 헌법 제34조를 근거로 법원에 구체적인 권리 주장을 할 수 있다는 입장이므로, C 견해에 대해서는 잘못된 판단을 하고 있다.

39 무죄추정원칙 / 견해 이해 및 사례에의 적용 정답 ③

각 쟁점에 대한 乙, 丙, 丁의 견해를 정리해보면 아래와 같다.

	무죄 추정의 원칙
乙	형사 절차상 불이익을 입지 말아야 한다는 것 회사의 직원 해고와는 무관
丙	구체적 규정이 있을 때만 인정됨 (형사절차 : 규정 ○, 회사의 직원 해고 : 규정 ×)
丁	재판 과정에서 검사의 입증책임에 관한 문제

ㄱ. (○) 丙은 무죄추정의 원칙이 구체적 규정이 있을 때에만 인정된다고 보며, 회사의 직원 해고에 대해서는 규정이 없으므로 무죄추정의 원칙과는 무관하다고 볼 것이다. 乙은 무죄추정의 원칙이 형사절차에서만 적용되는 것으로 보므로 회사에서 직원을 해고하는 것과는 무관하다고 볼 것이다. 따라서 결론을 같이 한다.

ㄴ. (○) 丁은 무죄추정의 원칙을 재판 과정에서의 검사의 입증책임에 관한 문제로 이해한다. 피의 사실을 공개하는 것은 재판과 관련된 것이 아니므로 무죄추정의 원칙에 위배된다고 보지 않을 것이다.

ㄷ. (×) 乙은 무죄추정의 원칙을 '형사 절차의 전 과정에서 불이익이 없어야 한다'는 것으로 이해한다. 스스로 무죄를 입증하지 않으면 처벌받는(유죄로 추정되는) 특별법은 형사 절차의 과정에서 불이익을 주는 것이므로 무죄 추정의 원칙에 위배된다고 볼 것이다. 丁은 무죄추정의 원칙을 '검사의 유죄 입증 책임'의 문제로 본다. 따라서 피고인이 무죄를 입증해야 하는 특별법은 무죄추정의 원칙에 위배된다고 볼 것이다. 입장을 달리하지 않는다.

40 전제여부판단 정답 ②

음란물을 저작권법상 저작물로 보호해야 하는지 여부에 대한 갑, 을, 병의 견해는 다음과 같다.

갑 : 음란물도 저작권법상 저작물로 보호해야 한다. 저작물은 창의성을 요구할 뿐 도덕성을 요구하지는 않기 때문이다.
- 암묵적인 전제 : 음란물에 대하여 창의성을 인정할 수 있다.

을 : 음란물은 저작권법상 저작물로 보호해서는 안 된다. 음란물은 형법에서 제작·배포를 금지하는 불법행위의 결과물이기 때문이다.
- 암묵적인 전제 : 법은 불법적인 것을 보호해서는 안 된다.

병 : 사회적 해악성이 명백한 음락물은 저작권법상 저작물로 보호할 수 없지만 그 외의 음란물은 저작물로 보호해야 한다. 표현의 자유와 재산권의 침해를 최소화하기 위해서이다.
- 암묵적인 전제 : 보호할 가치가 있는 음란물과 그렇지 않은 음란물이 있으며 이를 구분할 수 있다.

ㄱ. (×) 갑은 음란물을 저작권법상 저작물로 보호해야 한다는 견해로 음란물에 대해서도 저작권법이 요구하는 창의성이 인정될 수 있음을 전제로 하고 있다.

ㄴ. (○) 을의 견해에 따르면, 음란물을 저작권법상 보호해서는 안 되는 이유는 그것이 법이 금지하는 불법행위의 결과물이기 때문이다. 따라서 법적으로 금지된 장소에 그려진 벽화나 국가보안법에 위반하여 대중을 선동하는 작품 역시 저작권법상 보호해서는 안 된다.

ㄷ. (×) 병의 입장은 저작물 인정 기준으로 '음란성'에 대한 법적 평가가 아니라 '사회적 해악성'을 기준으로 하자는 것이다. 같은 시대, 같은 지역에서도 상황에 따라 음란성에 대한 법적 평가가 달라질 수 있다는 것은 병의 주장과는 무관한 내용이다. 음란성에 대한 법적 평가가 달라지지 않는다 해도 병의 주장은 유효하다.

대립하는 견해들의 암묵적인 전제를 파악할 수 있는지가 중요하다. 삼단논법의 대전제-소전제-결론을 의식하면 갑, 을, 병의 결론과 전제를 보다 확실하게 파악할 수 있다.

41 국가배상 / 원리와 사실 구분 정답 ①

ㄱ. (○) 갑은 어떤 행위가 없었을 경우 대상자가 더 좋은 삶을 누렸을 때 배상이 이뤄져야한다고 본다. 만약 K섬의 무단 점유가 없었을 때 B가 더 낮은 수준의 삶을 누렸다면 이는 배상을 위한 조건에 해당하지 않는다. 따라서 갑은 B에게 배상이 이루어져야 한다는 주장에 동의하지 않을 것이다.

ㄴ. (×) 을은 B가 K섬 무단 점유가 없었다면 태어나지 않았을 것으로 본다. 이에 K섬 무단 점유가 없었더라도 B가 더 좋은 삶을 누렸을 것이라 할 근거가 없다고 주장한다. 따라서 을이 ㉠을 받아들이더라도 B에 대한 보상이 이뤄져야 한다고 보지 않을 것이다.

ㄷ. (×) 병은 'K섬의 무단점유에 대해 A에게 배상이 이뤄지지 않았다는 사실'이 원인이 되어 B가 더 나쁜 삶을 살게

되었고 B에게 배상이 이뤄져야 한다고 본다. 즉, 병은 ㉠에서 말하는 '잘못된 것 X'가 'A에게 배상이 이루어지지 않았다는 사실'이라고 보는 것이며, ㉠에는 동의하고 있다고 보아야 한다.

42 디지털 성범죄 처벌법 / 입법안 비교분석 정답 ⑤

① (○) 성적 의도로 타인의 신체를 그의 의사에 반하여 촬영하는 행위와 그 촬영물을 유포하는 행위에 대해 〈1안〉은 각각 4년 이하, 6년 이하의 징역에, 〈3안〉은 각각 5년 이하, 7년 이하의 징역에 처한다. 두 안 모두 유포 행위를 촬영 행위보다 중히 처벌하고 있음을 알 수 있다.

② (○) 촬영물을 저장하는 행위는 〈3안〉에서만 처벌 대상에 해당한다.

③ (○) 〈1안〉에서 유포죄의 대상이 되는 촬영물은 '의사에 반하여 촬영된 촬영물'이다. 따라서 허락을 받아 촬영한 나체사진은 〈1안〉에서는 처벌 대상이 되지 못한다. 이에 반해 〈2안〉과 〈3안〉은 의사에 따라 촬영되었다고 할지라도 유포 행위가 의사에 반한다면 처벌한다. 따라서 선지의 행위는 〈2안〉과 〈3안〉에서는 처벌대상이다.

④ (○) 〈3안〉은 촬영대상자의 의사에 반하여 그 촬영물 및 복제물을 유포할 경우 처벌한다. 따라서 SNS로 받은 사진을 촬영자의 의사에 반하여 유포하는 행위는 처벌대상이다.

⑤ (×) 도로변 가판대는 정보통신망이 아니므로 〈1안〉의 경우 제2항이 적용되어 6년 이하의 징역에 처해진다. 또 〈2안〉의 경우에는 제1항이 적용되어 5년 이하의 징역에 처해진다. 〈3안〉의 경우에는 제2항이 적용되어 7년 이하의 징역에 처해진다. 따라서 〈3안〉이 가장 중한 처벌을 규정한 입법안이다.

43 특별검사제 도입 논쟁 정답 ①

ㄱ. (○) 특별검사의 권한남용에 대한 적절한 통제수단이 없다는 것은 특별검사제의 문제점을 언급한 것으로 특별검사제를 통한 해결이 능사가 아니라는 측면에서 A와 B 모두를 약화한다고 판단할 수 있다. 그러나 제시문의 문제 상황은 기존 검찰의 정치적 중립성에 대한 해결안으로서의 특별검사제이므로 "권한남용"과 "정치적 중립성"은 별개라는 생각에서 A와 B의 주장을 약화하지 않는다고 판단할 여지도 있다. 그러나 출제자는 엄격하게 접근하기보다는 좀 더 크게 접근하여 이는 둘 다 약화한다는 취지로 출제하였다. 따라서 수험생의 입장에서는 정오답을 골라갈 때 좀 더 탄력적인 대응을 할 필요가 있다.

ㄴ. (×) 명확하게 틀린 보기이다. 특검이 쉽게 작동될 경우의 정치적 부작용을 언급하고 있는 것으로 상설특검을 반대하고 사안별 개별특검을 지지하는 내용이다. 따라서 A는 약화되고 B는 강화된다.

ㄷ. (×) 기존의 검찰과 개별 특검을 비교하고 있다. 따라서 A와는 무관 내지 강화의 여지가 있고, B는 강화된다. A가 약화된다는 것은 명확히 틀린 판단이다.

44 사형제도 찬반 논쟁 정답 ①

①(×) "사회계약에 참여하는 사람들은 자신이 사형당할 만한 죄를 저지를 가능성을 염두에 두지 않는다."라면 갑과 같은 결론에 이르지 않고 오히려 사형은 법에 의해 정당화될 수 있다. 따라서 위 주장은 갑의 논지를 강화하는 것이 아니라 약화한다.

②(○) 사회계약에 참여하는 사람이 사형을 택한다고 하면 법에 의해 사형이 정당화될 수 있다는 것으로 갑의 논지를 약화하게 된다.

③(○) "살인을 함으로써 보편적 인간성을 희생시킨 범죄자는 자신의 보편적 인간성도 이미 죽인 것이다."라는 주장에 따르면 사형을 통해 비로소 범죄자의 보편적 인간성이 죽게 되는 것이 아니므로 병의 주장과 같은 모순은 발생되지 않으며 사형은 정당화될 수 있다. 따라서 병의 논지를 약화한다.

④(○) "신체의 소멸을 통해서 보편적 인간성을 회복할 수 있다."라는 주장은 사형을 통해 보편적 인간성이 존중된다는 것으로 을의 논지를 강화하고 병의 논지를 약화한다.

⑤(○) "개별적 인간들에 공통적으로 귀속되는 것으로 여겨지는 보편적 인간성이란 허구일 뿐이다."라는 주장은 보편적 인간성에 대한 논의 자체를 부정하는 것으로 을과 병의 논지를 모두 약화한다.

45 민사소송의 당사자 자격 정답 ④

ㄱ. (×) A가 명확히 틀렸다. A에 따르면, 당사자능력을 인정받기 위해서는 '일반적으로 정해지고, 법에서 명시적으로 인정'하고 있으면 족하므로 A는 소송에서 당사자능력을 인정받기 위해서 침해되는 이익이 있어야 함을 전제하고 있다고 말할 수 없다. 반면에 B의 "우리는 그 사

람에게 이익침해가 있다고 보아 법으로 보호받을 수 있는 자격과 기회를 인정하여야 한다."라는 진술을 통해, B는 소송에서 당사자능력을 인정받기 위해서 침해되는 이익이 있어야 함을 전제하고 있음을 추론할 수 있다.

ㄴ. (○) 당사자가 적법하게 소송을 수행할 수 있으려면 당사자능력, 당사자적격, 소송능력 등의 당사자자격을 갖추어야 하는데, A에 따르면, 현행법은 사람이나 일정한 단체에만 당사자능력을 인정하고 있고, 법에서 명시적으로 인정하는 자 이외에는 당사자능력을 추가로 인정할 수 없다는 견해를 견지하고 있으므로, 올빼미가 현실적으로 이익을 침해당하더라도 법 개정이 없이는 소송을 수행할 수 없다.

ㄷ. (○) A의 진술을 고려한 판단과 그렇지 않을 경우의 판단은 달라질 수 있다. B의 내용만 가지고 판단한다면 '보호이익'과 '명문 규정'은 무관하다고 판단할 수 있으나, A와의 논쟁임을 고려하여 판단한다면, '강화'로 판단할 수 있다. 즉, B의 주장의 핵심은 '적법하게 소송을 수행할 수 있는 자격은 법으로 보호할 이익이 있는지에 따라서 판단해야 하며, 위험에 처했다면 이익침해가 있다고 보며, 올빼미에게 법으로 자격을 부정할 이유는 없고, 원활한 소송을 위해 시민단체가 대리하여 소송을 진행하면 된다는 것'으로 '법규정의 명문에 반하는 해석이 허용'된다면 A의 '현행법은 사람이나 일정한 단체에만 인정하고 있다'는 명문에 반하지만 '올빼미'를 인정할 수 있게 되므로 B의 주장은 강화된다.

46 마약류 처벌 논쟁 정답 ①

갑 : 마약류의 단순 사용범죄가 처벌 대상이라는 입장이다. 갑1에서는 '자신에게 피해를 준다'는 이유, 갑2에서는 '타인에게 위해를 가할 가능성'이 있다는 이유, 갑3에서는 '사회 전체의 건전한 근로 의식을 저해'한다는 이유를 들고 있다.

을 : 마약류의 단순 사용범죄가 처벌 대상이 아니라는 입장이다. 을1에서는 '타인에게 피해를 주지 않는다'는 이유로 처벌 대상이 아니라고 하며, 을2에서는 '중독 상태에서 발생'(~목적) + '타인에게 위해를 가할 가능성'만으로는 처벌 대상이 아니라고 하고 있다.

ㄱ. (×) 을1의 주장은 타인에게 피해를 준 행위는 형벌 부과 대상이 될 수 있지만, '자신에게만 피해를 주고 타인에게 피해를 주지 않는 행위는 형벌 부과 대상이 아니'라는 것이다. 보기 ㄱ의 '전쟁 중 병역 기피 목적'으로 자신의 신체를 손상한 사람을 '병역법 위반'으로 처벌한다는 내용을 통해 자신에게뿐 아니라 타인에게도 피해를 주는 행위라 판단할 수 있다. 따라서 을1의 주장에 부합하는 내용으로서 을1의 주장을 약화한다고 할 수 없다.

ㄴ. (○) 갑2의 주장은 '타인에게 위해를 가할 가능성이 있으면 형벌 부과 대상'이라는 것이다. 따라서 '위해의 가능성만으로는 형벌 부과 대상이 아니라는 견해'는 갑2의 주장과 상반된 주장으로서, 갑2의 주장을 약화한다.

ㄷ. (×) 을2는 '중독은 치료와 예방의 대상이지 처벌의 대상이어서는 안 된다'고 보고 있으므로, 인터넷 중독 사례와 관련하여 형벌을 부과하지 않고 예방교육과 홍보를 강조하는 A국 정책은 을2의 주장에 부합한다. 따라서 이러한 정책이 타당성을 인정받는다면 약화되는 것이 아니라 강화된다.

47 논쟁 이해 및 종합적 판단 정답 ①

A : 은을 몰래 소지한 것은 몰래 판매한 것과 다르지 않다는 입장이다. 즉 A는 제4조를 유추적용하여 밀매죄로 처벌할 수 있다고 본다.

B : 은을 몰래 소지한 것은 판매를 위한 준비에 불과하므로, 준비행위를 처벌하는 규정이 없는 한 처벌할 수 없다고 본다. 즉, 제4조를 유추적용할 수는 없다고 본다. 다만 유사한 판례가 있다면 판례를 유추적용할 수 있다고 본다.

C : 준비행위를 처벌하는 별도의 규정을 신설하여 처벌해야 한다는 입장이다.

ㄱ. (○) '범죄를 준비한 자를 처벌하기 위해서는 법에 정한 바가 있어야 한다'는 논거는 B주장의 내용이다. B에 따르면 ㉠을 주장할 수 없으므로, ㉠은 약화된다.

ㄴ. (×) 〈보기〉 ㄴ의 판결은 '모반을 도운 자 ⊂ 모반을 행한 자'로 보는 것이고, ㉡의 판결은 '범죄를 준비한 자 ⊂ 범죄를 행한 자'로 보는 것으로 구분된다. 즉 〈보기〉 ㄴ은 일종의 조력자 내지 공범을 범죄를 행한 자로 보는 것이고, ㉡은 범죄를 준비한 자를 범죄를 행한 자로 보는 것으로 다르다. 따라서 ㉡에 해당되지 않는다.

ㄷ. (×) 국왕의 명령에 의하면, 밀매죄(제4조)의 형에서 1단계를 감경하여 처벌하게 되므로 교형에서 유배형으로 감경되고, 이는 71세인 자가 유배형에 처해진 것이므로 제2조에 의해 최종적으로 속죄금만을 징수하게 된다.

48 헌법재판기관의 민주적 정당성 정답 ①

①(×) (가)의 비판 중 「정기적인 선거를 통하여 국민이 직접 헌법재판기관을 구성하고 그 구성원에 정치적 책임을 추궁할 수 있어야 헌법재판기관은 민주적 정당성을 갖출 수 있다.」을 통해 볼 때 민주적 정당성을 갖추기 위해서는 국민이 직접 헌법재판기관을 구성하여야 할 뿐 아니라 정치적 책임까지도 추궁할 수 있어야 하기 때문에 헌법재판기간 구성원의 선출방식을 직선제로 변경하는 것만으로 (가)가 해소된다고 보기 어렵다.

②(○) (가) 비판의 해소요건은 국민에 의한 헌법재판기관의 구성 및 정치적 책임 추궁 가능성이므로 헌법재판기관이 법률들에 대하여 합헌 결정을 내렸더라도 (가)는 해소되지 않는다.

③(○) (나)는 A국의 헌법재판기관이 구성뿐 아니라 활동에 있어서도 민주주의 체제에 부합하지 않는다고 비판하고 있다. 즉, 국민에 의해 직접 선출되지 않은 헌법재판기관이 직접 선출된 입법부를 견제하고 있고, 더욱이 입법부의 결정인 법률은 국민 의사가 반영된 것인데 이에 반대하는 위헌결정은 민주적 정당성을 갖추지 못한다는 것이다. 따라서 (나)에 따르면 헌법재판 제도 자체가 입법부에 대한 견제수단으로 적절하지 않다고 주장할 수 있다.

④(○) (나)는 헌법재판기관의 구성이 민주주의 체제에 부합하지 않는다고 하고 있고, 그 이유는 국민의 직접 선출하지 않았기 때문이라는 것을 「국민이 직접 선출한 입법부」라는 내용을 통해 추론할 수 있다. 또한 「이에 대하여 위헌결정을 내리는 경우 헌법재판기관은 입법부에 반영된 국민의 의사에 반대하게 되어 민주적 정당성을 갖추지 못한다.」는 내용을 통해 헌법재판기관의 결정은 국민의 의사를 반영하고 있지 않음을 알 수 있다. 따라서 (나)에서는 헌법재판기관 구성과 관련된 대통령의 결정이 국민의사의 반영이라고 이해하지 않는다고 할 수 있다.

⑤(○) 사용된 용어에 대한 정확한 의미를 묻고 있다. 맞는 내용이다.

49 역설기반 파악 및 해소방안 정답 ②

- 갑은 을이 계약을 위반했다고 주장하며, 을은 위반하지 않았다고 주장한다. 이에 대한 판단에는 2가지 쟁점이 존재한다.
  1) 계약이 행위 X를 금지하는지 여부
  2) 을이 행위 X를 했는지의 여부
- 세 명의 판사가 위 2가지 쟁점에 대해 내린 판단을 요약하면 다음과 같다.

	계약이 행위 X를 금지하는지의 여부	을이 행위 X를 했는지의 여부	을의 계약 위반 여부
판사 1	○	○	○
판사 2	○	×	×
판사 3	×	○	×
판사 4 (ㄷ 참고)	×	×	×

- 각 쟁점에 대해서는 다수의 판사들이 내리는 판단을 따르며, 각 쟁점에 대해 서로 다른 판단을 내리는 판사의 수가 같은 경우에는 가장 경력이 오래된 판사 1의 의견을 따르게 된다.
- 위 원칙에 따를 경우, 계약이 X를 금지하는지의 여부에 대해서는 ○, 을이 행위 X를 했는지에 대해서도 ○라고 판단해야 한다.
- 그럼에도 불구하고 을의 계약 위반 여부에 대해서는 아니라고 판단해야 한다. 을이 계약을 위반했다고 판단한 판사는 한 명 뿐이기 때문이다 (판사 1)

ㄱ. (×) 을의 주장을 추론할 수 있는 근거는 주어져 있지 않다.

ㄴ. (○) 판사 3이 위 쟁점 모두에 대해 ×, ×라고 판단했다면, '을이 행위 X를 했는지의 여부'에 대해서 ×라고 판단하게 된다(다수의 판사들이 내리는 판단에 따르기 때문). 따라서 ㄱ의 '곤란한 상황'은 발생하지 않는다.

ㄷ. (×) 판사 한 명을 추가시킨다고 해도, ㄱ이 발생하지 않는다고 확정적으로 추론할 수 없다. 특히 추가된 판사가 (×, ×, ×)인 경우 '계약이 행위 X를 금지하는지 여부'에 대해서는 판사들의 의견이 동수로 갈리므로 연장자의 의견에 따라 ○가 되고, '을이 행위 X를 했는지 여부'에 대해서도 같은 이유로 ○가 되나, 을의 계약 위반 여부는 다수결에 따라 ×가 되므로 곤란한 상황이 여전히 발생하게 된다.

현강·인강 수강생 수 1위, 수험적합성 1위

합격생들이 가장 많이 추천하는 강의
최신 출제 경향을 공략한 차별화된 강의

"조성우 선생님의 차별화된 장점 3가지"

첫째, **선생님의 열정**
둘째, **효율적인 수업**
셋째, **양질의 문제 제공**

떨리는 마음으로 본고사장에서 추리논증 문제지를 펼쳤을 때의 기분을 잊지 못합니다.
문제의 구성이나 풀어나가는 방식 등이 평소 조성우 선생님 강의를 통해 꾸준히 연습했던 문제들과 놀라울 정도로 비슷하게 느껴졌기 때문입니다.
_ 2012 전국수석(표준점수 80.0점) 송은진

LEET라는 시험을 처음 접했을 때는 문제를 푸는 기초적인 방법조차 몰랐었고, 공부를 해도 오르지 않을 것이라는 생각으로 수험생활을 시작하였습니다. 그러나 조성우 교수님의 추리논증 강의에 충실하면서 언어적 장벽 이외에도 배경지식과 같은 장애 요소들을 극복할 수 있었고, 시행착오를 거듭한 끝에 추리논증 표준점수를 52.0점(백분위 56.3%)에서 70.5점(99.1%)으로 20점 가까이 향상시켰습니다.
_ 2017 최고수준 성적향상자(표준점수 52.0점 → 70.5점) 박○○

기초부터 파이널까지의 전 과정에서 조성우 선생님의 교재와 강의를 통해 배운 내용을 빠짐없이 정리해서 완벽히 소화해내기 위해 노력했고, 본고사에서 이전에 받아본 적 없는 최고의 점수를 받을 수 있었습니다.
_ 2020 추리논증 백분위 100% 성적우수자 양○○

조성우 선생님의 강의는 메가로스쿨에서 가장 많은 학생들이 선택하는 수업입니다.
수많은 학생들이 선택한 데에는 이유가 있다고 생각합니다. (…중략…) 이런 제 기대와 같이 매 수업마다 양질의 참고자료를 제공받을 수 있었습니다. 뿐만 아니라 모의고사 문제를 자체 제작하므로 타 강의에 비해 실전과 같은 연습을 하는 데 도움이 되었습니다.
_ 2023 추리논증 백분위 100% 성적우수자 강○○

저는 많은 문제를 풀어보고 2022년 리트를 응시했지만 처참한 점수를 받고 다음날 바로 조성우 교수님의 수업을 수강하기 시작했습니다. 선배님들께 고민상담을 했을 때, 모두 입을 모아 조성우 교수님의 기본강의를 적극 추천해 주셨기 때문입니다. 수업을 통해 무조건 문제를 많이 풀어내는 것보다 중요한 것은 기본을 바로잡는 것임을 깨달았습니다. 초시든 재시든, 올바른 접근법을 배우는 것이 선행되어야 합니다. 이에 최적화된 수업이 조성우 교수님의 기본강의이기 때문에, 추리논증에 어려움을 겪고 계시는 모든 분들께 기본강의를 적극 추천합니다!
_ 2023 최고수준 성적향상자(백분위 26.0%→ 94.3%, 전년대비 68.3% 향상) 이○○

발행 초판 1쇄 2008년 5월 23일 개정 10판 2쇄 2023년 12월 29일 **지은이** 조성우
펴낸곳 메가로스쿨 **출판등록** 2007년 12월 12일 제 322-2007-000308호
주소 서울특별시 서초구 반포대로 81, 2층 **주문전화** 070-4014-5139 **팩스** 031-754-5145

21064 값 45,000원
13360
9 788966 346516
ISBN 978-89-6634-651-6

知 彼 知 己,
百 戰 不 殆

조성우 추리논증 강의를 통한 고득점 학습전략

추리논증 기본이론

기출문제 유형별 심층분석과 해결전략을 익힌다!

- **언어추리/논증** 유형별 학습을 통해 "정오답 판단의 기준"을 명확히 하고 구체화
- **수리추리/논리게임** 전형적인 문제유형 파악과 집중훈련

'기출문제 함께 풀기 특강'을 통해 실전과 동일하게 문제풀이 훈련

기출분석 특강

최신 기출문제 심층분석을 통해 고득점 학습방법을 파악한다!

- **추리논증 기출문제 심층분석 및 상세한 해설**
- **최신 출제흐름을 파악하고 그에 맞는 고득점 학습방법 제시**
- **출제자의 입장에서 문항을 해석하고 제대로 해결할 수 있도록 구성**

심화+실전 하프모의고사

출제비중이 높고 어려운 유형을 집중적으로 공략, 고득점에 도전한다!

- **LEET 및 유사 PSAT 기출문제를 활용, 고난도 출제유형을 완벽하게 정리**
- **수리추리, 논리게임 유형에 대한 집중적 분석을 통해 문제해결력 향상**

파이널 풀셋 모의고사

실전 대비 문제풀이 집중훈련으로 정확성, 스피드, 문제해결력을 높인다!

- 완성도와 적중률이 가장 높은 〈조성우 추리논증〉 풀셋 모의고사로 실전 훈련
- 매회 모의고사를 통해 시험 직전까지 최상의 컨디션을 유지하기 위한 강의
- 실제 합격생들의 사례를 통한 실전 고득점 전략 전수!

전략특강 3종세트

학습전략 특강 추리논증 고득점 및 성적향상 사례를 통한 고득점 학습법 소개
집중완성 특강 추리논증 파트별 집중완성 : 논리논증 / 법적추론 및 논증
기출분석 특강 최신 출제흐름 분석, 고득점 학습법 및 문제풀이 해결전략 제시

추 리 논 증 핵 심 이 론 및 기 출 문 제 유 형 별 학 습 서

조성우
추리논증
기본 개정 10판

조성우
추리논증 기본

지은이 조성우
발행일 초판 1쇄 2008년 5월 23일 개정 10판 2쇄 2023년 12월 29일
펴낸곳 메가로스쿨
출판등록 2007년 12월 12일 제 322-2007-000308호
주소 서울특별시 서초구 반포대로 81, 2층
주문전화 070-4014-5139 **팩스** 031-754-5145

- 메가로스쿨은 메가스터디(주)가 설립한 법학전문대학원 입시교육 브랜드입니다.

조성우 추리논증
추리영역

조성우 지음

메가로스쿨

개정10판 저자 서문

이 책은 'LEET 추리논증 핵심이론 정리 및 기출문제 유형별 학습'을 목적으로 만들어진 '기본강의' 교재로 추리논증 시험을 위한 두 번째 단계의 학습서이다. 기출문제의 중요성은 이제 강조하지 않아도 LEET를 준비하는 수험생이면 누구나 인식하고 있는 데 반하여, 기출문제를 어떻게 활용하여야 하는지는 모르는 수험생이 여전히 많은 것으로 파악된다.

일례로, 수험생 중에는 기출문제가 최상급 모의고사로서의 가치가 있기 때문에 아껴두었다가 시험 직전에 최종모의고사 문제로 풀어보는 것이 어떻겠냐는 질문을 하는 경우가 적지 않은데, 이는 매우 위험한 접근이다. 기출문제는 시험 직전에 모의고사로 한 번 풀어볼 정도의 자료가 아니라, 수험생활을 하는 동안 내내 곱씹어 가며 분석하고 학습에 활용해야 할 자료이기 때문이다. 또한 시험 직전에 기출문제를 풀어보고 자신이 제대로 방향을 잡고 학습하지 못했음을 그때 깨닫게 된다면 이때는 만회할 시간이 없고, 설령 점수가 좋게 나왔다 하더라도 시험을 준비하면서 학습서와 강의 등을 통해 이미 직간접적으로 기출문제를 접한 후에 나온 점수라는 점에서 자신의 실력을 제대로 보여주는 점수라고도 할 수도 없기 때문이다. 따라서 LEET 강의 등을 통해 기출문제를 직간접적으로 접하기 전에, 실전과 동일한 상황에서 풀어봄으로써 자신의 현 주소를 파악하고, 이를 학습에 적극적으로 활용하는 것이 현명한 접근이다.

하지만 추리논증 입문자의 경우, LEET 기출문제를 실전처럼 바로 풀어본다는 것이 매우 부담스러울 수도 있고, 몇 회분 정도 풀어봤는데 계속 풀어보는 게 의미가 있나 싶을 정도로 커다란 벽을 느낄 수도 있다. 이러한 측면을 고려하여 기출문제를 풀어보기 전에, 추리논증의 핵심이론을 밀도 있게 학습하고 이를 LEET 예시문항 및 PSAT 기출문제와 연결시켜 학습하는 첫 번째 단계의 강의 및 교재가 '기초입문강의'이고 '추리논증 기초' 교재이다. 대부분의 수강생들이, 심지어 고득점을 획득한 합격생들도 매우 큰 도움이 된 필수강좌라고 적극적으로 추천하고 있는 만큼, 너무 늦게 시험 준비를 시작한 것이 아니라면, 그리고 제대로 학습하고자 한다면, 기초입문교재를 먼저 학습하거나 병행할 것을 권한다.

두 번째 단계의 학습서인 본 교재는 시험을 준비하는 수험생들이 가장 많이 수강하고 있는 필자의 대표강의인 '기본강의'의 교재로, 제한된 지면에 시험에 필요한 내용을 빠짐없이 최대한 담아 왔다. 그러다 보니 강의 도움을 받지 않고 혼자 추리논증 학습을 처음 시작하는 수험생에게는 이 책보다는 기초입문교재가 더 적합하다. 기초입문교재의 경우에는 독습이 가능하도록 최대한 친절하게 그리고 수험적합성 있게, 문제 설명 및 학습가이드를 제공하였기 때문이다.

그럼 이제 본 교재의 특징과 개정된 내용들을 소개하도록 하겠다.

첫째, 가장 효과적인 학습 틀인 '추리논증 핵심이론 및 기출문제 유형별·소재별 학습서'로서의 틀을 유지하면서, 수험적합성을 1순위 기준으로 하여 최신기출을 업데이트하며 완성도를 높이는 쪽으로 개정작업을 진행하였다.

이 책은 크게 3권으로 구성되어 있고 각권 해설집까지 고려하면 총 5권으로 구성되어 있다. 제1권은 '추리논증의 이해와 학습전략'으로 수험에 필요한 학습가이드를 담았고, 제2권은 '추리영역'을, 제3권은 '논증영역'을 담아 구성하였다.

둘째, 개정7판(2018년 출간)까지는, 가능한 중요 기출문제를 모두 유형별로 분류하여 한 권의 책에 담고자 하였기에, 법학전문대학원협의회가 출제를 맡기 시작한 2012 LEET부터 2018 LEET까지의 전체 문항과 추리

논증 체계를 파악하는 데 필요한 필수문항들을 유형별·소재별로 모두 분류해서 핵심이론과 함께 기본교재에 실었다. 그러나 개정8판(2019년 출간)부터는 제한된 기본강의시간을 고려할 때 더 이상 한 권의 책에 모든 기출문제를 담을 수 없어, 최대한 기출유형별 분석 및 반복학습의 효과를 극대화할 수 있도록 책을 구성함과 동시에 추가적으로 보충교재제작 및 특강을 진행하였다. 결과적으로 이번 개정10판은 핵심이론과 함께 283문항으로 구성하였다.

참고로, 2021년 모든 기출문제를 함께 학습할 수 있는 훈련용 교재(전체기출문항의 유형별 훈련서 - 훈련편1, 훈련편2)를 출간하였고, 기출 전체 법률형 문제의 학습을 원하는 수험생들의 요구에 부응하여 법률특강1(2014년 진행)에 이어 개정10판 출간 직전인 2022년 10월에 법률특강2를 진행하였다. 따라서 전체 기출문제를 유형별로 학습하고자 하는 수험생의 경우에는 교재 마지막 장에 소개된 훈련용 교재와 강의를 참조하여 학습할 것을 권한다.

셋째, 기본강의 중 가장 최신 시험문제(2023 LEET)는 건드리지 않고 강의가 끝난 후 특강 형태로 실제시험처럼 풀어보고 분석하고자 하는 의도에서, 이번 개정10판에서도 2023 LEET 기출문제는 교재에 싣지 않았다. 따라서 기출특강 수강을 함께 할 수 없는 수험생들은 2023 LEET 기출문제를 법학적성시험 홈페이지(http://www.leet.or.kr)에서 다운받아 풀어보고 법학전문대학원 해설집(또는 메가로스쿨 해설집)을 참고할 것을 권한다.

모쪼록 수험생에게 보다 도움이 되는 교재나 강의가 되도록 나름 최선을 다하고 있는 만큼 본서나 강의를 잘 활용하여 차별화된 결과가 있기를 바란다. 성공하는 사람은 '생각'이 다르고, '생각'이 다른 만큼 다르게 '행동'한다. 이 책을 펼쳐든 여러분이 성공하는 사람의 생각방식과 행동으로 목표한 바를 꼭 성취하고 훌륭한 법조인이 되길 바라면서 글을 맺는다.

2022년 12월

조성우

개정7판 서문 중 일부 발췌

(앞부분 생략)

수험생 중에는 기출문제를 풀고 한 문제 한 문제 꼼꼼히 분석하였다고 하지만, 판단기준을 구체화하지 못하고 각각의 문제들을 유기적으로 연결시키지 못하여 실력 향상으로 이어지지 않는 사례가 적지 않다. 이러한 측면과 다양한 학습 시 애로사항을 수렴하여 구성한 교재가 바로 'LEET 추리논증 핵심이론 및 기출문제 유형별 학습서'인 이 책이다.

기타 이 책의 특징은 뒤에 이어지는 개정6판 서문을 참조하고, 지난 개정6판과 달라진 본 교재(개정7판)의 특징을 끝으로 언급한다면, 첫째, 2016년 12월 확정되고 2019 LEET부터 전격 반영된 개선안을 고려하여 교재 편제에 변화를 주었고, 지난 개정6판에 비해 완성도와 가독성을 높이고자 하였다.

(뒷부분 생략)

2018년 12월

조성우

이 책은 'LEET 추리논증 핵심이론 정리와 기출문제 유형별 학습'을 목적으로 만들어진 '기본강의' 교재이다. 이 책에서는 LEET 추리논증 시험을 위해 반드시 학습해야 할 내용들과 문제들을 다루고 있고 적성평가시험인 추리논증의 학습방법을 구체적으로 제시하고 있다.

필자의 책과 강의는 제1회 법학적성시험(LEET) 이후로 수석합격자를 비롯한 대다수의 합격자로부터 수험적합성이 가장 높은 것으로 평가받아 왔다. 그 이유는 출제기관의 지침을 하나도 빠짐없이 철저히 분석하고 이를 구체화하여 책을 구성하였고 실전을 항상 염두에 두고 강의를 진행하였기 때문일 것이다. 그 결과로 책과 강의를 통해 몸에 익힌 문제유형들이 시험에 다수 출제되어 필자와 함께 추리논증 학습을 제대로 한 학생들은 추리논증 영역에서 기대 이상의 결실을 거두어 왔다.

LEET와 같은 적성시험 내지 능력평가시험은 어떤 특정 지식을 알고 있는지를 확인하는 시험이 아니라 문제를 해결하는 능력을 평가하는 시험이기 때문에 "좋은 문제"를 가지고 "제대로" 학습하는 것이 매우 중요하다. 단순히 논리학, 수학 등을 학습하는 것으로 충분치 않고 그것을 왜 배우는지, 어떻게 문제 해결에 활용할 수 있는지를 문제를 통해 습득하는 것이 중요하다. 특히 언어적 자료인 논증(論證)문제의 경우에는 주관성이 개입될 여지가 많으므로 충분히 객관성이 확보된 문제로 답안 선택의 기준을 익히는 것이 더더욱 중요하다고 할 수 있다.

따라서 개정 6판에서도 여전히 가장 효과적인 학습 틀인 '추리논증 핵심이론 및 기출문제 유형별 학습서'로서의 틀을 유지하면서 좀 더 수험적합성을 높이는 쪽으로 집필의 방향을 설정하고 개정작업을 진행하였다.

LEET 추리논증 학습에 있어 가장 중요한 자료는 "기출문제"이다. 기출문제는 추리논증 학습의 '보고(寶庫)'이자 일종의 '판례(判例)'와 같다. 그래서 필자의 대표강의인 기본강의에서는 "추리논증 핵심이론 및 기출문제 유형별 분석"을 목표로 교재를 구성하여 강의를 진행해 왔다. 그런데 LEET가 시행된 지 벌써 9년이 되다 보니 기본강의에서 다루어야 할 기출문제의 양이 많아져, 2년 전부터는 기본강의에서 자세히 설명하던 기초 이론과 문제의 상당 부분을 입문강의로 내리고 기본강의에서는 "추리논증 핵심이론과 LEET 기출문제"를 보다 집중적으로 다루어 왔다.

이러한 점을 고려할 때 강의의 도움을 받지 않고 혼자 추리논증 학습을 처음 시작하는 수험생에게 이 책은 적절치 않다. 추리논증 입문자의 경우에는 이 책을 보기 전에 〈조성우 추리논증 기초〉를 먼저 학습할 것을 권한다. 입문교재는 독습이 가능하도록 최대한 친절하게 그리고 수험적합성 있게, 문제 설명 및 학습가이드를 제공하였다.

따라서 입문서를 학습한 후에 또는 입문서와 함께 이 책으로 학습한다면 학습의 효과는 배가(倍加)될 것이다. 본서에 수록된 핵심이론 및 문제는 추리논증 문제해결을 위해 꼭 필요한 내용과 LEET 기출문제를 포함한 공인된 시험을 통해 객관적으로 충분히 검증된 좋은 문제들로만 구성되었으므로 한 문제 한 문제 제대로 학습하고 여러 번에 걸쳐 반복적으로 학습하면서 효율적인 문제해결방법 및 객관적인 판단기준을 확립해 갈 것을 권한다.

마지막으로 수험생에게 보다 도움이 되는 교재를 제작하기 위해 나름 고민 고민하며 작업에 임한 만큼 본서와 인연을 맺은 이들에게 차별화된 결과가 있기를 기대해 본다. 성공하는 사람은 '생각'이 다르고, '생각'이 다른 만큼 다르게 '행동'한다. 이 책을 펼쳐든 여러분은 성공하는 사람의 생각방식과 행동으로 목표한 바를 꼭 성취하기 바란다.

2017년 1월

조성우

CONTENTS

제1부 형식적 추리

제2부 언어추리

CHAPTER 1 언어추리

제4부 수리추리

Legal
Education
Eligibility
Test

제1부
형식적 추리

출제기관은 추리 영역을 크게 언어 추리와 모형 추리로 나누고, 언어 추리를 함축 및 귀결, 원리 적용, 사실관계 추리 문항으로 세분하였고 모형 추리는 형식적 추리, 논리게임, 수리추리 문항으로 세분하였다. 언어 추리는 언어적 추리를 통해 새로운 정보를 이끌어 내는 능력을 측정하는 문항인 반면에 모형 추리는 기호, 그림, 표, 그래프와 같은 비언어적 모형을 사용하여 새로운 정보를 이끌어 낼 수 있는지를 묻는 문항이라고 밝히고 있다.

제1부에서는 모형 추리로 분류된 형식적 추리를 먼저 살펴보도록 한다. 형식적 추리란 주어진 전제로부터 타당한 추론 규칙을 적용하여 연역적으로 결론을 이끌어 내는 추리로 논리적 추리라고도 한다. 형식적 추리 능력은 단순히 형식적 추리 문항을 해결하기 위해 필요한 능력일 뿐 아니라, 논리게임, 수리추리, 함축 및 귀결 문항을 해결하는 데도 매우 유용한 능력이라고 출제기관 또한 밝히고 있는 만큼 먼저 살펴보도록 한다.

CHAPTER 1
명제논리

본 장에서는 명제를 그 기본 단위로 하는 추론 규칙들을 학습한다. 전제로부터 어떤 결론을 추론할 때 어떤 추론이 논리적으로 타당한지, 부당한지를 학습하고 문제를 통해 타당한 추론과 부당한 추론을 구분하는 훈련을 하게 된다.

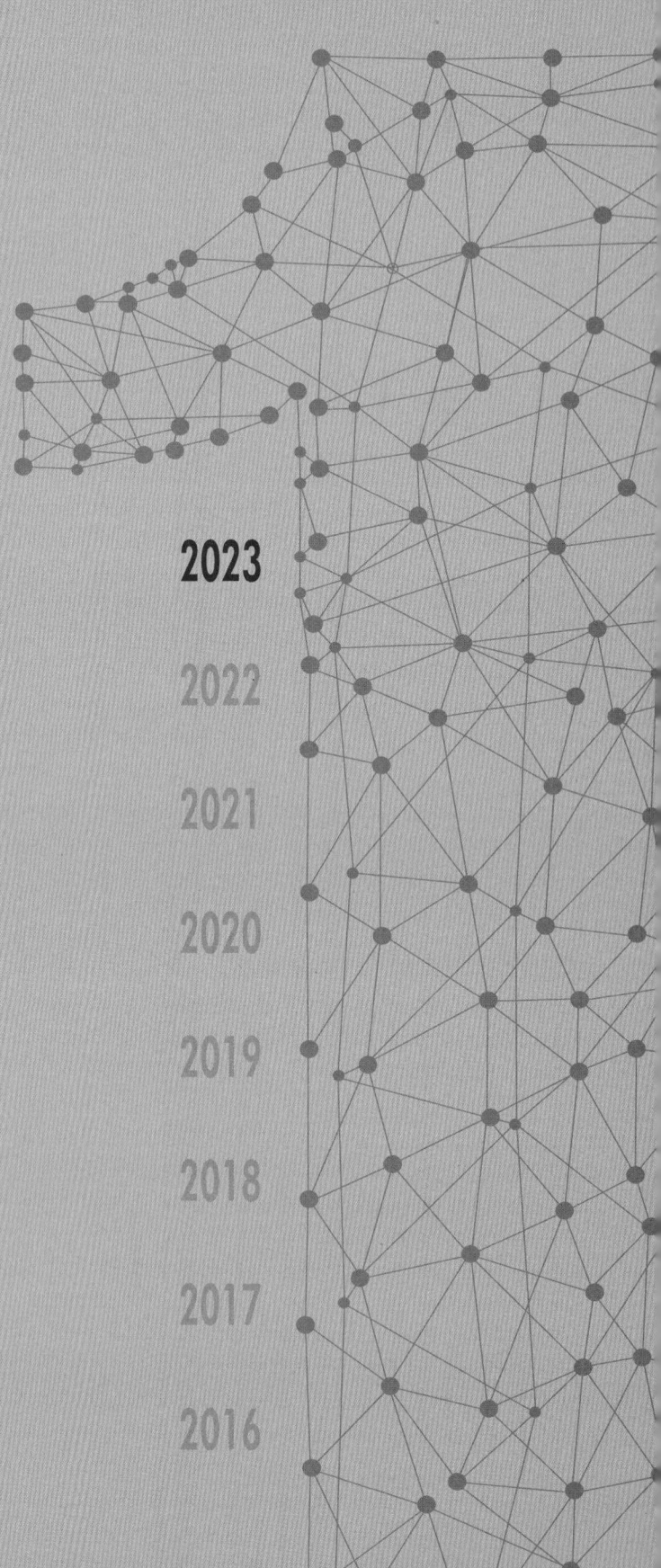

2023
2022
2021
2020
2019
2018
2017
2016

Ⅰ. 명제논리의 기초(1)

1 명제논리의 개념과 구성요소

(1) 개념

명제논리란 명제[1]를 그 기본단위로 하는 논리체계를 말한다. 기호 논리학의 한 부분으로 논리곱(∧), 논리합(∨), 함의(→), 동등(↔), 부정(~)의 다섯 가지 논리 기호를 이용하여 몇 개의 명제를 결합하여 논리식을 만들고 그것과 본래 명제와의 진위(眞僞) 관계를 밝혀 항상 참이 되는 논리식을 구하는 것을 말한다.[2]

(2) 명제논리의 구성 요소

명제논리는 기호를 사용하는 기호 논리학의 한 부분으로 두 종류의 기호 즉, 단순명제를 나타내는 기호와 그 명제들을 연결해 주는 기호, 그리고 괄호로 구성되어 있다.

- 단순명제 : A, B, C, …, Z의 영어 대문자로 표시하며 긍정 단순 문장의 주요 내용
- 논리 연결사 : '~', '∧', '∨', '→', '↔'의 5가지로 단순명제 앞이나 단순명제들 사이에 위치해서 복합명제를 만듦.
- 괄호 : ( ), { }, [ ] 등이 쓰이며, 수학에서의 괄호 사용법과 같다.

---

1) 명제(proposition) : 참이거나 거짓인 문장
문장(sentence) : 진술될 수 있도록, 언어의 규칙에 맞게 낱말을 나열한 것
진술(statement) : 논리학에서는 참이거나 거짓인 문장을 구체적인 상황에서 말이나 글로 나타내 사용하는 것

2) 기본단위가 되는 명제를 단순명제라고 하고 논리적 연결사에 의해 구성된 명제를 복합명제라 한다.

2 논리연결사의 진리조건

(1) 논리연결사의 기능

논리연결사	논리적 기능	복합명제의 종류	일상 언어에 해당하는 표현들
~	부정	부정명제	…가 아니다. / …이 사실이 아니다. / …은 거짓이다.
• (∧)	연언	연언명제	그리고 / 그러나 / 그럼에도 불구하고 / 또한 / 그런데 / 더구나 / 비록 … 이지만 / …이면서 / …인
∨	선언	선언명제	혹은 / 또는 / 이거나 / 적어도 하나는
⊃ (→)	단순 함축	조건명제	만약…라면 …이다. / …는 … 이기 위한 충분조건이다. 단지 …인 경우에만 …이다. / …는 … 이기 위한 필요조건이다.
≡ (↔)	단순 동치	쌍조건명제	만약 … 라면 그리고 오직 그런 경우에만 …이다. / …은 …이기 위한 필요충분조건이다.

(2) 일상 언어의 기호화

P : 박찬호는 야구선수이다. Q : 박지성은 축구선수이다.

박찬호는 야구선수가 아니다.	~P
박찬호가 야구선수이거나 박지성이 축구선수이다.	P ∨ Q
박찬호는 야구선수이고 박지성은 축구선수이다.	P ∧ Q
박찬호가 야구선수라면 박지성은 축구선수이다.	P → Q
박찬호가 야구선수일 때에만 박지성이 축구선수이다.	Q → P
박찬호가 야구선수라면, 그리고 오직 그 경우에만 박지성은 축구선수이다.	P ↔ Q

(3) 논리연결사의 진리조건

단순명제		복합명제				
P	Q	~P	P∧Q	P∨Q	P→Q	P↔Q
T	T	F	T	T	T	T
T	F	F	F	T	F	F
F	T	T	F	T	T	F
F	F	T	F	F	T	T

※ 여기서 T는 '참'을, F는 '거짓'을 의미한다.

● 확인문제

점쟁이가 다음과 같은 약속을 내걸었다. "만일 동쪽에서 온 사람을 만난다면, 돈을 번다." 다음 네 가지 경우 중 점쟁이가 약속을 어겼다고 말할 수 있는 경우는 몇 번일까? [3]

① 동쪽에서 온 사람을 만났고, 돈을 벌었다.
② 동쪽에서 온 사람을 만났는데도 돈을 못 벌었다.
③ 동쪽에서 온 사람을 못 만났고, 돈을 벌었다.
④ 동쪽에서 온 사람을 못 만났고, 돈을 못 벌었다.

해설 이 중 점쟁이의 점괘가 틀렸다고 말할 수 있는 경우는 오직 ②번 "동쪽에서 온 사람을 만났는데도 돈을 못 벌었다." 경우뿐이다. 나머지 ①, ③, ④번은 점쟁이의 점괘가 틀렸다고 주장할 수가 없다.
※ "만일 □이라면 △이다."의 조건 판단에서 거짓이 되는 경우 ⇒ "□인데도 △가 아니다."

(4) 일상적 용어인 '조건'과 '조건문'과의 관계

- 필요조건(necessary condition)
  : A가 B이기 위한 필요조건이다.

  ~A → ~B , B → A

  A의 발생 없이 B가 발생하지 않는다.

- 충분조건(sufficient condition)
  : A가 B이기 위한 충분조건이다.

  A → B

  A가 발생할 때마다 B가 발생한다.

- 필요충분조건(necessary sufficient condition)
  : A가 B이기 위한 필요조건이고 동시에 충분조건이다.

  A ≡ B

  A의 발생 없이 B가 발생하지 않으며, A가 발생할 때마다 B가 발생한다.

(5) 내포와 외연

- 내포(intension) : 단어가 적용되는 사물/대상의 모든 속성들.
- 외연(extension) : 내포가 적용되는 대상들의 집합.

내포는 그 단어가 적용되는 사물이 가지는 모든 그리고 오직 그 속성들을 가리키는 용어이며, 내포가 적용되는 대상들의 집합을 '외연'이라고 한다. 예를 들어 '사람'이란 단어는 사람의 속성이라는 내포와 그 속성이 적용되는 대상들의 집합인 외연을 가진다.

3) 위기철, 「반갑다 논리야」, pp. 174~179.

3 논리학의 공리

논리학의 공리(公理)라고 불리는 고전 논리학의 논리법칙에는 동일률, 모순율, 배중률이 있는데, 모순율과 배중률은 동일률로 환원될 수 있다. 따라서 논리학은 동일률 하나를 공리로 택하고 있다고 할 수 있다.[4] 동일률은 모든 가능 세계에서 참인 항진명제(恒眞命題)이다.

- 동일률(同一律) : 어떤 명제가 참이면, 그 명제는 참이다.
- 모순율(矛盾律) : 어떤 명제도 참이면서 동시에 거짓일 수는 없다.
- 배중률(排中律) : 어떤 명제나 참이든지, 거짓이든지 둘 중에 하나이다.

4 논리적 함축과 동등

진술 A가 진술 B를 논리적으로 함축한다는 것은 A가 참일 경우에 B도 반드시 참이라는 뜻이다. 그리고 A가 B를 논리적으로 함축하지만 그 역은 성립하지 않을 경우, A는 B보다 더 강한 진술이라고 하고, B는 A보다 더 약한 진술이라고 한다. A가 B를 논리적으로 함축하며 그 역도 성립할 경우, A와 B는 논리적으로 동등한 진술이라고 한다. A가 B나 B의 부정을 논리적으로 함축하지 않고 B 또한 A나 A의 부정을 논리적으로 함축하지 않을 경우, A와 B는 논리적으로 무관한 진술이라고 한다.

5 추론 규칙

추론 규칙은 크게 두 종류로 나뉜다. 즉 타당한 추론(논증) 형식으로 된 규칙들과 논리적인 동치에 의한 규칙들이 그것이다. 전자는 전제로부터 함축된 결론을 이끌어 내는 데 사용되므로 '함축 규칙'이라고 한다. 후자는 논리적으로 동치인 명제를 바꾸는 데 사용되므로 '대치 규칙'이라고 한다.

4) 언급하는 세 가지 논리 법칙들은 겉보기에는 다른 것 같지만 논리적으로는 동치이다. 각각을 논리적 형식으로 나타내어 보면 동일률 : P → P, 모순율 : ~(P • ~P), 배중률 : P ∨~P 이 되며, 동일률인 'P → P'는 조건문의 정의에 의해 모순율인 '~(P • ~P)'와 동치가 되고, 모순율인 '~(P • ~P)'는 드모르간 규칙에 의해 '~P∨~(~P)'와 동치이고 이는 이중부정에 의해 '~P∨P'와 동치가 된다. 이는 다시 교환법칙(=자리바꾸기)에 의해 배중률인 'P∨~P'와 동치가 되어 이 세 법칙들은 논리적으로 동치가 된다. 따라서 논리학은 동일률 하나를 공리로 택하고 있다고 할 수 있다.

(1) 함축 규칙

● 함축 규칙 : 타당한 논증 (추론) 형식

① 전건긍정식 $P \to Q$ P $\therefore Q$	② 후건부정식 $P \to Q$ $\sim Q$ $\therefore \sim P$	③ 가언 삼단논법 $P \to Q$ $Q \to R$ $\therefore P \to R$
④ 선언적 삼단논법 (= 선언지 제거법) $P \lor Q$ $\sim P$ $\therefore Q$	⑤ 양도논법 $P \lor Q$ $P \to R$ $Q \to S$ $\therefore R \lor S$	⑥ 연언화 P Q $\therefore P \land Q$
⑦ 단순화(=연언지 단순화) $P \land Q$ $\therefore P$	⑧ 선언지 첨가법 P $\therefore P \lor Q$	⑨ 흡수 규칙 $P \to Q$ $\therefore P \to (P \land Q)$

(2) 대치 규칙

● 대치 규칙 : 논리적 동치

① 이중부정 $p \equiv \sim\sim p$	② 결합법칙(=규칙) (1) $(p \lor q) \lor r \equiv p \lor (q \lor r)$ (2) $(p \land q) \land r \equiv p \land (q \land r)$	③ 한마디법(=동어반복) (1) $p \lor p \equiv p$ (2) $p \land p \equiv p$
④ 분배규칙(=배분법칙) (1) $[p \land (q \lor r)]$ $\equiv [(p \land q) \lor (p \land r)]$ (2) $p \lor (q \land r)$ $\equiv (p \lor q) \land (p \lor r)$	⑤ 드 모르간 규칙 (1) $\sim(p \lor q) \equiv (\sim p \land \sim q)$ (2) $\sim(p \land q) \equiv (\sim p \lor \sim q)$	⑥ 대우(후건부정)규칙 $p \to q \equiv \sim q \to \sim p$
⑦ 교환법칙, 치환(=자리바꾸기) (1) $p \lor q \equiv q \lor p$ (2) $p \land q \equiv q \land p$	⑧ 전건규칙(=수출입 규칙) $(p \land q) \to r \equiv p \to (q \to r)$	⑨ 선언화/조건화 $p \to q \equiv \sim p \lor q$
⑩ 조건문의 정의(=단순함축) $p \to q \equiv \sim(p \land \sim q)$	⑪ 쌍조건문의 정의(=단순 동치) $p \leftrightarrow q \equiv (p \to q) \land (q \to p)$	⑫ 쌍조건문의 부정 $\sim(p \leftrightarrow q)$ $\equiv (p \leftrightarrow \sim q)$

6 조건증명법과 간접증명법

(1) 조건증명법

조건증명법은 증명할 논증의 결론에 해당하는 명제가 조건문일 때, 혹은 그것을 조건문으로 대치할 수 있을 때 사용하는 기술이다. 즉, 결론이 "만약 B라면, F이다."일 경우, 'B'를 참이라고 가정하면서, B와 다른 전제들로부터 F를 유도하는 것이다. 조건증명법은 이렇게 도출하려는 명제가 조건문일 때, 그 전건을 가정하는 데에서 시작한다.

(2) 간접증명법

조건증명법과 달리 간접증명법은 명제논리의 모든 타당한 논증의 결론을 도출하는 데 사용될 수 있다. 즉 도출하려는 명제가 조건문이든 아니든 상관없다. 간접증명법은 도출하려는 결론을 부정하여 모순을 유도하는 것이다. 모순에 이르게 하는 가정은 거짓이기 때문이다. 그러므로 결론은 참이며 그 논증은 타당한 것으로 증명되는 것이다. 이 증명법은 '귀류법'이라고도 한다.

간접 증명 사례 1

만일 이 선택이 행복한 것이라면, 이 선택은 행복한 것이 아니다.	$P \rightarrow \sim P$
이 선택은 행복한 것이 아니다.	$\therefore \sim P$

간접 증명 사례 2

만일 그가 범인이라면, 그는 범죄현장에 있었으면서도 없었어야 한다.	$P \rightarrow (Q \wedge \sim Q)$
그는 범인이 아니다.	$\therefore \sim P$

7 진리표를 이용한 논리적 타당성 검증 5)

(1) 명제와 진리표

a. 진리표 작성방법

만약 조사하려는 복합명제가 n종류의 단순명제로 이루어져 있다면, 2^n개만큼의 복합명제의 진리값을 판단해야 한다. 즉, 어떤 복합명제가 두 종류의 단순명제로 구성되어 있다면, 전체 진리표는 4줄이 필요하고, 세 종류의 단순명제로 구성되어 있다면, 8줄이 필요하다.

▶ 진리표 작성 예 : ~A ≡ (B → A)

	A	B	~	A	≡	(B	→	A)
①	T	T	F	T	F	T	T	T
②	T	F	F	T	F	F	T	T
③	F	T	T	F	F	T	F	F
④	F	F	T	F	T	F	T	F

b. 복합 명제의 성격

(a) 우연적 명제 : 복합 명제의 진리값이 참인 줄과 거짓인 줄이 적어도 하나씩 있음
(b) 필연적으로(논리적으로) 참인 명제 또는 동어 반복인 명제 : 진리값이 모든 경우에 있어 참인 경우 예 P∨~P, [(G→H)∧G]→H
(c) 자기 모순적인 명제 : 진리값이 모든 경우에 있어 거짓인 경우
예 (G∨H) ≡(~G∧~H)
(d) 논리적 동치 관계 : 각 복합 명제의 진리값이 모든 경우에 있어 서로 같은 경우
예 K → L vs. ~L→ ~K
(e) 모순 관계 : 각 복합 명제의 진리값이 모든 경우에 있어 정확히 반대인 경우
예 K → L vs. K∧~L
(f) 일관성이 있는 관계 (양립가능한 관계) : 각 복합 명제의 진리값이 어느 한 경우에서라도 동시에 참으로 나타나는 경우 예 K∨L vs. K∧L
(g) 일관성이 없는 관계 (양립불가능한 관계) : 각 복합 명제의 진리값이 어느 경우에서라도 동시에 참일 수 없는 경우 예 K≡ L vs. K∧~L

5) 박은진, 비판적 사고를 위한 논리, pp. 243~260

(2) 논증과 직접 진리표

a. 직접 진리표를 이용한 논증의 타당성 판단 방법

진리표(Truth Table)를 이용하여 논증의 타당성[6]을 판단할 수 있다.

- 단계 1 : 일상 언어의 명제를 명제논리의 명제로 옮긴다.
- 단계 2 : 전제와 전제 사이에는 쉼표 ‘,’를, 전제와 결론 사이에는 슬래시 ‘/’를 이용해서 전제와 결론을 구분한다.
- 단계 3 : 전제와 결론을 포함한 각 명제들에 대한 진리표를 작성한다.
- 단계 4 : 작성한 진리표에 따라서, 전제가 모두 참인 줄에 결론이 거짓인 경우가 있는지 살펴본다.
- 단계 5 : 만약 그런 경우가 있다면, 그 논증은 부당하다. 반대로 그런 경우가 없다면, 그 논증은 타당하다.

b. 논증의 타당성 검증 사례

▶ **사례**

	(기호화)
만일 당신이 미녀라면, 당신은 잠꾸러기이다.	$P \rightarrow Q$
당신은 미녀이다.	P
∴ 당신은 잠꾸러기이다.	∴ Q

단순명제		전제		결론	논증의 타당성 판단
P	Q	$P \rightarrow Q$	P	Q	
T	T	T	T	T	전제가 모두 참인 경우 결론은 참
T	F	F	T	F	전제가 모두 참이 아니므로 해당되지 않음
F	T	T	F	T	
F	F	T	F	F	

[판단] 위 추론 내지 논증은 전제가 참일 때 결론이 반드시 참이므로 타당한 추론 내지 논증이다.

---

6) 타당한 논증(추론)이란 전제가 참이라고 가정할 때 결론이 항상 참인 논증을 말한다. 추론은 주어진 사실로부터 새로운 사실을 이끌어내는 사고의 과정을 말하고, 논증은 추론이 언어적으로 표현된 것으로 주어진 사실을 나타내는 문장과 새로운 사실을 나타내는 문장으로 구성된다. 일반적으로 추리와 논증은 혼용하여 사용해도 무방하다.

(3) 논증과 간접 진리표

a. 간접 진리표를 이용한 논증의 타당성 판단 방법

어떤 논증에 대한 간접 진리표를 작성하기 위해서 우선 주어진 논증이 부당하다고 가정한다. 즉 주어진 논증의 모든 전제가 참이면서 결론이 거짓이라고 가정한다.

- 단계 1 : 논증을 전제와 결론을 구분해서 나란히 한 줄에 놓는다.
- 단계 2 : 우선 이 논증이 부당하다고 가정한다.
- 단계 3 : 단계 2에서 부여된 진리값에 의해 단순명제의 진리값을 모순 없이 따질 수 있는 데까지 계산한다.
- 단계 4 : 다음과 같은 기준에 의해 논증의 타당성과 부당성을 결정한다.
  1) 모순 없이 모든 전제와 결론 각 부분의 진리값을 계산할 수 있다면, 이 논증은 부당하다.
  2) 만약 모순 없이 모든 전제와 결론 각 부분의 진리값을 계산할 수 없다면, 이 논증은 타당하다.

b. 논증의 타당성 검증 사례

	전제		결론	단계 상세 설명
단계 1	$\sim C \rightarrow (D \vee R)$	$\sim B$	$R \rightarrow C$	
단계 2	T	T	F	전제가 모두 참, 결론은 거짓이라 가정
단계 3-1		F	T F	단계 2로부터 1차적으로 추론되는 진리값
단계 3-2	T T			단계 3-1로부터 직접 추론되는 진리값
	D의 진리값에 관계없이 R에 의해 D∨R 은 참			
단계 4	모순 없이 모든 전제와 결론 각 부분의 진리값을 계산할 수 있으므로 이 논증은 부당			

Ⅱ. 명제논리의 기초(2)

1 타당한 논증형식

(1) 전건긍정식

▶ 타당한 논증형식 : 전건긍정식	
만일 당신이 미녀라면, 당신은 잠꾸러기이다.	P → Q
당신은 미녀이다.	P
∴ 당신은 잠꾸러기이다.	∴ Q

조건문의 앞 문장을 전건이라 하고 뒷 문장을 후건이라 한다. 위 사례에서 '당신은 미녀이다'는 전건이고, '당신은 잠꾸러기이다'는 후건이다. 이 형식은 자주 사용되는 것으로서 '전건긍정식'이라고 한다. 조건문의 전건을 긍정하여 후건을 도출해 내는 형식이다.

이 논증형식과 혼동하기 쉬운 형식이면서 잘못된 추론으로 '후건긍정의 오류'가 있다. 오류란 논증의 형식적 측면이나 내용의 측면에서 일어나는 잘못이나 결함을 말한다.

▶ 타당하지 않은 논증형식 : 후건긍정의 오류	
만일 당신이 미녀라면, 당신은 잠꾸러기이다.	P → Q
당신은 잠꾸러기이다.	Q
∴ 당신은 미녀이다.	∴ P

이 형식은 연역적으로 타당하지 않다. 조건문의 후건을 긍정하여 그 전건을 긍정한 것을 결론으로 추론하는 것은 오류이다.

(2) 후건부정식

▶ 타당한 논증형식 : 후건부정식	
만일 공무원들이 이기심을 극복할 수 있다면, 부정부패는 사라질 것이다.	P → Q
부정부패가 사라지지 않았다.	~Q
∴ 공무원들이 이기심을 극복할 수 없었다.	∴ ~ P

이것 역시 많이 쓰이는 타당한 형식으로 '후건부정식'이라고 부른다. 이 형식은 조건문의 후건을 부정하여 전건의 부정을 결론으로 도출해 내고 있다.

▶타당하지 않은 논증형식 : 전건부정의 오류

만일 공무원들이 이기심을 극복할 수 있다면, 부정부패는 사라질 것이다.	$P \rightarrow Q$
공무원들은 이기심을 극복할 수 없다.	$\sim P$
∴ 부정부패는 사라지지 않을 것이다.	$\therefore \sim Q$

이 형식은 '후건부정식'과 혼동하기 쉬운 잘못된 추론으로 '전건부정의 오류'라고 한다. 전건을 부정하여 후건을 부정한 것을 결론으로 추론하는 것은 오류이다.

(3) 가언 (= 가정적) 삼단논법

▶타당한 논증형식 : 가언 삼단논법

만일 직녀가 부산 영화제에 참석한다면 광주의 동창회에는 불참할 것이다.	$P \rightarrow Q$
만일 직녀가 광주의 동창회에 불참한다면, 견우를 만나지 못할 것이다.	$Q \rightarrow R$
∴ 만일 직녀가 부산 영화제에 참석한다면, 견우를 만나지 못할 것이다.	$\therefore P \rightarrow R$

이 형식은 '가언삼단논법'이라 불리는 연역적으로 타당한 논리적 형식이다.

(4) 선언적 삼단논법 (= 선언지 제거법)

▶타당한 논증형식 : 선언적 삼단논법(=선언지 제거법)

그 문제는 아무도 풀 수 없거나 잘못된 문제이다.	$P \vee Q$
누군가는 그 문제를 풀 수 있다.	$\sim P$
∴ 그 문제는 잘못된 문제이다.	$\therefore Q$

이 형식은 '선언적 삼단논법(=선언지 제거법)'이라는 것으로 선언문의 선언지들 중 어느 하나를 부정하여 제거한 후 제거되지 않은 선언지를 결론으로 주장하는 형식이다.

▶ **타당하지 않은 논증형식 : 선언지긍정의 오류**

그 문제는 아무도 풀 수 없거나 잘못된 문제이다.	$P \vee Q$
그 문제는 아무도 풀 수 없다.	P
∴ 그 문제는 잘못되지 않았다.	∴ $\sim Q$

'선언적 삼단논법'과 가장 혼동되는 오류 추리로서 바로 위의 예에서 보는 바와 같이 선언문의 한 선언지를 긍정하여, 긍정되지 않은 다른 선언지의 부정을 결론으로 도출해 내는 소위 '선언지긍정의 오류'가 있다. 이 논증형식은 P와 Q가 모두 참인 경우, 전제들이 모두 참이면서 결론이 거짓인 부당한 형식이라는 것이 드러난다.[7]

▶ **선언지긍정의 오류가 되지 않은 선언문**

그는 지금 강의실에 있거나 오락실에서 게임을 하고 있다.	$P \vee Q$
그는 지금 강의실에 있다.	P
∴ 그는 지금 오락실에서 게임을 하고 있지 않다.	∴ $\sim Q$

이 선언문은 P와 Q가 동시에 참일 수 없는 선언문이다. 이렇게 두 선언지가 모두 참일 수 없는 경우의 선언문을 배타적 선언문이라고 하고 이런 경우에는 선언지긍정의 오류가 되지 않는다.[8]

(5) 단순양도논법

▶ **타당한 논증형식 : 단순 (구성적) 양도논법**

국가 간에는 평화 아니면 전쟁 상태만 존재한다.	$P \vee Q$
만일 국제 평화가 유지된다면, UN은 불필요하다.	$P \rightarrow R$
만일 국가 간에 전쟁이 일어난다면, UN은 전쟁 방지라는 목적을 성취하지 못한 것이기 때문에 불필요하다.	$Q \rightarrow R$
∴ UN은 불필요하다.	∴ R

이 논증의 형식은 '단순양도논법'이라 불리는 연역적으로 타당한 논리적 형식이다.

---

7) 이와 같이 일반적으로 두 선언지가 동시에 참일 수 있는 경우의 선언문을 포괄적 선언문이라고 한다. 이어서 설명하고 있는 배타적 선언문과 구분해서 기억해 둘 필요가 있다.

8) 논리학에서 일반적으로 다루는 선언문은 포괄적 선언문을 의미한다. 따라서 기호로 제시된 선언문은 포괄적 선언문으로 보는 것이 타당하다.

> **▶타당한 논증형식 : 단순 (파괴적) 양도논법**
>
> | | |
> |---|---|
> | 나는 고급 승용차를 타고 다니지 않거나 좋은 아파트에 살지 않는다. | ~R ∨ ~S |
> | 만일 내가 부자라면, 고급 승용차를 타고 다닐 것이다. | P → R |
> | 만일 내가 부자라면, 좋은 아파트에서 살 것이다. | P → S |
> | ∴ 나는 부자가 아니다. | ∴ ~ P |

이 논증의 형식은 단순 구성적 양도논법과 구분하여 단순 파괴적 양도논법이라고 한다.

(6) 복합양도논법

이 논증은 '복합양도논법'이라 불리는 연역적으로 타당한 논리적 형식을 가지고 있다.

> **▶타당한 논증형식 : 복합 (구성적) 양도논법**
>
> | | |
> |---|---|
> | 나는 피셋을 준비하거나 리트를 준비한다. | P ∨ Q |
> | 만일 내가 피셋을 준비한다면, 공무원이 될 것이다. | P → R |
> | 만일 내가 리트를 준비한다면, 법조인이 될 것이다. | Q → S |
> | ∴ 나는 공무원이 되든지, 법조인이 될 것이다. | ∴ R ∨ S |

> **▶타당한 논증형식 : 복합 (파괴적) 양도논법**
>
> | | |
> |---|---|
> | 영희가 싫어하지 않든지 엄마가 싫어하지 않을 것이다. | ~R ∨ ~S |
> | 만일 내가 1등을 한다면, 영희가 싫어할 것이다. | P → R |
> | 만일 내가 꼴등을 한다면, 엄마가 싫어할 것이다. | Q → S |
> | ∴ 나는 1등을 하지 않거나 꼴등을 하지 말아야 한다. | ∴ ~P ∨ ~Q |

이 논증은 복합 구성적 양도논법과 구분하여 복합 파괴적 양도논법이라고 한다.

(7) 연언화

▶ 타당한 논증형식 : 연언(화)

공무원은 성실하다.	P
공무원은 정직하다.	Q
∴ 공무원은 성실하고 정직하다.	∴ $P \land Q$

이 논증은 '연언화'라고 부르는 연역적으로 타당한 논증이다. 연언화는 위의 형식이 정형이지만, 아래와 같은 변형들도 연언화로 여기기도 한다.

$$\begin{array}{c} P \\ Q \\ R \\ \hline \therefore R \land P \land Q \end{array}$$

(8) (연언지) 단순화

▶ 타당한 논증형식 : 단순(화)

공무원은 성실하고 정직하다.	$P \land Q$
∴ 공무원은 성실하다.	∴ P

이 논증은 '단순화(=연언지 단순화)'라고 부르며 연역적으로 타당한 논리적 형식이다.

다음의 표에서 단순화는 맨 왼쪽이 정형이라 말할 수 있지만 표에 주어진 형식들도 단순화로 여길 수 있다.

▶ (연언지) 단순화

$P \land Q$	$P \land Q$	$P \land Q \land R \cdots Z$
∴ P	∴ Q	∴ R

(9) 선언지 첨가법

▶ **타당한 논증형식 : 선언지 첨가법**	
태풍이 온다.	P
태풍이 오거나 배가 들어온다.	$\therefore P \lor Q$

이 논증은 '선언지 첨가법'이라 부르고 표에 주어진 논리적 형식을 가지고 있는데, 언뜻 보기에는 타당하지 않은 듯 보이지만 사실은 타당하다.

(10) 흡수 규칙

▶ **타당한 논증형식 : 흡수규칙**	
그녀가 미녀라면 그녀는 잠꾸러기일 것이다.	$P \rightarrow Q$
그녀가 미녀라면 그녀는 미녀이고 그녀는 잠꾸러기일 것이다.	$\therefore P \rightarrow P \land Q$

이 논증은 '흡수 규칙'이라고 부르며 연역적으로 타당한 논리적 형식이다.

2 연쇄논법 (자연적 연역추리)

앞서 언급한 함축규칙과 대치규칙들의 범위를 벗어나는 연역추리에 사용하고 평가하기 위한 추리방법이다.

| 연쇄논법을 사용한 논증의 예 |

> 우리의 젊음은 소중하다. 그렇다면, 우리는 젊음을 헛되이 보내서는 안 될 것이다. 그러나 우리는 젊음을 헛되이 보내도 되든지, 젊음을 선용해야 한다. 따라서 우리는 젊음을 선용해야 한다.

먼저 위의 논증을 구성하고 있는 요소 주장들을 기호화해 보면 다음과 같다.

p : 우리의 젊음은 소중하다.

q : 우리는 젊음을 헛되이 보내도 된다.

r : 우리는 젊음을 선용해야 한다.

다음으로 이 기호들을 이용하여 위 논증의 논리적 형식을 추출해 보면 오른쪽과 같이 된다.

하지만 이 논증이 타당한지의 여부는 즉각적으로 알 수 없다. 왜냐하면 앞서 소개된 11개의 연역 규칙들 중 이와 같은 논증의 형식은 없기 때문이다.

그럼에도 불구하고 11개의 연역 규칙들을 이용하면 전제로부터 결론이 도출된다는 것을 알 수 있다.

먼저 처음 두 전제들로부터, 전건긍정법에 의해 '~q'를 도출해 낼 수 있고 그런 다음 도출된 '~q'와 세 번째 전제로부터, 선언지제거법에 의해 결론인 'r'을 도출할 수 있다. 이러한 두 개의 연쇄적 추론으로 결론을 도출해내는 방법을 '자연적 연역추리'라고 한다.

정리하면 『연쇄논법』은 어떤 논증 A의 전제들로부터 결론을 도출해 내는 자연적 연역추리의 방법이라 말할 수 있다.

p
$p \rightarrow \sim q$
$q \vee r$
―――――
$\therefore r$

① 첫 번째

p
$p \rightarrow \sim q$
―――――
$\therefore \sim q$ (전건긍정법)

② 두 번째

$\sim q$
$q \vee r$
―――――
$\therefore r$ (선언지제거법)

3 보조증명법

보조증명법을 사용한 논증의 예

$\sim p \lor s$
$s \rightarrow (\sim s \lor q)$
$(t \rightarrow r) \rightarrow \sim (p \rightarrow q)$
―――――――――
$\therefore \sim(t \rightarrow r)$

위에서 기호화된 논증형식을 연쇄논법으로 전개하기 위해 손을 대보려 하면 지금까지 소개된 방법만으로는 뾰족한 수가 보이지 않는다. 이러한 막막한 상황에서 세 번째 전제를 유심히 관찰하면 바로 세 번째 전제가 결론의 부정을 전건으로 하고 있는 조건문임을 알 수 있게 된다. 여기에서 만약 '$(p \rightarrow q)$'이 주어진다면 후건부정법을 통해 결론을 도출시킬 수 있다는 생각을 해볼 수 있다. 바로 이러한 생각을 펴볼 수 있는 방법이 '보조증명법'이다.

'$(p \rightarrow q)$'를 도출하기 위해 먼저 p가 참이라고 가정하면, 다음과 같이 q라는 결과가 도출된다.

if, p [기호로 표현하면, $p \rightarrow$]

i) $\sim p \lor s$
　　p
――――
　　s
[∵ 선언지 제거법]

ii) $s \rightarrow (\sim s \lor q)$
　　s
――――
　　q
[∵ 선언지 제거법]

if, p 가정 + i) + ii) => $p \rightarrow s \rightarrow q$　　　$\therefore p \rightarrow q$ [∵ 가언삼단논법]

정리해 말하면 보조증명법을 이용한 연쇄논법의 특징은, 조건증명법이나 간접증명법을 이용한 연쇄논법과는 달리, 전제의 일부를 얻기 위한 가정을 도입하고 있다는 점이다. 물론 연쇄논법의 원활한 전개를 위하여 조건증명법, 간접증명법, 그리고 보조증명법을 필요에 따라 사용한다는 점은 공통적이라 할 수 있다.

Ⅲ. 명제논리 문제의 유형별 학습

1 조건문의 의미와 기호의 활용

01
제시된 정보의 기호화

5명의 친구 A~E가 모여 '수호천사' 놀이를 하기로 했다. 갑이 을에게 선물을 주었을 때 '갑은 을의 수호천사이다'라고 하기로 약속했고, 다음 〈관계〉처럼 수호천사 관계가 성립되었다. 이후 이들은 다음 〈규칙〉에 따라 추가로 '수호천사' 관계를 맺었다. 이들 외에 다른 사람은 이 놀이에 참여하지 않는다고 할 때, 옳지 않은 것은?

제2회 2010 LEET 문12

〈관계〉
○ A는 B의 수호천사이다.
○ B는 C의 수호천사이다.
○ C는 D의 수호천사이다.
○ D는 B와 E의 수호천사이다.

〈규칙〉
○ 갑이 을의 수호천사이고 을이 병의 수호천사이면, 갑은 병의 수호천사이다.
○ 갑이 을의 수호천사일 때, 을이 자기 자신의 수호천사인 경우에는 을이 갑의 수호천사가 될 수 있고, 그렇지 않은 경우에는 을이 갑의 수호천사가 될 수 없다.

① A는 B, C, D, E의 수호천사이다.
② B는 A의 수호천사가 될 수 있다.
③ C는 자기 자신의 수호천사이다.
④ D의 수호천사와 C의 수호천사는 동일하다.
⑤ E는 A의 수호천사가 될 수 있다.

02

조건명제의
진리조건

다음 글로부터 추리한 것으로 옳은 것만을 보기 에서 있는 대로 고른 것은? 제2회 2010 LEET 문14

> 20장의 카드가 바닥에 겹치지 않게 놓여 있다. 이 20장의 카드 모두 앞면에는 '음' 또는 '양' 중 하나가, 뒷면에는 '해' 또는 '달' 중 하나가 씌어 있음을 철수는 알고 있다. 이 중 12장이 앞면을 보이는데, 그 가운데 10장에 '음'이, 2장에 '양'이 씌어 있다. 나머지 8장 가운데 3장에 '해'가, 5장에 '달'이 씌어 있다. 이 20장의 카드 중 앞면에 '음'이 쓰인 카드의 뒷면에는 반드시 '달'이 씌어 있다고 영희가 말한다. 철수는 이 말의 진위를 확인하기 위해 카드를 뒤집어 보려 한다. 하지만 철수가 카드 1장을 뒤집을 때마다 영희에게 1만 원씩 내야 한다.

보기

ㄱ. 영희의 말이 사실이 아니면, 철수가 영희에게 1만 원을 내고 그 말의 진위를 확인하게 되는 경우가 있을 수 있다.
ㄴ. 영희의 말이 사실이든 아니든, 철수가 영희에게 내는 돈이 12만 원을 초과하기 전에 그 말의 진위를 반드시 확인하게 해주는 방법이 있다.
ㄷ. 영희의 말이 사실이면, 철수가 영희에게 15만 원 이상을 내지 않고는 그 말의 진위를 확인할 수 없다.

① ㄱ ② ㄴ ③ ㄷ
④ ㄱ, ㄴ ⑤ ㄴ, ㄷ

2 논리적 함축 및 동등

03

논리적 관련성

다음 설명을 따를 때, 옳지 않은 것은? PSAT 기출문제

> 진술 A가 진술 B를 논리적으로 함축한다는 것은 A가 참일 경우에 B도 반드시 참이라는 뜻이다. 그리고 A가 B를 논리적으로 함축하지만 그 역은 성립하지 않을 경우, A는 B보다 더 강한 진술이라고 하고, B는 A보다 더 약한 진술이라고 한다. A가 B를 논리적으로 함축하며 그 역도 성립할 경우, A와 B는 논리적으로 동등한 진술이다. A가 B나 B의 부정을 논리적으로 함축하지 않고 B 또한 A나 A의 부정을 논리적으로 함축하지 않을 경우, A와 B는 논리적으로 무관한 진술이다.

① "부동산 가격이 오르지 않는다."는 진술은 "부동산 가격도 오르고 주가도 오른다는 것은 사실이 아니다."라는 진술보다 강한 진술이다.

② "이자율과 물가가 내린다면 소비가 증가한다."는 진술은 "물가가 내릴 경우, 이자율이 내린다면 소비가 증가한다."는 진술과 논리적으로 동등하다.

③ "원유 가격과 원자재 가격이 오르면, 물가에 악영향을 준다."는 진술은 "원유 가격이나 원자재 가격이 오르면, 물가에 악영향을 준다."는 진술보다 약한 진술이다.

④ "이자율이 오르면 부동산 경기나 주식시장이 침체된다."는 진술은 "부동산 경기나 주식시장이 침체된다면 이자율이 오른다."는 진술과 논리적으로 무관한 진술이다.

⑤ "부동산 경기가 침체될 경우 이자율이나 물가가 오른다."는 진술은 "주식시장이나 부동산 경기가 침체될 경우 이자율이 오른다."는 진술과 논리적으로 무관한 진술이다.

04
논리적 동치

다음 진술과 논리적으로 동등한 것은?

제1회 2009 LEET 문1

> 슬픔을 나눌 수 있는 가족이 있거나 즐거움을 나눌 수 있는 친구가 있다면 행복한 사람이다.

① 슬픔을 나눌 수 있는 가족도 없고 즐거움을 나눌 수 있는 친구도 없다면 행복한 사람이 아니다.
② 행복하지 않은 사람은 슬픔을 나눌 수 있는 가족이 없거나 즐거움을 나눌 수 있는 친구가 없다.
③ 슬픔을 나눌 수 있는 가족이 없거나 즐거움을 나눌 수 있는 친구가 없다면 행복한 사람이 아니다.
④ 슬픔을 나눌 수 있는 가족이 없으면 즐거움을 나눌 수 있는 친구가 있어도 행복한 사람이 아니다.
⑤ 슬픔을 나눌 수 있는 가족이 있으면 행복한 사람이고 즐거움을 나눌 수 있는 친구가 있어도 행복한 사람이다.

3 생략된 조건 및 전제의 추론

05
생략된 전제 추론

어느 과학자는 자신이 세운 가설을 입증하기 위해서 다음과 같은 논리적 관계가 성립하는 여섯 명제 A, B, C, D, E, F의 진위를 확인해야 한다는 것을 발견하였다. 그러나 그는 이들 중 F가 거짓이라는 것과 다른 한 명제가 참이라는 것을 이미 알고 있었기 때문에, 나머지 명제의 진위를 확인할 필요가 없었다. 이 과학자가 이미 알고 있었던 참인 명제는? 제1회 2009 LEET 문24

> ○ B가 거짓이거나 C가 참이면, A는 거짓이다.
> ○ C가 참이거나 D가 참이면, B가 거짓이고 F는 참이다.
> ○ C가 참이거나 E가 거짓이면, B가 거짓이거나 F가 참이다.

① A ② B ③ C ④ D ⑤ E

06
보충되어야 할 전제

다음 논증에서 결론을 도출하기 위하여 추가해야 할 것은? 제2회 2010 LEET 문15

> 공리주의가 정당화될 수 있는 도덕이론이라면 어떤 선험적 원리로부터 도출되거나 도덕적 직관에 어긋나지 않아야 한다. 공리주의가 선험적 원리로부터 도출된다면 공리주의는 경험적 주장이 아니어야 한다. 또한 도덕적 직관에 어긋나지 않는다면 정의감에 반하면서 최선의 결과를 낳는 행위가 없어야 한다. 하지만 정의감에 반하면서 최선의 결과를 낳는 행위들이 있다. 그러므로 공리주의는 도덕이론으로 정당화될 수 없다.

① 도덕적 직관에 어긋나면서 최선의 결과를 낳는 행위들이 있다.
② 정당화될 수 있는 도덕이론은 선험적 원리로부터 도출된다.
③ 공리주의는 선험적 원리로부터 도출된다.
④ 공리주의는 도덕적 직관에 어긋난다.
⑤ 공리주의는 경험적 주장이다.

07 보충되어야 할 전제

다음 추론이 타당하기 위해서 추가로 필요한 진술은? 제3회 2011 LEET 문22

사고 자동차가 1번 도로를 지나왔다면, 이 자동차는 A마을에서 왔거나 B마을에서 왔을 것이다. 자동차가 A마을에서 왔다면, 자동차 밑바닥에 흙탕물이 튀었을 것이고 자동차 모습을 담은 폐쇄회로 카메라가 적어도 하나 있을 것이다. 자동차가 B마을에서 왔다면, 도로 정체를 만났을 것이고 적어도 검문소 한 곳을 통과했을 것이다. 자동차가 도로 정체를 만났다면 자동차 모습을 담은 폐쇄회로 카메라가 적어도 하나 있을 것이다. 자동차가 적어도 검문소 한 곳을 통과했다면 자동차 밑바닥에 흙탕물이 튀었을 것이다. 따라서 자동차는 1번 도로를 지나오지 않았다.

① 자동차 밑바닥에 흙탕물이 튀었을 것이다.
② 자동차는 도로 정체를 만나지 않았을 것이다.
③ 자동차가 적어도 검문소 한 곳을 통과했을 것이다.
④ 자동차는 검문소를 한 곳도 통과하지 않았을 것이다.
⑤ 자동차 모습을 담은 폐쇄회로 카메라는 하나도 없을 것이다.

'결정적 정보'에 해당하는 것은?

제6회 2014 LEET 문20

A~E의 증언에 대해서 다음과 같은 〈관계〉가 성립한다는 것이 알려졌다.

〈관계〉

○ A, B, C 가운데 적어도 한 사람의 증언은 참이다.
○ D와 E 가운데 적어도 한 사람의 증언은 참이다.
○ A의 증언이 참이면, C의 증언도 참이고 D의 증언도 참이다.
○ B의 증언이 참이면, E의 증언은 참이 아니다.

〈관계〉만으로는 5명의 증언이 각각 참인지 아닌지가 결정되지 않지만, 어떤 정보가 추가된다면 이들의 증언이 각각 참인지 아닌지가 완전히 결정될 수 있다. 5명의 증언이 각각 참인지 아닌지를 완전히 결정하게 만드는 추가 정보를 '결정적 정보'라고 하자.

① A의 증언은 참이다.
② B의 증언은 참이다.
③ C의 증언은 참이다.
④ D의 증언은 참이 아니다.
⑤ E의 증언은 참이 아니다.

09

조건문의
진리조건

다음 글을 분석한 것으로 옳은 것만을 보기 에서 있는 대로 고른 것은? 제10회 2018 LEET 문15

일상적인 조건문의 진위는 어떻게 결정되는가? 다음 예를 통해 알아보자.

K공항에서 비행기가 이륙하기 위해서는 1번 활주로와 2번 활주로 중 하나를 통해서만 가능하다. 영우는 1번 활주로가 며칠 전부터 폐쇄되어 있다는 것을 안다. 그래서 ㉠"어제 K공항에서 비행기가 이륙했다면, 1번 활주로로 이륙하지 않았다."라고 추론한다. 경수는 2번 활주로가 며칠 전부터 폐쇄되어 있다는 것과 비행기 이륙이 1번 활주로와 2번 활주로 중 하나를 통해서만 가능하다는 것을 알고 있다. 경수는 이로부터 ㉡"어제 K공항에서 비행기가 이륙했다면, 1번 활주로로 이륙했다."라고 추론한다.

위 예에서 영우와 경수가 사용한 정보들은 모두 참이며 영우와 경수의 추론에는 어떤 잘못도 없으므로 ㉠도 참이고 ㉡도 참이라고 결론 내릴 수 있다.

그런데 정말 ㉠과 ㉡이 둘 다 참일 수 있을까? 우리가 일상적으로 'A이면 B이다'라는 조건문의 진위를 파악하는 (가) 방식에 따르면, A를 참이라고 가정하고 B의 진위를 따져본다. 즉 A를 참이라고 가정할 때, B가 참으로 밝혀지면 'A이면 B이다'가 참이라고 판단하고, B가 거짓으로 밝혀지면 'A이면 B이다'가 거짓이라고 판단한다. 이에 따라 A가 참이라고 가정해 보자. 그런데 'B이다'와 'B가 아니다' 중에 하나만 참일 수밖에 없으므로, 'A이면 B이다'와 'A이면 B가 아니다'가 모두 참이라고 판단하는 것이 가능하지 않다. 그렇다면 조건문의 진위를 파악하는 이 방식에 따르면, ㉠과 ㉡ 중 최소한 하나는 참이 아니라고 결론 내려야 한다. 그러나 이는 앞의 결론과 충돌한다.

보기

ㄱ. 영우가 가진 정보와 경수가 가진 정보를 모두 가지고 있는 사람은 "어제 K공항에서는 어떤 비행기도 이륙하지 않았다."를 타당하게 추론할 수 있다.
ㄴ. 영우가 가진 정보가 참이라는 것을 아는 사람이 (가)를 적용하면 ㉡이 거짓이라고 판단할 것이다.
ㄷ. 영우나 경수가 가진 어떤 정보도 갖지 않은 사람이 (가)를 적용하면, ㉠과 ㉡이 모두 거짓이라고 판단할 것이다.

① ㄱ ② ㄷ ③ ㄱ, ㄴ
④ ㄴ, ㄷ ⑤ ㄱ, ㄴ, ㄷ

CHAPTER 2
술어 및 관계논리

본 장에서는 술어논리의 함축 규칙을 알아보고 실용적 대안으로서의 벤다이어그램을 학습한다. 술어논리란 명제논리보다 그 분석 단위가 세분화된 것으로 명제 안에서의 양적인 측면과 질적인 측면까지 다룬다.

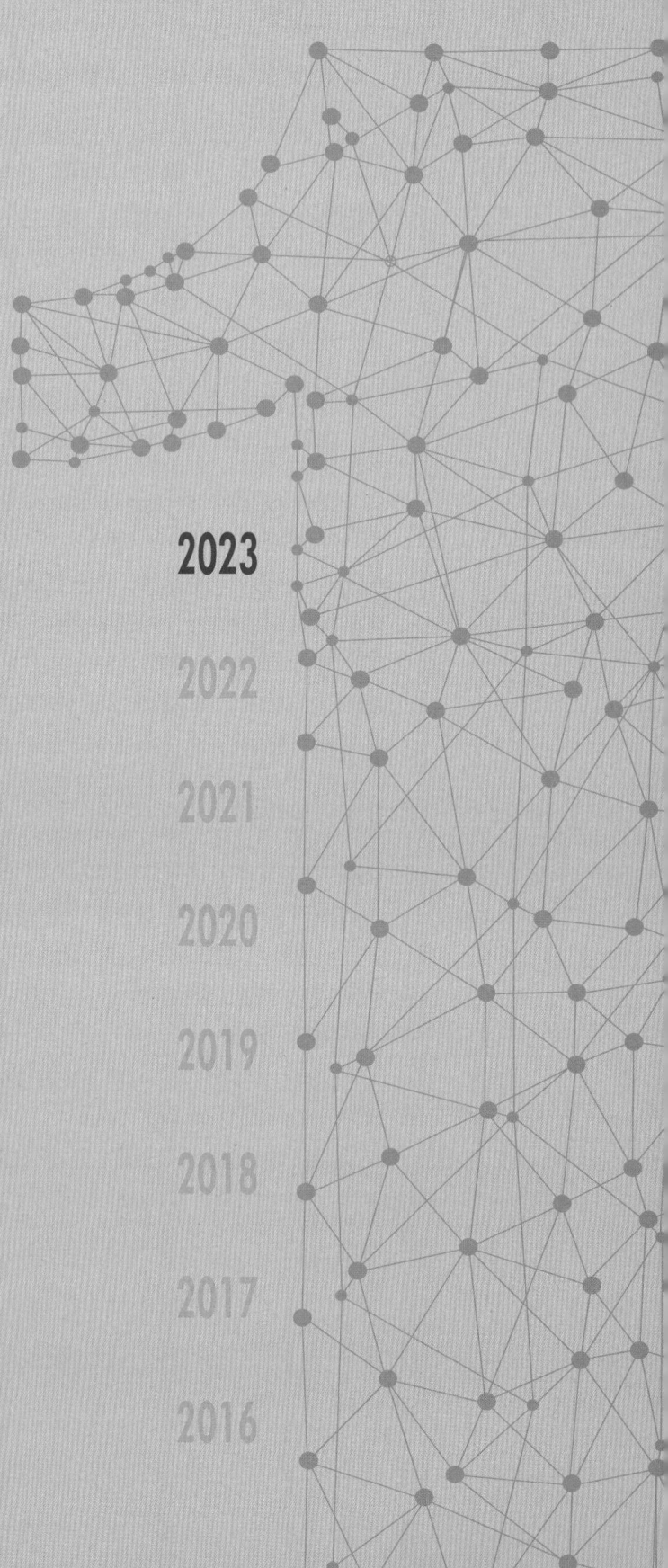

2023
2022
2021
2020
2019
2018
2017
2016

Ⅰ. 술어논리의 기초

1 술어 및 관계 논리의 개념

(1) 술어논리(述語論理)

술어논리는 그 분석의 단위를 술어(述語)로까지 확장한 기호논리학의 한 분야로서 양화(量化, Quantification) 논리라고도 하며, 보통 명제논리(命題論理)보다 한 단계 위쪽에 놓인다. 명제논리에서의 명제는 분석의 기본 단위로 취급되어 그 내부구조 속으로 파고들어간 분석이 이루어질 수 없다. 예를 들어 우리가 당연시 여기고 있는 "인간은 모두 죽는다. 소크라테스는 인간이다. 그러므로 소크라테스는 죽는다."라는 추론에 대하여 명제논리에서는 분석의 기본 단위가 명제이기 때문에 '그것이 맞다 틀리다.'라는 근거를 제시할 수 없다는 것이다. 그러나 술어논리는 분석의 단위를 명제 자체의 구조에까지 확장함으로써 보다 심층적 분석을 가능케 한다. 술어(述語)란 단칭명제 [예, 소크라테스는 인간이다.] 에서 특정대상의 이름 [즉, 소크라테스] 를 제외한 나머지 부분(…는 인간이다)을 말한다.

● 단칭명제와 일반명제

- 단칭명제(單稱命題) : 어떤 특정 대상에 대하여서만 진술하고 있는 명제
  예 소크라테스는 인간이다.
- 일반명제(一般命題) : 단칭명제에 비해 보다 일반적인 대상에 대해 진술하고 있는 명제
  예 인간은 모두 죽는다.

(2) 관계논리(關係論理)

두 개 이상의 대상 사이에 성립되는 규정을 관계로 하여 형식화하고, 그 논리 구조를 다루는 학문으로 논리학의 한 분야이다. 불(Boole, G.), 드모르간, 퍼스(Peirce, C. S.) 등이 전개한 기호 논리로 오늘날의 술어(述語) 논리학으로 발전하였다.

2 술어논리의 기본 구성 : 정언명제[9)]

(1) 정언명제의 4가지 표준 형식

'정언명제(Categorical proposition)'는 주어와 술어의 두 단어(개념, 집합 혹은 범주)의 포함과 배제 관계를 서술하는 명제이다. 정언명제는 정언논리의 체계에 맞게 표준화한 형식이다.

정언명제	양(quantity)	질(quality)	명제의 표현[10)]
모든 S는 P이다.	전칭	긍정	A
모든 S는 P가 아니다.[11)]	전칭	부정	E
어떤 S는 P이다.	특칭	긍정	I
어떤 S는 P가 아니다.	특칭	부정	O

(2) 일상적 표현의 명제를 정언명제의 표준 형식으로 옮기는 방법[12)]

모든 주장들이 앞서 언급한 네 가지 표준 형식들 중의 하나로 제시되는 것이 아니다. 따라서 주장들의 내적 구조를 분석하기 위해서는 일상적인 표현들을 표준 정언적 형식으로 해석할 수 있어야 한다.

> • **정언명제의 표준 형식**
> ⇒ 양화사(모든/어떤) + 주어(명사/명사형) + 술어(명사/명사형) + 계사(이다/아니다)

① 술어가 명사나 명사형으로 되어 있지 않은 경우 : 적절한 명사 or 명사형 술어의 도입
(가) "어떤 장미는 붉다." → "어떤 장미는 붉은 장미이다."
(나) "대학을 졸업한 어떤 사람은 교양이 있다."
→ "대학을 졸업한 어떤 사람은 교양 있는 사람이다."

② 양화사가 없을 경우 : 적절한 양화사의 삽입
(가) "에메랄드는 녹색 보석이다." → "모든 에메랄드는 녹색 보석이다."
(나) "그 동물원에는 사자가 있다." → "어떤 사자는 그 동물원에 있는 사자이다."
(다) "이웃에 어린이가 산다." → "어떤 어린이는 이웃에 사는 어린이이다."

9) 명제논리에서 논증의 타당성은 논증을 구성하는 기본 단위인 명제에 의해서 결정된다. 그렇지만 "모든 철학자는 사람이다. 소크라테스는 철학자이다. 그러므로 소크라테스는 사람이다."와 같은 논증은 그 명제를 이루는 주어나 술어와 같은 단어(또는 개념)의 일정한 형식에 따라서 그 타당성 여부를 판정해야 한다. 이것은 또 다른 논리 체계이다. 명제논리에서는 단어들이 단순 명제를 구성하는 요소에 지나지 않았다. 그렇지만 단어와 단어의 배열이 논증의 타당성의 기초가 되는 그런 체계가 있다. 이런 방식의 체계를 '정언논리(Categorical Logic)'체계라고 부른다. 정언 논리는 정언명제로 이루어진 논리 체계이다(박은진 외, 전게서, pp. 288~300).

10) 4가지 표준 형식의 명제들은 라틴어의 긍정을 뜻하는 'affirmo'에서 A와 I, 'nego'에서 E와 O가 유래했다.

11) "어떤 S도 P가 아니다."도 같은 의미를 지닌 E유형의 표준 형식이다.

12) 박은진 외, 전게서, pp. 292~295.

③ **양화사는 있으나 표준적이지 않을 경우** : 적절한 표준 형식의 양화사로 바꾸고 동시에 주어, 술어도 적절하게 수정

(가) "몇몇 군인들은 애국심이 있다." → "어떤 군인은 애국심이 있는 군인이다."

(나) "모든 수재민이 구호품을 받는 것은 아니다."
→ "어떤 수재민은 구호품을 받지 못하는 사람이다."

(다) "한 마리의 개도 보이지 않았다."
→ "모든 개는 보이지 않았던 동물이다."

④ **단칭명제일 경우** 13) : '…와(과) 동일한(같은) 모든'이라는 표현을 사용

(가) "철수는 물리학과 학생이다." → "철수와 동일한 모든 사람은 물리학과 학생이다."

(나) "그 집은 지난번에 도둑이 든 집이다."
→ "그 집과 동일한 모든 집은 지난번에 도둑이 든 집이다."

(다) "나는 사과를 싫어한다." → "나와 동일한 모든 사람은 사과를 싫어하는 사람이다."

⑤ **특정한 부사나 대명사가 있는 경우**

Ⅰ. 장소를 나타내는 부사	'어느 곳에서나' '어디에나' '그 어느 곳에도'	장소 및 시간을 나타내는 부사가 있을 경우 → [장소, 곳, 시간, 때] 라는 단어 사용
Ⅱ. 시간을 나타내는 부사	'…할 때에 언제나' '…할 때마다' '결코…않는다.' '항상' '언제나'	
Ⅲ. '누구든' '무엇이든' '어떤 것이든' 등의 표현 → '모든 사람' or '모든 것'이라는 단어를 사용해서 명사(형)로 만든다.		

(가) "그는 출근할 때 항상 정장을 입는다."
→ "그가 출근하는 모든 시간은 정장을 입는 때이다."

(나) "그녀는 학교에 결코 점심을 싸오지 않는다."
→ "그녀가 학교에 오는 모든 때는 점심을 싸오는 때가 아니다."
or "그녀가 학교에 오는 모든 때는 점심을 싸오지 않는 때이다."

(다) 지구상 어디에도 인어가 살지 않는다."
→ "지구상 모든 곳은 인어가 살지 않는 곳이다."

(라) "수민이는 자신이 원하는 것은 무엇이나 얻기 위해 노력한다."
→ "수민이가 원하는 모든 것은 자신이 얻기 위해 노력하는 것이다."

---

13) 단칭명제(singular proposition)는 구체적인 사람이나, 장소, 시간 등에 대해 서술하는 명제이다(박은진, p. 294).

⑥ **조건 명제의 경우** : 전건과 후건의 주어가 동일한 조건 명제

→ A나 E 유형의 표준 형식으로 표현

(가) "만약 그것이 토끼라면 그것은 동물이다." → "모든 토끼는 동물이다."

(나) "만약 그 목걸이가 금으로 만들어져 있다면 그것은 싸지 않다."

→ "모든 금으로 만들어진 목걸이는 싼 것이 아니다."

⑦ **배타적 명제의 경우** : '단지', '오직','… 이외의 어떤 것도'라는 단어를 포함하는 명제를 배타적 명제라 하고 이 경우 자칫 명제의 내용을 바꿀 수 있기 때문에 주의가 필요

(가) "오직 낙타만이 그 사막의 운행수단이다."

→ "그 사막의 모든 운행수단은 낙타이다."(○)

→ "모든 낙타는 그 사막의 운행수단이다." (×)

(나) "공작 외의 어떤 새도 자신의 꼬리를 자랑하지 않는다."

→ "자신의 꼬리를 자랑하는 모든 새는 공작이다."(○)

→ "모든 공작은 자신의 꼬리를 자랑하는 새이다."(×)

⑧ **'유일한'을 포함하는 명제의 경우** : '유일한'이라는 단어는 '모든'으로 번역되고 그 단어 다음에 나오는 단어가 주어가 됨.

(가) "이 계곡에 사는 유일한 동물은 지네이다."

→ "이 계곡에 사는 모든 동물은 지네이다."

(나) "IT산업이 유일한 대안이다."

→ "모든 대안은 IT산업이다."

⑨ **예외적 명제(exceptive proposition)의 경우** : '…을 제외하고는 모두'를 포함한 명제는 두 개의 정언명제로 번역

(가) "공무원 이외의 모든 노동자는 파업할 수 있다."

→ "모든 공무원은 파업할 수 없는 노동자이다.

(그리고) 모든 비공무원(공무원이 아닌 노동자)은 파업할 수 있는 노동자이다."

(나) "회원 이외의 모든 사람은 입장료를 낸다."

→ "모든 회원은 입장료를 내지 않는 사람이다.

(그리고) 모든 비회원은 입장료를 내는 사람이다."

(3) 일상적 표현의 명제를 표준 정언적 형식의 명제로 해석하기

〈표〉 일상적 표현 vs. 표준 정언적 형식[14)]

일상적 표현	표준 정언적 형식
모든 사람은 죽는다.	모든 사람은 죽는 존재이다.(A)
불은 뜨겁다.	모든 불은 뜨거운 것이다.(A)
만일 어떤 것이 물이라면, 그것은 섭씨 0℃에서 언다.	모든 물은 섭씨 0℃에서 어는 물질이다.(A)
오직 회원들만 초청되었다.	초청된 모든 사람들은 회원이다.(A)
네가 갔던 곳은 어디라도 갔었다.	네가 갔던 모든 장소는 내가 갔던 장소이다.(A)
겉모습에 반하여 결혼한 사람치고 후회하지 않는 사람은 없다.	겉모습에 반하여 결혼한 사람은 모두 후회하는 사람이다.(A)
아무도 영원히 살지도 못한다.	어떤 사람도 영원히 사는 존재가 아니다.(E)
어떤 사람도 완전하지는 않다.	어떤 사람도 완전한 사람은 아니다.(E)
누가 되었든지 친구가 없다면, 정상인이 아니다.	친구가 없는 어떤 사람도 정상인이 아니다.(E)
빛보다 빨리 달릴 수 있는 것은 없다.	어떤 대상도 빛보다 빨리 달릴 수 있는 대상이 아니다.(E)
어떤 여인은 정숙하다.	어떤 여인은 정숙한 사람이다.(I)
마음이 따뜻한 사람들이 있다.	어떤 사람들은 마음이 따뜻한 사람이다.(I)
누군가 우리를 배신했다.	어떤 사람은 우리를 배신한 사람이다.(I)
적어도 한 사람이 그녀를 사랑했다.	어떤 사람은 그녀를 사랑한 사람이다.(I)
나는 그가 벼락부자가 되기 전에 그를 알고 있었다.	내가 그를 알았던 어떤 시간들은 그가 벼락부자가 되기 전의 시간들이었다.(I)
어떤 학생은 낭만을 모른다.	어떤 학생은 낭만을 아는 사람이 아니다.(O)
사랑을 경험해 보지 못한 사람들이 있다.	어떤 사람들은 사랑을 경험해 본 사람들이 아니다. (O)
친구간이라고 해서 항상 다정한 것은 아니다.	친구와 갖는 어떤 시간은 다정하게 보낸 시간이 아니다. (O)
모든 철학자가 비현실적인 것은 아니다.	어떤 철학자는 비현실적인 사람이 아니다.(O)

14) 김광수, 논리와 비판적 사고, 2002, pp. 505~506.

3 정언명제와 벤다이어그램

아래 벤다이어그램에서 사선으로 빗금 친 부분은 '존재하지 않음'을, '×'는 '적어도 하나는 있음'을 뜻하고, 'ⓧ'는 '모두 해당됨'을 뜻하며, 하얗게 남아 있는 공간은 '정보 부재, 즉 어떠한 언급도 하지 않았음'을 뜻한다.

(1) 전칭긍정(全稱肯定, universal affirmative) : A 명제

모든 P는 Q이다.

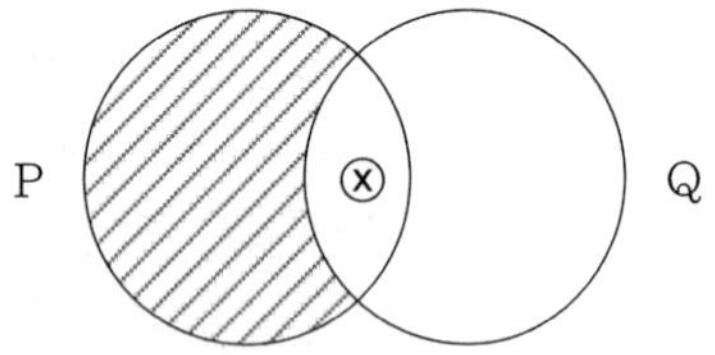

(All P are Q)

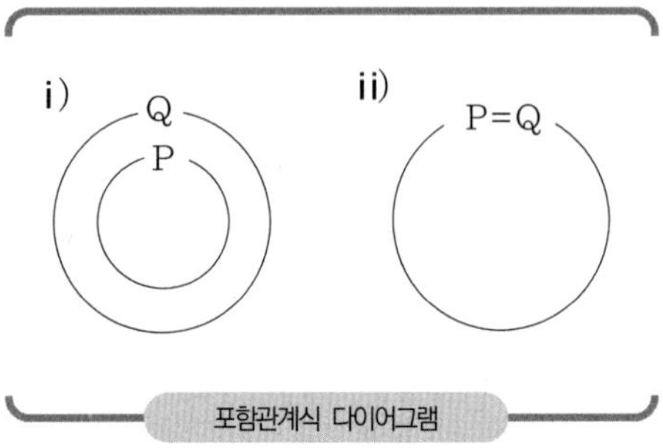

(2) 전칭부정(全稱否定, universal negative) : E 명제

어떤 P도 Q가 아니다.

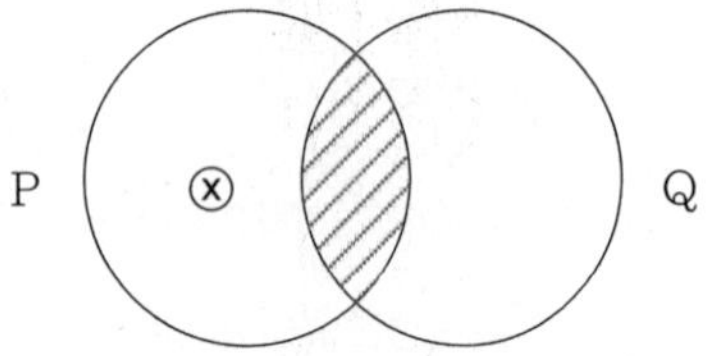

(No P are Q)

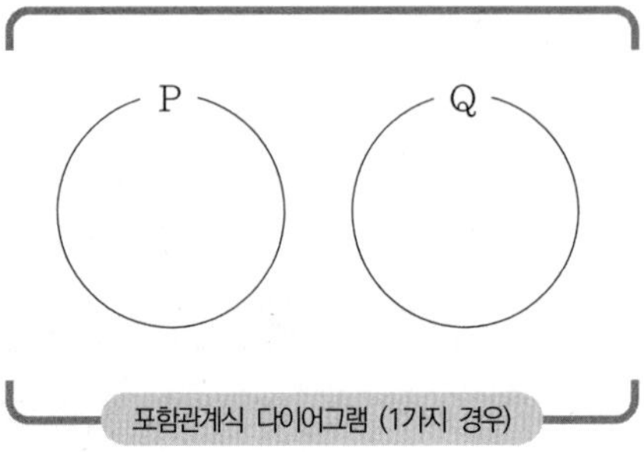

(3) 특칭긍정(特稱肯定, particular affirmative) : I 명제

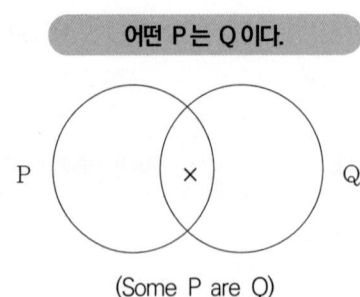

어떤 P는 Q이다.

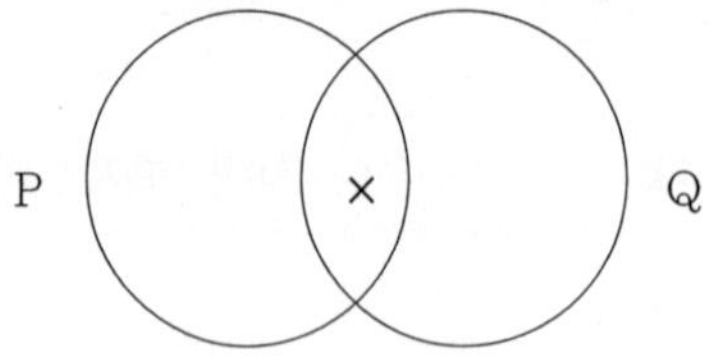

(Some P are Q)

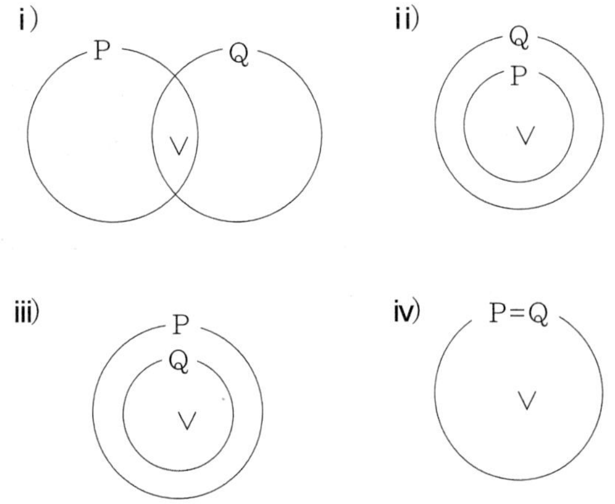

포함관계식 다이어그램 (4가지 경우)

(4) 특칭부정(特稱否定, particular negative) : O 명제

어떤 P는 Q가 아니다.

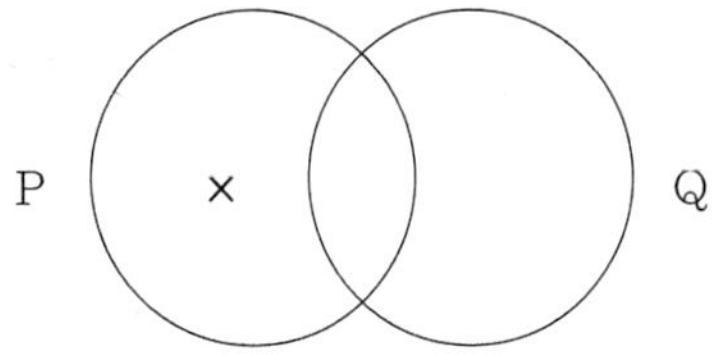

(Some P are Not Q)

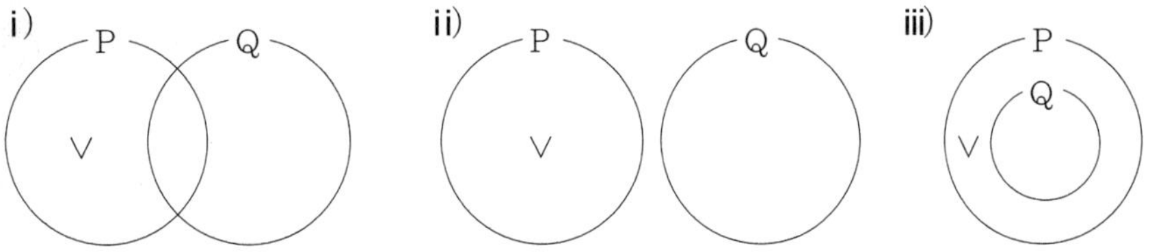

포함관계식 다이어그램 (3가지 경우)

4 술어논리의 함축 규칙 : 대당(對當) 사각형

벤다이어그램은 정언적 주장들 간의 관계를 일목요연하게 보여 준다.[15]

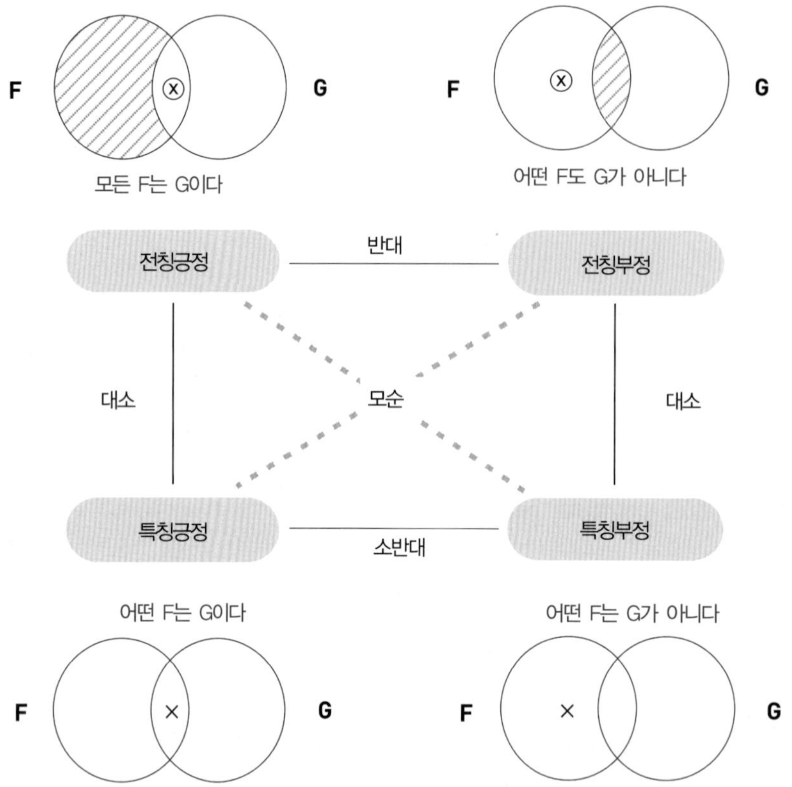

A와 O는 '모순(contradictories)'관계에 있다. A에서는 비어 있는 부분이 O에서는 비어 있지 않기 때문에, A가 참인 경우 그리고 그 경우에만 O는 거짓인 것이다. 이러한 관계는 E와 I에서도 마찬가지이다. E에서는 비어 있는 부분이 I에서는 비어 있지 않기 때문에, E와 I는 모순 관계에 있는 것이다.

A와 E는 동시에 참일 수는 없으나 동시에 거짓일 수 있는 '반대(contraries)' 관계에 있다. "모든 여자는 정숙하다"와 "어떤 여자도 정숙하지 않다"는 어느 하나가 참이면 다른 하나는 반드시 거짓이지만, 여자들 중 정숙한 사람이 하나만 있어도 모두 거짓인 주장들이다. (이 주장들의 관계를 모순 관계로 보지 않도록 주의해야 한다.)

15) 김광수, 전게서, pp. 507~510.

동시에 참일 수 없는 주장들을 서로 '양립할 수 없는(incompatible)' 관계에 있다고 한다. 따라서 모순 관계에 있는 A-O와 E-I는 물론, 반대 관계에 있는 A-E도 각각 양립할 수 없는 관계에 있음을 알 수 있다.

반면에 I와 O는 '양립할 수 있는(compatible)' 관계에 있다. 동시에 참일 수 있는 관계이기 때문이다. "어떤 여자는 정숙하다"와 "어떤 여자는 정숙하지 않다"는 동시에 참일 수 있는 것이다.

그러나 I와 O는 동시에 거짓일 수 없다. I와 O가 동시에 거짓이면, A와 E가 동시에 참이어야 하는데, A와 E는 양립할 수 없기 때문에 동시에 참일 수 없는 것이다. 이와 같은 I-O관계를 '소반대(subcontraries)' 관계라 한다.

위에서 확인한 정언명제 간 관계를 진리표로 나타내면 아래의 표와 같다.

	T(참)				F(거짓)			
	A	E	I	O	A	E	I	O
A	T	F	?	F	F	?	F	T
E	F	T	F	?	?	F	T	F
I	T	F	T	?	?	T	F	T
O	F	T	?	T	T	?	T	F

※ A : 전칭긍정명제　E : 전칭부정명제　I : 특칭긍정명제　O : 특칭부정명제

이 표는 어떤 정언적 주장이 참 또는 거짓일 경우에 다른 정언적 주장들이 어떤 진위치를 갖는가를 보여주고 있다. 가로의 T 또는 F와 AEIO 중 어느 것을 선택하여, 아래 그림의 화살표와 같이 세로로 읽어나가면 된다. 예를 들어 A가 참일 경우 AEIO는 TFTF의 순서로 진위치를 갖는다. 물음표는 참 또는 거짓을 알 수 없는 경우이다.

	T(참)				F(거짓)			
	A	E	I	O	A	E	I	O
A	T	F	?	F	F	?	F	T
E	F	T	F	?	?	F	T	F
I	T	F	T	?	?	T	F	T
O	F ▼	T	?	T	T	?	T	F

확인문제 1

다음 보기 의 명제 사이의 관계에 대해 타당한 추리를 한 사람들을 모두 고른 것은? [PSAT 기출]

보기

ㄱ : 모든 학생은 교복을 입고 있다.
ㄴ : 모든 학생은 교복을 입고 있지 않다.
ㄷ : 어떤 학생은 교복을 입고 있다.
ㄹ : 어떤 학생은 교복을 입고 있지 않다.

갑 : ㄱ이 참이면, ㄷ은 무조건 참이지만, ㄷ이 참일 경우 ㄱ에 대해서는 참 또는 거짓을 확정으로 결정할 수 없다. 반면에 ㄱ이 거짓일 경우 ㄷ에 대해서는 참 또는 거짓을 확정적으로 결정할 수 없지만, ㄷ이 거짓일 경우 ㄱ은 무조건 거짓이다.

을 : ㄱ이 참이면 ㄹ은 거짓이고, ㄱ이 거짓이면 ㄹ은 참이다. 그리고 ㄹ이 참이면 ㄱ은 거짓이고 ㄹ이 거짓이면 ㄱ은 참이다.

병 : ㄱ과 ㄴ은 양 판단이 동시에 거짓은 될 수 있지만 양 판단이 동시에 참은 될 수 없다.

정 : ㄷ이 참일 경우 ㄹ은 참과 거짓 양 값을 다 가질 수 있지만, ㄷ이 거짓일 경우 ㄹ은 항상 참이다. 그리고 ㄹ이 참일 경우 ㄷ은 항상 거짓이며 ㄹ이 거짓일 경우 ㄷ은 항상 참이다.

무 : ㄴ과 ㄹ의 관계에 대해서는 ㄱ과 ㄷ의 관계에 대한 갑의 추론을 그대로 적용할 수 있고, ㄴ과 ㄷ의 관계에 대해서는 ㄱ과 ㄹ의 관계에 대한 을의 추론을 그대로 적용할 수 있다.

① 갑　　② 갑, 을　　③ 갑, 을, 병
④ 갑, 을, 병, 정　　⑤ 갑, 을, 병, 무

확인문제 1 해설 명제 간의 상호 관계를 묻고 있는 문제로 '대당(對當)사각형'을 염두에 두고 [보기]의 명제 간 관계를 그림으로 표현해 보면 다음과 같다.

ㄱ(전칭긍정명제 : A), ㄴ(전칭부정명제 : E), ㄷ(특칭긍정명제 : I), ㄹ(특칭부정명제 : O)

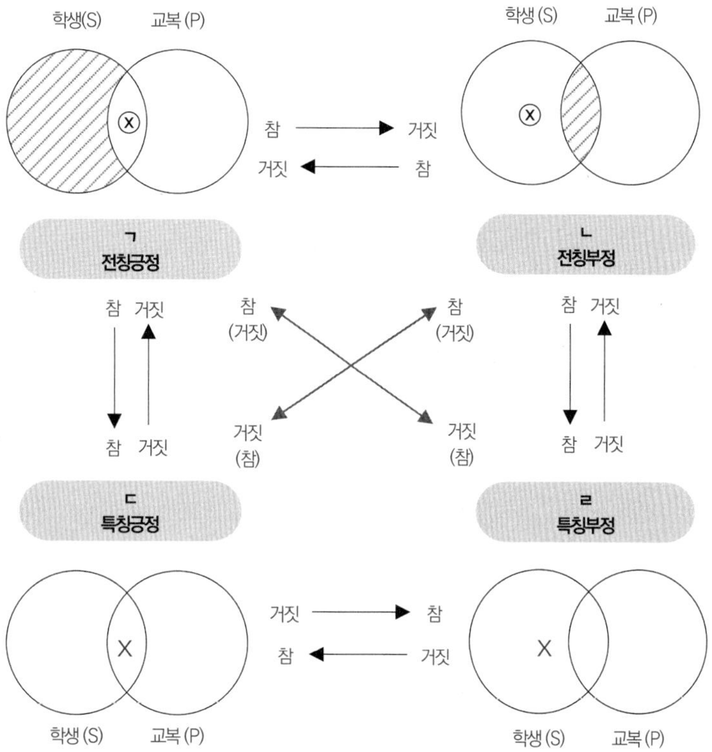

갑 : (O) 전칭긍정명제(ㄱ)과 특칭긍정명제(ㄷ)의 관계로 타당한 추론이다.
을 : (O) 전칭긍정명제(ㄱ)과 특칭부정명제(ㄹ)의 관계로 타당한 추론이다.
병 : (O) 전칭긍정명제(ㄱ)과 전칭부정명제(ㄴ)의 관계로 타당한 추론이다.
정 : (X) 특칭긍정명제(ㄷ)과 특칭부정명제(ㄹ)의 관계로 잘못된 추론이다.

→ 정의 진술에서 ㄷ이 참일 경우 ㄹ은 참과 거짓 양 값을 다 가질 수 있지만, ㄷ이 거짓일 경우 ㄹ은 참이다. 그러나 ㄹ(특칭부정)이 참인 경우 ㄷ(특칭긍정)은 항상 거짓이라고 할 수 없으며 참 또는 거짓 양 값을 가질 수 있다.

무 : (O) ㄴ(전칭부정명제)과 ㄹ(특칭부정명제)의 관계는 위 그림에서 보는 바와 같이 ㄱ과 ㄷ의 관계와 같은 진리값을 갖고, ㄴ(전칭부정)과 ㄷ(특칭긍정)의 관계는 위 그림에서 보는 바와 같이 ㄱ과 ㄹ의 관계와 같은 진리값을 가지므로 각각의 추론을 그대로 적용할 수 있다.

▶ **정답** ⑤

확인문제 2

다음은 각 주장들의 대당 관계(전통적 관점)를 이용하여 직접 추리를 시도한 것이다. 그 타당성 여부를 판단하시오. 16)

1. 부모 치고 자식을 사랑하지 않은 사람은 없다.
   따라서 자식을 사랑하는 부모가 있다.
2. 일생을 환상 속에 사는 사람이 있다.
   따라서 일생을 환상 속에 살지 않는 사람이 있다.
3. 어떤 정치가도 다른 정치가의 말을 믿지 않는다.
   따라서 어떤 정치가는 다른 정치가의 말을 믿지 않는다.
4. 열 가지 재주 가진 사람이 다 성공하는 것은 아니다.
   따라서 열 가지 재주 가진 사람은 다 성공하지 못한다.

확인문제 2 해설

1. 전제 : 부모치고 자식을 사랑하지 않은 사람은 없다.
   정언명제로 바꾸어 보면, 모든 부모는 자식을 사랑한다(전칭긍정명제).
   결론 : 자식을 사랑하는 부모가 있다.
   정언명제로 바꾸어 보면, 어떤 부모는 자식을 사랑한다(특칭긍정명제).

∴ 전칭긍정명제가 참이면 특칭긍정명제는 항상 참이다(대소 관계). 타당한 추론이다.

2. 전제 : 어떤 사람은 일생을 환상 속에 산다(특칭긍정명제).
   결론 : 어떤 사람은 일생을 환상 속에 살지 않는다(특칭부정명제).

∴ 특칭긍정명제가 참일 경우, 특칭부정명제는 참 또는 거짓일 수 있다(소반대 관계). 부당한 추론이다.

3. 전제 : 모든 정치가는 다른 정치가의 말을 믿지 않는다(전칭부정명제).
   결론 : 어떤 정치가는 다른 정치가의 말을 믿지 않는다(특칭부정명제).

∴ 전칭부정명제가 참이면 특칭부정명제는 항상 참이다(대소 관계). 타당한 추론이다.

4. 전제 : 어떤 열 가지 재주 가진 사람은 성공하지 못한다(특칭부정명제).
   결론 : 모든 열 가지 재주 가진 사람은 성공하지 못한다(전칭부정명제).

∴ 특칭부정명제가 참일 경우, 전칭부정명제는 참 또는 거짓일 수 있다. 부당한 추론이다.

---

16) 김광수, 전게서, p.410.

확인문제 3

보기 의 각 경우에 갑과 을은 서로 대립된 주장을 하고 있다. 어떤 경우는 갑과 을 두 사람 중 한 사람의 견해만이 타당하여 둘 중 하나를 선택해야 한다. 하지만 다른 경우는 갑과 을의 주장 모두를 타당하지 않게 하는 제3의 가능성이 있을 수 있다. 갑과 을 모두가 타당하지 않을 수 있는 경우를 고른 것은? [PSAT 기출]

보기

ㄱ. (갑) 위원회 위원들 가운데 한 사람도 오늘 위원회에 참석하지 않았다.
(을) 몇몇 위원들은 오늘 위원회에 참석했다.
ㄴ. (갑) A사의 매출액은 B사보다 크다.
(을) B사의 매출액은 적어도 A사의 매출액만큼은 된다.
ㄷ. (갑) 서울시 시의원이 모두 환영식에 참석하였다.
(을) A씨는 서울시 시의원인데도 환영식에 참석하지 않았다.
ㄹ. (갑) 2005년도의 물가 상승률은 5% 이상이었다.
(을) 2005년도의 물가 상승률은 5%보다 낮았다.
ㅁ. (갑) 하루에 술 한두 잔은 어떤 사람의 건강도 해치지 않는다.
(을) 심장질환자는 건강을 위해 절대 술을 마셔서는 안 된다.

① ㄱ, ㄷ ② ㄱ, ㄴ, ㄹ ③ ㄴ, ㄹ
④ ㄷ, ㅁ ⑤ ㄴ, ㄷ, ㅁ

확인문제 3 해설

정언명제 간 관계(=대당사각형)를 응용한 문제로 볼 수 있다. 특히 반대 관계를 추론할 때 두 명제를 모두 거짓으로 만드는 제3의 가능성을 찾는 방식은 본 문제에서도 준용된다.

갑과 을의 주장 모두를 타당하지 않게 하는 제3의 가능성이 있는지를 검토하여 문제를 해결토록 한다. 정언명제 간 관계를 이용하여 설명하면, 대립된 주장을 하고 있는 (갑)과 (을)의 견해 중 한 사람의 견해만이 타당하여 둘 중 하나를 선택해야 하는 경우는 '모순 관계'에 해당되고, 제3의 가능성이 존재하여 갑과 을 모두를 타당치 않게 만드는 경우는 '반대 관계'에 해당된다.

ㄱ. (X) 위원들 가운데 한 사람도 참석하지 않거나 한 사람이라도 참석하지 않거나, 두 가능성밖에 존재하지 않으므로, (갑)과 (을)의 주장 중 하나는 반드시 타당하게 된다.

ㄴ. (X) (갑)의 주장은 'A사 매출액>B사 매출액'이며, (을)의 주장은 'A사 매출액≤B사 매출액'으로 요약할 수 있다. 즉, (갑)과 (을)의 주장은 모든 가능성을 포괄하고 있으므로 둘 중 하나는 반드시 타당하게 된다.

ㄷ. (O) (갑) 서울시 시의원이 모두 환영식에 참석하였다. (을) A씨는 서울시 시의원인데도 환영식에 참석하지 않았다.

→ (갑)과 (을) 모두를 타당하지 않게 하는 제3의 가능성이 존재한다.

i) 서울시 시의원 일부와 A씨가 환영식에 참석하는 경우

서울시 시의원 중 일부가 환영식에 참석하고, 서울시 시의원인 A씨는 환영식에 참석하였다.

→ (갑)의 주장 '서울시 의원 모두 참석하였다'가 거짓이 되고, (을)의 'A씨가 참석하지 않았다' 또한 거짓이 된다.

ii) 서울시 시의원인 A씨만 환영식에 참석하는 경우

A씨가 아닌 다른 서울시 시의원은 환영식에 참석하지 않고, 서울시 시의원인 A씨는 환영식에 참석하였다.

→ (갑)의 '서울시 의원 모두 참석하였다'가 거짓이 되고, (을)의 'A씨가 참석하지 않았다' 또한 거짓이 된다.

ㄹ. (X) (갑)의 주장은 '물가상승률≥5%'라는 것이고, (을)의 주장은 '물가상승률<5%'라는 것이므로, 양 주장은 모든 가능성을 포괄하고 있다. 따라서 둘 중 하나는 반드시 타당하게 된다.

ㅁ. (O) (갑) 하루에 술 한두 잔은 어떤 사람의 건강도 해치지 않는다.

(을) 심장질환자는 건강을 위해 절대 술을 마셔서는 안 된다.

→ 갑과 을을 모두 타당하지 않게 하는 제 3의 가능성이 존재한다.

i) 하루에 술 한두 잔은 간질환자 이외의 어떤 사람의 건강도 해치지 않는다.

→ (갑)의 '어떤 사람의 건강도 해치지 않는다(전칭부정)'는 간질환자 때문에 거짓이 되고, (을)의 '심장질환자는 술을 마셔서는 안 된다' 또한 거짓이 된다. (간질환자만 절대 술을 마셔서는 안 되기 때문)

ii) 하루에 한두 잔의 술은 심장질환자가 아닌 다른 사람의 건강을 해친다.

→ (갑)의 '어떤 사람의 건강도 해치지 않는다(전칭부정)'는 거짓이 되고, (을)의 '심장질환자는 술을 마셔서는 안 된다' 또한 거짓이 된다. (심장질환자의 건강은 해치지 않기 때문)

따라서 정답은 ㄷ, ㅁ 의 ④이다.

▶ **정답** ④

핵심 포인트 명제 간 관계

1. 전칭긍정명제(A)의 부정은 '부분부정'의 형태임을 기억해야 한다.

~ (All) ⇒ Not all

모든 학생은 교복을 입고 있다. (전칭긍정명제)	——(부정)→	모든 학생은 교복을 입고 있는 것은 아니다. = 어떤 학생은 교복을 입고 있지 않다. (특칭부정명제)

⇒ 한 명의 학생이라도 교복을 입고 있지 않으면 전칭긍정명제(모든 학생은 교복을 입고 있다)는 거짓이 된다.

2. 특칭(긍정, 부정)명제는 해석할 때 '존재한다'로 해석할 수 있다.

어떤 학생은 교복을 입고 있다. = 교복을 입고 있는 학생이 존재한다.

어떤 학생은 교복을 입고 있지 않다. = 교복을 입고 있지 않은 학생이 존재한다.

5 술어논리의 동치 규칙 : 정언명제의 조작[17)]

대당사각형 또는 벤다이어그램으로 논증의 타당성 여부를 판단하고자 할 때, 원래 명제의 왜곡이 아닌 명제의 구조를 바꾸어 줌으로써 제시된 논증의 타당성 여부 확인이 가능토록 만들어 주는 방법이다.

(1) 환위(Conversion)

명제의 주어와 술어의 자리를 바꾼다. 이런 조작을 가한 명제를 환위문이라고 한다.

▶ **환위(Conversion)** E와 I 명제에서 논리적으로 동치가 성립

원래의 명제	환위문
A : 모든 S는 P이다.	모든 P는 S이다.
E : 모든 S는 P가 아니다.	모든 P는 S가 아니다.
I : 어떤 S는 P이다.	어떤 P는 S이다.
O : 어떤 S는 P가 아니다.	어떤 P는 S가 아니다.

17) 박은진, 전게서, pp. 325~333.

(2) 환질 (Obversion)

명제의 질만을 변화시킨 다음, 술어를 부정한다. 이런 조작을 가한 문장을 환질문이라 한다.

▶ **환질(Obversion)** 모든 유형의 명제가 환질문과 논리적으로 동치이다.

원래의 명제	환질문
A : 모든 S는 P이다.	모든 S는 비(非) P가 아니다.
E : 모든 S는 P가 아니다.	모든 S는 비(非) P이다.
I : 어떤 S는 P이다.	어떤 S는 비(非) P가 아니다.
O : 어떤 S는 P가 아니다.	어떤 S는 비(非) P이다.

(3) 이환 (Contraposition)

명제의 주어와 술어의 자리를 바꾼 뒤에 주어와 술어를 각각 부정하는 것이다. 이런 조작을 가한 명제를 이환문이라고 한다.

▶ **이환(Contraposition)** A와 O 명제에서 논리적으로 동치가 성립된다.

원래의 명제	이환문
A : 모든 S는 P이다.	모든 비(非) P는 비(非) S이다.
E : 모든 S는 P가 아니다.	모든 비(非) P는 비(非) S가 아니다.
I : 어떤 S는 P이다.	어떤 비(非) P는 비(非) S이다.
O : 어떤 S는 P가 아니다.	어떤 비(非) P는 비(非) S가 아니다.

● 확인문제

다음의 세 문장 중 첫 번째 문장이 거짓이라고 가정한다면, 두 번째 문장과 세 번째 문장은 각각 참인가, 거짓인가? [PSAT 기출]

> 국회의 어느 공무원도 소설가가 아니다.
> 모든 소설가는 국회 공무원이다.
> 어떠한 소설가도 국회 공무원이 아니다.

① 두 번째 - 거짓, 세 번째 - 이 내용만으로는 알 수 없다.
② 두 번째 - 거짓, 세 번째 - 거짓
③ 두 번째 - 이 내용만으로는 알 수 없다, 세 번째 - 거짓
④ 두 번째 - 이 내용만으로는 알 수 없다, 세 번째 - 이 내용만으로는 알 수 없다.
⑤ 두 번째 - 참, 세 번째 - 거짓

확인문제 해설

첫 번째 문장은 국회 공무원이 주어부에 소설가가 술어부에 위치하나 두 번째 문장과 세 번째 문장은 거꾸로 제시되어 있음에 주의하여 판단하도록 한다.

1. 대당관계를 통한 문제 해결

1) 첫 번째 문장 : 전칭부정명제(거짓) → 특칭긍정명제(참)
국회의 어느 공무원도 소설가가 아니다. (모든 국회 공무원이 소설가가 아니다.)
전칭부정명제의 거짓은 특칭긍정명제가 참이라는 것이다. (모순 관계)
→ 어떤 국회공무원은 소설가이다.
→ 어떤 소설가는 국회공무원이다. (특칭긍정명제는 환위가 가능하다.)[18]
2) 두 번째 문장 : 전칭긍정명제
첫 번째 문장(특칭긍정명제)이 참이라고 할 때 전칭긍정명제는 참일 수도 있고 거짓일 수도 있다. 반드시 참이라고 보기 어렵다.
3) 세 번째 문장 : 전칭부정명제
첫 번째 문장(특칭긍정명제)이 참이라고 할 때, 전칭부정명제는 반드시 거짓이다. (∵모순 관계)

따라서 정답은 ③이다.

2. 벤다이어그램을 통한 해결

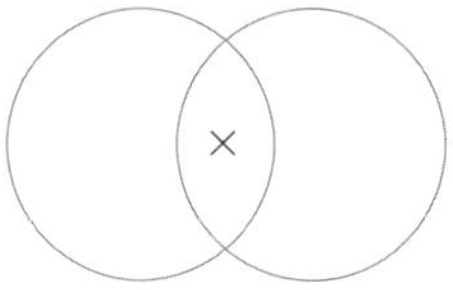

1) 첫 번째 문장 : 전칭부정이 거짓이라면, 특칭긍정이 참이다.
모든 국회공무원은 소설가가 아니다(거짓)
→ 어떤 공무원은 소설가이다.(참)
2) 두 번째 문장 판단 : '모든 소설가가 국회 공무원'이려면 공무원과 겹치지 않는 영역의 소설가 부분이 아무도 존재하지 않아야 한다. 그런데 이에 대해서는 어떠한 언급도 없었으므로 이 내용만으로는 알 수 없다.
3) 세 번째 문장 판단 : '어떠한 소설가도 국회 공무원이 아니다'가 되려면 소설가와 공무원이 겹치는 영역에 아무도 존재하지 말아야 하는데 첫 번째 문장에서 최소한 한 명은 존재한다고 하고 있으므로 반드시 거짓이라 할 수 있다.

▶ **정답 ③**

---

18) 환위를 통해 정언명제를 조작한 이유는 두 번째 문장 및 세 번째 문장과 비교하기 위해서 동일 개념을 같은 위치에 배치한 것이다.

6 정언삼단논법과 논리적 타당성

(1) 정언삼단논법(Categorical Syllogism)[19]의 표준 형식

▶ **정언삼단논법의 표준 형식**

대전제(대개념 포함) :	양화사( )은/는	( )계사
소전제(소개념 포함) :	양화사( )은/는	( )계사
결론 :	양화사(소개념)은/는	(대개념)계사

▶ **용어에 대한 정의**

i) 대전제(major premise) : 대개념(결론의 술어, 보통 'P'로 줄여 사용)을 포함한 전제
ii) 소전제(minor premise) : 소개념(결론의 주어, 보통 'S'로 줄여 사용)을 포함한 전제
iii) 매개념(middle term) : 결론에 포함되지 않은 개념으로 삼단논법의 전제에서만 쓰이는 개념 (보통 'M'으로 줄여 사용)

▌제시된 논증의 삼단논법 표준 형식 표현▐

▶ **논증**

첫 번째 전제 : 모든 테러분자는 애국자가 아니다.
두 번째 전제 : 모든 경찰은 애국자이다.
결론 : 모든 테러분자는 경찰이 아니다.

위에 주어진 논증을 삼단논법의 표준 형식으로 배열해 보면

대개념 → 경찰　　소개념 → 테러분자　　매개념 → 애국자

▶ **삼단논법의 표준 형식**

대전제 : 모든 경찰은 애국자이다.
소전제 : 모든 테러분자는 애국자가 아니다.
결론 : 그러므로 모든 테러분자는 경찰이 아니다.

이 정언삼단논법을 줄임 기호로 간단히 나타내면 다음과 같다.

모든 P는 M이다.
모든 S는 M이 아니다.
―――――――――――
모든 S는 P가 아니다.

---

19) 정언삼단논법이란 세 개의 정언명제로만 이루어져 있으며, 그 가운데 둘은 전제이고 나머지 하나는 결론인 연역논증을 말한다(상게서, p. 336).

(2) 정언삼단논법의 종류

표준 형식의 정언삼단논법은 '식(mood)'과 '격(figure)'에 따라 정리된다.

▶ **논증의 식(mood)과 격(figure)**

Ⅰ. 식 : 정언적 삼단논법의 표준 형식에서 대전제 -소전제-결론의 명제 유형을 순서대로 적은 것 (예 : AEO, EOI 등)

Ⅱ. 격 : 매개념(M)이 전제에 놓인 상태에 따른 4개의 상이한 격이 있다.

❙ 제시된 정언삼단논법의 명명 사례 ❙

앞서 살펴본 정언삼단논법의 식과 격을 아래와 같이 판단해 보면 'AEE-2격' 삼단논법에 해당된다.

1) 식 ⇒ AEE

대전제 : 모든 P는 M이다. → A (전칭긍정명제)
소전제 : 모든 S는 M이 아니다. → E (전칭부정명제)

결론 : 모든 S는 P가 아니다. → E (전칭부정명제)

2) 격 ⇒ 2격

대전제 : 모든 P는 M 이다.
소전제 : 모든 S는 M 이 아니다.

결론 : 모든 S는 P가 아니다.

1격	2격	3격	4격
M P	P M	M P	P M
S M	S M	M S	M S
S P	S P	S P	S P

표준 형식으로 진술된 정언삼단논법의 종류는 모두 256개이다. 명제의 종류가 4가지이므로 64(=4×4×4)가지의 식이 가능하고, 각각의 식에 대해 4개의 격이 가능하기 때문이다.

(3) 논리적으로 타당한 정언삼단논법의 형식

256개의 삼단논법이 모두 타당한 것은 아니다. 전통적 관점에 따르면 24개의 삼단논법이, 현대적 관점에 따르면 15개의 삼단논법이 타당한 논증형식에 해당된다.[20] 정언삼단논법의 타당한 논증형식은 명제논리의 타당한 논증형식에 상응하는 내용이라 할 수 있다. 그러나 이것은 기억하여야 할 내용이 많기도 하고 적용하기가 쉽지 않으므로 살펴보기는 하겠으나 벤다이어그램을 통한 타당성 검토가 권장할 만하다.

● **타당한 논증형식 1** (현대적 관점, 전통적 관점)

1격	2격	3격	4격
AAA	EAE	IAI	AEE
EAE	AEE	AII	IAI
AII	EIO	OAO	EIO
EIO	AOO	EIO	

● **타당한 논증형식 2** (전통적 관점)

1격	2격	3격	4격
AAI	AEO	AAI	AEO
EAO	EAO	EAO	EAO
			AAI

20) 현대적 관점과 전통적 관점과의 차이는 전칭명제에 대한 가정 차이에서 비롯된다. 즉, '모든 P는 M이다' 의 경우 M이 아닌 P가 존재하지 않는다는 것만을 의미한다는 것이 현대적 관점이고, 이에 더하여 M인 P가 존재한다는 것까지 가정하고 있는 것이 전통적 관점이다. 여기에 제시된 타당한 논증형식을 굳이 암기할 필요는 없다. 왜냐하면 암기하지 않고서도 벤다이어그램을 통해 판단이 가능하기 때문이다.

(4) 벤다이어그램을 이용한 논리적 타당성 검토 21)

정언삼단논법의 타당성을 벤다이어그램으로 풀이할 경우, 우리는 삼단 논법의 세 가지 개념들 각각에 해당하는 세 개의 원을 사용하여 나타낼 수 있다. 세 개의 겹쳐진 원들 위에 각각의 주어진 개념들이 부합되도록 빗금 또는 × 표시를 한다. 그러고 나서 결론의 내용이 벤다이어그램으로부터 읽혀질 수 있는지 확인한다. 전제들이 다이어그램 상에 표시된 후, 결론이 그 다이어그램으로부터 읽혀질 수 있다면 그 삼단논법은 타당하고, 그렇지 않으면 부당한 삼단논법이 된다. 22)

정언삼단논법에서 사용되는 벤다이어그램

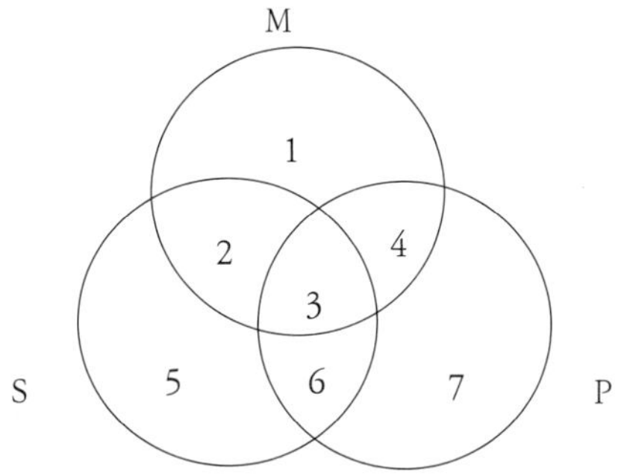

1 : 비-S, 비-P, 그리고 M
2 : 비-P, S, 그리고 M
3 : M , S, 그리고 P
4 : 비-S, M, 그리고 P
5 : 비-M, 비-P, 그리고 S
6 : 비-M, S, 그리고 P
7 : 비-M, 비-S, 그리고 P

● 정언삼단논법의 타당성 판단 예문

어떤 음악가는 작곡가이다.		어떤 P는 M이다.
모든 작곡가는 예술가이다.	⇒	모든 M은 S이다.
그러므로 어떤 예술가는 음악가이다.		어떤 S는 P이다.

21) 박은진 외, 전게서, pp. 343~352.

22) 1. 전제에 대해서만 벤다이어그램을 그린다.
2. 전제에 전칭명제와 특칭명제가 있으면, 전칭명제를 먼저 그리는 것이 편리하다. (그렇지 않으면, 그림 수정해야 하기 때문이다.)
3. 빗금을 표시할 때, 해당하는 모든 영역에 빗금을 치도록 해야 한다.
4. ×로 표시될 부분에 이미 빗금이 쳐 있다면, 빗금이 없는 영역에만 해당되는 ×를 표시한다.
5. 두 영역이 이미 나누어져 있고 ×가 그 중 적어도 한 영역에 있다는 것을 표시할 때, 경계선 위에 ×를 표시한다.

① 현대적인 관점에서 타당성 판단

▶ **확인과정**

1. 먼저 두 번째에 있는 전칭 명제를 표시 (〈그림 Ⅰ〉참조) M과 S에만 주목해서, A명제의 벤다이어그램을 그린다.
2. P와 M에 주목하여 I 명제의 벤다이어그램을 그린다.(〈그림 Ⅱ〉참조) M과 P가 겹치는 부분 중 일부는 이미 빗금으로 표시되어 있다. 그러므로 그 부분을 제외한 영역에 'X' 표시한다.
3. 마지막으로 결론의 내용(어떤 S는 P이다)을 벤다이어그램에서 찾아볼 수 있는지 확인한다. (주어진 논증의 결론은 I 명제이고, 그림을 보면 S이면서 P인 영역에 'X' 표시가 있다.)

∴ 이 논증은 타당하다고 판정

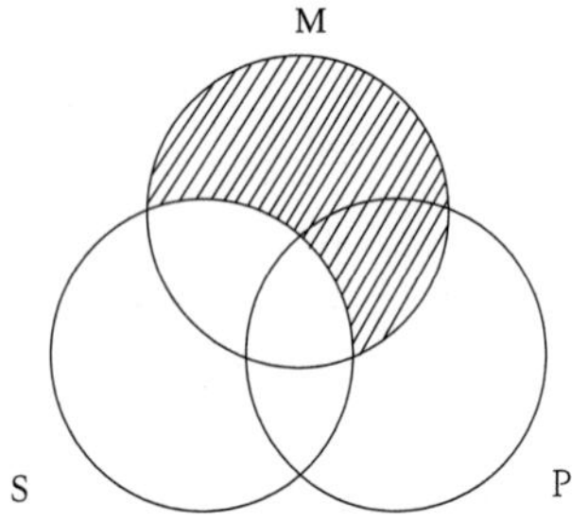

〈그림 Ⅰ〉

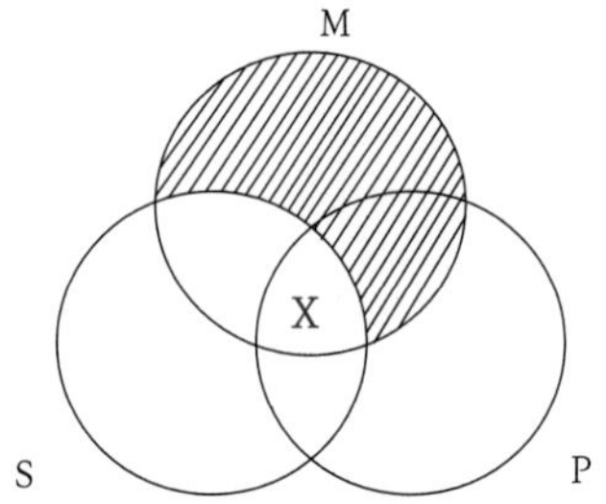

〈그림 Ⅱ〉

② 전통적 관점에서 타당성 판단

현대적 관점에서 타당한 모든 논증은 전통적 관점에서도 역시 타당하다.

▶ **확인과정**

1. 벤다이어그램에다 전칭명제의 존재 함축을 표시하면 된다. 두 번째 전제는 전칭명제이다. 그것의 주어, 즉 M의 존재 함축을 ⓧ로 표시하면 된다. 그런데 M영역에서 빗금 친 부분 이외의 영역이 두 부분으로 나누어져 있다. 어느 영역에 ⓧ가 놓일지 아직 모르므로, 그 경계선에 위에 놓도록 한다. (〈그림 Ⅲ〉참조)
2. 주어진 논증의 결론("어떤 S는 P이다.")을 〈그림Ⅲ〉에서 찾아볼 수 있는지 확인해 본다. 결론은 I명제인데, 전제들을 그린 그림을 보면 S이면서 P인 영역에 'X' 표시가 있다.

(∴ 이 논증은 현대적 관점에서 보았듯이 전통적 관점에서도 타당)

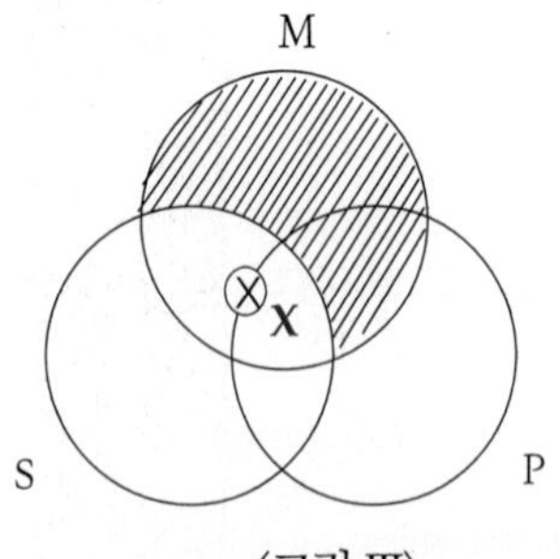

〈그림 Ⅲ〉

"모든 M은 S이다."

"어떤 P는 M이다."

7 양화논리 23)

(1) 보편적 예화(UI : Universal instantiation) : 보편 양화사 제거 규칙

보편적 예화(UI : Universal Instantiation)란 보편적 주장으로부터 그 사례 중 하나를 예화시켜 도출시키는 추리를 말한다.

"모든 사람은 죽는다."라는 보편적 주장으로부터 그 사례 중 하나인 "소크라테스가 사람이라면 소크라테스는 죽는다."라는 하나의 예가 도출된다. 따라서 "소크라테스는 사람이다."라는 전제가 있다면, "소크라테스는 죽는다."라는 결론이 도출된다.

이를 정리하면 다음과 같다.

> 모든 사람은 죽는다.
> 소크라테스는 사람이다.
> (소크라테스가 사람이라면 소크라테스는 죽는다.) [보편적 예화]
> 따라서 소크라테스는 죽는다.

(2) 보편 일반화(UC : Universal Generalization) : 보편 양화사 도입 규칙

일반적으로 우리는 어떤 임의의 개체 u가 'F'라는 속성을 가졌다는 사실로부터 일반화 규칙을 도출할 수 있는데 이를 '보편적 일반화(UC : Universal Generalization)'라 부른다.

> 모든 음악가는 예술가이다.
> 모든 예술가는 천재이다.
> 어떤 임의의 사람 u가 음악가라면 u는 예술가이고, u가 예술가라면 u는 천재이다. [보편적 예화]
> 어떤 임의의 사람 u가 음악가라면 u는 천재이다. [가언삼단논법]
> 따라서 모든 음악가는 천재이다. [보편 일반화]

---

23) 양화논리라는 이름으로 정리한 4가지 규칙은 논리학적 용어와 개념을 사용하여 설명하고 있기 때문에 어렵게 느껴질 수 있으나 이는 보다 증명의 명확한 논리적 근거를 제시하기 위함이고, 사실 우리들은 이미 논리를 전개할 때 당연시 여기며 암묵적으로 받아들이고 있는 규칙들이다. 향후 설명 시 논리적 근거를 명확히 하기 위해 아래와 같이 정리하여 제시하는 것이니 참조하고 학습을 처음 시작하는 수험생은 이런 게 있구나 정도로 한 번 읽고 넘어가도 좋다. 몰라도 시험 문제를 푸는 데에는 지장이 없다. 아래 내용은 김광수 교수의 '논리와 비판적 사고(pp. 427~433)'와 박은진 교수의 '비판적 사고를 위한 논리(박은진, pp. 376~385)'를 참조하였다.

(3) 존재적 일반화(EG : Existential Generalization) : 존재 양화사 도입 규칙

어떤 특정한 사람이 현명하다고 해서 모든 사람이 현명하다고 일반화할 수는 없다. 그러나 어떤 특정한 사람이 현명하다는 것으로부터 현명한 사람이 적어도 하나는 존재한다는 것을 추리해 낼 수 있다.

이와 같이 어떤 특정한 개체 a가 'F' 라는 속성을 가졌다는 사실로부터, 'F' 라는 속성을 가진 것이 적어도 하나는 존재한다는 추리 규칙을 '존재적 일반화(EG : Existential Generalization)' 라고 한다.

> 다윈은 과학자이다.
> 따라서 과학자가 적어도 한 사람은 존재한다. [존재적 일반화]

(4) 존재적 예화(EI : Existential Instantiation) : 존재 양화사 제거 규칙

존재적 일반화와는 달리 'F'라는 속성을 가진 것이 적어도 하나 존재한다는 주장으로부터 '어떤 이름을 가진' 특정한 대상이 'F'라는 속성을 가지고 있다는 주장을 도출해 낼 수 있다.

현명한 사람이 적어도 하나 있다고 가정하자. 그러면 우리는 누가 현명한지 알 수 없을 지라도, 그 사람이 어떤 이름을 가지고 있을 것이라는 것을 알 수 있다. 그 이름을 특정한 대상의 이름이 아닌 임의의 'u'로 명명하면, 우리는 'u'라는 대상이 'F'라는 속성을 가지고 있다고 추리할 수 있다. 일반적으로 우리는 다음과 같이 추리할 수 있는 것이다.

이와 같은 존재명제를 이미 알려지지 않은 임의의 개체 이름으로 예화하는 추리 규칙을 '존재의 예화(EI : Existential Instantiation)'라고 한다.

> 모든 변호사들은 법률 공부를 한 사람들이다.
> 어떤 변호사들은 골프를 친다.
> **u는 변호사이고 골프를 친다.** [존재적 예화]
> u가 변호사라면 u는 법률 공부를 한 사람이다. [첫 번째 전제의 보편적 예화]
> 따라서 u는 골프를 치고 법률 공부를 한 사람이다.
> **따라서 골프를 치는 어떤 사람들은 법률 공부를 한 사람들이다.** [존재적 일반화]

Ⅱ. 술어논리 문제의 유형별 학습

1 술어논리 문제의 효율적 해결

01
문제해결의
시작점

다음 글로부터 추리한 것으로 옳은 것은? 제2회 2010 LEET 문 11

어떤 회사의 사원 평가 결과 모든 사원이 최우수, 우수, 보통 중 한 등급으로 분류되었다. '최우수'에 속한 사원은 모두 45세 이상이었다. 그리고 35세 이상의 사원은 '우수'에 속하거나 자녀를 두고 있지 않았다. '우수'에 속한 사원은 아무도 이직경력이 없다. '보통'에 속한 사원은 모두 대출을 받고 있으며, 무주택자인 사원 중에는 대출을 받고 있는 사람이 없다. 이 회사의 직원 A는 자녀를 두고 있으며 이직 경력이 있는 사원이다.

① A는 35세 미만이고 무주택자이다.
② A는 35세 이상이고 무주택자이다.
③ A는 35세 미만이고 주택을 소유하고 있다.
④ A는 45세 미만이고 무주택자이다.
⑤ A는 45세 이상이고 주택을 소유하고 있다.

다음 글로부터 추론한 것으로 옳은 것만을 보기 에서 있는 대로 고른 것은? 제4회 2012 LEET 문32

다음은 갑과 을이 A~D 4개국에 대해 각자 조사한 결과와 그로부터 추리한 내용이다.

〈갑의 조사 결과와 추리 내용〉

○ 조사 결과 : GDP가 2만 달러 이상인 국가는 모두 국제노동기구에 가입했다. GDP가 2만 달러 미만이거나 인구가 7천만 명 이상인 국가는 모두 사형제 폐지 국가가 아니다. 국제노동기구에 가입하고 GDP가 2만 달러 이상인 국가는 모두 사형제 폐지 국가가 아니다. 세계무역기구 회원국이면서 집단학살방지 협약에 가입한 국가는 모두 사형제 폐지 국가이다. A국은 국제노동기구에 가입하지 않았다. B국은 집단학살방지 협약에 가입했다.

○ 추리 내용 : A국은 사형제 폐지 국가가 아닐 것이다.

〈을의 조사 결과와 추리 내용〉

○ 조사 결과 : 모든 국가는 세계무역기구 회원국이거나 국제노동기구에 가입했다. 국제노동기구에 가입하지 않은 국가는 모두 GDP가 2만 달러 미만이다. 국제노동기구에 가입하고 집단학살방지 협약에 가입한 국가는 모두 사형제 폐지 국가이다. C국의 GDP는 2만 달러 이상이다. D국의 인구는 7천만 명 이상이다.

○ 추리 내용 : C국은 사형제 폐지 국가일 것이다.

보기

ㄱ. 갑의 추리는 옳고 을의 추리는 옳지 않다.

ㄴ. 갑과 을의 조사 결과가 모두 옳다면, B국은 사형제 폐지 국가이다.

ㄷ. 갑과 을의 조사 결과가 모두 옳다면, D국은 집단학살방지 협약에 가입하지 않았다.

① ㄱ ② ㄷ ③ ㄱ, ㄴ

④ ㄴ, ㄷ ⑤ ㄱ, ㄴ, ㄷ

▶ 이 문제는 출제기관의 정답 발표 후 많은 이의제기가 있었으며 상당히 논란이 되었던 문제이다. 출제기관은 이의제기가 일면 타당한 면이 있기는 하나 정답을 바꿀 정도의 오류는 아니라는 결론과 함께 상세답변을 내놓았다. 이에 대한 내용은 해설에 실어 놓았으니 참고하도록 한다.

2 술어논리의 응용 및 확장

03
술어논리의 응용

(가), (나), (다)의 관계에 대한 판단으로 옳은 것만을 보기 에서 있는 대로 고른 것은?

제3회 2011 LEET 문19

"차별 대우를 정당화하는 차이가 없는 한 개인들을 똑같이 대우해야 한다." 이 말은 차별 대우를 정당화하는 차이가 있어야만 개인들을 차별 대우할 수 있다는 것을 뜻한다.

이 말을 더 잘 이해하기 위해 차별 대우와 그것을 정당화하는 차이 사이에 어떤 관계가 가능한지를 생각해 보자.

(가) 각각의 차별 대우를 정당화하는 차이가 적어도 하나 있다.

(나) 모든 차별 대우를 정당화하는 차이가 적어도 하나 있다. 이에 따르면 개인들 사이에 존재하는 어떤 특정한 차이가 모든 차별 대우를 정당화하는 차이가 된다.

(다) 각각의 차별 대우를 정당화하는 차이는 언제나 다르다. 다시 말해 A와 B가 다른 차별 대우라면, A를 정당화하는 차이와 B를 정당화하는 차이는 언제나 다르다.

보기

ㄱ. (가)가 성립하면 (나)도 성립한다.
ㄴ. (나)가 성립하면 (가)도 성립한다.
ㄷ. (다)가 성립하면 (나)도 성립한다.

① ㄱ ② ㄴ ③ ㄷ
④ ㄱ, ㄷ ⑤ ㄴ, ㄷ

04 기호의 활용

다음으로부터 추론한 것으로 옳은 것만을 [보기]에서 있는 대로 고른 것은? 제7회 2015 LEET 문18

> 수리 센터에서 A, B, C, D, E 5가지 부품의 불량에 대해 조사한 결과 다음 사실이 밝혀졌다.
>
> ○ A가 불량인 제품은 B, D, E도 불량이다.
> ○ C와 D가 함께 불량인 제품은 없다.
> ○ E가 불량이 아닌 제품은 B나 D도 불량이 아니다.

보기

ㄱ. E가 불량인 제품은 C도 불량이다.
ㄴ. C가 불량인 제품 중에 A도 불량인 제품은 없다.
ㄷ. D는 불량이 아니면서 B가 불량인 제품은, C도 불량이다.

① ㄱ　　② ㄴ　　③ ㄱ, ㄷ
④ ㄴ, ㄷ　　⑤ ㄱ, ㄴ, ㄷ

05

술어논리의 응용

다음으로부터 추론한 것으로 옳은 것은? 제7회 2015 LEET 문19 [배치 및 정렬 예시문항]

> 동물 애호가 A, B, C, D가 키우는 동물의 종류에 대해서 다음 사실이 알려져 있다.
>
> ○ A는 개, C는 고양이, D는 닭을 키운다.
> ○ B는 토끼를 키우지 않는다.
> ○ A가 키우는 동물은 B도 키운다.
> ○ A와 C는 같은 동물을 키우지 않는다.
> ○ A, B, C, D 각각은 2종류 이상의 동물을 키운다.
> ○ A, B, C, D는 개, 고양이, 토끼, 닭 외의 동물은 키우지 않는다.

① B는 개를 키우지 않는다.
② B와 C가 공통으로 키우는 동물이 있다.
③ C는 키우지 않지만 D가 키우는 동물이 있다.
④ 3명이 공통으로 키우는 동물은 없다.
⑤ 3종류의 동물을 키우는 사람은 없다.

06

형식적 추리

다음에서 추론한 것으로 옳은 것만을 보기 에서 있는 대로 고른 것은?

제8회 2016 LEET 문32

3개의 상자 A, B, C가 다음 조건을 만족한다.

- ○ A, B, C 중 적어도 하나에는 상품이 들어 있다.
- ○ A에 상품이 들어 있고 B가 비었다면 C에도 상품이 들어 있다.
- ○ C에 상품이 들어 있다면 상품이 들어 있는 상자는 2개 이상이다.
- ○ A와 C 중 적어도 하나는 빈 상자이다.

보기

ㄱ. A에 상품이 들어 있다면 B에도 상품이 들어 있다.
ㄴ. B에 상품이 들어 있다면 A와 C 중 적어도 하나에는 상품이 들어 있다.
ㄷ. C에 상품이 들어 있다면 B에도 상품이 들어 있다.

① ㄱ　② ㄴ　③ ㄱ, ㄷ
④ ㄴ, ㄷ　⑤ ㄱ, ㄴ, ㄷ

07
형식적 추리

다음으로부터 추론한 것으로 옳지 않은 것은? 제9회 2017 LEET 문20

어느 회사가 새로 충원한 경력 사원들에 대해 다음과 같은 정보가 알려져 있다.

○ 변호사나 회계사는 모두 경영학 전공자이다.
○ 경영학 전공자 중 남자는 모두 변호사이다.
○ 경영학 전공자 중 여자는 아무도 회계사가 아니다.
○ 회계사이면서 변호사인 사람이 적어도 한 명 있다.

① 여자 회계사는 없다.
② 회계사 중 남자가 있다.
③ 회계사는 모두 변호사이다.
④ 회계사이면서 변호사인 사람은 모두 남자이다.
⑤ 경영학을 전공한 남자는 회계사이면서 변호사이다.

08
형식적 추리

다음으로부터 추론한 것으로 옳은 것은? 제10회 2018 LEET 문26

어떤 학과의 졸업 예정자 갑~무에 대해 다음이 알려졌다.

○ 취업을 한 학생은 졸업평점이 3.5 이상이거나 외국어 인증시험에 합격했다.
○ 인턴 경력이 있는 학생들 중 취업박람회에 참가하지 않은 학생은 아무도 없었다.
○ 졸업평점이 3.5 이상이고 취업박람회에 참가한 학생은 모두 취업을 했다.
○ 외국어 인증시험에 합격하고 인턴 경력이 있는 학생들은 모두 취업을 했다.

① 취업박람회에 참가하고 취업을 한 갑은 인턴 경력이 있다.
② 외국어 인증시험에 합격했지만 취업을 하지 못한 을은 취업박람회에 참가하지 않았다.
③ 취업박람회에 참가하고 외국어 인증시험에 합격한 병은 취업을 했다.
④ 취업박람회에 참가하지 않았는데 취업을 한 정은 외국어 인증시험에 합격했다.
⑤ 인턴 경력이 있고 졸업평점이 3.5 이상인 무는 취업을 했다.

09

술어 및 관계논리

〈원리〉에 따라 추론한 것으로 옳은 것만을 보기 에서 있는 대로 고른 것은? 제11회 2019 LEET 문29

수십 명의 직원이 근무하는 정보국에는 A, B, C 세 부서가 있고, 각 부서에 1명 이상이 소속되어 있다. 둘 이상의 부서에 소속 된 직원은 없다. 이들 직원의 감시와 관련하여 세 가지 사실이 알려져 있다.

(1) A의 모든 직원은 B의 어떤 직원을 감시한다. 이는 A 부서에 속한 직원은 누구나 B 부서 소속의 직원을 1명 이상 감시하고 있음을 의미한다.
(2) B의 모든 직원이 감시하는 C의 직원이 있다. 이는 C 부서의 직원 가운데 적어도 한 사람은 B 부서 모든 직원의 감시 대상임을 의미한다.
(3) C의 어떤 직원은 A의 모든 직원을 감시한다. 이는 C 부서에 속한 직원 가운데 적어도 한 사람은 A 부서의 모든 직원을 감시 대상으로 삼고 있음을 의미한다.

〈원리〉

갑이 을을 감시하고 을이 병을 감시하면, 갑은 병을 감시하는 것이다.

보기

ㄱ. A의 모든 직원은 C의 직원 가운데 적어도 한 사람을 감시하고 있다.
ㄴ. B의 어떤 직원은 A의 모든 직원을 감시하고 있다.
ㄷ. C의 어떤 직원은 B의 직원 가운데 적어도 한 사람을 감시하고 있다.

① ㄱ ② ㄴ ③ ㄱ, ㄷ
④ ㄴ, ㄷ ⑤ ㄱ, ㄴ, ㄷ

10

술어 및 관계논리

다음으로부터 추론한 것으로 옳은 것만을 [보기]에서 있는 대로 고른 것은? 제13회 2021 LEET 문22

○ 모든 사업가는 친절하다.
○ 성격이 원만하지 않은 모든 사람은 친절하지 않다.
○ 모든 논리학자는 친절하지 않은 모든 사람을 좋아한다.
○ 친절하지 않은 모든 사람을 좋아하는 사람은 모두 그 자신도 친절하지 않다.
○ 어떤 철학자는 논리학자이다.

보기

ㄱ. 사업가이거나 논리학자인 갑의 성격이 원만하지 않다면, 갑은 친절하지 않은 모든 사람을 좋아한다.
ㄴ. 을이 논리학자라면, 어떤 철학자는 을을 좋아한다.
ㄷ. 병이 친절하다면, 병은 사업가가 아니거나 철학자가 아니다.

① ㄱ ② ㄷ ③ ㄱ, ㄴ
④ ㄴ, ㄷ ⑤ ㄱ, ㄴ, ㄷ

3 복합적인 정보로부터의 추론

11
연역추리

다음 글로부터 바르게 추론될 수 없는 것은? 제3회 2011 LEET 문33

> 용의자에 관한 정보를 2개의 서류철에 담아 관리하고 있다. 1번 서류철에는 용의자 A, B, C에 관한 서류가 있고, 2번 서류철에는 D, E, F에 관한 서류가 있다. 이 두 서류철을 근거로 해서 다음과 같이 추가로 두 개의 서류철을 만들었다.
>
> ○ 1번 서류철에 포함된 사람이 2번 서류철에 포함된 사람 중 2명과 만난 적이 있을 경우, 이 3명의 서류를 복사하여 3번 서류철에 넣는다.
> ○ 2번 서류철에 포함된 사람이 1번 서류철에 포함된 사람 중 2명과 만난 적이 있을 경우, 이 3명의 서류를 복사하여 4번 서류철에 넣는다.
>
> 다음과 같은 사실이 알려져 있다.
>
> ○ A가 만난 적이 있는 사람은 E뿐이다.
> ○ 3번 서류철은 C에 관한 서류와 D에 관한 서류를 포함한다.

① B와 E가 만난 적이 있다면 4번 서류철은 E에 관한 서류를 포함한다.
② C와 D가 만난 적이 없다면 4번 서류철은 A에 관한 서류를 포함한다.
③ C와 D가 만난 적이 없다면 3번 서류철은 F에 관한 서류를 포함하지 않는다.
④ C와 E가 만난 적이 있다면 4번 서류철은 E에 관한 서류를 포함한다.
⑤ C와 E가 만난 적이 없다면 C와 F는 만난 적이 있다.

12

연역추론 응용

다음으로부터 바르게 추론한 것만을 보기 에서 있는 대로 고른 것은? 제5회 2013 LEET 문15

신입사원 선발에서 어학능력, 적성시험, 학점, 전공적합성을 각각 상, 중, 하로 평가하여 총점이 높은 사람부터 선발하기로 하였다. 합격선에 있는 동점자는 모두 선발하기로 하고, 상은 3점, 중은 2점, 하는 1점을 부여하였다. 지원자 A, C, D의 평가 결과는 다음과 같았다.

	어학능력	적성시험	학점	전공적합성
A	중	상	중	상
C	상	중	상	상
D	하	하	상	상

문서 전달의 실수로 인사 담당자에게 B의 평가 결과가 알려지지 않았다. 그 대신에 다음 사실이 알려졌다.

○ B가 선발되지 않고 C가 선발된다면, A는 선발된다.
○ D가 선발되지 않을 경우, 나머지 세 명의 지원자는 선발된다.

보기

ㄱ. A와 C는 반드시 선발된다.
ㄴ. 두 명을 선발하는 경우가 있다.
ㄷ. B는 상, 중, 하로 평가 받은 영역이 최소한 하나씩은 있다.

① ㄱ ② ㄴ ③ ㄱ, ㄷ
④ ㄴ, ㄷ ⑤ ㄱ, ㄴ, ㄷ

Legal
Education
Eligibility
Test

제2부
언어추리

앞서 제1부에서 언급한 바와 같이, 출제기관은 추리 영역을 크게 언어추리와 모형추리로 나누고, 언어추리를 함축 및 귀결, 원리 적용, 사실관계 추리 문항으로 세분하였고 모형추리는 형식적 추리, 논리게임, 수리 추리 문항으로 세분하였다. 언어추리는 언어적 추리를 통해 새로운 정보를 이끌어 내는 능력을 측정하는 문항인 반면에 모형추리는 기호, 그림, 표, 그래프와 같은 비언어적 모형을 사용하여 새로운 정보를 이끌어 낼 수 있는지를 묻는 문항이라고 밝히고 있다.

따라서 제1장에서는 출제기관이 소개하고 있는 언어추리 문제유형을 중심으로 살펴보고, 제2장에서는 연역추리(형식적 추리, 함축 및 귀결)와 대별되는 추리인 귀납추리를 살펴보도록 한다.

CHAPTER 1
언어추리

함축 및 귀결 문항은 제시문의 진술이 함축하는 진술과 함축하지 않는 진술을 확인할 수 있는 능력을 평가하는 문항으로, 진술 A가 참이라면 진술 B가 반드시 참일 때 진술 A가 진술 B를 반드시 함축한다고 말한다.
원리 적용 문항은 법규나 원리를 사례에 적용하여 그 귀결을 추리할 수 있는지 묻는 문제로, 함축 및 귀결의 한 유형으로 볼 수 있다.
사실관계 추리 문항은 어떤 정보나 증거가 주어질 경우 이로부터 특정한 사실관계를 추리하거나 특정한 주장의 진위 여부를 판단할 수 있는 능력을 평가한다.
이러한 사실 관계 추리는 그 자체로서 완결적인 타당한 추리가 아니라, 추리하는 사람으로 하여금 제한된 정보와 증거에 기초하여 가장 개연성이 높은 사건의 경과를 합리적으로 재구성할 수 있게 하는 추리이다.

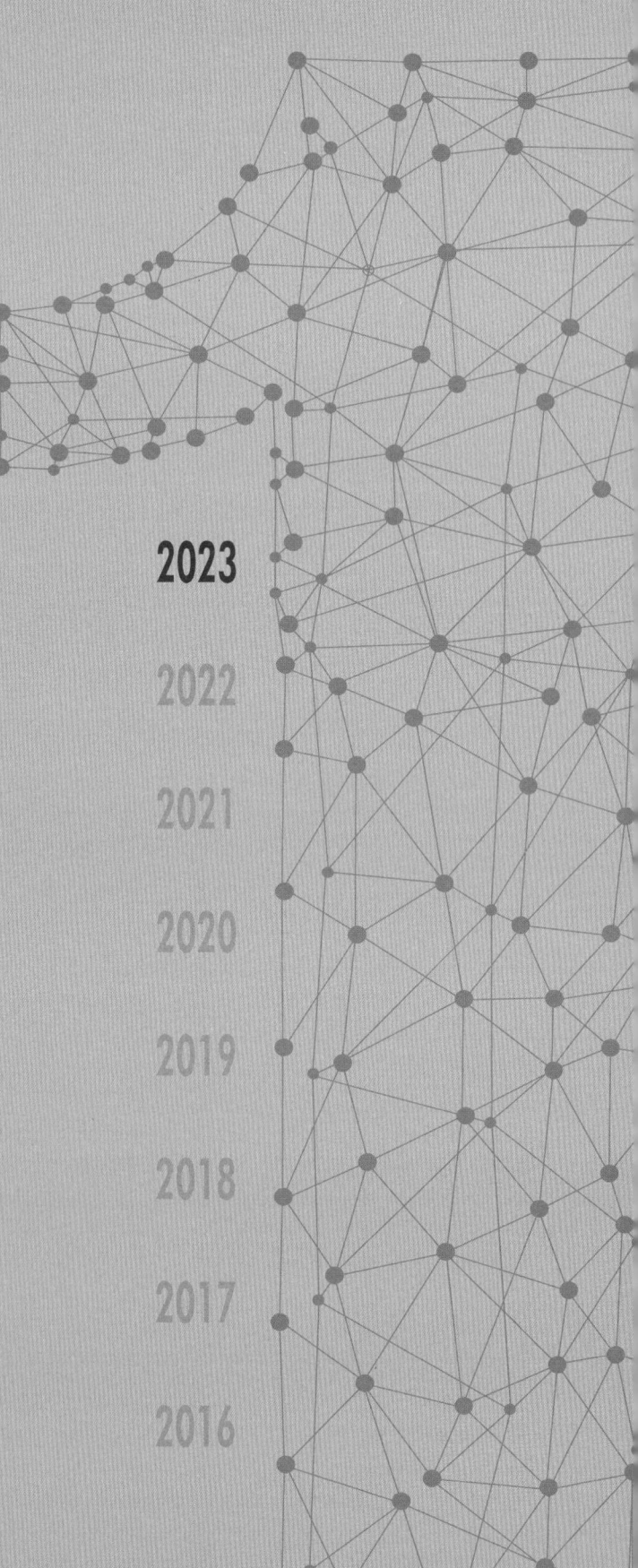

Ⅰ. 언어추리 개요

1 언어추리

일상 언어추리는 형식 논리적으로 도출되는 진술을 파악하는 능력을 측정하는 데 주목적이 있기보다는, 주어진 글이 의미상 말하는 내용과 말하지 않는 내용을 잘 파악하여 이로부터 함축되는 진술과 그렇지 않은 진술을 판별하는 능력을 측정하는데 주목적이 있다.

(1) 개념에 함축된 정보의 파악

▶ 함축된 정보의 파악 예

- 부사장은 사장의 손자이다.
  ⇒ 부사장은 남자, 사장은 노(老)기혼자
- 재무는 편집책임자의 사위이다.
  ⇒ 재무는 남자이자 기혼자, 편집책임자는 노(老)기혼자
- 보스톡은 총각이다.
  ⇒ 보스톡은 남자, 미혼자
- 알렉스는 북 디자이너와 이복 자매
  ⇒ 알레스는 북 디자이너가 아님. 북디자이너는 여자
- 케니는 사장의 친구이다.
  ⇒ 케니는 사장이 아니다.

(2) 구절 및 문장에 함축된 정보의 파악

▶ 함축된 정보의 파악 예

- 김 사무관은 다른 파일들과 함께 파일명에 'R'이 포함된 모든 파일들을 한 장밖에 없는 빨간색 CD에 저장해 두었다. 그런데 그 빨간색 CD에 저장된 파일 중, 파일 종류를 말해 주는 확장자가 'txt'인 파일은 단 하나도 없다.
  ⇒ R이 포함된 모든 파일은 빨간색 CD에 있으며 확장자 txt인 파일은 하나도 없다.
  ⇒ 확장자가 txt인 파일은 빨간색 CD에 없으며 파일명에 'R'이 포함되어 있지 않다.

(3) 취지와 맥락을 고려한 해석 및 추론

“미성년자가 혼인을 할 때에는 부모의 동의를 얻어야 한다.”라는 규정으로부터 “성년자의 경우에는 혼인을 할 때 부모의 동의를 요하지 않는다.”는 내용을 추론할 수 있을까?

다음 문제는 법령 규정의 해석 및 적용 방법을 소재로 한 LEET 기출문제 중 일부이다. 위 질문에 대한 답변은 (가)에 제시되어 있다. (가)를 법학에서는 ‘반대해석’이라고 한다. 그러나 명제 논리만을 학습하고 시험에 임하는 수험생은 전건부정의 오류로 부당한 추론이라 답하게 될 것이다.

다음 법적 판단에 대한 진술로 가장 적절한 것은? 제4회 2012 LEET 기출

(가) A법률에서 “미성년자가 혼인을 할 때에는 부모의 동의를 얻어야 한다.”라는 규정은, 성년자의 혼인에 대해서는 부모의 동의 여부에 관한 특별한 규정이 없다 하더라도 부모의 동의를 요하지 않는다는 취지로 해석된다.

(나) B법률은 개발제한구역 내에 설치할 수 있는 시설로서 ‘경찰기동대’와 ‘전투경찰대’의 훈련 시설만을 규정하고 있으므로, ‘경찰기마대’의 훈련 시설은 이에 포함되는 것으로 볼 수 없다.

(다) C법률이 금지하고 있는 ‘경품제공행위’에는 경품을 실제 교부·지급하는 경우 이외에도, 경품을 교부·지급하겠다는 의사를 표시한 후 ‘진열·전시’한 경우도 포함한다고 보는 것이 입법취지에 비추어 타당하다.

(라) 최근 개정된 D법률에서 종전의 ‘제5항’을 ‘제6항’으로 항의 숫자를 바꾸어야 함에도 불구하고 이를 그대로 둔 것은 법률 개정 과정상의 실수에서 비롯된 것임이 분명하므로, 현행 개정 법률의 조문에 쓰인 ‘제5항’을 ‘제6항’으로 바로잡아 적용해야 한다.

(마) E법률에서 노래연습장업자가 ‘접대부’를 고용·알선하는 행위를 금지한 것은 노래연습장에서의 퇴폐행위를 방지하는 데 그 취지가 있다. 당시 입법자의 의도를 고려할 때 접대부란 여성을 의미하는 것이었다 하더라도, 영업 형태가 다양화되는 시대 상황에 맞게 여성과 남성 모두 이에 포함되는 것으로 관련 규정을 적용할 수 있다. (후략)

실제로 법률 규정에 대한 해석 및 적용을 소재로 한 LEET 기출문제의 경우 ‘반대해석’을 광범위하게 인정하고 있다. 그 중 하나의 사례로 다음 문제를 제시한다. 이 문제 또한 LEET 기출문제로 향후 기본교재에서의 학습을 위해 일부만을 제시한다. 보기ㄱ은 옳은 추론일까 아니면 틀린 추론일까? 특히 ‘을에 의하면 성립되지 않는다.’는 말에 주의하여 판단해 볼 것을 권한다.

갑과 을의 견해를 적용한 것으로 옳은 것만을 보기 에서 있는 대로 고른 것은?

제2회 2010 LEET 기출

갑 : 협박죄는 일반적으로 사람이 공포를 느끼기에 충분한 해악(害惡)을 고지하여 상대방이 그 의미를 인식하면 성립되고, 상대방이 그것에 의하여 실제로 공포를 느낄 필요는 없다.

을 : 협박죄는 일반적으로 사람이 공포를 느끼기에 충분한 해악을 고지하여 상대방이 그 의미를 인식하는 것만이 아니라 실제로 공포를 느껴야 비로소 성립된다.

보기

ㄱ. A가 B를 협박할 의사로 "부인에게 불륜사실을 알리겠다."라고 말하였으나, B는 그것이 차라리 낫겠다고 여겨 공포를 느끼지 않았다. 이 경우 갑에 의하면 협박죄가 성립되지만, 을에 의하면 성립되지 않는다. (후략)

을은 협박죄의 성립요건으로 '충분한 해악 고지' + '상대방이 의미 인식' + '공포 느낌'을 제시하고 있다. 그런데 보기ㄱ은 이중 하나인 '공포 느낌'을 결하고 있다. 따라서 하나의 '조건'을 충족시키지 못하고 있으므로 '협박죄가 성립하지 않는다.'라고 해야 할 것인가 아니면 조건을 결한 경우에 대해서는 언급한 바가 없으니 '협박죄가 성립하는지 그렇지 않은지 알 수 없다.'라고 해야 할 것인가?

명제논리에서 학습한 것을 여기에도 엄격하게 적용한다면 '전건부정의 오류'라고 생각할 수 있겠으나, 법률문제의 경우 을의 견해는 '세 가지 요건을 갖추면 협박죄가 성립되고 그렇지 않으면 협박죄가 성립하지 않는다.'는 반대해석을 함축하고 있는 것으로 해석된다. 따라서 보기ㄱ은 옳게 적용한 내용이 된다.

정리하면, 우리가 추리논증 문제 중 함축된 정보를 추론하는 문제를 대할 때 지금까지 학습한 명제논리와 술어논리의 논리적 해석들을 바탕으로 하되 말하는 이, 듣는 이, 시간, 장소 따위로 구성되는 맥락과 관련한 문장 의미 또한 고려하여 문제를 풀어가야 할 것이다.

2 언어추리 문제 유형

(1) 함축 및 귀결

함축 및 귀결 문항은 제시문의 진술이 함축하는 진술과 함축하지 않는 진술을 확인할 수 있는 능력을 평가하는 문항이다. 여기서 '함축'은 엄격한 의미로 사용되는데, 진술 A가 참이라면 진술 B가 반드시 참일 때 진술 A가 진술 B를 함축한다고 말한다.

일반적으로 어떤 진술이 어떤 진술을 함축하는지 그렇지 않은지 판단하기 위해서 진술의 형태가 아니라 내용을 완전히 파악해야 한다.

제시문의 정보와 상식적인 배경정보에 의해서만 함축되는 진술이 추론되는 진술이고, 제시문의 내용 이외의 어떤 다른 전문 지식의 도움을 받아 함축되는 진술이 있다면 그 진술은 제시문으로부터 추론되는 진술이 아니다.

★★ 함축 및 귀결 문항을 풀기 위해서는 논리학의 추론규칙을 배우는 것도 도움이 될 수 있지만, 그보다는 주어진 글의 내용을 철저히 이해하는 습관을 가지는 것이 매우 중요하다. 함축 및 귀결 문항은 형식 논리적으로 도출되는 진술을 파악하는 능력을 측정하는 것이 아니라, 주어진 글이 의미상 말하는 내용과 말하지 않는 내용을 잘 파악하여 이로부터 함축되는 진술과 그렇지 않은 진술을 판별하는 능력을 측정하기 때문이다.

(2) 원리 적용

원리 적용 문항은 다음과 같은 능력을 측정하는 문항이다.

- 어떤 특정한 사실관계나 개별 사례에 여러 규범적인 규칙이나 일반 원리 중 어떤 것이 적용될 수 있는지 판단하는 능력
- 여러 사례 중 규범적 규칙이나 일반 원리가 적용될 수 있는 사례를 확인하고, 규범적 규칙이나 일반 원리를 해당되는 사례에 적용하여 올바로 추리하는 능력
- 주어진 사례의 규범적 판단이 제시되었을 때 그 판단의 배후에 어떤 규범적 원칙이 적용되었는지 추리할 수 있는 능력

★ 원리 적용 문항은 함축 및 귀결 문항처럼 '다음 글로부터 바르게 추론한 것은?"과 같은 질문을 가지는 경우가 대부분이다. 원리 적용 문항은 법규나 원리를 사례에 적용하여 그 귀결을 추리할 수 있는지 묻는 문제로, 함축 및 귀결 문항의 한 유형으로 볼 수 있기 때문이다. 원리 적용은 법적 추리의 핵심적인 부분이기 때문에 편의상 구분하여 하나의 유형으로 제시한 것일 뿐이다.

(3) 사실관계 추리

사실관계 추리 문항은 어떤 정보나 증거가 주어질 경우 이로부터 특정한 사실관계를 추리하거나 특정한 주장의 진위 여부를 판단할 수 있는 능력을 평가한다. 그리고 주어진 사실관계에 비추어 진술이나 주장 사이의 일관적 관계, 모순 관계, 지지관계 등을 판단할 수 있는 능력도 평가한다.

★ 사실관계 추리는 사람들의 사고 내지 행동에 대한 경험적인 일반법칙을 구체적인 사례에 적용하여 결론을 도출하는 형식으로 구성되는 경우가 많다. 그런데 전제가 되는 경험적인 일반법칙이란 사회에 널리 받아들여지는 것이므로 보통 이 일반법칙은 생략되고, 사실관계에 관한 진술로부터 결론을 추론하는 것이 일반적이다.

★ 사실관계 추리는 이렇게 경험적인 일반법칙에 근거한 추론이므로 사안에 따라 개별적인 예외가 존재할 가능성을 언제나 염두에 두어야 한다. 사실 관계 추리는 그 자체로서 완결적인 타당한 추리가 아니라, 추리하는 사람으로 하여금 제한된 정보와 증거에 기초하여 가장 개연성이 높은 사건의 경과를 합리적으로 재구성할 수 있게 해 주는 추리인 것이다.

Ⅱ. 언어추리 문제의 유형별 학습

1 일상 언어추리

01

화용론적 함축
언어철학

다음 글에 따라 〈상황〉을 분석한 것으로 옳지 않은 것은?

제4회 2012 LEET 문11

우리가 말하는 문장은 사실의 기술(記述) 이외에도 많은 기능을 수행할 수 있다. 하나의 문장은 단순히 발화(發話)되기도 하지만, 그것을 넘어 정보를 전달하는 행위, 무엇을 물어보는 질문, 무엇을 지시하는 명령 등에도 사용된다. 발화된 문장이 어떤 기능을 수행하는지는 화자의 의도 및 발화의 맥락에 주로 의존한다.

(1) 어느 겨울 날 혼자 길을 걷던 갑순이 전광판에 표시된 기온을 확인하고 "날씨가 춥다."라고 말했다면, 이때 이 문장은 특정한 기상 상황을 기술하는 기능을 수행한 것이다. (2) 갑순이 갑돌에게 날씨 정보를 전달하려는 의도에서 "날씨가 춥다."라고 말했다면 이는 사실의 기술을 넘어 정보 전달 기능을 수행한 것이다. 그런데 (3) 만약 갑순이 갑돌로 하여금 어떤 비언어적 행동을 일으킬 의도, 예컨대 목도리를 풀어 달라는 의도로 그 문장을 말한 것이라면, 이는 사실의 기술 및 정보의 전달기능뿐 아니라 갑돌로 하여금 어떤 행위를 하도록 유발하는 기능을 수행한 것이다.

이때 발화된 문장은 (1)에서는 사실을 기술하는 문자 그대로의 의미, 즉 '문장 의미'만을 지니는 반면, (2)에서는 날씨가 춥다는 것을 알리려는 화자의 의도가 포함된 의미, 즉 '화자 의미'를 지닌다. 또한 (3)에서도 목도리를 풀어 달라는 화자의 의도가 포함된 화자 의미를 지닌다. 그런데 (3)에서는 "문 좀 닫아 주실래요?"처럼 문장 의미와 화자 의미가 가까운 경우도 있는 반면, 문을 닫게 할 의도로 "바람이 차네요."라고 말하는 경우처럼 문장 의미와 화자 의미의 거리가 더 먼 경우도 있다.

〈상황〉

㉠ "<u>프로렌스의 추억, 차이코프스키</u>."라고 중얼거리면서, 큰 테이블 곁에 혼자 서서 예나는 멜로디를 흥얼거렸다. 멀리서 현악기의 소리가 은은히 들렸고, 사람들은 행복해 보였다. "클래식 음악 좋아하시나 봐요? ㉡<u>저편으로 가셔서 신랑 신부에게 인사하시지요</u>." 석하가 다가오며 말을 건넸다. ㉢"<u>다른 하객 분들도 거기 모여 계십니다</u>."라는 석하의 말에 예나는 그 자리를 떠나고 싶지 않아 말했다. ㉣"<u>이 자리에 있으면 안 되나요</u>?" 이 말을 더 이상 귀찮게 하지 말라는 의도로 이해한 석하는 씁쓸한 표정으로 저편에 있는 사람들에게 돌아갔다.

① ㉠이 대화 상황에서 말해졌다면, (2)는 ㉠이 수행하는 기능 중의 하나일 것이다.
② (3)은 ㉡이 수행하는 기능 중의 하나이다.
③ (2)는 ㉢이 수행하는 기능 중의 하나이다.
④ 화자의 의도를 고려할 때, ㉢은 ㉡보다 문장 의미와 화자 의미의 거리가 멀다.
⑤ ㉣의 경우, 석하가 이해한 문장 의미와 화자 의미의 거리는 예나가 의도한 문장 의미와 화자 의미의 거리보다 가깝다.

2 함축 및 귀결

다음 글로부터 추론한 것으로 옳은 것만을 [보기]에서 있는 대로 고른 것은?

제6회 2014 LEET 문13 [함축 및 귀결 예시문항]

사람들은 흡연자이거나 비흡연자이고, 또 폐암에 걸리거나 걸리지 않는다. 흡연자가 폐암에 걸리는 확률이 비흡연자가 폐암에 걸리는 확률보다 높을 때, 다시 말해서 흡연자 중 폐암 발생자의 비율이 비흡연자 중 폐암 발생자의 비율보다 클 때 흡연은 폐암과 긍정적으로 상관되어 있다고 말한다. 가령 흡연자 중 폐암 발생자의 비율이 2%이고 비흡연자 중 폐암 발생자의 비율이 0.5%라면, 흡연과 폐암은 긍정적으로 상관된다.

역으로 흡연자가 폐암에 걸리는 확률이 비흡연자가 폐암에 걸리는 확률보다 낮을 때 흡연은 폐암과 부정적으로 상관되어 있다고 말한다. 상관관계는 대칭적이어서, 흡연이 폐암과 긍정적으로 상관되어 있으면, 역으로 폐암도 흡연과 긍정적으로 상관된다.

두 사건 사이에 직접적인 인과관계가 없을 때에도 그 둘은 상관관계를 가질 수 있다. 가령 그것들이 하나의 공통 원인의 결과일 때 그런 일이 있을 수 있다. 다른 한편, 두 사건 사이에 인과 관계가 있어도 이들 사이에 긍정적 상관관계가 없을 수도 있다. 예를 들어, 흡연은 심장 발작을 촉진하지만, 흡연자들은 비흡연자들보다 저염식 식단을 선호하는 성향이 있다고 하자. 이런 경우 흡연이 심장 발작을 일으키는 성향은 흡연이 흡연자로 하여금 심장 발작을 방지하는 음식을 선호하게 만드는 성향과 상쇄되어 흡연과 심장 발작 사이에는 상관관계가 없을 수 있으며, 심지어는 부정적 상관관계가 있을 수도 있다.

보기

ㄱ. 흡연이 비만과 부정적으로 상관되어 있다면, 비만인 사람 중 흡연자의 비율이 비만이 아닌 사람 중 흡연자의 비율보다 작다.

ㄴ. 흡연과 비만 사이에 긍정적 상관관계가 있다면, 비만인 사람 중 흡연자의 수가 비흡연자의 수보다 많다.

ㄷ. 흡연이 고혈압의 원인이고 고혈압이 심장 발작과 긍정적 상관관계를 갖는다면, 흡연은 심장 발작과 긍정적 상관관계를 갖는다.

① ㄱ　② ㄷ　③ ㄱ, ㄴ
④ ㄱ, ㄷ　⑤ ㄴ, ㄷ

3 원리 적용

03

하자 있는
행정처분의
취소 요건

A국의 법에 대한 다음 글로부터 바르게 추론한 것만을 보기 에서 있는 대로 고른 것은?

제3회 2011 LEET 문5 [원리 적용 예시문항]

국가기관이 하자 있는 처분을 한 경우 그 기관은 별다른 법적 근거가 없더라도 그 처분을 취소할 수 있다. 다만 상대방에게 이익을 주는 처분을 취소할 때에는 이를 취소하여야 할 공익상의 필요와 그 취소로 인하여 상대방이 입게 될 기득권이나 신뢰보호의 침해와 같은 불이익을 비교한 후, 공익상의 필요가 상대방이 입을 불이익을 정당화할 만큼 강한 경우에 한하여 취소할 수 있다. 그러나 국가기관의 하자 있는 처분이 당사자의 사실 은폐나 사기에 의한 신청에 근거한 것이라면 당사자는 자신이 받는 이익이 취소될 수 있다는 가능성도 예상하고 있었다고 보아야 하며, 이러한 개인의 불이익은 법이 보호하고자 하는 범위를 벗어나는 것이므로 그 처분은 취소되어야 한다.

보기

ㄱ. 주변 환경과 미관을 해칠 수 있는 골프장의 건설을 불허하는 처분을 내린 지 1년 후 이 처분이 골프장법에 위반됨을 알게 된 경우, 국가기관은 이 처분을 취소할 수 있다.

ㄴ. 운전면허를 취소하여야 하는 사유가 있는 운전자에게 국가기관이 운전면허법을 위반하여 1개월 면허정지 처분을 내린 경우, 이 처분은 운전자에게 이익을 주는 것이므로 취소할 수 없다.

ㄷ. 노인이 나이를 속여 65세 이상에게만 지급되는 생활보조금을 받을 자로 지정된 경우, 엄격한 법의 집행으로 얻게 될 공익이 노인이 받을 불이익을 정당화시키지 못한다면 국가기관은 지정처분을 취소하지 않을 수 있다.

① ㄱ ② ㄴ ③ ㄷ
④ ㄱ, ㄴ ⑤ ㄴ, ㄷ

4 사실 관계 추리

04

사실에 함축된 정보의 종합적 판단

다음 글에 비추어 판단한 것으로 옳지 않은 것은? 제4회 2012 LEET 문4 [사실 관계 추리 예시문항]

피고인은 아래 교통사고와 관련한 범죄혐의로 기소되었다. 검사와 피고인의 주장은 다음과 같고, 확인된 사실은 (가)~(바)와 같다.

검 사 : 피고인은 이 사건 당시에 가해 트럭을 운전하였다.

피고인 : 나는 2010년 9월경 사고차량인 트럭을 도난당했고, 사고 당시에 가해 트럭을 운전한 사실이 없다.

(가) 2010년 11월 6일 06 : 00경 OO시의 시내 교차로에서 L이 운전하던 택시를 트럭이 뒤에서 들이받는 교통사고가 발생하였다. 신원불명의 트럭 운전자는 사고 직후 도주하였다.

(나) 피고인은 사고를 낸 트럭의 소유자이지만 도난신고를 한 일은 없었다.

(다) 피고인은 2010년 8월 이후 자동차운전면허가 없었고 다른 범죄혐의로 경찰의 추적을 받고 있었다.

(라) 사고 직후 트럭 안에서 휴대전화 1개, 피고인 앞으로 발부된 범칙금납부고지서가 발견되었지만, 그 외에 운전자의 신원을 짐작할 수 있는 물건은 발견되지 않았다.

(마) 위 휴대전화의 발신번호 및 통화내역을 조회해 본 결과, 사고 당일 01:30경부터 01:33경까지 K의 휴대전화로 5차례 발신된 사실이 있다.

(바) L은 교통사고 당시 피고인과 비슷한 사람이 운전한 것을 목격한 것 같다고 진술하였고, K는 자신이 피고인의 선배이며 (마)의 발신인이 피고인이었다고 진술하였다.

① (가)에서 교통사고가 발생하였다는 사실은 검사 주장의 전제는 되지만 그 사실만으로 피고인 주장의 참·거짓을 판단할 수는 없다.

② 피고인이 운전자라고 주장하는 검사는 (다)를 피고인이 사고 후 도주한 이유에 대한 설명으로 제시할 수 있다.

③ (라)의 범칙금납부고지서가 2010년 8월 10일에 발급된 것으로 확인되었을 경우, 이 사실만으로는 검사와 피고인 주장의 참·거짓을 판단할 수 없다.

④ (바)에서의 L과 K의 진술을 모두 신뢰할 수 있다면, L과 K의 진술은 검사 주장을 강화하는 데 사용할 수 있다.

⑤ 검사와 피고인 주장이 동시에 참일 수 없으며, (가)~(마)가 모두 사실인 경우 두 사람의 주장은 동시에 거짓일 수도 없다.

Ⅲ. 인문과학 소재 문제의 내용영역별 분석

1 철학

05
개념의
사례 적용

다음에서 설명된 '자연적'의 의미를 바르게 적용한 것은? 제1회 2009 LEET 문10

미덕은 자연적인 것이고 악덕은 자연적이지 않은 것이라는 주장보다 더 비철학적인 것은 없다. 자연이라는 단어가 다의적이기 때문이다. '자연적'이라는 말의 첫 번째 의미는 '기적적'인 것의 반대로서, 이런 의미에서는 미덕과 악덕 둘 다 자연적이다. 자연법칙에 위배되는 현상인 기적을 제외한 세상의 모든 사건이 자연적이다. 둘째로, '자연적'인 것은 '흔하고 일상적'인 것을 의미하기도 한다. 이런 의미에서 미덕은 아마도 가장 '비자연적'일 것이다. 적어도 흔하지 않다는 의미에서의 영웅적인 덕행은 짐승 같은 야만성만큼이나 자연적이지 못할 것이다. 세 번째 의미로서, '자연적'은 '인위적'에 반대된다. 행위라는 것 자체가 특정 계획과 의도를 지니고 수행되는 것이라는 점에서, 미덕과 악덕은 둘 다 인위적인 것이라 할 수 있다. 그러므로 '자연적이다', '비자연적이다'라는 잣대로 미덕과 악덕의 경계를 그을 수 없다.

① 수재민을 돕는 것은 첫 번째와 세 번째 의미에서 자연적이다.
② 논개의 살신성인적 행위는 두 번째와 세 번째 의미에서 자연적이지 않다.
③ 내가 산 로또 복권이 당첨되는 일은 첫 번째와 두 번째 의미에서 자연적이지 않다.
④ 벼락을 두 번이나 맞고도 살아남은 사건은 첫 번째와 두 번째 의미에서 자연적이다.
⑤ 개가 낯선 사람을 보고 짖는 것은 두 번째 의미에서는 자연적이지 않지만, 세 번째 의미에서는 자연적이다.

06
윤리학

A~C 모두와 양립할 수 있는 것만을 [보기]에서 있는 대로 고른 것은? 제6회 2014 LEET 문10

A : 오늘날 인류가 지니는 양심은 사회적 감정으로서 타인의 고통과 쾌락에 대한 공감의 감정이 역사적으로 학습된 결과, 즉 인류가 공유하는 습관화된 동정심이다. 타인의 쾌락을 증진시키고 고통을 감소시키는 데 기여하지 않는 양심은 잘못된 양심일 뿐이다. 우리는 양심에서 비롯된 잘못된 행위의 많은 사례들을 실제로 인류 역사에서 확인할 수 있다.

B : 양심은 취득될 수 있는 것이 아니며 양심을 구비해야 할 의무란 없다. 모든 사람은 근원적으로 양심을 자기 내에 가지고 있다. '이 사람은 양심이 없다'고 말하는 것은 그가 양심의 요구를 외면하고 있음을 의미하지, 그가 실제로 양심을 결여하고 있음을 의미하지 않는다. 양심이란 개인적 욕구로부터 독립적인 보편타당한 도덕 판단을 하는 실천이성에 다름 아니다. 어떤 사람이 종교적 이단 처형을 '신의 계시에 따른 내적 확신에서 비롯된 순수한 양심'을 통하여 정당화한다면, 이때의 '양심'은 실은 양심이 아니다.

C : 양심이란 부모의 권위가 내면화된 초자아의 기능이다. 어린이는 특정 시기를 지나면서 부모라는 대상을 향한 성적 욕구를 포기하고, 이러한 포기에 대한 보상으로서 부모와의 동일시를 강화하게 된다. 아이의 초자아는 부모의 초자아에 따라 형성되며 따라서 초자아는 이런 식으로 세대를 넘어 이어진 가치의 계승자가 된다. 많은 신경증적 증후들은 초자아가 지나치게 강한 결과, 즉 양심이 과도하게 열등감이나 죄의식으로 자아를 벌한 결과이다.

[보기]

ㄱ. 양심 없는 인간이 있을 수 있다.
ㄴ. 양심의 명령에 따르는 행동이 비도덕적일 수 있다.
ㄷ. 나의 행동이 양심이 명령하는 바와 일치하지 않을 수 있다.

① ㄴ ② ㄷ ③ ㄱ, ㄴ
④ ㄱ, ㄷ ⑤ ㄱ, ㄴ, ㄷ

07
과학철학

다음 글로부터 추론한 것으로 옳지 않은 것은? 제9회 2017 LEET 문30

우리는 다양한 사건을 관찰하여 여러 정보를 획득한다. 이때 우리가 획득하는 정보의 양은 해당 사건의 관찰과 관련된 우리 상태에 따라 달라진다. 특히 어떤 관찰 이후 우리가 획득하는 정보의 양은 해당 관찰에 대해 느끼는 놀라움에 정도에 비례한다. 우리는 검은 까마귀를 관찰했을 때보다 흰 까마귀를 관찰했을 때 더 많이 놀란다. 이런 경우에 우리는 검은 까마귀를 관찰했을 때보다 흰 까마귀를 관찰했을 때 더 많은 정보를 획득한다. 여기서 말하는 놀라움의 정도는 예측의 정도와 반비례한다. 좀처럼 예측되기 어려운 사건이 일어나면 더 놀라움을 느끼고, 쉽게 예측되는 사건이 일어나면 덜 놀라움을 느낀다. 그럼 이 예측의 정도는 어떻게 측정할 수 있는가? 한 가지 방법은 확률을 이용하는 것이다. 즉 어떤 사건을 관찰하기 전에 우리가 그 사건에 부여하고 있었던 확률이 작으면 작을수록 예측의 정도는 더 작아진다. 저 앞에 있는 까마귀의 색을 확인하기 전이라고 해보자. 분명 우리는 그 까마귀가 검은 색이라는 것보다 흰색이라는 것에 더 작은 확률을 부여한다. 바로 이런 확률의 차이를 통해 우리가 검은 까마귀의 관찰보다 흰 까마귀의 관찰을 더 약하게 예측한다는 것을 드러낼 수 있다.

① 서로 다른 두 사람이 무언가를 관찰한 후에 획득한 정보의 양이 서로 같다고 하더라도 그들이 관찰한 사건은 다를 수 있다.

② 어떤 사람이 서로 다른 두 사건을 관찰했을 때 느끼는 놀라움의 정도의 차이는 그 사람이 관찰 이전에 두 사건에 부여했던 확률의 차이에 반비례한다.

③ 어떤 사건이 발생했다는 것을 관찰했을 때 획득되는 정보의 양은 그 사건이 발생하지 않았다는 것을 관찰했을 때 획득되는 정보의 양과 서로 반비례한다.

④ 어떤 사건이 반드시 일어날 수밖에 없다고 생각하는 사람이 그 사건이 일어나는 것을 관찰했을 때 획득하는 정보의 양은 그 어떤 정보의 양보다 크지 않다.

⑤ 주사위를 던져서 나올 결과들에 대해 서로 다른 확률을 부여하는 사람이 있다면, 해당 주사위 던지기의 결과 중 무엇을 관찰하든 그가 느끼는 놀라움의 정도는 서로 다르다.

08

윤리학/
미래세대의
행복

다음으로부터 추론한 것으로 옳은 것만을 보기 에서 있는 대로 고른 것은? 제11회 2019 LEET 문21

우리에게 미래 세대의 행복을 극대화해야 할 책임이 있다고 할 때, 우리는 행복 총량의 증대를 추구해야 할까, 아니면 행복 평균의 증대를 추구해야 할까? 인구가 고정되어 있다면 어느 쪽을 채택하든 결과가 같기 때문에 고민할 필요가 없다. 하지만 미래 인구의 변동을 고려해야 하는 상황이라면, 행복 총량과 행복 평균의 구분이 중요해진다.

먼저, 행복 총량 견해를 선택한다고 해 보자. 행복 총량을 증대하려면 가능한 한 많은 미래 세대를 낳아야 할 것이다. 사람들마다 누리는 행복의 크기는 다르겠지만, 적어도 전혀 행복을 누리지 못하는 사람들만 늘어나는 것이 아닌 한, 인구가 증가하면 어쨌든 행복 총량은 조금이라도 증대될 것이다. 하지만 이것은 행복 총량이 늘어나기만 하면, ㉠ 행복보다 고통이 더 큰 사람들이 무수히 많아지는 상황을 야기해도 상관없음을 함의한다. 한편, 행복 평균 견해를 선택해도 역시 당혹스러운 결론에 도달한다. 이 선택에 따르면 생활환경이 열악한 지역의 미래 세대는 행복 평균 증대에 도움이 안 될 개연성이 크므로 그런 곳의 인구 증가는 바람직하지 않다. 결국, 생활수준이 높은 지역만이 출산의 당위성을 확보하게 되고 ㉡ 낙후 지역의 출산율은 인위적으로 통제되는 상황이 이어질 수도 있다.

보기

ㄱ. 인구가 감소하면 행복 총량은 감소하고 행복 평균은 증대한다.
ㄴ. 만약 행복 총량 견해가 행복 총량에서 고통 총량을 뺀 소위 '순(純)행복' 총량의 극대화를 목표로 한다면, ㉠이 야기될 가능성이 낮아진다.
ㄷ. 먼저 행복 총량 견해를 선택하고 한 세대가 지난 후 행복 평균 견해로 변경하는 경우, 처음부터 행복 평균 견해만 선택하는 경우보다 ㉡의 확대 가능성이 더 낮아진다.

① ㄱ　② ㄴ　③ ㄱ, ㄷ
④ ㄴ, ㄷ　⑤ ㄱ, ㄴ, ㄷ

09

도덕적 비난 가능성/도덕 원리의 상황에의 적용

다음으로부터 추론한 것으로 옳은 것만을 보기 에서 있는 대로 고른 것은? 제12회 2020 LEET 문16

甲, 乙, 丙 세 사람 모두 약속 위반이 잘못된 행위이며 특별한 사정이 없는 한 그런 행위자를 도덕적으로 비난할 수 있다고 생각한다. 이들이 인정하는 특별한 사정이란 "당위는 능력을 함축한다"라는 근본적인 도덕 원리와 관련된 것으로서, 만약 약속을 지킬 수 있는 능력이 없는 경우라면 약속 위반자를 도덕적으로 비난하지 않겠다는 것이다. 이와 더불어 세 사람은 모두 행위자가 물리력을 행사하여 수행할 수 있는 범위 내에 있는 행위라면 '그 행위자에게 그 행위를 할 수 있는 능력이 있는 것'으로 간주한다. 하지만 행위 능력이 있더라도 행위자가 그 능력을 인지하는지 여부에 따라 추가로 특별한 사정이 생길 수 있다는 ㉠ 입장과 그런 여부와 상관없이 특별한 사정은 생기지 않는다는 ㉡ 입장이 갈릴 수 있다.

〈사례〉

丁은 오늘 정오에 戊를 공항까지 태워 주기로 약속했지만 끝내 제시간에 약속 장소에 나타나지 않았다. 밝혀진 바에 따르면, 丁은 약속을 분명히 기억하고 있었고 시간을 착각한 것도 아니면서 제때 방에서 나오지 않았다. 하지만 약속 위반자인 丁에게 특별한 사정이 있었을 수도 있다. 이제 다음 세 가지 상황을 고려해 보자.

〈상황〉

(1) 丁은 집주인이 방문을 잠가 놓았다는 사실을 알게 되었다. 밖에서 방문을 열어 주지 않는 한 그가 나갈 수 있는 방법은 전혀 없었고 외부와의 연락 수단도 없었다.

(2) 丁은 집주인이 방문을 잠가 놓았다는 사실을 알게 되었다. 밖에서 열어 주지 않는 한 방문을 열 수 있는 방법은 전혀 없었고 외부와의 연락 수단도 없었다. 하지만 방 안에는 丁이 전혀 모르는 버튼이 있는데, 그 버튼을 누르면 비밀 문이 열린다. 버튼을 누르는 일은 丁이 물리력을 행사하여 수행할 수 있는 범위 내에 있었다.

(3) 집주인이 방문을 잠가 놓았고 밖에서 방문을 열어 주지 않는 한 丁이 방에서 나갈 수 있는 방법은 전혀 없었다. 방에는 외부와의 연락 수단도 없었다. 하지만 丁은 귀찮아서 방을 나가려 하지 않았고 방문이 잠겨 있다는 사실을 전혀 몰랐다.

보기

ㄱ. 甲이 (1)과 (3)의 상황에서 丁에 대한 도덕적 판단이 서로 달라야 할 이유가 없다고 생각한다면, 甲은 ㉡을 채택한 것이다.

ㄴ. ㉡을 채택한 乙은 (2)의 상황에서 丁을 도덕적으로 비난하지 않을 것이다.

ㄷ. 丙은 ㉠을 채택하든 ㉡을 채택하든 (3)의 상황에서 丁이 도덕적 비난의 대상이 될 수 있다는 것을 설명할 수 없다.

① ㄱ ② ㄷ ③ ㄱ, ㄴ ④ ㄴ, ㄷ ⑤ ㄱ, ㄴ, ㄷ

10

행위의 합리성 평가/ 인식과 목적측면

〈사례〉에 대한 분석으로 옳지 않은 것은?

제14회 2022 LEET 문24

행위는 인식과 목적 두 측면에서 합리적인 것으로 평가받을 수 있어야 진정으로 합리적이며, 그렇지 않으면 비합리적이다. 두 측면을 이해하는 방식에는 각각 논란이 있다. 행위의 인식 측면에서는, 행위자가 개인적으로 믿고 있는 정보를 기준으로 목적을 달성할 수 있는 행위를 수행한 경우 합리적이라고 평가된다는 입장과 실제로 참인 정보를 토대로 해야 합리적으로 평가된다는 입장이 대립한다. 전자를 '주관적' 입장, 후자를 '객관적' 입장이라고 하자.

행위의 목적 측면에서는, 행위를 수행하는 목적이 행위자 자신에 대한 직접적 해악과 무관하다면 합리적이라고 평가된다는 입장과 그 목적이 비판적으로 정당화되는 도덕이론의 관점에서 부당하지 않은 경우에만 합리적으로 평가된다는 입장이 대립한다. 전자를 '내재주의', 후자를 '외재주의'라고 하자. 이를 조합하면 행위는 '주관적 내재주의', '주관적 외재주의', '객관적 내재주의', '객관적 외재주의'의 네 가지 입장에서 평가할 수 있다.

〈사례〉

- A는 수분을 섭취하기 위해 병에 담겨 있는 액체를 이온음료라고 믿고 마셨지만 그것은 실제로는 벤젠이었고 그 결과 A는 심각한 상해를 입게 되었다.
- B는 이웃돕기 성금을 마련하기 위해 중고 거래 사이트에 허위 매물을 올렸다 그는 이 사이트의 거래 수단이 선입금 구매자의 보호에 취약하다는 사실을 잘 알고 있었다. 이 점을 이용하여 B는 판매 대금만 수령하고 물건은 보내지 않는 방식으로 이웃돕기 성금을 마련할 수 있었다.
- C는 금품 편취를 목적으로 동료에게 이메일을 보냈으나 이메일 주소를 잘못 알고 있었기에 그는 C에게 금품을 편취당하지 않았다.

① A와 C의 행위를 모두 비합리적이라고 평가하는 입장은 1개이다.
② 주관적 내재주의는 A와 B의 행위를 모두 합리적이라고 평가한다.
③ A의 행위의 합리성에 대한 주관적 외재주의와 주관적 내재주의의 평가는 일치한다.
④ 동료가 C에게 이메일 주소를 일부러 거짓으로 알려주었다 하더라도, C의 행위에 대한 합리성 평가는 어떤 입장에 따르더라도 변경되지 않는다.
⑤ 만약 외재주의가 행위의 목적뿐만 아니라 수단의 도덕성을 함께 고려하는 입장이라면, 주관적 외재주의와 객관적 외재주의는 B의 행위를 비합리적이라고 평가한다.

2 고전 및 역사

11
대통력/
무중치윤법

다음 글로부터 추론한 것으로 옳은 것만을 보기 에서 있는 대로 고른 것은? 제6회 2014 LEET 문31

대통력(大統曆)은 한 해를 12개월, 한 달을 큰달(대, 30일) 혹은 작은달(소, 29일)로 하되, 19년 중 7년은 윤달을 추가하여 1년을 13개월로 하였다. 윤달의 이름은 다음과 같이 정했다. 예를 들어 어느 해의 넷째 달을 윤달로 정하면 그 달은 '윤3월'로 불렸다. 윤달을 어떤 달에 넣을 것인지의 결정은 절기와 깊은 관계가 있었다.

절기(節氣)란 동지점을 기점으로 태양이 지나는 황도(黃道)를 15도 간격으로 24개의 기준점으로 나눈 것인데, 12개의 '중기(中氣)'와 12개의 나머지 절기로 구분된다. 달의 이름이 무엇이 될지는 '중기'의 포함 여부와 어떤 '중기'가 포함되는지에 따라 결정되었다. 예를 들어 '중기' 중 하나인 동지를 포함한 달은 11월이 되는 식이었다.

11월		12월		정월		2월		3월
… **동지**	- 소한 -	**대한**	- 입춘 -	**우수**	- 경칩 -	**춘분**	- 청명 -	**곡우** …

(굵은 글씨는 각 달의 '중기')

대통력에서는 '중기' 간의 시간 간격이 태양년의 1년을 12로 나눈, 약 30.4일로 일정하다고 간주하였다. 이 간격은 30일보다 컸으므로, 간혹 어떤 달의 끝에 '중기'가 오고 다음 '중기'가 한 달을 건너뛰어 다다음 달의 처음에 오는 일이 생긴다. 이런 경우 '중기'가 없는 달을 윤달로 삼는데, 이를 무중치윤법(無中置閏法)이라고 한다.

효종(孝宗) 초년 조선에서는 대통력을 썼는데, 효종 1년(경인년)에서 효종 2년(신묘년)에 걸쳐 윤달의 위치와 달의 대소는 다음과 같았다.

경인년 : 10월(대), 11월(소), 윤11월(소), 12월(대)
신묘년 : 정월(소), 2월(대)

보기

ㄱ. 대통력에서는 같은 달에 24절기 중 3개의 절기가 함께 들어 있을 수 없다.
ㄴ. 경인년 윤11월에는 24절기 중 소한만 들어 있을 것이다.
ㄷ. 신묘년 2월에는 24절기 중 경칩과 춘분이 들어 있을 것이다.

① ㄱ ② ㄷ ③ ㄱ, ㄴ
④ ㄴ, ㄷ ⑤ ㄱ, ㄴ, ㄷ

3 심리학

12
범죄심리학

A, B와 〈조건〉으로부터 바르게 추론한 것만을 [보기] 에서 있는 대로 고른 것은? 제5회 2013 LEET 문25

A : 표적의 매력성이란 범죄자가 범행대상(표적)을 원하는 정도, 그 대상을 가치 있다고 생각하는 정도를 의미한다. 이는 범행가능성과 범행거리(범죄자의 거주지와 범행 현장 간의 거리)를 결정할 때 고려하는 이익요소이다. 범죄자는 매력 있는 표적에 가치를 두기 때문에 그러한 표적이 있는 지역으로 이동하게 될 것이다. 범죄자가 표적의 매력성을 중시하는 정도가 강할수록 범행할 가능성이 높고, 범행을 위해서 더 먼 거리를 이동하는 경향이 있다. 매력성을 중시하는 경향은 범행의 계획성이 높을수록 그리고 전과가 많을수록 강해진다.

B : 검거위험성이란 범죄자가 범행을 결정할 때 고려하는 손해요소로서 범행가능성과 범행거리에 영향을 미친다. 범죄자들은 범행을 위해 자신의 집에서 비교적 가까운 거리를 이동하려고 하는 특성을 가지고 있지만, 자신의 집으로부터 아주 가까운 지역에서는 범행을 피하려 한다. 자신을 알아보는 사람들이 많아 범행이 발각될 가능성을 우려하기 때문이다. 따라서 범행을 가장 많이 하는 지역은 주로 범죄자의 집에서 약간 떨어진 곳에 위치하며, 범죄자의 거주지로부터 이 지점에 이를 때까지 범행의 빈도는 거리가 늘어남에 따라 증가하지만 이 지점을 넘어선 다음부터는 거리가 늘어남에 따라 범행빈도가 감소한다. 또한 범죄자는 나이가 들수록 검거위험성을 표적의 매력성에 비해 더 많이 고려하는 경향이 있으며, 검거위험성을 매우 중시하면 검거위험성이 높다고 생각하는 곳에서는 표적의 매력성이 높더라도 범행을 하지 않는다.

〈조건〉
- 다른 조건들이 동일할 때, 같은 유형의 범죄에서는 범행을 위한 이동 거리가 같다.
- 재산범죄는 폭력범죄보다 계획성이 높다.
- 범죄자는 자신의 거주지 근처의 지형에 대해 잘 알고 있다.

[보기]

ㄱ. 젊은 절도범은 같은 동네에 거주하는 나이 든 성폭행범보다 범행거리가 더 길 것이다.
ㄴ. 현재 주거지에 오래 거주한 강도범의 범행거리는 다른 동네에서 갓 이사 온 강도범의 범행거리보다 더 길 것이다.
ㄷ. 검거위험성을 매우 중시하는 두 명의 강도범 중 전과가 많은 쪽이 전과가 적은 쪽보다 보안시스템이 아주 잘 된 은행을 대상으로 범행을 저지를 가능성이 높을 것이다.

① ㄴ ② ㄷ ③ ㄱ, ㄴ ④ ㄱ, ㄷ ⑤ ㄱ, ㄴ, ㄷ

Ⅳ. 사회과학 소재 문제의 내용영역별 분석

1 정치 및 행정

13
입법 목적에 따른 법률 개정

선진국 A는 다음에 언급된 합의를 반영하기 위하여 법률 조항을 개정하였다. 개정된 법률 조항에 해당하는 것만을 보기 에서 있는 대로 고른 것은?

제1회 2009 LEET 문31

> 다국적 제약 회사들이 특허권을 이용하여 의약품 가격을 높게 책정하기 때문에 해마다 수천만 명에 달하는 개발도상국 국민들이 의약품을 적시에 구매할 수 없어서 에이즈 등의 전염성 질병으로 사망한다. 다국적 제약 회사들이 개발도상국에게는 특허권이 부여된 의약품을 자유롭게 생산할 것을 허용하였지만, 개발도상국들은 의약품에 대한 생산 능력도 시설도 갖고 있지 않아 의약품을 생산할 수 없다. 따라서 다국적 제약 회사들의 반대에도 불구하고 선진국과 개발도상국은 인도주의 차원에서 다음과 같은 내용에 합의하였다.
>
> ○ 공중 보건과 관련하여 국내 의약품 생산 능력이 결여된 개발도상국의 경우 제3국으로부터 의약품을 수입할 수 있도록 허용한다.
> ○ 수입국은 필요한 의약품의 명칭 및 예정 수량을 수출국에 설명해야 한다.
> ○ 수출국은 자국 내에서의 판매 방지를 위하여 수입국이 필요로 하는 양의 의약품만을 생산해야 하며 생산된 의약품에는 특허 의약품과 구별되는 포장, 색깔, 형태 및 특정 서식을 사용해야 한다.

보기

ㄱ. 정부는 전시, 사변 또는 이에 준하는 국가 비상시에 있어 공공의 이익을 위하여 비상업적으로 사용할 필요가 있는 경우에 특허 발명을 권리자가 아닌 자에게 사용하게 할 수 있다.
ㄴ. 특허의 사용을 허락하는 문서에는 특허권을 사용할 수 있는 범위 및 기간, 특허권자가 공급하는 의약품과 외관 상 구분할 수 있는 포장, 표시를 명시하여야 한다.
ㄷ. 수입국은 수입국이 필요로 하는 의약품의 명칭과 수량 및 의약품 생산을 위한 제조 능력이 없거나 부족하다는 것을 확인하여 통지하여야 한다.

① ㄱ　② ㄴ　③ ㄱ, ㄷ
④ ㄴ, ㄷ　⑤ ㄱ, ㄴ, ㄷ

14

정치제도

〈가정〉과 〈상황〉으로부터 추론한 것으로 옳은 것만을 보기 에서 있는 대로 고른 것은?

제6회 2014 LEET 문12

법률이나 정책 등을 바꾸려면 '거부권 행사자'라 불리는 일정 수의 개인 또는 집합적 행위자들의 동의가 필요하다. 거부권 행사자는 헌법에 의거한 '제도적' 거부권 행사자와 정치 체제에 의거한 '당파적' 거부권 행사자로 나뉜다.

대통령중심제 국가이면서 양원제를 채택하고 있는 미국에서는 법률이나 정책을 바꾸려고 할 때 대통령, 상원, 하원의 동의를 필요로 하며 이때 제도적 거부권 행사자의 수는 셋이 된다. 의원내각제 국가의 경우에는 행정부가 입법부와 긴밀히 연계되어 있어서 행정부를 별도의 거부권 행사자로 보기 어렵다.

다른 한편, 의원내각제 국가의 경우에는 정치 체제의 특성상 대통령중심제와 달리 당파적 거부권 행사자가 존재한다. 말하자면, 정부를 구성하는 정당들 하나하나가 별도의 거부권 행사자가 되는데, 연립정부는 단일정당정부에 비해 더 많은 수의 당파적 거부권 행사자를 갖게 된다. 국회의원 선거제도에는 소선거구제와 비례대표제가 있다.

〈가정〉

○ 거부권 행사자의 수가 많을수록 정책안정성은 높아진다.
○ 소선거구제에서는 양당제가, 비례대표제에서는 다당제가 출현한다.
○ 의원내각제 하에서 다당제가 출현하면 연립정부가 출범한다.

〈상황〉

○ A국은 대통령중심제, 비례대표제, 단원제 국가이다.
○ B국은 대통령중심제, 소선거구제, 양원제 국가이다.
○ C국은 의원내각제, 소선거구제, 단원제 국가이다.
○ D국은 의원내각제, 비례대표제, 양원제 국가이다.

보기

ㄱ. A국이 B국보다 정책안정성이 높을 것이다.
ㄴ. D국이 A국보다 정책안정성이 높을 것이다.
ㄷ. D국이 C국보다 정책안정성이 높을 것이다.

① ㄱ ② ㄷ ③ ㄱ, ㄴ
④ ㄴ, ㄷ ⑤ ㄱ, ㄴ, ㄷ

2 경제 및 경영

15

노동의 숙련도에 따른 환산율

다음 글로부터 추론한 것으로 옳은 것만을 [보기]에서 있는 대로 고른 것은?

제7회 2015 LEET 문25 [함축 및 귀결 예시문항]

한 경제의 노동량을 계산하는 것은 그 자체로 중요한 문제일 뿐 아니라 노동량의 변화 추이를 파악하거나 국가 간 노동량 비교를 위해서도 필요하다. 경제 전체의 노동량을 계산하기 위해서는 숙련도가 다른 노동을 적절한 비율로 환산할 필요가 있다. 숙련노동 1시간과 미숙련노동 1시간을 동일하게 취급할 수는 없기 때문이다. 숙련도가 다른 두 노동이 동일한 상품을 협업 없이 독립적으로 생산한다고 하자. 이 두 노동 간 환산에 관해 다음과 같은 제안이 있다. 단, 하나의 상품은 하나의 가격을 갖는다.

A : 각 노동의 단위 시간당 보수를 계산하여 그 비율을 환산율로 삼는다.
B : 각 노동의 단위 시간당 생산물의 시장 가치를 계산하여 그 비율을 환산율로 삼는다. (시장 가치 = 생산량 × 가격)

보기

ㄱ. A와 B에 따른 환산율이 동일할 수 있다.
ㄴ. 생산물 가격이 변동하면 B에 따른 환산율도 변한다.
ㄷ. 설비 증가에 따라 노동의 단위 시간당 생산량이 같은 비율로 증가할 때 그에 따른 잉여 증가분을 설비 소유자가 모두 가져간다면, A는 숙련도가 다른 두 노동 간의 숙련도 차이를 반영하지 못한다.

① ㄱ
② ㄴ
③ ㄷ
④ ㄱ, ㄴ
⑤ ㄱ, ㄴ, ㄷ

16

배출부과금

다음 글로부터 추론한 것으로 옳은 것만을 [보기] 에서 있는 대로 고른 것은? (단, 정화 기술 개선에 따르는 초기 투자 비용은 고려하지 않는다.)

제1회 2009 LEET 문37

다음 그림은 어느 기업의 오염 정화 시설 가동과 관련한 비용 구조를 나타낸다. 이 기업은 생산 과정에서 발생하는 오염 물질의 발생량에서 일부를 정화하고 나머지를 배출한다. 다음 그림은 오염 물질의 발생량이 일정한 경우를 가정하며, e_1과 e_2는 각각 배출량을 나타내는 동시에 정화량을 나타낸다. 정화비용곡선은 오염 물질을 추가적으로 정화할 때마다 추가된 비용을 연결한 선이므로, 총정화비용은 정화량까지의 곡선 아래 면적이 된다. 예를 들어, 그림에서 e_1만큼 오염 물질을 배출했을 때, 총정화비용은 정화비용곡선$_1$의 경우 D+E이다. 이 기업은 비용을 절감할 수 있다면 정화 기술을 개선하는데, 이 경우 비용곡선은 정화비용곡선$_1$ (기술 개선 이전)로부터 절감된 비용만큼 아래쪽에 위치한 정화비용곡선$_2$ (기술 개선 이후)로 이동한다.

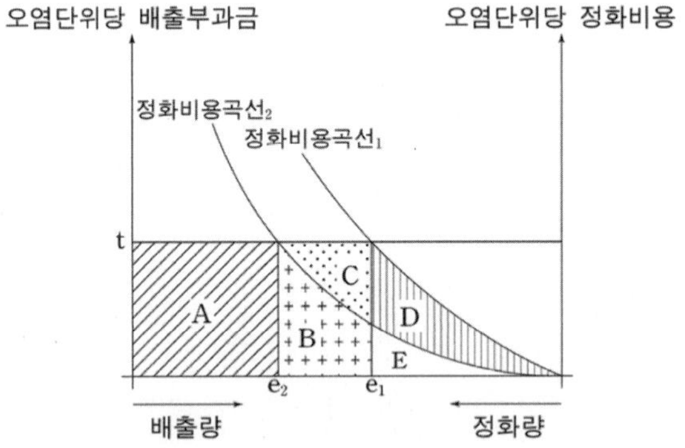

정부는 기업에 대해 배출부과금제를 시행하고 있다. 이 제도 하에서 정부는 오염단위당 배출부과금인 t 원을 배출량의 규모에 곱하여 총부과액을 결정한다. 이때 기업은 특정 시점에서 발생하는 추가적인 오염단위당 정화비용과 t 원을 비교하여 배출량의 규모를 결정한다. 즉, 오염 물질을 추가적으로 정화할 때마다 추가될 오염단위당 정화비용이 t 원보다 크다면 정화량을 줄이고 배출량을 늘릴 것이며, 반대로 t 원보다 작다면 정화량을 늘릴 것이다. 그러므로 정부가 기술 개선 이전의 정화비용곡선$_1$ 에 해당하는 기업에 t 원의 단위당 배출부과금을 적용하면, 이 기업은 e_1의 배출량 및 정화량을 선택함으로써 A+B+C 만큼의 총부과액과 D+E 만큼의 총정화비용을 부담해야 한다.

보기

ㄱ. 이 기업이 정화 기술을 개선한 후, 총정화비용이 절감되려면 D가 B보다 커야 한다.
ㄴ. 이 기업이 정화 기술을 개선하여 배출량을 e_1에서 e_2로 줄일 때 얻게 되는 순이익은 C이다.
ㄷ. 이 기업이 정화 기술을 개선한 후, 기술 개선 이전에 납부하던 총부과액 중 B가 총정화비용의 일부로 전환된다.

① ㄱ ② ㄴ ③ ㄷ
④ ㄱ, ㄴ ⑤ ㄱ, ㄷ

17

재산권 설정이론

다음 글로부터 추론한 것으로 옳은 것만을 보기 에서 있는 대로 고른 것은? 제4회 2012 LEET 문34

다음은 오염 물질을 방류하는 기업과 어로 행위를 하는 어부와 관련된 그림이다. 가로축은 기업의 생산량을 나타내며, 생산량이 증가함에 따라 오염 배출량도 증가한다. 기업의 편익곡선은 기업이 생산량을 증가시킴에 따라 추가로 얻는 편익을, 어부의 피해곡선은 오염 배출량이 증가할 때마다 어부가 추가로 입는 피해를 나타낸다. 기업에게 배출권이 있으면 어부의 규제권은 인정되지 않으며, 기업의 생산량은 Q가 된다. 반대로 어부에게 규제권이 있으면 기업의 배출권은 인정되지 않으며, 기업의 생산량은 0이 된다.

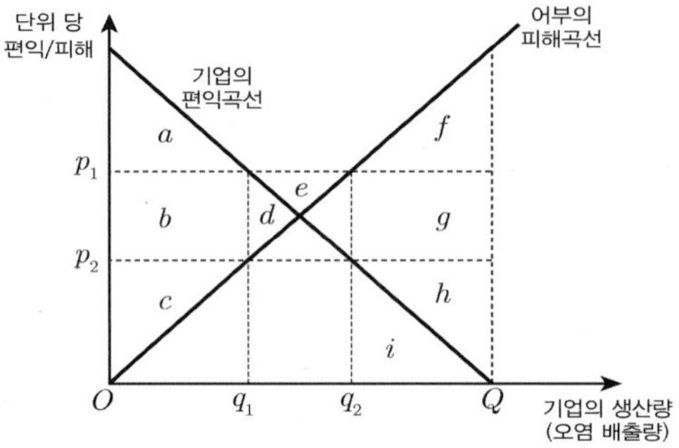

그런데 권리가 있는 쪽이 없는 쪽으로부터 보상을 받는 대가로 권리 행사를 제한하기로 한다면, 서로에게 이득이 되기도 한다. 보상 가격은 권리가 없는 쪽에서 제안하며 생산량은 권리가 있는 쪽에서 결정한다.

예컨대, 기업에게 배출권이 있는 경우 어부가 먼저 생산량 감축에 대한 보상 가격 p_2를 제시하면, 기업은 그 가격에서 최선인 Q_2까지의 생산량 감축을 제안한다. 이때 양자가 합의하면 어부는 기업에게 $h+i$를 지불하지만 $f+g+h+i$만큼 피해가 감소하므로 $f+g$만큼 이득을 얻게 되며, 기업은 어부로부터 $h+i$만큼 받으므로 생산량 감축에 따른 편익 감소분 i를 빼고도 h만큼 이득을 얻는다. 어부에게 규제권이 있는 경우는 기업이 먼저 보상 가격을 제시하고 어부는 그 가격에서 최선인 허용 생산량을 제안하며, 기업은 제시한 보상 가격과 허용 생산량을 곱한 금액을 어부에게 지급한다.

협상 시 기업과 어부는 각기 자신의 편익 또는 피해 정보만 알고 있으며, 상대방의 피해나 편익 및 기타 비용은 고려하지 않는다.

보기

ㄱ. 어부에게 규제권이 있고 기업이 제안한 p_1을 어부가 받아들여 합의한 경우, 어부는 $b+c+d+e$만큼 이득이다.

ㄴ. 기업에게 배출권이 있고 어부가 제안한 p_1을 기업이 받아들여 합의한 경우, 어부는 $f-d-e$만큼 이득이다.

ㄷ. 어부에게 규제권이 있고 기업이 제안한 p_2를 어부가 받아들여 합의한 경우, 기업은 $a+b$만큼, 어부는 c만큼 이득이다.

① ㄱ　② ㄴ　③ ㄱ, ㄷ
④ ㄴ, ㄷ　⑤ ㄱ, ㄴ, ㄷ

18

펫보험/
개념이해 및
사례에의 적용

〈사실〉을 근거로 〈사례〉를 분석한 것으로 옳은 것만을 [보기] 에서 있는 대로 고른 것은?

제12회 2020 LEET 문29

〈사실〉

순보험료란 과거에 발생한 보험금 지급 자료에 근거해 계산한 것으로, 보험사가 약정한 사안의 발생으로 가입자에게 지급하게 될 보험금의 기댓값에 상응하는 보험료를 뜻한다. 이를 기반으로 산정된 보험료 대비 실제 지급된 보험금을 나타내는 손해율은 보험사가 예상한 범위에서 벗어날 수 있다. 특히 과거 자료가 부족한 경우 손해율의 변동성은 커지게 된다.

〈사례〉

X국의 보험통계기관은 최근까지 축적된 각 보험사의 자료를 통합하여 반려동물보험(펫보험)에 대한 순보험료를 계산해 발표했다. 펫보험은 매년 손해율이 들쭉날쭉해 보험사들이 상품 출시에 소극적이었으나, 최근 반려동물 개체 수가 급증하면서 수요가 커졌다. 발표에 따르면 네 살 반려견을 기준으로 연간 25만 원의 순보험료라면 건수 상관없이 동물병원에서 총 200만 원 한도의 치료를 받을 수 있다고 한다. 반려묘에 대해 같은 수준의 보장을 받으려면 연간 20만 원의 순보험료가 필요한 것으로 계산되었다. ㉠ 반려동물 주인이 치료 비용의 일정 비율을 보험으로 보장받고 나머지는 본인이 부담하는 보험 상품이 출시될 수도 있다. 예를 들어 보장률이 70%인 상품이면 30%는 반려동물 주인이 부담한다. ㉡ 반려동물 주인이 일정 금액까지 치료비를 우선적으로 부담하고 나머지를 보험금으로 전액 충당하는 보험 상품도 나올 것으로 전망된다.

보기

ㄱ. 반려묘의 보험금 수령 건수는 네 살 반려견의 보험금 수령 건수의 80%이다.
ㄴ. 보험통계기관의 순보험료 발표로 개별 보험사의 펫보험 손해율의 변동성이 작아질 것으로 기대된다.
ㄷ. ㉡에 가입하면 ㉠에 비해 진료비가 비싸질수록 진료비에 대한 보험 가입자의 부담이 커진다.

① ㄱ　② ㄴ　③ ㄱ, ㄷ
④ ㄴ, ㄷ　⑤ ㄱ, ㄴ, ㄷ

19

주가의
수익률 변동성

다음으로부터 추론한 것으로 옳은 것만을 보기 에서 있는 대로 고른 것은? 제13회 2021 LEET 문29

주가의 수익률 변동성은 예측치 못한 상황으로 인한 수익률의 불확실성 정도를 의미한다. 일반적으로 수익률 변동성이 클수록 주식 투자에 따른 위험이 증가하는데, 투자자들은 위험한 주식을 보유하기를 꺼리므로 이런 주식에 투자할 유인이 생기려면 주가가 낮아 높은 기대 수익률이 보장되어야 한다.

수익률 변동성은 두 가지 특성을 가진다. 첫째, 수익률 변동성은 군집성을 가진다. 즉, 특정일의 변동성이 높으면 익일의 변동성도 높고, 변동성이 낮으면 익일의 변동성도 낮게 나타난다. 변동성의 군집성은 주가에 영향을 미치는 정보가 일정 기간 지속적으로 시장에 유입되기 때문에 나타난다.

둘째, 수익률 변동성은 주가가 상승할 때보다는 하락할 때 상대적으로 더 크게 나타나는 비대칭성을 가진다. 이러한 비대칭성을 설명하기 위한 가설로는 레버리지 효과 가설과 변동성 피드백 가설이 있다. 레버리지 효과 가설에 따르면, 주가 하락이 기업의 부채 비율인 레버리지를 상승시킴으로써 재무 위험이 증가하고 수익률 변동성을 높이는 반면, 주가 상승은 레버리지를 하락시켜 변동성을 낮춘다. 한편, 변동성 피드백 가설은 수익률 변동성의 증가로 주식 투자의 위험이 증가하므로 주식 보유 유인으로서의 위험 프리미엄*이 높아져 주가가 하락한다는 것이다. 두 가설은 수익률 변동성과 주가 간 음(-)의 상관관계를 예측한다는 점에서는 유사하나 인과 구조는 서로 상반된다.

* 위험 프리미엄: 위험 보상을 위한 추가 수익률

보기

ㄱ. 주가가 상승한 시기보다 하락한 시기에 수익률 변동성의 군집성이 더 오래 지속될 것이다.

ㄴ. 레버리지 효과 가설에 따를 경우, 부채 비율이 동일하게 유지되는 기업에서는 주가와 수익률 변동성 간 음(-)의 상관관계는 나타나지 않을 것이다.

ㄷ. 변동성 피드백 가설에 따를 경우, 수익률 변동성 증가로 인한 위험 프리미엄의 상승이 주식의 기대 수익률을 높이는 요인으로 작용할 것이다.

① ㄱ ② ㄴ ③ ㄱ, ㄷ
④ ㄴ, ㄷ ⑤ ㄱ, ㄴ, ㄷ

20

이자율과 물가의 관계

빅셀의 주장으로부터 추론한 것으로 옳은 것만을 [보기] 에서 있는 대로 고른 것은?

제13회 2021 LEET 문30

리카도는 어음, 수표와 같은 신용 수단은 화폐 사용을 절약하는 도구로만 인식하여 화폐의 범주에서 제외하였다. 그에 따르면 화폐량 증가는 이자율을 하락시키고 물가는 상승시키는 요인이 된다. 이에 반해 투크는 물가는 화폐량뿐만 아니라 신용 수단을 포함한 모든 형태의 신용에 의해 영향을 받는다고 반박하였다. 그는 물가 상승은 기업가의 이윤 동기를 자극하여 투자를 위한 신용 수요를 확대시킴으로써 이자율을 상승하게 만든다고 보았다.

빅셀은 이자율과 물가의 관계에 대한 리카도와 투크의 주장이 서로 배치되지 않음을 보이고자 하였다. 그는 리카도와 투크가 사용하는 이자율을 '화폐 이자율'이라 정의하고 이와는 별개로 '자연 이자율'이라는 새로운 개념을 도입하였다. 화폐 이자율은 은행 신용에 대한 수요와 공급을 일치시키는 이자율이고, 자연 이자율은 자본재에 대한 수요와 공급을 일치시키는 이자율이다. 그는 두 이자율이 같아질 때 경제 내 균형이 달성된다고 보았다.

화폐량 증가로 화폐 이자율이 자연 이자율을 하회하여 경제가 균형에서 이탈하는 상황이 발생하였다고 하자. 이 상황의 초기에는 자본재에 대한 기업들의 투자 수요가 늘어난다. 이런 투자를 실행하기 위해서는 소비재 생산에 투입되던 생산 요소들이 자본재 생산으로 이동하면서 소비재 공급이 감소하고 물가는 상승한다. 한편 시간이 경과하면서 소비재 물가의 상승에 따른 기업들의 이윤 동기가 자극되어 소비재 생산을 위한 투자 수요 역시 증가한다. 이 과정에서 기업들의 은행 신용에 대한 수요가 확대되고 화폐 이자율이 상승하여 장기적으로는 자연 이자율과 일치하는 수준에서 균형이 회복된다. 빅셀은 ㉠두 이자율 간 괴리가 발생하는 초기 상황 및 이후의 동태적 조정 과정을 통해 이자율과 물가의 관계에 대한 리카도와 투크의 주장이 서로 양립 가능함을 보였다.

보기

ㄱ. 자본재와 소비재 간 생산 요소의 이동이 빠를수록 리카도가 주장하는 물가와 이자율의 관계가 더 빨리 나타날 것이다.

ㄴ. 균형에서 벗어나 화폐 이자율이 자연 이자율을 상회할 경우, 은행이 신용 공급을 축소하여 자연 이자율을 상승시키면 두 이자율 간 균형이 회복된다.

ㄷ. ㉠에서 물가와 이자율의 관계는, 초기 상황에서는 리카도의 주장에 부합하고 이후의 동태적 조정 과정에서는 투크의 주장에 부합한다.

① ㄱ　② ㄴ　③ ㄱ, ㄷ

④ ㄴ, ㄷ　⑤ ㄱ, ㄴ, ㄷ

V. 자연과학 소재 문제의 내용영역별 분석

1 지구과학

21
빙기와 간빙기

다음 글에서 추론한 것으로 옳은 것만을 보기 에서 있는 대로 고른 것은? (단, 지반의 융기와 침강은 고려하지 않는다.)

제1회 2009 LEET 문40

신생대 제4기 플라이스토세에는 수십 차례 빙기(氷期)와 간빙기(間氷期)가 반복하여 나타났다. 약 12.5만 년 전에 시작된 최후 간빙기의 기후는 오늘날과 대체로 비슷했다. 최후 빙기가 시작된 것은 약 7.5만 년 전이었고, 약 6만 년 전까지는 대륙 빙하가 크게 확장되었다. 빙하는 약 4만 년 전부터 기온의 상승으로 어느 정도 후퇴했다가 약 2.5만 년 전에 다시 크게 확장되어 북아메리카에서는 북위 39°, 유럽에서는 북위 52°까지 남하했다.

1만 년 전 최후 빙기가 끝나고 현재까지의 기간은 현세라고 불린다. 현세에 들어와서도 기온 변화에 따라 고산 지대의 곡빙하(谷氷河)는 전진과 후퇴를 반복했다. 최근의 연구 결과에 의하면 약 6,000년 전에는 세계의 기후가 지금보다 따뜻했다. 유럽에서는 연평균 기온이 지금보다 2~3℃ 높았고, 그 영향은 해수면에 반영되었다.

보기

ㄱ. 약 6만 년 전 당시의 해안선은 현재의 해안선보다 바다 쪽을 향해 더 나아갔을 것이다.
ㄴ. 약 2.5만 년 전에 저위도 지역 하천의 평균 길이는 현재보다 더 길었을 것이다.
ㄷ. 약 6,000년 전 당시의 곡빙하는 현재의 곡빙하보다 낮은 고도에서도 형성되었을 것이다.

① ㄱ　② ㄴ　③ ㄷ
④ ㄱ, ㄴ　⑤ ㄴ, ㄷ

22

중위도 지역의 겨울 기후

다음 글로부터 추론한 것으로 옳은 것만을 [보기]에서 있는 대로 고른 것은? 제4회 2012 LEET 문28

겨울철 지상의 기압 변화는 지상온도에 의해 결정되는데, 지상온도가 낮으면 고기압이, 높으면 저기압이 잘 생성된다. 그래서 겨울철 북반구 지상에는 지상온도가 낮은 북극권에 고기압이, 상대적으로 온도가 높은 중위도 지역에는 저기압이 나타나며, 이 두 지역 간의 기압 차이는 두 지역 간 지상기온의 차이가 클수록 커진다. 두 지역 간 기압 차이가 크면 북극권의 찬 공기는 중위도 지역으로 내려오지 못하고 기압 차이가 작으면 중위도의 일부 지역으로 내려오는데, 찬 공기가 남하한 중위도 지역에는 한파가 발생한다. 지난해 겨울 우리나라에 발생한 한파도 이런 사례에 해당한다.

중위도의 겨울 기후는 북극권 찬 공기의 흐름 변화에 의존하는데, 이것은 북극진동, 태평양진동, 엘니뇨와 같은 자연적 주기현상들의 작용에 의한 기압계 변화에 원인이 있다.

북극진동은 북극권과 중위도 지역의 기압차가 증감을 반복하는 현상이다. ⓐ북극권이 중위도 지역보다 지상기온이 더욱 낮아지고 지상기압은 더욱 높아지는 모드와 ⓑ그 반대의 모드가 대략 수십 년의 주기로 바뀐다.

태평양진동은 태평양의 중위도 서쪽에 있는 큰 규모의 해역과 동부 열대 태평양의 작은 규모의 해역이 수십 년의 주기로 상반된 온도 변화를 보이는 현상이다. ⓒ동아시아가 포함된 중위도 서부 해역의 수온이 더욱 높아지고 동부 열대 태평양의 수온이 더욱 낮아지는 모드와 ⓓ그 반대의 모드가 불규칙한 주기로 바뀐다.

태평양 적도 부근에는 북동풍이 불어 통상적으로 해수가 동쪽에서 서쪽으로 흐르고 있다. 그런데 수년에 한 번씩 북동풍이 약화되어 서쪽의 해수가 동쪽으로 역류하여 서쪽의 해수온도가 낮아지고 반대로 동쪽의 해수온도가 높아지는데, 이를 엘니뇨라고 한다. 엘니뇨가 발생하면 대체로 중위도 동아시아 지역에는 이상고온의 겨울이 된다.

[보기]

ㄱ. 북극진동, 태평양진동, 엘니뇨의 영향으로 중위도 동아시아 지역의 겨울 지상기압이 가장 높은 경우는 엘니뇨가 발생하고 ⓐ와 ⓒ가 공존할 때이다.
ㄴ. 북극진동과 태평양진동의 작용으로 중위도 동아시아 지역에 겨울 한파가 발생할 가능성이 가장 높은 경우는 ⓑ와 ⓓ가 공존할 때이다.
ㄷ. 엘니뇨의 해에 ⓓ가 발생하면 엘니뇨의 해에 나타나는 적도 태평양 동부 해역의 기온 변화 특성은 약화된다.

① ㄱ ② ㄴ ③ ㄷ ④ ㄱ, ㄴ ⑤ ㄴ, ㄷ

2 생명과학

23

세포막 유동성

다음 글로부터 추론한 것으로 옳은 것만을 보기 에서 있는 대로 고른 것은? 제6회 2014 LEET 문15

콜레스테롤은 지용성 분자로 동물 세포에서 발견된다. 콜레스테롤은 세포막을 구성하는 주요 성분으로, 세포막을 통한 물질 이동과 관련된 세포막 유동성(fluidity)을 조절한다고 알려져 있다. 세포막 유동성은 일반적으로 온도가 올라갈수록 증가한다. 그런데 저온에서는 콜레스테롤이 있는 경우가 없는 경우보다 세포막 유동성이 크고, 고온에서는 콜레스테롤이 있는 경우가 없는 경우보다 세포막 유동성이 작다.

에르고스테롤은 진균의 세포막에 존재하는 물질로 세포막 유동성과 관련하여 콜레스테롤과 같은 기능을 한다. 다만 콜레스테롤과는 구조적인 차이가 있어서 이를 활용한 항진균제 개발이 가능하다. 대표적인 항진균제인 케토코나졸은 에르고스테롤의 생체 내 합성을 방해함으로써 세포막 유동성을 변화시켜 진균의 성장을 억제한다. 반면 또 다른 항진균제인 암포테리신-B는 세포막 유동성에는 거의 영향을 주지 않지만, 에르고스테롤과 결합하여 진균 세포막에 구멍이 나게 함으로써 진균의 성장을 억제한다.

보기

ㄱ. 진균의 세포막 유동성은 케토코나졸로 처리하면 증가할 것이다.
ㄴ. 암포테리신-B로 처리한 진균의 세포막 유동성은 고온보다 저온에서 더 클 것이다.
ㄷ. 암포테리신-B로만 처리할 때보다 케토코나졸과 암포테리신-B로 동시에 처리할 때, 진균 세포막에 구멍이 나는 정도가 줄어들 것이다.

① ㄴ ② ㄷ ③ ㄱ, ㄴ
④ ㄱ, ㄷ ⑤ ㄴ, ㄷ

24

면역체계 메커니즘의 사례적용

(라)에 대한 추론으로 옳은 것을 [보기]에서 고른 것은? 제8회 2016 LEET 문29

면역체계는 다양한 종류의 항원을 인식하고 파괴하는 방어메커니즘으로, 면역체계의 특징 중 하나는 기억 메커니즘을 가진다는 것이다. 즉, 특정 항원 P에 대한 면역 반응이 유도되면 이후에 이 항원과 동일하거나 유사한 항원은 기억 메커니즘에 의해 효율적으로 제거되고, 어떤 항원 Q가 그 기억 메커니즘에 의해서 효율적으로 제거되면 P와 Q는 동일하거나 유사한 항원이다.

면역체계는 외부 인자뿐 아니라, 암세포도 항원으로 인식하여 효율적으로 제거함으로써 암이 발생하는 것을 방지하는 역할을 수행한다. 암세포는 다양한 종류의 바이러스 혹은 화합물에 의해 유도될 수 있는데, 암 유발 물질의 종류에 따라 서로 같거나 다른 종류의 항원성을 가지는 암세포가 유도될 수 있다.

〈실험〉

(가) 바이러스 SV40으로부터 유발된 암세포 (A1, A2) 및 화합물 니트로벤젠으로부터 유발된 암세포 (B1, B2)를 분리하였다.

(나) 암세포에 노출된 적이 없어 암세포를 이식하면 암이 발생되는 4마리의 생쥐를 준비한 후, 2마리의 생쥐 (X1, X2)에는 A1을 이식하였고, 다른 2마리의 생쥐 (Y1, Y2)에는 B1을 이식하였다. 이들 암세포를 항원으로 하는 면역반응이 유도될 수 있는 충분한 시간이 지난 후, 수술을 통해 암세포로부터 형성된 암조직을 제거하여 암을 완치시켰다.

(다) 암이 완치된 2마리의 생쥐 (X1, Y1)에는 A2를, 암이 완치된 다른 2마리의 생쥐 (X2, Y2)에는 B2를 이식하였다. 이들 암세포를 항원으로 하는 면역반응이 유도될 수 있는 충분한 시간 동안 생쥐를 키우며 암 발생 여부를 관찰한 결과, X1에서만 암이 발생되지 않았다.

(라) (다)실험에서 암이 발생한 생쥐들은 암조직을 제거하여 암을 완치시킨 후, 이 생쥐들 (X2, Y1, Y2) 및 (다)실험에서 암이 발생하지 않은 X1에게 또 다시 암세포를 이식한 후 암 발생 여부를 관찰하였다.

보기

ㄱ. A1을 이식했다면 Y1과 Y2에서 암이 발생했을 것이다.
ㄴ. A2를 이식했다면 X2와 Y2에서 암이 발생했을 것이다.
ㄷ. B1을 이식했다면 X1과 X2에서 암이 발생했을 것이다.
ㄹ. B2를 이식했다면 X1과 Y1에서 암이 발생했을 것이다.

① ㄱ, ㄴ　② ㄱ, ㄷ　③ ㄱ, ㄹ
④ ㄴ, ㄹ　⑤ ㄷ, ㄹ

25
단백질의 특성 추론

다음 글로부터 추론한 것으로 옳은 것만을 보기 에서 있는 대로 고른 것은? 제9회 2017 LEET 문35

세포 내에는 수천 가지 이상의 서로 다른 단백질들이 존재하는데, 이들은 서로 간의 작용, 즉 상호작용을 통해 다양한 생명현상에 관여한다. 단백질의 상호작용 중 가장 대표적인 것은 2개 이상의 서로 다른 단백질이 결합을 통해 상호작용하는 것이다. 이때 2개의 단백질이 서로 결합하는 경우 두 단백질은 직접적으로 결합하지만, 3개 이상의 서로 다른 단백질이 결합하여 상호작용하는 경우에는 이 중 두 단백질 사이에 직접적인 결합이 존재하지 않을 수 있다.

세포 내에 존재하는 어떤 단백질을 분리하기 위해 가장 널리 사용되는 방법 중 하나는 단백질과 결합할 수 있는 능력을 가진 항체를 이용하는 것이다. 단백질 A를 분리할 경우, 단백질 A에 결합할 수 있는 항체 X와, 자성(磁性)을 가지면서 항체 X에 결합할 수 있는 항체 Y를 이용한다. 먼저, 항체 X와 항체 Y를 단백질 A가 들어있는 용액에 첨가하여 결합 반응을 유도한다. 이후 자성을 가진 물질이 금속에 붙는 성질을 이용하여 자성을 가진 항체 Y를 금속을 이용해 용액에서 분리하면, 항체 X뿐 아니라 항체 X에 결합된 단백질 A도 함께 분리할 수 있다.

〈실험 및 결과〉

단백질 A와 상호작용하는 세포 내 단백질이 무엇인지 알아보기 위해서 위의 항체 X와 항체 Y를 이용하여 실험을 수행한다. 실험군으로 세포 내의 모든 단백질을 포함하고 있는 세포추출물에 항체 X와 항체 Y를 첨가하여 결합 반응을 유도한 후, 금속을 이용해서 항체 Y를 분리하고 이와 함께 분리된 모든 단백질의 종류를 분석한다. 항체 X와의 결합이 아니라 금속 또는 항체 Y와의 결합으로 분리되는 단백질을 파악하기 위해, 대조군으로는 동일한 세포추출물에 항체 Y만 첨가하여 결합 반응을 유도한 후 실험군과 동일한 분리 및 분석을 수행한다.

실험 결과, 실험군에서는 항체 X 및 항체 Y와 더불어 단백질 A, B, C, D가 검출되었고, 대조군에서는 항체 Y와 단백질 B만 검출되었다. 항체 X와 단백질 사이의 결합을 분석한 결과, 항체 X는 단백질 A뿐 아니라 B에도 직접 결합했으며, 단백질 C와 D에는 직접 결합할 수 없었다.

보기

ㄱ. 단백질 A, C, D는 자성을 갖지 않는다.
ㄴ. 단백질 B가 대조군에서 검출된 이유는 자성을 갖기 때문이다.
ㄷ. 단백질 C와 단백질 D 둘 다 단백질 A와 직접 결합하는 단백질이다.

① ㄱ ② ㄷ ③ ㄱ, ㄴ ④ ㄴ, ㄷ ⑤ ㄱ, ㄴ, ㄷ

26

인체의 에너지 합성 메커니즘

다음으로부터 추론한 것으로 옳은 것만을 보기 에서 있는 대로 고른 것은? 제11회 2019 LEET 문37

인체에서 에너지는 주로 미토콘드리아의 전자전달계와 ATP 합성효소에 의해 생성된다. 전자전달계는 영양소를 분해할 때 생긴 전자가 단백질 복합체를 거쳐 최종적으로 산소에 전달되는 체계이다. 산소가 전자를 받으면 물이 되므로 전자전달계가 활성화되면 산소 소모량이 증가하게 된다.

1961년 미첼 박사는 전자전달계가 어떻게 ATP 합성과 연결되어 있는지에 대한 이론을 발표하였다. 이 이론에 따르면 전자전달계가 전자를 전달하는 동안 수소이온이 미토콘드리아 내막 바깥으로 투과되어 수소이온 전위차가 형성된다. 이 수소이온은 미토콘드리아 내막에 존재하는 ATP 합성효소를 통과하여 내막 안쪽으로 다시 들어온다. 이로써 전위차가 해소되고 효소가 활성화되어 ATP가 합성된다. 이처럼 전자전달계와 ATP 합성은 전위차를 통해 서로 연결되어 있다. 즉 전자전달이 일어나지 않으면 전위차가 형성되지 않아 ATP 합성이 일어날 수 없으며, 반면에 ATP 합성이 억제되면 전위차 해소가 일어날 수 없기 때문에 전자전달도 중지된다. 전위차가 해소되어야 지속적인 전자전달과 산소 소모가 이루어질 수 있기 때문이다. 이러한 이론은 전자전달계를 억제하는 약물 X 또는 ATP 합성효소 활성을 억제하는 약물 Y를 이용하여 다음과 같이 검증할 수 있다.

미토콘드리아를 분리하여 시험관에 넣은 후 반응을 일으키면 전자전달과 ATP 합성이 시작되어 산소 소모량과 ATP 합성량이 증가하게 된다. 일정 시간 경과 후에 약물 X 또는 약물 Y를 처리하여 변화를 관찰한다. 또한 약물 X 또는 약물 Y를 처리한 후 약물 Z를 처리하고 변화를 관찰한다. 약물 Z는 미토콘드리아 내막의 수소이온 투과도를 높임으로써 전자전달에 의한 전위차를 ATP 합성효소에 의하지 않고 급격하게 해소할 수 있는 약물이다. 약물 X, Y, Z는 모두 독립적으로 작용한다.

보기

ㄱ. 약물 X만 처리한 경우 ATP 합성에는 영향을 주지 못한다.
ㄴ. 약물 Y만 처리한 경우 산소 소모량은 감소한다.
ㄷ. 약물 Y에 이어 약물 Z를 처리한 경우, 약물 Y만 처리한 때에 비해 산소 소모량이 증가한다.

① ㄱ　② ㄴ　③ ㄱ, ㄷ
④ ㄴ, ㄷ　⑤ ㄱ, ㄴ, ㄷ

27
철농도 유지 메커니즘

다음으로부터 추론한 것으로 옳은 것만을 [보기] 에서 있는 대로 고른 것은? 제11회 2019 LEET 문40

대부분의 세포는 생명 활동을 위해 금속인 철을 필요로 한다. 세포 내에 철이 부족할 경우 철을 필수적으로 사용하는 효소들이 제대로 기능을 할 수 없고, 철이 많을 경우 세포를 손상시키기 때문에 세포는 적당한 수준의 세포 내 철 농도를 유지하는 것이 필요하다. 세포 내에 철이 부족할 경우, 세포 외부로부터 철을 세포 내로 수송하는 단백질 A는 생산되지만 세포 내에서 철과 결합해 철 농도를 낮추는 단백질 B는 생산되지 않는다. 반대로 세포 내에 철이 많을 경우, 단백질 A는 생산되지 않고 단백질 B는 생산된다. 전사인자 T는 철이 많을 경우 철과 결합하고 철이 부족할 경우 철과 결합하지 않는 단백질로서, 다음 (가)~(다) 단계를 거쳐 단백질 A와 B의 생산을 조절한다.

단계 (가) : 전사인자 T와 DNA의 결합 여부는 다음 중 하나로 결정된다.
ⓐ 철과 결합한 T는 DNA와 결합하고, 철과 결합하지 않은 T는 DNA와 결합하지 않는다.
ⓑ 철과 결합한 T는 DNA와 결합하지 않고, 철과 결합하지 않은 T는 DNA와 결합한다.

단계 (나) : RNA C는 T가 DNA와 결합하면 생산되고, 결합하지 않으면 생산되지 않는다.

단계 (다) : 단백질 A와 B 각각의 생산 여부는 다음 중 하나로 결정된다.
ⓒ RNA C가 있으면 생산되고, 없으면 생산되지 않는다.
ⓓ RNA C가 있으면 생산되지 않고, 없으면 생산된다.

보기

ㄱ. 단백질 A의 생산 조절이 (가)의 ⓐ를 거칠 경우, (다)의 ⓓ를 거칠 것이다.
ㄴ. 단백질 B의 생산 조절이 (가)의 ⓐ를 거칠 경우, (다)의 ⓒ를 거칠 것이다.
ㄷ. 단백질 B의 생산 조절이 (다)의 ⓒ를 거칠 경우, T를 만드는 유전자를 제거한 돌연변이 세포 내에서는 철이 많은 경우라도 B는 생산되지 않을 것이다.

① ㄱ ② ㄷ ③ ㄱ, ㄴ
④ ㄴ, ㄷ ⑤ ㄱ, ㄴ, ㄷ

28

효소발현과 유전자조작

다음으로부터 추론한 것으로 옳은 것만을 보기 에서 있는 대로 고른 것은? 제14회 2022 LEET 문40

최근에는 생쥐의 특성 유전자를 인위적으로 조작할 수 있게 되었다. 과학자들은 세포에 A라는 효소가 발현되어야만 특정 유전자가 조작될 수 있는 장치를 고안하였으며, 이를 이용하여 다음과 같이 조건적으로 유전자를 조작할 수 있게 되었다. 첫째는 조직별 조작 시스템으로, A효소 유전자 앞에 특정 조직에서만 작동하는 프로모터를 넣어 두면 이 프로모터가 작동하는 특정 조직에서만 A효소가 발현되어 목적한 유전자가 조작되며, 프로모터가 작동하지 않는 그 이외 조직에서는 유전자가 조작되지 않는다. 둘째는 시기별 조작 시스템으로, 보통 A효소 유전자 앞 프로모터가 어떤 약물이 있어야만 작동하게 설계한다. 이렇게 하면 약물을 투여하는 동안에만 A효소가 발현되어 비로소 목적한 유전자가 조작된다.

이러한 유전자 조작을 이용하여 동물 모델에서 지방 세포의 수와 크기의 증가를 관찰하기 위해 다음 실험을 디자인하였다.

〈실험〉

생쥐를 적당히 조작하여 특정 프로모터에 의해 A효소가 발현되도록 했으며, 이 프로모터가 X약물이 있는 상황에서만 작동하도록 하였다. 또한 A효소가 작동하면 유전자가 조작되어 세포는 파란색이 되며, 한번 파란색이 된 세포는 죽지 않으며 색깔도 잃지 않는다. 이 생쥐에 X약물을 일정 기간 동안 처리한 후 약물을 중단하고 고지방 식이로 비만을 유도하여 변화를 관찰한 실험 결과는 다음과 같다.

〈실험 결과〉

세포 종류	X 약물 처리 후		고지방 식이 후	
	파란 세포 수	세포의 크기	파란 세포 수	세포의 크기
내장 지방 세포	100	정상	20	증가
피하 지방 세포	100	정상	100	증가
근육 세포	0	정상	0	정상

* 파란 세포 수 : 임의의 세포 100개당 파란 세포의 수

보기

ㄱ. 고지방 식이를 하면 내장 지방 세포는 새로 만들어지지만 피하 지방 세포는 그렇지 않다.

ㄴ. 고지방 식이를 하면 체내 내장 지방의 부피는 증가하지만 피하 지방의 부피는 증가하지 않는다.

ㄷ. X약물을 처리한 경우 A효소는 내장 지방 세포와 피하 지방 세포에 발현되지만 근육 세포에서는 발현되지 않는다.

① ㄱ ② ㄴ ③ ㄱ, ㄷ ④ ㄴ, ㄷ ⑤ ㄱ, ㄴ, ㄷ

3 물리학 & 화학

29

에너지 변환

다음 글로부터 추론한 것으로 옳은 것은? 제5회 2013 LEET 문32

제자리에서 높이뛰기를 하는 것보다 도움닫기를 한 후 높이뛰기를 할 경우 훨씬 더 높이 뛰어오를 수 있다. 그 이유를 물리학적으로 설명하면, 제자리높이뛰기를 하는 경우 우리 몸의 근육에 저장되어 있는 에너지가 위치에너지로 변환되지만, 도움닫기를 하는 경우에는 추가적으로 도움닫기 과정의 운동에너지가 위치에너지로 변환되기 때문이다. 이때 우리 몸의 질량, 도움닫기 시 달리는 속도, 중력가속도 및 뛰어오르는 높이를 사용하여 물리학적으로 물체의 운동에너지와 위치에너지를 정의할 수 있는데, 운동에너지는 질량에 속도 제곱을 곱한 양의 절반으로 정의되며, 위치에너지는 질량과 중력가속도, 그리고 높이의 곱으로 정의된다. 이상적인 상황에서 물체의 운동에너지가 모두 위치에너지로 변환된다면, 물체의 높이는 속도 제곱의 절반을 중력가속도인 $10m/s^2$로 나눈 값으로 나타낼 수 있다. 예를 들어 10m/s의 속도를 가진 물체의 운동에너지가 위치에너지로 변환될 경우 물체의 높이는 5m가 된다.

실제 상황에서는 운동에너지를 모두 위치에너지로 변환시킬 만큼 우리 몸의 근육과 뼈가 충분한 탄성과 강도를 지니고 있지 않고, 또한 마찰 등에 의한 에너지 손실이 있기 때문에 도움닫기로 얻어진 모든 운동에너지가 위치에너지로 변환되는 것은 아니다. 하지만 장대높이뛰기에서처럼 장대를 사용하게 되면 운동에너지를 위치에너지로 효율적으로 변환시킬 수 있기 때문에 같은 도움닫기를 하더라도 다리의 근육과 뼈를 이용한 일반적인 높이뛰기보다 더 높이 뛰는 것이 가능하다. 현재 장대높이뛰기의 세계기록은 6.14m이며 17명만이 6m 이상의 기록을 보유하고 있다고 알려져 있다.

① 같은 양의 운동에너지가 위치에너지로 변환된다면, 다른 모든 조건이 동일한 경우 중력가속도가 클수록 더 높이 뛸 수 있을 것이다.

② 뛰어오르기 직전의 달리기 속도가 10m/s 이하인 경우, 근육으로부터 나오는 에너지의 양이 얼마든 상관없이 장대높이뛰기 세계기록은 갱신될 수 없을 것이다.

③ 높이뛰기에 사용되는 에너지가 오로지 도움닫기에 의한 운동에너지뿐이라면, 다른 모든 조건이 동일한 경우 질량이 작을수록 더 높이 뛸 수 있을 것이다.

④ 두 장대높이뛰기 선수의 도움닫기 속도 및 근육으로부터 나오는 에너지의 총량이 각각 서로 같다면, 다른 모든 조건이 동일한 경우 질량이 작은 선수가 뛸 수 있는 높이는 질량이 큰 선수가 뛸 수 있는 높이 이상일 것이다.

⑤ 도움닫기와 장대의 도움이 있어도 키 높이의 3~4배 정도만 뛰어 오를 수 있는 인간과 달리 일부 곤충이 도움닫기 없이도 자신의 몸 크기의 수십 배 이상을 뛰어오를 수 있는 이유는 이들 곤충의 질량이 인간보다 작기 때문이다.

추리 영역 **30**

쵀장의 중탄산 이온분비가설/ 실험결과의 해석

〈실험〉에 대한 평가로 옳은 것만을 [보기] 에서 있는 대로 고른 것은?

제12회 2020 LEET 문38

췌장은 고농도의 중탄산 이온(HCO_3^-)을 분비하여 위산을 중화시킨다. 췌장의 고농도 HCO_3^- 분비 기전을 알기 위해, 실험으로 다음 가설을 평가하였다.

〈가설〉

췌장에 존재하는 CFTR는 염소 이온(Cl^-)을 수송하는 이온 통로이나 특정 조건에서는 HCO_3^-도 수송한다. 췌장 세포에는 A 단백질과 B 단백질이 존재하는데, 세포 내 Cl^- 농도가 변화하면 CFTR와 직접 결합하여 CFTR의 기능을 변화시킨다.

〈실험〉

A 단백질과 B 단백질을 발현시키는 유전자를 제거한 췌장 세포를 이용하여 CFTR를 통해 이동하는 이온의 종류를 실시간으로 측정해 보았다. 이 세포에 A 단백질, B 단백질을 각각 또는 동시에 세포 내로 주입한 뒤 세포 내 Cl^- 농도 변화에 따라 CFTR를 통해 이동하는 이온 종류가 어떻게 변화하는지 시간별로 측정하고 이를 A 단백질, B 단백질을 주입하지 않은 경우와 비교하였다. 단, 췌장에는 A 단백질, B 단백질 외에 CFTR의 기능을 변화시킬 수 있는 단백질은 없다고 가정한다.

〈결과〉

세포 내 Cl^- 농도	A 단백질	B 단백질	수송되는 이온 종류		
			1분 후	5분 후	10분 후
낮음	×	×	Cl^-	Cl^-	Cl^-
높음	×	×	Cl^-	Cl^-	Cl^-
낮음	○	×	HCO_3^-	Cl^-, HCO_3^-	Cl^-
높음	○	×	Cl^-	Cl^-	Cl^-
낮음	×	○	Cl^-	Cl^-	Cl^-
높음	×	○	Cl^-	Cl^-	Cl^-
낮음	○	○	HCO_3^-	HCO_3^-	HCO_3^-
높음	○	○	Cl^-	Cl^-	Cl^-

○ : 있음, × : 없음

보기

ㄱ. CFTR의 기능이 Cl^- 수송에서 HCO_3^- 수송으로 전환되는 데 A단백질이 있어야 한다.

ㄴ. 세포 내 Cl^- 농도는 A단백질이 CFTR의 기능을 변화시키는 데 중요한 변수이다.

ㄷ. 세포 내 Cl^- 농도가 낮은 상황에서 A단백질이 존재할 때, B단백질은 CFTR의 HCO_3^- 수송 기능을 유지하는 데 중요하다.

① ㄱ　② ㄷ　③ ㄱ, ㄴ
④ ㄴ, ㄷ　⑤ ㄱ, ㄴ, ㄷ

추리 영역

31

단백질 분리방법 / 생화학

다음으로부터 추론한 것으로 옳은 것만을 보기 에서 있는 대로 고른 것은?

제12회 2020 LEET 문39

단백질의 전하량은 각 단백질에 고유한 단백질의 pI와 이 단백질이 들어 있는 완충용액의 pH에 따라 결정된다. 단백질의 pI는 단백질의 전하량이 0이 되도록 하는 완충용액의 pH를 측정함으로써 알 수 있다. 완충용액의 pH가 단백질의 pI보다 낮아질수록 단백질은 양전하를 더 많이 가지게 되고, 높아질수록 음전하를 더 많이 가지게 된다.

이온교환 크로마토그래피는 단백질의 전하량 차이를 이용하여 단백질을 분리하는 방법이다. 이는 음전하를 가진 양이온교환수지를 사용하는 양이온교환 크로마토그래피와 양전하를 가진 음이온교환수지를 사용하는 음이온교환 크로마토그래피로 구분된다. 이온교환 크로마토그래피로 단백질을 분리하기 위해서는, 먼저 적절한 pH의 완충용액을 이용하여 분리하고자 하는 단백질을 이 단백질과 상반되는 전하를 가진 이온교환수지에 결합시키고 이온교환수지와 결합하지 않은 단백질은 씻어 낸다. 이후 완충용액 속의 NaCl 농도를 증가시키면 Na^+ 혹은 Cl^-가 이온교환수지에 결합해 있는 단백질과 교환됨으로써 단백질이 흘러나오게 된다. 단백질이 가진 전하량이 클수록 이온교환수지와의 결합력이 강해지기 때문에, 더 큰 전하량을 가진 단백질이 더 높은 농도의 NaCl에서 흘러나오게 된다.

보기

ㄱ. pI가 7인 단백질은 pH 8인 완충용액에서 양이온교환수지보다 음이온교환수지와 더 잘 결합한다.

ㄴ. pI가 9인 단백질은 pH 7인 완충용액보다 pH 8인 완충용액에서 양이온교환수지와 더 잘 결합한다.

ㄷ. pH 8인 완충용액을 이용하여 pI가 6인 단백질과 pI가 7인 단백질을 분리하고자 할 경우, 음이온교환 크로마토그래피보다 양이온교환 크로마토그래피를 사용하면 이 두 단백질을 서로 더 잘 분리할 수 있다.

① ㄱ　　② ㄷ　　③ ㄱ, ㄴ

④ ㄴ, ㄷ　　⑤ ㄱ, ㄴ, ㄷ

32

신화환원반응
/ 언어지문형
수리추리

다음으로부터 추론한 것으로 옳은 것만을 [보기] 에서 있는 대로 고른 것은? 제12회 2020 LEET 문40

갈바니 전지는 금속의 물리화학적 변화를 이용하여 전자를 이동시킴으로써 전기를 생산한다. 예컨대 황산아연 수용액에 들어 있는 아연 전극과 황산구리 수용액에 들어 있는 구리 전극을 이용할 경우, 아연 전극에서는 금속 아연(Zn)이 전자를 잃어 아연 이온(Zn^{2+})으로 변하는 산화 반응이 일어나서 아연 전극의 질량이 감소하고, 구리 전극에서는 구리 이온(Cu^{2+})이 전자를 얻어 금속 구리(Cu)로 변하는 환원 반응이 일어나서 구리 전극의 질량이 증가한다.

각 전극에서 일어나는 반응은 '표준환원전위'를 이용하면 알 수 있는데, 이 값이 큰 물질일수록 그 물질은 환원되려는 경향이 크다. $Zn^{2+} \rightleftharpoons Zn$의 표준환원전위는 -0.76V이고, $Cu^{2+} \rightleftharpoons Cu$의 표준환원전위는 +0.34V이므로 위와 같은 반응이 일어난다.

표준 조건에서 전지를 구성하는 두 전극의 전위차를 '표준전지전위'라 하며, 이 값은 환원 전극의 표준환원전위 값에서 산화 전극의 표준환원전위 값을 빼서 얻는다. 따라서 구리-아연 전지의 표준전지전위는 1.10V가 된다.

표준 조건에서 금속 A, B, C, D를 이용하여 다양한 종류의 갈바니 전지를 구성했을 때, 다음과 같은 사실이 알려졌다. 단, 각 전극에서 각 금속 원자 및 이온이 잃거나 얻는 전자의 수는 동일하다.

○ A~D에 대한 금속이온$\rightleftharpoons$금속의 표준환원전위는 모두 +1.20V 이하이다.
○ A에 대한 금속이온$\rightleftharpoons$금속의 표준환원전위는 +0.92V이다.
○ C와 A를 이용한 전지에서 환원 반응은 C전극에서 일어났다.
○ A와 B를 이용한 전지에서 양쪽 전극의 전위차는 1.05V이다.
○ C와 D를 이용한 전지에서 양쪽 전극의 전위차는 1.95V이다.

보기

ㄱ. D전극의 질량이 증가하는 갈바니 전지 구성이 적어도 하나 존재한다.
ㄴ. 가장 큰 표준전지전위를 갖는 갈바니 전지는 C와 D로 만든 전지이다.
ㄷ. A와 C를 이용한 전지의 표준전지전위는 B와 D를 이용한 전지의 표준전지전위보다 크다.

① ㄱ ② ㄴ ③ ㄱ, ㄷ
④ ㄴ, ㄷ ⑤ ㄱ, ㄴ, ㄷ

4 과학기술

33

연구 결과의 우선권 인정조건

다음 글로부터 추론한 것으로 옳은 것은? 제7회 2015 LEET 문21

과학자가 자신이 수행한 연구 결과의 우선권을 인정받기 위해 만족해야 할 조건으로 다음을 고려할 수 있다.

F-조건 : 연구 결과는 산출 당시 관련 학문의 지식에 비추어 최초의 것이어야 한다.
I-조건 : 연구 결과는 다른 사람의 연구 내용을 그대로 가져온 것이 아닌, 독립적으로 성취한 것이어야 한다.
P-조건 : 연구 결과가 동료 연구자에게 학술지, 저서 등을 통해 공개되어야 한다.

- 16세기 초 델 페로는 3차 방정식의 한 형태인 '약화된' 3차 방정식의 해법을 최초로 발견하였으나 이를 학계에 공개하지 않고 죽었다. 동시대의 타르탈리아는 독자적으로 '약화된' 3차 방정식을 포함한 3차 방정식의 일반 해법을 최초로 발견하였지만 이를 다른 사람에게 공개하지 않았다. 이 소식을 들은 카르다노는 타르탈리아를 설득하여 이 해법을 알게 되었지만 타르탈리아의 허락 없이는 해법을 공개하지 않겠다는 약속을 했기에 그 내용을 출판할 수 없었다. 그러다가 카르다노는 델 페로가 타르탈리아보다 먼저 '약화된' 3차 방정식의 해법을 발견했다는 사실을 알게 되었고, 이를 근거로 3차 방정식의 일반 해법을 1545년 「위대한 기예」라는 저서에서 발표하였다.
- 뉴턴은 미적분법을 누구보다 먼저 1666년부터 연구해 왔지만 완성된 전체 내용을 공식적으로 출판하지는 않고 있었다. 그 후 라이프니츠는 1675년부터 미적분법에 대한 독자적 연구를 수행하였고, 완성된 내용을 정리하여 1684년 논문으로 출판하였다. 뉴턴은 1687년에야 자신의 미적분법 연구를 「프린키피아」를 통해 처음으로 공식 발표하였다.

① F-조건만을 적용하면, 델 페로는 3차 방정식의 일반 해법에 대한 우선권을 가진다.
② I-조건만을 적용하면, 타르탈리아가 아니라 카르다노만이 3차 방정식의 일반 해법에 대한 우선권을 가진다.
③ F-조건과 I-조건을 모두 적용하면, 타르탈리아와 뉴턴 모두 우선권을 가진다.
④ 세 조건을 모두 적용하면, 우선권을 가지는 사람은 아무도 없다.
⑤ '약화된' 3차 방정식의 해법에 대해 델 페로와 타르탈리아 모두 우선권을 가지도록 허용하는 조건만을 적용하면, 미적분법에 대해 라이프니츠만 우선권을 가진다.

34

상관관계와
인과관계

다음으로부터 추론한 것으로 옳은 것은? 제14회 2022 LEET 문37

사건들은 서로 간에 양 또는 음의 상관관계가 성립할 수 있으며, 어떤 상관관계도 없이 서로 독립적일 수도 있다. 이런 상관관계는 주어진 조건에 따라서 달라진다. 특히 상관관계 성립 여부는 사건들이 어떤 인과적 구조에 있느냐에 의존한다.

예를 들어보자. 비가 와서 땅이 젖었으며, 땅이 젖게 되어 그 땅을 딛고 있는 나의 발이 젖었다고 해 보자. 비가 온 것은 땅이 젖은 것의 원인이며, 땅이 젖은 것은 나의 발이 젖은 것의 원인이다. 비가 온다는 것과 발이 젖는다는 것 이외에 어떤 것도 고려하지 않는다면, 우리는 이 두 사건 사이에 상관관계가 성립한다고 말해야 한다. 하지만 그 두 사건을 연결하는 매개 사건, 즉 땅이 젖는다는 조건 아래에서는 비가 온 것과 발이 젖은 것은 서로 독립적인 사건이 된다. 왜냐하면 땅이 젖기만 한다면 비가 오든 오지 않든 발이 젖을 것이기 때문이다. 이렇듯 두 사건 사이를 인과적으로 매개하는 사건은 그들 사이의 상관관계를 지운다.

다른 예도 있다. 비가 와서 땅이 젖고 강물도 범람했다고 하자. 비가 온 것은 땅이 젖은 것의 원인이기도 하며, 강물이 범람한 것의 원인이기도 하다. 이 경우, 땅이 젖은 것과 강물이 범람한 것 이외에 어떤 것도 고려하지 않는다면, 우리는 땅이 젖은 것과 강물이 범람한 것 사이에 상관관계가 성립한다고 말해야 한다. 하지만 두 사건의 공통 원인에 해당하는 사건, 즉 비가 온다는 조건 아래에서는 땅이 젖은 것과 강물이 범람한 것은 서로 독립적인 사건이 된다. 왜냐하면 비가 오기만 했다면, 강물이 범람하든 하지 않든 땅이 젖을 것이기 때문이다. 이렇듯 두 사건의 공통 원인인 사건은 그 두 사건 사이의 상관관계를 지운다.

우리는 이런 두 가지 사례를 모두 포괄하는 방식으로 인과관계와 상관관계 사이의 관계를 다음과 같이 규정할 수 있다. 사건 X의 원인은 사건 X와 이 X의 결과가 아닌 사건 사이에 성립하는 상관관계를 지운다.

① 사건 X를 원인으로 하는 사건이 하나밖에 없다면, X가 지우는 상관관계는 존재하지 않는다.
② 사건 X와 사건 Y 사이에 성립하는 상관관계를 지우는 사건이 있다면, X와 Y 모두의 원인인 사건이 있다.
③ 사건 X가 사건 Y의 원인이고 Y는 사건 Z의 원인이라면, X라는 조건 아래에서 Y와 Z는 서로 독립적인 사건이 된다.
④ 사건 X의 원인은 사건 Y이기도 하고 사건 Z이기도 하다면, X라는 조건 아래에서 Y와 Z는 서로 독립적인 사건이 된다.
⑤ 사건 X가 사건 Y와 사건 Z의 유일한 원인이고 Y는 사건 W의 원인이지만 Z는 W의 원인이 아니라면, X는 Z와 W 사이에 성립하는 상관관계를 지운다.

CHAPTER 2
귀납추리

제1부에서 살펴본 형식적 추리와 제2부 제1장에서 소개한 함축 및 귀결 문항은 연역추리에 해당된다. 본 장에서는 100% 확실성을 보장하지는 못하지만 의미 있는 추리 방법인 귀납추리에 대해 살펴본다.

2023
2022
2021
2020
2019
2018
2017
2016

Ⅰ. 귀납추리의 기초

1 귀납추리의 개념 및 종류

(1) 개념

귀납추리란 연역추리에 대칭되는 개념으로 비연역추리를 의미하는 표현이다. 학자에 따라서는 귀납추리와 비연역추리를 구분하여 비연역추리 중의 하나로 귀납추리를 설명하기도 하나 본서에서는 출제기관의 표현을 좇아 비연역추리를 의미하는 개념으로 귀납추리라는 표현을 사용하도록 한다.

연역추리는 전제가 참이라고 할 때 결론이 100% 참인 추론을 의미하는 데 반해, 귀납추리는 전제가 참이라고 하더라도 결론이 100% 참이라는 것을 담보하지 못하는 추론이다. 즉, 연역추리는 결론이 필연적으로 참인 데 반해, 귀납추리는 결론이 개연적으로만 참인 추론을 말한다.

(2) 귀납추리의 종류

① 유비추리(類比推理, Inference by Analogy)
② 가설추리(Hypothetical Reasoning)
③ 귀납적 일반화(Inductive Generalization, 협의의 귀납추리)[1]
  : 단순 일반화(Simple Generalization) / 통계적 일반화(Statistical Generalization)
④ 통계적 삼단논법(Statistical Syllogism)

2 유비추리

(1) 유비추리의 개념 및 형식

유비추리는 서로 다른 대상이나 현상의 유사성을 근거로 한 추리로 전제의 참이 결론의 참을 필연적으로 뒷받침하지 않기 때문에 귀납추리이다.

1) 김광수 교수의 경우 귀납적 일반화에 국한하여 '귀납추리'라는 표현을 사용하고, 본서에서 사용하는 연역추리에 대응되는 개념으로 비연역추리라는 표현을 사용한다.

❙ 표준 형식 1 ❙

x와 y는 (다르지만) P라는 속성을 가진 점에서 유사하다.
x는 Q라는 속성을 가지고 있다.
따라서 y도 Q라는 속성을 가지고 있다.

❙ 표준 형식 2 ❙

X는 F, G, H 등의 성질을 갖는다.
Y는 F, G, H 외에 Q라는 성질을 갖는다.
따라서 X는 Q라는 성질을 가질 것이다.

❙ 논증 예 ❙

사람은 포유류이고, 잡식성이고, 인슐린에 의해서 혈당이 조절된다.
흰 쥐는 포유류이고, 잡식성이고, 인슐린에 의해서 혈당이 조절되고, a라는 약이 흰 쥐의 당뇨병에 효능이 있다.
따라서 a라는 약은 사람의 당뇨병에도 효능이 있을 것이다.

유비 논증은 다른 귀납논증에 비해서 논증의 강도가 비교적 약하다. 다시 말해서 귀납적 일반화의 결과 얻어진 결론이나 통계적 삼단논법의 결론보다 유비 논증의 결론은 그 개연성이 낮다고 할 수 있다. 왜냐하면 비유되는 두 개의 대상이나 상황이 어떤 점에서는 유사하지만 어떤 점에서는 달라서 두 대상의 유사점에 주목할 것인지 차이점에 주목할 것인지를 판단하는 것은 매우 주관적일 수 있기 때문이다. 다시 말해서 유사함이라는 말이 매우 불분명하고, 유사성에 대한 관점이 주관적이라는 점은 유비 논증을 약한 귀납논증이라고 생각하게 만드는 중요한 이유가 된다.

(2) 유비 논증의 평가

논쟁에서 다른 사람을 설득하려고 할 때 사용할 수 있는 좋은 방법 중 하나는 적절한 유비논증을 구성하여 제시하는 것이라고 할 수 있다. 또한 상대방이 제시한 유비 논증을 가장 효과적으로 논박하는 방법은 유비되는 두 대상 사이에 존재하는 명백한 비유사성을 제시하는 것이다.

유비논증을 평가하는 데는 다음과 같은 몇 가지 요소가 중요하게 고려되어야 한다.[2)]

① 전제에 사용된 개체의 수(Y의 수)
② 전제에 사용된 개체(Y)들의 비유사성/다양성의 증가
③ 전제에 사용된 사례의 특성의 수(F, G, H, I, …)
④ 전제와 결론 사이의 관련성
⑤ 주장하는 결론의 강도

(3) 유비추리를 할 때 오류를 피하기 위한 3가지 고려사항

적절하지 않은 유비를 이용하는 잘못된 논증을 '잘못된 유비추론의 오류'라고 한다. 이를 피하기 위해 고려할 내용은 다음과 같다.[3)]

가. 가정된 유사성을 조사한다. 가정된 유사성이 참이 아닐 수도 있고, 유사성의 근거로 제시된 속성들이 우연하고 비본질적인 것들일 수 있다. 또한 두 대상은 세 가지 점에서는 유사하지만 다른 열 가지 점에서는 다를 수 있다.

나. 두 대상 중 한 대상이 가지고 있다고 제시된 속성이 그 대상의 우연한 속성이거나 그 대상에게만 적용될 수 있는 속성인지 조사한다.

다. 가정된 유사성을 그대로 받아들일 경우, 그 유사성을 받아들임으로써 받아들이지 않을 수 없는 어리석고 우스꽝스러운 다른 속성이 있는지 조사한다. 그러한 속성이 발견되면, 제시된 유비추리에 대한 반례가 발견된 것이다.

---

2) 위의 논증 예를 통해서 설명하면, 전제에 사용된 개체의 수는 실험에 사용된 흰 쥐의 수를 뜻한다. 즉 실험에 많은 흰 쥐를 사용하면 사용할수록 논증의 강도는 강해질 것이다. 그리고 전제에 사용된 개체들의 다양성이란 실험에 사용된 흰 쥐의 다양성, 즉 어린 쥐, 성인 쥐, 암컷 쥐, 수컷 쥐 등의 다양성을 말한다. 실험에 사용된 흰 쥐의 다양성이 증가하면 증가할수록 논증의 강도는 역시 강해질 것이다. 그리고 전제에 사용된 사례의 특성의 수는 위 논증에서 사람과 흰 쥐 사이에 유사하다고 판단되는 특성의 수가 얼마나 많은가 하는 것이다. 물론 유사한 특성이 많으면 많을수록 그 논증은 설득력이 높아질 것이다. 그리고 전제와 결론 사이의 관련성이란 전제에서 유사하다고 언급된 특성과 결론 내용과의 관련성의 문제이다. 위 논증에서는 사람과 흰 쥐 모두 인슐린에 의해서 혈당이 조절된다는 특성은 a라는 약이 당뇨병에 효능이 있다는 결론의 내용과 관련성이 크다고 할 수 있을 것이다. 만약 위와 같은 논증에서 a라는 약이 흰 쥐의 치매예방에 효과적임이 밝혀졌고 따라서 a라는 약이 사람의 치매예방에도 효과적일 것이라고 결론을 내린다면 원래의 논증보다 강도가 낮아질 것이다. 끝으로 주장하는 결론의 강도는 결론의 내용이 얼마나 포괄적으로 강하게 주장하는 가와 관련된다. 만약 위 논증에서 a가 사람뿐만 아니라 모든 영장류에 효과적이라고 한다든지, a가 당뇨병 치료뿐만 아니라 당뇨병의 예방에도 도움이 된다고 주장한다면, 이는 원래의 논증의 결론보다 강한 주장이기 때문에, 원래의 논증보다 설득력이 떨어지는 논증이 될 것이다(송하석, 『리더를 위한 논리훈련』, p.116).

3) 김광수, 논리와 비판적 사고, 2007, pp.195~196.

3 가설추리

(1) 가설추리의 개념 및 형식

가설(假說, hypothesis)이란 어떤 현상이나 사물을 설명하기 위해 설정된 가정으로 아직 이론적 지위를 획득하지 못한 것들을 말한다. 그리고 가설추리(hypothetical reasoning)란 이러한 가설들을 추리하는 것을 말한다.

가설추리란 대개의 경우 어떤 사실이 발생했을 때, 그 사실이 왜 발생했는가를 추리하는 것이다. 이미 발생한 현상 E가 왜 발생했는지를 설명하기 위해서 E의 원인이라고 생각되는 가설 C를 제시한다는 점에서 '가설추리'라고 하고, 또한 이미 발생한 현상이 왜 발생했는가를 가장 잘 설명할 수 있는 원인을 추론한다는 점에서 '최선의 설명으로서의 추리(Inference to the best explanation)'라고도 한다. 그리고 이때 세운 가설을 추론적 가설(Inferential hypothesis)이라고 한다.

▌표준 형식▐

현상
―――
가설

▌가설추리의 예▐

> 나는 캄캄한 동굴에서 매우 정확한 위치를 파악하고 그곳으로 날아가는 동물을 보게 되었다. 나는 그 동물이 어떻게 어둠 속에서 잘 날 수 있는지 궁금했다. 나는 그 동물은 어둠 속에서도 사물을 분간할 수 있는 특별한 시각능력을 지녔음에 틀림없다고 추론하게 되었다.

(2) 최선의 설명으로서의 추론 : 가설의 설정

최선의 설명으로서의 추리인 가설은 다음과 같은 요건을 갖추어야 한다. 첫째, 가설은 설명력을 가지고 있어야 한다. 둘째, 가설은 확립된 지식 체계와 정합해야 한다. 셋째, 과학적 가설은 검증가능하고 반증 가능해야 한다.

(3) 가설연역 : 가설의 검증

가설의 참·거짓을 입증하기 위해 또는 반증하기 위해 그것으로부터 연역적으로 도출된 예측을 시험한다. 그 예측이 참임을 보여 주면 그 가설은 입증된 것이고, 거짓임을 보여 주면 그 가설은 입증되지 않은 것이다. 가설연역적 방법이라는 용어에서 우리는 언뜻 가설이 입증되는 방식이 연역적이라고 오해할 수 있겠다. 그런데 '연역적'이라는 말이 사용되는 것은 그 가설이 연역적으로 정당화된다는 의미에서가 아니다. 그것은 어디까지나 가설에서 그것을 시험할 예측을 도출하는 방식이 연역적이라는 의미이다.4)

▎예측의 표준 형식 ▎

H	모든 까마귀는 검다. [가설 H]
$H \rightarrow e$	모든 까마귀가 검다면 1번 까마귀도 검다.
∴ e [예측]	∴ 따라서 1번 까마귀는 검을 것이다.

연역적 관점에서 타당

▎가설입증의 표준 형식 ▎

$H \rightarrow p$	모든 까마귀가 검다면 1번 까마귀도 검을 것이다.
p	1번 까마귀는 검다. [실험, 조사결과]
∴ H	∴ 따라서 모든 까마귀는 검다. [가설 검증]

연역적 관점에서는 부당(후건긍정의 오류), 귀납적 관점에서 정당화.

▎가설반증의 표준 형식 ▎

$H \rightarrow p$	모든 까마귀가 검다면 1번 까마귀도 검을 것이다.
~p	1번 까마귀는 검지 않다. [실험, 조사결과]
∴ ~H	∴ 따라서 모든 까마귀가 검은 것은 아니다. [가설 반증]

연역적 관점에서도 타당

(4) 가설추리의 평가

가설추리를 평가할 때는 우선, 그 가설이 다른 가설들과 정합성을 갖는지, 또 일반적인 상식에 부합하는지를 고려해야 한다.

가설추리를 평가할 때 보다 중요한 요소는 설명하고자 하는 현상을 잘 설명할 수 있는 다른 경쟁 가설은 없는가, 있다면 제시된 가설은 그 경쟁 가설을 합리적으로 압도할 수 있는가이다.

4) 박은진, 전게서, p.415.

(5) 인과 관계 추론의 조건

원인, 결과, 그리고 그 관계의 성격은 무엇이고 이를 어떻게 인식할 것인가에 관하여는 David Hume 이래 과학철학자들 사이에 끊임없는 논란이 계속되어 왔다. 그러나 오늘날까지 과학자들 사이에 널리 받아들여지고 있는 인과 관계 추론의 조건은 J.S. Mill이 제시한 다음과 같은 세 가지의 원칙이다.

첫째, 원인은 결과보다 시간적으로 앞서야 한다. 이 원칙은 원인이 되는 사건이나 현상은 결과보다도 시간적으로 먼저 발생해야 한다는 것으로 '시간적 선행성(temporal precedence)의 원칙'이라고도 부른다. (⇒ 시간적 선후관계)

둘째, 원인과 결과는 공동으로 변화하여야 한다. 이것은 원인이 되는 현상이 변화하면 결과적인 현상도 항상 같이 변화해야 한다는 '상시연결성(constant conjunction)의 원칙' 또는 '공동변화의 원칙'이다. (⇒ 공동변화(covariation) 또는 연관성(association))

셋째, 결과는 원인변수에 의해서만 설명되어져야 하며 다른 변수에 의한 설명가능성은 배제되어야 한다. 마지막 원칙은 '경쟁가설(rival hypothesis)의 배제원칙'이라고 부르는데, 결과변수의 변화가 추정된 원인이 아닌 제3의 변수(third variable) 또는 외재적 변수(extraneous variables)에 의해 설명될 가능성이 없어야 한다는 것이다. (⇒ 비허위적 관계)

(6) 인과 관계를 찾아가는 방법[5)]

인과 관계를 나타내는 방법을 요약하면 다음과 같다.

① **일치법** (The Method of Agreement)
어떤 결과가 발생한 여러 경우들에 공통적으로 선행하는 요인을 찾아 그것을 원인으로 간주하는 방법.

② **차이법** (The Method of Difference)
어떤 결과가 발생하는데 선행하는 요인과 그 결과가 발생하지 않을 때 결여된 요인을 찾아 그것을 원인으로 간주하는 방법.

③ **일치 차이 병용법** (The Joint Method of Agreement and Difference)
일치법과 차이법을 결합하여 원인을 확인하는 방법.(개연성이 높아진다.)

④ **공변법** (The Method of Concomitant Variation)
두 사건들 간의 변이 양태에 따라 원인을 확인하는 방법.

⑤ **잉여법** (The Method of Residue)
어떤 복합적인 요인들이 복합적인 결과를 낳을 때 기존에 알고 있는 인과 관계를 추출하고 남는 것으로부터 원인을 확인하는 방법.

---

5) 박은진, 전게서, pp. 370~387.

① 일치법 (The Method of Agreement)

어떤 결과가 발생한 여러 경우들에 공통적으로 선행하는 요인을 찾아 그것을 원인으로 간주하는 방법.

〈표 1〉 일치법 관련 예[6)]

	증상	샐러드	프렌치프라이	수프	햄버거	아이스크림	커피	생선
철수	식중독	○	○	×	○	○	○	×
영희	식중독	○	○	○	×	○	×	○
인수	식중독	×	×	○	○	○	×	×
미화	식중독	○	×	○	×	○	○	○
혜정	식중독	○	○	×	×	○	○	○

(○ : 먹은 음식물, × : 먹지 않은 음식물)

② 차이법 (The Method of Difference)

어떤 결과가 발생하는 데 선행하는 요인과 그 결과가 발생하지 않을 때 결여된 요인을 찾아 그것을 원인으로 간주하는 방법.

〈표 2〉 차이법 관련 예[7)]

	증상	생선구이	닭고기	달걀	아욱국	나물
친구	이상 없음	○	○	○	○	×
나	식중독	×	○	○	×	○

(○ : 먹은 음식물, × : 먹지 않은 음식물)

6) 예를 들어 어떤 기숙사 식당에서 몇몇 학생들이 점심을 먹고 식중독에 걸렸다고 가정해 보자. 이런 상황이면 보통 점심식사에 문제가 있었다고 생각할 것이고 학생들이 어떤 음식물을 먹었는지 알아보고 그 음식물 가운데 어떤 음식물에 문제가 있는지 찾으려 한다. 먼저 식중독에 걸린 학생들이 먹은 음식물의 조사 후 〈표1〉을 작성하였다. 위의 표에서 철수는 수프와 생선을 먹지 않았기에 수프와 생선은 식중독을 일으킨 원인이 되지 못한다. 영희는 햄버거와 커피를, 인수는 샐러드, 프렌치프라이를 식중독의 원인으로 볼 수 없을 것이다. 이런 과정을 거치고 나면 유일하게 남는 것은 아이스크림이다. 아이스크림은 식중독을 일으킨 학생들이 공통적으로 먹은 것으로 이것은 어떤 결과가 발생하는 데 나타난, 모든 경우의 공통적 요인을 원인으로 간주할 수 있기 때문이다. 하지만 아이스크림이 식중독의 원인이었다고 결론짓는 것은 어떤 제한된 상황 안에서 그렇다는 것이다. 즉, 아이스크림에 문제가 있는 것이 아니라. 아이스크림을 담은 그릇이 오염된 것이거나 한 가지 음식뿐만 아니라 두 가지 음식물을 함께 먹으면서 문제가 일어났을 수도 있다. 그렇더라도 이런 가능성과 또 다른 것이 원인이 될 수 있는 다른 경우를 모두 배제하는 상황이라면, 아이스크림이 식중독의 원인이라는 그럴 듯한 결론을 내릴 수 있다.

7) 예를 들면 친구와 나, 둘이 식당에서 식사를 하고 난 후, 나만 식중독에 걸렸고 그날 먹은 음식물을 따져 보았더니 다음과 같았다. 주어진 표에서 친구의 경우를 보면 생선구이, 닭고기, 달걀, 아욱국은 친구가 먹었음에도 식중독에 걸리지 않았기 때문에 식중독의 원인에서 제외된다. 따라서 나만 먹고, 친구는 먹지 않은 음식물을 찾으면 바로 나물임을 알 수 있다. 그래서 나물을 식중독의 원인이라 간주할 수 있다. 물론 이것도 친구와 내가 먹은 음식물 가운데 어느 한 가지가 식중독의 유일한 원인일 경우 또는 친구는 소화기능이 활발한데, 나는 위장이 예민하고 평소에 식중독이 잘 일어나는 체질이라든지 하는 다른 차이점이 원인일 수도 있다.

③ 일치 차이 병용법 (The Joint Method of Agreement and Difference)

일치법과 차이법을 결합하여 원인을 확인하는 방법(개연성이 높아짐).

〈표 3〉 일치 차이 병용법 관련 예 [8]

	증상	햄버거	아이스크림	프렌치프라이	익힌 채소	샐러드	수프	생선
철수	식중독	○	○	○	○	×	×	×
영희	식중독	×	×	○	○	○	○	○
인수	식중독	○	○	○	×	○	×	×
미화	이상 없음	×	○	×	×	○	×	○
혜정	이상 없음	×	×	×	○	○	○	×
미영	이상 없음	○	×	×	○	×	○	×

(○ : 먹은 음식물, × : 먹지 않은 음식물)

④ 공변법 (The Method of Concomitant Variation)

두 사건들 간의 변이 양태에 따라 원인을 확인하는 방법.

공변법은 어떤 조건일 때 어떤 유형의 사건 발생의 빈도와 다른 조건일 때의 그와 동일한 유형의 사건발생빈도를 비교해서, 두 현상간의 인과 관계를 확인하는 방법이다. 먼저 공변법을 정식화하면 아래와 같다.

> ▶ **정식화**
> A, B, C가 일어나자, X, Y, Z가 발생했다.
> A, B↑, C가 일어나자, X, Y↑, Z가 발생했다.
> A, B↓, C가 일어나자, X, Y↓, Z가 발생했다.
> 그러므로 B는 Y의 원인이다.

> ▶ **공변법의 예**
> 사회학자들은 그들의 연구 결과, 이혼율의 상승과 실업률 간에 인과 관계가 있다는 결론을 내렸다. 실업률이 증가했을 때 이혼율이 증가했으며, 실업률이 감소했을 때도 이혼율이 감소했다는 것이다.

8) 여섯 사람의 경우 반은 식중독에 걸렸고, 반은 식중독에 걸리지 않았다. 위의 표에서 식중독에 걸린 세 사람이 공통적으로 먹은 음식은 프렌치프라이이고, 식중독에 걸리지 않은 세 사람은 프렌치프라이를 먹지 않았다. 이 방법은 일치법이나 차이법만을 사용하는 것보다 더 신뢰할 만하다고 할 수 있다. 단순히 프렌치프라이를 먹은 사람들이 식중독에 걸렸다고 말하는 것보다, 프렌치프라이를 먹은 사람들은 식중독에 걸렸고, 그것을 먹지 않은 사람들은 식중독에 걸리지 않았다고 말하는 것이 훨씬 더 정확해보이기 때문이다. 여기서는 프렌치프라이가 식중독의 원인인지 아닌지를 따지는 경우, 일치 차이병용법을 사용하는 것이 훨씬 개연성이 높다.

> **▶ 주의할 점**
> 주의할 점은 단순히 병행해서 일어나는 두 현상들이 서로 인과 관계에 있다고 단정할 수는 없다는 점이다. 위의 예에서 보자면 실업률이 이혼율의 원인일 수도 있지만, 이혼율이 실업률에 의한 것일 수도 있다. 또한 실업율과 이혼율은 여러 가지의 원인에 따른 결과일 가능성도 있다.

⑤ 잉여법 (The Method of Residue)

어떤 복합적인 요인들이 복합적인 결과를 낳을 때 기존에 알고 있는 인과 관계를 추출하고 남는 것으로부터 원인을 확인하는 방법.

이미 알려져 있는 선행 상황과 다른 현상들 사이에 인과 관계가 있다고 추론하는 방법으로 다음과 같이 정식화할 수 있다.

> **▶ 정식화**
> ABC는 abc의 선행 요인이다.
> A는 a의 원인으로 알려져 있다.
> B는 b의 원인으로 알려져 있다.
> 그러므로 C는 c의 원인이다.

> **▶ 잉여법의 예**
> 어느 가게의 주인이 한 달 동안의 손실액을 계산해 보았더니, 1억 원의 적자가 났다. 이를 검토해보니, 불필요한 고용인 때문에 발생한 손실이 2,500만 원이었고, 불량품의 증가에 따른 손실이 3,000만 원이었다. 또 물류비용의 상승으로 지난달에 비해서 2,000만 원을 더 지불하였다. 나머지 손실에 대해서는 다른 원인을 찾을 수 없었고, 생각할 수 있는 가능성은 도난과 분실이었다. 그래서 그는 나머지 2,500만 원의 손실이 도난과 분실에 의한 것이라고 간주했다.

> **▶ 주의할 점**
> 이 논증도 그 결론의 참을 절대적으로 보장할 수 없는 귀납논증이다. 왜냐하면 전제가 모두 참이라 하더라도, 주인이 미처 생각하지 못한 다른 요인이 있을 수 있기 때문이다. 그가 다른 사람에게 빌려준 돈을 잊고 있을 수도 있고, 또 물품구입에 따른 비용의 지불을 미처 포함시키지 않았을 수도 있다.

확인문제

다음은 복통 발생과 그 원인에 대한 기술이다. 복통의 원인이 생수, 냉면, 생선회 중 하나라고 할 때, 아래의 진술 중 반드시 참인 것은?

ㄱ. 갑돌이는 생수와 냉면, 그리고 생선회를 먹었는데 복통을 앓았다.
ㄴ. 을순이는 생수와 생선회는 먹지 않고 냉면만 먹었는데 복통을 앓지 않았다.
ㄷ. 병돌이는 생수와 생선회는 먹었고 냉면은 먹지 않았는데 복통을 앓았다.
ㄹ. 정순이는 생수와 냉면은 먹었고 생선회는 먹지 않았는데 복통을 앓지 않았다.

① ㄴ, ㄹ의 경우만 고려한다면 냉면이 복통의 원인이다.
② ㄱ, ㄴ, ㄹ의 경우만 고려한다면 냉면이 복통의 원인이다.
③ ㄱ, ㄷ, ㄹ의 경우만 고려한다면 생수가 복통의 원인이다.
④ ㄴ, ㄷ, ㄹ의 경우만 고려한다면 생선회가 복통의 원인이다.
⑤ ㄱ, ㄴ, ㄷ, ㄹ 모두를 고려한다면 생수가 복통의 원인이다.

확인문제 1 해설

		결과	추정 원인		
		복통여부	생수	냉면	생선회
ㄱ	갑돌	복통	○	○	○
ㄴ	을순	복통 X	×	○	×
ㄷ	병돌	복통	○	×	○
ㄹ	정순	복통 X	○	○	×

① (X) 복통이 발생하지 않은 경우만을 고려하고 있는데, ㄴ에 의해 냉면은 복통의 원인이 아니고, ㄹ에 의해 생수도 복통의 원인이 아님을 알 수 있다.
② (X) ㄱ에 의해 복통의 원인으로 가능한 것은 생수, 냉면, 생선회이나, ㄴ에 의해 냉면은 복통의 원인이 될 수 없음을 알 수 있다.
③ (X) ㄱ과 ㄷ에 의해 생수와 생선회가 복통의 원인일 가능성은 배제할 수 없으나, ㄹ에 의해 생수는 복통의 원인이 될 수 없음을 알 수 있다.
④ (O) 복통이 발생했을 때 모두 먹었고, 복통이 발생하지 않을 때 모두 먹지 않은 것을 찾아보면 생선회임을 알 수 있다.
⑤ (X) ㄱ, ㄴ, ㄷ, ㄹ 모두를 고려한다면 생선회가 복통의 원인이다.

▶ **정답** ④

4 귀납적 일반화

(1) 귀납적 일반화의 형식

귀납적 일반화란 개별적인 것들에 관한 관찰을 토대로 일반적인 결론을 이끌어내는 귀납 추론이다.

① 단순 일반화

▶ **표준 형식**
A1은 F이다.
A2는 F이다.
그러므로 모든 A는 F이다.

A에 속하는 특정한 몇 개를 관찰하여 그것들이 모두 어떤 특성 F를 갖는다는 것을 토대로 A에 속하는 모든 것이 F라는 성질을 가지고 있다고 추론하는 것이다.

▶ **추론 예**
까마귀를 지금까지 100마리 관찰했더니 모두 검정색이었다. 그러므로 모든 까마귀는 검정색일 것이다.

② 통계적 일반화

통계적 일반화는 전체 중 일부를 뽑아서 조사하고, 그 조사된 표본 중에서 어떤 성질 F를 가지고 있는 것이 몇 개나 되는지를 확인한 다음, 그러한 경험적 사실을 토대로 전체 중에서 F라는 성질을 갖는 것이 어느 정도의 비율인가를 추론하는 것이다. 즉 여론조사와 같은 것이 대표적인 통계적 일반화의 논증이라고 할 수 있다.

▶ **표준 형식**
전체 중에서 x개를 조사하여 그 중에서 y개가 F라는 성질을 갖는다.
그러므로 전체의 약 z%(z는 y/x의 백분율)가 F라는 성질을 갖는다.

▶ **추론 예**
서울시 전체 유권자 중에서 2,000명을 대상으로 조사를 하여, 그 조사 대상이 된 2,000명 중에서 1,200명이 A 후보를 지지하고 나머지 800명이 B 후보를 지지하는 것으로 나타났다. 이를 토대로 여론조사 담당자는 A 후보의 지지율이 60%이고, B 후보의 지지율은 40%라고 말한다.

(2) 귀납적 일반화의 평가

귀납적 일반화를 평가할 때 중요한 요소 중 하나는, 그 논증에 사용된 표본(sample)의 수가 얼마나 큰가이다. 즉 단순 일반화에서 A_1, A_2, …… 의 수가 크면 클수록, 통계적 일반화에서 여론조사의 대상이 된 유권자의 수가 많으면 많을수록 그 논증의 설득력은 커진다.

귀납적 일반화를 평가하는 데 있어서 표본의 수보다 더욱 중요한 요소는 표본의 다양성이다. 즉 단순 일반화에서는 A_1, A_2, …… 의 표본이 다양하면 다양할수록, 통계적 일반화에서는 설문에 응한 사람들의 다양성이 크면 클수록 논증의 설득력은 커진다.

▶ 논증 1

화학 시간에 구리의 비등점을 조사하는 숙제가 주어졌다. 나는 두 개의 순수한 구리를 테스트하여 각 샘플이 섭씨 2,567도의 비등점을 갖는다는 것을 발견했다. 따라서 나는 이것이 구리의 비등점이라고 결론을 내렸다.

☞ 논증평가 : 받아들일 만한 논증의 결론

▶ 논증 2

나는 매주 토요일 세탁을 하기 위해서 한 주일 동안 입었던 옷의 호주머니에 있는 소지품을 꺼내서 정리하는데, 5주 전 토요일부터 계속해서 내 호주머니에서 100원짜리 동전만 나왔다. 그러므로 이번 주 토요일에 내 옷의 호주머니에서 100원짜리 동전만 나올 것이다.

☞ 논증평가 : 성급한 일반화의 오류

논증 1의 '구리'는 동질적인 집합이기 때문에 비록 두 개의 표본만을 조사했지만, 표본의 다양성이 이미 확보되어 있다고 할 수 있다. 그러나 논증 2의 표본은 5개이지만 다양성을 갖지 못하고 있다.

▶ 논증 3

우리나라 성인의 레저 스포츠에 대한 성향과 실태를 조사하기 위해서 스키장에서 500명의 성인에게 현재 골프를 하고 있는지 조사했다. 그 결과 200명이 골프를 하고 있다고 대답했다. 그러므로 우리나라 성인의 40%가 골프를 하고 있다고 할 수 있다.

☞ 논증평가 : 편향된 자료의 오류

논증 3의 문제점은 바로 조사를 위해서 선택된 표본이 편향되어 다양성을 확보하지 못하고 있다는 점이다. 아마 겨울철 스키장을 가는 사람들이라면 비교적 레저 스포츠에 관심이 많고 또한 경제적으로나 시간적으로 여유가 있는 사람들일 것이다. 그런데 그런 사람들을 표본으로 삼아서 우리나라 전체 성인에 대한 평가 자료로 삼는 것은 자료의 편향성이 심한 것이고 표본의 다양성을 확보하지 못한 것이다. 그런 의미에서 이러한 논증은 '편향된 자료의 오류'를 범하고 있는 논증이라고 말하기도 한다.

귀납적 일반화 논증의 표본이 충분히 많고 충분히 다양하다고 할지라도 그 논증의 결론이 반드시 참인 것은 아니다. 귀납논증은 그 논증의 정의상 전제가 참이라고 할지라도 결론이 100% 참은 아니기 때문이다.

5 통계적 삼단논법

(1) 통계적 삼단논법의 형식

> ▶ 일반 형식
>
> F의 x%가 P이다.
>
> a는 F이다.
>
> 그러므로 a는 P일 것이다.

위 논증의 형식은 일반적인 사실로부터 구체적인 사실을 추론하기 때문에 연역논증인 것처럼 보이지만, 전제가 결론을 개연적으로만 뒷받침하는 귀납논증이다.

> ▶ 논증
>
> 우리나라 10대의 75%는 근시이다. 철수는 우리나라의 10대이다. 그러므로 철수는 근시일 것이다. - 통계적 삼단논법

위 논증처럼 첫 번째 전제가 통계적으로 되어 있을 때는, 그 전제가 참이라고 할지라도 결론이 반드시 참인 것은 아니다. 그런 의미에서 이 논증은 귀납논증이고 형식적으로 삼단논법을 닮았지만, 통계적 · 귀납적 논증이라는 의미에서 통계적 삼단논법이라고 부른다.

여기에서 F(우리나라 10대)를 준거집합, P(근시인 집단)를 귀속 집합이라고 한다. 그리고 이러한 통계적 삼단논법을 평가하는 방법은, 첫째 x가 100에 가까울수록 강한 논증이 된다. 통계적 삼단논법을 평가하는 데 있어서 또 하나의 중요한 요소는 준거집단의 구체성이다.

▶ 요약 – 통계적 삼단논법의 귀납논증

표준적 형식	F의 x%가 P이다. a는 F이다. 그러므로 a는 P일 것이다.
평가기준	x가 얼마나 큰가? F라는 준거집단이 얼마나 구체적인가?

6 귀납추리의 오류

(1) 일반화와 관련된 오류

귀납논증이란 전제가 결론을 필연적으로 뒷받침하지 않고, 개연적으로만 뒷받침하는 논증이다. 그렇기 때문에 좋은 귀납논증과 좋지 않은 귀납논증을 구별하는 것이 연역논증보다 어렵다. 그리고 귀납적 일반화의 논증의 경우, 표본의 사례 수와 표본의 다양성이 중요한 기준이다. 이러한 기준을 충족시키지 못하여 받아들이기 어려운 오류를 범하는 논증들이 있다.

▌일반화와 관련된 오류 ▌

▶ 성급한 일반화의 오류 : 몇 차례의 특수한 사례를 토대로 모든 경우나 다음 번 관찰 사례도 그럴 것이라고 성급하게 일반화하는 오류

▶ 사실 외면의 오류 : 귀납적 일반화에 사용된 표본이 무작위적이지 않고 편향되어 표본의 다양성을 확보하지 못하거나, 통계적 삼단논법에서 준거집단의 구체성이 지나치게 광범위하여 구체성을 갖지 못하는 등 귀납 추론을 할 때 고려해야 할 중요한 요소를 고려하지 않음으로써 발생하는 오류를 통칭 - 편향된 자료의 오류, 근시안적 귀납의 오류

(2) 유비추리와 관련된 오류

▶ 잘못된 유비추리의 오류 : 비교되는 두 대상이나 사건 사이의 중요한 차이점을 간과함으로써 발생하는 오류

(3) 가설추리와 관련된 오류

▶ 거짓 원인의 오류 : 두 사건이 반복해서 우연히 함께 발생하였기 때문에 인과 관계가 없는데 인과 관계가 있다고 추론하는 오류

▶ 본말전도의 오류 : 원인과 결과를 혼동하여 추론하는 오류

▶ 공통 원인 무시의 오류 : 동시에 관찰된 두 사건 사이에는 인과 관계가 없고, 그 두 사건의 공통의 원인이 있는데 이를 무시하고 관찰된 두 사건 사이에 인과 관계가 있다고 추론하는 오류

▶ 발생학적 오류 : 어떤 주장이나 학설의 정당성을 그 주장이나 학설의 발생 기원과 관련하여 판단하는 오류

Ⅱ. 귀납추리 문제의 유형별 학습

1 추론 형식

01
인과 추론의 형식

다음 가상의 연구 (가)와 (나)에서 사용한 추론 방식을 보기 에서 골라 짝지은 것으로 옳은 것은?

제2회 2010 LEET 문23

범죄성의 유전 여부에 관한 연구에서는 유전 요인과 환경 요인의 영향을 분리하는 것이 중요하다. 그래서 연구자들은 쌍생아와 입양아를 대상으로 연구한다. 쌍생아 연구에서는 일란성과 이란성 쌍생아의 범죄성 일치율을 비교하는데, 범죄성 일치란 쌍생아 중 한 쪽이 범죄를 저질렀을 때 다른 쪽도 범죄를 저지른 경우를 말한다.

(가) 일란성 쌍생아와 이란성 쌍생아 각 300쌍의 기록을 연구한 결과, 형제 중 한 쪽의 범죄 기록이 있는 경우에 일란성 쌍생아의 범죄성 일치율은 40%, 이란성 쌍생아의 범죄성 일치율은 10%였다. 이로 미루어 유전 요인이 범죄성에 영향을 미친다고 볼 수 있다.

(나) 1,000명의 입양아를 대상으로 생부, 양부, 입양아의 범죄기록을 조사하였다. 입양아가 범죄를 저지른 비율은, 생부와 양부 모두 범죄 기록이 있을 때 40%, 양부만 범죄 기록이 있을 때 15%, 생부만 범죄 기록이 있을 때 35%, 생부와 양부 모두 범죄 기록이 없을 때 10%였다. 이로 미루어 유전 요인이 범죄성에 영향을 미친다고 볼 수 있다.

보기

ㄱ. 여러 다른 요인들의 있고 없음이 달라지는 가운데 어떤 요인(X)이 언제나 있고 결과(Y)에 차이가 없다면 X가 Y의 원인이다.

ㄴ. 여러 다른 요인들이 고정된 상황에서 어떤 요인(X)의 있고 없음에 따라 결과(Y)에 차이가 있다면 X가 Y의 원인이다.

ㄷ. 다양한 요인들 가운데 크기나 양에 있어 연속적인 값을 갖는 어떤 요인(X)이 있어서 X의 정도 변화에 따라 Y의 정도가 일정한 방향으로 변화한다면 X가 Y의 원인이다.

	(가)	(나)		(가)	(나)
①	ㄱ	ㄴ	②	ㄴ	ㄱ
③	ㄴ	ㄴ	④	ㄴ	ㄷ
⑤	ㄷ	ㄷ			

2 유비 추론

02

동일성 판단

다음 글로부터 추론한 것으로 옳은 것만을 보기 에서 있는 대로 고른 것은? 제4회 2012 LEET 문26

가정부 로봇에 대한 갑, 을, 병의 판단을 기준으로 하여, 몇 가지 가상 사례들에 대하여 동일성 여부를 판단해 보았다.

철수는 시점 t1에 가정부 로봇을 하나 구입하였다. 인공지능회로에 고장이 나서 t2에 같은 종류의 새 부품으로 교체하였으며, t3에 새로운 소프트웨어로 로봇을 업그레이드하였고, t4에 로봇의 외형을 새로운 모습으로 바꾸었다. 화재로 t4의 로봇이 망가지자 철수는 t4 시점의 로봇을 복제한 새 로봇을 t5에 구입하였다. 시점 t1에서 t5에 이르는 로봇의 동일성 여부에 대하여 갑, 을, 병은 각기 다른 기준에 따라 다음과 같이 판단하였다.

갑 : 시점 t1과 t4의 로봇은 동일하지만, t5의 로봇은 이들과 동일하지 않다.
을 : 시점 t2와 t3의 로봇은 동일하지만, t1의 로봇은 이들과 동일하지 않다.
병 : 시점 t3과 t5의 로봇은 동일하지만, t2의 로봇은 이들과 동일하지 않다.

우리는 인간의 신체와 정신의 관계에 대하여 다음 가정을 받아들이기로 한다.

○ 신체와 정신의 관계는 하드웨어와 소프트웨어의 관계와 같다. 두뇌를 포함한 인간의 신체가 하드웨어라면, 정신은 신체를 제어하는 소프트웨어이다.
○ 만약 두뇌가 복제되면, 정신도 함께 복제된다.

보기

ㄱ. 왕자와 거지의 심신이 뒤바뀌어서 왕자의 정신과 거지의 몸이 결합된 사람을 을은 거지라고, 병은 왕자라고 판단할 것이다.
ㄴ. 사고로 두뇌와 신체를 크게 다친 철수는 첨단 기술의 도움으로 인간과 기계가 결합된 사이보그가 되었다. 갑과 을은 둘 다 원래의 철수와 사이보그가 된 철수를 다른 사람이라고 판단할 것이다.
ㄷ. 한 개인의 신체에 관한 모든 정보를 다른 장소로 원격 전송한 다음에, 인근에 있는 분자를 이용하여 그 정보에 따라 신체를 똑같이 조합하였다. 원래의 존재와 조합된 존재를 갑은 다르다고, 병은 같다고 판단할 것이다.

① ㄱ ② ㄴ ③ ㄱ, ㄷ
④ ㄴ, ㄷ ⑤ ㄱ, ㄴ, ㄷ

3 원인과 결과의 추론

03
인과 관계의 판단

어떤 스포츠용구 회사가 줄의 소재, 프레임의 넓이, 손잡이의 길이, 프레임의 재질 등 4개의 변인이 테니스 채의 성능에 미치는 영향에 관하여 실험하였다. 다음 표는 최종 실험 결과를 나타낸 것이다. 표로부터 추리한 것으로 옳은 것은?

제2회 2010 LEET 문13

성능	변 인			
	줄의 소재	프레임의 넓이	손잡이의 길이	프레임의 재질
○	천연	넓다	길다	보론
×	천연	좁다	길다	탄소섬유
×	천연	넓다	길다	탄소섬유
×	천연	좁다	길다	보론
○	천연	넓다	짧다	보론
×	천연	좁다	짧다	탄소섬유
×	천연	넓다	짧다	탄소섬유
×	천연	좁다	짧다	보론
○	합성	넓다	길다	보론
×	합성	좁다	길다	탄소섬유
×	합성	넓다	길다	탄소섬유
×	합성	좁다	길다	보론
○	합성	넓다	짧다	보론
×	합성	좁다	짧다	탄소섬유
×	합성	넓다	짧다	탄소섬유
×	합성	좁다	짧다	보론

(○ : 좋음 × : 나쁨)

① 손잡이의 길이가 단독으로 성능에 영향을 준다.
② 프레임의 넓이가 단독으로 성능에 영향을 준다.
③ 손잡이의 길이와 프레임의 재질이 함께 성능에 영향을 준다.
④ 프레임의 넓이와 프레임의 재질이 함께 성능에 영향을 준다.
⑤ 주어진 실험결과로는 변인들이 성능에 미치는 영향을 알 수 없다.

4 가설수립

04 최선의 설명에로의 추론

다음 글을 토대로 ㉠을 가장 잘 설명한 것은? 제3회 2011 LEET 문16

포유류의 성별은 성염색체인 X 염색체와 Y 염색체에 의해서 결정된다. 그런데 암컷의 체세포* 에서 두 개의 X 염색체 중 하나는 초기 발생 과정에서 극도로 응축되어 기능하지 않는다. 이는 X 염색체에 존재하는 유전자에서 만들어지는 RNA 및 단백질의 양이 수컷에 비해 두 배로 나타나지 않게 하기 위함이다.

발생 과정은 정자와 난자가 합쳐진 수정란에서 시작하여 연속된 세포분열을 통해 이루어지는데, 발생 초기에 배아의 세포들은 성체가 된 후 있어야 할 위치로 움직인다. 이 세포들은 각각 연속된 세포분열을 통해 이웃 세포들을 만들고 이 이웃 세포들이 피부 등의 조직을 형성한다. 그러므로 성체의 조직에서 근거리에 위치하는 같은 종류의 세포들은 하나의 세포로부터 연속된 분열을 통하여 형성된 것이다.

A종(種) 고양이의 털색은 X 염색체에 존재하는 유전자에 의하여 결정된다. X 염색체에 존재하는 A종 고양이 털색 결정 유전자는 흰색을 내는 유전자와 검은색을 내는 유전자 두 가지가 있는데, 하나의 X 염색체에는 이 두 가지 중 하나만 존재한다. A종 수코양이는 X 염색체가 하나밖에 없으므로 흰색이나 검은색의 개체만 관찰된다. ㉠ 반면 A종 암코양이의 털색은 흰색, 검은색 그리고 아래 〈그림〉의 왼쪽과 같이 흰색과 검은색의 얼룩무늬로 나타나기도 한다. 하지만 〈그림〉의 오른쪽과 같이 흰 털과 검은 털이 고르게 섞여 회색으로 보이는 형태는 나타나지 않는다.

〈그림〉

* 체세포 : 생식세포(예 : 정자, 난자)를 제외한 세포

① X 염색체 응축이 수정 이전에 어미의 난자에서 일어났기 때문이다.
② 두 개의 X 염색체 중 하나가 응축되는 과정에서 털색 결정 유전자가 응축에서 제외되었기 때문이다.
③ 털을 만드는 세포들이 털이 나기 직전에 두 개의 X 염색체 중 하나를 무작위로 응축시켰기 때문이다.
④ 두 개의 X 염색체 중 어느 쪽이 응축되는가는 발생 초기에 각각의 세포에서 무작위로 정해졌기 때문이다.
⑤ 두 개의 X 염색체가 서로 다른 털색 결정 유전자를 가지고 있을 경우에는 X 염색체 하나가 응축될 필요가 없었기 때문이다.

05

가설의 개연성과 설명도

다음 글로부터 바르게 추론한 것은?

제3회 2011 LEET 문14

갑자기 내린 소낙비를 피해 오두막으로 들어온 철수와 영희는 천장에서 마치 옥수수 볶는 것 같은 소리를 들었다. 이런 소리가 들리는 현상을 설명하기 위해 둘은 다음과 같이 나름의 '가설'을 내놓았다.

철수의 가설 : 천장에서 도깨비가 옥수수를 볶고 있다.
영희의 가설 : 비가 거세게 내리면서 지붕을 때리고 있다.

어떤 현상을 설명하고자 내놓은 가설이 얼마나 '설명도'가 높은가 하는 문제와 그 가설의 '개연성'이 얼마나 높은가 하는 문제는 구별될 필요가 있다. '가설의 설명도'란 그 가설이 참이라고 가정했을 때 설명하고자 하는 현상이 참일 확률을 말한다.

반면 '가설의 개연성'이란 어떤 현상이 관찰을 통해 참이라고 밝혀졌다고 가정할 때 그 가설이 참일 확률을 말한다. 예를 들어, 눈앞에 종이 한 장이 놓여 있다는 시각 정보를 갖고 있고 이를 설명하기 위한 두 가설 A와 B가 있다고 해 보자. A는 눈앞에 야구 방망이가 놓여 있다고 주장하고, B는 눈앞에 종이 한 장이 놓여 있다고 주장한다. 당연히 두 가설 중 B가 A보다 주어진 관찰과 관련하여 설명도도 높고 개연성도 높다. 하지만 또 다른 가설 C를 생각해 보자. 이에 따르면 사실 눈앞에는 종이가 없지만 악마가 우리로 하여금 눈앞에 종이 한 장이 있다면 가졌을 그런 시각 정보를 갖도록 만들었다. B와 C 중에서 개연성이 높은 쪽은 당연히 B이다. 하지만 두 가설 중 어느 가설이 더 설명도가 높은지는 말하기 어렵다. 따라서 어떤 가설의 설명도가 높다고 해서 반드시 그 가설을 받아들여야 할 필요는 없는 것이다.

관찰 현상을 표현하는 명제, '눈앞에 종이가 있다'와 이 현상을 설명하려는 두 가설을 생각해 보자. 이 명제로 표현되는 현상과 관련하여 이 중 한 가설이 다른 가설보다 설명도가 높다고 가정한다면, 이 명제의 부정 명제('눈앞에 종이가 없다')로 표현되는 관찰과 관련해서는 반대로 후자의 가설이 전자의 가설보다 설명도가 높다.

① 천장에서 나는 소리와 관련하여 철수의 가설이 영희의 가설보다 개연성이 높다.
② 천장에서 나는 소리와 관련하여 영희의 가설이 철수의 가설보다 설명도가 높다.
③ '눈앞에 종이가 있다'는 관찰과 관련하여 A와 C는 설명도가 비슷하다.
④ '눈앞에 종이가 없다'는 관찰과 관련하여 A가 B보다 설명도가 높다.
⑤ '눈앞에 종이가 없다'는 관찰과 관련하여 C가 A보다 설명도가 높다.

5 가설연역

06
실험결과의 추론

다음 글로부터 〈실험〉의 결과를 추론한 것으로 옳은 것만을 보기 에서 있는 대로 고른 것은?

제4회 2012 LEET 문22

세균 A는 과산화수소 등의 활성산소를 감지하여 분해하는 시스템을 가지고 있다. 이 시스템은 조절단백질 X와 효소 Y로 이루어져 있는데, X는 과산화수소를 감지하여 Y의 발현을 조절하는 기능을 하고 Y는 과산화수소를 분해하여 그 독성을 제거하는 기능을 한다. X는 다음 두 가지 메커니즘 중 하나를 이용하여 Y의 발현을 조절한다.

- 메커니즘 (가) : 과산화수소를 감지하지 않은 X는 DNA에 결합하지 않지만, 과산화수소를 감지한 X는 DNA에 결합한다. Y는 DNA에 결합한 X가 없으면 발현하지 않지만, DNA에 결합한 X가 있으면 발현된다.
- 메커니즘 (나) : 과산화수소를 감지하지 않은 X는 DNA에 결합하지만, 과산화수소를 감지한 X는 DNA에 결합하지 않는다. Y는 DNA에 결합한 X가 있으면 발현되지 않지만, DNA에 결합한 X가 없으면 발현된다.

〈실험〉

조절단백질 X와 효소 Y의 기능을 알아보기 위해, 세균 A로부터 X를 만드는 유전자를 제거한 돌연변이 세균 B를, A로부터 Y를 만드는 유전자를 제거한 돌연변이 세균 C를, A로부터 X를 만드는 유전자와 Y를 만드는 유전자를 모두 제거한 돌연변이 세균 D를 제조한 후, A~D의 특성을 조사한다.

보기

ㄱ. X가 메커니즘 (가)를 이용한다면 B는 A보다 과산화수소의 독성을 더 잘 제거할 것이다.
ㄴ. X가 메커니즘 (나)를 이용한다면 B는 C보다 과산화수소의 독성을 더 잘 제거할 것이다.
ㄷ. X의 메커니즘에 관계없이 C는 D보다 과산화수소의 독성을 더 잘 제거할 것이다.

① ㄴ ② ㄷ ③ ㄱ, ㄴ
④ ㄱ, ㄷ ⑤ ㄴ, ㄷ

6 가설검증

07

실험 결과의 해석

다음 실험 결과로부터 알 수 있는 것만을 [보기]에서 있는 대로 고른 것은? 제4회 2012 LEET 문21

공작나비는 평소에는 날개를 접고 있다가 포식자인 박새가 접근하면 날개를 접고 펴는 동작을 반복하여 소리를 내는 동시에 날개 위쪽에 있는 무늬를 보여 준다. 공작나비가 내는 소리와 날개의 무늬가 어떤 역할을 하는지 알아보기 위해 날개의 무늬를 지워 없애는 방법과 날개에서 소리를 내는 부분을 제거하는 방법을 조합하여 실험하였다.

공작나비를 박새의 먹이로 사용한 실험 결과는 다음과 같다.

○ 날개무늬가 있고 소리를 내는 공작나비는 100% 살아남았다.
○ 날개무늬가 있고 소리를 내지 못하는 공작나비는 100% 살아남았다.
○ 날개무늬가 없고 소리를 내는 공작나비는 50% 살아남았다.
○ 날개무늬가 없고 소리를 내지 못하는 공작나비는 20% 살아남았다.
○ 박새가 접근했을 때 날개를 접고 펴는 빈도는 날개무늬가 있는 공작나비보다 날개무늬가 없는 공작나비가 더 높았다.

보기

ㄱ. 박새의 포식을 피해 공작나비가 살아남는 데에는 소리를 내는 것보다 날개무늬가 있는 것이 더 효과적이다.
ㄴ. 날개무늬가 없는 공작나비가 박새에게 더 많이 잡아먹힌 이유는 날개를 접고 펴는 빈도가 높을수록 소리가 커지기 때문이다.
ㄷ. 박새의 포식을 피해 공작나비가 살아남는 데에는 날개무늬만 있는 것보다 날개무늬도 있고 소리도 내는 것이 더 효과적이다.

① ㄱ ② ㄴ ③ ㄱ, ㄷ
④ ㄴ, ㄷ ⑤ ㄱ, ㄴ, ㄷ

08

입증과 반증의 논리

다음 글로부터 추론한 것으로 옳지 않은 것은?

제9회 2017 LEET 문31

증거는 가설을 입증하기도 하고 반증하기도 한다. 물론, 어떤 증거는 가설에 중립적이기도 하다. 이렇게 증거와 가설 사이에는 입증·반증·중립이라는 세 가지 관계만이 성립하며, 이 외의 다른 관계는 성립하지 않는다. 그럼 이런 세 관계는 어떻게 규정될 수 있을까? 몇몇 학자들은 이 관계들을 엄격한 논리적인 방식으로 규정한다. 이 방식에 따르면, 어떤 가설 H가 증거 E를 논리적으로 함축한다면 E는 H를 입증한다. 또한 H가 E의 부정을 논리적으로 함축한다면 E는 H를 반증한다. 물론 H가 E를 함축하지 않고 E의 부정도 함축하지 않는다면, E는 H에 대해서 중립적이다. 이런 증거와 가설 사이의 관계는 '논리적 입증·반증·중립'이라고 불린다.

그러나 증거와 가설 사이의 관계는 확률을 이용해 규정될 수도 있다. 가령 우리는 "E가 가설 H의 확률을 증가시킨다면 E는 H를 입증한다."고 말하기도 한다. 이와 비슷하게 우리는 "E가 H의 확률을 감소시킨다면 E는 H를 반증한다."고 말한다. 물론 E가 H의 확률을 변화시키지 않는다면 E는 H에 중립적이라고 하는 것이 자연스럽다. 이런 증거와 가설 사이의 관계에 대한 규정은 '확률적 입증·반증·중립'이라고 불린다.

그렇다면 논리적 입증과 확률적 입증은 어떤 관계가 있을까? 흥미롭게도 H가 E를 논리적으로 함축한다면 E가 H의 확률을 증가시킨다는 것이 밝혀졌다. 반면에 그 역은 성립하지 않는다. 우리는 이 점을 이용해 입증에 대한 두 규정들 사이의 관계를 추적할 수 있다.

① E가 H를 논리적으로 반증하지 않고 H에 논리적으로 중립적이지도 않다면, E는 H에 확률적으로 중립적이지 않다.
② E가 H를 논리적으로 입증한다면 E의 부정은 H를 논리적으로 반증한다.
③ E가 H를 논리적으로 반증한다면 E의 부정은 H를 확률적으로 입증한다.
④ E가 H에 확률적으로 중립적이라면 E는 H를 논리적으로 입증하지 않는다.
⑤ E가 H를 확률적으로 입증하지 않는다면 E는 H를 논리적으로 반증한다.

09

인과가설의 입증논리

다음 글로부터 추론한 것으로 옳은 것만을 보기 에서 있는 대로 고른 것은? 제9회 2017 LEET 문32

과학자들은 "속성 C는 속성 E를 야기한다."와 같은 인과 가설을 어떻게 입증하는가? 다른 종류의 가설들과 마찬가지로 인과 가설 역시 다양한 사례들에 의해 입증된다. 예를 들어 과학자들은 '폐암에 걸린 흡연자의 사례'와 '폐암에 걸리지 않은 비흡연자의 사례'가 "흡연이 폐암을 야기한다."는 인과 가설을 입증한다고 생각한다. 'C와 E를 모두 가진 사례'와 'C와 E를 모두 결여한 사례'가 "C가 E를 야기한다."를 입증한다는 것이다. 여기서 문제의 두 사례들이 해당 인과 가설을 입증하기 위해서는 두 사례 중 하나는 다른 사례의 '대조 사례'여야 한다. 물론, C와 E를 모두 가진 사례와 C와 E를 모두 결여한 사례들이 언제나 서로에 대한 대조 사례가 되는 것은 아니며, 다음 조건들을 만족해야만 "C가 E를 야기한다."를 입증하는 대조 사례라 할 수 있다.

○ 두 사례는 속성 C의 존재 여부를 제외한 거의 모든 측면에서 유사하다.
○ 속성 E를 가진다는 것을 설명할 때, 속성 C를 가진다는 것보다 더 잘 설명하는 다른 속성 P가 존재하지 않는다.
○ 속성 E의 결여를 설명할 때, 속성 C의 결여보다 더 잘 설명하는 다른 속성 Q가 존재하지 않는다.

예를 들어, 오랫동안 흡연한 60대 폐암 환자 갑과 담배에 전혀 노출되지 않고 폐암에도 걸리지 않은 신생아 을은 "흡연이 폐암을 야기한다."를 입증하는 좋은 대조 사례가 아니다. 갑과 을은 흡연 이외에도 많은 차이가 있으며, 흡연을 하지 않았다는 것보다 신생아라는 것이 을이 폐암에 걸리지 않았다는 것을 보다 잘 설명하기 때문이다.

보기

ㄱ. 전혀 다른 가정에 입양되어 자란 일란성 쌍둥이 갑과 을이 모두 조현병에 걸렸다면 갑과 을은 "유전자가 조현병을 야기한다."는 인과 가설을 입증하는 대조 사례이다.
ㄴ. β형 모기에 물린 이후 말라리아에 걸린 갑과 β형 모기에 물리지 않고 말라리아에 걸리지 않은 을이 "β형 모기에 물린 것이 말라리아를 야기한다."는 인과 가설을 입증하는 대조 사례가 되기 위해서는 적어도 말라리아에 대한 선천적 저항력과 관련해 갑과 을 사이에는 별 차이가 없다는 것이 밝혀져야 한다.
ㄷ. 총 식사량을 줄이면서 저탄수화물 식단을 시작한 이후 체중이 줄어든 갑과 총 식사량을 줄이지 않고 일반적인 식단을 유지하여 체중 변화가 없었던 을이 "저탄수화물 식단이 체중 감소를 야기한다."는 인과 가설을 입증하는 대조 사례가 되기 위해서는 적어도 갑의 체중 감소가 저탄수화물 식단보다 총 식사량의 감소에 의해서 더 잘 설명되지 않아야 한다.

① ㄱ ② ㄴ ③ ㄱ, ㄴ ④ ㄴ, ㄷ ⑤ ㄱ, ㄴ, ㄷ

10

인과추론의 논리/술어논리

다음으로부터 추론한 것으로 옳은 것만을 보기 에서 있는 대로 고른 것은? 제11회 2019 LEET 문36

질병의 원인을 어떻게 추정할 수 있을까? 19세기 과학자 K가 제안한 단순한 초기 가설에 따르면, 어떤 병원균의 보균 상태가 아님에도 어떤 질병이 발병하거나 그 병원균의 보균 상태임에도 그 질병이 발병하지 않는다면, 그 병원균은 그 질병의 원인이 아니다. 이를테면 결핵 환자들 중에 어떤 병원균의 보균자인 사람도 있고 아닌 사람도 있다면 그 병원균을 결핵의 원인으로 추정할 수 없으며, 어떤 병원균의 보균자들 중에 결핵을 앓고 있는 사람도 있고 아닌 사람도 있다면 그 병원균 역시 결핵의 원인으로 추정할 수 없다는 것이다. 이를 엄밀하게 표현하면 아래와 같다.

다음 두 조건을 모두 만족하는 경우에, 병원균 X를 질병 Y의 원인으로 추정할 수 있다.

조건 1 : Y를 앓는 모든 환자가 X의 보균자이다.
조건 2 : 누구든 X의 보균자가 되면 그 때 반드시 Y가 발병한다.

보기

ㄱ. 질병 D를 앓는 모든 환자들이 병원균 α와 β 둘 다의 보균자이고, 누구든 α와 β 둘 다의 보균자가 되면 그 때 반드시 D가 발병하는 경우, α도 조건 2를 만족하고 β도 조건 2를 만족한다.

ㄴ. 질병 D를 앓는 환자에게서 병원균 α와 β가 함께 검출되는 경우가 없다면, α와 β 중 기껏해야 하나만 위 두 조건을 모두 만족할 수 있다.

ㄷ. 질병 D를 앓는 모든 환자에게서 병원균 α와 β 중 적어도 하나가 검출된다면, α와 β 중 적어도 하나는 조건 1을 만족한다.

① ㄱ ② ㄴ ③ ㄱ, ㄷ
④ ㄴ, ㄷ ⑤ ㄱ, ㄴ, ㄷ

11

실험설계/
가설입증실험결과

㉠을 입증하는 실험결과에 포함될 수 없는 것은?

제13회 2021 LEET 문25

사회과학에서 고전적 실험연구는 실험결과를 현실 세계로 일반화시킬 수 없을 가능성이 있다. 예를 들어 '흑인이 영웅으로 등장하는 영화 관람'(실험자극)이 '흑인에 대한 부정적 편견 정도'를 줄이는지를 알아보고자 실험연구를 수행한 결과 다음과 같은 사실이 관찰되었다고 하자. 첫째, 실험자극을 준 실험집단의 경우 사전조사보다 사후조사에서 편견 정도가 낮았다. 둘째, 실험자극을 주지 않은 통제집단에서는 사전과 사후조사에서 편견 정도의 변화가 없었다. 이 경우 영화 관람이 실험집단 피험자들의 편견 정도를 줄였다고 볼 수 있다. 그러나 그 영화를 일상생활 중 관람했다면 동일한 효과가 나타날 것이라고 확신할 수는 없다. 실험에서는 사전조사를 통해 피험자들이 이미 흑인 편견에 대한 쟁점에 민감해져 있을 수 있기 때문이다. 이 문제를 해결하기 위해서는 사전조사를 하지 않는 실험을 추가한 〈실험설계〉를 해야 한다. 이를 통해 ㉠ 영화 관람이 편견 정도를 줄였다는 것을 입증하는 실험결과를 발견한다면 일반화 가능성을 높일 수 있다.

〈실험설계〉

○ 집단 1 : 사전조사 ⟶ 실험자극 ⟶ 사후조사
○ 집단 2 : 사전조사 ⟶ 사후조사
○ 집단 3 : 사전조사 없음 ⟶ 실험자극 ⟶ 사후조사
○ 집단 4 : 사전조사 없음 ⟶ 사후조사

단, 집단 1~4의 모든 피험자는 모집단에서 무작위로 선정되었다.

① 집단 1에서 사후조사 편견 정도가 사전조사 편견 정도보다 낮게 나타났다.
② 집단 1의 사후조사 편견 정도가 집단 2의 사후조사 편견 정도보다 낮게 나타났다.
③ 집단 3의 사후조사 편견 정도가 집단 2의 사전조사 편견 정도보다 낮게 나타났다.
④ 집단 3의 사후조사 편견 정도가 집단 4의 사후조사 편견 정도보다 낮게 나타났다.
⑤ 집단 4의 사후조사 편견 정도가 집단 1의 사후조사 편견 정도보다 낮게 나타났다.

7 연구방법의 적절성 판단

12

표본의 대표성

A의 계획에 대한 평가로 옳은 것만을 [보기] 에서 있는 대로 고른 것은? 제10회 2018 LEET 문19

연구자 A는 우리나라 기독교인들의 특성을 알아보기 위해 설문조사를 시행하려고 한다. 이를 위해서는 우리나라 기독교인을 대표할 수 있는 표본을 뽑아야 한다. 이 표본으로부터 얻은 정보에서 모집단인 우리나라 전체 기독교인의 정보를 추론하려는 것이다. 이를 위해서는 A가 뽑은 표본의 총체적 특성이 모집단인 전체 기독교인의 총체적 특성에 거의 근접해야 하며, 이러한 표본을 대표성 있는 표본이라고 한다. 표본의 대표성을 확보하기 위해서는 전국의 모든 기독교인들이 표본으로 뽑힐 확률을 동일하게 해야 한다. 또한 표본의 대표성은 많은 수의 기독교인을 뽑을수록 높아질 것이다. 만약 우리나라 모든 기독교인의 명단이 있다면, 이로부터 충분히 많은 수의 교인을 무작위로 뽑으면 된다. 하지만 그러한 명단은 존재하지 않는다. 대신 초대형교회부터 소형교회까지 전국의 모든 교회를 포함하는 교회 명단은 존재하므로, A는 이 명단으로부터 일정 수의 교회를 무작위로 뽑기로 하였다. 다음 단계로 이 교회들의 교인 명단을 확보하여 이 명단으로부터 각 교회 당 신도 일정 명씩을 무작위로 뽑기로 하였다. 이렇게 하여 A는 1,000명의 표본을 대상으로 설문조사를 실시하려고 계획한다. 여기서 고려할 점은 집단의 구성원들이 동질적일수록 그 집단으로부터 뽑은 표본은 그 집단을 더 잘 대표할 것이며, 교회처럼 자연스럽게 형성된 집단에 속한 사람들은 전체 모집단에 속한 사람들과 비교할 때 일반적으로 더 동질적이라는 사실이다.

[보기]

ㄱ. 이 표본은 전국의 모든 기독교인들이 뽑힐 확률을 동일하게 하였으므로 대표성이 높다.

ㄴ. 뽑을 교회의 수를 늘리고 각 교회에서 뽑을 신도의 수를 줄이는 것보다, 뽑을 교회의 수를 줄이고 각 교회에서 뽑을 신도의 수를 늘리는 것이 표본의 대표성을 더 높인다.

ㄷ. 표본의 대표성을 높이기 위해서는 교회가 뽑힐 확률을 교인 수에 비례하여 정해야 한다.

① ㄱ　② ㄷ　③ ㄱ, ㄴ
④ ㄴ, ㄷ　⑤ ㄱ, ㄴ, ㄷ

13 실험연구의 편향요인

다음으로부터 추론한 것으로 옳은 것만을 보기 에서 있는 대로 고른 것은? 제10회 2018 LEET 문23

개발 중인 신약의 효과를 확인하기 위해서 실험연구를 시행한다. 약 처방에서 원래 의도한 효과를 '직접적인 생리적 효과'라고 부른다면, 이와 대비되는 효과로 '간접적인 생리적 효과'가 있다. 후자를 ㉠ 플라시보 효과라고 하는데 피험자가 실제 아무런 생리적 효과가 없는 가짜 약을 복용하고 있음에도 자신이 진짜 약을 처방받았다고 생각하여 그러한 생각이 몸의 상태에 영향을 주어 실제로 긍정적 신체 효과가 나타난 경우이다. 이처럼 생리적으로 활성이 없는 약이 실험에서 애초에 의도했던 효과와는 다른 방식으로 실험 결과에 영향을 끼칠 수 있는 효과가 세 가지 더 있다.

먼저 ㉡ 피험자 보고편향은 긍정적 신체 효과가 없는데도 진짜 약을 처방받았다고 생각하여 자신의 기분을 보고하는 방식에서 생기는 효과를 일컫는다. ㉢ 기대성 효과는 실험자가 신약의 잠재력에 대해서 분명하게 낙관적일 경우, 그 낙관적 느낌이 피험자에게도 전달되어 피험자 보고편향과 플라시보 효과를 강화하는 경우이다. ㉣ 실험자 보고편향은 신약의 효과를 시험하는 실험자들이 실험의 결과에 대해 특정한 희망과 기대를 가지기 때문에 생기는 효과이다. 실험 결과가 애매할 경우 실험자들이 결과를 읽는 방식은 그들이 보고자 하는 것에 의해 강하게 영향을 받는다.

보기

ㄱ. 동일한 예방조치로 ㉠과 ㉡을 차단할 수 없다.
ㄴ. ㉢과 ㉣을 차단하기 위한 예방조치는 서로 다를 수 있다.
ㄷ. ㉣을 차단하기 위해서는 어떤 피험자가 진짜 약을 처방하는 집단에 속하고 어떤 피험자가 가짜 약을 처방하는 집단에 속하는지에 대해 실험자가 몰라야 한다.

① ㄱ ② ㄴ ③ ㄱ, ㄷ
④ ㄴ, ㄷ ⑤ ㄱ, ㄴ, ㄷ

Legal
Education
Eligibility
Test

제3부
논리게임

출제기관은 2016년 확정개선안에서 논리게임 문항을 제약조건하에서 항목 배열하기, 항목 연결하기, 묶기 등의 '배치 및 정렬' 문항과, 부분적인 정보나 증거가 주어졌을 때 가능한 상황을 구성하거나 그 함축을 추리하게 하는 '논리퍼즐' 문항으로 크게 나누어 제시하였다. 하지만 이러한 논리게임에 대한 소개만으로는 논리게임의 전체 범위와 유형을 파악하는 데에는 한계가 있다. 따라서 출제기관이 새롭게 제시한 문항분류와 이전의 체계를 고려하여 논리게임 문항들을 포괄적으로 살펴보도록 한다. 과거 출제지침에서는 논리게임을 '배열하기 또는 속성 찾기, 연결하기 또는 묶기, 진실 또는 거짓, 수학적 퍼즐'로 나누어 소개하였다.

인지활동영역		하위 범주
2016 확정개선안	배치 및 정렬	배열하기, 연결하기, 묶기 등
	논리 퍼즐	진실 혹은 거짓 문항, 리그전/토너먼트 등
과거 출제지침	배열하기 / 속성 찾기	배열하기 또는 속성 매칭시키기 문제
	연결하기 / 묶기	연결하기 또는 그룹핑하기 문제
	진실 또는 거짓	진실 또는 거짓 퍼즐
	수학적 퍼즐	수학적인 퍼즐

CHAPTER 1
배열하기

본 장에서는 논리게임 해결의 기본적인 전략과 전통적인 유형들을 개관하고, 배열하기 문제를 중심으로 문제 해결의 일반적인 접근방법과 개별 문제의 특징에 맞는 해결 방법을 모색해 보도록 한다.

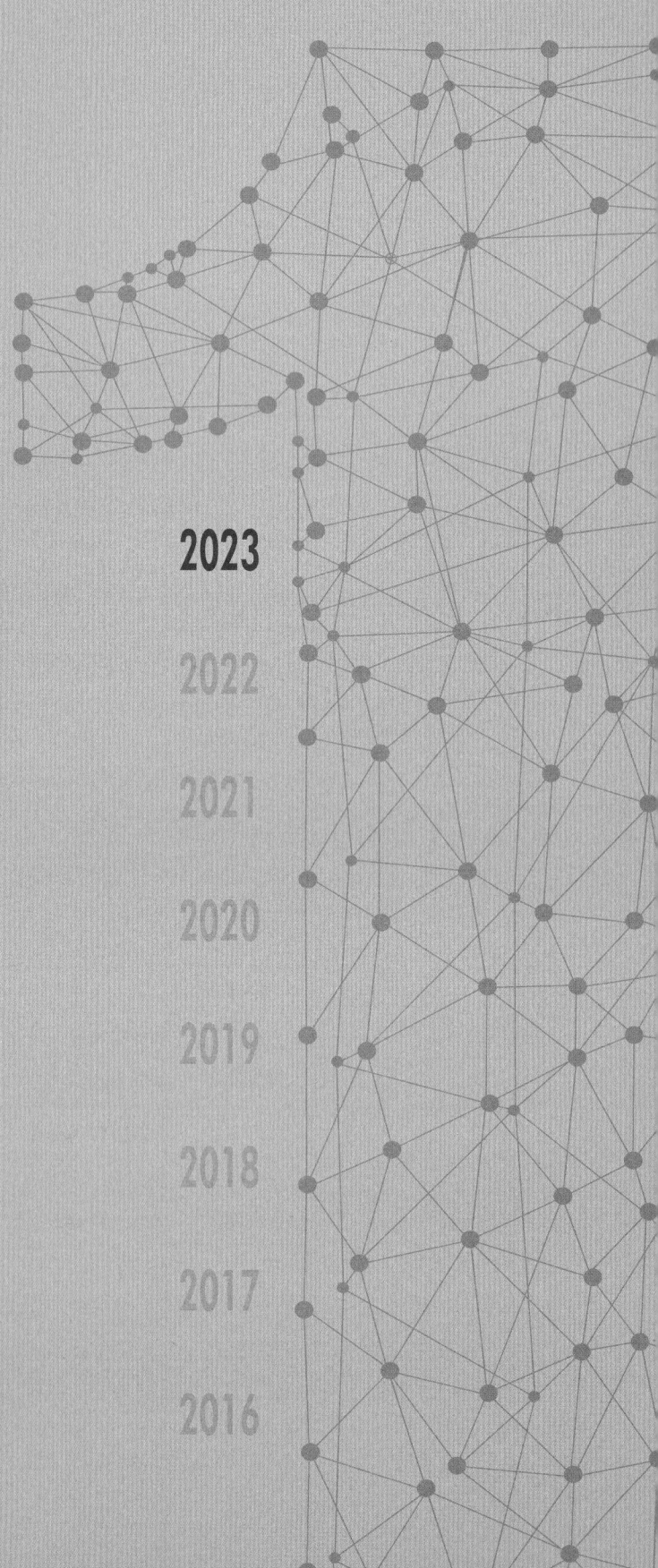

2023

2022

2021

2020

2019

2018

2017

2016

Ⅰ. 논리게임 개관

1 논리게임 해결의 기본 전략 1)

(1) 먼저 시각화하는 것이 가장 중요하다(Make It Visual).

게임 문제는 일종의 시각화 능력을 테스트하는 문제라고도 할 수 있다. 복잡하고 혼란스럽게 구성된 요소들을 지면에 얼마나 잘 표현하는가가 문제 해결의 Key가 된다. 말로 구성된 것은 전제와 관계를 파악하기 어려우나 시각적으로 표현된 이미지들은 문제 해결을 용이하게 한다. 때때로 많은 문제의 경우 그림 또는 표로 정리하는 것만으로도 문제가 해결되기도 한다. 일단 시각화(visual symbols)하여 표현하면 혼란스러운 말의 덩어리를 다시 참고할 필요가 없고, 정확성을 기할 수 있다.

Clues (단서, 실마리)	Symbol (표상, 기호)
A는 B의 오른쪽에 앉아 있고, C의 왼쪽에 앉아 있다.	B - A - C
A는 B보다 2층 위에 산다.	A (빈칸) B

(2) 일관성 있게 표현해야 한다(Be Consistent).

주어진 정보를 기호화(symbolize)하고 도식화(diagram)하는 방법은 매우 다양할 수 있지만, 어떤 방법을 선택할지라도 일관성 있게 표현하여야 한다. 많은 문제를 접하면서 일종의 자신만의 표현 방법을 가져갈 필요가 있다.

(3) 유연성을 가지고 대처해야 한다(Be Flexible).

전통적인 논리게임 문제의 경우, 접하는 문제들은 조금씩 차이가 있지만 그 안에서 공통점을 발견할 수 있다. 너무 개별 사실에 집착하다보면 문제 전체를 파악하지 못하여 문제 해결이 어려울 수 있으므로 큰 그림을 보며 문제를 해결할 수 있도록 연습할 필요가 있다.2)

---

1) Adam Robinson and Kevin Blemel, "Cracking the LSAT", 2008 (ed), pp. 116~221.

2) 우리나라 PSAT(공직적격성평가) 시험의 경우, 전통적 유형뿐 아니라 새로운 유형의 논리게임이 개발되어 출제되고 있으므로 실전에서는 자신이 해결할 수 있는 문제와 그렇지 못한 문제를 골라내는 것이 상당히 중요한 능력으로 자리잡아가고 있다. LEET에서도 이러한 점을 간과할 수 없으므로 자신이 접해본 문제는 정확히 이해하여 새로운 문제해결에 응용하여야겠지만, 그렇지 못한 문제의 경우에는 합리적인 선택이 필요하다.

2 전통적 유형의 논리게임

(1) 배열하기 : 순서 정하기, 위치 정하기

배열하는 문제란 문제에서 요구하는 등장요소(인물)의 순서를 정하는 문제라 할 수 있는데, 단순히 선후 관계만을 물을 수도 있고, 선후 관계에 더하여 각 등장요소의 위치 또는 특정 랭킹까지도 물을 수 있다. 전자를 순서 정하기라 말할 수 있고 후자는 위치 정하기라 구분하여 표현할 수도 있겠다.

(2) 대응 문제 : 일대일(一對一) 대응, 일대다(一對多) 대응

대응 문제는 등장인물의 이름과 직업을 연결하는 문제와 같이 연결해야 할 변수가 두 개인 경우와 이름과 직업, 나이, 사는 집의 색깔 등 연결해야 할 변수가 여러 개인 경우로 나누어 볼 수 있는데, 전자를 '일대일 대응'이란 이름으로, 후자를 '일대다 대응'이란 이름으로 살펴볼 것이다.

(3) 그룹핑 문제

묶기(Grouping) 문제는 등장인물(내지 요소)들을 제시된 조건에 맞게 그룹별로 나누거나 묶어 정리하는 유형의 문제로 선택(Selection) 또는 분배(Distribution)의 형태를 띤다고 할 수 있다.

(4) 참거짓 문제

진실 또는 거짓 퍼즐 문제란 참인 진술과 거짓인 진술로 구성된 된 퍼즐 문제를 말한다. 제시된 진술이 참과 거짓으로 구성되어 있으나 어느 진술이 참인지 거짓인지 모르는 상황에서 주어진 정보를 이용하여 문제에서 요구하는 바를 찾아가는 문제이다. 참인 진술과 거짓인 진술을 찾을 것을 요구하기도 하고, 진술에 근거한 특정 사실을 찾을 것을 요구하기도 한다.

(5) 수학적 퍼즐

수학적 퍼즐의 유형에는 숫자를 이용한 퍼즐, 도형을 이용한 퍼즐, 수학적 논리를 요구하는 퍼즐 등이 있다. 구체적으로는 논리퍼즐, 정수론, 게임, 저울질, 확률과 경우의 수, 산술, 복면산, 마방진, 수열, 기하 그리고 성냥개비 등이 있다.

3 논리게임 문제해결 가이드[3)]

법률가에게는 소송이나 법적 분쟁에서 부분적인 정보나 증거가 주어졌을 때 사실관계를 추리하고, 사실관계에 적용될 수 있는 법규와 원리를 찾아내고, 법규나 원리를 해당 사례에 적용하여 그 결과를 추리하는 능력 등이 필요하다. 다양한 전공의 학생들을 대상으로 이러한 문제해결 능력을 측정하기 위해, 추리 영역의 문항은 논리게임 문항을 포함한다. 논리게임 문항은 제약조건하에서 항목 배열하기, 항목 연결하기, 묶기 등의 '배치 및 정렬' 문항과, 부분적인 정보나 증거가 주어졌을 때 가능한 상황을 구성하거나 그 함축을 추리하게 하는 '논리퍼즐' 문항으로 나누어지는데, 이러한 문항은 법적 맥락에서 주어진 부분적 정보나 증거를 분석하여 증거와 양립 가능한 상황을 추리하는 능력, 주어진 정보와 증거로부터 어떤 상황이 반드시 성립하는지 추리하는 능력 등을 효과적으로 측정할 수 있다.

(1) 배치 및 정렬

일반적으로 논리게임의 배치 및 정렬 문항은 다음과 같은 단계를 통해 해결한다.

■ 그림이나 표를 그리라.

문항의 성격을 파악하여 제시된 사실적 정보와 규칙을 반영한 그림이나 표를 그리라. 논리게임의 배치 및 정렬 문항은 펜과 종이를 사용하여 직접 그림이나 표를 그려서 해결하는 것이 필수적이다.

■ 규칙을 그림이나 표에 나타내라.

제시된 규칙이나 사실은 가능한 한 직접 그림이나 표 속에 나타내는 것이 좋다. 만일 규칙이나 원리를 직접 그림이나 표에 나타내는 것이 불가능하다면 그림이나 표의 아래에 원리를 빠짐없이 간결하게 적는 것이 좋다.

■ 추리하라.

그림이나 표를 보면서 규칙과 제약 조건으로부터 추리할 수 있는 것을 최대한 추리하라. 이렇게 추리된 새로운 사실들은 빠짐없이 그림이나 표에 표시되어야 한다. 선택지를 살펴보기 전에 이렇게 최대한의 도출을 하는 것은 오답을 선택하는 것을 피하게 하고 문항 해결 시간을 단축해 준다. 연역될 수 있는 최대한의 사실이 빠짐없이 표현된 최종 그림이나 표를 완성하라.

■ 선택지를 보고 정답을 찾으라.

최종 그림/표가 완성되었다면 각각의 선택지가 옳은지 그렇지 않은지 확인 하는 것은 쉬운 작업일 것이다. 최종 그림/표를 보면서 선택지 중 정답을 찾으라.

---

3) 법학전문대학원협의회,「법학적성시험안내서(개정판)」, 2020. 5. pp.117~129.

한편 상기의 단계를 통해 논리게임 문항을 풀 때 다음 사항을 주의해야 한다.

- **질문과 제시문의 조건을 정확히 파악하라.**

다른 문항 유형에서도 정확한 독해가 중요하지만, 논리게임에서는 특히 단어 하나라도 잘못 이해할 경우 문제를 풀 수 없거나 답이 틀리게 된다. 질문과 제시된 조건을 꼼꼼하게 읽는 것이 필요하다.

- **문제에서 제공된 정보를 그림이나 기호로 완전히 표현하라.**

배치 및 정렬 문항은 그림이나 표를 그려 해결하는 것이 필수적이다. 그리고 질문이나 제시문에서 주어진 정보는 그림이나 표에 빠짐없이 간략하게 적는 것이 필요하다. 만일 어떤 정보를 그림이나 표에 나타내지 않고 실수로 누락한다면 정답을 찾지 못할 것이다.

- **주어진 조건 중 더 많은 정보를 가진 조건이나 그림/표로 나타내기 용이한 조건부터 먼저 그림/표에 표현하라.**

더 구체적이고 더 많은 정보를 주는 조건이나 그림/표에 나타내기 용이한 조건부터 먼저 그림/표에 표현하는 것이 좋다. 빈약한 정보를 주는 조건을 먼저 그림/표에 나타내려고 한다면, 많은 경우의 수를 허용할 것이기 때문에 문제해결이 어렵거나 문제해결에 더 많은 시간이 소요될 것이다.

- **그림/표의 정보와 언어적 정보를 결합하여 새로운 정보를 추리하고 이렇게 추리한 정보도 빠짐없이 그림으로 표현하라.**

문제에서 제공된 언어적 정보와 그림/표의 정보를 결합할 경우 어떤 가능성이 배제되는지 주의 깊게 분석한다. 이러한 분석으로부터 추리된 새로운 정보도 반드시 그림/표 속에 나타내어야 한다.

- **주어진 조건을 만족하는 가능한 상황이 너무 많다면 문제의 선택지를 먼저 검토하라.**

주어진 조건을 만족하는 가능한 상황이 너무 많다면 그것을 모두 그림으로 나타낼 경우 시간과 노력이 과도하게 소모된다. 따라서 이 경우에는 선택지부터 먼저 검토하여 정답을 찾는 것이 효율적이다.

배치 및 정렬 문항은 반복 학습으로 성적이 쉽게 오를 수 있는 문제 유형이므로, 충분한 연습을 통해 문제 풀이 요령을 익히는 것이 중요하다. 이론적 학습보다는 혼자 힘으로 많은 문제를 풀어 보며 풀이 요령을 습득하는 시행착오(trial and error) 방법이 적절하다.

(2) 논리퍼즐

논리게임에 속하는 논리퍼즐 문항은 문제해결에 논리적 분석 능력이 요구되는 '진실 혹은 거짓' 문항과 '리그/토너먼트 게임' 문항을 포함한다. 이 유형의 문항을 해결하기 위해서는 주어진 상황을 논리적으로 분석하고 추리할 수 있는 능력이 가장 중요하다. '진실 혹은 거짓' 문항은 주어진 진술에 대해 참 거짓을 언급하는 조건이 포함되어 있는 문제이고, '리그/토너먼트 게임' 문항은 리그전 게임 상황이나 토너먼트 게임 상황을 제시하고 이로부터 경기 결과 등을 추리할 수 있는지 묻는 문제이다. 다음 문제는 토너먼트 게임 상황과 참 거짓을 언급하는 조건이 제시되어 있는 논리퍼즐 문제이다.

다음 사항을 염두에 두고 논리퍼즐 문제를 해결하는 것이 바람직하다.

■ **경우의 수를 크게 줄일 수 있는 정보를 먼저 찾아 분석하라.**

'진실 혹은 거짓' 문제를 풀 때는 먼저 가능한 경우들을 몇 가지 경우로 줄일 수 있는 정보를 찾아 분석하는 것이 문제해결의 핵심이다. 이를 위해 주어진 정보를 면밀하게 검토하여 어떤 정보를 결합하는 것이 경우의 수를 대폭적으로 줄일 수 있는지 살펴본다. 경우의 수를 크게 줄일 수 있는 정보를 찾아 분석했다면 거의 문제의 반은 해결한 것으로 볼 수 있다.

■ **주어진 상황의 논리를 잘 파악하라.**

'리그/토너먼트 게임'의 문제를 해결하기 위해서는 리그/토너먼트 게임 논리를 잘 이해해야 한다. 예를 들면 D팀의 총득점이 0이라면, A팀이 D팀과 경기 하여 2:1로 승리했다는 것은 참이 아니다. 왜냐하면 경기 결과가 2:1이라면 D팀이 최소한 1점을 득점했다는 것을 의미하는데, 이것은 D팀의 총득점이 0이 라는 것과 모순되기 때문이다.

■ **필요하다면 '조건 증명법', '귀류법', '경우를 나누어서 추리하기'를 이용하라.**

논리퍼즐 문제를 해결하기 위해서는 '조건 증명법', '귀류법', '경우를 나누어서 추리하기'를 이용하는 것이 편리한 경우가 많다. '조건 증명법'과 '귀류법'에 관해서는 앞의 '형식적 추리' 부분을 참조하라. '경우를 나누어서 추리하기'는 바로 앞의 문항(2019학년도 31번)의 해설에서 설명한 바와 같이 제시된 상황을 여러 경우로 나누어서 추리하는 방식이다. 예를 들면, A인 경우 C가 성립하고, B인 경우 C가 성립하면, 'A 또는 B'로부터 C를 추리하는 방식이다. 증명 방식은 제시된 상황이 하나의 경우로 결정되지 않고 다수의 경우로 나누어질 때 유용하게 이용할 수 있는 방식이다.

■ **주어진 정보로부터 더 이상의 유의미한 정보를 추론하는 데 어려움이 있다면 주어진 선택지를 보고 판단하라.**

주어진 정보로부터 경우의 수를 줄일 수 없어서 더 이상 유의미한 정보를 추리하는 데 어려움을 겪는다면, 시간을 소비하지 말고 각 선택지를 먼저 검토하여 정답을 찾는 것이 좋다.

논리퍼즐 문제를 해결하기 위해서는 형식적 추리 능력도 필요하지만, 제시된 문제 상황을 논리적으로 분석하는 능력이 매우 중요하다. 이러한 논리적 분석 능력은 유사한 문제를 많이 풀어 봄으로써 습득할 수 있다. 혼자 힘으로 가능한 한 많은 논리퍼즐 문제를 풀어 보면서 논리적 분석 능력을 기르도록 하자.

4 배열하기 유형의 문제 해결방법

(1) 배열하기(순서 또는 위치 정하기)

배열하는 문제란 문제에서 요구하는 등장요소(인물)의 순서를 정하는 문제라 할 수 있는데, 단순히 선후 관계만을 물을 수도 있지만, 선후 관계에 더하여 각 등장요소의 위치 또는 특정 랭킹까지도 물을 수 있다. 전자를 순서 정하기라 말할 수 있고 후자는 위치 정하기라 구분하여 표현할 수도 있겠다.

이러한 문제는 주어진 상황에 따라 선형인 것, 원형인 것, 네모의 탁자형인 것, 두 줄의 선형에 등장 요소를 배열하는 등의 문제가 있을 수 있는데, 크게는 선형과 원형으로 나누어 볼 수 있다.

(2) 배열하기 유형의 문제 해결

제시된 정보를 통해 각각의 등장 요소 간 순서를 하나씩 표현하고 이들 간의 연계 고리를 찾아 전체를 고려할 수 있도록 표현한 후 가능한 경우를 검토하여 문제를 해결한다. 나뭇가지 형태의 시각화 방법을 이용하는 것이 문제 해결에 유용하다.

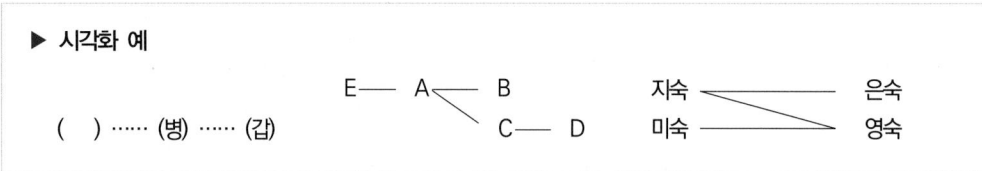

▶ 시각화 예

( ) …… (병) …… (갑)

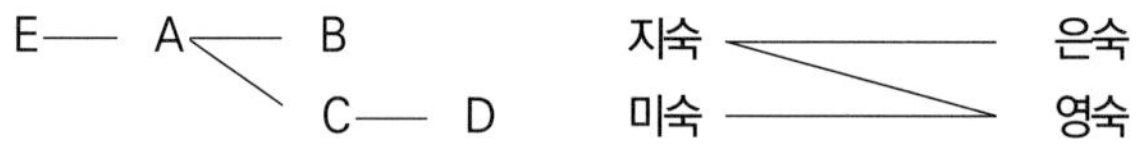

Ⅱ. 배열하기 문제의 유형별 학습

1 순서 및 위치 정하기 유형 문제의 해결

01
추가적 조건을
고려한 판단

다음 글로부터 추론한 것으로 옳지 않은 것은? 제4회 2012 LEET 문19

어떤 회사의 직원은 A~G 7명이다. 그들은 다음과 같은 방법으로만 연락한다.

○ 바로 아래 하급 직원으로부터 연락받으면 자신의 바로 위 상급 직원 한 명에게만 연락한다.
○ 바로 위 상급 직원으로부터 연락받으면 자신과 같은 직급의 모든 직원에게 연락한다.
○ 같은 직급의 직원으로부터 연락받으면 같은 직급의 다른 직원 한 명에게만 연락한다.

다음과 같은 사실이 알려져 있다.

○ B는 D보다 직급이 한 등급 높다.
○ D가 B에게 연락하자 B는 A에게만 연락했다.
○ G가 C에게 연락하자 C는 B에게만 연락했다.
○ C가 F에게 연락하자 F는 D와 E에게 연락했다.

① C와 G가 같은 직급이고 D가 E에게 연락하면, E는 F에게만 연락할 수 있다.
② C와 G가 같은 직급이고 E가 C에게 연락하면, C는 A에게만 연락할 수 있다.
③ C와 G가 같은 직급이고 F가 G에게 연락하면, G는 A에게만 연락할 수 있다.
④ C와 G가 다른 직급이고 A가 B에게 연락하면, B는 C에게만 연락할 수 있다.
⑤ C와 G가 다른 직급이고 D가 C에게 연락하면, C는 G에게만 연락할 수 있다.

한국화학회는 〈시상규칙〉에 따라 학술상을 수여한다. 어느 해 같은 계절에 유기화학과 무기화학 분야에 상을 수여하였다면, 그해의 시상에 대한 진술 중 참일 수 없는 것은? 제5회 2013 LEET 문12

〈시상규칙〉

○ 매년 물리화학, 유기화학, 분석화학, 무기화학의 네 분야에 대해서만 수여한다.
○ 봄, 여름, 가을, 겨울에 수여하며 매 계절 적어도 한 분야에 수여한다.
○ 각각의 분야에 매년 적어도 한 번 상을 수여한다.
○ 매년 최대 여섯 개까지 상을 수여한다.
○ 한 계절에 같은 분야에 두 개 이상의 상을 수여하지 않는다.
○ 두 계절 연속으로 같은 분야에 상을 수여하지 않는다.
○ 물리화학 분야에는 매년 두 개의 상을 수여한다.
○ 여름에 유기화학 분야에 상을 수여한다.

① 봄에 분석화학 분야에 수여한다.
② 여름에 분석화학 분야에 수여한다.
③ 여름에 물리화학 분야에 수여한다.
④ 가을에 무기화학 분야에 수여한다.
⑤ 겨울에 유기화학 분야에 수여한다.

03
위치 정하기

다음으로부터 추론한 것으로 옳지 않은 것은?   제9회 2017 LEET 문21.

아래 배치도에 나와 있는 10개의 방을 A, B, C, D, E, F, G 7명에게 하나씩 배정하고, 3개의 방은 비워두었다. 다음 〈정보〉가 알려져 있다.

1호		6호
2호		7호
3호		8호
4호		9호
5호		10호

〈정보〉
- ○ 빈 방은 마주 보고 있지 않다.
- ○ 5호와 10호는 비어 있지 않다.
- ○ A의 방 양옆에는 B와 C의 방이 있다.
- ○ B와 마주 보는 방은 비어 있다.
- ○ C의 옆방 가운데 하나는 비어 있다.
- ○ D의 방은 E의 방과 마주 보고 있다.
- ○ G의 방은 6호이고 그 옆방은 비어 있다.

① 1호는 비어 있다.
② A의 방은 F의 방과 마주 보고 있다.
③ B의 방은 4호이다.
④ C와 마주 보는 방은 비어 있다.
⑤ D의 방은 10호이다.

다음으로부터 추론한 것으로 옳은 것만을 보기 에서 있는 대로 고른 것은? 제9회 2017 LEET 문22

대형 전시실 3개와 소형 전시실 2개를 가진 어느 미술관에서 각 전시실 별로 동양화, 서양화, 사진, 조각, 기획전시 중 하나의 주제로 작품을 전시하기로 계획하였다. 설치 작업은 월요일부터 금요일까지 〈작업 계획〉에 따라 하루에 한 전시실씩 진행한다.

〈작업 계획〉

○ 동양화 작품은 금요일 이전에 설치한다.
○ 수요일과 금요일에는 대형 전시실에 작품을 설치한다.
○ 조각 작품을 설치한 다음다음날에 소형 전시실에 사진 작품을 설치한다.
○ 기획전시 작품을 설치한 다음다음날에 대형 전시실에 작품을 설치하는데, 그 옆 전시실에는 서양화가 전시된다.

보기

ㄱ. 서양화 작품은 수요일에 설치한다.
ㄴ. 동양화 전시실과 서양화 전시실은 옆에 있지 않다.
ㄷ. 기획전시가 소형 전시실이면 조각은 대형 전시실이다.

① ㄴ ② ㄷ ③ ㄱ, ㄴ
④ ㄱ, ㄷ ⑤ ㄱ, ㄴ, ㄷ

05
위치 정하기

다음으로부터 추론한 것으로 옳은 것만을 보기 에서 있는 대로 고른 것은? 제11회 2019 LEET 문32

사회관계망 서비스(SNS)는 온라인에서 사용자를 연결해 주는 기능을 제공한다. 두 사용자가 다른 사용자를 거치지 않고 연결 되어 있는 경우 '직접 연결'되어 있다고 한다. 어느 SNS를 이용하는 일곱 명의 사용자 A, B, C, D, E, F, G는 다음과 같이 연결되어 있다.

○ A와 직접 연결되어 있는 사용자는 D, E를 포함하여 세 명이다.
○ B와 직접 연결되어 있지 않은 사용자는 D를 포함하여 두 명이다.
○ C와 직접 연결되어 있는 사용자는 F를 포함하여 세 명이다.
○ A와 C 둘 다에게 직접 연결된 사용자는 G뿐이다.
○ D와 직접 연결된 사용자는 한 명이다.
○ E와 직접 연결된 사용자는 두 명이고, F와 직접 연결된 사용자는 세 명이다.

보기

ㄱ. A와 F는 직접 연결되어 있지 않다.
ㄴ. C와 D 둘 다에게 직접 연결된 다른 사용자가 있다.
ㄷ. 팀의 구성원들 각자가 나머지 구성원들 모두와 직접 연결되어 있도록 팀을 만들 때, 가능한 팀의 최대 인원은 4명이다.

① ㄱ ② ㄴ ③ ㄱ, ㄷ
④ ㄴ, ㄷ ⑤ ㄱ, ㄴ, ㄷ

06

순서 정하기

다음으로부터 추론한 것으로 옳은 것은?

제12회 2020 LEET 문33

> 어떤 교수가 피아노 연주회에서 자신이 지도하는 6명의 학생 甲, 乙, 丙, 丁, 戊, 己의 연주 순서를 정하는 데 다음 〈조건〉을 적용하고자 한다.
>
> 〈조건〉
> ○ 각자 한 번만 연주하며 두 명 이상이 동시에 연주할 수 없다.
> ○ 丙은 戊보다 먼저 연주해야 한다.
> ○ 丁은 甲과 乙보다 먼저 연주해야 한다.
> ○ 戊는 甲 직전 또는 직후에 연주해야 한다.
> ○ 己는 乙 직전에 연주해야 한다.

① 甲이 己 직전에 연주하면 丙과 丁의 순서가 결정된다.
② 乙이 丙 직전에 연주하면 甲과 戊의 순서가 결정된다.
③ 丙이 戊 직전에 연주하면 甲과 乙의 순서가 결정된다.
④ 丁이 甲 직전에 연주하면 丙과 己의 순서가 결정된다.
⑤ 戊가 己 직전에 연주하면 丙과 丁의 순서가 결정된다.

07
위치 정하기

다음으로부터 추론한 것으로 옳은 것만을 〈보기〉에서 있는 대로 고른 것은? 제13회 2021 LEET 문21

아래 그림과 같이 크기가 모두 같고 번호가 한 개씩 적혀 있는 빈 상자 12개가 일렬로 나열되어 있다.

1	2	3	4	5	6	7	8	9	10	11	12

이 중 5개의 상자에 5개의 구슬 A, B, C, D, E를 담는다. 한 개의 상자에는 한 개의 구슬만 담을 수 있고, 서로 다른 두 상자 사이에 놓여 있는 상자의 개수를 그 두 상자의 '거리'로 정의한다. 예를 들면 4번 상자와 8번 상자의 거리는 3이다.

이때 다음 정보가 알려져 있다.

○ 구슬이 담겨 있는 임의의 두 상자의 거리는 모두 다르다.
○ 구슬 A와 D가 각각 담겨 있는 두 상자 사이에 구슬이 담겨 있는 상자는 한 개뿐이다.
○ 구슬 A와 E가 각각 담겨 있는 두 상자의 거리는 0이다.
○ 구슬 B와 D가 각각 담겨 있는 두 상자의 거리는 1이다.
○ 구슬 C와 E가 각각 담겨 있는 두 상자의 거리는 2이다.

보기

ㄱ. 구슬 A와 B가 각각 담겨 있는 두 상자 사이에는 구슬이 담겨 있는 상자가 없다.
ㄴ. 구슬 C가 담겨 있는 상자의 번호는 구슬 D가 담겨 있는 상자의 번호보다 크다.
ㄷ. 7번 상자와 8번 상자는 모두 비어 있다.

① ㄱ ② ㄴ ③ ㄱ, ㄷ
④ ㄴ, ㄷ ⑤ ㄱ, ㄴ, ㄷ

08
순서 정하기

다음으로부터 추론한 것으로 옳은 것은? 제13회 2021 LEET 문23

> 총 4번의 경주로 치러지는 육상 대회를 준비하는 한 팀의 코치는 5명의 주자 갑, 을, 병, 정, 무 중 4명을 선발하여 이들 각각이 몇 번째 경주에 참가할 것인지를 결정해야 한다. 선발된 4명의 주자 각각은 첫 번째, 두 번째, 세 번째, 네 번째 경주 중 꼭 하나의 경주에만 참가하고, 2명 이상의 주자가 같은 경주에 참가하지는 않는다.
>
> 코치의 주자 선발과 그에 따른 결정은 다음 조건을 만족시키고, 선발되지 않은 1명은 육상 대회에 참가하지 않는다.
>
> ○ 만약 을을 선발하면, 갑을 선발하지 않는다.
> ○ 무는 두 번째 경주에 참가하지 않는다.
> ○ 정은 병이 참가한 경주의 바로 다음 번 경주에 참가한다.
> ○ 만약 갑이 첫 번째 경주에 참가하지 않는다면, 을이 세 번째 경주에 참가한다.

① 갑은 첫 번째 경주에 참가한다.
② 을은 두 번째 경주에 참가한다.
③ 병은 첫 번째 경주에 참가한다.
④ 정은 세 번째 경주에 참가한다.
⑤ 무는 네 번째 경주에 참가한다.

2 언어지문형 논리게임 문제의 해결

09
역사/음양오행설

다음 글로부터 추론한 것으로 옳은 것만을 [보기]에서 있는 대로 고른 것은? 제6회 2014 LEET 문19

주상께서는 오제 가운데 저희 왕조를 낳아 주신 신께 남교에서 제사를 올려야 합니다. 오제는 적제, 흑제, 청제, 백제, 황제를 말하는데, 각기 오행(화, 수, 목, 금, 토)을 상징하는 신들입니다. 역대 각 왕조는 오덕종시설(五德終始說) 즉 오행의 상생 또는 상극의 순환 순서에 따라서 왕조 교체가 규칙적으로 이루어진다는 주장을 받아들여, 오덕 중 자신의 덕에 맞는 신에게 제사를 올렸던 것입니다. 그러나 상극설과 상생설에 따른 오행의 순환 순서에는 차이가 있습니다. 예를 들어 상극설에서는 화 다음에 수가 이어지지만, 상생설에서는 금 다음에 수가 이어집니다.

상생설과 상극설에 따른 오행의 순환 순서가 논란이 되자, 한(漢)왕조는 우선 자신을 중심으로 상생설과 상극설의 순환순서를 결정하였습니다. 만약 한왕조가 상극설에 따라 토덕(土德)을 받들고 이후 여러 왕조에서 모두 상극설을 따랐다면, 저희 왕조는 한왕조가 망한 뒤 여섯 번째에 들어선 왕조이므로 목덕(木德)을 받들어야 했을 것입니다. 그러나 한왕조는 상생설에 따라서 화덕(火德)을 받들었고, 이후 여러 왕조에서는 모두 상생설을 따랐습니다. 한의 다다음 왕조는 금덕(金德)을 받들었는데, 한과 그 이후 왕조가 계속 상극설을 따랐어도 이는 마찬가지였을 것입니다. 저희 왕조도 한왕조 이후의 전례에 따라 상생설을 따르는 것이 좋으니, 원컨대 주상께서는 토덕을 받들어 황제(黃帝)께 제사 드리기를 바라옵니다.

보기

ㄱ. 현 왕조의 직전 왕조는 한왕조와 마찬가지로 화덕을 받들었을 것이다.
ㄴ. 한왕조부터 상극설이 채택되어 계속 유지되었다면 현 왕조의 전전 왕조는 황제에게 제사 지냈을 것이다.
ㄷ. 상생설과 상극설 중 한왕조가 어떤 설을 선택하든 그 설이 이후 왕조에서 계속 유지된다면, 현 왕조의 다음 왕조는 백제에게 제사 지낼 것이다.

① ㄱ ② ㄴ ③ ㄱ, ㄷ
④ ㄴ, ㄷ ⑤ ㄱ, ㄴ, ㄷ

CHAPTER 2
연결하기 및 묶기

본 장에서는 연결하기와 묶기 유형의 문제를 중심으로

효율적인 문제 해결 방법을 모색해 보도록 한다.

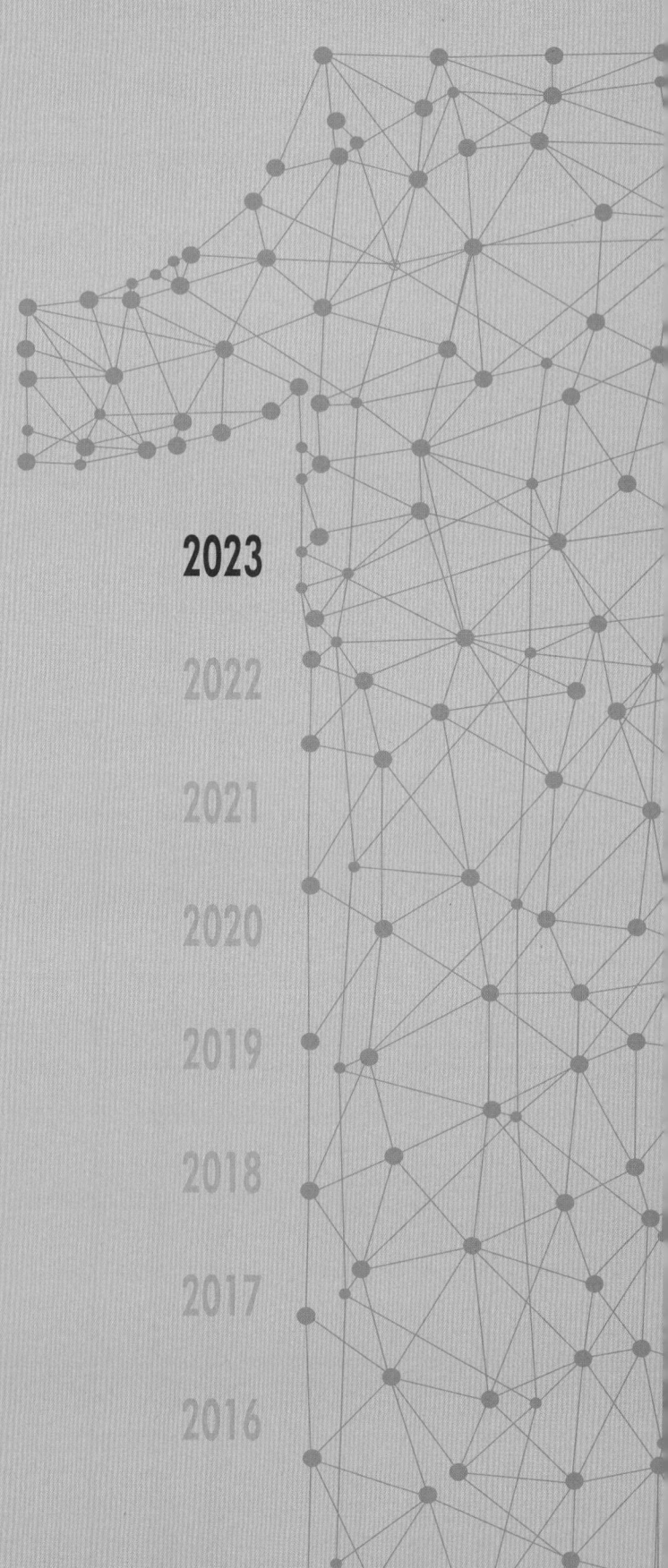

2023

2022

2021

2020

2019

2018

2017

2016

Ⅰ. 연결하기 및 묶기 유형 개관

1 연결하기 또는 대응(對應, matching) 유형의 문제 해결방법

(1) 문제 유형 정의

연결하기 문제는 제시된 조건에 맞게 등장요소(또는 인물)들을 연결시키는 문제라 할 수 있다. 본서에서는 대응문제라는 표현을 함께 쓰도록 할 것이며, 이것은 등장인물의 이름과 직업을 연결하는 문제와 같이 연결해야 할 변수가 두 개인 경우와 이름과 직업, 나이, 사는 집의 색깔 등 연결해야 할 변수가 여러 개인 경우로 나누어 볼 수 있는데, 전자를 일대일 대응이란 이름으로, 후자를 일대다 대응이란 이름으로 살펴볼 것이다.

(2) 연결하기 유형의 문제 해결

연결하기 문제 또한 제시된 정보를 가장 잘 분석할 수 있는 분석틀을 구성하는 것이 문제 해결의 관건이다. 달리 말하면, 제시된 정보를 한 눈에 볼 수 있게 시각화하는 것이 중요하다. 일대일 대응 관계의 경우 가장 일반적으로 사용되는 것이 좌표 형태를 띤 대응표이다. 그러나 일대다 대응의 경우에는 문제 특성에 맞게 시각화 틀(표 또는 그림)을 구성하여야 한다.

▶ 일대일(一對一) 대응

5명의 청년과 5명의 청년의 여동생간의 미팅 파트너를 추론하는 문제의 경우 다음과 같은 분석틀(대응표)을 구성하여 제시된 정보를 일단 정리하고 문제를 해결해 갈 수 있다.

청년 \ 여동생	A의 여동생	B의 여동생	C의 여동생	D의 여동생	E의 여동생
A		×		×	
B			×	×	
C		×			×
D					×
E	×			×	

▶ 일대다(一對多) 대응

수건과 수건의 주인과 잘못 사용한 사람을 연결시키는 문제를 제시된 정보가 가장 많은 수건을 기준으로 하여 표를 구성한 후 주인과 사용자를 조건에 맞춰 찾아나가면 문제 해결이 용이하다.

수건종류	주인	사용자	조건을 검토
O	ㅁ) 윤국	재윤	나머지 한 사람인 '재윤'이가 수건 사용자
X	ㄹ) 영환	ㄹ) 은호	
#	ㄴ) 은호? O	ㄴ) 은호? X ㅂ) 동훈	은호 - 주인 또는 사용자
※	재윤	영환	ㄱ의 한 쌍이 들어갈 곳은 이곳밖에 없음
∀	ㄷ) 영환 X동훈	ㄷ) 윤국	나머지 한 사람인 '동훈'이가 수건의 주인

2 묶기(Grouping) 유형의 문제 해결방법

(1) 문제 유형 정의

묶기(Grouping) 문제는 등장인물(내지 요소)들을 제시된 조건에 맞게 그룹별로 나누거나 묶어 정리하는 유형의 문제로 선택(Selection) 또는 분배(Distribution)의 형태를 띤다고 할 수 있다.4)

(2) 그룹핑 문제의 해결

그룹핑 문제 또한 제시된 정보를 가장 잘 분석할 수 있는 분석틀을 구성하는 것이 문제 해결의 관건이 된다.

▶ 분석틀 예

9명의 구성원을 조건에 따라 3명씩 세 개의 팀을 구성하는 문제의 경우 다음과 같이 분석틀을 구성할 수 있다. 중요한 것은 등장요소를 구분하는 단서가 될 항목을 기준으로 셀을 구성하되, 가능하면 세분화하는 것이 문제 해결에 용이하다.

	A팀(3명)	B팀(3명)	C팀(3명)	제시된 조건 정리
한국인(가, 나, 다, 라)				
외국인(마, 바, 사, 아, 자)				
최종 결과				

4) 선택 내지 뽑기(selection)를 Grouping의 일부로 파악하는 이유는 하나의 전체적인 큰 그룹에서 그 요소들을 뽑음으로써 하나의 작은 그룹을 형성할 뿐만 아니라 뽑혀진 작은 그룹과 뽑히지 않은 작은 그룹의 두 그룹으로 나누어지기 때문이다.(Jeff Kolby, Scott Thornburg , "Master the LSAT", Publisher : Nova Press)

Ⅱ. 연결하기 및 묶기 문제의 유형별 학습

1 일대일(一對一) 대응 문제

01
두 가지 경우가 존재하는 문제

여동생이 1명씩 있는 A, B, C, D, E 5명의 청년이 있다. 이 5명의 청년과 각각의 여동생을 합한 10명 모두가 아래의 〈전제조건〉 하에 단체미팅을 하여 5쌍의 커플이 탄생했다. 〈미팅결과〉로 볼 때, C의 여동생의 상대가 된 청년은 누구인가?

PSAT 기출문제

〈전제조건〉
1. 미팅에 참가한 청년은 자신의 여동생과 커플이 될 수 없다.
2. 두 사람이 서로의 여동생과 커플이 될 수 없다.
(예, 갑이 을의 여동생과 커플이 되었다면, 을은 갑의 여동생과 커플이 될 수 없다.)

〈미팅결과〉
1. A의 상대는 B의 여동생도 D의 여동생도 아니었다.
2. B의 상대는 C의 여동생도 D의 여동생도 아니었다.
3. C의 상대는 B의 여동생도 E의 여동생도 아니었다.
4. D의 상대는 E의 여동생이 아니었다.
5. E의 상대는 A의 여동생도 D의 여동생도 아니었다.

① A ② B ③ C
④ D ⑤ E

2 일대다(一對多) 대응 문제

02

갑과 을에 대한 신하들의 의견 추론

A~D의 의견을 추론한 것으로 옳지 않은 것은? 제1회 2009 LEET 문13

○ 사건 개요 : 북위 선무제 때인 514년에 백성 갑은 모친이 사망했지만 가난하여 장례를 치를 수 없었기 때문에 7세 된 자식을 을에게 양민임을 알리고 노비로 팔았다.

○ 선무제의 판결 : 그대들 네 명의 의견을 보면 갑에 대해 각각 사면, 1년 형, 5년 형, 사형으로 다 다르고, 역시 을에 대해 사면, 1년 형, 5년 형, 사형으로 다 다르오. 또한 갑과 을에 대해 동일한 처분을 내리자고 하는 사람도 없소. 갑을 사면하거나 사형에 처해야 한다는 의견을 내놓은 두 명은 을에게 1년 형이나 5년 형을 내려야 한다고 하는데 이 견해는 받아들이겠소. 갑은 모친의 장례를 치르고자 자식을 팔았으니 특별히 사면하도록 하시오. 하지만 을은 5년 형에 처하도록 하시오.

〈판결 이후 네 명의 대화〉

A : 결국 우리 중에서 황제의 판결과 완전히 일치하는 견해를 내놓은 사람은 없구려. 갑이나 을 누구도 사형시켜서는 안 된다는 내 의견을 다행히 황제께서 받아들이셨소.

B : 그 의견은 나도 올렸소. 다만 갑을 사면해서는 안 된다는 내 의견을 받아들이지 않으신 것은 안타깝구려.

C : 을을 사형시키자는 D의 의견도 받아들이지 않으셨소.

D : 그런데 내가 갑에 대해 주장한 처분이 공교롭게도 A가 을에 대해 주장한 처분과 같구려.

① A는 갑을 5년 형에 처하자고 했을 것이다.

② B는 을을 사면하자고 했을 것이다.

③ C는 갑을 사형에 처하자고 했을 것이다.

④ C는 을을 5년 형에 처하자고 했을 것이다.

⑤ D는 갑을 1년 형에 처하자고 했을 것이다.

03 도표의 활용

A ~ E 사건 중 인질범이 투항할 가능성이 높은 것은? 제2회 2010 LEET 문29

인질협상팀은 '위압적 언동 약화', '범인 · 인질 간 대화 증가', '교섭 빈도 증가', '요구 수준 저하', '합의 사항 이행'이라는 5개 징후를 통해 인질범과의 협상 진전 여부를 판단한다. 이 5개 징후 사이에는 다음과 같은 〈관계〉가 있으며, 이 중 4개 이상의 징후가 나타나면 인질범이 투항할 가능성이 높은 것으로 본다. 인질사건 A, B, C, D, E에서 아래 〈상황〉이 나타났다.

〈관계〉
- ○ '위압적 언동 약화'와 '교섭 빈도 증가'는 동시에 나타난다.
- ○ '요구 수준 저하'가 나타나면 '범인 · 인질 간 대화 증가'가 나타난다.
- ○ '합의 사항 이행'이 나타나면 '범인 · 인질 간 대화 증가'와 '교섭 빈도 증가'가 나타난다.

〈상황〉
- ○ '위압적 언동 약화'가 A 사건에서 나타났다.
- ○ '범인 · 인질 간 대화 증가'가 B 사건에서 나타났고 C 사건에서는 나타나지 않았다.
- ○ '교섭 빈도 증가'가 C 사건과 D 사건에서 나타났다.
- ○ '요구 수준 저하'가 E 사건에서 나타났고 A 사건에서는 나타나지 않았다.
- ○ '합의 사항 이행'이 D 사건에서 나타나지 않았다.
- ○ 각 징후는 1개 이상 3개 이하의 사건에서 나타났다.

① A ② B ③ C
④ D ⑤ E

다음으로부터 추론한 것으로 옳은 것만을 [보기]에서 있는 대로 고른 것은? 제6회 2014 LEET 문21

6명의 선수 A, B, C, D, E, F가 참가하는 어떤 게임은 다음 조건을 만족한다고 한다. 이 게임에서 선수 X가 선수 Y에게 우세하면 선수 Y는 선수 X에게 열세인 것으로 본다.

○ A, B, C 각각은 D, E, F 중 정확히 2명에게만 우세하다.
○ D, E, F 각각은 A, B, C 중 정확히 2명에게만 열세이다.
○ A는 D와 E에게 우세하다.

보기

ㄱ. C는 E에게 우세하다.
ㄴ. F는 B와 C에게 열세이다.
ㄷ. B가 E에게 우세하면 C는 D에게 우세하다.

① ㄱ ② ㄴ ③ ㄷ
④ ㄱ, ㄷ ⑤ ㄴ, ㄷ

다음에서 추론한 것으로 옳은 것만을 [보기]에서 있는 대로 고른 것은? 제8회 2016 LEET 문31

어떤 국가는 A, B, C, D, E, F의 6개 주(州)로 구성되어 있다. 각 주는 하나의 덩어리 형태이며 다음과 같이 접경을 이루고 있다.

○ A는 C 이외의 모든 주와 접경을 이루고 있다.
○ B는 A, C, D, F와만 접경을 이루고 있다.
○ C는 B, D와만 접경을 이루고 있다.
○ D, E, F는 서로 접경을 이루지 않는다.

이제 빨강, 주황, 초록, 파랑, 보라의 5개 색을 사용하여 6개 주를 색칠하려고 한다. 각 주는 하나의 색만을 사용하여 색칠되어야 한다. 또한 아래와 같은 조건들이 주어진다.

〈조건 1〉 A는 초록색으로 칠한다.
〈조건 2〉 C와 F는 보라색으로 칠한다.
〈조건 3〉 접경을 이룬 주끼리 같은 색을 사용해서는 안 된다.
〈조건 4〉 파란색과 보라색은 접경을 이룬 주끼리 사용될 수 없다.
〈조건 5〉 5개의 색이 모두 사용되어야 한다.

보기

ㄱ. E는 파란색이다.
ㄴ. B가 주황색이면 D는 빨간색이다.
ㄷ. 위의 조건들 중 〈조건 5〉를 없애면 최소 3개의 색으로 6개의 주를 모두 색칠할 수 있다.

① ㄱ ② ㄷ ③ ㄱ, ㄴ
④ ㄴ, ㄷ ⑤ ㄱ, ㄴ, ㄷ

06

일대다 대응문제

다음에서 추론한 것으로 옳은 것만을 [보기]에서 있는 대로 고른 것은? 제8회 2016 LEET 문33

일렬로 위치한 5개 사무실에 회사 A, B, C, D, E가 입주해 있다. 각 회사는 로고 색이 한 가지 색으로 되어 있고, 음료와 과자를 하나씩 생산하며, 수출대상국이 한 국가씩 있다. 5개 회사의 로고 색, 음료, 과자, 수출대상국은 모두 다르다.

로고 색 : 연두색, 회색, 보라색, 하늘색, 검정색
음료 : 생수, 커피, 이온음료, 녹차, 주스
과자 : 와플, 전병, 비스킷, 마카롱, 쌀과자
수출대상국 : 싱가포르, 중국, 태국, 일본, 대만

○ 생수를 생산하는 회사의 사무실은 정 가운데 위치한다.
○ C회사의 사무실은 가장 왼쪽에 위치하고, 보라색 로고의 회사 사무실 옆에 위치한다.
○ 연두색 로고의 회사는 커피를 생산하고, 그 사무실은 회색 로고의 회사 사무실 왼쪽에 붙어있다.
○ A회사의 로고는 하늘색이다.
○ 검정색 로고의 회사는 싱가포르로 수출하며, 와플을 생산하는 회사 사무실 옆에 위치한다.
○ 태국에 수출하는 회사의 사무실은 주스를 생산하는 회사의 사무실 오른쪽에 붙어있다.

보기

ㄱ. A회사는 생수를 생산한다.
ㄴ. 싱가포르에 수출하는 회사는 주스를 생산한다.
ㄷ. 보라색 로고의 회사는 중국에 수출한다.

① ㄱ ② ㄴ ③ ㄷ
④ ㄱ, ㄴ ⑤ ㄴ, ㄷ

07

일대다
대응문제

다음으로부터 추론한 것으로 옳은 것만을 [보기] 에서 있는 대로 고른 것은? 제14회 2022 LEET 문32

오래 전에 바다가 침몰했던 배에서 총 6개의 유물 A, B, C, D, E, F가 발견되었다. 이 유물들은 각각 고구려, 백제, 신라 중 한 나라에서 만들었다고 한다. 역사학자들은 이 6개의 유물을 정밀 조사하여 다음과 같은 사실을 밝혀냈다.

- ○ C와 E는 같은 나라에서 만들었다.
- ○ A와 C는 다른 나라에서 만들었다.
- ○ 신라에서 만든 유물의 수는 백제에서 만든 유물의 수보다 크다.
- ○ B는 고구려에서 만들었고 F는 백제에서 만들었다.

보기

ㄱ. A는 백제에서 만든 유물이 아니다.
ㄴ. C가 고구려에서 만든 유물이면 D는 신라에서 만든 유물이다.
ㄷ. E를 만든 나라의 유물이 가장 많다.

① ㄱ ② ㄴ ③ ㄱ, ㄷ
④ ㄴ, ㄷ ⑤ ㄱ, ㄴ, ㄷ

3 묶기(Grouping) 문제

08

가정에 따른 모순 여부 판단

다음으로부터 바르게 추론한 것만을 [보기]에서 있는 대로 고른 것은? 제5회 2013 LEET 문13

(가)~(마) 팀이 현재 수행하고 있는 과제의 수는 다음과 같다.

(가) 팀 : 0
(나) 팀 : 1
(다) 팀 : 2
(라) 팀 : 2
(마) 팀 : 3

이 과제에 추가하여 8개의 새로운 과제 a, b, c, d, e, f, g, h를 다음 〈지침〉에 따라 (가) ~ (마) 팀에 배정한다.

〈지침〉

○ 어느 팀이든 새로운 과제를 적어도 하나는 맡아야 한다.
○ 기존에 수행하던 과제를 포함해서 한 팀이 맡을 수 있는 과제는 최대 4개이다.
○ 기존에 수행하던 과제를 포함해서 4개 과제를 맡는 팀은 둘이다.
○ a, b는 한 팀이 맡아야 한다.
○ c, d, e는 한 팀이 맡아야 한다.

[보기]

ㄱ. a를 (나) 팀이 맡을 수 없다.
ㄴ. f를 (가) 팀이 맡을 수 있다.
ㄷ. 기존에 수행하던 과제를 포함해서 2개 과제를 맡는 팀이 반드시 있다.

① ㄱ ② ㄴ ③ ㄱ, ㄷ
④ ㄴ, ㄷ ⑤ ㄱ, ㄴ, ㄷ

CHAPTER 3
진실·거짓 퍼즐

본 장에서는 참 · 거짓 유형의 문제를 중심으로
문제 해결의 일반적인 접근방법과 개별 문제의 특징에 맞는
해결 방법을 모색해 보도록 한다.

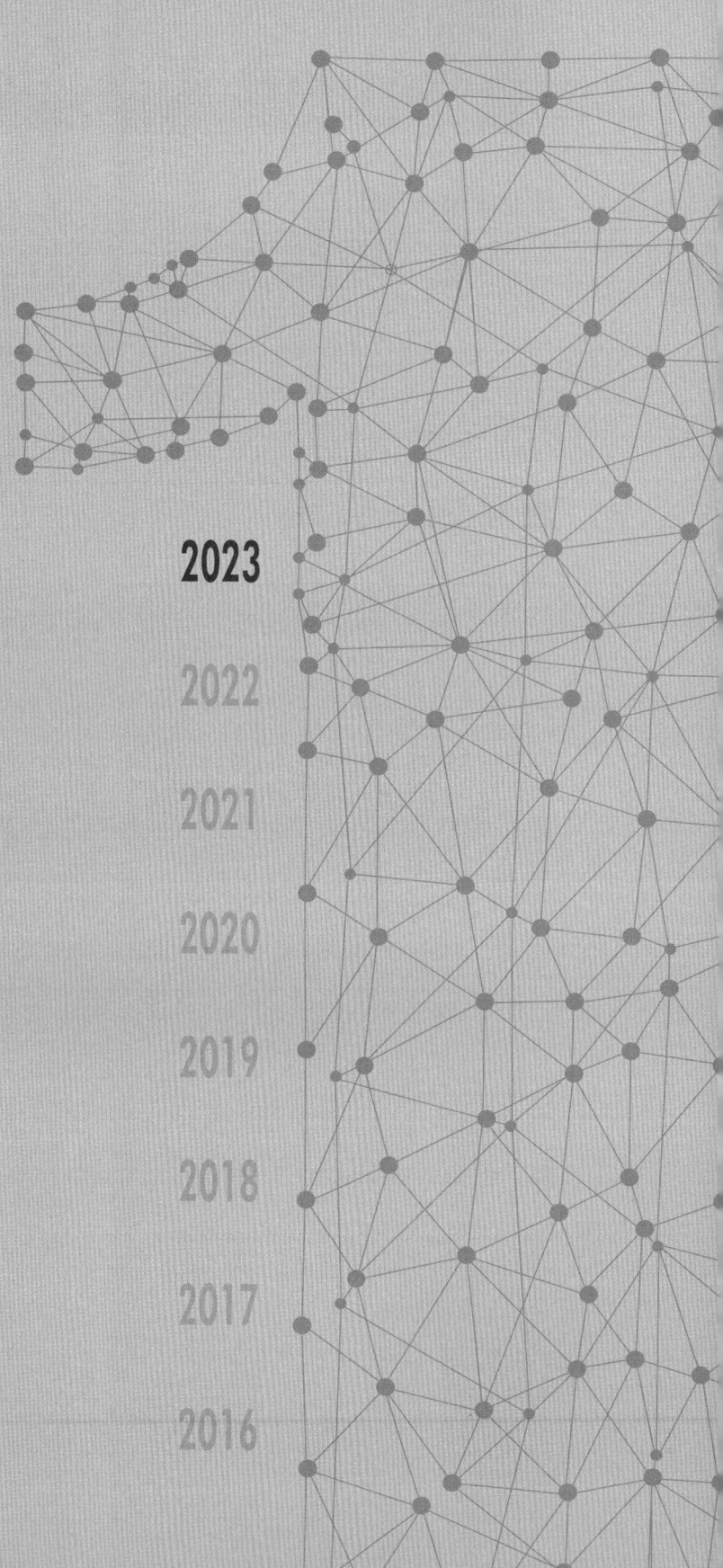

2023
2022
2021
2020
2019
2018
2017
2016

Ⅰ. 참·거짓 퍼즐 유형 개관

1 문제 유형 정의

진실 또는 거짓 퍼즐 문제란 참인 진술과 거짓인 진술로 구성된 퍼즐 문제를 말한다. 제시된 진술이 참과 거짓으로 구성되어 있으나 어느 진술이 참인지 거짓인지 모르는 상황에서 주어진 정보를 이용하여 문제에서 요구하는 바를 찾아가는 문제이다. 어느 진술이 참인 진술이고 어느 진술이 거짓인 진술인지 찾을 것을 요구하기도 하고, 제시된 진술에 근거하여 특정 정보를 찾을 것을 요구하기도 한다.

2 참 · 거짓 문제의 해결

참 · 거짓 문제 해결의 기본적인 아이디어는 참인 진술과 거짓인 진술 간에는 모순이 발생한다는 점을 이용하는 것이다.

> ▶ **직접추론**
> 주어진 조건에 따라 가능한 경우를 하나씩 검토하면서 다른 진술과의 조화 여부를 통해 가능성 유무를 판단하여 문제를 해결한다.

> ▶ **간접추론**
> 판단해야 하는 진술이 참이라고 가정하고서 모순이 발생하는지 여부를 따져 문제를 해결한다. 특히 제시된 정보가 상당히 제한적일 때 직접추론을 통해서는 너무나 많은 경우를 고려해야 한다면 간접추론을 통한 문제 해결이 더 적절할 수 있다.

Ⅱ. 참·거짓 퍼즐 문제의 유형별 학습

1 기본 문제

01
참·거짓 퍼즐

다음 다섯 사람 중 오직 한 사람만이 거짓말을 하고 있다. 거짓말을 하고 있는 사람은? PSAT 기출

A : B는 거짓말을 하고 있지 않다.
B : C의 말이 참이면 D의 말도 참이다.
C : E는 거짓말을 하고 있다.
D : B의 말이 거짓이면 C의 말은 참이다.
E : A의 말이 참이면 D의 말은 거짓이다.

① A ② B ③ C ④ D ⑤ E

2 효율적인 문제해결 방법의 모색

02
효율적인 문제 해결의 단서

다음으로부터 바르게 추론한 것은? 제5회 2013 LEET 문14

이번 학기에 4개의 강좌 〈수학사〉, 〈정수론〉, 〈위상수학〉, 〈조합수학〉이 새로 개설된다. 수학과장은 강의 지원자 A, B, C, D, E 중 4명에게 각 한 강좌씩 맡기려 한다. 배정 결과를 궁금해 하는 A~E는 다음과 같이 예측했다.

A : "B가 〈수학사〉 강좌를 담당하고 C는 강좌를 맡지 않을 것이다."
B : "C가 〈정수론〉 강좌를 담당하고 D의 말은 참일 것이다."
C : "D는 〈조합수학〉이 아닌 다른 강좌를 담당할 것이다."
D : "E가 〈조합수학〉 강좌를 담당할 것이다."
E : "B의 말은 거짓일 것이다."

배정 결과를 보니 이 중 한 명의 진술만 거짓이고, 나머지는 참임이 드러났다.

① A는 〈수학사〉를 담당한다.
② B는 〈위상수학〉을 담당한다.
③ C는 강좌를 맡지 않는다.
④ D는 〈조합수학〉을 담당한다.
⑤ E는 〈정수론〉을 담당한다.

다음으로부터 추론한 것으로 옳은 것만을 보기 에서 있는 대로 고른 것은? 제6회 2014 LEET 문33

한 아파트에서 발생한 범죄 사건의 용의자로 유석, 소연, 진우가 경찰에서 조사를 받았다. 사건이 발생한 아파트에서 피해자와 같은 층에 사는 사람은 이 세 사람뿐인데, 이들은 각각 다음과 같이 차례로 진술하였다. 이 중 진우의 두 진술 ⓔ와 ⓕ는 모두 참이거나 또는 모두 거짓이다.

유석
- ⓐ: "범행 현장에서 발견된 칼은 진우의 것이다."
- ⓑ: "나는 피해자를 만나본 적이 있다."

소연
- ⓒ: "피해자와 같은 층에 사는 사람은 모두 피해자를 만난 적이 있다."
- ⓓ: "피해자와 같은 층에 사는 사람 중에서 출근이 가장 늦은 사람은 유석이다."

진우
- ⓔ: "유석의 두 진술은 모두 거짓이다."
- ⓕ: "소연의 두 진술은 모두 참이다."

보기

ㄱ. ⓑ가 거짓이면, 범행 현장에서 발견된 칼은 진우의 것이다.

ㄴ. ⓒ가 참이면, 범행 현장에서 발견된 칼은 진우의 것이다.

ㄷ. ⓐ가 거짓이고 ⓓ가 참이면, 소연과 진우 중 적어도 한 사람은 피해자를 만난 적이 없다.

① ㄱ　② ㄴ　③ ㄱ, ㄷ　④ ㄴ, ㄷ　⑤ ㄱ, ㄴ, ㄷ

04

효율적인 문제해결의 단서 찾기

다음으로부터 추론한 것으로 옳은 것은? 제7회 2015 LEET 문20

어떤 회사가 A, B, C, D 네 부서에 한 명씩 신입 사원을 선발하였다. 지원자는 총 5명이었으며, 선발 결과에 대해 다음과 같이 진술하였다. 이중 1명의 진술만 거짓으로 밝혀졌다.

지원자 1 : 지원자 2가 A 부서에 선발되었다.
지원자 2 : 지원자 3은 A 또는 D 부서에 선발되었다.
지원자 3 : 지원자 4는 C 부서가 아닌 다른 부서에 선발되었다.
지원자 4 : 지원자 5는 D 부서에 선발되었다.
지원자 5 : 나는 D 부서에 선발되었는데, 지원자 1은 선발되지 않았다.

① 지원자 1은 B 부서에 선발되었다.
② 지원자 2는 A 부서에 선발되었다.
③ 지원자 3은 D 부서에 선발되었다.
④ 지원자 4는 B 부서에 선발되었다.
⑤ 지원자 5는 C 부서에 선발되었다.

05
문제해결의
단서 찾기

다음으로부터 추론한 것으로 옳지 않은 것은? 제12회 2020 LEET 문32

> 네 명의 피의자 甲, 乙, 丙, 丁은 다음과 같이 진술하였다. 단, 이 네 명 이외에 범인이 존재할 가능성은 없다.
>
> 甲 : 丙이 범인이다.
> 乙 : 나는 범인이 아니다.
> 丙 : 丁이 범인이다.
> 丁 : 丙의 진술은 거짓이다.

① 범인이 두 명이면 범인 중 적어도 한 명의 진술은 거짓이다.
② 거짓인 진술을 한 사람이 세 명이면 乙은 범인이다.
③ 범인이 세 명이면 두 명 이상의 진술이 거짓이다.
④ 丙과 丁 중에 적어도 한 명의 진술은 거짓이다.
⑤ 乙이 범인이 아니면 두 명 이상의 진술이 참이다.

06

두 문장으로 구성된 진술

다음으로부터 추론한 것으로 옳은 것만을 [보기]에서 있는 대로 고른 것은? 제14회 2022 LEET 문34

어떤 사건에 대하여 네 명의 용의자 갑, 을, 병, 정에게 물었더니 다음과 같이 각각 대답하였다.

갑: "병은 범인이다. 범인은 두 명이다."
을: "내가 범인이다. 정은 범인이 아니다."
병: "나는 범인이다. 범인은 나를 포함하여 세 명이다."
정: "나는 범인이 아니다. 갑은 범인이다."

각각 두 문장으로 구성된 갑, 을, 병, 정 네 사람 각자의 대답에서 한 문장은 참이고 다른 한 문장은 거짓이라고 한다.

보기

ㄱ. 갑의 대답 중 "범인은 두 명이다."는 거짓이다.
ㄴ. 을은 범인이다.
ㄷ. 병과 정 중에서 한 명만 범인이면 갑은 범인이 아니다.

① ㄱ ② ㄴ ③ ㄱ, ㄷ
④ ㄴ, ㄷ ⑤ ㄱ, ㄴ, ㄷ

CHAPTER 4
수학적 퍼즐 및 기타

본 장에서는 수학적 원리를 기초로 구성된 퍼즐 문제와 기타 논리퍼즐을 중심으로 문제 해결 방법을 모색해 보도록 한다.

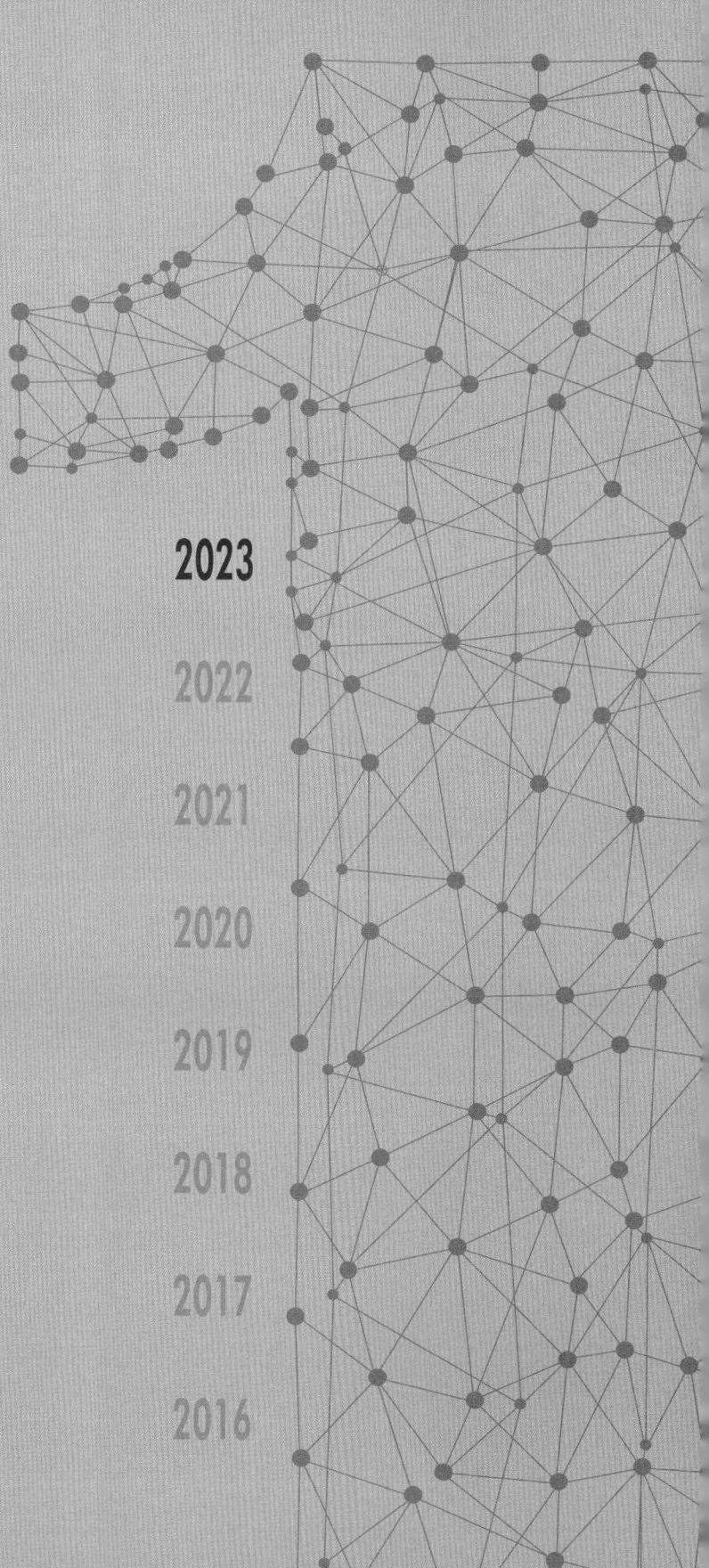

2023

2022

2021

2020

2019

2018

2017

2016

Ⅰ. 수학적 퍼즐 및 기타 유형 개관

1 수학적 퍼즐 문제의 유형 정의

수학적인 퍼즐 문제는 수학적 원리를 기반으로 구성된 퍼즐 문제로 이해하면 좋을 듯하다. 사실 수리추리의 문제와 수학적 퍼즐 문제를 구분하는 명확한 기준을 제시하는 것이 쉽지는 않다. 따라서 본서에서는 수리추리에서 다루지 않은 문제들을 수학적 퍼즐이라는 이름으로 살펴보도록 하겠다. 일반적으로 수학적 퍼즐에는 숫자를 이용한 퍼즐, 도형을 이용한 퍼즐, 수학적 논리를 요구하는 퍼즐 등이 있다. 구체적으로는 논리퍼즐, 정수론, 게임, 저울질, 확률과 경우의 수, 산술, 복면산, 마방진, 수열, 기하 그리고 성냥개비 등이 있다.

2 토너먼트와 풀리그 게임

풀리그란 참가한 각 팀이 같은 조에 있는 다른 팀과 각기 한 번씩 대전하는 방식이며, 토너먼트는 각 경기마다 패자는 탈락하고 최후에 남는 두 팀이 우승을 겨루는 방식이다.

3 규칙성을 찾아내는 문제

규칙성을 찾아내는 문제로 대표적인 것은 암호를 해독하는 문제가 있다. 암호 문제는 일본공무원적성시험에서 이미 전형적인 유형으로 자리 잡은 문제 유형으로 원문과 주어진 암호문을 잘 비교하여 암호의 특징을 파악하여야 하는 유형이라 할 수 있다.

4 마방진과 복면산[5)]

(1) 마방진(魔方陣, magic square)

자연수를 정사각형 모양으로 나열하여 가로, 세로, 대각선으로 배열된 각각의 수의 합이 전부 같아지게 만든 것을 말한다. 마방진(魔方陣)은 n^2개의 수를 가로, 세로, 대각선 방향의 수를 더하면 모두 같은 값이 나오도록 $n \times n$ 행렬에 배열한 것이다. 일반적으로 마방진의 각 칸에는 1부터 n^2까지의 수가 한 개씩 들어간다. 마방진은 n이 2일 때를 제외하고 항상 존재한다.

각 행의 합과 각 열의 합, 그리고 각 대각선의 합 M은 n에만 관계가 있고, 이 값은 다음과 같다.

---

5) 위키백과 인용

$$M(n) = \frac{n^3 + n}{2}$$

1	15	14	4
12	6	7	9
8	10	11	5
13	3	2	16

(2) 복면산(覆面算)

복면산(覆面算)은 수학 퍼즐의 한 종류로, 문자를 이용하여 표현된 수식에서 각 문자가 나타내는 숫자를 알아내는 문제이다. 숫자를 문자로 숨겨서 나타내므로 숫자가 "복면"을 쓰고 있는 연산이라는 뜻에서 복면산이라 이름 지어졌다.

복면산의 예로는 헨리 어니스트 듀드니가 1924년 7월에 발표한 다음 문제가 특히 유명하다.

S E N D + M O R E = M O N E Y

복면산 문제는 특별한 언급이 없는 한, 같은 문자는 같은 숫자를 나타내고 서로 다른 문자는 서로 다른 문자를 나타내는 것으로 생각하며, 첫 번째 자리의 숫자는 0이 아니라고 가정하는 것이 보통이다. 또한, 대개의 경우 복면산 문제의 답은 유일해야 한다.

▶ 복면산의 예

예 1) ABCD × E = DCBA

⇒ A = 2, B = 1, C = 7, D = 8, E = 4

예 2) SEND + MORE = MONEY

이 문제와 같이 뜻이 있는 문장을 이루는 경우를 특별히 alphametic이라 구별하여 부르기도 한다.

⇒ D = 7, E = 5, M = 1, N = 6, O = 0, R = 8, S = 9, Y = 2

예 3) FORTY + TEN + TEN = SIXTY

문장 자체가 참인 등식을 뜻할 경우를 특별히 이중으로 옳은 복면산(doubly true alphametic)이라 부른다.

⇒ E = 5, F = 2, I = 1, N = 0, O = 9, R = 7, S = 3, T = 8, X = 4, Y = 6

5 복합적인 추리를 요하는 논리퍼즐 문제

인문, 사회, 과학기술 분야의 개념, 가설, 이론, 실험 등의 소재를 가공하여 특정한 상황에서의 복합적인 추리를 요구하는 논리게임 문항들이 하나의 문제 유형으로 자리잡아가고 있다.

Ⅱ. 수학적 퍼즐 및 기타 문제의 유형별 학습

1 토너먼트와 리그전

01

경기 수 및 상대전적의 추론

다음은 '갑', '을', '병' 세 사람이 벌인 탁구 시합의 진행 방법과 결과이다. 이에 대한 추론으로 옳은 것만을 보기 에서 있는 대로 고른 것은?

제1회 2009 LEET 문6

〈진행 방법〉

○ 첫 시합을 할 두 선수는 제비뽑기로 정한다.

○ 두 사람이 시합을 하고 나머지 한 사람은 대기한다.

○ 시합에서 이긴 사람은 대기한 사람과 시합을 한다.

○ 7번을 이긴 사람이 처음 나올 때까지 시합을 계속한다.

○ 무승부는 없다.

〈결과〉

갑과 병이 첫 시합을 하였다. 모든 시합이 끝났을 때, 갑은 7번을, 을은 6번을, 병은 2번을 이겼다. 을과 병 두 사람 사이의 시합에서는 서로 이긴 횟수가 같았다.

보기

ㄱ. 총 시합 수는 30이다.

ㄴ. 갑은 병과 모두 4번 시합을 하였다.

ㄷ. 을과 병 사이의 전적은 2승 2패이다.

① ㄴ　② ㄷ　③ ㄱ, ㄴ

④ ㄱ, ㄷ　⑤ ㄴ, ㄷ

02
리그전에서의 게임별 점수 추론

다음으로부터 추론한 것으로 옳은 것만을 보기 에서 있는 대로 고른 것은? 제6회 2014 LEET 문35

A, B, C, D 네 팀이 서로 한 번씩 상대하여 총 6번 경기를 치르는 축구 리그전에서 각 팀이 2번씩 경기를 치렀다. 각 팀은 다음 〈규칙〉에 따라 승점을 얻는다.

〈규칙〉
○ 이기면 승점 3점, 비기면 승점 1점, 지면 승점 0점을 얻는다.
○ 승부차기는 없다.

4번의 경기를 치른 결과가 다음과 같다.

팀	승점	득점	실점
A	4	3	2
B	4	2	1
C	3	3	2
D	0	0	3

보기

ㄱ. A와 B는 0 : 0으로 비겼다.
ㄴ. B는 C와 아직 경기를 하지 않았다.
ㄷ. C는 D에 2 : 0으로 이겼다.

① ㄱ ② ㄴ ③ ㄱ, ㄷ
④ ㄴ, ㄷ ⑤ ㄱ, ㄴ, ㄷ

03 토너먼트/참거짓퍼즐

다음으로부터 추론한 것으로 옳은 것만을 보기 에서 있는 대로 고른 것은? 제11회 2019 LEET 문31

> 8개의 축구팀 A, B, C, D, E, F, G, H가 다음 단계 1~3에 따라 경기하였다.
>
> 단계 1 : 8개의 팀을 두 팀씩 1, 2, 3, 4조로 나눈 후, 각 조마다 같은 조에 속한 두 팀이 경기를 하여 이긴 팀은 준결승전에 진출한다.
>
> 단계 2 : 1조와 2조에서 준결승전에 진출한 팀끼리 경기를 하여 이긴 팀이 결승전에 진출하고, 3조와 4조에서 준결승전에 진출한 팀끼리 경기를 하여 이긴 팀이 결승전에 진출한다.
>
> 단계 3 : 결승전에 진출한 두 팀이 경기를 하여 이긴 팀이 우승한다.
>
> 무승부 없이 단계 3까지 마친 경기 결과에 대하여 갑, 을, 병, 정이 아래와 같이 진술하였다.
>
> 갑 : A는 2승 1패였다.
> 을 : E는 1승 1패였다.
> 병 : C는 준결승전에서 B에 패했다.
> 정 : H가 우승하였다.
>
> 그런데 이 중에서 한 명만 거짓말을 한 것으로 밝혀졌다.

보기

ㄱ. 을의 진술은 참이다.
ㄴ. 갑이 거짓말을 하였으면 H는 준결승전에서 E를 이겼다.
ㄷ. H가 1승이라도 했다면 갑 또는 병이 거짓말을 하였다.

① ㄴ　② ㄷ　③ ㄱ, ㄴ
④ ㄱ, ㄷ　⑤ ㄱ, ㄴ, ㄷ

2 규칙성 추론

04
효율적인 문제 해결 방법의 모색

다음 글로부터 추론한 것으로 옳은 것만을 보기 에서 있는 대로 고른 것은? 제4회 2012 LEET 문29

번역사 P는 고객 A, B, C로부터 문서를 의뢰받아 번역 일을 한다. P는 하루에 10쪽씩 번역한다. 모든 번역 의뢰는 매일 아침 업무 시작 전에 접수되며, A, B, C가 의뢰를 처음 시작하는 날짜는 동일하다. 고객들은 다음과 같이 일정한 주기로 일정한 분량을 의뢰하고, 모든 문서에는 각각 작업 기한이 있다.

○ A는 3일 주기로 10쪽의 문서를 의뢰하고, 기한은 3일이다.
○ B는 4일 주기로 20쪽의 문서를 의뢰하고, 기한은 4일이다.
○ C는 5일 주기로 10쪽의 문서를 의뢰하고, 기한은 5일이다.

P는 다음 원칙에 따라 번역한다.

○ 남은 기한이 짧은 문서를 우선 번역한다.
○ 남은 기한이 같으면 먼저 의뢰받은 문서를 우선 번역한다.
○ 우선순위가 더 높은 문서가 들어오면 현재 번역 중인 문서는 보류하고 우선순위가 높은 문서를 먼저 번역한다.

보기

ㄱ. P는 5일째 되는 날 A의 두 번째 문서를 번역한다.
ㄴ. P는 8일째 되는 날 C의 문서를 번역한다.
ㄷ. P는 60일째 되는 날, 그날까지 의뢰받은 A, B, C의 모든 문서를 번역할 수 있다.

① ㄱ ② ㄷ ③ ㄱ, ㄴ
④ ㄴ, ㄷ ⑤ ㄱ, ㄴ, ㄷ

다음 글로부터 추론한 것으로 옳은 것만을 [보기]에서 있는 대로 고른 것은? 제4회 2012 LEET 문31

컴퓨터 운영체제는 메모리를 여러 개의 영역으로 나누어서 관리한다. 메모리가 4개의 영역으로 구성된 컴퓨터가 있다고 하자. 운영체제는 표를 이용하여 각 영역이 사용되는 순서를 다음의 방법으로 기록한다.

- 표를 하나 만들어 초기 상태를 〈표 1〉과 같이 설정한다.
- 영역 k가 사용되면 표의 k번째 행의 모든 값을 1로 바꾼 후, k번째 열의 모든 값을 0으로 바꾼다(k는 1, 2, 3, 4 중 하나이다). 예를 들어 〈표 1〉이후 영역 1, 2, 3이 순서대로 사용되었다면, 표는 〈표 2〉, 〈표 3〉, 〈표 4〉와 같이 순서대로 변한다.

0	0	0	0
1	0	0	0
1	1	0	0
1	1	1	0

〈표 1〉

0	1	1	1
0	0	0	0
0	1	0	0
0	1	1	0

〈표 2〉

0	0	1	1
1	0	1	1
0	0	0	0
0	0	1	0

〈표 3〉

0	0	0	1
1	0	0	1
1	1	0	1
0	0	0	0

〈표 4〉

보기

ㄱ. 〈표 4〉 이후에 영역 4, 1, 3이 순서대로 사용되었다면 결과는 〈표 5〉와 같다.
ㄴ. 모든 영역이 한 번 이상 사용된 이후의 결과가 〈표 6〉과 같다면 가장 최근에 사용된 것은 영역 3이다.
ㄷ. 모든 영역이 한 번 이상 사용된 이후의 결과가 〈표 7〉과 같다면 X의 값은 0이다.

0	1	0	1
0	0	0	0
1	1	0	1
0	1	0	0

〈표 5〉

0	0	0	1
1	0	1	1
1	0	0	1
0	0	0	0

〈표 6〉

0	1	0	X
0	0	0	0
1	1	0	1
1	1	0	0

〈표 7〉

① ㄱ　② ㄴ　③ ㄷ
④ ㄱ, ㄷ　⑤ ㄴ, ㄷ

06
규칙성 추론

다음으로부터 추론한 것으로 옳은 것만을 보기 에서 있는 대로 고른 것은? 제6회 2014 LEET 문34

어떤 경비업체는 보안 점검을 위탁받은 한 건물 내에서 20개의 점검 지점을 지정하여 관리하고 있다. 보안 담당자는 다음 〈규칙〉에 따라서 20개 점검 지점을 방문하여 이상 여부를 기록한다.

〈규칙〉
○ 첫 번째 점검에서는 1번 지점에서 출발하여 20번 지점까지 차례로 모든 지점을 방문한다.
○ 두 번째 점검에서는 2번 지점에서 출발하여 한 개 지점씩 건너뛰고 점검한다. 즉 2번 지점, 4번 지점, …, 20번 지점까지 방문한다. 또한 세 번째 점검에서는 3번 지점에서 출발하여 두 개 지점씩 건너뛰고 점검한다. 즉 3번 지점, 6번 지점, …, 18번 지점까지 방문한다.
○ 이런 식으로 방문이 이루어지다가 20번째 점검에서 모든 점검이 완료된다.

보기

ㄱ. 20번 지점은 총 6회 방문하게 된다.
ㄴ. 2회만 방문한 지점은 총 8개이다.
ㄷ. 한 지점을 최대 8회 방문할 수 있다.

① ㄱ　② ㄷ　③ ㄱ, ㄴ
④ ㄴ, ㄷ　⑤ ㄱ, ㄴ, ㄷ

3 기타

07
암호의 논리적 추론

다음으로부터 추론한 것으로 옳은 것만을 [보기]에서 있는 대로 고른 것은? 제11회 2019 LEET 문30

다음과 같이 10개의 숫자가 사각형 안에 적혀 있다.

1	2	3
4	5	6
7	8	9
	0	

숫자가 적혀 있는 두 사각형이 한 변을 서로 공유할 때 두 숫자가 '인접'한다고 하자. 서로 다른 6개의 숫자를 한 번씩만 사용하여 만든 암호에 대하여 다음 정보가 알려져 있다.

○ 4와 인접한 숫자 중 두 개가 사용되었다.
○ 6이 사용되었다면 9도 사용되었다.
○ 8과 인접한 숫자 중 한 개만 사용되었다.

보기

ㄱ. 8이 사용되었다.
ㄴ. 2와 3은 모두 사용되었다.
ㄷ. 5, 6, 7 중에 사용된 숫자는 한 개이다.

① ㄱ ② ㄴ ③ ㄱ, ㄷ
④ ㄴ, ㄷ ⑤ ㄱ, ㄴ, ㄷ

Legal
Education
Eligibility
Test

제4부
수리추리

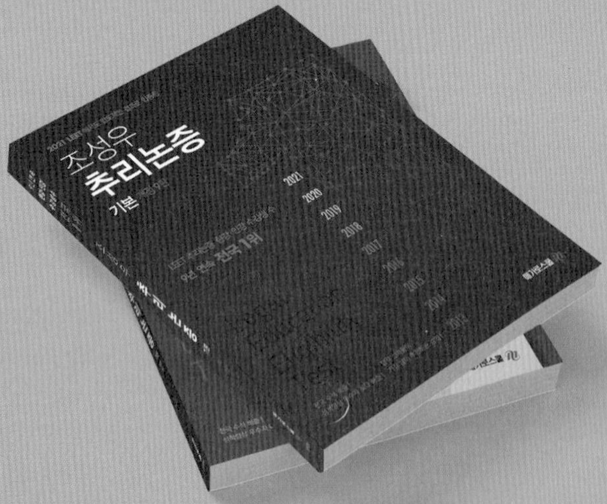

출제기관은 2016년 확정개선안에서 수리추리 문항을 수, 도형, 표, 그래프로 표현된 비언어적 정보로부터 추리나 간단한 수리 연산을 통해 새로운 정보를 추리할 수 있는지를 묻는 문항이라고 소개한 후, 수리추리를 간단한 수 계산이 필요한 '수리 연산' 문항과 도형, 표, 그래프, 통계 등에 의해 주어진 정보로부터 새로운 정보를 도출할 수 있는 능력을 평가하기 위한 '도형, 표, 그래프' 문항으로 나누어 설명하였다. 과거의 출제지침과 비교할 때 간략 제시한 것 외에는 크게 달라진 것은 없고 단지 출제비중을 낮추고자 하는 의도는 엿볼 수 있다.

인지활동영역		하위 범주
2016 확정개선안	수리 연산	논리적 추리와 수 연산을 통해 새로운 정보를 추리
	도형, 표, 그래프	도형, 표, 그래프, 통계 등에 의해 주어진 정보로부터 새로운 정보를 도출
과거 출제지침	수리 연산 및 대수	간단한 수 계산이나 방정식을 포함한 대수식을 이용하여 해결할 수 있는 문제
	도형 및 기하	도형의 성질이나 도형들의 관계를 이용하여 해결할 수 있는 문제
	게임이론 및 이산수학	경우의 수를 따져보거나 게임이론의 간단한 보수행렬 계산이나 비교를 통하여 해결할 수 있는 문제
	표, 그래프 다이어그램	표나 그래프, 다이어그램 등으로 주어진 자료에서 필요한 정보를 추출, 추리하는 문제

CHAPTER 1
수리 연산 및 대수

출제기관에서는 수리추리를 수학의 훈련이나
수학적 지식을 요구하지 않는 정도의 비언어적(non-verbal)
추리라고 정의하고 있다. 따라서 본 장에서 다룰 수리 연산
및 대수 역시 수학적으로 깊이 들어가기보다는
기본 개념에 대한 점검 후 관련 문제들을 학습하도록 한다.
특히 실전에서는 제한된 시간 내에 문제를 풀어야 한다는
점을 고려하여 '어떻게 하면 문제를 보다 효율적으로
해결할 수 있을까' 하는 점에 초점을 두어 학습하도록 한다.

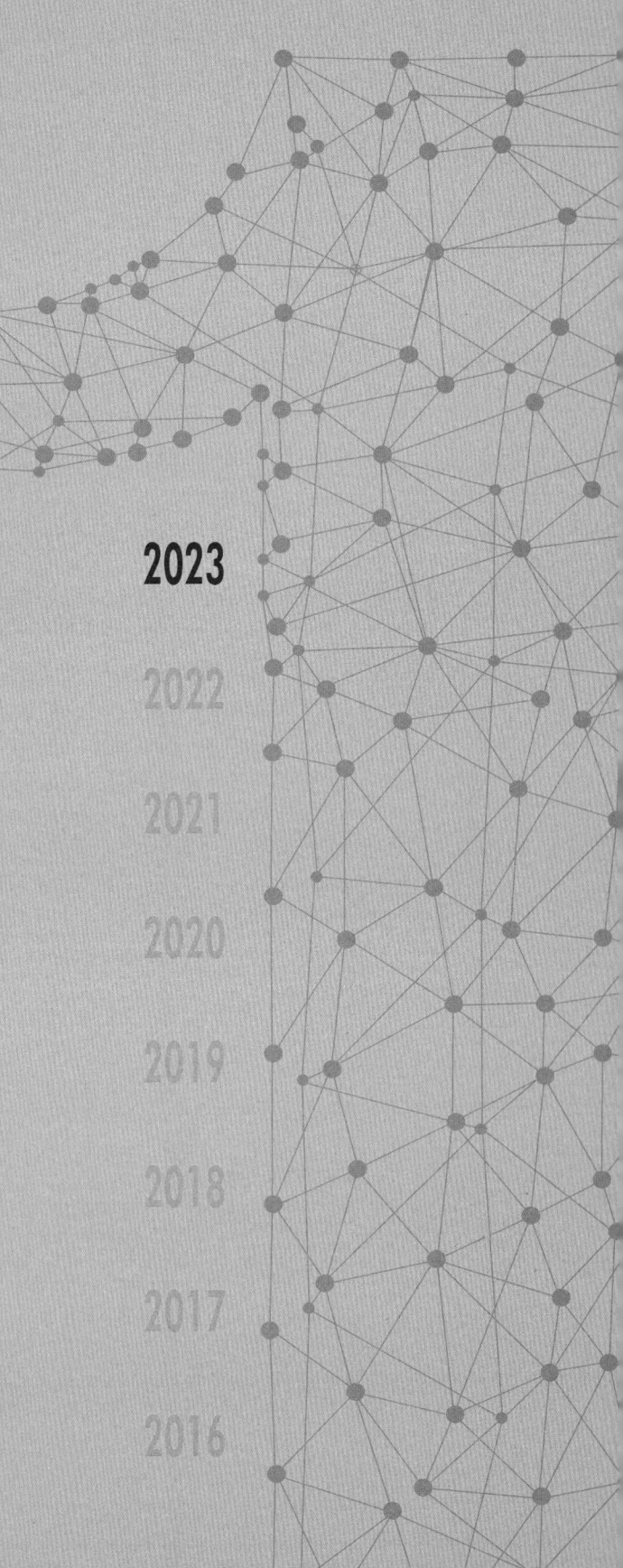

2023

2022

2021

2020

2019

2018

2017

2016

Ⅰ. 수리 연산 및 대수의 개념

수리 연산 및 대수를 비롯한 수리추리 문제는 문제를 풀어냈다는 데 만족하지 말고, 보다 빠른 해결에 초점을 두어 학습하여야 한다.

1 수리 연산(數理 演算)의 개념

출제기관은 수리연산 문항을 "언어적 정보와 수 정보로부터 논리적 추리와 수 연산을 통해 새로운 정보를 추리할 수 있는 능력을 측정하는 문항"이라고 소개하고 있다. 즉 수리연산은 간단한 수(數)의 계산(計算)[1)]을 포함한 논리적 추리라 할 수 있다.

(1) 연산 (演算, operation/calculation)

일반적으로 어떤 집합의 원소 사이에 일정한 조작을 적용하여 다른 원소를 이끌어 내는 것을 말한다. 즉 집합 S에 속하는 임의의 두 원소 a, b의 순서쌍 (a, b)에 S의 어떤 원소 c를 대응시키는 것 '(a, b)→c'를 연산이라고 한다. 이것을 연산기호 ⊙를 사용하여 나타내면 $a \odot b = c$이다.

(2) 연산기호

연산기호란 연산에서 사용되는 덧셈기호 +, 뺄셈기호 —, 곱셈기호 ×, 나눗셈기호 ÷, 등호 =, 제곱근풀이 기호 √ 등을 말한다. 연산 가운데 특히 덧셈 · 뺄셈 · 곱셈 · 나눗셈을 총칭하여 사칙연산이라 한다.

한편 집합 S에 어떤 연산 ⊙이 정의되어 있을 때, S에 속하는 임의의 두 원소 a, b에 대하여 $a \odot b$가 S에 속하면 집합 S는 연산 ⊙에 대하여 '닫혀 있다'고 한다. 예를 들면 자연수의 집합은 덧셈 · 곱셈에 대하여 닫혀 있고 뺄셈 · 나눗셈에 대하여 닫혀 있지 않으며, 정수의 집합은 덧셈 · 뺄셈 · 곱셈에 대하여 닫혀 있고 나눗셈에 대하여 닫혀 있지 않다. 또 유리수의 집합과 실수의 집합은 사칙연산에 대하여 모두 닫혀 있다(나눗셈의 경우 0으로 나누는 것은 제외).

(3) 연산의 기본법칙

연산의 기본법칙으로는 교환법칙 · 결합법칙 · 배분법칙이 있다. 실수 전체의 집합에서 덧셈 · 곱셈에 대하여 다음의 연산법칙이 성립한다.[2)]

---

1) 간단한 수의 계산이란 수학의 훈련이나 수학적 지식을 요구하지 않는 정도의 계산을 의미한다. 한국교육평가원에서는 수리추리 영역을 정의함에 있어 '수리 추리'란 수학의 훈련이나 수학적 지식을 요구하지 않는 정도의 비언어적 추리라고 정의하고 있다.

2) 집합의 연산에서는 임의의 세 집합 A, B, C에 대하여 교환법칙 $A \cup B = B \cup A$, $A \cap B = B \cap A$, 결합법칙 $(A \cup B) \cup C = A \cup (B \cup C)$, $(A \cap B) \cap C = A \cap (B \cap C)$, 분배법칙 $A \cup (B \cap C) = (A \cup B) \cap (A \cup C)$, $A \cap (B \cup C) = (A \cap B) \cup (A \cap C)$가 성립한다. 또 전체집합을 U라 할 때 임의의 부분집합 A, B에 대하여 ① $A \cup A^c = U$, $A \cap A^c = \varnothing$ ② $(A^c)^c = A$ ③ $U^c = \varnothing$, $\varnothing^c = U$ ④ $A - B = A \cap B^c$이 성립한다. 유리연산(더하기, 빼기, 곱하기, 나누기의 4가지 연산)에 대하여 거듭제곱, 거듭제곱근의 연산이 도입되었으며, 함수를 정의할 때 독립변수에 종속변수를 대응시키는 것도 일종의 연산이다. 연산은 컴퓨터에서도

- **교환법칙** a+b=b+a, a×b=b×a
- **결합법칙** (a+b)+c=a+(b+c), (a×b)×c=a×(b×c)
- **분배법칙** a×(b+c)=(a×b)+(a×c), (a+b)×c=(a×c)+(b×c)

2 대수의 개념

(1) 대수 [代數, 代數學, algebra]

대수(代數)란 대수학(代數學)을 의미한다. 대수학이란 수학의 한 분야로 수 대신에 문자를 쓰거나, 수학법칙을 간명하게 나타내는 것을 말한다.3) 대수학은 방정식의 문제를 푸는 데서 시작되었다.

⇒ 수리추리 영역 내 대수의 의미 : 방정식 4)을 포함한 대수식이 사용되는 문제

(2) 대수식 [代數式, algebraic expression]

문자와 숫자를 사칙연산 및 거듭제곱근풀이의 연산기호로 연결한 식이다. 유리식[有理式, rational expression]과 무리식[無理式, irrational expression]을 포함한다.5)

a, 2a+b, ab, $(a+b)^2$, a^2+b^2, xyz+2, 2+3은 모두 대수식이다. 여기서 a와 같이 계산 기호를 포함하지 않은 것과 2+3과 같이 문자를 전혀 포함하지 않은 것도 대수식이다.

쓰이는 용어로 산술연산과 논리연산이 있다. 산술연산은 +, -, ×, ÷ 등의 산술연산자를 이용하여 산술규칙에 따라 결과를 얻는 것이고, 논리연산은 논리곱(and), 논리합(or), 부정(not) 등의 논리연산자를 이용하여 논리적 사고방식에 따라 결과를 얻는 것이다.

3) 영어의 algebra는 al-jabr라는 아라비아어에서 유래하며, 방정식(方程式)의 이항을 의미한다. 우리말의 대수학은 중국어로 번역한 것을 답습하여 쓰고 있으며, 수 대신 문자를 써서 문제 해결을 쉽게 하고, 또 수학적 법칙을 일반적으로 또 간명하게 나타내는 것을 뜻한다. 어쨌든 방정식을 푸는 것이 이 분야의 출발점이었으나, 오늘날의 대수학은 그것에 그치지 않고 널리 수학 일반의 기초 분야가 된다. 넓은 뜻의 대수학에는 ① 대수방정식의 해법 및 연립방정식의 해법에 관한 사항을 중심으로 하는 <고전(古典)대수학> ② 추상적인 군(群)·체(體)·환(環) 등의 대수계(代數系)를 중심으로 한 <추상(抽象)대수학> ③ 정수론(整數論)·대수기하학 등에서의 연구방법이 앞의 ②의 방법과 깊은 관련성이 있는 분야가 포함된다.

4) 방정식이란 문자의 값에 따라 참, 거짓이 달라지는 등식을 말하고, 어떤 값을 대입하여도 성립하는 등식을 항등식이라 한다. 또, 방정식을 성립시키는 x의 값을 해 또는 근이라 한다. cf) 부등식이란 부등호 〉, 〈, ≧, ≦를 사용하여 두 수 또는 두 식의 대소 관계를 나타낸 식을 말한다.

5) 다항식과 분수식을 합쳐서 유리식이라고 하며 이러한 유리식 가운데서 분모에 문자를 포함하지 않은 것을 다항식, 분모에 문자를 포함한 것을 분수식이라고 한다. 식을 정리했을 때, 근호 안에 문자가 포함되어 있는 식을 무리식이라 한다.

Ⅱ. 수리 연산 및 대수 문제의 유형별 학습

1 시간과 속력을 이용한 문제

01
효율적인 문제
해결의 모색

어떤 시합에 대한 다음의 설명으로부터 추론한 것으로 옳은 것만을 [보기]에서 있는 대로 고른 것은?

제1회 2009 LEET 문5

갑, 을, 병은 A에서 동시에 출발하여 B를 거쳐 C까지 경주한다. 출발선에서 갑, 을, 병은 각각 구두, 등산화, 운동화를 신고 있다. 등산화와 운동화를 신었을 때 구두의 경우에 비해 각각 2배와 4배의 속도로 달린다.

B에 도착한 사람은 신고 있던 신발을 앞 사람이 벗어 놓고 간 신발로 갈아 신고 가는 방식으로 경기를 진행한다. B에 처음 도착한 사람은 미리 놓여 있는 운동화로 갈아 신는다. 신발을 갈아 신는 데 모두 같은 시간을 사용한다.

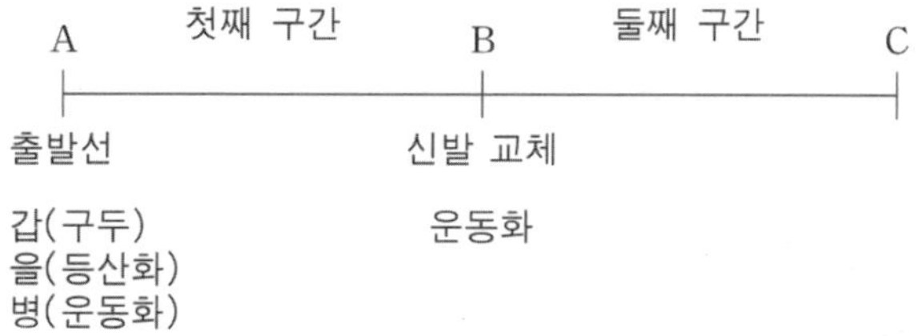

첫째 구간에서 갑은 쉬지 않고 B까지 달렸고, 을은 B에 도달하는 데에 걸린 시간 중에서 40%를 쉬는 데에 사용하였으며, 병은 걸린 시간의 80%를 쉬는 데에 사용하였다.

B부터 C까지 가는 데에 걸린 시간은 세 사람 중 두 명이 같았으며, 이 구간에서 세 사람 중 한 명만이 중간에 쉬었다. 결승점 C에 을이 가장 먼저 들어오지는 않았다.

[보기]

ㄱ. B에 가장 먼저 도착한 사람은 을이다.
ㄴ. 병은 둘째 구간에서 쉬지 않았다.
ㄷ. C에 가장 먼저 도착한 사람은 갑이다.

① ㄱ　　② ㄷ　　③ ㄱ, ㄴ
④ ㄴ, ㄷ　　⑤ ㄱ, ㄴ, ㄷ

2 방정식의 활용 1

02

방정식 문제의
효율적 해결

컴퓨터 단층 촬영 장치의 원리를 설명한 다음의 글에서 추론한 것으로 옳은 것만을 보기 에서 있는 대로 고른 것은?

제1회 2009 LEET 문25

X-선이 물체에 투과될 때 그 물체는 일정 비율의 X-선을 흡수하고 나머지만 통과시킨다. 이때 물체에 따라 X-선을 흡수하는 정도가 다르며 이것을 '흡수도'로 나타낸다.

그림은 정육면체 모양의 네 가지 물체 A~D가 겹쳐 있을 때 X-선을 화살표 방향으로 각각 투과시켜 측정한 흡수도를 숫자로 나타낸 것이다.

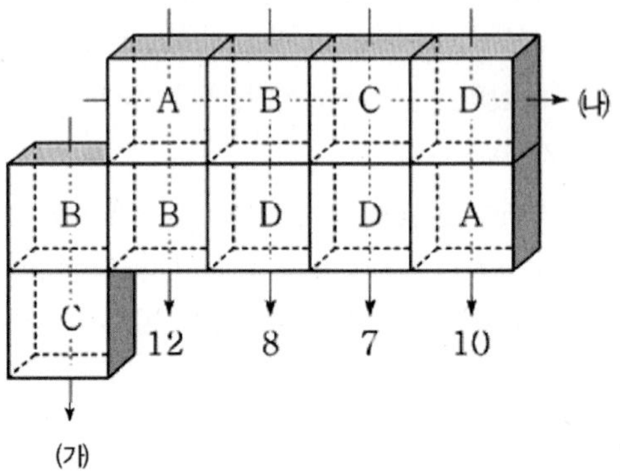

여러 개의 물체를 투과할 때의 흡수도는 각 물체의 흡수도를 더한 값이다. 따라서 여러 방향에서 측정된 흡수도로부터 물체 A~D 각각에 대한 흡수도를 알아낼 수 있다.

이와 같은 과정을 인체 여러 부위에서 반복 시행한 결과들을 컴퓨터를 이용하여 합성하면 인체 내부의 3차원적 영상을 얻게 된다.

보기

ㄱ. A~D 중 흡수도가 가장 작은 물체는 D이다.
ㄴ. 흡수도 (가)는 10보다 크다.
ㄷ. 흡수도 (나)는 20보다 작다.

① ㄱ ② ㄴ ③ ㄱ, ㄷ
④ ㄴ, ㄷ ⑤ ㄱ, ㄴ, ㄷ

03
수형도의 활용

세 상품 A, B, C에 대한 선호도 조사를 실시했다. 조사에 응한 사람은 가장 좋아하는 상품부터 1~3순위를 부여했다. 두 상품에 같은 순위를 표시할 수는 없다. 조사의 결과가 다음과 같을 때 C에 3순위를 부여한 사람의 수는?

제3회 2011 LEET 문34

- ○ 조사에 응한 사람은 20명이다.
- ○ A를 B보다 선호한 사람은 11명이다.
- ○ B를 C보다 선호한 사람은 14명이다.
- ○ C를 A보다 선호한 사람은 6명이다.
- ○ C에 1순위를 부여한 사람은 없다.

① 8　② 7　③ 6
④ 5　⑤ 4

3 방정식의 활용 2

04

해가 여러 개인 방정식

다음 글로부터 제품 X와 Y에 대해서 추론한 것으로 옳은 것만을 보기 에서 있는 대로 고른 것은?

제1회 2009 LEET 문8

제품 X와 Y는 원료 a, b, c, d 중에서 한 가지 이상의 원료를 1g 단위로 사용하여 전체가 10g이 되도록 섞어서 만들었다. 원료들이 섞이면 a와 b는 질량비 1 : 1로 반응하고 c와 d도 질량비 1 : 1로 반응하는데, 반응하는 물질 중에서 어느 한쪽 원료가 완전히 소진될 때까지 이 반응이 일어난다. 이 외의 경우에는 어떤 원료들 사이에도 반응이 일어나지 않는다. 제품의 부피는 반응 전 원료들의 총부피에서 반응한 원료 2g당 1mL씩 감소한 값이 된다. 제품의 이익은 사용된 원료에 따라 1g당 a는 10원, b는 20원, c는 100원, d는 200원 발생한다.

○ X의 부피는 사용된 원료의 총부피보다 5mL 작고, 이익은 150원 발생했다.
○ Y의 부피는 사용된 원료의 총부피보다 2mL 작고, 이익은 690원 발생했다.

보기

ㄱ. X에 a가 사용되었다.
ㄴ. X에 세 가지 원료만이 사용되었다.
ㄷ. Y에 a는 3g만 사용되었다.

① ㄱ　② ㄴ　③ ㄱ, ㄷ
④ ㄴ, ㄷ　⑤ ㄱ, ㄴ, ㄷ

05 방정식의 활용

다음으로부터 추론한 것으로 옳은 것만을 보기 에서 있는 대로 고른 것은? 제7회 2015 LEET 문35

A, B, C가 추리논증 영역 35문항을 풀었다. 세 명이 모두 25문항씩 정답을 맞혔으며 아무도 정답을 맞히지 못한 문항은 없었다. 한 명만 정답을 맞힌 문항을 '어려운 문항', 세 명 모두 정답을 맞힌 문항을 '쉬운 문항'이라 한다.

보기

ㄱ. 쉬운 문항이 어려운 문항보다 5개 더 많다.
ㄴ. 어려운 문항의 개수는 최대 10개이다.
ㄷ. 두 명만 정답을 맞힌 문항의 개수는 최소 2개이다.

① ㄱ ② ㄴ ③ ㄱ, ㄷ
④ ㄴ, ㄷ ⑤ ㄱ, ㄴ, ㄷ

4 범위 및 순서 추론

06
순서 추론하기

다음으로부터 추론한 것으로 옳은 것만을 보기 에서 있는 대로 고른 것은?

제7회 2015 LEET 문34 [수리연산 예시문항]

심사단 100명이 가수 A, B, C, D의 경연을 보고 이중 제일 잘했다고 생각하는 한 명에게 투표한다. 각 심사자는 1표를 행사하며 기권은 없다. 이런 경연을 2번 실시한 뒤 2번의 투표 결과를 합산하여 최종 순위가 결정되고, 최하위자는 탈락한다. 1차와 2차 경연에 대해 다음 사실이 알려져 있다.

○ 1차 경연 결과 순위는 A, B, C, D 순이고, A는 30표, C는 25표를 얻었다.
○ 2차 경연 결과 1등은 C이고 2등은 B이며, B는 30표, 4등은 15표를 얻었다.
○ 각 경연에서 동점자는 없었다.

보기

ㄱ. 탈락자는 D이다.
ㄴ. A의 최종 순위는 3등이다.
ㄷ. 2차 경연에서 C가 얻은 표는 35표를 넘을 수 없다.

① ㄱ ② ㄷ ③ ㄱ, ㄴ
④ ㄴ, ㄷ ⑤ ㄱ, ㄴ, ㄷ

07

범위 추론하기

다음으로부터 추론한 것으로 옳지 않은 것은?

제14회 2022 LEET 문33

이웃한 네 국가 A, B, C, D는 지구 온난화로 발생하는 환경 문제를 개선하고자 2,000억 달러의 기금을 조성하기로 하였다. 1차와 2차로 나누어 각각 1,000억 달러의 기금을 만들기로 하였으며 경제 규모와 환경 개선 기여도를 고려하여 국가별 분담금을 정하였다. 합의된 내용 중 알려진 사실은 다음과 같다.

○ 국가별 1차 분담금은 A, B, C, D의 순서대로 많고, B는 260억 달러, D는 200억 달러를 부담한다.
○ 국가별 2차 분담금은 B가 가장 적고, 250억 달러를 부담하는 C가 그 다음으로 적고, 가장 많은 금액을 부담하는 국가의 분담금은 300억 달러이다.

① 가장 많은 분담금을 부담하는 국가는 A이다.
② B의 분담금은 460억 달러 이하이다.
③ A의 분담금이 570억 달러이면, D의 분담금은 500억 달러이다.
④ C의 분담금과 D의 분담금의 차이는 50억 달러 이하이다.
⑤ 어떤 국가의 1차 분담금과 2차 분담금이 같으면, A의 분담금은 600억 달러 이하이다.

5 언어지문형 수리추리

08

역사/군사제도

다음 글로부터 추론한 것으로 옳은 것만을 보기 에서 있는 대로 고른 것은? 제6회 2014 LEET 문18

17세기 중국의 사상가 황종희는 국가 재정이 넉넉해지려면 지금 국가가 지고 있는 군대 부양(扶養)의 부담을 줄여야 하는데, 이를 위해서는 직업 군인제 대신 병농 일치의 군사 제도를 채택해야 한다고 주장하였다. 그는 구체적으로 다음과 같은 방안을 제안했다.

(1) 병사는 마땅히 구(口)에서 취해야 하고, 병사 부양은 마땅히 호(戶)에서 취해야 한다. 구에서 취한다는 말은 50인마다 훈련병 1인과 복무병 1인을 차출한다는 것이다. 호에서 취한다는 말은 10호마다 1인의 복무병을 부양토록 한다는 것이다. 지금 천하 호구(戶口)의 숫자를 보면 구가 약 6,000만 인, 호가 약 1,000만 호이니, 충분한 병력을 확보하면서도 백성의 부담은 무겁지 않게 할 수 있다. 병역을 지는 남자는 만 20세에 의무를 시작하여 만 30년 동안 의무를 지고, 훈련병의 훈련은 생업에 지장이 없게 실시하여 따로 부양할 필요가 없도록 한다.

(2) 궁성 수비는 수도가 위치한 강남 지방의 군현에 거주하는 병역 의무자 중에서 차출하여 충당한다. 먼저 강남 지방의 병역 의무자 전원을 복무병 2개 조, 훈련병 2개 조로 나누고, 각 조의 병력 수를 같도록 한다. 이 중 복무병의 첫 번째 조 10만 명은 각자 소속된 군현을 지키게 하고, 두 번째 조 10만 명은 궁성을 수비하게 한다. 이듬해에는 군현을 지키던 자로 궁성을 지키게 하고, 궁성을 수비하던 자는 돌아가서 군현을 지키게 한다. 그 다음 해에는 훈련병을 동원하여 복무하게 하고, 복무병은 귀가하여 훈련만 받게 한다.

보기

ㄱ. 17세기 중국의 인구 중 약 6분의 1이 강남 지방에 거주하고 있었다.
ㄴ. 국가 재정의 부담 없이 유지할 수 있는 복무병은 최대 100만 명이다.
ㄷ. 강남 지방의 병역 의무자가 일생 동안 궁성 수비를 맡는 기간은 최대 5년이다.

① ㄴ　② ㄱ, ㄴ　③ ㄱ, ㄷ
④ ㄴ, ㄷ　⑤ ㄱ, ㄴ, ㄷ

09

역사/ 고대 아테네 행정

다음 글로부터 추론한 것으로 옳은 것만을 [보기]에서 있는 대로 고른 것은? 제7회 2015 LEET 문15

고대 아테네의 클레이스테네스는 지연과 혈연에 따른 참주의 출현을 방지하기 위해 다음과 같이 행정을 개편하였다. 모든 아테네인들을 총 139개의 데모스에 등록하게 한 다음, 아테네를 세 지역(도시, 해안, 내륙)으로 나누어 각 지역에 데모스를 할당하였다. 그 방식은 우선 각 지역에 균등하게 데모스를 할당하되, 남는 데모스는 도시 지역에 포함시키는 것이었다. 다음으로 각 지역마다 10개씩의 트리튀스를 만들고, 그 안에 데모스를 할당하였다. 그 방식은 우선 각 트리튀스에 균등하게 데모스를 할당하되, 남는 데모스는 1개의 트리튀스에 포함시키는 것이었다.

그런 다음 추첨으로 각 지역마다 트리튀스 1개씩을 뽑아 3개의 트리튀스로 1개의 필레를 구성하였다. 그리고 각 필레에서 추첨으로 50명씩 뽑아 평의회를 구성하였다. 역사가 A는 필레에 포함된 데모스 1개의 정원을 100명으로 가정할 경우, 각 지역에 거주하는 아테네인이 평의회에 뽑힐 확률을 분석하였다.

[보기]

ㄱ. 트리튀스는 최소 4개의 데모스를 포함한다.
ㄴ. 필레는 최대 31개의 데모스를 포함한다.
ㄷ. A의 가정에 따르면, 평의회에 뽑힐 확률이 가장 낮은 사람은 도시 지역 거주자이다.

① ㄱ ② ㄷ ③ ㄱ, ㄴ
④ ㄴ, ㄷ ⑤ ㄱ, ㄴ, ㄷ

10

1종 오류와 2종 오류의 응용 / 언어지문형 수리추리

다음으로부터 추론한 것으로 옳은 것만을 보기 에서 있는 대로 고른 것은?

제12회 2020 LEET 문23

형사사건에서는 검사의 입증이 '합리적 의심'의 수준을 넘어서야 한다. 정의의 관점에서 무고한 사람을 처벌하는 것이 범죄를 저지른 사람을 풀어 주는 것에 비해 훨씬 더 나쁘기 때문이다. 왜 그런지 보기 위해 유죄 입증 수준을 수치화할 수 있다고 해 보자. 가령 판사는 95% 이상으로 유죄를 확신할 수 있을 때만 유죄를 선고한다고 가정하자. 10명의 피고인이 있고 그들 각각이 90%의 확률로 범죄자일 가능성이 있다고 생각해 보자. 검사는 이 확률로 각 피고인에 대해 유죄를 확신할 수 있는 증거를 확보하였다. 이때 판사가 자신의 역할을 제대로 수행한다면 모든 피고인이 처벌받지 않을 것이다. 검사가 95%라는 유죄 입증 수준을 충족하지 못한 셈이기 때문이다. 하지만 10명의 피고인 각각이 범죄를 실제로 저질렀을 확률이 90%이므로, 피고인 10명 중 9명이 실제로는 범죄를 저질렀지만 처벌받지 않은 것이라고 생각할 수 있다. 이는 정의롭지 못한 것이 틀림없으나 중요한 것은 그중 무고한 1명이 처벌받을 가능성을 없앨 수 있다는 점이다.

같은 계산을 구체적인 상황에 적용해 보자. 유죄 입증 수준을 다르게 설정한 A상황, B상황은 다음과 같다. 단, 각 상황에서 피고인의 수는 300명이며, 검사는 각 피고인이 실제 범죄자일 확률로 증거를 확보하였다.

상황	유죄 입증 수준	피고인의 수, 각 피고인이 실제 범죄자일 확률	유죄가 선고되는 피고인의 수	무죄가 선고되는 피고인의 수	범죄자인데도 처벌받지 않은 피고인의 수	범죄자가 아닌데도 처벌받은 피고인의 수
A	90%	100, 95%	100	0	0	5
		100, 80%	0	100	80	0
		100, 65%	0	100	65	0
B	75%	100, 95%	100	0	0	5
		100, 80%	100	0	0	20
		100, 65%	0	100	65	0

가령 범죄자인데도 처벌받지 않은 피고인이 1명 있을 경우 나쁨의 값을 1, 범죄자가 아닌데도 처벌받은 피고인이 1명 있을 경우 나쁨의 값을 10이라고 한다면, A상황에서보다 B상황에서 나쁨의 값의 총합이 더 크기 때문에 A상황보다 B상황이 더 나쁘다고 할 수 있다.

보기

ㄱ. 한 사람의 무고한 피고인을 처벌하는 것이 세 사람의 범죄자를 방면하는 것과 똑같은 정도로 나쁘다고 가정한다면, A상황이 B상황보다 더 나쁘다.

ㄴ. B상황에서 피고인들이 실제로 범죄를 저질렀을 확률이 10%p 낮아져 각각 85%, 70%, 55%라면, 유죄 입증 수준을 65%로 낮추어도 무고하게 처벌받은 사람의 수는 변하지 않는다.

ㄷ. A상황에서 유죄 입증 수준을 95%로 높인다면, 무고하게 처벌받는 사람의 수를 줄일 수 있다.

① ㄱ　② ㄴ　③ ㄱ, ㄷ
④ ㄴ, ㄷ　⑤ ㄱ, ㄴ, ㄷ

CHAPTER 2
도형 및 기하

본 장에서는 도형 및 기하의 개념을 살펴보고
시험에 출제될 수 있는 문제 유형에는
어떠한 것들이 있는지 학습하도록 한다.

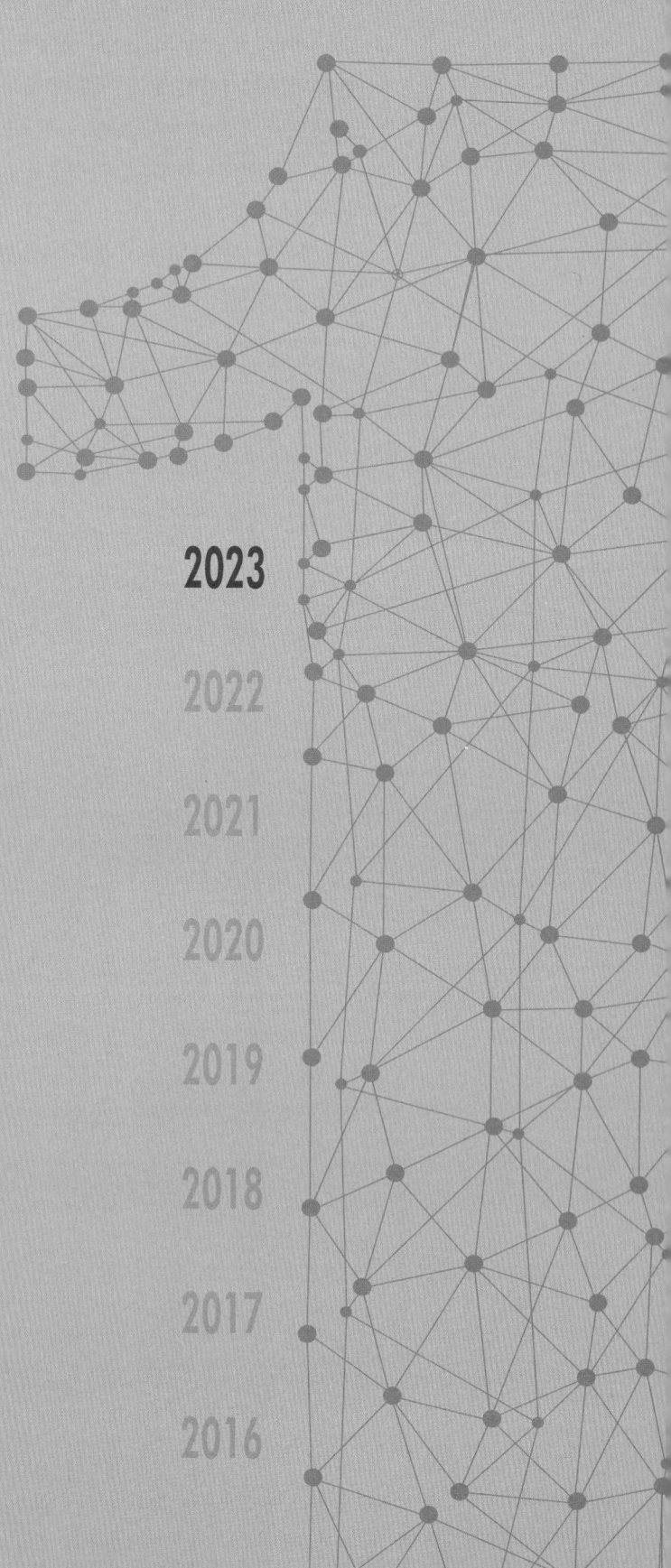

2023
2022
2021
2020
2019
2018
2017
2016

Ⅰ. 도형 및 기하의 개념

1 도형[圖形, figure]의 개념

기하학에서 어떤 모형을 위치와 모양 · 크기만으로 생각할 때, 점 · 선 · 면 · 입체 또는 이들 집합으로 이루어진 것을 도형이라 한다. 특히, 점 · 선 · 면· 입체의 4개를 기초도형이라고 한다. 모든 물체는 위치· 모양· 크기· 빛깔· 무게 등을 가지고 있다. 그러나 기하학에서의 물체의 연구는 그 물체가 어떻게 이루어져 있는가, 무게 또는 빛깔은 어떤가 등에 관해서는 전혀 문제 삼지 않고, 다만 그 위치와 모양· 크기만을 생각하게 된다. 따라서 물체를 이와 같이 생각할 때 비로소 도형이라는 말을 쓰게 된다. 평면 위에 있는 도형은 평면도형, 공간에 있는 도형은 공간도형이라 한다. 또, 공간도형에서 위치와 모양 · 길이 · 폭 · 두께를 가지는 것을 입체도형이라고 한다.

2 기하의 개념

기하는 어떤 형태, 도형, 상태 등을 뜻하는 것으로서 기하학은 그러한 것들을 연구하는 학문이다. 토지 측량을 위해 도형을 연구하는 데에서 기원했으며, 공간의 수리적(數理的) 성질을 연구하는 수학의 한 분야이다. 고대 이집트에서 시작된 이래 현재에 이르기까지 그 연구의 대상 및 방법은 다양하다. 고대 이집트인은 홍수로 나일강이 범람한 후에는 토지를 적절하게 재분배하기 위하여 측량이 필요하였다. 이와 같은 토지 측량에 의한 도형의 연구를 기하학의 기원이라고 보고 있다.

현재 기하학은 영어로 geometry라 하는데, geo - 는 토지를, metry는 측량을 뜻한다. 이집트인이 개발한 이와 같은 도형에 관한 지식은 지중해를 건너 그리스로 전파되었는데, 경험적이었던 이집트인과는 대조적으로 추상적인 사고방식에 능했던 그리스인은 도형에 대한 개념을 새로이 형성하고, 연역적(演繹的)으로 이를 논하였으며, 특히 탈레스와 피타고라스의 노력에 의해 비약적으로 발전하였다.

두 삼각형의 합동, 비례정리 등은 탈레스의 발견이었고, 또 피타고라스 학파에 의해 피타고라스의 정리가 발견되고 증명되었다. 그 당시의 기하학에 관한 지식은 유클리드의 《기하학원본 : Stoicheia》에 집대성됨으로써 유클리드기하학(초등기하학)의 체계가 비로소 완성되었다.

17세기에 접어들어 R.데카르트는 좌표라는 개념을 기하학에 도입하여 해석기하학(解析幾何學)을 확립하였다. 이것은 L.오일러의 노력으로 더욱 진전되었고, 그 후 I.뉴턴과 G.W.라이프니츠에 의해서 미적분학이 발견됨에 따라 기하학은 다시 미분기하학(微分幾何學)으로 발전하였다.

한편, 르네상스의 성당 건축의 필요에서 탄생된 석공술(石工術)과 축성술(築城術)에 자극을 받아 몽즈의 화법기하학(畵法幾何學)이 탄생되었고, 이것은 사영기하학(射影幾何學)으로 발전하였다. 또 유클리드의 평행선공리는 그 이전부터 비판의 대상이 되었는데, 19세기에 접어들어 그것을 부정한 비(非)유클리드 기하학이 N.I.로바체프스키, 보야이, G.F.B.리만에 의해 확립되었다.

또한 19세기 말 이래 위상수학(位相數學)의 탄생과 더불어 도형에의 위상도입, 두 도형의 동상(同相)과 위상사상(位相寫像) 등의 개념을 도입한 위상기하를 비롯해 군(群)과 다양체이론(多樣體理論)의 발전과 함께 탄생한 미분위상기하학 등은 수학뿐 아니라 자연과학 전반에 걸쳐 크게 기여하였다.

Ⅱ. 도형 및 기하 문제의 유형별 학습

1 도형을 이용한 문제

01
규칙성 추론

한 변의 길이가 3인 정삼각형과 한 변의 길이가 1인 정사각형 ABCD가 있다. 그림과 같이 고정된 정삼각형 둘레를 따라 시계방향으로 정사각형 ABCD를 미끄러지지 않게 회전시키면서 이동시킨다.

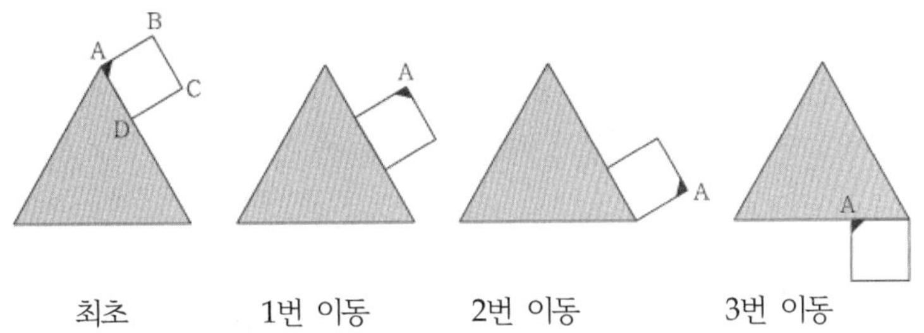

다음 중 정사각형을 817번 이동하였을 때 나타나는 모양으로 옳은 것은? LEET 2차 예시

①
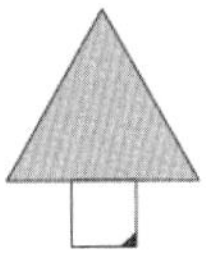
②
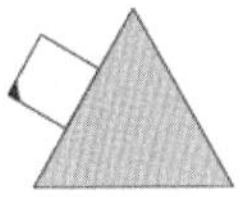
③
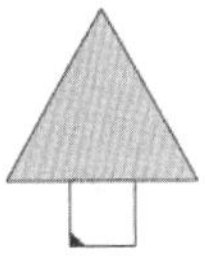
④
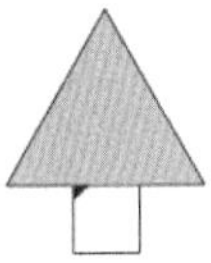
⑤
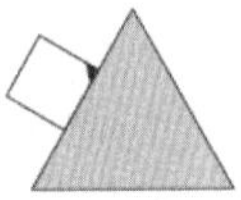

2 도형 및 기하의 응용

02 공간적 관계의 추론 및 수리연산

〈자료〉와 〈사실〉로부터 추론한 것으로 옳은 것만을 [보기]에서 있는 대로 고른 것은? 제4회 2012 LEET 문35

〈자료〉

산수(汕水)는 금강산 절경인 만폭동 서북쪽에 있는 말휘령에서 발원하여 서쪽으로 110리를 흘러 보리진에 이른다. 말휘령에서 만폭동까지는 육로로 50리 떨어져 있다.

산수는 보리진에서 다시 남쪽으로 60리를 흘러 다경진에 이르며, 다경진 앞에서 북동쪽에서 흘러온 통구수(通溝水)와 합류한다. 통구수의 발원지는 금강산 가는 길목에 있는 단발령이다. 통구수의 길이는 70리이며, 단발령에서 만폭동까지는 육로로 40리이다.

산수는 다경진에서 다시 동남쪽으로 50리를 흘러 합관진에 이르러, 만폭동에서 발원하여 120리를 흘러온 만폭수(萬瀑水)를 받아들인다. 만폭수는 경사가 급하고 여울이 많아 배가 다니지 못하며, 대신 물길을 따라 육로가 나 있다.

〈사실〉

경신년 가을, 선비 갑과 을은 각기 다른 길로 금강산 만폭동을 유람하였다. 보리진에 사는 갑은 배를 타고 말휘령까지 간 뒤, 육로로 만폭동에 갔으며 같은 길로 되돌아왔다. 합관진에 사는 을은 배를 타고 다경진과 통구수를 거쳐 단발령까지 간 뒤 육로로 만폭동에 갔으며, 가장 시간이 적게 걸리는 길로 합관진으로 귀가하였다.

이동 시간은 상류에서 내려올 때는 수로가 육로의 절반, 상류로 거슬러 올라갈 때는 수로가 육로의 두 배이다.

[보기]

ㄱ. 갑의 이동 거리가 을보다 길었을 것이다.
ㄴ. 을의 이동 시간이 갑보다 더 걸렸을 것이다.
ㄷ. 을은 귀가할 때 육로만 이용하였을 것이다.

① ㄴ
② ㄷ
③ ㄱ, ㄴ
④ ㄱ, ㄷ
⑤ ㄱ, ㄴ, ㄷ

03

유클리드 공간과 도로 공간

다음에서 추론한 것으로 옳은 것만을 [보기]에서 있는 대로 고른 것은? 제8회 2016 LEET 문34

도시의 두 지점 사이를 건물을 가로지르지 않고 도로만으로 이동하였을 때의 최단 거리를 '도로거리'라 하고, 두 지점 간에 장애물이 없는 최단 거리를 '직선거리'라고 한다. 직선거리가 적용되는 공간을 유클리드 공간이라고 하고, 도로거리가 적용되는 공간을 도로 공간이라고 한다. 모든 도로는 같은 크기의 정사각형으로 이루어진 바둑판 모양이고 도로 공간에서의 모든 지점은 도로의 교차점에서만 정의된다고 가정한다.

아래 그림에서 실선은 A지점에서 B지점까지의 직선거리를, 점선은 도로거리를 표시한다.

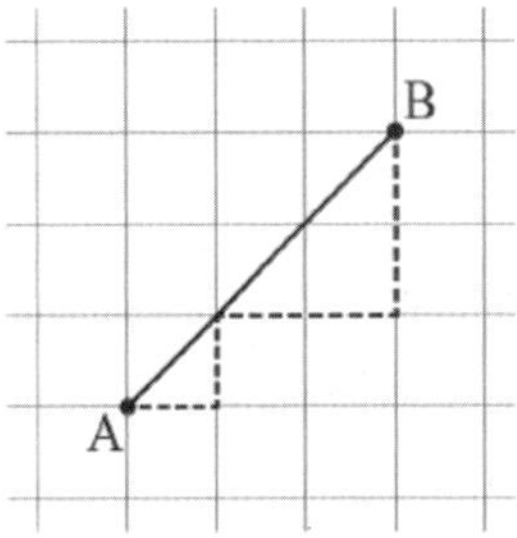

[보기]

ㄱ. A지점까지의 도로거리와 B지점까지의 도로거리가 같은 모든 지점들은 유클리드 공간에서 한 직선 위에 있다.

ㄴ. 서로 같은 도로거리에 있는 세 지점을 유클리드 공간에서 선분으로 서로 연결하면 정삼각형 모양이 된다.

ㄷ. 한 지점에서 같은 도로거리에 있는 모든 지점을 유클리드 공간에서 정사각형 모양이 되도록 연결할 수 있다.

① ㄱ ② ㄴ ③ ㄷ
④ ㄱ, ㄴ ⑤ ㄱ, ㄷ

CHAPTER 3
게임이론 및 이산수학 1

| 의사결정이론 |

본 장에서는 게임이론 및 이산수학에 관련된 이론들을 살펴보고 관련문제들의 유형별 학습을 통해 효율적인 문제해결방법을 모색하도록 한다.

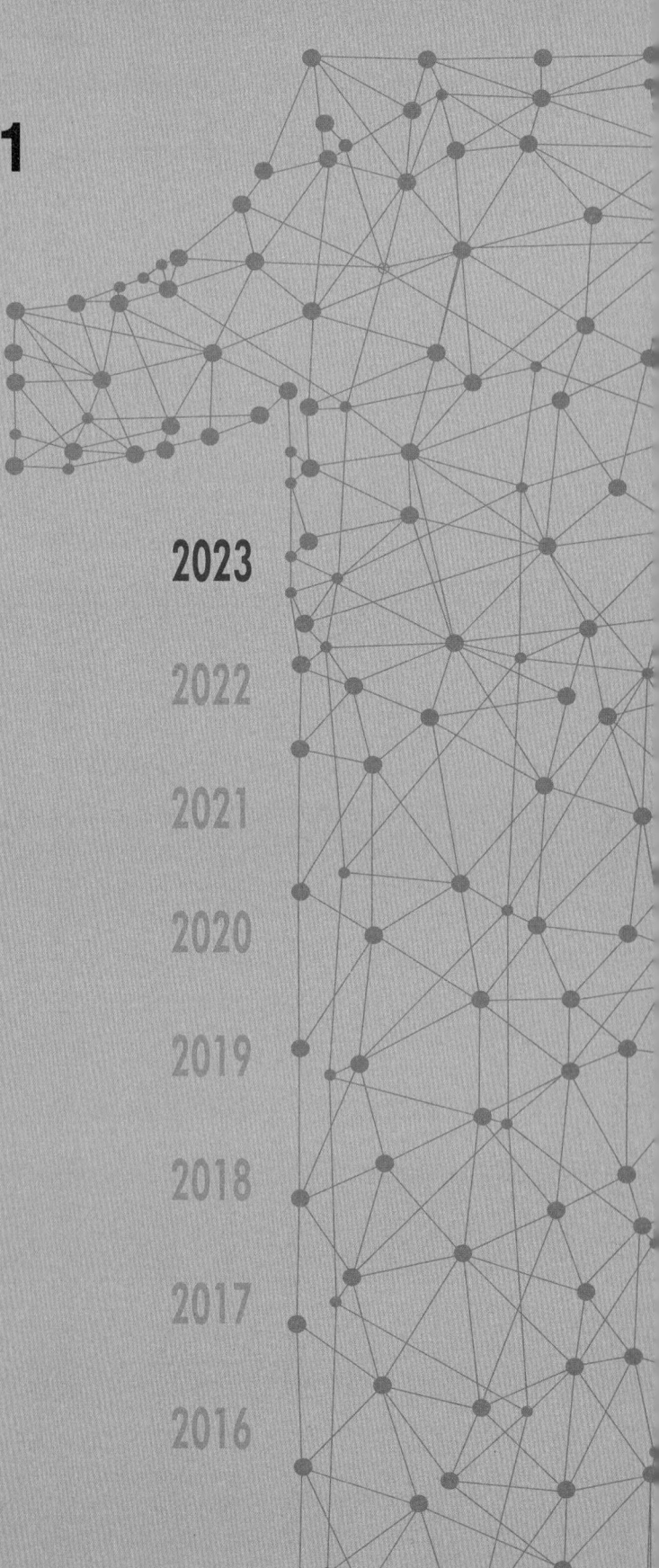

2023

2022

2021

2020

2019

2018

2017

2016

Ⅰ. 게임이론 및 이산수학의 학습 범위

1 게임이론[6)]

(1) 개념

게임이론이란 게임 상황 즉, 경쟁적 상황에서의 의사결정을 다루는 이론으로 결과가 개인의 선호에 의해서만 결정되는 것이 아니라, 결정에 참여한 다른 행위자들의 선호와 개인 선택의 서로 다른 집합의 결과에 따라 이루어지는 집단적 선택 상황에 대한 연구이다. 달리 말하면 합리적으로 행동하는 경쟁자 간의 경쟁 상태를 모형화하는 수리적 접근법이다.

(2) 게임이론의 구성 요소

① 경기자 : 게임에 참여하는 각 의사결정자
② 전략 : 게임에서 각 경기자에게 주어진 각각의 행동대안
③ 결과에 따른 보상(pay-off)

세은 \ 상훈	가위	바위	보
가위	5 \ 5	4 \ 6	8 \ 2
바위	5 \ 5	5 \ 5	5 \ 5
보	5 \ 5	6 \ 4	7 \ 3

(3) 게임의 유형, 형태, 균형과 해를 얻는 방법

구분	내용	비고
게임의 유형	제로섬 게임(Zero-sum game, 영합게임)과 난제로섬 게임 (Non zero-sum game, 비영합게임)	보수의 합이 0인지 여부
	정합게임과 비정합게임	보수의 합이 일정한지 여부
	협조 게임과 비협조게임	참여자들의 협조여부
	유한반복게임과 무한반복게임	반복여부
게임의 형태	정규형게임(=동시게임)과 전개형 게임(=순차게임)	
게임의 균형	우월전략균형, 내쉬균형, 완전균형, 혼합전략균형	
게임의 균형에 이르는 방법	반복제거에 의한 해법, 상대행위자들의 전략선택에 대한 최선의 응답에 의한 해법, 역진귀납법 등	

6) 백승기, 전게서, pp.217-222.

2 이산수학(discrete mathematics)

(1) 개념

① 이산집합(discrete set)[7] 위에 정의된 수학적 체계에 대하여 연구하는 학문 분야를 이산수학(discrete mathematics)이라고 한다. 조합론(Combinatorics), 그래프 이론(Graph Theory), 기호 논리학(Symbolic Logic), 이산적 최적화(Discrete Optimization), 암호론(Coding Theory), 정수론(Number Theory), 알고리즘 분석(Analysis of Algorithms) 등 수학의 다양한 분야들이 이산수학에 포함된다.

② 이산수학이란 연속적 성질을 가지는 대상과는 달리 이산적인 양 또는 이산수학 구조를 갖는 대상에 대하여 수학적으로 분류하고, 정리하며, 논리적으로 사고하여 문제를 해결하는 여러 이론을 통틀어 말한다.

(2) 이산수학의 학습범위

이산수학은 1997년 교육부에서 제시한 제7차 교육과정에서 고등학교 선택교육 과목으로 지정되었다. 이를 통해 이산수학의 범위와 내용을 개괄적으로 파악해 보도록 한다. 다음은 1997년 교육부에서 제시한 이산수학의 주요 내용이다.

가. 목 표

'이산수학'의 전반적 목표는 수학의 기본적인 지식과 기능을 가지고 실생활의 이산적인 상황의 문제를 수학적으로 사고하는 능력을 기르고, 합리적으로 의사를 결정하며, 창의적인 문제 해결력 배양에 두며, 세부적 목표는 생활 속의 여러 가지 이산 현상에 대하여, 여러 가지 '경우의 수'를 구하는 능력, 그래프와 행렬 등을 이용하여 조직해석하는 능력, 알고리즘적으로 사고하고 처리하는 능력, 의사결정 능력 등을 기르는 데 중점을 둔다.

나. 내 용

'이산수학'은 선택과 배열, 그래프, 알고리즘, 의사결정과 최적화의 4개 영역으로 구성한다. 각 영역별 내용을 요약하여 기술하면 다음과 같다.

(1) 선택과 배열

정의나 공식을 무리하게 도입하지 말고 예를 통하여 직관적으로 세기의 방법과 분배의 수를 구하도록 한다. 즉, 순열과 조합의 분석적 공식의 단순한 적용만이 아니라 조합적인 추론이 강조되어야 한다.

---

7) 이산집합이란 원소들의 개수를 셀 수 있는(countable) 집합을 말한다.

(2) 그래프

여러 가지 그래프에 관한 정의, 수형도, 회로, 그래프의 행렬 표시 등과 그 풍부한 응용성은 수학의 내적 아름다움이나 실생활과의 밀접한 관련성을 인식시키는데 큰 도움이 된다. 행렬은 따로 독립된 영역으로 하지 않고 그래프와 연계하여 다루도록 한다. 그래프와 연계하여 두 지점간의 '경로의 수'를 행렬로써 알아보는 등 행렬 표현의 편리성과 행렬 연산의 의미를 알게 한다. 색칠 문제 등과 같은 그래프를 이용한 문제 해결을 통하여 이산적인 방법의 힘을 느끼게 한다. 일상을 계획할 때 잠재적인 충돌 상황을 꼭지점, 변으로 모델링하고 그 관계를 그래프로 표현하는 경험이 이루어지도록 한다.

(3) 알고리즘

수와 관련된 수학적 대상들이 규칙적으로 나열될 때는 일반적인 절차를 거친다는 것에 유의하여, 등차수열이나 등비수열 등의 용어로서 형식화하여 전개하기보다는 두 항 또는 세 항 사이의 관계식 등을 보다 강조하고 그 변화 과정을 살필 수 있어야 한다. 학생들은 알고리즘적인 관점에서 수학을 구성하는 경험을 갖게 하여, 알고리즘의 개발과 분석을 할 수 있도록 한다.

(4) 의사결정과 최적화

어떤 과제의 수행에서 행해지는 각각의 절차의 타당성의 판단과 효율적인 절차의 선택에는 지혜로운 의사결정 과정이 필요하다. 게임이나 선거 등과 같은 사회적인 현상이나 상황은 수학으로 표현되고 문제를 해결할 수 있으며, 의사결정 과정에서 객관적인 효율성을 확보할 수가 있다. 또한, 여행 계획이나 과제 수행 일정의 수립 등에서도 그래프 표현과 알고리즘적인 사고로 타당한 절차와 효율성의 문제를 적절히 해결할 수 있다.

다. 평 가

전반적인 평가 관련 사항은 '수학 I'과 동일하나, 특히, 다음 사항을 강조하여 평가한다.

(1) 실생활에서 여러 가지 '경우의 수'를 구하는 능력

(2) 사물의 현상을 그래프와 행렬을 이용하여 조직, 해석, 활용하는 능력

(3) 합리적인 의사결정 능력

▎이산수학의 학습범위 ▎

영 역	내 용	세부 학습 내용
선택과 배열	순열과 조합 세기의 방법	여러 가지 경우에 순열과 조합을 이용하여 개수를 세고, 비둘기 집의 원리, 포함배제의 원리, 간단한 수와 집합의 분할의 개수 및 중복조합, 중복순열을 학습한다.
그래프	그래프 수형도 여러 가지 회로 그래프의 활용	그래프에서 오일러회로와 해밀턴회로의 존재를 알아보고 실생활에서 그래프를 이용하여 쉽게 해결할 수 있는 문제를 탐구하고, 색칠 문제 등의 실생활의 문제를 그래프를 이용하여 해결할 수 있다. (간단한 그래프에서 인접한 꼭지점은 다른 색깔을 갖도록 그래프의 모든 꼭지점을 색칠할 때 필요한 색깔의 최소수를 구할 수 있게 한다.)
알고리즘	수와 알고리즘 점화 관계	알고리즘의 영역은 정수와 관계된 수의 배열에서 규칙성을 찾아보고, 십진법과 이진법의 수의 체계, 소수 판정, 최대공약수와 최소공배수 등을 알고리즘의 관점에서 살핀다. 수의 배열에서 두 항 사이의 관계나 세 항 사이의 관계를 파악하여 점화적인 관점으로 접근하고 실세계의 문제를 해결하고 실험해본다.
의사결정의 최적화	의사결정 과정 최적화와 알고리즘	① 결정적인 2×2 게임에서 의사결정 과정의 변화를 안다. (2×2게임에서는 가능한 결과를 수치화하고 행렬을 이용하여 나타내며 각 참여자의 최선의 전략을 알아보게 한다.) ② 실생활에 나타나는 계획 세우기의 최적화 문제를 해결할 수 있다. (배낭꾸리기 등과 같은 계획 세우기 문제를 이해하게 한다.) ③ 도로망에서 최적 경로를 구할 수 있다.

3 의사결정이론

의사결정이론이란 어떤 문제를 해결하기 위해 여러 대안 중에서 상황에 따른 최적의 대안을 선택하는 방법을 설명하는 것이다. 의사결정이론은 문제를 해결하기 위한 분석틀을 제공한다. 분석틀을 사용해 정보를 수집하고, 그 정보에 따라 의사결정대안을 분류하고 의사결정기준을 제공하여, 각 대안에 따른 결정이 제대로 이루어졌는지를 검토할 수 있다. 의사결정이론은 개인의 의사결정뿐 아니라 집단, 조직, 국가의 의사결정을 모두 포함한다.

일반적으로 의사결정이론은 대자연을 상대로 하는 게임이론과 같다. 즉 의사결정에 대한 결과는 우리의 힘으로 어쩔 수 없는 대자연의 변화에 달려 있기 때문이다. 예를 들어 외출 시 우산을 가지고 갈 것인가의 의사결정은 개인의 의지이지만, 의사결정에 따른 결과 즉 비가 와서 옷이 젖게 될 것인지는 대자연의 마음이다. 의사결정이론은 수집 가능한 정보로서 대안의 결과를 예측하고 최선의 선택을 할 수 있게 도와주는 의사결정기법일 뿐이다.

확실성하의 의사결정이란 대자연의 상황이 어떻게 일어날 것인지 알고 있는 경우의 의사결정을 말한다. 예를 들어서 비가 올 것이라는 사실이 확실하면 무조건 우산을 갖고 나간다. 선형계획법, 정수계획법, 네트워크 모형 등 확정적 의사결정모형은 모두 확실성하에서의 의사결정에 해당된다.

의사결정 후 대자연의 상황이 어떻게 일어날지 확신하지 못하는 경우가 있다. 미래의 일은 예측할 수 없는 경우가 많기 때문이다. 이처럼 상황에 따라 예상되는 결과를 확신할 수 없는 경우의 의사결정을 위험성하의 의사결정이라고 한다. 위험성하의 의사결정은 여러 상황이 발생하는 확률을 근거로 해서 기대값을 구하여 문제를 해결한다.

위험성하의 의사결정에서는 과거의 경험에 의해 도출된 확률을 사용하여 기대값을 구할 수 있으나, 그러한 확률에 대한 어떤 정보도 없는 경우에는 어떻게 기대값을 구할 수 있을까? 이처럼 어떤 확률정보도 없는 경우를 불확실성하의 의사결정이라고 한다. 따라서 불확실성하의 의사결정에서는 주관적 확률을 정하든가 아니면 모든 상황이 동일한 확률에서 발생한다고 가정을 하는 등 나름대로의 기준에 따라 의사결정을 할 수 있다.

▌의사결정이론 분류▐

상황 / 모형	전략 산출모형
확정적 상황	선형계획모형
위험(모험, 확률) 상황	의사결정나무분석 (연속적인 의사결정)
불확실 상황	비관적 기준, 낙관적 기준, 후르비츠 기준, 라플라스 기준, 기회손실 기준, 게임이론 (전략적 행동)

4 집합적 의사결정[8)]

시장은 경제주체들의 자발적 교환에 토대를 두고 있기 때문에 시장에서 이루어지는 의사결정은 경제주체 한 사람 한 사람의 분권화된 의사결정의 결과이고, 각 의사결정자들은 그 결과에 따른 책임을 스스로 져야만 하는 것이다. 이에 반하여 민주주의 하에서 정부나 NGO에서 이루어지는 의사결정은 구성원 개개인의 선호를 바탕으로 하여 전체의 선호를 도출하는 집합적 의사결정(collective decision-making)에 의존하게 된다. 이 경우 각 구성원들은 자신의 선호가 집합적 선호와 다르더라도 거기에 복종해야 하지만, 그 결과에 대해 책임을 지는 모습은 시장의 경우와 사뭇 다르다.[9)]

8) 전상경,「정책분석의 정치경제」, 2001, pp. 76-119.

9) 집합적(사회적) 선택이론이란 국가나 어떤 조직이 국가나 그 조직의 이름으로서 의사결정을 내릴 때 그 집합체의 결정과 그 개개 구성원들이 갖는 선호(preferences)와의 관계에 관한 것이다. 이와 같은 관계에서는 여러 가지 가능한 유형의 집합적 선택이 도출될 수 있다. 자세한 내용은 전상경 저『정책분석의 정치경제』를 참조하기 바란다.

(1) 의사결정 과정으로서의 교환과 투표

교환은 하나의 사회적 의사결정 과정이며, 투표는 그러한 의사결정과정의 구체적인 한 수단이다. 비록 투표 자체가 완벽한 것은 아니지만, 집합적 의사결정 메커니즘으로서 가장 널리 활용되고 있다. 인간은 자신에게 부여된 주권의 행사를 통하여 여러 가지 유형의 사회적 질서에 참여한다. 시장질서에 참가할 때 인간이 갖는 주권은 소비자주권(consumer sovereignty)이라고 불리며, 정치질서에 참가할 때는 그것이 투표자주권(voter sovereignty)이 된다.

(2) 집합적 선택의 두 가지 접근방법

집합적(사회적) 선택의 문제를 다룰 때 경제학자와 정치학자들은 서로 다른 방법론적 시각을 갖는다. 즉 정치학자들은 공익적 [公益的, public interest] 접근방법을 택하는 경향이 있지만, 경제학자들은 사익적 [私益的, self-interest] 접근방법을 택하는 것이 일반적 성향이다.

(3) 집합적 의사결정규칙

① 만장일치제와 다수결제도

만장일치제(unanimity rule)란 집합체의 구성원 모두가 찬성할 때만 어떤 결정이 이루어지는 것을 뜻한다. 구성원 모두의 동의하에 이루어지는 결정이므로 만장일치에 의한 의사결정은 분명히 파레토 증진적(Pareto improvement)이라고 할 수 있다. 그러나 실제로 만장일치제는 그렇게 효율적인 결과만을 초래하지는 않는다.

다수결제도란 집합체의 의사결정에 있어 집합체의 구성원들 중 다수가 찬성하면 어떤 결정이 이루어지는 것을 의미한다. 다수가 어떻게 구성되는가에 따라서 다수결제도는 단순 다수결(simple majority) 제도 혹은 종다수(從多數)제도, 과반수(majority)제도, 조건부 다수결(quali - fied majority)제도 등으로 구분할 수 있다.

② 과반수투표제도

민주주의 하에서 가장 널리 사용되는 집합적(사회적) 선택규칙이 과반수투표제도이다. 그러다 보니 가장 최적제도로 생각하는 경향이 있다. 그러나 과반수제도는 대안이 세 가지 이상일 경우 어떤 대안도 과반수를 얻지 못할 가능성이 있고, 과반수투표의 결과가 불안정할 수도 있으며, 전략적 조작(strategic manipulation)의 가능성도 내포하고 있다.

Ⅱ. 게임이론 및 이산수학 문제의 유형별 학습

1 보수표의 이해 및 활용

01
보수표의
이해 및 활용

다음은 오염을 발생시키는 기업과 이를 규제하는 정부의 의사결정에 관한 설명이다.

기업은 규제를 위반할 경우 g 의 이득을 얻고, 이로 인해 오염 피해액이 d 만큼 발생한다고 하자. 그러나 기업이 위반을 할 때는 정부가 규제를 하는 경우 반드시 적발되어 벌금으로 p를 납부해야 하며, p 는 정부의 수입으로 간주된다. 정부는 기업의 행위를 규제할 경우 비용 c 를 지불한다. 기업이 규제를 위반할 때 당국이 감시 행위를 하지 않으면 오염 피해만큼 사회적 비용이 발생하고, 정부는 이를 자신의 비용으로 인식한다.

아래의 표에서 각 칸의 첫째 값은 기업의 이익, 둘째 값은 정부의 이익을 뜻하며, g, d, p, $c>0$ 이다.

기업 \ 정부	규제함	규제 안 함
위반함	$-p+g$, $p-d-c$	g, $-d$
위반 안 함	0, $-c$	0, 0

기업과 정부는 상대방의 행동에 따라 자신에게 유리한 의사결정을 한다. 기업이 위반을 하면 정부는 규제를 하고 정부가 규제를 하면 기업은 위반을 하지 않고, 기업이 위반하지 않으면 정부가 규제를 하지 않고 정부가 규제를 하지 않으면 기업은 위반을 하게 되고, 기업이 위반을 하면 정부가 다시 규제를 하게 된다. 이와 같이 기업과 정부의 의사결정이 어느 한 상태에서 고정되지 않고 지속적으로 변화하게 되는 조건을 보기 에서 모두 고른 것은?

2009 LEET 예비시험 문24

보기

ㄱ. $p > g$　　　ㄴ. $p > c$
ㄷ. $d > c$　　　ㄹ. $g > d$

① ㄱ, ㄴ　　② ㄱ, ㄷ　　③ ㄴ, ㄹ
④ ㄱ, ㄷ, ㄹ　　⑤ ㄴ, ㄷ, ㄹ

2 전형적인 형태의 투표방식 문제

선거관리위원회의 김 사무관은 총선을 대비하여 다음과 같은 다양한 투표방법을 조사하였다.

2004년 행정외무고시 자료해석

- ○ 단순다수투표 : 유권자가 한 명의 후보에게만 기표할 수 있고 최다득표자가 당선되는 방식
- ○ 결선투표 : 단순다수투표에서 과반수 득표자가 없을 경우 1, 2위 득표자를 놓고 다시 투표를 하는 방식
- ○ 찬성투표 : 좋아하는 후보가 몇 명이든 찬성표를 던지고 찬성표를 가장 많이 얻은 후보가 당선되는 방식
- ○ 선호투표 : 유권자가 모든 후보에게 순위를 매긴다. 그중 1순위만 집계하여 과반수 득표를 얻은 후보가 없는 경우 최하위 득표자를 탈락시키고, 탈락 후보를 1순위로 지지한 유권자의 2순위 지지표를 해당 득표자에게 나누어 주어 최종 과반수 득표자를 선출하는 방식
- ○ 점수투표 : 마음에 드는 후보일수록 높은 점수를 주고 합계 점수가 가장 높은 후보가 당선되는 방식

15명의 유권자로 구성된 선거구에 갑, 을, 병 세 명의 후보가 출마하였고, 이때 갑>을>병 후보 순으로 지지하는 유권자가 6명, 을>병>갑 후보 순으로 지지하는 유권자가 4명, 병>을>갑 후보 순으로 지지하는 유권자가 5명이었다. 각 투표 방식에 따른 당선자가 올바르지 않은 것은? (단, 유권자는 지지하는 순으로 투표를 한다.)

① 단순다수투표 방식을 이용하면 갑이 당선된다.
② 결선투표 방식으로 이용하면 병이 당선된다.
③ 찬성투표 방식으로 유권자가 2순위 지지자까지 찬성표를 던진다면 갑이 당선된다.
④ 선호투표 방식을 이용하면 병이 당선된다.
⑤ 점수투표 방식으로 유권자가 1순위에 3점, 2순위에 2점, 3순위에 1점을 준다면 을이 당선된다.

03 단순다수제와 결선제

다음 '상황'과 '가정'으로부터 추론한 것으로 옳은 것은? 제1회 2009 LEET 문35

〈상황〉

○ 총유권자가 60만 명인 어떤 나라에서 대통령 선출 방식으로 단순 다수제와 결선(투표)제를 두고 토론을 진행 중인데, 투표 방식이 결정되면 ○○일 후 대통령 선거가 실시된다.

○ 단순 다수제는 1회 투표에서 최다 득표자가 당선되는 방식이고, 결선제는 1차 투표에서 과반수 득표자가 없을 경우, 상위 1, 2위 득표자를 놓고 2차 투표를 실시하여 다득표자가 당선되는 방식이다. (각 투표 시 유권자는 1명에게만 기표한다.)

〈후보 선호도 및 연합의 가정〉

○ 후보 A~F가 출마할 경우, 4개 계층으로 나뉜 유권자의 선호도는 표와 같다. 투표율은 항상 100%이다.

계층	인원수 (만 명)	순위			
		1순위	2순위	……	6순위
1계층	10	F	D	……	A
2계층	26	C	B	……	F
3계층	18	D	E	……	F
4계층	6	A	D	……	F

○ 단순 다수제나 결선제 1차 투표에서 후보 간 연합이 이루어질 경우, 유권자의 후보에 대한 충성도가 높아 각 후보 지지자는 연합 후보를 100% 지지한다.

○ 결선제 1차 투표에서 후보 연합을 통해서도 당선자를 결정하지 못할 경우, 2차 투표에서 후보들이 연합을 하더라도 유권자는 이를 고려하지 않고 선호도 표의 순위에 따라 투표한다. 예를 들면 4계층은 A가 후보에서 탈락되면 D를 선택하는 방식이다.

○ 투표 전 이루어진 연합이 선거에서 최종 승리할 경우, 이 승리 연합은 연합 정부를 구성한다.

① 결선제를 채택하면 C-A 연합 정부는 나타날 수 없다.
② 단순 다수제나 결선제 중 어느 것을 채택하든 D-F 연합 정부가 나타날 수 있다.
③ 결선제 1차 투표에서 당선자를 결정하지 못할 경우 D-F-A 연합 정부가 탄생할 수밖에 없다.
④ 단순 다수제에서 D, A, B가 연합하고 F와 C는 독자 출마한 채 투표가 실시되는 경우, D-A-B 연합 정부가 나타날 수 있다.
⑤ 결선제를 채택하면 이번 선거에서 2차 투표를 실시할 수밖에 없을 것이고, 또한 이로 인해 단순 다수제보다 선거 비용이 증대될 것이다.

3 토너먼트 형태의 투표방식

정부는 공기업 지방 이전을 추진하면서, 갑, 을, 병 3개 도시에 이전되는 공기업의 수를 달리하는 네 개의 안을 아래의 〈표〉와 같이 마련하였다. 각 도시의 대표자들은 비교되는 두 안 중 자신의 도시에 더 많은 공기업을 이전하는 안에 투표한다고 가정한다. 다만, 두 안의 비교 시 자신의 도시로 이전할 공기업 수가 동일한 경우, 공기업이 여러 도시로 분산되는 안에 투표한다. 〈결정방식〉이 다음과 같을 때, 보기 중 올바른 것을 모두 고르면?

2006년 행정외무고시

〈표〉 도시별 공기업 배치안

도시 \ 대안	A안	B안	C안	D안
갑	2개	3개	0개	1개
을	2개	0개	0개	1개
병	0개	1개	4개	2개

〈결정방식〉

가. 투표는 다음 예시와 같은 방식으로 이루어진다.

| 예시 | 투표의 순서가 CDAB라면, 먼저 C와 D를 비교하여 선택된 안을 다시 A와 비교하고 여기서 선택된 안을 B와 비교하여 최종안을 선택한다.

나. 각 단계의 투표에서는 다수 도시의 표를 얻은 안이 선택된다.

보기

ㄱ. 투표 순서가 BADC로 정해진다면 갑이 공기업을 유치하는 데 가장 유리하다.

ㄴ. 병이 4개의 공기업을 모두 유치할 수 있는 투표 순서는 전혀 없다.

ㄷ. 투표 순서를 CDAB로 하는 것보다 CDBA로 하는 것이 갑에게 더 유리하다.

ㄹ. 투표 순서를 ACBD 또는 DBCA로 하면 갑과 을이 최소 1개 이상의 공기업을 유치할 수 있다.

① ㄱ, ㄴ　② ㄱ, ㄷ　③ ㄴ, ㄷ
④ ㄴ, ㄹ　⑤ ㄷ, ㄹ

4 특수 형태의 투표방식

05
중위투표모형

다음에서 추론한 것으로 옳은 것만을 보기 에서 있는 대로 고른 것은? 제8회 2016 LEET 문24

유권자들이 오로지 후보자의 정치성향만을 고려하여 투표한다고 가정할 때, 다음과 같은 한 지역구의 선거 상황을 생각해 보자.

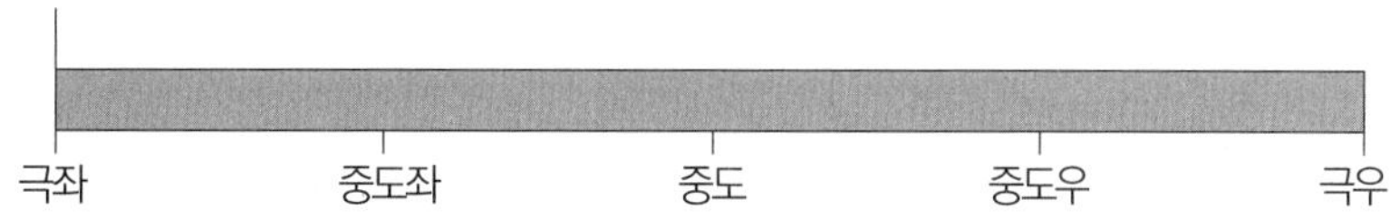

이 지역구에는 매우 많은 유권자가 존재하는데, 정치성향에 따른 이들의 분포는 위의 그림과 같다. 즉 이 지역구의 유권자들은 극좌에서 극우까지 연속적으로 동일한 비율로 균등하게 분포되어 있다. 후보자들은 위에 제시된 5가지의 정치성향 중 하나만을 선택하여 공표할 수 있고, 유권자는 자신의 정치성향과 가장 가까운 정치성향을 공표한 후보자에게 투표한다. 극좌, 중도좌, 중도, 중도우, 극우 간의 간격은 동일하고, 동일한 정치성향을 선택한 후보자가 둘 이상이면 해당 득표를 균등하게 나누어 갖는다. 가령 두 후보자 A, B가 출마하고 A는 '중도좌', B는 '극우'를 선택한다면, A는 5/8를 득표하고 B는 3/8을 득표하게 된다. 당선 결과는 가장 많은 표를 얻는 후보자가 당선되는 다수결 원칙으로 결정되며, 최다 득표자가 둘 이상이면 임의로 승자를 결정한다.

그런데 각 후보자는 하나의 정치성향을 반드시 공표해야 하며, 다른 후보자의 선택에 대응하여 자신의 당선 가능성을 극대화하는 방향으로 자신의 정치성향을 바꾼다고 하자. 가령 앞의 예에서 B는 자신의 성향을 '중도'로 바꿈으로써 자신의 득표를 3/8에서 5/8로 바꾸어 당선 가능성을 극대화할 수 있다. 만약 정치성향의 변경이 당선 가능성에 변화를 가져오지 않는다면 더 이상 정치성향을 바꾸지 않는다. 모든 후보자가 더 이상 자신의 정치성향을 변경할 유인이 없어지면 균형에 이르렀다고 한다.

보기

ㄱ. 후보자가 2명인 경우, 두 후보자 모두 '중도'를 선택하는 것이 균형이다.
ㄴ. 후보자가 3명인 경우, 균형에서 각 후보자의 당선 가능성은 모두 같다.
ㄷ. 후보자가 4명인 경우, 균형에서 모든 후보자가 같은 정치성향을 선택한다.

① ㄱ ② ㄷ ③ ㄱ, ㄴ
④ ㄱ, ㄷ ⑤ ㄴ, ㄷ

06 전략적 투표

다음 글로부터 추론한 것으로 옳은 것만을 보기 에서 있는 대로 고른 것은?　제9회 2017 LEET 문29

세 명의 위원 갑, 을, 병으로 구성된 위원회에서 세 명의 후보 a1, a2, b 중 한 사람을 선발하는 상황을 고려해 보자. a1과 a2는 동일한 A당(黨)에 속한 사람이고, b는 다른 B당 사람이다. 각 위원의 후보에 대한 선호는 다음과 같이 알려져 있다. (예를 들어, a1 〉 b는 a1을 b보다 선호한다는 의미다.)

위원	선호
갑	a1 〉 a2 〉 b
을	a2 〉 a1 〉 b
병	b 〉 a1 〉 a2

위원회의 결정은 다수결 투표에 따른다. 각 위원은 자신의 선호에 따라 정직하게 투표에 임할 수도 있고, 전략적으로 투표에 임할 수도 있다. 전략적 투표란 자신이 더 선호하는 후보가 선발되게 만들기 위해 정직하지 않게 투표를 하는 행위다. 예를 들어, 위원 갑이 a1이 최종 선발될 가능성이 없다고 판단하여 자신이 가장 싫어하는 b가 당선되는 경우를 막기 위해 a2에게 투표하는 것이 이에 해당한다.

보기

ㄱ. 1차 투표에서 후보 세 명을 대상으로 투표한 후 만약 승자가 없다면 갑이 최종 결정한다고 하자. 이 경우 전략적 투표를 허용하더라도 정직하게 투표한 결과와 같다.

ㄴ. A당의 두 후보 중 한 사람을 1차 선발하고, 그 승자를 b와 결선하여 최종 승자를 결정하는 방식을 고려하자. 이 경우 위원 을은 전략적 투표를 할 유인이 있다.

ㄷ. A당과 B당 중 하나를 1차 투표로 결정하고, 만약 A당이 선택되면 a1과 a2의 결선의 승자를, 만약 B당이 선택되면 b를 최종 승자로 결정하는 방식을 고려하자. 이 경우 전략적 투표를 허용하면 b가 선발될 것이다.

① ㄱ　② ㄷ　③ ㄱ, ㄴ
④ ㄴ, ㄷ　⑤ ㄱ, ㄴ, ㄷ

CHAPTER 4
게임이론 및 이산수학 2

| 최적결정을 위한 분석기법 |

본 장에서는 이산수학의 구체화된 학습내용으로서
중요 분석기법들과 경우의 수, 순열과 조합, 확률 등을
학습하도록 한다.

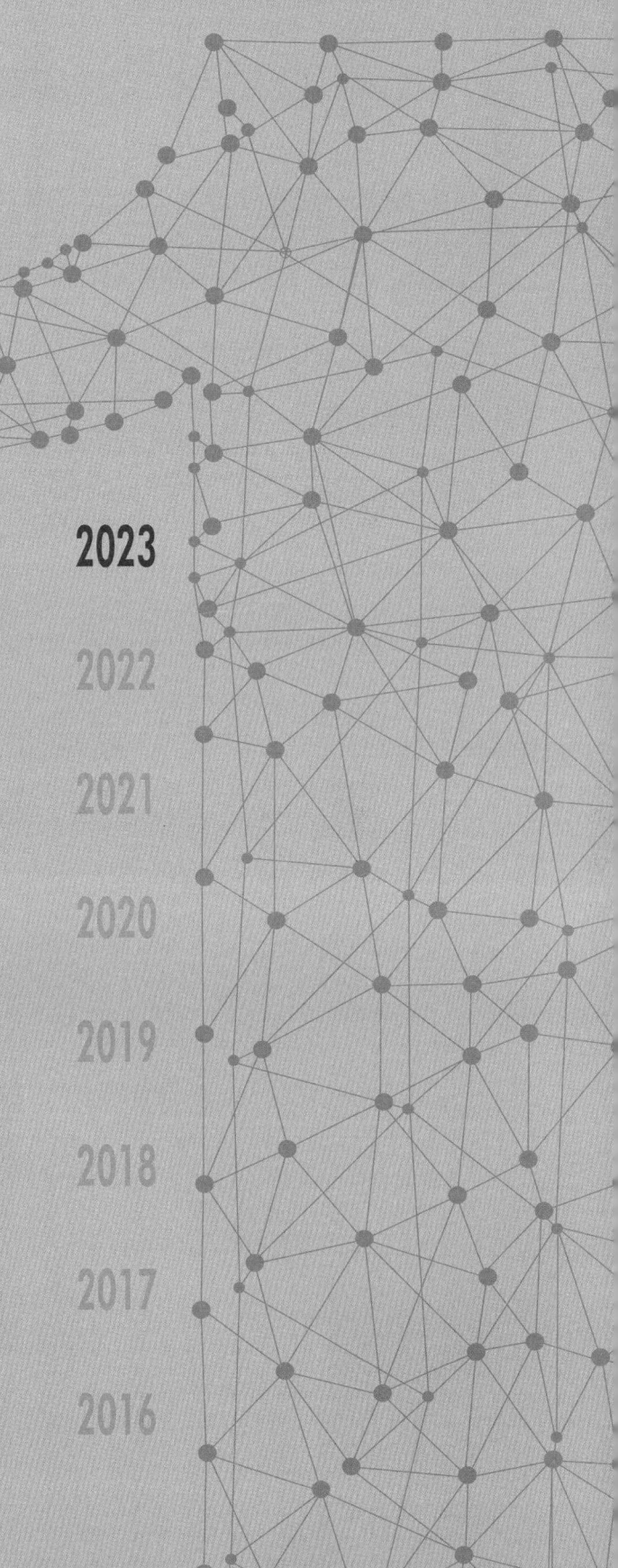

2023

2022

2021

2020

2019

2018

2017

2016

Ⅰ. 각종 분석기법과 확률

1 최적화 결정을 위한 분석기법의 종류

분석기법은 크게 양적분석기법과 질적분석기법으로 분류할 수 있다.10)

(1) 양적 분석 기법

선형계획법	주어진 자원의 제약과 한계 내에서 목표를 만족시키는 최선의 대안을 선택하는 방법 (제약조건과 목적함수)
네트워크 모형	각 지점을 연결하는 가장 빠르고 적은 비용이 드는 경로를 발견하는 모형 (접합점, 연결선 또는 가지, 네트워크 도표)
PERT와 CPM	PERT(Program Evaluation Review Technique) CPM(Critical Path Method)
비용과 손익분기점 분석	전체 수입과 전체 지출이 똑같은 상태, 즉 이윤이 0이 되는 경우(균형예산)
비용편익분석	여러 대안의 비용과 편익을 계산하여 비교한 후 최적대안을 선택하는 방법
의사결정이론	수집 가능한 정보로서 대안의 결과를 예측하고 최선의 선택을 할 수 있게 도와주는 기법
의사결정나무	연속적인 의사결정을 도표로 나타내는 기법
시뮬레이션	실제 상황과 똑같은 체계 내지는 실험장치를 만들어 경험을 해 보는 것
게임이론	참여자, 정보, 전략 또는 대안, 성과, 전략기준
예측기법	양적예측(인과예측과 시계열예측), 질적예측(합의배심원과 델파이)

10) 자료 : 정철현, 행정의사결정론, 2001

(2) 질적 분석 기법

발표 관리	문제의 확인과 해결과정에 관한 연구/ 발표준비와 발표 후의 평가를 포함
막대그래프 파이 도표	▶ 자료를 시각적으로 보여주어 데이터들의 차이와 비교가 가능 ▶ 각 항목이 전체의 어느 정도를 차지하는가의 비율을 보여준다.
파레토 도표	중요한 원인은 막대그래프로 그린 다음 누적 꺾은선 그래프를 그려 작성
브레인스토밍과 명목집단기법	▶ 문제 해결을 위한 아이디어 창출기법 ▶ 해결책의 우선순위를 부여, 합의 도출(투표)
우선순위 도표	문제의 중요성에 대해 합의
원인결과 도표	▶ 문제(결과)에 대한 원인들을 파악, 생선뼈도표(Fish-bone diagram) ▶ 가능한 모든 원인들을 탐색, 원인의 근원, 사소한 원인도 포함
설문조사	정부의 잠재적 고객인 주민요구의 조사 필요
흐름 도표	▶ 업무의 흐름을 쉽게 그림으로 나타낸 것 ▶ 작업의 순서, 예상업무, 담당자, 전체과정에 대한 이해
운영 도표	▶ 사업 활동을 통제하고 조정하는데 사용 ▶ 경향도표(trend charts) : 특정시기의 자료형태나 경향을 보여줌
관찰 도표	행정업무가 어떻게 진행되고 있는지를 관찰하는 도구
이정표 도표	사업의 진척에 대한 그래픽 설명
영향력 분석	▶ 행정업무의 수행에 있어 긍정적인 힘과 부정적인 힘을 파악 ▶ 영향력의 목록 + 영향력에 가중치 부여 ▶ 문제점 분석과 해결책 제시, 우선순위 결정
문제해결전략 매트릭스	▶ 문제 해결에 필요한 자원, 소요되는 비용, 집행의 어려움 등을 고려하는 체계적인 방법 ▶ 평가기준의 설정으로 문제 해결방안의 우선순위 결정 ▶ 문제 해결방안에 다른 의견이 존재할 때, 이를 비교평가
변화전략	▶ 변화에 대한 조직 구성원의 반발을 무마할 수 있는 변화전략이 필요 ▶ 업무과정의 개선과 계획변경 시 야기되는 여러 문제 해결을 위한 전략

2 비용편익분석

(1) 비용편익분석의 의의와 절차

▍비용편익의 절차 ▍

절차	내용
문제구조화	목적, 목표, 대안, 대상집단, 비용, 편익의 경계를 규정한다.
목표의 구체화	일반적인 목표를 직접적, 간접적으로 측정 가능한 구체적 목표로 전환한다.
대안의 구체화	문제구조화 단계에서 규정된 잠재적 해결 방안들 중에서 가장 타당한 것으로 보이는 정책 대안을 선정한다.
정보탐색, 분석 및 해석	구체화된 정책대안이 가져올 결과를 예측하는 데 필요한 정보를 수집, 분석한다.
대상집단과 수혜집단의 식별	정책대안에 의해 혜택을 받는 집단과 손해를 받는 집단을 모두 나열한다.
비용과 편익의 추정	각 정책대안이 가져올 모든 종류의 구체적 비용과 편익을 화폐가치로 추정한다.
비용과 편익의 할인	미래에 발생할 편익과 비용을 현재가치로 환산한다.
위험과 불확실성의 추정	편익과 비용이 미래 시점에서 발생할 확률을 추정하기 위해 민감도 분석과 보강조건 분석을 사용한다.
결정기준의 선택	파레토개선, 순능률 개선, 재분배의 개선, 내부수익률, 순현재가치 등 최적대안의 선택에 사용될 기준을 선택한다.
제안	대립적인 윤리적, 인과적 가설들을 고려하여 가장 타당성 높은 대안을 선택한다.

자료 : 백현관, 공공정책의 제문제, 2004, p.248

(2) 대안 선택 기준

① **비용변제기간(Pay-back period)** : 비용변제기간 기준에 따르면 사업의 총비용을 가장 짧은 기간에 변제할 수 있는 사업이 가장 우선적으로 선정된다.

② **순평균수익률(Net average rate of return)** : 순평균수익률이란 사업의 전기간에 걸쳐 발생하는 순편익의 합계를 사업기간 연수로 나눈 것을 의미한다.

③ **순현재가치(Net present value)** : NPV = (편익의 현재가치) - (비용의 현재가치)
0보다 크면 그 사업은 타당성 있는 사업이라 하여 채택할 수 있으며, 복수의 사업인 경우 순현재가치가 가장 큰 사업을 선택한다.

④ **비용·편익 비율(Benefit-cost ratio)** : B/C 비 = (편익의 현재가치)/(비용의 현재가치)
1보다 크면 그 사업은 타당성 있는 사업이라 하여 채택할 수 있으며, 복수의 사업인 경우 비용편익비율이 가장 큰 사업을 선택한다.

⑤ 내부수익률(Internal rate of return: IRR) : NPV = 0 이 되도록 하는 할인율
NPV가 0이 되도록 하는 할인율이 큰 대안을 선택한다.

(3) 민감도분석

민감도분석(sensitive analysis)은 비용편익분석 또는 비용효과 분석의 결과가 비용이나 효과의 발생확률에 대한 가정의 변동에 대하여 얼마나 예민하게 변동하는가를 분석하는 기법이다.

3 PERT (Program Evaluation and ReviewTechnique) 분석

사업평가 및 검토기법(PERT: Program Evaluation and Review Technique)이란 특정 정책의 적극적 실현을 위해 1950년대의 후반에 미 해군에 의해서 개발된 작업단계의 장기적 계획화 기술이다.

(1) 활동 정의 단계

활동은 독립된 작업단위에 의해서 독립적으로 수행되는 일로서 일의 성질을 고려하여 활동단위를 적정수준에서 정해주어야 한다. 이때 활동에는 선행활동과 후행활동이 있는바, 전자(선행활동)는 그 활동이 완료되어야만 특정 활동을 수행할 수 있게 되는 활동이고, 후자(후행활동)는 그 특정 활동(선행활동)이 완료된 이후에만 수행할 수 있는 활동을 의미한다.

(2) 활동표의 작성

활동번호	활동이름	선행활동	후행활동	소요시간
1	1-2	-	2-5	2
2	1-3	-	3-4	2

(3) PERT NETWORK 작성

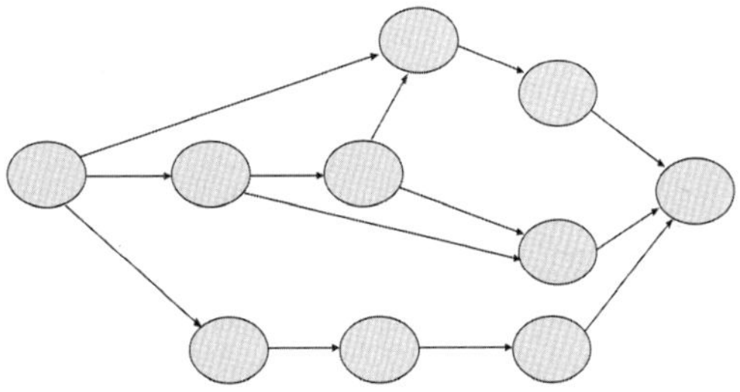

(4) 준비일자 계산

- 아무리 빨라도 시간(earliest time) : '아무리 빨라도' 그 시간 이전에는 특정 활동을 시작할 수 없는 시간을 말한다. 이것은 특정 활동은 그 활동의 선행활동이 종료된 이후에만 시작할 수 있다는 조건 때문에 나타난다.
- 아무리 늦어도 시간(latest time) : 이것은 특정 활동이 '아무리 늦어도' 그 시간까지 작업을 시작해야 함을 나타낸다. 그 시간을 넘으면 전체준비일자가 그만큼 늦어지기 때문이다.

(5) 중요한 활동(critical activity)과 중요한 흐름(critical path)의 계산[11)]

여기서 '중요하다'라는 의미는 차질이 발생하면 예정행사를 마칠 수 없다는 의미이며, '중요한 흐름'은 중요한 활동을 연결한 활동의 집합이다. 먼저 중요한 활동을 계산하는 과정은 FINISH에서 시작하여 START로 향한다.

- 여유시간 = 아무리 늦어도 시간 - 아무리 빨라도 시간
- 중요한 활동 = 여유시간이 0 인 활동

활동이름	아무리 늦어도 시간	아무리 빨라도 시간	여유시간
1-2	0	0	0
1-3	24	0	24
1-7	14	0	14
2-5	2	2	0

여유시간이 0인 흐름인 1-2, 2-5가 중요한 활동으로 인식되므로 이들(1-2, 2-5)은 '중요한 흐름'이 된다. 이들에 속하는 준비활동은 예정일보다 하루라도 늦으면 행사일자가 그만큼 늦어진다는 것을 의미한다.

11) PERT/CPM(Critical Path Method)은 대규모 사업을 효과적으로 추진하기 위해 최소의 비용으로 최단 시간 내에 사업을 완성하는 계획을 수립하는 데 사용되는 기법이다. PERT와 CPM은 상호 유사한 분석기법이지만 각각 독자적으로 발전되어 왔다. 대체로 PERT는 소요시간이 불확실한 경우 사업의 순서를 정하는 데 주로 사용되고, CPM은 소요 시간이 확실한 경우에 최우선 작업과 전체 프로젝트의 최단 소요 시간을 추정하는 데 주로 사용된다.

4 경우의 수

(1) 합의 법칙

두 사건 A, B가 동시에 일어나지 않을 때, 사건 A, B가 일어날 경우의 수를 각각 m, n 이라 하면

A 또는 B가 일어나는 경우의 수는 → m+n 가지

(2) 곱의 법칙

두 사건 A, B에 대하여 사건 A, B가 일어나는 경우의 수를 각각 m, n 이라 하면

A, B가 잇달아 일어나는 경우의 수는 → m×n 가지

5 순열

(1) 순열의 수와 ${}_nP_r$

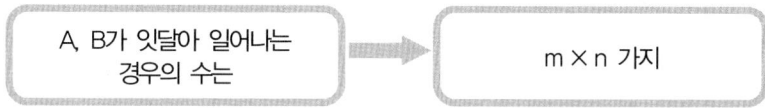

서로 다른 n개의 원소에서 r개를 택하여 순서 있게 늘어놓는 것을 n개에서 r개 택한 순열(Permutation)이라 한다. 또, 이 순열의 수를 ${}_nP_r$ 로 나타내며 다음과 같이 계산한다.

$${}_nP_r = \underbrace{n(n-1)(n-2)\times\cdots\times(n-r+1)}_{r\text{개}}$$

(2) ${}_nP_r$의 변형식과 0!, ${}_nP_0$의 정의

① ${}_nP_r = n!/(n-r)!$　　② $0! = 1$　　③ ${}_nP_0 = 1$

(3) 중복순열의 수와 ${}_n\Pi_r$

서로 다른 n개의 원소에서 중복을 허락하여 r개를 택하여 일렬로 배열한 것을 n개에서 r개를 택한 중복순열이라 한다. 또, 이 중복순열의 수를 ${}_n\Pi_r$ 로 나타내며, 다음과 같이 계산한다.

$${}_n\Pi_r = n^r$$

(4) 같은 것을 포함한 경우의 순열

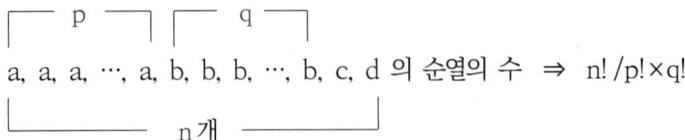

a, a, a, …, a (p개), b, b, b, …, b (q개), c, d (전체 n개) 의 순열의 수 ⇒ $n!/p!\times q!$

(5) 원순열의 수

서로 다른 n개의 원소를 원형으로 배열하는 것을 원순열이라 한다.

서로 다른 n개의 원소를 원형으로 배열하는 방법의 수 ⇒ $(n-1)!$

6 조합

(1) 조합의 수와 nCr

서로 다른 n개의 원소에서 순서를 생각하지 않고 r개를 택할 때, 이 r개로 이루어진 각각의 집합을 n개에서 r개 택한 조합(Combination)이라 하고, 이 조합의 수를 $_nC_r$로 나타낸다.

(2) $_nC_r$의 계산공식과 $_nC_0$의 정의

① $_nC_r = {_nP_r}/r!$, $_nC_r = n!/r!(n-r)!$ ② $_nC_0 = 1$

ex) $_5C_2 = 5\times4/2\times1 = 10$, $_5C_3 = 5\times4\times3/3\times2\times1 = 10$

7 확률

(1) 확률의 정의

어떤 시행에서 표본공간의 원소의 개수를 n(S)라 하고, 개개의 근원사건이 일어나는 것이 같은 정도로 확실할 때, 사건 A의 원소의 개수를 n(A)라 하면 사건 A가 일어날 확률 P(A)는

▶ P(A) = n(A) / n(S) = (A에 속하는 근원사건의 개수) / (근원사건의 총 개수)

이와 같이 정의된 확률을 특히 수학적 확률이라 한다.

(2) 통계적 확률

같은 시행을 n번 반복하여 사건 A가 일어난 회수를 r이라 할 때, n을 충분히 크게 하면 상대도수 r/n 은 일정한 값 p에 가까워진다. 이 p를 사건 A가 일어날 통계적 확률 또는 경험적 확률이라 한다.

(3) 기하학적 확률

연속적인 변량 a, b를 크기로 갖는 영역 A, B가 있어 점 P는 이 영역 A속의 어느 점이든 같은 정도로 잡을 수 있다고 하자. 이제 영역 B가 영역 A에 포함되어 있을 때, 영역 A에서 임의로 잡은 점 P가 영역 B에 속할 확률은 b/a 라 정한다.

곧, P(A) = (A가 일어나는 영역의 크기)/(일어날 수 있는 전 영역의 크기)

(4) 확률의 덧셈정리

① 두 사건 A, B에 대하여

$$P(A \cup B) = P(A) + P(B) - P(A \cap B)$$

② 두 사건 A, B가 배반사건일 때, 곧 $A \cap B = \varnothing$일 때

$$P(A \cup B) = P(A) + P(B)$$

(5) 조건부 확률

확률이 0이 아닌 두 사건 A, B에 대하여 사건 A가 일어났다고 가정했을 때 사건 B가 일어날 확률을 '사건 A가 일어났을 때의 사건 B의 조건부확률'이라 하고, P(B/A) 또는 $P_A(B)$로 나타낸다.

$P(B/A) = P(A \cap B) / P(A)$ 단, $P(A) > 0$ 이 성립하며 다음 곱셈정리를 얻는다.

▶ $P(A) > 0$, $P(B) > 0$ 일 때

$$P(A \cap B) = P(A) \cdot P(B/A) = P(B) \cdot P(A/B)$$

Ⅱ. 최적화 분석기법 및 경우의 수 문제의 유형별 학습

1 비용편익분석 문제

01
순현재가치와
편익비용비율

정부가 정책대안 X, Y, Z의 비용과 편익을 분석한 결과가 〈표〉에 제시되어 있다. 〈표〉에서 볼 수 있듯이, 정부는 고소득층과 저소득층의 비용과 편익을 구분하여 분석하고 있다. 정부는 '순현재값 (net present value)' 과 '편익비용비율 (benefit-cost ratio)' 등의 두 가지 기준을 사용하여 정책대안을 평가한다. 다음 설명 중 옳은 것은?

2007년 입법고시

	정책대안 X		정책대안 Y		정책대안 Z	
	비용의 현재값	편익의 현재값	비용의 현재값	편익의 현재값	비용의 현재값	편익의 현재값
소득 상위 50%	100	225	300	200	550	50
소득 하위 50%	100	225	100	600	50	850
계	200	450	400	800	600	900

주) '순현재값(net present value)': 현재의 가치로 환산한 편익과 비용의 차이(편익의 현재값-비용의 현재값)
'편익비용비율(benefit-cost ratio)': 현재의 가치로 환산한 편익과 비용의 비율 (편익의 현재값/비용의 현재값)

① 소득 계층 구별 없이 전체를 고려할 경우 정책대안 X가 가장 큰 '순현재값'을 갖는 정책대안이다.
② 소득 계층 구별 없이 전체를 고려할 경우 정책대안 Y가 '순현재값'과 '편익비용비율' 등 두 가지 기준에서 모두 가장 적절한 정책대안이다.
③ 소득 하위 50% 계층의 입장에서 본다면 정책대안 Y가 가장 큰 '편익비용비율'을 갖는 정책대안이다.
④ 소득 상위 50% 계층의 입장에서 본다면 정책대안 Z가 가장 큰 '순현재값'을 갖는 정책대안이다.
⑤ 소득 하위 50% 계층의 입장에서 본다면 정책대안 Z가 '순현재값'과 '편익비용비율' 등 두 가지 기준에서 모두 가장 적절한 정책대안이다.

02
기대순편익

L 사무관은 저소득층의 노후소득 보장을 위해 세 가지 정책방안을 마련하여 최종적으로 하나의 방안을 국회에 제출하고자 한다. 국회 제출 후, 입법화될 경우와 입법화되지 못할 경우의 비용과 편익을 검토한 결과는 다음 〈표〉와 같았다. 보기 중 L 사무관이 취할 행동으로 적절한 것을 모두 고르면? 2007년 입법고시

〈표〉 각 방안의 채택 확률 및 비용과 편익

구분	입법여부	확 률	편 익	비 용
방안 A	입법(가결)	0.7	300	200
	비입법(부결)	0.3	200	200
방안 B	입법(가결)	0.5	400	300
	비입법(부결)	0.5	100	200
방안 C	입법(가결)	0.3	500	400
	비입법(부결)	0.7	300	100

주 : 순편익 = 편익 − 비용 기대순편익 = Σ(확률×순편익)

보기

ㄱ. 기대순편익에 의거해 판단한다면 C 방안을 가장 선호하고 다음으로 A 방안, 끝으로 B 방안 순일 것이다.
ㄴ. 저소득층 노인의 소득보장이 매우 시급하여 제도의 시급한 도입을 방안 선택의 기준으로 한다면 A 방안을 제출할 것이다.
ㄷ. 입법화될 경우에 발생할 편익만을 고려한다면 B 방안을 가장 우선적으로 제출하고자 할 것이다.
ㄹ. 입법화되지 못할 경우의 순편익에 의거해 판단한다면 C 방안보다는 B 방안을 제출할 것이다.

① ㄱ, ㄴ ② ㄱ, ㄷ ③ ㄴ, ㄷ
④ ㄴ, ㄹ ⑤ ㄷ, ㄹ

2 최소시간(비용, 인원 등) 추론문제

03
최소시간 추론

〈그림〉의 라우터에서 입력포트에 대기 중인 패킷들이 모두 출력포트로 전달되는 데 걸리는 최소 시간은?

제8회 2016 LEET 문35

라우터는 입력포트로 들어오는 패킷을 목적지 방향에 연결된 출력포트로 전달하는 역할을 한다. 〈그림〉의 라우터는 어떤 패킷이 입력포트 A, B, C, D 중 하나로 들어와서 X, Y, Z 출력포트 중 하나로 나가는 구조를 가지고 있다. 입력포트 A, B, C, D에는 각각 4개의 패킷이 도착해 있고, 각각의 패킷은 자신의 출력포트인 X, Y, Z로 나가기 위해 대기 중이다.

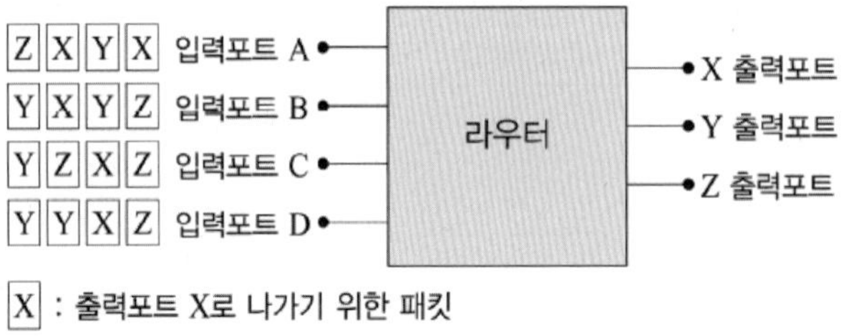

〈그림〉

라우터는 출력포트만 겹치지 않으면 서로 다른 입력포트에서 서로 다른 출력포트로 동시에 패킷을 전달할 수 있다. 예를 들어, 〈그림〉에서 입력포트 A, B의 첫 번째 패킷은 출력포트가 각각 X, Z이므로 동시에 전달될 수 있다. 그러나 입력포트 B, C, D의 첫 번째 패킷과 같이 출력포트가 같으면 동시에 전달되지 못하고 이들 중 하나만 무작위로 선택되어 출력포트로 전달되고 나머지 두 패킷은 앞선 패킷의 출력이 완료될 때까지 기다려야 한다. 그리고 한 입력 포트에 대기 중인 패킷들은 입력포트에 들어온 순서에 따라 출력포트로 전달된다. 모든 패킷의 길이는 동일하고, 입력포트에 있는 하나의 패킷이 출력포트로 전달되는 데 걸리는 시간은 1 ms(1/1000초)이다.

① 9 ms　② 8 ms　③ 7 ms
④ 6 ms　⑤ 5 ms

3 경우의 수

04

공통지식

상자 A, B, C에 금화 13개가 나뉘어 들어 있다. 금화는 상자 A에 가장 적게 있고, 상자 C에 가장 많이 있다. 각 상자에는 금화가 하나 이상 있으며, 개수는 서로 다르다. 이 사실을 알고 있는 갑, 을, 병이 아래와 같은 순서로 각 상자를 열어 본 후 말하였다. 이들의 말이 모두 참일 때 상자 A와 C에 있는 금화의 총 개수는?

제4회 2012 LEET 문30

> 갑이 상자 A를 열어 본 후 말하였다.
> "B와 C에 금화가 각각 몇 개 있는지 알 수 없어."
>
> 을은 갑의 말을 듣고 상자 C를 열어 본 후 말하였다.
> "A와 B에 금화가 각각 몇 개 있는지 알 수 없어."
>
> 병은 갑과 을의 말을 듣고 상자 B를 열어 본 후 말하였다.
> "A와 C에 금화가 각각 몇 개 있는지 알 수 없어."

① 10　② 9　③ 8
④ 7　⑤ 6

05

조합을 이용한 경우의 수 파악

다음으로부터 바르게 추론한 것만을 보기 에서 있는 대로 고른 것은?

제5회 2013 LEET 문16

4개의 부서 A, B, C, D의 업무 역량을 평가하기 위해서 두 부서끼리 빠짐없이 한 번씩 서로 비교하려 한다. 이 업무 역량 평가는 매 평가마다 서로 다른 요인을 평가하기 때문에 평가 결과끼리는 서로 영향을 주지 않는다. 예를 들어, A가 B보다 우월하고 B가 C보다 우월하더라도 A가 C보다 반드시 우월하다고 할 수 없다. 두 부서의 업무 역량에 우열이 드러나면, 업무 역량이 더 나은 부서에 5점, 상대 부서에 0점을 부여한다. 두 부서의 업무 역량이 서로 동등하다고 평가되면, 두 부서 모두에 2점씩 부여한다. 평가 결과는 다음과 같았다.

A : 7점
B : 7점
C : 4점
D : 10점

보기

ㄱ. A와 C의 비교에서 두 부서는 동등하다고 평가되었다.
ㄴ. B와 D의 비교에서 B가 더 나은 평가를 받았다.
ㄷ. A와 B의 비교에서 A가 더 나은 평가를 받았다는 정보를 추가하면 우열 관계에 대한 나머지 모든 결과를 알 수 있다.

① ㄱ ② ㄴ ③ ㄱ, ㄷ
④ ㄴ, ㄷ ⑤ ㄱ, ㄴ, ㄷ

06

PSAT
상황판단형
논리게임

〈성적 산출 기준〉으로부터 추론한 것으로 옳지 않은 것은? 제12회 2020 LEET 문31

어떤 교수가 수업 시간에 문제1과 문제2의 두 문제로 구성된 쪽지 시험을 실시하고 그 채점 결과로 성적을 산출한다. 각 문제의 채점 결과는 정답, 오답, 무답 중 하나만 가능하다. 정답, 오답, 무답에 따른 다음의 〈성적 산출 기준〉을 반영하여 각 학생에게 A, B, C, D 중 하나의 성적을 부여하고자 한다.

〈성적 산출 기준〉

- 문제1과 문제2의 채점 결과가 모두 정답이면 A를 부여한다.
- 문제1의 채점 결과가 정답이 아니고 문제2의 채점 결과도 정답이 아닌 경우 D를 부여한다. 단, 이때 문제1과 문제2의 채점 결과 중 적어도 하나가 무답이 아니면 풀이 내용에 따라 C를 부여할 수도 있다.

① 甲이 C를 받을 가능성이 없다면 B를 받을 수 없다.
② 乙이 두 문제 모두 무답으로 제출한 경우 반드시 D를 받는다.
③ 丙이 B를 받았다면 두 문제의 채점 결과 중 반드시 어느 한 쪽이 정답이어야 한다.
④ 丁의 답안지에서 문제1의 채점 결과가 오답, 문제2의 채점 결과가 정답이면 C를 받을 수 없다.
⑤ 戊가 문제2를 무답으로 제출한 경우, 문제1의 채점 결과가 정답이 아닌 한 B를 받을 수 없다.

4 최적 의사결정

07

확률적 의사결정

〈사례〉에 대해 추론한 것으로 옳은 것만을 [보기] 에서 있는 대로 고른 것은? 제8회 2016 LEET 문30

우리는 미래에 일어날 사건의 확률을 결정하기 위해 관련된 여러 정보를 이용한다. 그럼 어떤 정보도 없는 경우에는 어떻게 확률을 결정해야 하는가?

갑 : 동전에 대한 아무 정보도 없다면, 그 동전을 던졌을 때 앞면이 나온다는 것을 더 믿을 이유가 없고, 뒷면이 나온다는 것을 더 믿을 이유도 없다. 따라서 우리는 앞면이 나온다는 것과 뒷면이 나온다는 것이 동일한 확률 0.5를 가진다고 생각해야 한다.

을 : 그렇지 않다. 동전이 어느 쪽으로도 편향되지 않았다는 정보를 획득한 경우를 생각해 보자. 이 경우, 누구나 인정하듯이, 앞면이 나온다는 것의 확률은 0.5여야 한다. 이에, 당신의 입장은 편향되지 않았다는 정보가 있는 경우와 그렇지 않은 경우를 구분하지 못한다. 편향되지 않았다는 정보를 가지고 있을 때와 달리, 그런 정보가 없을 때는 앞면이 나올 확률의 최솟값은 0이고 최댓값은 1이라고만 말할 수 있을 뿐이다.

〈사례〉

구슬 100개가 잘 섞여 있는 항아리가 있다. 각 구슬들의 색깔은 붉거나, 희거나, 검으며, 각 구슬들의 재질은 나무이거나 금속이다. "붉은색 구슬은 모두 50개다."라는 정보는 주어졌지만, 다른 색 구슬의 개수에 대한 정보는 주어지지 않았다. 그리고 "나무로 된 흰색 구슬의 개수와 금속으로 된 흰색 구슬의 개수는 같다."라는 정보는 주어졌지만, 다른 구슬에 대해서는 이런 정보가 주어지지 않았다. 이제 이 항아리에서 무작위로 구슬을 하나 뽑을 것이다.

보기

ㄱ. 나무로 된 흰색 구슬이 뽑힐 확률에 대해서 갑과 을은 동일한 값을 부여할 것이다.

ㄴ. 붉은색 구슬이 뽑힐 확률이 흰색이 아닌 구슬이 뽑힐 확률보다 크지 않다는 것에 대해서 갑과 을은 동의할 것이다.

ㄷ. 나무로 된 구슬은 모두 흰색이라는 정보가 주어진다면, 흰색 구슬이 뽑힐 확률이 검은색 구슬이 뽑힐 확률보다 작지 않다는 것에 대해서 갑과 을은 동의할 것이다.

① ㄱ ② ㄴ ③ ㄱ, ㄴ
④ ㄱ, ㄷ ⑤ ㄴ, ㄷ

CHAPTER 5
표·그래프·다이어그램

본 장에서는 표나 그래프, 다이어그램 등으로부터 정보를 추출하는 문제들을 살펴본다. 특히 PSAT 자료해석 영역의 평가항목들을 개괄적으로 살펴봄으로써 세부 유형들을 구체화하도록 한다.

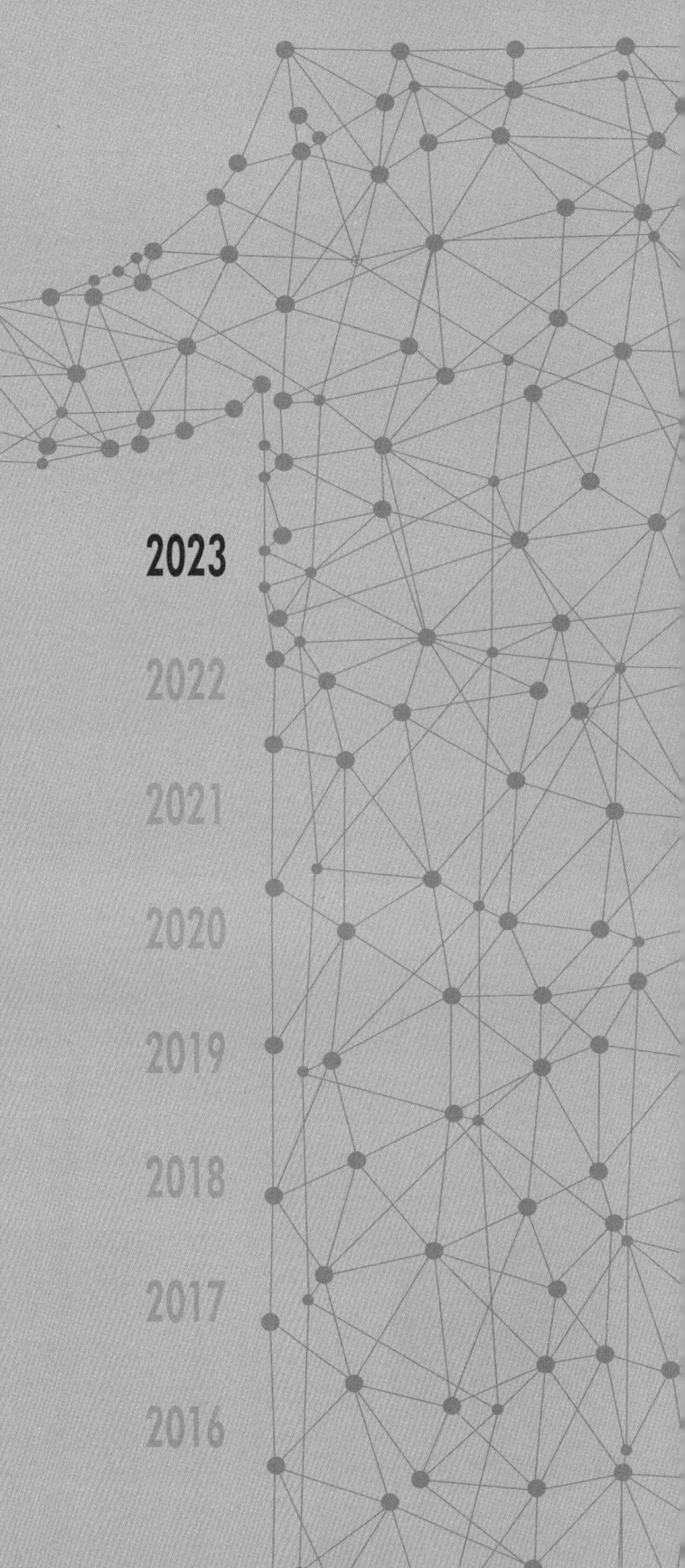

2023

2022

2021

2020

2019

2018

2017

2016

Ⅰ. 자료해석형 수리추리 개관

1 자료와 정보

자료(data)는 연구나 조사의 바탕이 되는 재료로 수, 영상, 단어 등을 의미한다. 수리추리에서는 표나 그래프, 다이어그램 등의 형태로 자료가 주어진다. 자료의 영어 표기 data는 단어 datum의 복수형인데 datum은 표면상의 가치를 의미한다. 부분적인 측정과 변수에 대한 관찰을 종합한 것이다. 자료를 의미 있게 정리한 것을 정보(information)라고 한다.

수리추리의 네 번째 하위 범주는 표나 그래프, 다이어그램 등으로 주어진 자료에서 필요한 정보를 추출, 추리하는 문제유형이다. 이것은 PSAT(공직적격성평가) 자료해석 영역의 한 부분으로 볼 수 있다. 따라서 PSAT 자료해석 영역 고찰을 통해 학습내용을 구체화하도록 한다.

2 PSAT(공직적격성평가) 자료해석 영역의 주요 내용[12)]

(1) 정의

자료해석 영역에서는 수치자료의 정리와 이해, 처리와 응용계산, 분석과 정보추출 등의 능력을 측정한다. 자료해석 능력은 일반적 학습능력에 속하는 것으로 수치, 도표, 또는 그림으로 되어있는 자료를 정리할 수 있는 기초통계능력, 수 처리능력, 수학적 추리력 등이 포함되며 수치 자료의 정리 및 분석 등의 업무수행에 필수적인 능력이다.

(2) 문항 구성의 소재

자료해석 영역에서 출제될 수 있는 문항의 소재는 분야가 제한되어 있지 않다. 따라서 모든 분야에서 사용되는 자료들이 출제의 대상이 될 수 있다. 이러한 분야는 경제, 경영, 심리, 교육학과 같은 사회과학으로부터 물리, 화학, 생물, 천문학과 같은 자연과학의 분야뿐만 아니라 한국사 그리고 시사적 자료까지 다양한 소재가 사용될 수 있다.

자료해석 영역에서는 다양한 분야의 지표(GDP, 기업재고, 실업급여 청구율, 시청률 등) 또는 지수(주가지수, 지능지수, 소비자 평가지수 등)를 이용하여 문제가 출제될 수 있으며 통계치(빈도, 백분율, 상관계수 등)를 이용한 문제 역시 출제될 수 있다. 그러나 지수나 지표 혹은 통계치, 그 자체의 개념이나 정의를 직접 묻는 문제나 혹은 그 개념을 미리 알고 있어야만 답을 할 수 있는 문제는 출제되지 않는다. 이러한 자료들의 출처는 대표적으로 다음과 같은 곳이다.

---

12) 중앙인사위원회, 공직적격성평가준비안내서, 2007, pp.18~23.

- 정부(외국정부)에서 발표하는 통계표 및 도표
- 국제기구에서 발표하는 통계표 및 도표
- 비정부기구(NGO)에서 발표되는 통계표 및 도표
- 신문이나 방송에 보도되는 조사 결과 및 도표
- 다양한 분야의 연구보고서 및 논문에서 발표되는 자료 및 도표
- 출제자가 문제를 위하여 구성한 가상적 자료

(3) 평가항목의 주요 내용

평가항목	측정 내용
이 해	• 제시된 표 또는 그래프가 가진 의미를 다른 별도의 내용과 관련짓지 않고 직접 읽어낼 수 있는 능력을 말한다. • 예를 들어 표 또는 그래프를 보고 이것의 의미를 말로 바꾸어 표현할 수 있는 능력을 말한다.
적 용	• 주어진 개념이나 방법, 절차, 원리, 법칙 그리고 일반화된 방법 등을 주어진 장면이나 구체적 장면에 맞추어 사용할 수 있는 능력을 말한다. • 법칙과 원리를 적용하는 문제, 도표나 그래프를 작성하는 문제, 자료수집의 방법과 절차를 바르게 사용하는 문제 등이 여기에 속한다.
분 석	• 주어진 자료를 구성요소로 분해하고 그 구성요소간의 관계와 그것이 조직되어 있는 원리를 발견하는 능력을 말한다. 또한 자료에 나타난 외적 현상 밑에 잠재되어 있는 아이디어 혹은 조직원리 등을 찾아내는 능력이다. • 자료에서 가설과 증거사이의 관계, 부분과 부분사이의 관계, 결론을 지지하는 증거를 찾아내는 능력, 관계있는 자료와 관계없는 자료를 식별하는 능력 등이 분석력에 해당된다.
종합평가	• 여러 개의 요소나 부분을 결합하여 하나의 새로운 전체를 구성하는 능력 및 주어진 결론을 도출하기 위한 절차를 판단하고, 자료를 통합하여 주장하는 바를 검증하는 능력이 여기에 포함된다. • 주어진 기준에 비추어 자료에서 얻어진 주장이나 결론 자체를 평가할 뿐만 아니라 그러한 주장이나 결론이 도출되는 과정 역시 평가하게 된다.

※ 이해와 분석 부분이 본 장과 관련이 높다고 할 수 있다.

Ⅱ. 자료해석형 수리추리 문제의 유형별 학습

1 〈표〉의 분석 및 추론

01
농산물 안전 관리 제도

다음 글에 비추어 〈표〉를 바르게 해석한 것만을 [보기]에서 있는 대로 고른 것은? 제5회 2013 LEET 문27

K국에는 농산물 안전 관리를 위해 우수인증, 저농약인증, 유기농인증 제도가 있다. 우수인증은 농약, 중금속 등 위해 요소들이 기준치를 넘지 않게 관리한 농산물에, 저농약인증은 농약과 화학비료를 기준치의 절반 이하로 사용한 농산물에, 유기농인증은 농약과 화학비료를 전혀 쓰지 않은 농산물에 부여하는 인증이다.

아래의 〈표〉는 농산물 유통에 참여하는 각 주체들을 대상으로 그들이 각 유통 단계별로 거래 현장에서 실제 접하는 현재 가격과 그들이 적절하다고 생각하는 적정가격을 조사한 것인데, 숫자들은 각 유통 단계별로 일반 농산물 가격을 100으로 했을 때의 환산가격이다. 예를 들어 생산농의 경우 일반 농산물의 현재 판매가격이 2만원이고 우수인증 농산물의 현재 판매 가격이 2만 2천원이라면, 일반 농산물의 환산가격은 100, 우수인증 농산물의 환산가격은 110이 된다. 〈표〉를 통해 생산농은 인증 농산물들이 적정한 가격을 받지 못하고 있다고 보며, 우수인증 농산물의 현재 판매가격에 불만이 가장 크다는 것을 알 수 있다.

〈표〉

유통 참여 주체	가격	일반 농산물	우수인증 농산물	저농약 인증 농산물	유기농 인증 농산물
생산농	현재 판매가격	100	110	115	125
	적정 판매가격	100	122	124	130
도매상	현재 판매가격	100	105	105	131
	적정 판매가격	100	(가)	120	138
소매상	현재 판매가격	100	110	113	135
	적정 판매가격	100	112	126	140
소비자	현재 판매가격	100	110	113	135
	적정 판매가격	100	110	112	130

보기

ㄱ. 소매상은 인증 농산물 중 우수인증 농산물의 현재 판매가격에 불만이 가장 크다.

ㄴ. 저농약인증 농산물과 유기농인증 농산물의 현재 가격 수준이 낮다는 데에 모든 유통 참여 주체들이 인식을 공유하고 있다.

ㄷ. 모든 유통 참여 주체들이 인증 농산물간 적정가격 서열에 대해 동일하게 판단하고 있다면 (가)에 들어갈 수 있는 숫자에 105가 포함된다.

① ㄱ　② ㄷ　③ ㄱ, ㄴ
④ ㄴ, ㄷ　⑤ ㄱ, ㄴ, ㄷ

다음으로부터 추론한 것으로 옳은 것만을 [보기]에서 있는 대로 고른 것은? 제7회 2015 LEET 문17

디지털 통신에서 0과 1로 구성된 데이터 비트들을 전송하다 보면 오류로 인해 일부 데이터가 0에서 1로 혹은 1에서 0으로 바뀌어 전달될 수 있다. 송신자(sender)는 수신자(receiver) 쪽에서 오류를 탐지하는 데 도움을 주고자 부가 비트를 붙여 전송한다. 〈그림 1〉에서 행렬의 5행과 5열이 부가 비트에 해당하고, 그 이외의 비트는 데이터 비트에 해당한다. 송신자는 데이터의 각 행과 각 열에서 1의 개수를 세어 1의 개수가 홀수이면 1을, 짝수이면 0을 부가 비트로 부여한다. 이렇게 만들어진 부가 비트를 데이터 비트들과 함께 전송하면 수신자는 부가 비트를 포함하여 각 행과 열의 1의 개수를 세어 짝수이면 정상 수신, 홀수이면 오류로 간주한다. 〈그림 2〉와 같이 2행 2열의 데이터 비트가 전송 중 1에서 0으로 변경되면 수신자 측에서는 2행과 2열에서 1의 개수가 홀수가 되어 오류가 났음을 알 수 있다. 그러나 행과 열 각각에서 짝수 개의 데이터 비트들이 변경될 경우 부가 비트를 사용하더라도 수신자 측에서 오류를 탐지해 내지 못한다. 〈그림 2〉의 A 영역에 있는 4개의 데이터 비트가 모두 0에서 1로 바뀌는 경우에는 3행, 4행, 3열, 4열에서 각각 1의 개수가 짝수이므로 오류를 탐지해 내지 못한다.

	1열	2열	3열	4열	5열
1행	1	1	0	1	1
2행	0	1	1	0	0
3행	1	0	0	0	1
4행	0	1	0	0	1
5행	0	1	1	1	1

송신자

〈그림 1〉

A 영역

	1열	2열	3열	4열	5열
1행	1	1	0	1	1
2행	0	0	1	0	0
3행	1	0	1	1	1
4행	0	1	1	1	1
5행	0	1	1	1	1

수신자

〈그림 2〉

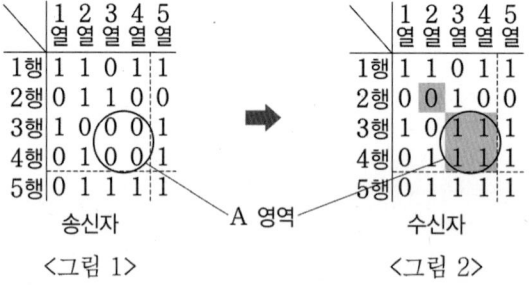

수신자가 〈그림 3〉과 같은 정보를 수신하였고 부가 비트에는 오류가 없다고 가정하자.

	1열	2열	3열	4열	5열
1행	0	1	0	1	0
2행	1	0	1	0	1
3행	1	0	0	1	1
4행	0	1	1	1	1
5행	1	0	1	1	1

수신자

〈그림 3〉

보기

ㄱ. 〈그림 3〉의 2행과 3행에서 오류가 발생하였다.
ㄴ. 〈그림 3〉의 2열과 4열에서는 오류가 발생하지 않았다.
ㄷ. 〈그림 3〉에서 오류가 발생한 데이터 비트는 4개 이상이다.

① ㄱ ② ㄴ ③ ㄷ
④ ㄱ, ㄷ ⑤ ㄴ, ㄷ

2 〈그래프〉 정보의 분석 및 추론

03

상품 조합들 간 선호체계

다음 글로부터 추론한 것으로 옳은 것만을 [보기]에서 있는 대로 고른 것은? 제4회 2012 LEET 문33

소비자가 자신의 구매 행위를 통해 만족을 극대화하는 과정을 분석하기 위해서는 우선 그의 선호체계를 파악해야 한다. 다양한 조건에서 관찰되는 구매 행위를 통해 상품의 어떤 조합을 다른 조합보다 선호하는지 비교할 수 있다면, 소비자의 선호체계에 대한 정보를 얻을 수 있다.

다음은 준희라는 합리적 소비자의 선호체계에 대한 정보를 얻기 위해 관찰한 사례이다. 준희는 다음과 같은 구매 원칙을 지키며, 그에 따라 상품 조합들 간의 선호가 결정된다.

원칙 [1] 쌀이든 쇠고기든 각각 더 많은 것을 좋아한다.
원칙 [2] 가진 돈으로 구매할 수 있는 조합 중에서 언제나 더 좋아하는 쪽을 구매한다.
원칙 [3] X보다 Y를 더 좋아하고 Y보다 Z를 더 좋아하면, X보다 Z를 더 좋아한다.
원칙 [4] X보다 Y를 더 좋아했다면 결코 Y보다 X를 더 좋아하지 않는다.

kg당 쌀은 2만원, 쇠고기는 4만원인 시점 1에서 주희는 48만원으로 아래 그림의 조합 A(쌀 4kg, 쇠고기 10kg) 또는 조합 B(쌀 16kg, 쇠고기 4kg)를 구매할 수 있다. 이때 준희는 A를 구매했다. 그렇다면 준희는 B보다 A를 더 좋아함을 알 수 있다. 왜냐하면 준희는 원칙 [2]에 따라 언제나 더 좋아하는 쪽을 구매하기 때문이다.

kg당 가격이 쌀은 3만원, 쇠고기는 3만원으로 바뀐 시점 2에서는 준희가 48만원으로 조합 C(쌀 2kg, 쇠고기 14kg) 또는 조합 D(쌀 6kg, 쇠고기 10kg)를 구매할 수 있다. 이때 준희는 C를 구매했다. 그렇다면 준희는 원칙 [2]에 의해 D보다 C를 더 좋아함을 알 수 있다.

한편 조합 A(쌀 4kg, 쇠고기 10kg)와 조합 D(쌀 6kg, 쇠고기 10kg)는 쇠고기의 양은 같지만 쌀의 양은 D가 더 많으므로 원칙 [1]에 따라 준희가 A보다 D를 더 좋아함을 알 수 있다.

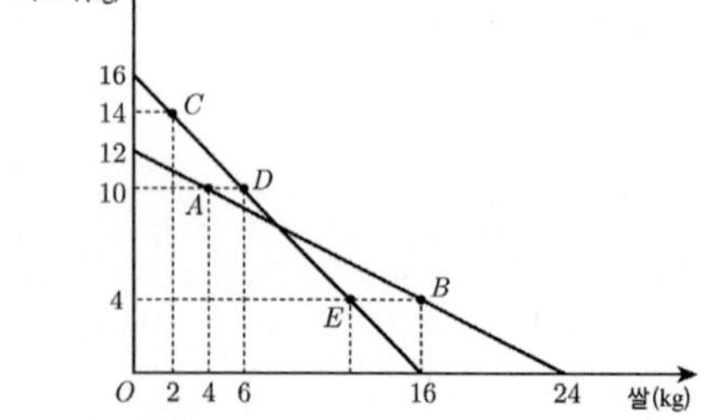

〈시점 1과 시점 2에서 준희가 고려하는 쌀과 쇠고기의 조합〉

보기

ㄱ. 준희는 E보다 B를 더 좋아함을 알 수 있다.
ㄴ. 준희는 A보다 C를 더 좋아하고, E보다 A를 더 좋아함을 알 수 있다.
ㄷ. 준희가 시점 1에서 A 대신에 B를 구매하고 시점 2에서 C를 구매하였다면, 준희가 B와 C 중 어떤 것을 더 좋아하는지 알 수 없다.

① ㄱ ② ㄷ ③ ㄱ, ㄴ
④ ㄴ, ㄷ ⑤ ㄱ, ㄴ, ㄷ

다음 글에 비추어 바르게 판단한 것만을 보기 에서 있는 대로 고른 것은? 제5회 2013 LEET 문26

우리가 의사결정을 할 때 선택의 결과가 미래에 나타나는 경우에는 선택에 따른 이익을 미리 정확히 아는 것이 불가능하다. 이때 실제로 실현된 이익이 기대했던 이익보다 작을수록 선택의 위험은 커진다. 이처럼 미래의 결과를 미리 알 수 없을 때는 기대이익과 위험을 동시에 고려해 의사결정을 해야 한다.

〈그림 1〉은 어떤 사람이 이러한 상황에서 여러 대안들을 놓고 어떤 선호관계를 갖는지를 보여준다. 〈그림 1〉에서 곡선 OE는 위험과 기대이익의 수준이 다르더라도 이 사람이 선호의 차이가 없다고 판단하는 대안들을 연결한 선이다. 따라서 이 사람에게 B와 C는 차이가 없는 대안들이 된다. 그리고 A와 B의 관계에서는 두 대안의 기대이익은 같지만 B의 경우 위험이 더 작으므로 B가 A보다 선호되며, A와 C의 관계에서는 두 대안의 위험은 같지만 C의 경우 기대이익이 더 크므로 C가 A보다 선호된다. 따라서 어느 대안이 다른 대안에 비해 더 큰 기대이익과 더 작은 위험을 동시에 갖는다면 이 대안은 그 다른 대안보다 선호된다. 한편 곡선 OE는 위험에 대한 이 사람의 태도도 알려준다. 이 사람은 기대이익을 $X_2 - X_1$만큼 늘리려 할 때는 $Y_2 - Y_1$의 추가적인 위험을 감수할 의사가 있다. 그리고 이 상태에서 동일한 크기의 기대이익($X_3 - X_2$)을 추가로 늘리기 위해 감수할 의사가 있는 추가적인 위험의 크기($Y_3 - Y_2$)는 이전에 비해 작다. 이처럼 기대이익의 크기가 커질수록 감수하려는 추가적인 위험의 크기가 줄어든다는 것은 이 사람이 위험을 기피하는 정도가 커짐을 의미한다.

〈그림 2〉는 위험에 대한 태도가 상이한 갑과 을 두 사람이 갖고 있는 기대이익과 위험 사이의 선호관계를 동시에 나타낸 것이다. 곡선 OP(실선)와 QR(점선)은 각각 갑과 을 두 사람이 차이가 없다고 판단하는 대안들을 연결한 선이다.

〈그림 1〉

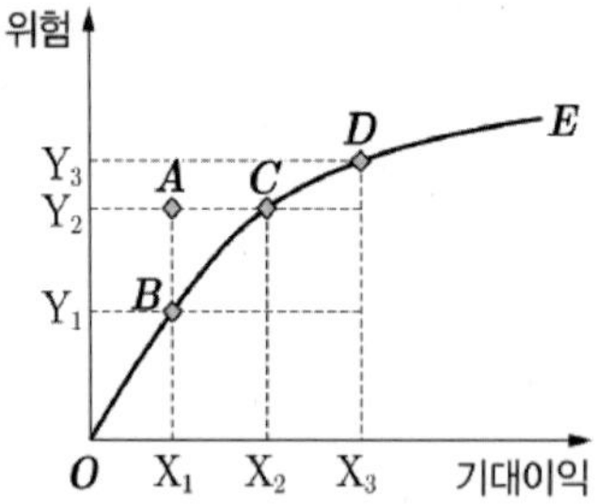

〈그림 2〉

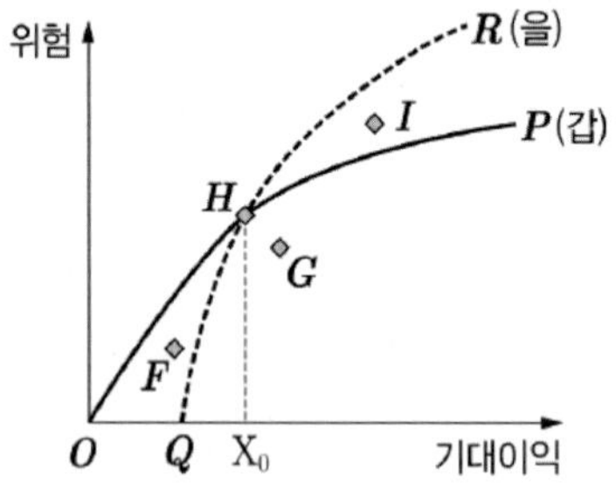

보기

ㄱ. 갑은 G보다 I를 선호한다.

ㄴ. 을은 F보다 H를 선호한다.

ㄷ. 기대이익이 X_0보다 큰 영역에서 갑보다 을이 더 위험기피적 태도를 보인다.

① ㄱ ② ㄴ ③ ㄱ, ㄷ ④ ㄴ, ㄷ ⑤ ㄱ, ㄴ, ㄷ

05 총량과 변화량의 구분

다음으로부터 추론한 것으로 옳은 것만을 보기 에서 있는 대로 고른 것은? 제7회 2015 LEET 문26

아래 그림은 Z국의 1인당 실질 소득과 사망률 및 출생률을 나타낸다. Z국의 1인당 실질 소득은 꾸준히 증가했으며, 사망률은 꾸준히 감소했고 출생률은 처음에는 증가하다가 나중에는 감소하는 추세를 보였다. B는 출생률에서 사망률을 뺀 값이 가장 큰 점이다. 단, 인구의 유출입은 없었다.

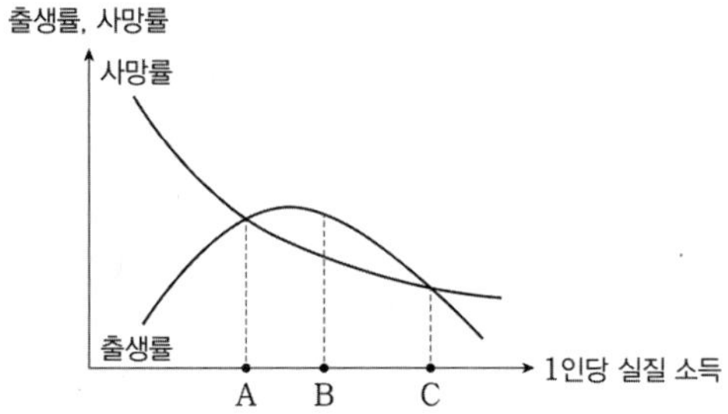

보기

ㄱ. 인구는 B에서 최대가 되었다.
ㄴ. A ~ C 구간에서 인구는 꾸준히 증가했다.
ㄷ. Z국 전체의 실질 소득은 꾸준히 증가했다.

① ㄱ ② ㄴ ③ ㄷ
④ ㄱ, ㄷ ⑤ ㄴ, ㄷ

3 〈그림〉 정보의 분석 및 추론

06 인문지리

〈그림 1〉과 〈그림 2〉의 A, B, C로 가장 적절한 것은? 제4회 2012 LEET 문12

여러 종교와 인종의 사람들이 섞여 사는 미국 남부의 묘지를 살펴보면, 가톨릭교 묘지는 개신교 묘지에 비해 십자가 묘표를 사용한 묘의 비율이 높다. 또한 가톨릭교 묘지에 비해 개신교 묘지는 그리스도의 재림을 기대하는 상징으로 묘를 동향으로 쓰는 비율이 높다.

〈그림 1〉과 〈그림 2〉는 미국 남부 L주(州)에 속한 K군(郡)의 묘지를 1984년에 조사한 결과이다. 이 조사는 20세기 이후에 조성된 공동묘지를 대상으로 하였다. 프랑스인이 군 서부의 M강(江) 연안 지역부터 농경지를 개간한 K군은 원래 가톨릭 교도가 많은 지역이었다. 개발 초기에 농장의 흑인 노예들은 백인인 주인을 따라 가톨릭교회에 다니는 경우가 많았는데, 1860년대 노예해방과 함께 점차 군 전체로 고르게 퍼져 나갔다.

한편 1880년대에 철도가 개통되면서 앵글로색슨계 백인들이 북동부 주들에서 군의 동부로 많이 이주해 왔고, 이들과의 접촉을 통해 개신교로 개종하는 흑인이 늘어났다. 그런데 M강 연안 지역에 거주하는 흑인 개신교도들은 타 지역 흑인 개신교도와 달리, 이 지역의 가톨릭 관습을 종교적인 특징으로 생각하기보다는 지역적 전통으로 여기는 경향이 있었다.

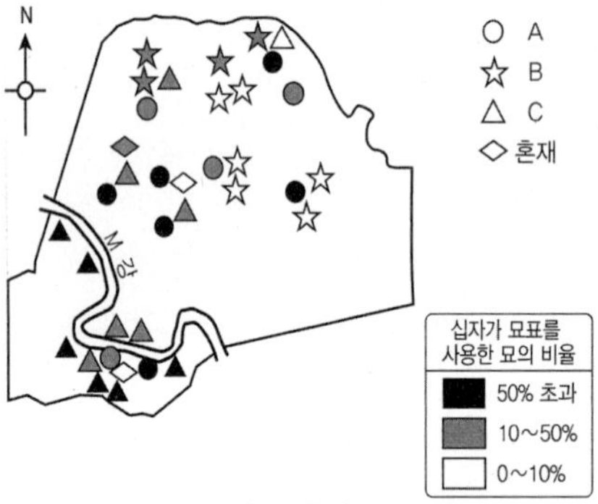

〈그림 1〉

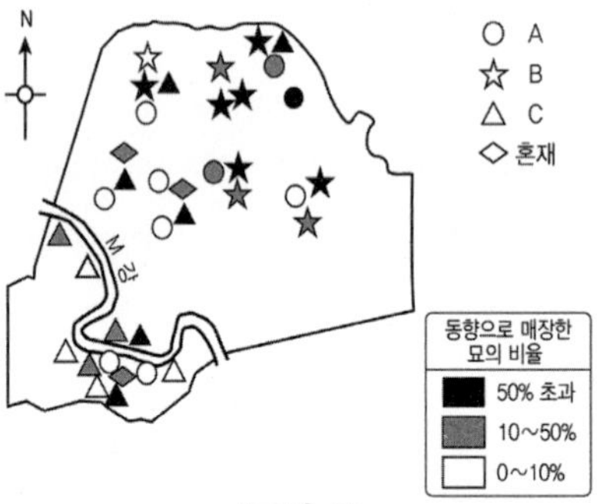

〈그림 2〉

	A	B	C
①	가톨릭교	백인 개신교	흑인 개신교
②	가톨릭교	흑인 개신교	백인 개신교
③	백인 개신교	가톨릭교	흑인 개신교
④	흑인 개신교	가톨릭교	백인 개신교
⑤	흑인 개신교	백인 개신교	가톨릭교

LEET 추리논증 초고득점자들이 알려주는 고득점 학습법

2021 백분위 100%, 표점 94.5, 초시 [서울대로스쿨 합격] 제2회 조성우장학생 김O경

자신에게 적합한 풀이법을 만들고 이를 적용해 보는 연습을 반복하는 것이 가장 중요하다고 생각합니다. 먼저 스스로의 힘으로 문제 출제 패턴, 정답의 근거 등을 찾아 정리하는 과정을 거친 후, 인강이나 현강 수강, 혹은 스터디를 통해 자신이 잘못 파악한 논리 구조를 발견하고 수정하는 과정을 거쳐 하나의 완성된 풀이집을 만드는 데 집중하는 것을 추천합니다. 이렇게 만든 풀이법을 모의고사나 시험 직전 반복해서 읽고, 실제 문제 풀이에서 적용해 보는 방식으로 훈련했기에 실전에서도 망설임 없이 정답을 골라나갈 수 있다고 생각합니다.

문제 출제 패턴,
정답의 근거 등을 찾아
나만의 풀이집 완성
반복해서 적용훈련

2022 백분위 99.9%, 표점 92.5, 초시 [연세대로스쿨 합격] 제3회 조성우장학생 박O윤

추가적으로 주별 계획표를 작성하여 핸드폰 배경화면으로 설정하고, 플래너를 통해 매일의 공부를 체크해 시간을 효율적으로 관리하기 위해 노력했습니다. 또한 멘탈이 흔들릴 때마다 계획표와 플래너를 보며 진행하고 있는 공부에 문제가 있는지 확인하고, 문제가 있으면 계획표를 보완·수정했습니다. 또 메가로스쿨 모의고사 성적이 잘 나오지 않았다던지, 아니면 여러번의 사설 모의고사가 연속으로 성적이 하락한 경우와 같이 문제점이 발견된 경우에는 필요한 공부를 계획표에 추가하여 학습을 보완했습니다.

주별계획표 및
플래너 작성을 통해
학습에 대한
점검과 보완

2022 백분위 99.6%, 표점 88.2, 재시 [서울대로스쿨 합격] 제3회 고득점장학생 반O진

저는 리트 추리논증 점수가 너무 낮아 리트를 하는게 맞나 싶을 정도로 고민했었습니다. 그런데 이후 수업을 듣고 조성우 선생님의 모의고사를 풀면서 항상 틀리는 부분들을 발견하게 되었습니다. 저 같은 경우는 이과생이어서 법률문제를 어려워했는데 심지어 성격상 빠르게 풀다보니 덜렁대면서 단서들을 놓치는 편이였습니다. 그래서 그런 부분들을 주의깊게 보면서 풀려고 노력하니 이후 점수가 비약적으로 상승하였습니다.

모의고사 등을 풀면서
내가 왜 틀리는지
정확하게 파악한 후
실수를 줄이도록
집중관리

2023 백분위 100%, 표점 92.7, 재시 (전년대비 18.2% 향상) 제4회 조성우장학생 강O구

시험을 준비하는 내내 학교에서 근로를 했으므로 상대적으로 시간이 부족했습니다. 인강의 장점은 필요한 부분을 선택해서 수강할 수 있다는 점입니다. 저는 기본이론까지는 건너뛰는 부분 없이 수강했으나 심화+실전을 수강할 때는 제가 부족한 부분만 선별해 수업을 들었습니다. 선생님은 수업에서 메타인지를 강조하시는데, 이를 통해 본인이 부족한 부분이 어디인지 파악할 수 있었고 이에 집중하며 부족한 공부 시간을 효율적으로 사용할 수 있었습니다.

자신에게 부족한 부분을
정확히 판단하고
효과적인 학습방법
(인강/현강) 선택

Legal
Education
Eligibility
Test

LEET 추리논증
현강·인강 수강생 수
11년 연속
압도적 1위

2023 LEET에서도 압도적인 결과로 입증한

조성우

추리논증

기본 개정10판

추리영역 정답 및 해설

전국 수석 배출 !
성적향상 우수자 최다 배출 !
합격 선배들이 가장 많이 추천하는 강의 !

메가로스쿨

수강생들이 말하는 조성우 추리논증 기본강의

"유형별 학습으로 기본기를 다지기에 좋은 강의입니다"

유형별 개념 및 학습법 설명과 기출문제 풀이를 통해 리트 공부의 방향을 잡을 수 있어 좋았습니다. 여러 유형들 중 어느 부분이 취약한지 파악할 수 있었고 기출문제를 풀며 이해가 되지 않았던 부분들에 대한 내용을 강의를 통해 확인할 수 있었습니다. 특히 논리학 부분과 강화, 약화, 중립 부분에서의 교수님의 체계적인 설명이 큰 도움이 되었습니다.

"추리논증을 체계적으로 정리할 수 있게 도와주는 최고 강의"

처음 기출문제를 풀었을 때는 막연하고 어렵기만 했었는데, 선생님 강의를 듣고, 추리논증에 어떤 문제들이 나오는지 유형별로 꼼꼼하게 접근하고, 정리하는 연습을 했더니, 점점 추리논증이 어떤 시험인지 명확해지면서 정리가 잘 됨을 깨달았습니다. 게다가 선생님이 수업을 항상 꼼꼼하고 체계적으로 해주셔서, 그 태도를 배우려고 하다 보니 추리논증이라는 객관적 판단을 요구하는 시험에 더 잘 적응하게 되는 것 같습니다.

"원리와 응용력이 동시에 함양되는 수업입니다"

선생님 강의로부터 제가 얻을 수 있었던 가장 유익했던 점은 '헤매는 시간의 최소화'라는 것입니다. 기초 원리를 익히기 위해 투자해야 하는 시간, 배운 원리를 문제풀이에 적용하는 과정에서 발생하는 오류를 찾아내는 시간, 어디서부터 다시 시작해야 제대로 된 것인지 알게 되는 시간, 수험생들이 겪어야 할 그 모든 시행착오를 미리 알려주셔서 짧은 수험기간 동안 낭비될 수 있는 노력과 시간들을 지켜주셨습니다. 자만하거나 (너무 쉽게 풀릴 때), 의기소침해질 때(뭐가 뭔지 하나도 모르겠을 때), 교재 페이지 하나하나 놓여있는 선생님의 말씀들은 문제가 뭔지 해결책이 뭔지 넌지시 알려주는 역할을 하십니다. 선생님의 강의도 교재도 정말 좋아서 흔들림 없이 수험기간을 준비할 수 있으리라고 기분좋은 믿음을 가져봅니다.

· 책에서 발견되는 오류 및 개선사항을 적극 알려주십시오.
책을 보시면서 오류라고 생각되는 것이나 개선사항은 jsw97@hanmail.net 으로 메일 주시거나 학원 홈페이지 **'오류문의 및 신고' 게시판**에 올려주시기 바랍니다.

· 수정된 정오사항은 학원 홈페이지 '오류문의 및 신고' 게시판에 올려놓겠습니다.

조성우 추리논증

추리영역

정답 및 해설

메가로스쿨

제1부
형식적 추리

chapter 1 명제논리 정답 및 해설 ▶▶▶ 3~5쪽

01 ⑤	02 ①	03 ⑤	04 ⑤	05 ①	06 ⑤	07 ⑤	08 ④	09 ③

chapter 2 술어 및 관계논리 정답 및 해설 ▶▶▶ 5~10쪽

01 ③	02 ⑤	03 ②	04 ②	05 ③	06 ③	07 ⑤	08 ⑤	09 ③	10 ③
11 ③	12 ①								

chapter 1 명제논리

01 제시된 정보의 기호화 정답 ⑤

A→B→C→D→E

① (○) A→B→C→D→B∧E 이므로 A는 B, C, D, E의 수호천사이다.

② (○) A가 B의 수호천사이고 B는 자기 자신의 수호천사이기도 하므로 B는 A의 수호천사가 될 수 있다.

③ (○) C는 B의 수호천사이고 B는 C의 수호천사이므로 C는 자기 자신의 수호천사이다.

④ (○) D의 수호천사는 C, B, A, D이고, C의 수호천사는 B, A, D, C 이므로 수호천사는 동일하다.

⑤ (×) E가 A의 수호천사가 될 수 있으려면, A가 E의 수호천사이고 E는 자기 자신의 수호천사이어야 하는데, A는 E의 수호천사이나, E는 자기 자신의 수호천사가 아니므로(∵E의 수호천사는 D, C, B, A) E는 A의 수호천사가 될 수 없다.

02 조건명제의 진리조건 정답 ①

ㄱ. (○) 영희의 말이 사실이 아니라면, '음(앞면), ~달(뒷면)' 인 경우가 존재한다는 것이므로 철수가 앞면이 음인 10장의 카드 중 하나를 뒤집어 첫 장에 해(~달)가 나올 수도 있다.

ㄴ. (×) 영희의 말이 거짓이라면 ㄱ에서와 같이 첫 장에 확인될 수도 있으나 앞면이 음으로 보이는 10장의 카드를 뒤집어 뒷면이 모두 달이 나왔다고 하더라도 영희의 말이 참이라고 확정할 수는 없다. 뒷면이 해로 보이는 3장의 카드를 뒤집어 모두 음이 아니라는 것을 확인하여야 영희의 말이 참임을 확정할 수 있다. 거짓은 13만원 이전에 확인될 수 있으나 참이라는 것은 13만원을 지불하여야 확인가능하다. 따라서 12만 원을 초과하기 전에 진위를 반드시 확인할 수 있는 것은 아니다.

ㄷ. (×) 영희의 말이 사실이면, 앞면이 음인 경우 모두 뒷면이 달이어야 한다. 따라서 앞면이 보이는 10장의 '음'의 뒷면을 모두 확인하여야 하고, 뒷면이 보이는 3장의 '해'의 앞면이 모두 '음'이 아닌지 확인하여야 영희의 말이 사실임을 확인할 수 있다. 최대 13만원이면 영희 말의 진위를 확인할 수 있다.

03 논리적 관련성 정답 ⑤

제시된 문장을 간단히 아래와 같이 A와 B로 바꾸어 판단해 보면 다음과 같다.

① (○) A : ~부동산 가격 오름
B : ~(부동산 가격 오름∧주가 오름)
≡~부동산 가격 오름∨~주가 오름
A가 참일 경우에 B는 반드시 참이나, B가 참이라고 하여 A가 반드시 참이라고는 할 수 없으므로 A가 B보다 강한 진술이다.

② (○) A : (이자율 내림∧물가 내림)→소비 증가
B : 물가 내림→(이자율 내림→소비 증가)
≡ (물가 내림 ∧ 이자율 내림)→소비 증가
≡ (이자율 내림 ∧ 물가 내림)→소비 증가
B는 A와 같이 바뀔 수 있으므로 A와 B는 논리적으로 동등하다.

③ (○) A : (원유 가격 오름 ∧ 원자재 가격 오름)→물가 악영향
≡ (~원유 가격 오름∨~원자재 가격 오름) ∨ 물가 악영향
B : (원유 가격 오름 ∨ 원자재 가격 오름)→물가 악영향
≡ (~원유 가격 오름∧~원자재 가격 오름) ∨ 물가 악영향
A가 참일 경우 B는 반드시 참이라고 할 수 없으나, B가 참일 경우 A는 반드시 참이므로 A는 B보다 약한 진술이다.

④ (○) A : 이자율 오름→부동산 침체 ∨ 주식시장 침체
B : 부동산 침체 ∨ 주식시장 침체→이자율 오름
A와 B는 서로 후건긍정명제의 관계에 있으므로 부당한 추론규칙에 해당되어 A와 B는 논리적으로 무관한 진술이라 할 수 있다.

⑤ (×) A : 부동산 침체→이자율 오름 ∨ 물가 오름
≡ (~부동산 침체 ∨ 이자율 오름) ∨ 물가 오름
B : 주식시장 침체 ∨ 부동산 침체→이자율 오름
≡ (~주식시장 침체 ∧ ~부동산 침체) ∨ 이자율 오름
≡ (~부동산 침체 ∨ 이자율 오름) ∧ (~주식시장 침체 ∨ 이자율 오름)
A가 참일 경우 B가 반드시 참이라고는 할 수 없으나, B가 참일 경우 A는 반드시 참이므로 B가 강한 진술, A

가 약한 진술이 된다.

04 논리적 동치 정답 ⑤

① (×) 전건부정의 오류
② (×) 후건부정식(대우규칙)을 잘못 적용
행복하지 않은 사람은 슬픔을 나눌 수 있는 가족도 없고 즐거움을 나눌 수 있는 친구도 없다.
③ (×) 슬픔을 나눌 수 있는 가족이 없어도 즐거움을 나눌 친구가 있으면 행복한 사람이고, 즐거움을 나눌 친구가 없어도 슬픔을 나눌 친구가 있다면 행복한 사람이다.
④ (×) 선언지(논리합) 해석의 오류 : 논리합(P∨Q)의 진리값은 P나 Q 둘 중에 하나만 참이면 참이다.
⑤ (○) '슬픔 나눌 가족 ∨ 즐거움 나눌 친구 → 행복한 사람'은 1) '슬픔 나눌 가족 → 행복한 사람'이고 2) '즐거움 나눌 친구 → 행복한 사람'이고, 3) '슬픔 나눌 가족 ∧ 즐거움 나눌 친구 → 행복한 사람'이라는 것으로 적절한 추론이자 동치 관계이다.

05 생략된 전제 추론 정답 ①

제시된 조건을 정리해 보면 다음과 같다.
(예, B 명제가 거짓 ⇒ B(F))

| 제시된 사실 | F(F), 다른 한 명제(T) ?
| 조건1 | B(F) ∨ C(T) → A(F)
⇔ A(T) → B(T) ∧ C(F)
| 조건2 | C(T) ∨ D(T) → B(F) ∧ F(T)
⇔ B(T) ∨ F(F) → C(F) ∧ D(F)
| 조건3 | C(T) ∨ E(F) → B(F) ∨ F(T)
⇔ B(T) ∧ F(F) → C(F) ∧ E(T)

조건 2 : B(T) ∨ F(F) → C(F) ∧ D(F)
∴ C(F), D(F), F(F)

나머지 세 명제 A, B, E의 진위를 알기 위해서는 A명제가 참이어야 한다.
조건 1+조건 3 : A(T) → B(T)∧C(F) → C(F)∧E(T)

06 보충되어야 할 전제 정답 ⑤

| 전제1 | 공리주의가 정당화될 수 있는 도덕이론 → 어떤 선험적 원리로부터 도출 ∨ 도덕적 직관 부합 ⇔ ~선험적 원리로 도출 ∧ ~도덕적 직관에 부합 → ~정당화될 수 있는 도덕이론
| 전제2 | 공리주의가 선험적 원리로부터 도출 → 공리주의는 ~경험적 주장 ⇔ 경험적 주장 → ~ 선험적 원리로부터 도출
| 전제3 | 도덕적 직관에 부합 → ~ 정의감에 반하면서 최선의 결과를 낳는 행위
| 전제4 | 정의감에 반하면서 최선의 결과를 낳는 행위들이 있다.
| 결 론 | 공리주의는 도덕이론으로 정당화될 수 없다.

결론이 도출되기 위해서는 전제1의 대우명제에 해당되어야 한다. 따라서 공리주의가 선험적 원리로부터 도출되지 않고 도덕적 직관에도 부합하지 않는다는 것을 전제로부터 추론할 수 있으면 된다. 전제3과 전제 4로부터 도덕적 직관에 부합하지 않는다는 것이 추론되나, 전제 2만 가지고서는 선험적 원리로부터 도출된다는 추론이 불가하다. 따라서 '공리주의는 경험적 주장이다'라는 전제가 추가적으로 필요하다.

07 생략된 전제 정답 ⑤

결론이 「자동차는 1번 도로를 지나오지 않았다.」 이므로 결론의 내용을 중심으로 연결고리를 찾아 핵심단어만 정리해 본다면 「~A ∧ ~B → ~1번 도로」, 「~흙탕물 ∨ ~폐쇄회로 카메라 → ~A」, 「~도로정체 ∨ ~검문소 통과 → ~B」, 「~폐쇄회로 카메라 → ~도로정체」, 「~흙탕물 → ~검문소 통과」이다. 따라서 결론이 도출되기 위해 필요한 전제는 「~폐쇄회로 카메라 또는 ~흙탕물」이다. 선택지를 살펴보면 정답은 "~폐쇄회로 카메라"에 해당되는 ⑤번이 된다.

08 보충되어야 할 정보 정답 ④

제시된 〈관계〉를 간략히 표현하여 정리하면 다음과 같다.

관계 1 : A ∨ B ∨ C
관계 2 : D ∨ E
관계 3 : A → C ∧ D ⇔ ~C ∨~D →~A
관계 4 : B → ~E

선택지 4번의 "④ D의 증언은 참이 아니다."를 결정적 정보라 가정하고 검토해 보면 5명의 증언이 완전히 결정되는 것을 확인할 수 있다.

"~D" 라면 관계 2에 따라 "E"가 추론되고, 관계 4에 따라 "~B"가 추론된다.
그리고 "~D" 라면 관계 3에 따라 "~A"가 추론되고, "~A"와 앞서 도출된 "~B", 그리고 관계 1에 따라 "C"가 추론된다. 따라서 정답은 "④ D의 증언은 참이 아니다."이다.

09 조건문의 진리조건 정답 ③

〈영우의 추론〉

정보1) 이륙 → 1번 활주로 ∨ 2번 활주로 (~1, 2번 활주로)
정보2) ~1번 활주로
결론) 이륙 → ~1번 활주로(이륙 → 2번 활주로)

〈경수의 추론〉

정보1) 이륙 → 1번 활주로 ∨ 2번 활주로
정보3) ~2번 활주로
결론) 이륙 → 1번 활주로

ㄱ. (○) 영우와 경수의 정보를 모두 안다는 것은 정보2, 3을 모두 알고 있다는 뜻이므로, 정보1)의 대우인 '~1번 활주로 & ~2번 활주로 → ~이륙'을 이용하여 '~이륙'을 이끌어낼 수 있다.

ㄴ. (○) 영우가 가진 정보가 참이라는 것을 아는 사람은 영우의 결론 ㉠ '이륙 → ~1번 활주로'에 동의할 수밖에 없다. 따라서 이 사람이 (가)의 방식을 적용한다면, 제시문에서 밝힌 대로 ㉠과 ㉡ 중 하나는 참이 아니라고 결론내릴 것이다. 따라서 그는 ㉡이 거짓이라고 판단할 것이다.

ㄷ. (×) 영우가 경수가 가진 어떤 정보도 갖기 않은 사람이라면 ㉠과 ㉡ 중 어느 하나가 참이라는 확신을 가질 수 없다. 따라서 그가 (가)의 방식을 적용한다면, 제시문에서 밝힌 대로 ㉠과 ㉡ 중 하나는 참이 아니라고 결론내릴 것이다. 즉, ㉠과 ㉡ 모두가 거짓이라고 판단할 수는 없다.

chapter 2 술어 및 관계논리

01 문제해결의 시작점 정답 ③

제시문의 내용을 정리해 보면 다음과 같다.

ㄱ) 최우수, 우수, 보통 중 한 등급
ㄴ) 최우수 → 45세 이상 ⇔ ~ 45세 이상 → ~ 최우수
ㄷ) 35세 이상 → 우수 ∨ ~자녀 ⇔ ~우수 ∧ 자녀 → 35세 미만
ㄹ) 우수 → ~ 이직 경력 ⇔ 이직 경력 → ~ 우수
ㅁ) 보통 → 대출
ㅂ) 무주택 사원 → ~ 대출 ⇔ 대출 → ~ 무주택 사원
ㅅ) 직원 A는 자녀를 두고 있으며 이직 경력이 있는 사원이다.

ㅅ)에서부터 출발하여 연결고리를 찾아 추론하면 다음과 같다.

A는 자녀∧이직 경력 (→~우수) ⇒ A는 35세 미만
(∵ ㄷ +ㄹ)
A는 ~최우수∧~우수 ⇒ A는 보통 (→ 대출→~무주택사원)
(∵ ㄱ+ㅁ+ㅂ)

∴ A는 35세 미만이고 주택을 소유하고 있다.

02 문제해결의 시작점 정답 ⑤

본 문제는 정답 발표 후 이의 제기가 매우 많았던 문제이다.

▮법학전문대학원 협의회 공개 해설▮ (편의상 갑과 을의 조사 결과의 진술들에 영문자 번호를 붙였음)

〈갑의 조사 결과와 추리 내용〉
○ 조사 결과 :
ⓐ GDP가 2만 달러 이상인 국가는 모두 국제노동기구에 가입했다.
ⓑ GDP가 2만 달러 미만이거나 인구가 7천만 명 이상인 국가는 모두 사형제 폐지 국가가 아니다.
ⓒ 국제노동기구에 가입하고 GDP가 2만 달러 이상인 국가는 모두 사형제 폐지 국가가 아니다.
ⓓ 세계무역기구 회원국이면서 집단학살방지 협약에 가입한 국가는 모두 사형제 폐지 국가이다.
ⓔ A국은 국제노동기구에 가입하지 않았다.
ⓕ B국은 집단학살방지 협약에 가입했다.
○ 추리 내용 : A국은 사형제 폐지 국가가 아닐 것이다.

〈을의 조사 결과와 추리 내용〉
○ 조사 결과 :
ⓖ 모든 국가는 세계무역기구 회원국이거나 국제노동기구에 가입했다.
ⓗ 국제노동기구에 가입하지 않은 국가는 모두 GDP가 2만 달러 미만이다.
ⓘ 국제노동기구에 가입하고 집단학살방지 협약에 가입한 국가는 모두 사형제 폐지 국가이다.
ⓙ C국의 GDP는 2만 달러 이상이다.
ⓚ D국의 인구는 7천만 명 이상이다.
○ 추리 내용 : C국은 사형제 폐지 국가일 것이다.

(1)

갑의 경우, ⓐ, ⓑ와 ⓔ로부터 갑의 추리가 옳음을 알 수 있다. 을의 경우, ⓗ와 ⓚ를 이용하여 C국이 국제노동기구에 가입한 국가임을 알 수 있지만, ⓘ를 이용하여 C국이 사형제 폐지 국가임을 추리하는 데 필요한 집단학살방지 협약 가입 사실을 추리할 길이 없으므로 을의 추리는 옳지 않다. 그러므로 [보기]의 ㄱ은 옳게 추론한 것.

(2)

ⓕ로부터 B가 집단학살방지협약에 가입한 국가라는 것을, ⓖ로부터 B는 세계무역기구 회원국이거나 국제노동기구 회원국이라는 것을 알 수 있는데, 전자의 경우에는 ⓓ에 의하여, 후자의 경우에는 ⓘ에 의하여 B는 사형제 폐지 국가임을 추리할 수 있다. 그러므로 [보기]의 ㄴ은 옳게 추론한 것.

(3)

ⓚ와 ⓑ로부터 D가 사형제 폐지국가가 아님을 알 수 있다. 한편 ⓖ에 의해 D가 세계무역기구 회원국이거나 국제노동기구 회원국임을 알 수 있는데, 전자의 경우에는 ⓓ에 의해, 후자의 경우에는 ⓘ에 의해 D는 집단학살방지 협약에 가입하지 않아야 한다. 그러므로 [보기]의 ㄷ은 옳게 추론한 것. 그러므로, (1)~(3)에 의하여, [보기]의 ㄱ, ㄴ, ㄷ은 모두 옳게 추론한 것이다.

❙ 이의제기에 대한 심사실무위원회의 상세답변 ❙

그런데 이 문항에 대하여
(4)

B국은 GDP가 2만 달러 이상인 국가이거나 미만인 국가일 것인데, 전자의 경우에는 ⓐ와 ⓒ로부터 B가 사형제 폐지 국가가 아님을 알 수 있고, 후자의 경우에는 ⓑ로부터 B가 사형제 폐지 국가가 아님을 알 수 있다. 그러므로 "'갑과 을의 조사 결과가 모두 옳다면 B국은 사형제 폐지 국가가 아니다."이하 'ㄴ*')는 결론을 옳게 추리할 수 있다.

(4)는 옳은 추리이며, B국이 사형제 폐지 국가인지에 대하여 [보기]의 ㄴ과 반대의 결론, ㄴ*를 함축하므로, ㄴ은 옳은 추리가 아니라고 생각할 수 있다. 따라서 [보기]의 ㄱ이 올바른 추론임을 확인한 수험생들 중에 ㄱ을 포함하면서 ㄴ을 포함하지 않는 답지로 ①번을 선택한 수험생들은 억울하게 틀렸으므로 구제하여야 한다는 이의 제기가 있었고, 이의제기심사실무위원회(이하 '위원회')는 이 이의 제기 및 복수 정답 및 무답 등의 가능성을 검토하였다.
이의 제기처럼 ㄱ이 옳.은 추론임을 확인하고 (4)의 추리에 따라서 ①을 선택한 수험생은 일반적인 경우에 기대어 억울함을 호소할 수는 있으나 옳게 판단한 것은 아니다. (4)에 따라 ㄴ*도 옳게 추리되지만 (2)에 의하여 ㄴ도 옳게 추리되는데, 이 문항은 ㄴ*가 옳은 추리인지 묻고 있는 것이 아니라 ㄴ이 옳은 추리인지 묻고 있으므로 'ㄴ은 옳은 추리이다'라고 판단하는 것이 올바르다.
더구나 답지 ①은 [보기]의 ㄷ을 옳은 추리에서 제외하고 있는데, 문항은 옳은 것만을 '있는대로' 고를 것을 요구하므로 ①을 맞는 답으로 처리할 수 없다.
위원회는, 문제 해결 과정에서 (1)~(4)를 모두 추리하고서 ㄴ이 옳은지 그른지 판단하기 어렵다는 생각에 도달한 수험생이 있다면 이들은 이 문항의 해결에 관한한 뛰어나게 추리한 사람들일텐데, 이러한 수험생이 피해를 보게 될 경우는 없을 것인가 하는 점도 검토하였다. (1)~(4)를 모두 확인하는 데까지 도달하여 {ㄱ, ㄴ*, ㄷ}도 모두 옳은 추론이며, {ㄱ, ㄴ, ㄷ}도 모두 옳은 추론임을 확인한 수험생이라면 [보기]가 그렇게 주어졌으므로 답을 ⑤라고 판단하는 것이 올바르다.
(물론 [보기]가 {ㄱ, ㄴ*, ㄷ}라고 주어졌더라도 모두 옳다고 판단할 수밖에 없다.)
이러한 수험생 중에 {ㄱ, ㄴ*, ㄷ}이 옳으므로 ㄴ은 옳지 않다고 판단한 사람이 있다고 하더라도, 그는 ㄱ과 ㄷ만을 포함한 답지를 선택하여야 하는데, 그러한 답지가 없으므로 복수 정답을 인정할 여지도 없다.
문항에 주어진 진술들의 집합으로부터 B가 사형제 폐지 국가인지 아닌지 결정할 수 없으므로, ㄴ은 옳지 않다는 주장은 진술의 진/위와 추리의 옳고 그름을 혼동한 것으로서, 갑과 을의 조사 결과를 모두 고려할 때 B가 사형제 폐지 국가인가 아닌가를 결정할 수 없다는 지적은 옳으나 그것은 B가 사형제 폐지 국가라는 것도 옳게 추론되고 B가 사형제 폐지 국가가 아니라는 것도 또한 옳게 추론되기 때문인 것이다.
갑과 을의 조사 결과를 합하면 모순이므로 32번 문항은 오류라는 이의 제기도 있었다. 위원회는 추리의 전제로 사용되는 진술들의 집합을 모순되게 주는 것이 옳은가 또는 적절한가 하는 의문에 대해서도 논의하였다. 다수의 조사자가 조사한 결과를 함께 고려할 때 모순이 발생하는 경우는 실제로도 있을 수 있는 상황이므로, 32번 문항에 주어진 상황이 올바른 문제 해결을 어렵게 만든 점이 있다 하더라도, 또 문항 제작 기술상 문두 및 [보기]에서 혼란을 피할 수 있도록 더 적절한 진술을 찾았더라면 좋았으리라는 점도 인정한다 하더라도, 모순을 낳는 진술 집합을 전제로 주는 것 자체가 오류는 아니다.

두 조사자의 진술들을 함께 고려하면 모순이 발생한다는 것을 확인한 수험생들의 경우, 모순되는 전제들로부터는 어떤 진술도 타당하게 추론될 수 있다는 논리 원칙을 고려하든 아니면 주어진 [보기]의 추리가 옳은가를 있는 그대로 판단하든 [보기]의 ㄴ과 ㄷ은 옳다고 판단할 수밖에 없으며 ⑤가 정답이 된다.

결론적으로 32번 문항의 경우 (1)과 (4)만을 확인하고 답을 ①로 고른 수험생은 (2)를 생각하지 못한 점에 더하여 (3)을 따져 보지 않았으므로 문제를 덜 푼 것으로, 대개의 추리 문제의 경우 그런 정도의 추리로 정답에 도달하는 데 문제가 없었음을 생각할 때 억울하게 느낄 수는 있으나, 올바르게 추리한 것은 아니므로 구제할 수 없다.

따라서 이 문항이 함정이 있다거나 지나치게 꼬였다거나 법학적성시험의 추리 문제로서 적절하게 제작되지 못하였다는 등의 지적에도 불구하고 이 문항은 옳은 추론을 묻는 문항으로 성립하며, 정답은 ⑤이며 그 이외의 답지는 정답일 수 없다.

03 술어논리의 응용

정답 ②

ㄱ. (×) 각각의 차별 대우를 정당화하는 차이가 적어도 하나 있다고 해서 모든 차별 대우를 정당화하는 차이가 적어도 하나 있다고 할 수는 없다. 다시 말해 A와 B가 다른 차별 대우라 할 때 A를 정당화하는 차이와 B를 정당화하는 차이가 존재한다고 해서 이 둘을 포함한 모든 차별 대우를 정당화하는 차이가 반드시 존재한다고 할 수는 없다.

ㄴ. (○) 모든 차별 대우를 정당화하는 차이가 적어도 하나 존재한다면 각각의 차별 대우를 정당화하는 차이가 적어도 하나 존재한다고 할 수 있다. 다시 말해 A와 B가 차별 대우라 할 때 이를 포함한 모든 차별대우를 정당화하는 차이가 존재한다면 A를 정당화하는 차이라든지 B를 정당화하는 차이가 적어도 하나 존재한다고 할 수 있다.

ㄷ. (×) 각각의 차별 대우를 정당화하는 차이는 언제나 다르다고 할 때 모든 차별 대우를 정당화하는 차이가 반드시 존재한다고 말할 수 없다. 다시 말해 각각의 차별 대우를 정당화하는 차이가 적어도 하나 존재하고 그 중 한 가지가 공통적으로 해당될 때 (나)가 성립한다고 할 수 있다.

04 기호의 활용

정답 ②

제시문의 조사결과를 정리하면 다음과 같다.

1. A 불량 → B ∧ D ∧ E 불량
   ⇔ ~B 불량 ∨ ~D 불량 ∨ ~E 불량 → ~A 불량
2. ~(C 불량 ∧ D 불량) 존재 ⇔ C 불량 → ~D 불량
3. ~E 불량 → ~B 불량 ∧ ~D 불량
   ⇔ B 불량 ∨ D 불량 → E 불량

ㄱ. (×) E가 불량일 경우 1, 2, 3을 활용하여 C에 대해 추론할 수 있는 내용은 없다. 즉, C가 불량인지 아닌지 알 수 없다.

ㄴ. (○) 2에 따라 C가 불량인 제품은 D가 불량이 아니고, D가 불량이 아닌 제품은 1에 따라 A역시 불량이 아니다.

ㄷ. (×) D가 불량이 아니면 1에 의해 A 역시 불량이 아니고, B가 불량인 제품은 3에 의해 E 역시 불량이 되지만, C가 불량인지의 여부는 알 수 없다.

05 술어논리의 응용

정답 ③

주어진 사실을 정리하면 아래와 같다.

A (2종류 이상)	B (2종류 이상)	C (2종류 이상)	D (2종류 이상)
개	~토끼	고양이	닭

사실 3. A동물 → B동물 ⇔ ~B동물 → ~A동물
사실 4. A와 C 같은 동물×

사실3에 따라 B는 A가 키우는 개를 키우고, A는 B가 키우지 않는 토끼를 키우지 않는다. 사실4에 따라 A는 C가 키우는 고양이를 키우지 않으며, C는 A가 키우는 개를 키우지 않는다. A는 토끼와 고양이를 키우지 않으므로 2종류 이상의 동물을 키운다는 사실5로부터 개와 닭을 키운다는 것을 추론할 수 있고, 사실3에 의해 B는 닭을 키운다는 사실을 추론할 수 있다. 한편, C는 개와 닭을 키우지 않으므로 토끼와 고양이를 키운다는 것을 추론할 수 있다. D의 경우에는 처음 주어진 정보인 닭을 키운다는 정보 외에는 추론되는 정보가 없다.

A (2종류 이상)	B (2종류 이상)	C (2종류 이상)	D (2종류 이상)
i) 개	i) ~토끼	i) 고양이	i) 닭
~토끼 ~고양이 => 닭	개 닭	~개 ~닭 => 토끼	

정리하면 아래와 같다.

A (2종류 이상)	B (2종류 이상)	C (2종류 이상)	D (2종류 이상)
개, 닭	개, 닭	고양이, 토끼	닭
~토끼, ~고양이	~토끼	~개, ~닭	

① (×) B는 개를 키운다.
② (×) B와 C가 공통으로 키우는 동물은 없다.
③ (○) C는 키우지 않지만 D가 키우는 동물은 닭이다. 따라서 존재한다.
④ (×) A, B, D 3명이 공통으로 닭을 키우고 있다.
⑤ (×) B나 D가 3종류의 동물을 키울 수도 있다.

06 형식적 추리 정답 ③

주어진 조건을 정리하면 다음과 같다.

(1) $A \vee B \vee C$
(2) $A \wedge \sim B \rightarrow C \equiv \sim C \rightarrow \sim A \vee B$
(3) C → 2개 이상 ≡ 1개 → ~C
(4) $\sim A \vee \sim C \equiv C \rightarrow \sim A \equiv A \rightarrow \sim C$

그리고 위 조건을 조합하면 다음과 같은 사실을 알 수 있다.

배중률에 의해 ($C \vee \sim C$)인데,
if $\sim C \rightarrow \sim A \vee B$ by (2)
그런데 위 조건문의 후건을 보면, (1)에 의해 하나는 반드시 상품이 있어야 하므로, ~A여도 B가 됨을 알 수 있다.
결국 "~C → B"가 성립한다.
if C → ~A by (4)
이 때 (3)을 고려하면, 상품이 들어있는 상자는 C포함 2개 이상이어야 하므로, 이 경우에도 B가 됨을 알 수 있다. 즉, "C → B"가 성립한다.
∴ 확정적 사실 : B상자에는 상품이 들어있다. ⇒ 보기 (ㄱ)과 (ㄷ)은 조건문의 전건과 상관 없이 참이 된다.

ㄱ. (○) (4) 및 (2)를 정리하면, $A \rightarrow \sim C \rightarrow \sim A \vee B$ 이므로 A → B가 성립한다.
ㄴ. (×) B에는 무조건 상품이 들어있다. 그런데 (~A, B, ~C)의 경우도 가능하므로 보기 (ㄴ)의 진술은 틀렸다.
ㄷ. (○) 위 내용 참조

07 형식적 추리 정답 ⑤

제시문의 주어진 정보를 형식논리학적 기호로 바꾸어 정리하면 다음과 같다.

(ㄱ) 변호사 ∨ 회계사 → 경영학
(= ~경영학 → ~변호사 ∧ ~회계사)
(ㄴ) 남자 ∧ 경영학 → 변호사
(= ~변호사 → ~남자 ∨ ~경영학)
(ㄷ) 여자 ∧ 경영학 → ~회계사
(= 회계사 → ~여자 ∨ ~경영학)
(ㄹ) (회계사 ∧ 변호사)
(ㅁ) 남자 ↔ ~여자

① (○) (ㄱ)과 (ㄷ)을 통해 "회계사 → ~여자"임을 도출할 수 있다.
② (○) (ㄱ)과 (ㄷ), (ㅁ)을 통해 "회계사 → 남자"임을 도출할 수 있다. 또한 (ㅂ)에 의해 회계사가 최소한 1명이상 존재한다는 것을 알 수 있으므로, (회계사 ∧ 남자)가 존재함을 알 수 있다.
③ (○) "회계사 → 남자"(by ②)이고 "회계사 → 경영학"(by (ㄱ))이므로 이를 (ㄴ)의 조건에 대입하면 "회계사 → 변호사"의 명제가 성립함을 확인할 수 있다.
④ (○) "회계사 → 남자"이므로 "(회계사 ∧ 변호사) → 남자" 역시 성립한다.
⑤ (×) (ㄴ)을 통해 "남자 ∧ 경영학 → 변호사"의 사실은 알 수 있지만, "남자 ∧ 경영학 → 변호사 ∧ 회계사"의 명제는 도출할 수 없다.

08 형식적 추리 정답 ⑤

주어진 정보를 정리하면 다음과 같다.

1. 취업 → 3.5 ∨ 외국어 (~3.5 ∧ ~외국어 → ~취업)
2. 인턴 → 박람회 (~박람회→ ~인턴)
3. 3.5 ∧ 박람회 → 취업 (~취업 → ~3.5 ∨ ~박람회)
4. 외국어 ∧ 인턴 → 취업 (~취업 → ~외국어 ∨ ~인턴)

① (×) 주어진 정보를 볼 때 인턴을 한 사람에 대해서는 다른 사실을 추론할 수 있지만, 어떤 사람을 인턴으로 추론할 수 있는지는 알 수 없다.

② (×) 주어진 정보를 토대로 을이 ㅂ취업박람회에 참가하지 않았음을 추론할 수 있으려면 그가 '~취업'이면서 '~3.5'임을 알아야 한다. 그런데 '~취업'임은 알 수 있지만 '~3.5'인지는 확인할 수 없다.

③ (×) '3.5 ∧ 박람회'인 사람과 '외국어 ∧ 인턴'인 사람의 취업 여부는 알 수 있지만 '박람회 ∧ 외국어'인 병의 취업 여부는 확인할 수 없다.

④ (×) 주어진 정보를 토대로 추론할 수 있는 것은 아래의 7까지이다. 즉, 정이 외국어 인증 시험에 합격했는지 여부는 확정할 수 없다.
   5. (정) ~박람회 ∧ 취업
   6. (정) ~인턴 ∧ (3.5 ∨ 외국어) …… 5에 정보1과 정보2의 대우를 적용
   7. (정) (~인턴 ∧ 3.5) ∨ (~인턴 ∧ 외국어)

⑤ (○) 아래와 같이 무가 취업했음을 추론할 수 있다.
   8. (무) 인턴 ∧ 3.5
   9. (무) 박람회 ∧ 3.5 …… 8에 정보2를 적용
   10. (무) 취업 …… 9에 정보3을 적용

09 술어 및 관계논리 정답 ③

ㄱ. (○) (1)과 (2), 그리고 〈원리〉에 의해 추론된다. (1) A의 모든 직원은 B의 직원 중 1명 이상을 감시한다. (2) C 직원 중 적어도 한 사람(c1)은 B 모든 직원의 감시를 받는다. 따라서 A 직원이 감시하는 B 직원은 누구나 C직원 중 적어도 한 사람(c1)을 감시하게 된다. 결국 〈원리〉에 의해, A의 모든 직원은 C의 직원 가운데 한 사람(c1)을 감시하고 있다고 할 수 있다.

ㄴ. (×) 반드시 그렇다고 할 수 없다. (2)와 (3)에 의해 A의 모든 직원을 감시하는 B의 직원이 존재할 수도 있지만 존재하지 않을 수도 있다. (2) 모든 B의 직원은 c1을 감시한다. (3) C의 어떤 직원은 A의 모든 직원을 감시한다. 그런데 (3)에서 말하는 'C의 어떤 직원'이 c1일수도 있고 아닐 수도 있기 때문에, 'B의 어떤 직원이 A의 모든 직원을 감시하고 있다'고 확정적으로 말할 수 없다.

ㄷ. (○) (3)과 (1), 그리고 〈원리〉에 의해 추론된다. (3) C의 어떤 직원은 A의 모든 직원을 감시한다. (1) A의 모든 직원은 B의 직원 중 1명 이상을 감시한다. 따라서 C의 어떤 직원이 감시하는 A의 직원은 B의 직원 중 1명을 감시한다. 결국, 〈원리〉에 의해, C의 어떤 직원은 B의 직원 가운데 적어도 한 사람을 감시하고 있음이 추론된다.

10 술어 및 관계논리 정답 ③

제시문의 조건을 위에서부터 〈조건 1〉~〈조건 5〉라고 한다.

(1) 사업가 → 친절
(2) ~원만 → ~친절 (친절 → 원만)
(3) 논리학자 → [~친절 좋아함]
(4) [~친절 좋아함] → ~친절
(5) 철학자 → 논리학자

(1), (2)에 따라 사업가 → 원만 (~원만 → ~사업가)
(3), (4)에 따라 논리학자 → [~친절 좋아함] → ~친절
이를 통해, 논리학자는 논리학자를 좋아할 것임도 추론할 수 있다.

ㄱ. (○) 갑이 원만하지 않다면 사업가가 아니어야 하므로 논리학자여야 한다. 갑이 논리학자라면 〈조건 3〉에 의해 친절하지 않은 모든 사람을 좋아한다.

ㄴ. (○) 어떤 철학자는 논리학자이고(조건 5), 논리학자는 논리학자를 좋아하므로 을도 좋아한다. 따라서 어떤 철학자는 을을 좋아한다.

ㄷ. (×) 주어진 조건을 통해서는 연결고리가 없어 판단이 불가능하다. 따라서 반례 가능성을 검토한다. 병이 친절하면서 사업가이고 철학자일 가능성이 있는지 살펴본다. 〈조건 1〉에 따라 사업가이면 친절하므로 친절하면서 사업가가 존재할 가능성은 있다. 또한 〈조건 3, 4〉에 따라 친절하면 논리학자는 아니라는 것은 알 수 있을 뿐, 철학자가 아니라는 것은 알 수 없다. 따라서 반례 가능성이 존재하므로 ㄷ은 옳지 않다.
(조건 5를 통해서 알 수 있는 것은 철학자이면서 논리학자인 사람이 존재한다는 것이지, 논리학자가 아니라

고 해서 반드시 철학자가 아니라는 의미가 아니다.)

보기 ㄴ, ㄷ에서 〈조건 5〉가 전칭명제가 아니라는 점을 이용하여 출발점으로 삼으면 빠르게 접근 가능할 것이다.

11 연역추리 정답 ③

본 문제는 연역추론을 이용한 논리게임으로 확정적인 정보로부터 문제해결의 실마리를 찾아간다.

① (○) B와 E가 만난 적이 있다면, E는 A와 B를 만난 것이 되므로 4번 서류철은 E에 관한 서류를 포함하게 된다.

② (○) C와 D가 만난 적이 없다면, C가 3번 서류철에 포함되기 위해서는 C는 E와 F를 만났어야 한다. 결국 E는 A와 C를 만난 것이 되므로 4번 서류철에는 A에 관한 서류를 반드시 포함하게 된다.

③ (×) C와 D가 만난 적이 없다면, C가 3번 서류철에 포함되기 위해서는 C는 E와 F를 만났어야 한다. 따라서 3번 서류철에는 C뿐 아니라 E와 F 서류를 반드시 포함하게 된다.

④ (○) C와 E가 만난 적이 있다면, E는 A와 C를 만난 것이 되므로 4번 서류철은 E에 관한 서류를 포함하게 된다.

⑤ (○) C와 E가 만난 적이 없다면, C가 3번 서류철에 포함되기 위해서는 C는 D와 F를 만났어야 한다. 따라서 C는 F를 만난 적이 있음을 추론할 수 있다.

12 연역추론 응용 정답 ①

ㄱ. (○) 간접증명을 통해 살펴보면 다음과 같다.

i) if, ~A : 선발되는 사원의 총점은 10을 초과하여야 한다. 따라서 D는 선발되지 않는다.

~D → 나머지 3명 선발 : A가 선발되지 않으므로 최대 2명만이 선발될 수 있어 모순이 발생, 따라서 A는 반드시 선발되어야 한다.

ii) if, ~C : 선발되는 사원의 총점은 11을 초과하여야 한다. 따라서 D는 선발되지 않는다.

~D → 나머지 3명 선발 : C가 선발되지 않으므로 최대 2명만이 선발될 수 있어 모순이 발생, 따라서 C는 반드시 선발되어야 한다.

ㄴ. (×) 두 번째 조건에 따라 D가 선발되지 않는다면 3명의 지원자가 선발되어버리므로, 두 명이 선발되기 위해서는 일단 D는 선발되어야 한다. 한편, D가 선발되게 되면 총점 8점 이상의 지원자는 모두 선발되어야 하므로 A와 C 모두가 선발되어 이 경우에도 역시 결과적으로 3명의 지원자가 선발되고 만다. 따라서 두 명을 선발하는 경우는 발생할 수 없다.

ㄷ. (×) 상, 중, 하로 평가 받은 영역이 최소한 하나씩 있다는 것은 B가 7~9점 사이의 총점을 받게 된다는 것을 의미한다. 그러나 B가 총점 10이 되어도 두 번째 조건에 위배되지 않으므로 올바르지 않은 추론이다.

제2부
언어추리

chapter 1 **언어추리** 정답 및 해설 ▶▶▶ 12~22쪽

01 ⑤	02 ①	03 ①	04 ⑤	05 ②	06 ②	07 ②	08 ②	09 ②	10 ①
11 ③	12 ③	13 ④	14 ④	15 ①	16 ⑤	17 ⑤	18 ②	19 ④	20 ③
21 ④	22 ②	23 ②	24 ⑤	25 ①	26 ④	27 ⑤	28 ③	29 ④	30 ⑤
31 ①	32 ②	33 ③	34 ⑤						

chapter 2 **귀납추리** 정답 및 해설 ▶▶▶ 22~26쪽

01 ③	02 ③	03 ④	04 ④	05 ④	06 ①	07 ①	08 ⑤	09 ④	10 ②
11 ⑤	12 ②	13 ④							

chapter 1 언어추리

01 화용론적 함축 언어철학 정답 ⑤

① (○) ㉠을 혼자 중얼거린 것이 아니라 대화 상황에서 말해졌다면, 무엇인가를 전달하려는 목적이 있다는 것을 추론할 수 있으므로 (2)의 정보전달기능은 ㉠이 수행하는 기능 중의 하나일 것이다.

② (○) ㉡은 권유하는 내용의 말이므로 (3)의 행위유발기능은 ㉡이 수행하는 기능 중의 하나이다.

③ (○) ㉢은 대화 상황에서 이루어진 것으로 (2)의 정보전달기능은 ㉢이 수행하는 기능 중의 하나라고 할 수 있다.

④ (○) ㉡의 문장 의미는 '저편으로 가서 인사하라'라는 것이고, 화자 의미 또한 '저편으로 가서 인사하라'는 것으로 별 차이가 없는 반면, ㉢의 문장의미는 '다른 하객들도 모여 인사하고 있다'라는 것이고, 화자 의미는 '다른 하객들도 인사하고 있으니 저편으로 가서 인사하라'라는 의미를 담고 있다. 따라서 화자의 의도를 고려할 때, ㉢은 ㉡보다 문장의미와 화자 의미의 거리가 멀다.

⑤ (×) ㉣의 경우, 석하가 이해하고 예나가 의도한 문장의미는 둘 다 '이 자리에 있으면 안 되나요?'인데, 석하가 이해한 화자 의미는 '더 이상 귀찮게 하지 말라'이고, 예나가 의도한 화자의미는 '이 자리를 떠나고 싶지 않다.' 이므로 석하가 이해한 화자의미와 문장의미의 거리가 예나의 것보다 멀다.

02 상관관계와 인과관계 정답 ①

ㄱ. (○) 흡연이 비만과 부정적으로 상관되어 있다면, 상관관계의 대칭성에 의해, 비만 또한 흡연과 부정적으로 상관되어 있다고 할 수 있다. 따라서 비만인 사람 중 흡연자의 비율이 비만이 아닌 사람 중 흡연자의 비율보다 작다.

ㄴ. (×) 흡연과 비만 사이에 긍정적 상관관계가 있다는 것은 흡연자 중 비만인 사람의 비율이 비흡연자 중 비만인 사람의 비율보다 크다는 것을 의미하고, 상관관계의 대칭성에 의해 비만 또한 흡연과 긍정적 상관관계를 갖게 되므로 비만인 사람 중 흡연자의 비율이 비만이 아닌 사람 중 흡연자의 비율보다 크다는 것을 의미한다. 따라서 이를 통해 비만인 사람 중 흡연자의 수가 비만인 사람 중 비흡연자의 수보다 많다고 추론할 수 없다. 즉 흡연과 비만 사이에 긍정적 상관관계가 있다고 하더라도 비만인 사람 중 흡연자의 수가 비흡연자의 수보다 많을 수도 있고 그렇지 않을 수도 있다.

ㄷ. (×) 두 사건 사이에 인과 관계가 있어도 이들 사이에 긍정적 상관관계가 없을 수도 있고 심지어는 부정적 상관관계가 있을 수도 있으므로, 흡연이 고혈압의 원인이고 고혈압이 심장 발작과 긍정적 상관관계를 갖는다 하더라도, 흡연은 심장 발작과 긍정적 상관관계를 갖지 않을 수 있다.

03 하자 있는 행정처분의 취소 요건 정답 ①

ㄱ. (○) 제시문 상단에서 「국가기관이 하자 있는 처분을 한 경우 그 기관은 별다른 법적 근거가 없더라도 그 처분을 취소할 수 있다.」 라고 하고 있고, 이어지는 단서에도 해당되지 않으므로 국가기관은 이 처분을 취소할 수 있다.

ㄴ. (×) 본 사례는 국가기관의 하자 있는 처분 중 상대방에게 이익을 주는 처분을 취소하여야 하는 경우에 해당되므로 취소를 통한 공익상의 필요와 취소로 인해 입게 되는 불이익을 비교하여 판단하여야 한다. 따라서 무조건 취소할 수 없다고 말할 수는 없다.

ㄷ. (×) 제시문 하단의 「국가기관의 하자 있는 처분이 당사자의 사실 은폐나 사기에 의한 신청에 근거한 것」에 해당되는 내용으로 그 처분은 취소되어야 한다.

04 사실에 함축된 정보의 종합적 판단 정답 ⑤

① (○) (가)의 사고 발생 없이는 피고인이 가해 트럭을 운전하였다고 검사는 주장할 수 없으므로 (가)에서 교통사고가 발생하였다는 사실은 검사 주장의 전제는 된다. 하지만 검사 주장의 전제가 된다고 하여 검사의 주장이 옳다는 것을 의미하는 것은 아니므로 이 사실만으로 피고인 주장의 참·거짓을 판단할 수는 없다.

② (○) (다)에 제시된 피고인의 상황은 (가)의 사실과 함께 검사의 주장을 지지하는 논거가 되므로 피고인이 운전자라고 주장하는 검사는 (다)를 피고인이 사고 후 도주한 이유에 대한 설명으로 제시할 수 있다.

③ (○) (라)의 범칙금납부고지서가 2010년 8월 10일에 발급된 것으로 확인되었다고 하더라도 피고인의 주장대로 9월

경 트럭을 도난당했을 수도 있고 그렇지 않을 수도 있다. 따라서 이 사실만으로는 검사와 피고인 주장의 참·거짓을 판단할 수 없다.

④ (○) (바)에서의 L과 K의 진술을 모두 신뢰할 수 있다면 검사 주장이 참일 개연성을 높이므로 L과 K의 진술은 검사 주장을 강화하는 데 사용할 수 있다.

⑤ (×) 검사의 주장은 피고인이 운전하였다는 단순명제로 구성된데 반해 피고의 주장은 트럭을 도난당했고 운전한 사실이 없다는 것으로 연언으로 구성된 복합명제이다. 따라서 (가)~(마)가 모두 사실인 경우라도 피고인이 운전을 하지 않았고 9월에 트럭을 도난당하지 않았다면 검사와 피고인의 주장 모두 거짓이 된다. 반면에 검사의 주장이나 피고의 주장 중 어느 하나가 참이라면 다른 하나는 반드시 거짓이 되므로 동시에 참일 수는 없다.

05 개념의 사례 적용 정답 ②

① (×) 첫 번째 의미에서는 자연적(=기적적이지 않음)이나 세 번째 의미에서는 자연적(=인위적이지 않음)이지 않다.

② (○) 논개의 살신성인적 행위는 두 번째 의미에서도 자연적(=흔하고 일상적)이지 않고 세 번째 의미에서도 자연적(=인위적이지 않음)이지 않다.

③ (×) 내가 산 로또 복권이 당첨되는 일은 첫 번째 의미에서는 자연적이고 두 번째 의미에서 자연적이지 않다. 첫 번째 의미에서의 '자연적'이란 자연법칙에 위배되는 현상인 기적을 제외한 세상의 모든 사건을 의미한다.

④ (×) 벼락을 두 번이나 맞고도 살아남은 사건은 첫 번째 의미에서는 자연적이나 두 번째 의미에서 자연적이지 않다.

⑤ (×) 개가 낯선 사람을 보고 짖는 것은 두 번째 의미에서는 자연적이지만, 세 번째 의미에서는 자연적이지 않다. 세 번째 의미에서의 '인위적'이란 행위라는 것 자체가 특정 계획과 의도를 지니고 수행되었음을 의미한다.

06 윤리학 정답 ②

ㄱ. (×) B의 경우에는 '모든 사람은 근원적으로 양심을 자기 내에 가지고 있다.'라고 말하고 있으므로 '양심 없는 인간이 있을 수 있다'는 진술과 양립할 수 없다. 따라서 A~C 모두와 양립할 수 있는 것이라 할 수 없다. A의 경우와 C의 경우에는 다소 달리 해석될 여지가 있다. A의 경우 양심은 '사회적 감정으로서 인류가 공유하는 습관화된 동정심'이라고 말하고 있으므로 이러한 사회적 감정 내지 습관화된 동정심을 학습하지 않은 사람의 경우 양심이 없을 수 있다. C는 양심이란 '부모의 권위가 내면화된 초자아의 기능'이라고 말하고 있는데 '초자아'가 형성되는 시기를 부모와 함께 하지 못한 고아의 경우에는 양심이 없을 수 있으므로 '양심 없는 인간이 있을 수 있다'는 진술과 양립가능하다.

ㄴ. (×) B는 '양심이란 개인적 욕구로부터 독립적인 보편타당한 도덕 판단을 하는 실천이성에 다름 아니다'라고 말하고 있음을 통해 볼 때 '양심의 명령에 따르는 행동이 비도덕적일 수 있다'는 진술과 양립할 수 없다. 따라서 A~C 모두와 양립할 수 있는 것이라 할 수 없다.

ㄷ. (○) A의 '잘못된 양심'이나 '양심에서 비롯된 잘못된 행위'라는 표현을 통해 A는 '나의 행동이 양심이 명령하는 바와 일치하지 않을 수 있다'는 진술과 양립할 수 있음을 추론할 수 있고, B의 '이 사람은 양심이 없다'고 말하는 것은 그가 양심의 요구를 외면하고 있음을 의미한다는 표현을 통해 B는 '나의 행동이 양심이 명령하는 바와 일치하지 않을 수 있다'는 진술과 양립할 수 있음을 추론할 수 있고, C의 '많은 신경증적 증후들은 초자아가 지나치게 강한 결과, 즉 양심이 과도하게 열등감이나 죄의식으로 자아를 벌한 결과이다.'라는 표현을 통해 초자아가 지나치게 약한 결과 또한 예상할 수 있으므로 '나의 행동이 양심이 명령하는 바와 일치하지 않을 수 있다'는 진술과 양립할 수 있음을 추론할 수 있다.

07 과학철학 정답 ②

- 사건의 관찰에서 획득하는 정보의 양 ∝ 놀라움의 정도 ∝ 1/사건이 일어날 확률

① (○) 제시문에 따르면 관찰로부터 획득하는 정보의 양은 관찰에 대해 느끼는 놀라움의 정도에 비례하고, 놀라움의 정도는 예측의 정도와 반비례한다. 예측의 정도는 해당 사건이 일어날 확률로 측정할 수 있다. 결국 정보의 양이 같다는 것은 각 사건이 일어날 확률이 같다는 의미인데, 확률이 같다고 해서 동일한 사건인 것은 아니다.

② (×) 사건의 관찰에 따른 놀라움의 정도는 그 사건이 일어날 확률에 반비례하지만, '놀라움의 정도의 차이'는 '확률의 차이'에 반비례하지 않는다. 오히려 '차이'는 비례할

가능성이 많다.

③ (○) "사건이 발생할 확률 = 1- 사건이 발생하지 않을 확률"이므로 사건이 발생했음을 관찰했을 때 획득하는 정보의 양은 그 사건이 발생하지 않았음을 관찰했을 때 획득되는 정보의 양과 서로 반비례할 수밖에 없다.

④ (○) '어떤 사건이 반드시 일어날 수밖에 없다'고 생각한다는 것은 그 사건의 발생 확률을 1로(혹은 1에 가깝게) 보는 것이다. 그렇다면 그 사건의 관찰에서 획득하는 정보의 양은 획득할 수 있는 최소수준일 것이다.

⑤ (○) 확률값이 다르면, 놀라움의 정도도 다르므로 옳은 판단이다.

08 윤리학 / 미래세대의 행복 정답 ②

ㄱ. (×) 제시문은 '행복을 전혀 느끼지 못하는 사람들만 늘어나는 것이 아닌 한, 인구가 증가하면 어쨌든 행복 총량은 조금이라도 증대될 것'이라고 말하고 있으므로 인구가 감소하면 일반적으로 조금이라도 행복 총량은 감소할 것이다. 반면에, 행복 평균은 행복 총량을 인구수로 나눈 것이므로, 이는 줄어드는 개인이 갖고 있었던 행복의 크기에 따라 변화 방향이 달라질 것이다. 행복의 크기가 평균보다 큰 개인들이 줄어들면 행복 평균은 감소할 것이고 반대의 경우에는 행복 평균이 증가할 것이다. 따라서 '행복 평균이 증대한다'는 단정적 추론은 적절치 않다.

ㄴ. (○) '순행복'의 개념을 도입할 경우, '행복보다 고통이 더 큰 사람들'은 순행복이 (-)의 값을 가질 것이므로, 이런 사람들이 늘어나면 순행복 총량은 줄어든다. 따라서 순행복 총량 극대화를 목표로 한다면 '행복보다 고통이 더 큰 사람들'이 무수히 많아지는 상황을 야기할 가능성은 낮아진다.

ㄷ. (×) 낙후 지역에서, 먼저 행복 총량 견해를 선택하고 한 세대가 지난 후 행복 평균 견해로 변경하게 되는 경우, 처음부터 행복 평균 견해만 선택한 경우보다, 첫 세대에서는 행복보다 고통이 더 큰 사람들도 상대적으로 많이 증가하게 되어, 한 세대가 지난 후에는 전자(前者)의 행복 평균이 후자(後者)의 행복 평균보다 낮을 것이다. 따라서 전자의 경우 한 세대가 지난 후 행복 평균 견해로 변경하는 경우, ⓒ의 확대가능성이 후자보다 높아질 것이다.

09 도덕적 비난 가능성 / 도덕 원리의 상황에의 적용 정답 ②

행위능력 유무와 인지 유무에 따른 도덕적 비난 가능 여부를 정리하면 아래와 같다.

행위를 할 수 있는 능력 여부	능력을 인지하는지 여부	도덕적 비난 가능 여부 ㉠	도덕적 비난 가능 여부 ㉡	상황
×	무관	×	×	(1), (3)
○	○	○	○	
	×	×	○	(2)

ㄱ. (×) (1)과 (3)의 상황은 방문을 열고 나갈 수 없는 상황, 즉 행위를 할 수 있는 능력이 없는 상황이다. 이 경우 능력을 인지하는지 여부는 무관하게, ㉠과 ㉡ 어느 입장에 따르더라도 도덕적으로 비난할 수 없다고 본다. 즉, 甲이 ㉠과 ㉡ 중 어느 입장을 채택했는지 알 수 없다.

ㄴ. (×) ㉡은 행위자에게 능력이 있는 경우, 행위자가 그 능력의 존재를 인식하였는지와 무관하게 도덕적으로 비난할 수 있다는 것이다. 따라서 비록 상황 (2)에서 丁이 자신에게 문을 열고 나갈 수 있는 능력이 있다는 것을 몰랐을지라도 그것이 가능했다면 ㉡ 입장을 채택한 乙은 丁을 도덕적으로 비난할 것이다.

ㄷ. (○) 상황 (3)의 丁은 '귀찮아서'라는 의도와 관계 없이 방에서 나갈 수 있는 능력(행위를 할 수 있는 능력)이 없다. 따라서, ㉠을 채택하든, ㉡을 채택하든 도덕적으로 비난할 수 없다고 볼 것이다. 丙은 상황 (3)의 丁이 도덕적 비난의 대상이 될 수 있다는 것을 설명할 수 없다.

10 행위의 합리성 평가 / 인식과 목적측면 정답 ①

- 행위의 인식 측면
  주관적 입장 : 개인적으로 믿고 있는 정보를 기준으로 행위 시 합리적
  객관적 입장 : 실제로 참인 정보를 토대로 행위 시 합리적

- 행위의 목적 측면
  내재주의 : 자신에 대한 직접적 해악과 무관하면 합리적
  외재주의 : 비판적으로 정당화되는 도덕이론의 관점에서 부당하지 않으면 합리적

A : 벤젠을 물로 착각하고 마셨으므로 주관적 입장에서는 합리적이나 객관적 입장에서는 비합리적이다. 물을 마신다는 목적은 자신에 대한 직접적 해악도 아니고 도덕이론의 관점에서도 부당하지 않으므로 내재주의와 외재주의 모두에서 합리적이다.

B : 허위매물을 올리는 등의 행위는 개인적으로 믿고 있는 정보를 기준으로 이뤄졌고 그 정보도 실제로도 참이었으므로 주관적 입장에서나 객관적 입장에서나 합리적이다. 판매대금을 이웃돕기 성금을 마련한다는 목적은 자신에 대한 직접적 해악도 아니고 도덕이론의 관점에서도 부당하지 않으므로 내재주의와 외재주의 모두에서 합리적이다.

C : 이메일 주소를 잘못 알고 있었던 것은 개인적으로 믿고 있는 정보를 기준으로 이루어졌기에 주관적 입장에서는 합리적이나 실제로 참인 정보는 아니었기에 객관적 입장에서는 비합리적이다. 그리고 그 목적은 금품 편취였으므로 자신에 대한 직접적 해악은 아니나 도덕이론의 관점에서는 부당하므로 내재주의에서는 합리적이고 외재주의에서는 비합리적이다.

	개인적으로 믿는 정보	실제로 참인 정보
자신에 대한 직접적 해악과 무관	주관적 내재주의 A - 합리적 B - 합리적 C - 합리적	객관적 내재주의 A - 비합리적 B - 합리적 C - 비합리적
도덕이론의 관점에서 부당 X	주관적 외재주의 A - 합리적 B - 합리적 C - 비합리적	객관적 외재주의 A - 비합리적 B - 합리적 C - 비합리적

① (×) A와 C를 모두 비합리적이라고 평가하는 입장은 객관적 내재주의와 객관적 외재주의로 2개이다.

② (○) 주관적 내재주의는 A와 B 모두를 합리적이라고 판단한다.

③ (○) 주관적 내재주의와 주관적 외재주의 모두 A를 합리적이라고 판단하므로 둘의 판단은 일치한다.

④ (○) 동료가 C에게 일부러 거짓으로 이메일 주소를 알려준다고 해도 C의 행위에서 인식과 목적 측면에 대한 평가가 바뀔 요소가 새로 도입되지는 않는다. 따라서 어떤 입장에서도 평가는 바뀌지 않는다.

⑤ (○) 외재주의가 수단의 도덕성도 고려한다면 외재주의는 B 행위의 목적을 비합리적이라 판단할 것이다. 따라서 주관적 외재주의와 객관적 외재주의 모두 B의 행위를 비합리적이라 평가할 것이다.

11 대통력 / 무중치윤법 정답 ③

ㄱ. (○) 대통력에 의하면 한 달은 큰달 30일, 작은달 29일이며, '중기' 간의 시간 간격이 30.4일이므로 절기 간의 간격은 15.2일이다. 따라서 한 달에 3개의 절기가 함께 들어 있을 수 없다.

ㄴ. (○) 무중치윤법에 따라 경인년 윤11월(소)에는 '중기'가 없고, 11월(소)에는 중기인 '동지'가 위치하고 12월(대)에는 중기인 '대한'이 위치하여야 하므로 윤11월(소)에는 '소한'만이 들어가게 된다.

ㄷ. (×) 윤11월(소)에는 '소한'만이 위치하고, 12월(대)에는 '대한 - 입춘'이 위치하고 신묘년 정월(소)에는 '우수 - 경칩'이 위치하게 되므로 신묘년 2월에는 '춘분 - 청명'이 위치하게 된다.

12 범죄심리학 정답 ③

ㄱ. (○) i) 젊은 범죄자는 나이 든 범죄자보다 표적의 매력성을 중시한다.
ii) 절도범은 성폭행범보다 범행의 계획성이 높다.
iii) 따라서 젊은 절도범은 나이 든 성폭행범보다 표적의 매력성을 중시하는 경향이 강하므로 범행가능성이 높고 범행을 위해서 더 먼 거리를 이동하는 경향이 있다.

ㄴ. (○) 비교적 판단이 쉬운 보기이다. 현재 주거지에 오래 거주한 강도범은 갓 이사 온 강도범보다 자신을 알아보는 사람들이 많아 집에서 가까운 지역에서는 범행이 발각될 가능성이 높으므로 범행거리는 갓 이사 온 강도범의 범행거리보다 더 길 것이다.

ㄷ. (×) i) B에 따르면 일단 검거위험성을 매우 중시하는 경우에는 검거위험성이 높다고 생각하는 곳에서는 표적의 매력성이 높더라도 범행을 하지 않는다.
ii) 전과가 많은 쪽은 전과가 적은 쪽보다 표적의 매력성을 중시한다. 따라서 일반적인 경우 전과가 많은 쪽의 범행가능성이 높다.
iii) 하지만 보안시스템이 아주 잘 된 은행은 검거위험성이 높다는 것을 의미하므로 검거위험성을 매우 중시하는 전과가 많은 범죄자라 하더라도 범행을 하지 않을 것이다.

13 입법 목적에 따른 법률 개정 정답 ④

제시문에 언급된 합의를 반영하기 위한 선진국 A의 개정법률 조항을 추론하는 문제이다.

ㄱ. (×) 합의된 내용은 개발도상국 국민들을 위한 것으로 자국의 공공이익을 위해 특허 사용을 허용한 본 내용과는 구분된다.

ㄴ. (○) 세 번째 합의 내용을 구체화한 내용으로 볼 수 있다. 특허 발명권자의 권익을 침해하면서까지 개발도상국의 공중보건을 제고하기 위한 합의이므로 침해가 최소화될 수 있도록 특허 사용과 관련하여 구체적인 명시가 있어야 한다.

ㄷ. (○) 두 번째 합의 내용을 구체화한 내용으로 볼 수 있다.

14 정치제도 정답 ④

〈가정〉에 의하면 거부권 행사자의 수가 많을수록 정책안정성은 높아진다고 하고 있다. 따라서 정책안정성을 비교하기 위해 각국의 거부권 행사자의 수를 파악하면 다음과 같다.

- A국은 대통령제 국가로 제도적 거부권 행사자만 둘(대통령, 단원제 의회)이 존재한다.
- B국은 대통령제 국가로 제도적 거부권 행사자만 셋(대통령, 상원, 하원)이 존재한다.
- C국은 의원내각제 국가로 행정부를 별도의 거부권 행사자로 보지 않으므로 제도권 거부권자는 하나(단원제 의회)이고, 의원내각제 하에서의 소선거구제이므로 양당제와 단일정부가 출범하게 되어 당파적 거부권자 또한 하나(단일정당정부의 정당)이다. 따라서 거부권 행사자는 둘이다.
- D국은 의원내각제 국가로 제도적 거부권자가 둘(상원, 하원)이고, 의원내각제 하에서의 비례대표제로서 다당제가 출현하여 결국 연립정부를 구성하게 되므로 당파적 거부권자는 둘 이상(연립정부구성 정당수)이 된다.

따라서 거부권 행사자는 넷 이상이 된다.

ㄱ. (×) A국의 거부권 행사자(2)가 B국의 거부권 행사자(3)보다 적으므로 정책안정성이 높다고 할 수 없다.

ㄴ. (○) D국의 거부권 행사자(4이상)가 A국의 거부권 행사자(2)보다 많으므로 정책안정성이 높다고 추론할 수 있다.

ㄷ. (○) D국의 거부권 행사자(4이상)가 C국의 거부권 행사자(2)보다 많으므로 정책안정성이 높다고 추론할 수 있다.

15 노동의 숙련도에 따른 환산율 정답 ①

제시문에 따르면 숙련도가 다른 노동을 수치로 환산하는 방법에는 각 노동의 단위 시간당 보수를 계산하여 그 비율을 환산율로 삼는 A의 방법과, 각 노동의 단위 시간당 생산물의 시장 가치를 계산하여 그 비율을 환산율로 삼는 B의 방법이 있다.

ㄱ. (○) 각 노동의 단위 시간당 보수의 비율과 각 노동의 단위 시간당 생산물의 시장 가치의 비율이 같을 경우 A와 B에 따른 환산율이 동일할 수 있다.

ㄴ. (×) B의 방법에 따른 환산율은 생산량과 가격을 곱함으로써 구해지는 것으로서 생산물 가격이 변동하더라도 그 비율은 변하지 않는다. 예컨대 노동 ×의 단위 시간당 생산량이 1이고 노동 Y의 단위 시간당 생산량이 2인 경우 환산율은 1(생산량)×P(상품 가격) : 2(생산량)×P(상품 가격)으로 구해지므로 P가 변동되더라도 그 비율은 변하지 않는다.

ㄷ. (×) A의 방법은 각 노동의 단위 시간당 보수를 계산하여 그 비율을 환산율로 삼는 것이므로 생산량 증가분의 왜곡이 있다고 하더라도 시간당 보수에 따른 숙련도 차이 반영에 영향을 미치지 못한다.

16 배출부과금 정답 ⑤

ㄱ. (○) 정화 기술 개선 전 총정화비용은 D+E이고 기술 개선 후 총정화비용은 B+E이므로, 총정화비용이 절감되려면 D가 B보다 커야 한다.

ㄴ. (×) 정화 기술 개선 전 총부과액은 A+B+C, 총정화비용은 D+E이고, 개선 후 총부과액은 A, 총정화비용은 B+E이므로 얻게 되는 순이익은 C+D 이다.

ㄷ. (○) ㄴ에서 보는 바와 같이 기술 개선 이전의 B가 기술 개선 후 총정화비용의 일부로 전환된다.

17 재산권 설정이론 정답 ⑤

ㄱ. (○) 어부에게 규제권이 있고 기업이 제안한 p_1을 어부가 받아들여 합의한 경우, 어부가 생산량을 결정하고 기업이 보상을 하게 되므로 어부는 q_2에서 생산량(오염배출량)을 결정하고 보상으로부터 피해액을 뺀 b+c+d+e 만큼이 어부의 이득이 된다.

ㄴ. (○) 기업에게 배출권이 있고 어부가 제안한 p_1을 기업이 받

아들여 합의한 경우, 기업이 생산량을 결정하므로 생산량은 q_1이 되고 기업은 생산량이 감축된 만큼 어부로부터 보상을 받게 된다. 따라서 어부의 줄어든 피해금액에서 보상액을 뺀 f-d-e 만큼이 어부의 이득이 된다.

ㄷ. (○) 어부에게 규제권이 있고 기업이 제안한 p_2를 어부가 받아들여 합의한 경우, 어부가 생산량을 결정하게 되므로 생산량은 q_1이 되고, 기업은 발생하는 편익으로부터 보상금액을 뺀 a+b 만큼의 이익을, 어부는 보상금액으로부터 피해금액을 뺀 c 만큼의 이득을 보게 된다.

18 펫보험 / 개념이해 및 사례에의 적용 정답 ②

ㄱ. (×) 손해율은 순보험료를 기반으로 산정된 보험료 대비 실제 지급된 보험금을 의미한다. 제시문에 따르면 네 살 반려견의 경우 25만원의 순보험료를 통해 건수에 관계없이 동물병원에서 총 200만원 한도의 치료를 받을 수 있고, 반려묘에 대해서는 20만원의 순보험료로 같은 보장을 받을 수 있다. 즉, 반려묘의 경우 같은 보험금을 지급받기 위해 내야 하는 보험료가 반려견의 80%이므로, 반려묘의 손해율도 반려견 손해율의 80%일 것임을 추론할 수는 있다. 그러나, 이는 보험금 수령 건수가 80%라는 얘기는 아니다.

ㄴ. (○) 손해율은 순보험료를 기반으로 산정된 보험료 대비 실제 지급된 보험금을 의미한다. 손해율은 과거 자료가 부족할 경우 변동성이 더 커지는데, 보험통계기관의 순보험료 발표(과거 자료)를 통해 변동성을 더 줄일 수 있다.

ㄷ. (×) 진료비가 비싸질수록 ㉡이 ㉠보다 진료비에 대한 보험가입자 부담이 줄어든다. ㉡은 일정 금액까지만 치료비를 지불하면 나머지 금액을 모두 보험처리 할 수 있다. 따라서, 아무리 진료비가 비싸더라도 '일정 금액' 이상은 부담하지 않게 된다. 그러나 ㉠에 따르면 진료비의 일정 비율만큼 자기부담을 해야 하기에 금액이 커질수록 보험 가입자의 부담은 커진다.

19 주가의 수익률 변동성 정답 ④

ㄱ. (×) 수익률 변동성의 군집성은 주가 상승/하락 여부와는 관련이 없다. (주가가 상승할 때 수익률 변동성이 더 크게 나타날 뿐이다.)

ㄴ. (○) 레버리지 효과 가설에 따르면, 주가가 하락하면 부채비율(레버리지)을 높여 수익률 변동성을 높이고 주가가 상승하면 부채 비율을 낮춰 수익률 변동성을 낮춘다. 따라서 부채 비율이 동일하게 유지되는 기업에서는 주가와 수익률 변동성 사이의 연결 고리가 사라지게 되므로 상관관계는 나타나지 않게 된다.

ㄷ. (○) 변동성 피드백 가설에 따르면, 수익률 변동성이 증가하면 위험 프리미엄(위험 보상을 위한 추가 수익률)이 높아진다. 따라서 주식의 기대 수익률도 높아질 것이다.

20 이자율과 물가의 관계 정답 ③

ㄱ. (○) 화폐 이자율이 자연 이자율보다 낮아지면, 자본재에 대한 기업들의 투자 수요가 늘어나고, 소비재 생산에 투입되던 생산 요소들이 자본재 생산으로 이동하여, 소비재 공급의 감소 및 물가 상승으로 이어진다. 즉 소비재자본재 간 생산 요소의 이동이 빠를수록 (화폐) 이자율 하락과 물가 상승 사이의 관계가 더 빨리 나타나게 된다.

ㄴ. (×) 화폐 이자율이 자연 이자율을 상회하게 되면, 자본재에 대한 기업들의 투자 수요가 줄고, 소비재 공급이 증가하여 물가가 하락할 것이다. 시간이 경과하면서 소비재 물가의 하락에 따라 기업들의 이윤 동기도 감소하고 소비재 생산을 위한 투자 수요도 감소할 것이다. 기업들의 은행 신용에 대한 수요가 감소하고 화폐 이자율이 떨어지면서 자연 이자율과 균형을 회복하게 된다. 은행이 신용 공급을 축소하여 자연 이자율을 상승시켜 균형이 회복된다는 설명은 옳지 않다.

ㄷ. (○) 두 이자율간 괴리가 발생하는 초기 상황에서는 화폐 이자율과 물가가 반대로 움직이므로 리카도의 주장과 일치하며, 이후의 동태적 조정 과정에서는 은행 신용에 대한 수요의 증가로 이자율이 상승하게 되므로 투크의 주장과 일치한다.

21 빙기와 간빙기 정답 ④

ㄱ. (○) 약 6만 년 전까지는 대륙빙하가 크게 확장되었다는 내용을 통해 당시의 해안선은 현재의 해안선보다 바다 쪽을 향해 더 나아갔을 것임을 추론할 수 있다.

ㄴ. (○) 약 2.5만 년 전에는 고위도 지역 및 일부 중위도 지역(북아메리카에서는 북위 39°, 유럽에서는 북위 52°까지)에서만 빙하의 확장과 하천의 결빙이 일어났고, 저위도 지역에서는 빙하의 확장과 하천의 결빙은 일어나지 않았을 것이다. 따라서 저위도 지역 하천의 평균 길이는 짧아지지 않았을 것이다. 오히려 해수면 하강과

이에 따른 육지 면적의 확대로 인해 하천의 유로가 바다 쪽으로 연장되면서 하천의 평균 길이가 늘어났다고 할 수 있다.

ㄷ. (×) 약 6,000년 전에는 세계의 기후가 현재보다 따뜻했기 때문에 고산지대의 곡빙하 중 낮은 고도에 존재하던 부분은 녹아 사라졌을 것이다. 그 결과 현재보다 높은 고도에만 빙하가 남아 있었을 것이다.

22 중위도 지역의 겨울 기후 정답 ②

ㄱ. (×) 중위도 동아시아 지역의 겨울 지상기압이 가장 높은 경우는 겨울 지상온도가 가장 낮은 경우를 말한다. 그런데 엘니뇨가 발생하게 되면 중위도 동아시아 지역은 이상 고온의 겨울이 되고, ⓐ[북극권이 중위도 지역보다 지상기온이 더욱 낮아지고 지상기압은 더욱 높아지는 모드]의 경우는 중위도 지역에 한파가 발생하지 않고, ⓒ[동아시아가 포함된 중위도 서부 해역의 수온이 더욱 높아지고 동부 열대 태평양의 수온이 더욱 낮아지는 모드]의 경우는 중위도 동아시아가 포함된 지역의 수온을 높이는 경우이므로, 각각의 경우 모두가 기온을 높이고 기압을 낮추는 경우에 해당된다.

ㄴ. (○) 중위도 동아시아 지역에 겨울 한파가 발생할 가능성이 가장 높은 경우는 북극권과 중위도 지역 간의 기압차가 적을 때이다. ⓑ[북극권이 중위도 지역보다 지상기온이 더욱 높아지고 지상기압은 더욱 낮아지는 모드]의 경우는 기압차를 적게 하는 경우에 해당되며, ⓓ[동아시아가 포함된 중위도 서부 해역의 수온이 더욱 낮아지고 동부 열대 태평양의 수온이 더욱 높아지는 모드]의 경우는 동아시아의 수온이 더욱 낮아지므로 기압차를 적게 하는 경우에 해당된다.

ㄷ. (×) 제시문 마지막 문단에 따르면 평상시 태평양 적도 부근은 동쪽 해수의 온도가 낮고, 서쪽 해수의 온도가 높은데, 엘리뇨의 해에는 북동풍의 약화로 서쪽의 해수온도가 낮아지고 반대로 동쪽의 해수온도가 높아진다고 하고 있다. 이 때 ⓓ[동아시아가 포함된 중위도 서부 해역의 수온이 더욱 낮아지고 동부 열대 태평양의 수온이 더욱 높아지는 모드]가 발생하면 적도 동부 태평양 해역의 온도는 더욱 높아지게 된다. 즉, 기온 변화 특성은 더욱 강화된다고 할 수 있다.

23 세포막 유동성 정답 ②

ㄱ. (×) 케토코나졸은 에르고스테롤의 생체 내 합성을 방해하고, 에르고스테롤은 세포막 유동성과 관련하여 콜레스테롤과 같은 기능을 하는데, 저온에서와 고온에서의 콜레스테롤의 유무에 따른 세포막 유동성이 달라지므로, 케토코나졸로 처리할 때 진균의 세포막 유동성이 증가한다고 단언할 수 없다. 즉 저온일 경우에는 세포막 유동성이 감소할 것이고, 고온인 경우에는 세포막 유동성이 증가할 수 있다.

ㄴ. (×) '암포테리신-B는 세포막 유동성에는 거의 영향을 주지 않고 에르고스테롤과 결합하여 진균 세포막에 구멍이 나게 함으로써 진균의 성장을 억제한다'고 설명하고 있고, '세포막 유동성은 일반적으로 온도가 올라갈수록 증가한다'고 설명하고 있으므로 '암포테리신-B로 처리한 진균의 세포막 유동성은 고온보다 저온에서 더 클 것이다'라는 추론은 옳지 않다.

ㄷ. (○) '암포테리신-B는 세포막 유동성에는 거의 영향을 주지 않지만, 에르고스테롤과 결합하여 진균 세포막에 구멍이 나게 함으로써 진균의 성장을 억제한다'고 설명하고 있고, '케토코나졸은 에르고스테롤의 생체 내 합성을 방해함으로써 세포막 유동성을 변화시켜 진균의 성장을 억제한다'고 설명하고 있다. 따라서 케토코나졸과 암포테리신-B로 동시에 처리할 때에는 케토코나졸이 에르고스테롤의 생체 내 합성을 방해하므로 암포테리신-B가 결합할 에르고스테롤이 줄어들게 되어 암포테리신-B로만 처리할 때보다 진균 세포막에 구멍이 나는 정도가 줄어들 것이라 추론할 수 있다.

24 면역체계 메커니즘의 사례적용 정답 ⑤

(가)~(다)의 실험내용을 정리하면 아래와 같다.

1차 : 모두 암 발생 2차 : X1만 암 미발생		2차 이식	
		바이러스 A2	니트로 B2
1차 이식	바이러스 A1	생쥐 X1	생쥐 X2
	니트로 B1	생쥐 Y1	생쥐 Y2

⇒ 따라서 제시문 내용에 의해, 기억매커니즘이 작동한 항원 A1과 A2는 동일하거나 유사한 항원이라는 추론이 가능하다.

⇒ 반면 (A1, B2) (B1, A2) (B1, B2)의 조합은 기억매커니즘이 작용하지 않음을 알 수 있다.

ㄱ. (×) Y1의 경우 항원 A2를 경험한 적이 있으므로, A1을 이식해도 암이 발생하지 않을 것이다.
ㄴ. (×) X2의 경우 항원 A1을 경험한 적이 있으므로, A2를 이식해도 암이 발생하지 않을 것이다.
ㄷ. (○) B1은 X1과 X2가 경험한 A1, A2 및 B2와 기억매커니즘을 공유하지 않으므로 암이 발생할 것이다.
ㄹ. (○) B2는 X1과 Y1이 경험한 A1, A2 및 B1과 기억매커니즘을 공유하지 않으므로 암이 발생할 것이다.

25 단백질의 특성 추론 정답 ①

- 단백질 A의 분리
  - "단백질 A에 결합하는 항체 X + 항체 X와 결합하고 자성을 가지는 항체 Y"를 이용
  - 자석을 이용하여 Y를 용액에서 분리하면 Y에 붙은 항체 X와 단백질 A도 함께 딸려 나오는 원리
- 실험군 : 항체 X 및 항체 Y와 단백질 A, B, C, D가 검출
- 대조군 : 항체 Y와 단백질 B만 검출 ⇒ 단백질 B는 항체 Y와 결합하거나 자성을 가지는 단백질

ㄱ. (○) 만약 단백질 A, C, D가 자성을 가진다면 대조군에서도 검출되었어야 한다. 대조군에서는 항체 Y와 단백질 B만 검출되었으므로, 단백질 A, C, D는 자성을 갖지 않는다.
ㄴ. (×) 단백질 B가 대조군에서 검출된 이유가 자성을 가지기 때문인지 혹은 항체 Y와의 결합으로 분리되는 단백질이기 때문인지 특정할 수 없다.
ㄷ. (×) 실험군과 대조군의 결과로 보아 단백질 A, C, D는 3개 이상의 서로 다른 단백질이 결합한 경우이다. 이 경우 두 단백질 사이에 직접적인 결합이 존재하지 않을 수 있으므로, 단백질 C와 단백질 D 둘 다 단백질 A와 직접 결합하는 단백질인지 여부는 알 수 없다.

26 인체의 에너지 합성 메커니즘 정답 ④

제시문을 요약하면 다음과 같다.

전자전달계 활성화(1)
→ 전자 전달 & 산소 소모량 증가
→ 수소이온이 미토콘드리아 내막 바깥으로 투과
→ 수소이온 전위차 형성
→ ATP 합성효소(2) 통과(3-1)
→ 수소이온이 미토콘드리아 내막 안쪽으로 이동(3-2)
→ 수소이온 전위차 해소 & ATP 합성효소 활성화
→ ATP 합성
→ 전자전달계 활성화

X : (1)을 억제
Y : (2)를 억제
Z : (3-1)을 통하지 않아도 (3-2)를 활성화

전체 과정이 순환 형태이므로 어느 한 과정이 활성화되면 나머지 과정들도 활성화되고, 어느 한 과정이 억제되면 나머지 과정들도 억제된다.

ㄱ. (×) X만 처리한다고 해도 전체 과정에 영향을 주므로 결국 ATP 합성이 억제된다.
ㄴ. (○) Y만 처리한다고 해도 전체 과정에 영향을 주므로 결국 산소 소모량이 감소한다.
ㄷ. (○) Y만 처리하면 수소이온 전위차 해소가 되지 않아 전자전달계가 활성화되지 않고 산소 소모량도 증가하지 않지만, Z를 함께 처리하면 전위차가 해소되므로 산소 소모량이 증가한다.

27 철농도 유지 메커니즘 정답 ⑤

- 단백질 A, B의 생산 여부

철 농도	단백질 A	단백질 B
부족	○	×
높음	×	○

- 단계 (가)~(다)

단계	(가)	(나)
철 농도	T- DNA 결합 여부	RNA C 생산 여부
부족	ⓐ ×	×
부족	ⓑ ○	○
높음	ⓐ ○	○
높음	ⓑ ×	×

(다)	
RNA C	단백질 생산 여부
○	ⓒ ○
○	ⓓ ×
×	ⓒ ×
×	ⓓ ○

ㄱ. (○) 단백질 A는 철 농도가 부족할 때 생산되어야 하므로, (가) 단계에서 ⓐ를 거친다면 RNA C가 생산되지 않고, 따라서 (다) 단계에서는 ⓓ를 거쳐야 한다. 또한, 철 농도가 높을 때는 생산되지 않아야 하므로, (가) 단계에서 ⓐ를 거친다면 RNA C가 생산되고, 따라서 (다) 단계에서는 ⓓ를 거쳐야 한다.

ㄴ. (○) 단백질 B는 철 농도가 부족할 때 생산되지 않아야 하므로, (가) 단계에서 ⓐ를 거친다면 RNA C가 생산되지 않고, 따라서 (다) 단계에서는 ⓒ를 거쳐야 한다. 또한, 철 농도가 높을 때는 생산되어야 하므로, (가) 단계에서 ⓐ를 거친다면 RNA C가 생산되고, 따라서 (다) 단계에서는 ⓒ를 거쳐야 한다.

ㄷ. (○) T를 만드는 유전자를 제거한 경우, 철 농도와 관계없이 T-DNA는 결합하지 않을 것이고 RNA C는 생산되지 않을 것이다. 따라서, (다) 단계에서 ⓒ를 거친다면 단백질은 생산되지 않을 것이다.

28 효소발현과 유전자조작 정답 ③

ㄱ. (○) 고지방 식이 후 내장 지방 세포 내 임의의 세포 100개당 파란 세포의 수는 100에서 20으로 줄었다. 즉, 전체 세포에서 파란 세포가 차지하는 비율이 줄었다. 조건에 따르면 파란 세포의 수는 유지되어야 한다. 따라서 전체 세포의 수가 늘었다는 것을 의미한다. 한편, 피하 지방 세포에서는 파란 세포의 비율이 그대로 유지되었으므로, 전체 세포의 수도 그대로 유지되었다고 볼 수 있다.

ㄴ. (×) 고지방 식이 후 내장 지방과 피하 지방의 세포 모두 크기가 증가했다. 그리고 (ㄱ)에서 살펴봤듯이 내장 지방 내 세포의 수는 증가하였고 피하 지방의 세포의 수는 유지되었으므로 전체적인 부피 역시 증가할 수밖에 없다.

ㄷ. (○) 실험에 따르면 A 효소가 발현되는 경우 세포가 파란색으로 바뀐다. 내장 지방과 피하 지방에는 파란 세포가 존재하나 근육에서는 존재하지 않는 점으로 볼 때 두 지방 조직에서는 A 효소가 발현되었으나 근육 조직에서는 그렇지 않았음을 알 수 있다.

표에 파란 세포의 수가 감소하였다는 것이 절대적 수의 감소가 아닌 상대적 비율의 감소를 의미하는지를 알고 있는가를 묻는 선지다.

29 에너지 변환 정답 ④

① (×) 물체의 높이는 속도 제곱의 절반을 중력가속도인 $10m/s^2$로 나눈 값으로 나타낼 수 있으므로 중력가속도가 클수록 위치에너지로의 변환량이 줄어들 것이므로 더 높이 뛸 수는 없을 것이다.

② (×) 제시문에 따르면 위치에너지의 총량은 근육으로부터의 에너지양과 운동에너지의 양이 변환된 것이므로 근육으로부터 나오는 에너지의 양에 따라 세계기록이 갱신될 수도 있다.

③ (×) 운동에너지가 위치에너지로 변환되는 데 영향을 주는 것은 결국 운동하는 물체의 속도이므로 질량에 따라 변환되는 위치에너지의 양이 달라지지 않는다.

④ (○) 근육으로부터 나오는 에너지의 총량이 같을 경우 질량이 작은 물체의 높이가 질량이 큰 물체의 높이보다 클 수밖에 없으므로 질량이 작은 선수가 뛸 수 있는 높이는 질량이 큰 선수가 뛸 수 있는 높이 이상일 것이다.

⑤ (×) 곤충이 동일 질량 대비 근육으로부터 나오는 에너지의 양이 크기 때문이라고 할 수 있다.

30 췌장의 중탄산 이온분비가설 / 실험결과의 해석 정답 ⑤

〈가설〉의 내용을 요약하면 다음과 같다.

Cl^- 농도 변화 → A/B 단백질과 CFTR 결합 → CFTR 기능 변화 (HCO_3^- 수송)

ㄱ. (○) HCO_3^-가 수송된 모든 실험 결과(3번째, 7번째)에서 A 단백질이 존재한다. 따라서 A 단백질이 있어야 CFTR의 기능이 HCO_3^-수송으로 전환된다고 추론할 수 있다.

ㄴ. (○) Cl^- 농도가 낮고 A 단백질이 있을 때 CFTR이 HCO_3^- 수송으로 전환된다. Cl^- 농도가 높을 때나, B 단백질만 있을 때는 어떠한 경우에도 CFTR은 Cl^-만을 수송한다. 따라서, CFTR의 기능을 변화시키는 것은 A 단백질이며, 세포 내 Cl^- 농도가 CFTR의 기능을 변화시키는 변수라는 것을 알 수 있다.

ㄷ. (○) Cl^- 농도가 낮고 A 단백질이 존재할 때, B 단백질이 없는 경우(3번째)에는 CFTR의 HCO_3^- 수송 기능이 유지되지 않지만, B 단백질이 있는 경우(7번째)에는 CFTR의 HCO_3^- 수송 기능이 유지되고 있다. 따라서, B 단백질은 CFTR의 HCO_3^- 수송 기능을 유지하는 데 중요하다는 사실을 추론할 수 있다.

31 단백질 분리방법 / 생화학 정답 ①

pH 〈 pI : 양전하를 더 많이 가짐 → 음전하(양이온교환수지)와 잘 결합

pH 〉 pI : 음전하를 더 많이 가짐 → 양전하(음이온교환수지)와 잘 결합

ㄱ. (○) pH가 8인 완충용액에서 pI가 7인 단백질은 음전하를 더 많이 가진다. 따라서 양전하를 가진 음이온교환수지와 더 잘 결합한다.

ㄴ. (×) 완충용액의 pH가 단백질의 pI보다 낮아질수록 단백질은 양전하를 더 많이 가지게 되된다. 따라서 pI가 9인 단백질은 pH가 7인 용액보다 pH가 8인 완충용액에서 양전하를 덜 가지게 된다. 음전하를 가진 양이온교환수지와도 덜 결합하게 된다.

ㄷ. (×) pH 8인 완충용액을 이용하여 pI가 6인 단백질과 pI가 7인 단백질을 분리하고자 하는 경우, 두 단백질 모두 음전하를 갖게 된다. 따라서 양전하를 가진 음이온교환 크로마토그래피를 이용해야 단백질이 음이온교환수지와 잘 결합하게 된다. 이후 완충용액 속의 NaCl 농도를 증가시키면 더 큰 전하량을 가진 단백질이 더 높은 농도의 NaCl에서 흘러나오게 된다고 했으므로 NaCl의 농도를 서서히 증가시켜가면서 두 단백질을 분리할 수 있다.

32 산화환원반응 / 언어지문형 수리추리 정답 ②

제시문에서 사용된 주요 용어들의 의미를 정리하면 다음과 같다.

산화 : 금속이 금속 이온으로 변하는 현상. 표준환원전위가 작을수록 잘 일어남. 질량 감소

환원 : 금속 이온이 금속으로 변하는 현상. 표준환원전위가 클수록 잘 일어남. 질량 증가

표준전지전위 : 전지를 구성하는 두 전극의 전위차.
(환원전극의 표준환원전위 값) - (산화전극의 표준환원전위 값)

제시문 하단의 조건을 각각 〈조건 1〉~〈조건 5〉라고 하자.

〈조건 2〉에 의하면 A의 표준환원전위는 +0.92V인데, 〈조건 3〉에 의하면 C와 A를 이용한 전지에서 환원반응이 C 전극에서 일어났다. 즉 C는 A보다 표준환원전위가 더 크다. 〈조건 1〉에 따르면 A~D의 표준환원전위는 +1.20V 이하이므로, C의 표준환원전위는 +0.92V 초과 +1.20V 이하이다.

〈조건 4〉에 의하면 B의 표준환원전위값은 A보다 1.05V 크거나 작아야 한다. 그런데 B의 표준환원전위는 +1.20V 이하여야 하므로, A보다 1.05V 클 수는 없다. 따라서 A보다 1.05V 작은 -0.13V이다. (0.92-1.05=-0.13)

〈조건 5〉에 의하면 D의 표준환원전위값은 C보다 1.95V 크거나 작아야 한다. 그런데 D의 표준환원전위는 +1.20V 이하여야 하므로, C보다 1.95V 클 수는 없다. 따라서 C보다 1.95V 작아야 한다. 따라서, D의 표준환원전위는 -1.03V 초과 -0.75V 이하이다. (0.92-1.95=-1.03, 1.2-1.95=-0.75)
정리하면 다음과 같다.

금속	A	B	C	D
표준환원전위(V)	+0.92	-0.13	+0.92 ~ +1.20	-1.03 ~ -0.75

ㄱ. (×) D 전극의 질량이 증가하기 위해서는 환원반응이 일어나야 하고, D보다 표준환원전위가 작은 금속이 다른 쪽 전극으로 사용되어야 한다. 그러나 D보다 표준환원전위가 작은 금속이 없으므로 이러한 구성은 불가능하다.

ㄴ. (○) 갈바니 전지의 표준전지전위를 가장 크게 구성하려면 표준환원전위 값이 가장 큰 금속과 가장 작은 금속으로 전극을 구성하면 된다. 따라서 C와 D로 만든 갈바니 전지가 가장 큰 표준전지전위를 가진다.

ㄷ. (×) A와 C를 이용한 전지의 표준전지전위는 0V 초과 0.28V 이하의 값을 가진다. B와 D를 이용한 전지의 표준전지전위는 0.62V 이상 0.9V 미만의 값을 가진다. 따라서 B와 D를 이용한 전지의 표준전지전위가 더 크다.

33 연구 결과의 우선권 인정조건 정답 ③

① (×) F-조건만을 적용하면 델 페로는 '약화된' 3차 방정식의 해법에 대한 우선권을 가질 뿐 3차 방정식의 '일반 해법'에 대한 우선권을 가질 수는 없다.

② (×) I-조건만을 적용하면 3차 방정식의 일반 해법을 독자적으로 발견한 사람은 타르탈리아 밖에 없으므로 타르탈리아만이 우선권을 갖게 된다.

③ (○) F-조건과 I-조건을 모두 적용하면 타르탈리아는 독립적으로, 그리고 최초로 3차 방정식에 대한 일반 해법을 발견했으므로 이에 대한 우선권을 가진다. 그리고 뉴턴 역시 독립적으로, 그리고 최초로 미적분을 발견했으므

로 이에 대한 우선권을 가진다.

④ (×) 뉴턴은 최초로 미적분을 발견하고, 독자적으로 성취하였으며, 프린키피아를 통해 발표하였으므로 F조건, I조건 P조건을 모두 적용하더라도 우선권을 가지게 된다.

⑤ (×) 델 페로는 '약화된' 3차 방정식의 해법을 최초로 발견하였으나 공개하지 않고 죽었고, 타르탈리아는 독자적으로 '약화된' 3차 방정식을 포함한 3차 방정식의 일반해법을 최초로 발견하였지만 공개하지 않았다. 따라서 '약화된' 3차 방정식의 해법에 대해 델 페로와 타르탈리아 모두 우선권을 가지도록 허용하는 조건은 '독자적 성취'라는 I-조건 밖에 없다. 왜냐하면 두 사람 모두 연구 결과를 발표하지 않았으므로 P조건은 제외되고, '약화된' 3차 방정식의 경우 델 페로가 최초로 발견했으므로 F조건을 적용하면 타르탈리아는 우선권을 가질 수 없기 때문이다. 따라서 I-조건을 미적분법에 대해 적용하면 뉴턴과 라이프니츠 모두 우선권을 가지게 된다.

34 상관관계와 인과관계 정답 ⑤

- 상관관계가 성립하는 인과적 구조는 아래와 같다.

1. a → b → c (b 조건 아래에서는 a와 c는 독립적인 사건)
2. a → b (a 조건 아래에서는 b와 c는 독립적인 사건
   ↘ c

① (×) X를 원인으로 하는 사건이 하나밖에 없다 할지라도 X를 결과로 하는 사건은 존재할 수 있다. 따라서 〈인과 구조 1〉이 성립할 수 있다.

② (×) 'X → Z → Y'가 가능하다. 이때의 Z는 X, Y 모두의 원인이 아니므로 반례가 된다.

③ (×) 'X → Y → Z'로 나타낼 수 있으며 〈인과 구조 1〉에 따르면 Y 조건 아래서 X와 Z가 독립적인 사건일 수 있으나 X 조건 아래서 Y와 Z가 독립적인지는 알 수가 없다.

④ (×) 'Y → X ← Z'로 나타낼 수 있으며 〈인과 구조 1〉과 〈인과 구조 2〉에서 말하는 구조가 아니므로 본문의 설명만 가지고는 독립적인 사건인지를 판단할 수 없다.

⑤ (O) 'X → Y → W'
   ↘ Z로 나타낼 수 있으며 W는 Y를 매개로 X와 상관관계를 가지며 이후 X를 통해 Z와 상관관계를 가지게된다.

chapter 2 귀납추리

01 인과 추론의 형식 정답 ③

(가) - ㄴ 일란성 쌍생아와 이란성 쌍생아의 조건은 단지 유전자만이 차이가 있을 뿐 자궁의 환경에서부터 양육환경에 이르기까지 다른 요인들은 동일하다고 볼 수 있다. 이러한 상황에서의 일치율 차이를 통해 유전요인이 범죄성에 영향을 미친다고 추론하고 있는 것은 ㄴ의 원인추론 방식을 따르고 있다고 할 수 있다.

(나) - ㄴ (나)의 내용을 요약해 보면 아래와 같은데 추론의 방식은 1)+2)를 통해 양부의 범죄 영향을, 1)+3)을 통해 생부의 범죄 영향을, 1)+4)를 통해 양부와 생부의 범죄 영향을 파악해 볼 수 있다는 것으로 ㄴ의 원인추론 방식을 따르고 있다고 할 수 있다.

	생부 범죄기록	양부 범죄기록	입양아 범죄율
1)	×	×	10%
2)	×	○	15%
3)	○	×	35%
4)	○	○	40%

02 동일성 판단 정답 ③

ㄱ. (O) 을은 동일성 유지의 조건이 인공지능회로 즉, 두뇌라는 인간의 신체라고 생각하므로 거지라고 판단할 것이고, 병은 동일성 유지의 조건이 소프트웨어 즉, 정신이라고 생각하므로 왕자라고 판단할 것이다.

ㄴ. (×) 갑은 동일성 유지의 조건이 복제 여부라고 생각하므로 두뇌와 신체의 일부를 기계로 대치하였다고 하더라도 동일성이 유지되며, 을은 두뇌라는 인간의 신체는 동일성 유지의 조건이라고 생각하므로 다른 사람이라고 판단할 것이다.

ㄷ. (O) 갑은 동일성 유지의 조건이 복제 여부라고 생각하므로 다른 사람이라고 판단할 것이고, 병은 복제를 하였다고 하더라도 똑같은 소프트웨어인 정신이 유지되고 있으므로 같은 사람이라고 판단할 것이다.

03 인과 관계의 판단 정답 ④

① (×) 손잡이의 길이가 단독으로 성능에 영향을 준다면, 손잡이의 길이 차이에 따라 성능의 결과가 일관되게 다른 결과를 보여주어야 한다. 그러나 첫 번째 줄의 〈길다〉와 다섯 번째 줄의 〈짧다〉를 보면 모두 성능에 좋은 영향을 주고 있고 반면에 두 번째 줄의 〈길다〉와 여섯 번째 줄의 〈짧다〉의 경우는 모두 성능에 나쁜 영향을 주고 있다.

② (×) 프레임의 넓이가 단독으로 성능에 영향을 주려면, 프레임의 넓이에 따른 일관된 결과가 제시되어야 하나 프레임의 넓이에 대한 일관된 결과가 제시되어 있지 않다.

③ (×) 비일관적인 결과가 제시되어 있다. 손잡이의 길이가 〈길고〉, 프레임의 재질이 〈보론〉인 경우에도 성능에 좋은 영향을 주기도 하고 나쁜 영향을 주기도 한다.

④ (○) 일관된 결과가 발견된다. 프레임의 넓이가 〈넓고〉, 프레임의 재질이 〈보론〉인 경우에만 성능에 좋은 영향을 미치고 그렇지 않은 경우에는 성능에 나쁜 영향을 준다.

⑤ (×) 프레임의 넓이와 프레임의 재질이 함께 성능에 영향을 주고 있음을 확인할 수 있다.

04 최선의 설명에로의 추론 정답 ④

체세포에는 일반염색체와 성염색체가 존재한다. 참고로 사람의 경우 일반염색체가 22쌍 44개이고, 성염색체는 1쌍인 2개이다. 문제의 A종 고양이의 경우 성염색체인 X염색체와 Y염색체 중 X염색체에 존재하는 유전자에 의하여 털색이 결정되고, X염색체에 존재하는 털색 결정 유전자는 흰색, 검은색 두 종류이고 하나의 염색체에는 하나의 유전자만 존재한다고 하고 있다. 따라서 수컷의 성염색체인 XY에는 X(흰)Y와 X(검)Y로 두 종류가 존재하고 흰색 개체나 검은색 개체만이 관찰된다. 반면 암컷의 성염색체인 XX에는 X(흰)X(흰), X(흰)X(검), X(검)X(흰), X(검)X(검)로 네 종류가 존재하고 다양한 색깔 조합을 예상해 볼 수 있다.

그런데 ㉠에서 「A종 암코양이의 털색은 흰색, 검은색 그리고 〈그림〉의 왼쪽과 같이 흰색과 검은색의 얼룩무늬로 나타나기도 한다.」 고 하고 있고 이어서 「하지만 〈그림〉의 오른쪽과 같이 흰 털과 검은 털이 고르게 섞여 회색으로 보이는 형태는 나타나지 않는다.」 고 하고 있다. 따라서 X(흰)X(검)의 성염색체에 의해 얼룩무늬가 만들어 졌을 텐데 이것을 가장 잘 설명할 수 있는 것은 X(흰)X(검)염색체의 연속된 세포분열 후 발생 초기에 배아의 세포들이 성체가 된 후 있어야 할 위치로 이동한 후에 각각의 세포에서 극도의 응축이 두 개의 X염색체 중 어느 한 쪽에 무작위로 이루어졌다는 가설이다.

이렇게 될 때 회색고양이가 아닌 얼룩무늬 고양이를 설명할 수 있다. 따라서 정답은 ④번이다.

05 가설의 개연성과 설명도 정답 ④

① (×) 천장에서 도깨비가 옥수수를 볶고 있을 확률보다 비가 거세게 내리면서 지붕을 때리고 있을 확률이 높으므로 영희의 가설이 철수의 가설보다 개연성이 높다고 할 수 있다.

② (×) 철수의 가설이나 영희의 가설 모두 천장에서 나는 소리를 잘 설명해주고 있으므로 철수의 가설과 영희의 가설 중 어느 것이 보다 설명도가 높다고 할 수 없다.

③ (×) A보다 C가 설명도가 높다고 할 수 있다. 눈앞에 야구 방망이가 놓여 있다고 하여도 이를 통해 눈앞의 종이 한 장이 놓여 있다는 것을 설명하기가 만만치 않은 반면, 악마가 눈앞에 종이 한 장이 있다면 가졌을 그런 시각 정보를 갖도록 만들었다면 '눈앞에 종이가 있다'는 관찰을 설명하기가 보다 수월하다.

④ (○) 제시문 마지막 문단에서 「한 가설이 다른 가설보다 설명도가 높다고 가정한다면, 이 명제의 부정 명제('눈앞에 종이가 없다')로 표현되는 관찰과 관련해서는 반대로 후자의 가설이 전자의 가설보다 설명도가 높다.」 고 하고 있으므로 '눈앞에 종이가 없다'는 관찰과 관련하여 A가 B보다 설명도가 높다.

⑤ (×) '눈앞에 종이가 없다'는 관찰과 관련하여 C보다 A가 설명도가 높다.

06 실험결과의 추론 정답 ①

ㄱ. (×) X가 메커니즘 (가)를 이용한다면 세균 A의 과산화수소를 감지한 X는 DNA에 결합되고, DNA에 결합된 X가 있으므로 Y가 발현된다. 세균 B는 X가 존재하지 않으므로 Y가 발현되지 않는다. 따라서 B는 과산화수소의 독성을 제거하는 기능을 갖지 못한다.

ㄴ. (○) X가 메커니즘 (나)를 이용한다면 세균 B는 X가 존재하지 않으므로 Y가 발현된다. 반면에 C는 과산화수소를 감지하지 않은 X가 DNA에 결합할 뿐 아니라 Y를 만드는 유전자가 존재하지 않으므로 Y가 발현되지 않는다. 따라서 B는 C보다 과산화수소의 독성을 더 잘 제

거할 것이다.

ㄷ. (×) C와 D 모두 Y를 만드는 유전자가 존재하지 않기 때문에 Y는 발현될 수 없다. 따라서 C와 D 모두 독성을 제거하는 기능을 갖지 못한다.

07 실험결과의 해석 정답 ①

실험결과	날개무늬	소리	생존율	해석
1)	○	○	100%	날개무늬가 있을 때에는 소리의 유무가 생존율에 영향을 미치지 않는다. 날개무늬만 있으면 100% 살아남는다.
2)	○	×	100%	
3)	×	○	50%	날개무늬가 없을 때에는 소리의 유무가 생존율에 영향을 미친다.
4)	×	×	20%	

ㄱ. (○) 날개무늬만 있으면 100% 살아남는 데 반해, 소리의 유무는 날개무늬가 있을 때에는 생존률에 영향을 미치지 못하고 날개무늬가 없을 때에는 소리를 낸다 하여도 생존율이 50%에 이를 뿐이다.

ㄴ. (×) 날개무늬가 없는 공작나비가 박새에게 더 많이 잡아먹힌 이유는 날개유무에 따른 것이지, 날개를 접고 펴는 빈도와 소리에 따른 것은 아니다. 오히려 날개무늬가 없는 경우에는 소리가 있을 때 생존율을 높이는 결과를 나타낸다.

ㄷ. (×) 날개무늬가 있을 때에는 소리의 유무가 생존율에 영향을 미치지 않는다.

08 입증과 반증의 논리 정답 ⑤

- 증거와 가설 사이에는 〈입증·반증·중립〉의 아래 세 가지 관계만 성립

	논리적 관계	확률적 관계
E가 H를 입증	H가 E를 논리적으로 함축 (H→E)	E가 H의 확률을 증가시킴
E가 H를 반증	H가 ~E를 논리적으로 함축 (H→~E)	E가 H의 확률을 감소시킴
E와 H는 중립	H가 E나 ~E를 함축하지 않음	E가 H의 확률을 변화시키지 않음

- 논리적 함축 → 확률 증가 (확률증가 ↛ 논리적 함축)

① (○) 제시문에 의하면 증거와 가설 사이에는 〈입증·반증·중립〉의 세 가지 관계만 성립한다. 따라서 E가 H를 논리적으로 반증하지 않고 H에 논리적으로 중립적이지도 않다면, E는 H를 논리적으로 입증하는 것이다. E가 H를 논리적으로 입증한다면 E는 H의 확률을 증가시킨다.

② (○) E가 H를 논리적으로 입증(= H→E)한다면, E의 부정은 H의 부정을 논리적으로 함축하므로(= ~E→~H) E의 부정은 H를 논리적으로 반증한다.

③ (○) E가 H를 논리적으로 반증(= H→~E)한다는 것은 E가 H의 확률을 감소시킨다는 것이다. 배중률에 따라 E∨~E 이므로, 반대로 ~E는 H의 확률을 증가시키게 되어 E의 부정은 H를 확률적으로 입증한다.

④ (○) E가 H를 논리적으로 입증한다면 E가 H의 확률을 증가시켜야 한다. 그러나 E는 H와 확률적으로 중립이어서 E는 H의 확률을 변화시키지 않는다. 따라서 E는 H를 논리적으로 입증하지 않는다.

⑤ (×) E가 H를 확률적으로 입증하지 않는다는 것은 E가 H의 확률을 증가시키지 않는다는 것이다. 이 경우 E가 H를 논리적으로 입증하지 않는다는 사실만 알 수 있을 뿐, 논리적 반증인지 논리적 중립인지는 판단할 수 없다.

09 인과가설의 입증 논리 정답 ④

ㄱ. (×) "유전자(C)가 조현병(E)을 야기한다."는 인과가설을 입증하기 위한 대조사례는 우선 (C, E) (~C, ~E)의 형태를 가지고 있어야 한다. 즉 "유전자가 같고 모두 조현병에 걸린 사례"와 "유전자가 다르고 조현병에 걸리지 않은 사례"가 필요하다. 해당 보기에는 전자만 있을 뿐 후자가 없으므로 대조사례라고 볼 수 없다. 또한 속성 C의 설명력을 방해하는 "전혀 다른 가정에 입양되어 자람"과 같은 조건은 통제되어야 한다.

ㄴ. (○) "β형 모기에 물린 것이 말라리아를 야기한다."는 인과가설을 입증하는 대조 사례가 되기 위해서는 β형 모기에 물리는 것 이외의 다른 변수가 통제되어야 한다. 따라서 예컨대 말라리아에 대한 선천적 저항력과 관련해서는 갑과 을 사이에는 별 차이가 없다는 것이 밝혀져야 한다.

ㄷ. (○) '총 식사량 감소, 저탄수화물 식단, 체중 감소'와 '총 식

사량 불변, 일반 식단, 체중 불변'의 경우가 "저탄수화물 식단이 체중 감소를 야기한다."는 인과 가설을 입증하는 대조 사례가 되기 위해서는, '속성 E를 가진다는 것을 설명할 때, 속성 C를 가진다는 것보다 더 잘 설명하는 다른 속성 P가 존재하지 않는다.'는 두 번째 조건을 충족해야 한다. 즉, 적어도 갑의 체중 감소(E)가 저탄수화물 식단(C)보다 총 식사량의 감소(P)에 의해서 더 잘 설명되지 않아야 한다.

10 인과추론의 논리/술어논리 정답 ②

조건 1은 X가 Y의 필요조건 (Y → X)
조건 2는 X가 Y의 충분조건 (X → Y) 임을 의미한다.
두 조건을 모두 만족(필요충분조건)해야 X가 Y의 원인이라고 추정할 수 있다.

ㄱ. (×) 'α와 β 둘 다의 보균자'인 것이 질병 D의 필요조건이면서 충분조건이다. 따라서, α와 β 둘 다 가지고 있어야 D가 발병한다.
그런데, 'α도 조건 2를 만족하고 β도 조건 2를 만족한다'는 표현은 'α의 보균자는 모두 D 환자'이고, 'β의 보균자는 모두 D 환자'라는 뜻이다. 즉, α와 β 중 어느 하나만 가지고 있어도 D가 발병한다는 뜻이다. 따라서, 틀린 표현이다.

ㄴ. (○) 결론을 부정하여 모순을 유도하는 간접증명법으로 검증 가능하다.
'α와 β 중 기껏해야 하나만 위 두 조건을 모두 만족한다'의 부정은 'α와 β 모두 두 조건을 만족한다'이다. 이 경우 $D \leftrightarrow \alpha$, $D \leftrightarrow \beta$가 모두 성립하므로, D 환자에게서는 α와 β가 모두 검출되어야 한다. 이는 D 환자에게서 α와 β가 함께 검출되는 경우가 없다는 전제에 모순된다.
따라서, α와 β 모두 조건 1, 2를 만족하지는 않는다. (기껏해야 하나만 두 조건을 모두 만족할 수 있다.)

ㄷ. (×) 'α와 β 중 적어도 하나는 조건 1을 만족한다'의 부정은 'α와 β 모두 조건 1을 만족하지 않는다'이다. 이 경우, D 환자가 모두 α 보균자인 것이 아니고, 또한 D 환자가 모두 β 보균자인 것도 아니라는 뜻이다. 그런데, 이는 '모든 D 환자에게서 α와 β 중 적어도 하나가 검출된다'는 전제와 모순되지 않는다. 어떤 D 환자에게서는 α만, 어떤 D 환자에게서는 β만 검출되는 경우를 생각해보자. D 환자가 모두 α 보균자인 것이 아니고, 또한 D 환자가 모두 β 보균자인 것도 아니지만, '모든 D 환자에게서 α와 β 중 적어도 하나가 검출된다'는 성립한다.
결론을 부정했을 때 전제에 모순이 생기지 않으므로 선지 ㄷ은 틀린 표현이다.

11 실험설계 / 가설입증실험결과 정답 ⑤

① (○) 동일 집단의 사전조사와 사후조사는 실험자극의 차이 뿐이므로 실험자극이 편견을 낮춘 것으로 해석 가능하다.

② (○) 집단 1은 집단 2와 비교하여 실험자극이 추가되었고 편견 정도가 낮아졌으므로, 실험자극이 편견을 낮춘 것으로 해석 가능하다.

③ (○) 집단 3은 집단 2와 비교하여 실험자극이 추가되었고 편견 정도가 낮아졌으므로, 실험자극이 편견을 낮춘 것으로 해석 가능하다. 제시문에 따르면 사전조사를 한 경우에만 실험자극에 영향을 받는 것일 수 있다(편견 정도가 낮아질 수 있다)는 것인데, 집단 2의 경우 사전조사 후 실험자극을 주지 않은 것이고 집단 3에 비해 편견 정도가 높게 나타난 경우이므로 실험자극이 영향을 미친 것으로 해석하는데 무리가 없다.

④ (○) 집단 3은 집단 4와 비교하여 실험자극이 추가되었고 편견 정도가 낮아졌으므로, 실험자극이 편견을 낮춘 것으로 해석 가능하다.

⑤ (×) 집단 1은 집단 4와 비교하여 사전조사도 하고 실험자극도 주었으나 편견 정도가 높게 나타난 것이다. 따라서 ㉠을 입증하지 못한다.

5지선다형이므로 가장 정답으로 적절한 것을 골라야 한다. 제시문의 전체 취지에 따르면 사전조사가 있는 집단과 없는 집단을 비교하는 실험만이 유의미한 것처럼 해석될 가능성이 있으나, 이 경우 답을 하나로 확정하지 못하게 된다. 탄력적인 접근이 필요하다.

12 표본의 대표성 정답 ②

표본의 대표성에 대한 제시문의 설명을 토대로 연구자 A가 확보한 표본이 대표성을 가졌는지 평가하는 문제이다.
표본의 대표성이란 표본의 특성이 모집단의 특성과 유사해야 한다는 것을 말한다. 표본의 대표성을 확보하려면 전국의 모든 기독교인들이 표본으로 뽑힐 확률이 동일해야 한다. 표본의 대표성은 표본의 수와 비례한다.

ㄱ. (×) A는 교회의 크기를 고려하지 않고 교회 명단으로부터 일정 수의 교회를 무작위로 뽑기 때문에 초대형 교회와 소형 교회가 뽑힐 확률이 같다. 그런데 A는 각 교회당 신도 일정명씩을 뽑기 때문에 초대형 교회에 속한 갑과 소형 교회에 속한 을이 있다고 할 때, 갑이 뽑힐 확률이 더 적다. 따라서 A가 구성한 표본은 전국의 모든 기독교인들이 뽑힐 확률이 동일하지 않다.

ㄴ. (×) 교회별로 특성이 다를 것이므로 표본이 소수의 교회에서 뽑힌 경우보다 많은 교회에서 뽑힐 경우 전체 기독교인의 총체적 특성에 더 근접한다고 할 수 있다.

ㄷ. (○) 만약 교회가 X, Y 둘뿐이고 두 교회의 특성이 상이한데 X교회의 교인은 9,000명 Y교회의 교인은 1,000명이라고 하자. 이 경우 표본에서 X교회 및 Y교회에서 뽑힌 표본의 비 역시 9:1이 되어야 전체 기독교인의 총체적 특성에 근접한다고 할 수 있다.

13 실험설계의 편향요인 　　정답 ④

실험연구 과정에서 나타날 수 있는 부정적 효과들을 소개하고 이들을 예방하는 방법을 추론하도록 하고 있다. 사실 제시문의 정보만으로는 이를 추론하기가 어렵기 때문에 [보기] ㄷ에 제시된 ㉣ 예방하는 방법으로부터 실마리를 얻어 나머지 ㉠, ㉡, ㉢의 예방법을 추론해야 한다.

ㄱ. (×) ㉠, ㉡은 모두 피험자가 자신이 진짜 약을 처방받았다고 생각했기 때문에 나타나는 현상이다. 즉, ㉠, ㉡의 원인이 같으므로 해결 방법 역시 같을 수 있다. 가령 피험자가 자신이 어떤 약을 먹었는지 알지 못하도록 한다면 ㉠, ㉡의 효과가 생기는 것을 방지할 수 있을 것이다.

ㄴ. (○) ㉢은 피험자와 실험자의 상관관계로 인해 발생하는 현상이고 ㉣은 실험자 때문에 발생하는 현상이다. 따라서 ㉣의 예방은 오직 실험자 통제로만 가능하지만 ㉢의 예방은 실험자 통제로도 가능하나, 피험자 통제로도 얼마든지 가능하다. 따라서 두 현상을 차단하는 예방조치는 서로 다를 수 있다.

ㄷ. (○) 실험자에게 피험자가 진짜 약과 가짜 약 중 어느 것을 처방했는지 알지 못하게 한다면 진짜 약을 복용한 피험자의 결과를 보다 긍정적으로 해석하는 것은 불가능하다. 따라서 이러한 조치는 실험자 보고편향을 차단할 수 있다.

제3부
논리게임

chapter 1 **배열하기** 정답 및 해설 ▶▶▶ 28~32쪽

01 ⑤	02 ④	03 ⑤	04 ②	05 ③	06 ④	07 ①	08 ⑤	09 ③

chapter 2 **연결하기 및 묶기** 정답 및 해설 ▶▶▶ 32~35쪽

01 ⑤	02 ①	03 ①	04 ⑤	05 ③	06 ①	07 ②	08 ③

chapter 3 **진실•거짓 퍼즐** 정답 및 해설 ▶▶▶ 35~39쪽

01 ⑤	02 ③	03 ③	04 ④	05 ③	06 ③

chapter 4 **수학적 퍼즐 및 기타** 정답 및 해설 ▶▶▶ 39~42쪽

01 ②	02 ④	03 ⑤	04 ①	05 ④	06 ③	07 ⑤

chapter 1 배열하기

01 추가적 조건을 고려한 판단 정답 ⑤

○ 사실 1. B는 D보다 직급이 한 등급 높다. →

B
D

○ 사실 2. D가 B에게 연락하자 B는 A에게만 연락했다.

→

A
B
D

○ 사실 4. C가 F에게 연락하자 F는 D와 E에게 연락했다.

→

C		
F	D	E

⇒ 사실 1+2+4 :

A		
B	C	
D	F	E

○ 사실 3. G가 C에게 연락하자 C는 B에게만 연락했다.

⇒

A			G 가능
B	C		G 가능
D	F	E	G 불가

① ~ ③ :

A			
B	C		G
D	F	E	

① (○) C와 G가 같은 직급이고 D가 E에게 연락하면, 위 그림과 같이 E는 같은 직급의 따른 한 명인 F에게만 연락할 수 있다.

② (○) C와 G가 같은 직급이고 E가 C에게 연락하면, 위 그림과 같이 C는 바로 위 상급 직원인 A에게만 연락할 수 있다.

③ (○) C와 G가 같은 직급이고 F가 G에게 연락하면, 위 그림과 같이 G는 바로 위 상급 직원인 A에게만 연락할 수 있다.

④ ~ ⑤ :

A			G
B	C		
D	F	E	

④ (○) C와 G가 다른 직급이고 A가 B에게 연락하면, B는 같은 직급인 C에게만 연락할 수 있다.

⑤ (×) C와 G가 다른 직급이고 D가 C에게 연락하면, C는 G와 A 중 한 명에게 연락할 수 연락할 수 있다.

02 특정 조건 하에서의 추론 정답 ④

주어진 조건과 정보를 표현한 후 선택지 하나씩 하나씩 참일 가능성을 검토해 보면, 즉 선택지의 내용을 참이라 가정하고 모순 여부를 검토해 보면, 다음과 같이 선택지 4번은 모순이 발생하여 참일 수 없고 나머지 선택지는 모순없이 구성이 가능하여 참일 가능성이 있다.

	봄	여름	가을	겨울
총 6개	1개 이상	1개 이상	1개 이상	1개 이상
	~유기	유기화학	~유기	
물리화학 2개, 같은 계절에 유기화학과 무기화학 분야				
선택지 1번	if, **분석화학**	유기화학		분석화학
	물리화학	무기화학	물리화학	
선택지 2번		if, **분석화학**		
	물리화학	유기화학	물리화학	무기화학
		무기화학		
선택지 3번		if, **물리화학**		물리화학
	분석화학	유기화학	분석화학	
		무기화학		
선택지 4번 (모순 발생)		~무기	if, **무기화학**	~무기
	~유기	유기화학	~유기	
선택지 5번		유기화학		if, **유기화학**
	물리화학	분석화학	물리화학	무기화학

03 위치 정하기 정답 ⑤

정보를 조합하면 다음과 같다.
(사람이 있는 방은 알파벳이나 "○", 없는 방은 "×"로 표시)

(1)

1호		6호	G
2호	○	7호	×
3호		8호	
4호		9호	
5호	○	10호	○

(2) 다음 두 경우 중 하나

×	
C	
A	
B	×

B	×
A	
C	
×	

(3) 다음 두 경우 중 하나

D	E

E	D

위 (1) ~ (3)의 정보를 모두 만족하는 조합은 아래와 같다.

1호	×	6호	G
2호	C	7호	×
3호	A	8호	F
4호	B	9호	×
5호	D/E	10호	E/D

⑤ (×) D의 방이 5호인지 10호인지 특정할 수 없다.

04 위치 정하기 정답 ②

정보를 조합하면 다음과 같다.

(1) ~동양화

월	화	수 (대형)	목	금 (대형)

(2)

조각		(소형) 사진

기획		(대형) ×

× 옆은 서양화

위 (1) (2)의 정보를 모두 만족하는 조합은 아래와 같다.

~동양화

월	화	수 (대형)	목 (소형)	금 (대형)
기획	조각	동양화	사진	서양화

⇒ ×는 동양화. 따라서 동양화 옆 전시실은 서양화이다.

ㄱ. (×) 서양화 작품은 금요일에 설치한다.

ㄴ. (×) 동양화와 서양화 전시실은 서로 옆에 있다.

ㄷ. (○) 월요일과 화요일 중 하나는 대형 전시실 나머지 하나는 소형 전시실이므로, 만약 기획전시가 소형 전시실이면 조각은 대형전시실이다.

05 위치 정하기 정답 ③

(1) A와 직접 연결되어 있는 사용자는 D, E를 포함하여 세 명이다.

(4) A와 C 둘 다에게 직접 연결된 사용자는 G뿐이다.

→ (4)에 의하면 A와 G가 직접 연결되어 있다는 뜻이므로 A는 D, E, G 3명과 직접 연결되어 있음을 알 수 있다.

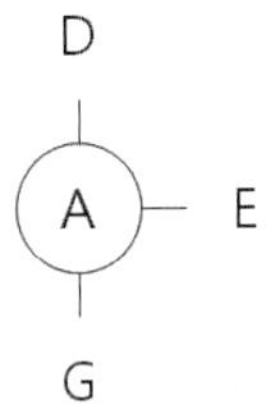

* 실선 원은 다른 직접 연결 사용자가 없음을 의미

(5) D와 직접 연결된 사용자는 한 명이다.

→ A가 D와 직접 연결되어 있으므로, D는 A 외에는 직접 연결된 사람이 없다.

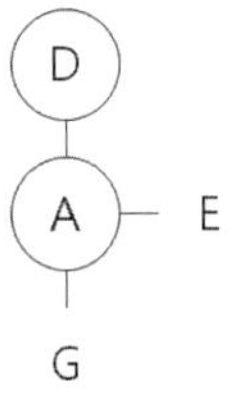

(2) B와 직접 연결되어 있지 않은 사용자는 D를 포함하여 두 명이다.

→ A는 B와 직접 연결되어 있지 않으므로, B는 A, D를 제외한 나머지(C, E, F, G)와 직접 연결되어 있다.

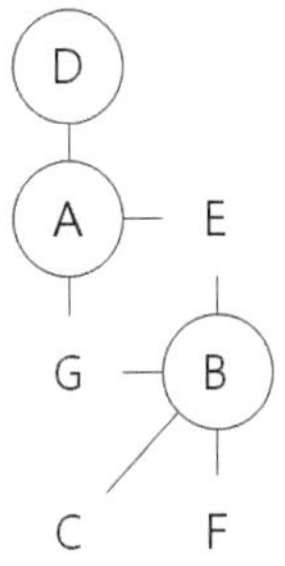

(3) C와 직접 연결되어 있는 사용자는 F를 포함하여 세 명이다.

(4) A와 C 둘 다에게 직접 연결된 사용자는 G뿐이다.
→ C는 B, F, G에 직접 연결되어 있다.

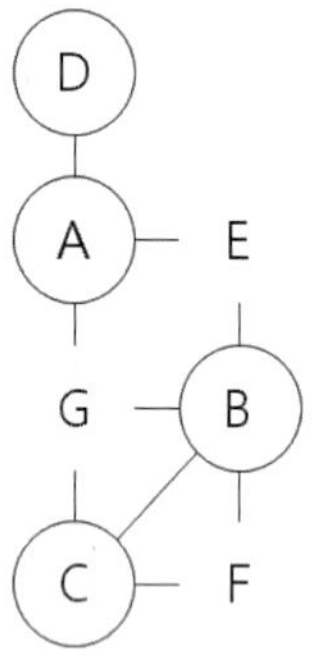

(6) E와 직접 연결된 사용자는 두 명이고

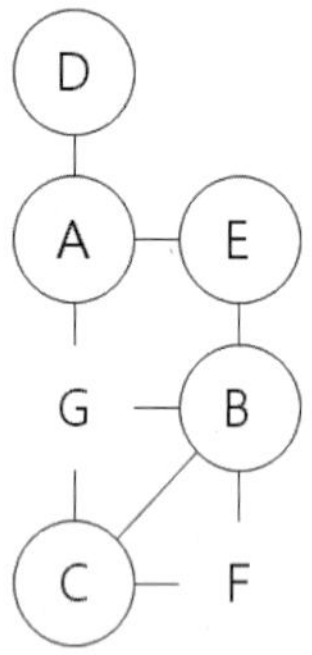

(6) F와 직접 연결된 사용자는 세 명이다.
→ A, B, C, D, E는 더이상 다른 직접 연결이 존재하지 않으므로, F는 G와 직접 연결되어야 한다.

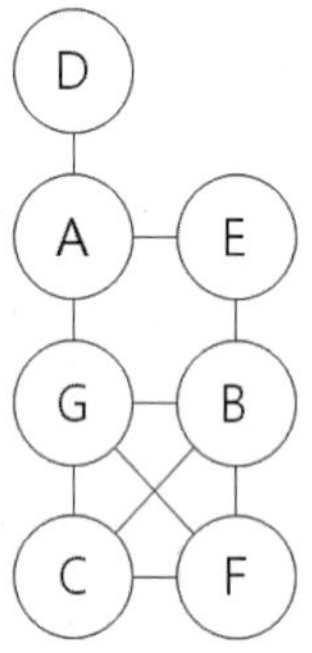

ㄱ. (○) A와 F는 직접 연결되어 있지 않다.
ㄴ. (×) C와 D 둘 다에게 직접 연결된 다른 사용자는 없다.
ㄷ. (○) 구성원들 각자가 모두 다른 구성원들과 직접 연결될 수 있는 최대 조합은 B, C, F, G이다.

06 순서 정하기 정답 ④

- 〈조건 4〉에 따라 언제나 戊-甲 또는 甲-戊의 순서대로 연주한다.
- 〈조건 5〉에 따라 언제나 己-乙의 순서대로 연주한다.
- 〈조건 2〉에 따라 丙은 戊보다 먼저 연주하므로 〈조건 4〉와 결합하여 甲보다도 먼저 연주한다.
- 〈조건 3〉에 따라 丁은 甲과 乙보다 먼저 연주하므로 〈조건 4〉와 결합하여 戊보다도 먼저 연주하며, 〈조건 5〉와 결합하여 己보다도 먼저 연주한다.

위 내용을 정리하여 순서도를 그려보면 다음과 같다.
(화살표는 먼저 연주하는 순서를 의미한다. A→B 이면 A가 B보다 먼저 연주한다는 의미)

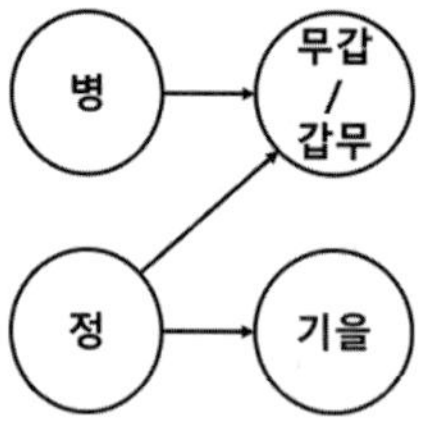

① (×) 甲이 己 직전에 연주한다면 '戊-甲-己-乙'의 순서대로 연주하게 된다는 것은 알 수 있다. 그러나, 丙과 丁의 연주 순서는 결정되지 않는다.
② (×) 乙이 丙 직전에 연주한다면 '丁-己-乙-丙-(戊甲/甲戊)'의 순서대로 연주하게 된다는 것은 알 수 있다. 그러나, 戊와 甲의 연주 순서는 결정되지 않는다.
③ (×) 丙이 戊 직전에 연주한다면 '丙-戊-甲'의 순서대로 연주하게 된다는 것을 알 수 있다. 丁은 戊보다 앞서 연주해야 하므로 丙보다도 앞에 연주해야 한다. 그러나, 己-乙은 丁 직후에 연주할 수도 있고, 甲 직후에 연주할 수도 있다. 따라서 甲과 乙의 연주 순서는 결정되지 않는다.
④ (○) 丁이 甲 직전에 연주한다면 '丁-甲-戊'의 순서대로 연주하게 된다는 것을 알 수 있다. 丙은 甲보다 앞서 연주해야 하므로 丁보다도 앞에 연주해야 한다. 己-乙은 丁 뒤에 연주해야 하므로 戊보다도 뒤에 연주해야 한다. 따라서, '丙-丁-甲-戊-己-乙'로 순서가 결정된다.
⑤ (×) 戊가 己 직전에 연주한다면 '甲-戊-己-乙'의 순서대로 연주하게 된다는 것은 알 수 있다. 그러나, 丙과 丁의 연주 순서는 결정되지 않는다.

07 위치정하기 / 논리학 수학 정답 ①

- 제시문의 조건을 위에서부터 〈조건 1〉~〈조건 5〉라고 한다.
- A와 E 사이의 거리는 0이므로(조건 3), 두 상자는 인접해 있다.

A	E

또는

E	A

- C와 E 사이의 거리는 2이다(조건 5)

A	E

의 경우,

C		A	E

또는

A	E			C

가 된다.

C		A	E

의 경우 A와 C의 거리가 1인데, 제시문에서 B와 D의 거리가 1이라고 했고(조건 4), 구슬이 담겨 있는 임의의 거리는 모두 다르므로(조건 1) 모순이 발생한다.

따라서

A	E			C

가 된다.

같은 이유로,

E	A

의 경우,

C			E	A

가 된다.

- C와 E 사이에 구슬이 있을 경우, 그 구슬과 E, 그 구슬과 C 사이의 거리는 0 또는 1이 되므로 조건 1에 위배된다. 따라서, C와 E 사이에는 구슬이 존재할 수 없다.

A	E	\	\	C

또는

C	\	\	E	A

- A와 D 사이에는 구슬이 1개만 있어야 하므로(조건 2), D는 A를 기준으로 E 반대편에 있어야 한다.
- 조건 3~5에 주어진 것 외에는 거리가 0, 1, 2일 수는 없고, A와 C 사이 거리는 3이므로 A와 D 사이의 거리는 4 이상이어야 한다.
- 또한 B와 D 사이의 거리는 1이므로, B 역시도 A를 기준으로 E 반대편에 있어야 하고, A와의 거리는 최소 4 이상이어야 한다.
- 따라서, A를 기준으로 E 반대쪽 4칸에는 구슬이 없다.

			\	\	\	\	A	E	\	\	C
C	\	\	E	A	\	\	\	\			

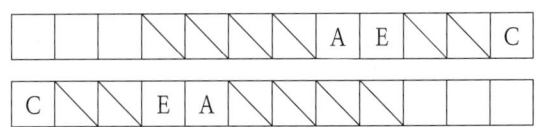

- A와 D 사이에 구슬이 1개 있어야 하므로, B가 A에 더 가까운 쪽에 있어야 한다. 따라서 다음의 2가지 경우가 가능하다.

D	\	B	\	\	\	\	A	E	\	\	C
C	\	\	E	A	\	\	\	\	B	\	D

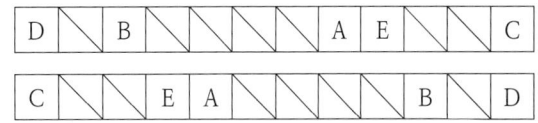

ㄱ. (○) 둘 중 어느 경우에도 A와 B 사이에는 구슬이 없다.
ㄴ. (×) 두 가지 경우가 가능하므로 틀린 답이다.
ㄷ. (×) D-B-A-E-C 배치의 경우에는 8번 상자가 비지 않는다.

08 순서 정하기 정답 ⑤

제시문의 조건을 위에서부터 〈조건 1〉~〈조건 4〉라고 한다.

- 〈조건 1〉에 따라 갑을 선발하면 을을 선발하지 않을 것임도 추론할 수 있다. 즉 갑과 을 중 최대 1명만 선발된다. 5명 중 4명이 선발되어야 하므로 병, 정, 무는 무조건 선발되고, 갑, 을 중 1명이 선발됨을 추론할 수 있다.

(1) 갑이 선발되는 경우
- 〈조건 4〉에 의해 갑은 1번째 경주에 참가해야 한다. (그러지 않는다면 을이 경주에 참여하게 되므로 모순이 발생한다.)
- 〈조건 2〉에 따라 2번째 경주에는 병 또는 정이 와야 한다. 그런데 〈조건 3〉에 따라 정은 병 다음에 와야 하므로, 2번째 경주가 병, 3번째 경주가 정임을 알 수 있다.
- 무는 4번째 경주가 된다.

∴ 갑 - 병 - 정 - 무

(2) 을이 선발되는 경우
- 〈조건 4〉에 의해 을은 3번째 경주에 참가해야 한다.
- 〈조건 3〉에 따라 병과 정은 반드시 인접한 경주에 참가해야 하고, 병이 먼저 경주해야 하므로, 1번째 경주가 병, 2번째 경주가 정임을 알 수 있다.
- 무는 4번째 경주가 된다.

∴ 병 - 정 - 을 - 무

① (×) (2)의 경우에는 그렇지 않다.
② (×) (1), (2) 어느 경우에도 그렇지 않다.
③ (×) (1)의 경우에는 그렇지 않다.
④ (×) (2)의 경우에는 그렇지 않다.
⑤ (○) 어떠한 경우에도 무는 4번째 경주에 참여한다.

09 역사 / 음양오행설 정답 ③

제시문의 정보를 정리해 보면 다음과 같다.

1. 첫 번째 문단
   i) 상극설 : 화 - 수
   ii) 상생설 : 금 - 수
2. 두 번째 문단
   i) If 상극설 : 한왕조(토) - ( ) - (금) - ( ) - ( ) - ( ) - 목
   ii) 상생설 : 한왕조(화) - ( ) - 금 - ( ) - ( ) - ( ) - 토

위에 정리된 두 번째 문단에 첫 번째 문단의 내용을 삽입하여 나머지 내용들을 추론해 보면 다음과 같다.

i) If 상극설 : 한왕조(토) - (목) - (금) - (화) - (수) - (토) - 목
ii) 상생설 : 한왕조(화) - (토) - 금 - (수) - (목) - (화) - 토

ㄱ. (○) 한왕조 이후 왕조는 계속해서 상생설을 따랐으므로 현 왕조의 직전 왕조는 한왕조와 마찬가지로 화덕을 받들었음을 위 추론내용을 통해 확인할 수 있다.
ㄴ. (×) 제시문 상단부 '오제는 적제, 흑제, 청제, 백제, 황제를 말하는데, 각기 오행(화, 수, 목, 금, 토)을 상징하는 신들입니다.'라는 내용을 통해 한왕조부터 상극설이 채택되어 계속 유지되었다면 현 왕조의 전전 왕조는 수덕을 받들었고 이에 해당되는 흑제에게 제사 지냈을 것이다.
ㄷ. (○) 상생설과 상극설 중 한왕조가 어떤 설을 선택하든 그 설이 이후 왕조에서 계속 유지된다면, 현 왕조의 다음 왕조는 금덕을 받들게 될 것이고 이에 해당하는 백제에게 제사 지낼 것이다.

chapter 2 연결하기 및 묶기

01 두 가지 경우가 존재하는 문제 정답 ⑤

이 문제는 청년과 여동생을 연결하는 일대일 매칭 문제로 대응표를 통한 해결이 효과적이다.

1. 미팅 결과 정리

청년 \ 여동생	A의 여동생	B의 여동생	C의 여동생	D의 여동생	E의 여동생
A		×		×	
B			×	×	
C		×			×
D					×
E	×			×	

2. 미팅 결과를 정리하면 D의 여동생은 C와 커플임을 알 수 있고(∵ 1 : 1 매칭 관계), 제시된 조건에서 두 사람이 서로의 여동생과 커플일 수는 없으므로 D는 C의 여동생과 커플일 수 없다.

청년 \ 여동생	A의 여동생	B의 여동생	C의 여동생	D의 여동생	E의 여동생
A		×		×	
B			×	×	
C		×		○	×
D			×		×
E	×			×	

3. 질문 검토 : C의 여동생의 상대가 된 청년?
⇒ 위 그림에서 보면 A 청년 Or E 청년 두 가지 가능성이 존재하는데 A 경우에는 대입하여 검토할 때 모순이 발생되고 E 경우에는 모순이 발생하지 않는다.
∴ C 여동생의 상대는 E 청년이 된다.

청년 \ 여동생	A의 여동생	B의 여동생	C의 여동생	D의 여동생	E의 여동생
A		×	×	×	○
B	○		×	×	×
C	×	×		○	×
D	×	○	×		×
E	×	×	○	×	

02 갑과 을에 대한 신하들의 의견 추론 정답 ①

1. 제시된 조건 정리 1

죄인 구분	갑	을	
선무제	신하2인 : 갑(사면∨사형) → 을(1년∨5년) ⇔ 을(~1년∧~5년) → 갑(~사면∧~사형) ⇔ 을(사면 ∨ 사형) → 갑(1년∨5년) 선무제 판결 : 갑(사면) + 을(5년)		
A	사형 ×	사형 × (D갑과 동일)	황제와 일치하는 견해 없음 ⇒ 신하 2인 의견 추론 갑(사면) → 을(1년) 갑(사형) → 을(5년)
B	사형 ×, 사면 ×	사형 ×	
C			
D	사형 × (A을과 동일)	사형	
	신하 간 의견이 갑을에 대해 각각 다르고, 각 신하는 갑을에 대한 형량도 다름		

신하의 갑을에 대한 의견이 각각 다르므로 각각의 신하와 형량간의 일대일 대응관계의 문제이다. 위와 같은 표에서 문제를 해결할 수도 있고 아래와 같이 대응표를 구성하여 해결할 수도 있다.

2. 제시된 조건 정리 2

죄인 구분	갑				을			
	사면	1년	5년	사형	사면	1년	5년	사형
A				×				×
B	×			×				×
C								
D								○
조건 정리	1. 신하2인 : 갑(사면∨사형) → 을(1년∨5년) ⇔ 을(~1년∧~5년) → 갑(~사면∧~사형) ⇔ 을(사면∨사형) → 갑(1년∨5년) 선무제 판결 : 갑(사면) + 을(5년) 2. 황제와 일치하는 견해 없음 ⇒ 신하2인 의견 추론 갑(사면) → 을(1년), 갑(사형) → 을(5년) 3. A(을)과 D(갑)의 형량이 일치							

3. 결과 및 선택지 검토

죄인 구분	갑				을			
	사면	1년	5년	사형	사면	1년	5년	사형
A	○	×	×	×	×	○	×	×
B	×	×	○	×	○	×	×	×
C	×	×	×	○	×	×	○	×
D	×	○	×	×	×	×	×	○

① (×) A는 갑을 사면하자는 의견을 내놓았다.

03 도표의 활용 정답 ①

제시된 <관계>와 <상황>에 따라 빈칸을 채워 정리하면 다음과 같은 결론에 도달한다.

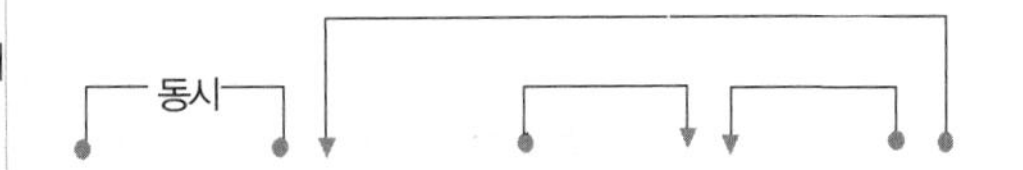

사건	위압 언동 약화	교섭 빈도 증가	요구 수준 저하	대화 증가	합의 사항 이행
A	○	○	×	○	○
B	×	×	× or ○	○	×
C	○	○	×	×	×
D	○	○	×	×	×
E	×	×	○	○	×
	위압과 교섭은 동시에 나타나고, 각 징후는 3개 이하이어야 하므로 B와 E는 모두 ×가 된다.		요구→대화 ≡~대화→~요구		1) ~교섭 ∨~대화 → ~합의 2) 징후는 1개 이상이어야 하므로 A는 ○가 되어야 한다.

4개 이상의 징후가 나타날 수 있는 것은 A뿐이다.

04 대응표의 응용 정답 ⑤

주어진 세 개의 조건을 순서대로 조건1, 조건2, 조건3이라고 하면, 조건3[=A는 D와 E에게 우세하다]과 조건1[=A, B, C 각각은 D, E, F 중 정확히 2명에게만 우세하다]로부터 A는 F에게 우세하지 않고 F는 A에게 열세가 아니다. F는 A에게 열세가 아니라는 사실과 조건2[=D, E, F 각각은 A, B, C 중 정확히 2명에게만 열세이다]로부터 F는 B와 C에게 열세라는 사실이 추론된다.

이를 정리하여 그림으로 표현해 보면 아래와 같다.

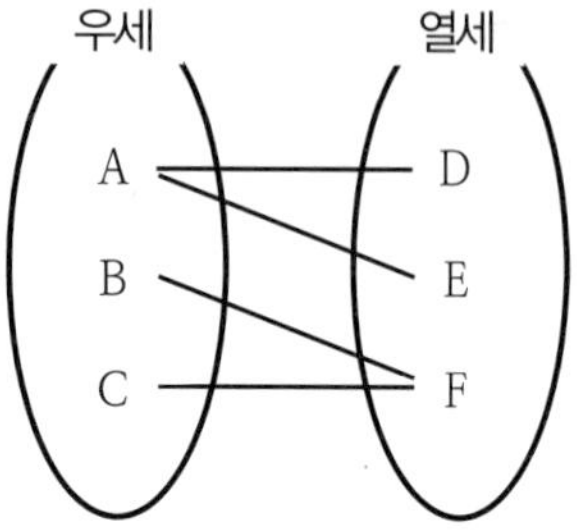

ㄱ. (×) C는 조건1에 따라 D와 E 중 어느 한 명에게만 우세할 수 있는데, D가 될 수도 있기 때문에 반드시 E에게 우세하다고 추론할 수는 없다.

ㄴ. (○) 조건 3[=A는 D와 E에게 우세하다]과 조건1[=A, B, C 각각은 D, E, F 중 정확히 2명에게만 우세하다]로부터 A는 F에게 우세하지 않고 F는 A에게 열세가 아니다. F는 A에게 열세가 아니라는 사실과 조건2[=D, E, F 각각은 A, B, C 중 정확히 2명에게만 열세이다]로부터 F는 B와 C에게 열세라는 사실이 추론된다.

ㄷ. (○) 위 그림을 통해 볼 때, B가 E에게 우세하면, B는 E와 F에게 우세하고, E는 A와 B에게 열세가 된다. 결국 A와 B, E와 F 모두 각각 2명에게 우세, 2명에게 열세라는 조건1과 2를 모두 충족시키게 되고, C와 D만 남게 되는데 이들이 각각 조건1과 조건2를 만족시키기 위해서는 C는 D에게 우세하여야 한다.

05 위치 정하고 연결하기 정답 ③

접경에 대한 조건을 도식화하면 다음과 같다.

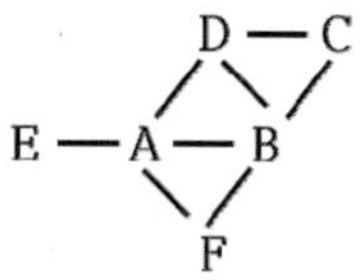

위 내용을 면으로 나타낸 후 조건 1~5를 반영하면 다음과 같다.

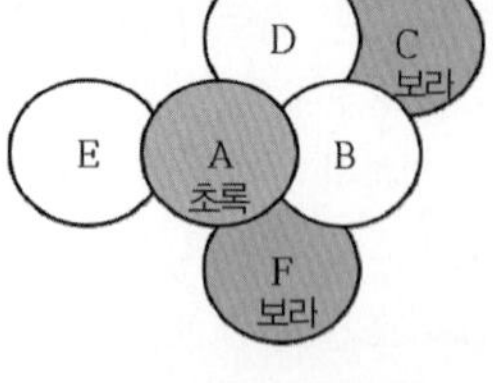

사용되고 남은 색 : 빨강, 주황, ~~초록~~, 파랑, ~~보라~~

B : ~초, ~보, ~파 ⇒ 빨강 or 주황

D : ~초, ~보, ~파 ⇒ 주황 or 빨강

E : ~초 ⇒ 파랑

ㄱ. (○)

ㄴ. (○)

ㄷ. (×) 〈조건3〉 때문에 D와 B는 (보라색이나 초록색이 아님은 물론) 색이 서로 달라야 한다. 따라서 〈조건5〉가 없어도 최소 4개의 색이 필요하다.

06 일대다 대응문제 정답 ①

주어진 조건을 모두 정리하면 다음과 같다.

알파벳	C		A		
로고색	검정	보라	하늘	연두	회색
음료			생수	커피	
과자		와플			
수출국	싱가포르			~태국	~태국

주스	
	태국

ㄱ. (○) 위 내용 참조

ㄴ. (×) 주스를 생산하는 회사가 C인지 C오른쪽에 있는 회사인지 알 수 없다.

ㄷ. (×) 보라색 로고의 수출국이 "중국, 태국, 일본, 대만" 중 어디인지 알 수 없다.

07 일대다 대응문제 정답 ②

- 제시문의 조건을 위에서부터 〈조건 1〉~〈조건 5〉라고 한다.
- 〈조건 3〉과 〈조건 4〉에 따라, 고구려 유물 수 1 이상, 백제 유물 수 1 이상, 신라 유물 수 2 이상이다.
- 남은 유물이 2개이므로 다음과 같은 조합이 가능하다.
  고구려 1, 백제 1, 신라 4
  고구려 1, 백제 2, 신라 3
  고구려 2, 백제 1, 신라 3
  고구려 3, 백제 1, 신라 2

- B는 고구려가 F는 백제가 만들었으므로

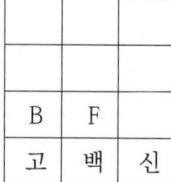

B	F	
고	백	신

- C, E를 한 나라에서 만들어야 하므로 백제의 유물은 아니다. 고구려 또는 신라가 된다.

		E
B	F	C
고	백	신

E		
C		
B	F	
고	백	신

- A는 C와 다른 국가의 유물이다.

	A	E
B	F	C
고	백	신

A		E
B	F	C
고	백	신

E		
C		
B	F	A
고	백	신

- D의 배치까지 고려하면 다음과 같은 경우의 수가 가능하다.

		D
	A	E
B	F	C
고	백	신

(경우 1)

		D
A		E
B	F	C
고	백	신

(경우 2)

D		
A		E
B	F	C
고	백	신

(경우 3)

E		
C		D
B	F	A
고	백	신

(경우 4)

ㄱ. (×) A가 백제의 유물인 경우가 있다. (경우 2)
ㄴ. (○) C가 고구려의 유물일 경우 D는 신라의 유물이다. (경우 4)
ㄷ. (×) E가 2개의 유물을 만든 나라에 속하는 경우가 존재한다. (경우 3)

08 가정에 따른 모순 여부 판단 **정답 ③**

가정에 따른 모순 여부 판단을 통해 문제를 해결한다.
c, d, e를 맡을 수 있는 팀은 (가)팀 또는 (나)팀 뿐이다.
a, b는 (마)팀에 배정할 수 없다.

	현재	배정될 과제 개수	ㄱ. (○)	ㄴ. (×)	ㄷ. (○)
(가) 팀	0	1개 이상 ~4개 이하	c, d, e	f	c, d, e
(나) 팀	1	1개 이상 ~3개 이하	a, b	c, d, e	2개
(다) 팀	2	1개 이상 ~2개 이하	1개	a, b	a, b
(라) 팀	2	1개 이상 ~2개 이하	1개	1개	1개
(마) 팀	3	1개	1개	1개	1개
	총 8개	총 8개	조건 (4개 과제 두 팀) 불충족	조건 (4개 과제 두 팀) 불충족	기존 포함 2개 과제 맡는 팀 없이 구성 불가

chapter 3 진실 • 거짓 퍼즐

01 참 거짓 퍼즐 **정답 ⑤**

형식적인 측면에서 언급한다면 조건문에서 함축된 정보를 추론할 때 전건부정의 오류와 후건긍정의 오류에 주의를 요한다. 조금 잘못 추론해도 정답은 맞출 수 있겠으나, 시간을 갖고 문제를 점검할 때는 자신의 문제해결방식의 논리적 흠결은 없는지 검토해 볼 필요가 있다. A의 진술부터 하나씩 검토해 보면 다음과 같다.

1) A의 진술에 의해 A와 B는 참인 진술일 수밖에 없다.
   A진술 : B는 거짓말을 하고 있지 않다
   (=B는 참말을 하고 있다).
   ① A(참) → B(참) ⇔ B(거짓) → A(거짓)
   ∴ B(참)
   (∵ 한 사람만이 거짓말을 해야 하므로 B는 거짓일 수 없다.)
   ② A(거짓) → B(거짓)
   ∴ A(참)
   (∵ 한 사람만이 거짓말을 해야 하므로 B는 거짓일 수 없다.)
2) B의 진술이 참이므로 D의 진술은 참일 수밖에 없다.
   B의 진술 : C(참) → D(참) ⇔ D(거짓) → C(거짓)
   ∴ D(참)
   (∵ 한 사람만이 거짓말을 해야 하므로 D는 거짓일 수 없다.)
3) D의 진술은 참이지만 B의 진술이 거짓이 아니므로 별달리

이용될 정보는 없다. 또한 B가 참이라고 하여 C의 진술이 거짓이라고 단정지을 수 없다.(∵후건긍정의 오류)

D의 진술 : B(거짓) → C(참) ⇔ C(거짓) → B(참)

4) 네 명의 진술이 참이고 한 명의 진술만이 거짓이므로 남은 것은 C나 E 둘 중에 한 명은 참이고 한명은 거짓이다. 지금까지 확인된 정보(A, B, D의 진술은 참)로 파악할 때 A와 D에 대해 언급하고 있는 E의 진술이 거짓임을 알 수 있다. 따라서 C의 진술은 참이 되고, E가 거짓말을 하고 있는 C의 진술은 별다른 모순 없이 받아들일 수 있다.

C의 진술 : E(거짓)

E의 진술 : A(참) → D(거짓) ⇔ D(참) → A(거짓)

∴ A와 D는 모두 참이므로 E의 진술은 거짓임을 알 수 있다. 따라서 정답은 ⑤번 E가 된다.

02 효율적인 문제 해결의 단서 정답 ③

본 문제는 논리게임 중 참거짓 퍼즐로서 전형적인 문제패턴이다. 진술 간 관계를 고려한다면 5가지 경우 중 2가지만을 고려하여 정답을 선택할 수 있다.

1. 5개의 진술 중 참 4, 거 1
2. 진술 간 관계를 살펴보면, E와 B는 동시에 참일 수 없고 동시에 거짓일 수 없는 모순관계에 있다. 따라서 B와 E 중 어느 하나만이 거짓이고 나머지 세 개의 진술은 모두 참이다. 이를 정리해보면 다음과 같다.

	A	B	C	D	E
A, C, D 진술 표현		수학사	×	~조합수학	조합수학
i) if, B(참), E(거) 모순 발생			정수론		
ii) if, B(거), E(참)		수학사	×	~조합수학	조합수학

i)의 경우는 모순이 발생하므로 ii)의 경우만이 남는다.

B(거) : C가 〈정수론〉 강좌를 담당하지 않거나 D의 말은 거짓일 것이다.

⇒ D의 말이 참이므로, C는 〈정수론〉을 담당하지 않는다.

① (×) A는 〈수학사〉를 담당하지 않는다. 잘못된 추론이다.

② (×) B는 〈수학사〉를 담당한다. 〈위상수학〉을 담당하지 않는다. 잘못된 추론이다.

③ (○) C는 강좌를 맡지 않는다. 바른 추론이다.

④ (×) D는 〈조합수학〉을 담당하지 않는다. 잘못된 추론이다.

⑤ (×) E는 〈조합수학〉을 담당한다. 잘못된 추론이다.

03 명제 및 술어논리의 응용 정답 ③

1. 진우의 두 진술이 모두 참인 경우

	진술	참 거짓	해석	판단
유석	ⓐ 진우의 칼	거	~진우 칼	
	ⓑ 유석 피해자 봄	거	~유석 봄	모순 발생
소연	ⓒ 모두 피해자 봄	참	모두 봄	
	ⓓ 유석 가장 늦게 출근	참	유석 늦게 출근	
진우	ⓔ 유석 두 진술 모두 거짓	if, 참		
	ⓕ 소연 두 진술 모두 참	if, 참		

진우의 두 진술이 모두 참인 경우, 유석의 진술 ⓑ와 소연의 진술 ⓒ가 모순된 상태에 이르게 되어 진우의 두 진술은 모두 참일 수는 없다.

2. 진우의 두 진술이 모두 거짓인 경우

	진술	참 거짓	해석
유석	ⓐ 진우의 칼		
	ⓑ 유석 피해자 봄		
소연	ⓒ 모두 피해자 봄		
	ⓓ 유석 가장 늦게 출근		
진우	ⓔ 유석 두 진술 모두 거짓	if, 거	유석 두 진술 중 적어도 하나는 참
	ⓕ 소연 두 진술 모두 참	if, 거	소연 두 진술 중 적어도 하나는 거짓

ㄱ. (○) ⓑ가 거짓이라면 유석의 진술 ⓐ는 반드시 참이어야 하므로 범행 현장에서 발견된 칼은 진우의 것이다.

	진술	참 거짓	해석
유석	ⓐ 진우의 칼	참	진우의 칼
	ⓑ 유석 피해자 봄	if, 거	
소연	ⓒ 모두 피해자 봄		
	ⓓ 유석 가장 늦게 출근		
진우	ⓔ 유석 두 진술 모두 거짓	if, 거	유석 두 진술 중 적어도 하나는 참
	ⓕ 소연 두 진술 모두 참	if, 거	소연 두 진술 중 적어도 하나는 거짓

ㄴ. (×) ⓒ가 참[=모두 피해자를 본 적이 있다]이면, 유석의 진술 ⓑ는 참이 되므로 유석의 진술 ⓐ는 참이 되어도 거짓이 되어도 무방하다. 따라서 범행 현장에서 발견된 칼은 진우의 것이라 확정적으로 말할 수 없다.

	진술	참 거짓	해석
유석	ⓐ 진우의 칼	참 or 거	진우 or ~진우
	ⓑ 유석 피해자 봄	참	
소연	ⓒ 모두 피해자 봄	if, 참	모두 피해자 봄
	ⓓ 유석 가장 늦게 출근		
진우	ⓔ 유석 두 진술 모두 거짓	if, 거	유석 두 진술 중 적어도 하나는 참
	ⓕ 소연 두 진술 모두 참	if, 거	소연 두 진술 중 적어도 하나는 거짓

ㄷ. (○) ⓐ가 거짓이고 ⓓ가 참이면, 진우의 진술에 의해 ⓑ는 참이고 ⓒ는 거짓이 되어야 한다. 따라서 유석이 피해자를 본 적이 있고, 모두 피해자를 본 것은 아니므로 소연과 진우 중 적어도 한 사람은 피해자를 만난 적이 없다고 추론할 수 있다.

	진술	참 거짓	해석
유석	ⓐ 진우의 칼	if, 거	
	ⓑ 유석 피해자 봄	참	유석 피해자 봄
소연	ⓒ 모두 피해자 봄	거	피해자 못 본 사람 존재
	ⓓ 유석 가장 늦게 출근	if, 참	
진우	ⓔ 유석 두 진술 모두 거짓	if, 거	유석 두 진술 중 적어도 하나는 참
	ⓕ 소연 두 진술 모두 참	if, 거	소연 두 진술 중 적어도 하나는 거짓

04 효율적인 문제해결의 단서 찾기 **정답 ④**

제시된 정보를 정리하면 다음과 같다.

1) 5명 중 4명 선발, 각 부서에 한 명씩.

2) 거짓 1, 참 4

	A	B	C	D	
지원자 1	지원자 2				
지원자 2	(지원자 3)			(지원자 3)	
지원자 3			~ 지원자 4		지원자 4 선발
지원자 4				지원자 5	
지원자 5				지원자 5	~ 지원자 1

i) 먼저 지원자 4의 진술은 거짓일 수 없다. 만약 지원자 4의 진술이 거짓일 경우 지원자 4와 지원자 5의 진술 모두가 거짓이 되어 1명의 진술만이 거짓이라는 정보와 상충되기 때문이다.
 => 지원자 4 (참) : D 부서(지원자 5)

ii) 지원자 5가 D 부서에 선발됨에 따라 지원자 2의 진술이 참일 경우에는 지원자 3이 A 부서에 선발된 것이 되고 지원자 2가 A 부서에 선발되었다는 지원자 1의 진술은 거짓이 된다. 또한 지원자 2가 A 부서에 선발되었다는 지원자 1의 진술이 참이라면 지원자 3은 A 부서와 D 부서 어느 부서에서도 선발될 수 없기 때문에 지원자 2의 진술은 거짓이 된다.
 ⇒ 지원자 1의 진술과 지원자 2의 진술은 동시에 참일 수 없음. 거짓이 하나 존재

지원자 3~5의 진술은 모두 참이다.

⇒ 따라서 지원자 1은 선발되지 않았고, 나머지 4명이 선발되었으며, 지원자 5는 D 부서에 선발, 지원자 4는 C가 아닌 부서에 선발되었다.

iii) 첫 번째 경우인 지원자 1 진술 (참), 지원자 2 (거짓)을 적용하여 추론하면 다음과 같다.

	A	B	C	D	
지원자 3 (참)			~ 지원자 4		지원자 4 선발
지원자 4 (참)				지원자 5	
지원자 5 (참)				지원자 5	~ 지원자 1
지원자 1 (참)	지원자 2				
지원자 2 (거)	(지원자 3)			(지원자 3)	
결과 추론	지원자 2	지원자 4	지원자 3	지원자 5	

iv) 두 번째 경우인 지원자 1 진술(거), 지원자 2(참)을 적용하여 추론하면 다음과 같다.

	A	B	C	D	
지원자 3 (참)			~ 지원자 4		지원자 4 선발
지원자 4 (참)				지원자 5	
지원자 5 (참)				지원자 5	~ 지원자 1
지원자 1 (거)	지원자 2				
지원자 2 (참)	(지원자 3)			(지원자 3)	
결과 추론	지원자 3	지원자 4	지원자 2	지원자 5	

① (×) 지원자 1은 어느 부서에도 선발되지 않았다.

② (×) 지원자 2는 A 부서나 C 부서에 선발되었을 수 있다. 확정적으로 A 부서에 선발되었다고 말할 수 없다.

③ (×) 지원자 3은 A 부서 또는 C 부서에 선발되었다. D 부서에 선발되지 않았다.

④ (○) 지원자 4는 B 부서에 선발되었다.

⑤ (×) 지원자 5는 D 부서에 선발되었다. C 부서에 선발되지 않았다.

05 효율적인 문제해결의 단서 찾기 정답 ③

丙과 丁의 진술은 모순관계이다. 丁이 참이라면 丙은 거짓이고, 丁이 거짓이라면 丙은 참이 된다.

1) 丙-참, 丁-거짓인 경우, 丁은 범인으로 확정된다.

2) 丙-거짓, 丁-참인 경우, 丁은 범인이 아닌 것으로 확정된다.

① (○) 범인이 2명일 때

1) 丙-참, 丁-거짓인 경우

丁은 범인이고 거짓말을 하고 있으므로 '범인 중 적어도 한 명의 진술은 거짓'은 옳은 표현이다.

2) 丙-거짓, 丁-참인 경우

丁은 범인이 아니므로, 甲/乙/丙 중 2명이 범인이다. 甲/丙, 乙/丙이 범인인 경우 丙은 거짓말을 하고 있으므로 '범인 중 적어도 한 명의 진술은 거짓'은 옳은 표현이다. 甲/乙이 범인인 경우에도, 乙의 진술 "나는 범인이 아니다"가 거짓이므로 '범인 중 적어도 한 명의 진술은 거짓'은 옳은 표현이다.

② (○) 거짓 진술이 3명일 때

丙과 丁 중 한 명은 반드시 참이므로, 甲/乙은 모두 거짓이다.

따라서, 乙의 진술 "나는 범인이 아니다"가 거짓이므로 乙은 범인이다.

③ (×) 범인이 3명일 때 1명만 거짓말을 하는 경우가 존재하는지 검토해본다.

丙과 丁 중 한 명은 반드시 거짓이므로, 甲/乙은 모두 참이어야 한다.

이 경우, 甲의 진술에 따라 丙이 범인, 乙의 진술에 따라 乙은 범인이 아니다.

따라서, 丙과 丁이 모두 범인이어야 한다. 丙은 참, 丁은 거짓이라면 가정에 모순되지 않는다.

즉, 참 3명(甲/乙/丙), 거짓 1명(丁)이고, 범인은 3명(甲/丙/丁)인 경우가 존재하므로 틀린 표현이다.

④ (○) 丙과 丁은 동시에 참일 수 없다. 적어도 한 명의 진술은 거짓이다.

⑤ (○) 乙이 범인이 아니라면, 乙의 진술은 참이다. 丙과 丁 중 한 명은 반드시 참이므로, 두 명 이상의 진술이 참이다.

06 두 문장으로 구성된 진술 정답 ③

- 제시문의 조건을 위에서부터 〈갑1〉, 〈갑2〉, 〈을1〉, 〈을2〉, 〈병1〉, 〈병2〉, 〈정1〉, 〈정2〉라고 한다.

(갑1) 병 = 범인
(갑2) 범인은 2명
(을1) 을 = 범인
(을2) 정 ≠ 범인
(병1) 병 = 범인
(병2) 병 = 범인 & 범인은 3명
(정1) 정 ≠ 범인
(정2) 갑 = 범인

- 한 사람은 하나의 거짓말과 하나의 참말을 해야한다. 이 경우, 〈병1〉과 〈병2〉가 동시에 이야기하고 있는 '병 = 범인'이라는 명제는 참일 수밖에 없다. 거짓이라면 병의 발언이 모두 거짓이 되기 때문이다. 따라서 〈병1〉은 참이고 〈병2〉는 거짓이 되고 그 결과 범인은 3명이 아니다.
- '병 = 범인'이 참이므로 〈갑1〉은 참이고 이에 〈갑2〉는 거짓이다. 범인은 2명이 아니다.
- 을과 정은 모두 '정 ≠ 범인'이라는 발언을 했다. 만약 이 발언이 참이라면 을과 갑은 모두 범인이 아니다. 하지만 이 발언이 거짓이라면 갑, 을, 정 모두 범인이 된다.
- 결과적으로 병만 범인이거나 갑, 을, 병, 정 모두 범인인 두 가지 경우가 가능하다.

ㄱ. (○) 범인은 1명이거나 4명이므로 2명일 수 없다.
ㄴ. (×) 을은 범인일 수도 있고 아닐 수도 있다.
ㄷ. (○) 병은 무조건 범인이므로 병과 정 중 한 명만 범인이려면 정이 범인이 아니어야 한다. 이 경우 병만이 범인이 된다. 따라서 갑은 범인이 아니다.

중첩되는 발언을 찾아 그 관계를 열쇠로 발언간 논리관계를 분석할 수 있어야한다.

chapter 4 수학적 퍼즐 및 기타

01 경기 수 및 상대 전적의 추론 정답 ②

1. 조건분석

1) 〈진행 방법〉에 의해 무승부는 없고, 두 사람이 시합을 하고 나머지 한 사람은 대기한다. 대기하는 사람은 첫 게임에서는 을이 되고 이후부터는 게임에서 진 사람이 한 번씩 대기하게 된다.
2) 제시된 〈결과〉에 의해 승패에 관련된 표를 구성할 수 있는데 여기서 유념해야 할 점은 병이 승리한 횟수가 2번이므로 병을 기준(∵경우의 수가 가장 적다)으로 하되 을 vs 병 사이의 시합은 서로 이긴 횟수가 같다했으므로 아래와 같이 3가지 경우로 나눌 수 있다.

승	패		
	case ①	case ②	case ③
갑 7승	8패	6패 (을 5승, 병 1승)	4패 (을 4승)
을 6승	0승 0패	1승 1패	2승 2패
병 2승	0승 0패	1승 1패	2승 2패
(총 시합수 - 15)	7패 (∵갑 7승)	7패	7패
을 VS 병	0승 0패	1승1패	2승 2패

case ①의 경우

을 vs 병은 0승 0패 → 을과 병은 서로 시합을 하지 않았고 모두 갑과 시합을 했다. 따라서 갑은 8패(∵을 6승, 병 2승)이고 을과 병은 7패(∵갑 7승)가 된다. 시합에 지는 사람은 한 번 대기하여야 하므로 갑이 7승 8패를 하기위해서는 총 시합수는 8+7+8(∵갑이 8번 패했으므로 8번 대기)=23이 되어야 한다. 따라서 총 시합수 15라는 사실과 모순이 발생한다. (×)

case ②의 경우

을 vs 병은 1승1패 → 을과 병은 서로 1승1패이므로 서로 2게임을 치르게 되고, 나머지 승수는 갑에게 거둔 승수가 되므로 갑은 6패(∵을 5승, 병1승)가 된다. 갑이 7승 6패를 하기 위해서는 총 시합수가 6+7+6(∵갑이 6번 패했으므로 6번 대기)=19가 되어야 한다. 따라서

총 시합수가 15라는 사실과 모순이 발생한다. (×)

case ③의 경우

을 vs 병은 2승 2패 → 을과 병은 서로 2승 2패이므로 서로 4게임을 치르게 되고, 나머지 승수는 갑에게 거둔 승수가 되므로 갑은 4패(∵ 을 4승)가 된다. 갑이 7승 4패를 하기 위해서는 총 시합수가 4+7+4(∵ 갑이 4번 패했으므로 4번 대기) = 15가 되어 모순이 발생하지 않는다. (○)

2. 보기 검토

ㄱ. (×) 총 시합 수는 15이다.

ㄴ. (×) 을과 병이 4게임을 치르게 되고, 갑은 을 또는 병과 11게임을 치르게 된다. 이 중 갑은 을과의 경기에서 4번을 지고, 을 또는 병에게 7승을 거두게 된다. 그런데 갑이 병과 모두 4번의 시합을 하게 된다면 병에게 4승을 거두게 되고, 을에게 3승을 거두게 된다. 그렇게 되면 병은 2승 6패가 되어 총 8게임을 하게 되고, 을은 6승 5패가 되어 11게임을, 갑은 7승 4패로 11게임을 하게 된다. 그런데 첫 게임을 갑과 병이 하게 됨에 따라 첫 게임은 을의 게임의 결과와 관련 없이 한 번을 쉬고 시작하므로 을이 게임을 치루거나 패한 결과로 쉬게 되는 게임의 합은 14게임이 되고, 마지막 경기를 갑과 을이 한다고 해도 을은 최소한 4번은 더 쉬어야 한다. 따라서 게임을 치루는 11게임과 4번의 쉬는 게임의 합은 15게임이 되어 모순이 발생한다.

ㄷ. (○) case ③의 경우가 맞는 조건이 되므로 을 vs 병 전적은 2승 2패가 된다.

02 리그전에서의 게임별 점수 추론 정답 ④

1. 각 팀이 3번씩 경기를 치러야 하는 리그전에서 현재 2번씩 경기를 치렀다. 이기면 승점 3점, 비기면 승점 1점, 지면 승점 0점을 얻고 각 팀이 2번씩 경기를 치렀으므로 A는 1승1무, B는 1승1무, C는 1승1패, D는 2패임을 추론할 수 있다. 따라서 A와 B는 무승부를 기록했음을 추론할 수 있다.

팀	승점	득점	실점
A	4 (1승 1무)	3	2
B	4 (1승 1무)	2	1
C	3 (1승 1패)	3	2
D	0 (2패)	0	3

2. A와 B는 0 : 0 또는 1 : 1, 또는 2 : 2 무승부의 가능성이 있다.
   1) A와 B가 0 : 0 무승부라면, A의 3득점과 2실점을 설명할 수 없으므로 0 : 0 무승부가 아님을 추론할 수 있다.
   2) A와 B가 2 : 2 무승부라면, B의 1실점을 설명할 수 없으므로 2 : 2 무승부도 아님을 추론할 수 있다.

따라서 A와 B는 1 : 1 무승부임을 추론할 수 있다.

3. 이를 기초로 게임에 따른 득실점을 구분해 보면 다음과 같다.

팀	승점	득점	실점
A	4 (1승 1무)	3 (2, 1)	2 (1, 1)
B	4 (1승 1무)	2 (1, 1)	1 (0, 1)
C	3 (1승 1패)	3 (1, 2)	2 (2, 0)
D	0 (2패)	0 (0, 0)	3 (1, 2)

A와 B는 C나 D를 상대로 각각 1승씩을 얻었는데, C가 1승 1패이고 D가 2패이므로 (A-C, B-D) 또는 (A-D, B-C) 간의 경기를 진행했을 것이고 C는 D와의 경기에서 승리를 거두었을 것이다. 그런데 A는 2 : 1 승리를 기록하여야 하고 B는 1 : 0 승리를 기록하여야 하므로 A는 C와 경기를, B는 D와 경기를 하였음을 추론할 수 있다. 그리고 C는 D와의 경기에서 2 : 0 승을 기록했음을 추론할 수 있다. 이를 정리하면 아래와 같다.

팀	득점
A : B	1 : 1
A : C	2 : 1
B : D	1 : 0
C : D	2 : 0

ㄱ. (×) A와 B가 0 : 0 무승부라면, A의 3득점과 2실점을 설명할 수 없다.

ㄴ. (○) 위에서 보는 바와 같이 B는 C와 아직 경기를 하지 않았다.

ㄷ. (○) 위에서 보는 바와 같이 C는 D에 2 : 0으로 이겼다.

03 토너먼트 / 참거짓퍼즐 정답 ⑤

전형적인 토너먼트 경기 방식이다. 토너먼트 경기는 1패를 하면 바로 탈락하는 방식이므로, 승수가 다음 회차에 진출한 횟수와 동일하다. 즉, 어떤 팀의 전적이 2승 1패라고 하면, 예선/준결승전을 이기고, 결승전에서 진 것이다.

ㄱ. (○) 을의 진술이 거짓이라고 가정할 경우 모순이 발생하므로, 을의 진술은 참이다.
을의 진술이 거짓이라고 가정할 경우
[(갑, 을, 병, 정) = (T, F, T, T) 라고 가정],
- A(2승 1패)는 결승전까지 진출하였고, 결승전에서 패하여 준우승 (by 갑)
- H는 결승전에서 승리하여 우승 (by 정)
그런데, 병에 의하면 C가 준결승전에서 B에게 패했으므로 B가 결승전에 진출했어야 한다. 이는 A와 H가 결승전에 진출했다는 정보와 모순된다. 을의 진술이 거짓인 경우 모순이 발생하므로, 을의 진술은 참이다.

ㄴ. (○) 갑이 거짓말을 했다고 가정할 경우
[(갑, 을, 병, 정) = (F, T, T, T) 라고 가정],
- E(1승 1패)는 준결승전까지 진출하였고, 준결승전에서 패하여 탈락 (by 을)
- B와 C는 모두 준결승전에 진출했고, C는 결승 진출, B는 탈락 (by 병)
- H는 준결승전, 결승전 모두 승리 (by 정)
이상의 결과를 종합해보면, 준결승전 진출 팀은 B, C, E, H이고 이 중 B와 C가 맞붙었으므로 E와 H가 맞붙어야 한다. 그런데 H가 결승에 진출한 팀이므로 E에게 이겼을 것이다.

ㄷ. (○) 앞서 검토한 대로 을의 진술은 참이므로, 거짓말을 한 사람은 갑, 병, 정 중에 있다.
'H가 1승 → 갑 또는 병이 거짓말'의 대우명제는 '정이 거짓말 → H가 1승도 하지 못함'이 되므로, 정이 거짓말을 했을 때 H가 1승을 할 수 있는지 여부를 확인해본다. 즉, (갑, 을, 병, 정) = (T, T, T, F)를 가정한다.
정이 거짓말을 했다면, 갑/을/병은 참이므로
- A는 결승전까지 진출, 결승전에서 패 (by 갑)
- E는 준결승전까지 진출, 준결승전에서 패 (by 을)
- B, C는 준결승전까지 진출, 준결승전에서 B 승리, C 패배 (by 병)

그렇다면 준결승전 진출 팀은 A, B, C, E이고, H는 1승도 하지 못한 것이다.
대우명제가 참이므로, 선지 ㄷ은 옳은 추론이다.

04 효율적인 문제 해결 방법의 모색 정답 ①

제시문에 주어진 내용을 표현해 보면 아래와 같다.

일수 / (주기, 분량, 기한)	1	2	3	4	5	6	7	8	9	10	11	12	13	…	61
A (3일, 10쪽, 3일)	A			A			A			A			A	…	21A
B (4일, 20쪽, 4일)	B				B				B				B	…	16B
C (5일, 10쪽, 5일)	C					C					C			…	13C
원칙에 따른 처리 업무	A	B	B	C	A	B	B	A						…	

ㄱ. (○) 위 표에서 보는 바와 같이 P는 5일째 되는 날 A의 두 번째 문서를 번역한다.
ㄴ. (×) P는 8일째 되는 날 A의 문서를 번역한다.
ㄷ. (×) 60일째 되는 날까지 접수된 A, B, C의 일은 20A, 15B, 12C로 이들 일을 모두 마치는 데 필요한 날은 최소한 62일(=20A + 15B × 2일 + 12C)이 필요하다.

05 컴퓨터 운영체제 정답 ④

ㄱ. (○) 순서대로 적용해 보면 다음과 같다.

〈영역4〉

0	0	0	0
1	0	0	0
1	1	0	0
1	1	1	0

〈영역1〉

0	1	1	1
0	0	0	0
0	1	0	0
0	1	1	0

〈영역3〉

0	1	0	1
0	0	0	0
1	1	0	1
0	1	0	0

ㄴ. (×) 행의 '1'의 개수와 열의 '0'의 개수를 고려하여 〈표6〉에 가장 최근에 적용된 것을 추론하면 영역 2이다.
ㄷ. (○) 행의 '1'의 개수와 열의 '0'의 개수를 고려하여 최근에 적용된 것부터 역으로 추론해 보면, 〈표 7〉에 적용된 영역의 순서는 역으로 3, 4, 1, 2, … 임을 추론할 수 있다. 따라서 X의 값은 0이다.

06 규칙성 추론 정답 ③

ㄱ. (○) 20번 지점은 20의 약수에 해당되는 점검 때에 방문하게 되므로 1, 2, 4, 5, 10, 20번째 점검에서 방문하게

된다. 총 6회 방문하게 된다.

ㄴ. (○) 2번 방문한 지점은 첫 번째 방문이후 한 번만 더 방문한 곳으로 소수(약수가 1과 자기 자신뿐인 수)인 지점이 이에 해당된다. 따라서 20이하의 숫자 중 소수는 2, 3, 5, 7, 11, 13, 17, 19번 총 8개이므로 2회만 방문한 지점은 총 8개이다.

ㄷ. (×) 한 지점을 최대 8회 방문하기 위해서는 적어도 8번 지점 이상이 되어야 하고 8이상의 수에서 앞서 소수(2번씩 방문한 지점)을 제외하면 8, 9, 10, 12, 14, 15, 16, 18, 20이 남는다. 이 지점 중 약수가 8개 이상인 수는 없으므로 8회 방문한 지점은 존재하지 않는다.

07 암호의 논리적 추론 정답 ⑤

정보 (1) : 4와 인접한 숫자 중 두 개가 사용되었다.

⇒ 1, 5, 7 중 2개가 사용되었다. 즉, 1, 5, 7의 세 숫자 중에 사용된 숫자의 조합으로 가능한 것은 (1, 5), (1, 7), (5, 7)이다.

정보 (3) : 8과 인접한 숫자 중 한 개만 사용되었다.

⇒ 5, 7, 9, 0 중 1개만 사용되었다.

정보 (1)과 정보 (3)을 조합해보면, 5, 7 중 1개만 사용되었음을 알 수 있다. 즉, (5, 7)의 조합은 불가능하고, (1, 5) 또는 (1, 7)의 조합만 가능하다. 이에 따라 1은 사용되었고, 9, 0은 사용되지 않았다.

정보 (2) : 6이 사용되었다면 9도 사용되었다.

[9가 사용되지 않았다면 6이 사용되지 않았다.]

⇒ 앞서 9가 사용되지 않았음이 추론되었으므로 6은 사용되지 않았음이 추론된다.

결국, 10개의 숫자 중 6개의 숫자가 사용되었다고 했는데, 사용되지 않은 숫자 4개가 추론되었으므로(6, 9, 0, 5/7 중 하나), 나머지 숫자(1, 2, 3, 4, 8)는 사용되었음을 알 수 있다.

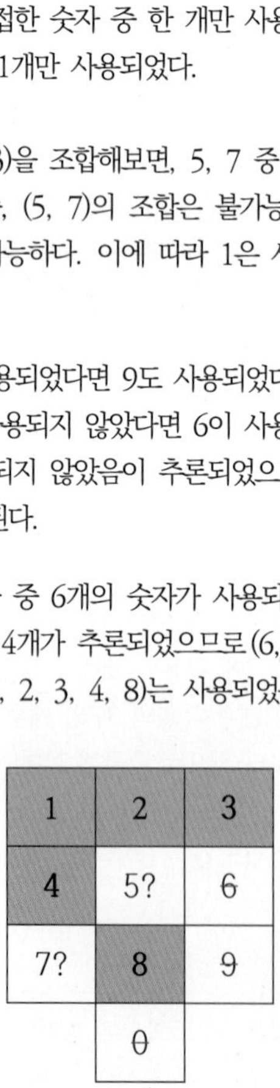

ㄱ. (○) 8은 사용되었다.

ㄴ. (○) 2와 3은 모두 사용되었다.

ㄷ. (○) 6은 사용되지 않았고, 5와 7 중 한 개만 사용되었으므로 올바른 추론이다.

제4부
수리추리

chapter 1 **수리 연산 및 대수** 정답 및 해설 ▶▶▶ 44~47쪽

01 ⑤	02 ③	03 ①	04 ①	05 ①	06 ③	07 ④	08 ②	09 ⑤	10 ①

chapter 2 **도형 및 기하** 정답 및 해설 ▶▶▶ 47~48쪽

01 ②	02 ①	03 ③

chapter 3 **게임이론 및 이산수학 1** 정답 및 해설 ▶▶▶ 48~50쪽

01 ①	02 ③	03 ②	04 ④	05 ①	06 ①

chapter 4 **게임이론 및 이산수학 2** 정답 및 해설 ▶▶▶ 50~53쪽

01 ⑤	02 ①	03 ③	04 ②	05 ③	06 ④	07 ②

chapter 5 **표 · 그래프 · 다이어그램** 정답 및 해설 ▶▶▶ 53~55쪽

01 ②	02 ①	03 ⑤	04 ②	05 ②	06 ①

chapter 1 수리 연산 및 대수

01 효율적인 문제 해결의 모색 정답 ⑤

1. B에 도착한 시간
(갑의 속도를 a라 하고, B까지의 거리를 D1이라 할 때)

1) 갑 : $\frac{D1}{a}$

2) 을 : $\frac{D1}{2a} \times \frac{10}{6} = \frac{D1}{a} \times \frac{10}{12}$

3) 병 : $\frac{D1}{4a} \times \frac{10}{2} = \frac{D1}{a} \times \frac{10}{8}$

따라서 B에 도착한 순서는 을 - 갑 - 병 이다. ⇒ ㄱ. (O)

2. 둘째 구간(B – C) 내용 분석

1) 을(운동화)의 도착 시간 : $\frac{D2}{4a}$

2) 갑(등산화)의 도착 시간 : $\frac{D2}{2a}$

3) 병(구두)의 도착 시간 : $\frac{D2}{a}$

세 사람 중 두 명의 걸린 시간이 같고, 을이 가장 먼저 들어오지 않았다면 을이 휴식을 취했고 갑이 가장 먼저 들어온 사람이 된다. ⇒ ㄴ. (O) ㄷ. (O)

02 방정식 문제의 효율적 해결 정답 ③

각 물체의 흡수도에 대한 정보를 정리해보면 아래와 같은 4개의 수식이 도출된다.

$A+B=12,\quad B+D=8,\quad C+D=7,\quad D+A=10$

D를 이용하여 풀면, $A=7,\ B=5,\ C=4,\ D=3$ 이다.

ㄱ. (O) A~D 중 흡수도가 가장 작은 물체는 D이다.
ㄴ. (×) 흡수도 (가)는 $B+C=9$로 10보다 작다.
ㄷ. (O) 흡수도 (나)는 $A+B+C+D=19$로 20보다 작다.

03 수형도의 활용 정답 ①

A, B, C를 1 ~ 3순위로 배열할 수 있는 경우의 수는 6가지이다. 그런데 마지막 조사결과에 따라 경우의 수는 4개로 압축된다.

	순위배열	사람 수
(가)	A - B - C	5
(나)	A - C - B	6
(다)	B - A - C	3
(라)	B - C - A	6
합계		20

- A를 B보다 선호한 사람은 11명이다. ⇒ (가) + (나) = 11
- B를 C보다 선호한 사람은 14명이다. ⇒ (가) + (다) + (라) = 14
- C를 A보다 선호한 사람은 6명이다. ⇒ (라) = 6

따라서 문제에서 요구하는 C에 3순위를 부여한 사람의 수는 8명이다.

04 해가 여러 개인 방정식 정답 ①

1. X의 원료 추론 (부피 5mL 감소, 이익 150원)

1) $10a+20b+100c+200d=150 \Rightarrow d=0,\ c=0$
2) 반응 원료의 질량 10g
ⓐ $a+b=10 \rightarrow a=5,\ b=5$
ⓑ $c+d=10 \rightarrow c=5,\ d=5$
ⓒ $a+c=5,\ b+d=5$
→ $a=1\,(2,3,4),\ b=1\,(2,3,4),\ c=4\,(3,2,1),\ d=4\,(3,2,1)$

1)과 2)를 만족시키는 조건은 $a=5,\ b=5$
⇒ ㄱ. (O) ㄴ. (×)

2. Y의 원료 추론 (부피 2mL 감소, 이익 690원)

1) $10a+20b+100c+200d=690$
2) 반응 원료의 질량 4g
3) Y에 a가 3g만 사용되었다면 아래와 같이 질량이 구성될 수밖에 없다. 그렇게 되면 반응하는 원료의 질량이 10g이 되어 부피는 5mL감소하게 된다. 이와 같이 모순이 발생하므로 Y에 a는 3g이 사용될 수 없다.
⇒ ㄷ. (×)

이익식	10a	+	20b	+	100c	+	200d	=	690
사용원료의 질량	3g		3g		2g		2g		
이익	30		60		200		400		690

05 방정식의 활용 정답 ①

본 문제는 여러 가지 접근이 가능하나 대수(방정식)를 이용하여 풀어보면 아래와 같다.
한 명만 정답을 맞힌 문항인 어려운 문항의 개수를 X라 하고, 두 명만 정답을 맞힌 문항의 개수를 Y, 세 명 모두 정답을 맞힌 문항인 쉬운 문항의 개수를 Z라고 하면, 다음과 같은 두 개의 방정식을 만들어 낼 수 있다.

식1) 총 문항수가 35문항이므로 $X+Y+Z=35$
식2) 3명이 각각 25문항씩 정답을 맞혔으므로 총 75개의 정답이 있는데, 이 중 X는 1개의 정답을, Y는 2개의 정답을, Z는 3개의 정답을 의미하므로,
$1 \cdot X + 2 \cdot Y + 3 \cdot Z = 75$

따라서 이를 연립하여 풀면 두 개의 방정식 간 관계를 추론할 수 있다.

ㄱ. (○) 식2 - (식1 × 2)를 통해 쉬운 문항인 Z와 어려운 문항인 X와의 관계를 추론하면, $Z=X+5$ 이므로 쉬운 문항이 어려운 문항보다 5개 더 많다고 할 수 있다.
ㄴ. (×) 한 명만 맞힌 어려운 문항인 X의 최대 개수는 15개이다. X=15문항, Z=20문항, Y=0문항으로 [보기] ㄱ에서 추론한 "$Z=X+5$" 와 식1)을 통해 추론할 수 있다.
ㄷ. (×) 두 명만 정답을 맞힌 문항인 Y의 최소 개수는 [보기] ㄴ에서 추론한 바와 같이 0개이다.

06 순서 추론하기 정답 ③

1차 경연 결과와 2차 경연 결과 및 최종 점수를 추론하면 다음과 같다.

○ 1차 경연 결과 순위는 A, B, C, D 순이고, A는 30표, C는 25표를 얻었다.
⇒ A(30표) - B( ) - C(25표) - D ( )
⇒ 100명의 심사단이 1표씩 행사하며 기권이 없으므로, B는 29표~26표가 가능하고 이에 따라 D는 16표~19표를 얻게 된다.
⇒ 1차 경연 결과 : A(30표) - B(29~26표) - C(25표) - D (16~19표)

○ 2차 경연 결과 1등은 C이고 2등은 B이며, B는 30표, 4등은 15표를 얻었다.
⇒ C( ) - B (30표) - (   ) - 15표
⇒ 2차 경연의 순위는 C가 1등, B가 2등이고 이 중 B가 30표, 4등이 15표를 얻었으므로 1등인 C와 3등이 얻은 표의 합은 55표가 되어야 한다. 이때 C는 31표 이상을 얻어야 하므로 3등은 최대 24표를 얻을 수 있으며, 3등은 16표 이상을 얻어야 하므로 C는 최대 39표를 얻을 수 있다. 따라서 C는 31~39표, 3등은 16~24표가 된다.
⇒ 2차 경연 결과 : C(39표~31표) - B(30표) - (16표~24표) - 15표

따라서 최종적으로 C는 56~64표, B는 56~59표, A는 45~54표, D는 31~43표를 얻을 수 있다.

ㄱ. (○) 최종적으로 C는 56~64표, B는 56~59표, A는 45~54표, D는 31~43표를 얻을 수 있으므로 D는 최하위자가 되어 탈락하게 된다.
ㄴ. (○) 최종적으로 C는 56~64표, B는 56~59표, A는 45~54표, D는 31~43표를 얻을 수 있으므로 A의 최종 순위는 3등이다.
ㄷ. (×) 2차 경연에서 C는 최대 39표를 얻을 수 있다.

07 범위 추론하기 정답 ④

주어진 조건에 따라 A~D국의 1차·2차 분담금의 범위를 정리해보면 아래와 같다.

	A	B	C	D	합계
1차	280+X	260	260-X	200	1000
2차	250+Y (300 미만) 또는 300	200-Y	250	300 또는 250+Y (300 미만)	1000
합계	530 초과	460 미만	510 미만	500 또는 450 초과 500 미만	2000

- 1차에서 A와 C를 합쳐 540억 달러여야 한다. C는 260억 미만이므로 A는 280억 초과가 된다. C의 1차 부담금을 '260-X'라고 한다면, A의 1차 부담금은 '280+X'라 할 수 있다.

- 2차에서 가장 많은 분담금을 내는 국가는 300억 달러, 그 다음 국가('2위 국가'라 한다)은 250억 달러 초과 300억 달러 미만, 그 다음은 C로서 250억 달러, 그 다음은 B로서 250억 달러 미만이다.
- 2위 국가와 D를 합쳐서 450억 달러여야 하고, 2위 국가는 250억 달러 초과이므로, D는 200억 달러 미만이다. D의 2차 부담금을 '200-Y'라고 한다면, 2위 국가의 2차 부담금은 '250+Y'가 된다.

① (○) A는 1, 2차를 합쳐 530억 달러를 초과하는 분담금을 부담한다. 다른 국가들은 510억 달러 미만이므로 A가 가장 많다.
② (○) B는 460억 달러 미만의 부담금을 부담한다.
③ (○) A의 분담금 합계가 570억 달러라면 2차 분담금이 300억 달러는 아니다. (이 경우 580억 달러 초과가 되어버린다.) 따라서, D의 2차 분담금이 300억 달러가 되고, 분담금 합계는 500억 달러가 된다.
④ (×) C의 경우 1차 분담금이 200억 달러 초과 260억 달러 미만이므로 분담금 합계는 450억 달러 초과 510억 달러 미만이 된다. D의 분담금 합계는 450억 달러 초과 500억 달러 이하이다. C의 분담금이 510억 달러에 가깝고, D의 분담금이 450억 달러에 가까운 금액이라면 차이는 50억 달러를 초과할 수도 있다.
⑤ (○) B와 D의 경우 1, 2차 분담금이 같을 수는 없다.
만약 C의 1, 2차 분담금이 같다면 X=10이다. 따라서 A의 1차 분담금은 290억 달러이다. A의 2차 분담금은 300억 달러를 초과할 수 없으므로, 분담금 합계는 언제나 600억 달러 이하가 된다.
만약 A의 1, 2차 분담금이 같다고 해도 A의 2차 분담금은 300억 달러를 초과할 수 없고, 따라서 분담금 합계는 600억 달러를 초과할 수 없다.

08 역사 / 군사제도 정답 ②

ㄱ. (○) (1)에서 50인마다 훈련병 1인과 복무병 1인을 차출한다고 하고 있고, 중국 전체의 인구는 6,000만 인이므로 훈련병과 복무병은 각각 120만 명씩이 된다. (2)에서 강남 지방은 복무병이 20만 명이므로 17세기 중국의 인구 중 약 6분의 1이 강남 지방에 거주하고 있었다고 추론할 수 있다.
ㄴ. (○) (1)에서 10호마다 1인의 복무병을 부양토록 한다고 하고 있고, 중국 전체의 호는 1,000만 호이므로 100만 명의 복무병을 국가 재정의 부담 없이 유지할 수 있다.
ㄷ. (×) (1)에서 병역을 지는 남자는 만 30년 동안 의무를 진다고 하고 있고, (2)에서 첫 해에는 소속 군현(복무병 첫째 조) - 궁성 수비(복무병 둘째 조), 이듬해에는 소속 군현(복무병 둘째 조) - 궁성 수비(복무병 첫째 조), 그 다음 해에는 소속 군현(훈련병 첫째 조) - 궁성 수비(훈련병 둘째 조), 네 번째 해에는 소속 군현(훈련병 둘째 조) - 궁성 수비(훈련병 첫째 조)의 형태로 운영한다. 따라서 강남 지방의 병역 의무자는 4년에 한 번씩 궁성 수비를 맡게 되므로 병역 의무 기간 30년 동안 적게는 7년 많게는 8년 궁성 수비를 맡게 된다.

09 역사 / 고대 아테네 행정 정답 ⑤

데모스는 총 139개이고 이를 도시, 해안, 내륙에 균등하게 분배한 다음 남는 데모스를 도시에 편입시키면 도시는 47개, 해안과 내륙은 각각 46개의 데모스를 포함하게 된다. 그리고 각 지역마다 10개씩 트리튀스를 만들어서 각 지역에 할당된 데모스를 균등하게 분배한 다음 남는 데모스를 1개의 트리튀스에 포함시키면 도시의 경우 9개의 트리튀스는 각각 4개씩 그리고 나머지 1개의 트리튀스는 11개(4개+남는 7개)의 데모스를 포함하고 해안과 내륙은 각각 9개의 트리튀스의 경우 4개, 나머지 1개의 트리튀스는 10개(4개+남는 6개)의 데모스를 포함한다. 그런 다음 추첨으로 각 지역마다 트리튀스 1개씩을 뽑아 3개의 트리튀스로 1개의 필레를 구성한다.

ㄱ. (○) 앞서 설명했듯이 각각의 트리튀스는 최소 4개의 데모스를 포함한다.
ㄴ. (○) 필레는 각 지역마다 1개의 트리튀스씩 뽑아서 3개의 트리튀스가 합쳐진 것으로서 도시지역에서 11개의 데모스를 포함하는 트리튀스와 해안과 내륙 지역에서 각각 10개의 데모스를 포함하는 트리튀스가 뽑히는 경우 최대 31개의 데모스를 포함할 수 있다.
ㄷ. (○) 데모스 1개의 정원을 100명으로 가정할 경우, 필레는 각 지역별로 1개의 트리튀스가 합쳐져서 구성되고, 이 중에 50명을 뽑게 되므로 4개의 데모스를 포함하는 트리튀스에 포함된 사람들은 뽑힐 확률이 모두 동일하다. 그리고 데모스를 더 많이 포함하는 트리튀스에 포함된 사람일수록 뽑힐 확률은 더 적어진다. 예컨대 4개의 데모스를 포함하는 트리튀스 3개로 구성된 필레는 총

1,200명 중에 50명이 뽑히지만 각각 11개, 10개, 10개의 데모스를 포함하는 트리뷰스로 구성된 필레의 경우 3,100명 중에서 50명이 뽑히게 된다. 즉 도시 지역 사람들의 경우 11개의 데모스가 포함된 트리뷰스에 포함된 사람들은 최대 10개의 데모스로 구성된 트리뷰스를 포함하는 다른 지역 사람들에 비해서 평의회에 뽑힐 확률이 작아진다. 따라서 가장 많은 데모스를 포함하고 있는 도시 지역 사람들은 다른 지역 사람들에 비해서 평의회에 뽑힐 가능성이 낮다.

10 1종 오류와 2종 오류의 응용 / 언어지문형 수리추리 **정답 ①**

ㄱ. (○) 한 사람의 무고한 피고인을 처벌할 때 나쁨의 값을 3, 한 사람의 범죄자를 방면할 때 나쁨의 값을 1이라고 가정하자. 피고인이 실제 범죄자일 확률 95% 집단과 65% 집단의 경우에는 A 상황과 B 상황의 결과가 같으므로, 80% 집단의 경우에 대해서만 비교한다.

상황	범죄자인데도 처벌받지 않은 피고인의 수	범죄자가 아닌데도 처벌받은 피고인의 수	나쁨의 값 총합
A	80	0	80
B	0	20	60

A 상황에서의 나쁨의 값이 더 크므로 옳은 표현이다.

ㄴ. (×) B에서 피고인들이 실제로 범죄를 저질렀을 확률이 85% / 70% / 55%로 낮아지고, 유죄 입증 수준을 65%로 낮출 경우. 85% 확률 집단에서 무고하게 처벌받는 이가 5명에서 15명으로 증가, 70% 확률 집단에서 무고하게 처벌받는 이가 20명에서 30명으로 증가하게 된다. 따라서 무고하게 처벌받는 사람의 수가 변한다.

ㄷ. (×) A 상황에서 유죄 입증 수준을 95%로 높여도 무고하게 처벌받는 사람의 수를 줄일 수 없다. 실제 범죄자일 확률이 95%인 집단에서 여전히 무고하게 처벌받는 이가 5명 나오며, 80% 집단, 65% 집단에서 0명이 된다. 무고하게 처벌받는 사람의 수는 변하지 않는다.

chapter 2 도형 및 기하

01 규칙성 추론 **정답 ②**

주어진 그림에 의해 한 변의 길이가 1인 정사각형 ABCD는 한 변의 길이가 3인 정삼각형을 9번 회전하면 제자리에 돌아올 수 있게 된다. 따라서 817번 이동한다는 것은 (90 × 9 + 7)이기에 7번 이동을 하란 말과 같은 의미가 된다.

정사각형 내 검은 부분의 위치를 추론하기 위해, 정삼각형 상태에서 파악하려면 상당히 헷갈리므로 정삼각형을 펼쳐 직선으로 생각하고 검토해 본다. 한 변 길이 1인 정사각형 ABCD 내 빗금 부분은 아래 그림에서 보는 바와 같이 처음 위치(최초)에서 4번 주기(좌상에서 다음번 좌상까지)로 하여 제자리에 오게 되므로 817번 이동(817 = 4 × 204 + 1)시켰을 때 빗금의 위치는 최초의 위치에서 1번 더 이동(좌상)한 곳에 오게 된다.

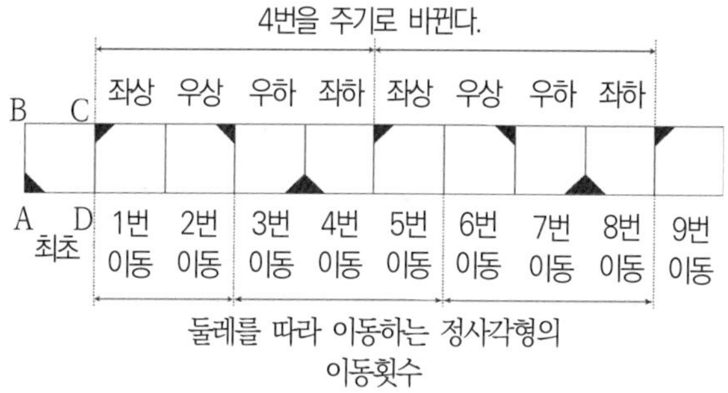

따라서 정사각형의 위치는 7번 이동한 곳에 위치하고 정사각형 내 빗금의 위치는 정삼각형의 밑변을 기준으로 좌상에 위치하게 된다. 정답은 ②이다.

02 공간적 관계의 추론 및 수리연산 **정답 ①**

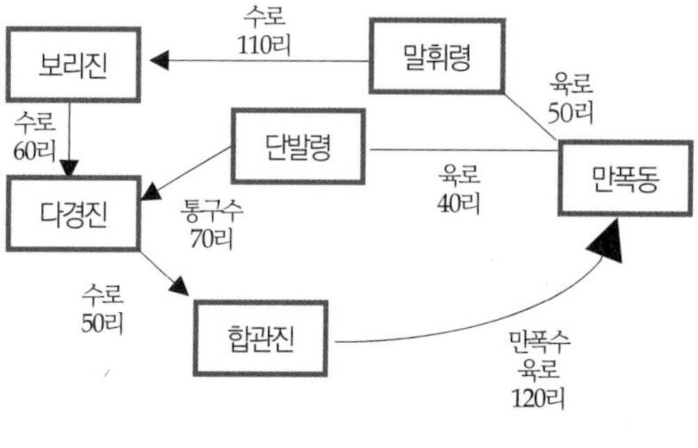

ㄱ. (×) 갑의 이동 거리는 (110리 + 50리) × 2 = 320리이고, 을은 되돌아 갈 때 왔던 길로 되돌아가는 것이 가장 시간이 적게 걸리므로 을의 이동거리 또한 (50리 + 70리 + 40리) × 2 = 320리이다. 따라서 둘의 이동거리는 같다.

ㄴ. (○) 육로를 이용할 때 걸리는 시간을 단위시간(1리에 1단위 시간)으로 하여 이동시간을 추론하면 다음과 같이 을의 이동 시간이 갑보다 더 걸린다.

갑의 이동 시간 : (220+50)+(50+55) = 375

을의 이동 시간 : (100+140+40) + (40+35+25) = 380

ㄷ. (×) 을은 귀가할 때 가장 시간이 적게 걸리는 길로 귀가하였다고 하고 있으므로 왔던 길로 되돌아감에 따라 수로도 이용하게 된다.

03 유클리드 공간과 도로공간 정답 ③

ㄱ. (×) 아래와 같은 반례를 들 수 있다. 각각의 점은 A지점과 B지점으로부터의 도로거리가 같지만 한 직선상에 있지 않다.

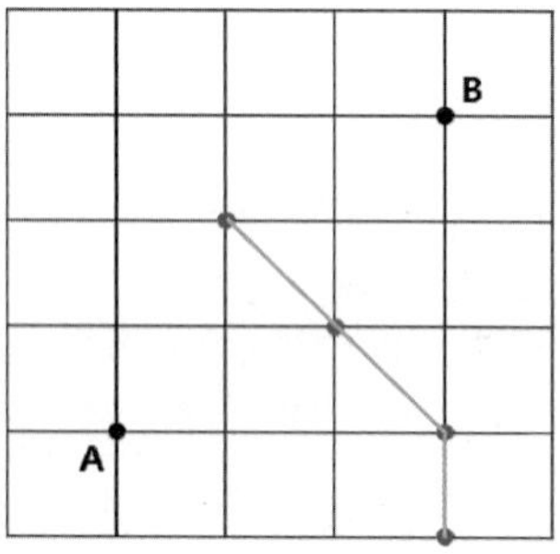

ㄴ. (×) 아래와 같은 반례를 들 수 있다. 서로간의 도로거리가 2인 점 DEF를 연결해도 정삼각형이 되지 않는다.

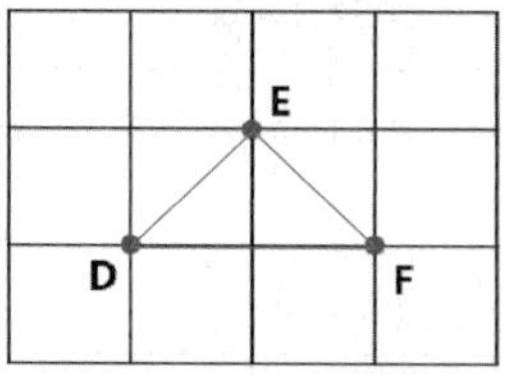

ㄷ. (○) 어떤 지점으로부터 도로거리가 K (K는 자연수)인 도로공간상의 점들을 이으면, 한 변의 길이가 $K\sqrt{2}$ 인 정사각형이 된다.

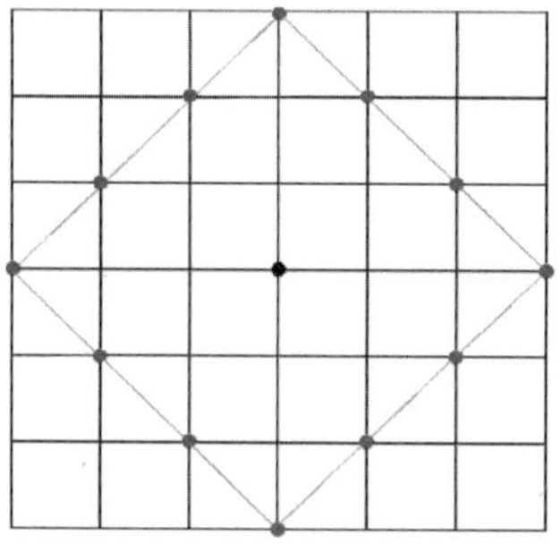

chapter 3 게임이론 및 이산수학 1

01 보수표의 이해 및 활용 정답 ①

이 문제는 오염을 발생시키는 기업과 이를 규제하는 정부의 의사결정 즉 게임이론을 소재로 한 문제이다. 문제 요구사항을 아래와 같이 1)~4)로 구분하여 해석하고 보수표를 통해 조건을 추론하면 다음과 같다.

"기업과 정부는 상대방의 행동에 따라 자신에게 유리한 의사결정을 한다. 1) 기업이 위반을 하면 정부는 규제를 하고 2) 정부가 규제를 하면 기업은 위반을 하지 않고, 3) 기업이 위반하지 않으면 정부가 규제를 하지 않고 4) 정부가 규제를 하지 않으면 기업은 위반을 하게 되고, 기업이 위반을 하면 정부가 다시 규제를 하게 된다. 이와 같이 기업과 정부의 의사결정이 어느 한 상태에서 고정되지 않고 지속적으로 변화하게 되는 조건을 보기에서 모두 고른 것은?"

"기업과 정부는 상대방의 행동에 따라 자신에게 유리한 의사결정을 한다."라고 하고 있으므로 각 상황에 따른 두 대안 중 선택한 대안이 그렇지 않은 대안보다 보수의 크기가 큼을 의미한다.

기업 \ 정부	규제함	규제 안 함
위반함	$-p+g$, $p-d-c$	g, $-d$
위반 안 함	0, $-c$	0, 0

1) "기업이 위반을 하면 정부는 규제를 하고"의 의미는 의사결

정의 주체는 정부이고 상대방의 행동은 기업이 위반하는 것이고 이 때 정부는 규제를 선택하였으므로 '규제함'이 '규제 안 함'보다 보수가 크다는 것이다. 따라서 $p-d-c$ (규제함) 〉 $-d$ (규제 안 함) ⇒ p 〉 c 이 추론된다.

2) "정부가 규제를 하면 기업은 위반을 하지 않고"의 의미는 의사결정의 주체는 기업이고 상대방의 행동은 정부가 규제를 하는 것이고 이 때 기업은 위반하지 않음을 선택하였으므로 '위반하지 않음'이 '위반 함'보다 보수가 크다는 것이다. 따라서 $-p+g$ (위반함) 〈 0 (위반하지 않음) ⇒ g 〈 p 이 추론된다.

3) 같은 논리로 "기업이 위반하지 않으면 정부가 규제를 하지 않고"로부터 - c (규제함) 〈 0 (규제하지 않음) ⇒ c 〉 0 가 추론된다.

4) 같은 논리로 "정부가 규제를 하지 않으면 기업은 위반을 하게 되고"로부터 g (위반함) 〉 0 (위반하지 않음) ⇒ g 〉 0

따라서 정답은 p 〉 c (보기 ㄴ), p 〉 g (보기 ㄱ) 인 선택지 1번이다.

02 집합적 의사결정 문제의 구성요소 정답 ③

① (○) 단순다수투표방식일 경우 갑 6표, 을 4표, 병 5표로 갑이 당선된다.

② (○) 갑이 과반수를 득표하지 못했으므로 갑과 병이 결선투표를 가지게 되고 이 경우 을을 지지하였던 유권자는 병을 지지함으로써 병이 당선된다.

③ (×) 이 경우 갑은 6표, 을15표, 병은 9표로 을이 당선된다.

④ (○) 과반수 득표자가 없으므로 최하위 득표를 한 을을 지지하는 표를 병에게로 줘서 병이 당선된다.

⑤ (○) 갑은 18 + 4 + 5 = 27점, 을은 12 + 12 + 10 = 34점, 병은 6 + 8 + 15 = 29점으로 을이 당선된다.

03 단순다수제와 결선제 정답 ②

① (×) 결선제 투표방식 하에서 C - A가 연합할 경우 1차 투표에서 과반수(= 32/60) 득표를 얻어 당선되게 된다. 이 경우 C - A의 연합정부가 구성된다.

② (○) 단순 다수제 투표방식 하에서 D - F 가 연합하고 다른 후보자가 연합하지 않을 경우 최다득표(= 28만명)를 얻어 당선되므로 D - F의 연합정부가 구성되며, 결선제 투표방식 하에서 D - F가 연합하고 다른 후보자가 연합하지 않을 경우 1차 투표에서 28만표를 얻어 1위로 올라가고 2차 투표에서는 4계층의 6만표가 더해져서 최다득표(= 34만표)를 얻어 당선되므로 D - F의 연합정부가 구성된다.

③ (×) 결선제 1차 투표에서 당선자를 결정하지 못할 경우란 후보자간 연합이 이루어지지 않거나 이루어 져도 과반수를 획득하지 못하는 경우를 의미하는데, 후보자간 연합이 이루어지지 않는 경우에는 1차 투표에서 C와 D가 1, 2위를 차지하게 되고, 2차 투표에서는 C와 D 중 다수표를 얻은 자를 당선자로 선출하게 된다. 따라서 D가 당선된다. 반드시 D - F - A 연합 정부가 탄생하는 것은 아니다.

④ (×) 단순 다수제에서 D, A, B가 연합하고 F와 C는 독자 출마한 채 투표가 실시되는 경우, D - A - B는 24표를 얻고 C가 26표를 얻어 C가 당선되게 된다. D - A - B 연합 정부는 구성되지 못한다.

⑤ (×) 결선제를 채택하더라도 선택지 ①의 경우와 같이 연합이 이루어진다면 1차 투표에서 과반수 득표의 당선자를 결정할 수 있다.

04 효율적인 문제해결 방식의 모색 정답 ④

ㄱ. 투표순서가 BADC로 정해진다면, 우선 B와 A를 비교해서 B(2표)가 선택된다. 다시 B와 D를 비교해서 D(2표)가 선택되고, D와 C를 비교해서 최종적으로 D(2표)가 선택된다. D가 선택되면 2개가 배치되는 병이 가장 유리하다.

ㄴ. A와 C를 비교하면 A(2표)가 선택된다. B와 C를 비교하면 B와 C 각각 1표를 얻는다.이중 '공기업이 여러 도시로 분산되는 안에 투표한다'는 결정방식에 따라 을은 B를 선택할 것이므로 B(2표)가 선택된다. 따라서 C안은 결코 선택될 수 없다.

ㄷ. i) 투표순서가 CDAB로 정해진다면 우선 C와 D를 비교해서 D(2표)가 선택된다. 다시 D와 A를 비교해서 A(2표)가 선택되고, A와 B를 비교해서 B(2표)가 선택된다. B가 선택되는 경우 갑에는 3개의 공기업이 배치된다.

ii) 투표순서를 CDBA로 하는 경우 우선 C와 D를 비교해서 D(2표)가 선택된다. 다시 D와 B를 비교해서 D(2표)가 선택되고, D와 A를 비교해서 A(2표)가 선택된다. A가 선택되는 경우 갑에는 2개의 공기업이 배치된다.

따라서 i)에서처럼 투표순서가 CDAB로 정해지는 것이 갑에게 더 유리하다.

ㄹ. i) 투표순서를 ACBD로 하는 경우 우선 A와 C를 비교해서 A(2표)가 선택된다. 다시 A와 B를 비교해서 B(2표)가 선택되고, B와 D를 비교해서 D(2표)가 선택된다. D가 선택되면 갑과 을은 모두 1개씩의 공기업을 유치할 수 있다.

ii) 투표순서를 DBCA로 하는 경우 우선 D와 B를 비교해서 D(2표)가 선택된다. 다시 D와 C를 비교해서 D(2표)가 선택되고, D와 A를 비교해서 A(2표)가 선택된다. A가 선택되는 경우 갑과 을은 모두 2개씩의 공기업을 유치할 수 있다.

05 중위투표모형 정답 ①

선택가능한 정치성향의 스펙트럼이 '연속'인 수직선상에 있는 것이 아니라, 5가지의 '분절'된 선택지밖에 없다는 것이 이 문제의 포인트이다. 특히 보기 (ㄴ)에서 후보자가 세 명일 경우 균형이 있을 수 있는 이유는 선택지가 5개의 불연속 점뿐이기 때문이다. 연속인 수직선상이라면 3명 이상일 때 내쉬균형은 존재하지 않는다.

ㄱ. (○) 후보자가 둘일 경우, 모두 '중도'를 선택하여 1/2씩 나누어 가지는 것이 균형이다.
(※ 참조 : 경제학 게임이론 中 'Hotelling's model' 혹은 '중위투표자 정리')

ㄴ. (×) 후보자가 셋일 경우, '중도좌', '중도', '중도우'를 각 하나씩 선택한다. 이렇게 되는 이유는, 두 명의 후보가 모두 '중도'에 있는 보기 (ㄱ)의 상황에서 한 명의 후보가 더 늘어난 상황을 생각하면 수월하다. 세 명의 후보가 모두 '중도'에 있다면 각 후보자는 1/3씩을 나눠가지고 있다. 그런데 만약 내가 중도좌 혹은 중도우로 '먼저' 포지션을 바꾸면, 바꾼 사람은 3/8(>1/3)을 획득할 수 있으므로, 포지션을 옮길 유인이 있다. 셋 중 눈치가 빠른 두 사람이 '중도좌'와 '중도우'로 먼저 옮기고 난 후라면, '중도'에 남은 한 사람은 자신이 획득할 수 있는 몫이 줄어들어 이제 1/4에 불과함에도 다른 곳으로 옮길 유인이 사라진다. (옮길 수 있는 곳이 없다.) 이 경우 '중도좌'와 '중도우'에 있는 후보는 각 3/8, '중도'에 있는 후보는 2/8을 가지므로, 당선가능성이 다르다. 이 때의 당선가능성은 가운데 후보가 0, 양쪽 후보는 득표율이 같으므로 각 1/2이다.

ㄷ. (×) 후보자가 넷인 경우, '중도좌'에 2명, '중도우'에 2명이 있어서 각각 표를 1/4씩 나누어 가지고 각자의 당선 가능성도 1/4이 되는 것이 균형이다. (모든 후보자가 같은 정치성향을 택하는 것은 네 명 모두 '중도'를 선택하는 것뿐인데, 적어도 이것이 균형이 아님은 쉽게 알 수 있다.)

06 전략적 투표 정답 ①

ㄱ. (○) 어떤 방식에 따른 투표를 하든, 갑이 선호하는 a1이 선발된다.
- 정직한 투표 : 1차 승자 없음 ⇒ 2차 갑의 선호에 따라 a1 선발
- 전략적 투표 : a1은 을과 병이 두 번째로 선호하는 후보이므로, 전략적 투표를 할 유인이 없음

ㄴ. (×) b는 갑과 을이 가장 싫어하는 후보이므로, 2차 투표에서 b가 당선될 확률은 없다. 그렇다면 어차피 b가 최종 당선될 가능성이 없는 이상 한 병은 1차 투표에서 a1을 선택할 것이므로 (a1>a2), 정직한 투표와 전략적 투표 상황을 불문하고 1차 투표의 승자는 a1, 최종 승자도 a1이 된다. 을은 전략적 투표를 할 유인이 없다.

ㄷ. (×) b는 갑과 을이 가장 싫어하는 후보이므로, 전략적 투표를 허용하더라도 갑과 을이 1차 투표에서 B당을 선택하는 일은 없다.

chapter 4 게임이론 및 이산수학 2

01 순현재가치와 비용편익비율 정답 ⑤

① (×) 소득 계층 구별 없이 전체를 고려하는 경우, 합계를 활용하여 계산하면 된다. '순현재값'을 계산하면 X는 250 (= 450 - 200), Y는 400 (= 800 - 400), Z는 300 (= 900 - 600)의 값이 나오므로, 정책대안 X가 아닌 Y가 가장 큰 '순현재값'을 갖는다. 틀린 진술이다.

② (×) 소득 계층 구별 없이 전체를 고려할 경우의 '순현재값'은 앞서 계산하였으므로, '편익비용비율'을 계산해보면 X는 2.25 (= 450/200), Y는 2 (= 800/400), Z는 1.5 (= 900/600)의 값이 나온다. 따라서 '순현재값' 기준으로는 Y가 가장 적절하지만, '편익비용비율' 기준에서

는 X가 가장 적절한 정책대안이다. 틀린 진술이다.

③ (×) 소득 하위 50% 계층의 입장에서 '편익비용비율'을 계산해보면, X는 2.25(=225/100), Y는 6(=600/100), Z는 17(=850/50)의 값이 나온다. 즉, 소득 하위 50% 계층의 입장에서 볼 때 정책대안 Y가 아닌, Z가 가장 큰 '편익비용비율'을 갖는 정책대안이다. 따라서 틀린 진술이다.

④ (×) 소득 상위 50% 계층의 입장에서 '순현재값'을 계산해 보면, X는 125(=225-100), Y는 -100(=200-300), Z는 -500(=50-550)의 값이 나온다. 즉, 이들의 입장에서 볼 때 정책대안 Z가 아닌 X가 가장 큰 '순현재값'을 갖는 정책대안이다.

⑤ (○) 소득 하위 50% 계층의 입장에서 '편익비용비율'은 앞서 ③에서 이미 계산해 보았으므로 여기에서는 '순현재값'을 계산해본다. 이들의 입장에서 계산한 정책대안의 '순현재값'은 X는 125(=225-100), Y는 500(=600-100), Z는 800(=850-50)이다. 따라서 '순현재값'을 기준으로 할 때 Z가 가장 좋은 정책대안이며, '편익비용비율'을 기준으로 보았을 때에도 Z가 가장 높은 값을 나타내므로, 정책대안 Z는 두 가지 기준에서 모두 가장 적절한 정책대안이라 할 수 있다. 옳은 진술이다.

02 기대순편익 정답 ①

ㄱ. (○) 기대순편익을 계산하면 다음과 같다.

- 방안 A : 0.7×(300-200)+0.3×(200-200) = 70
- 방안 B : 0.5×(400-300)+0.5×(100-200) = 0
- 방안 C : 0.3×(500-400)+0.7×(300-100) = 170

따라서 기대순편익에 의거해 판단한다면 방안 C를 가장 선호하고 그 다음으로 방안 A, 끝으로 방안 B의 순으로 선호한다.

ㄴ. (○) 제도의 시급한 도입을 방안선택의 기준으로 한다면 비용편익을 고려하기보다는 입법화가 가장 빨리 될 방안을 선택하여야 할 것이다. 따라서 가결될(입법화될) 확률이 가장 높은 A방안(=0.7=70%)을 제출하여야 한다.

ㄷ. (×) 입법화될 경우 발생할 편익만을 고려한다면 방안 A는 300, 방안 B는 400, 방안 C는 500이므로 방안 C를 가장 우선적으로 제출할 것이다. 따라서 적절한 행동이 아니다.

ㄹ. (×) 입법화되지 못할 경우의 순편익에 의거해 판단한다면, 즉 부결시의 순편익(=편익-비용)만으로 판단한다면 방안 C를 제출할 것이다. 따라서 적절한 행동이 아니다.

03 최소시간 추론 정답 ③

X가 5개 + Y가 6개 + Z가 5개 = 총 16개

가장 많은 패킷이 Y인데 첫 열에 Y가 없으므로, 어떠한 방법을 써도 7ms보다 시간이 적게 걸릴 수는 없다. 따라서 7회만에 가능한 경우를 하나라도 찾으면 7ms가 답이 된다.

아래는 가능한 경우 중 하나이다.

Z ④	X ③	Y ②	X ①
Y ⑥	X ⑤	Y ③	Z ②
Y ⑦	Z ⑤	X ④	Z ③
Y ⑤	Y ④	X ②	Z ①

Z ⑤	X ④	Y ②	X ①
Y ⑥	X ⑤	Y ④	Z ③
Y ⑤	Z ④	X ③	Z ②
Y ⑦	Y ③	X ②	Z ①

04 공통지식 정답 ②

문제에서 A+B+C=13, A≠B≠C, A〈B〈C라고 하였으므로 존재할 수 있는 경우는 아래와 같이 8가지이다. 이에 대해 갑, 을, 병의 진술을 통해 판단해 보면 아래와 같이 (1,4,8), (2,4,7) 2가지 경우만이 남게 된다.

A < B < C				판단
A	B	C		
1	2	10	(×)	을은 A와 B에 대해 알 수 없다고 했으므로 을에 의해 배제됨.
	3	9	(×)	
	4	8		
	5	7	(×)	병은 A와 C에 대해 알 수 없다고 했으므로 병에 의해 배제됨.
2	3	8	(×)	
	4	7		
	5	6	(×)	을은 A와 B에 대해 알 수 없다고 했으므로 을에 의해 배제됨.
3	4	6	(×)	갑은 B와 C에 대해 알 수 없다고 했으므로 갑에 의해 배제됨.

따라서 A + C = 9 이다.

05 조합을 이용한 경우의 수 파악 정답 ③

1. 두 부서끼리 빠짐없이 한 번씩 서로 비교한다.
   1) 총 비교의 횟수 : ${}_4C_2 = 6$
   2) 부서당 비교 횟수 : 3회 = 부서 - 1
2. 숫자 0, 2, 5를 가지고 3번 사용하여 숫자 구성이 가능한 경우 추론한 후 보기의 내용을 검토해 보면 다음과 같다.

		확정적 사실 ㄱ. (○)			ㄴ. (×)	ㄷ. (○)
		A-C	B-C	C-D	B-D, A-B, A-D	A-B, A-D, B-D
A : 7점	0, 2, 5	2			0, 5	5, 0
B : 7점	0, 2, 5		2		0, 5	0, , 5
C : 4점	0, 2, 2	2	2	0		
D : 10점	0, 5, 5			5	5, , 0	, 5, 0

ㄱ. (○) A와 C의 비교에서 두 부서는 동등하다고 평가될 수밖에 없다. 올바른 추론이다.

ㄴ. (×) B와 D의 비교에서 반드시 B가 더 나은 평가를 받아야 하는 것은 아니다. D가 더 나은 평가를 받을 수 있다.

ㄷ. (○) A와 B의 비교에서 A가 더 나은 평가를 받았다는 정보를 추가하면 우열 관계에 대한 나머지 모든 결과를 알 수 있다.

06 PSAT 상황판단형 논리게임 정답 ④

문제 1과 문제 2의 채점 결과에 따른 성적 산출 경우의 수는 다음과 같다.

문제2 \ 문제1	정답	오답	무답
정답	A		
오답		C, D	C, D
무답		C, D	D

비어 있는 칸(정답-오답, 정답-무답, 오답-정답, 무답-정답)의 경우에는 특별한 언급이 없으므로 어떤 등급(B 포함)도 가능하다고 가정한다.

① (○) 甲이 C를 받을 가능성이 없다는 것은 두 문제 모두 정답(A)이거나 두 문제 모두 무답(D)라는 것을 의미한다. 따라서 C를 받을 가능성이 없을 때 甲의 성적은 A이거나 D이므로, B를 받을 수 없다.

② (○) 乙이 두 문제 모두 무답으로 제출한 경우 〈기준 2〉에 의해 반드시 D를 받는다.

③ (○) 丙이 B를 받았다는 것은 丙이 정답-오답, 정답-무답, 오답-정답, 무답-정답 중 하나라는 것을 의미한다. 따라서 두 문제의 채점 결과 중 반드시 어느 한 쪽은 정답이어야 한다.

④ (×) 丁의 답안지에서 문제 1의 결과가 오답, 2의 결과가 정답일 때에도 C를 받을 수 있다.

⑤ (○) 무가 문제 2를 무답으로 제출한 경우 문제 1이 정답이 아니면 B를 받을 수 없다. 무답-무답일 경우 D를 받고, 오답-무답일 경우 C 또는 D를 받는다.

07 확률적 의사결정 정답 ②

갑은 '편향되지 않았음'을 기정사실로 둔 일반적인 수학적 확률을, 을은 '편향되지 않았음'이 기정사실이 아니라고 보아 전제의 범위를 좁힌 확률을 상정하고 있다고 생각하면 된다. 갑이든 을이든 수학법칙에 위배되는 경우에는 동의하지 않는다.

〈사례〉의 상황을 정리하면 아래와 같다.

	붉은색	흰색	검은색
나무		A	
금속		A	
합계	50개	50개	

갑의 견해에 따른 추론 => 정보 없으면 동일한 확률

갑	붉은색	흰색	검은색
나무	0.25	0.125	0.125
금속	0.25	0.125	0.125
합계	50개	50개	

을의 견해에 따른 추론 => 정보 없으면 최솟값과 최댓값

을	붉은색	흰색	검은색
나무	0~0.5	0~0.25	0~0.5
금속	0~0.5	0~0.25	0~0.5
합계	50개	50개	

ㄱ. (×) 나무로 된 흰색 구슬 뽑힐 확률
- 갑 : 0.125
- 을 : 0 ~ 0.25

갑과 을은 동일한 값을 부여하지 않는다.

ㄴ. (○) 붉은색 구슬 뽑힐 확률 ≤ 흰색 아닌 구슬(붉은색 + 검은색) 뽑힐 확률
- 갑 : 0.5 ≤ 0.75
- 을 : 0.5 ≤ 0.5 + (0~0.5)

갑과 을 모두 동의한다.

ㄷ. (×) 나무로 된 구슬은 모두 흰색일 때, 흰색 구슬 뽑힐 확률 ≥ 검은색 구슬 뽑힐 확률

	붉은색	흰색	검은색
나무	0	A	0
금속	50	A	B
합계	50개	50개	

갑	붉은색	흰색	검은색
나무	0	0.5/3	0
금속	0.5	0.5/3	0.5/3
합계	50개	50개	

갑[동의] 0.5/3 + 0.5/3 ≥ 0.5/3

을	붉은색	흰색	검은색
나무	0	0~0.25	0
금속	0.5	0~0.25	0~0.5
합계	50개	50개	

을[~동의] (0~0.25) + (0~0.25) = 0~0.5 vs. 0~0.5

chapter 5 표 • 그래프 • 다이어그램

01 농산물 안전관리 제도 정답 ②

ㄱ. (×) 비교적 판단이 명확한 보기이다. 소매상은 인증 농산물 중 저농약인증 농산물의 현재 판매가격에 불만이 가장 크다.
- 우수인증 농산물 : 2(=112-110)/112
- 저농약인증 농산물 : 13(=126-113)/126
- 유기농인증 농산물 : 5(=140-135)/140

ㄴ. (×) 주의를 요한다. 소비자 또한 제시문에서 유통 참여 주체로 파악하고 있다. 유통 참여 주체 중 소비자는 현재 가격 수준이 적정 가격 수준보다 높다고 생각하고 있다.

ㄷ. (○) 보기 ㄱ과 ㄴ을 제대로 판단하였다면 굳이 보기 ㄷ을 판단할 필요는 없다. 모든 유통 참여 주체들이 인증 농산물간 적정가격 서열에 대해 동일하게 판단하고 있다면, 그 순서는 유기농인증 농산물 - 저농약인증 농산물 - 일반 농산물 순이다. 따라서 (가)에 105가 들어간다고 해도 그 순서에는 변함이 없으므로 105가 포함된다고 할 수 있다.

02 행렬을 활용한 문제 정답 ①

문제 해결을 위한 제시문의 핵심 내용은 다음과 같다. 1) 수신자는 부가 비트를 포함하여 각 행과 열의 1의 개수를 세어 짝수이면 정상 수신, 홀수이면 오류로 간주한다. 2) 그러나 행과 열 각각에서 짝수 개의 데이터 비트들이 변경될 경우 부가 비트를 사용하더라도 수신자 측에서 오류를 탐지해 내지 못한다.

ㄱ. (○) 위의 핵심 내용 1)에 따라 부가 비트를 포함하여 각 행과 열의 1의 개수를 세어 보면 2행의 경우 3개로 홀수이므로 오류이고, 3행의 경우 역시 3개로 홀수이므로 오류가 발생했음을 알 수 있다. 달리 말하면 2행과 3행의 부가비트가 1이므로 2행과 3행에서의 1의 개수는 각각 홀수가 되어야 하는데 짝수이므로 오류가 발생했다고 할 수 있다.

ㄴ. (×) 위의 핵심 내용 2)에 따라 행과 열 각각에서 짝수 개의 데이터 비트들이 변경될 경우 부가 비트를 사용하더라도 수신자 측에서 오류를 탐지해 내지 못하므로 아래

그림과 같이 2열과 4열, 그리고 1행과 4행에서 모두 0에서 1로 바뀌었다 하더라도 이를 탐지해 내지 못하게 된다. 따라서 2열과 4열에서 오류가 발행하지 않았다고 확정적으로 말할 수 없다.

	1열	2열	3열	4열	5열
1행	0	0	0	0	0
2행	1	0	1	0	1
3행	1	0	0	1	1
4행	0	0	1	0	1
5행	1	0	1	1	1

〈송신자료〉

⇒

	1열	2열	3열	4열	5열
1행	0	1	0	1	0
2행	1	0	1	0	1
3행	1	0	0	1	1
4행	0	1	1	1	1
5행	1	0	1	1	1

〈그림 3〉

ㄷ. (×) 〈그림 3〉에서 오류가 확실히 발생한 행은 보기 ㄱ에서 검토한 2행과 3행이다. 그리고 보기 ㄴ에서 검토한 바와 같이 2열과 4열, 그리고 1행과 4행에서의 4개의 데이터 비트는 오류가 발생했을 수도 그렇지 않았을 수도 있다. 따라서 〈그림3〉에서 오류가 발생한 데이터 비트는 아래와 같이 2행 1열, 3행 3열의 2개가 될 수도 있다.

	1열	2열	3열	4열	5열
1행	0	1	0	1	0
2행	0	0	1	0	1
3행	1	0	1	1	1
4행	0	1	1	1	1
5행	1	0	1	1	1

〈송신자료〉

⇒

	1열	2열	3열	4열	5열
1행	0	1	0	1	0
2행	1	0	1	0	1
3행	1	0	0	1	1
4행	0	1	1	1	1
5행	1	0	1	1	1

〈그림 3〉

03 상품 조합들 간 선호체계 **정답 ⑤**

ㄱ. (○) 쇠고기는 같고 쌀은 B가 더 많으므로 원칙1에 따라 준희는 E보다 B를 더 좋아함을 알 수 있다.

ㄴ. (○) 제시된 선호를 정리해 보면 C-D-A-B이고, B와 E중 B를 더 선호하므로 함께 정리해보면 C-D-A-B-E 이다. 따라서 준희는 A보다 C를 더 좋아하고, E보다 A를 더 좋아함을 알 수 있다.

ㄷ. (○) 준희가 시점1에서 A 대신에 B를 구매하고 시점2에서 C를 구매하였다면 선호체계는

B — A

C — D

이다. 따라서 준희가 B와 C 중 어떤 것을 더 좋아하는지 알 수 없다.

04 기대이익과 위험 간 선호체계 **정답 ②**

제시문에서 설명하고 있는 〈그림1〉의 이해를 기초로 〈그림2〉를 해석하는 문제이다. 따라서 보기의 진술을 판단하기에 앞서 〈그림1〉에 대한 정확한 이해가 선행되어야 한다. 특히 보기 ㄷ 판단 시 위험감수 정도와 위험기피적 태도는 상반된 개념임에 주의하여 판단하여야 한다.

ㄱ. (×) 비교적 판단이 명확한 보기이다. H와 선호의 크기가 동일한 갑의 선호곡선과 G를 비교하면 G는 같은 기대이익일 때 위험의 크기가 더 작으므로 G를 보다 선호하게 되며, I는 같은 이익일 때 위험의 크기가 더 크므로 갑의 선호곡선보다 덜 선호된다. 따라서 갑은 I보다 G를 선호한다.

ㄴ. (○) H와 선호의 크기가 동일한 을의 선호곡선과 F를 비교해보면, 같은 위험일 때 제시된 선호곡선의 기대이익이 크므로 을은 F보다 H를 선호한다.

ㄷ. (×) 갑과 을의 위험기피적 태도의 정도에 대한 질문이다. 따라서 같은 기대이익에 대한 위험감수정도를 따져보면, 을이 훨씬 더 위험을 감수할 용의가 있다. 따라서 을보다 갑이 더 위험기피적 태도를 보인다고 할 수 있다.

05 총량과 변화량의 구분 정답 ②

ㄱ. (×) B는 인구 증가율(=출생률 - 사망률)이 최대가 되는 지점일 뿐 인구가 최대가 되는 점은 아니다. 인구가 최대가 되는 점은 더 이상의 인구 증가가 발생하지 않는 지점인 C이다.

ㄴ. (○) A~C 구간에서는 출생률이 사망률보다 높으므로 인구 증가율 내지 증가폭의 변화는 있으나 인구는 지속적으로 증가했음을 추론할 수 있다.

ㄷ. (×) 제시문에 따르면 Z국의 1인당 실질 소득은 꾸준히 증가하였지만, Z국 전체의 실질 소득은 '1인당 실질 소득 × 인구'이므로 1인당 실질 소득의 증가분을 상쇄하고도 남을 정도의 인구 감소가 있다면 Z국 전체의 실질 소득은 줄어들 수 있다. 따라서 출생률이 사망률보다 낮은 A 부분 이전과, C 부분 이후부터는 Z국 전체의 실질 소득이 꾸준히 증가했는지 알 수 없다.

06 인문지리 정답 ①

제시문의 정보와 〈그림〉을 통해 A, B, C를 추론하면 다음과 같다. 〈그림 1〉에서 십자가 묘표 사용비율이 높은 범례는 △와 ○이며, 낮은 범례는 ☆로 ☆는 개신교일 가능성이 높다. 〈그림 2〉에서 동향 비율이 높은 범례는 단연 ☆로 ☆는 개신교임이 거의 확실시 된다. M강과 M강 이외의 지역에서 가장 큰 차이를 보이는 것은 △이고, △는 M강 근처에서의 십자가 묘표 비율이 높고, 그 외 지역에서는 비율이 상대적으로 낮다. 반면에 ○는 전반적으로 십자가 묘표 비율이 높고, 동향 비율이 낮다. 따라서 △(C)는 흑인 개신교라고 추론할 수 있고, ○(A)는 가톨릭교, ☆(B)는 백인 개신교라고 추론할 수 있다.

현강·인강 수강생 수 1위, 수험적합성 1위

합격생들이 가장 많이 추천하는 강의
최신 출제 경향을 공략한 차별화된 강의

"조성우 선생님의 차별화된 장점 3가지"

첫째, **선생님의 열정**
둘째, **효율적인 수업**
셋째, **양질의 문제 제공**

떨리는 마음으로 본고사장에서 추리논증 문제지를 펼쳤을 때의 기분을 잊지 못합니다.
문제의 구성이나 풀어나가는 방식 등이 평소 조성우 선생님 강의를 통해 꾸준히 연습했던 문제들과 놀라울 정도로 비슷하게 느껴졌기 때문입니다.
_ 2012 전국수석(표준점수 80.0점) 송은진

LEET라는 시험을 처음 접했을 때는 문제를 푸는 기초적인 방법조차 몰랐었고, 공부를 해도 오르지 않을 것이라는 생각으로 수험생활을 시작하였습니다. 그러나 조성우 교수님의 추리논증 강의에 충실하면서 언어적 장벽 이외에도 배경지식과 같은 장애 요소들을 극복할 수 있었고, 시행착오를 거듭한 끝에 추리논증 표준점수를 52.0점(백분위 56.3%)에서 70.5점(99.1%)으로 20점 가까이 향상시켰습니다.
_ 2017 최고수준 성적향상자(표준점수 52.0점 → 70.5점) 박○○

기초부터 파이널까지의 전 과정에서 조성우 선생님의 교재와 강의를 통해 배운 내용을 빠짐없이 정리해서 완벽히 소화해내기 위해 노력했고, 본고사에서 이전에 받아본 적 없는 최고의 점수를 받을 수 있었습니다.
_ 2020 추리논증 백분위 100% 성적우수자 양○○

조성우 선생님의 강의는 메가로스쿨에서 가장 많은 학생들이 선택하는 수업입니다.
수많은 학생들이 선택한 데에는 이유가 있다고 생각합니다. (…중략…) 이런 제 기대와 같이 매 수업마다 양질의 참고자료를 제공받을 수 있었습니다. 뿐만 아니라 모의고사 문제를 자체 제작하므로 타 강의에 비해 실전과 같은 연습을 하는 데 도움이 되었습니다.
_ 2023 추리논증 백분위 100% 성적우수자 강○○

저는 많은 문제를 풀어보고 2022년 리트를 응시했지만 처참한 점수를 받고 다음날 바로 조성우 교수님의 수업을 수강하기 시작했습니다. 선배님들께 고민상담을 했을 때, 모두 입을 모아 조성우 교수님의 기본강의를 적극 추천해 주셨기 때문입니다. 수업을 통해 무조건 문제를 많이 풀어내는 것보다 중요한 것은 기본을 바로잡는 것임을 깨달았습니다. 초시든 재시든, 올바른 접근법을 배우는 것이 선행되어야 합니다. 이에 최적화된 수업이 조성우 교수님의 기본강의이기 때문에, 추리논증에 어려움을 겪고 계시는 모든 분들께 기본강의를 적극 추천합니다!
_ 2023 최고수준 성적향상자(백분위 26.0%→ 94.3%, 전년대비 68.3% 향상) 이○○

발행 초판 1쇄 2008년 5월 23일 개정 10판 2쇄 2023년 12월 29일 **지은이** 조성우
펴낸곳 메가로스쿨 **출판등록** 2007년 12월 12일 제 322-2007-000308호
주소 서울특별시 서초구 반포대로 81, 2층 **주문전화** 070-4014-5139 **팩스** 031-754-5145

•메가로스쿨은 메가스터디(주)가 설립한 법학전문대학원 입시교육 브랜드입니다.

21064 값 45,000원
13360
ISBN 978-89-6634-651-6

최고수준의 성적 향상자들이 알려주는 성적향상 비법

2021 백분위 90.9%(전년대비 50.3% 향상) [이화여대 로스쿨 합격] 제2회 조성우장학생 박O주

저는 조성우 선생님의 필기 하나, 보충자료 하나 놓치지 않으려고 꼼꼼하게 공부했습니다. 또한 보충자료로 제공해주신 고득점 선배들의 공부방법을 참고하여 저에게 적용하고자 했습니다. 기본교재와 심화교재를 기본서로 쓰며, 실수하는 부분이나 중요한 부분을 단권화하여 시험때까지 수업이 반복했습니다. 그리고 모의고사 과정에 들어오면서 틀렸던 문제나 어려웠던 문제를 스크랩하여 그 옆에 사고과정을 적어두고 보충자료의 내용을 요약하는 등의 모의고사 자료도 만들었습니다. 단권화 자료, 모의고사 정리자료를 계속 반복해서 보며 체화시킬 수 있었습니다.

나만의 오답노트 만들기 기출과 모의고사 중 정답률이 낮은 문제를 모아 '단권화' 체화될 때까지 반복학습

2022 백분위 90.2%(전년대비 63.4% 향상) 제3회 조성우장학생 김O혁

체력도 중요하기 때문에 운동도 꾸준히 하시고 적당히 스트레스를 풀며 릴렉스하는 방법도 찾기를 바랍니다. 이 시험은 멘탈이 강한 자가 실전에서 좋은 성적을 받을 수 있는 시험입니다. 생활적인 측면에서 저 같은 경우 항상 9시에 독서실에서 리트 시험일정에 맞춰 1월부터 언어이해, 추리논증 기출문제를 풀며 생활 패턴 자체를 리트 시험에 최적화했습니다. 처음에는 이러한 연습이 힘들지만 익숙해지게 된다면 시험장에서도 최상의 컨디션으로 시험 보는 것이 가능합니다.

체력 및 스트레스 관리. 본고사를 대비한 최적화된 생활패턴 만들기

2023 백분위 96.3%(전년대비 64.4% 향상) 제4회 조성우장학생 심O빈

인강을 들은 뒤에는 혼자 문제를 푸는 시간을 갖는 것이 필수입니다. 조성우 교수님의 풀이를 보면 쉬워 보이고 안 풀어도 알 것 같은 느낌이 들지만 막상 혼자서 풀면 못 풀기 마련입니다. 풀이를 듣기 전 먼저 문제를 풀어 보고, 못 풀었던 문제들은 풀이를 들은 뒤 다시 한 번 풀어 보아야 합니다.

인강으로 학습한 후 혼자만의 문제풀이 시간 필수

2023 백분위 94.3%(전년대비 62.4%향상) 제4회 조성우장학생 홍O린

단지 교수님 수업만 듣고 주교재만 보는 것으로는 강의를 완벽히 이해했다고 볼 수 없다고 생각합니다. 반드시 교수님께서 제공해주시는 보충자료까지 꼼꼼하게 읽으며 공부해야 합니다. 주교재 진도에서 배우는 내용은 문제를 풀기 전 당연히 완벽 숙지해야 하는 것이라면, 보충자료는 고득점이나 점수 향상을 위하는 사람이라는 반드시 학습해야 합니다. 또한, 교수님의 기초 강의 교재는 시중의 어떤 교재보다도 추리논증 대비에 최적화되어 있기에, 여러 번 지우개로 지우느라 책이 낡아 뜯어질 때까지 반복해서 풀어야 합니다.

주교재 외 제공되는 보충자료까지 꼼꼼하게 학습. 풀었던 문제도 완벽하게 습득되도록 반복하여 풀이

로스쿨 합격을 위한 LEET 추리논증 필수학습서

조성우
추리논증
기본 개정 10판

조성우
추리논증 기본

지은이 조성우
발행일 초판 1쇄 2008년 5월 23일 개정 10판 2쇄 2023년 12월 29일
펴낸곳 메가로스쿨
출판등록 2007년 12월 12일 제 322-2007-000308호
주소 서울특별시 서초구 반포대로 81, 2층
주문전화 070-4014-5139 **팩스** 031-754-5145

• 메가로스쿨은 메가스터디(주)가 설립한 법학전문대학원 입시교육 브랜드입니다.

추리논증의 이해와
학습전략

조성우 지음

메가로스쿨

개정10판 저자 서문

이 책은 'LEET 추리논증 핵심이론 정리 및 기출문제 유형별 학습'을 목적으로 만들어진 '기본강의' 교재로 추리논증 시험을 위한 두 번째 단계의 학습서이다. 기출문제의 중요성은 이제 강조하지 않아도 LEET를 준비하는 수험생이면 누구나 인식하고 있는 데 반하여, 기출문제를 어떻게 활용하여야 하는지는 모르는 수험생이 여전히 많은 것으로 파악된다.

일례로, 수험생 중에는 기출문제가 최상급 모의고사로서의 가치가 있기 때문에 아껴두었다가 시험 직전에 최종모의고사 문제로 풀어보는 것이 어떻겠냐는 질문을 하는 경우가 적지 않은데, 이는 매우 위험한 접근이다. 기출문제는 시험 직전에 모의고사로 한 번 풀어볼 정도의 자료가 아니라, 수험생활을 하는 동안 내내 곱씹어 가며 분석하고 학습에 활용해야 할 자료이기 때문이다. 또한 시험 직전에 기출문제를 풀어보고 자신이 제대로 방향을 잡고 학습하지 못했음을 그때 깨닫게 된다면 이때는 만회할 시간이 없고, 설령 점수가 좋게 나왔다 하더라도 시험을 준비하면서 학습서와 강의 등을 통해 이미 직간접적으로 기출문제를 접한 후에 나온 점수라는 점에서 자신의 실력을 제대로 보여주는 점수라고도 할 수도 없기 때문이다. 따라서 LEET 강의 등을 통해 기출문제를 직간접적으로 접하기 전에, 실전과 동일한 상황에서 풀어봄으로써 자신의 현 주소를 파악하고, 이를 학습에 적극적으로 활용하는 것이 현명한 접근이다.

하지만 추리논증 입문자의 경우, LEET 기출문제를 실전처럼 바로 풀어본다는 것이 매우 부담스러울 수도 있고, 몇 회분 정도 풀어봤는데 계속 풀어보는 게 의미가 있나 싶을 정도로 커다란 벽을 느낄 수도 있다. 이러한 측면을 고려하여 기출문제를 풀어보기 전에, 추리논증의 핵심이론을 밀도 있게 학습하고 이를 LEET 예시문항 및 PSAT 기출문제와 연결시켜 학습하는 첫 번째 단계의 강의 및 교재가 '기초입문강의'이고 '추리논증 기초' 교재이다. 대부분의 수강생들이, 심지어 고득점을 획득한 합격생들도 매우 큰 도움이 된 필수강좌라고 적극적으로 추천하고 있는 만큼, 너무 늦게 시험 준비를 시작한 것이 아니라면, 그리고 제대로 학습하고자 한다면, 기초입문교재를 먼저 학습하거나 병행할 것을 권한다.

두 번째 단계의 학습서인 본 교재는 시험을 준비하는 수험생들이 가장 많이 수강하고 있는 필자의 대표강의인 '기본강의'의 교재로, 제한된 지면에 시험에 필요한 내용을 빠짐없이 최대한 담아 왔다. 그러다 보니 강의 도움을 받지 않고 혼자 추리논증 학습을 처음 시작하는 수험생에게는 이 책보다는 기초입문교재가 더 적합하다. 기초입문교재의 경우에는 독습이 가능하도록 최대한 친절하게 그리고 수험적합성 있게, 문제 설명 및 학습가이드를 제공하였기 때문이다.

그럼 이제 본 교재의 특징과 개정된 내용들을 소개하도록 하겠다.

첫째, 가장 효과적인 학습 틀인 '추리논증 핵심이론 및 기출문제 유형별·소재별 학습서'로서의 틀을 유지하면서, 수험적합성을 1순위 기준으로 하여 최신기출을 업데이트하며 완성도를 높이는 쪽으로 개정작업을 진행하였다.

이 책은 크게 3권으로 구성되어 있고 각권 해설집까지 고려하면 총 5권으로 구성되어 있다. 제1권은 '추리논증의 이해와 학습전략'으로 수험에 필요한 학습가이드를 담았고, 제2권은 '추리영역'을, 제3권은 '논증영역'을 담아 구성하였다.

둘째, 개정7판(2018년 출간)까지는, 가능한 중요 기출문제를 모두 유형별로 분류하여 한 권의 책에 담고자 하였기에, 법학전문대학원협의회가 출제를 맡기 시작한 2012 LEET부터 2018 LEET까지의 전체 문항과 추리

논증 체계를 파악하는 데 필요한 필수문항들을 유형별·소재별로 모두 분류해서 핵심이론과 함께 기본교재에 실었다. 그러나 개정8판(2019년 출간)부터는 제한된 기본강의시간을 고려할 때 더 이상 한 권의 책에 모든 기출문제를 담을 수 없어, 최대한 기출유형별 분석 및 반복학습의 효과를 극대화할 수 있도록 책을 구성함과 동시에 추가적으로 보충교재제작 및 특강을 진행하였다. 결과적으로 이번 개정10판은 핵심이론과 함께 283문항으로 구성하였다.

참고로, 2021년 모든 기출문제를 함께 학습할 수 있는 훈련용 교재(전체기출문항의 유형별 훈련서 - 훈련편1, 훈련편2)를 출간하였고, 기출 전체 법률형 문제의 학습을 원하는 수험생들의 요구에 부응하여 법률특강1(2014년 진행)에 이어 개정10판 출간 직전인 2022년 10월에 법률특강2를 진행하였다. 따라서 전체 기출문제를 유형별로 학습하고자 하는 수험생의 경우에는 교재 마지막 장에 소개된 훈련용 교재와 강의를 참조하여 학습할 것을 권한다.

셋째, 기본강의 중 가장 최신 시험문제(2023 LEET)는 건드리지 않고 강의가 끝난 후 특강 형태로 실제시험처럼 풀어보고 분석하고자 하는 의도에서, 이번 개정10판에서도 2023 LEET 기출문제는 교재에 싣지 않았다. 따라서 기출특강 수강을 함께 할 수 없는 수험생들은 2023 LEET 기출문제를 법학적성시험 홈페이지(http://www.leet.or.kr)에서 다운받아 풀어보고 법학전문대학원 해설집(또는 메가로스쿨 해설집)을 참고할 것을 권한다.

모쪼록 수험생에게 보다 도움이 되는 교재나 강의가 되도록 나름 최선을 다하고 있는 만큼 본서나 강의를 잘 활용하여 차별화된 결과가 있기를 바란다. 성공하는 사람은 '생각'이 다르고, '생각'이 다른 만큼 다르게 '행동'한다. 이 책을 펼쳐든 여러분이 성공하는 사람의 생각방식과 행동으로 목표한 바를 꼭 성취하고 훌륭한 법조인이 되길 바라면서 글을 맺는다.

2022년 12월

조성우

개정7판 서문 중 일부 발췌

(앞부분 생략)

수험생 중에는 기출문제를 풀고 한 문제 한 문제 꼼꼼히 분석하였다고 하지만, 판단기준을 구체화하지 못하고 각각의 문제들을 유기적으로 연결시키지 못하여 실력 향상으로 이어지지 않는 사례가 적지 않다. 이러한 측면과 다양한 학습 시 애로사항을 수렴하여 구성한 교재가 바로 'LEET 추리논증 핵심이론 및 기출문제 유형별 학습서'인 이 책이다.

기타 이 책의 특징은 뒤에 이어지는 개정6판 서문을 참조하고, 지난 개정6판과 달라진 본 교재(개정7판)의 특징을 끝으로 언급한다면, 첫째, 2016년 12월 확정되고 2019 LEET부터 전격 반영된 개선안을 고려하여 교재편제에 변화를 주었고, 지난 개정6판에 비해 완성도와 가독성을 높이고자 하였다.

(뒷부분 생략)

2018년 12월

조성우

개정6판 저자 서문

이 책은 'LEET 추리논증 핵심이론 정리와 기출문제 유형별 학습'을 목적으로 만들어진 '기본강의' 교재이다. 이 책에서는 LEET 추리논증 시험을 위해 반드시 학습해야 할 내용들과 문제들을 다루고 있고 적성평가시험인 추리논증의 학습방법을 구체적으로 제시하고 있다.

필자의 책과 강의는 제1회 법학적성시험(LEET) 이후로 수석합격자를 비롯한 대다수의 합격자로부터 수험적합성이 가장 높은 것으로 평가받아 왔다. 그 이유는 출제기관의 지침을 하나도 빠짐없이 철저히 분석하고 이를 구체화하여 책을 구성하였고 실전을 항상 염두에 두고 강의를 진행하였기 때문일 것이다. 그 결과로 책과 강의를 통해 몸에 익힌 문제유형들이 시험에 다수 출제되어 필자와 함께 추리논증 학습을 제대로 한 학생들은 추리논증 영역에서 기대 이상의 결실을 거두어 왔다.

LEET와 같은 적성시험 내지 능력평가시험은 어떤 특정 지식을 알고 있는지를 확인하는 시험이 아니라 문제를 해결하는 능력을 평가하는 시험이기 때문에 "좋은 문제"를 가지고 "제대로" 학습하는 것이 매우 중요하다. 단순히 논리학, 수학 등을 학습하는 것으로 충분치 않고 그것을 왜 배우는지, 어떻게 문제 해결에 활용할 수 있는지를 문제를 통해 습득하는 것이 중요하다. 특히 언어적 자료인 논증(論證)문제의 경우에는 주관성이 개입될 여지가 많으므로 충분히 객관성이 확보된 문제로 답안 선택의 기준을 익히는 것이 더더욱 중요하다고 할 수 있다.

따라서 개정 6판에서도 여전히 가장 효과적인 학습 틀인 '추리논증 핵심이론 및 기출문제 유형별 학습서'로서의 틀을 유지하면서 좀 더 수험적합성을 높이는 쪽으로 집필의 방향을 설정하고 개정작업을 진행하였다.

LEET 추리논증 학습에 있어 가장 중요한 자료는 "기출문제"이다. 기출문제는 추리논증 학습의 '보고(寶庫)'이자 일종의 '판례(判例)'와 같다. 그래서 필자의 대표강의인 기본강의에서는 "추리논증 핵심이론 및 기출문제 유형별 분석"을 목표로 교재를 구성하여 강의를 진행해 왔다. 그런데 LEET가 시행된 지 벌써 9년이 되다 보니 기본강의에서 다루어야 할 기출문제의 양이 많아져, 2년 전부터는 기본강의에서 자세히 설명하던 기초 이론과 문제의 상당 부분을 입문강의로 내리고 기본강의에서는 "추리논증 핵심이론과 LEET 기출문제"를 보다 집중적으로 다루어 왔다.

이러한 점을 고려할 때 강의의 도움을 받지 않고 혼자 추리논증 학습을 처음 시작하는 수험생에게 이 책은 적절치 않다. 추리논증 입문자의 경우에는 이 책을 보기 전에 〈조성우 추리논증 기초〉를 먼저 학습할 것을 권한다. 입문교재는 독습이 가능하도록 최대한 친절하게 그리고 수험적합성 있게, 문제 설명 및 학습가이드를 제공하였다.

따라서 입문서를 학습한 후에 또는 입문서와 함께 이 책으로 학습한다면 학습의 효과는 배가(倍加)될 것이다. 본서에 수록된 핵심이론 및 문제는 추리논증 문제해결을 위해 꼭 필요한 내용과 LEET 기출문제를 포함한 공인된 시험을 통해 객관적으로 충분히 검증된 좋은 문제들로만 구성되었으므로 한 문제 한 문제 제대로 학습하고 여러 번에 걸쳐 반복적으로 학습하면서 효율적인 문제해결방법 및 객관적인 판단기준을 확립해 갈 것을 권한다.

마지막으로 수험생에게 보다 도움이 되는 교재를 제작하기 위해 나름 고민 고민하며 작업에 임한 만큼 본서와 인연을 맺은 이들에게 차별화된 결과가 있기를 기대해 본다. 성공하는 사람은 '생각'이 다르고, '생각'이 다른 만큼 다르게 '행동'한다. 이 책을 펼쳐든 여러분은 성공하는 사람의 생각방식과 행동으로 목표한 바를 꼭 성취하기 바란다.

2017년 1월

조성우

Legal
Education
Eligibility
Test

추리논증의 이해와 **학습전략**

CONTENTS

CHAPTER 1

추리논증의 이해

핵심 내용

| 법학적성시험(LEET)이란?

| 법학적성시험 추리논증 영역

| 추리논증 기출문제 문항 분석

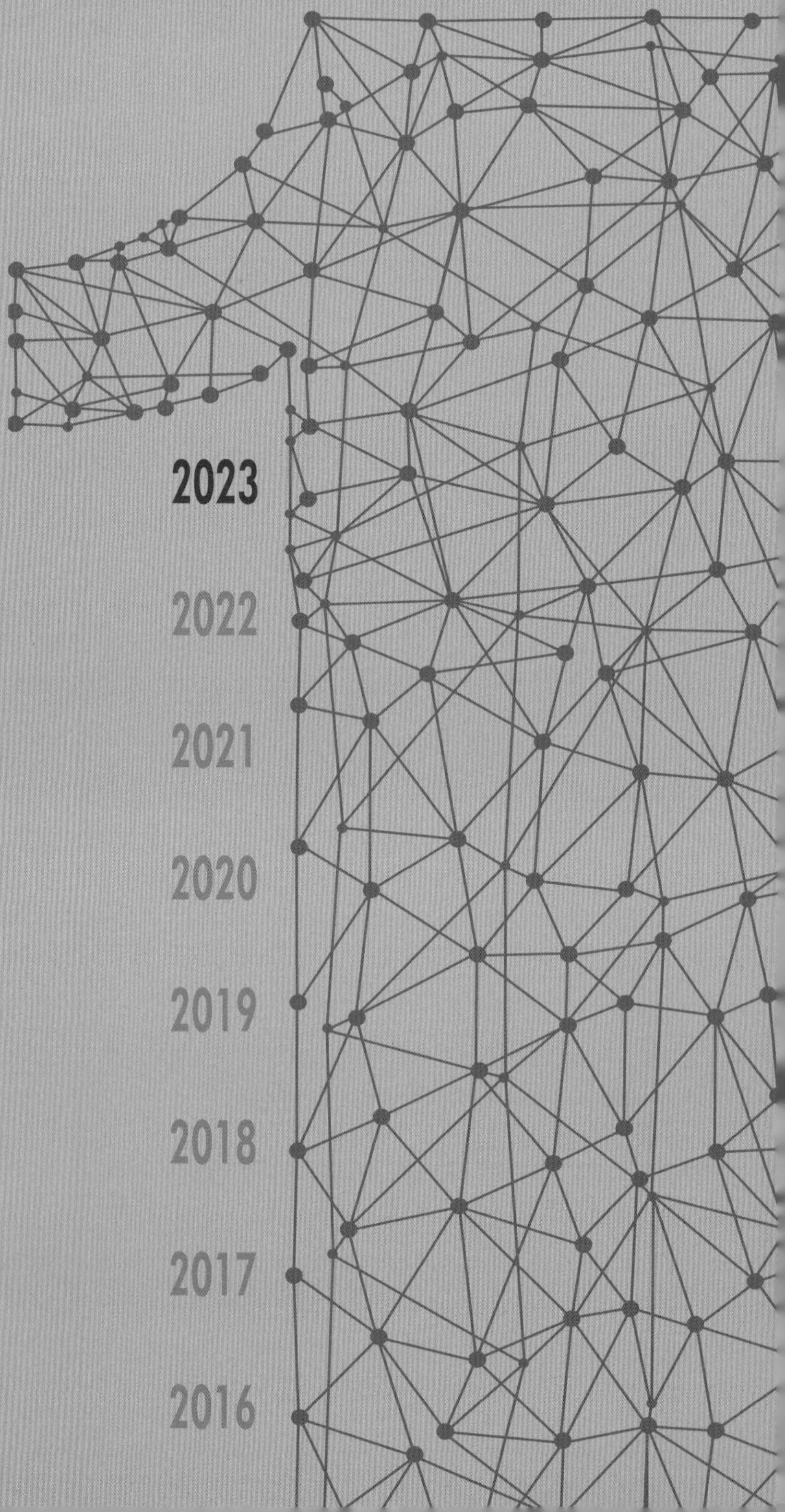

Ⅰ. 법학적성시험(LEET)이란?

LEET를 준비하면서 새로운 제도의 취지와 출제기관의 출제지침을 정확하게 이해하지 않고 더욱이 그 결과물인 기출문제를 정확하게 분석치 않고 학습에 임하는 것은 지도 없이 길을 떠나는 것과 같다.[1]

1 법학적성시험(LEET)이란?

법학적성시험은 법학전문대학원[2] 교육을 이수하는 데 필요한 수학능력과 법조인으로서 지녀야 할 기본적 소양과 잠재적인 적성을 가지고 있는가를 측정하는 시험이다.

법학적성시험은 법학전문대학원 교육에 필요한 기본능력과 소양을 측정하는 시험으로서, 법학전문대학원 입학 전형에서 적격자 선발 기능을 제고하고, 법학 교육 발전을 도모하는 데 목적이 있다.[3]

2 법학적성시험의 성격 및 특징

- 일반 지능검사보다는 범위와 폭이 좁고, 법학이라는 특수 분야보다는 넓은 영역에 걸친 검사라고 할 수 있을 것이다.
- 법학적성시험은 진학적성검사 중에서 일반 능력을 측정하는 SAT(Scholastic Ability Test)나 공직적성평가보다는 특수 적성검사에 가깝고, 학업 적성을 평가하는 ACT(American College Testing)보다는 일반 적성검사에 가까운 성격을 갖는다.
- 법학적성시험은 전통적인 현상 중심 영역보다는 사고 기능 중심으로 영역을 설정하였다.[4]
- 공직적성평가는 평가영역을 언어논리, 자료해석, 상황판단의 핵심 사고 영역으로 설정하였다는 점에서 법학적성시험이 벤치마킹할 만한 제도이다.[5]

---

1) 지금까지 발표된 한국교육과정평가원의 연구 자료(2006년)와 예비시험 설명자료(2007년 12월), 1, 2차 예시문제 및 2008년 1월 26일 시행된 예비시험문제, 법학전문대학원 협의회의 자료집(2015년 4월 "법학적성시험의 성과와 발전방향 공청회" 자료집, 2016년 12월에 발표된 법학적성시험 개선계획 자료, 2018년 5월 진행한 전국순회설명회의 책자인 '2019 로스쿨 인사이드'), 그리고 2018년까지 치러진 11번의 법학적성시험문제는 추리논증 영역의 학습범위와 내용, 공부방법론 도출의 기준이 되어야 한다는 점에서 매우 중요하다.

2) 우리나라에서는 다원화 · 국제화 시대에 부응할 수 있는 유능한 법조인을 양성하여 질 높은 법률 서비스를 제공할 수 있는 고급 전문인력 양성체제를 구축하고자 2009학년도부터 법학전문대학원 제도를 도입하기로 하였다.

3) 법학전문대학원협의회, 「법학적성시험안내서」, 2016. 7. p.9, 「로스쿨 인사이드」, 2018. 5, p.4.

3 법학적성시험의 시험 영역 및 시험 시간[6]

법학적성시험의 평가영역은 언어이해, 추리논증 그리고 논술시험으로 이루어진다. 2016년 12월 발표된 법학적성시험 개선계획에 따라 2019학년도 법학적성시험(2018년 7월 15일 시행)부터는 아래와 같이 문항수와 시험시간이 변경되어 시행되고 있다.[7]

교시	시험영역	문항 수	시험 시간		문항 형태
1	언어이해	30	09:00~10:10	70분	5지선다형
2	추리논증	40	10:45~12:50	125분	5지선다형
점심시간			12:50~13:50		
3	논술	2	14:00~15:50	110분	서답형
계	3개 영역	72문항		305분	

※ 법학전문대학원 입시에서 정량평가 비중이 강화됨에 따라 법학적성시험의 타당성과 신뢰도를 제고하기 위한 개선안을 적용하기로 함. (2016.12 발표)

참고로 2010학년도부터 2018학년도까지 시행된 법학적성시험의 문항수와 시험시간은 아래와 같다.

교시	시험영역	문항 수	시험 시간		문항 형태
1	언어이해	35	09:00~10:20	80분	5지선다형
2	추리논증	35	11:00~12:50	110분	5지선다형
점심시간			12:50~13:50		
3	논술	2	14:00~16:00	120분	서답형
계	3개 영역	72문항		310분	

4) 현상 중심(학문 영역)의 시험으로는 의 · 치의학교육입문검사(언어추론, 자연과학추론 I, 자연과학추론 II), 대학수학능력시험(언어, 사회탐구, 과학탐구, 직업탐구, 제2외국어, 영어)이 있고, 사고 기능 중심의 시험으로는 공직적격성검사(언어논리, 자료해석, 상황 판단), 일본 법학적성시험(언어능력, 분석능력, 추론능력), 미국 법학적성검사(독해력, 분석 추론력, 논리 추론력, 쓰기 능력)이 있다.

5) 다만 지식을 배제하고 사고력과 문제 해결력 중심으로 평가를 하다 보니 문항 형식이 지나치게 단순하고, 영역별 40문항씩 출제하지만 유형별로 분류하면 그 수가 많지 않아 문항 유형의 다양화 측면에서는 개선의 여지가 있다고 할 수 있다. 즉, 문항수는 많지만 실제 평가하는 능력은 좁은 범위를 벗어나기 어려운 한계가 있다고 할 수 있다. 법학적성시험에서는 이러한 문제를 극복하여야 할 것으로 판단된다(한국교육과정평가원, 2006, pp. 37~38).

언어이해 〈언어이해〉 영역은 인문, 사회, 과학기술, 법·규범 분야의 다양한 학문적 또는 학제적 소재를 활용하여 법학전문대학원 교육에 필요한 독해 능력, 의사소통 능력 및 종합적인 사고력을 측정하는 시험이다. 〈언어이해〉 영역은 비교적 장문의 지문을 제시한 뒤, 텍스트의 중심 내용, 논지, 결론 등을 파악하고, 문제를 해결하는 데 필요한 정보를 찾아내고, 그로부터 일상 언어의 언어 능력을 이용하여 간단히 추리함으로써 지문에 명시되지 않은 정보들을 알아내고, 또 텍스트의 전개 방식과 글쓰기 특징, 글의 구성이나 논증 등을 비판적으로 검토하도록 요구하는 문제들로 이루어진다. 한마디로 길게 주어진 지문에 대하여 이해 및 분석 활동을 요구하는 시험이다.

〈 언어이해 영역 문항분류표 〉

문항 유형 / 내용 영역	주제·요지·구조 파악	의도·관점·입장 파악	정보의 확인과 재구성	정보의 추론과 해석	정보의 평가와 적용
인문					
사회					
과학기술					
법 · 규범					

| 주제·요지·구조 파악 | 제시문 전체 또는 부분의 주제, 중심 생각과 요지를 파악하는 능력을 측정함. 문장이나 문단과 같은 부분이 수행하는 기능이나 역할을 고려하여 제시문 전체의 구조와 전개 방식을 파악하는 능력을 측정함.

| 의도·관점·입장 파악 | 글쓴이 또는 제시문에 소개된 인물이 가진 의도, 관점, 입장, 태도를 파악하는 능력을 측정함.

| 정보의 확인과 재구성 | 제시문에 나타난 정보 및 정보의 관계를 정확히 파악하여 다른 표현으로 재구성할 수 있는 능력을 측정함.

| 정보의 추론과 해석 | 제시문에 제시된 정보를 바탕으로 새로운 정보를 추론할 수 있는 능력을 측정함. 맥락을 고려한 해석을 통하여 정보가 가지는 적합한 의미를 밝힐 수 있는 능력을 측정함.

| 정보의 평가와 적용 | 제시문에 주어진 논증이나 설명의 타당성을 평가할 수 있는 능력을 측정함. 제시문에 소개된 원리를 새로운 사례나 상황에 적용할 수 있는 능력을 측정함.

---

6) 법학전문대학원협의회, 「법학적성시험안내서」, 2016. 7. 와 「로스쿨 인사이드」, 2018. 5.의 주요 내용을 발췌 인용함.

7) 법학적성시험 연구사업단은 기초 연구, 공청회, 모의시험, 자문회의(연구기간 : 2015년 2월 ~ 2016년 8월) 등을 통해 이론적 연구와 교육현장의 의견을 종합적으로 검토하여 개선안을 2016년 12월 1일 확정 발표하였고, 2018학년도의 경과기간을 거쳐 2019학년도 법학적성시험에서는 전면적으로 시행하였다.

추리논증 〈추리논증〉 영역은 사실이나 견해 또는 정책이나 실천적 의사결정 등을 다루는 일상적 소재와 논리학 · 수학, 인문, 사회, 과학기술, 법·규범 등 다양한 분야의 학문적 소재를 활용하여 법학전문대학원 교육에 필요한 추리(reasoning) 능력과 논증(argumentation) 능력을 측정하는 시험이다.

〈추리논증〉 영역은 크게 두 부분으로 이루어지는데, 일상 언어를 통한 추리 및 간단한 수리적인 자료의 해석에 기초한 추리 그리고 논리 퍼즐 등 추리 능력을 측정하는 부분과 논증을 제시하고 그것을 분석 및 재구성하거나, 그에 대하여 반론을 펴거나 비판하거나, 또는 논증의 오류를 지적하는 등 그것을 평가하는 이른바 논증 다루기 능력을 측정하는 부분이 그것이다.

〈추리논증〉은 '추리'와 '논증(비판)'을 하나의 과목으로 묶은 시험이다. 이것은 '추리'와 '논증(비판)'이 많은 경우에 서로 구별이 불가능하거나 그 구별이 자의적이기 쉽다는 점을 고려한 방안이기도 하고, 한편으로는 추리나 논증을 요구하는 문제들이 고도의 집중력을 요구하는 문제들이기 쉽기 때문에 두 영역을 통합함으로써 문항 수에 있어서 〈언어이해〉 과목과 균형을 맞추자는 취지에서 나온 것이기도 하다.

〈 추리논증 영역 문항분류표 및 출제 비중 〉

문항유형 / 내용 영역	추리 40~60%		논증 40~60%		
	언어 추리 20~30%	모형 추리 20~30%	논증 분석 10~20%	논쟁 및 반론 15~25%	평가 및 문제 해결 15~25%
논리학 · 수학 5~15%					
인문 20~35%					
사회 15~25%					
과학기술 15~25%					
법 · 규범 25~35%					

1) '추리' 영역의 성격과 문항 분류표

[추리] 문항은 기본적으로 법적 문제를 해결하기 위해 필요한 추리 능력을 측정하기 위한 것이다. 법은 규범적 규칙과 원리의 체계로, 법에 관한 연구는 규칙과 원리의 적용 및 함축에 관한 연구로 볼 수 있다. 법을 전공하지 않은 학생들을 포함한 다양한 전공의 학생들을 대상으로 이러한 법적 문제 해결 능력이 있는지 측정하기 위해, [추리] 문항은 크게 언어 추리 문항과 모형 추리 문항을 포함한다.

〈 추리 문항 유형 및 문항분류표 〉

문항유형 / 내용 영역	일상 언어 추리			모형 추리		
	함축 및 귀결	원리 적용	사실관계 추리	형식적 추리	논리 게임	수리 추리
논리학 · 수학						
인문						
사회						
과학기술						
윤리 · 규범						

추리 (40~60%)	언어 추리	함축 및 귀결	제시문의 정보로부터 함축되는 정보를 추리하는 능력을 측정함.
		원리 적용	규범 및 규칙이나 일반 원리를 해당되는 사례에 적용하여 올바로 추리하는 능력을 측정함.
		사실관계 추리	부분적인 정보나 증거가 주어질 경우 이로부터 특정한 사실관계를 추리하거나 특정한 주장의 진위 여부를 판단하는 능력을 측정함.
	모형 추리	형식적 추리	주어진 전제들로부터 형식논리의 추론규칙을 이용해서 연역적으로 타당한 결론을 이끌어 내거나, 어떤 주어진 논증이 타당하기 위해 보충해야 할 전제를 찾는 능력을 측정함.
		논리게임	제약 조건 하에서 올바르게 항목을 배열하거나 연결하기 등을 할 수 있는 능력과 제시된 정보로부터 새로운 정보를 추리할 수 있는 능력을 측정함.
		수리추리	수 도형, 표, 그래프로 표현된 비언어적 정보로부터 추리나 간단한 수리 연산을 통해 새로운 정보를 추리하는 능력을 측정함.

2) '논증' 영역의 성격과 문항 분류표

[추리논증] 영역에서 [논증] 영역으로 분류되는 문항은 논증비판의 능력을 시험하는 문항이다. 알려진 지식이나 정보로부터 새로운 지식이나 정보를 이끌어 내는 정신적 과정을 우리는 보통 "추리"라고 일컬으며, 그러한 정신적 추리 과정이 언어로써 표현되면 "논증"이라고 일컫는다. 논증은 실로 거의 모든 학문과 과학 활동, 윤리적 판단, 법률적 판단, 정책 판단의 핵심적 지적 활동의 대상이자 결과물이라고 말할 수 있다. 논증비판은 이러한 지적 과정에 대한 비판이다.

〈 논증 문항 유형 및 문항분류표 〉

문항 유형 / 내용 영역	논증 분석			논쟁 및 반론			평가 및 문제해결			
	명시적 요소 분석	암묵적 요소 분석	구조 분석	논쟁 분석 및 평가	반론 구성	오류	연역 논증 평가	귀납 논증 평가	강화 또는 약화	문제 해결
인문										
사회										
과학기술										
법 · 규범										

* 논증 분석 : 논증의 요소와 구조를 분석하는 능력 측정
* 논쟁 및 반론 : 논쟁을 분석하고 평가하는 능력과 더불어 상대방의 오류를 지적하는 것을 포함한 반론을 구성하는 능력 측정
* 평가 및 문제해결 : 논증을 평가하는 능력, 증거가 가설을 입증하는 강도를 평가하는 능력, 합리적인 선택과 문제해결 능력을 측정

논 술 〈논술 영역〉은 예비 법조인으로서 갖춰야 할 분석적·종합적 사고력과 논리적 글쓰기 능력을 측정하는 시험이다.

〈 평가목표 이원분류표 〉

문항 유형 / 내용 영역	분석		구성			
	논제 분석	제시문 분석	논증	비판	전개	표현
인문						
사회						
과학기술						
규범						
복합						

| 분석 | 텍스트를 분석하고 이해하는 능력

- 논제 분석 : 논제의 의도와 그것이 요구하는 과제의 성격을 정확히 파악할 수 있는 능력
- 제시문 분석 : 제시문을 이해하고 그 내용과 형식에 대하여 논리적으로 사고할 수 있는 능력

| 구성 | 사고를 구성하여 글로 완성하는 능력

- 논증 : 논리적으로 사고를 구성하는 능력
- 비판 : 타당한 근거를 바탕으로 한 평가 및 판단 능력
- 전개 : 심층적 및 독창적 사고를 구성하는 능력
- 표현 : 적절한 언어를 사용하여 글로 표현하는 능력

4 출제의 기본 방향[8)]

- 법학적성시험은 법학전문대학원 수학에 필요한 기본적인 능력을 측정하기 위한 것으로, 대학 교육과정을 정상적으로 마쳤거나 마칠 예정인 수험생이면 문제를 해결할 수 있도록 한다.
- 가능한 한 다양한 학문 영역에 관련된 소재를 활용하여 통합적으로 출제하도록 한다.
- 기억력에 의존하는 평가를 지양하고 분석력, 추리력, 종합적 비판력, 창의적 적용 능력 같은 고차원적 사고를 통해 문제를 해결하는 능력을 측정하도록 한다.
- 특정한 전공 영역에 유리한 문항을 배제하여 공정한 평가가 이루어지도록 한다.
- 시중 모의고사에서 흔히 볼 수 있는 제재는 가능한 한 출제에서 배제했으며, 유사한 것처럼 보이는 제재가 사용된 경우에는 제시문 수준 및 문항 설계에 있어 현격한 차이가 있도록 하였다.[9)]

---

8) 출제의 기본방향은 2012학년도 법학적성시험 시행결과 보도자료에서부터 지금까지 일관되게 유지되고 있는 내용이다. 법학전문대학원협의회 「2023학년도 법학적성시험 시행결과」, 2022. 8. 1 보도자료, p.3 에서 인용

9) 이 내용은 2019학년도 법학적성시험 시행결과 보도자료에서부터 제시된 내용이다.

Ⅱ. 법학적성시험 추리논증 영역

추리논증 영역은 사실이나 견해 또는 정책이나 실천적 의사 결정 등을 다루는 일상적 소재와 논리학 · 수학, 인문학, 사회과학, 과학기술 등 다양한 분야의 학문적인 소재를 활용하여 법학전문대학원 교육에 필요한 추리(reasoning) 능력과 논증(argumentation) 능력을 측정하는 시험이다.

1 시험의 성격

추리논증 영역은 특정 전공 영역에 대한 세부 지식이 없더라도 대학 교육과정을 정상적으로 마쳤거나 마칠 예정인 수험생이면 주어진 자료에 제공된 정보와 종합적 사고력을 활용하여 문제를 해결할 수 있도록 문항을 구성한다.[10)]

2 문항 구성 소재

추리논증 영역은 출제 범위를 특정 학문 분야로 제한하지 않고 일상적 소재 및 논리학· 수학, 인문학, 사회과학, 과학 · 기술, 법 · 규범 분야의 다양한 학문적 소재를 활용하여 폭넓은 독서 체험과 문제해결 경험을 바탕으로 한 문제해결력과 사고력을 측정한다.

논리학 · 수학은 추리 문항의 해결에 필요한 원리를 제공해 준다는 중요성과 추리 문항에서 다루는 소재 중 인문, 사회, 과학기술, 규범에 속하지 않는 일상적 소재를 분류상 포함하기 위한 실용적 목적 때문에 모형추리 영역에서만 '인문'영역과는 별도의 영역으로 분류한다고 출제기관은 밝히고 있다.[11)]

---

10)「사법시험이 지식위주의 암기력을 측정하는 시험이라고 한다면 LEET는 자료가 제시문을 통해 주어지고 종합적인 사고력을 이용하여 문제를 해결하는 일종의 오픈북 시험이라 할 수 있다.

11) 법학전문대학원협의회, 「로스쿨 인사이드」, 2018. 5, p.8.

3-1 추리 논증 능력 평가 영역 및 항목

〈추리논증〉은 '추리(reasoning)'와 '논증(argumentation)'의 두 하위 영역으로 이루어지고, 각 하위 영역은 별개의 내용 영역과 인지활동 영역으로 구성된다.[12]

〈 추리논증 영역 문항분류표 〉

문항 유형 / 내용 영역	추리		논증		
	언어 추리	모형 추리	논증 분석	논쟁 및 반론	평가 및 문제 해결
논리학 · 수학					
인문					
사회					
과학기술					
법 · 규범					

〈1〉〈추리〉 영역

〈 추리 문항 유형 및 문항분류표 〉

문항 유형 / 내용 영역	언어 추리			모형 추리		
	함축 및 귀결	원리 적용	사실관계 추리	형식적 추리	논리 게임	수리 추리
논리학 · 수학						
인문						
사회						
과학기술						
윤리 · 규범						

언어 추리가 언어로 제시된 정보나 원리로부터 언어적 추리를 통해 새로운 정보를 이끌어 낼 수 있는 능력을 측정하는 반면에 모형 추리는 제시된 정보나 제약 조건으로부터 기호, 그림, 표, 그래프와 같은 비언어적 모형을 사용하여 새로운 정보를 이끌어 낼 수 있는지를 묻는 문항이다.

12) 내용영역은 시험문제를 구성하는 소재라고 할 수 있고, 인지활동영역은 능력평가항목 내지 문항유형이라 할 수 있다.

❶ 함축 및 귀결[13)]

함축 및 귀결 문항은 제시문의 진술이 함축하는 진술과 함축하지 않는 진술을 확인할 수 있는 능력을 평가한다. 여기서 '함축'은 엄격한 의미로 사용되는데, 진술 A가 참이라면 진술 B가 반드시 참일 때 진술 A가 진술 B를 함축한다고 말한다.

예제 1 2010학년도 27번 문항 | 지구상의 기온이 시간과 위치에 따라 변하는 원인

다음 글로부터 추론한 것으로 옳은 것만을 〈보기〉에서 있는 대로 고른 것은?

이 예제에서 어떤 진술이 제시문으로부터 함축되는지 그렇지 않은지의 여부가 형식 논리에 따라 결정되는 것이 아니라, 제시문이 기술하는 내용에 따라 결정된다는 것에 주목할 필요가 있다. 일반적으로 우리는 어떤 진술이 어떤 진술을 함축하는지 그렇지 않은지 판단하기 위해서 진술의 형태가 아니라 내용을 완전히 파악해야 한다.

예제 2 2014학년도 13번 문항 | 긍정상관, 부정상관, 대칭성, 인과관계

다음 글로부터 추론한 것으로 옳은 것만을 〈보기〉에서 있는 대로 고른 것은?

- 추론되는 진술은 주어진 정보로부터 나온다. 제시문에서 주어진 정보 이외에는 어떤 다른 전문지식도 요구되지 않는다. 제시문의 정보와 상식적인 배경정보에 의해서만 함축되는 진술이 추론되는 진술이고, 제시문의 내용 이외의 어떤 다른 전문 지식의 도움을 받아 함축되는 진술이 있다면 그 진술은 제시문으로부터 추론되는 진술이 아니다.
- 추론되는 진술은 하나의 진술로부터 추론될 수도 있고, 여러 개의 진술의 결합으로부터 추론될 수도 있다.

★★ 함축 및 귀결 문항을 풀기 위해서는 논리학의 추론규칙을 배우는 것도 도움이 될 수 있지만, 그보다는 주어진 글의 내용을 철저히 이해하는 습관을 가지는 것이 매우 중요하다. 함축 및 귀결 문항은 형식 논리적으로 도출되는 진술을 파악하는 능력을 측정하는 것이 아니라, 주어진 글이 의미상 말하는 내용과 말하지 않는 내용을 잘 파악하여 이로부터 함축되는 진술과 그렇지 않은 진술을 판별하는 능력을 측정하기 때문이다.

제시문에서 주장되는 것과 주장되지 않는 것을 예리하게 구별할 수 있어야 한다. 글을 읽는 과정에서 자신이 가지고 있는 전문지식을 은연중에 도입해서 주어진 글이 주장하지 않는 새로운 내용을 추론해서는 안 된다. 평소에 글을 읽을 때 글의 내용을 정확히 이해하려고 노력하는 자세가 필요하다.

---

13) 법학전문대학원협의회, 「법학적성시험안내서」, 2016. 7. pp.106~114.

❷ 원리 적용[14)]

원리 적용 문항은 다음과 같은 능력을 측정한다.

- 어떤 특정한 사실관계나 개별 사례에 여러 규범적인 규칙이나 일반 원리 중 어떤 것이 적용될 수 있는지 판단하는 능력
- 여러 사례 중 규범적 규칙이나 일반 원리가 적용될 수 있는 사례를 확인하고, 규범적 규칙이나 일반 원리를 해당되는 사례에 적용하여 올바로 추리하는 능력
- 주어진 사례의 규범적 판단이 제시되었을 때 그 판단의 배후에 어떤 규범적 원칙이 적용되었는지 추리할 수 있는 능력[15)]

예제 1 2014학년도 3번 문항 | 권리의 입증 책임을 소재로 한 법적추론 문제

〈원칙〉을 적용한 것으로 옳은 것을 〈보기〉에서 고른 것은?

예제 2 2012학년도 5번 문항 | 국가기관의 하자있는 행정행위 취소 원칙을 소재로 한 법적추론 문제

A국의 법에 대한 다음 글로부터 바르게 추론한 것만을 〈보기〉에서 있는 대로 고른 것은?

★ 원리 적용 문항은 함축 및 귀결 문항처럼 '다음 글로부터 바르게 추론한 것은?'과 같은 질문을 가지는 경우가 대부분이다. 원리 적용 문항은 법규나 원리를 사례에 적용하여 그 귀결을 추리할 수 있는지 묻는 문제로, 함축 및 귀결 문항의 한 유형으로 볼 수 있기 때문이다. 원리 적용은 법적 추리의 핵심적인 부분이기 때문에 편의상 구분하여 하나의 유형으로 제시한 것일 뿐이다.

예제 3 2013학년도 18번 문항 | 이중효과의 원칙으로 알려진 도덕적 판단의 원칙을 소재로 한 문항

〈판단〉과 〈원칙〉에 대한 진술로 옳은 것만을 〈보기〉에서 있는 대로 고른 것은?

이 문항은 원칙을 사례에 적용하는 문제가 아니라 주어진 사례의 도덕적 판단으로부터 그 판단의 배후에 어떤 도덕적 원칙이 적용되었는지 추리하는 문제이다. 구체적 사례에 대한 판단으로부터 그 판단의 배후에 있는 원리를 추리하는 것도 넓은 의미로 사례의 원리 적용에 관한 문제로 볼 수 있기 때문에 원리 적용 문항에 포함하였다.

---

14) 법학전문대학원협의회, 「법학적성시험안내서」, 2016. 7. pp.115~125.

15) 이 유형은 '판단의 원리 및 전제' 추론 문제 내지 '일종의 대전제(암묵적 전제)' 추론 문제라 할 수 있다.

❸ 사실 관계 추리[16]

사실관계 추리 문항은 어떤 정보나 증거가 주어질 경우 이로부터 특정한 사실관계를 추리하거나 특정한 주장의 진위 여부를 판단할 수 있는 능력을 평가한다. 그리고 주어진 사실관계에 비추어 진술이나 주장 사이의 일관적 관계, 모순 관계, 지지관계 등을 판단할 수 있는 능력도 평가한다.

★사실관계 추리는 사람들의 사고 내지 행동에 대한 경험적인 일반법칙을 구체적인 사례에 적용하여 결론을 도출하는 형식으로 구성되는 경우가 많다. 그런데 전제가 되는 경험적인 일반법칙이란 사회에 널리 받아들여지는 것이므로 보통 이 일반법칙은 생략되고, 사실관계에 관한 진술로부터 결론을 추론하는 것이 일반적이다.

★사실관계 추리는 이렇게 경험적인 일반법칙에 근거한 추론이므로 사안에 따라 개별적인 예외가 존재할 가능성을 언제나 염두에 두어야 한다. 사실 관계 추리는 그 자체로서 완결적인 타당한 추리가 아니라, 추리하는 사람으로 하여금 제한된 정보와 증거에 기초하여 가장 개연성이 높은 사건의 경과를 합리적으로 재구성할 수 있게 해 주는 추리인 것이다.

예제 1 2012학년도 3번 문항 | 정약용의 『흠흠신서』에 소개되어 있는 한 살인 사건

〈사실관계〉에 대한 〈추리 내용〉을 평가한 것으로 적절하지 않은 것은?

예제 2 2011학년도 4번 문항 | 교통사고를 둘러싼 검사와 피고의 주장

다음 글에 비추어 판단한 것으로 옳지 않은 것은?

사실관계 추리는 주어진 증거나 정보에 경험적인 일반법칙을 적용하여 결론을 이끌어 내는 것으로 볼 수 있다. 여기서 문제되는 경험적인 일반법칙은 거의 모든 사회구성원이 수용하는 상식 혹은 통념으로, 이러한 상식이나 통념은 적극적으로 반대되는 증거가 제시되지 않는 한 참인 것으로 가정된다.

16) 법학전문대학원협의회, 「법학적성시험안내서」, 2016. 7. pp.126~133.

❹ 형식적 추리[17)]

형식적 추리는 직접적으로 모형에 관한 추리는 아니라고 할 수 있지만, 문장의 내용이 아니라 문장의 형식에 의존하는 추리라는 점에서 언어 추리보다는 모형 추리에 포함하는 것이 더 적절하다고 말할 수 있다.

형식적 추리는 주어진 전제로부터 타당한 추론 규칙을 적용하여 연역적으로 결론을 이끌어 내는 추리로 논리적 추리라고도 한다. 형식적 추리 문항은 주어진 전제로부터 형식논리의 추론 규칙을 이용해서 연역적으로 타당한 결론을 이끌어 낼 수 있는 능력을 측정하는 문항이다.

예제 1 2011학년도 22번 문항 | 사고자동차 1번 도로

다음 추론이 타당하기 위해서 추가로 필요한 진술은?

예제 2 2009학년도 4번 문항 | 한국 생활을 경험해 본 영국인

다음 추론에서 결론을 타당하게 도출하기 위해 보충해야 할 전제는?

★형식적 추리 문항을 잘 풀기 위해서는 기초적인 논리 규칙을 습득하여 주어진 진술로부터 다른 진술을 타당하게 추론할 수 있는 능력을 기르는 것이 필요하다.

★형식적 추리 능력은 단순히 형식적 추리 문항을 해결하기 위해 필요한 능력일 뿐만 아니라, 논리게임, 수리추리, 함축 및 귀결 문항을 해결하는 데도 매우 유용한 능력이므로 반복적인 연습을 통해 습득하는 것이 필요하다.

문제를 풀 때 주어진 진술이나 추론을 기호를 사용하여 간단히 표현하는 것도 연습을 통해 충분히 습득하는 것이 좋다.

---

17) 법학전문대학원협의회, 「법학적성시험안내서」, 2016. 7. pp.134~147.

❺ 논리게임[18]

논리게임 문항은 제약조건하에서 항목 배열하기, 항목 연결하기, 묶기 등의 '배치 및 정렬' 문항과, 부분적인 정보나 증거가 주어졌을 때 가능한 상황을 구성하거나 그 함축을 추리하게 하는 '논리퍼즐' 문항으로 나누어지는데, 이러한 문항은 법적 맥락에서 주어진 부분적 정보나 증거를 분석하여 증거와 양립 가능한 상황을 추리하는 능력, 주어진 정보와 증거로부터 어떤 상황이 반드시 성립하는지 추리하는 능력 등을 효과적으로 측정할 수 있다.

예제 1 2015학년도 19번 문항 | 동물애호가 A, B, C, D가 키우는 동물 추론

다음으로부터 추론한 것으로 옳은 것은?

★논리게임 문항은 규칙과 제약조건을 결합하여 더 많은 정보를 최대한 추리하는 것이 문제 해결의 지름길인 경우가 많다. 규칙과 제약조건으로부터 추론될 수 있는 사실을 최대한 도출하는 것이 오답 가능성을 줄이면서 더 빠르게 문제를 해결하는 방법이다.

예제 2 2009학년도 예비시험 3번 문항 | 갑을병정 네 나라의 수도(관주, 금주, 평주, 한주) 추론하기

갑, 을, 병, 정의 네 나라에 대한 다음의 조건으로부터 추론할 수 있는 것은?

★배치 및 정렬 문항은 반복 학습으로 성적이 쉽게 오를 수 있는 문제 유형이므로, 충분한 연습을 통해 문제 풀이 요령을 익히는 것이 중요하다. 이론적 학습보다는 혼자 힘으로 많은 문제를 풀어보며 풀이 요령을 습득하는 시행착오(trial and error) 방법이 적절하다.

예제 3 2014학년도 33번 문항 | 진우의 두 진술은 모두 참이거나 모두 거짓인 참 거짓 퍼즐문제

다음으로부터 추론한 것으로 옳은 것만을 〈보기〉에서 있는 대로 고른 것은?

예제 4 2014학년도 35번 문항 | 리그전, 승점, 득점, 실점으로 구성

다음으로부터 추론한 것으로 옳은 것만을 〈보기〉에서 있는 대로 고른 것은?

예제 5 2015학년도 20번 문항 | 네 부서에 선발된 신입사원 추론 문제, 5명의 진술 중 한 명만 거짓

다음으로부터 추론한 것으로 옳은 것은?

- 경우의 수를 크게 줄일 수 있는 정보를 먼저 찾아 분석하라.
- 필요하다면 '귀류법'과 '경우를 나누어서 추리하기'를 이용하라.
- ★주어진 정보로부터 더 이상의 의미 있는 정보를 추론하는 데 어려움이 있다면 주어진 선택지를 보고 판단하라.

18) 법학전문대학원협의회, 「법학적성시험안내서」, 2016. 7. pp.148~168.

❻ 수리추리

수리추리 문항은 수, 도형, 표, 그래프로 표현된 비언어적 정보로부터 추리나 간단한 수리 연산을 통해 새로운 정보를 추리할 수 있는지를 묻는다. 이 문제 유형은 분석 및 추리 능력을 측정하는 것이 주요 목적이기 때문에 문제 해결에 어려운 수학적 지식이 요구되지 않는다. 단지 수, 도형, 표, 그래프에 의해 주어진 정보를 분석하여 추리할 수 있는 능력과 간단한 산수 연산 능력만 필요하다.

수리추리 문항은 간단한 수 계산이 필요한 '수리 연산' 문항과 도형, 표, 그래프, 통계 등에 의해 주어진 정보로부터 새로운 정보를 도출할 수 있는 능력을 평가하기 위한 '도형, 표, 그래프' 문항으로 나누어 볼 수 있다.

예제 1 2011학년도 34번 문항 | 수리연산 문제

> 세 상품 A, B, C에 대한 선호도 조사를 실시했다. 조사에 응한 사람은 가장 좋아하는 상품부터 1~3순위를 부여했다. 두 상품에 같은 순위를 표시할 수는 없다. 조사의 결과가 다음과 같을 때 C에 3순위를 부여한 사람의 수는?

수리 연산 문항은 언어적 정보와 수 정보로부터 논리적 추리와 수 연산을 통해 새로운 정보를 추리할 수 있는 능력을 측정하는 문항이다.

위 예제는 수 정보와 언어적 정보를 결합하여 분석하고, 이로부터 함축되는 정보를 추리할 수 있는 능력을 평가하는 전형적인 수리 연산 문항이다. 이 문항을 해결하는 데 효율적인 방식은 주어진 정보로부터 간단한 방정식을 세우는 것이지만, 요구되는 방정식은 매우 간단한 것으로 이것을 고안하고 풀 수 있는 능력은 일상생활에서도 필요한 기초적인 능력이라고 할 수 있다.

예제 2 2015학년도 26번 문항 | 1인당 실질소득과 사망률 및 출생률 그래프

> 다음으로부터 추론한 것으로 옳은 것만을 〈보기〉에서 있는 대로 고른 것은?

도형, 표, 그래프 문항은 도형, 표, 그래프 등에 의해 표현된 정보와 언어적 정보를 결합 및 분석하여 추리할 수 있는 능력을 측정하는 문항이다. 이 유형의 문제를 해결하기 위해서는 도형, 표, 그래프에 의해 표현되는 정보를 올바르게 파악하는 것이 중요하다.

일반적으로 이 문제 유형은 제시되어 있는 도형, 표, 그래프만 잘 이해하면 어려운 수 연산이나 복잡한 추리 없이 비교적 쉽게 정답을 찾을 수 있다.

지금까지 살펴본 '추리' 문항 유형(인지활동 유형)을 정리하면 다음과 같다.

추리 (40 ~60%)	언어 추리	함축 및 귀결	제시문의 정보로부터 함축되는 정보를 추리하는 능력을 측정함.
		원리 적용	규범 및 규칙이나 일반 원리를 해당되는 사례에 적용하여 올바로 추리하는 능력을 측정함.
		사실관계 추리	부분적인 정보나 증거가 주어질 경우 이로부터 특정한 사실관계를 추리하거나 특정한 주장의 진위 여부를 판단하는 능력을 측정함.
	모형 추리	형식적 추리	주어진 전제들로부터 형식논리의 추론규칙을 이용해서 연역적으로 타당한 결론을 이끌어 내거나, 어떤 주어진 논증이 타당하기 위해 보충해야 할 전제를 찾는 능력을 측정함.
		논리 게임	제약 조건 하에서 올바르게 항목을 배열하거나 연결하기 등을 할 수 있는 능력과 제시된 정보로부터 새로운 정보를 추리할 수 있는 능력을 측정함.
		수리 추리	수, 도형, 표, 그래프로 표현된 비언어적 정보로부터 추리나 간단한 수리 연산을 통해 새로운 정보를 추리하는 능력을 측정함.

〈2〉〈논증〉 영역

〈 논증 문항 유형 및 문항분류표 〉

문항 유형 / 내용 영역	논증 분석			논쟁 및 반론			평가 및 문제해결			
	명시적 요소 분석	암묵적 요소 분석	구조 분석	논쟁 분석 및 평가	반론 구성	오류	연역 논증 평가	귀납 논증 평가	강화 또는 약화	문제 해결
인문										
사회										
과학기술										
법・규범										

논증 분석 파트에서는 논증의 요소와 구조를 분석하는 능력 측정하고, 논쟁 및 반론 파트에서는 논쟁을 분석하고 평가하는 능력과 더불어 상대방의 오류를 지적하는 것을 포함한 반론을 구성하는 능력을 측정하고, 평가 및 문제해결 파트에서는 논증을 평가하는 능력, 증거가 가설을 입증하는 강도를 평가하는 능력, 합리적인 선택과 문제해결 능력을 측정한다.

논증 분석 문항은 하나의 논증을 분석하는 능력을 검사하는 문항인 반면에, 논쟁 및 반론 문항은 두 사람 이상이 논쟁을 벌이고 있는 상황에서 그들이 제시하고 있는 논증을 분석하고 비판하는 능력을 검사하는 문항이다. 논증 분석과 논쟁 및 반론이 주로 비판 활동의 예비 단계 또는 기초 단계에 해당하는 반면에, 논증 평가 및 문제 해결은 비판 활동의 완결과 새로운 대안의 제시 또는 더 깊이 있는 문제의 발견 단계에 해당한다.

❶ 명시적 요소 분석[19)]

명시적으로 드러나 있는 주장이 전체 논증에서 다른 문장과 어떤 논리적 관계를 맺으면서 어떤 논리적 역할을 하고 있는지를 분석하는 능력을 검사하는 문항은 명시적 요소 분석 문항 유형에 속한다.

예제 1 2012학년도 18번 문항

다음 논증에 대한 분석으로 옳지 않은 것은?

정의가 없는 왕국은 거대한 강도떼와 다름없음을 논증하고 있는 제시문을 주고, 논증에 명시적으로 드러나 있는 주요 전제들의 내용과 논증 전개 방식을 분석할 것을 요구하고 있다.

예제 2 2011학년도 2번 문항

A조항은 자동차 운전자에게 좌석안전띠를 매도록 하고 위반 시 범칙금을 부과하도록 규정하고 있다. 다음은 A조항의 위헌 여부에 관한 갑의 판단 내용이다. 관련 헌법조항은 〈규정〉과 같다. 갑의 판단에 관한 진술로 옳지 않은 것은?

법률적 판단이나 주장은 일반적으로 논증의 형식으로 제시된다. 위 예제2는 법률적 논증이 제시문인 문항이다.

❷ 암묵적 요소 분석[20)]

논증의 흐름 또는 구조를 파악하는 과정에서 주장 간의 논리적 관계를 고려하였을 때 글쓴이가 명시적으로 밝히지는 않았지만 분명히 암묵적으로 전제하고 있음이 틀림없는 전제를 찾아내는 능력을 검사하는 문항은 암묵적 요소 분석 문항 유형에 속한다.

예제 1 2010학년도 26번 문항

다음 개체군 크기 추정 방법이 유의성을 갖기 위해 필요한 조건만을 〈보기〉에서 있는 대로 고른 것은?

19) 법학전문대학원협의회, 「법학적성시험안내서」, 2016. 7. pp.175~186.

20) 법학전문대학원협의회, 「법학적성시험안내서」, 2016. 7. pp.187~192.

암묵적 요소 분석을 요구하는 문항의 전형적인 질문은 "다음 글이 암묵적으로 전제하고 있지 않은 것은?"이라는 질문일 것이다. 그 외에도 "다음 글의 결론을 도출하는 데 필요한 전제가 아닌 것은?"이라는 질문도 사용될 수 있으며, 위 예제1처럼 경우에 따라서는 "…… 필요한 조건은?"이라는 질문도 사용될 수 있다.

일반적으로 제시문에는 하나의 논증이 제시되거나 하나의 결론을 도출하는 추리과정이 제시된다. 그러나 "다음 두 글이 공통적으로 전제하고 있는 것은?"과 같은 질문을 통해 두 논증의 공통적인 암묵적 전제를 찾을 것을 요구하는 경우에는 제시문에 두 개의 논증이 제시될 것이다.

예제 2 2009학년도 27번 문항 | 부여 위치 추론

다음 자료와 그에 근거한 추론에서, ⓐ~ⓔ 각각을 도출하는 데 필요한 전제가 아닌 것은?

제시문의 추론을 위해 필요한 전제를 묻고 있어서 암묵적 요소를 분석하는 문제에 해당된다. 이에 답하기 위해서는 추론 자체의 타당성보다는 〈자료〉와 〈추론〉 사이의 논증적 관계를 분석하여 암묵적 전제를 도출할 필요가 있다.

❸ 구조 분석[21]

명시적 요소 분석과 암묵적 요소 분석을 바탕으로 논증 전체의 구조를 명료하게 이해하는 능력을 검사하는 문항은 구조 분석 문항 유형에 속한다. 대부분의 경우에 구조 분석 문항의 제시문은 각 문장마다 번호가 붙여진 형태로 제시된다.

"다음 논증에 대한 분석으로 옳지 않은 것은?"이라는 질문이 가장 일반적인 질문 형식이다. 다이어그램을 이용한 구조 분석을 요구하는 문항의 경우에는 "다음 논증의 구조를 가장 잘 표현한 것은?"이라는 질문이 사용되기도 한다.

예제 1 2010학년도 18번 문항 | 행복한 사람에게는 친구가 필요하지 않다는 주장

다음 논증에 대한 분석으로 옳지 않은 것은?

제시문의 논증은 그 전개 과정 자체가 이미 요소로 분석되어 있다. 그러므로 이 문항은 논증을 요소로 분석하는 과정 자체가 아니라 그렇게 분석된 요소들 사이의 논리적 관계를 묻고 있다. 이에 답하기 위해서는 분석된 요소가 논증 내에서 서로 어떤 관계, 즉 서로 모순되거나 지지하거나 반론을 제기하는 등에 대한 분석이 요구된다.

21) 법학전문대학원협의회, 「법학적성시험안내서」, pp.193~197.

예제 2 2009학년도 18번 문항 | 인구 기하 급수적 증가, 식량 산술 급수적 증가

다음 논증의 구조를 가장 잘 표현한 것은? (단, 기호'↓'는 글쓴이가 위 진술을 바로 아래 진술을 주장하는 근거로 사용하고 있다는 것을 의미하며, 기호'+'는 앞뒤의 진술들이 합쳐짐으로써 그 진술들이 지지하는 진술에 대한 근거를 구성한다는 것을 의미한다.)

❹ 논쟁 분석 및 평가[22)]

우선 논쟁에서 주어져 있는 논증을 이해하고 논쟁점을 파악하고 논쟁에 참여하고 있는 자들이 얼마나 효과적으로 자신의 주장을 옹호하고 상대방의 논증을 비판하고 있는지를 평가하는 능력을 검사하는 문항은 논쟁 분석 및 평가 문항 유형에 속한다.

예제 1 2015학년도 30번 문항

A와 B의 논쟁에 대한 판단으로 옳지 않은 것은?

위 예제1은 도킨스의 이기적 유전자 이론에 대한 반론을 대화 형식으로 제시하고 논쟁의 각 단계의 쟁점이나 그에 대한 대응이 무엇인지 파악하는 능력을 측정하는 문항이다.

예제 2 2009학년도 32번 문항

'갑'과 '을'의 대화 중 자신의 기본 입장과 일관되지 않은 진술은?

❺ 반론 구성[23)]

반론 구성 문항이란 주어진 논쟁의 상황에 참여하여 한쪽 입장에서 상대방의 주장을 반박하는 능력을 측정하는 문항 유형이다.

아래 예제1과 같이 주어져 있는 갑과 을 간의 논쟁에 스스로 참여하여 갑의 논증에 대하여 을의 입장에서, 또는 을의 논증에 대하여 갑의 입장에서 반론을 직접 구성할 수 있는 능력을 검사하는 문항은 반론 구성 문항 유형에 속한다.

예제 1 2009학년도 14번 문항

다음 [A]에 들어갈 '을'의 진술로 가장 적절한 것은?

갑의 주장을 반박하는 '을'의 진술을 찾는 문항이다.

---

22) 법학전문대학원협의회, 「법학적성시험안내서」, 2016. 7. pp.197~203.

23) 법학전문대학원협의회, 「법학적성시험안내서」, 2016. 7. pp.204~209.

예제 2 2015학년도 29번 문항

다음 논증에 대한 반론이 될 수 있는 것만을 〈보기〉에서 있는 대로 고른 것은?

뇌는 결정되어 있지만 사회를 구성하는 사람은 개인적 책임을 지니며 따라서 사람은 자유롭다는 논증에 대해 반론이 될 수 있는 것을 찾을 수 있는 능력을 측정하는 문항이다.

❻ 오류[24)]

논쟁에서 제시되고 있는 논증에서 범해지고 있는 오류 및 결함을 찾아내는 능력을 검사하는 문항은 오류 문항 유형에 속한다.

오류 찾기, 즉 옳지 않은 논증을 분석하여 어떠한 잘못이 있는지 분석하기를 요구하는 문항은 논증 평가 문항 유형에 포함될 수도 있지만, 논쟁의 과정에서 상대방의 논증을 비판하는 하나의 활동으로 이해하여 논쟁 및 반론의 한 유형으로 정하였다.

'오류'문항 유형에 속하는 문항으로서 출제되는 대부분의 문항은 비형식적 오류 찾기에 초점이 맞추어진다. 어떤 학자는 100개 이상의 비형식적 오류 종류를 거론하기도 한다. 하지만 법학적성시험에서 출제되는 '오류'문항은 비형식 논리학 관련 서적에 등장하는 비형식적 오류의 종류와 그 이름을 숙지할 것을 요구하지는 않는다.

예제 1 2013학년도 11번 문항

다음 논증의 결함을 가장 적절하게 지적한 것은?

제시문은 살인죄로 기소된 피고인의 연쇄살인범이라는 주장을 사이코패스의 여러 특징을 동원하여 논증하고 있다. 이 논증은 상당히 설득력 있게 들리지만 실은 흔하고 중대한 오류를 범하고 있는데 이 문항은 이런 오류 또는 결함을 찾아내도록 요구하고 있다.

예제 2 2016학년도 17번 문항 | 로크의 제한조건

다음 논증에 대한 비판으로 가장 적절한 것은?

위 예제는 "다음 논증에 대한 비판으로 가장 적절한 것은?"이라는 질문으로 시작하지만, 가장 강력한 비판인 오류 찾기를 요구하는 문항이다.

---

24) 법학전문대학원협의회, 「법학적성시험안내서」, pp.209~216.

❼ 연역논증 평가[25)]

연역논증의 타당성 또는 정당성을 평가하는 문항은 연역논증 평가 문항 유형에 속한다. 논증 평가 문항으로서 연역논증을 평가하는 문항은 자주 출제되지 않을 것이다. 왜냐하면 이해하기 쉬운 연역논증을 평가하는 것은 너무 쉽고, 이해하기 어려운 연역논증을 평가하는 것은 너무 어렵기 때문이다.

예제 1 2013학년도 10번 문항을 변형

다음 논증에 대한 분석 또는 평가로서 옳지 않은 것은?

비추론적 지식의 존재를 증명하는 연역 논증이 제시문으로 사용되고 있다. 이 연역 논증은 전체적으로 "모든 지식을 추론적 지식이라고 가정한다면, 이것은 매우 자명하게 받아들여지는 명제와 모순을 일으키므로, 지식에는 추론적 지식 이외에 비추론적 지식이 있다."는 내용과 귀류법의 형식을 갖고 있다. 이와 같은 논증의 구조를 명확히 파악해야 논증에 대한 분석 또는 평가로서 주어진 선택지의 진위를 판별할 수 있다.

❽ 귀납논증 평가[26)]

전제가 참일 경우, 결론이 반드시 참인 것은 아니지만 참일 개연성이 높다고 주장되는 논증이 귀납논증이다. 실험이나 관찰을 보고하는 문장이 가설적 주장을 지지하는 논증인 귀납논증을 평가하는 문항은 귀납논증 평가 문항 유형에 속한다.

예제 1 2010학년도 23번 문항

다음 가상의 연구 (가)와 (나)에서 사용한 추론 방식을 〈보기〉에서 골라 짝지은 것으로 옳은 것은?

예제2는 범죄성의 유전 여부를 판단하기 위해 사용되는 통계조사를 제시하고 이러한 연구가 의존하고 있는 추론 방식을 찾을 것을 요구하는 문항이다.

예제 2 2015학년도 23번 문항

㉠에 대한 분석으로 옳은 것은?

예제3은 '논증 분석'과 '강화 또는 약화'의 요소를 함께 지닌 문항이다. 논증에 대한 분석과 평가를 함께 요구하는 복합적 문항은 논증 평가 유형에 포함되는 것으로 정한다.

---

25) 법학전문대학원협의회, 「법학적성시험안내서」, 2016. 7. pp.217~219.

26) 법학전문대학원협의회, 「법학적성시험안내서」, 2016. 7. pp.219~226.

이 문제는 지구의 역사에서 가장 오랜 기간을 차지하는 고생대 오르도비스기에 처음으로 등장한 육상 식물인 이끼가 다소 역설적으로 따뜻했던 지구를 차갑게 만들어 오르도비스기 말에 빙하기가 도래하도록 하는 과정에 중요한 역할을 했을 가능성에 대한 최근 고기후학계의 가설을 소재로 삼아, 주어진 과학적 가설에 대해 추가적인 정보가 주어졌을 때 그 정보가 가설과 정합적인지 가설의 설득력을 강화하는지 여부 등을 포함한 다양한 수준의 논증 분석 및 평가 능력을 측정한다.

❾ 강화 또는 약화[27]

문항 유형의 명칭으로 사용하는 '강화'라는 표현은 서로 밀접한 관계에 있는 두 가지 의미를 지닌다. 첫째 의미는 증거가 가설이나 주장을 확증한다(confirm)는 의미이다. 둘째 의미는 새로운 증거가 논증을 강화한다(strengthen)는 의미이다. 귀납추론 과정에서 경험적 증거가 가설을 잘 뒷받침(지지)하면, "경험적 증거가 가설을 확증한다(confirm)"라고 한다. 경험적 증거가 가설의 거짓을 뒷받침(지지)하면, "경험적 증거가 가설을 반확증한다(disconfirm)"라고 한다. 법학적성시험에서는 전자의 확증을 '강화'로, 후자의 반확증을 '약화'라고 표현한다. 또한 법학적성시험에서는 새로운 경험적 증거의 추가가 기존의 귀납논증의 강도를 더 세게 만드는지, 아니면 더 약하게 만드는지를 평가할 것을 요구할 때에도 '강화' 또는 '약화'라는 표현을 사용한다.

예제 1 2012학년도 25번 문항

〈사실 및 추정〉에 비추어 두 가설을 평가한 것으로 옳은 것은?

이 문항은 제시문에 설명된 두 가설에 대해 추가적 사실이 주어지면 각각의 가설의 설득력이 차별적으로 영향을 받는다는 점을 판단하도록 요구하고 있다. 즉, 이 문항의 핵심은 경쟁하는 가설에 대한 추가적 사실의 차별적 지지 관계(강화 또는 약화 관계)를 판단하는 것이다.

예제 2 2016학년도 27번 문항 | 모기가 인간 혈액 섭취 시 액체성분 분비하는 이유에 대한 가설

A, B에 대한 평가로 옳은 것만을 〈보기〉에서 있는 대로 고른 것은?

❿ 문제해결[28]

옳다고 믿는 가설과 배경지식을 동원하여 어떤 상황을 예측하였으나 현실적으로 그러한 예측이 틀린 역설적 상황에서 문제를 해결할 수 있는 방안을 찾을 수 있는 능력을 측정하는 문항이 문제해결 문항이다.[29]

---

27) 법학전문대학원협의회, 「법학적성시험안내서」, 2016. 7. pp.226~234.

28) 법학전문대학원협의회, 「법학적성시험안내서」, 2016. 7. pp.235~241.

29) 법학전문대학원협의회, 「로스쿨 인사이드」, 2018. 5, p.9.

예제 1 2015학년도 33번 문항

> ㉠에 대한 대답으로 적절한 것만을 〈보기〉에서 있는 대로 고른 것은?

위 예제1은 저신뢰 사회로 알려진 국가가 국제 비교 설문조사에서 어떻게 일반적 신뢰 수준이 매우 높게 나타날 수 있는지에 대한 설명을 만들어 낼 수 있는 능력, 즉 역설적 상황을 해소할 수 있는 능력이 있는지를 측정하는 문항이다.

예제 2 2009학년도 36번 문항

> 기업이 (나)의 전략을 택하기 위한 조건만을 〈보기〉에서 있는 대로 고른 것은?

주어진 조건과 환경에서 최상의 행위 또는 정책을 합리적으로 선택하는 능력을 검사하는 문항은 원리적으로는 독립적인 합리적 선택 문항 유형에 귀속시키는 것이 바람직할 수도 있으나, 편의상 문제 해결 문항 유형에 속하는 것으로 정한다. 위 예제2는 상황에 따라 합리적 선택이 달라지는 경우와 관련한 문항이다.

지금까지 살펴본 '논증' 문항 유형(인지활동 유형)을 정리하면 다음과 같다.

논증 (40 ~60%)	논증 분석	명시적 요소분석	논증에 명시적으로 제시되어 있는 문장들 중에서 전제들과 결론을 찾아내고, 전제들이 결론을 어떻게 뒷받침하고 있는지 파악하는 능력을 측정함.
		암묵적 요소분석	논증이나 추리과정에서 의식적 또는 무의식적으로 생략된 전제들을 찾아내어 완전한 논증이나 완전한 추리과정을 재구성할 수 있는 능력을 측정함.
		구조 분석	논증 전체의 구조를 분석할 수 있는 능력을 측정함.
	논쟁 및 반론	논쟁분석 및 평가	논쟁의 쟁점을 파악하거나 공통의 가정 내지 전제를 파악하며, 논쟁을 평가할 수 있는 능력을 측정함.
		반론 구성	주어진 논쟁의 상황에 참여하여 한쪽 입장에서 상대방의 주장을 반박할 수 있는 능력을 측정함.
		오류	잘못된 논증을 분석하여 논증이 어떤 잘못을 범하고 있는지 파악할 수 있는 능력을 측정함.
	평가 및 문제 해결	논증평가	주어진 논증의 적절성과 설득력을 평가할 수 있는 능력을 측정함.
		강화 또는 약화	새로운 정보나 증거의 추가가 기존의 논증을 강화 또는 약화하는지 판단할 수 있는 능력을 측정함.
		문제해결	옳다고 믿는 가설과 배경지식을 동원하여 어떤 상황을 예측하였으나 현실적으로 그러한 예측이 틀린 역설적 상황에서 문제를 해결할 수 있는 방안을 찾을 수 있는 능력을 측정함.

3-2 개선안 이전 〈추리논증〉 영역 평가항목 이원분류표

'추리'와 '논증'의 두 하위 영역으로 이루어지는 〈추리논증〉 과목 전체의 이원분류표는 다음과 같다.

〈 추리논증 영역 평가목표 이원분류표 〉

인지활동 유형[30] / 추리의 내용 영역[31]	추리			논증			인지활동 유형[32] / 논증의 내용 영역[33]	
	언어 추리	수리 추리	논리 게임	분석 및 재구성	비판 및 반론	판단 및 평가		
논리학 · 수학								
인문학							인문학	이론적 논변
사회과학							사회과학	
과학 · 기술							과학 · 기술	
							일상적 · 도덕적 논변	실천적 논변
							의사결정	
							법적 논변	

❶ **언어추리** : 일상어를 다루고 일상어를 통하여 이루어지는 추리

㉮ 명제논리 : 논리적 연결사들의 진리조건에 따라서 추리하여 해결할 수 있는 문제

㉯ 술어 및 관계 논리 : 양화(Quantification)를 포함하고 있어서 다이어그램이나 모델을 만들어서 해결할 수 있는 문제

㉰ 함축된 정보의 파악 : 개념, 구절, 문장들의 의미론적/ 화용론적 함축을 고려하여 텍스트에 함축된 정보를 찾아내는 문제

㉱ 귀납추리 : 유비추리나 가설추리 등의 귀납추리를 요구하는 문제

---

30) 흔히 '추리'라고 하면 연역추리와 귀납추리를 떠올리게 되는데, 실제로 추리 능력을 측정하는 시험의 문항은 주로 연역추리를 묻는 문제로 구성되게 마련이다. 따라서 '추리' 영역의 하위 범주는 다른 방식으로 구별할 필요가 있어 '추리'의 하위 영역은 언어추리, 수리추리, 논리게임의 세 가지 인지활동 영역으로 구분하였다(한국교육과정평가원, 2006, p. 61).

31) 인문학, 사회과학, 자연과학 및 기술공학 등의 학문 분야를 망라하되, 여기에 논리학과 수학을 한 영역으로 덧붙였다. 그 이유인 즉, 추리 문제의 속성상 다른 학문 분야의 전문가들만으로 추리 문제를 제작하기 어렵고, 논리게임과 같은 순수하게 정제된 추리 문제를 별도로 출제할 필요가 있다는 점에서 논리학과 수학을 '추리학'이라는 별도의 내용 영역에 배당하였다(한국교육과정평가원, 2006, p. 62).

32) 이 영역의 인지활동은 비교적 구분이 잘되어 있는데, 논증 다루기는 『논증을 분석하고 재구성하기』, 『논증에 대하여 반론하고 비판하기』, 『논증을 평가하고 판단하기』 이렇게 세 범주의 활동으로 구분된다(한국교육과정평가원, 2006, p. 64).

33) 이 영역의 내용은 크게 '이론적 논변'과 '실천적 논변'으로 구분한다.

- 이론적 논변 : 인문학, 사회과학, 자연과학 및 기술공학의 각 학문 분야들에서 생산되고 논의되는 논변
- 실천적 논변 : 행동 내지 행동 방침이나 의도를 결론으로 갖는 일상적인 실천적 논변, 도덕적 문제에 관련한 논변, 정책 결정이나 의사 결정과 관련한 논변, 법적인 판단과 관련한 논변

❷ 수리추리 : 수리적인 자료로부터 수리적으로 이루어지는 계산이나 추리

㉮ 수리 연산 및 대수 : 간단한 수 계산이나 방정식을 포함한 대수식을 이용하여 해결할 수 있는 문제
㉯ 도형 및 기하 : 도형의 성질이나 도형들의 관계를 이용하여 해결할 수 있는 문제
㉰ 게임이론 및 이산수학 : 경우의 수를 따져보거나 게임 이론의 간단한 보수 행렬 계산이나 비교를 통하여 해결할 수 있는 문제
㉱ 표, 그래프, 다이어그램 : 표나 그래프, 다이어그램 등으로 주어진 자료에서 필요한 정보를 추출, 추리하는 문제

❸ 논리게임 : 연역적인 추리 능력을 검사하는 전형적인 논리 퍼즐

㉮ 전형적인 유형에 따라서 배열하기 또는 속성 매칭시키기 문제
㉯ 연결하기 또는 Grouping하기 문제
㉰ 진실 또는 거짓 퍼즐
㉱ 수학적인 퍼즐

❹ 분석 및 재구성

㉮ 논증의 주장과 제시된 근거를 파악하기
㉯ 논증이 기반하고 있는 원리나 가정 등을 파악하기
㉰ 논증에서 생략된 전제 찾기
㉱ 논증의 구조를 분석하거나 논증 유형 비교하기

❺ 비판 및 반론

㉮ 논쟁의 쟁점을 파악하거나 공통의 가정 내지 전제를 파악하기
㉯ 주어진 논증에 대하여 반론을 제기하기
㉰ 비판이나 반론에 대하여 논증을 수정 보완하거나 재구성할 방안을 찾기
㉱ 갈등이나 역설의 논리적 기반을 파악하거나 그 해소 방안 찾기

❻ 판단 및 평가

㉮ 논증이 범하고 있는 오류를 파악하기
㉯ 귀납논증에서 결론의 정당성을 강화하거나 약화하는 사례 또는 조건 파악하기
㉰ 논증에 대하여 종합적으로 평가하기
㉱ 평가의 원리 또는 가정 파악하기

Ⅲ. 추리논증 기출문제 문항 분석

지난 13년간의 기출문제 문항 분석을 통해, 시험의 경향은 계속 변해왔음을 확인하고, 최근 시험 경향 또한 하나의 경향임을 인식하고 너무 절대시하거나 일반화하지 않도록 한다.

0 예비시험 (2008. 1. 26) 문항분석 ▶ 40문항, 120분 시험

인지활동 유형 / 추리의 내용 영역	추리			논증			인지활동 유형 / 논증의 내용 영역	
	언어 추리	수리 추리	논리 게임	분석 및 재구성	비판 및 반론	판단 및 평가		
논리학·수학	1	2	3					
인문학		1	1	3		3	인문학	이론적 논변
사회과학	2	3	2			1	사회과학	
과학·기술	1	3	1	2	1	2	과학·기술	
					2		일상적·도덕적 논변	실천적 논변
					1		정책논변(의사결정)	
				2	1	2	법적 논변	
계	**4**	**9**	**7**	**7**	**5**	**8**		
	20			**20**				

특징 : 수리추리와 논리게임이 높은 비중(16문항, 40%)으로 출제

1 2009학년도 제1회 법학적성시험(2008. 8. 24) 문항분석 ▶ 40문항, 120분 시험

인지활동 유형 / 추리의 내용 영역	추리			논증			인지활동 유형 / 논증의 내용 영역	
	언어 추리	수리 추리	논리 게임	분석 및 재구성	비판 및 반론	판단 및 평가		
논리학·수학	3	1	1					
인문학	1	0	1	4		1	인문학	이론적 논변
사회과학	3	3	1	1		1	사회과학	
과학·기술	3	3		2	1	2	과학·기술	
						1	일상적·도덕적 논변	실천적 논변
					1	1	정책논변(의사결정)	
				1	4		법적 논변	
계	**10**	**7**	**3**	**8**	**6**	**6**		
	20			**20**				

1) 원점수 평균 : 22.63　　2) 수리추리와 논리게임 10문항(25%), 언어추리와 논증 30문항(75%) 출제

2 2010학년도 제2회 법학적성시험(2009. 8. 23) 문항분석 ▶ 35문항, 110분 시험

인지활동 유형 / 추리의 내용 영역	추리			논증			인지활동 유형 / 논증의 내용 영역	
	언어 추리	수리 추리	논리 게임	분석 및 재구성	비판 및 반론	판단 및 평가		
논리학·수학	2		2					
인문학	5			1	2		인문학	이론적 논변
사회과학	1	4	1				사회과학	
과학·기술	2			1		1	과학·기술	
				1	2		일상적·도덕적 논변	실천적 논변
							정책논변(의사결정)	
				9		1	법적 논변	
계	**10**	**4**	**3**	**12**	**4**	**2**		
	17			**18**				

1) 원점수 평균 : 20.93
2) 수리추리와 논리게임 7문항(20%), 법률형 문제 10문항(29%)

3 2011학년도 제3회 법학적성시험(2010. 8. 22) 문항분석 ▶ 35문항, 110분 시험

인지활동 유형 / 추리의 내용 영역	추리			논증			인지활동 유형 / 논증의 내용 영역	
	언어 추리	수리 추리	논리 게임	분석 및 재구성	비판 및 반론	판단 및 평가		
논리학·수학		2	1					
인문학	2	1		1	1	1	인문학	이론적 논변
사회과학	3	3	2			3	사회과학	
과학·기술	3	1			1		과학·기술	
				1	1		일상적·도덕적 논변	실천적 논변
							정책논변(의사결정)	
				7		1	법적 논변	
계	**8**	**7**	**3**	**9**	**3**	**5**		
	18			**17**				

1) 원점수 평균 : 19.44
2) 수리추리와 논리게임 10문항(30%), 법률형 문제 8문항(23%)

4 2012학년도 제4회 법학적성시험(2011. 8. 21) ▶ 35문항, 110분 시험

인지활동 유형 / 추리의 내용 영역	추리			논증			인지활동 유형 / 논증의 내용 영역	
	언어 추리	수리 추리	논리 게임	분석 및 재구성	비판 및 반론	판단 및 평가		
논리학·수학	1	2	1					
인문학	2	2		2			인문학	이론적 논변
사회과학		2		1	1	2	사회과학	
과학·기술	3		1		1	3	과학·기술	
사회적 이슈·윤리					1		일상적·도덕적 논변	실천적 논변
정책(행정)	2					1	정책논변(의사결정)	
법적 소재	1			1	2	3	법적 논변	
계	**9**	**6**	**2**	**4**	**5**	**9**		
	17			**18**				

1) 원점수 평균 : 19.86

2) 출제기관 변경(법학전문대학원협의회), 논증 평가 9문항(26%), 수리추리와 논리게임 8문항(23%)

5 2013학년도 제5회 법학적성시험(2012. 7. 22) ▶ 35문항, 110분 시험

인지활동 유형 / 추리의 내용 영역	추리			논증			인지활동 유형 / 논증의 내용 영역	
	언어 추리	수리 추리	논리 게임	분석 및 재구성	비판 및 반론	판단 및 평가		
논리학·수학	1	1	3					
인문학	1			2	1		인문학	이론적 논변
사회과학		2			1	3	사회과학	
과학·기술	3					2	과학·기술	
사회적 이슈·윤리	1					2	일상적·도덕적 논변	실천적 논변
정책·행정				1		1	정책논변(의사결정)	
법적 소재	5			1	1	3	법적 논변	
계	**11**	**3**	**3**	**4**	**3**	**11**		
	17			**18**				

1) 원점수 평균 : 18.86

2) 역대 최고 난이도, 논증 평가 11문항(31%), 수리추리와 논리게임 8문항(23%)

6 2014학년도 제6회 법학적성시험(2013. 8. 18) ▶ 35문항, 110분 시험

인지활동 유형 / 추리의 내용 영역	추리			논증			인지활동 유형 / 논증의 내용 영역	
	언어추리	수리추리	논리게임	분석 및 재구성	비판 및 반론	판단 및 평가		
논리학·수학		34	20, 21 33, 35					
인문학		18, 31, 32	19	23		29	인문학	이론적 논변
사회과학	12, 13			11, 28	24, 26	27	사회과학	
과학·기술	14, 15, 16, 17			30			과학·기술	
사회적 이슈·윤리						10, 22, 25	일상적·도덕적 논변	실천적 논변
정책(행정)							정책논변(의사결정)	
법적 소재	2, 3, 4, 6, 9			5, 7	8	1	법적 논변	
계	**11**	**4**	**5**	**6**	**3**	**6**		
	20			**15**				

1) 원점수 평균 : 22.5 2) 언어추리와 논증(26문항), 수리 및 논리게임(9문항), 법적소재(9문항), 자연과학(5문항)

7 2015학년도 제7회 법학적성시험(2014. 8. 17) ▶ 35문항, 110분 시험

인지활동 유형 / 추리의 내용 영역	추리			논증			인지활동 유형 / 논증의 내용 영역	
	언어추리	수리추리	논리게임	분석 및 재구성	비판 및 반론	판단 및 평가		
논리학·수학	18	35	19, 20, 34					
인문학		14, 15, 16			29		인문학	이론적 논변
사회과학	25, 27	26		13	31, 33	32	사회과학	
과학·기술	21	17			24, 30	22, 23	과학·기술	
사회적 이슈·윤리				10, 12		11, 28	일상적·도덕적 논변	실천적 논변
정책(행정)							정책논변(의사결정)	
법적 소재	1, 2, 3, 5, 6, 7, 8					4, 9	법적 논변	
계	**11**	**6**	**3**	**3**	**5**	**7**		
	20			**15**				

1) 원점수 평균 : 21.35 2) 언어추리와 논증(26문항), 수리 및 논리게임(9문항), 법적소재(9문항), 자연과학(6문항)

8 2016학년도 제8회 법학적성시험(2015. 8. 23) ▶ 35문항, 110분 시험

인지활동 유형 / 추리의 내용 영역	추리			논증			인지활동 유형 / 논증의 내용 영역	
	언어 추리	수리 추리	논리 게임	분석 및 재구성	비판 및 반론	판단 및 평가		
논리학·수학		30, 34, 35	31, 32, 33					
인문학					23	10	인문학	이론적 논변
사회과학	22	24		19	21	18, 20, 25	사회과학	
과학·기술	28, 29					26, 27	과학·기술	
사회적 이슈·윤리				12, 14	15, 16, 17	11	일상적·도덕적 논변	실천적 논변
정책·행정				13			정책논변(의사결정)	
법적 소재	6, 7, 8, 9			3		1, 2, 4, 5	법적 논변	
계	**7**	**4**	**3**	**5**	**5**	**11**		
	14			**21**				

1) 원점수 평균 : 19.07　2) 논증(21문항), 추리(14문항) / 법률형 문제(9문항), 윤리(6문항), 수리 및 논리게임(7문항)

9 2017학년도 제9회 법학적성시험(2016. 8. 28) ▶ 35문항, 110분 시험

인지활동 유형 / 추리의 내용 영역	추리			논증			인지활동 유형 / 논증의 내용 영역	
	언어 추리	수리 추리	논리 게임	분석 및 재구성	비판 및 반론	판단 및 평가		
논리학·수학			20, 21, 22					
인문학				14, 15, 16, 18, 19	12, 17		인문학	이론적 논변
사회과학	28	29		24, 26, 27		23, 25	사회과학	
과학·기술	30, 31, 32, 33, 35					34	과학·기술	
사회적 이슈·윤리	13			11			일상적·도덕적 논변	실천적 논변
정책·행정	9						정책논변(의사결정)	
법적 소재	2, 3, 8				10	1, 4, 5, 6, 7	법적 논변	
계	**11**	**1**	**3**	**9**	**3**	**8**		
	15			**20**				

1) 원점수 평균 : 21.4　2) 언어추리와 논증(31문항), 수리 및 논리게임(4문항)/ 법적소재(9문항)

10 2018학년도 제10회 법학적성시험(2017. 8. 28) ▶ 35문항, 110분 시험

내용영역 \ 문항 유형	추리		논증		
	언어추리	모형추리	논증 분석	논쟁 및 반론	평가 및 문제해결
논리학 · 수학		25,26,27,28			
인문(윤리학포함)	13		15,16,17,18	12,14	11,19,20
사회	21,22,29	6			33
과학기술	23,24,30,31,35				32,34
법 · 규범	2,3,4,5,8,9,10	7		1	
계	**16**	**6**	**4**	**3**	**6**
	22		**13**		

1) 원점수 평균 : 21
2) 언어추리와 논증(31문항), 수리 및 논리게임(4문항)/ 법적소재(9문항)

11 2019학년도 제11회 법학적성시험(2018. 7. 15) ▶ 40문항, 125분 시험

내용영역 \ 문항 유형	추리		논증			계
	언어추리	모형추리	논증 분석	논쟁 및 반론	평가 및 문제해결	
논리학 · 수학		29,30,31,32				**4**
인문(윤리학포함)	15,21,35		20	16,19,22	17,18	**9**
사회	26,28			24,25,27	23	**6**
과학기술	36,37,38,40			33,34	39	**7**
법 · 규범	1,6,7,8,9,11, 12,13,14			2,3,4,5,10		**14**
계	**18**	**4**	**1**	**13**	**4**	**40**
	22		**18**			

1) 원점수 평균 : 24.9
2) 언어추리와 논증(36문항), 수리 및 논리게임(4문항)/ 법적소재(14문항)

12 2020학년도 제12회 법학적성시험(2019. 7. 14) ▶ 40문항, 125분 시험

문항 유형 / 내용영역	추리		논증			계
	언어추리	모형추리	논증 분석	논쟁 및 반론	평가 및 문제해결	
논리학 · 수학		31,32,33				3
인문(윤리학포함)	14,15,16,26		20,21,22	18,19,24	17,34	12
사회	11,28,29		25	27,30		6
과학기술	35,38,39,40				36,37	6
법 · 규범	2,7,8,9,10,12,13	23	1	3,4,5,6		13
계	18	4	5	9	4	40
	22		18			

1) 원점수 평균 : 24.1
2) 언어추리와 논증(36문항), 수리 및 논리게임(4문항)/ 법적소재(13문항)

13 2021학년도 제13회 법학적성시험(2020. 7. 19) ▶ 40문항, 125분 시험

문항 유형 / 내용영역	추리		논증			계
	언어추리	모형추리	논증 분석	논쟁 및 반론	평가 및 문제해결	
논리학 · 수학		21,22,23				3
인문(윤리학포함)	31,33		19	14,16,17, 18,24	15,34,35	11
사회(경제)	25,26,27,29, 30,32			28		7
과학기술	38,39,40			20	36,37	6
법 · 규범	3,4,5,6,7,8, 9,10,11,12			2,13	1	13
계	21	3	1	9	6	40
	24		16			

1) 원점수 평균 : 21.9
2) 언어추리와 논증(37문항), 수리 및 논리게임(3문항)/ 법적소재(13문항)
3) 특이점 - 언어지문형 수리추리 8~12문항 출제(법률형문제에서 8문항)/ 논증(논쟁) 분석 8문항/ 논증(논쟁) 강화 약화 문제 7문항 출제

14 2022학년도 제14회 법학적성시험(2021. 7. 25) ▶ 40문항, 125분 시험

문항 유형 / 내용영역	추리		논증			계
	언어추리	모형추리	논증 분석	논쟁 및 반론	평가 및 문제해결	
논리학 · 수학		32,33,34				3
인문(윤리학포함)	15,20,23		21,36	16,17,18,22	19,31	11
사회(경제)	24,25,27			26	28,29,30	7
과학기술	35,37,40				38,39	5
법 · 규범	3,4,6,7,9, 11,13,14			2,5,8,10,12	1	14
계	17	3	2	10	8	40
	20		20			

1) 원점수 평균 : 22.7
2) 언어추리와 논증(37문항), 수리 및 논리게임(3문항)/ 법적소재(14문항)
3) 특이점 - 언어지문형 수리추리 11문항 출제(법률형문제에서 4문항)

15 2023학년도 제15회 법학적성시험(2022. 7. 24) ▶ 40문항, 125분 시험

문항 유형 / 내용영역	추리		논증			계
	언어추리	모형추리	논증 분석	논쟁 및 반론	평가 및 문제해결	
논리학 · 수학		32,33,34				40
인문(윤리학포함)	16,24		17,19,23,25	15,18,20	21,22	
사회(경제)	30	31	26		27,28,29	
과학기술	36,38,39,40			35	37	
법 · 규범	1,4,5,7,8,10			3,11,12,13,14	2,6,9	
계	13	4	5	9	9	40
	17		23			

1) 원점수 평균 : 23.1
2) 언어추리와 논증(36문항), 수리 및 논리게임(4문항)/ 법적소재(14문항)
3) 특이점 - 언어지문형 수리추리 11문항 출제(표, 그래프, 관계식 포함 시 14문항), 언어철학(5문항)
4) 문6, 문12, 문26은 문제속성 상 추리로 분류할 수도 있으나, 출제기관이 추리문항 43%, 논증문항 57%로 밝히고 있어 조정하였음.

CHAPTER 2
추리논증 학습전략

핵심 내용

| 추리논증, 무엇을 어떻게 공부하여야 하는가?

| 합격생들의 추리논증 학습 방법

| 제1회 2020 LEET 장학생의 고득점 학습 Tip

| 제2회 2021 LEET 장학생의 고득점 학습 Tip

| 제3회 2022 LEET 장학생의 고득점 학습 Tip

| 제4회 2023 LEET 장학생의 고득점 학습 Tip

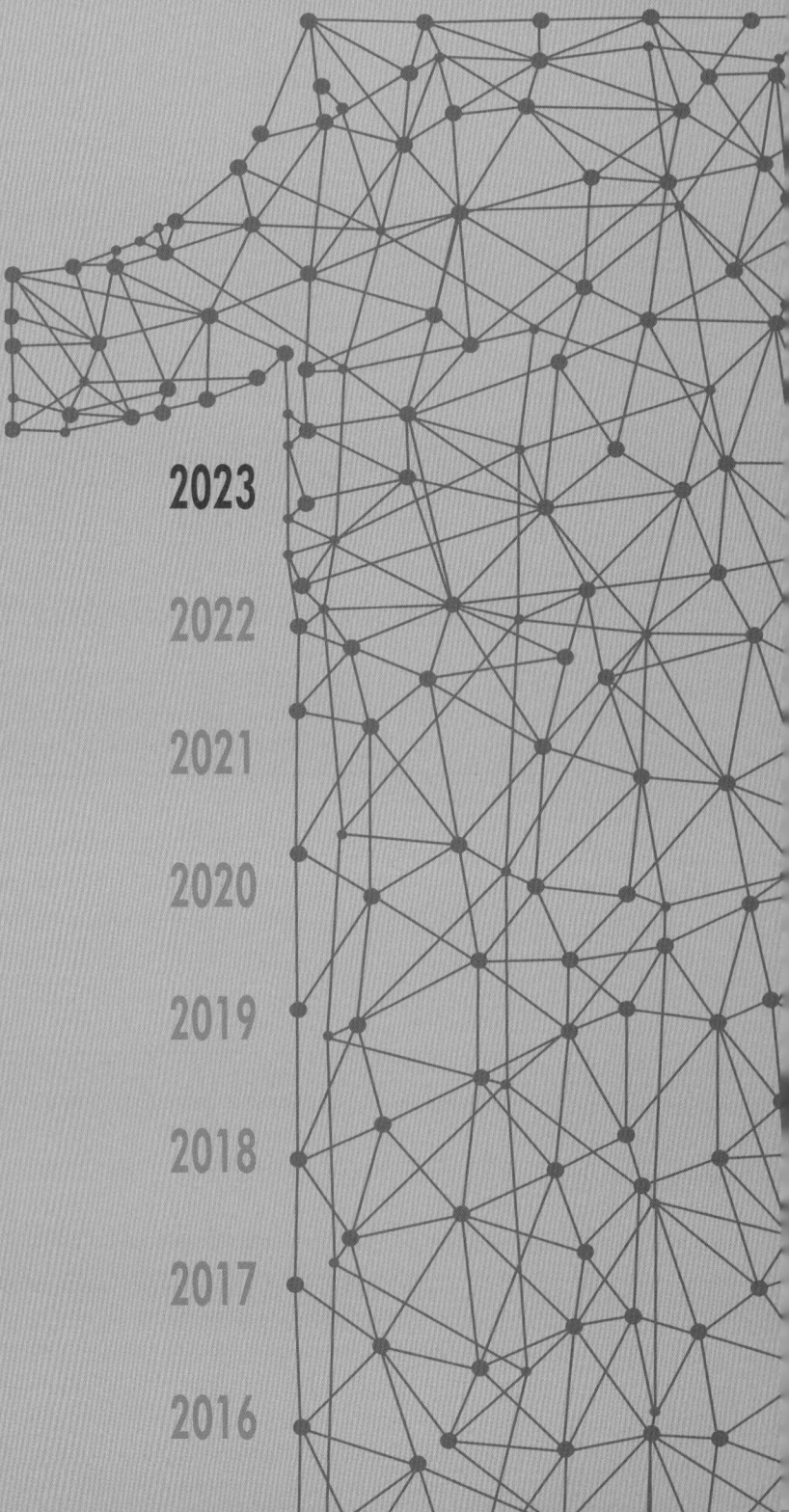

2023

2022

2021

2020

2019

2018

2017

2016

I 추리논증, 무엇을 어떻게 공부하여야 하는가?

"추리논증, 무엇을 어떻게 공부하여야 하는가?"라는 질문을 "추리력과 논증능력의 향상을 위해 무엇을 어떻게 공부하여야 할 것인가?"라는 질문으로 해석하기보다는 "추리논증 시험에서 보다 좋은 점수를 받으려면 무엇을 어떻게 공부하여야 할 것인가?"라는 질문으로 해석하여 보다 실질적이고 구체적인 논의를 진행하도록 하겠다. 그 이유는 추리논증 시험을 준비하는 수험생의 목적이 주변 사람들로부터 추리력과 논증능력이 훌륭하다는 말을 듣는데 있다기보다는 추리논증 시험을 잘 보는데 있기 때문이다. 이 말은 추리력과 논증능력이 있다는 말을 듣는다고 추리논증 점수가 반드시 잘 나온다는 것을 의미하지 않음을 의미한다.

★1 학습 기준

추리논증 학습의 가장 우선적인 기준으로 삼아야 하는 것은 출제기관의 지침과 예비시험을 포함한 그 동안의 기출문제이다. 출제기관의 지침은 일종의 시험운용의 설계도이고 기출문제는 그 설계도에 의해 구성된 결과물이기 때문이다. '추리논증'이라는 영역은 법학적성시험에서 처음 만들어진 영역으로, 어느 특정 학문분과에 대한 시험이 아니기 때문에 출제기관의 지침과 기출문제는 더더욱 중요한 의미를 띤다고 할 수 있다. 출제지침과 기출문제 둘 다 학습의 기준을 제시하지만 정오답 판단의 구체적인 기준 등을 정립하여야 하고 실전에서 시험문제를 풀어내야 하는 수험생에게는 기출문제가 훨씬 중요하다.

2 추리논증 영역의 학습범위

추리논증 영역 평가목표 이원분류표나 개선안에서 제시한 문항유형표는 LEET 추리논증 영역을 개념적으로 정의한 것으로 공부할 내용과 범위를 담고 있다. 이에 따르면 첫 번째 기준인 인지활동 유형 내지 문항유형에는 추리력과 논증능력(비판력)이 있는데, 「추리」는 이해한 지식이나 정보로부터 새로운 지식이나 정보를 산출하거나 이해한 지식을 구체적 상황에 적용하는 능력을, 「비판」은 새로운 지식, 정보 또는 의견을 산출하는 과정인 논증을 분석하고 평가하는 능력을 말한다.[34] 따라서 추리와 논증(비판)이론에 관한 기본적인 학습을 필요로 한다.

두 번째 기준은 내용영역으로 논리학, 수학, 인문학, 사회과학, 과학기술, 일상적·도덕적 논변, 의사결정, 법적 논변 등이 있는데, 이는 시험문제의 소재가 되는 학문영역을 의미하는 것으로 전 학문분과를 포괄한다. 따라서 고득점을 위해서는 원칙적으로 넓고 깊은 독서를 필요로 한다.

34) 법학전문대학원협의회, 2015. 4. 3, 법학적성시험의 성과와 발전 방향 공청회 자료집

❶ 추리와 비판적 사고의 도구(tool)로서 형식 논리학과 논증이론을 학습할 필요가 있다.

명제논리, 술어 및 관계 논리 등 '논리'라고 표현되는 추론 규칙들과 오류론 등을 포함한 논증이론을 학습하여 자신의 사고체계의 합리성을 한번 점검해 볼 필요가 있다. 논리와 비판적 사고, 비판적 사고를 위한 논리, 비판적 사고 등으로 시중에 출판된 서적들이 '추리'와 '논증(비판)'의 이론서에 해당한다. 그러나 오해하지 말아야 할 것은 이러한 이론서를 철저하게 학습하고 완전히 숙지하였다고 하여 추리논증 문제가 저절로 풀리는 것이 아니라는 것이다. 단지 이러한 이론서는 사고의 큰 틀을 제시해 주었다고 할 수 있고, 이를 구체적인 상황 내지 문제에 적용(응용)하여 추리력과 비판능력을 제고시켜 나가야 추리논증 점수는 제고될 것이다. 또한 최근 시험의 출제 경향은 논리학 내지 논증이론의 형식적 적용 등에 갇혀 있지 않고, 합리적인 추론 능력과 비판 능력을 평가하는 문제가 주로 출제되고 있음을 염두에 둘 필요가 있다.

❷ 내용 영역별 학습차원에서 자신이 부족한 학문분과를 찾아 이에 대한 보충학습을 할 필요가 있다.

추리논증 문제에 사용되는 제시문은 대학 일반교양 수준의 내용이다. 사용되는 제시문의 범위는 모든 학문분과의 이론적 내용과 실천적 소재 등을 망라한다. 그러나 이러한 학문분과의 출제비중이 동일한 것도 아니고 체감난이도 또한 동일하지 않다. 따라서 자신이 부족한 내용 영역을 빨리 찾아내어 이에 대한 보충학습을 하는 것이 점수향상을 위해 중요하다. LEET라는 것이 특정 배경지식을 가져야만 해결할 수 있는 것이 아니라 추리력과 비판력을 통해 풀어가는 것이 아닌가라는 원론적인 질문을 던질 수 있겠으나, 우리 시험은 제한된 시간 내 해결해야 한다는 측면과 익숙한 소재로 구성된 제시문의 경우 훨씬 더 쉽고 정확하게 이해하고 핵심을 파악할 수 있다는 측면을 고려할 때 기본적인 지식에 따른 점수 차이는 불가피하다고 할 수 있다.

출제기관은 추리논증 학습 방법으로 넓고 깊은 독서의 생활화, 비판적 글 읽기 등을 제시하면서, 깊고 넓은 독서를 한 수험생에게 유리한 시험이 되도록 하겠다고 말한다. 이는 배경지식 학습의 중요성을 달리 표현한 것이라 할 수 있다.

일반적으로 고득점 획득을 위해서는 법률적 소재, 철학, 논리학, 과학적 방법론, 자연과학 소재(지구과학, 생명과학 등)에 대한 기본적인 학습이 필요하다. 이러한 영역들은 기본 지식이 있는 상태에서의 문제해결과 그렇지 못한 상태에서의 문제해결이 큰 차이를 보이는 영역들이기 때문이다. 자신이 부족한 영역을 찾아가는 방법은 기출문제 풀이를 통해서 찾아가는 것이 가장 권장할 만하다.

★ ❸ 추리논증 시험공부의 처음과 끝은 기출문제이다.

앞서 학습기준을 제시할 때, '추리논증'이라는 영역은 법학적성시험에서 처음 만들어진 영역으로, 어느 특정 학문분과에 대한 시험이 아니기 때문에 출제기관의 지침과 기출문제는 더더욱 중요한 의미를 띤다고 말했다. 부언한다면, 모든 시험에서 기출문제는 두 말할 나위 없이 매우 중요하다. 문제는 이렇게 중요한 기출문제를 어떻게 학습에 제대로 활용할 것인가 하는 것이다. 기출문제 학습법에 대해서는 뒤에서 자세히 언급하도록 하겠다.

막연히 추리논증 관련 서적을 보며 학습에 임할 것이 아니라, 기출문제를 먼저 풀어보면서 자신이 시험장에서 접해야 할 실체를 확인하고 이에 맞게 학습을 할 필요가 있다. 기출문제를 풀어보는 것은 빠르면 빠를수록 좋다. 하지만 수험생에 따라서 차이가 좀 있을 수는 있으나 일반적으로 아무런 준비 없이 기출문제를 풀어본다는 것은 심리적으로 매우 부담스러울 수 있다. 따라서 PSAT(공직적격성평가) 기출문제를 워밍업 삼아 풀어보거나, 필자의 기초입문 교재 내지 강의를 수강한 후에 '추리논증 기출문제'를 풀어볼 것을 권한다. 그래야 본격적인 추리논증 시험 준비가 시작된다. 이때부터 성적향상을 위한 실질적인 고민들이 시작될 것이기 때문이다.

3 추리논증 학습방법

❶ 추리논증 시험은 사고력 평가에 초점을 둔 시험이므로 이에 맞게 학습하여야 한다.

이전의 대부분의 시험은 지식 위주의 성취도 평가 시험이었다. 따라서 얼마나 많은 내용을 제대로 기억하고 있느냐가 중요했다. 그러나 최근의 시험들은 능력 평가 내지 적성 평가로 바뀌고 있다. 대입수학능력평가시험, 의치의학교육입문검사(MEET/DEET), 공직적격성평가(PSAT) 등이 그 예이다.

이러한 능력 평가 시험의 특징은 사고 기능에 초점이 맞추어져 있기 때문에 비교적 접하지 못했던 소재를 지문으로 출제하는 것이 보통이며, 설령 접했던 소재라 하더라도 즉각적인 답을 할 수 있게 하기 보다는 심도 깊은 사고를 통해 답을 추론할 수 있게끔 출제하는 것이 보통이다.

출제기관 또한 지속적으로 발간 자료집에서 "법학적성시험은 수험생이 습득하고 있는 지식의 양이나 정확성을 측정하기 위한 시험이 아니라, 지식을 습득, 산출, 비판하는 지성적 능력과 세계와 사회에 대한 지성적, 윤리적 관심과 감수성을 측정하기 위한 시험"이라고 밝히고 있다.

따라서 추리논증을 학습할 때에는 특정 서적을 중심으로 내용을 기억하는 학습을 하기 보다는 사고력에 초점을 둔 학습을 하는 것이 중요하다.

★ ❷ 기출문제와 같이 잘 만들어진 문제를 가지고 "왜? 어떻게?" 등의 질문을 던지며 하나씩 정리해 가고, 부족한 부분은 관련 서적을 통해 보충학습을 하는 것이 좋다.

그런데 앞서 언급한 사고력에 초점을 둔 학습을 한다는 것이 '생각하는 훈련이 되어 있지 않은 수험생'에게는 개념조차 잡히지 않는 소리로 들릴 수 있다. 그래서 보다 구체적인 학습법을 제시한다면 기출문제와 같이 좋은 문제를 가지고 "왜 이 선택지가 정답인지, 왜 이 선택지는 정답이 아닌지, 어떻게 하면 이런 문제를 잘 해결할 수 있을지" 등 질문을 던지며 학습하는 것이다. 달리 말하면 단순히 문제의 정답이 무엇인지를 확인하고 그 내용을 기억하는 데 초점을 두기보다는 그 문제를 어떻게 해결해야 하는지, 그리고 정오답 선택의 판단기준 및 근거는 무엇인지에 보다 초점을 두어 보다 분석적으로 학습해야 한다. 그러면서 좀 더 찾아보고 싶은 내용이 있으면 관련 서적을 찾아보는 식으로 학습하는 것이다.

❸ 부족한 배경지식의 습득을 위해서도 LEET 기출문제, PSAT 기출문제, MEET/DEET 기출문제, 모의고사 문제 등을 먼저 풀어본 후 관련 서적을 본다면 훨씬 효과적인 학습이 된다.

다양한 학문분과의 기본 내용을 학습한다고 하더라도 과거의 지식위주의 학습패턴에 따라 학습한다면 노력한 만큼의 결과를 얻지 못할 수 있다. 반면에 추리력과 비판력 평가를 목적으로 만들어진 LEET 기출문제, 이와 유사한 사고력 평가 시험인 PSAT 기출문제, M/DEET 언어추론 기출문제들을 풀고 각각의 선택지를 판단하고 제시문을 분석하면서 관련 서적들을 통해 다양한 학문분과의 배경지식을 제고한다면 훨씬 더 수험적합적인 학습을 하게 될 것이다. 그 이유 중 하나는 이미 시험에 출제된 내용들은 각각의 학문분과에서 중요시 여겨지는 것들이 대부분이기 때문이다. 그래서 이렇게 학습하는 것은 각 학문분과의 방대한 내용 중 중요한 내용들 중심으로 학습을 하게 된다는 장점이 있다. 여기서 배경지식 학습이란 개개의 구체적인 정보들을 기억하는 것을 의미한다기보다는 모르는 개념을 찾아보고 개념들 간의 관계를 파악하는 것을 의미한다. 기출문제들을 풀면서 학습하다보면 어떠한 내용들이 문제해결에 도움이 되는지를 판단할 수 있게 될 것이다.

★ ❹ 합격수기 내지 수험후기를 통해 합격생들의 진정성 있는 공부 방법을 적극 참조할 필요가 있다.

처음 가는 길은 시행착오를 범할 가능성이 높다. 시행착오를 줄이거나 범하지 않기 위해서는 먼저 그 길을 간 사람들의 경험을 적극 경청할 필요가 있다. LEET라는 시험의 특성 상 시험을 준비하는 수험생들의 출발점이 동일하지 않다. 따라서 이러한 사실을 염두에 두고 자신과 비슷한 상황에 있었던 합격생 내지 성적향상우수자의 공부 방법을 적극 참조하여 시행착오를 최소화하고 흔들림 없이 목표를 향해 나아갈 필요가 있다.

4. 수험준비 contents

문제 중심의 학습을 위한 contents를 우선순위에 따라 제시하면 다음과 같다.

추리논증 관련 이론 즉, 형식논리학과 논증이론, 그리고 PSAT 기출문제와 LEET 예시문항, 예비시험 문제를 중심으로 친절하게 구성한 책이 '조성우 추리논증 입문'이고, 추리논증 핵심이론과 LEET 기출문제를 중심으로 구성한 책이 '조성우 추리논증 기본'이며, M/DEET 언어추론 기출문제

와 PSAT 기출문제, 그리고 일부 LEET 기출문제로 구성한 책이 '조성우 추리논증 심화'이다. 이 모든 교재들은 각각의 기출문제들을 유형별로 재분류하여 제시하고 있다.

실전 모의고사 문제는 LEET 기출문제를 모델로 하여 중요 논리와 패턴, 그리고 새로운 소재를 학습할 수 있도록 정교하게 구성하여 '조성우 추리논증 고득점 강의', '조성우 추리논증 파이널 모의고사 강의'에서 제공하고 있다. 필자의 경우 모의고사 문제는 문제집으로 출간하지 않고 있다.

★★5 기출문제 학습방법[36)]

★❶ 기출문제 전체 문제 풀기

자신의 현 주소 파악 및 학습 목표의 확인 등을 위해 먼저 기출문제를 풀어볼 것을 적극 권장한다. 수험생 중에는 기출문제가 최상급 모의고사로서의 가치가 있기 때문에 아껴두었다가 시험 직전에 풀어보는 것이 어떠냐는 질문을 하는 학생도 있는데 매우 잘못된 접근이다. 기출문제는 시험 직전에 모의고사로 한 번 풀어볼 정도의 자료가 아니라, 수험생활을 하는 동안 내내 곱씹어 가며 분석하고 학습에 활용해야 할 자료다. 또한 시험 직전에 기출문제를 풀어보고 자신이 제대로 방향성을 잡아 학습하지 못했다면 이를 만회할 시간이 없고, 설령 점수가 좋게 나왔다 하더라도 시험을 준비하면서 직간접적으로 기출문제를 접한 후에 나온 점수일 수 있기 때문에 자신의 실력을 제대로 보여주는 점수라 할 수 없다.

따라서 LEET 강의 등을 통해 기출문제를 접하기 전에 실전과 동일한 상황에서 풀어보는 것이 좋다. 강의를 듣거나 관련 학습을 통해 직간접적으로 문제를 접해본 후에 기출문제를 풀어서 심리적인 위안을 얻기보다는, 힘들고 부담스럽겠지만 생소한 상태에서 기출문제를 풀어보고 자신에게 가장 도움이 될 수 있는 자료로 활용하는 것이 현명한 접근이다. 기출문제는 자신의 현주소를 가장 잘 진단해 줄 수 있는 최상급 진단자료인 동시에 수험전략의 보고이다.

하지만 기출문제 전체 문제 풀기를 혼자서 시간에 맞춰 시험처럼 제대로 진행하는 것이 쉽지 않다. 그래서 필자의 경우 2번째 강의인 기본강의(1월~2월)를 진행할 때 '기출문제 함께 풀기 특강'이라는 이름으로 매주 수강생들이 함께 모여 시험처럼 기출문제 함께 풀도록 하고 있다.

---

35) PSAT 기출문제는 문제 풀이 훈련과 더불어 배경지식을 제고할 수 있는 좋은 학습 교재이다. PSAT과 LEET를 영역별 matching을 시켜보면, 언어논리영역의 언어 관련된 부분은 언어이해로, 논리부분은 추리논증으로 재구성되었다고 볼 수 있으며, 자료해석 영역은 추리논증 영역의 수리추리부분으로 다소 축소된 경향이 있고, 상황판단 영역은 추리논증의 추리와 논증의 내용적 측면인 이론적 실천적 논변으로 재구성되었다고 할 수 있다. PSAT과 LEET의 차이점이라고 한다면 PSAT은 잠재적인 업무수행능력을 염두에 두고 문제를 구성하고 있는 반면에 LEET는 법학전문대학원 수학능력을 염두에 두고 문제를 구성하고 있다는 데 있다.

36) 여기서 제시한 기출문제 학습방법은 LEET 기출문제의 학습뿐 아니라 PSAT 기출문제 학습에도 적용하여 학습하도록 한다.

- 먼저 2012학년도 추리논증 기출문제를 실전처럼 쉬지 않고 제한된 시간(110분) 내에 OMR카드까지 작성하며 풀어 본다.(OMR은 필자의 학원 홈페이지 학습자료실에서 다운로드 가능)
- 정답을 확인하기 전, 못 푼 문제들과 시간 제약 상 찍은 문제들을 시간을 갖고 다시 풀어본다. 헷갈렸던 문제 또한 다시 시간을 갖고 풀어보고 처음 답안과 다시 푼 답안은 구분하여 적어둔다.
- 이제 정오답을 확인하며 틀린 문제의 경우 어떻게 해서 답을 골랐는지 이유를 적어둔다. 더불어 문제풀이에 대한 1차적인 느낌을 첫 페이지에 적어둔다. 예를 들어, 시간이 많이 부족했다라든지, 실수로 틀린 것들이 많았다든지 등등.
- 기출문제를 풀어가는 순서는 35문항 110분 시험인 2012학년도부터 2018학년도까지, 그리고 40문항 125분 시험인 2019학년도부터 2023학년도까지, 그러고 나서 예비시험, 2009학년도, 2010학년도, 2011학년도 순으로 풀어갈 것을 권한다.
- 위에서 언급한대로 2012학년도 추리논증 기출문제부터 몇 회를 풀어본 후 다음 학년도 기출문제를 풀어가는 것이 무의미하게 느껴질 정도로 문제풀이에 대한 접근이 쉽지 않은 수험생의 경우에는, 필자의 기초입문강의(형식논리학과 논증이론, PSAT 기출, LEET 예시문항, 예비시험 문제로 구성) 또는 교재를 통해 문제풀이의 기본기를 익힌 후 다시 기출문제 풀이에 도전하도록 한다.

★ ❷ 기출문제 유형별 학습 및 개별 문제 상세 분석

기출문제의 유형별 학습을 통해 효율적인 문제풀이 노하우를 습득하고 정오답구성의 논리를 체화(體化)할 필요가 있다.

"조성우 추리논증 기본" 교재는 LEET 기출문제를 중심으로 유형별 학습 및 개별 문제 상세 분석을 목적으로 출제기관이 제시한 추리논증 체계에 맞춰 구성된 책이고, 본 교재인 "조성우 추리논증 입문" 교재는 PSAT 기출문제와 LEET 예시문항 등을 중심으로 추리논증 이론과 함께 유형별 학습을 할 수 있도록 매우 친절하게 구성된 책이다. 따라서 "추리논증 기본"을 학습하기 전에 "기출문제 전체 문제 풀기" 가이드에 따라 LEET 추리논증 기출문제를 반드시 먼저 풀어보기 바란다. 하느냐 하지 않느냐에 따라 학습 결과는 크게 달라질 것이다. 기본강의를 수강하는 경우에는 앞서 언급한 대로 강의에서 '기출문제 함께 풀기 특강' 등을 소개하고, 이에 대한 언급을 자세히 할 것이므로 반드시 미리 풀고 강의에 임할 필요까지는 없다.

★ 기출문제 유형별 학습의 목적 내지 효용을 설명하면 다음과 같다.

- 기출문제를 유형별로 묶어 학습함으로써 공통적인 요소에 대한 효율적인 대처를 할 수 있다.
- 언어추리나 논증 문제의 경우 묶어서 정리함으로써 "정오답 판단의 기준"을 명확히 하고 구체화할 수 있다.

- 수리추리 및 논리게임 등 시간이 많이 소요되는 문제의 경우 시험에서 요구하는 전형적인 문제패턴을 확인하고 집중적으로 훈련할 수 있다.
- 유사한 소재를 묶어 학습함으로써 자신이 부족한 내용영역을 쉽게 찾아낼 수 있고, 묶어서 학습한 내용은 유사 소재 출제 시 빠르고 정확한 이해를 돕는다.

★ 기출문제 유형별 학습 및 개별 문제 상세 분석 시 점검해야 할 사항들은 다음과 같다.

- 문제에서 요구하는 것은 무엇인가?
- 각각의 〈보기〉나 선택지는 왜 맞고 왜 틀린 것인가? 제시문 내 정오답 판단의 근거는 각각 어디에 있는가?
- 제한된 시간 내(약 3분 내지 4분) 문제를 풀 수 있었는가? 그렇지 못했다면 어떻게 하면 시간을 줄여갈 수 있을까?[37)]
- 검토한 문제는 어떻게 풀어가는 것이 좋았을까? 빠르고 정확한 해결을 위한 방법은 없는가? 문제나 제시문에 특징적인 요소나 단서는 없는가?

위 4가지를 한 번에 다 하려고 하면 시간이 너무 많이 걸리거나 지칠 수 있으므로 처음 기출문제를 분석할 때에는 '정오답 판단의 논리'를 점검하는 데 보다 집중하고, 두 번 세 번 반복학습을 할 때에는 '빠르고 정확한 해결'에 점점 무게를 두어 학습하는 것이 좋다. 이러한 과정을 도와주는 것이 바로 "조성우 추리논증 강의"이다.

★ ❸ 기출문제 학년도별 반복(Repetition) 학습

기출문제 유형별 학습 및 개별 문제 상세 분석을 몇 차례 반복한 후에는, PSAT 기출문제나 LEET 모의고사 문제 등을 통해 자신의 부족 부분을 보충하는 것이 필요하다. 그러고 나서 또 다시 기출문제를 반복해서 점검할 필요가 있다.

이때에는 유형별 학습이 아닌 학년도별 전체 문제를 다시 풀고 시험 문제의 구성 등 전체적인 측면과 함께 개별 문제들을 분석해 가는 것이다. 이쯤 되면 안 보이던 기출문제의 성격이 보이고 정오답의 구성의 논리 등이 보일 것이다. 그러면서 발견되는 약점들을 집중적으로 보완해 갈 필요가 있다.

---

37) 제시문 분량과 난이도에 따라 문제풀이에 소요되는 시간은 다를 수밖에 없지만, 대개 언어로 구성된 문제의 경우는 3분 ± 30초 정도가 적절하고, 수리추리나 논리게임의 경우는 4분 ± 30초 정도가 적절하다.

6 중간 점검 및 모의고사 문제 풀이

LEET 기출문제와 PSAT 기출문제, M/DEET 언어추론 기출문제를 학습하면서 중간 중간 모의고사 내지 진단평가를 통해 자신의 학습 상황을 점검하는 것이 좋다. 물론 모의고사 문제풀이 훈련을 본격적으로 하는 것은 LEET 기출문제나 PSAT, M/DEET 언어추론 기출문제 학습이 어느 정도 끝난 후가 좋으나, 중간 중간 자기 점검 목적의 모의고사는 보다 현실감을 제고시켜주고 학습을 제대로 할 수 있도록 각성시키는 효과가 있으므로 권장할 만하다.

LEET 기출문제와 PSAT 기출문제, M/DEET 언어추론 기출문제를 학습한 후에는 양질의 모의고사 문제를 통해 취약한 문제패턴에 대한 집중적인 훈련과 출제될 수 있는 소재에 대한 배경지식을 확장해 간다. 제한된 시간 내 문제를 해결하는 것은 고도의 집중력과 반복적인 훈련을 필요로 하므로 처음에는 20문항으로 구성된 하프 모의고사 문제로 문제풀이 훈련을 하고 점차적으로 40문항으로 구성된 실전모의고사 문제로 옮겨가는 것도 좋은 방법이다.

- 모의고사 문제풀이를 통해 시험운영 능력을 제고하고, 시험에 인용될 수 있는 배경지식을 확장한다.
- 잘 만들어진 모의고사 문제는 기출문제의 정오답구성의 논리를 체화시키고, 시험에 출제될 수

7 수험 준비의 네비게이션

지금까지 살펴본 적성(능력) 평가라는 시험의 특성을 통해 수험기간동안 잊지 말아야 할 나침반과 같은 사항을 제시하니 염두에 두길 바란다.

❶ 실전 상황을 염두에 두고 학습에 임한다.

- 125분 내 40문제[110분 내 35문제]를 풀어내야 하는 시험이다.
- 중간 중간 모의고사를 통해 실전 상황을 느껴보도록 한다.
- 문제를 풀 때마다 스톱워치를 사용하여 문제풀이에 걸린 시간을 적어놓도록 한다.
- 매번 하는 것이 심리적으로 큰 부담이 된다면 가끔씩이라도 문제풀이 시간을 점검하여 수험적합적인 학습이 되도록 한다.

❷ 문제를 제대로 숙지하는 것 못지않게 반복학습을 통해 체화시키는 것이 중요하다.

문제를 풀고 점검을 할 때에는 선택지 하나하나를 꼼꼼히 따져보고 제시문을 철저히 분석하는 것은 중요하다. 그리고 이 못지않게 중요한 것은 틀린 문제 등에 대한 지속적인 반복학습이다. 그렇지 않으면 시험에서 제대로 활용될 수 없는 단계에 머무를 가능성이 높다.

- 시간에 절대적으로 쫓기는 재학생이 아니라면, 반복 체화를 위해 반드시 자신의 힘으로 노트를 만들 것을 권한다.
- 노트는 정리노트, 오답노트, 실수노트, 문제풀이전략노트 등 자신에게 필요한 것부터 만들어가고, 모의고사문제를 풀기 전 반드시 읽고 시험에 임한다.[p.83. 제2회 성적향상 장학생 박OO 공부방법 참조]

❸ 합격생들의 수험후기를 중간 중간 참고하면서 슬럼프를 슬기롭게 극복하고 마지막 순간까지 최선을 다하도록 한다.

LEET 추리논증 시험은 인문, 사회, 자연과학 등 모든 영역을 소재로 하여 사고력을 평가하는 시험으로 어느 특정 지식에 대한 습득여부가 바로 시험점수의 향상으로 이어지는 것은 아니다. 물론 학습한 내용만을 가지고 구성된 문제라면 성적향상을 경험할 수 있겠지만 기출문제와 같이 정상적으로 만들어진 모의고사문제라면 실력이 향상되었다고 하더라도 바로 표준점수의 향상으로 이어지지 않을 수 있다.

또한 수험생 간 출발점도 다르고, 개인적 특성도 달라 성적향상의 정도 또한 다르다. 그리고 LEET 추리논증은 절대평가가 아닌 상대평가로 시험에 응시한 수험생간 편차가 표준점수로 표현되는 것이기 때문에 남들보다 더 큰 향상이 있어야 시험점수의 향상을 경험할 수 있다.

그리고 기출문제를 통해서도 확인할 수 있듯이, 시험문제의 구성에 따라 시험점수가 영향을 많이 받는 측면이 있어 매번 모의고사에서 안정적인 점수를 거두기가 쉽지 않다. 이러한 요인들로 인해 시험을 준비하는 동안 마음고생이 상당할 수 있다. 따라서 주변 수험생들과의 단순 비교를 통해 일희일비하기보다는 힘들 때마다 합격생들의 진솔한 수험후기를 참고하면서 마지막까지 순간순간 자신의 길을 충실히 걸어가기를 바란다.

8 참고서 및 강의의 입체적 활용

기초 논리학과 논증판단의 기준을 습득하기 위해 참고할 만한 서적으로는 김광수 교수의 「논리와 비판적 사고」 또는 박은진 교수의 「비판적 사고를 위한 논리」를 권한다. 논증 관련 참고서로는 최훈 교수의 「논리는 나의 힘」을 권한다. 문제를 풀면서 의문이 생길 때마다 해당 내용을 찾아 참조하면 도움이 될 것이다.[38]

제대로 준비된 강의와 교재는 수험생의 시간과 노력 그리고 시행착오를 줄여 준다. 내가 할 수 없어서 강의를 활용하는 것이 아니라 내가 할 수도 있으나 많은 시간과 노력 그리고 시행착오를 줄이기 위해 강의를 활용한다고 할 수 있다. 물론 공부는 자신이 하는 것이다. 그러나 트레이너가 있는 경우와 혼자서 하는 경우는 분명 적지 않은 차이가 있을 것이다.

---

38) 물론 기초입문교재나 기본교재에서 추리논증 학습을 위한 기초 논리학 및 논증 판단의 핵심내용은 다 제시하고 있다. 그러나 추리논증 학습을 위해 필수적으로 다루어야 할 내용과 문제가 방대한 상황에서 기초 논리학과 논증 관련 내용을 자세하게 설명하기보다는 요약 제시하고 있으므로 강의를 듣는 경우에는 큰 문제가 없을 것이나 강의를 듣지 않고 교재로 학습하는 경우에는 위에 추천한 도서를 참조하면 보다 학습에 도움이 될 것이다.

II

합격생들의 추리논증 학습 방법

LEET 추리논증은 대다수 학생들에게 쉽지 않은 과목이다. 어려움 속에서도 포기하지 않고 필자를 믿고 따라와 꿈을 이룬 선배 합격자들의 생생한 학습 경험담을 소개한다. '인내는 쓰나, 그 열매는 달다'는 말을 힘들 때마다 되새기며 법조인으로서의 미래에 한걸음 더 다가가기를 진심으로 바란다.

송○진 **2012 LEET 전국수석(표준점수 157.6점 / 추리논증 80점), 서울대 로스쿨 합격**

"조성우 선생님의 추리논증 강의는 LEET에 있어서 최고의 수험 적합성을 보이는 강의라고 생각합니다. 지난 8월 21일, 떨리는 마음으로 LEET 시험장에서 추리논증 문제지를 펼쳤을 때의 기분을 잊지 못합니다. 문제의 구성이나 풀어나가는 방식 등이 평소 조성우 선생님 강의를 통해 꾸준히 연습했던 문제들과 놀라울 정도로 비슷하게 느껴졌기 때문입니다."

저는 이러한 느낌을 바탕으로 하여 빠른 속도로 자신감 있게 문제를 풀어나갈 수 있었고, 이는 높은 점수라는 결과로 이어졌습니다.

조성우 선생님 강의의 차별화된 장점으로 크게 세 가지를 들 수 있습니다.

첫째, 선생님의 열정입니다. 항상 수험생의 입장에 서서 학생들이 잘 이해하고 있는지, 어떻게 하면 더 효과적인 전달이 될 지 고민하십니다. 수험생들의 시간을 소중하게 생각하여 수업시간 중 단 1분도 허투루 사용하지 않으시고, 개인적인 질문들에도 성실히 답해주십니다. 최선을 다하시는 선생님의 모습에 학생들도 자극받아 더욱 열심히 하게 되는, 긍정의 에너지가 있는 수업입니다.

둘째, 효율적인 수업입니다. 수업 내용과 관련하여 의미 있는 보충 자료들이 적절하게 제공되어 별도로 자료를 찾는 번거로움이 없습니다. 또한, 문제를 푸는 방식에 있어서 다양한 아이디어를 제공해주시기 때문에 문제를 가장 효율적이고 빠르게 해결하는 방법은 무엇인지 체득해나갈 수 있게 됩니다.

셋째, 양질의 문제 제공입니다. LEET가 아직은 시행된 지 얼마 되지 않았기 때문에, 시중에서 양질의 문제를 접하는 것이 생각보다 쉽지 않습니다. 여러 문제집 및 기타 모의고사 문제들과 비교했을 때 조성우 선생님의 문제들이 내용 및 구성에 있어서 가장 적절하다고 생각되었고, 이는 문제풀이에 대한 감각을 키우고 시간 관리 연습을 하는 데에도 큰 도움이 되었습니다.

조성우 선생님의 강의를 들으면서 추리논증에 대한 자신감을 더욱 키울 수 있었고, 좋은 결과까지 얻게 되어 기쁘고 감사합니다. 강사 선택 문제로 고민하시는 분들께 도움이 되었길 바랍니다.

최○○ (서울대) **2014 서울대 로스쿨 합격 (초시)**

"저는 조성우 선생님의 추리논증 기본강의부터 파이널 모의고사까지 모든 과정을 차근차근 따라갔고, 그 덕분에 기대 이상의 결과를 얻어 법학전문대학원에 합격했습니다. 조성우 선생님의 수업을 충실하게 들으시는 모든 분들에게 저의 경험이 조금이나마 도움이 되기를 바라는 마음입니다."

1. LEET를 대하는 마음가짐

LEET에 대한 이야기가 정말 많습니다. 입시에 얼마나 반영이 되는지, 공부한 만큼 점수가 오르는 시험인지, 또 작년에 응시자가 몇 명이어서 올해 경쟁률은 얼마가 될 것이다, LEET의 표준점수 몇 점이 GPA 몇 점과 상응하더라, 등 많은 정보들이 여러분의 마음을 떨리게 할 것입니다.

그런데 이러한 이야기들에 흔들릴 필요 없이, 스스로가 정한 목표와 스케줄에 맞게 한 단계씩 앞으로 나아가는 것이 중요합니다. LEET가 입시에 얼마큼 반영되는지는 정확히 알 수 없지만, 분명한 것은 높은 점수가 낮은 점수보다 더 유리할 것이라는 단순한 사실입니다. 공부한 만큼 점수가 오르는지는 사람마다 차이가 있겠지만, 어차피 현 시점에서는 LEET 공부 외에 할 수 있는 일이 많지 않습니다. 그렇다면 자기 자신을 믿고 LEET 공부에 최선을 다해보는 것이 가장 좋은 선택이 될 것입니다.

저는 처음에 LEET 문제를 풀어봤을 때, 평균보다 훨씬 낮은 점수를 받았습니다. 그렇지만 '내 출발선은 이렇게 낮은 수준인데 고득점으로 갈 수 있을까' 하는 고민과 좌절은 하지 않았습니다. 현재 남들보다 부족하다는 상태를 빨리 인정하고, 그 대신 '같은 공부를 할 때 나는 남들보다 새로 배우는 것이 더 많다'고 긍정적으로 생각했습니다.

LEET는 단지 8월에 시험문제를 풀고 끝내버리는 '시험'이 아니라, 공부하고 트레이닝한 만큼 자신의 무기가 되는 '소양'이라고 생각합니다. 그런 마음가짐을 가질 때, LEET 공부를 더욱 수월하게 할 수 있고 기대 이상의 좋은 결과도 나올 것입니다.

2. 학원수업에서 무엇을 얻어갈 것인가?

학원수업을 통해 다음의 3가지만 얻을 수 있다면 성공이라고 생각합니다. 정확하고 체계적인 풀이, 다양한 소재에 대한 친근함, 그리고 문제풀이 전략.

❶ 정확하고 체계적인 풀이

학원수업의 가장 큰 장점은 가장 정석적인, 그리고 가장 검증된 문제풀이를 배울 수 있다는 점입니다. 모든 공부가 그렇듯이, 가장 원론적인 풀이를 충실히 이해하고 암기하고 있어야 그 다음에 풀이 단계를 건너뛰고 시간을 줄일 수 있습니다.

물론 이 장점을 충분히 누리기 위해서는 선생님의 해설을 접하기 전에 스스로 시간을 측정해서 문제를 직접 풀어봐야 합니다. 자신의 힘으로 해본 문제풀이와 선생님의 풀이를 비교하여 자신의 약점을 중점적으로 보완하는 것이 효율적이기 때문입니다. 이렇게 한 번 정확하게 익혀놓은 문제 접근방식과 풀이방법은 문제의 소재나 형태가 바뀌어도, 그리고 실전에서 강력한 힘을 발휘합니다.

"조성우 선생님이 제공하는 풀이는 문제를 정확하게 해부하여 필요한 접근이 무엇인지를 체계적으로 알려줍니다. 그리고 강의가 진행되면서 복잡한 문제일수록 어떻게 효율적으로 접근하는지, 실수하지 않으면서도 어떻게 시간을 줄일 수 있는지를 알려줍니다. 즉, 단순한 수업용 풀이가 아니라 전장에서 실탄이 되어 줄 실전용 풀이를 배울 수 있습니다."

❷ 다양한 소재에 대한 친근함

어느 정도 공부가 진행된 후에 각자가 자신 있는 문제, 그렇지 않은 문제가 보이기 시작합니다. 이 차이는 대부분 그 문제의 소재가 익숙한지 또는 생소한지에 따라 결정됩니다.

이러한 바탕에는 그날그날 수업에서 제공되는 보충자료가 큰 역할을 했습니다. 보충자료는 그냥 신문 읽는 마음으로 챙겨보는 것이 도움이 됐습니다. 소재에 대한 친근함 높이기는 '공부'하려고 하면 금방 지칩니다. '우와, 이런 것도 있었네.' 하며 소재를 눈에 익히기만 해도 점수 상승에 큰 도움이 될 것입니다.

"어떤 소재를 접해도 낯설지 않고 친근하다는 느낌을 갖는 것은 시험 자체에 대한 자신감을 올려줄 뿐만 아니라, 실제로 문제풀이 시간을 굉장히 단축시켜 줍니다.
조성우 선생님의 모의고사 문제는 정말 광범위한 소재를 다루고 시험적중률도 높습니다. 특히 실제 LEET 시험에서 법학 관련 문제들은 그 소재와 유형을 이미 모두 다루었고, 과학 문제는 똑같은 문제를 풀어본 것 같은 착각이 들 정도로 익숙했습니다."

❸ 문제풀이 전략

LEET와 같은 시험은 반복된 훈련이 중요합니다. 학원은 가장 유사한 소재와 유형의 문제들로 유사한 응시환경에서 시험을 연습할 수 있다는 것이 큰 장점입니다. 특히 조성우 선생님의 모의고사 문제는 기출문제를 매우 깊이 연구하여 지문의 구성뿐만 아니라, 선택지 한 문장 한 문장이 기출문제의 원리, 단어, 어순을 고려하여 정교하게 기획되어 있습니다. 게다가 35문제 파이널 모의고사의 경우에는 각 연도별 기출문제를 모델로 하여, 난이도 상중하의 문제가 다양한 시나리오로 배치되어 있습니다. 이를 통해 문제별로 시간관리 하는 연습, 풀어야 할 문제와 풀지 말아야 할 문제의 판단 등을 여러 차례 시행착오를 겪어봐야 합니다.

저는 조성우 선생님이 말씀해주시는 문제풀이 전략을 다양한 방식으로 적용시켜 가면서 저한테 최적인 시간안배와 실수 줄이는 방법을 습관으로 만들어 냈습니다. 결론적으로 가장 우수한 문제로 가장 실제와 같은 시뮬레이션을 할 기회를 충분히 활용하는 것이 중요하다고 생각합니다.

같은 학원수업을 듣는 주변의 수험생들을 보면, 수업 이후에 스터디를 통해 다른 내용을 추가적으로 공부하거나 새로운 문제를 구해서 더 풀어보는 경우들이 있었습니다. 물론 그러한 노력이 잘못되지는 않았습니다. 하지만 욕심을 과도하게 내서 공부량의 목표를 비현실적으로 높게 설정하면 크게 얻는 것 없이 금방 지칠 수 있습니다.

저는 조성우 선생님의 수업시간에 100% 집중해서 내용을 소화하고, 그 이후에 틀린 문제와 찍어서 맞힌 문제를 검토하고, 또 보충자료를 읽는 것만으로도 하루 일과가 벅찼습니다. 그만큼 수업시간에 제공되는 문제와 자료는 방대하고 그 질은 다른 어떤 것보다도 높습니다.

"그렇기 때문에 저처럼 학원의 도움을 받기로 했다면 학원에서 제공해주는 양질의 커리큘럼과 내용을 충분히 이해하고 복습하는 것을 우선 순위에 두기를 권해드립니다. 저는 기출문제와 조성우 선생님 수업만으로 추리논증을 준비했고, 이를 통해 확실한 고득점을 이루었습니다. 불안해하지 말고, 믿고 따라가면 됩니다."

3. 슬럼프와 마인드 컨트롤

저는 LEET라는 시험에 대해 저의 현 상태가 남들보다 낮은 수준에 있다는 것을 빨리 인정하고, 그만큼 남들보다 더 많은 시간을 투자하기로 했습니다. 그래서 추리논증을 11월 기본강의부터 8월 파이널 모의고사까지 차근차근 수강했는데, 준비기간이 길었던 만큼 슬럼프를 피해가기 어려웠습니다.

추리논증 공부가 딱히 진도가 있는 것도 아니고, 암기에 주력해야 할 과목도 아니어서 4~5월에는 많이 지쳐 있었습니다. 학원에서 수업을 듣는 시간 이외에는 공부를 거의 하지 않았고, 모의고사에서도 예전과 다르게 평균 이하의 점수를 받으며 자신감을 많이 잃기도 했습니다. 학원에 일찍 와서 앞자리를 찾아 앉다가도 점점 뒷자리 구석으로 가기도 했습니다.

그러던 어느 날, 조성우 선생님께서 수업시간 첫 30분을 할애하여 시험을 대하는 자세와 슬럼프 극복에 대해 말씀해 주셨습니다. 저의 LEET 수험생활 중 가장 중요한 터닝포인트가 되는 날이었습니다. 여러 조언 중에서 '공부로 안 되는 거 공부로 해결해 봐라', '11월 초의 나를 돌아보며 그동안 성장해온 것을 봐라', '지금부터라도 학습일지를 써봐라', '우리 시험, 너무 쉽게 만만하게 생각하지 말자' 등은 매우 감동적으로 느껴졌습니다. 그 날 이후 저는 11월 처음 추리논증 교재를 펼치던 날의 마음가짐을 되살리고 8월까지 흔들림 없이, 그러나 여유를 잃지 않고 나아갈 수 있었습니다.

LEET는 열심히 공부한다면 슬럼프가 한 번쯤 올 수밖에 없는 시험인 것 같습니다. 미래에 대해 막연한 두려움이 엄습해 오기도 하고, 한 없이 무기력해지는 시기도 올 것입니다. 중요한 점은 그 슬럼프 속에서 어떤 마음가짐으로 빠져나오는가 하는 것입니다. 공부가 잘 되지 않고 힘들 때에는 공부를 아예 손 놓아버리기도 하고, 또는 무리해서 밤새워 공부하기도 하고, 여러 방법을 시도해보는 것이 좋습니다. 그리고 너무 오랜 시간 혼자 괴로워하지 말고, 힘들 때는 주변에 그리고 조성우 선생님께 도움을 요청해보는 것도 좋습니다. 여러분에게도 그 슬럼프가 터닝포인트가 된다면 같은 수업도 예전과 달리 풍성하게 다가올 것이고, 시험에 대한 여유가 생기면서 동시에 훨씬 강한 집중력도 갖게 될 것입니다. 그리고 무엇보다도 LEET라는 시험 덕분에 내가 성장하고 있다고 확신을 갖게 될 것입니다.

읽어주신 모든 분들에게 응원을 보내드리고, 좋은 결과 있기를 바랍니다.

김○○ (숙명여대) **2014 서울대, 연세대 로스쿨 합격** (초시, 퇴사 후 도전)

장○○ (인강 수강생) **2016 LEET 최고 수준의 성적 향상** (백분위 29.7% ⇒ 96.5%, 재시)

박○○ (해외대) **2017 LEET 최고 수준의 성적 향상** (백분위 56.3% ⇒ 99.1%, 재시)

심○○ (한양대) **2018 LEET 서울대 로스쿨 합격** (초시, 재학생, 추리논증 71.7점, 99.4%)

* 위 4명의 합격생의 공부법 수기는 '기초입문 학습전략편'을 참조하시기 바랍니다.

이○○ 2019 LEET 서울대 로스쿨 합격 (초시, 재학생, 추리논증 69.5점, 백분위 99.2%)

제가 후기를 쓰고 있는 이 시점에는 아직 로스쿨 입시가 마무리되지 않아 뭐라 말씀드리기에 조심스러운 부분이 있기는 합니다. 그러나 저는 인터넷 강의를 통해 조성우 교수님의 커리큘럼을 따라가며, 추리논증에서 큰 실력 향상을 이뤄낼 수 있었기에 이렇게 수험 후기를 남겨보고자 합니다. 이 수험후기가 2019년 이후에 리트를 준비하는 모든 수험생 여러분께 큰 도움이 되기를 진심으로 바라는 바입니다.

1. 처음 추리논증을 접했을 때의 느낌

사실 저는 어릴 때부터 '법조인이 되겠다'는 꿈 하나만 보고 달려왔습니다. 그래서 고등학교 때부터 법률동아리에 가입하여 법무부 주최 모의재판 대회나 생활법 경시대회에 참가하여 입상하는 등 다양한 경험을 쌓았습니다. 대학에 입학해서는 로스쿨의 꿈을 이루고자 매우 우수한 학점을 유지했습니다. 그 때까지만 해도 저는 우수한 법조인이 될 수 있는 자질을 갖춘 사람이라 믿어 의심치 않았습니다.

그렇게 시간이 흘러 3학년 여름방학을 앞둔 제게 유일한 걱정은 리트 시험 성적이었습니다. 그래서 처음으로 리트 시험에 입문해보고자 2014~2016년도 리트 시험 문제를 풀어보았습니다. 첫 2번은 문제 유형에 적응하는 기간이라 생각하고 멘탈을 붙잡을 수 있었습니다. 그러나 저는 2016년도 추리논증 기출 문제 채점을 하다 결국 문제지를 덮을 수밖에 없었습니다. '리트 시험 성적은 오르지 않는다'는 세간의 평을 감안하면, 그리고 높아진 제 기대를 감안하면 턱없이 부족한 성적이었기 때문이었습니다.

2. 기본적인 학습 방법 및 태도 - '추리는 하는 만큼 나오는 시험이다'

그 때부터 저는 기출문제 풀이를 중단하고 조성우 교수님의 추리논증 기본 강의를 수강했습니다. 학기를 쉬지 않고 계속 다니면서 리트를 준비하다 보니 시간이 없어 인터넷 강의로 수강하였지만, 절대 진도가 밀리지 않도록 최선을 다했습니다. 심화 과정은 제가 개인적으로 PSAT 문제를 풀어보았기 때문에 생략하고, 하프모의고사만 별도로 구매해 풀어보았습니다. 이어서 교수님의 파이널 모의고사까지 수강하였는데, 특히 실전 모의고사는 틀린 문제 뿐 아니라, 헷갈렸거나 개인적으로 좋았다고 생각했던 문제들, 제가 평소에 많이 틀리는 제재들 등을 모아 2~3번 풀어보았습니다. 그 과정에서 제가 항상 잃지 않았던 것은 '이 세상에 오르지 않는 시험은 없다'는 믿음이었습니다. 그래야 본인의 노력이 헛되지 않다는 생각에, 꾸준히 노력하게 될 것이라 생각했습니다. 그리고 저는 시험이 끝난 후 더더욱 그에 대한 확신을 갖게 되었습니다. 솔직히 말씀드리자면, 언어는 공부한 만큼 드라마틱하게 성적이 오르는지에 대해 여전히 의문이 있습니다. 다만, 제가 확실히 말씀드릴 수 있는 것은 '적어도 추리논증은 하는 만큼 나오는 시험'이라는 것입니다. 그 이유는 다음과 같습니다.

❶ 특정 유형 및 패턴의 반복

추리는 올해부터 비중이 크게 높아진 이른바 '법률형 문제'부터 시작하여, 경제학부터 과학기술에 이르기까지 다양한 제재에 대한 이해 및 적용, 논증, 강화-약화 판단, 수리추리 및 논리게임 등 여러 유형들로 구성됩니다. 하지만 그 유형은 몇 가지 핵심적인 패턴에 따라 문제화됩니다. 그리고 실제로 추리논증은 언어이해에 비해 '핵심 유형이나 패턴의 반복'을 쉽게 체감할 수 있기도 합니다. (언어이해의 경우 제시문에 따라 이해도가 크게 달라지기 때문입니다.) 이처럼 '반복되는 유형과 패턴'이 존재하기 때문에 많은 문제를 풀어보면 풀어볼수록, 즉 '시간을 투자하는 만큼' 그에 익숙해지게 됩니다. 그렇기에 '하는 만큼 나온다'고 말씀드릴 수 있는 것입니다.

그리고 제가 조성우 교수님의 강의를 추천드리는 이유 또한 바로 여기에 있습니다. 교수님은 '반복되는 유형이나 패턴'을 기본 강의 때부터 꾸준히 리마인드시켜주시고, 그에 대한 접근법을 가르쳐 주십니다. 그리고 이후 모의고사 과정은 그 원리가 잘 녹아 있는 문제들로 구성되어 있습니다. 사실 기출을 꾸준히 풀고 다시 보면, 교수님의 모의고사 문제들은 어떤 문제를 변형했는지 어렵지 않게 떠올릴 수 있을 정도로 기출 문제와 유사한 패턴을 갖고 있습니다. 그래서 실제 시험장에서 이렇게 나올까 싶은 생각이 들기도 합니다. 그런데 실제 시험장에 가면 '모의고사와 별반 차이가 없다'고 느끼게 됩니다. 그 이유는 제재 적합성이 타 모의고사에 비해 높기 때문이기도 하지만, 무엇보다 '반복되는 원리와 패턴'을 기반으로 기출을 변형하시기 때문입니다. 게다가 오히려 실제 시험에 비해 어려운 난이도와 긴 호흡의 제시문들로 문제가 구성되어 있었기 때문에, 실전의 체감 난이도를 크게 낮춰주는 효과 또한 있었습니다.

'반복되는 핵심'이 존재한다는 사실을 꼭 숙지하시고, 이를 잘 반영하는 좋은 퀄리티의 문제들을 꾸준히 풀어보는 과정을 통해 기본을 탄탄히 다지는 데 주력하십시오. 저는 이것이 고득점으로 가는 가장 중요한 열쇠라 생각합니다. (다만, 저는 수험을 준비하는 과정에서 LEET의 출제 원리와 부합하지 않는 문제들이 시중에 꽤 많이 나와 있다고 느꼈습니다. 광고하는 사람처럼 보일 수도 있어 조심스럽습니다만, 그렇기 때문에 퀄리티가 좋은 교수님의 강의 및 모의고사를 추천 드리는 것입니다.)

❷ 선지 구성 논리의 반복

'선택지'를 꼼꼼히 분석해서 활용했던 것 또한 많은 도움이 되었습니다. 특히 추리논증은 크게 '~할 수 있다'로 대표되는 '개연적 진술'과, '~해야 한다', 혹은 '~한다'로 주어지는 '단정적 진술'로 선지가 구성됩니다. 이 때 개연적 진술은 그에 대해 단 한 가지 가능성만 존재해도 정답이 됩니다. 반대로 단정적 진술은 그 한 가지 가능성이 반례가 되기 때문에, 한 가지 가능성을 찾아낼 경우 바로 오답으로 처리하고 넘어가시면 됩니다. 저는 이 기준을 세워 놓고 기출 문제에 대한 선지를 분석하면서 이를 체화하고자 노력했습니다. 그리고 이는 실제 시험에서 애매한 선지를 '신속하게' 걸러내고 정답을 찾아내는 데 있어 매우 큰 힘이 되었습니다. '단 한 가지 가능성'만 떠올리면 되기 때문입니다.

어찌 보면 단순한 논리라 생각되실 수 있지만, 이러한 선지 구성 논리는 추리논증 뿐 아니라 언어이해까지 'LEET 시험 전체'의 문제 풀이 과정을 관통하는 핵심이라 생각합니다. 따라서 한 번쯤은 꼭 선지의 특징들에 주목하여 분석해보는 것을 추천 드립니다. 그러나 이를 한두 번 분석해보기만 한다면 시험장에서 적용하기는 쉽지 않을 수 있습니다. 따라서 실전 모의고사 등의 과정을 통해 체화하는 훈련을 해보시는 것이 좋습니다. 본인이 얼마나 많은 선지를 놓고 반복적으로 훈련해봤는지에 따라 선지를 보는 자세가 달라질 것입니다.

3. 시험 전 마지막 2주

물론 제게 추리논증 고득점에 있어서 무엇이 가장 중요하냐고 물으신다면, 앞서 말씀드린 것처럼 '기본'을 강조할 것입니다. 기본강의에서 학습하는 논리구조들을 체화하여, 어떤 제시문을 독해하든 그것들을 하나의 도구로 사용할 수 있도록 하는 것은 추리 고득점의 핵심입니다. 앞서 말씀드린 것처럼 반복되는 유형이나 패턴을 분석하고, 선지를 분석해서 오답을 골라내는 과정 또한 같은 맥락에서 그 중요성이 높습니다. 그러나 저는 기본 못지않게, '마지막 2주에 마무리를 잘해야 한다.'는 것을 정말 강조 드리고 싶습니다.

사실 정말 LEET 시험에 자신이 있거나, 시간이 부족하신 소수의 분들을 제외하고는 대부분 늦어도 2~3월부터는 관련 공부를 시작하십니다. 요새는 Pre-Leet 과정부터 수강하시면서 거의 1년 커리를 밟으시는 분들도 계시는 걸로 알고 있습니다. 본인이 어떠한 커리큘럼을 타고 왔든, 학기가 마무리되고 더위가 시작되는 7월에는 체력적인 부침이 생기기 마련입니다. 그 뿐 아니라 디데이가 얼마 남지 않았다는 부담감도 느껴지기 시작해서 집중력이 떨어지기도 쉽습니다. 그래서 저는 적어도 시험 2주 전부터는, 생활 패턴을 실제 시험에 최적화되도록 맞추라고 조언해드리고자 합니다.

구체적으로 저는 2주 전부터 매일 아침에 스터디원들과 학교 강의실을 대여하여, 모의고사 문제들을 시간에 맞춰 푸는 훈련을 했습니다. 언어와 추리를 실제 시험시간에 맞춰 풀고, 점심식사를 한 뒤에는 문제의 오답을 정리했습니다. 저는 오답노트를 별도로 작성하지는 않았기에 왜 틀렸는지에 대한 이유만 분석하고 넘어갔습니다. 논술은 주말에 가볍게 글을 쓰는 정도로 대체하였고, 대신 집에 가기 전에 헬스장에 들러 꼭 1시간 정도 가볍게 운동을 했습니다. 별 생각 없이 운동을 하면 머리가 좀 맑아지는 느낌이 들기도 했고, 그렇게 해야 밤에 피곤해져서 잡생각 없이 잠을 잘 수 있었기 때문입니다. 저녁 식사를 한 뒤에는, 언어와 추리 기출문제를 한 세트 풀었습니다. 다만 이미 최소 5~6번은 본 문제들이기에, 정답을 맞추기보다 제시문과 선지를 정확히 읽고 분석하는 데 초점을 맞췄습니다.

이렇게 생활을 패턴화해두면 1. 리트 시험 당일에도 평소 하던 것처럼 준비하면 되기 때문에 시험 당일에 마음이 다소 편안해지고, 2. 규칙적인 생활이 습관화되어 일찍 일어날 때 느껴지는 피로감이 덜하게 됩니다. 특히 저는 시험장에서는 잘 긴장하지 않는데, 아침에 일어나는 것이 제일 힘들었습니다. 제 주위에 간혹 저 같은 분들도 계셨는데, 그런 분들의 경우 시험 전날 30분 정도 일찍 일어나시고 카페인과 관련된 일체의 식음료를 드시지 않는 것도 도움이 될 것입니다.

(또한 이 시기에는, 실제 시험장에서 시간이 부족할 때 등과 같이 혹시 모를 위기 상황에 대처하는 매뉴얼도 꼭 만들어 두시길 바랍니다. LEET 시험은 시간이 부족한 경우들이 많기 때문에, 시간이 부족할 때 무슨 문제부터 건드릴지, 안되면 몇 번으로 찍을지라도 고민해두시는 게 시험장에서의

'멘붕'을 방지하는 데 좋습니다. 또 본인이 자신 있는 분야와 자신 없는 분야를 골라내서 버릴 문제들은 과감하게 버리십시오. 마지막으로, 문제를 풀 때 순서대로가 아닌 다른 방식으로 풀겠다고 생각해둔 것이 있으시다면 꼭 적용해보면서 본인에게 맞는 방법인지 테스트해보시길 추천 드립니다.)

4. 기타 - 마인드 컨트롤

앞서 학습 방법에 대한 언급을 주로 드렸는데, 그 외에 제가 꼭 말씀드리고 싶은 것은 '마인드 컨트롤'에 대한 내용입니다. 사실 주변 분들과 얘기해보면, LEET 시험은 '멘탈 싸움'이라는 말을 정말 많이 듣게 됩니다. 실제로 저도 그 부분에 대해 매우 공감합니다. 실제 모의고사 강의 시즌이 되면 매번 문제를 푸는 게 점수로 수치화되기 때문에, 성적이 잘 나오지 않으면 그에 대한 스트레스가 이만저만이 아닙니다. 실제 메가나 법률저널에서 하는 모의고사를 풀러 가도 마찬가지입니다. 특히 학원에서 공부하시는 분들은 주변 분들과의 경쟁도 더해지다 보니 더욱 힘드실 거라 생각됩니다. 안타까운 건 잘 나온 분들도 잘 나온 대로 걱정이 많다는 점입니다. '집리트인데', '모의고사인데'라는 생각에 걱정하시는 분들도 꽤나 계셨고, 저 또한 모의고사 성적이 120점대 초중반을 왔다 갔다 했지만 그런 부분에서 스트레스를 좀 받았던 것 같습니다. 물론 시험장에서는 마인드 컨트롤이 더더욱 중요합니다. 따라서 LEET 시험에서 마인드 컨트롤, 이른바 멘탈 관리는 말 그대로 알파이자 오메가라고 해도 과언이 아닙니다. 다만, 저는 멘탈 관리에 있어서 모든 분들에게 적용될 만한 모범답안은 없다고 생각합니다. 그러나 제 경험을 통해 말씀드리자면, '본인에 대한 자신감을 가지라'는 것과 '나만의 스트레스 풀이법을 찾으라'는 두 가지는 꼭 말씀드리고 싶습니다.

우선 저는 '세상에 내 자신을 믿지 않으면 누굴 믿을 수 있겠나' 하는 생각을 항상 갖고 있습니다. 그래야 힘들 때마다 남에게 기대기보다 제 자신을 믿고 헤쳐 나갈 수 있다고 믿기 때문입니다. 어차피 LEET 시험장에서 OMR카드에 답안을 작성하는 사람은 본인입니다. 그 누구도 도움을 줄 수 없고 오직 자신이 헤쳐 나가야 합니다. 특히 올해 시험처럼 1교시 언어이해가 어려운 경우, 언어에서 '멘붕'이 왔다고 해서 본인에 대한 자신감이 떨어지고, 이로 인해 결국 추리까지 영향을 받는 일은 최악의 결과를 낳을 수 있습니다. 그러려면 불안하더라도 적어도 시험장에서 '난 잘 봤을 것이다'는 맹목적 믿음을 갖고 다음 시험을 준비하시는 게 좋습니다. 물론 이는 시험을 준비하는 과정에서는 매너리즘을 야기할 수 있습니다. 그러니 시험을 준비할 때에는 너무 자신감에 빠지지 않되, 모의고사 성적에 연연하지 마시고 잘 나왔으면 잘 나온 대로, 아쉬운 점수라면 다음에 올리겠다는 마음가짐으로 나 자신을 믿고 끝까지 정진하십시오.

그리고 본인만의 스트레스 풀이법은 꼭 찾으시길 바랍니다. 예를 들어 저는 학교에서 야구동아리 활동을 했었기 때문에 스트레스 받을 때에는 야구를 하기도 했고, 혹은 노래 부르는 것을 좋아해서 혼자 코인노래방에 가서 노래를 부르기도 했고, 아니면 여자친구나 친구들을 만나서 얘기를 하며 풀기도 했습니다. 본인에게 맞는 방법은 다 다르겠지만, 어쨌든 스트레스를 본인 혼자 삭히는 것은 가장 힘들고 위험한 일입니다. 그러니 꼭 본인에게 최적화된 스트레스 풀이법을 찾아서 해결하시는 것을 추천 드립니다. 이는 나중에 로스쿨에서의 힘든 학업 생활에 있어서도 큰 도움이 될 것입니다. 감사합니다.

김OO (제주대 재학생) 2016 제주대 로스쿨 합격

조성우 선생님 안녕하세요? 올해 1, 2월 기초강의 메가 강남에서 듣고 심화, 파이널은 인강으로 들은 김OO 학생입니다. 메일주소를 몰라 다짜고짜 문자를 보내게 되었습니다. 죄송합니다. 제주도에서 공부하느라 진단평가를 치지 못한다고 Q&A게시판에 글 남겼었는데 기억하실지 모르겠습니다.

오늘 제주대학교 발표가 있었고 최초합하였습니다. 리트 준비를 하는 내내 너무나 고마워서 언제 한번 고마운 마음을 표현해야지 생각했는데, 어디다 남겨야 할지 몰라 이제야 문자로나마 남깁니다.

처음 리트 풀었을 때 추리논증 10개 맞았습니다. 심지어 한 자리 숫자로 맞은 적도 있었고요. 좌절도 참 많이 했고 이 길이 아닌가 싶었을 때가 많았습니다. 그런데 선생님의 수업을 듣고 이번 추리논증에서 23개를 맞게 되었습니다. 남들에게는 우스운 점수일지 몰라도 저에게는 엄청난 변화였고 선생님에게 가장 고맙다는 생각이 들었습니다. 좋은 강의 정말 고마웠습니다. 앞으로 제주대에서 열심히 공부하여 멋진 법조인이 되겠습니다. 바쁘실텐데 긴 문자 읽어주셔서 감사합니다. 앞으로도 모든 일이 잘 풀리시기를 기원합니다.

서OO (재시생) 2016 경북대 로스쿨 합격

안녕하세요 조성우 선생님. 수강생이었던 서OO입니다. 제가 올해 경북대에 합격을 했습니다. 올 3월에 선생님께 다시 시작한다고 메시지 드렸는데, 선생님이 주신 답변 제 일기장에 적어놓고 열심히 했습니다. 올해 수업은 시간이 맞지 않아서 듣지 못했지만. 정말 감사한 말이었어요.

(선생님이 주셨던 글)
잘 지냈는지요.
고난의 역설이라고나 할까요?
사람은 실패를 통해 배울 수 없는
소중한 것을 배우게 됩니다.

너무 쉽게 잘 풀린 사람은
정말 소수의 인원을 빼놓고 대부분
인생을 너무 쉽게 생각하다가
나중에 크게 깨지는 경우를
많이 보게 됩니다.
아직 젊은 나이이니
한 번 실패는

커다란 자산으로 작용할 것입니다.
열심히도 했었으니까요.

그래요. 다시 볼 수 있게 되면
다시 한 번 파이팅 하시지요.

지식이 체화되어
자신의 것으로 활용되기까지는
일정 시간이 필요하다는 것을 고려하면
다시 준비할 때는 보이지 않던
여러 가지가 보일 것입니다.

그럼 파이팅 하시길…

ㄴ 힘들 때 마다 선생님 글 읽었어요 정말 감사합니다.... ㅠㅠ
ㄴ (가) (나) 모두 합격을 했는데 경북대로 가게 될 것 같습니다.
ㄴ 용기를 주셔서 감사했습니다. 마음 속 진심으로요...

40세 넘은 수강생 (인강 종합반) 2017 ○○○ 로스쿨 합격

안녕하세요 교수님

전 교수님 강의를 인강 종합반으로 들은 학생입니다. 이번에 원하던 로스쿨에 합격하게 되었습니다. 이 모두가 교수님께서 성심성의껏 가르쳐주신 덕분입니다. 특히 제가 40이 넘은 나이에도 불구하고 이렇게 좋은 결과를 낼 수 있었던 것은 매 강의 때마다 열심히 하라고 힘을 주시던 교수님 말씀 덕분이었습니다. 그런 말씀 주실 때마다 비록 인강이지만 어찌나 힘이 나던지요. 다시 한 번 교수님 가르침에 감사드리며 올 한해도 잘 마무리하시기 바랍니다.

이○○ (인강 수강생) 2018 서강대 로스쿨 합격

선생님 안녕하세요.

2017년 선생님 강의를 인강으로 수강했고 5-6월쯤(?) 신촌 현장 모의고사 참여 후 개별 상담한 학생입니다.ㅎ

그때 너무 불안해서 시험 전날 갑작스레 문자로 상담 가능한지 여쭤 봤었는데, 상담해 주셔서 너무 감사했습니다.

그 후 꾸준히 수강했고 감사하게도 실력이 점차 상승함을 느낄 수 있었습니다.

마지막 파이널 강의를 들을 때는, 제공해 주시던 현강 수강생들 성적 분포표를 기준으로는 거의 늘 최상위권이였고 종종 1등 점수이기도 해서 마음의 안정을 유지할 수 있었습니다. 메가에서 실시한 전국 모의고사도 7월 이후에는 최상위였습니다.

실제 시험에서는 표준점수 64.1을 맞았습니다. 그리고 어제 서강대 로스쿨 합격통지를 받았습니다. 사실 실제 시험 직전 감기 몸살과, 시험 전날 너무 긴장한 탓에 한 숨도 못 잤습니다. 심장소리가 고막이 아플 정도로 크게 들리더라고요. 회사도 관두고 준비한 만큼 절박했던 마음이 한편으로는 좀 독이 된 것 같습니다. (원래 막상 큰 시험에서는 크게 긴장하지 않고 잘 자는 편이라 수면 유도제 같은 것을 사용해 본 경험이 없어서, 그런 상황을 대비하지 못했습니다ㅠ) 그래서 시험 당일에도 손을 덜덜 떨면서 언어를 풀었고, 언어가 끝난 후 만난 스터디원이 왜 이렇게 손을 떨고 있냐며 손을 잡아주기까지 했습니다.ㅠ 완전 육체와 정신이 망가진 느낌이었습니다. (그 덕택에 안정적인 점수를 유지하던 언어에서 표점 51.9라는 충격적인 점수를 맞아버렸습니다ㅠ)

그런 상태에서 추리를 풀기 시작했는데, 정말 다행이게도 선생님께서 잘 훈련시켜주신 덕분에 마음의 안정을 찾기 시작했습니다.

평소와 같이 머리가 착착 돌아가고 눈에 제시문이 붙는 느낌은 없었음에도, 초반 법학지문이 오히려 안정적인 느낌이 들었습니다. 여름쯤 상담 때만 해도 그 10문제가 시간을 너무 잡아먹어서 뒤까지 말리는 것이 큰 고민이었고 주요 상담내용이기도 했는데 말이죠. 정말 감사합니다.

하프모의고사와 파이널을 들으면서 꼼꼼하게 문제를 분석하고 복습했던 과정이 실력상승과 자신감을 주어서, 실제 시험에서 안정감을 되찾는 데 큰 도움이 되었습니다.ㅠ

시간 배분도 정확히 맞추고 뒤까지 시간을 예상대로 쓰면서 마지막 문제까지 모두 풀었습니다.

또 다양한 유형을 연습하고 이에 따라 컨디션에 따라 모의고사 문제풀이 과정을 조절한 파이널 경험이 정말 실제 현장에서도 도움이 많이 되었습니다.

평상시보다 조금 점수가 안 나왔지만, 그런 상황에서 제정신을 좀 찾고 문제를 풀 수 있었던 건 선생님 커리를 따르며 길렀던 실력과 자신감 그리고 익숙함뿐만 아니라, 선생님의 수업 그 자체 덕분이라고도 생각합니다. 가끔은 인강을 듣다가 너무 잔소리(?)가 많으신 건 아닌가 라는 생각이 든 적도 사실은 있습니다.ㅎ 하지만 전 늘 평범함 속에서 우직함을 무기로 자신의 특출남을 개발할 수 있게 하고, 그것이 축적되어 가장 특별하고 단단한 재능이 된다고 말씀해 주시는 것 같았습니다.

그리고 전 선생님의 수업을 들으며 그러한 것들을 축적했던 것 같습니다. 더 크게 무너질 수도 있었는데, 정신을 부여잡고 문제를 풀고 어제 최종 합격까지 할 수 있었습니다. 감사합니다.

전 우선 진학하여 열심히 공부해보려 합니다. 그러다 내년에 가능하다면 리트를 한 번 더 쳐볼 생각이 있기는 합니다.

선생님께서는 벌써 강의를 시작하셨겠지요.

기수강생으로서 저는 올해 초시인 수강생들에게 꼭 추천할 것입니다.(비록 성공한 기수강생은 아닐지라도ㅜ 하지만 처음보다 실력이 매우 상승한 것은 분명한 사실입니다!)

리트는 자신의 최대의 실력을 발휘하기 너무 힘든 시험인데, 그 어떤 상황에서도 무너지지 않는 단단한 최저선을 만드는 것이 리트 수험의 중요한 한 축이라고 생각합니다. 그리고 이를 위해서는 실력과 정신 모두 준비해야 할 것입니다. 저에게 선생님의 강의는 그 단단한 축을 형성하고 상위권의 점수까지 끌어올릴 수 있는 좋은 강의였습니다. 감사합니다.

III

제1회 조성우 추리논증 장학생 (2020 LEET) 성적 및 고득점 학습 Tip

조성우 추리논증 장학금은 2020 LEET에 처음 시행한 제도로, **정규강좌 2개 이상(4개월 강의 분량)을 수강한 수강생을 기본 자격으로 하여 선정**하였습니다.

인강장학생 20명 요약

구분		시상	이름	2020 LEET		2019 LEET	
				백분위	표준점수	백분위	표준점수
고득점자	1등	200만 원	김O재	100.0	90.1	-	-
	2등	100만 원	박O경	99.8	88.0	-	-
	3등	50만 원	정O운	99.6	86.0	-	-
	4등 ~ 18등	10만 원	안O준	99.6	86.0	-	-
			이O다	99.0	84.0	83.2	59.8
			임O영	98.1	82.0	-	-
			이O환	98.1	82.0	66.0	54.9
			이O수	94.3	77.9	-	-
			장O서	94.3	77.9	47.4	50.1
			김O현	94.3	77.9	59.7	53.3
			이O종	91.2	75.9	-	-
			김O선	91.2	75.9	-	-
			송O아	87.5	73.9	-	-
			김O정	83.1	71.8	-	-
			강O민	83.1	71.8	-	-
			오O혁	83.1	71.8	47.4	50.1
			유OO	83.1	71.8	66.0	54.9
			김O하	83.1	71.8	-	-
성적 향상자	2명	50만 원	백O현	83.1	71.8	41.4	48.5
			박O인	72	67.8	6.9	34.0

현강장학생 10명 요약

구분		시상	인원	수상자	백분위 (2020)	백분위 (2019)
고득점자	1등	100만 원	1명	양O희	100.0	-
	2등	50만 원	1명	노O영	99.0	-
	3등	30만 원	1명	유O벽	96.5	-
	4등 ~ 9등	20만 원	6명	류O연	96.5	-
				민O혜	96.5	66.0
				이O우	96.5	91.1
				조O원	96.5	-
				최O화	96.5	-
				박O은	96.5	83.2
성적향상자	1등	100만 원	1명	김O균	83.1	10.9

실강 장학생 간략 후기 3가지 질문

❶ 조성우 교수님의 **파이널 강의를 선택한 이유**는?
❷ 현강 **수강 시 좋았던 점**은?
❸ 추리논증 **고득점 학습법**이 있다면?

고득점 1등

양O희

기초(인강) | 기본(인강) | 심화1(인강) | 심화2(인강) | 고득점과정 | 파이널 모의고사 수강

2020 LEET
백분위 100%
표준점수 90.1
서울대 로스쿨 합격

❶ 조성우 교수님의 파이널 강의를 선택한 이유는?

첫째는 교수님께서 오랜 경력과 경험을 바탕으로 LEET시험의 취지와 방향성을 가장 잘 간파하고 있다고 생각했기 때문입니다. 둘째는 꼼꼼함입니다. 교수님께서는 법이나 언어추리 등 다양한 영역에 활용되는 배경지식부터 수리문제나 논리게임 등 정형화된 문제의 풀이법까지 어느 하나 빈틈없이 가르쳐주셨습니다. 셋째는 학생들을 대하는 교수님의 태도입니다. 교수님께서도 매번 방대한 양의 추가자료 준비와 좋지 않은 목상태로 힘드실텐데도 최선을 다하는 모습을 보여주셨고, 본고사 날만을 바라보며 끝까지 함께 달릴 수 있도록 수험생들을 독려해주셨습니다.

❷ 현강 수강 시 좋았던 점은?

먼저 모의고사를 통해 경제·과학·논리학 등 여러 분야의 배경지식을 학습한 것이 제시문을 쉽게 접근하는데 도움이 되었습니다. 또한 교수님께서는 특히 법률문제와 같이 복잡한 문제에서 실수하기 쉬운 내용들을 강조하셨는데, 이로 인해 실수가 잦았던 제가 단 하나의 실수도 하지 않을 수 있었습니다. 마지막으로 매 모의고사에서 교수님의 질 높고 어려운 문제들을 통해 현장에 대한 적응력을 기른 것이 가장 좋았습니다. 제한된 시간 하에 어려운 문제를 풀었던 경험이, 본고사에서 긴장하지 않고 빠르게 문제를 풀어나가는 데 큰 도움이 되었습니다.

❸ 추리논증 고득점 학습법이 있다면?

저는 온라인 질문게시판을 적극 활용하였습니다. 교수님께서 매 강의마다 게시판으로 수강생들의 질문을 취합하여 이를 바탕으로 수업하는 방식은 제 개념의 빈틈을 메우는데 엄청난 도움이 되었습니다. 또한 교수님이 해주신 모든 설명을 토씨 하나 빠지지 않을 정도로 정확하게 기록하여 본고사 전 약 200쪽이 넘는 하나의 파일로 단권화하였습니다. 이는 교

수님께서 가르쳐주신 유형별 풀이법을 완전히 체화시키는 데 결정적인 역할을 하였고, 본고사에서 저도 모르게 익숙한 유형의 풀이법을 쓰고 있는 제 자신을 발견할 수 있었습니다.

성적향상 1등

김O균

2019 LEET 10.9%

2020 LEET 83.1%

➡ 전년대비 72.2% 향상

기본강의 | 심화1 | 심화2 | 고득점과정 | 파이널 모의고사 수강

1 조성우 교수님의 파이널 강의를 선택한 이유는?

2019년도 리트를 준비하면서부터 조성우 선생님 강의를 수강하였는데, 조성우 선생님께서는 수험적합적으로 시험에 필요한 수업만을 해주셨고, 파이널 강의 역시 그러할 것이라 믿어 의심치 않았기 때문에 파이널 강의를 선택하였습니다. 그리고 기본강의부터 하프모의고사까지 성적이 향상되는 것을 저 스스로 경험을 하였기 때문에 파이널 강의를 완벽하게 소화한다면 실제 리트 시험장에서 연습할 때 했던 것처럼 편안하게 풀어나갈 수 있을 것이라고 확신하여 강의를 선택하게 되었습니다.

2 현강 수강 시 좋았던 점은?

3시간 30분간 수업이 진행되었는데, 약 200명의 수강생들이 듣는 현장에서 저를 긴장하게 만드는 분위기 속에서 긴장을 늦출 수가 없어서 수업에 100% 집중할 수 있었습니다. 또한 집에서 편안하게 인강을 듣는 것보다 현장에서 남들과 경쟁하는 분위기 속에서 더 열심히 수업을 들을 수 있었습니다. 그리고 컴퓨터 화면 속에서 선생님을 보는 것보다 현장에서 아이컨텍트를 하면서 수업에 임할 때에 선생님과 서로 교감하는 것이 더 활발해져 이해력과 응용력이 더 커지는 것 같아서 좋았습니다.

3 추리논증 고득점 학습법이 있다면?

저는 기본적으로 기출문제 약 10회분을 6회 돌렸습니다. 기출문제에는 출제자의 원리를 엿볼 수 있기 때문입니다. 그렇지만 기출문제는 한계가 있다보니, 기출문제를 참고하여 만든 완벽하게 유사한 조성우 모의고사를 열심히 풀었습니다. 또한 모의고사에서 틀린 문제를 반복적으로 풀었고, 노트 하나를 구매하여 기출문제와 조성우 모의고사에서 틀린 문제에서 핵심 포인트를 한 문장으로 만들어 약 200문장을 노트에 옮겨 적어서 실제 시험장에서 유의해서 풀 수 있도록 어디를 가든지 그 노트를 가지고 계속 읽었습니다.

인강 장학생 간략 후기 3가지 질문

❶ 조성우 교수님의 **강의를 선택한 이유**는?
❷ 2020 LEET 추리논증 **고득점에 가장 큰 영향을 준 정규 강좌와 그 이유**는?
❸ 나만의 추리논증 과목 **고득점 인강 학습 Tip**은?

고득점 1등

김O재

2020 LEET
백분위 100%
표준점수 90.1
서울대 로스쿨 합격

인강 PASS 수강생으로 전 강좌 수강

❶ 조성우 교수님의 강의를 선택한 이유는?

개인적으로 파이널 강의의 목적은 실제 시험장에서 겪는 긴장감, 혹은 마킹실수 등의 각종 변수를 미리 겪어보고 대비함으로써 점수의 변동을 줄이는 데 있다고 생각했습니다. 특히 기출문제를 여러 번 풀다 보면 문제 자체가 익숙해져서 나중에는 시간이 남으면서도 좋은 점수를 받을 수 있는데, 이 경우 자신의 진짜 실력과 문제점을 파악하기 어려웠습니다. 따라서 기출문제와 출제 원리가 유사한 것을 가장 중요하게 생각하되 난이도는 약간 더 어려운 문제를 찾았고, 조성우 교수님의 파이널 강좌가 이러한 측면에서 가장 적합하다고 느껴 선택했습니다.

❷ 2020 LEET 추리논증 고득점에 가장 큰 영향을 준 정규 강좌와 그 이유는?

물론 모든 강좌가 각각의 학습 목표를 가지고 있지만, 저는 "기본이론" 강좌의 중요성을 강조하고 싶습니다. 그 이유는 첫째, 기출문제의 유형별 분석을 통해 파트별로 함정을 파는 전형적인 방식, 최근의 출제 변화 양상 등을 익힐 수 있다는 점. 둘째, 논리학의 기초 지식을 적어도 리트에 필요한 만큼은 확실하게 다짐으로써 수험생활 동안 흔들리지 않을 수 있다는 점. 셋째, 거의 모든 기출문제를 다양한 풀이 방법으로 커버하면서 쉬운 문제에 대해서는 확신을, 어렵거나 애매한 문제에 대해서는 유연한 사고를 얻을 수 있다는 점에서 그렇습니다.

❸ 나만의 추리논증 과목 고득점 인강 학습 Tip은?

우선 사람마다 성향이 다르기 때문에, 자신에게 맞는 학습법을 찾는 것이 가장 중요한 것 같습니다. 저의 경우에는 인강을 들음으로써 꾸준히 감을 유지하고 나태해지지 않을 수 있었습니다. 다만 인강 분량이 상당하다보니 집중력이 흐트러지기 쉬운 것 같습니다. 특히 맞춘 문제의 해설을 하는 동안에는 아무래도 긴장이 다소 풀어지는데, 의식적으로 집중력을 유지하면서 내가 놓쳤거나 더 생각해볼만한 부분을 찾는 것이 좋습니다. 이외에도 판단 근거를 확신하지 못하는 선지에 대해서는 Q&A 등을 참고해서 의문점을 해소하는 것이 도움이 됐습니다.

고득점 2등

박O경

2020 LEET

백분위 99.8%

표준점수 88

인강 PASS 수강생으로, 기초입문을 비롯한 정규강의 전부와 다수의 특강 수강

1 조성우 교수님의 강의를 선택한 이유는?

주변 선배들과 친구들로부터 추리논증은 조성우 선생님이 가장 잘 가르치신다는 이야기를 들었습니다. 언어이해의 경우에는 친구들마다 듣는 선생님이 달랐지만, 그와 달리 추리논증의 경우 모든 주변인들의 견해가 전원 일치하여 별다른 고민 없이 조성우 선생님의 강의를 신청하게 되었습니다. 실제로 아직 LEET 기출조차 풀어보지 못했던 작년에도 주변 선배들로부터 조성우 선생님 강의는 필수적이라는 조언을 많이 들은 바 있습니다.

2 2020 LEET 추리논증 고득점에 가장 큰 영향을 준 정규 강좌와 그 이유는?

개인적으로 고득점에 가장 큰 영향을 준 강좌는 '추리논증 실전 [고득점 문제풀이]'였다고 생각합니다. 추리논증은 문제 수도 많고 시험 시간도 길어서 1회를 푸는 데 큰 마음다짐을 요구하게 됩니다. 하지만 동 강좌는 일반적으로 문제 수가 절반이어서 부담감 없이 어느 정도 가벼운 마음으로 풀 수 있었습니다. 나아가 LEET 기출과 더불어 PSAT 기출유형 및 다소 어렵게 느껴질 수 있는 상법적 요소를 적절히 배합한 문제들이 많아서 시간 관리도 하면서 어려운 난이도에도 점진적으로 적응을 할 수 있었습니다.

3 나만의 추리논증 과목 고득점 인강 학습 Tip은?

올해 공부를 시작하기에 앞서 저는 막연한 부담감을 갖고 있었습니다. LEET는 머리 좋은 사람만 잘 본다는 소문이 워낙 많았기 때문입니다. 하지만 조성우 선생님의 강의 및 양질의 모의고사들을 통해 6개월만에 실력이 향상한 것을 느낄 수 있었습니다. LEET 공부는 공부를 한다고 해서 내 성적이 오른다는 확신이 없기에 더 힘든 싸움인 듯합니다. 하지만 내가 올릴 수 있는 성적의 상한은 있을지 몰라도 공부무용론에 빠진다면 그 상한보다도 못한 점수를 받게 됩니다. 그렇기에 자신의 꾸준한 노력에 대한 믿음이 무엇보다 중요하다고 생각됩니다.

고득점 8등

장O서

인강 PASS 수강생으로, 기초입문을 비롯한 정규강의 전부와 다수의 특강 수강

2020 LEET
백분위 94.3%, 33개
표준점수 77.9

❶ 조성우 교수님의 강의를 선택한 이유는?

조성우 교수님의 모의고사는 다른 어떤 모의고사와 비교해도 가장 정교하게 만들어진 문제들로 구성되었다고 익히 들어왔기 때문에 본고사를 위한 준비를 하는데 큰 도움이 될 것이라 믿었습니다. 실제로 조성우 교수님의 파이널 강좌를 열심히 수강한 결과, 본고사를 치루면서 마치 모의고사를 푸는 것과 같은 익숙함을 느낄 수 있었습니다. 저와 같이 시험이라는 긴장감에 취약한 수험생에게는 최고의 선택이 되리라고 생각합니다.

❷ 2020 LEET 추리논증 고득점에 가장 큰 영향을 준 정규 강좌와 그 이유는?

저는 조성우 교수님의 전 강좌를 수강하였기에 그 시너지가 좋은 결과를 냈다고 생각합니다. 그럼에도 하나의 강의를 꼽아야 한다면 파이널 강좌를 말하고 싶습니다. 파이널 강의를 통해 제한된 시간 내에 기존에 학습한 이론들을 빠르게 적용하는 법이나 익숙치 않은 신유형의 문제를 두고 올바른 판단을 내리는 법 등의 실전 감각을 기르는데 큰 도움을 받을 수 있었습니다. 또한 실제 시험을 운영하는데 있어 제가 반복적으로 하게 되는 실수나 습관 등을 교정할 수 있었고 그 결과 본 시험에서 큰 무리없이 좋은 성적을 얻을 수 있었습니다.

❸ 나만의 추리논증 과목 고득점 인강 학습 Tip은?

조성우 교수님께서 늘 강조하시지만 가장 중요한 것은 복습입니다. 복습은 단순히 학습 차원을 넘어서 수험생 개인에게 자신감을 불어넣어주는 아주 중요한 요소 중 하나이기도 합니다. 시험 직전 본인이 자주하는 실수나 항상 헷갈렸던 개념, 그리고 시험 과정에서 발생할 수 있는 여러 시나리오와 그에 따른 대응 방식에 대해 정리를 해두고 이를 반복해서 본다면 시험을 운영하는 방식이 더 정교해질 것입니다. 리트 시험은 한 문제가 매우 중요한 차이를 만듭니다. 더 정교하고 꼼꼼하게 공부하고자 하는 태도가 차이를 만든다는 것을 잊지 말았으면 합니다.

2020 LEET 추리논증 백분위 100 % 학생의 공부방법

양 ○ ○ (서울대 로스쿨 합격)

안녕하세요, 저는 2020학년도 LEET 추리논증에서 백분위 100의 점수를 받은 학생입니다. 인강 및 현강을 통해 교수님의 커리큘럼을 따라온 결과 좋은 성적을 낼 수 있었기에, 2021 LEET 수험생 여러분께 공부방법 및 강의활용 팁을 공유하고자 이렇게 글을 쓰게 되었습니다. 저는 기초부터 파이널까지의 과정에서 조성우 교수님의 교재와 강의를 통해 배운 내용을 빠짐없이 정리해서 완벽히 소화해내기 위해 노력했고, 제가 공부해온 방법은 다음과 같습니다.

〈기초, 기본〉

저는 기본과정을 먼저 들은 후, 기본을 복습하면서 기초과정을 들은 케이스였습니다. 처음에는 기초과정은 굳이 필요하지 않을 것 같아서 수강하지 않았지만, 오히려 개념을 다지고 나니 유사한 유형에 해당 개념들이 어떻게 응용되는지 보충학습이 필요하다고 생각되어 수강을 하였습니다. 저는 기본과 기초를 하나의 개념서로 합쳐서 단권화하는 작업에 집중했습니다. 두 과정이 기본적으로는 단원이나 개념구성이 유사하기 때문에, 한 단원의 개념을 워드로 정리한 후, 각 책에서 헷갈렸던 문제의 주요 풀이tip을 해당 단원 내에 함께 배치하는 식으로 합치는 작업을 했습니다.

예시

1. 형식적 추리 (명제/술어)

- A ↔ B (동치) : A면 B고 ~A면 ~B다 / A와 B의 진리값이 같을 때만 참 (T, T or F, F)
- B → A : B가 발생했다면 (후) A가 발생했'었'을 것 (선) / B가 발생하기 위해 (후) A가 필요 (선)
  = ~A → ~B : A가 발생하지 않았더라면 (선)B가 발생하지 않았을 것 (후)
- 배중률 : 어떤 명제나 참이든 거짓이든 둘 중 하나 p∨~p
- 선언지 첨가법 : P → P∨Q / – 단순화 : P&Q → P / – 흡수규칙 : P→Q 라면 P→P&Q
- 분배법칙 : p&(q∨r) = (p&q)∨(p&r) / (p&q)∨r = (p∨q)&(p∨r) 앞에서 묶든 뒤에서 묶든 똑같이 분배
- "(B∨C) → (D&E) / D → ~E / ∴ ~B" : 간접증명. 결론의 부정이 전제의 참과 양립 가능한지 볼 것 (거짓 가능성 검토)
  → 결론 부정하면 B, 첫 전제의 전건 성립하므로 D&E, 따라서 두 번째 전제 성립 × = 거짓 불가. 따라서 타당!
- 결론(선지) 거짓가능성 검토 (전제 참&결론 거짓), 모순 = 반드시 참/참 가능성 검토, 모순=반드시 거짓
  → 어떻게 가정하든 '모순'이 나와야 참 or 거짓이 확정. 모순이 아니라면 그냥 가능성 있다는 것뿐 확정 ×
- 진리값 판단. ex) A(F), B(F)일 때 ~A = (B→A)라면
  T F 〈T〉 F T F
- K=L vs. K&~L 양립가능성 : 서로 T→F 이므로 양립가능 ×
  T F F　T T T F (T 가정하면 ㉮) = 하나를 T로 가정하면 다른 하나는 반드시 F = **'양립 불가능'**
  T T T　T F F T (T 가정하면 ㉮)

  → 항상 경우의 수가 적은 쪽부터 먼저! K=L 을 T 로 가정하려면 TT, FF 로 나누어야 하지만
  K&~L을 T로 가정하려면 K는 T, L은 F 한 경우만 있으면 되므로 이것부터 가정

이렇게 단원별로 기억해야 할 내용을 단권화하는 작업은 본시험 직전까지 큰 힘이 되었습니다. 헷갈렸던 내용을 마지막까지 확인할 수 있을 뿐만 아니라, 머릿속에 '섹션'을 나누어 이 개념이 어떤 경우에 이용되는 것인지를 정확히 인지할 수 있었기 때문입니다. 또한 기초에서 배운 내용과 기본에서 배운 내용을 서로 연계하면서 스스로 심화적인 학습을 할 수도 있었습니다.

〈심화〉

기초와 기본을 통해 하나의 개념지도가 완성되었다면, 심화과정은 주로 개념이 어떻게 활용되는지의 방법을 익히는 과정이었습니다. 심화과정에서 배운 것 역시 책+강의내용+제 풀이를 모두 합치는 작업을 했는데, 이번에는 개념보다도 교수님께서 가르쳐주신 tip 위주로 정리를 하였습니다.

예시

- a와 b 중 하나에만 해당 (a ↔ ~b) : b는 '~a'로 기호화 ex) 남=~여 / 두 부서만 있을 때 B=~A
- (P∨Q) & (~P∨~Q) : 이거나 이고 아니거나 아니고
  = P↔ ~Q : 둘 중 하나만 '모순' 관계 (배타적 선택, 양립불가, 동시부정 불가)
- '둘 중 하나'라 하면 배타적인지 포괄적인지 선언의 성격부터 확인 (ex.한 가지 감염방식만 가능)
- 모순 : T→F만 보면 안됨. F→T 인지도 꼭 확인
- **전칭부정 & 사이비특칭긍정 : 동시 T 불가. 동시 F 가능 (다른 특칭이 긍정될 때) : 모순 아님 !!!**
- ~수 있는 = 가능성 : 소거법 활용(아닌 것 배제), 두세 개로 추리면 대입해서 되는 것 선택
- 문제에서 확정정보 안줄 때 : a.조건간 관계로 확정적 정보 도출 (ex.P→모순. 따라서 '~P' 확정)

제가 이렇게 하나의 파일로 배운 내용을 재구성하는 작업을 강조하는 이유는 하나입니다. 3,4월에 아무리 열심히 공부해봤자 그것을 시험장에서 '써먹지' 못하면 아무 의미가 없기 때문입니다. 교수님께서 알려주신 세세한 내용까지도 빠짐없이 기록한 후, 이를 나만의 개념서로 만들어서 시험장에 들어가기 직전까지 무한반복을 하는 것이 시험장에서 수많은 팁과 방법들을 '끄집어내' 사용할 수 있는 최적의 방법입니다.

〈모의고사(고득점&파이널)〉

심화과정까지는 인강으로 들은 후, 실전감각을 위해 고득점 및 파이널 과정을 현강으로 수강했습니다. 이는 실제로 현장감을 익히고 긴장을 덜어내는데 큰 도움이 되었습니다.

1. 시간 관리와 막힌 문제 넘어가기

특히 '시간 관리' 측면에서 어떻게 시간을 분배해야 하는지, 특정 문제에서 막혔을 때 어떤 식으로 대처해야 하는지 등 실질적인 훈련이 되었습니다. 교수님께서는 막혔을 때 해당 문제에서 말리지 않고 자신이 분배한 시간에 따라 빨리빨리 넘어갈 수 있어야 한다고 강조하셨는데, 이는 엄청난

결단력을 필요로 하므로 많은 연습을 해야 합니다. 끊고 넘어가도 '괜찮다'는 것을 결과로 확인을 해야만 실전에서도 이를 행동에 옮길 수 있기 때문입니다. 저도 실전에서 중간에 막힌 문제가 있었지만, 늘 해온 대로 침착하게 마지막까지 풀어나간 후 다시 앞으로 돌아왔기에 좋은 점수를 받을 수 있었습니다.

2. 실수

저는 모의고사에서 실수를 정말 많이 했습니다. 추리는 조금만 집중이 흐트러져있으면 실수들이 꼬리에 꼬리를 물면서 줄줄이 오답이 나기 쉬운데, 시험 전에 긴장과 부담 속에서 고도의 집중력을 끌어내기가 어려웠기 때문입니다. 하지만 조성우 교수님의 모의고사는 학생들이 실수하기 쉬운 포인트들을 의도적으로 삽입하여 직접 '틀리면서 배우도록' 하는 형태로 출제되었습니다. 따라서 저는 제가 실수하는 지점들을 모두 모아서 써보며 오히려 주의점들을 곱씹게 되었고, 기적적으로 본고사에서는 단 하나의 실수를 하지 않게 되었습니다.

3. 난이도

조성우 교수님의 모의고사는 장담컨대 다른 교수님들의 모의고사보다 확실히 체감난이도가 높은 편입니다. 그 이유는 기본적으로 1) 지문길이가 길어서 시간 내에 다 풀어내는 것이 어렵고 2) 긴 지문 곳곳에 풀이에 필요한 정보가 산재해있어서 이를 빠르게 잡아내는 것이 어렵기 때문입니다. 따라서 이에 부담을 느끼는 수험생들도 있는데, 저는 오히려 이러한 형식의 문제구성이 실전에 정말 큰 도움이 되었다고 생각합니다. 모의고사에서 그냥 지나갔다가 놓쳤던 문제 속 실마리와 정보들이 많았기에, 실전에서는 최대한 예민하게 모든 정보를 잡아내려는 태도로 임하게 되었습니다. 또한 비교적 긴 지문을 빠르게 읽어나가는 풀이에 매우 익숙해져 있었기에, 실제로 길이가 길었던 본고사에서도 익숙한 풀이가 가능했습니다.

4. 단권화 방식

저는 고득점부터 파이널까지의 모든 모의고사 문제에서 실전에 활용할 만한 풀이법을 뽑아내 이 역시도 단권화 작업을 시행하였습니다.

실제로 문제를 오려붙여서 오답노트를 하는 경우도 많은데, 저는 시간을 최대한 단축하기 위해 노트북 웹캠으로 시험지를 찍은 뒤 워드에 바로 붙여넣고 옆에 풀이법을 적는 방식으로 작업하였습니다. 아래 예시와 같이 문제 자체를 첨부한 경우도 있지만, 많은 경우 문제 자체보다는 그것에 활용된 개념만 뽑아내서 적는 방법도 많이 사용했습니다.

또한 모의고사 문제는 다양한 학문영역에서 출제되기 때문에 배경지식을 쌓기에도 매우 좋았는데, 저는 문제의 내용을 배경지식 쌓기 차원에서 학습할 뿐 아니라 인터넷에서 관련 내용을 찾아 이 자료들까지도 함께 단권화시켰습니다. 덕분에 실전에서 생소한 과학 영역의 문제를 맞닥뜨렸을 때도 충분히 익숙해진 상태로 당황하지 않을 수 있었습니다.

예시

<시차, 시간계산 문제> - (하프 12회 14번)

1. 본초자오선을 기준으로 동쪽으로 갈수록 (동경) 시간은 빨라지고, 서쪽으로 갈수록 (서경) 시간이 늦어집니다.

(지구는 서에서 동으로 자전하기 때문에 동경이 시간을 먼저 맞이함)

2. 날짜변경선**을 기준으로** 동쪽에서 서쪽으로 가면 하루를 더하고 서쪽에서 동쪽으로 가면 하루를 빼는 **이유**

- 날짜 변경선: 본초 자오선이 경도 0도이고, 날짜 변경선은 서경 180도와 동경 180도가 만나는 선입니다.

1. 본초 자오선에서 동쪽으로 180도 이동한 동경 180도는 0도보다 12시간 빠릅니다.(지구상에서 가장 시간이 빠른 곳입니다.) 2. 본초 자오선에서 서쪽으로 180도 이동한 서경 180도는 0도 보다 12시간 늦겠지요.(지구상에서 가장 시간이 늦은 곳입니다.) / 3. 그렇다면 서경 180도와 동경 180도가 만나는 선은 이 선을 기준으로 동,서쪽이 24시간 차이가 납니다. 따라서 하루를 더하거나 빼게 됩니다.

→ 날짜 변경선은 본초자오선으로부터 지구 반대편에 위치해있기에 동쪽은 서경, 날짜 변경선의 서쪽은 동경. 즉 날짜 변경선 기준으로 동쪽 (서경)에서 서쪽 (동경)을 갈 때 시간 빠르니 하루 추가, vice versa

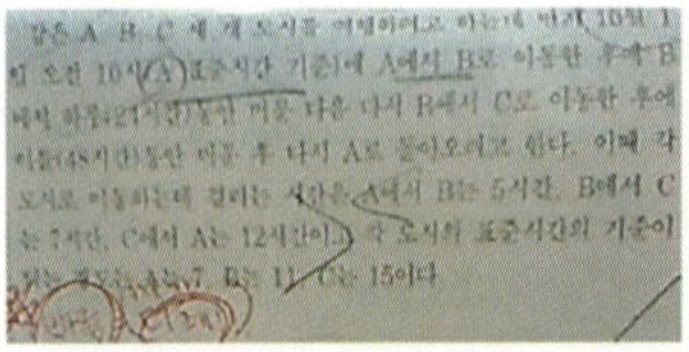

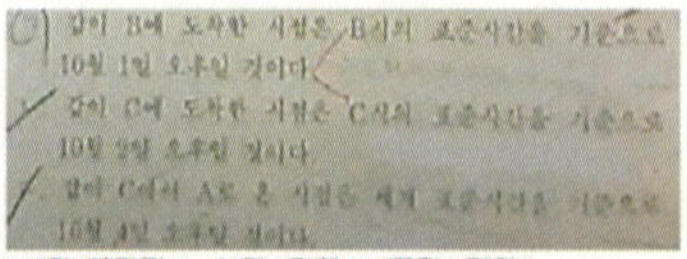

*시간 빨라짐 = 시간 '더함'!!! (빨리! 더워)

i) 한 지역의 시간을 기준으로 이동시간, 경과시간 계산

ii) 그 시간→ '문제에서 묻는 지역' 기준 환산 (시차+/-)

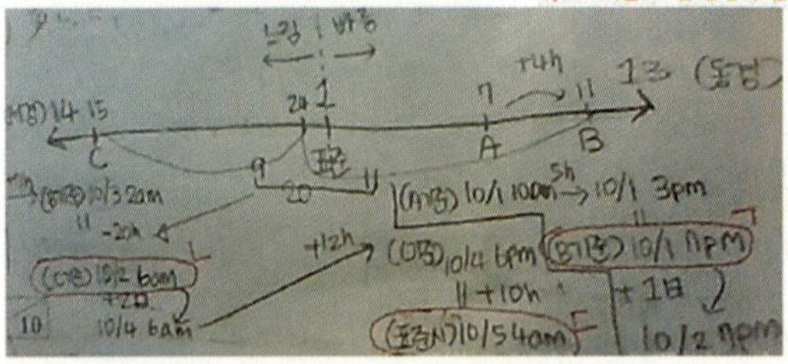

- B→C 환산: 날짜변경선 넘는 것 헷갈리면 i) 왼쪽으로 시차 계산 (C←B 왼쪽 20칸)
= B-20h=C
ii) 오른쪽으로 '시간' 더하되 날짜변경선 껴있으니 '날짜' 하루 빼기 (B→C 오른쪽 4칸)
= B 2am +4h= 6am이되 날짜는 10/3 → 10/2
*빼는 이유: 동경→서경이니까

〈마지막으로 드리고 싶은 말〉

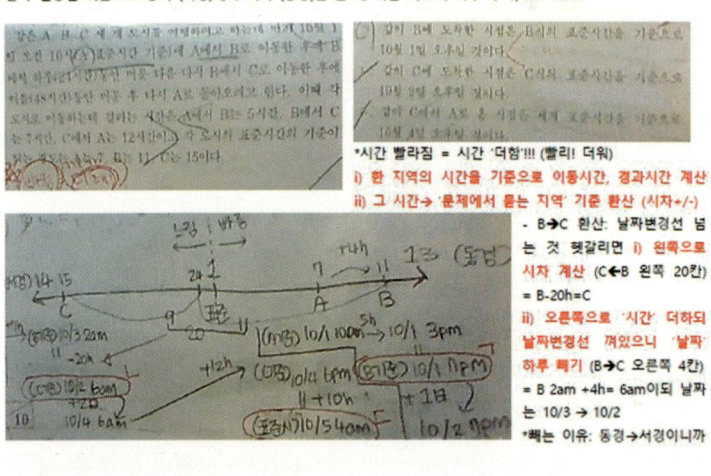

저도 시험공부를 하면서 여러 번 슬럼프를 겪고 좌절도 했지만, 현강에 갈 때마다 조성우 교수님께서 힘을 실어주시는 말씀을 가슴 속에 되새기며 끝까지 긍정적인 마인드를 잃지 않았습니다. 심지어 시험 2주 전에 멘탈이 흔들려서 최악의 모의고사 점수가 나오기도 했지만, '오늘 틀린 이유를 전부 기억해서 실전에서는 무조건 맞춘다'는 마인드를 유지하려고 굉장히 노력했습니다. 또한 메모지에 원하는 점수 목표치를 써서 책상 앞에 붙여놓고 이를 마음 속에 끊임없이 되새겼고, 실제로 본고사에서 목표치를 달성했습니다. 놀라운 점은, 저는 시험준비기간 동안 단 한 번도 받아본 적 없는 최고의 점수를 본고사에서 받았다는 것입니다. 저는 시험에 응할 때 전문가가 공급해주는 정제된 지식과 방법론을 받아들이고, 이를 나만의 방식으로 소화해내되 그 방식에 대한 신념과 확신을 갖는 것이 매우 중요하다고 생각합니다. 주위에서 무엇을 더 푼다, 얼마만큼 더 공부한다, 모의고사에서 몇 등을 했다 등의 말에 흔들리지 말고 묵묵히 스스로를 믿은 채 끝까지 자신의 길을 걸어 나가시길 바랍니다. 그 끝에는 '반드시' 좋은 결과가 있을 것입니다.

IV

제2회 조성우 추리논증 장학생 (2021 LEET) 성적 및 고득점 학습 Tip

조성우 추리논증 장학금은 2020 LEET에 처음 시행한 제도로, **정규강좌 2개 이상(4개월 강의 분량)을 수강한 수강생을 기본 자격으로 하여 선정**하였습니다.

이번 2021 LEET에서는, 현강 성적우수자(11명), 인강 성적우수자(16명), 성적향상자(실강4명, 인강2명), 수강자격요건부족 성적우수자(14명) 총 47명의 성적우수 장학생을 선정하였습니다. 올해의 경우에도, 백분위 100% 수강생이 현강에서 배출되었습니다.

현강 장학생

구분		시상	이름	2021 LEET		2020 LEET	
				백분위	표준점수	백분위	표준점수
고득점자	1등	100만 원	김O경	100.0	94.5	-	-
	2등	50만 원	류O현	99.9	92.5	-	-
	3등	30만 원	반O진	98.9	86.4	-	-
	4등 ~ 11등	20만 원	인O성	98.2	84.4	-	-
			최O석	97.2	82.4	77.8	69.8
			이O헌	97.2	82.4	-	-
			김O선	97.2	82.4	91.2	-
			정O비	97.2	82.4	46.8	59.7
			최O진	95.6	80.4	53.1	-
			원O희	95.6	80.4	53.1	-
			김O은	95.6	80.4	-	-

인강 장학생

구분		시상	이름	2021 LEET		2020 LEET	
				백분위	표준점수	백분위	표준점수
고득점자	1등	200만 원	변O주	99.4	88.5	-	-
	2등	100만 원	조O준	95.6	80.4	59.6	63.8
	3등	50만 원	김O라	93.5	78.4	-	-
	4등 ~ 16등	10만 원	배O준	93.5	78.4	77.0	69.8
			정O민	90.9	76.4	-	-
			양O영	90.9	76.4	-	-
			박O정	90.9	76.4	-	-
			김O은	87.0	74.4	59.6	63.8
			권O	87.0	74.4	65.0	65.8
			이O린	83.7	72.4	46.8	59.7
			성O환	83.7	72.4	46.8	59.7
			신O준	83.7	72.4	-	-
			배O현	83.7	72.4	-	-
			최O현	79.4	70.4	29.2	53.6
			이O훈	79.4	70.4	-	-
			이O우	74.5	68.3	12.5	45.5

성적 향상 장학생

구분		시상	이름	2021 LEET	2020 LEET	전년대비 향상
				백분위	백분위	백분위
현강	1등	100만 원	손O윤	90.9	12.5	78.4
	2등 ~ 4등	20만 원	박O렬	87.6	24.5	63.1
			최O찬	93.5	34.6	58.9
			권O영	87.6	29.2	58.4
인강	1등	50만 원	박O호	87.6	24.5	63.1
	2등		박O주	90.9	40.6	50.3

결격사유 성적 우수생

구분		시상	이름	2021 LEET		2020 LEET	
				백분위	표준점수	백분위	표준점수
고득점자	1등	20만 원	김O헌	99.4	88.5	-	-
	2등 ~ 14등	10만 원	황O인	98.9	86.4	-	-
			홍O연	98.9	86.4	-	-
			강O림	98.2	84.4	-	-
			임O서	98.2	84.4	-	-
			여O정	98.2	84.4	-	-
			정O람	98.2	84.4	-	-
			윤O선	97.2	82.4	-	-
			우O림	97.2	82.4	-	-
			김O우	95.6	80.4	-	-
			권O민	95.6	80.4	-	-
			강O성	95.6	80.4	-	-
			송O정	95.6	80.4	-	-
			한O석	93.5	78.4	-	-

실강 장학생 간략 후기 3가지 질문

❶ 조성우 교수님의 **파이널 강의를 선택한 이유**는?
❷ 현강 **수강 시 좋았던 점**은?
❸ 추리논증 **고득점 학습법**이 있다면?

고득점 1등

김O경

2021 LEET
백분위 100%
표준점수 94.5
서울대 로스쿨 합격

❶ 조성우 교수님의 파이널 강의를 선택한 이유는?

첫째는 교수님께서 오랜 경력과 경험을 바탕으로 LEET시험의 취지와 방향성을 가장 잘 간파하고 있다고 생각했기 때문입니다. 둘째는 꼼꼼함입니다. 교수님께서는 법이나 언어추리 등 다양한 영역에 활용되는 배경지식부터 수리문제나 논리게임 등 정형화된 문제의 풀이법까지 어느 하나 빈틈없이 가르쳐주셨습니다. 셋째는 학생들을 대하는 교수님의 태도입니다. 교수님께서도 매번 방대한 양의 추가자료 준비와 좋지 않은 목상태로 힘드실텐데도 최선을 다하는 모습을 보여주셨고, 본고사 날만을 바라보며 끝까지 함께 달릴 수 있도록 수험생들을 독려해주셨습니다.

❷ 현강 수강 시 좋았던 점은?

리트는 당일 컨디션이 매우 중요한 시험인 만큼 긴장하지 않고 시험에 임하는 것이 중요하다고 생각합니다. 현강은 실전과 같이 모의고사를 칠 수 있는 환경이 마련되어 있었는데, 이렇게 실전과 동일 시간대에, 많은 사람들과 같은 장소에서 모의고사를 치는 훈련을 여러 차례 반복함으로써 긴장감을 극복할 수 있는 루틴을 만들 수 있었던 것이 큰 도움이 되었습니다. 또한 인강과 다르게 좀 더 집중할 수 있는 환경에서 해설 강의를 수강할 수 있었던 것도 장점이라고 생각합니다.

❸ 추리논증 고득점 학습법이 있다면?

자신에게 적합한 풀이법을 만들고 이를 적용해 보는 연습을 반복하는 것이 가장 중요하다고 생각합니다. 먼저 스스로의 힘으로 문제 출제 패턴, 정답의 근거 등을 찾아 정리하는 과정을 거친 후, 인강이나 현강 수강, 혹은 스터디를 통해 자신이 잘못 파악한 논리 구조를 발견하고 수정하는 과정을 거쳐 하나의 완성된 풀이집을 만드는 데 집중하는 것을 추천합니다. 이렇게 만든 풀이법을 모의고사나 시험 직전 반복해서 읽고, 실제 문제 풀이에서 적용해 보는 방식으로 훈련했기에 실전에서도 망설임 없이 정답을 골라나갈 수 있었다고 생각합니다.

성적향상 1등

손O윤

2020 LEET **12.5%**

2021 LEET **90.9%**

➡ 전년대비 **78.4%** 향상

1 조성우 교수님의 파이널 강의를 선택한 이유는?

저는 2020년 리트당시 추리논증의 성적이 좋지 않아 기초반부터 막연하게 주변 사람들의 추천과 1타 강사라는 신뢰감으로 처음에는 선택했었습니다. 그러나 기초반 첫 수업을 들을 때부터 제가 몰랐던 것이 많았다는 걸 깨닫고 금방 수업에 집중하게 되었습니다. 그렇게 기초, 기본, 심화를 들으면서 작년에는 몰랐던 것을 채워갈 수 있게 되었고 그것에 연장선으로써 조성우 교수님의 파이널까지 들으며 마무리하고 싶었기에 선택하였습니다.

2 현강 수강 시 좋았던 점은?

현강 수강 시에 좋았던 것은 아무래도 분위기랑 강제력 같습니다. 수업에 들어가면 다들 인생을 걸고 로스쿨 입시에 임하고 있기 때문에 몇몇의 불성실해 보이는 사람들을 제외하고는 다들 수업에 집중하고 자리도 일찍 가지 않으면 모자를 정도였습니다. 그런 분위기에서 저도 동기부여를 얻을 수 있었습니다. 또 학원에 가지 않으면 문제를 리트시험처럼 푸는 것이 개인적으로 어려웠기 때문에 그런 면에서도 리트 시험 시간에 맞춰서 풀 수 있었던 것이 좋았었던 것 같습니다.

3 추리논증 고득점 학습법이 있다면?

따로 무언가를 더한 것은 없었고 거의 대부분은 수업에 집중하고 수업에서 풀고 틀린 것을 다시 풀릴 때까지 붙잡고 늘어졌던 것 같습니다. 파이널 당시에 저는 기출은 2번째를 보기 시작했었는데 그때 처음 기출 오답을 했었습니다. 답이 기억나는지라 오답을 할 때 이것이 왜 답이 되고 이것은 왜 틀리는가를 중점으로 보면서 오답을 했었고 파이널 문제까지는 따로 오답노트를 만들 시간이 나지 않아 푼 당일에 문제지만을 가지고 기출 오답하듯이 다시 풀었었습니다. 그리고 스터디는 제가 생각한 것을 다시 확인하는 용도로 하여 활용했던 것 같습니다.

인강 장학생 간략 후기 3가지 질문

❶ 조성우 교수님의 **강의를 선택한 이유**는?
❷ 2021 LEET 추리논증 **고득점에 가장 큰 영향을 준 정규강좌와 그 이유**는?
❸ 나만의 추리논증 과목 **고득점 인강 학습 Tip**은?

고득점 1등

변O주

2021 LEET
백분위 99.4%
표준점수 88.5

❶ 조성우 교수님의 강의를 선택한 이유는?

조성우 교수님의 수업을 듣고 높은 성적을 받은 수강생이 많아서, 교수님의 수업 안에 고득점을 위한 내용들이 전부 포함되어 있으므로 스스로의 노력만 따라준다면 본인도 높은 성적을 거둘 수 있을 것 같다는 생각이 들어 이 강의를 선택하게 되었습니다. 또한 강의가 기출, PSAT, 자체 모의고사 등 여러 강좌로 세분화되어 있어서 강의를 소화하는 것만으로도 공부량이 많을 것이라고 예상했습니다.

❷ 2021 LEET 추리논증 고득점에 가장 큰 영향을 준 정규강좌와 그 이유는?

고득점 모의고사와 파이널 모의고사라고 생각합니다. 기본과 심화 강의를 들을 때는 사실 기출 분석도 완료되지 않은 상태였고, PSAT은 유형이 다소 다르다보니 강좌를 들으면서 스스로가 헤매는 느낌이 있었으나 교수님의 기출 변형 문제들과 자체제작 문제들을 풀다보니 LEET 추리논증에서 요구하는 사고방식에 대해 감을 잡을 수 있었고 점수가 안정적으로 나오기 시작했습니다. 특히 모의고사 강좌를 통해 실제 시험처럼 한정된 시간 내에 여러 문항을 소화하면서 시험운용력까지 기를 수 있었습니다.

❸ 나만의 추리논증 과목 고득점 인강 학습 Tip은?

PSAT이나 M/DEET 등 유사한 유형을 포함해서 문제를 많이 푸는 것도 좋지만, 기출을 3회독 이상 하고 완벽히 소화하기 전까지는 굳이 그럴 필요가 없다고 생각합니다. 무엇보다 중요한 것은 문제의 의도를 파악하고 문제에서 요구하는 논리적 흐름을 알아내는 것입니다. 문제의 의도를 파악하는 연습을 하다 보니 낯선 문제에도 긴장하는 일이 줄어들었고, 그와 반비례해서 정답률은 올라갔습니다. 물론 이 과정이 혼자만의 힘으로 이뤄지긴 힘들었으므로, 인강에서 알려주는 논리적 사고 기술을 통해 자신만의 실력을 배양했고, 좋은 성과를 거뒀습니다.

성적향상 1등

박O호

2020 LEET **24.5%**

2021 LEET **87.6%**

➡ 전년대비
63.1% 향상

1 조성우 교수님의 강의를 선택한 이유는?

조성우 교수님께서 오랜 시간 동안 추리논증 영역에서 최고의 자리를 지켜온 것에는 분명히 그럴만한 이유가 있을 것이라고 생각했습니다. 또한 주변에서 조성우 교수님의 강의를 통하여 점수가 매우 높은 수준으로 향상된 선배를 봤기 때문에 더욱 신뢰할 수 있었습니다. 탄탄한 강의 구성과 보충자료들, 특히 우수한 양질의 모의고사는 조성우 교수님을 선택한 것을 후회하지 않게 해주었습니다. 작년(2020학년도)에 낮은 점수를 받아 어떻게 다시 준비를 시작해야할지 막막했으나, 커리큘럼을 하나씩 따라가며 실력이 향상되어 감을 느낄 수 있었습니다.

2 2021 LEET 추리논증 고득점에 가장 큰 영향을 준 정규강좌와 그 이유는?

고득점에 가장 큰 영향을 준 정규 강좌는 [기초입문]과 [고득점 half 모의고사, 고득점 모의고사, 파이널 모의고사] 였다고 생각합니다. 기초입문은 기본base가 부족한 저에게 많은 도움을 주었습니다. "이론적으로" [기본이론]에서 제공되는 설명보다 더 자세하고 질적인 설명이 제공되는 부분이 있었고, 기초입문을 수강한 후 기본이론을 수강했을 때, 비로소 문제들에 내포된 의미를 깨달을 수 있었습니다. 또한 조성우 교수님의 [모의고사]는 단언 최고라고 말할 수 있습니다. 양적으로나 질적으로나, 그 어떤 모의고사보다 큰 도움이 됐습니다.

3 나만의 추리논증 과목 고득점 인강 학습 Tip은?

최대한 실강(현강)시간과 비슷한 시간대에 맞춰 공부했던 것이 시간관리에 큰 도움이 됐습니다. 추리논증뿐 아니라 언어이해 역시 실강 시간대에 맞춰서 공부했습니다. 이는 인강에 더욱 집중할 수 있게 만들어 주고, 강의를 밀리지 않고 수강할 수 있습니다. 저는 신촌캠퍼스 시간에 맞춰 오전에 강의를 모두 듣는 것을 목표로 하여, 매일 오후 충분한 개인공부 시간을 확보할 수 있었습니다. 오후에는 복습, 예습, 교수님께서 제공해 주시는 보충자료 읽기, LEET 추천도서 등을 공부하였습니다.

2021 LEET 최고수준의 성적향상 (백분위 40.6% ⇒ 90.9%) 학생의 공부방법

박 ○ ○ (이화여자대학교)

안녕하세요. 저는 2021학년도 법학적성시험 추리논증에서 백분위 90.9%, 전년 대비 백분위 50.3%의 성적 향상을 거둔 학생입니다. 그 덕분에 이번 법학적성시험 표준점수에서 총 25점의 성적 향상을 얻을 수 있었습니다.

우선, 제가 이 글을 쓰는 가장 중요한 이유는 '노력에는 반드시 성취가 있을 것'이라는 말씀을 드리기 위함입니다. 특히, 리트는 적성시험이기 때문에 노력해도 점수가 오르지 않을 것이라는 말, 컨디션이 중요한 시험이기 때문에 당일 운이 중요하다는 말로 인해 자신감이 하락하신 시험을 다시 준비하는 수험생들께 도움이 될 수 있었으면 좋겠습니다.

사실 저는 올해 2021학년도 LEET까지 총 3번의 법학적성시험에 응시했습니다. 우선 성적 추이를 말씀드리자면, 첫 시험에서 115점을 받은 후 두 번째 시험에서 100점 초반의 점수를 받았습니다. 초시 때보다도 하락한 점수로 인해 자신감이 많이 하락한 상태였지만, 마지막으로 최선을 해보자라는 생각으로 시험을 준비했습니다. 그리고 이 과정에서 제 스스로의 문제점을 분석하는 과정에서, 적성시험이 시간만 투자한다고 되는 것이 아니라 올바른 공부 방법을 찾고 시험에 맞는 사고과정을 정립하는 것이 중요하다고 느꼈습니다. 이에, 제가 가장 먼저 선택한 것이 조성우 교수님의 강의였습니다.

입시를 마무리하는 현 시점에서 지난 1년을 되돌아봤을 때, 더이상 열심히 할 수 없을 정도로 후회없이 최선을 다해 노력했다고 생각합니다. 그리고 그러한 노력의 결과가 추리논증의 성적 향상으로 이어졌다고 자신있게 말씀드릴 수 있습니다. 이 자리를 빌어 조성우 교수님께 감사의 인사를 드립니다.

1. 전반적인 학습 내용

원래는 현장 강의 수강을 계획하고 있었으나, 코로나19로 인해 부득이하게 인강으로 강의를 수강했습니다. 1월 중순 기본강의 수강을 시작으로 심화, 하프모의고사, 그리고 파이널모의고사까지 교수님의 커리큘럼을 성실하게 따라갔습니다.

저는 현장 강의와 동일한 스케줄로 강의가 업로드되는 일정에 따라 계획을 세우고, 그 계획에 따라 강의 수강 및 복습을 하고자 노력했습니다. 인강의 경우에 가장 중요한 것이 현장강의 일정에 맞춰 수강 일정을 따라가는 것이라고 생각합니다. 구체적으로는, 추리논증 인강이 매주 화/목 오전에 업로드 되었기 때문에 화/목 저녁에 인강을 수강하는 것으로 계획을 세웠습니다.

2. 학습노트용

제 성적 상승의 가장 큰 원동력은 '학습 노트'라고 생각합니다. 시험장에 들어가는 날까지 (1)단권화 노트, (2)실수노트, (3)모의고사 오답노트는 저의 가장 큰 무기였습니다. 특히, 시험을 한 달 앞

앞둔 시점에서는 해당 노트들을 읽으며 하루 공부를 시작했습니다. 시험 준비 과정에서 뿐만 아니라, 시험 당일 아침과 언어이해 시험이 끝난 뒤 쉬는 시간에도 해당 정리노트를 읽으며 내용을 빠르게 정리할 수 있었습니다.

제가 생각했을 때 정리노트는 물론 학습의 측면에서도 큰 도움이 되었지만, 그보다도 심리적으로 매우 큰 안정감을 주었습니다. 이 노트에 내가 모르는 내용이 다 담겨있고, 그동안 열심히 했던 노력이 모두 들어가 있는 노트라고 생각했기 때문에 시험을 잘 볼수 있을지에 대한 불안감이 들때마다 노트를 읽으며 마음을 다잡을 수 있었습니다.

(1) 단권화노트

기본강의와 심화강의를 수강하며 제가 가장 중요하게 생각한 점은 '단권화 노트'를 만드는 것이였습니다. 단권화 노트는 '기본서의 중요한 개념 + 강의를 들으며 추가적으로 필기한 부분 + 제가 중요하다고 느낀 포인트' 등을 정리하고자 했습니다. 그리고 기본과정에서 정리한 단권화 노트를 기반으로 심화 강의와 이후 모의고사 강의에서 배운 내용들을 추가했습니다.

해당 단권화 노트는 파이널 모의고사 과정을 진행하면서 매우 큰 도움이 되었습니다. 여러 권의 책을 매번 찾아볼 필요 없이, 모의고사 문제에서 어려움을 겪었던 개념들에 대해 단권화 노트를 찾아보며 내용을 빠르게 정리할 수 있었습니다.

- 개념 정리

우선은, 조성우 교수님의 기본서에 있는 개념들을 완벽히 이해하려고 노력했습니다. 특히, 명제논리의 경우에는 실제 시험문제에서 어떤 문장 혹은 표현이 나왔을 때, 해당 논리 구조를 활용할 수 있을지에 초점을 맞춰 정리했습니다. 개념 정리의 경우에는 이미 기본서의 내용이 잘 정리되어 있다고 생각합니다. 따라서 기본서를 기반으로, 강의 때 추가적으로 말씀해주시는 내용을 추가하여 정리한다면 충분할 것 같습니다.

예시

[1] 형식적 추리

<1> 명제논리

1. 개념: 문장 단위의 논리체계. 기본단위-문장

2. 논리연결사의 진리조건

1) ~A (부정): 진리값 바꿈 / p는 거짓이다. p는 사실이 아니다(~p). ~p가 참이면 p는 거짓
2) A∧B (연언): 둘다(모두) / -이고. -이면서. -인
3) A∨B (선언): 적어도 하나
4) A→B (함축): A(충분)→B(필요.선행) = ~B(선)→~A(후). B only A cf)≠포함관계
5) A↔B (동치): 같다. 진리값이 같으면 참 / i)A↔B(참): A.B ~A.~B ii)A↔B(거) A.~B A.~B
- 만약 A라면 그리고 오직 그런 경우에만 B
  만일 그리고 오직 A일때만 B
- (A→B)∧(~A→~B) A라면 B고 A가 아니라면 B가 아니다
- (A→B)∧(B→A)
- (A∧B)∨(~A∧~B)

* 동치와 함축의 관계: 동치→함축 = ~함축→~동치
* A는 B를 논리적으로 함축한다 = A는 B를 전제한다. A는 B를 전제로 한다 : ~B→~A
  [if A(참)→B(참)] ex) 인간은 생명체임을 전제한다.

- 문제풀이 포인트

문제풀이 포인트란, 교수님께서 문제 풀 때 중요하게 언급해주신 포인트와 제가 어려움을 느꼈던 문제의 유형에 대해 풀이의 방식을 정리한 것입니다. 특히, 기본서와 심화교재의 페이지를 적어두었기 때문에, 해당 내용에 대한 학습이 필요할 때 빠르게 책을 찾아볼 수 있었습니다.

예시

[술어논리 문제풀이]

- 추론의 연결고리가 없을 때 좀 불안하면 반례가능성 검토해보기 *기본73
- 조건문 앞의 전건 주의 '~라면=가정,조건' ex. if A이고 B라면 P이다.[언제 A이고 B라고 했나?]
- 반드시 선지 확인 방법: 반례가능성 검토[귀류법]
  ex. 기본80: A와 C 반드시 선발 ⇨~A∨~C가능? (모순)⇨ A∧C [반드시]

- 기준이 다르면[별개의 내용] 양립가능
  ex) 심화42: 정치가 중 정직한 사람은 거의 없다/ 정직한 사람들 중 대부분은 정치가이다
  심화43: 고중세 시대의 자연철학은 A이다/ 현대의 과학철학은 ~A이다.

<헷갈리는 문장>
- C와 D가 함께 불량인 제품은 없다 = C→~D = D→~C
- 차별대우를 정당화하는 차이가 없는 한 개인들을 똑같이 대우해야 한다 = ~차이→~차별대우
- A와 C 중 적어도 하나는 빈 상자 = ~A∨~C = A→~C = C→ ~A

(2) 실수노트

실수노트는 기출문제와 모의고사 풀이 과정에서 자주 실수하는 부분을 정리한 노트입니다. 문제풀이 과정에서 여러번 실수라는 이유로 문제를 틀리게 된다면, 그것은 더 이상 실수가 아닌 제 실력이라고 생각했습니다. 따라서, 모의고사 문제풀이 전에 매번 실수노트를 정독했습니다. 그리고 실제로 문제를 푸는 과정에서 제가 평소 독해를 잘못했던 문장이나 어구들이 눈에 들어오기 시작했고 실수를 줄일 수 있었습니다.

예시

[독해 실수]

* 선택지의 [주체/대상/주어]: 여기서 진짜 한 세 개는 실수한다!!
- 주어(주체 독해) 파이널하프 1회 14번) 갑과 을을 바꿔서 읽음

- A의 B 고득점하프 5회 18번) ㄱ. 베타락타마제의 기능
  파이널하프 1회 9번) 피고의 보통재판적
  파이널하프 5회 10번) 총인구의~, 전체노동인구의~ [분수로 표현된 숫자의 분모]

- A인 B 최종2회 8번) 손해를 가한 이사 기타 대표자는~

(3) 모의고사 오답노트

모의고사 강의 때는 교수님께서 중요하다고 언급하신 문제들과 제가 판단하기에 여러번 풀어봐야겠다고 느낀 문제를 대상으로 오답노트를 만들었습니다. '문제를 풀 때 잘못 생각한 부분 + 실수가 잦은 포인트 + 보충자료의 배경지식'을 위주로 정리했습니다. 그리고, 본고사 전까지 오답노트를 중심으로 최소 2번 이상 복습하려고 계획을 세웠습니다.

교수님의 모의고사는 본고사에서 큰 도움이 되었습니다. 특히, 교수님의 모의고사는 본고사에 비해 제시문의 길이가 길고 복잡한 문제 유형이 많습니다. 따라서 모의고사 과정에서 시간적 압박감을 느끼며 집중력을 유지하는 연습을 할 수 있었습니다. 이 문제가 실제 시험에 나올 수 있다는 생각으로 한 문제, 한문제 잘 정리하시면 실제 시험에서 당황하지 않고 침착하게 문제풀이에 임하실 수 있을 것이라고 생각합니다.

예시

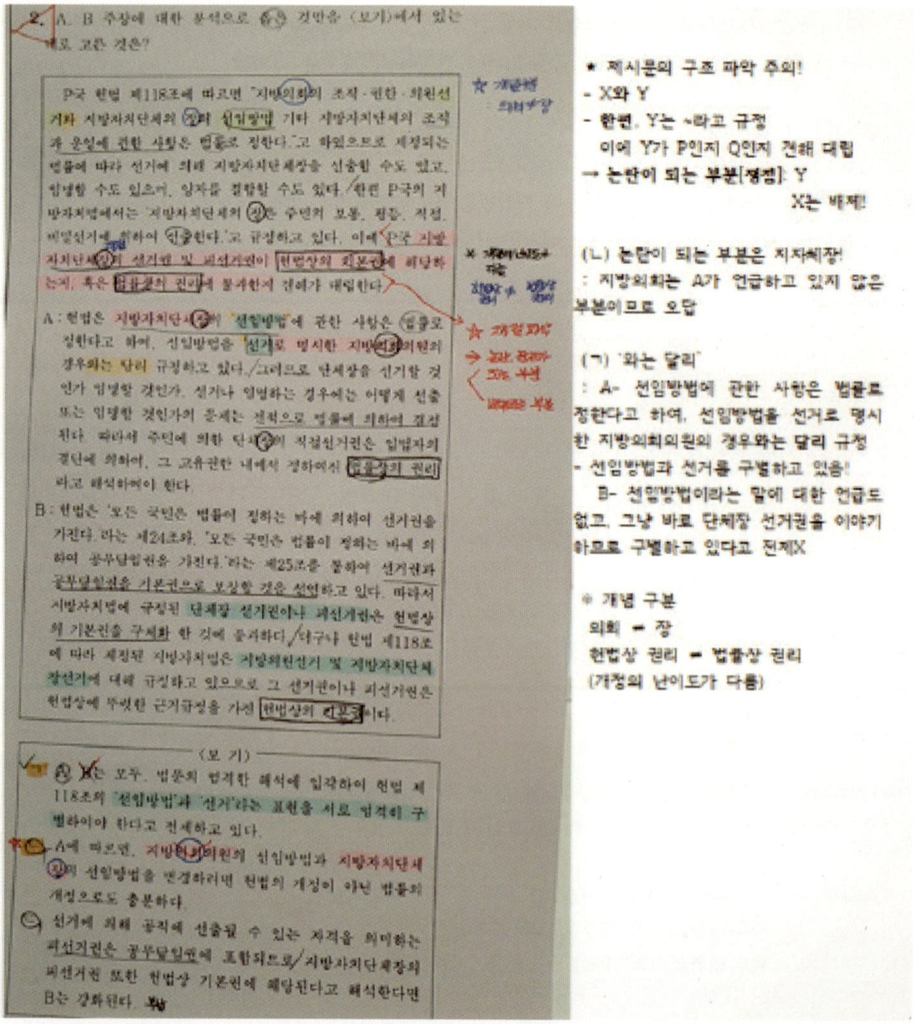

3. 기타 드리고 싶은 말씀

(1) 아침에 집중력을 유지하기

지난 3번의 시험에서 저는 매번 잠을 거의 자지 못하고 시험에 응시했습니다. 그래서 이번에도 잠을 제대로 자지 못할 것이라고 마음의 준비를 하고, 비몽사몽 한 상태에서도 문제를 풀 수 있는 습관을 기르기 위해 노력했습니다.

우선, 시험 두달 전부터 오전 6시 30분에 일어나서 하루 공부를 시작했습니다. 그리고 파이널 모의고사 과정에 들어가면서부터, 잠이 덜 깬 상태인 7시 30분부터 언어이해와 추리논증 모의고사를 실제 시험 시간에 맞춰서 풀었습니다. 시험장에서는 아날로그 시계만 사용이 가능하기 때문에, 실제 시간은 7시 30분이였지만 시계는 9시로 맞춰놓고 시간 관리 연습을 했습니다.

제가 실제 시험 시간보다 더 일찍 모의고사 문제풀이를 시작한 이유는 첫째, 졸린 상태에서도 집중력을 유지할 수 있는 연습을 하기 위함이였고 둘째, 아침시간을 좀 더 효율적으로 활용하고 싶었기 때문입니다. 아침 일찍 모의고사 문제풀이를 시작함으로써 점심시간 이전까지 해설강의까지 수강할 수 있었고, 오후 시간은 앞서 말씀드린 노트를 정리하고 제 약점을 보완하는 시간으로 활용할 수 있었습니다. 조금 더 일찍 아침을 시작함으로써 오전 시간에 집중력을 유지하는 습관을 기를 수 있었고, 이는 실제 시험에서도 크게 도움이 되었다고 생각합니다.

(2) 시험일에 할 행동들을 미리 시뮬레이션해보기

저는 메가 전국모의고사를 응시했고, 마지막에는 본고사 일주일 전에는 실제로 제가 본고사를 치르게 될 시험장에서 진행되는 법률저널 모의고사에 응시했습니다. 전국 모의고사를 응시하는 과정에서 가장 중요했던 것이 실제 시험장에서 내가 할 행동들을 시뮬레이션해보는 것이라고 생각합니다. 저는 기상 시간을 정하는 것부터 시작하여, 아침에 무엇을 먹고 어떤 자료를 볼지도 미리 정했고 모의고사 때 그대로 그 행동을 실행했습니다. 특히, 마지막 모의고사의 경우에는 실제 시험장에서 이뤄졌기 때문에 이동 시간과 동선을 미리 생각해볼 수 있었습니다.

법학적성시험의 경우 일년의 한번 시행된다는 점 때문에 본고사가 다가오면 대부분의 수험생이 심리적으로 큰 부담감을 느끼시는 것 같습니다. 그리고 불안감을 줄이기 위한 가장 좋은 방법이 시험날의 할 행동을 미리 계획한 후, 머릿속으로 상상해보는 것이라고 생각합니다. 저 역시 시험 전날 다음날 아침에 할 행동들을 계속해서 생각하며 마음을 다잡을 수 있었습니다.

(3) 나 자신을 믿기

현재 수기를 쓰며 올해 입시를 준비하던 1년 남짓한 시간을 되돌아봤습니다. 저 역시 '올해도 실패하면 어쩌지'라는 생각으로 불안하고, 초조하고, 긴장되는 마음으로 하루하루를 버텼던 것 같습니다. 그러나 그러한 와중에 저를 지탱해준 것은 '그동안 노력했던 시간의 힘'이었습니다.

적성시험의 특성상 공부를 하고 있는데 크게 눈에 띄는 향상이 보이는 것 같지도 않고, 컨디션에 따라 점수가 요동치기 때문에 많은 수험생이 불안하실 것이라 생각합니다. 그러나, 조성우 교수님의 강의를 수강하고 그 과정에서 각자 자신만의 공부 방법을 찾는다면 반드시 노력의 성과가 있을 것이라고 믿습니다. 할 수 있을 것이라는 자신에 대한 확고한 믿음을 가지고 최선을 다하신다면 반드시 좋은 결과가 있을 것입니다.

V

제3회 조성우 추리논증 장학생 (2022 LEET) 성적 및 고득점 학습 Tip

조성우 추리논증 장학금은 2020 LEET에 처음 시행한 제도로, **2022 LEET에서는 자격조건을 완화하여** 조성우 추리논증 정규 강좌(인강/현강)를 수강한 수강생을 기본자격으로 하여 선정하였습니다.

이번 2022 LEET에서는, 현강 성적우수자(11명), 인강 성적우수자(10명), 성적향상자(현강 10명, 인강 5명), 결격사유대상자 아차상(3명) 총 39명의 성적우수 장학생을 선정하였습니다.

인강 장학생

구분		시상	이름	2022 LEET	
				백분위	표준점수
고득점자	1등	200만 원	박O윤	99.9	92.5
	2등	100만 원	정O규	99.8	90.4
	3등	50만 원	이O현	99.8	90.4
	4등 ~ 10등	10만 원	김O섭	99.8	90.4
			이O환	99.6	88.2
			김O영	99.6	88.2
			조O은	99.1	86.1
			이O만	99.1	86.1
			강O리	99.1	86.1
			김O진	98.4	84.0

현강 장학생

구분		시상	이름	2022 LEET	
				백분위	표준점수
고득점자	1등	100만 원	최O석	99.1	86.1
	2등	50만 원	김O준	98.4	84.0
	3등	30만 원	고O영	98.4	84.0
	4등 ~ 11등	10만 원	도O수	97.2	81.9
			박O빈	97.2	81.9
			장O완	97.2	81.9
			소O희	97.2	81.9
			정O진	97.2	81.9
			오O준	95.5	79.8
			신O영	93.3	77.7
			이O하	93.3	77.7
	아차상 *	20만 원	반O진	99.6	88.2
		10만 원	신O진	98.4	84.0

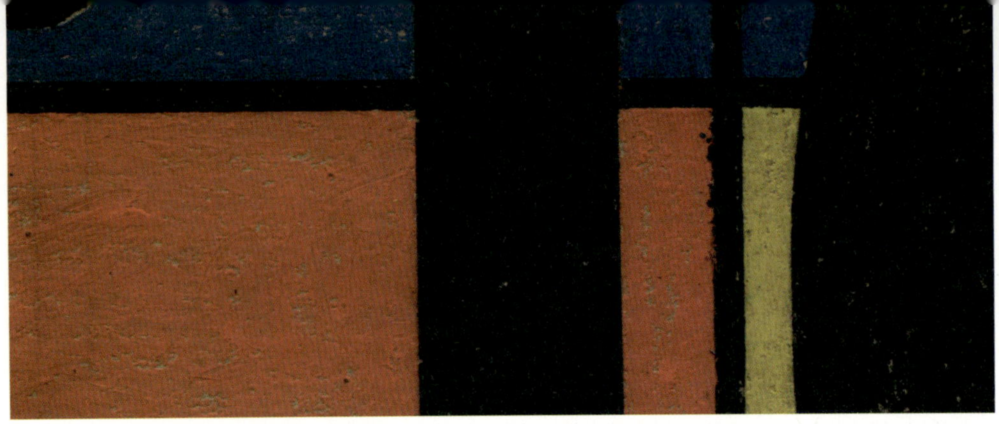

성적 향상 장학생

구분		시상	이름	추리논증 백분위(%)		
				2023 LEET	2022 LEET	전년대비 향상
현강	1등	100만 원	양O완	70.8	5.1	65.7
	2등	50만 원	복O윤	81.8	26.8	55.0
	3등	30만 원	권O현	64.5	13.3	51.2
	4등 ~ 10등	10만 원	구O혁	95.5	57.4	38.1
			최O우	81.8	44.9	36.9
			이O슬	95.5	63.2	32.3
			김O혜	95.5	63.2	32.3
			강O혜	76.7	44.9	31.8
			이O식	81.8	51.2	30.6
			심O완	81.8	57.4	24.4
	아차상 *	20만 원	김O재	90.2	10.1	80.1
인강	1등	100만 원	김O혁	90.2	26.8	63.4
	2등	50만 원	정O원	70.8	10.1	60.7
	3등 ~ 5등	10만 원	강O원	81.8	21.8	60.0
			신O재	86.4	26.8	59.6
			강O혁	81.8	26.8	55.0

* 전형별 아차상은 현장 파이널 모의고사 미응시 회수 초과로 인하여 결격사유 대상자에서 추가 선발함.

실강 장학생 간략 후기 3가지 질문

❶ 조성우 교수님의 **파이널 강의를 선택한 이유**는?
❷ 현강 **수강 시 좋았던 점**은?
❸ 추리논증 **고득점 학습법**이 있다면?

고득점 1등

최O석

2022 LEET
백분위 99.1%
표준점수 86.1
서울대 로스쿨 합격

기초(인강) | 기본(인강) | 심화+실전(인강) | 실전모의고사(현강) | 파이널(현강) | 특강 다수 수강

❶ 조성우 교수님의 파이널 강의를 선택한 이유는?

저의 경우 조성우 선생님의 기본강의를 인강으로 수강하고 나서, 인강을 자기주도적으로 학습하는 데에 어려움을 겪었습니다. 아무래도 학부 수업과 병행하는 것이 어려웠고, 시간이 지나면서 체력이 소진됨에 따라 인강 진도가 밀리기 시작했습니다. 따라서, 고득점half부터는 현강을 수강하면서 선생님 강의를 강제적으로라도 따라가고 싶어 수강하게 되었습니다.

❷ 현강 수강 시 좋았던 점은?

현강 수강을 하면서 문제를 통해 실전연습을 꾸준히 할 수 있었던 점이 좋았습니다. 또한, 파이널 문항과 기출문항, 이전에 강의에서 다루었던 문항을 끊임없이 연계해주신 점이 좋았습니다. 이 과정에서 기존에 봤던 문제들로부터 새로운 깨달음을 많이 얻어 추리논증 과목에 대한 고득점을 쟁취할 수 있었다고 생각합니다.

❸ 추리논증 고득점 학습법이 있다면?

많은 신작 문제 풀이와 기출 패턴 단권화가 제가 고득점으로 갈 수 있었던 열쇠였다고 생각합니다. 저는 사실 초시에 실패하고 재시에 성공을 거둘 수 있었습니다. 초시 때 저는 기출의 중요성을 너무 심각하게 받아들여서, 기출만 계속 반복해서 학습했습니다. 그랬더니 기출의 경우 잘 풀지만, 새로운 문제에 대한 대응력이 떨어져 실전에서 좋은 결과를 거둘 수 없었습니다. 기출의 경우, 오히려 저는 한번 단권화만 제대로 해놓으면 그다음부터는 풀 필요가 없다고 생각합니다. 기출패턴을 단권화해 놓고 그 다음은 양치기로 승부하는 게 맞다고 생각합니다.

성적향상
1등

양O완

기초부터 파이널 강좌까지 전체 커리큘럼 현강으로 모두 수강 | 특강 다수 수강

2021 LEET **5.1%**

2022 LEET **70.8%**

➡ 전년대비
65.7% 향상

1 조성우 교수님의 파이널 강의를 선택한 이유는?

기초과정부터 수강했기 때문에 교수님 강의에 대해 잘 알고 있었고 항상 많이 배운다는 느낌을 받았었습니다. 작년에 아예 준비를 하나도 하지 않고 시험장에 들어갔다가 처음 보는 문제유형에 당황한 기억이 있었습니다. 그래서 새로운 유형과 까다로운 문제들을 접해봐야 할 필요성을 느끼고 있었습니다. 또한 교수님 자체 모의고사를 통해 제가 부족한 부분을 확인해볼 수 있고 시험운용 능력을 키우기에 적합한 강의라고 생각해서 선택했습니다.

2 현강 수강 시 좋았던 점은?

인강에 비해 딴 짓을 안 할 수 있어서 좋았습니다. 또한 3시간 이상 긴 수업을 집중해서 듣는 습관이 들면서 시험 시간에도 집중할 수 있는 능력이 많이 향상된 것 같습니다. 옆에서 같이 공부하는 학생들을 보면서 저도 자극받아 더 집중할 수 있었습니다. 또 현강에서 나눠주시는 보충자료도 배경지식 함양이나 수업 중 이해가 안 되는 부분의 이해를 돕는 데에 큰 도움이 되었습니다.

3 추리논증 고득점 학습법이 있다면?

고득점이라고 말할 수 없는 성적이라서 부끄럽지만, 끝까지 노력했던 것이 성적 향상으로 이어진 것 같습니다. 특히 기본 과정에서 기출문제에 익숙해지면서 출제원리에 대해 생각해볼 수 있었고 파이널 모의고사 기간에 접했던 새로운 유형의 문제들이나 시간을 많이 잡아먹게 하는 문제들을 접하면서 시험 운용 전략에 대한 감을 잡을 수 있었습니다. 이 기간들이 성적향상에 큰 도움을 주었던 것 같습니다.

성적향상 아차상

김O재

기본(현강) | 심화+실전(현강) | 파이널(현강) | 특강 다수 수강

2021 LEET **10.1%**

2022 LEET **90.2%**

➡ 전년대비 **80.1%** 향상

1 조성우 교수님의 파이널 강의를 선택한 이유는?

2021년 리트에서 추리논증 백분위 10.1을 받은 후 거의 포기상태였던 저에게 친구가 조성우 선생님 강의를 추천해주었습니다. 아주 기초부터 꼼꼼하고 체계적으로 가르친다는 점과, 선생님께서 학생들의 공부를 돕기 위해 매우 열의를 가지고 계신다는 점에서 본 강의를 택하게 되었습니다.

2 현강 수강 시 좋았던 점은?

1. 기간과 분량을 계산하여 계획적이고 체계적으로 진행하는 강의
2. 학생들의 공부에 대한 열의를 가지고 열심히 하시는 점
3. 수업 시간 시작 전 의지를 복 돋아주는 간단한 멘트
4. 기초 이론부터 심화 과정, 실전 문제까지의 정석 풀이법 강의

3 추리논증 고득점 학습법이 있다면?

1. 자신의 점수대를 파악한 후 점수 향상의 포인트를 잡기. 제 경우 고난도 문제보다는 아주 기본적인 문제를 먼저 잡겠다는 전략으로 임했습니다. 2. 자주 틀리는 유형을 모아서 틀리는 원인을 확인하기. 제 경우 경제 그래프 문제를 항상 틀렸기에, 그 문제들만 모아서 문제의 원형을 파악하였습니다. 3. 버리기. 시험 전까지 잡지 못한 문제 유형을 파악하여, 본고사에서는 시간을 들이지 않고 냉정하게 넘긴 후, 다른 문제를 잡았습니다.

인강 장학생 간략 후기 3가지 질문

❶ 조성우 교수님의 **강의를 선택한 이유**는?
❷ 2022 LEET 추리논증 **고득점에 가장 큰 영향을 준 정규 강좌와 그 이유**는?
❸ 나만의 추리논증 과목 **고득점 인강 학습 Tip**은?

고득점 1등

박O윤

2022 LEET
백분위 99.9%
표준점수 92.5

❶ 조성우 교수님의 강의를 선택한 이유는?

주변에 로스쿨을 다니는 친구들에게 물었을 때 가장 많은 추천을 받은 강좌입니다. 친구들의 의견과 수강 후 제 의견을 종합한 조성우 교수님의 강의의 장점은 다음의 세 가지입니다. 첫째, 자료가 풍부하다. 둘째, 추리논증의 기초에 해당하는 내용을 반복적으로 설명해 주어 강의만으로 기본을 다질 수 있다. 셋째, 모의고사 출제문제에 오류가 적다. 이상의 이유들이 제가 조성우 교수님의 강의를 선택하고 다른 사람에게도 추천하는 이유입니다.

❷ 2022 LEET 추리논증 고득점에 가장 큰 영향을 준 정규 강좌와 그 이유는?

단언코 모의고사가 2022 LEET 추리논증 고득점에 가장 큰 영향을 준 강좌라고 말할 수 있습니다. 법학적성시험은 논리학과 같은 기초만큼이나, 때로는 그보다 더 실전경험이 큰 영향을 끼치는 시험이라고 생각합니다. 그렇기 때문에 부족한 기출을 보완하기 위해 강사 모의고사를 꾸준히 푸는 것이 고득점을 받기 위해서는 필수적입니다. 이런 면에서 조성우 교수님의 모의고사는 난이도 유지나 출제 오류, 언어추리와 모형추리 파트에서 큰 강점을 가지고 있다고 생각합니다.

❸ 나만의 추리논증 과목 고득점 인강 학습 Tip은?

추리논증 고득점을 위해서는 기출과 모의고사를 주기적으로 풀어 감을 유지하는 것이 가장 중요합니다. 저는 올해 12월부터 주에 1-2회씩은 꼭 기출이나 모의고사를 풀었습니다. (시험 직전 주 3회 이상) 풀고 나서는 법전협의 출제의도와 정답에 풀이를 맞춰갈 수 있도록 해설풀이를 했습니다. 이를 바탕으로 헷갈리는 문제들을 출제유형으로 분류하여 각 유형마다 나만의 풀이법을 만들 수 있도록 했습니다. (예시 : 추리는 엄밀하게, 논증은 자비롭게 / 사실과 당위를 구별하라) 이처럼 기출과 모의고사를 중점으로 학습했습니다.

성적향상 1등

김O혁

2021 LEET **26.8%**

2022 LEET **90.2%**

➡ 전년대비 **63.4%** 향상

기초부터 파이널 강좌까지 전체 커리큘럼 인강으로 모두 수강 | 특강 다수 수강

1 조성우 교수님의 강의를 선택한 이유는?

2021 리트 시험에서 추리논증 점수가 너무 저조하여 인강을 수강하기로 했습니다. 추리 논증을 가르치는 선생님들은 많이 있지만 조성우 교수님의 강의가 압도적으로 수강생들에게 인기가 많고 커리큘럼이 가장 체계적이어서 선택하게 되었습니다. 특히 대충 넘어갈 수 있는 논리학 부분을 기초 단계에서부터 체계적으로 배울 수 있고 기출문제에 많은 비중을 두고 강의를 한다는 점이 큰 도움이 될 것 같아 조성우 교수님의 강의를 선택했습니다.

2 2022 LEET 추리논증 고득점에 가장 큰 영향을 준 정규 강좌와 그 이유는?

제가 2022 리트에서 극적으로 점수를 올리는데 큰 도움이 된 강좌는 '기본' 강의였습니다. 2021 리트 추리논증 시험에서는 정오답의 기준이 애매하고 무엇을 물어보는지 정확히 몰라서 많이 틀렸는데 조성우 선생님의 기본 강의에서의 상세한 기출문제 분석을 통해 정오답의 기준을 확실히 잡고 출제의도를 파악할 수 있었습니다. 또한 기출문제를 유형별로 묶어서 정리할 수 있어서 기출문제를 체계적으로 공부하는 데 큰 도움이 되었습니다.

3 나만의 추리논증 과목 고득점 인강 학습 Tip은?

기출문제와 모의고사를 잘 활용하는 것이 중요하다고 생각합니다. 기출문제의 경우 우선 힘들더라도 시간을 재고 전개년 문제를 풀어보고 백분위를 확인한 다음 조성우 선생님의 기본 강의를 통해 기출문제를 유형별로 정리하고 반복해서 익혔습니다. 이후 다시 시간을 재고 전개년 문제를 풀어보고 내가 반복적으로 틀리는 문제를 묶어서 정리한 후 취약한 부분을 찾아 심화 강의를 통해 보완했습니다. 시험 한 달 전에는 시간 관리 차원에서 모의고사를 잘 활용한 것이 점수 올리는 데 큰 기여를 한 것 같습니다.

VI
제4회 조성우 추리논증 장학생 (2023 LEET) 성적 및 고득점 학습 Tip

조성우 추리논증 장학금은 2020 LEET에 처음 시행한 제도로, **2023 LEET에서도 자격조건을 완화하여** 조성우 추리논증 정규 강좌(인강/현강)를 수강한 수강생을 기본자격으로 하여 선정하였습니다.

이번 2023 LEET에서는, 현강 성적우수자(10명), 인강 성적우수자(12명), 현강 성적향상자(10명), 인강 성적향상자(12명) 총 44명의 조성우 추리논증 장학생을 선정하였습니다.

인강 장학생

구분		시상	이름	2023 LEET	
				백분위	표준점수
고득점자	1등	100만 원	강O구	100.0	92.5
	2등	50만 원	류O현	99.7	90.4
	3등	30만 원	김O성	99.7	90.4
	4등 ~ 6등	20만 원	정O엽	99.7	88.6
			이O하	99.3	88.6
			이O림	99.3	86.5
	7등 ~ 12등	10만 원	박OO엘	99.3	86.5
			김O진	98.7	84.4
			강O현	98.7	84.4
			이O환	98.7	84.4
			윤O수	98.7	84.4
			오O현	98.7	84.4

현강 장학생

구분		시상	이름	2023 LEET	
				백분위	표준점수
고득점자	1등	100만 원	김O현	99.7	88.6
	2등	50만 원	박O준	98.7	84.4
	3등	30만 원	이O림	97.7	82.4
	4등 ~ 10등	10만 원	김O만	96.3	80.3
			한O영	94.3	78.3
			박O준	94.3	78.3
			서O정	91.6	76.2
			김O영	91.6	76.2
			김O휘	88.1	74.1
			김O원	83.9	72.1

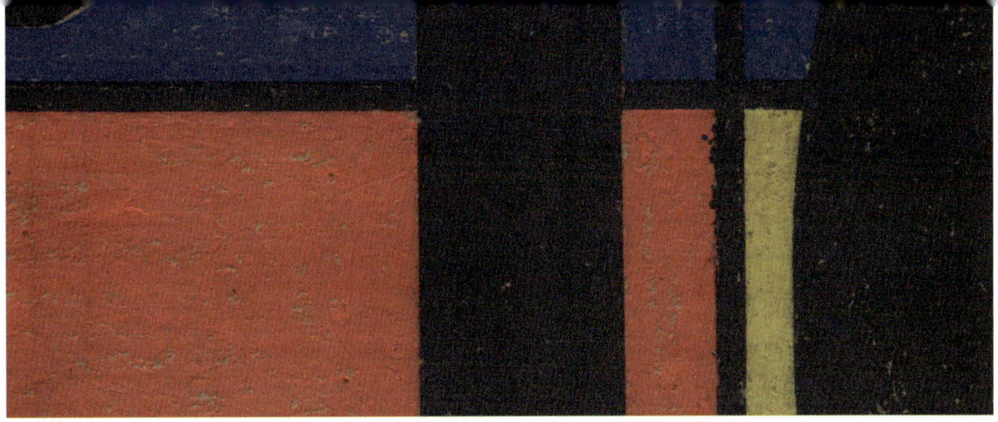

성적 향상 장학생

구분		시상	이름	추리논증 백분위(%)		
				2023 LEET	2022 LEET	전년대비 향상
인강	1등	100만 원	박O호	91.6	3.4	88.2
	2등	50만 원	이O영	94.6	26.0	68.3
	3등	30만 원	심O빈	96.3	31.9	64.4
	4등 ~ 6등	20만 원	권O진	83.9	20.9	63.0
			홍O린	94.3	31.9	62.4
			강O지	66.9	6.9	60.0
	7등 ~ 12등	10만 원	이O훈	83.9	26.0	57.9
			정O준	78.8	20.9	57.9
			모O윤	88.1	31.9	56.2
			홍O정	91.6	38.1	53.5
			박O진	88.1	38.1	50.0
			신O무	94.3	44.4	49.9
현강	1등	100만 원	정O전	91.6	26.0	65.6
	2등	50만 원	심O지	88.1	26.0	62.1
	3등	30만 원	조O민	78.8	20.9	57.9
	4등 ~ 10등	10만 원	이O민	88.1	38.1	50.0
			강O엽	94.3	44.4	49.9
			장O종	73.1	26.0	47.1
			유O은	83.9	38.1	45.8
			황O원	47.3	9.6	37.7
			주O리	66.9	38.1	28.8
			윤O지	73.1	44.4	28.7

2024 LEET에서는 여러분이 '조성우 성적우수 장학생 & 성적향상 장학생'의 주인공이 되시길 기원합니다.

실강 장학생 간략 후기 3가지 질문

❶ 조성우 교수님의 **파이널 강의를 선택한 이유**는?
❷ 현강 **수강 시 좋았던 점**은?
❸ 추리논증 **고득점 학습법**이 있다면?

고득점 1등

김O현

2023 LEET
백분위 99.7%
표준점수 88.6
➡ 전년대비 13.3% 향상

기본(현강) | 심화+실전(현강) | 파이널(현강) | 특강 다수 수강

❶ 조성우 교수님의 파이널 강의를 선택한 이유는?

가장 유명한 수업이기도 했고, 실전대비만큼은 그 어느 수업보다 탄탄하게 할 수 있다고 익히 들어 신청했습니다. 문제 또한 선생님께서 많은 고민을 하시고 출제해주시고, 최대한 리트와 유사하다고 익히 들어 고민 없이 수강하게 되었습니다.

❷ 현강 수강 시 좋았던 점은?

가장 좋았던 점은 문제의 퀄리티였습니다. 대부분의 사설 모의고사 문제들은 기출을 변형해서 출제한다든지, 무작정 난이도가 높은 문제를 출제하여 학생들이 틀리게 낸다든지 하는 경향이 있었습니다. 하지만 조성우 선생님은 적절한 난이도로 최대한 다양하고 신선한 문제들을 제공해주셨습니다. 특히 빈출되는 개념, 기출 중 어려운 개념, 그리고 올해 나올 수 있는 개념들을 각종 학문분야에서 수합해 설명해주셔서 너무 감사했고, 매주 주시는 보충자료 또한 복습용으로 적절하여 즐겨 학습한 기억이 있습니다.

❸ 추리논증 고득점 학습법이 있다면?

조성우 선생님께서 주신 자료가 1순위였습니다. 520문제 이상이나 되는 선생님의 문제를 모두 복습하기는 어렵다고 판단해, 최대한 수업시간에 집중하여 복습을 끝내고자 하였고, 정말 올해 나올 것 같은 문제나 이해가 가지 않은 문제를 집에 돌아와 복습했습니다. 보충자료에 등장하는 다양한 개념들과 유사문제들은 빠짐없이 풀었고, 리트 시험 전에도 조성우 선생님 문제들을 훑어보며 오답들을 체크했습니다. 이외에는, 실험철학, 인과, 입증과 같은 추리논증 관련 책들을 찾아 읽고, 스터디 내에서 직접 리트 예상문제를 만들어 풀기도 하였습니다.

고득점 4등

김O만

기본(현강) | 심화+실전(현강) 파이널(현강) | 특강 모두 수강

2023 LEET
백분위 96.3%
표준점수 80.3
➡ 전년대비 14.5% 향상

1 조성우 교수님의 파이널 강의를 선택한 이유는?

리트 점수 향상이 간절했던 저는 저에게 가장 많은 공부를 시켜주실 수 있는 선생님을 찾았습니다. 메가로스쿨의 모든 추리논증 강사의 소개동영상을 본 저는 조성우 선생님이 바로 그런 분이라고 확신했습니다. 그렇게 1월부터 선생님의 기본, 심화 강의를 들으며 공부했기에 파이널도 망설임없이 조성우 선생님 강의로 선택했습니다.

2 현강 수강 시 좋았던 점은?

자주 하지는 않았지만, 수업 후 선생님과 나누었던 질의응답이 가장 만족스러웠습니다. 제가 생각을 정리해서 질문드리면, 선생님께서는 제 말에 귀기울여주셨고 저를 이해시키려고 최대한 노력해주셨습니다. 질문을 통해 제 사고과정의 오류를 바로잡기도 했고, 때로는 반대로 제 논리/접근방법의 타당성을 인정받기도 했습니다. 현장 강의의 질문을 통해 제 사고과정을 끊임없이 점검할 수 있었던 점이 좋았습니다.

3 추리논증 고득점 학습법이 있다면?

'우리 시험은 집중력 싸움입니다'. 조성우 선생님께서 늘 수업 첫 PPT에 띄우셨던 말씀입니다. 저는 LEET 고득점의 비결이 집중력 발휘에 있다고 생각합니다. 집중력은 크게 두 종류로 나눌 수 있습니다. 하나는 약 3분 정도의 짧은 문제 풀이 과정동안 실수 없이 정답을 도출하는 집중력, 그리고 다른 하나는 내가 건드려도 되는 문제인지 넘겨야 하는 문제인지 판단하는 집중력(선구안)입니다. 125분의 긴 시간동안 두 종류의 집중력을 적절히 발휘한 것이 제 고득점의 비법입니다.

성적향상 1등

정O전

기본(현강) | 심화+실전(현강) | 파이널(현강) | 특강 다수 수강

2022 LEET **26.0%**
2023 LEET **91.6%**
➡ 전년대비 **65.6% 향상**

1 조성우 교수님의 파이널 강의를 선택한 이유는?

리트 추리논증 영역에서 수년간 1타 강사 자리를 지키고 계신 만큼 이유가 있을 거라고 생각했고 작년 입시에서 추리논증 영역이 많이 부족해서 조성우 교수님의 파이널 강의를 선택하게 되었습니다. 강의를 통해 작년에 독학을 하는 동안 알지 못했던 제 문제점 및 보완점을 확실하게 찍어주셔서 결과적으로 올해 큰 도움이 되었습니다.

2 현강 수강 시 좋았던 점은?

현장 강의에서만 느낄 수 있는 수강생들 간의 수강 분위기와 실제 시험처럼 운영되는 모의고사 시간이 큰 도움이 되었다고 생각합니다. 올해

2023 리트 시험장에서 문제를 푸는 동안 순간적으로 모의고사를 풀고 있는 듯한 느낌을 받으며 보다 편한 마음으로 시험에 임한 것이 점수에도 큰 영향이 있었던 것 같습니다.

3 추리논증 고득점 학습법이 있다면?

1. 보다 많은 문제를 접하며 자신이 풀 수 있는 문제와 그렇지 못한 문제를 빠르게 걸러내는 능력 2. 강화/약화/중립의 명확한 판단 3. 자신의 배경지식을 활용하는 것이 아니라, 지문 속의 명확한 근거를 통해 도출한 논리로 선지 판단 이 세 가지가 크게 성적향상에 있어 도움이 되었다고 생각합니다.

성적향상 5등

강O엽

기본(현강) | 심화+실전(현강) | 파이널(현강) | 특강 다수 수강

2022 LEET **44.4%**

2023 LEET **94.3%**

➡ 전년대비 **49.9%** 향상

1 조성우 교수님의 파이널 강의를 선택한 이유는?

조성우 교수님의 파이널 강의의 가장 큰 장점은 양질의 모의고사 문제입니다. 기출을 통해 훈련했던 여러 개념들을 점검할 수 있는 좋은 기회가 됩니다. 또한 모의고사의 일부 회차는 난이도가 높은데, 이는 학습의 측면에서 많은 도움이 되고, 실제 시험에서 당황하지 않는 연습을 하게 해줍니다.

2 현강 수강 시 좋았던 점은?

가장 좋았던 점은 실제 시험 시간에 맞춰 진행되는 모의고사입니다. 신체 리듬을 유지할 수 있고 시험 감각을 익히는 데 도움이 됩니다. 집에서 혼자 풀 때와 달리, 여러 사람이 모인 곳에서 낯선 책상, 낯선 의자에서 시험을 반복해서 보게 되면 실제 시험장에 가서도 불안함을 완화할 수 있기 때문입니다. 또한 제공되는 보충자료는 깊이 있는 학습에 매우 유용했고 보충자료만 꼼꼼히 봐도 리트에 출제될 만한 거의 모든 핵심 소재는 다 다룰 수 있다고 생각합니다.

3 추리논증 고득점 학습법이 있다면?

저는 개인적으로 고득점 파이널 강의를 적극 활용했습니다. 기출은 모두들 오답정리를 하고 분석을 하지만, 고득점 파이널 모의고사의 경우 오답정리까지만 하는 경우가 대부분이었습니다. 하지만 저는 파이널 모의고사 매회 분석을 했습니다. 성적이 낮게 나왔다면 그 이유는 무엇인지 분석하고 다음에는 어떤 문제를 포기할지, 어떤 파트부터 풀지, 시간관리는 어떻게 할지 등의 계획을 세웠습니다. 그리고 성적이 높을 때는 어떤 방법이 유효했는지 체크하며 저만의 시험 계획을 완성시켜 나갔습니다.

인강 장학생 간략 후기 3가지 질문

❶ 조성우 교수님의 **강의를 선택한 이유**는?
❷ 2023 LEET 추리논증 **고득점에 가장 큰 영향을 준 정규 강좌와 그 이유**는?
❸ 나만의 추리논증 과목 **고득점 인강 학습 Tip**은?

고득점 1등

강O구

2023 LEET
백분위 100%
표준점수 92.7
➡ 전년대비
18.2%(+11개) 향상

얼리버드 인강 PASS 수강생으로 기초입문을 비롯한 정규강의 전부와 다수의 특강 수강

❶ 조성우 교수님의 강의를 선택한 이유는?

조성우 선생님의 강의는 메가로스쿨에서 가장 많은 학생이 선택하는 수업이라고 알고 있습니다. 수많은 학생들이 선택한 이유가 있다고 생각합니다. 게다가 많은 자본을 투자할 수 있기 때문에 다른 선생님들보다 더 탁월한 수업 자료를 제공해 줄 수 있다고 생각했습니다. 이런 제 기대와 같이 매 수업마다 양질의 참고자료를 제공받을 수 있었습니다. 뿐만 아니라 모의고사 문제를 자체 제작하므로 타 강의에 비해 실전과 같은 연습을 하는데 도움이 되었습니다.

❷ 2023 LEET 추리논증 고득점에 가장 큰 영향을 준 정규 강좌와 그 이유는?

저는 기본이론 수업이 중요하다고 생각합니다. 수강생 각각의 배경지식과 삶의 궤적이 달라 사고의 틀이 다르기 때문에 자칫 독단적인 시선으로 문제를 접할 수 있습니다. 저도 이 이유로 첫 시험에서 아쉬운 결과를 얻었다고 생각합니다. 그러나 선생님은 수업을 통해 추리논증 시험을 위한 보편적인 사고의 틀을 가질 수 있도록 지도해 주셨고 이를 통해 어느 시점부터 성적이 급격히 상승할 수 있었습니다.

❸ 나만의 추리논증 과목 고득점 인강 학습 Tip은?

시험을 준비하는 내내 학교에서 근로를 했으므로 상대적으로 시간이 부족했습니다. 인강의 장점은 필요한 부분을 선택해서 수강할 수 있다는 점입니다. 저는 기본이론까지는 건너뛰는 부분 없이 수강했으나 심화+실전을 수강할 때는 제가 부족한 부분만 선별해 수업을 들었습니다. 선생님은 수업에서 메타인지를 강조하시는데, 이를 통해 본인이 부족한 부분이 어디인지 파악할 수 있었고 이에 집중하며 부족한 공부 시간을 효율적으로 사용할 수 있었습니다.

성적향상 1등

박O호

기초부터 파이널 강좌까지 전체 커리큘럼 인강으로 모두 수강 | 특강 다수 수강

2022 LEET **3.4%**

2023 LEET **91.6%**

➡ 전년대비 **88.2%** 향상

1 조성우 교수님의 강의를 선택한 이유는?

2022년도 법학적성시험에서 절망적인 수준의 백분위를 받고 나서 친구의 추천을 받아서 듣게 되었습니다. 친구 또한 점수를 조성우 교수님의 강의를 듣고 점수를 많이 올렸습니다. 평소에 어떤 분야에서 1타인 교수님은 다 이유가 있다는 말을 많이 들었고 조성우 교수님은 법학적성시험의 추리논증에서 독보적 1타이셨기에 친구의 말을 믿고 수강하게 되었습니다. 그리고 조성우 교수님의 강의를 수강하면서 이 교수님이 왜 1타이신지 깨닫게 되었습니다.

2 2023 LEET 추리논증 고득점에 가장 큰 영향을 준 정규 강좌와 그 이유는?

기본이론강좌가 가장 큰 영향을 주었습니다. 중요한 기출문제를 모두 꼼꼼하게 다루어주셨고 함정을 걸리지 않기 위한 팁을 알려주셨습니다. 그 덕분에 리트 문제를 유형별로 어떻게 접근해야 하는지 자세하게 알 수 있었습니다. 또한 시간관리 방법 등 추리논증 시험을 어떻게 접근해야 하는지도 거시적으로 알려주셨습니다. 강의마다 유형별 이론 보충을 위한 보충자료도 제공해주셨는데 그 덕분에 리트 문제를 풀기 위한 배경지식을 쌓는 데 큰 도움이 되었습니다.

3 나만의 추리논증 과목 고득점 인강 학습 Tip은?

모든 문제를 풀기 전에 '집중하자'라는 말을 한 번 되뇌이고 문제를 풀었습니다. 어찌보면 너무 당연한 말처럼 느껴질 수도 있지만 추리논증을 풀다 보면 시간에도 쫓기고 문제도 어렵다보니 자연스럽게 집중력이 흐트러지기 마련입니다. 이렇게 집중력이 저하되면 문제의 함정에도 걸리기 쉽고 지문 해석도 느려지게 됩니다. 따라서 문제를 풀기 전에 한 번 '집중하자'라는 말을 되뇌이고 풀 집중력으로 문제를 푼다면 함정에도 걸리지 않고 지문해석도 빨라져서 문제 풀이 속도도 더 빨라질 것입니다.

성적향상
3등

심O빈

2022 LEET **31.9%**

2023 LEET **96.3%**

➡ 전년대비
64.4% 향상

기초부터 파이널 강좌까지 전체 커리큘럼 인강으로 모두 수강 | 특강 다수 수강

1 조성우 교수님의 강의를 선택한 이유는?

2022학년도에 아무것도 모르고 리트 공부에 뛰어들었을 때, 인터넷에서 리트 공부는 기출이 가장 중요하다는 말만 듣고 무작정 기출만 돌렸었습니다. 추리논증 관련해 논리학 책을 사서 읽어 보기도 했지만 이해가 어려워서 끝까지 못 읽고 금세 포기하기도 했습니다. 그러다 친 첫 시험의 점수는 처참했습니다. 점수를 보며 이대로 제대로 된 이해 없이 기출만 돌려서는 성적 향상이 어려울 것이라고 생각했고 그래서 인강을 찾아보던 중 조성우 교수님의 무료 강의를 들어보고 선생님과 추리논증 공부를 하면 제대로 배울 수 있을 것 같아 선택했습니다.

2 2023 LEET 추리논증 고득점에 가장 큰 영향을 준 정규 강좌와 그 이유는?

저는 기초반의 영향이 가장 크다고 생각합니다. 저도 마찬가지였지만 리트를 처음 공부할 때 추리논증에 대해 아무것도 모르는 수험생이 태반입니다. 이러한 상황에서 첫 단추를 잘 끼우는 것이 중요할 것입니다. 기초 강좌에서 단추를 제대로 끼우고 시작하면 그 이후 기본, 심화 과정에서도 기초 강좌에서 배웠던 것들을 토대로 공부법을 더 발전시키고 심화시킬 수 있습니다. 저 역시도 기초 강좌에서 배웠던 문제 풀이 방법으로 주춧돌을 쌓고, 이를 체화시켜 나가면서 기본, 심화 강의를 거쳐 본 시험에서도 좋은 결과를 얻을 수 있었습니다.

3 나만의 추리논증 과목 고득점 인강 학습 Tip은?

인강을 들을 때에는 집중하는 것이 가장 중요합니다. 아무래도 현강보다 인강이 집중력이 떨어지는 것은 어쩔 수 없겠지만 너무 편한 자세로 듣는 것보다는 바르게 앉아 듣는 것이 졸음도 막을 수 있습니다. 또 인강을 들은 뒤에는 혼자 문제를 푸는 시간을 갖는 것이 필수입니다. 조성우 교수님의 풀이를 보면 쉬워 보이고 안 풀어도 알 것 같은 느낌이 들지만 막상 혼자서 풀면 못 풀기 마련입니다. 풀이를 듣기 전 먼저 문제를 풀어보고, 못 풀었던 문제들은 풀이를 들은 뒤 다시 한 번 풀어 보아야 합니다.

CHAPTER 3

추리논증 학습의 실제

추리논증은 어떻게 학습하는 것이 좋은지
실제 강의에서 이루어지는 모습을
지상(紙上)에 표현해 보도록 하겠다.
각 영역별 기출문제들을
몇 문제 살펴보도록 하겠다.

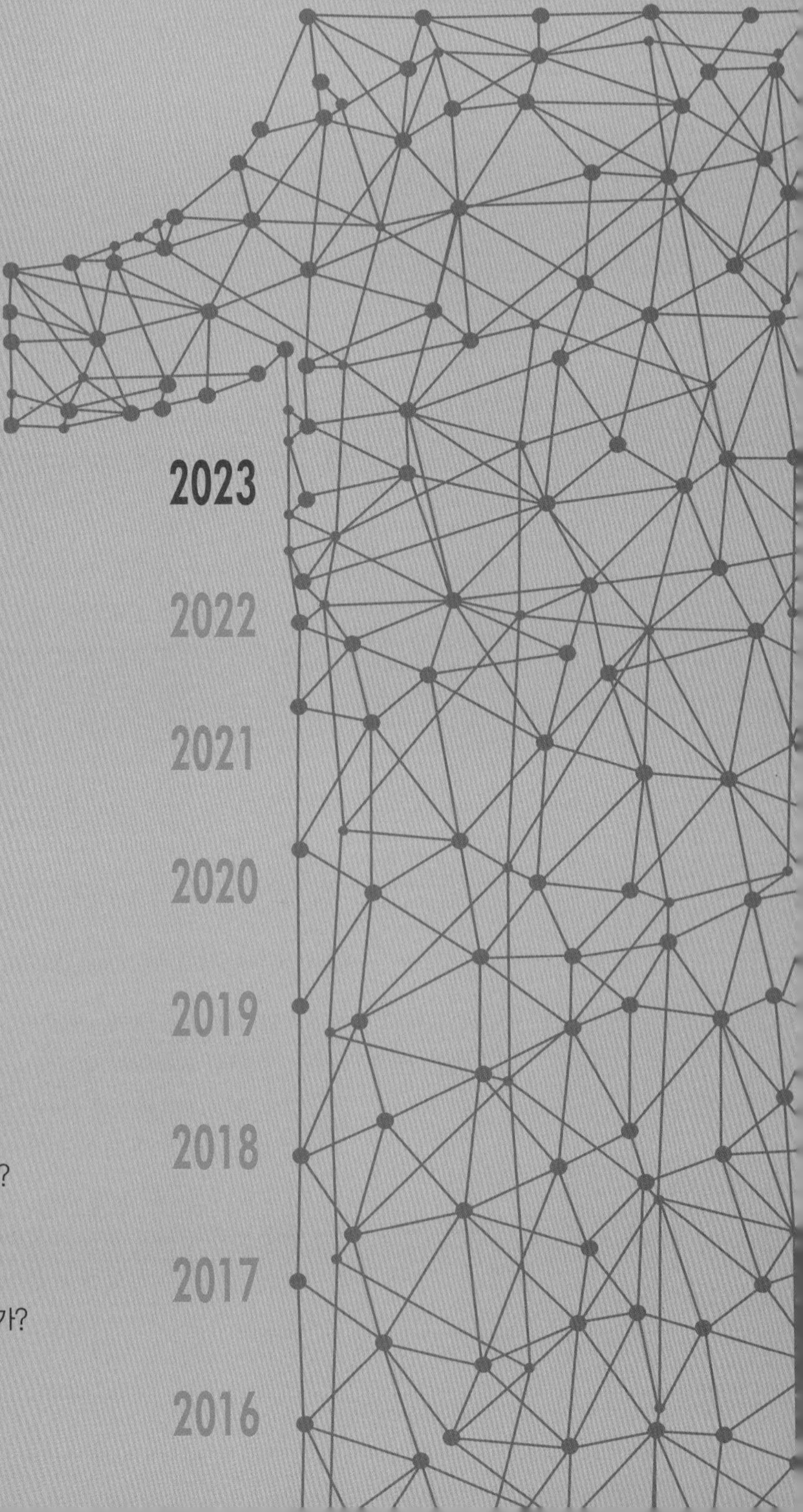

2023

2022

2021

2020

2019

2018

2017

2016

핵심 내용

| 문제 해결을 위해 논리학은 어느 정도 필요한가?
| 일상언어추리 및 논증문항, 어떻게 학습해야 할까?
| 수리추리&논리게임, 무조건 포기할 것인가?
| 효율적인 문제해결방법은 존재하는가?
| PSAT 등 유사적성시험 문제, 반드시 풀어야 하는가?

I
문제 해결을 위해 논리학은 어느 정도 필요한가?

먼저 아래 문제를 풀어보기 바란다. 좀 더 적극적인 자세로 문제풀이에 임하고자 한다면, 문제를 풀기 전 스톱워치를 준비하여 문제를 푸는 데 걸린 시간을 적어 보기 바란다.

| 제4회 **2012 LEET** 기출 |

다음 글로부터 추론한 것으로 옳은 것만을 〈보기〉에서 있는 대로 고른 것은?

> 다음은 갑과 을이 A~D 4개국에 대해 각자 조사한 결과와 그로부터 추리한 내용이다.
>
> 〈갑의 조사 결과와 추리 내용〉
>
> • 조사 결과 : GDP가 2만 달러 이상인 국가는 모두 국제노동기구에 가입했다. GDP가 2만 달러 미만이거나 인구가 7천만 명 이상인 국가는 모두 사형제 폐지 국가가 아니다. 국제노동기구에 가입하고 GDP가 2만 달러 이상인 국가는 모두 사형제 폐지 국가가 아니다. 세계무역기구 회원국이면서 집단학살방지 협약에 가입한 국가는 모두 사형제 폐지 국가이다. A국은 국제노동기구에 가입하지 않았다. B국은 집단학살방지 협약에 가입했다.
>
> • 추리 내용 : A국은 사형제 폐지 국가가 아닐 것이다.
>
> 〈을의 조사 결과와 추리 내용〉
>
> • 조사 결과 : 모든 국가는 세계무역기구 회원국이거나 국제노동기구에 가입했다. 국제노동기구에 가입하지 않은 국가는 모두 GDP가 2만 달러 미만이다. 국제노동기구에 가입하고 집단학살방지 협약에 가입한 국가는 모두 사형제 폐지 국가이다. C국의 GDP는 2만 달러 이상이다. D국의 인구는 7천만 명 이상이다.
>
> • 추리 내용 : C국은 사형제 폐지 국가일 것이다.

〈보기〉

ㄱ. 갑의 추리는 옳고 을의 추리는 옳지 않다.
ㄴ. 갑과 을의 조사 결과가 모두 옳다면, B국은 사형제 폐지국가이다.
ㄷ. 갑과 을의 조사 결과가 모두 옳다면, D국은 집단학살방지협약에 가입하지 않았다.

① ㄱ ② ㄷ ③ ㄱ, ㄴ
④ ㄴ, ㄷ ⑤ ㄱ, ㄴ, ㄷ

문제를 푸는 데 시간은 얼마나 걸렸는가?

첫 얘기를 '시간'에 대한 얘기로부터 시작해서 약간 부담스러울 수도 있겠으나 우리가 준비하는 시험은 시간이 충분히 주어진 상태에서 문제를 풀어가는 시험이 아니라 상당히 시간에 쫓기는 가운데 문제를 풀게 되는 시험이라는 것을 염두에 두었으면 한다. 따라서 우리가 시험 준비기간을 2~3년 이상의 장기간으로 잡는 것이 아닌 이상 문제를 풀 때는 항상 시간에 대한 충분한 인식이 있었으면 한다.

LEET 추리논증은 40문제를 125분에 걸쳐 풀게 된다. 답안지 마킹하는 시간을 뺀다면 평균적으로 한 문제당 3분 정도가 배당된다. 따라서 오늘은 시간이 많이 걸렸다 하더라도 시험장으로 가기 전까지는 제대로 된 학습을 통해 이런 유형의 문제라면 제한된 시간 내에 정확하게 풀 수 있도록 하여야 할 것이다.

정답은 5번이다. 정답은 맞추었는가? 틀렸다면 정답에 수긍이 가는가?

본 문제는 논리학을 기초로 하여 출제된 연역추리 문제이다. 아직 논리학을 제대로 학습하지 않은 수험생이라고 하더라도 중고등학교 수학시간에 배운 지식을 활용하여 어느 정도 접근은 가능할 것이다. 그러나 정확한 문제풀이를 위해서는 시험에 활용되는 정도의 기초 논리학 학습은 하여야 한다.

제시된 갑과 을의 조사 결과와 추리 내용을 간략하게 정리하면 다음과 같다.

〈갑〉 ⅰ) GDP 2만 이상 → 국제노동기구
ⅱ) GDP 2만 미만 ∨ 인구 7천만 이상 → ~사형제 폐지
ⅲ) 국제노동기구 ∧ GDP 2만 이상 → ~사형제 폐지
ⅳ) 세계무역기구 ∧ 집단협약 → 사형제 폐지
ⅴ) A국 : ~국제노동기구
ⅵ) B국 : 집단협약

∴ A국 : ~사형제 폐지

〈을〉 ⅰ) 세계무역기구 ∨ 국제노동기구
ⅱ) ~국제노동기구 → GDP 2만 미만
ⅲ) 국제노동기구 ∧ 집단협약 → 사형제 폐지
ⅳ) C국 : GDP 2만 이상
ⅴ) D국 : 인구 7천만 이상

∴ C국 : ~사형제 폐지

※ 여기서 '→'는 '만일 ~라면 반드시 … 이다.'라는 의미로 사용했고, '~'은 '아니다.'라는 부정의 의미로 사용된 것이며, '∨'는 '또는'의 의미로, '∧'는 '그리고'의 의미로 사용된 것이다.

자, 그럼 〈보기〉의 내용을 검토해 보도록 한다. 〈보기〉ㄱ은 갑과 을의 추리의 옳고 그름을 묻고 있다. 갑의 추리와 을의 추리의 특징은 무엇이며 어떻게 문제를 풀어가는 것이 좋을까?

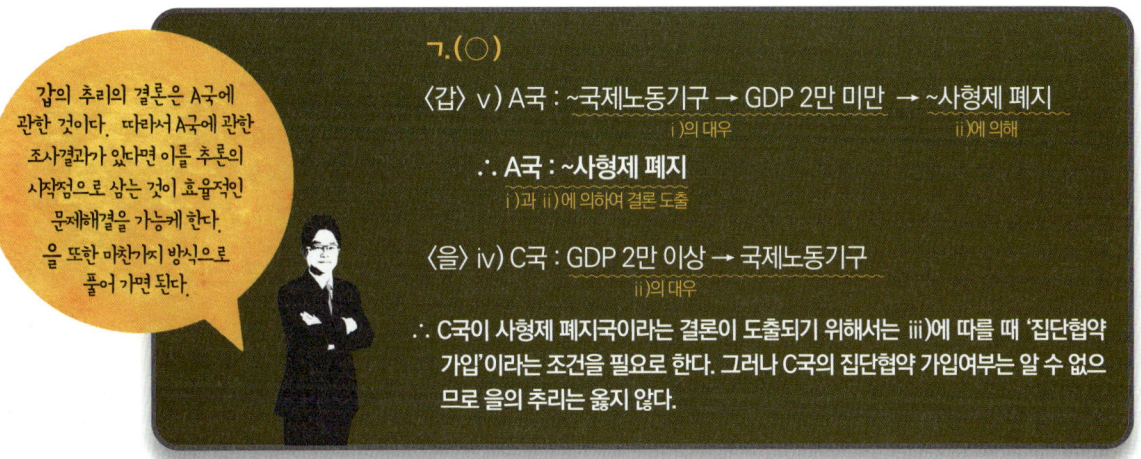

갑의 추리의 결론은 A국에 관한 것이다. 따라서 A국에 관한 조사결과가 있다면 이를 추론의 시작점으로 삼는 것이 효율적인 문제해결을 가능케 한다. 을 또한 마찬가지 방식으로 풀어 가면 된다.

ㄱ.(○)

〈갑〉 v) A국 : ~국제노동기구 → GDP 2만 미만 → ~사형제 폐지
i)의 대우 / ii)에 의해

∴ A국 : ~사형제 폐지
i)과 ii)에 의하여 결론 도출

〈을〉 iv) C국 : GDP 2만 이상 → 국제노동기구
ii)의 대우

∴ C국이 사형제 폐지국이라는 결론이 도출되기 위해서는 iii)에 따를 때 '집단협약 가입'이라는 조건을 필요로 한다. 그러나 C국의 집단협약 가입여부는 알 수 없으므로 을의 추리는 옳지 않다.

다음은 〈보기〉ㄴ과 ㄷ을 검토해 보도록 하자. 문제풀이 감각이 있는 수험생의 경우에는 선택지의 구성을 보면서 〈보기〉ㄴ보다는 〈보기〉ㄷ을 먼저 검토할 수 있었을 것이다.

ㄷ.(○)

v) D국 : 인구 7천만 이상 → ~사형제 폐지 → ~세계무역기구 ∨ ~집단협약
갑 ii)에 의해 / 갑 iv)의 대우
~사형제 폐지 → ~국제노동 ∨ ~집단협약
을 iii)에 의해

∴ 을 i)에 의해 D는 세계무역기구 또는 국제노동기구이므로 결국 D국은 집단협약에 가입하지 않았다는 결론이 추론된다.

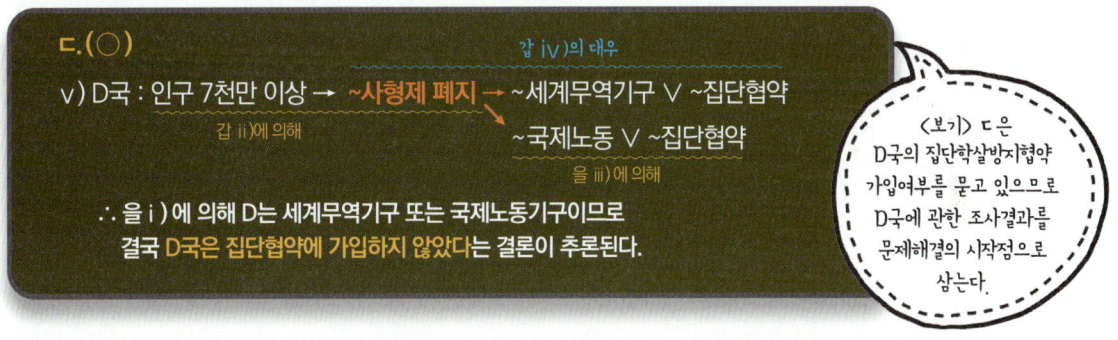

〈보기〉ㄷ은 D국의 집단학살방지협약 가입여부를 묻고 있으므로 D국에 관한 조사결과를 문제해결의 시작점으로 삼는다.

〈보기〉ㄱ과 ㄷ의 판단으로 정답은 5번을 선택할 수밖에 없다. 실전에서라면 여기까지 풀었을 때 시간이 3분을 초과했을 경우 과감하게 〈보기〉ㄴ의 판단을 건너뛰는 것이 현명한 접근일 것이다.

학습 차원에서 〈보기〉 ㄴ을 검토해 보도록 하자.

〈보기〉ㄴ은 B국의 사형제 폐지여부를 묻고 있다. 따라서 B국에 관한 조사결과로부터 문제해결의 시작점을 삼는 것이 효율적인 문제해결을 가능하게 한다.

ㄴ.(○)

〈갑〉 vi) B국 : 집단협약
B국의 조사결과로부터 직접 추론되는 사실은 없으나 다음과 같이 관련된 조사결과가 있다.

갑 iv) 세계무역기구 ∧ 집단협약 → 사형제 폐지
을 iii) 국제노동기구 ∧ 집단협약 → 사형제 폐지
을 i) 세계무역기구 ∨ 국제노동기구

∴ 을 i) 에 의해 B는 세계무역기구 또는 국제노동기구이므로 결국 B국은 사형제 폐지국가일 수밖에 없다.

여기까지 해서 일단 문제풀이는 끝났다. 문제를 풀고 정답 및 해설을 확인하고 바로 넘어가는 학습은 후에 다른 문제를 풀 때 힘을 발휘할 수가 없다. 실전에 보다 도움이 되는 학습을 하기 위해서는 기출문제를 꼼꼼히 분석하면서 다음과 같은 질문들을 스스로에게 던져 보아야 할 것이다.

※ 여기서 주목해야 할 것은, 이와 유사한 문제가 이미 제2회 2010 LEET 문11, 문15, 제3회 2011 LEET 문22에서 출제되었다는 점이다.

따라서 기출문제를 유형별로 묶어 제대로 분석하고 학습한다면 향후 출제될 유사문제를 정확하고 신속하게 해결할 수 있을 것이다.

1. 이 문제를 틀렸다면 이제는 정확히 이해했는가?
다시 출제된다면 틀리지 않을 수 있는가?

2. 문제를 구성하고 있는 핵심적인 사항들은 무엇인가?

3. 어떻게 하면 보다 효율적으로 해결할 수 있을까? 효율적인 해결의 메커니즘은 무엇인가?

4. 실전을 위한 문제 풀이의 시사점은 없는가?

5. 보충적으로 학습해야 할 것들은 있는가?

POINT

1. 문제 구성에 사용된 핵심 논리

ⅰ) $P \lor Q \rightarrow R \equiv (P \rightarrow R) \land (Q \rightarrow R)$

ⅱ) $P \land Q \rightarrow R$ 이라고 할 때, P라고 하여 반드시 R인 것은 아님.

ⅲ) $P \lor Q$ 라고 할 때, ~P이면 반드시 Q가 됨. (선언지 제거 규칙)

2. 효율적인 문제 해결 TIP : 문제 해결의 시작점

ⅰ) 조건적 관계로 제시된 정보보다는 확정적인 사실을 언급하고 있는 정보를 문제 해결의 시작점으로 삼는다.

ⅱ) 추론의 타당성을 판단할 때에는 '결론'의 내용부터 점검하고 이를 문제 해결의 시작점으로 삼는다.

3. 선택지의 구성도 조금씩 관심을 갖는다.

이 문제를 풀면서 우리가 느낄 수 있었듯이 논리학을 제대로 학습하지 않았다 하더라도 중고등학교 수학시간에 배운 지식을 활용하여 어느 정도 접근은 가능하다. 그러나 정확하고도 신속한 문제풀이를 위해서는 시험에 활용되는 정도의 기초 논리학 학습은 하여야 할 것이다.

II
일상언어추리 및 논증문항, 어떻게 학습해야 할까?

최근 출제 비중이 커지고 있는 일상언어추리와 논증 문항은 어떻게 학습하는 것이 좋을까? 수험생들이 힘들어 하는 '강화 약화 판단' 유형의 문제를 살펴보도록 하겠다. 먼저 아래 문제를 풀어보기 바란다.

| 제2회 **2010 LEET** 문1 |

다음 견해에 대한 평가로 가장 적절한 것은?

> 갑 : 법은 실제로 사람들에 의해 잘 지켜지고 또 법을 지키지 않는 사람이 제재될 경우에만 효력이 있다. 부동산의 명의신탁을 금지하는 법 규정이 있지만, 명의신탁이 흔할 뿐 아니라 제재도 제대로 이루어지지 않는다면 그러한 법 규정은 있으나마나 한 것이다.
>
> 을 : 법이란 일단 정해진 절차에 따라 제정되고 공포되면, 실제로 지켜지고 있는지, 또 지켜지지 않는 데에 대하여 처벌이 이루어지는지 여부와는 무관하게 효력이 있다. 예컨대 낙태를 처벌하는 법 규정은, 실제로 지켜지지 않고 처벌사례도 거의 없다 할지라도 효력을 갖는다.
>
> 병 : 법이 정해진 절차에 따라 제정되고 공포되었다고 하여 무조건 효력이 있는 것은 아니다. 법은 법이 추구해야 할 이념 내지 가치를 구현할 경우에만 효력이 있다. 진정한 법은 올바른 법이다. 가령 합리적인 이유 없이 장애인을 차별하게 되는 법률은 효력이 없다.

① 법 규정이 없더라도 일정한 관습이 성립되고 그에 대한 국민들의 법적확신이 생기게 되면 법으로서 효력을 가질 수 있다는 것은 갑의 논지를 약화하고 을의 논지를 강화한다.

② 위반사례가 있음에도 불구하고 수십 년 동안 한 번도 적용된 적이 없는 법 규정이더라도 관련사건이 기소되면 법관이 이를 적용하여 재판한다는 것은 갑의 논지를 약화하고 을의 논지를 강화한다.

③ 도덕적으로 정당한 제정법이라도 사람들이 제대로 지키지 않는 한 법으로서 효력이 없다고 한다면 갑의 논지가 약화되고 병의 논지는 강화된다.

④ 법률가가 어떤 법이 효력이 있는지 여부를 확인할 때 법전에서 법의 제정 및 시행여부만을 확인할 뿐 그 내용을 따지지 않는다는 것은 을의 논지를 약화하고 병의 논지를 강화한다.

⑤ 애당초 정의(正義)를 의식적으로 부정할 목적으로 제정된 법은 법으로서의 효력을 갖지 않는다는 것은 을의 논지를 강화하고 병의 논지를 약화한다.

문제는 잘 풀었는가?

문제의 정답은 2번이다. 이 문제의 정답을 고르는 데 그렇게 어렵지는 않았을 것이다. 2번을 제외한 각각의 선택지에서 명확히 틀린 부분들을 쉽게 발견할 수 있기 때문이다.

그러나 정답을 맞혔다고 하여 정답을 확인하고 넘어가는 식으로 학습해서는 오히려 틀린 경우보다 진도는 빨리 나갈 수 있을지 모르나 학습의 효과는 작다고 할 수 있다. 설령 정답을 맞혔다 하더라도 다른 선택지들의 정오답의 근거들을 하나씩 꼼꼼히 살피면서 정오답 판단 기준과 문제 풀이 시 주의할 점들을 정리해 나갈 필요가 있다.

제시문의 핵심 내용을 정리해 보자.

갑 : 법이 실제로 효력 → 효력 [그렇지 않으면 효력 없음]

을 : 법 제정의 형식적 요건 → 효력 [그렇지 않으면 효력 없음] — 갑의 주장과 무관하게

병 : ~을 [형식적 요건 갖췄다고 무조건 효력 있는 것은 아님]

법의 이념과 가치 구현 시 효력 [그렇지 않으면 효력 없음] — 을의 형식적 요건도 필요

=> 갑과 을 : 상반된 주장

을과 병 : 상반된 주장

먼저 정답인 선택지 2번을 검토해 보도록 한다.

② (O) ~실효적 지배 & 법 규정 & 효력

⇒ 갑 약화, 을 강화

[참조 : 법학전문대학원협의회 해설]

법관이 오랫동안 적용되지 않던 법규정을 적용하여 재판한다는 것은 법의 효력을 실효성으로 이해하는 갑의 논지를 약화하고, 법의 효력을 합법성으로 이해하는 을의 논지를 강화한다.

다음은 선택지 1번을 검토하도록 한다.

① (×) 일단 '(형식적 요건을 갖춘) 법 규정이 없는데 법으로서 효력을 가질 수 있다'는 것은 을의 논지를 직접적으로 반박

⇒ 을의 논지 '~강화' [을의 논지 약화] — 선택지 명확하게 제거 가능

⇒ 갑 약화, 을 강화

생각해 보기!

그러면 위 진술은 갑의 논지를 약화하는가, 강화하는가, 아니면 약화하지도 않고 강화하지도 않는 무관한 진술인가?

[법학전문대학원협의회 해설]

일정한 행위 양식이 관습으로서 실효성을 가지게 되고, 또 국민들의 법적 확신을 얻을 경우 관습법으로서의 법의 효력을 가진다는 진술은 갑의 논지를 강화한다. 또 관습법이 성립할 수 있다는 것은 법의 효력이 제정 절차와 무관할 수 있다는 것을 의미하므로 을의 논지를 약화한다.

판단

'관습 & 법적 확신 ⟶ 법의 효력' ['~법의 실효성 & 효력' 해석 시] ⇒ 갑의 논지 약화

일정한 관습이 법적 확신 얻게 되면 법으로서 효력

['관습법이 실질적으로 기능 & 법의 효력' 해석 시] [법의 실효성 & 효력] ⇒ 갑의 논지 강화

정리

- 협의회 해설은 '명시적인 언급' 여부만으로 강화 약화를 판단하고 있지 않음.
  : 선택지의 진술을 '실효성이 있는 경우'로 해석하여 강화 – 약화, 중립을 판단하고 있음.
- 결국 '제시문에 명시적으로 언급되지 않은 진술'이라고 하여 무조건 '무관(중립)' 사례로 판단하기보다는 '개연적이고 합리적이고 종합적인 해석'을 통해 강화 – 약화, 중립을 판단할 필요가 있음.
  : 갑의 논지(핵심 내용)는 '실제로 법으로서 기능'하고 있는가가 포인트!

다음은 선택지 3, 4, 5번을 보도록 하겠다.

③ (×) ~실효적 지배 → ~효력 ⇒ 갑 강화

정당한 법 & ~효력 ⇒ 병 약화

[법학전문대학원협의회 해설]

법의 효력을 정당성과는 무관하게 실효성만을 기준으로 보자는 것이므로 갑의 논지는 강화되고 병의 논지는 약화된다.

④ (×) 법의 제정 및 시행 → 효력 ⇒ 을 강화

내용 고려하지 않음 ⇒ 병 약화

[법학전문대학원협의회 해설]

법률가가 법의 효력 여부를 법의 제정 및 시행 여부에서 확인한 진술은 합법성의 차원에서 보는 을의 논지를 강화한다. 또 법률가가 정당성에 대해서는 관심을 두지 않는다는 것이므로 병의 논지를 약화한다.

⑤ (×) 정의 부정 → 효력 없음 ⇒ 병 강화

제정된 법 & 효력 없음 ⇒ 을 약화

[법학전문대학원협의회 해설]

법이념에 반하는 제정법도 을의 입장에서는 허용된다. 따라서 정의를 의식적으로 부정할 목적으로 제정된 법은 법으로서의 효력을 갖지 않는다는 진술은 을의 논지를 약화한다. 반면에 법의 효력을 정당성으로 이해하는 병의 논지를 강화한다.

이 문제를 통해 확인한 문제풀이 시 주의할 사항들을 정리해 보면 다음과 같다.

POINT

1. **선택지의 진술은 갑을병 견해에 대한 명시적인 내용만으로 구성되어 있지 않음. 명시적인 내용이 아니라고 하여**[즉 제시문에 표현된 동일한 용어로 선택지가 구성되어 있지 않다고 하여] **무조건 '중립'으로 판단할 것이 아니라, 일정한 해석 하에서 강화, 약화, 중립을 판단하여야 함.**

2. **명제논리 및 술어논리에서의 only 개념은 매우 엄격하게 해석하지만, 실제 논증 문제에서는 일상적인 언어 수준으로 해석하여 판단. 즉 반대해석을 포괄적으로 인정하고 있음.**

3. **선택지에 언급된 하나의 주장 내지 사실이 두 개의 진술(갑, 을, 병)에 동시에 영향을 줄 수 있는 이유는 갑~병의 주장이 독립적이지 않고 서로 관련성을 가진 논쟁이기 때문.**

앞서 살펴본 문제는 법률 소재로 구성된 강화약화 판단 문제였고, 하나 더 살펴보려고 하는 것은 '가설'을 소재로 한 강화약화 판단문제이다. 먼저 아래 문제를 풀어보기 바란다.

| 제4회 **2012 LEET** 문25 |

〈사실 및 추정〉에 비추어 두 가설을 평가한 것으로 옳은 것은?

〈사실 및 추정〉

얼굴이나 음성의 인식 및 감정과 관련한 신경 체계는 다음처럼 작동한다. 대뇌 측두엽에는 얼굴과 사물의 인식에 특화된 영역이 존재한다. 이 영역에 손상을 입은 환자는 친밀한 사람의 얼굴을 알아보지 못한다. 측두엽에서 인식된 얼굴 정보는 감정 반응을 만드는 변연계로 보내진다. 변연계 입구인 편도가 인식된 정보의 감정적 의미를 먼저 분별하고, 이를 감정 반응을 일으키는 변연계의 감정중추로 중계한다. 음성 인식 영역에서 인식된 정보는 시각 정보와는 다른 경로로 편도에 도달하지만 편도 이후의 경로는 동일하다. 변연계 감정중추의 작용에 의해서 우리는 비로소 분별된 감정 정보에 어울리는 친숙함, 사랑, 두려움 등의 감정을 느끼게 된다. 손바닥에 나는 땀을 이용하여 변연계에서 일어나는 감정적 반응을 측정하는 GSR(피부전도반응) 시험에서, 정상인은 가족사진을 보면 높은 GSR을 보이지만 낯선 얼굴을 보면 아무 반응도 보이지 않는다.

자동차 사고를 당한 A가 사고 전과 달리 자신과 가까운 인물들을 가짜라고 여기는 망상증을 보였다. 그는 아버지를 보고, "저 남자는 내 아버지와 똑같이 생겼지만, 진짜가 아닌 가짜입니다."라고 말한다. 이러한 현상은 A가 부모 얼굴은 알아보지만 부모와 연관된 정서적 감정을 느끼지 못하기 때문에 일어나는 것으로 추정된다. 이런 추정과 관련하여 두 가지 가설을 세우고 몇 가지 사례를 통하여 이들을 각각 평가해 보았다.

〈가설1〉 A의 증상은 시각 인식 영역과 편도 사이의 연결 경로가 손상되었기 때문이다.

〈가설2〉 A의 증상은 변연계 감정중추가 손상되어 감정 능력에 혼란이 생겼기 때문이다.

① A가 오바마나 아인슈타인 같은 유명인의 얼굴을 알아본다는 사실은 〈가설1〉은 강화하고 〈가설2〉는 약화한다.
② A가 부모 얼굴에 대한 GSR 시험에 아무 반응을 보이지 않는다는 사실은 〈가설1〉은 약화하고 〈가설2〉는 강화한다.
③ A가 농담에 웃고 자신의 처지에 대한 좌절이나 두려움 등의 정상적 감정을 보인다는 사실은 〈가설1〉과 〈가설2〉 모두를 약화한다.
④ A가 낯은 익지만 별다른 감정을 느낄 이유가 없는 사람에 대해서는 가짜라고 말하지 않는다는 사실은 〈가설1〉은 약화하고 〈가설2〉는 강화한다.
⑤ A가 부모와 전화로 이야기하는 동안에는 부모를 가짜라고 주장하지 않고 정상적인 친근감을 보인다는 사실은 〈가설1〉은 강화하고 〈가설2〉는 약화한다.

문제는 잘 풀었는가?

문제의 정답은 5번이다. 이 문제의 경우 제시문의 정보를 잘 구분해서 구조적으로 파악하지 못할 경우 명확한 판단이 어려울 수 있다. 먼저 시각정보와 음성정보에 대한 구분이 있어야 하고, 〈가설 1〉과 〈가설 2〉가 어떠한 의미를 가지는지 파악하여야 한다. 그럼 문제를 살펴보도록 한다.

제시문의 핵심 내용을 정리해 보자.

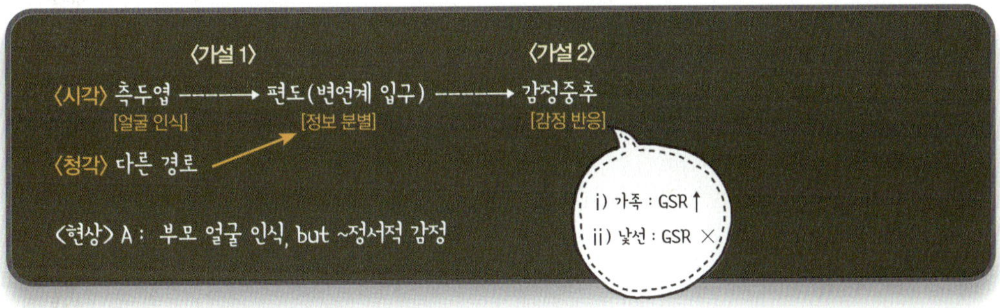

선택지 1번부터 검토하도록 한다.

① (×) 얼굴을 알아보는 것은 대뇌 측두엽은 문제가 없음을 의미.

A가 유명인의 얼굴을 알아본다는 사실은 A의 현상에 대한 추정 내용으로, 〈가설1〉이나 〈가설2〉이 참일 확률을 높이지 못함, 단지 약화하지 않을 뿐임.
[중립 사례]
=> 〈가설1〉을 강화하지도 않고, 〈가설2〉를 약화하지도 않는다.

[참조 : 법학전문대학원협의회 해설]
유명인의 얼굴을 인식한다는 사실은 A의 측두엽 얼굴 인식 영역이 아무런 손상을 입지 않았다는 것으로, 이 사실은 그 자체로는 두 가설과 모두 양립 가능하며, 두 가설을 모두 지지하는 사례로 해석될 **수도** 있다.

주의

협의회 해설은 선택지의 사례에 대한 명확한 판단을 제시하고 있지 않다. 단지 가능성만 제시하고 있다. 해설 말미에 '두 가설을 모두 지지하는 사례로 해석될 **수도** 있다'고 말하고 있다. 양립 가능한 사례는 중립 사례와 강화 사례가 있는데, 위 사례는 중립 사례로 봄이 적절하다.

선택지 2번을 검토하도록 한다.

② (X) 'A가 부모 얼굴에 대한 GSR 시험에 아무 반응을 보이지 않는다는 사실'은 '감정적 반응을 보이지 않았다. 부모와 관련된 정서적 반응을 보이지 않았다.'는 의미이다.

이 내용은 제시문에서 이미 언급하고 있는 A의 상태에 대한 추정 내용으로, <가설 1>이나 <가설 2>이 참일 확률을 높이지 못함. 단지 약화하지 않을 뿐임. [중립 사례]

=> <가설1>을 약화하지도 않고, <가설2>를 강약화하지도 않는다.

[법학전문대학원협의회 해설]

두 가설의 주장이 옳다면, 이들은 모두 A가 부모 얼굴에 GSR 반응을 보이지 않을 것이라고 예측한다. 따라서 이 사실은 그 자체로는 두 가설의 주장과 모두 양립 가능하며, 두 가설을 모두 지지하는 사례로 해석될 수도 있다.

판단

협의회 해설은 선택지의 사례에 대한 명확한 판단을 제시하고 있지 않다. 단지 가능성만 제시하고 있다. 해설 말미에 '두 가설을 모두 지지하는 사례로 해석될 **수도** 있다'고 말하고 있다. 두 가설의 주장이 옳은 경우만을 언급하고 있는데, 두 가설의 주장이 틀려도, (다시 말해 다른 원인에 따른 A의 현상이라고 하더라도), A가 부모 얼굴에 GSR 반응을 보이지 않을 것이라는 것은 예측될 수 있음. 따라서 약화사례로도 해석될 수 있다는 측면에서 위 사례는 중립사례로 봄이 적절하다.

선택지 3번을 검토하도록 한다.

③ (×) 'A가 농담에 웃고 자신의 처지에 대한 좌절이나 두려움 등의 정상적 감정을 보인다는 사실'은 A는 농담이라는 청각 정보를 인식할 수 있고, 청각을 통해 편도에 전달된 정보는 감정 중추로 이동하여 정상적 감정을 보이고 있다는 것으로 '시각인식영역 (측두엽) 에서 편도 사이의 연결 경로가 문제가 있어 A의 현상이 발생했음'을 의미. (사실에 대한 해석이 개입)

- <가설 1>을 직접적으로 지지하는 사례임. => <가설 1> 강화
- A는 결국 정상적 감정을 보일 수 있다는 것으로 '감정 중추가 문제'라는 <가설 2>를 직접적으로 반박. => <가설 2> 약화

[법학전문대학원협의회 해설]

이 답지의 내용은 A가 정상적 감정을 느낀다는 것으로 <가설 2>를 약화시킨다. 하지만, <가설 1>은 감정을 느끼는 능력이 손상되었다고 주장하지 않으므로 이 사례를 통해서 약화되지는 않는다. **상대적인 의미에서 <가설 1>을 강화시키는 사례**이다.

생각해 보기!

두 개의 가설 중 어느 하나가 약화되면 다른 하나는 강화된다고 할 수 있을까? 반대로 어느 하나가 강화된다면 다른 하나는 약화된다고 할 수 있을까?

- 〈가설 1〉이 참이라면 〈가설 2〉는 거짓인가(거짓일 확률이 높아지는가)?
- 〈가설 2〉가 참이라면 〈가설 1〉은 거짓인가(거짓일 확률이 높아지는가)?

〈가설 1〉과 〈가설 2〉가 양립가능하며 전혀 별개의 주장이라면, 〈가설 1〉의 강화가 〈가설 2〉를 직접적으로 약화한다고 말하기 어려우나, 〈가설 1〉과 〈가설 2〉가 전혀 별개의 주장이 아니라 서로 경쟁적인 주장이라고 한다면(설령 양립은 가능하다고 하더라도), 〈가설 1〉이 강화되면 〈가설 2〉는 상대적으로 약화될 수 있음.(참일 확률이 떨어짐.)

선택지 4번을 검토하도록 한다.

④ (×) 'A가 낯은 익지만 별다른 감정을 느낄 이유가 없는 사람에 대해서는 가짜라고 말하지 않는다는 사실'이 의미하는 바는?

- A의 감정 중추가 문제가 없다고 하더라도 (또는 문제가 있다고 하더라도) 동일한 반응을 보이게 됨을 의미하므로 〈가설 2〉을 강화하지도 약화하지도 않음. [중립 사례]
- A의 '시각인식영역(측두엽)에서 편도 사이의 연결 경로'가 문제가 없다고 하더라도 (또는 문제가 있다고 하더라도) 동일한 반응을 보이게 됨을 의미하므로 〈가설 1〉을 강화하지도 약화하지도 않음. [중립 사례]

[법학전문대학원협의회 해설]

낯익은 사람을 알아본다는 사실은 ①과 마찬가지로 얼굴 인식 영역에 아무런 문제가 없음을 보여준다. 그런데 A가 이 사람에 대해서 아무런 감정을 느낄 이유가 없으므로, 부모의 경우와 달리 얼굴 인식과 그 얼굴에 대한 감정적 반응 사이에 아무런 갭을 느낄 필요가 없다. 따라서 지문의 추정(아버지의 얼굴 인식에 연관된 정서적 경험이 동반하지 않으므로 아버지를 가짜라고 주장)을 따르면, A는 이 사람을 가짜라고 주장할 이유가 없다. 다른 한편으로 이 경우는 설령 감정적 경험이 결여되었다 하더라도 그 원인이나 그것에서 파생하는 결과에 대해서 아무런 구체적 주장을 하고 있지 않으므로, 두 가설 중의 어느 하나를 특별히 지지하는 사례로 볼 수 없다.

선택지 5번을 검토하도록 한다.

⑤ (O) 'A가 부모와 전화로 이야기하는 동안에는 부모를 가짜라고 주장하지 않고 정상적인 친근감을 보인다는 사실'이 의미하는 바는?

- '전화로 이야기한다는 것은 청각정보의 인식과 관련된 것으로 청각정보의 인식과 전달, 그리고 이에 대한 감정적 반응은 전혀 문제가 없다'는 것으로, 'A의 증상은 시각인식영역(측두엽)에서 편도 사이의 연결 경로가 문제'라는 〈가설 1〉을 직접적으로 지지(강화)하고, '감정 중추'가 문제라는 〈가설 2〉를 직접적으로 약화한다. 청각을 통해서는 감정적 반응을 일으켰기 때문에 '감정 중추' 자체의 문제는 아니기 때문.

[법학전문대학원협의회 해설]

〈가설 1〉의 시각 정보가 편도에 이르는 경로에 문제가 생겼다는 주장과 (2)에서 시각 정보와 음성 정보가 편도에 이르는 경로가 다르다는 정보, 그리고 (3)과 (4)의 변연계가 정상이라는 정보를 결합시키면, 우리는 A가 부모의 음성에는 정상적으로 반응할 것임을 추론할 수 있다. 답지 ⑤의 전화를 통한 음성 인식 정보에 반응하여 부모에게 정상적인 감정을 느낀다는 사실은 이를 확인시켜주므로 〈가설 1〉을 강화한다. 다른 한편, 이러한 사례는 정상적인 감정을 느끼는 능력에 아무런 문제가 없음을 보여주므로 (4)의 변연계 감정중추가 손상되지 않았음을 추론할 수 있게 해주며 그 결과 〈가설 2〉를 약화시킨다.

강화 약화 판단 관련 주요사항을 정리해 보면 다음과 같다.

POINT

1. 가설을 지지(강화)하는 사례

- 가설의 주장에 부합하는 사례
- 가설에 따른 예측(추론)에 부합하는 사례

주의! 양립 가능하다고 무조건 지지(강화)하는 사례 아님.

2. 가설을 약화하는 사례

- 가설을 직접적으로 반박하는 사례
- 가설과 양립하기 어려운 사례

3. 가설을 평가하는 사실(사례)의 특징

- 일정한 해석이 개입 [합리적이고 일반적(개연적)인 해석을 전제로 문제를 풀어가야.]

생각해 보기!

4. 두 개의 가설 중 어느 하나가 약화되면 다른 하나는 강화된다고 할 수 있을까? 반대로 어느 하나가 강화된다면 다른 하나는 약화된다고 할 수 있을까?

- **〈가설 1〉이 참이라면 〈가설 2〉는 거짓인가(거짓일 확률이 높아지는가)?**
- **〈가설 2〉가 참이라면 〈가설 1〉은 거짓인가(거짓일 확률이 높아지는가)?**

〈가설 1〉과 〈가설 2〉가 양립가능하며 전혀 별개의 주장이라면, 〈가설 1〉의 강화가 〈가설 2〉를 직접적으로 약화한다고 말하기 어려우나, 〈가설 1〉과 〈가설 2〉가 전혀 별개의 주장이 아니라 서로 경쟁적인 주장이라고 한다면(설령 양립은 가능하다고 하더라도), 〈가설 1〉이 강화되면 〈가설 2〉는 상대적으로 약화될 수 있음.(참일 확률이 떨어짐.)

5. 출제기관인 법학전문대학원협의회에서 발간한 해설서라고 해서 무비판적으로 수용하는 것은 적절치 않음. 출제위원이 직접 작성한 해설서가 아니라 연구단의 연구원들이 작성한 해설서이므로 오류가 있을 수도 있음. 판단의 논리를 잘 점검하고 정리해 가는 것이 중요함.

III 수리추리&논리게임, 무조건 포기할 것인가?

LEET 확정개선안이 발표된 해인 2016년, 2017 LEET부터 최근 시험인 2023 LEET까지 수리추리와 논리게임은 공식적으로 3~4문제가 출제되고 있다. 따라서 고득점을 목표로 하지 않는 경우에는 다소 시간이 많이 소요될 뿐 아니라 풀린다는 보장도 없는 수리추리와 논리게임을 포기하고 다른 문제에 집중하는 것도 훌륭한 전략이 될 수 있다. 하지만, 고득점을 목표로 하는 경우에는 모두 버릴 수는 없는 것이므로, 수리추리와 논리게임의 유형 및 난이도를 고려한 전략적인 접근이 필요하다.

수리추리와 논리게임 문제는 짧은 시간의 학습을 통해 완전히 극복하기가 사실상 쉽지 않다. 특히 수리추리의 경우 워낙 다양한 문제가 출제될 수 있어 특정 기출 패턴을 제외하고는 학습보다는 수리적 감각 여부에 따라 득점여부가 결정되는 측면이 있기도 하다. 다행스러운 것은 2017 LEET 이후 수리추리와 논리게임 문항이 다소 축소되고 있다는 사실이다. 이는 2016년 확정개선안의 분류에서도 엿볼 수 있다. 하지만 공식적으로는 수리추리와 논리게임 문항이 줄어들고 있지만 2018 LEET나, 2021 LEET에서 2023 LEET에 이르기까지 언어지문형 수리추리[언어추리로 분류되나, 문제해결에 계산이 필요하거나 표, 그래프 등이 사용된 문제]가 10문항 내외로 출제되고 있음을 고려할 때 중상위권을 목표로 하는 경우에도 수리적 계산에 대한 학습을 소홀히 해서는 안 될 것이다.

그럼 이제 문제해결의 논리가 유사한 수리추리 2문제를 가지고 어떻게 학습하여야 좋은지 살펴보도록 하겠다. 먼저 다음 문제를 풀어 보도록 한다. 앞서 풀었던 것처럼 문제를 푸는 데 걸린 시간을 적어 놓기 바란다.

| 제3회 **2011 LEET** 기출 |

세 상품 A, B, C에 대한 선호도 조사를 실시했다. 조사에 응한 사람은 가장 좋아하는 상품부터 1~3순위를 부여했다. 두 상품에 같은 순위를 표시할 수는 없다. 조사의 결과가 다음과 같을 때 C에 3순위를 부여한 사람의 수는?

- 조사에 응한 사람은 20명이다.
- A를 B보다 선호한 사람은 11명이다.
- B를 C보다 선호한 사람은 14명이다.
- C를 A보다 선호한 사람은 6명이다.
- C에 1순위를 부여한 사람은 없다.

① 8　② 7　③ 6　④ 5　⑤ 4

문제는 잘 풀었는가?

본 문제의 정답은 1번이다. 풀긴 풀었지만 틀렸는가? 아니면 어떻게 풀어야 할지 감조차 잡히지 않는가? 풀기는 풀었는데 틀린 분이나 어떻게 풀어야 할지 감조차 잡히지 않은 분들은 이어지는 문제를 먼저 학습하고 와서 다시 풀어볼 것을 권한다.

이 문제는 제3회 2011년 기출문제이다. 뒤에 이어지는 문제는 제1회 2009 LEET 시험 전에 일종의 리허설 개념으로 실시된 2009 LEET 예비시험 문제이다. 이어지는 문제를 풀어보고 난 후 다시 와서 이 문제를 풀어보라고 하는 이유는, 이전의 기출문제에 대한 제대로 된 학습 및 분석이 이후에 출제되는 기출문제 해결에 직접적인 도움이 됨을 보이기 위함이다.

문제를 풀기는 풀었는데 시간이 많이 걸린 수험생은 좀 더 효율적인 해결방법은 없을까를 고민해야 한다. 또한 효율적인 해결방법을 습득한 이후에는 이러한 효율적인 해결의 단서는 어디에서 어떻게 찾을 수 있는가를 확인하여 유사 문제가 출제되었을 때 이를 활용하여 풀어낼 수 있도록 뇌리에 새겨야 할 것이다.

본 문제는 어떻게 해결하는 것이 좋을까?

일단 문제에서 요구하는 사항과 전체 문제의 구조가 머릿속에 그려지면 바로 문제해결로 들어가면 될 것이고, 전제 골격이 그려지지 않는다면 주어진 정보를 중심으로 그림으로 표현해 보는 것이 좋다.

세 상품에 대해 1~3 순위를 부여했고, 두 상품에 같은 순위를 표시할 수 없다는 것은 ABC를 순서대로 나열하는 만큼 경우의 수가 존재한다는 뜻이다. 다음 그림과 같이 6가지 경우의 수가 존재한다.

세 상품에 대해 1~3 순위를 부여했다.

1순위	2순위	3순위	사람 수
A	B	C	★
	C	B	
B	A	C	★
	C	A	
C	A	B	
	B	A	

문제에서 요구하는 것은 ★ 표시된 두 경우의 합이다.

문제에서 요구하는 것은 표에서 ★ 표시된 두 경우의 합이다. 조사의 결과는 각각의 경우에 대한 사람 수를 복합적으로 제시하고 있으므로 결국 이 문제는 각각의 경우(6가지)의 사람 수를 대수(代數)화하여 풀어가는 방정식 문제임을 알 수 있다.

그러나 시험문제는 제한된 시간 내에 풀도록 기획된 문제이기 때문에 변수를 6개보다는 좀 줄여줄 요소가 있는 것이 보통이다. 이러한 측면에서 가장 중요한 조사결과가 가장 마지막에 있는 'C에 1순위를 부여한 사람은 없다.'이다. 결국 경우의 수는 4가지로 줄어들고 4개의 변수를 설정하여 풀어가는 방정식 문제가 된다. 조사 결과를 방정식으로 표현해 보면 다음과 같다.

1순위	2순위	3순위	사람 수
A	B	C	★ⓐ
	C	B	ⓑ
B	A	C	★ⓒ
	C	A	ⓓ
C	A	B	×
	B	A	×

i) ⓐ+ⓑ+ⓒ+ⓓ=20
ii) ⓐ+ⓑ=11
iii) ⓐ+ⓒ+ⓓ=14
iv) ⓓ=6

☞ iii)과 iv)에 의해 ⓐ+ⓒ=8

문제에서 요구하는 것은 ⓐ+ⓒ이므로 굳이 ⓐⓑⓒⓓ 각각의 변수를 구해서 풀어갈 필요 없이 iii)에서 iv)를 차감함으로써 답을 추론할 수 있다.

여기까지 해서 일단 문제풀이는 끝났다. 실전에 보다 도움이 되는 학습이 되기 위해서는 앞서 던졌던 아래의 질문들을 문제분석과 함께 던져 보아야 할 것이다.

1. 본 문제를 틀렸다면 이제는 정확히 이해했는가? 다시 출제된다면 틀리지 않을 수 있는가?

2. 문제를 구성하고 있는 핵심적인 사항들은 무엇인가?

3. 어떻게 하면 보다 효율적으로 해결할 수 있을까? 효율적인 해결의 메카니즘은 있는가?

4. 실전을 위한 문제 풀이의 시사점은 없는가?

5. 보충적으로 학습해야 할 것들은 있는가?

다음 문제는 2009 LEET 예비시험 문제이다. 앞의 문제를 풀지 못하고 온 분들이나 제대로 풀고 온 분들이나 모두 아래 문제를 풀어 보기 바란다. 앞에서 문제를 풀 때와 같이 문제 풀이에 걸린 시간을 적어 놓을 것을 권한다.

| 2009 LEET 예비시험 |

12명의 사람이 모자, 상의, 하의를 착용하는데 모자, 상의, 하의는 빨간색 또는 파란색 중 하나이다. 12명이 모두 모자, 상의, 하의를 착용했을 때 다음과 같은 모습이었다.

- 어떤 사람을 보아도 모자와 하의는 다른 색이다.
- 같은 색의 상의와 하의를 입은 사람의 수는 6명이다.
- 빨간색 모자를 쓴 사람의 수는 5명이다 .
- 모자, 상의, 하의 중 1가지만 빨간색인 사람은 7명이다.

이때 하의만 빨간색인 사람은 몇 명인가?

① 1 ② 2 ③ 3 ④ 4 ⑤ 5

문제는 잘 풀었는가?

본 문제의 정답은 4번이다. 풀긴 풀었지만 틀렸는가? 아니면 어떻게 풀어야 할 지 감조차 잡히지 않는가? 어떻게 풀어야 할지 감조차 잡히지 않은 분들은 문제에서 설명하고 있는 내용과 정보를 수형도를 이용하여 그림으로 표현해 보면서 문제의 전체적인 골격을 파악해 보도록 한다.

본 문제는 어떻게 해결하는 것이 좋을까?

문제의 골격을 파악해 보면, 12명의 사람이 빨간색과 파란색 두 종류가 존재하는 모자, 상의, 하의를 착용하고 있다는 것이며, 추론의 기초가 되는 4개의 정보를 제공하고 나서 하의만 빨간색을 착용한 사람이 몇 명인지를 묻고 있다. 이 때 존재할 수 있는 경우의 수와 문제의 요구사항(★표시)을 그림으로 표현해 보면 다음과 같다.

모자	상의	하의	사람 수
빨간	빨간	빨간	
		파란	
	파란	빨간	
		파란	
파란	빨간	빨간	
		파란	
	파란	빨간	★
		파란	

문제에서 제시하고 있는 4개의 정보는 각각의 경우에 대한 사람 수를 복합적으로 제시하고 있으므로, 결국 이 문제는 각각의 경우(8가지)의 사람 수를 대수(代數)화하여 풀어가는 방정식 문제임을 알 수 있다.

그러나 시험문제는 제한된 시간 내에 풀도록 기획된 문제이기 때문에 변수를 8개보다는 좀 줄여 줄 요소가 있는 것이 보통이다. 친절한 시험문제의 경우 이와 같이 문제해결의 key를 첫 번째 정보로 제시하지만, 문제가 어려워질수록 뒷부분에 제시하는 것이 일반적이다.

이러한 측면에서 가장 중요한 정보는 첫 번째에 제시되어 있는 '어떤 사람을 보아도 모자와 하의는 다른 색이다.'라는 것으로, 이를 고려하면 경우의 수는 4가지로 줄어든다.

모자	상의	하의	사람 수
빨간	빨간	빨간	×
		파란	ⓐ
	파란	빨간	×
		파란	ⓑ
파란	빨간	빨간	ⓒ
		파란	×
	파란	빨간	★ⓓ
		파란	×

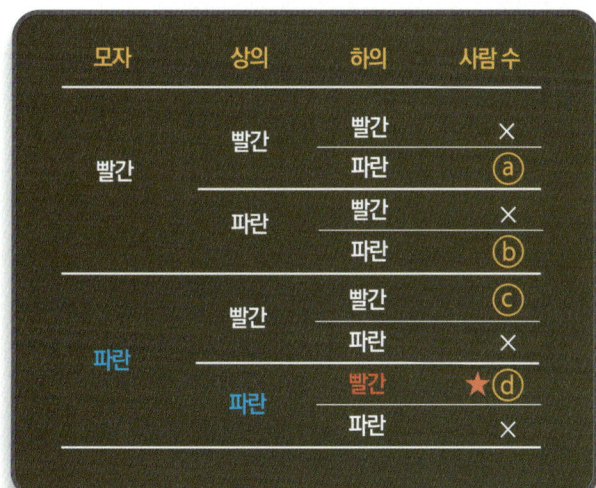

제시된 정보를 방정식으로 표현하여 문제를 풀면 아래와 같다.

ⅰ) 12명의 사람에 대한 것이므로
ⓐ+ⓑ+ⓒ+ⓓ = 12

ⅱ) 두 번째 정보 : ⓑ+ⓒ = 6

ⅲ) 세 번째 정보 : ⓐ+ⓑ = 5

ⅳ) 네 번째 정보 : ⓑ+ⓓ = 7

ⅱ)+ⅲ)+ ⅳ) 하면, ⓐ+3ⓑ+ⓒ+ⓓ = 18

여기서 ⅰ)을 빼면 ∴ ⓑ = 3

이를 ⅳ)에 넣으면 ∴ ⓓ = 4

앞서 살펴본 문제와 문제 구성이나 문제를 풀어가는 논리가 상당히 유사함을 느낄 수 있었을 것이다. 앞서서 살펴본 문제를 해결하지 못하고 이 문제부터 학습한 분들은 다시 돌아가서 해설을 보기 전에 자신의 힘으로 다시 한 번 풀어보기 바란다. 우리의 공부는 필자가 설명하는 것을 이해하고 넘어가는 식으로 학습을 마무리하면 안 되고 자신이 직접 풀어보고 몸에 체화시켜 나가는 '적극적이고 능동적인 학습'이 되어야 한다.

Ⅳ 효율적인 문제해결방법은 존재하는가?

다음에 살펴볼 문제는 제5회 2013 LEET 기출문제로 논리게임의 전형적인 유형 중 하나인 참·거짓 퍼즐 문제이다. 먼저 문제를 풀어보기 바란다. 우리 시험은 어떤 특정지식에 대한 암기를 전제로 출제하는 것이 아니라 문제 내에 추론의 근거를 다 주고 있기 때문에 추리논증에 대한 본격적인 학습을 하지 않았다고 하여 무조건 못 푼다고 생각할 것은 아니다.

| 제5회 **2013 LEET** 기출 |

다음으로부터 바르게 추론한 것은?

> 이번 학기에 4개의 강좌 〈수학사〉, 〈정수론〉, 〈위상수학〉, 〈조합수학〉이 새로 개설된다. 수학과장은 강의 지원자 A, B, C, D, E 중 4명에게 각 한 강좌씩 맡기려 한다. 배정 결과를 궁금해 하는 A~E는 다음과 같이 예측했다.
>
> A : "B가 〈수학사〉 강좌를 담당하고 C는 강좌를 맡지 않을 것이다."
> B : "C가 〈정수론〉 강좌를 담당하고 D의 말은 참일 것이다."
> C : "D는 〈조합수학〉이 아닌 다른 강좌를 담당할 것이다."
> D : "E가 〈조합수학〉 강좌를 담당할 것이다."
> E : "B의 말은 거짓일 것이다."
>
> 배정 결과를 보니 이 중 한 명의 진술만 거짓이고, 나머지는 참임이 드러났다.

① A는 〈수학사〉를 담당한다.
② B는 〈위상수학〉을 담당한다.
③ C는 강좌를 맡지 않는다.
④ D는 〈조합수학〉을 담당한다.
⑤ E는 〈정수론〉을 담당한다.

문제는 잘 풀었는가?

문제의 정답은 3번이다. 이 문제는 제5회 2013 LEET에 출제된 문제로 이전에 출제된 기출문제들을 제대로 분석하고 반복 학습하였다면 제한된 시간 내에 푸는 데 별 지장이 없는 수준의 문제이다.

참 · 거짓 진술 개수를 통해 기본적으로 생각할 수 있는 경우는 몇 가지가 있는가?

참 · 거짓 퍼즐 문제는 일반적으로 1) 참 · 거짓 진술의 개수에 대한 정보와 2) 진술 내용, 3) 추가적 정보 등으로 구성된다.

이 문제의 경우 5명의 진술 중 거짓이 1개, 참이 4개라고 하였으므로 생각할 수 있는 경우의 수는 5가지이다. 5가지 가능성에 대해 하나씩 구체적인 내용을 검토하여 모순이 발생하면 배제하고 그렇지 않으면 여전히 가능성이 열려 있게 된다. 즉, A의 진술이 거짓이고 나머지 4명의 진술은 참인 경우, B의 진술이 거짓이고 나머지 4명의 진술은 참인 경우, C의 진술이 거짓이고 나머지 4명의 진술은 참인 경우, D의 진술이 거짓이고 나머지 4명의 진술은 참인 경우, E의 진술이 거짓이고 나머지 4명의 진술은 참인 경우가 있다.

따라서 문제를 풀어가기 위해서는 각각의 경우를 참 · 거짓 가정에 따라 진술의 내용을 하나씩 해석하고 이들 간의 관계를 검토하여 진술 간 모순이 발생하면 그 가능성은 배제하고, 진술 간 모순이 발생하지 않으면 가능성 있는 결론으로 받아들여 선택지를 판단하면 된다.

좀 더 빠르게 문제를 풀어갈 만한 단서는 없을까?

문제에서 거짓이 1개, 참이 4개라고 하였으므로 5개의 진술 중 서로 모순되는 내용이 있다면 그 중에 하나는 거짓이고 나머지 하나는 참이 된다는 점에 착안하여 문제를 풀어간다면 5가지 경우를 모두 검토할 필요 없이 2가지 경우만 검토하면 된다. 이 문제에서는 E의 진술이 이러한 문제 해결의 단서가 된다.

이러한 내용을 정리해 보면 다음과 같다.

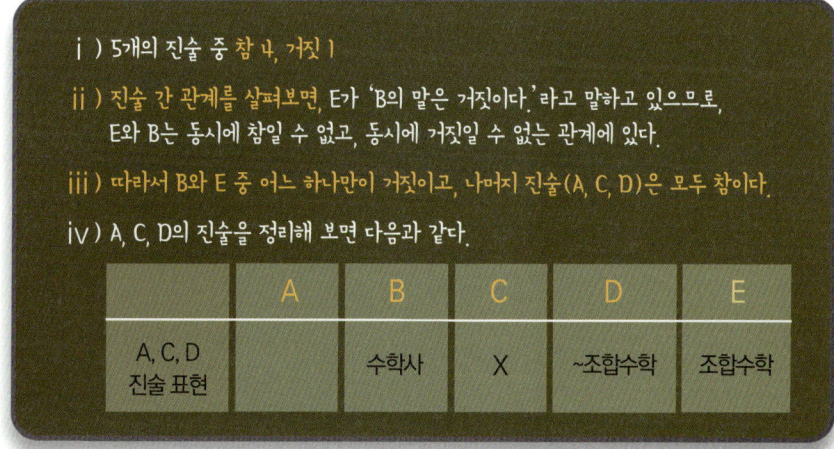

ⅰ) 5개의 진술 중 참 4, 거짓 1

ⅱ) 진술 간 관계를 살펴보면, E가 'B의 말은 거짓이다.'라고 말하고 있으므로, E와 B는 동시에 참일 수 없고, 동시에 거짓일 수 없는 관계에 있다.

ⅲ) 따라서 B와 E 중 어느 하나만이 거짓이고, 나머지 진술(A, C, D)은 모두 참이다.

ⅳ) A, C, D의 진술을 정리해 보면 다음과 같다.

	A	B	C	D	E
A, C, D 진술 표현		수학사	X	~조합수학	조합수학

B와 E의 진술이 모순관계라는 것으로부터 5개의 가능성 중 가능성이 2개로 줄어들었다. 이제 이 두 가지의 내용적인 모순 여부를 따져 바른 추론을 하면 된다.

v) 첫 번째 경우 : B의 진술이 거짓이고 나머지 4개의 진술은 모두 참인 경우

B : "C가 <정수론> 강좌를 담당하고 D의 말은 참일 것이다."

B의 진술이 거짓
→ C가 <정수론> 강좌를 담당하지 않거나 D의 말은 거짓일 것이다.

그런데 가정에 따라 D의 말이 참이므로, 결국 C는 <정수론>을 담당하지 않는다.

	A	B	C	D	E
A, C, D 진술 표현		수학사	X	~조합수학	조합수학
B : 거짓					
E : 참					

∴ 진술 간 모순이 발생하지 않으므로 가능한 경우이다.

vi) 두 번째 경우 : E의 진술이 거짓이고 나머지 4개의 진술은 모두 참인 경우

E : "B의 말은 거짓일 것이다."

E의 진술이 거짓 → B의 말은 거짓이 아니다. 즉 참일 것이다.

그런데 가정에 따라 D의 말이 참이므로, 결국 C는 <정수론>을 담당하지 않는다.

	A	B	C	D	E
A, C, D 진술 표현		수학사	×	~조합수학	조합수학
B : 거짓		B진술 참			
E : 참			정수론	D진술 참	

∴ C에 대한 진술에서 모순이 발생한다. 따라서 이 경우는 가능성이 배제되어야 한다.

결국 첫 번째 경우(B 진술 거짓, 나머지 진술 참)에 따른 추론만이 바른 추론이 된다.

선택지의 내용을 검토하면 다음과 같다.

① (×) A 는 〈수학사〉를 담당하지 않는다.

→ 잘못된 추론이다.

② (×) B는 〈수학사〉를 담당한다. 〈위상수학〉을 담당하지 않는다.

→ 잘못된 추론이다.

③ (O) C는 강좌를 맡지 않는다.

→ 바른 추론이다.

④ (×) D는 〈조합수학〉을 담당하지 않는다.

→ 잘못된 추론이다.

⑤ (×) E는 〈조합수학〉을 담당한다.

→ 잘못된 추론이다.

이상에서 살펴본 바와 같이 논리게임 문제의 경우 효율적인 문제 해결을 위한 단서가 제시문 내에 숨겨져 있음을 알 수 있다.

따라서 논리게임에 대한 체계적인 학습 및 분석을 통해 기본적으로 문제해결방법의 정석을 익힘과 동시에 제한된 시간 내 해결이라는 시험의 상황을 고려하여 효율적인 해결방법을 습득해 나가야 할 것이다.

V
PSAT 등 유사적성시험 문제, 반드시 풀어야 하는가?

다음은 논증 영역의 문제를 통해 PSAT 등 유사적성시험 문제가 시험에 어떻게 도움이 되는지를 같이 살펴보도록 하겠다. 먼저 아래 문제를 풀어보도록 한다.

| 제4회 2012 LEET 기출 |

다음 글에 대한 분석으로 옳은 것만을 〈보기〉에서 있는 대로 고른 것은?

영민은 아래의 〈설명〉을 보고 처음에는 ⓐ"S_1의 낙하가 S_2 낙하의 원인이다."라는 직관적 판단을 했지만, 〈인과 이론〉을 배운 후에는 ⓑ"S_2의 낙하가 S_1 낙하의 원인이다."라는 판단도 가능하다고 생각하게 되었다.

〈설명〉

실린더 속에 금속판 S_1과 S_2가 접해 있다. 위쪽의 S_1은 줄에 매달려 있고, 아래쪽의 S_2는 양 옆에 칠한 강한 접착제에 의해서 지탱되고 있다. 만약 접착제에 의하여 S_2가 지탱되지 않는다면, S_2는 중력에 의해서 낙하할 것이다.

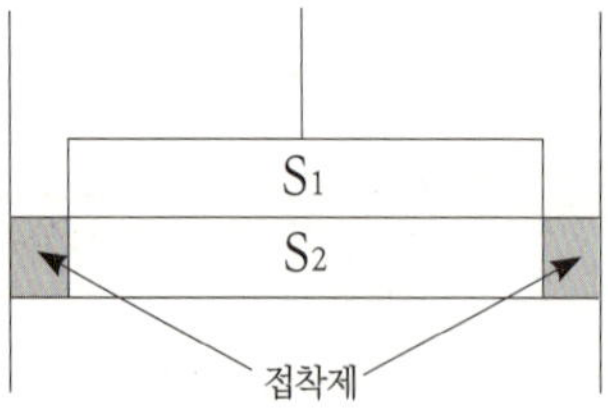

〈인과 이론〉

집중호우가 산사태의 원인이라는 것은 "만약 집중호우가 발생하지 않는다면 산사태가 발생하지 않았을 것이다."로 분석할 수 있다. 즉 사건 A가 B의 원인이라는 것은 A가 발생하지 않으면 B도 발생하지 않는다는 의미이다.

이 이론에 따라 영민은 〈설명〉을 다음과 같이 분석했다. 어떤 시점에 S_1이 매달려 있던 줄이 끊어지고, 그에 따라 자유낙하를 하고자 하는 S_1이 아래 방향의 힘을 S_2에 가하여 접착제가 부서지고, S_2와 S_1이 낙하하게 된다. 영민은 S_2가 S_1보다 먼저 떨어진다고 생각했다. 그래서 영민은 만약 S_2가 낙하하지 않으면 S_1 역시 낙하하지 않을 것이므로, "S_2의 낙하가 S_1의 낙하의 원인이다."라고 판단했다.

〈보기〉

ㄱ. "S_1이 낙하하지 않았다면 S_2 역시 낙하하지 않았을 것이다."라는 판단이 참이라면, 판단 ⓐ는 〈인과 이론〉에 의해서 지지될 수 있다.

ㄴ. 원인은 결과보다 시간적으로 앞선다고 할 때, 영민이 생각한 대로 S_2의 낙하가 S_1의 낙하에 시간적으로 앞선다면 판단 ⓑ는 설득력을 갖는다.

ㄷ. S_1이 아래 방향으로 힘을 가하는 사건과 S_1이 낙하하는 사건을 구분해서, S_1이 아래 방향으로 힘을 가하여 S_2가 낙하하고, 그래서 S_1이 낙하한다고 생각하면, 판단 ⓐ는 옳지만 판단 ⓑ는 옳지 않다.

① ㄴ　② ㄷ　③ ㄱ, ㄴ
④ ㄱ, ㄷ　⑤ ㄱ, ㄴ, ㄷ

문제는 잘 풀었는가?

문제의 정답은 3번이다. 이 문제는 논리학을 전혀 공부하지 않은 사람보다는 오히려 논리학을 조금 공부한 학생들이 틀리기 쉬운 문제이다. 논리학을 조금 공부한 학생의 경우 이후에 학습하게 될 '조건적 관계'와 '인과 관계'는 별개임에도 이를 구분하지 못하고 동일하게 보는 경향이 있기 때문이다. 틀린 분은 이어질 설명을 보기 전에 다시 한번 문제를 천천히 점검해 보고 자신이 왜 틀렸는지를 스스로 진단해 보기 바란다.

그러고 나서 뒤에 이어질 PSAT 기출문제를 먼저 학습하고 나서 본 문제를 다시 풀어볼 것을 권한다. 그렇게 할 때 PSAT 기출문제를 통한 제대로 된 학습 및 분석이 LEET 추리논증 문제를 푸는 데 실질적인 도움을 주는지 느낄 수 있기 때문이다.

문제 설명에 앞서 'PSAT 등 유사적성시험 문제, 반드시 풀어야 하는가'에 대한 답변을 먼저 드리고 가겠다. PSAT과 LEET가 구체적으로 구성되는 문제의 외관에 있어서는 조금 다르게 보일지 몰라도 시험이라는 것은 결국 중요한 개념을 가지고 문제를 구성하는 것이고 그 핵심 쟁점을 인식하느냐 그렇지 못하느냐가 정오답 선택의 결정적인 역할을 하게 되므로 PSAT이나 M/DEET과 같은 유사시험문제에 대한 학습과 분석은 LEET 문제 해결에 직간접적으로 상당한 도움이 된다.

제시문의 핵심 내용은 바르게 이해했는가?

이 문제는 '인과 관계'에 관련된 이론을 가지고 문제화한 것으로, 제시문의 핵심 내용을 정리해 보면 다음과 같다.

〈영민의 판단〉

ⓐ S_1의 낙하가 S_2 낙하의 원인이다.
ⓑ S_2의 낙하가 S_1 낙하의 원인이다. (가능하다고 생각)

〈인과이론〉

i) A(원인), B(결과) 의미 : "~A → ~B"
[원인이 없으면 결과는 발생하지 않는다.]

〈인과이론에 따른 영민의 판단〉

'$\sim S_2$ 낙하 → $\sim S_1$ 낙하'이므로 ∴ S_2 낙하가 S_1 낙하의 원인이다.

이해를 위해 부연 설명을 한다면, 〈인과 이론〉에서 말하는 원인이라는 것은 '원인이 없으면 결과는 발생하지 않는다'는 조건만 충족시키면 되는 것이지, '원인이 있으면 결과는 반드시 발생한다'와는 별개다.

〈보기〉의 내용을 검토하면 다음과 같다.

ㄱ. (×) if, "$\sim S_1$ 낙하 → $\sim S_2$ 낙하"(참)
〈인과이론〉에 따라 "∴S_1 낙하가 S_2 낙하의 원인이다." 라고 말할 수 있다.
따라서 〈인과이론〉에 따라 판단 ⓐ는 지지된다.

ㄴ. (×)
〈인과 이론〉의 조건을 충족시킴과 더불어 원인의 추가조건 '시간적 선행'을 S_2가 충족시킨다면
ⓑ [S_2의 낙하가 S_1 낙하의 원인이다.] 는 보다 설득력을 갖는다.

ㄷ. (×) if, S_1 힘 → S_2 낙하 → S_1 낙하 [시간적 순서]
ⓐ [$\sim S_1$ 낙하 → $\sim S_2$ 낙하] ?
→ NO (S_1 낙하가 없어도 S_1 힘이 주어지면 S_2 낙하 가능)

ⓑ [$\sim S_2$ 낙하 → $\sim S_1$ 낙하] ?
→ YES (순서가 앞서는 S_2 낙하 없이 S_1 낙하 불가)

언어추리형 문제나 논증형 문제를 풀 때 특히 염두에 두어야 할 사항

LEET 추리논증 문제의 경우 언어적 자료로 구성된 언어추리형 문제나 논증형 문제의 제시문이 다소 긴 측면이 있다. 이로 인해 적지 않은 수험생들이 시간 부족으로 고통을 겪는다. 따라서 수험 준비 초기부터 막연하게 문제를 풀기보다는 항상 시간에 대한 인식을 가지고 **'어떻게 하면 정답률을 유지하면서 속도를 제고할 수 있을까'**라는 문제의식 하에 학습할 것을 권한다.

문제를 풀 때는 제한된 시간 내 푼다는 생각으로 1차적으로 문제를 풀고 바로 정답을 확인하기보다는 시간을 갖고 다시 문제를 점검한 후 정답을 확인하여 이해의 수준이나 정오답 선택의 결과 차이가 어느 정도인지 확인할 필요가 있다.

그러면 보다 빠르고 정확한 문제해결을 위해 언어추리와 논증 속에 반복적으로 나타나는 특징들에 대한 분석뿐 아니라 중요 핵심 개념에 대한 학습에 보다 관심을 갖게 될 것이고, 이는 점차적으로 빠르고 정확한 문제해결로 이어질 것이다.

다음은 논증 영역의 문제를 통해 PSAT 등 유사적성시험 문제가 시험에 어떻게 도움이 되는지를 같이 살펴보도록 하겠다. 먼저 아래 문제를 풀어보도록 한다.

| PSAT 기출 |

다음 글을 토대로 한 진술로 올바른 것은?

〈갑희의 인과 개념〉

'X가 Y의 원인이다'라는 문장은'X가 일어나지 않으면 Y도 일어나지 않는다'는 것을 의미한다. 예컨대' 어제 일어난 교통사고의 원인은 음주운전이다'라는 말은 '어제 운전자가 음주운전을 하지 않았다면 교통사고도 일어나지 않았다'는 것을 의미한다.

〈을보의 인과 개념〉

'X가 Y의 원인이다'라는 문장은 'X가 일어나면 항상 Y도 일어난다'는 것을 의미한다. 예컨대 만일 다운증후군의 원인으로 특정한 염색체 이상을 지목한다면 그것은 그러한 염색체 이상이 있는 경우 반드시 다운증후군이 나타난다는 뜻이다.

① '연기가 나지 않았으면 불도 나지 않았다. 그러나 연기는 불의 원인이 아니다.' 이 주장이 옳다고 밝혀지더라도 갑희의 개념은 인과 관계를 해석하기에 충분하다.

② '토양에 A 성분이 함유되어 있지 않으면 B 성분도 함유되어 있지 않다.'고 밝혀진 경우, '토양의 A 성분 함유가 B 성분 함유의 원인이다.'라는 주장에 을보가 동의할 가능성은 없다.

③ '수진이가 음악회에 가지 않았더라면 그 남자를 만나지 않았을 것이다.'라는 주장이 틀렸다면, 갑희는 수진이가 음악회에 간 것이 그 남자를 만나게 된 원인은 아니라고 말할 것이다.

④ 기압계의 수치가 떨어지는 경우 항상 날씨가 흐려짐에도 불구하고'기압계 수치의 강하가 흐린 날씨의 원인이다.'라는 주장을 부인할 수 있다면, 을보의 인과 개념이 타당하다는 사실이 밝혀진 셈이다.

⑤ '지우가 부적을 지니고 치르는 경기에서 지우의 팀은 항상 승리를 거둔다.'는 주장이 참인 경우에도' 지우가 부적을 지닌 것이 승리의 원인은 아니다.'라고 누군가가 말한다면, 그는 갑희와는 다른 인과 개념을 적용하고 있는 것이다.

문제는 잘 풀었는가?

문제의 정답은 3번이다. 이 문제의 답을 고르는 데에는 그렇게 어렵지 않았을 것이다. 다른 선택지에 대한 정확한 판단을 할 수 없었다 하더라도 3번 선택지가 옳다는 것을 쉽게 파악할 수 있었기 때문일 것이다.

그러나 여기에 만족해서는 응용될 수 없는 공부로 끝날 수 있다. 이 문제를 통해 우리가 해야 하는 것은 다른 선택지들을 하나씩 꼼꼼히 살피면서 여러 가지 사례에 대해 판단해 보고 추가적으로 가능한 질문들에 대해 미리 답을 해보는 것이다.

제시문의 핵심 내용은 바르게 이해했는가?

1. "원인"이란 용어는 다의적으로 사용되는 용어로서, 서로 다른 의미로 사용될 수 있음에 주의!
2. 〈갑희의 인과 개념〉 X가 Y의 원인이다. : ~X ⟶ ~Y ⇔ Y ⟶ X (필요조건으로서의 원인)
3. 〈을보의 인과 개념〉 X가 Y의 원인이다. : X ⟶ Y (충분조건으로서의 원인)

- 인과관계와 조건문은 별개다.
- 인과관계는 필요조건으로도, 충분조건으로도 정의될 수 있다.

갑희는 '원인이 없이는 결과가 발생하지 않는다'는 조건적 관계를 충족시키면 원인이라는 용어를 사용할 수 있으며, 을보는 '원인이 있으면 결과는 항상 일어난다'는 조건적 관계를 충족시키면 원인이라는 용어를 사용할 수 있다.

이러한 개념을 중심으로 선택지 1, 3, 4번을 먼저 판단해 보도록 한다.

① (×)
~연기 ⟶ ~불, ~원인(연기) [참]
⟹ 갑희 인과 개념에 따르면
'~연기 -> ~불'인 경우, '연기는 불의 원인'이다.

따라서
갑희의 개념으로는
인과 관계를 해석하기에
부적절하다.

③ (○)
~수진 음악회 ⟶ ~그 남자 [거짓]
⟹ 갑희 인과 개념 : ~수진 음악회 ⟶ ~ 그 남자 (참) ∴ 원인(수진 음악회)
~수진 음악회 ⟶ ~ 그 남자 (거) ∴ ~원인(수진 음악회)
∴ 갑희 : ~원인(수진 음악회) ? YES

④ (×)
기압계 수치 ↓ ⟶ 날씨 흐려짐(참), ~원인(기압계 수치 강하)
⟹ 을보의 인과 개념 'A(원인) ⟶ B' ∴ 원인(기압계 수치 강하)
∴ 을보의 인과 개념 타당? NO [을보의 개념과 상충됨]

다음은 선택지 2번과 5번을 보도록 하겠다.

② (×) 을보 동의 가능성 있음
~A → ~B (T)
A가 B의 원인이다. : 을보의 동의 가능성 없다? NO [동의 가능]
을보의 동의 가능성 : (A → B) ∧ (~A → ~B)인 경우
즉, A와 B가 필요충분조건 관계 [A ↔ B] 인 경우 을보는 위 주장에 동의

2번과 5번은 좀 어려운 측면이 있으니 초심자의 경우 이해가 되지 않는다고 하더라도 너무 조급하게 생각하지 않기를 바란다.

⑤ (×) 갑희의 인과개념이 적용되고 있을 수도 있음.
if, 부적 → 승리(T) // "~원인(부적)" 얘기한다면,
갑희와는 다른 인과개념 적용? 일단 을보와 다른 인과개념.
i) 을보와 다른 인과개념이라고 그것이 반드시 갑희와 같은 인과개념이라고 말할 수 있나? 아닐 수 있음. 제3의 인과개념일 수도.
ii) 갑희의 인과개념을 중심으로 판단해야 정확한 판단.
갑희 : "~원인(부적)" 의미 ⇒ "~부적 → ~승리(거짓)" 즉, ~부적 ∧ 승리
따라서 (~부적 ∧ 승리) ∧ (부적 → 승리) 가능하다면 갑희의 인과개념이 적용되고 있는 것일 수도 있음. 가능한가? YES

이 문제의 핵심적인 사항을 정리해 보면 다음과 같다.

POINT

1. 인과개념은 다의적 개념

2. 인과 관계와 조건적 관계는 별개임.

i) 갑희의 인과개념 : ~X → ~Y (참) ∴ 원인(x) / ~X → ~Y (거) ∴ 원인(x)

ii) 을보의 인과개념 : X → Y (참) ∴ 원인(x) / X → Y (거) ∴ ~원인(x)

iii) 갑희와 을보 개념 양립 가능 : (~X → ~Y) ∧ (X → Y) ⇔ (X ↔ Y)

iv) 갑희와 을보 개념 둘 다 부정될 수 있음 : (~X & Y)존재 ∧ (X & ~Y)존재

여기까지 해서 추리논증 기출문제를 어떻게 학습하여야 하는지 4가지 질문과 함께 살펴보았다. 지금까지의 내용을 정리한다면, 우리 시험은 사고력과 문제해결능력을 측정하는 시험이다. 학습에 임하면서 항상 'Why?'와 'How?'의 질문을 던져야 할 것이다. 상대적으로 논증영역에서는 'Why?'가 더 중요한 측면이 있고, 수리추리와 논리게임에서는 'How?'가 더 중요한 측면이 있다.